KB150489

데리다, 해체의 철학자

● 그린비 인물시리즈 he-story 06

데리다, 해체의 철학자

브누아 페터스(Benoît Peeters) 지음
변광배 · 김중현 옮김

그린비

| 일러두기 |

1 이 책은 Benoît Peeters, *DERRIDA*, Editions Flammarion, 2010을 완역한 것이다.

2 단행본·정기간행물에는 겹낫표(『 』)를, 논문·단편 등에는 낫표(「 」)를 사용했으며, 총서의 원어명에는 겹화살괄호(《 》)를 사용했다.

3 외국어 고유명사는 2002년에 국립국어원에서 펴낸 외래어표기법을 따르는 것을 원칙으로 하되, 관례가 굳어서 쓰이는 것들은 관례를 따랐다.

"내가 어떤 비밀을 토대로
글을 쓰는지를
그 누구도 결코 알 수 없을 것이다.
그리고 내가 말한 것이
결코 변하지 않기를."

자크 데리다, 『할례/고백』

서론

철학자에게도 과연 '삶'이 있는가? 철학자의 전기(傳記)를 쓰는 것은 가능한가? 1996년 10월, 뉴욕대학에서 개최된 한 콜로키엄에서 이런 질문들이 제기되었다. 자크 데리다는 즉석에서 다음과 같은 사실을 상기하면서 거기에 답을 하고 있다.

> 주지의 사실이지만, 전통 철학에서는 전기가 배제되었습니다. 전통 철학은 전기를 철학 외적인 것으로 여겨 왔습니다. 하이데거가 아리스토텔레스에 대해 했던 다음과 같은 말을 기억할 겁니다. "아리스토텔레스의 삶은 어떠했는가?" 이 질문에 대한 답은 다음 한 문장에 들어 있습니다. "그는 태어났고, 사유했고, 죽었다." 그 나머지 모든 것은 단순한 일화에 불과합니다.[1]

---

1) 1996년 뉴욕에서 열린 '생각하는 삶: 전기의 철학과 철학자의 전기'("Thinking Lives: The Philosophy of Biography and the Biography of Philosophers") 콜로키엄 중에서. 이 발표의 몇몇 발췌 부분은 커비 딕(Kirby Dick)과 에이미 지어링 코프만(Amy Ziering Kofman)의 영화 「데리다」(Derrida)에서 볼 수 있다(블락출판사에서 DVD 출시). 다른 부분들도 인터넷으로 볼 수 있다.

그렇다고 해서 이와 같은 입장이 반드시 데리다의 입장인 것은 아니다. 1976년에 그는 벌써 니체에 대한 글에서 이렇게 지적하고 있다.

'철학자'의 전기, 우리는 이것을 이제 더 이상 철학적으로 내재적인 독서—사실 철학적으로 정당하다고 여겨지는 유일한 독서인데—를 돕는 체계 외부에 있는 그저 이름이나 서명을 남기는 경험적인 우연들의 자료체로 여기지 않으며 [⋯].[2]

데리다는 또한 "자료체와 신체" 사이의 경계를 다시 사유하기 위해 "일반적 전기와 철학자들의 개별적 전기에 대한 새로운 문제틀"을 고안해 낼 것을 촉구했다. 이와 같은 관심사는 데리다의 뇌리에서 줄곧 떠나지 않았다. 후일 가진 한 인터뷰에서 그는 "'전기'의 문제로 거북함을 느낀 적이 없었다"라는 점을 다시 한 번 강조하고 있다. 심지어 그가 전기에 큰 관심을 가졌다고도 할 수 있다.

저는 계속해서 다음과 같은 점을 지적하는 많지 않은 사람들 중 한 명입니다. 철학자들의 전기와 그들의 이름이 서명된 참여, 특히 정치 참여—하이데거의 경우든, 헤겔, 프로이트 혹은 니체의 경우든, 사르트르, 블랑쇼 등의 경우든 간에—를 다시 무대화할 필요가 있습니다(그것도 '잘' 할 필요가 있습니다).[3]

---

2) Jacques Derrida, *Otobiographies. L'enseignement de Nietzsche et la politique du nom propre*, Galilée, 1984, p. 39.
3) Jacques Derrida, "Autrui est secret parce qu'il est autre", interview with Antoine Spire,

게다가 자신의 여러 저작에서 데리다는 발터 벤야민이나 폴 드 만, 그리고 다른 여러 사람들에 대해 말하면서 그들의 전기적 자료에 호소하는 것에 별다른 우려를 표명하지 않는다. 예컨대『조종』(Glas)에서 데리다는 헤겔의 서간문을 많이 인용하는데, 이 서간문에는 헤겔의 가족 관계와 금전적인 걱정 등이 언급되고 있다. 실제로 데리다는 이와 같은 텍스트들을 헤겔 철학에서 비중이 작은 것으로도 또 그의 철학적 연구와 거리가 먼 것으로도 여기지 않고 있다.

커비 딕과 에이미 지어링 코프만이 촬영한 자기에 관한 영화의 마지막 부분에서 데리다는 한 술 더 뜨고 있다. 가령, 칸트, 헤겔, 하이데거 등에 대해 데리다 자신이 알고자 하는 것을 어느 정도 도발적인 태도로 답하면서 말이다.

저는 그들의 성생활에 대해 기꺼이 듣고자 합니다. 헤겔이나 하이데거의 성생활은 어떠했을까요? [⋯] 왜냐하면 그것은 그들이 말하지 않은 것이기 때문입니다. 저는 그들이 언급하지 않은 그 무엇인가를 듣고 싶은 것입니다. 철학자들은 왜 그들의 저서에서 자신들을 무성(無性)적 존재로 소개하는 것일까요? 왜 그들은 자기 저서에서 자신의 사생활을 지워 버리는 것일까요? 왜 그들은 자신의 개인적인 일들에 대해 말하지 않는 것일까요? 물론 헤겔이나 하이데거에 대한 포르노 영화를 찍어야 한다고 말하는 것은 아닙니다. 저는 그들의 삶에서 사랑이 수행했던 몫에 대해 듣고 싶은 것입니다.

Papier Machine, Galilée, 2001, p. 378.

더욱더 의미 있는 방식으로 데리다에게서 자서전—루소와 니체의 것을 필두로 다른 사람들의 것뿐만 아니라 데리다 자신의 것도—은 하나의 완전한 철학적 대상이었다. 그것도 그 원칙과 세부 묘사에서 중요한 의미를 갖는 그런 대상이 말이다. 데리다의 눈에 자전적 글쓰기는 심지어 훌륭한 장르, 그에게 글을 쓰고자 하는 욕망을 준 첫 번째 장르, 계속해서 그를 사로잡았던 장르이기도 했다. 그는 청소년 시절 이래로 삶과 사유로 가득 찬 방대한 일기, 다양하면서도 계속 이어지는 텍스트를 꿈꿔 왔다. 요컨대 그는 절대적 텍스트를 꿈꿔 온 것이다.

> 회상록—물론 일반적으로 회상록이라고 칭해지는 것이 아닌 형태로서의 회상록—의 밑에는 저의 관심을 끄는 일반적 형식, 가령 모든 것을 간직하고 고유한 언어로 된 모든 것을 모으려고 하는 광적인 욕망이 놓여 있습니다. 그리고 제게 있어서 철학, 어쨌든 강단철학은 항상 이와 같은 기억으로 이루어진 자전적 계획의 일환으로 소용되었습니다.[4]

데리다는 이와 같은 회상록을 그의 여러 저서에 산종시키면서 제공하고 있다. 『할례/고백』(Circonfession), 『우편엽서』(La carte postale), 『타자의 단일어주의』(Le monolinguisme de l'autre), 『베일들』(Voiles), 『눈먼 자들의 기억들』(Mémmoires d'aveugle), 『따라 걷기』(La contre-

---

4) Jacques Derrida and Maurizio Ferraris, *Il Gusto del Segreto*, Laterza, 1997. 이 인터뷰집이 프랑스어로 출간되지 않았기 때문에 나는 현대출판기록물연구소(IMEC)에 보관된 원고에 따라 이 인터뷰와 이어지는 인터뷰를 인용할 것이다.

allée)[5]와 또 다른 텍스트들에서 말이다. 후일 이루어진 수많은 인터뷰, 그에게 할애된 두 편의 영화 등이 그 자신에 대한 파편적인 자서전의 윤곽을 보여 주고 있다. 하지만 이 자서전은 구체적으로 종종 그 자신 "자전적-죽음의-이질적인 작품"이라고 칭하는 아주 은밀하면서도 세세한 면에서는 풍부한 자서전이기도 하다. 나는 이 책을 쓰는 과정에서 이와 같은 아주 풍부한 자료들에 많이 의존했다. 가능한 경우 매번 이 자료들을 다른 자료들과 대조하면서 말이다.

이 책에서 나는 자크 데리다 철학의 입문서를 쓰려고 하지는 않는다. 또한 그 폭과 풍부함이라는 면에서 앞으로 오랜 동안 수많은 해석자들의 도전의 대상이 될 그의 저작에 새로운 해석을 더하려고 하는 것은 더욱 아니다. 하지만 나는 한 개인의 역사와 마찬가지로 적어도 하나의 사유의 전기(傳記)를 제공하고자 한다. 따라서 나는 데리다의 주요 저작들에 대한 독서와 영향, 기원, 그 저작들의 수용 과정에서의 혼란, 그가 관여했던 투쟁, 그가 세웠던 기관 등에 우선적으로 집중할 것이다. 그렇다고 해서 이 책이 한 권의 '지적 평전'(une biographie intellectuelle)인 것은 아니다. 이 표현은 여러 면에서 조금 나를 언짢게 한다. 왜냐하면 어린 시절, 가족, 사랑, 물질적 생활 등과 같은 것들이 이 표현에 포함되는 것처럼 보이지만 실제로는 배제되기 때문이다. 게다가 데리다 자신에게서 ― 그

---

5) 대부분의 경우, 그리고 특히 자신의 초기 저작에서 데리다는 관례와는 달리 저서들의 제목에서 대문자 사용을 피하고 있다. 1967년의 한 편지에서 필립 솔레르스는 그에게 『글쓰기와 차이』(*L'écriture et la différence*)에 대해서는 동의한다고 쓰고 있다. 사실 그때 이 저서는 준비 중에 있었다.

는 이것을 마우리치오 페라리스와의 대담에서 설명하고 있는데 — "'지적 평전'이라는 표현"은 아주 문제적이었다. 게다가 정신분석의 탄생, 즉 "의식적인 지적 삶"의 탄생 이후에는 더욱 그러했다. 공적 삶과 사적 삶 사이의 경계는 약하고 불명확한 것처럼 보였다.

> '공적' 인간이 영위하는 삶의 어느 순간에, 꽤 혼란스러운 기준에서이기는 하지만, 이른바 '공적' 인간에게 속하는 모든 '사적' 자료들은 — 용어상의 대립이 없다고 가정한다면 —, 즉각 불태워지지 않는 경우, 그대로 '공적' 자료들이 될 수밖에 없습니다(또한 불태워진 경우라도, 모든 '사적' 자료들 뒤에 해석이나 공공연한 소문을 통해 몇몇 자료적 징후들을 보여 주는 신랄한 말을 하는 재(災)가 남는 조건하에서는 늘 그렇습니다.)[6]

이 책에서는 그 어떤 것도 금기시되지 않을 것이다. 자크 데리다의 삶을 기술하는 것, 그것은 12세에 학교에서 추방당했지만 전 세계에서 가장 많이 번역된 프랑스 철학자가 된 알제의 한 유대인 꼬마의 역사를 이야기하는 것이고, 또 끝까지 자기 자신을 프랑스 강단에서 "제대로 사랑받지 못한" 자로 여겼던 사실에 힘들어 했던 한 유약한 인간의 역사를 이야기하는 것이다. 자크 데리다의 삶을 기술하는 것, 그것은 또한 독립 전 알제리의 아주 다양했던 세계들, 파리의 고등사범학교라는 소우주, 구조주의라는 성운, 68혁명 이후의 소용돌이 등을 다시 체험하는 것이다. 자크 데리다의 삶을 기술하는 것, 그것은 우선 루이 알튀세르에서 모리스

---

6) 1995년 2월 1일 세미나 세션에서 데리다. Archives IMEC.

블랑쇼까지, 장 주네에서 엘렌 식수까지, 그리고 에마뉘엘 레비나스와 장 뤽 낭시에 이르기까지 수많은 작가들, 철학자들과 나눈 일련의 예외적인 우정을 회상하는 것이다. 자크 데리다의 삶을 기술하는 것, 그것은 클로 드 레비스트로스, 미셸 푸코, 자크 라캉, 존 R. 설, 위르겐 하버마스 등과 같은 사상가들과의 풍부하기는 하지만 격렬했던 긴 논쟁과 하이데거와 폴 드 만과 관련된 대학의 범위를 넘어섰던 아주 유명한 몇몇 사건들을 재구성하는 것이다. 자크 데리다의 삶을 기술하는 것, 그것은 넬슨 만델 라, 불법체류자, 동성애 결혼자들을 위해 용감하게 수행했던 일련의 정치 적 참여들을 추적하는 것이다. 자크 데리다의 삶을 기술하는 것, 그것은 '해체'라는 운 좋은 하나의 개념과 이 개념이 철학계를 넘어 문학 연구, 건 축, 법, 신학, 페미니즘, '퀴어 연구', '포스트식민 연구' 등과 같은 분야에 끼친 어마어마한 영향을 이야기하는 것이다.

이와 같은 계획을 잘 실천하기 위해 나는 당연히 그 분량을 익히 알 고 있는 데리다의 저작을 가능한 한 모두 읽고 또 읽으려고 했다. 그러니 까 출간된 80권의 저작들과 책으로 출간되지 않은 수많은 텍스트들과 대 담들을 말이다. 나는 또한 능력이 닿는 한 2차문헌도 탐사했다. 하지만 우 선은 데리다가 남긴 엄청난 자료들과 100여 명에 달하는 증인들과의 만 남에 의존했다.

『타이프 용지』(Papier Machine)의 저자인 데리다에게 자료는 진정 한 열정이자 계속되는 성찰의 주제였다. 하지만 그것은 또한 아주 구체적 인 현실이기도 했다. 그는 공개적으로 이루어진 마지막 발언 기회 중 하 나를 통해 이렇게 선언하고 있다. "저는 아무것도 분실하지도 파괴하지 도 않았습니다. 부르디외나 발리바르가 문에 붙여 놓았던 […] 작은 메모까지도요. […] 저는 모든 것을 가지고 있습니다. 아주 중요한 것들에서부터 아주 사소한 것들에 이르기까지 모든 것을요."[7] 그는 다음과 같이 설명하면서 다른 사람들이 이 모든 자료들에 접근할 수 있고 또 참고할 수 있기를 희망했다.

제가 가진 큰 환상은 […] 이 모든 종이들, 책들, 텍스트들 혹은 디스켓들이 벌써 나보다 더 오래 산다는 것입니다. 그것들은 벌써 증거들이죠. 저는 항상 그걸 생각해요. 또 항상 제가 죽은 후에 태어날 사람들을 생각합니다. 가령 제가 1953년에 읽었던 이 책을 보고 이런 질문을 던지게 될 사람들을요. "왜 이 사람은 여기에 표시를 하고, 저기에 화살표를 그려두었을까?" 저는 이 종잇조각, 이 흔적들 하나하나가 살아남는 구조에 사로잡혀 있습니다.[8]

내가 철저하게 조사한 바 있는 두 아카이브에서 데리다의 주요 개인 자료들을 소장하고 있다. 캘리포니아 소재 어바인대학의 랭슨 도서관(Langson Library) 특별 장서(Special Collection)와 프랑스 서부 도시 캉에 있는 아르덴 사원 내 IMEC의 데리다 장서가 그것이다. 데리다의 지인들이 익히 알고 있는 그의 해독하기 어려운 서체에 점차 익숙해지면서 나는 그가 평생 모은 믿기 어려운 분량의 자료들이 있다는 것을 알게 된 첫

---

7) "Dialogue entre Jacques Derrida, Philippe Lacoue-Labarthe et Jean-Luc Nancy", *Rue Descartes*, no. 52, PUF, 2006, p. 96.
8) Jacques Derrida, "Entre le corps écrivant et l'écriture...", interview with Daniel Ferrer, *Genesis*, no. 17, December 2001.

번째 행운아가 되었다. 가령, 학교 숙제들, 개인 수첩들, 책을 위해 쓴 원고들, 강의 원고들, 간행되지 않은 세미나 원고들, 대담과 심포지엄 녹취록들, 신문, 잡지 등에 실렸던 기사들, 그리고 당연히 서간문이 그것이다.

데리다가 받았던 아주 사소한 우편물까지 세심하게 보관한 것은 사실이지만, ─죽기 몇 달 전 그는 직접 파쇄한 편지 한 통에 대해 계속 후회했다[9]─ 그가 자기 편지의 초벌 원고로 작성하거나 아니면 사본을 만들어 둔 것은 아주 드물었다. 따라서 데리다가 교환한 서신 중에서 가장 중요한 것들을 찾고 또 참고하기 위해서는 어마어마한 조사가 필요할 것이다. 가령, 루이 알튀세르, 폴 리쾨르, 모리스 블랑쇼, 미셸 푸코, 에마뉘엘 레비나스, 가브리엘 부누르, 필립 솔레르스, 폴 드 만, 로제 라포르트, 장뤽 낭시, 필립 라쿠라바르트, 사라 코프만 등과의 서신 교환이 그것이다. 그리고 미셸 모노리, 뤼시앵 비앙코 등과 같은 학창시절의 친구들에게 다년간 보냈던 몇몇 편지들은 더욱 소중하다. 하지만 데리다가 부모님에게 썼던 많은 편지들과 같은 다른 서간문은 애석하게도 분실되거나 찾을 수 없는 상태이다.

이 평전이 가진 또 하나의 무시할 수 없는 특징은 '사후에' 즉각적으로 착수되었다는 점이다. 그 당시 우리는 베르나르 스티글러의 표현을 인용하자면 방금 "데리다의 유령 속으로" 진입한 때였다. 이 평전은 2007년에 시작되어 데리다가 80세가 된 2010년에 출간되었다. 따라서 글로 쓰

---

9) "한 번은 내가 진짜로 편지 한 통을 파쇄해 버렸습니다. 있는 힘을 다해서였습니다. 나는 그 편지를 찢어 버렸어요. 하지만 잘 안 되었습니다. 해서 그 편지를 태워 버렸습니다. 그래도 잘 안 되었어요. 나는 파쇄시켜서는 안 될 편지를 파쇄시킨 것입니다. 나는 평생 동안 이 일을 후회하게 되었습니다." (*Rue Descartes*, no. 52, PUF, 2006, p. 96) 몇몇 지표들로 미루어보아 이 파쇄는 1960년대 말이나 1970년대 초에 이루어진 것으로 보인다.

인 자료들에만 의지할 수밖에 없었다는 사실이 아쉽다. 그도 그럴 것이 데리다의 지인들 대부분을 잠정적으로나마 만날 수 있는 가능성이 있었기 때문이다.

여하튼 나에게 데리다의 자료 전체를 볼 수 있게끔 해주었을 뿐만 아니라 여러 차례 면담을 허용해 주면서 마르그리트 데리다가 나에게 보여줬던 신뢰는 예외적이었다. 데리다의 삶의 모든 시기의 증인들과 더불어 가졌던 종종 길고 또 종종 반복되기도 했던 만남은 아주 중요했다. 나는 데리다의 동생, 누이, 그가 좋아했던 사촌 누이는 물론, 그의 젊은 시절의 많은 동급생들과 친구들과 얘기를 나눌 수 있는 행운을 누렸다. 언제가 데리다 자신이 "32세의 청소년"이라고 불렀던 것을 분명하게 보여 주는 방식으로 말이다. 나는 100여 명에 달하는 데리다의 지인들을 탐문했다. 가까운 친구들, 동료 교수들, 출판인들, 학생들, 그리고 심지어는 몇몇 비방자들까지 말이다. 하지만 나는 가능한 모든 증인들을 만나지 못했을 뿐만 아니라 몇몇은 나와 만나는 것 자체를 꺼리기도 했다. 한 권의 평전은 방해와 거부, 혹은 이렇게 말한다면, 저항을 토대로 점차 이루어지는 법이다.

내가 착수한 이 작업의 폭과 어려움 앞에서 현기증을 느낀 것이 한두 번이 아니었다. 이와 같은 계획을 잘 실현하기 위해서는 분명 순진함이나 적어도 진솔함이 필요했다. 데리다 저작의 가장 훌륭한 주석가 중 한 명인 제프리 베닝턴은 데리다의 이름에 걸맞은 평전 집필의 가능성을 냉정하게 배제시킨 적이 없지 않다.

물론 언젠가 데리다가 평전 한 권의 대상이 되리라 기대할 수도 있을 것이다. 그리고 그 경우 그 어떤 것도 그에 관한 평전이 이 장르에서 전통적으로 아주 훌륭한 평전이 되는 것을 막지는 않을 것이다. […] 하지만 호의와 만회의 기틀 위에서 이런 종류의 글쓰기는 언젠가 데리다의 철학적 연구의 전제 조건을 흔들어 놓는다는 사실과 충돌하게 될 것이다. 학술적인 또는 거의 학술적인 이와 같은 최근의 장르 중 하나가 해체라는 개념에 의해 영향을 받을 가능성은 다분하다. […] 항상 평전이라는 장르에 요구되는 전체적이고 목적론적인 목표에서 벗어난 다면적 평전, 위계질서화된 것보다는 여러 층으로 이루어진 평전, 달리 말해 '프랙탈적'인 평전을 생각해 보는 것이 가능할까?[10)]

이와 같은 접근 방식이 갖는 장점을 부정하지 않으면서 나는 결국 '데리다적 전기'보다는 '데리다에 관한 전기'를 써 보려고 애를 썼다. 다른 분야에서와 마찬가지로 이 평전 분야에서도 모방은 오늘날 데리다에게 우리가 해줄 수 있는 가장 훌륭한 일은 아닌 것으로 보인다.

내가 중요하게 생각한 충실성은 또 다른 성질의 것이다. 1974년에 내가 『그라마톨로지에 관하여』(De la grammatologie)를 처음 읽은 이후로 자크 데리다는 은밀하게 나와 같은 길을 걸었다. 그로부터 10년 후, 즉 내가 마리 프랑수아즈 플리사르와 함께 작업했던 사진 앨범 『시선의 권리』(Droit de regards)에 대해 데리다가 관대한 독후감을 썼던 시기에 우리

---

10) Geoffrey Bennington, "A Life in Philosophy", *Other Analyses: Reading Philosophy*, Create Space Independent Publishing Platform, 2008. http://bennington.zsoft.co.uk에서 볼 수 있는 전자책.

는 서로 알게 되었다. 그 이후 우리는 책과 편지를 주고받았다. 나는 계속해서 그의 저작을 읽었다. 그리고 그는 3년 내내 나의 소중한 시간의 일부를 차지했으며, 일종의 '부재중'(in absentia)의 협력의 일환으로 그는 내 꿈 속으로 미끄러져 들어오기까지 했다.[11]

한 권의 평전을 쓰는 것, 그것은 하나의 내적이고 가끔은 위압적인 모험을 감행하는 것이다. 어쨌든 자크 데리다는 이제 사후의 친구처럼 나의 생의 일부가 될 것이다. 분명 그가 의문을 가질 수밖에 없을 일방통행적인 기이한 우정. 나는 다음과 같은 사실을 확신한다. 즉 데리다는 이제 죽은 자들의 평전에 속할 뿐이라고 말이다. 따라서 모든 평전에는 지고의 독자, 그러니까 '죽은 자'가 항상 빠져 있게 마련이다. 평전 작가에게 하나의 윤리가 있다면, 그것은 바로 다음과 같은 물음이 제기되는 자리에 있게 될 것이다. 과연 평전 작가는 자신의 '주인공' 앞에서 자신이 쓴 평전을 들고 감히 버텨 낼 수 있을까?

---

11) 이 책 집필상의 상세한 내용과 저자에게 제기된 문제점들을 알기를 원하는 호기심 많은 독자들은 이 책과 동시에 플라마리옹 출판사에서 출간된 『데리다와 함께 3년. 한 평전 작가의 수첩』(*Trois ans avec Derrida : Les carnets d'un biographe*)을 참고하기 바란다.

차례

1부

자키

1930~1962

1장_네구스
1930~1942

데리다의 독자들은 오랜 동안 그의 어린 시절이나 젊은 시절에 대해 전혀 알지 못했다. 기껏해야 그가 1930년에 태어났다는 사실, 그리고 그가 태어난 곳이 알제의 한 마을인 엘비아르(El-Biar)라는 사실 정도를 알 수 있었다. 분명 『조종』과 특히 『우편엽서』에 그의 자전적 암시들이 있다. 하지만 이 암시들은 텍스트의 유희에 섞여 아주 불분명하고 진위를 알 수 없는 것이 되고 있다.

자크 데리다가 처음 자기 생과 관련된 몇몇 부분적인 사실들을 자세하게 말하기로 한 것은 정확히 1983년, 곧 『르 누벨 옵세르바퇴르』(*Le Nouvel Observateur*) 지에 수록될, 카트린 다비드와 가진 대담에서였다. 하지만 그는 이 대담에서 비꼬는 듯하고 약간은 언짢은 듯한 어투와 간결한 문장으로 말하고 있다. 마치 그 자신 대답이 불가능한 질문들에서 서둘러 벗어나고자 하는 듯이 말이다.

카트린 조금 전에 알제리를 언급하셨는데요. 선생님께 모든 것은 바로 그곳에서 시작되었다고….

데리다 이런! 당신은 제가 '저는-알제의 교외 지역-엘비아르에 있는-동화된-프티부르주아-유대인-가정에서 태어났다, 하지만…' 등과 같은 것을 말해 달라는 거군요. 그게 필요한 겁니까? 저는 그렇게 할 수 없군요. 양해 바랍니다만….

카트린 부친의 존함은 어떻게 부르셨나요?

데리다 자, 좋습니다. 아버지는 5개의 이름을 가지고 계셨어요. 가족 모두의 이름이 암호화되어 있었죠. 『우편엽서』에서 볼 수 있듯이, 다른 이름들도 사용되었어요. 종종 이름을 가진 분들도 읽을 수 없거나 대문자가 없는 이름이 있었어요. 가령 '에메'(aimé)나 '르네'(rené)처럼요.

카트린 몇 살 때 알제리를 떠나셨나요?

데리다 이런… 19세 때 프랑스로 건너왔습니다. 저는 결코 엘비아르를 떠난 적이 없었어요. 알제리에서 40년 전쟁이 있었던 때죠. 그러니까 알제리 전쟁의 서막이 은밀하게 오를 때였습니다.[1]

1986년, 프랑스문화방송(France-Culture)의 '자크 데리다의 즐거운 기쁨'이라는 제목의 라디오 프로그램에서 그는 재차 이와 같은 내키지 않는 사실을 반복하고 있다. 비록 그가 이런 문제들을 다루기 위한 독특한 글쓰기가 필요하다는 사실을 인정하고 있지만 말이다.

저는 하나의 가능한 이야기가 있기를 바랍니다만, 지금으로서는 그건

---

1) "Derrida l'insoumis", interview with Catherine David, *Le Nouvel Observateur*, 9 September 1983. Jacques Derrida, *Points de suspension*, Galilée, 1992, pp. 128~129에 재수록.

불가능합니다. 언젠가—이런 유산, 이런 종류의 과거 체험, 이런 역사에 대한 이야기를 하는 것이 아니라—이 모든 것을 가지고 최소한 가능한 여러 다른 이야기들 중 하나를 만들 수 있기를 꿈꾸고 있습니다. 그렇게 하기 위해서는 작업이 필요하고, 지금까지는 불가능했던 모험 속으로 뛰어들 필요가 있어요. 고안해 내는 것이죠. 하나의 언어를 고안해 내고, 상기(想起)의 여러 방식을 고안해 내야 합니다…[2]

하지만 데리다의 어린 시절에 대한 암시는 조금씩 빈번해진다. 1987년, 『율리시스 축음기』(*Ulysse gramophone*)에서 데리다는 그의 비밀스러운 이름인 엘리(Elie)를 언급한다. 이 이름은 그가 태어난 지 일주일이 되던 날에 붙여진 것이다. 그리고 3년 후에 『눈먼 자들의 기억들』에서 그는 형 르네가 가족들에게서 받은 화가로서의 재능에 대한 인정으로 인해 "상처받은 질투심"을 떠올린다.

1991년은 쇠이유(Seuil) 출판사의 '현대인' 총서에서 출간된 『자크 데리다』(*Jacques Derrida*)라는 저서와 더불어 전환점이 되는 해였다. 이 책에 포함된 데리다가 집필한 『할례/고백』은 처음부터 끝까지 자전적일 뿐만 아니라 제프리 베닝턴의 분석에 이어지는 「이력서」라는 글에서 데리다는 스스로 "(평전) 장르의 법칙"이라 명명한 것에 따를 것을 서둘러 받아들이고 있다. 그와 함께 글을 쓴 공저자인 베닝턴은 이와 같은 데리다의 서두르는 태도를 평소답지 않다고 에둘러 말하고 있음에도 말이

---

2) "Il n'y a pas *le* narcissisme", interview with Didier Cahen, *Points de suspension*, p. 216에 재수록.

다.³⁾ 하지만 어린 시절과 젊은 시절은 데리다의 운 좋은 시절이 아닌 것은 분명하며, 어쨌든 그의 개인적인 글에서도 사정은 마찬가지이다.

하지만 그 시기 이후로 데리다의 저작에서 자전적 분량이 점차 많아지기 시작한다. 1998년에 데리다 자신이 인정하고 있는 것처럼, "지난 20년 동안 […] 픽션적임과 동시에 논픽션적인 방식으로 1인칭으로 된 텍스트들의 수가 많아졌습니다. 회상 행위, 고백, 고백의 가능성과 불가능성에 대한 고찰 등이 그것입니다."⁴⁾ 이 모든 것들을 한데 모으기 시작하면 그것들은 아주 정확한 하나의 이야기가 될 수 있다. 비록 이 이야기가 반복적이고 허점이 많기는 하지만 말이다. 결국 이 모든 것들은 아주 귀중한 원천이고, 데리다의 어린 시절을 감각적이고 내면적인 방식으로 상기하는 것을 가능하게 해주는 원칙적이고도 유일한 원천이다. 하지만 1인칭으로 된 이와 같은 이야기들은—이를 상기시킬 필요가 있는데—우선 데리다의 다른 텍스트들처럼 읽혀야 한다. 우리는 이 이야기들을 신중하게 성 아우구스티누스나 루소의 『고백록』과 견줄 수도 있을 것이다. 어쨌든 데리다는 이 사실을 인정하고 있으며, 문제는 그의 어린 시절에 대한 뒤늦고 허술하고 불분명한 재구성인 것이다. "자료화된 사실들과 주관적인 표점을 넘어 내가 그 시절에 대해 생각하고 다시 느끼고자 했던 것을 상기하고자 노력한다. 하지만 이와 같은 시도들은 종종 실패로 끝나고 만다."⁵⁾

---

3) Geoffrey Bennington and Jacques Derrida, *Jacques Derrida*, Seuil, coll. 《Les Contemporains》, 1991, p. 297.

4) "À voix nue", radio interview with Catherine Paoletti. Jacques Derrida, *Sur parole, instantanés philosophiques*, Editions de l'Aube, 1999, p. 10에 재수록.

5) Derrida, *Sur parole…*, p. 11.

이와 같은 풍부한 재료들에 덧붙이고 또 그것들과 대조시켜 볼 수 있는 구체적 흔적들은 애석하게도 그다지 많지는 않다. 1962년, 데리다가 급하게 엘비아르를 떠났을 때 그의 가족에 관련된 서류의 상당 부분이 사라진 것으로 보인다. 나는 알제 시기에 쓰인 편지를 한 통도 발견하지 못했다. 그리고 수많은 노력에도 불구하고 그가 다녔던 학교에서 최소한의 서류를 보는 것도 불가능한 일이었다. 반면, 나는 운이 좋게도 그 먼 시기에 대한 네 개의 아주 귀중한 증언을 확보할 수 있었다. 자키의 형과 누이인 르네와 자닌 데리다의 증언, 그의 사촌 여동생인 미슐린 레비와 그 당시 그의 가장 가까운 친구들 중 한 명이었던 페르낭 아샤록의 증언이 그것이다.

데리다의 출생 연도인 1930년에 알제리에서는 프랑스의 정복 100주년을 기념하는 행사가 성대하게 치러졌다. 프랑스 대통령이었던 가스통 두메르그는 알제리를 방문하는 기회를 통해 한 세기 이래 이루어진 "식민지화와 문명의 위대한 결과"를 찬양하고자 했다. 많은 사람들은 그 시기를 프랑스령 알제리의 전성기로 여겼다. 그 다음 해, 벵센 숲에서 개최된 식민박람회에는 3300만 명의 방문객들이 온 반면, 초현실주의자들이 개최했던 반(反)식민박람회는 초라한 성공을 거두었을 뿐이었다.

30만 명의 인구, 성당, 박물관, 대로들이 즐비한 "백인 지역 알제"는 아프리카 대륙에 마련된 프랑스의 진열창처럼 보였다. 길거리 이름들을 위시해 이 도시의 모든 것이 프랑스 본토의 도시들을 떠올린다. 가령 조르주 클레망소 로(路), 갈리에니 대로, 미슐레 가, 장 메르모즈 광장 등이 그 좋은 예이다. "무슬림" 또는 "원주민들" — 보통 아랍인들이라고 불리는 자들 — 은 그곳 알제에서 "유럽인들"에 비해 소수집단이라고 할 수 있었다. 자키가 성장하게 될 알제리는 정치적 권리와 삶의 조건이라는 측면에서 아주 불평등이 심한 사회였다. 두 공동체는 잘 지내는 편이었지만, 특히 결혼 문제의 경우 결코 잘 해결된 적이 없었다.

많은 유대인 가족들처럼 데리다의 가족도 프랑스 정복 이전에 스페인에서 왔다. 식민화 초기에 유대인들은 프랑스 점령 세력에 의해 보조자들 또는 잠정적 동맹자들로 여겨졌다. 그로 인해 유대인들은 그때까지 잘 지냈던 무슬림들과 더 멀어지게 되었다. 또 다른 하나의 사건으로 인해 유대인들과 무슬림들 사이의 거리는 더욱 멀어지게 되었다. 1870년 10월 24일, 아돌프 크레미유 장관이 알제리에 거주하고 있는 3만 5천 명의 유대인들을 한꺼번에 프랑스로 귀화시키는, 자기 이름이 붙은 법령을 제정했다. 그렇다고 해서 1897년부터 알제리에서 반유대주의가 기승을 부리는 것을 막을 수는 없었다. 그 다음 해에 애석하게도 『유대 프랑스』(*La France juive*)라는 저서의 저자인 에두아르 드뤼몽이 알제의 국회의원으로 선출되었다.[6]

크레미유 법령의 결과 중 하나는 유대인들의 점증하는 프랑스식 삶으로의 동화였다. 분명 유대인들의 종교적 전통은 보존되고 있었다. 하지만 아주 사적인 공간에서만 그럴 뿐이었다. 데리다의 집에서처럼 유대식 이름은 프랑스화되었다. 이처럼 유대인들은 점차 제2지위로 물러나게 되었다. 사람들은 시나고그보다는 성교회라는 용어를, 바르미츠바(bar-

---

6) Benjamin Stora, *Les trois exils. Juifs d'Algérie*, Stock, 2006, p. 48. 나는 또한 이 저자의 다른 책인 *Histoire de l'Algérie coloniale, 1830-1954*, La Découverte, coll. 《Repères》, 2004, p. 32를 참고했다.

mitsvah, 유대교 13세 남자 성인식)[7]라는 용어보다는 성찬식이라는 용어
를 사용했다. 보통 사람들이 생각하는 것 이상으로 역사 문제에 많은 관
심을 가지고 있던 데리다 자신도 이와 같은 상황 변화에 아주 민감했다.

나는 알제리의 프랑스적 유대교의 굉장한 변화를 직접 목격했습니다.
내 증조부모께서는 언어와 습관 등의 면에서 아랍인들과 아주 가까웠어
요. 19세기 말에 제정된 크레미유 법령(1870) 이후, 그 다음 세대들은 부
르주아화되었죠. 유대인 박해(드레퓌스 사건이 한창 진행되고 있었다)로
인해 알제 시청의 뒤뜰에서 비밀리에 결혼식을 올리긴 했지만 할머니께
서는 벌써 자기 딸들을 파리의 부르주아 여자들처럼 양육했어요(파리
16구의 멋진 행동, 피아노 레슨 등). 그 다음은 부모님들의 세대였지요. 지
식인들은 거의 없었고, 특히 대수롭거나 그렇지 않은 상인들이 많았습
니다. 그들 중 어떤 이들은 자신을 프랑스 본토의 일류 메이커들의 독점
적 대표라고 여기면서 벌써 식민지 상황을 이용하고 있었어요.[8]

에메(Aimé)라고 불렸던 데리다의 아버지 하임 아론 프로스페르 샤
를르는 1896년 9월 26일 알제에서 태어났다. 12세에 타셰 포도주 양조
회사에 견습 사원으로 들어가서 거기에서 평생 근무했다. 마치 그의 아버
지 아브라함 데리다가 그랬던 것처럼, 그리고 알제 항구의 한 포도주 회

---

7) 유대교 성인식을 의미한다. 각각 '아들'과 '계약'이라는 의미를 가진 두 단어의 합성어로, '계
　약의 아들'을 의미하는데, 유대인들은 만 13세가 되면 부모의 곁을 떠나 신과 계약을 맺고 그
　자신의 종교 생활에 대해 책임을 지게 된다. ― 옮긴이
8) Jacques Derrida, *Apprendre à vivre enfin, Entretien avec Jean Birnbaum*, Galilée,
　2005, pp. 36~37.

사에서 똑같이 일을 했던 알베르 카뮈의 아버지가 그랬던 것처럼 말이다. 양차 대전 사이에 포도 재배는 알제리의 첫 번째 수입원이었고, 포도밭은 면적으로 보아 세계 제4위에 해당했다.

1923년 10월 31일, 에메는 조르제트 술타나 에스테르 사파르와 결혼했다. 그녀는 1901년 7월 23일에 모이즈 사파르(1870~1943)와 포르투네 테미메(1880~1961)의 딸로 태어났다. 에메와 사파르의 첫아이인 르네 아브라함은 1925년에 태어났다. 두 번째 아들 폴 모이즈는 1929년 9월 4일에 3개월의 나이로 죽었다. 그로부터 채 1년이 안 돼 후일 자크 데리다가 될 아이가 태어났다. 이로 인해 데리다는 『할례/고백』에서 자기 자신에 대해 "아주 소중하지만 아주 취약한 침입자, 잉여인간, 다른 사람 대신에 사랑을 받은 엘리"[9]가 되었다고 쓰고 있다.

자키는 1930년 7월 15일 새벽, 알제의 언덕 위에 있는 엘비아르의 휴양지에서 태어났다. 그의 어머니는 출산의 순간까지 포커 놀이를 포기하지 않았다. 데리다는 평생 포커 놀이를 좋아하게 된다. 자키라는 아이의 이름은 분명 영화 「더 키드」(The Kid)의 주인공 역할을 맡았던 재키 쿠건(Jackie Coogan) 때문에 선택되었다. 할례 때 그에게 엘리라는 제2의 이름이 주어졌다. 그의 형과 누이와는 달리 엘리라는 이름은 데리다의 호적에는 등록되지 않았다.

1934년까지 데리다의 가족은 여름 3개월 동안을 제외하고는 시내에서 살았다. 그의 가족은 생토귀스탱 가(街)에서 살았다. 그런데 그의 가족

---

9) Jacques Derrida, "Circonfession", Bennington and Derrida, *Jacques Derrida*, pp. 52~53. 이 장(章)의 여러 요소들에 있어 나는 *Ibid.*, pp. 299~307에 실린 "Curriculum vitae"에 빚을 지고 있다.

이 이 구역에서 살았다는 것은 그의 저작 중 『할례/고백』의 저자가 차지하고 있는 중요성을 알게 되면 사실이라고 믿기에는 조금 무리가 있어 보인다. 그의 부모가 9년 동안 살았던 이 첫 번째 장소에 대해 데리다는 아주 희미한 이미지만을 간직하고 있을 뿐이다. "어두운 탈의실, 집 아래층에 있었던 잡화상."[10]

새로운 아이가 태어나기 얼마 전에 데리다의 가족은 엘비아르—아랍어로 '샘'이라는 의미이다—에 정착했다. 이곳은 아이들의 숨통이 트일 수 있을 정도로 비교적 부유한 교외 지역이었다. 장기 상환을 조건으로 빚을 내서 그의 가족은 팔라딘 가 13번지에 있는 조촐한 빌라를 구입했다. "휴식의 길 끝에, 아랍 구역과 가톨릭 묘지의 경계에"에 위치한 이 빌라에는 정원이 하나 딸려 있었다. 데리다는 후일 이 정원을 과수원과 같은 '파르데스'(Pardès) 또는 그 자신이 즐겨 쓰듯이 'PaRDeS'라고 회상하고 있다. 그런데 이것은 '파라다이스'의 이미지이기도 하고 또한 대용서(Le Grand Pardon)의 이미지이며 카발라의 전통에서 아주 중요한 장소이기도 하다.

누이동생 자닌의 출생은 데리다의 집안에서 유명하게 된 하나의 일화와 맞물린다. 지금까지 전해지는 문장다운 첫 '문장'이 데리다의 입에서 나왔던 것이다. 그의 조부모가 그를 방에 들어오게 하고 그에게 그 당시 출산에 필요한 물건들을 담아두는 데 쓰이던 가방 하나를 보여 주었다. 그러면서 그들은 그의 누이동생이 바로 그 가방에서 나왔다고 말했다. 그러자 자키는 요람으로 가서 아이를 보면서 이렇게 말했다고 한다.

---

10) Derrida, "Circonfession", p. 124.

"이 애를 다시 가방에 넣었으면 좋겠어요."

5, 6세 무렵 자키는 아주 귀여운 아이였다. 머리에 작은 모자를 쓰고 그는 가족 파티에서 모리스 슈발리에의 노래를 불렀다. 사람들은 그의 아주 검은 피부 때문에 그를 종종 '네구스'(Négus)[11]라고 불렀다. 어린 시절 내내 자키와 어머니의 관계는 아주 좋았다. 3세 때까지 직접 수유를 했던 조르제트는 아이들에게 아주 부드럽게 대하지도 아주 엄하게 대하지도 않았다. 그렇다고 해서 자키가 그녀에 대해 존경심을 가지지 않은 것은 아니었다. 그가 가진 존경심은 『잃어버린 시간을 찾아서』에서 화자 마르셀이 자기 어머니에 대해 갖는 존경심과 가까운 것이었다. 데리다는 자기 자신에 대해 이렇게 기술하고 있다. "어른들이 사소한 이유로 즐겨 울게 만들었던 아이", "부모님 곁에서 침상을 놓고 자도록 허락을 받고서 저녁마다 '엄마, 무서워요'라고 말했던"[12] 아이라고 말이다. 자키를 학교에 입학시켰을 때 그는 학교 운동장의 철망에 얼굴을 대고 울곤 했다.

> 나는 당시의 괴로움을 잘 기억한다. 가족과 헤어져야 하는 괴로움, 엄마와 떨어져야 하는 괴로움, 울음, 유치원에서의 외침 소리 등을 말이다. 한 여선생님과 얘기를 나누었던 장면을 다시 떠올린다. "어머니가 너를 데리러 오실 거야." "엄마가 어디에 계신데요?" "어머니는 요리를 하신단다." 이 대화를 하면서 나는 유치원에 […] 진짜 요리를 하는 장소가 있다고 상상했다. 나는 등교 때의 눈물과 외침 소리, 하교 때의 웃음소리

---

11) 에티오피아의 흑인 왕을 의미한다. ─옮긴이
12) *Ibid.*, pp. 114~115.

를 기억한다. [···] 나는 학교에 가지 않기 위해 꾀병을 앓기도 했고 체온을 재야 한다고 요구하기도 했다.[13]

후일 '고막'과 '타인의 귀'에 대한 글을 쓰게 되는 데리다는 특히 가족들의 근심거리였던 중이염으로 인해 반복해서 고생했다. 그는 진찰을 받기 위해 이 의사에서 저 의사에게로 옮겨 다녔다. 그 당시 치료법은 거칠었는데, 가령 뜨거운 물에 배즙을 타서 고막에 붓기도 했다. 한번은 그의 측두골 뼈를 제거하는 수술이었는데, 이것은 아주 힘든 수술이었지만, 당시에는 종종 행해지곤 했었다.

그 시기에 훨씬 더 심각한 비극이 발생했다. 데리다보다 한 살 더 많은 사촌 장 피에르(Jean-Pierre)가 생라파엘에 있는 집 앞에서 자동차 사고로 죽었다. 충격이 너무 커서 처음에는 실수로 데리다에게 그의 친형인 르네가 죽었다는 소식이 전해졌다. 데리다는 이 첫 번째 죽음으로 인해 커다란 영향을 받았다. 언젠가 그는 사촌 누이동생인 미슐린 레비에게 왜 자기 두 아들의 이름을 '피에르'(Pierre)와 '장'(Jean)으로 정했는지를 설명해 주기도 했다.

학교에서 자키는 글씨를 제외하고 아주 우수한 학생이었다. 그의 글씨는 판독 불가능했고 계속 그랬다. "방과 후 수업에서 내가 반에서 일등인 것을 알고 계시는 선생님이 나에게 이렇게 말씀하셨어요. '자, 이걸 다시 써 보자. 읽기가 어렵구나. 네가 고등학교에 가면 이렇게 쓸 수 있어.

---

13) Derrida, *Sur parole...*, pp. 11~12.

하지만 지금은 안 돼.'"14)

알제리의 다른 여러 학교에서와 마찬가지로 데리다가 다녔던 학교에서도 인종 문제는 벌써 아주 민감한 문제였다. 학생들 사이에 충돌이 빈번했다. 겁이 많던 자키는 학교를 지옥으로 여겼다. 그만큼 그는 자신이 이 문제에 노출되어 있다고 느꼈다. 매일 그는 싸움이 일어날까 봐 전전긍긍했다. "인종적인, 인종차별적인 폭력이 전방위적으로 발생했어요. 반아랍주의, 반유대주의, 반이탈리아주의, 반스페인주의 등등… 모든 종류의 인종차별주의가 있었습니다! 모든 인종차별주의가 서로 교차했으며…."15)

초등학교에서 '원주민' 아이들의 수가 많았지만 고등학교 진학 때가 되면 그들 대부분이 사라졌다. 데리다는 『타자의 단일어주의』에 이렇게 말하고 있다. 아랍어는 배우는 것은 가능했지만 결코 권장되지 않는 하나의 외국어처럼 여겨졌다고 말이다. 알제리에 대해서 말하자면, 이 나라는 완전히 부정되었다. 아이들에게 가르치는 프랑스 역사는 "하나의 믿기 어려운 교과목, 하나의 이야기, 하나의 성서, 하지만 결코 지울 수 없는 교육이론이었다." 하지만 알제리에 대해서는 일언반구가 없었으며, 이 나라의 역사나 지리에 대해서 한 마디도 하지 않았다. 반면, 이 아이들에게 "눈을 감고도 부르타뉴 지방의 해변이나 지롱드 강의 하구를 그릴 수 있도록" 요구했고, 또 "프랑스의 모든 도청소재지"를 암기하도록 요구하기

---

14) Jacques Derrida, "Entre le corps écrivant et l'écriture…", interview with Daniel Ferrer, *Genesis*, no. 17, December 2001.

15) Jacques Derrida, "L'école a été un enfer pour moi", interview with Bernard Defrance paru dans les *Cahiers pédagogiques*, nos. 270 & 272, January and March 1989. 데리다는 이 대담 텍스트를 다시 보지 않았다.

도 했다.[16]

　공식적으로 '본토'라고 불러야 했지만, 학생들은 프랑스 본토와 훨씬 더 미묘한 관계를 맺고 있었다. 몇몇 특권층에 속하는 자들은 본토로 바캉스를 떠나기도 했다. 가령, 에비앙, 비텔, 콩트렉스빌 등과 같은 물의 도시로 말이다. 하지만 데리다의 가족을 포함해 다른 사람들에게는 멀고도 가까운, 건널 수 없는 심연처럼 가로놓인, 바다 저편에 있는 프랑스는 꿈의 나라처럼 보였다. 프랑스는 "멋있게 말하고 멋있게 글을 쓰는 모델"이었다. 사람들은 프랑스를 한 나라 이상으로 "아주 강한 나라이자 아주 다른 장소"인 '다른 곳'(un ailleurs)으로 생각했다. 하지만 알제리에 대해서 말하자면, 그들은 이 나라에 대해 "뚜렷하진 않지만 분명한 지식"을 통해서만 느끼고 있을 뿐이었다. 알제리는 프랑스의 다른 여러 지방들 사이의 한 지방과는 완전히 다른 곳이었다. "우리에게 알제리는 어려서부터 동떨어진 한 나라였다…"[17]

　유대교는 가정의 일상생활에서 조심스럽게 지켜지고 있었다. 대축제일에 어른들은 아이들을 알제 소재 시나고그로 데려갔다. 자키는 특히 음악과 지중해 연안 제국의 유대인들이 즐겨 부르는 노래에 민감했으며, 이런 취향은 평생 계속된다. 마지막 텍스트 중 하나에서 그는 금요일 저녁부터 엘비아르에서 있었던 불의 의식(儀式)을 여전히 기억하고 있다. "나는 모든 대비를 하고 나서 어머니가 작은 등에 불을 붙이자 작은 불꽃이 기름병의 표면에서 팔락거리는 순간을 다시 떠올린다. 한 순간에 더

---

16) Jacques Derrida, *Le monolinguisme de l'autre*, Galilée, 1996, p. 76.
17) *Ibid.*, pp. 73~74.

이상 불을 피워서도 안 되고, 성냥을 켜서도 안 되고, 특히 담배를 피워서도 안 되고, 전기 스위치를 만져서도 안 되었다." 데리다는 또한 "큰 굴에 꽂힌 여러 개의 양초들, '아몬드 나무의 장식들', 구멍을 내고 시럽에 담갔다가 줄에 빨래처럼 걸어 놓은 후에 다시 아이스크림 설탕을 버무린 '하얀 케이크'" 등을 여전히 기억한다.[18]

데리다의 집에서 외할아버지 모이즈 사파르는 랍비가 아니었음에도 집안의 종교적 의식을 구현하고 있었다. "그분은 존경할 만한 엄정성 덕분에 랍비보다 더 위에 있었다."[19] 엄격한 모습, 훌륭한 신자였던 그는 몇 시간 동안 의자에 앉아 기도서를 읽었다. 그는 죽기 바로 전에 외손자인 자키의 성인식 때 그에게 완전히 하얀 탈리트(tallith)[20]를 주기도 했다. 자키는 『베일들』에서 그 자신 "만지"거나 "매일 매일 어루만진다"[21]고 지칭하게 되는 이 탈리트를 길게 회상하고 있다.

외할머니 포르투네 사파르는 남편보다 훨씬 더 오래 살았다. 그녀는 데리다 집안에서 군림하는 어른이었다. 그녀의 의견을 고려하지 않을 경우 그 어떤 결정도 내릴 수 없었다. 그녀는 오렐르드팔라딘 가에 있는 데리다의 집에서 오래 머물렀다. 일요일과 여름의 여러 달 동안 데리다의 집은 사람들로 북적였다. 이 집은 사파르의 다섯 딸이 모이는 장소였다. 자키의 어머니 조르제트는 셋째 딸이었다. 그녀는 광적인 웃음과 애교로

---

18) Jacques Derrida, "Les lumières de l'exil", préface of Fréderic Brenner, *Diaspora: terres natales de l'exil*, Editions de La Martinière, 2003.
19) Jacques Derrida, *Mémoires d'aveugle. L'autoportrait et autres ruines*, RMN, 1990, p. 43.
20) 기도할 때 유대인 남자가 걸치는, 술장식이 달린 하얀 비단으로 된 숄.—옮긴이
21) Hélène Cixous and Jacques Derrida, *Voiles*, Galilée, 1998.

유명했다. 포커 놀이에 대한 그녀의 열정은 더 유명했다. 대부분의 경우 그녀는 친정어머니와 공동으로 재산을 관리했다. 이렇게 해서 그녀는 수지타산을 맞출 수 있었다. 자키는 읽는 것을 배우기도 전에 포커를 칠 줄 알았고, 아주 일찍부터 카지노에서 일하는 딜러보다 더 능숙하게 카드를 나누어 줄 수 있었다고 술회하고 있다. 그는 외숙모들 틈바구니에서 그녀들의 쓸데없는 이야기를 듣고 또 그 이야기를 사촌들에게 전하는 것보다 더 좋아하는 일이 없었다.

조르제트는 사람들을 맞아들이는 것을 좋아하고, 또 종종 맛있는 쿠스쿠스를 준비하기는 했지만, 그렇다고 그녀가 식량 때문에 걱정하는 경우는 없었다. 한 주일 동안 식량은 이웃 잡화상에서 배달되었다. 그리고 일요일 아침마다 그녀의 남편이 종종 자닌이나 자키를 데리고 시장을 보러 가곤 했다. 과묵하고 그다지 권위적이지 않았던 에메 데리다는 모권(母權)에 대해 항의하는 법이 없었다. 종종 여자들이 그의 취미에 대해 약간 지나치게 예민하게 반응하는 경우, 그는 기묘하게 "이곳은 패치 호텔이야"라고 말하곤 했다. 그의 즐거움은 일요일 오후에 경마장에 가는 것이었다. 그가 그곳에 가 있는 동안 식구들은 종종 생퇴젠느에 있는 모래가 아주 가늘고 아주 멋진 해수욕장 중 하나인 푸드리에르로 가서 놀곤 했다.[22]

전쟁이 이미 발발했지만 아직은 알제리 땅에 그다지 커다란 영향을 주고 있지 않았던 반면, 데리다의 집에서는 하나의 비극적인 사건이 발생했다. 자키의 2세 된 동생 노르베르가 결핵 뇌막염에 걸렸다. 에메는 아

---

22) 자닌 메스켈 데리다와의 인터뷰, 르네 데리다와의 인터뷰 및 미슐린 레비와의 인터뷰.

들을 구하기 위해 수많은 의사들의 진찰을 받게 하면서 사방팔방으로 뛰어다녔다. 하지만 아이는 1940년 3월 26일에 죽었다. 그때 9세였던 자키에게 이 비극은 "가까운 사람이 죽은 후에 계속해서 살아가거나 다시 시작해야 한다"라는 이해할 수도 없고 받아들일 수도 없는 것을 보여 주는 "지속적인 놀라움의 원천"이었다. "1940년 어느 날, 나는 동생 노르베르가 죽은 지 일주일이 지났을 때 아버지가 정원에서 담배를 피우고 있는 모습을 회상한다. '불과 일주일 전에 칭얼대던 녀석이 어떻게 그럴 수가 있지!' 나는 이 광경을 떨쳐 버리지 못했다."[23]

여러 해 전부터 알제리에서 반유대주의는 프랑스 본토의 그 어떤 지역에서보다 기승을 부리고 있었다. 극우파에 속하는 자들은 크레미유 법령 폐지를 위한 캠페인을 주도한 반면, 『프티 오라네』(Petit Oranais) 지는 이런 표제를 내걸고 있었다. "황이나 수지를 붓고, 시나고그와 유대인 학교에 지옥불을 놓고, 유대인들의 집을 파괴하고, 그들의 재산을 몰수하고, 광견병에 걸린 개들처럼 그들을 황야로 내쫓아야 한다."[24] 프랑스 군대의 참패 이후, 페탱 원수가 원했던 '국민혁명'은 알제리에서 아주 우호적인 땅을 발견하게 된다. 아직은 독일에 점령되지 않은 이곳에서 지방의 지도자들은 아주 열정적인 태도를 보여 주었다. 반유대주의 운동을 만족시키기 위해 알제리에서 본토보다 훨씬 더 빠르게, 훨씬 더 과격한 반유대적 조치들이 취해졌다.

---

23) Catherine Malabou and Jacques Derrida, *La contre-allée. Voyager avec Jacques Derrida*, La Quinzaine littéraire/Louis Vuitton, 1999, p. 29.
24) Stora, *Les trois exils…*, p. 78에 인용됨.

1940년 10월 3일자 법령에 의해 유대인들이 특히 공공 부문에서의 몇몇 직업을 갖는 것이 금지되었다. 자유 직업군에서도 2%의 '정원할당제'(numerus clausus)가 확정되었다. 그 다음 해에 이 조치는 더욱 강화되었다. 10월 7일, 내무부장관 페이루통은 크레미유 법령을 폐지했다. 70년 전부터 프랑스령이었던 이 지역의 모든 주민들에게 비시 정부의 조치는 "끔찍한 놀라움이자 예견할 수 없는 파국"이었다. "이 조치는 '내적' 유배, 즉 프랑스 시민권 밖으로의 축출, 알제리 유대인들의 일상생활을 전복시키는 비극이었다."[25]

10세의 나이에 불과했지만 자키 역시 이와 같은 끔찍한 조치의 결과의 영향을 받게 된다.

나는 초등학교에서 우수한 학생이었다. 반에서 거의 일등을 했다. 이런 사정으로 나는 점령과 페탱 원수의 정권 장악에 따르는 변화를 알 수 있게 되었다. 독일인들이 없던 알제리의 학교에서는 우리에게 페탱 원수에게 편지를 쓰고, "원수님, 저희들이 있습니다" 등과 같은 노래를 하고, 매일 아침 수업이 시작될 때 국기를 게양하도록 했다. 국기 게양은 반에서 일등을 한 학생 담당이었다. 내 차례가 되었을 때 그 일을 내 대신 다른 학생이 하게 되었다. […] 그로 인해 내가 마음의 상처를 심하게 입었는지 혼란스러워했는지 아니면 막막해했는지 알 수가 없다.[26]

---

25) Stora, *Les trois exils...*, p. 87. 제2차 세계대전 동안 알제리의 상황에 대한 자세한 정보를 보려면 여러 명이 공저한 Jean-Jacques Jordi and Guy Perville éds., *Alger, 1940-1962*, Autrement, Coll.《Mémoires》1999, pp. 34~35를 볼 것.
26) Derrida, *Sur parole...*, p. 12.

그 이후로 매 순간 아이들의 입에서 허락된, 그것이 아니라면 부추겨
진 욕들이 쏟아졌다.

> '유대인'이라는 단어, 나는 이 단어를 우리 집에서 들어본 적이 없는 것
> 같다. […] 나는 이 단어를 엘비아르의 학교에서 들었던 것으로 생각된
> 다. 그때 벌써 이 단어는 라틴어로 '욕'(injurie), '욕설'(injuria), 영어로
> '욕'(injury)의 의미, 즉 욕, 상처와 동시에 불의 […] 등의 의미를 가지고
> 있었던 것 같다. 이 단어에서 그 어떤 의미를 이해하기도 전에 나는 이
> 단어를 공격, 비난, 거침없이 이루어지는 불법화로 받아들였다.[27]

상황은 급속도로 악화되어 갔다. 유대인 문제 담당관 자비에르 발라
의 알제리 방문 다음 날인 1941년 9월 30일, 초중등학교 교육과정에서 유
대인 학생들의 '정원할당제' 비율을 14%로 하는 법이 제정되었다. 이것
은 프랑스 본토에서는 찾아볼 수 없는 조치였다. 1941년 11월, 데리다의
형 르네의 이름이 학교에서 쫓겨난 학생들의 명부에 올랐다. 르네는 2년
동안 수업을 받을 수 있는 기회를 잃게 되었고, 다른 많은 친구들처럼 학
교를 완전히 그만둘까 하는 생각을 하기도 했다. 데리다의 누이동생 자닌
은 7세에 불과했지만, 그녀 역시 학교에서 쫓겨났다.

자키로 말할 것 같으면, 그는 엘비아르에서 아주 가까운 옛 사원인
벤 아크눈중고등학교 6학년에 입학했다. 그는 이 학교에서 청소년기의

---

27) Jacques Derrida, "Abraham, l'autre", Joseph Cohen, Raphael Zagury-Orly, *Judéités:
   questions pour Jacques Derrida*, Galilée, 2003, p. 20.

단짝이었던 페르낭 아샤록과 장 타우송을 만나게 된다. 하지만 이 6학년 과정이 중요한 것은, 특히 이 과정에서 자키가 '문학'이라고 하는 진짜 중요한 것을 발견했기 때문이다. 그는 책이 그다지 많지 않은 집에서 성장했고, 집에 있는 조촐한 서가의 책들을 모조리 읽은 후였다. 그 해에 프랑스어를 담당했던 선생님은 르페브르 씨였다.[28] 프랑스에서 건너온 지 얼마 안 되는 붉은 머리를 가진 젊은 선생님이었던 그는 학생들이 웃을 정도로 아주 정열적으로 말했다. 어느 날 그는 앙드레 지드의 『지상의 양식』(Les nourritures terrestres)을 언급하면서 사랑에 대한 찬사를 늘어놓았다. 자키는 곧장 이 작품을 구입했고 열광적으로 빠져들었다. 그는 후일 이 작품을 읽고 또 읽게 된다.

> 나는 이 작품을 거의 암송할 수 있을 정도입니다. 모든 청년들처럼 나는 분명 지드의 열광, 종교와 가정에 대한 전쟁 선포라는 서정주의를 좋아했습니다. […] 이 작품은 나에게 하나의 선언, 감각적이고, 비도덕적이고, 특히 알제리적인 한 권의 성서였죠. […] 나는 사헬, 블리다, 에세 (Essai) 정원의 과일에 바쳐진 노래를 떠올립니다.[29]

하지만 몇 개월 뒤에 훨씬 더 안 좋은 프랑스의 또 다른 모습이 데리다에게 강요된다.

---

28) 페르낭 아샤록에 의하면 이 선생님의 이름은 베르디에였다.
29) Derrida, *Points de suspension*, p. 352.

2장_알제의 태양 아래에서

1942~1949

데리다의 청소년기로의 진입은 1942년 10월 어느 날 아침, 단번에 이루어졌다. 학교 개학일에 벤 아크눈중고등학교 총학생감이 그를 자기 사무실로 불러 이렇게 말했다. "너는 집으로 돌아가게 돼. 부모님께서 연락을 받으실 거다."[1] 알제리의 학교에서 허용된 유대인 학생들의 비율은 14%에서 7%로 줄어들었다. 다시 한 번 알제리 행정 당국의 열성이 비시 정부의 그것을 넘어섰던 것이다.[2]

데리다는 그의 삶을 뒤흔들어 놓은 "지진 중 하나"였던 이와 같은 학교로부터의 추방을 종종 반복해서 이야기하곤 했다.

나는 그런 조치를 전혀 예상하지 못했고, 아무것도 이해하지 못했다. 그때 나의 내부에서 일어난 감정을 다시 찾으려 했으나 허사였다. 우리 집에서도 왜 그렇게 되었는지를 설명해 주지 않았다는 사실을 지적할 필

---

1) Jacques Derrida, *La carte postale*, Flammarion, 1980, p. 97.
2) 반유대주의적 조치들에 대한 자세한 정보는 Jacques Derrida, "Curriculum vitae", Geoffrey Bennington and Jacques Derrida, *Jacques Derrida*, Seuil, 1991, pp. 299~300을 볼 것.

요가 있다. 내 생각엔 이와 같은 일은 알제리의 많은 유대인들에게 있어서 이해 불가능한 것이었다. 그도 그럴 것이 알제리에는 독일인들이 없었기 때문이다. 이런 조치는 프랑스에서보다 훨씬 더 엄격한 알제리에 대한 프랑스의 정책의 일환이었다. 알제리의 모든 유대인 선생님들은 학교에서 추방되었다. 유대 공동체의 입장에서 보면 수수께끼 같았던 이 모든 사태는 받아들이지는 않았지만, 설명이 없는 자연재해처럼 감내해야 했다.[3]

비록 이와 같은 사태의 심각성을 과장하는 것을 거부하긴 했지만—과장했다면 그것은 유럽의 유대인들이 받았던 박해에 비해 '부당한' 일이었을 것이다—, 데리다는 마음에 상처를 입은 이 경험으로 인해 그 자신의 내부에 깊은 흔적이 남게 되었다는 점을 인정하고 있다. 자신의 기억에서 그 어떤 것도 지우길 원치 않았던 그가 어떻게 1942년 그날 아침에 벤 아크눈중고등학교에서 "까맣고 아주 아랍적인 키 작은 유대인"[4]이 추방당한 일을 잊을 수 있겠는가?

내가 전혀 이해하지 못했고, 그 누구도 내게 설명해 주지 않았던 하나의 익명적 '행정 조치'를 넘어 그 상처는 전혀 다른 성질의 것이었고 아물지 않았습니다. 아이들의 일상적인 욕설, 반 친구들, 길거리의 어린아이들, 그리고 이렇게 말한다면, 내 자신의 모습이었던 '더러운 유대인'에 대한

---

3) Jacques Derrida, *Sur parole, instantanés philosophiques*, Editions de l'Aube, 1999, p. 13.
4) Jacques Derrida, "Circonfession", Bennington and Derrida, *Jacques Derrida*, p. 57.

위협과 주먹질 등등….[5]

알제리에서 전쟁 상황이 급변한 것은 이와 같은 반유대적 조치들이 갑작스럽게 강화된 직후의 몇 주일 동안이었다. 1942년 11월 7일에서 8일 저녁에 미군이 북아프리카에 상륙했다. 알제에서 연합군에 대해 주저 없이 총격을 가했던 비시 정부 세력과 22세 된 의대생 조제 아불케가 주도했던 저항군 사이에 격렬한 전투가 벌어졌다. 데리다는 엘렌 식수에게 그날에 대해 자세히 이야기하고 있다.

새벽에 포격 소리가 들리기 시작했어요. 프랑스의 공식적인 저항이 있었던 겁니다. 시디 페뤼슈로부터 도착한 영국군과 미군에 맞서 싸우러 가는 척했던 프랑스 헌병들, 군인들이 있었던 것이지요. […] 오후에는 우리 집 앞에서 그때까지 보지 못했던 철모를 쓴 병사들을 보았어요. 프랑스 군인들의 것이 아니었어요. 독일군이라고 생각했죠. 그런데 그들이 미군이었어요. 미군들의 철모를 본 적이 없었던 거죠. 저녁에는 미군들이 대거 도착했어요. 늘 그렇듯 담배, 껌, 초콜릿 등을 나눠 주면서 말입니다. […] 이 첫 번째 상륙이 '중간 휴지', 삶 속의 단절, 새로운 도착점과 출발점이었던 것입니다.[6]

---

5) Jacques Derrida and Elisabeth Roudinesco, *De quoi demain…*, Fayard-Galilée, 2001, p. 179.
6) Hélène Cixous, "Celle qui ne se ferme pas", éd. Mustapha Chérif, *Derrida à Alger, un regard sur le monde*, Actes Sud-Barzakh, 2008, pp. 48~49에서 재인용.

그때가 바로 2차 세계대전의 전환점 중 하나이기도 했다. 프랑스 본
토에서 이른바 '자유'지역이라고 불리던 남불 지역이 1942년 11월 11일
에 베르마흐트에 의해 점령되어 '작전구역'이 되었다. 그때까지 전쟁의
직접적 영향권에서 벗어나 있던 알제의 도심에 대해서 말하자면, 이 도심
지역은 수많은 희생자를 냈던 100여 차례 이상의 폭격을 받았다. 엘비아
르의 언덕에서부터 펼쳐지는 광경은 겁이 날 정도였다. 바다와 시내는 해
군이 쏘아대는 포의 불빛으로 번쩍거렸던 반면, 하늘은 서치라이트와 대
공포의 사격으로 수놓아지고 있었다. 여러 달 동안 사이렌 소리와 방공호
로의 도피가 거의 일상화되고 있었다. 자키는 어느 날 저녁 그를 엄습한
공포를 결코 잊지 않게 된다. 여느 때와 같이 그의 식구들이 이웃집으로
피신하고 있을 때였다. "나는 정확히 12세였다. 무릎이 가눌 수 없을 정도
로 떨리기 시작했다."[7]

벤 아크눈중고등학교에서 추방당한 지 얼마 안 되어 자키는 마이모
니드중고등학교에 등록했다. 이 학교는 카스바흐의 끝에 있는 길의 이름
을 따라 메일 모파라는 이름이 붙기도 했다. 임시변통으로 세워진 이 학
교는 공직에서 쫓겨난 유대 교육자들에 의해 지난해 봄에 문을 열었다.
벤 아크눈중고등학교에서의 추방으로 인해 자키가 깊은 마음의 상처를
입은 것은 사실이지만, 그는 "군집적 일체화" 현상 앞에서 거의 같은 불
편함을 느꼈다. 곧장 싫어하게 된 이 유대인 학교에서 그는 수업을 많이
"빼먹었다". 정신이 없었고 생활에서의 애로사항 등으로 인해 그의 부모

7) Jacques Derrida, "Comment ne pas trembler", *Annali*, 2006/II, Bruno Mondadori, p. 91.

는 그의 결석에 대해 알고 있지 못했던 것으로 보인다. 에밀 모파에 등교한 드문 날들에 대해 데리다는 "어둡고 불행한" 기억을 가지고 있으며, 그는 이 기억을 엘리자베스 루디네스코와의 대화를 통해 이렇게 회상하고 있다.

> 내 생각엔 바로 거기에서 평생 나를 '공동체적 경험'에 적응하지 못하게 만들고, 그 어떤 단체에 소속되는 것도 즐기지 못하게끔 만들었던 악(惡), 불편함, 거북함을 알게 된 것, 그게 아니라면 그런 것들을 얻게 되기 시작한 겁니다. [⋯] 한편으로 나는 반유대주의로 인해 심각한 상처를 입었어요. 게다가 이와 같은 상처는 결코 아물지 않았어요. 그러면서 또 역설적으로 나는 이 유대인 학교에, 그리고 어쨌든 반동적이고 애매하게 사변적인 방식으로, 이와 동시에 구속적이고(외부적 위협 아래에서) 강제적인 방식으로 재생산되고 또 지지되었던 이와 같은 균질적인 환경에 '포함되었다'라는 사실을 견딜 수가 없었어요. 또한 나에게 행해진 폭력 역시 견딜 수가 없었어요. 물론 자기방어는 당연하고, 합법적이고, 심지어는 비난할 수 없는 것이기도 했어요. 하지만 나는 거기에서 '충동', 사실상 '축출'에 '상응하는' 군집적인 '강박'을 느껴야만 했던 것 같습니다.[8]

13세가 가까워지자 데리다는 유대인 성인식, 즉 알제 유대인들 사이에서 오랜 동안 성찬식이라 불리던 의식을 위한 시험을 준비해야 했다.

---

8) Derrida and Roudinesco, *De quoi demain...*, p. 183.

하지만 그의 공부는 별 성과가 없었다. 자키는 이슬리 가에 있는 한 랍비의 집에서 기초적인 히브리어를 배우는 척했다. 하지만 그다지 열의가 있는 것은 아니었다. 어린 시절에 그를 매혹시켰던 유대교 의식들은 지금 그를 괴롭히고 있었다. 그는 이 의식들에서 돈벌이에 물든 무의미한 형식주의만을 보았을 뿐이다.

> 나는 청소년기 초부터 종교에 저항하기 시작했습니다. 무신론이나 혹은 부정적인 그 무엇의 이름으로는 아니었어요. 오히려 내 생각에 우리 집에서 종교를 믿는 방식이 잘못된 이해 위에 기초해 있었기 때문이었어요. 나는 종교 의식을 지켜야 한다는 의미 없는 방식으로 인해 충격을 받았습니다. 나는 이와 같은 방식이 맹목적으로 반복되기만 할 뿐 사유가 빠졌다고 판단했어요. 과거에도 그랬고 지금도 특히 받아들일 수 없는 단 하나의 사실이 있는데, 그것은 '명예'를 나누는 방식이었습니다. 손에 토라를 들고, 그것을 시나고그의 이곳에서 저곳으로 옮기는 특권, 청중 앞에서 토라의 한 구절을 읽는 특권, 이 모든 것은 헌금을 가장 많이 내는 사람에게 팔렸고, 나는 이것을 끔찍하다고 생각했습니다.[9]

콩시스투아르에 가는 대신 자키는 사촌 기 테밈과 함께 놀곤 했다. 사촌은 조그만 시계점에서 일을 했는데, 이 시계점은 카스바흐 지역에서 아주 가까웠고, 알제의 가장 큰 사창가인 르 스핑크스 바로 정면에 있었

---

9) "The Three Ages of Jacques Derrida", interview with Kristine Mckenna, *LA Weekly*, 8~14 November 2002. 번역은 저자.

다. 호기심 반 재미 반으로 이 두 소년은 사창가 앞에서 줄을 서 있는 군인들을 지칠 줄 모르고 관찰하곤 했다.

두 소년의 또 다른 놀잇거리는 영화를 보러 가는 것이었다. 관람료를 지불할 정도의 돈만 생기면 그들은 영화를 보러 가곤 했다. 자키의 눈에 영화를 보러 가는 것은 진짜 외출, 식구들에게서 완전히 해방되는 것임과 동시에 일종의 사랑에의 입문이기도 했다. 그는 평생 『톰 소여의 모험』을 각색한 영화를 오래 기억하게 되는데, 특히 톰이 소녀와 함께 동굴에 갇혀 있는 장면이 그것이다. "그건 성적인 감동이었어요. 12세의 소년이 소녀를 에무할 수 있다는 걸 알게 되었습니다. 성적이고 감각적인 무화의 한 부분이 분명 영화로부터 왔다는 것은 분명합니다. […] 나는 내 안에 이와 같은 성적인 떨림을 아주 강하게 간직하고 있습니다."[10]

1943년에는 정치, 군사적 상황이 아주 빠르게 변해 가고 있었다. 연합국은 알제리부터 시작해서 전세의 반전을 꾀하고자 했다. 식민 비시 정부의 심장을 대변하는 알제는 곧 자유프랑스의 새로운 수도가 된다. 벵자맹 스토라에 의하면, 유대인들은 미군을 열광적으로 환영했고, "식당 벽에 걸어 놓은 지도 위에서 연합국의 진격을 열성적으로 따라가기도 했다".[11] 자키에게 이것은 아주 멀리에서 온 외국인들과의 "놀랄 만한 첫 만남"이었다. 친구들과 함께 그도 역시 "미국 떨거지들"이라고 불렀던 미군들은 그들에게 상당량의 먹을 것을 주었고, 그때까지 알지 못했던 물품들

---

10) Antoine de Baecque, "Le cinéma et ses fantômes", interview with Jacques Derrida, *Feu sur le quartier général*, Petite Bibliothèque des Cahiers du cinéma, 2008, pp. 54~55.

11) Stora, *Les trois exils...*, p. 95.

을 알게 해주기도 했다. 그는 후일 이렇게 말하고 있다. "내가 미국에 가기 전에 미국은 '우리 집'을 정복했다."[12] 그의 식구들 대부분은 한 미군 병사와 알게 되었고, 그를 집에서 수차례 맞아들였고, 심지어는 그가 미국으로 돌아간 후에도 편지를 주고받기도 했다.

하지만 알제리 유대인들의 눈에는 상황 회복이 더디었다. 6개월 이상, 지로 장군과 드골 장군이 권력을 분점했던 시기에도 인종차별적인 법이 계속 효력을 발휘하고 있었다. 데리다 자신이 엘렌 식수에게 이야기하고 있는 것처럼, "지로는 비시 정부의 법령들을 다시 연장 적용하고, 알제리의 유대인들에게 '원주민 유대인'의 지위를 주는 것 이외의 다른 계획을 가지고 있지 않았어요. 비시 정부의 법령이 폐기된 것은 드골이 천재적인 재능을 발휘해 전략적으로 지로를 제거하는 데 성공했을 때였습니다."[13] 공식적으로 공표된 반유대주의적 차별 조치들은 1943년 3월에 폐기되었다. 하지만 드골이 주재했던 프랑스국민해방위원회가 크레미유 법령을 다시 적용하기 위해서는 같은 해 10월을 가다려야만 했다. 알제리의 유대인들은 마침내 2년 동안 빼앗겼던 국적을 되찾게 되었다.

1943년 4월, 자키는 벤 아크눈중고등학교의 5학년 반에 다시 등록할 수 있었다. 그러니까 그가 이 학교에 다니지 못한 기간은 1년 미만이었던 것이다. 하지만 학교 생활은 혼란스럽고도 열의 없이 재개되었다. "나는 프랑스 학교로 되돌아왔지요. 하지만 모든 것이 잘 진행된 것은 아니었어요. 이 학교로의 귀환을 제대로 즐기지 못했어요. 추방은 물론이거니와

---

12) Catherine Malabou and Jacques Derrida, *La contre-allée. Voyager avec Jacques Derrida*, 1999, p. 33.
13) Cixous, "Celle qui ne se ferme pas", p. 49에서 재인용.

귀환 역시 아주 고통스럽고 혼란스러웠던 겁니다."[14] 학교 건물들은 영국인들에 의해 군인병원과 이탈리아 포로들을 수용하는 포로수용소로 변경되었었다는 사실을 지적해야 할 것이다. 수업은 임시 건물에서 진행되었고, 남자 선생님들이 전쟁에 동원되었기 때문에 은퇴한 교사와 여교사들에게 교육을 부탁할 수밖에 없었다.

무엇인가가 자키의 내부에서 부서져 있었다. 그때까지 우수한 학생이었던 그는 혼란스러운 분위기에 편승해 조금은 자유로운 삶에 대한 취향을 가지게 되었다. 그 이후 4년 동안 그는 학교 교과목보다 전쟁, 축구 등에 훨씬 더 큰 관심을 갖게 된다. 그는 계속해서 가능한 한 수업을 빼먹었고, 격렬하고도 가끔은 잔인하다고 할 수 있는 소요에 친구들과 함께 참가하기도 했다. 이와 같은 아주 시끄러웠던 학교생활로 인해 그는 학업에서 심각한 핸디캡을 안게 된다.

데리다의 청소년기에서 스포츠는 지배적인 자리를 차지하게 된다. 그에게 스포츠는 분명 그가 집단과 친구들에 의해 수용되고 또 어떤 대가를 치르고서라도 합류하고 싶은 비(非)유대적 환경 속으로 수용되는 가장 확실한 수단이었다.

여러 종목의 스포츠와 특히 축구에 대한 나의 열정은 학교에 가는 것, 그것이 책가방 속에다 축구화를 넣고 학교로 가는 것을 의미했던 그 시기에 시작되었다. 나는 밀랍을 먹이고, 공책보다 더 정성스럽게 간수했던 축구화를 정말로 경배했다. 축구, 달리기, 미국인들이 우리에게 가르쳐

---

14) *Ibid.*, p. 49.

준 농구, 이탈리아 포로들과 함께 했던 스포츠 게임, 이것이 우리의 관심 사였고, 수업은 부차적이었다.[15]

벤 아크눈중고등학교로 돌아온 자키는 프랑스 본토로 떠날 때까지 그의 가장 가까운 친구들이 될 학생들을 다시 만나게 된다. '푸퐁'이라고 불렸던 페르낭 아샤록, '뎅뎅'이라고 불렸던 장 타우송이 그들이다. 자키 처럼 몽도르 구역에서 살았던 타우송은 알제리대학 레이싱(RUA : Racing universitaire algérois)팀의 유망주 중 한 명이었다.[16] 종종 이들 세 명은 벤 아크눈중고등학교 옆에 있는 벤 루이라흐 경기장에서 저녁 늦게까지 놀곤 했다. 데리다 자신이 전하는 전설적인 얘기에 의하면, 그는 장차 프로축구 선수가 되는 것을 꿈꿨다고 한다. 어쨌든 한 가지는 분명하다. 즉 당시에 축구가 알제리에서 살고 있는 모든 인종 공동체에게 스포츠 종목 중 '왕'(王)의 자리를 차지하고 있었고, 거의 종교에 가까웠다는 사실이 그것이다.

페르낭 아샤록은 이렇게 기억하고 있다. "알베르 카뮈가 그랬던 것 처럼 자키는 축구에 뛰어났어요." 하지만 자키에게는 아주 가까운 롤 모

---

15) Derrida, *Sur parole...*, p. 15.

16) 20세부터 장 타우송은 OAS[비밀군대조직Organisation de l'armée secrète의 약자로, 1961년 2월 11일에 조직되어 테러를 비롯한 모든 수단으로 알제리에 있는 프랑스군을 도왔던 비밀 단체 ─ 옮긴이]와 가까워지기 전에, 그리고 후일 『파리 마치』(*Paris-Match*)에서 기자로 활발히 활동하기 전에 『에코 달제』(*Echo d'Alger*) 지의 기자가 된다. 후일 그는 샤를 파스쿠아[프랑스의 내무부장관을 역임했음 ─ 옮긴이]의 주변에서도 활동한다. 데리다는 1980년대인가 1990년대인가에 장 타우송과 저녁을 같이 보낸 적이 있었다. 옛 친구의 정치 노선의 변화를 애석하게 생각했음에도 불구하고 데리다는 페르낭 아샤록과 마찬가지로 타우송을 다시 볼 수 있기를 계속 희망했다.

델이 있었다. 그의 형 르네 역시 뛰어나고 열정적인 축구 선수였다. 레드 스타의 골키퍼였던 그는 실제로 여러 차례 시합에 참가했다. "자키는 현란한 발놀림으로 이 축구 클럽 제1팀 소속 수비수의 동작을 즐겨 흉내 내곤 했어요⋯. 다른 모든 분야에서와 마찬가지로 축구에서도 자키는 능력 있는 사람들의 설명을 듣는 것을 좋아했지요. 우리가 응원하는 팀이 패한 후 그는 알제의 교외 지역인 생퇴젠느 경기장에서부터 줄곧 걸어온 적도 있어요. 유명 선수의 설명을 듣기 위해서였지요. 아주 먼 거리였어요! 하지만 그 다음날 그는 들었던 모든 내용을 우리에게 설명하는 데 자신 없어 했어요."[17]

데리다는 한 번 이상 자신의 청소년기를 '불량배'의 시기였다고 기술한 바 있다. 그는 이 단어를 좋아했고, 그 자신 이 단어를 자신의 마지막 저서들 중 한 권의 제목으로 사용하기도 했다. 페르낭 아샤록에 의하면 이 단어는 당시 그들의 행동거지에 비추어 보아 분명 지나친 데가 없지 않았다. "우리 소그룹에서 우리는 천사가 아니었어요. 종종 말썽을 피우기도 했지요. 하지만 우리가 진짜 불량배였던 건 아닙니다. 그렇지 않았어요⋯." 어쨌든 데리다는 나중에 부인 마르그리트에게 만취한 채 자동차 드라이브를 하고, 친구들과 함께 모은 화약으로 학교의 예비건물을 폭발시킬 계획을 세운 일 등을 이야기해 주기도 했다. 그들이 정말로 악행을 저지를 마음을 먹었다고 보기는 어렵다. 하지만 그들 대부분은 그런 환상에 사로잡혀 있었다. 자키와 그의 친구들은 카뮈의 말처럼 "불량 소

---

17) 페르낭 아샤록과의 인터뷰. 나는 이 증언을 얻도록 도와준 아샤록의 아들 장 필립에게 심심한 감사의 말씀을 드린다.

년처럼 보이기 위해 나쁜 짓을 하는 정이 가는 청소년들"처럼, 그리고 '마를렌느'[18]를 유혹하기 위해 악행을 행하는 청소년들처럼 '클라르크'의 일부가 되었다.

어쨌든 한 가지는 확실하다. 그 즈음 집에서 특히 자키와 다섯 살 위인 형 르네가 팽팽한 긴장 관계를 유지하고 있었다는 사실이다. 자키는 형이 지적 차원에서와 마찬가지로 스포츠 분야에서도 자기보다 높이 평가되고 있다고 느꼈다. 하지만 그는 형이 자기에게 모종의 권위를 행사하는 것을 견딜 수 없었다. 그도 그럴 것이 대부분의 주제, 특히 정치 문제에 대해 그들은 서로 다른 의견을 가지고 있었기 때문이다. 르네는 우파의 입장을 기꺼이 지지했던 반면, 자키는 스스로 좌파라고 주장하는 기회를 놓치지 않았다.

그 시기부터 데리다의 주요 무기는 침묵을 지키는 것이었다. 그는 식사 시간 내내 입을 열지 않는 경우도 있었다. 그의 후반기 텍스트들 중 하나에서 그는 대답을 하지 않는 비범한 재능을 가지고 있다는 점을 인정하고 있다. "부모님도 어느 정도 알고 있었지만, 나는 그 어떤 고문으로도 굴복시킬 수 없는 고집스러운 침묵으로, 내 대답을 받을 만한 자격이 없는 자에게 맞설 수 있었다. 침묵은 나의 가장 높은 숭고함, 나의 가장 큰 평화였지만, 또한 나의 부정할 수 없는 전쟁 선언 혹은 경멸의 선언이기도 했다."[19]

---

18) Albert Camus, "Le minotaure", Pierre Manonni, *Les Français d'Algérie*, L'Harmattan, 1993, p. 163에서 재인용.

19) Jacques Derrida, "Le survivant, le sursis, le sursaut", *La Quinzaine littéraire*, no. 882, August 2004.

『할례/고백』을 읽으면서 생각할 수 있는 것과는 반대로 자퀴와 그의 어머니와의 관계는 청소년 시기에 긴장의 연속이었다. 그는 어머니가 편안한 생활을 영위하고 있다는 생각을 가졌다. 반면 그의 아버지는 고용주는 물론이고 그의 식구들에게 착취를 당하는 노동의 희생자라는 생각을 했다.

> 아버지에 대한 나의 동정은 무한정이었어요. 12세에 학교를 마치자마자 그는 타셰 사에서 일하기 시작했지요. 할아버지 역시 이 회사의 보잘 것 없는 직원이었어요. 견습 사원을 거쳐 아버지는 영업 담당 직원이 되었습니다. 항상 차를 운전하고 다니셨어요.[20]

자퀴는 아버지의 이 직업을 힘들고도 창피스러운 것으로 여겼다. "가련한 아버지"에게서 그는 "현대의 희생자"의 모습을 보았고, 상태가 좋지 않은 도로 위에서의 끝없는 여정 속에서 "견딜 수 없는 시련"을 직감했다. 일주일에 나흘 동안 에메 데리다는 새벽 5시에 집에서 나왔다. 전쟁 초부터 가스화 장치를 장착한 파란색 시트로앵을 몰고서 말이다. 저녁마다 그는 "지치고, 등이 굽고, 주문서와 돈으로 가득 찬 가방을 손에 들고" 집에 들어왔다. 여러 담당 지역을 순회한 후에 그는 다른 집보다 곤궁함을 덜 느끼게 하기 위해 생필품들을 가지고 왔다. 새벽에 출발하기 전에 그는 식탁 위에 전날 밤 세어 둔 돈을 탁자 위에다 놓아두곤 했다. 셈이 맞지 않으면 난리가 났다. 그는 계속해서 한숨을 쉬었고, 사람 진을 빼

---

20) Derrida and Roudinesco, *De quoi demain...*, p. 177.

는 일과표를 불평했다. 하지만 반유대 조치가 취해지던 시기에 자기를 해고하지 않은 사장에 대해 늘 감사하게 생각했다. 사장은 그를 해고하려면 할 수도 있었다. 하지만 자키는 이와 같은 아버지의 감사하는 태도로 인해 특히 마음의 상처를 입었다.

사장과 직원, 부자와 가난한 자가 있었고, 심지어는 한 집안에서도 아버지는 어두운 제의의 희생자였어요. 어둡고, 잔인하고, 숙명적인 희생자. '희생'이라는 단어가 계속 떠올랐어요. '아버지는 우리를 위해 희생하고 있어.' 내 청소년기 전체를 통해 나는 아버지와 더불어 괴로워했고, 그가 우리를 위해 한 일을 인정하지 않는 나머지 가족을 원망했어요. '모욕당한 아버지'의 모습이었던 거지요. 무엇보다도 의무의 인간, 의무에 짓눌린 인간, 등이 휜 인간. 아버지는 그랬어요. 등이 휘었어요(voûté). 아버지의 걸음걸이, 걷는 모습, 몸의 라인과 움직임에서도 그랬어요. '등이 휜'(voûté)이라는 단어가 나에게 무겁게 다가왔습니다. 아버지의 운명과 아버지를 따로 생각하는 것이 불가능했기 때문에 더욱 그랬어요. 아버지는 알제 항구에서 '둥근 건물'(voûtes) 이외의 다른 이름[21]을 가지지 않은 장소에서만 일을 했어요.[22]

운전을 시작하자마자 자키는 출장 가는 지역까지 아버지를 정기적

---

21) 여기서 데리다는 특유의 언어유희를 하고 있다. '등이 휜'(voûté)과 '둥근 건물'(voûtes)을 등치시키면서 아버지가 고생하는 모습과 항구에서 일하는 장소 사이의 관계를 암시하고 있다. — 옮긴이
22) *Ibid.*, pp. 177~178.

으로 모시고 다녔다. 자키는 매번 그 자신을 "타인들을 이해하지 못하고 무관심한 증인"으로 여기면서 그에게 쉽게 속내를 털어놓는 아버지와 일대일로 얘기를 나눌 수 있는 기회를 가졌다. 하지만 이 여행은 또한 자키에게 알제리의 땅, 특히 카발리라는 아주 멋진 곳을 처음으로 발견할 수 있는 기회이기도 했다.

> 나에게 그 어떤 이름도 베르베르어로 된 다음과 같은 일련의 이름 속에 각인되지 않을 것이다. […] 티지 우주, 티지르트, 두지델리, 게동 항구, —이곳들은 출장지였다— 그리고 야쿠렌 슈. […] 나는 구불구불한 길에서 운전하는 것을 좋아했다. 하지만 나는 아버지를 돕는 것을 좋아했다. 나는 아버지에게 그와 함께 한다는 일종의 '정치적 연대감'을 보여주고자 했으며, 이 '대지의 저주받은 자'에게 나의 염려하는 마음을 보여주고자 했다.[23]

하지만 가족은 또 다른 얼굴을 가지고 있었다. 남자 사촌들과 여자 사촌들로 이루어진, 수가 많고도 쾌활한 가족의 얼굴이 그것이었다. 자키와 그의 누이동생 자닌은 사촌들과 함께 소그룹을 형성해 버스, 전차, 트롤리 버스를 타고 푸드리에르 해수욕장으로 가서 여러 날을 즐겁게 보내기도 했다. 자키가 좋아했던 사촌 중 한 명인 미슐린 레비는 전쟁을 잊게 해주었던 그 순간들을 감동 어린 어조로 이렇게 회상하고 있다. "우리는 약속을 정하기 위해 암호를 가지고 있었어요. 서로에게 출발을 알리기 위

---

23) Malabou and Derrida, *La contre-allée. Voyager avec Jacques Derrida*, pp. 37~39.

해 전화벨이 두 번 울리도록 그냥 놔두는 것이었지요. 우리는 소그룹으로 소풍을 위해 달걀과 빵과자를 가져갔어요. 자키는 식도락가였어요. 그는 특히 아몬드가 섞인 빵과자를 좋아했답니다. 그는 또한 수영을 잘했어요. 그는 바다 멀리까지 헤엄쳐 나가곤 했지요. 한때 우리는 즐거운 마음으로 노란색 딩기 배를 구입하기 위해 돈을 모든 적도 있어요⋯. 자키는 춤을 추러 가는 것은 별로 좋아하지 않았어요. 그는 저녁 늦게 혼자 바닷가에 있는 걸 좋아했지요. 우리는 저녁이 되면 오래 거닐곤 했어요. 그는 대부분의 사람들에게는 자기 자신을 잘 드러내지 않았지만 나와 함께 있을 때만큼은 달변이었어요. 어쨌든 나는 그의 많은 비밀을 짐작할 수 있었고, 나 역시 그에게 비밀을 많이 털어놓았지요. 그는 나의 가장 친한 친구이자 예쁜 소녀였던 뤼시엔느와 사랑에 빠졌어요. 그녀는 그의 첫사랑이었지만, 내가 알기로는 그들의 사랑은 정신적 사랑이었어요."[24]

그들 소그룹은 저녁에 엘비아르로 올라가다가 영화를 보러 가기도 했다. 후일 자키는 알제에 있었던 영화관의 이름을 향수를 달래면서 나열하게 된다. 복스, 카메오, 미디 미뉘, 올랭피아, 북아프리카에서 가장 규모가 컸던 마제스틱 등⋯. 자키는 어떤 영화든, 어디에서 제작된 영화든 간에 영화를 열심히 보았다.

나와 같은 알제리 출신 아이들에게 영화는 여전히 굉장한 여행의 기회였어요. 우리는 영화를 보면서 동시대적이긴 하지만 동시에 아주 이국적이었던 미국 영화는 말할 나위 없고, 프랑스 영화에 대해서도 아주 특

---

24) 미슐린 레비와의 인터뷰.

별한 목소리로 말을 했고, 알아차릴 수 있는 사람들과 같이 움직였어요. 그러니까 이 영화들은 지중해를 건너 본 적이 없는 나와 같은 청소년에 게는 아주 인상적인 풍경들과 내부의 모습을 보여 주었던 거지요. 책은 이와 같은 것들을 가져다주지 못했어요. 또한 내가 모르고 있던 프랑스 로의 직접적이고 즉각적인 이동도 가져다주지 못했어요. 영화를 보러 가는 것, 그것은 즉각적으로 준비한 여행이었던 겁니다.[25]

독서는 자키가 아주 좋아하는 활동으로 남게 된다. 6학년부터, 그리 고 르페브르 씨의 지드 예찬 이후, 자키의 문학에 대한 사랑은 계속 커져 만 갔다. 학교 숙제와는 달리 독서는 자키 스스로가 점차 자유롭고도 독 립적으로 혼자 키워 나가게 될 열정이었다. 부모님은 집에서 자키가 방을 따로 쓸 수 있게 하기 위해 베란다를 반으로 나누었다. 자키는 여러 시간 동안 그곳에서 책을 읽으며 틀어박혀 있곤 했다. 침대 위에다 조그마한 책꽂이를 마련하고 거기에다 그가 좋아하는 작품들을 꽂아 두었다. 그가 받는 얼마 안 되는 용돈도 모두 책을 사는 데 쓰곤 했다.

책이 그다지 많지 않았던 집에 나는 내가 읽었던 질이 좋지 않은 몇 권의 소설, 가령 폴 부르제의 소설을 가져다 놓았어요…. 그게 전부였어요. 아 버지가 주신 한 주의 용돈으로 내가 알제에서 처음으로 구입한 책들이 었습니다. 따라서 그 책들은 완벽한 페티시즘의 대상이었어요. 내 침대

---

25) A. de Baecque, "Le cinéma et ses fantômes", interview with Jacques Derrida, *Feu sur le quartier général*, p. 56.

2장_알제의 태양 아래에서 57

위에는 『악의 꽃』이 있었고, 내가 아주 좋아했던 지드의 작품이 있었습니다. 도합 열, 열다섯, 스무 권의 책이 있었어요.[26]

『지상의 양식』을 읽은 후, 자키는 『배덕자』, 『좁은 문』, 『팔뤼드』, 『일기』에 빠져들었다. 자키는 이렇게 설명하고 있다. "나에게 어떻게 살 것인가를 보여 준 것은 소설가가 아니라 도덕론자였습니다."[27] 자키는 그 자신 그렇게 열렬하게 지드의 작품을 읽던 때, 지드가 알제에서 살고 있다는 사실을 분명 알고 있었다. 1934년 5월 20일에 알제에 도착한 지드는 한 달 후에 엘비아르에서 드골 장군이 묵고 있던 빌라에서 저녁식사를 한 적이 있다. 그 다음 여러 달 동안 미슐레 가에 있는 자크 외르공의 집에서 지드는 종종 생텍쥐페리와 체스를 두기도 했다. 자키는 그 자신이 열광적으로 읽었던 작가를 길거리에서 우연히 마주칠 수도 있었을 것이다.

하지만 자키는 다른 작가들에게도 매혹되었다. 학교에서 읽게 된 루소는 일찍부터 그가 선호하는 작가 중 한 명이 되었다. 자키는 『고백록』과 『고독한 산보자의 몽상』을 읽고 또 읽었다. 13, 14세부터 지드의 충고를 따른 것처럼 자키는 또한 니체의 『차라투스트라는 이렇게 말했다』와 다른 저서들에 빠져들었다. 이렇게 해서 자키는 어린 시절의 유대교에서 한층 더 멀어지게 되었다. 그는 루소만큼 니체를 좋아했다. 이들 두 명이 서로 많이 달랐음에도 그랬다. "나는 내 안에서 있었던 토론을 잘 기억한

---

26) Jacques Derrida, "Entre le corps écrivant et l'écriture...", interview with Daniel Ferrer, *Genesis*, no. 17, December 2001.

27) Franz-Olivier Giesbert, "Ce que disait Derrida", http://www.lepoint.fr/actualites-litterature/ 2007-01-17/philosophie-ce que-disait-derrida/1038/0/31857.

다. 나는 루소와 니체를 화해시키려고 했다. 나는 그들을 똑같이 좋아했다. 나는 니체가 루소를 가차 없이 비판했다는 사실을 알고 있었다. 해서 나는 어떻게 루소주의자임과 동시에 니체주의자가 될 수 있을까 하고 자문하곤 했다."[28]

독서량이 많기는 했지만 자키는 고전소설에 대해서는 별로 흥미로워하지 않았다. 뒤마, 발자크, 스탕달, 졸라 등과 같은 작가들에 대해 자키는 피상적인 지식만을 가지고 있었다. 이와는 달리 자키는 시인이자 에세이스트로서의 폴 발레리에게 매료되었다. 또한 덜 자주 인용하긴 했지만 자키는 카뮈를 좋아했다. 『지상의 양식』이나 『배덕자』에서와 마찬가지로 그는 출간된 지 얼마 되지 않았던 『결혼』과 『이방인』에서 프랑스 문학 — "우리가 살고 있는 세계와 감각적 연속성을 가지고 있지 않은 세계에 대한 경험"[29] — 과 그 자신의 세계이기도 했던 구체적인 세계[30]와의 거의 기적에 가까운 조우를 발견했다.[31]

자키의 청소년기에 영향을 주었던 독서 가운데 그 당시 접근이 용이하지 않았던 앙토냉 아르토의 작품 또한 잊을 수 없다.

---

28) Derrida, *Sur parole…*, p. 18.

29) Derrida, *Le monolinguisme de l'autre*, p.76

30) 식민화로 인해 신음하고 있던 아프리카 대륙을 가리킨다. ─옮긴이

31) 그 무렵, 자키는 학교를 일찍 그만둘 수밖에 없었던 사촌 여동생 미슐린 레비와 독서 취미를 나누어 가졌다. 그는 그녀로 하여금 도서관에 등록하도록 권유했고 또 독서에 대해 충고를 해주기도 했다. 자키 덕분에 그녀는 지드, 카뮈, 샤토브리앙, 도스토예프스키 등에 열광한 훌륭한 독서가가 되었다. 후일 그녀는 집안에서 데리다의 저서를 읽은 유일한 사람이 되었으며, 종종 그의 발표나 세미나에 참석하기도 했다. 또한 그와 더불어 1년에 한 번은 의례적으로 식사를 하기도 했다.

아르토라는 이름을 듣고 처음에 나의 내부에서 울려 퍼졌던 것을 기억해 보면, 그것은 아마 『자크 리비에르와의 서간문』과 관련된 블랑쇼의 책에 대한 독서를 통해서였을 거예요. 나는 그때 아르토의 편지를 읽었고, 동일화의 투사 작용에 의해 그에게서 공감을 느꼈습니다. 그는 어쨌든 말할 것이 아무것도 없다고 말했고, 또 그 어떤 것도 외부에서 그에게 '강요되지' 않았다고 말하기도 했고요. 반면, 글쓰기에 대한 열정과 충동, 연출에 대한 열정과 충동이 그에게 깃들어 있었어요….

그렇다면 왜 젊은 시절에 나는 아르토와 일체감을 느꼈을까요? 사실 나는 청소년 시절(이 시절은 32세까지 지속되었다…)에 글을 쓰지 않으면서 텅 빈 감정으로 열광적으로 글을 쓰고자 했었습니다. 나는 내 글을 써야 할 필요가 있고, 내가 쓰기를 원하며, 또 내가 절대적으로 글을 써야 한다는 것을 알고 있었던 겁니다. 하지만 결국 나는 이미 말해진 것을 닮아가는 것 말고는 아무것도 없었어요. 돌이켜보건대, 16세가 되었을 때 나는 '갖가지 종류의'(protéiforme) 글을 쓴다는 느낌을 받았어요. 나는 이 단어를 지드에게서 찾아냈는데, 아주 마음에 드는 단어였습니다. 나는 어떤 형태로도 글을 쓸 수 있었으며, 어떤 어조로도 글을 쓸 수 있었습니다. 하지만 이 어조는 내 것이 아니었어요. 나는 다른 사람들이 나에게서 기대했던 것에 답을 하거나 아니면 내 자신을 타인에게 비추는 거울 속에 자리 잡고 있었던 것이지요. 나는 이렇게 생각했어요. '나는 모든 것을 쓸 수 있다, 따라서 나는 아무것도 쓸 수 없다.'[32]

---

32) Jacques Derrida, "Les voix d'Artaud", interview with Évelyne Grossman, *Le Magazine littéraire*, no. 434, September 2004.

다른 많은 청소년들과 마찬가지로 자키는 일기를 썼다. 자전적인 비밀 이야기와 독서에 대한 단상들로 작은 공책을 메웠던 것이다. 그는 또한 장밋빛 종이 식탁보에다 직접 메모하는 것을 좋아하기도 했고, 그중에 재미있는 글이 있는 부분을 오려 내기도 했다. 소설에 별로 흥미를 가지지는 않았지만, 그래도 15, 16세 경에 그는 협박이 뒤따르는 일기를 훔친 사건을 중심으로 진행되는 이야기를 상상해 내기도 했다.

그 시기에 자키는 문학적 삶에 많은 관심을 가졌다. 그는 문학잡지들과 부록들을 경건한 자세로 읽었고, 가끔은 큰 소리로 읽기도 했다. 그 당시에 알제는 전쟁 말기와 전후 시기의 초기에 프랑스의 일종의 제2의 수도였다는 사실을 지적할 필요가 있다. 카뮈의 초기 작품들을 출간했던 에드몽 샤를로는 1942년에 '전쟁 중인 프랑스의 책들'이라는 이름의 총서를 마련했다. 그는 이 총서를 통해 지드의 『상상 인터뷰』, 케셀의 『그림자 군대』, 쥘 루아, 막스 폴 푸셰, 그리고 다른 작가들의 작품들을 출간하기 전에 베르코르의 『바다의 침묵』을 재출간했다. 카발리아[33] 출신 시인 장 암루쉬가 총괄했던 잡지 『라르쉬』(L'Arche)는 대독협력으로 평판을 해친 『신프랑스평론』(Nouvelle Revue Française) 지의 대항마가 되길 바랐다. 1947년에 에마뉘엘 로블레스는 『포르주』(Forge)를 창간해서 모하메드 딥, 카테브 야신과 같은 작가들을 맞아들였다.[34]

그 시기에 데리다는 여러 편의 시를 썼다. 후일 그는 그 시들이 내키지 않는다고 했고, 『조종』에서 인용된 「익사한 내 죽음이라는 우유 늪의

---

33) 알제리 산악지방을 가리킨다. — 옮긴이
34) 더 자세한 정보에 대해서는 Jacques Cantier, "1939–1945, une métropole en guerre", éds. Jean-Jacques Jordi and Guy Perville, Alger, 1940–1962, Autrement, 1999를 볼 것.

성가신 놈」[35]이라는 시 한 편을 제외하곤 모두 없애려고 했다. 하지만 그 무렵에 그는 몇몇 잡지에 시를 기고했다. 1947년 3월, 『페리플, 지중해』 (*Périples, revue de la Méditérranée*) 지의 책임자였던 클로드 베르나디는 자키의 시를 읽고 "'진짜' 즐거움"을 느꼈다면서 이렇게 말하기도 했다. "자넨 출중한 재능을 가지고 있네. 그걸 잘 살려야 할 걸세."[36] 그는 『페리플』지 다음 호에 자키의 시를 실어 주겠다고 약속했으나, 일이 성사되기 전에 이 잡지가 정간되어 버렸다. 어쨌든 여러 편의 텍스트들이 여러 군소 잡지들에 게재되었던 것으로 보이지만, 그 잡지들을 찾아낼 수가 없었다.

나이에 비해 예외적인 수준의 독서를 했다고 할지라도 자키가 그 만큼 우수한 학생인 것은 아니었다. 중고등학교 5학년 반에서 추방당한 이후 그는 비주요과목을 등한시했고, 그런 만큼 기초가 부족한 상태였다. 수학, 라틴어는 물론이거니와 살아 있는 언어에서도 그의 수준은 아주 낮은 편이었다. 그는 그런 것에 전혀 개의치 않고 지냈다. 하지만 1947년 6월, 바칼로레아의 첫 번째 부분 시험에서 떨어졌을 때 그는 몹시 기분이 상했다. 그 이후 그는 아침에 아주 일찍 일어나는 습관을 붙이고 여름 내내 공부를 열심히 한 끝에 9월 시험에서 합격할 수 있었다. 형 르네는 이렇게 술회한 바 있다. "갑자기 사람들이 그를 알아보지 못했다."

자키는 그때 벤 아크눈중고등학교를 떠났다. 당시 알제에서 가장 유명한 에밀 펠릭스 고티에고등학교에 들어가기 위해서였다. 이 학교의 철

---

35) Jacques Derrida, *Glas*, Galilée, 1974, p. 219.
36) 클로드 베르나디가 데리다에게 보낸 1947년 3월 21일 편지.

학 담당 선생님 장 쇼스키는 아주 유명했다. "잊을 수 없는 목소리, 모음에 붙은 악상 그라브와 악상 시르콩플렉스[37]를 두드러지게 강조하는 목소리"로, 그리고 몇몇 학생들에 따르면 몸에 항상 지니고 다니는 커다란 검정 양산으로 유명했다. "제군들, 누군가 자네들에게 왜 에밀 펠릭스 고티에로 왔느냐고 묻는다면, 그건 쇼스키와 철학을 하기 위해서라고 대답을 해야 할 것이다." 그는 첫 수업에서 학생들에게 이렇게 선언했다. 졸업생 중 한 명에 따르면, 쇼스키 선생은 "예측 불가능한, 매력적인, 몽상가적 기질이 있는, 종종 허세를 부리는, 게다가 수업시간에는 무서운 인물, 하지만 아주 독창적이고, 뛰어난 지성을 지녔고, 아주 분명하고 우아하고 정확한 사유를 했던 교육자였다. 그리고 가끔 섬광을 발하는 것 같기도 했다. 얼마나 멋진 강의였던가!(특히 칸트를 강의할 때) 진정한 철학자, 위대한 철학자였다…".[38] 쇼스키 선생이 데리다에게 남긴 흔적에 대해서는 아무런 정확한 정보도 남아 있지 않다. 다만 쇼스키 선생의 철학 강독, 특히 베르그송과 사르트르에 대한 강독은 자키에게 가장 큰 영향을 주었다는 사실을 알고 있을 뿐이다.

오래 전부터 신장염을 앓았던 자키의 어머니가 큰 수술을 받은 것은 그가 고등학교 졸업반에 다니고 있을 무렵이었다. 신장을 다 들어내야 할 만큼 결석이 컸다. 1976년 12월의 개인 메모에서 데리다는 어머니와의 관계에서 오랜 긴장 관계에 종지부를 찍게 된 이 사건이 가진 중요성에

---

37) 프랑스어 철자 부호로 모음의 발음을 변형시키기 위해 사용한다. 악상 그라브(accent grave)는 è, à 등에 붙은 것이고, 악상 시르콩플렉스(accent circonflexe)는 â, ê, ô 등에 붙은 것이다. — 옮긴이

38) Jean-Louis Jacquemin, "Je suis un 'Émile Félix Gautier'", http://esmma.free.fr/mde4/jaquemin.htm.

대해 생략적이긴 하지만 의미심장하게 지적하고 있다.

어머니의 수술.
이때부터 나는 어머니와 '화해'를 했다. 구체적으로 기술할 것. 자주 병원을 방문. 수술이 진행되는 동안의 무서움. 나의 배려에 대한 어머니의 놀라움. 나의 배려 역시 놀라움. 전쟁의 종말. '공부'에 대한 태도 변화 등등....[39]

바칼로레아 시험을 치면서 자키는 장차 무엇을 할 것인가에 대해서는 막연한 생각만을 하고 있었다. 14, 15세 이래로 그는 글을 써야 한다, 특히 문학작품을 써야 한다는 사실을 알고 있다고 생각했었다. 하지만 그렇게 해서 먹고살 것이라고는 한 순간도 생각하지 않았기 때문에 그에게 문학교수가 되는 것은 "가능한 유일한 직업, 아니면 소망할 수 있는 유일한 직업"[40]으로 보였다. 그리고 이와 같은 생각은 철학의 발견과 더불어 약간 변하게 된다.

내가 본격적으로 철학책을 읽기 시작한 것은 고등학교 졸업반에서였다. 고등학교에서 그리스어를 배우지 않았기 때문에 문학교수자격시험에 응시할 수 없다는 것을 당시에 알고 있었으므로, 나는 속으로 이렇게 생각했다. '왜 그 두 가지를 동시에 할 수 없다는 거지? 왜 철학교수가 될

---

39) Jacques Derrida, *Carnets personnels de 1976*, archives Irvine.
40) Bennington and Derrida, *Jacques Derrida*, p. 301.

수 없다는 거지?' 당시에 사르트르와 같은 롤 모델들은 문학과 철학을 동시에 하는 사람들이었다. 이렇게 해서 점차 문학적 글쓰기를 포기하지 않은 채 나는 직업적으로 철학이 가장 해볼 만하다는 생각을 하게 되었다.[41)]

1989년에 가진 '소위 문학이라는 기이한 제도'라는 제목의 열정적인 인터뷰에서 데리다는 그 당시의 망설임을 더 자세하게 설명하고 있다.

나는 분명 철학과 문학 사이에서 주저했어요. 어느 것도 포기하지 않고, 어쩌면 불분명하게 이 두 학문의 경계의 역사가 사유될 수 있는 혹은 심지어 그 경계를 이동시킬 수 있는 장소를 찾으면서요. 심지어는 글쓰기 자체에서뿐만 아니라 역사적 혹은 이론적 성찰 속에서 말입니다. 내가 오늘날에도 여전히 관심을 가지는 것이 엄격하게 문학이라고도 철학이라고도 불리지 않기 때문에, 나는 내 청소년기의 욕망이 문학도 철학도 아닌 그 어떤 글쓰기를 향해 나를 추동시켰다고 생각하는 것이 즐겁습니다.[42)]

데리다는 이와 같은 이중의 욕망을 고전적 방식으로 실현시키는 길을 찾게 된다. 바칼로레아 시험 결과를 손에 쥔 며칠 후, 그는 우연히 〈라

---

41) Derrida, *Sur parole...*, p. 19.

42) Jacques Derrida, "Cette étrange institution qu'on appelle la littérature", interview with Dereck Attridge, éds. Thomas Dutoit and Philippe Romanski, *Derrida d'ici, Derrida de là*, Galilée, 2009, pp. 253~254.

디오 알제〉에서 직업 소개 방송을 청취하게 된다. 한 문학 담당 선생이 '이포카뉴'(hypokhâgne)[43]에 대한 찬사를 늘어놓았다. 지나치게 빨리 전공을 선택하는 것을 피하기 위한 개방적이고 다양한 교육과정이라는 것이었다. 그 선생은 또한 알베르 카뮈 역시 1932~33년에 이 과정의 학생이었다고 말했다. 그때까지 고등사범학교에 대해 들어보지 못했던 자키는 그 다음날 그 선생을 찾아가서 만났고, 그 길로 뷔죠고등학교 이포카뉴에 등록하게 된다. 알제리 전국에서 온 학생들이 등록했던 명성 높은 준비반이었다. 자키는 바로 이곳에서 장 클로드 파리앙트와 장 도메르크를 만나게 된다. 자키는 그들과 곧장 친하게 지내게 되었고, 그들은 그와 함께 파리로 떠나게 된다.

파리앙트는 이렇게 회상한 바 있다. "그때 뷔죠의 이포카뉴에는 오라니 출신 학생들이 꽤 많았어요. 또한 콩스탕티누아에서 온 학생도 없지 않았어요. 하지만 그 반의 특징은 남녀 공학이 아니던 시기에 남녀 혼성반이었다는 점이에요. 일반적으로 이 학생들은 고등교육에 대한 필요성 때문에 이 학교에 등록했고, 알제 문과대학에 진학해서 공부를 계속하기도 했어요. 고등사범학교 입학을 목표로 하는 학생들은 그다지 많지 않았어요. 여학생들이 있어서 반 전체의 분위기가 달랐지요. 우리는 이전에 다녔던 학급에서보다는 더 정중했고, 이 학교의 다른 학급 학생들의 부러움을 사기도 했어요. 하지만 전체적으로 보아 이런 점은 그다지 중요하지 않았어요. 자키는 여학생들과도 잘 지냈어요. 하지만 내 기억으로 같은

---

43) 대학입학자격시험인 바칼로레아에서 아주 우수한 성적으로 합격한 학생들이 다시 고등학교에서 2년 머물면서 고등사범학교에 입학하기 위해 준비를 한다. 고등사범학교 수험 준비 1년차 과정을 지칭한다. ―옮긴이

반에 그의 여자 친구는 없었던 것 같아요."[44)

그때 뛰어난 학생이었던 장 클로드 파리앙트는 두 번째로 이포카
뉴를 시작하고 있었다. 왜냐하면 뷔죠고등학교 이과(理科)에서는 이 제
도를 완전하게 운영하고 있었지만, 그때까지 알제에서는 아직 '카뉴'
(khâgne)[45)가 개설되지 않았기 때문이다. 그해 말에 파리앙트는 알제에
서 고등사범학교 입학시험에 도전해 볼 생각이었다. 이 계획은 그다지 무
모한 것은 아니었다. 그도 그럴 것이 이 학교의 이포카뉴에서도 아주 수
준 높은 교육이 이루어지고 있었기 때문이다. 데리다가 라디오 방송에서
목소리를 들었던 문학 선생 폴 마티외는 옛날 방식을 따르는 인문주의자
였다. 고등사범학교 졸업생이었던 그는 여전히 윌름 가(rue d'Ulm)[46)를
숭배했으며, 뛰어난 제자들로 하여금 이 학교에 "들어가도록" 하기 위해
모든 노력을 아끼지 않았다. 하지만 랑송(Lanson)[47)이 쓴 문학사에 바탕
을 두고 진행된 그의 수업은 데리다를 열광시키기에는 지나치게 고전적
이었다. 자키가 두각을 나타내지 못했던 과목인 라틴어를 잘 가르쳐 준
선생도 바로 그였다. 역사를 담당했던 뤼시앙 베시에르는 근사한 훈장을
달고 전쟁에서 돌아오긴 했지만, 이 전쟁으로 인해 큰 충격을 받았고, 아
주 정확한 지식을 전달해 주긴 했지만, 학생들 대부분의 취향에 비해 지
나치게 고리타분했다.

철학 담당 선생이었던 얀 크자르네키는 신교를 믿는 진보주의자로,

---

44) 장 클로드 파리앙트와의 인터뷰. 파리앙트는 내가 유일하게 만나 본 데리다의 이포카뉴 동
   급생이다. 나는 그해에 대한 기억에서 그에게 많은 빛을 졌다.
45) 고등사범학교 수험 준비반 2년차를 지칭한다. —옮긴이
46) 고등사범학교가 있는 거리 이름이다. —옮긴이
47) 프랑스 문학에서 이른바 강단 교육을 대표하는 학자이다. —옮긴이

후일 "121인 선언"[48]에 서명을 한 용기 있는 사람이었다. 르 센과 나베르의 제자였고, 관념론과 프랑스 유심론 전통을 따랐던 그는 철학의 다른 경향에 대해서와 마찬가지로 인식론에 대해 아주 개방적인 태도를 보여 주었다. 그의 교육 내용은 아주 합리적이었고, 약간 무미건조하긴 했지만, 그러나 서서히 방향을 찾아 나가던 데리다의 흥미를 끌기에 충분했다. 후일 데리다는 도미니크 자니코와의 대담에서 이렇게 말하고 있다. "나는 이포카뉴에서 아주 훌륭한 선생님에게 배웠어요. 그분은 주마간산 격으로 아주 빠르기는 하지만 아주 정확하게 소크라테스 이전 학자들부터 현대에 이르기까지 철학사의 전 과정을 모조리 훑으며 강의를 해주었어요." 어바인대학의 '특별 장서'에 보관된 자료를 통해서 우리는 그 해에 데리다가 들었던 수업의 많은 흔적들을 볼 수 있다.

자키가 처음으로 마르틴 하이데거의 이름을 들은 것은 얀 크자르네키 선생을 통해서였다. 자키는 돈이 조금 모이자 그 당시 프랑스어로 유일하게 읽을 수 있었던 『형이상학이란 무엇인가』를 구입했다. 이 책은 앙리 코르뱅이 번역한 하이데거의 여러 텍스트들의 선집이었다. "불안의 문제, 부정에 앞선 무(無)에 대한 체험의 문제 등이 내 개인적인 파토스와 잘 맞았어요. 내가 나중에 집중적으로 읽었던 후설의 차가운 철학보다 훨씬 잘 맞았던 거지요. 전쟁이 막 끝난 후에 나는 당시 사람들이 모두 느끼고 있던 그런 파토스에 공명했던 거예요."[49] 크자르네키 선생 덕택에 데

---

48) 1960년 9월 6일 『진리-자유』(*Vérité-Liberté*) 지에 '알제리전쟁에서 불복종에 대한 권리선언' 이라는 제목으로 실린 선언문으로, 여기에는 사르트르를 포함해 121명의 작가, 예술가, 지식인 들이 참여했다. ─옮긴이

49) Dominique Janicaud, "Entretien avec Jacques Derrida", *Heidegger en France II*, Hachette-Littératures, 2005, pp. 89~90.

리다는 자신을 가장 매혹시킨 철학자들 중 한 명이자 평생 그 자신 애호가로 남게 될 키에르케고르를 읽기 시작했다.

그럼에도 불구하고 그해에 데리다에게 가장 결정적인 영향을 미친 철학자는 당시 영광의 정점에 있었던 사르트르였다. 데리다는 고등학교 졸업반에서 사르트르를 읽기 시작했다. 하지만 그가 사르트르의 저작에 실제로 빠져든 것은 이포카뉴에서였다. "사르트르, 심리학-현상학"에 대한 긴 발표문을 준비하면서 그는 알제 도서관에서 『존재와 무』(L'être et le néant)를 읽게 되었고, 또한 그 이전의 저서들인 『상상력』(L'imagination), 『상상계』(L'imaginaire), 『감동론 소묘』(Esquisse d'une théorie des émotions) 등에도 흥미를 갖게 되었다. 그가 쓴 발표문에서 데리다는 사르트르에 대한 후설의 영향을 강조했다. 비록 그가 아직까지는 독일의 위대한 현상학자에 대한 간접적인 지식밖에 가지고 있지 않지만 말이다.

자키는 또한 『존재와 무』와 더불어 "황홀경의 눈부심 속에서" 『구토』(La nausée)를 읽게 된다. "라페리에르 광장의 의자에 앉아서, 실존의 잉여성을 검증하기 위해서, 또한 강렬한 '문학적' 동일화의 몸짓으로 가끔 눈을 들어 나무뿌리, 꽃밭, 둘레가 꽤 굵은 식물들을 보면서 말이다."[50] 몇 년 후에 자키는 사르트르의 "철학적 '감동'에 기초한 문학적 허구"를 높이 평가하게 된다. 그의 사르트르에 대한 열정은 그 자신 공연을 직접 보았던 『닫힌 방』(Huis clos), 『레탕모데른』(Les Temps modernes) 지와 『상

---

50) Jacques Derrida, ""Il courait mort": salut, salut", *Papier Machine*, p. 176.

황』(*Situations*)[51] 1, 2권으로까지 이어진다.

그 이후 데리다는 사르트르의 영향을 "불길한" 것, 심지어는 "끔찍한" 것으로 판단했다. 하지만 그 당시 『문학이란 무엇인가』(*Qu'est-ce que la littérature?*)의 저자인 사르트르는 다른 많은 사람들에게서와 마찬가지로 자키에게도 중요한 저자였다.

> 공부를 하면서 내가 사르트르에게 진 빚, 그와의 관련성, 그에게서 받은 큰 영향, 사르트르라는 거대한 인물 자체를 나는 인정한다. 나는 결코 이 모든 것을 떨쳐 버리려고 하지 않았다. […] 내가 철학반에, 이포카뉴에 혹은 카뉴에 있을 때, 사르트르의 사유뿐만 아니라 그의 모습, 철학적 욕망과 문학적 욕망을 결합시킨 사르트르라는 인물은 나에게 조금 어리석게도 하나의 모델, 하나의 표점이었다고 할 수 있었다.[52]

데리다가 후일 자신에게 중요한 작가들을 발견한 것 역시 사르트르의 덕택이었다. 게다가 그는 직접 다음과 같은 사실을 인정하고 있다. "내가 처음으로 블랑쇼, 퐁주, 바타유의 이름을 본 것은 『상황』에서였다. […] 이들의 저작을 읽기 전에 나는 그들에 할애된 사르트르의 글을 읽는 것으로 시작했다." 『존재와 무』에 대해서 말하자면, 데리다 자신이 이른바 위대한 '3H'인 헤겔, 후설, 하이데거에 몰두하게 되면서부터 이 저서는 그의 눈에 "철학적으로 빈약한" 것으로 보였다. 데리다에 의하면, 『구토』를

---

51) 사르트르의 다양한 글 모음집으로 10권까지 출간되었다. ─옮긴이
52) Derrida, *Sur parole...*, p. 82.

제외하면 사르트르의 문학작품은 위대한 작품은 아니었다. 하지만 그의 작품은 데리다와 같은 세대의 역사와 마찬가지로 그 자신의 역사 속에서 "극복 불가능한" 것으로 남아 있게 된다.

데리다에게 사르트르의 참여(engagement)는 정치화의 초기 단계에 해당한다. 모든 종류의 시대착오를 경계할 필요가 있다. 1945년 5월에 발발한 끔찍했던 세티프 대량학살사건이 회고적으로 보면 알제리전쟁의 단초처럼 보이는 것은 사실이다. 하지만 그 시기에 자키의 입장은 반식민주의적이지는 않지만 정통 개혁주의적인 것이었다. 그리고 이와 같은 입장은 프랑스공산당(PCF)의 입장이기도 했다.

내가 알제의 이포카뉴에 있을 때, 나는 '좌파' 알제리 단체들에 가담하기 시작했습니다. 그 시기, 즉 '47-48-49년에 망두즈가 있었어요. […] 나는 정치적 입장을 선명하게 표명한 단체들에 소속되어 있었고, 정치적으로 깨어 있었습니다. 알제리 독립을 위한 것은 아니었지만, 우리는 프랑스의 험악한 정책에 반대했어요. 우리는 또한 알제리인들에게 주어진 지위의 변화를 통해 이 나라를 탈식민화시키기 위해 노력했지요.[53]

여러 가지 측면에서 볼 때 데리다에게 이포카뉴 기간은 행복한 한 해였다. 자기와 같은 이해관계를 공유하고 있는 젊은 남녀 학생들의 일원이었던 자키는 시험에 대해 전혀 압박감을 느끼지 않았다. 그럼에도 불구하

53) Jacques Derrida, "L'une des pires oppressions: l'interdiction d'une langue", interview with Aïssa Khelladi, *Algérie Littérature action*, no. 9, March 1997.

고 전체적으로 보아 그의 성적은 좋은 편이었다. 철학에서는 70명 중 2등이었다. 반에서 가장 뛰어난 학생이었던 장 클로드 파리앙트는 윌름 가를 향한 시험에 응시했으나 큰 점수 차로 떨어졌다. 이로 인해 자키는 같은 경험을 하지 않겠다고 마음먹었다. 그는 고등사범학교에 들어갈 수 있는 기회를 잡기 위해서는 본토로 갈 필요가 있다고 생각했다. 파리앙트와 도메르크와 마찬가지로 데리다도 파리의 가장 유명한 고등학교인 루이르그랑고등학교에 입학이 허락되었다. 빅토르 위고, 샤를르 보들레르, 알랭 푸르니에, 폴 클로델, 장폴 사르트르, 모리스 메를로퐁티 등이 이 학교에 다녔던 면면들이었다. 자키의 부모 입장에서 보면 그의 공부는 커다란 재정적 부담이었다. 하지만 그들은 고등학교 졸업반 이후 뛰어난 학생이 된 아들을 지지할 준비가 되어 있었다. 당연하지만 파리에서 방을 구하는 것은 문제가 아니었다. 왜냐하면 그는 루이르그랑의 기숙사생이 될 것이기 때문이었다. 그는 한순간도 기숙사생이 된다는 것이 무엇을 의미하는지를 상상해 보지 못했다.

3장_루이르그랑의 벽

1949~1952

1949년 9월 말, 파리로의 출발이라는 고대하고 고대했던, 하지만 두려운 순간이 찾아왔다. 자키에게 이 여행은 첫 번째 여행다운 여행이었다. 그는 처음으로 부모님 곁을 떠났고, 처음으로 배를 탔으며, 처음으로 기차를 탔다.

'빌 달제'(Ville d'Alger) 호에 몸을 싣고 경험한 지중해 횡단은 지옥이었다. 끔찍한 뱃멀미로 인해 20시간 동안 계속 구토를 해댔다. 자키는 마르세유에 도착해서도 아무것도 구경하지 못하고 곧장 파리로 출발했다. 긴 하루 동안의 기차 여행 끝에 도착한 그렇게 많은 책과 영화를 통해 꿈꾸었던 수도 파리는 대실망이자 "순간적인 낙망"[1]이었다. 비가 오고 더러운 파리에서 모든 것이 슬프고 회색으로 보였다. "하얀색의 도시 알제에서 검은색의 도시 파리에 도착했습니다. 그도 그럴 것이 A. 말로가 건물의 표면을 다시 칠하기 위한 일을 아직 시작하기 전이었기 때문이

---

1) 몇 년 후에 동일한 '강제 이주'를 경험한 엘렌 식수의 표현에 따른 것이다. Hélène Cixous, *Si près*, Galilée, 2007, p. 45를 볼 것.

죠."[2] 하지만 가장 음울했던 것은, 데리다가 10월 1일에 처음으로 들어가 본 생 자크 가에 있는 루이르그랑고등학교였다.

기숙생 424번인 데리다는 다른 기숙생들과 마찬가지로 아침에 기상해서 잠이 들 때까지 회색 옷을 입어야 했다. 규율은 아주 엄격했고, 시간표는 빡빡했다. 거대한 기숙사에는 최소한의 사생활도 보장되지 않았다. 심지어는 침대 사이에 커튼도 없었다. 위생은 최소한에 그쳤고, 한 겨울에조차 찬물로 씻어야 했다. 식당에서 제공되는 식사는 양도 많지 않았을 뿐만 아니라 조촐했다. 그도 그럴 것이 전후의 빈곤이 아직도 남아 있었기 때문이었다. 자키는 포로라는 인상을 받았다. 개학을 앞둔 며칠 동안 고독한 생활을 하면서 그의 내부에서는 어린 시절의 학교에 대한 모든 두려움이 치솟았다. 학교에서 흔히 쓰는 말로 "'바즈그랑'(Baz'Grand)[3]의 을씨년스러운 기숙사에서 보낸 한 주 동안 어린애 같은 쓸쓸함과 눈물"[4] 이 말이다.

개학을 하고 얼마 후에 페르낭 아샤록이 친한 친구인 자키에게 보낸 편지를 보면 기이한 기분이 들 정도이다. "푸퐁"은 그의 죽마고우 자키가 파리를 이미 구경했을 것이라고 생각했다. 게다가 그에 의하면, 자키는 파리에서 생활할 수 있는 "큰 행운"을 누리게 된 것이었다. 자키는 "그 유명한 생제르맹데프레 구역"과 "장폴 사르트르의 아지트가 있는 생제르맹의 중심 구역"에 가 보았을까? 자키는 생제르맹에 즐비한 클럽과 비외

---

2) Franz-Olivier Giesbert, "Ce que Derrida disait", http://www.lepoint.fr/actualites-litterature /2007-01-17/philosophie-ce-que-disait-derrida/1038/0/31857.

3) 루이르그랑고등학교에 대한 속칭. ─ 옮긴이

4) Jacques Derrida, *Le monolinguisme de l'autre*, Galilée, 1996, p. 75.

콜롱비외에 가 보았을까? 분명 실존주의자들이 즐겨 찾는 이미 신화가 되어 버린 이 모든 장소는 생자크 가에서 가까웠다. 하지만 기숙생들의 외출은 엄격하게 규제되고 있었다. 아샤록이 자키에게 전한 바에 따르면, 알제에서는 전혀 다른 일들이 사람들의 생각을 사로잡고 있었다. 가령, 권투선수 마르셀 세르당의 죽음으로 인해 "스포츠를 좋아하지 않는 사람들까지 도시 전체가 경악"에 빠져들었다.[5]

데리다가 많은 기대를 했던 수업을 보자. 그는 지금 프랑스에서 가장 유명한 고등학교, 고등사범학교 입학시험 합격률이 다른 학교에 비해 월등히 높은 학교에 있지 않은가? 하지만 수업 면에서 자키는 루이르그랑에 실망하게 된다. 진지한 학생들은 이 학교를 아주 좋아했지만, 대부분의 과목에서 수업은 상당히 교과서적으로 진행되었다.

만일 데리다가 루이르그랑 옆에 있는 경쟁 학교인 앙리 4세고등학교 학생이었더라면, 그는 철학 선생으로 장 보프레와 같은 선생에게서 배울 수가 있었을 것이다. 그 당시 프랑스에서 하이데거를 소개했던 장본인이자 『휴머니즘에 대한 편지』(*Lettre sur l'humanisme*)의 수신자인 장 보프레 말이다. 하지만 카뉴의 모든 학생들처럼 일주일에 6시간 수업을 하는 에티엔 보른 선생은 권위 면에서 훨씬 뒤떨어졌다. 알랭의 옛 제자이자 에마뉘엘 무니에와 가브리엘 마르셀의 추종자였던 보른은 인민공화운동 (MRP: Mouvement républicain populaire)의 일원이었다. 가톨릭 신자이기도 했던 그는 『라 크루아』(*La Croix*), 『에스프리』(*Esprit*) 지에 자주 기고를 했으며, 그런 만큼 그를 "주교단의 복사기"라고 부르는 자들도 없지

---

5) 페르낭 아샤록이 데리다에게 보낸 1949년 11월 4일 편지.

않았다. 신체적인 면과 제스처에서 보른에게는 뭔가 희화적인 면이 있었다. 몸이 비쩍 마른 그는 시계를 만지면서 계속 건들거리는 버릇이 있었다. 그에게 있어서 말을 하는 것은 "문장 하나하나가 끝나는 부분에서 사력을 다하는 것을 보는 것 같은" 그런 고통을 보여 주는 것 같았다. 그는 "팔을 발작적으로" 흔들어 댔고, "이탤릭체로 된 몇몇 단어들을 전달하기 위해 그 단어들의 첫 음절을" 강조하면서 거칠게 내뱉곤 했다.[6] 그렇다고 해서 그가 훌륭한 선생이 아니었다는 것은 아니다. 그는 논문 작성법, 훌륭한 "PQ"를 작성하는 법,[7] 다시 말해 그 어떤 주제에 대해서도 20분 안에 글을 쓰는 법을 가르쳐 주었다.

데리다가 제출한 첫 번째 논술 과제부터 보른은 그의 철학적 자질을 높이 평가했다. "분석에 재능 있음. 정확한 문제의식. 정리에 대한 취향." 20점 만점에[8] 12.5점에서 14점까지의 점수는 그 상황에서 만족스러운 것이었다. 하지만 촌평은 종종 엄중했다. 보른 선생은 데리다의 펜 아래에서 자주 등장하던 하이데거에 대한 참고로 인해 짜증을 내는 경향이 있었다. "자네는 좀 더 설명이 필요한 실존주의적 언어를 사용하네." "실존주의적 언어를 너무 맹목적으로 따르지 말 것." 보른은 이처럼 주제에서 벗어나는 모든 부분을 가차 없이 그어 대면서 과제 여백에 이렇게 적었다.

학기 초에 자키는 그와 함께 알제에서 온 장 클로드 파리앙트와 많은

---

6) XXX[Pierre Nora], "Khâgne 1950", *Le Débat*, no. 3, June-August 1980. 이 표현은 또한 장 벨맹노엘과 미셸 모노리의 증언에 따른 것이기도 하다.

7) torcher un bon 'PQ'에서 'torcher'는 '똥을 닦다', '일을 대충 마무리하다'의 의미를, 'PQ'는 '휴지'의 의미를 가지고 있다. 이것은 어떤 주제에 대해서든 아주 빠르게 초벌 글쓰기를 하는 방법을 익히는 것을 의미하는 듯하다. — 옮긴이

8) 프랑스의 모든 평가는 20점 만점으로 평가된다. — 옮긴이

토론을 했다. 파리앙트는 이렇게 기억하고 있다. "철학에 대한 공동 취향으로 우리는 가깝게 지냄과 동시에 그로 인해 우리 사이에는 전적으로 지적인 면에서 경쟁이 야기되었어요. 그는 나의 인식론 문제에 대한 관심에 놀랐던 반면, 나에게는 그의 실존주의적 참고(키에르케고르)나 현상학적 참고(그는 벌써 후설과 하이데거를 입에 올렸지요)는 아무런 의미도 없었습니다. 오늘날 주제는 기억할 수 없지만, 그와 했던 한 차례의 토론이 생생합니다. 이 토론은 공부의 초기 단계에서 볼 수 있는 것처럼 야심만만한 것이었으며, 그는 대체로 다음과 말하면서 결론을 맺곤 했지요. '과학에 대한 성찰이 어떤 면에서 철학 문제를 설명해 줄 수 있는지 난 이해하지 못해.' 그 당시 우리를 갈라놓은 거리는 우리 사이의 실질적인 우정을 방해하지는 못했어요. 나는 그에게서 진짜 깊은 사유를 보았으나, 그 사유는 내게는 낯선 형태로 표현되곤 했지요."[9]

그 무렵, 루이르그랑고등학교에서는 기숙생과 통학생 사이에 진짜 경계선이 있었다. 꽤 많은 학급을 운영했던 이 학교의 카뉴에서는 두 그룹이 형성되긴 했지만, 그래도 이 두 그룹은 다음과 같은 한 가지 사실로 단결하고 있는 실정이었다. 즉 생자크 가 건너편에 있는 프랑스 최고의 교육 성지인 소르본에서 공부를 하는 사람들에 대한 경멸이 그것이다.

데리다는 통학생들을 알고 지낼 기회가 거의 없었다. 대부분의 경우 통학생들은 점심 식사를 하러 집으로 돌아갔다. 오후에 수업이 끝나면 그들은 학교를 떠났다. 피에르 노라, 미셀 드기, 도미니크 페르낭데즈 등이 기숙생이었고, 미셀 세르, 장 벨맹노엘, 피에르 부르디외 등과 같은 출신

---

9) 장 클로드 파리앙트와의 인터뷰.

이 화려하지 않은 지방 학생들 역시 기숙생이었다. 그들이 항상 입고 있던 회색 옷으로 그들은 첫 눈에 구분이 되었다. 그들은 여러 면에서 카뉴의 프롤레타리아였던 것이다.

이와 같은 엄격한 사회적 장벽 말고도 데리다가 알제리에서 왔다는 점은 부정할 수 없는 사실이었다. 그가 지방보다 훨씬 더 멀리에서 왔다는 사실은 심지어 어느 정도 외국인으로서의 특권을 부여하기도 했다. 1949년 가을, 알제에서 온 세 명의 학생들—파리앙트, 도메르크, 데리다—은 대부분의 지방 출신 학생들보다 유리한 입장에 있기도 했다. 장클로드 파리앙트의 기억에 의하면, 그들은 한 차례 이상 다른 친구들 앞에서 알제리 촌극을 즉흥적으로 보여 줘 그들을 웃긴 적도 있었다. "아주 거무스레한 피부와 작달막하고 단단한 체구를 가진 자키는 '파타투에트어'(le patatouète), 즉 알제의 평민 계층의 언어, 특히 항구의 어부들이 사용하는 언어를 아주 쉽게 구사할 수 있었어요. 언덕길에 있는 아버지의 사무실이 항구에서 아주 가까워서 그는 종종 그곳에 들렀던 것이지요." 유대인이라는 사실이 특별히 문제가 되지는 않았다. 전쟁이 끝난 직후에 루이르그랑과 같은 환경에서 유대인 신분은 영광도 불편함도 아니었다. 반대유대주의 구호를 내건 몇몇 학생들도 있었지만, 그런 구호는 늘상 있는 일이었다. 마치 그런 구호는 자신의 동급생들이 유대인이라는 사실을 알고 있는 이들에게는 아무 관련도 없다는 식이었다.

모든 졸업생들이 인정하는 바이지만, 그 당시 기숙생들의 생활 여건은 형편없었다. "1949년에 프랑스의 생활 수준은 여전히 낮은 편이었고, 우리는 구식의 기숙사 생활을 했지요. 우리는 침대 머리맡에 작은 탁자가 있고, 방 입구에 세면대가 있는 큰 기숙사에서 지냈어요. 불은 저녁 9시

30분에 꺼졌습니다. 음식은 좋지 않았고, 메뉴 역시 반복되어서 우리는 몇 차례에 걸쳐 항의하는 의미로 단식 투쟁을 하기도 했어요. 데리다는 대부분의 학생들보다 이와 같은 생활방식, 친구들과의 시끌벅적한 동거에 더 힘들어했지요. 그에게 특히 해로운 결과를 낳은 식단으로 인해 건강에 문제가 생기기도 했다는 점을 제외하고서도 말입니다."[10) 기숙생들이 지켜야 하는 규율은 유치하면서도 엄격했다. 기숙사 학생감은 그들의 사소한 출입도 감시했다. 허기를 달래기 위해 생자크 가와 생수플로 가 모퉁이에 있는 빵집에서 바게트 반 개를 사오는 것도 허락을 받아야 했다. 데리다와 그의 친구들은 한 차례 이상 허가되지 않은 외출이나 약간의 지각을 이유로 벌을 받은 적도 있었다. 그들은 종종 그들과 연배가 비슷하지만 자신의 작은 힘을 남용하는 "자습감독"에게 심한 반감을 갖기도 했다.

강요된 집단생활과 힘든 생활 여건 때문에 기숙생들 사이의 교류는 오히려 가속화되었다. 교실에서는 간식 시간에 싸구려 음식 냄새가 진동했다. 음식 보따리를 받은 지방 출신 학생들은 다른 친구들에게 음식을 맛보게 했다. 몇 주 후에 자키는 몇몇 학생들과 우정을 맺기 시작했다. 그들 가운데는 레바논에서 온 로베르 아비라셰드가 있었다. 그는 이렇게 기억하고 있다. "데리다와 나는 둘 다 지중해 연안 국가 출신으로 약간 서로 다른 유머 감각을 지녔어요. 우리는 비교적 말수가 많았고, 그 덕분에 서로 가까워졌지요. 더군다나 우리는 각자 파리에 삼촌이 있었고, 몽마르트르 묘지에서 가까운 펠릭스 지엠 가에 살고 있는 그 두 삼촌들은 아주 홍

---

10) 같은 인터뷰.

미롭게도 이웃이었어요. 우리는 일요일마다 삼촌들 집으로 점심식사를 하러 갔고, 그때가 맛있는 식사를 할 수 있는 기회였습니다. 비록 재미없는 대화를 견뎌야 했지만 말입니다. 기숙사로 돌아오면서 우리는 항상 풍부한 이야깃거리를 가지고 오곤 했지요."[11] 자키는 그 자신 '지엠'이라 부르던 삼촌 부부의 집에서 1947년 이래 파리에서 살고 있던 형 르네를 보곤 했다. 르네는 약학 공부를 더 하기 위해 약사 연수를 받는 중이었다. 회색 옷을 입고 루이르그랑의 입구에서 자키를 처음으로 다시 보았을 때, 르네는 놀라움을 감출 수가 없었다. 젊은 불평가이자 열광적인 문학잡지 독자였던 자키가 전쟁 포로의 모습과 얼굴을 하고 있었기 때문이다.

그해에 데리다가 사귄 또 한 명의 가까운 친구는 엑스레뱅 출신의 장 벨맹노엘이었다. 벨맹노엘은 이렇게 말하고 있다. "내가 자키를 안심시킨 것은 분명합니다. 왜냐하면 그와는 반대로 나는 느긋한 기질의 소유자였기 때문이지요. 나는 잠을 잘 잤고, 거의 모든 것을 소화시킬 수 있었어요. 우리들은 종종 불침번에게 새벽 5시에 깨워달라고 부탁했습니다. 수업이 시작되기 전에 족히 2시간 정도 공부를 하려는 것이었어요. 우리는 침대에 수건을 걸어 놓았고, 불침번이 발로 살짝 건드렸어요. 나는 종종 자키가 공부하게 하려고 자키의 수건을 내가 걸어 두기도 했어요. 그는 그리스어를 배우지 않았지요. 하지만 그는 미래를 위해 그리스어가 필요하다는 것을 알고 있었어요. 나는 그에게 일주일에 두세 번 정도 기초 강의를 해주었어요. 그 대가로 그는 나에게 철학사전 역할을 해주었지요. 종교 학교에서 중등교육을 받았기 때문에 나는 헤겔과 쇼펜하우어에 대

---

11) 로베르 아비라셰드와의 인터뷰.

해 들어 본 적이 없었고, '더군다나' 니체나 후설에 대해서는 더 말할 나위가 없었어요. 대부분의 경우 자키는 내 질문에 정확히 대답해 줄 수 있었어요. 하지만 어떤 주제에 대해서는 완전히 포기하는 경우도 있었어요. 그에게는 아주 야성적인 면이 있었고, 갑작스럽게 자기 내부로 침잠하는 경우도 없지 않았어요."[12]

두 젊은 친구의 공모는 단지 공부에만 그치는 것은 아니었다. 강의 종료와 개별 연구 사이에 그들은 가끔 포커를 치곤 했다. 둘 다 포커를 잘 쳤다. "우리는 앙드레 튀뵈프, 도미니크 페르낭데즈, 미셸 드기 등과 같은 좀 더 여유가 있는 몇몇 통학생들에게서 약간의 돈을 따는 방법을 발견했어요. 우리는 둘이서 서로서로 돈을 더 태우자고 미리 짰어요. 그렇게 해서 우리는 몇 차례에 걸쳐 외출을 할 수 있었어요."

하지만 이와 같은 외출은 오히려 드문 편이었다. 목요일마다 기숙생들에게 세 시간의 자유시간이 주어졌다. 그들은 보통 에콜 가와 샹폴리옹 가 모퉁이에 있는 샹포 극장에서 영화를 보기 위해 자유시간을 이용하곤 했다. 데리다가 시간이 많이 흐른 뒤에 이야기하고 있는 것처럼 입장료가 그다지 비싸지 않았다. "힘들고 사기가 떨어졌던 나의 학생 시절에 내내 영화는 나를 따라다녔어요. 이런 의미에서 나에게 영화는 마약, 강장제, 도피처의 기능을 했던 거죠."[13] 알제에서와 마찬가지로 그가 보았던 영화는 고전적인 영화와는 달리 재미있기는 하지만 보고 나면 금방 잊게 되는 미국 영화들이었다.

---

12) 장 벨맹노엘과의 인터뷰.
13) Antoine de Baecque, "Le cinéma et ses fantômes", interview with Jacques Derrida, *Feu sur le quartier général*, Petite Bibliothèque des Cahiers du cinéma, 2008, p. 57.

외출 허가를 받게 되는 경우, 벨맹노엘과 데리다는 토요일 저녁에 함께 나갔고, 밤 11시 이전에 돌아오는 것에 신경을 썼다. 그들은 센 강변을 산책했고, 값싼 몇 권의 책을 건지기도 했다. 그곳에서 그들은 특히 자신들의 첫 번째 프로이트 저서들을 발견했다. 카페로 말하자면 그들은 두 곳을 아주 좋아했다. 뤽상부르 공원 바로 맞은편이자 생미셸 대로와 수플로 가의 모퉁이에 있는 르 마이외와 르 카풀라드였다. 벨맹노엘은 이렇게 기억하고 있다. "우리는 철학과 문학은 물론이거니와 스포츠와 여자들에 대해서도 얘기를 나눴어요. 우리가 더 가까워진 것은 특히 성적으로 동정(童貞)이 아니었다는 점 때문이었어요. 그 당시 학생들 사이에서는 드문 경우였고, 특히 고등사범학교 준비반 학생들은 더 그랬지요. 또래의 친구들이 동정이었던 것과는 달리 우리는 동정이 아니었어요. 나는 물로 유명한 도시에서 컸기 때문에 그런 기회를 가질 수 있었고, 그는 알제의 사창가 때문이었어요. 자키는 이런 경험을 우월한 것으로 여겼어요. '불미히'(Boul'Mich)14)에서 우리는 많은 여자들을 보았죠. 여사원, 여점원 등등. 그녀들은 여학생들보다는 덜 거칠었어요. 자키는 벌써 여자를 잘 꼬시는 선수처럼 행동했어요…. 그의 내부에는 이 모든 것과 신비주의와 종교적 본능, 그가 나에게 읽기를 권했던 개인적인 글에서 볼 수 있는 것과 같은 절대에 대한 갈증이 공존하고 있었어요. 나는 첫 부분은 발레리 풍으로 시작되어 마지막 부분은 클로델 풍으로 끝나던 그의 시 한 편을 기억합니다. 첫 두세 연에서만 운이 지켜졌는데, 그 다음에 바로 운의 제약이 점차 느슨해졌어요. 어떤 규범이든 간에 그가 거기에 복종하는 것은 벌써 불가

---

14) '생미셸 대로'(Boulevard Saint Michel)를 줄여서 칭하는 단어이다. — 옮긴이

능했던 것 같아요."

　그 시기에 데리다는 장 벨맹노엘이 그를 엑스레뱅에 있는 자신의 집
으로 초대할 만큼 아주 친한 친구가 되었다. 그러니까 엑스레뱅은 데리다
가 파리 다음으로 구경을 한 첫 번째 도시인 셈이었다. 카뉴에서 그들 두
사람을 더 가깝게 만들어 주었던 또 다른 경험이 있다. 그들은 상당한 명
성을 얻고 있던 루이르그랑 연극부에서 실러의 『돈 카를로스』의 공연에
참가하기로 결정했다. 연습이 대부분의 다른 건물보다 아늑하고 따뜻했
던 "음악실"에서 이루어졌기 때문에 그들은 단역이라도 맡기로 했다. 그
들의 머릿속에서 연극은 특히 저녁 자유 시간을 연장시켜 주는 구실에 불
과했다.

　연극 연습을 하는 동안 데리다는 장차 자주 보게 되는 제라르 그라넬
을 처음으로 보게 되었다. 뛰어난 학생이자 몇몇에 의해 "철학의 황태자"
로 여겨지던 그라넬은 지난해에 고등사범학교에 입학했고, 지금은 연극
의 주인공 역을 하기 위해서 루이르그랑에 오는 것이었다. 이 젊은 배우
의 무례함과 기사도 같은 태도에 짜증이 난 것만큼이나 매혹되었던 데리
다는 그들 관계의 단초가 되는 이 "첫 장면"을 결코 잊지 않는다.

　심지어 그것은 '첫 만남'도 아니었다. 왜냐하면 그때 그는 나를 쳐다보
　지도 않았기 때문이었다. […] 나를 그늘 속에 묻어 버린 이와 같은 불균
　형은 […] 우리의 우정에서 다가올 운명에 대해 뭔가를 예고하는 것이었
　다. […] 『돈 카를로스』에서 단역을 맡았던 나는 벨벳 천으로 된 내 윗옷
　만큼이나 검은 수염으로 분장한 한 명의 어둡고도 말이 없는 '스페인의
　위대한 인물'을 연기했다. 그리고 내가 맡은 단역의 익명성과 비교해 보

면 그는 영광 그 자체였고, 모든 것이 그로부터 빛을 발했다. 심지어 그가 빛 속에서 무릎을 꿇고 있을 때조차도 그러했다.[15]

그해 말에 자키는 벨맹노엘과 약간 소원해졌고, 그 대신 피에르 푸세, 특히 10년 가까이 가장 친한 친구가 되는 미셸 모노리와 가깝게 지내게 된다. 모노리는 벌써 2년째 루이르그랑의 기숙생이었다. 그는 이곳에서 이포카뉴를 보냈고, 그러고 나서 결핵 초기 진단으로 인해 그의 첫 번째 이포카뉴를 포기하게 되었다. 수줍고 감정이 풍부했던 그는 풍금을 연주했고, 연극을 좋아했고,『그랑 몬느』를 읽고 또 읽었다. 그는 또한 "미사에 참여하는" "탈라"(talas)[16]였다. 자키와 모노리의 관계는 어느 날 저녁 지베르 서점 뒤에 있는 그리스 식당 리지마크에서 가까워지기 시작했다. 그때부터 그것은 종종 흥분한 어조로 이어지는 긴 대화와 생미셸 대로와 센강 부둣가를 말없이 걷는 산책으로 이어졌다. 자키는 미셸에게 출간된 지 얼마 안 되는 시몬 베이유의『중력과 은총』을 선물했고, 미셸은 이 선물에 컬러본『반 고흐』작품집으로 답했다. 미셸은 종종 자키에게서 인상적인 모습을 보기도 했다. 그기 보기에 자키는 모든 것을 읽고 태어난 것처럼 보였다. 심지어는 플라톤 전집까지도 말이다.[17]

사실 데리다가 철학 과목에서 얻은 점수는 다른 학생들이 부러워할 만한 것이었다. 1학기에 그는 반에서 최고 점수를 받았다. 평균 14점에 에

---

15) Jacques Derrida, "Gérard Granel", *Chaque fois unique, la fin du monde*, Galilée, 2003, pp. 314~315.
16) 고등사범학교나 이 학교 준비반 학생들 사이의 속어로 기독교 신자를 가리킨다. ― 옮긴이
17) 미셸 모노리와의 인터뷰.

티엔 보른의 긍정적인 평가가 이어졌다. "소양을 갖추었음. 뛰어남. 성찰의 흔적. 좋은 점수임." 2학기에 그는 파리앙트에 이어 2등이었다. 하지만 다음과 같은 "칭찬"이 덧붙여진 14.5점이었다. "뛰어난 철학적 자질을 구비했음." 하지만 자키에게는 불행하게도 철학만이 유일하게 중요한 과목이 아니었다. 그 당시 고등사범학교의 입학시험에는 전공이 존재하지 않았다. 입학 사정이 그러했기 때문에 수험생들은 단 한 과목이라도 과락을 하면 안 되었다. 그 결과 자키는 역사-지리와 프랑스어 ― "자질을 돋보이게 해야 하는 중요한 과목" ―에서 과락을 면할 정도였다고 해도, 영어는 "아직 요구되는 수준에 이르지 못하였고", 또 독일어에서도 "노력이 요구되었다".[18] 라틴어에 대해서 말하자면, 자키는 번역에 약했고, 작문에서는 2.5점을 받을 정도로 형편없었다. 입학시험에서 합격할 수 있는 기회를 잡기 위해서는 별도의 "라틴어 따라잡기", 즉 그보다 뛰어난 다른 학생들과 함께 훈련을 해야만 했다.

들쭉날쭉한 성적에도 불구하고 자키는 언젠가 시험에 반드시 합격할 것이라고 확신했고 자신감을 얻기도 했다. 어느 날, 벨맹노엘과 산책을 하다가 윌름 가에 있는 고등사범학교 건물 앞을 지나가게 되었다. 그때 그는 친구에게 그들 모두 이 학교에 입학하는 걸 자신한다고 말했고, 이 예측은 정확히 맞아떨어지게 된다. 또 한 번은 앙드레 브르통이 『나자』에서 축성했던 위대한 사람들을 모시는 장소인 팡테옹 건물 앞에서 한 동안 멈춰 서서 이런 말을 던진다. "어쨌든 저곳에서 하룻밤을 보내야 할 텐데."

---

18) 1949~1950년 성적표. 루이르그랑고등학교의 기록보관.

이와 같은 행복한 일이 일어나길 고대하면서 자키는 그 당시 자유롭게 판매되고, 사르트르도 애용했던 각성제 막싱톤을 복용하며 입학시험 준비에 박차를 가했다. 하지만 그로 인해 잠을 잘 못 이루던 그는 잠을 더욱 설치게 된다. 자키는 아베드레페 가에 있는 시험장에 아주 허약한 상태로 입장하게 된다. 그는 첫 시험을 반쯤 잠이 든 상태에서 치렀다. 필기시험 점수는 입학하기에는 너무 낮았다. 그는 희망을 버렸다. 첫 번째 카뉴에서 시험에 떨어지는 것은 당연하게 여겨졌다. 단번에 합격한 학생들은 드물었다. 대부분의 경우 첫 번째 시험은 총연습과도 같았다. 파리앙트처럼 구두시험을 칠 수 있었던 친구들의 구두시험을 보기 위해 그 자리에 모습을 나타내야 하는 또 하나의 이유가 더해졌다. 철학 과목에서는 블라디미르 잔켈레비치와 모리스 메를로퐁티가 시험관이었다. 자키가 『지각의 현상학』의 저자를 직접 본 것은 그때가 처음이었다.

엘비아르에서 여름을 보내는 동안 데리다는 미셸 모노리와 많은 편지를 교환했다. 기숙생으로 보냈던 한 해는 그 두 젊은이에게 커다란 부담이었지만, 고향으로의 귀향 역시 그들의 마음을 편하게 해주지는 않았다. 자키는 청소년기의 옛 친구들과의 관계를 다시 회복하는 데 힘이 들었고, 벌써 그 자신을 "한 명의 타락한 알제리인"으로 여겼다.

나한테 방학은 끔찍하게 단조롭고 활력도 없네. 공부는 아니라고 해도 활기찬 생활을 되찾는 것이 정말로 더디네. 파리에서 보낸 겨울은 가족과 멀리 떨어져 있었지만, 그래도 난 그때 최소한 자네 옆에, 다른 친구들과 가까이에 있었네. 이곳 기후가 또 나를 꼼짝 못하게 만드네. 사이가 멀든 오해를 하든, 자연적이든 동물적이든 그 누구와도 관계를 맺고 있

지 않네. 게다가 종종 그런 일에 화도 나지 않네. 의기소침의 끝이네.[19)]

　가능할 때마다 매번 자키는 아버지가 출장갈 때 그와 동행했다. 특히 그가 좋아했던 카빌리아 지역으로 갔다. "주중 가장 피곤한 날들이었지만, 가장 재미있는 날들이기도 했네." 그 나머지 시간에 그는 "그 어느 때보다 더 얼굴이 수척했고 신경쇠약에 걸린 것처럼" 느꼈고, "[…] 쉽게 얻을 수 있는 쾌락에 몸을 맡겼네. 브리지 게임, 포커를 쳤고, 자동차를 몰기도 하고, 기차를 타고 내가—추상적으로—알고 있는 사람들의 모임에 참가하기도 했네." 집에서 너무 잘 먹어 그는 파리에서 빠진 몸무게를 아주 빠르게 회복했다. 하지만 그의 새로운 모습은 마음에 들지 않았고, 미셸에게 보내는 사진 뒤에다 이렇게 썼다. "여기 살이 찐 내가 있네. 나는 '내 자신'과 아무런 공통점이 없는 것 같네. 그게 또한 나를 슬프게 하네."

　여름 동안 이 두 젊은이들이 교환했던 편지의 상당 부분은 그들 각자의 독서 내용에 대한 설명에 할애되었다. 데리다는 모노리가 그에게 추천한 쥘리앙 그린의 『일기』에 매달리지 않았다.

　내가 자네에게 다음과 같은 말을 하더라도 용서해 주게. 나에게 '내면 일기'는 항상 유혹적인 장르이고, 또 내가 다른 사람들에게서 볼 수 있는 약점과 안이함에 대해 지나치게 관대하지 않기 위해 개인적으로 '포기하고' 있는 장르라는 것이네.
　가령, 나는 최근에 지드의 『일기』를 플레이야드 판으로 다시 읽었네. 지

---

19) 데리다가 미셸 모노리에게 보낸 날짜 미상 편지(1950년 여름).

드를 일련의 계속되는 결정을 통해 '설명해야 할' 필요가 있었네. 다시 말해 그에 대한 이미지를 '파기할' 필요가 있었던 것이네. 그의 『일기』에서 지적인 해악은 아니라고 해도 그의 굉장한 어리석음, 순진함 등을 보지 않기 위함이었네. 몇 해 전만 하더라도 나에게 지드는 찬양의 대상이었다네.[20]

전통에 따라 자키는 재수를 하면서 반을 옮겼다. 하지만 그의 대부분의 친구들은 그와 함께였다. 바뀐 것은 담당 선생님들이었다. 철학 과목에서의 차이는 굉장했다. 알랭의 옛 제자였던 모리스 사뱅이 기독민주주의자였던 에틴엔 보른의 뒤를 이었다. 사뱅은 페늘롱고등학교에서 부임해 왔다. 소문에 의하면 사뱅은 그곳에서 여학생들을 너무 편애했기 때문에 이곳으로 옮겨왔다고들 했다. 몇몇 여학생들이 루이르그랑의 입구에서 그를 막무가내로 찾는 경우도 없지 않았다. 문학적 정신의 소유자, 연극에 대한 열정을 가졌던 사뱅은 정기적으로 『레탕모데른』, 『르 메르퀴르 드 프랑스』, 『라 타블르 롱드』지에 글을 썼다. 그는 강의에서 종종 프루스트, 라벨, 바슐라르, 프로이트를 거론했지만, 시험에서 이들의 이름을 인용하지 말라고 충고하는 것을 잊지 않았다.

어느 정도 현대적인 경향에 물들어 있음에도 불구하고 데리다의 스타일은 에티엔 보른에 비해 모리스 사뱅에게 높이 평가되지 않았다. 데리다가 쓴 첫 논술 과제는 20점 만점에 11.5점을 받았다. 이 점수는 루이르그랑고등학교의 정황상 더도 말고 덜도 말고 아주 정확한 점수였다. 평

---

20) 데리다가 미셸 모노리에게 보낸 날짜 미상 편지(1950년 여름).

가는 엄중했지만 주의를 끄는 논술이었다. "이 글을 쓴 자에게는 부인할 수 없을 정도로 철학자의 면모가 들어 있다. 철학사의 모든 면을 고려하면, 이 글에는 너무 많은 철학이 들어 있다. 그도 그럴 것이 요약된 철학은 별 것 아니기 때문이다. 따라서 이 글의 첫 도입 부분은 불분명하고, 심지어는 불만족스럽기까지 하다. 하지만 분석이 시작되면서부터는 지나치게 '전문적'이고 신비로운 언어에도 불구하고, 아주 흥미롭고, 많은 자질을 증명해 준다." 실제로 아주 기교를 부린 문단 옆에다 사뱅은 이렇게 메모를 해놓고 있다. "고백하건대 이 부분을 따라가기 힘듦. 읽는 사람을 생각할 것…" 아주 아카데믹하지 않은 방식으로 데리다는 그의 논설 과제의 2쪽 반을 "여백"으로 남겨두었다. 연속되는 짧은 문단의 형식, 거의 경구처럼 작성되고, 논지의 전개상 완전히 동떨어진 것이 문제였다. 마지막 문장은 단 한 줄로 되어 있었고, 제시된 주제와는 동떨어진 것이었다. "사랑. 측정 불가능한 것, 광기에 자신을 내맡기는 것." "흥미롭기는 하나 쓸데없음." 사뱅은 이렇게 짧게 지적하고 있다.[21]

데리다는 가끔씩 광기로 빠져들 준비가 되어 있다고 느끼곤 했다. 카뉴 초기에 기숙사의 규율은 작년보다 더 그를 무겁게 내리누르는 것 같았다. 그는 추위, 위생의 미비, 형편없는 음식, 사생활의 부재 등을 견딜 수가 없었다. 저녁에 가끔 눈물이 솟아올라 공부는커녕 친구들과 대화

---

21) 데리다는 다른 논술 과제들과 마찬가지로 이 논술 과제도 평생 간직하고 있었다. 지금은 어바인대학의 '특별 장서'에서 볼 수 있다. 논문에 아주 긴 '후기'를 붙이는 습관은 그 뒤로도 계속 남게 된다. 예컨대 『레탕모데른』 창간 50주년 기념호에 기고한 글의 경우가 그것이다. "Il courait mort', salut, salut", *Papier Machine*, Galilée, 2001에 재수록되었다.

를 나누는 것이 불가능할 때도 있었다. 미셸 모노리와의 점점 더 커져 가는 우정만이 유일하게 그를 지탱해 주었다. 음악실에 같이 공부를 하면서—미셸 모노리는 이 방의 열쇠를 소지하는 특권을 누렸다—단편소설이나 시의 도입 부분을 쓰기도 했다. 하지만 여러 주가 지나면 지날수록 자키는 뚜렷하지 않으면서도 심한 "고통"을 불평하게 되었다. 계속되는 신경쇠약의 경계선에서 그는 잠을 잘 자지 못했고, 먹지도 못하고, 종종 구토를 하기도 했다.

1950년 12월, 데리다의 사기는 바닥이었다. 알 수 없는 이유로 그는 크리스마스 방학 때 집으로 가지 않고 파리에서 혼자 보냈다. 분명 그는 삼촌의 집에서 머물렀을 것이다. 기숙사는 그 기간 동안 문을 닫았기 때문이다. 정말로 우울증에 사로잡힌 그는 친구들을 목이 빠지게 기다리다 지쳐 버렸다. 애석하게도 앞부분이 분실된 미셸 모노리에게 보낸 한 통의 편지에 자키는 그의 정신적 동요를 설명하고자 했다. 얼마 전부터 그는 "아주 힘든, 탐험은 아니더라도 그의 친한 친구에게 방문을 권하고 싶은 지역"을 방황하고 있다는 느낌을 가졌다. 모노리의 편지가 없는 며칠 동안에도 상황은 진정되지 않았다. 그 어떤 때보다 쇠약해진 자키는 아마 자살을 생각했던 것 같다. 가장 심각한 위기가 닥쳐온 것이었다.

자, 폭풍우가 지나갔네. 그도 그럴 것이 가장 심한 폭풍우는 지금 지나가는 폭풍우이니까. 나는 '스트라스'(Strass, 학생 은어로 '행정') 문제가 해결되면, 이번 학기 동안 알제로 돌아갈 결심을 했네. 아니 거의 한 상태였네. 자네의 편지에 내 결정이 흔들렸지만 결심을 굳게 해주었네. 하지만 난 자네를 수요일에 다시 볼 수 있을 걸세. 나는 펜을 들 수도 없네.

그게 항상 너무 힘이 드네.[22)]

이 두 젊은이는 자키가 엘비아르에 있는 집으로 휴식을 취하려고 돌아가기 전에 파리에서 잠깐 만났다. 자키는 2학기 내내 엘비아르에 머물게 된다. 한 해를 망칠 수도 있고 루이르그랑에서 퇴학당할 수도 있었다. 처음에 글을 쓰는 것은 물론 불가능했으며 '하물며' 공부를 하는 것은 더욱 불가능했다. 그러고 나서 미셸 모노리에게 거의 매일 편지를 쓰기 시작했다. 이 편지 전체는 후일 한데 모아 출간할 가치가 있는 것이다. 이 편지 전체는 데리다의 성장 과정에서 청년 프로이트가 빌헤름 플리스와 교환했던 편지와 같은 중요성을 가지고 있는 것으로 보인다. 알제에서 심신이 허약해지고 대화를 나눌 상대를 전혀 찾을 수 없었던 자키는 조심성도 없이 속내 이야기를 친구에게 털어놓게 된다. 그 뒤로 이런 일은 볼 수 없다. 미셸로 말하자면, 비록 그의 친구가 겪는 알 수 없는 고통 때문에 당황했지만, 그는 계속 두터운 우정을 보여 주었다. "자네가 말한 그 고통에 대해 나는 알지 못하고, 나의 통찰력 부족으로 막연하게 짐작할 수밖에 없네." 미셸은 자키에게 공부를 다시 시작하라고 충고했고, 라틴어 작문 주제를 보내 주기도 했다. 하지만 당시 자키는 그런 상태에 있지 못했다. 그에게는 가장 친구에게 편지를 쓰는 것조차 벌써 힘든 일이었다.

나는 이곳에서 아주 슬프고 힘겨운 삶을 살고 있네. 나중에 더 자세하게 전하겠네. 어떤 글과 말로도 이와 같은 끔찍한 경험을 다 전하지는 못할

---

22) 데리다가 미셸 모노리에게 보낸 날짜 미상 편지(1950년 12월 말).

걸세! 나는 '자연적으로' 가능한 그 어떤 출구도 찾지 못했네. 아! 자네가 이곳에 있었더라면! […]

더 이상 눈물도 나오지 않네. […] 세상에 대해 눈물을 흘리는 것, 신을 향해 눈물을 흘리는 것 […], 나는 이것도 더 이상 할 수 없네. 미셸, 나를 위해 기도해 주게.

나는 몹시 괴롭네. 지금 우리를 갈라놓고 있는 거리를 인정할 정도로 나는 강하지 못하네. 그래서 나는 이 거리를 좁히려는 시도를 포기했네.[23]

자키의 격렬했던 위기가 점차 가라앉기 시작했다. "무겁고도 조용한 침울함"에 자리를 양보하면서 말이다. 그가 파리를 떠난 지 벌써 3주째였다. "고행의 두 달이 지나가기를 바라면서" 그는 공부를 하고 책을 조금 읽었다. 재발을 피하기 위해 부활절 방학 이후 무슨 일이 있더라도 통학생이 되길 바랐다. 지금으로서 그는 미셸에게 "자주, 아주 자주" 자기에게 편지를 써 줄 것을 부탁하는 것밖에 방법이 없었다. 자키는 미셸에게 사회의료 식당[24]의 출입에 필요한 조건을 알아봐 달라고 부탁했다. 그곳에서 마련되는 식단은 분명 루이르그랑 식당보다 그에게 훨씬 더 좋은 것이었다. 자키는 또한 미셸에게 소르본에서 이수해야 할 라틴어, 프랑스어, 철학사 프로그램과 고등사범학교 입학시험 일정을 보내 달라고 부탁하기도 했다.

이처럼 많은 부탁을 하긴 했지만 자키가 미셸에게 일방적으로 부탁

---

23) 데리다가 미셸 모노리에게 보낸 날짜 미상 편지(1951년 1월).
24) 병원에서 진단을 받은 사람들의 치료를 돕기 위해 특별 식단을 준비하는 식당을 가리킨다.
　　 ─ 옮긴이

만 하는 것은 아니었다. 미셸은 철학 과목을 힘들어 했기 때문에 자키는 그에게 그의 다음번 논술 과제에서 이용할 수 있도록 "미에 관한 약간의 주해"를 보내 주었다. 물론 아주 만족스러운 내용은 아니었다. 이 50여 쪽의 주해를 통해 미셸은 자키에 대한 존경심을 더 강하게 품게 된다. 이 주해 덕택으로 그는 그해 철학 과목에서 가장 좋은 성적을 받게 되었다.

기숙사 생활로 인한 여러 가지 제약에도 불구하고 미셸 모노리는 최선을 다해 자키의 귀환을 준비했다. 미셸은 친구의 얼마 안 되는 용돈을 고려해 얻을 수 있는 방을 찾기 시작했다. 그는 또한 학교 위생 담당관을 수소문해서 찾아내, 그로부터 자키가 사회의료 식당에서 식사를 하는 것을 허용하는 내용의 편지를 써 주겠다는 약속을 받아 내기도 했다. 그리고 알제리에서 라틴어 작문을 준비하는 것이 분명 매우 어려우리라는 생각을 했지만, 그는 자키에게 과제를 보내 주기도 했다. "사방의 벽, 불완전한 사전, 참기 힘든 먼지와 오래된 담배 냄새, 냄비 끓는 소리가 필요할 걸세."[25]

여전히 감정이 심하게 드러났지만 그래도 자키의 편지는 점차 덜 어두워졌다.

여섯 주 남았네. 우리는 함께 다시 산책을 할 것이고, 같이 생각하고 느낄 걸세. 우리들은 오랜 동안 속내 이야기를 서로에게 털어놓았지만 침묵을 지킨 것이 있네. 편지로 못 다한 이야기들을 함께 나누세. 미셸, 우리는 평화스럽고 자신에 찬 순간들을 경험할 수 있을까? 나는 자네 없이

---

25) 미셸 모노리가 데리다에게 보낸 날짜 미상 편지(1951년 2월).

는 불가능하다고 생각하네. 하지만 자네와 함께라면 가능하지 않을까?
[…] 자네를 결코 포기하지 않을 자네의 친구, 자네에게 그런 생각을 하
는 것을 금지하고 있는 자네의 친구. [26]

장 벨맹노엘 또한 활발하게 움직였다. 그는 소르본 학사 과정 프로그
램과 고등사범학교 필기시험 일정을 자키에게 보내 주었다. 장 도메르크
는 자기 가족의 친구들 중 한 명이었던 베라르 부인의 집에서 아주 값싼
방을 하나 찾아냈다. 루이르그랑에서 아주 가까운 라그랑주 가 17번지에
있는 이 방에는 전기도 온수도 없었다. 하지만 햇볕이 잘 들었고, 독립된
계단도 있었다. 어쨌든 거의 기대하지 않았던 기회가 주어졌고, 자키도
그것에 만족했다. 여전히 허약한 느낌이었지만 그는 엘비아르를 서둘러
떠나야 한다는 것을 감추지 않았다. 그도 그럴 것이 지금 집에서 보내는
시간은 기숙사에서 보낸 시간에 비해 약간 더 나은 것에 불과했기 때문이
었다.

정말로 나는 이곳을 더 이상 견딜 수가 없네. 1학기 초에 나는 이 상황을
이렇게 생각하면서 견뎠네. 공부에 진척이 있을 것이다, 건강이 현저하
게 좋아질 것이다, 라고 말일세. 특히 나는 자네 곁을 떠나 있었네. 하지
만 자네는 여전히 네 곁에 있어 주었고, 자네의 편지는 이런 감정을 정
당화시켜 주었네. 지금 나는 아주 멀리 떨어져 있다고 느끼네. […] 미셸,

---

26) 데리다가 미셸 모노리에게 보낸 날짜 미상 편지(1951년 2월).

나를 잊지 말아 줘. 나에겐 자네의 우정뿐일세.[27]

　운 나쁘게도 자기가 파리로 돌아올 무렵, 미셸은 부활절 방학 동안 샤테를로에 있는 자기 집에 가 있었다. 마지막 편지에서 데리다는 최근 다시 읽었던 『구토』에 대한 독서를 상기시키고 있다. 그가 겪은 시련 후에 이 소설은 그에게 새로운 공명을 일으켰던 것이다.

　나는 결코 이 세계에서 나 자신을 낯선 존재로 만들려고 노력하지 않았네. 또한 내 주위에 있는 모든 사물들이 기적에 의해 나에게 출현하게 하려고 애쓴 것도 아니네. 나는 자연이 무엇인지 —자연적인 것이 무언지—를 더 이상 알 수가 없네. 이 모든 것 앞에서 고통스럽게 놀라고 있네. 내가 사용하는 말을 보자면, 내가 취하는 태도, 나의 제스처, 나의 사고 등을 보자면, 이 모든 것은 기이하게도 『구토』의 주인공 로캉탱의 그것과 점차 닮아 가네. 지금까지 내가 이해했다고, 동화시켰다고, 극복했다고 믿었던 그런 체험을 한 로캉탱 말일세. 그런데 나는 그렇지 못했네. […] 차이가 있다면, 그것은 로캉탱에게는 친구가 없고, 또 친구를 사귀길 원치 않는다는 점일세. 미셸, 나는 자네에게서 희망을 보네.[28]

　마침내 파리로 돌아온 자키는 4월 2일부터 통학생 신분이 되었다. 이제 엄청난 짐을 덜 수 있게 되었다. 공부 시간을 마음대로 조정하고, 수업

---

27) 데리다가 미셸 모노리에게 보낸 날짜 미상 편지(1951년 3월).
28) 데리다가 미셸 모노리에게 보낸 날짜 미상 편지(1951년 3월).

이 끝나면 그가 원하는 대로 생활을 할 수 있었다. 하지만 그는 일찍 자고, 포르 루아얄에 있는 사회의료 식당에서만 식사를 하면서 계속 환자처럼 행동했다. 그는 최선을 다해 공부를 했지만, 낭비한 시간을 따라잡기에는 역부족이었다. 오랜 동안 공부를 하지 못한 후에 두 번째 카뉴에서의 성적은 참담했다. 철학 과목만은 예외였다. 모리스 사뱅은 그를 "희망"을 걸수 있는 "강하고도 근면한 학생"으로 여겼다. 프랑스어 과목에서는 "좋은기분에도" 불구하고 점수는 평균 점수에 해당했다. 다른 과목의 점수는 보잘 것 없었고, 특히 논술 과제를 너무 많이 제출하지 않았다.[29]

1951년 5월 28일, 데리다는 심신 양면에서 아주 안 좋은 상태로 고등사범학교 입학을 위한 필기시험을 치렀다. 셀 수 없이 많은 밤샘을 한 후에 각성제와 수면제를 복용하면서 그는 다시 신경쇠약의 경계선에 서게 되었다. 그 다음에는 스트레스가 문제였다. 글을 쓰는 것이 불가능했던 그는 첫 시험에서 백지 답안지를 제출했고, 시험을 포기하고 말았다. 며칠 후에 절망한 그는 이번에는 그의 오랜 친구였던 페르낭 아샤록에게 괴로움을 털어놓았다. 자기는 루이르그랑에서 이처럼 형편없는 한 해를 보낸 다음에 세 번째로 카뉴에 받아들여지지 않을까 봐 걱정했다. 알제리에 빈손으로 돌아가는 것은 단순한 창피함 이상은 아닐 것이다. 하지만 정말로 견딜 수 없는 것은 교육자가 되기 위한 대학 경력을 쌓는 것을 포기해야 할지도 모른다는 것이었다.

마지막으로 데리다는 그의 프랑스어 선생 로제 퐁스를 찾아갔다. 여러 면에서 그는 구식 선생이었다. 다만 루이르그랑의 다른 선생들보다는

---

29) 1950~1951년 성적표. 루이르그랑 고등학교의 기록보관.

마음이 더 넓은 사람이었다. 데리다가 1년 후에 시험에 합격한 후 로제 퐁스 선생에게 쓴 것처럼, 이 만남은 적어도 심리적인 면에서는 결정적이었던 것으로 보인다.

> 여러 추억 중 제가 감사드려야 할 일은 1951년 6월 어느 날 아침에 가 닿습니다. 그때 저는 회복 불가능이라고 판단된 일로 완전히 늘어져 있었습니다. […] 그런 상태에서 선생님께 도움을 청하고자, 특히 용기를 북돋아 주십사 하고 찾아뵈었죠. 선생님을 뵙고 나오면서 저는 차분해졌고, 다시 회복할 수 있겠다고 생각했고, 실망에도 불구하고 계속 공부를 하겠다고 결심했습니다. 그날 아침 제가 선생님을 찾아뵙지 않았더라면, 고백건대 저는 아마 카뉴에서 계속 공부하지 못하고, 아마 다른 곳에서도 계속하지 못했을 것입니다.[30]

생자크 가의 맞은편에 있는 소르본에서 몇몇 교수들은 데리다에 대해 그다지 호의적인 태도를 보여 주지 않았다. 그는 학사 과정의 여러 과목을 이수해야 했다. 철학사 과목에서 말브랑슈에 대한 주제에서 그는 20점 만점에 5점을 받았다. 상당히 회화적이긴 하지만, 앙리 구이에의 평가는 그대로 그의 마음에 곧바로 와닿는 내용이었다. "분명하지 않기 때문에 오히려 뛰어난 답안임…. 이의를 제기할 수 없을 정도의 뛰어난 솜씨로 지성을 보여줌. 하지만 철학사와는 별 상관이 없음. 데카르트를 공부했음. 하지만 말브랑슈에 대한 의견 개진은 불가능함. 규정을 받아들이고

---

30) 데리다가 로제 퐁스에게 보낸 1952년 9월 10일 편지 초고.

자 할 때 다시 올 것. '창안하지' 말고 '습득'해야 할 필요가 있음. 이 학생에게는 한 번의 실패가 도움이 될 것임." "규정을 받아들이고 '창안'하지 말 것." 이것은 미래의 철학자 데리다가 반드시 통과해야 할 과정이었다. 이와 같은 거만한 어조와 순응주의에 대한 찬사는 1950년대와 60년대 지식인들의 특징이었다. 하지만 그것은 그대로 프랑스 대학 사회가 데리다에게 오랜 동안 보여 줄 태도를 암시하는 것이기도 했다. 후일 그가 거둔 성공에도 불구하고 그는 이 문장을 결코 잊지 않게 된다.

7월 초에, 자키는 알제로 다시 향했다. 대부분의 경우 여행은 배로 했다. 하지만 가끔 비용이 덜 드는 방법을 이용해 여행을 하기도 했다. "그다지 안전해 보이지 않는 소형 수송기에 오른 반(半)불법여행자, 채소 상자들 사이의 의자에 앉은 채, 어쨌든 '비정상적인' 방법으로 하는 여행은 불편했고 또 겁나는 것이기도 했다."[31]

알제에 도착하자마자 데리다는 그의 친구인 미셸 모노리에게 편지를 썼다. 미셸 역시 고등사범학교 입학시험에서 떨어졌고, 그로 인해 낙담하고 있었다. 자키에 따르면, 고등사범학교 입학시험에서의 합격은 지성과 멍청함의 복잡하고도 불가능한 결합이 전제되는 것이었다. "가장 비천한 수준에서 그것은 기적이었다." 자키는 그의 친구 미셸이 아버지의 반대가 있었지만 루이르그랑을 떠나 소르본에 다니게 될 것이라는 사실을 알고 있었다. 자키는 지금처럼 매일 그를 만나지 못하게 될 것이라는 생각으로 인해 슬프고도 불안했다.

---

31) Catherine Malabou and Jacques Derrida, *La contre-allée. Voyager avec Jacques Derrida*, La Quinzaine littéraire/Louis Vuitton, 1999, p. 284.

작년과 마찬가지로 데리다는 지적 차원에서 알제에서 보낸 여름이 자신을 질식시킨다는 느낌을 받았다.

나는 책을 아주 조금밖에 읽지 못했네. 글을 쓰고자 노력했지만 매번 포기하고 마네. 야심은 큰 반면, 수단은 턱없이 부족하네. 천재성이 부족한 사람은 생각이 결코 창의적이지 못하네. 그렇네! 그리고 지금은 피곤이 더위에 겹쳤네. 지난 번 시험으로 인한 엄청난 피곤이라네.[32]

자키는 의사들이 치료하지도 이해하지도 못하는 신경쇠약을 계속해서 겪을 수밖에 없다고 생각했다. 그렇다. "가증스러운 한가함, 스스로 걱정할 힘도 가지지 못하는 또는 겨우 그런 힘을 가진 한가함, 그 어떤 것도 부식시키지 못하고, 모든 것을 경멸하는 한가함이네. 아주 드물게 독서를 재개하거나 또는 영감도 없는 흥분이 일어나는 순간이 있네." 제인 오스틴, 로렌스 스턴, 키에르케고르, 티에리 몰니에, 에밀 브레이에, 장 발은 물론 성서에서 사르트르에 이르는 아주 광범위한 절충주의적 독서였다. "이런 다양성에 겁먹지 말게. 매 저자마다 7~8쪽만을 읽었을 뿐이네. 나는 다르게 읽는 방법을 알지 못하네."[33] 물론 자키는 위에서 든 몇몇 저자들에게 평생 충실하게 남게 된다. 그는 플라톤을 인내를 가지고 읽었다. "내가 여력이 있다면 플라톤에 열광할 걸세." 그리고 그는 프랑시스 퐁주를 발견하면서 참다운 행복을 느꼈다. "나를 그처럼 조금… 놀래킨 사람

---

32) 데리다가 미셸 모노리에게 보낸 1951년 7월 10일 편지.
33) 데리다가 미셸 모노리에게 보낸 1951년 7월 16일 편지.

은 없네. 그리고 이런 이유로 나는 눈을 떴네. 자네에게 퐁주의 『시집』을 가져다줄 걸세."[34]

태양과 바다가 점차 위력을 발휘하기 시작했다. 데리다는 청소년기의 친구이던 타우송, 아샤록과 어울렸지만, 그들에게서 일종의 회한의 감정을 느끼게 된다.

며칠 전부터 나는 내 의사와는 상관없이 내 차를 타고 나를 밖으로 나오게 하던 일군의 친구들에게서 놀라움을 금할 길이 없었네. 바다, 태양, 춤, 술, 속도 등으로 나는 멍해진 상태였네. 내 젊은 시절의 모든 것을 다시 맛본다는 사실(놀리지 말게. 나도 파리, 루이르그랑의 학생 시절과는 다른 또 다른 젊은 시절이 있네)이 결정적으로 혐오스러웠네. 게다가 내 건강이 그런 것을 마음껏 즐기도록 허락해 주지도 않았네.[35]

여러 주가 지나자 미셸과의 편지 교환의 빈도가 줄었고, 자키는 걱정이 되었다. 만일 미셸이 그에 대한 애정과 신뢰를 걷어 버린다면, 자키는 그 자신 "보잘것없고, 허풍이 세고, 편협하며, 무정형의 땅버러지"가 되고 말 것이라는 확신을 가졌다. 그 어느 때보다 자키는 친구가 필요했다.

나는 이곳에서 힘을 앗아가는 수많은 시련에 직면해 있네. 심지어 내가 가장 힘든 혼란 상태에 있을 때조차도 이와 비슷한 상황을 결코 겪은 적

---

34) 데리다가 미셸 모노리에게 보낸 날짜 미상 편지(1951년 여름).
35) 데리다가 미셸 모노리에게 보낸 날짜 미상 편지(1951년 여름).

이 없네. 잠을 잘 자지 못하기 때문에 한밤중에 일어나 종종 집을 맨발로 돌아다니기도 하네. 잠든 식구들의 숨소리를 들으면서 약간의 평화와 신뢰를 구걸하네. 우리를 위해 기도해 주게. 미셸.[36]

여전히 미사에 참석하는 가톨릭 신자였던 미셸은 그 시기에 한 사원에 머물고 있었다. 데리다에게 이것은 그 자신의 고유한 종교적 확신이나 자신의 불안을 정확히 타진해 볼 수 있는 기회였다.

종종 그랬던 것처럼, 내가 자네를 따라할 수 있었으면 좋겠네. 하지만 나는 그럴 수 없네. 우선 어떤 종교적 '여건'이 그것을 금지하기 때문이네. 그 다음으로는 특히 내가 아주 불안한 것은 아니지만, 내가 아직은 너무 연약하기 때문에 나는 기도, 침묵, 희망, 묵상을 정신적 편안함으로 바꿀 수가 없네. 설사 이런 편안함이 끔찍한 고뇌의 종착역이라고 해도, 나는 그것을 받아들일 권리를 가지고 있다고 느끼지 못하네. 어쩌면 앞으로도 영원히 그럴 것 같네.[37]

1952년 10월 초, 자키는 마침내 파리로 돌아왔다. 루이르그랑에서 카뉴에 세 번째로 등록하기 전에 그는 준비를 전혀 하지 못했던 소르본의 학사 과정을 이수해야 했다. 그는 겁이 났다. 결과는 평균 이상이었지만, 그래도 이 과정을 이수해서 짐을 덜 수 있었다. 그 다음으로 그는 이제 속

---

36) 데리다가 미셸 모노리에게 보낸 1951년 10월 2일 편지.
37) 데리다가 미셸 모노리에게 보낸 날짜 미상 편지(1951년 여름).

속들이 알고 있는 루이르그랑을 다시 찾게 되었다. 그해 초부터 그는 자기 반에서 가장 나이가 어린 학생들 중 한 명인 미셸 오쿠튀리에와 친하게 지내게 되었다. 오쿠튀리에는 그들의 첫 만남을 잊지 않고 있다. "데리다─그 당시에 '디어스'(Der's)라고 불렸다─는 카뉴의 거물 중 한 명이었어요. 비록 그가 나에게 항상 친절하고 거의 보호자 같은 태도를 보였지만, 그는 나에게 강한 인상을 주었지요. 그는 나에게 종종 이런 말을 하곤 했어요. 금발인 나를 보면 2세 때 죽은 자기 동생 노르베르가 떠오른다고 말이에요." 미셸 오쿠튀리에는 데리다의 재능에 놀라 어느 날 누나 마르그리트에게 학급 기념 사진을 보여 주면서 이렇게 말할 정도였다. "천재적인 철학자를 한 번 사귀어 보는 것 어때!" 미셸 오쿠튀리에는 자키와 함께 고등사범학교 입학시험에 단번에 합격했고, 그들의 관계는 고등사범학교 재학 기간 동안에 더 강화된다.[38)]

미셸 모노리는 그해 첫 두 주 동안만 루이르그랑에 머물렀다. 마침내 아버지의 동의를 구한 그는 만성절에 자기 자리가 아니라고 느꼈던 카뉴를 포기하고 만다. 그는 샵탈고등학교에서 "한 조(組)를 이루어 근무하는 기숙사감"의 자리를 찾았고, 소르본에서 고전문학 학사 과정을 이수하면서 '알루아시우스 베르트랑과 산문시의 탄생'이라는 제목의 논문을 준비했다. 그럼에도 불구하고 그는 자키와 아주 가까운 사이를 유지하게 된다. 그들은 라그랑주 가의 작은 방이나 생 라자르 역에서 아주 가까운 샵탈고등학교 앞에서 약속을 정하곤 했다. 미셸은 종종 자키를 아테네극장이나 에베르토극장으로 데려가기도 했다. 작년보다는 훨씬 잘 지냈

---

38) 미셸 오쿠튀리에와의 인터뷰.

지만 자키에게는 여전히 어둡고 우울한 기질이 남아 있었다. "비밀스럽고 혼란스러웠던" 한 통의 편지에서 그는 미셸에게 자신의 침묵, 소식을 전하지 않은 기간, 냉정하게 대했던 순간에 대해 용서를 구했다. 미셸 모노리는 종종 자키의 시선 아래에서 그 자신이 분해되는 듯한 인상을 받았고, 또한 그 자신이 무용하고 우스꽝스러운 하나의 사소한 물건에 불과하다는 인상을 받곤 했다. 그는 자키에게 이렇게 쓰고 있다. "자네는 자네의 우정으로 나를 아주 겸손하도록 만드네."[39]

세 번째로 맞이한 카뉴에서 자키는 피에르 푸셰와 가까워졌다. 그 역시 통학생이던 푸셰도 자키와 마찬가지로 식물원 곁에 있는 카드르피주가에서 방을 하나 구했다. 푸셰와의 우정은 모노리와의 우정에 비해 감정적인 교류는 부족했으나 더 일상에 바탕을 둔 것이었다. "세 번째로 맞이한 카뉴에서 우리의 관계는 가장 가까워졌어요. 자전거로 학교에 가기 위해 만났어요. 점심과 저녁 식사를 하기 위해 우리는 함께 포르 루아얄에 있는 사회의료 식당에 갔어요. 루이르그랑의 식당에 비해 정말 좋았어요. 음식도 더 좋고, 더 깨끗하고, 분위기도 훨씬 좋았습니다. 전체적으로 우리는 아주 행복한 젊은이들은 못 되었지요. 분명 세대의 문제이지요. 전쟁과 궁핍에서 막 벗어난 상태였으니까요. 우리는 확실한 직업에 대한 계획을 가지고 있지 못했고, 미래는 장밋빛과는 거리가 멀었어요. 우리의 생활은 기숙사의 규율에 따르지 않게 되었을 때부터 확실히 덜 힘들었어요. 우리는 종종 영화를 보러 갔어요. 가끔 브리지 게임을 하기도 했어요. 그는 포커 놀이와 마찬가지로 이 게임을 좋아했어요…. 1952년 5월 1일

---

39) 미셸 모노리가 데리다에게 보낸 날짜 미상 편지. 미셸 모노리와의 인터뷰.

에 자키가 내 방으로 은방울꽃을 들고 왔던 것을 기억합니다. 두 남자들 사이에서 이런 일은 아주 드물었지요. 그래서 더 감동했던 것 같아요."[40]

고등사범학교 입학시험은 여전히 중요했다. 통학 생활로 인해 생긴 유혹—몇몇 증언에 의하면 기혼녀와 관계를 맺고 있었다—에도 불구하고 자키는 그해에 열심히 공부를 했고, 어떤 과목에서도 과락을 하지 않기 위해 체계적으로 공부를 했다. 피에르 푸셰는 이렇게 기억하고 있다. "우리는 대부분의 저녁 시간을 같이 공부했어요. 내가 정말로 공부를 한 것은 상당 부분 자키 덕택이었어요. 나는 그에게 라틴어 공부를 도와주었어요. 내가 그보다 더 나았거든요. 그는 나에게 영어 공부를 도와주었어요. 그의 영어는 상당한 수준이었어요. 나는 고등학교 졸업반에서 훌륭하지 않은 선생님을 만난 까닭에 철학 과목에서 조금 취약했어요. 어느 일요일 저녁에는 논술 과제를 끝내지 못하다가 자키에게 도움을 청한 적이 있어요. 그가 마지막 부분을 불러 줬어요. 보른 선생은 내가 작성한 논술 과제를 돌려줄 때 정확한 평가를 해주었어요. 자키가 불러 준 마지막 2쪽을 제외하곤 전체적으로 내용이 형편없었다는 것이었어요."

데리다는 여러 해가 지나면서 루이르그랑에서 시행되고 있는 철학 교육에서 점차 별다른 도움을 받지 못했다. 예컨대 보른과 사뱅은 그 당시 데리다가 아주 열심히 읽고 있던 하이데거와 친화성을 가지지 못했다. 전체적으로 보아 학교에서는 학생들에게 논증 방식이나 논문 작성에 필요한 수사를 가르치면서 위대한 고전 텍스트들에 정면으로 도전하지 않는 경향이 있었다. 따라서 데리다는 혼자 하이데거의 저작에 접근했

---

40) 피에르 푸셰와의 인터뷰.

다. 하지만 1950년대 초기에 프랑스어로 읽을 수 있는 하이데거의 저작은 몇 권 되지 않았다. 『형이상학이란 무엇인가』, 『칸트와 형이상학의 문제』, 『존재와 시간』의 몇 장이 번역되었을 뿐이고, 그것도 만족할 만한 수준은 아니었다. 후일 데리다는 '현존재'(Dasein) 개념이 '인간실재'(réalité humaine)로 번역된 것에 대해 "여러 면에서 기괴하다"라고 규정짓게 된다. 그런데 이 개념의 번역은 1938년에 앙리 코르뱅이 했고, 나중에 사르트르의 『존재와 무』를 통해 대중화되었다.[41] 애석하게도 그 당시 데리다의 독일어 실력은 혼자 원서를 읽기에는 역부족이었다.

1952년 봄, 고등사범학교 입학을 위한 필기시험이 다가오자 데리다는 이전 두 해에 비해 불안감을 조금 덜 느꼈다. 세 번째 해에 그의 성적은 아주 만족스러웠고, 선생들이나 친구들도 그의 합격을 의심하지 않았다. 라틴어 성적이 "들쑥날쑥"이었지만, 2학기 동안 결정적으로 실력이 늘었다. 영어 과목에서는 그의 약점인 건강 문제로 자주 결석을 했지만 그래도 그의 실력은 "아주 출중"하다고 여겨졌다. 프랑스어 과목에서는 "이처럼 아주 우수한 학생"이 "만연체로 흐르는 경향"과 "수준 높은 어구에 대한 집착"만 조심하면 되었다.

철학 과목에서 데리다의 성적은 늘 아주 좋았다. 그는 정말로 이 과목에서 두각을 나타내기 시작했다. 논술 과제를 돌려주면서 칭찬에 인색했던 보른도 종종 데리다의 논술 과제에 대해서는 칭찬 일색의 논평을 해주었다. 1학기에 데리다는 3등이었으나, 평균 14.5점이었다("모든 면에서 우수함. 훌륭한 철학적 소양을 갖추었음"). 2학기에 그는 루이르그랑에서

---

41) "Les fins de l'homme", conférence de 1968. *Marges*, Editions de Minuit, 1972에 재수록.

예외적으로 20점 만점에 16점을 받아 1등을 했다("계속 우수한 성적임. 확실한 철학적 소양을 구비했음"). 시험 전날 보른은 데리다에게 분명 자기가 직접 생각해 낸 주제에 대해 마지막 논술을 준비시켰다. "당신은 철학적 정신을 가지고 있는가? 문학적 정신과 철학적 정신은 양립 불가능한가에 대해 논하라." 보른은 "전체적으로 깊이 있는 '사고'가 이루어졌네. 자넨 '틀림없이' 합격할 걸세"라고 만족해하면서 이 과제에 대해 점수를 매기지 않았다.

그럼에도 불구하고 데리다의 불안감은 가시지 않았다. 그도 그럴 것이 마지막 순간에 시험을 망칠 수도 있다는 것을 그 자신이 너무 잘 알고 있었기 때문이다. 만일 그렇게 된다면 그것은 돌이킬 수 없는 비극일 터였다. 이번에 다시 떨어진다면 그에게 고등사범학교의 문은 완전히 닫혀 버릴 것이었다. 각성제 막싱톤을 복용하고 싶은 유혹이 아주 컸지만 그는 이 약을 남용하지 않도록 노력했다. 첫 시험이 있기 며칠 전에 잠을 청할 수 없었던 데리다는 자신에게 방을 세주었던 두 노인을 깨워 그녀들과 담소를 나누었다. 그러면서 그는 차를 마셨고, 마침내 잠을 청할 수 있게 되었다.

필기시험에서는 큰 어려움이 없었다. 그 이후 여러 주 동안 데리다는 자신감을 잃을 수도 있다고 걱정하면서 두려워하던 구두시험을 준비했다. 아주 뛰어나고 공부를 열심히 했다고 해도 입학이 보장되는 것은 아니었다. 데리다의 반에서 세르, 라미, 벨맹노엘, 카리브, 오쿠튀리에가 그와 함께 합격했을 뿐이다. 미셸 드기, 피에르 노라와 같은 아주 뛰어난 학생들이 떨어졌고, 평생 그 아픔을 간직하게 된다.

데리다가 마침내 합격한 시험에서 그와 프랑스어 선생 로제 퐁스와의 관계가 남아 있다. 가장 놀라운 것은 후일 자기의 입학 수기를 이야기할 수 없다고 생각했던 데리다 자신이 다음과 같은 이야기를 직접 들려주고 있다는 사실이다.

내가 치른 시험은 평범한 것이었다. 형편없는 구두시험 때문에 내 등수는 열자리 정도 뒤로 밀려 버렸다. 실제로 나는 필기시험에서는 6등이었지만, 수석합격자와는 4.5점 차이가 있을 뿐이었다. 그것도 철학 과목에서 아주 실망스러운 점수를 받았음에도 그랬다. [⋯]
구두시험에서 나는 독일어와 고대사에서 등수를 잃었다. 거의 0점을 받았다고 생각했을 정도로 끔찍한 질문이 주어졌다. 프랑스어 과목에서는 관대하게도 12점을 받았다. 하지만 모든 것이 마음에 들지 않았다. 시험관의 외적 태도 때문에 나는 설명하는 기쁨을 가질 수 없었다. 카스텍스 씨는 특별하지도 않고 초보적이고 피상적인 견해를 내비치면서 영감을 받은 예언자와 같은 태도를 보여 주었다. 다른 시험관은—내가 문제 삼는 시험관인데—훨씬 더 엄격했고 조급했다. 그는 자기 주위에, 그리고 자기 생각에 공식적인 서류, 공증인의 자료, 바칼로레아용 성적부로 가득 찬 미세한 먼지만을 날릴 뿐이었다.

프랑스어 구두시험에서 데리다는 『백과사전』에서 발췌된 디드로가 쓴 글 한 쪽을 접하게 되었다. "모든 내용이 표면에 드러나 있었고, 모든 것이 강조되고 분명했으며, 전체적으로 보아 그다지 흥미롭지 않은 부분"이었다. 데리다는 이 텍스트에 대해 설명하면서 아직 성숙하지 않은 방식을 동원했다.[42] 마치 그가 나중에 동원하게 되는 방식의 주요 방향이 이미 정립된 것처럼 말이다.

나는 이 텍스트가 함정이라고 생각했다. 의심이 많고 신중한 디드로의 의도는 이 텍스트에 함축적으로 드러나 있다고 생각했고, 모든 것은 그 형태 면에서 모호하고, 암묵적이고, 간접적이고, 우회적이며, 복잡하고, 암시적이며, 속삭여지고 있다고… 생각했다. 나는 문장 하나, 단어 하나에 고유한 의미를 찾아내기 위해 내가 알고 있는 모든 지식을 동원했다. 나는 디드로를 완서법의 대가, 문학을 옹호하는 독립 행동자, 저항하는 자… 등의 모습으로 고안해 냈다.

하지만 시험관과의 대화는 아주 힘든 것이었다. 특히 수험생에게 이의를 제기했던 셰레르 씨와의 대화가 그랬다.

- 요컨대 이 텍스트는 아주 단순하네. 자네는 이 텍스트에 자네의 개인적인 생각을 더해 복잡하게 만들었고, 그 의미를 무겁게 했네. 예컨대 이 문장에는 아주 분명한 것밖에 없네….
- 분명 이 텍스트에는 특별한 것이 없습니다. 이 텍스트가 그 어떤 문학적 관심사도 보여 주지 않는다는 의미에서 그렇습니다….
카스텍스 씨는 눈을 들어 천장을 쳐다보면서 쓸쓸하게 웃고 있었다. 셰

---

42) 후일 데리다에게서 보게 되는 화려하고도 유창한 언어유희를 가리키는 것으로 보인다.
　　—옮긴이

레르는 종이를 가리키며 이렇게 말했다.

- 그 누구도 자네가 이 텍스트를 처음부터 읽는 것을 막지 않네.

하지만 최종적으로 등수가 무슨 대수랴! 중요한 것은 합격했다는 바로 그 사실이었다. 데리다는 특히 학교에서 보장하는 경제적 안정—그는 그곳에서 신입 선생의 월급을 받게 되었다—과 그로 인한 가족의 경제적 부담의 경감에 민감했다. 그를 파리로 보내 공부를 시키는 일은 가족들에게는 상당한 희생이었고, 그로 인해 그는 3년 동안 많은 고민을 해야 했다.

데리다는 정중함과 우아함을 더해 장문의 편지를 써서 로제 퐁스 선생님에게 엄격했음에도 불구하고, 그 엄격함을 통해 배운 것에 대해 깊은 감사를 드리고 있다. 그에게 많은 고민을 안겨준 일이기도 했다.

저는 용서받을 수 없는 다음과 같은 무모한 생각을 하나 가지고 있습니다. 보른 씨와 선생님을 제외하곤 카뉴 담당 선생님들께서 제가 이미 알고 있던 것, 제가 혼자서 알 수 있는 것 이외에 다른 것을 가르쳐 주지 않았다는 생각이 그것입니다. 제가 말씀드리고자 하는 것은, 다른 선생님들께서는 수업을 하실 때 직업, 기술, 객관적이고 유용한 지식을 가르쳐 주셨을 뿐이라는 것입니다. 저는 선생님에게서, 선생님으로부터 어떤 직업의 일부가 되는 것뿐만 아니라 그 직업에서 그것 이상의 것을 배웠다는 느낌입니다. 즉 지적 정직성과 겸손함, 엄격함에 대한 취향과 그 의미, 소박함과 거짓 깊이나 피상적인 자질에 속지 않으면서 확고한 판단에 이르고자 하는 강한 욕망—이런 욕망은 당연히 가장 큰 공감과 가장 큰 명석성과 함께 이루어집니다 — 이 그것입니다. 제가 선생님께 제출했던 첫 과제부터 저는 문체와 지적 엄격성에 대한 아주 중요한 교훈을 배웠습니다. 제가 맹목적으로 신뢰했고, 지금도 그런 경향을 버리지 못하고 있는 무질서하고 과장된 의사(擬似) 서정적 표현으로 인해 조금 행복했지만 많은 어려움을 겪었습니다. 선생님의 평가는 아주 엄격하긴 했지만, 왜 그로 인해 제가 모욕당하고 창피를 당했다고 생각했겠습니까? 바로 거기에 선생님의 가르침의 효과가 있다고 생각합니다.[43]

고등사범학교에 합격했다고 해서 모든 것으로부터 보호받은 것은 아니었다. 필기시험과 구두시험이 끝난 직후 이것을 증명해 주는 조그마한 사건이 있었다. 루이르그랑 졸업생이자 시를 좋아했던 클로드 본푸아가 자키를 투르 근처에 있는 플레시스의 저택으로 초대했다. 데리다는 분명 그가 있는 곳의 분위기가 어느 정도 우파적이었는지를 알지 못했었다. 클로드의 아버지 르네 본푸아는 피에르 라발 정부의 정보 담당 국장을 역임했었다. 이로 인해 그는 사형선고를 받았는데, 1946년에 재산몰수가 따르는 평생국민자격 상실형으로 감형되었다. 옛 비시 정부의 인사들이 많이 참석했던 저녁 만찬에서 회식자들 중 한 여성이 이렇게 말했다. "오! 유대인들요. 저는 그들을 멀리서도 느낀답니다. 므슈." 이 말에 데리다가 큰소리로 응수했다. "예, 저는 유대인입니다, 부인." 이로 인해 식탁 주위의 분위기가 얼어붙어 버렸다.

며칠 후에 자키는 클로드 본푸아에게 장문의 편지를 썼다. 비록 이

---

43) 데리다가 로제 퐁스에게 보낸 1952년 9월 10일 편지 초고.

문제가 그에게는 "피상적인" 것이기는 했지만, 그는 자신의 유대인 신분을 숨길 권리를 가지고 있지 않다고 단호하고도 차분한 어조로 설명했다. 자키에게 "유대인이라는 조건"은 다른 조건보다 더 결정적인 것이 아니었다. 게다가 그는 그 자신이 반유대주의적 표시에 직면하는 경우를 제외하고는 그런 조건을 고려하지도 않았다. 그의 입장은 1946년에 출간된 『유대인 문제에 대한 성찰』에서 사르트르가 전개했던 입장과 아주 가까운 것이었다. 자키는 이 작은 사건을 계기로 알제리에서 겪었던 상황과 프랑스의 상황을 비교해 보기도 했다.

몇 년 전만 하더라도 나는 이 문제에 아주 '민감했었네'. 반유대주의적 스타일에 대한 최소한의 암시만으로도 나는 흥분했었지. 그 당시에 나는 격렬한 반응을 보일 수도 있었네. [⋯] 지금 이 모든 것은 내 안에서 어느 정도 진정되었다네. 나는 프랑스에서 반유대주의를 모르는 사람들을 알고 있네. 나는 이 문제에서 지성과 정직성이 가능하다는 사실, 그리고 유감스럽게도 유대인들 사이에서 회자되는 다음과 같은 말—"유대적이지 않은 모든 것은 반유대적이다"—이 사실이 아니라는 것을 배웠네. 나에게 이 문제는 덜 가열찬 문제이고, 이제는 뒷선으로 물러난 문제가 되었네. 유대인이 아닌 다른 친구들은 나에게 반유대주의와 모든 결정론적 요소들을 연결시키는 것을 가르쳐 주었네. [⋯] 알제리에서 반유대주의는 더 극복하기 어렵고, 더 구체적이고, 더 끔찍한 것으로 보이네. 프랑스에서 반유대주의는 하나의 이론, 추상적 사유들의 집합의 일부이거나 그러길 바라는 것 같네. 반유대주의는 추상적인 모든 것이 그런 것처럼 위험하지만 인간들 사이의 관계에서는 눈에 덜 띄네. 요컨대 반유

대적 프랑스인들은 자신들이 알지 못하는 유대인들과 더불어서만 반유
대적일 뿐이네.[44]

데리다는 "반유대주의자가 현명하게 되면 그는 자신의 반유대주의
를 신봉하지 않게 된다"라는 생각을 확신하는 것 같다. 그는 클로드 본푸
아와 그의 부모와 함께 그 작은 사건에 대해 다시 한 번 이야기할 기회를
갖고 싶어 했다. 답장에서 클로드 본푸아는 그때 발생했던 사건의 파장이
어떤 것이었는지를 가늠하지 못한 것처럼 보였다. "우리는 [⋯] 상투어
처럼 입에서 나오는 몇 마디 말로 회한에 사로잡혔었다네." 상황을 되짚
어 보면서 그는 이미 "사회로부터 공식적인 배척을 당하고, 배제된 자들"
이 되어 버린 자기 부모의 어려운 여건을 강조하고 있다. 그리고 이 계제
나쁜 불행한 문장을 잊게끔 하기 위해 그는 자키에게 『라 파리지엔느』(*La
Parisienne*) 지에 논문이나 단편을 기고하면서 참여하길 제안했다. 그 당
시 이 신문은 대독협력 문제와 무관하지 않던 그의 부모의 한 친구인 자
크 로랑이 창간을 준비하고 있던 신문이었다. 자키는 물론 이 일을 경계
하게 된다. 하지만 이 사건으로 인해 그와 클로드 본푸아의 관계에는 조
금의 변화도 없었다.

나는 지금 피로, 열, 가족으로 인해 완전히 멍한 상태라네. 읽고 쓰는 것
을 할 수 없네. 나는 그저 쉬운 소일거리, 의미 없는 게임, 태양, 바다⋯
등을 좋아할 뿐일세. 이번 방학 동안에 아무것도 못할 것이라는 예감이

---

44) 데리다가 클로드 본푸아에게 보낸 날짜 미상 편지 초고(1952년 8월).

드네. 나는 바닥이 났고 메말라 버렸네. 내가 치유될 수 있을까?[45]

자키는 미셸 모노리가 알제에서 여름 중 일부를 보내러 올 수 있었으면 좋겠다고 생각했다. 하지만 불가능한 일이었다. 하지만 피에르 푸셰와 그의 이웃이었던 피에르 사라쟁이 몇 주 동안 자키와 같이 지내게 되었다. 피에르 푸셰는 이렇게 기억하고 있다. "우리가 도착해서 보게 된 자키는 루이르그랑에서 본 자키와는 전혀 달랐어요. 우리와 비슷한 생각을 하면서도 그는 알제리 유대인의 옷을 걸치고 있었어요. 그의 외할머니와 어머니가 주도권을 쥐고 있는 집안에서 그의 가족들의 수가 많았고, 아주 친절했으며, 화목했어요. 일요일에 우리는 제랄다, 사블르도르 등과 같은 해수욕장으로 놀러 갔어요. 나는 이와 같은 화목, 온 가족이 함께 사는 아주 훈훈한 분위기를 좋아했어요. 주중에 우리는 출장을 가는 자키의 아버지를 따라 카빌리아로 갔어요. 그곳의 젊은이들처럼 자키는 심카 아롱드를 아주 빠르고도 즐겁게 운전했어요.[46] 그는 안정을 되찾았고, 거의 우월한 지위를 누리는 모습이었어요."[47]

그해 여름, 자키는 두 명의 친구들과 함께 그때까지 가 보지 못한 알제리의 여러 도시들과 지역들을 가 보게 되었다. 저녁에는 영화관, 카지노에 가기 위해 외출하거나 장시간 포커 놀이를 하기도 했다. 하지만 두 명의 피에르와 함께 지내는 이와 같은 소란스러운 생활에 진력이 나기까

---

45) 데리다가 미셸 모노리에게 보낸 날짜 미상 편지(1952년 8월).
46) 엘비아르 경찰서에서 1952년 10월 1일에 보낸 통지문에 의하면, 데리다는 운전과실로 열흘간 면허증을 빼앗긴 적이 있었다.
47) 피에르 푸셰와의 인터뷰.

지는 2주일이면 충분했다. "나는 계속 그들과 함께 외출할 만한 힘이 없었네. 나는 움직이지 않고 활동하지 않는 것이 필요했네."[48] 심지어 고독에 대한 욕망은 결국 두 명의 피에르를 그의 사촌들 중 한 명의 집으로 보낼 정도로 강했다. 그리고 우울할 때 그는 미셸 모노리에게로 향했다.

> 내가 지금 어느 정도까지 겁을 먹고, 낙담하고, 메말라 있는지를 자네가 안다면! 신선한 정신, 신선한 영혼, 취미와 열정을 닮은 어떤 것, 타인이나 나 자신과 함께 하고자 하는 의지를 어디에서 찾을 수 있을지 모르겠네. 아무것도, 아무것도, 아무것도… 혼수상태, 마비상태, 정신쇠약, 신경쇠약, 상심.[49]

데리다에게는 읽고자 하는 생각, 더욱 공부를 하고자 하는 생각이 없었다. 어쩌면 알제리의 분위기가 그런 것을 방해할 수도 있었다. 감히 그런 것을 시도하지도 못한 채 그는 카뮈가 『결혼』에서 기술하고 있는 다음과 같은 상태에 몸을 맡기기로 했다. "어떤 의미에서, 유일하게 이 의미에서 이곳은 너무 살기가 좋아 읽는 것을 생각할 수 없고, 어쩌면 생각도 짧게 해야 한다." 하지만 데리다에게 이와 같은 알제리도 이제 곧 한갓 추억거리에 불과하게 된다.

---

48) 데리다가 미셸 모노리에게 보낸 1952년 8월 15일 편지.
49) 데리다가 미셸 모노리에게 보낸 1952년 8월 26일 편지.

4장 _고등사범학교

1952~1956

1952년 10월, 자키에게 고등사범학교에 합격한 것은 카뉴 시절과 비교할 때 완전한 해방을 의미했다. 비록 그가 라그랑주 가를 떠나 다른 세 학생들과 방을 나누어 쓰게 되었지만, 이 학교에 입학한 것은 그의 인생에서 중요한 한 단계를 넘어선 것이었다. 마침내 그는 "이 학교에" 있게 되었고, 마침내 그는 "이 학교의" 일원이 되었다.[1]

1794년 국민의회(la Convention)[2] 시대에 세워진 고등사범학교(ENS)는 1847년 이래로 윌름 가 45번지에 위치하고 있다. 루이르그랑고등학교에서 몇 백 미터 정도밖에 떨어지지 않은 곳이다. 그 자체로 학위증서를 발급하지 않는 이 학교는 아주 뚜렷하게 구분된 문과, 이과 학생들을 거의 같은 비율로 받아들인다. 고등사범학교는 무엇보다도 재주 있는 학생들이 모여드는 굉장한 양성소로, 유명한 졸업생들의 면면은 헤아릴 수 없을 정도이다. 데리다가 입학했을 때 이미 앙리 베르그송, 장 조레

---

1) http://fr.wikipedia.org/wiki/École_normale_supérieure_(rue_d'Ulm).
2) 1792~1795년에 걸쳐 열렸던 프랑스혁명 의회를 가리킨다. ― 옮긴이

스, 에밀 뒤르켐, 샤를 페기, 레옹 블럼, 장폴 사르트르, 레몽 아롱과 다른 수많은 졸업생들이 이 학교의 명예를 드높이고 있었다.

젊은 학생들만이 우글거리는 이 소우주—여자들도 쉽게 출입할 수 있다—인 이 '윌름 가의 요새'는 로맹 롤랑이나 쥘 로맹 등과 같은 작가들이 잘 보여 주고 있듯이, 나름의 신화와 고유한 의식(儀式)을 가지고 있다. 4년제 학교이며, 3학년 때 보통 교수자격시험 준비를 하고, 4학년에는 졸업 논문을 쓰게 된다. 연수 공무원의 지위를 가진 학생들은 입학부터 최소한 10년 동안 국가를 위해 봉사해야 한다.

20세기 초엽 이래로 이 학교에서는 이곳만의 특징을 보여 주기 위해 은어가 많이 사용되었다. '튀른느'(turne, thurne)는 기숙사의 방을 지칭하고, '튀르나주'(thurnage)는 2학년 학생들에게 기숙사 방을 배정하는 복잡한 절차를 지칭한다. '카시크'(cacique)는 수석 입학생을 지칭한다. '아르시퀴브'(archicube)는 졸업생을 지칭하고, '아르시뷔비에'(archivubier)는 졸업생들의 연감을 지칭한다. 사각형으로 된 뜰 한가운데는 분수가 있는데, 이 분수에는 '에르네스트'(Ernest)라고 불리는 금붕어가 산다. '에르네스티자시옹'(ernestisation)은 이 분수에 학생들을 빠뜨리는 행사를 지칭한다. 건물 1층에 있는 커다란 홀은 '아쿠아리움'(aquarium)이라 불렸다. '포'(pot)는 아침, 점심, 저녁 식사를 할 수 있는 학교 식당을 지칭하고, 그 의미가 확장되어 음식에 관련된 모든 것을 가리킨다. 청소부들과 좀 더 광범위한 의미에서 기술자들은 모두 '시우'(sioux), 즉 '재주 있는 사람들'로 불린다.

시간이 지남에 따라 데리다는 이와 같은 고등사범학교 특유의 정신을 못마땅하게 생각했지만, 그럼에도 불구하고 초기에는 이 모든 것을 기꺼이 받아들였다. 그는 싫어하는 내색 없이 치기 어린 '신입생 환영행사', 즉 '비쥐타주(bizutage)'에 참석했다. 가령, 이 환영행사에서는 졸업생들의 이름이 적혀 있는 문패를 떼어 온다는가, '럼펠메이어' 찻집에서 무례한 언동으로 여성 고객을 곤란하게 만드는 행동 등이 요구되었다. 자키는 또한 겨울에 열리고 정장이 요구되는 학교 축제라든가, 6월 초에 훨씬 더 자유로운 분위기에서 개최되는 '가든 파티'에도 빠지지 않았다. 또한 연례 풍자극대회에서 모자를 얼굴까지 눌러쓴 식민화된 알제리에서 출생한 프랑스인 강도 역할로 많은 학생들에게 웃음을 선사하기도 했다.[3]

또한 데리다는 반은 진지한 태도로, 반은 희화적인 태도로 이른바 식당의 식단에 대한 발의안을 작성하기도 했다. 엠마뉘엘 르 루아라뒤리를 위시해 많은 학생들이 이 발의안에 서명했다. 타자기로 작성된 두 쪽짜리 발의안에서 그들은 고기가 햄으로 대체된다거나, 머릿고기로 만든 파이, 완두콩 퓌레 등이 지나치게 자주 나온다거나, 그리고 특히 수프를 제외한 모든 음식의 양이 부족하다는 점을 분노의 주요 이유로 지적하고 있다.

전채요리가 없어졌다. 왜 그런가? 우리는 주방장의 상상력을 일깨워 드리고자 한다. 그에게 토마토, 올리브, 가격이 비싸지 않은 구근 등과 같은 보통의 채소에서 재료를 선택할 것을 제안하면서 말이다. 채칼로 썬 익히지 않은 당근. […]
우리가 먹는 찌꺼기들 중 오늘 저녁에는 벌써 꽤 오래 전에 잘라 놓아 벽돌처럼 딱딱해진 카망베르 치즈 몇 조각이 돋보인다. 우리는 당신들을

---

3) 알랭 퐁스의 증언.

판관으로 삼고, 당신들에게 이 증거품을 제시한다. […]

환자인 우리가 특권을 누리고자 한다는 생각과 일반인들보다 더 풍부하고 더 나은 음식을 요구한다는 생각을 불식시킬 필요가 있다. 이와는 달리 우리는 깨끗하다면 다른 음식으로 만족할 것이다.[4]

입학 초기에 데리다는 가능하면 포르 루아얄에 있는 사회의료 식당에 갔다. 하지만 몇 개월 후에 그의 건강은 고등사범학교든 아니면 다른 곳이든 간에 식이요법 식단을 제공하는 곳에 더 이상 가지 않아도 될 정도로 호전되었다. 약간의 경제적 여유가 있는 지금, 그는 훨씬 더 용이하게 그 구역에 있는 식당을 찾을 수 있었고, 특히 고등사범학교 학생들이 좋아하는 몇몇 카페에 자주 드나들 수 있었다. 그들은 여전히 르 마이외, 르 카폴라드에 갔지만, 풰이양틴느 가와 게이뤼삭 가 모퉁이이자 윌름 가 바로 맞은편에 있는 이른바 '노르말 바'(Normal'bar)라고 불리는 곳에 더 자주 드나들었다. 그곳에서 그들은 축구 인형놀이를 즐기기도 했다. 그들은 특히 생자크 가에서 아주 가까운 생자크뒤오파 교회 앞 조그마한 광장에 있는 보통 '르 김스'(Le Guim's)라고 불렸던 '셰 기마르'(Chez Guimard)를 아주 즐겨 찾았다. 이곳은 한가하게 담소를 나눌 수 있는 조용하고 구석진 장소였다.[5]

대부분의 고등사범학교 학생들에게 1학년은 카뉴 시절의 힘든 과정 후에 맛보는 해방의 성격을 띤다. 분명 여름 전에 소르본에서 이수해

---

4) "Le pot", fragments d'une motion sans date, archives de Marguerite Derrida.('Le pot'는 파리고등사범학교 학생들의 은어로 '식사'를 의미한다.—옮긴이)
5) 장 벨맹 노엘과의 인터뷰

야 할 학사 과정의 여러 과목들이 있기는 하지만, 준비해야 할 시험도, 논문도 없었다. 그들은 1학년 동안 아주 자유롭게 생활하고, 특히 라틴구(Quartier Latin)를 잘 활용할 수 있는 오랫동안 기다려 온 좋은 기회였다. 예년에 비해 경제적으로 훨씬 풍요롭게 된 데리다는 마침내 책을 구입할 수 있게 되었고, 원할 때 외출을 할 수도 있었다. 그는 자주 영화를 보러 갔으며, 종종 로베르 아비라셰드와 함께 갔다. 그들은 영화 감상이 진짜 학문적인 활동이라도 되는 듯이 확신에 찬 목소리로 다음과 같이 선언했다. "우리는 응용영화학을 공부하러 간다."

고등사범학교 학생들 사이에서는 정치가 아주 중요한 자리를 치지하고 있었다. 지난 봄부터 사르트르와 카뮈 사이의 논쟁이 시작되었고, 그로 인해 수많은 토론이 이루어졌다. 1952년 5월, 프랑시스 장송이 「알베르 카뮈 혹은 반항적 영혼」이라는 글로 포문을 열었다. 카뮈는 이 글의 저자를 무시하고 곧바로 『레탕모데른』지 편집장에게 드리는 편지'라는 제목의 글로 사르트르에게 응수했다.

당신의 글에서 […] 마르크스주의적이지 않은 모든 혁명적 전통에 대한 침묵이나 조롱을 봅니다. […] 자기 시대의 투쟁을 전혀 거부하지 않았던 늙은 투사들, 역사의 방향으로 자기들이 앉았던 의자를 결코 돌려놓은 적이 없는 참견꾼으로부터 끊임없이 효율성에 대한 교훈을 받는 것, 그리고 그런 교훈을 받는 나를 보는 것에 약간 싫증이 나기 시작합니다. 나는 이와 유사한 태도를 전제하는 명백한 공모에 대해서는 더 이상 강

조하지 않을 생각입니다.[6)]

『레탕모데른』지의 같은 호에서 사르트르는 더 거친 어조로 이에 응수했다.

하지만 말해 보시오, 카뮈. 대체 어떤 신비로움으로 당신의 저작을 논의하면서 인간에게서 삶을 영위하는 이유를 제거해야 하는 것입니까? 그리고 당신의 책이 단순히 당신의 철학적 무지를 보여 주고 있다면요? 당신의 책이 2차 문헌에서 조급하게 모아 놓은 지식들로 이루어졌다면요?… 당신은 이의제기가 그렇게 두렵습니까? [⋯] 우리의 우정은 쉽지 않았습니다. 하지만 나는 그 우정을 그리워하게 될 것입니다. 오늘 당신이 우리의 우정을 깬다면, 애초에 그 우정은 깨졌어야 할 모양입니다. 우리를 가깝게 해주었던 것은 많았습니다만, 우리를 갈라놓은 것은 적었습니다. 그런데 바로 그 적은 것이 너무 많았던 모양입니다. 우정 역시 전체적으로 되어 가는 경향이 있는가 봅니다.[7)]

그로부터 몇 개월 후에, 사르트르가 자신과 소련(URSS)과의 동맹 관계를 보여 주고, 또 그 스스로 프랑스 공산당의 동반자를 자처하고 있는 「공산주의자들과 평화」라는 글을 계기로 더 고통스러운 결별이 발생했다. 모리스 메를로퐁티와의 결별이 그것이다. 이 두 사람은 1927년 윌름

---

6) *Les Temps modernes*, no. 82, August 1952.
7) *Les Temps modernes*, no. 82, August 1952.

가에서 서로 알게 되었다. 그들은 『레탕모데른』 지를 함께 창간하기 전에 공동으로 대독투쟁에 참여하기도 했다. 정치 면에서 메를로퐁티는 '길잡이' 역할까지 하면서 종종 사르트르를 앞질렀다. 하지만 『더러운 손』의 저자인 사르트르는 이 세계에서 너무 동떨어진 철학을 위해 메를로퐁티가 그 당시의 정치적 쟁점을 포기했다고 그를 비판했다. 그리고 사르트르는 특히 냉전이 한창 진행 중일 때 메를로퐁티가 소련을 비판했다는 사실을 용서하지 않았다. 사르트르가 보기에 '당' 밖에서는 더 이상 구원이 존재하지 않았던 것이다. 몇 년 후에 그는 이렇게 주장하게 된다. "반(反)공산주의자는 개다. 나는 공산주의에서 나오지 않을 것이다. 나는 결코 나오지 않을 것이다."

그 당시 프랑스 지식인들의 세계를 심하게 분열시킨 두 차례의 논쟁은 데리다에게 아주 중요했다. 그도 그럴 것이 그는 매번 "하지만 사르트르가 분명 […] 양쪽 편에 있고자 하고, 해서 모순에 빠져 있다"[8]고 느끼고 있었기 때문이다.

어쨌든 윌름 가에서 공산주의 문제는 피해갈 수 없는 문제였다. 독일로부터의 해방 이후 프랑스 공산당이 고등사범학교를 지배했다. 많은 것들이 전승되었다. 아침마다 식사 후에 곧바로 이 학교의 '세포조직' 구성원들이 『뤼마니테』(L'Humanité) 지를 읽고 훌륭한 소식을 내걸기 위해 '아쿠아리움'에 모였다. 그러는 와중에도 이탈리아 공산당(PCI : Parti Communiste Italien)에 더 가깝다고 느끼고 있던 몇몇 학생들은 노골적으로 『뤼니타』(L'Unità) 지에 빠져들었다. 스탈린이 죽은 1953년 3월 5일

---

8) Jacques Derrida, "'Il courait mort': salut, salut", *Papier Machine*, Galilée, 2001, p. 200.

에 많은 학생들이 눈물을 그치지 않았고, 공산주의 투사들은 소련에 누가 조의 전보를 보낼 것인가를 궁리하면서 1분 동안 묵념을 하기도 했다. 하지만 공산당에 가입했던 투사들—그들 중 가장 활발하게 활동했던 자들은 에마뉘엘 르루아로뒤리, 장 클로드 파스롱, 피에르 쥐캥, 폴 벤느, 제라르 주네트 등이었다—은 종종 짜증이 날 정도였다. 그들은 회의를 소집하기 위해 기숙사 방을 계속 왔다갔다 했고, 『뤼마니테』지를 강매했고, 서명을 해달라고 끊임없이 청원서를 들이밀기도 했다.

데리다는 친구가 된 뤼시앵 비앙코와 피에르 부르디외와 마찬가지로 힘든 노선을 견지하려고 노력하게 된다. 프랑스 공산당과 정면으로 충돌하는 것도 피하고 또 거기에 완전히 편입당하는 것도 원치 않으면서 말이다. 공산주의 투사들은 재빨리 그들을 '당'에 가입하는 것을 희망하지 않는 자들의 그룹으로 분류했다. 비록 그들이 좌파이고 또 어떤 투쟁에서는 유용할 수도 있다고 판단하긴 했지만 말이다. 관계가 원만할 때 그들은 '넓게 보아 같은 편', 다시 말해 '동반자'보다 못한 자들로 여겨졌다. 반면, 관계가 좋지 않을 때 그들은 '사회적-배반자들'로 여겨졌다. 데리다는 후일 뤼시앵 비앙코에게 경의를 표하는 기회에 다음과 같이 회상하고 있다.

그 당시 우리 주위에서, 윌름 가의 전당에서, 우리의 가장 친한 친구들에게서 가장 교조적인 '스탈린주의'가 마지막 생명을 부지하고 있었다. 아직도 창창한 미래가 펼쳐지고 있다는 듯이 말이다. 우리 두 사람은 어느 정도 예견 가능하고도 상투적인 방식으로 좌파 그룹이나 공산주의자들이 아니었던 극좌파 그룹 속에서 투쟁했다. 우리는 뮈티알리테

(Mutualité)에서의 모임을 위시해 모든 모임에 참석했다. 우리는 정체를 알 수 없는 반파시스트지식인위원회(식민주의적 억압, 고문, 튀니지나 마다가스카르에서의 프랑스의 행동에 반대하는)를 위해 봉투를 붙이는 일을 하기도 했다.[9]

공산주의자들의 분노에도 불구하고 데리다, 비앙코, 부르디외 등이 참가한 소그룹은 곧 '자유 수호를 위한 지식인행동위원회' 지부를 결성했다. 좌파와 공산주의자들이 아닌 극좌파에 속하는 학생들을 포함해 많은 학생들이 이 위원회에 모여들었다. 그들은『르 몽드』지, 주간지『롭세르바퇴르』와『렉스프레스』를 읽고 난 후에 당시의 정치 사안에 대해 토의를 하면서 많은 시간을 보내기도 했다.

데리다는 심지어『렉스프레스』의 정기 기고자가 될 뻔했다. 이 주간지의 창간호를 준비하고 있던 장자크 세르방 슈레베르가 데리다에게 보낸 1953년 5월 15일자 편지가 잘 보여 주고 있는 바와 같이, 두 사람은 이 주간지에 대한 데리다의 기고를 예상하면서 몇 주 전에 이미 만난 바 있었다. 세르방 슈레베르에 의하면, 당장으로서는 이 젊은 철학도에게 정확히 무엇을 요구할지가 분명하지 않았고, 또 여전히 이 주간지의 형태를 모색하는 중이었다. 하지만 기회가 오면 그는 데리다와 계약을 맺을 것이라고 약속했다. 이와 같은 협조는 전혀 불명예스러운 일이 아니었을 것이다. 창간되고 난 뒤 얼마 지나지 않아 롤랑 바르트는 이 주간지에『신화

9) Jacques Derrida, "L'ami d'un ami de la Chine", éd. Marie-Claire Bergère, *Aux origines de la Chine contemporaine. En hommage à Lucien Bianco*, L'Harmattan, 2002, p. VIII~IX.

론』의 일부를 실었고, 알랭 로브그리예도 누보로망(Nouveau Roman)에 대한 그의 의견을 이 주간지에 개진했기 때문이다.

데리다가 입학했을 때 고등사범학교에서 약 30여 명의 동기생들 중 그해에 4명만이 철학으로 방향을 정했다. 두 명은 루이르그랑 출신이었던 미셸 세르와 데리다였고, 다른 두 명은 앙리4세 출신이었던 피에르 아스너와 알랭 퐁스였다. 하지만 이들 네 명이 잘 뭉친 것은 아니었다. 세르와 아스너는 월름 가에서 거주하지 않았고, 또 자주 모습을 나타내지도 않았다. 해서 데리다는 종종 알랭 퐁스와 함께 소르본에 갔고, 불규칙적으로 앙리 구이에, 모리스 드 강디약, 페르디낭 알키에, 블라디미르 잔켈레비치 등의 강의를 들었다. 하지만 데리다는 고등사범학교에서 가르치는 교수들 중 결정적인 중요성을 갖게 되는 두 명을 만나게 된다.

데리다는 첫날부터 철학 전공을 목표로 하는 학생들의 책임자였던 루이 알튀세르를 만났다. 데리다가 만났을 때 34세였던 알튀세르는 그때까지 아무것도 출판하지 않은 거의 알려지지 않은 인물이었다. 하지만 그는 그로부터 약 12년 후에 전설적인 인물이 된다. 데리다와 마찬가지로 알튀세르 역시 알제 근교에서 태어났다. 그는 가톨릭 환경에서 성장했고, 1939년에 월름 가로 가는 시험에 합격했다. 합격 후에 곧바로 전쟁에 동원된 그는 포로가 되어 포로수용소에서 5년을 보냈으며, 전쟁이 끝날 무렵에 비로소 고등사범학교로 돌아올 수 있었다. 그는 1948년 30세의 나이에 비로소 교수자격시험을 통과할 수 있었고, 같은 해 프랑스 공산당 당원증을 발부받았다. 곧바로 철학 '수험지도교수', 즉 교수자격시험에 지원하는 학생들을 준비시키는 임무를 맡은 교수로 임명된 그는 이 직책을 30년 이상 수행하게 된다. 1950년부터 문학 분과 실무책임자가 되기도 했다. 하지만 이 직책은 그를 위해 만들어진 것으로 정체가 불문명한 직책이었다. 많은 사람들로부터 '르 튀스'(Le Thuss)로 불렸던 그는 '아쿠아리움' 오른쪽 1층에 있는 아주 어두운 사무실을 사용하고 있었다. 그가 학생들을 돌보는 것은 사실상 교수자격시험 시즌이었고, 해서 데리다도 1학년을 보내는 동안 그를 드물게만 볼 수 있었다.[10]

이와는 달리 데리다는 입학 후 몇 주가 지난 후에 미셸 푸코가 지난해 가을부터 하고 있던 실험심리학 강의를 듣기 시작했다. 월요일 저녁에 카바이에스 소형 강의실에서 진행되는 강의에 참석했던 다른 학생들과 마찬가지로 데리다도 그보다 네 살 위일 뿐인 교수의 카리스마에 충격을 받았다. "인상적인 유창함, 권위, 광채였다." 푸코는 가끔 몇몇 학생들을 생탄병원의 정신의학 분과로 데리고 갔다. 데리다는 이와 같은 광기와의 직접적인 대면 경험을 잊지 않게 된다. "환자 한 명을 오게 해서 한 명의 젊은 의사에게 질의와 진료를 맡겼다. 우리는 그 과정에 참여했다. 그것은 충격적이었다."[11] 그러고 나서 의사는 물러가고, 검진 결과를 작성한 후에 그 분과의 책임자 조르주 도메종 앞에서 일종의 수업을 했다. 푸코와 데리다는 빠르게 우호적인 관계를 맺게 되었다. 그들의 관계는 쉽게 이루어졌는데, 그도 그럴 것이 그 무렵 푸코가 릴에서 강의를 했지만 계속 고등사범학교에 거주하고 있었기 때문이다.

1953년 2월에 푸코와의 만남보다 훨씬 더 중요한 만남이 이루어졌

---

10) 이 정보의 상당량은 Yann Moulier-Boutang, *Louis Althusser, une biographie*, Grasset, 1992에서 온 것이다. 애석하게도 이 책은 첫 권만 출간되었다.

11) Didier Eribon, *Michel Foucault*, Champs-Flammarion, 1991, p. 71에서 인용된 증언이다. 이 추억은 또한 데리다의 마지막에서 두 번째 세미나인 Jacques Derrida, *Séminaire La bête et le souverain, volume I (2001-2002)*, Galilée, 2008, p. 415에서도 상기되고 있다.

다. 아버지로부터 고등사범학교 합격 축하 선물로 자동차를 받았던 미셸 오쿠튀리에가 일주일 동안 미셸 세르, 엘리 카리브, 자키를 오트 사부아 지방에 있는 카로즈 다라쉬 스키장으로 데려갔다. 그곳에서의 체류가 언급될 만한 가치가 있다면, 그것은 이 젊은이들이 스키를 타면서 넘어진 것보다는 오히려 자키와 미셸의 누나였던 마르그리트의 첫 번째 만남 때문이다. 이 만남에 대해서 그들은 「데리다」라는 제목의 영화에서 살짝 언급만 하고 있을 뿐이다. 갓 20세가 되었고, 금발에 예쁜 처녀였던 마르그리트는 그 세대에 속하는 많은 사람들이 그랬던 것처럼 결핵을 앓고 있었다. 그녀는 몇 달 전부터 다시고원(Plateau d'Assy)에 있는 요양소에 입원해 있었다. 그녀의 상태는 불명확했으며, 분석에 따라 좋은 결과와 나쁜 결과가 교차했다. 이 첫 만남부터 자키는 마르그리트에게 관심을 가졌다. 하지만 그는 일대일로 그녀를 볼 기회를 갖지 못했다. 그녀가 보기에 자키는 여러 학생들 중의 한 명에 불과했다. 1년 반 후에 그녀가 파리로 오게 되었을 때 그들의 관계는 훨씬 더 사적인 관계가 되었다.

여러 달이 지나고 데리다는 일종의 유쾌한 소용돌이 속으로 빠져들었다. 그는 사촌 미슐린에게 보낸 편지에 이렇게 쓰고 있다. "이곳에서 보내고 있는 삶은 차분하고, 적막하고, 고독한 긴 휴가라고 할 수 있다. 사람들이 어느 정도까지 흥분하고, 소란을 피우고, 산만하게 구는지 상상할 수 없을 거다. 하루가 끝나고 각자 자기가 보낸 하루를 되돌아보면서 깜짝 놀란단다."[12] 하지만 데리다는 그렇게 보낸 시간을 만회하기 위해

---

12) 데리다가 미슐린 레비에게 보낸 날짜 미상 편지(1953년 봄).

1953년 여름의 상당 부분을 집중해서 공부했다. 그는 엘비아르에서 그에게 커다란 중요성을 갖게 되는 책을 읽는 데 몰두했다. 보통『이념 I』로 더 잘 알려진 에드문트 후설의『순수현상학의 지도 이념과 현상학적 철학』이 그것이다. 이 책은 폴 리쾨르에 의해 번역되고, 소개되고, 해설되었다. "그러니까 사르트르와 심지어는 메를로퐁티보다 더 엄격하게 나에게 '현상학'을 알게 해주었고, 또 그 순간부터 나에게 어쨌든 길라잡이 역할을 해준 장본인이 바로 이 위대한 후설의 독자였다."[13] 이처럼 데리다는 나중에 리쾨르에 대한 경의를 표하는 기회에 이 사실을 인정하고 있다.

그 밖에 8월과 9월은 다시 한 번 무기력과 우울증이 한데 섞여 니티난 상태로 지나갔다. 데리다는 미셸 세르에게 보낸 편지에서 이렇게 쓰고 있다. "나는 방학이 끝나는 것을 기뻐하네. 나는 완전히 가족을 피하고자 하는 비겁한 욕망에 지고 말았네. 가족을 지나치게 사랑할 때 나타나는 현상이네."[14] 데리다는 후설을 제외하곤 전혀 공부를 하지 않았다. 소르본에 제출해야 하는 민족학 분야의 시험을 겨우 준비하는 정도였다. 왜냐하면 그는 학사 학위를 위해 이 분야를 선택했기 때문이다.

데리다에게는 한 가지 사실이 유감이었다. 고등사범학교 입학 후에 그와 미셸 모노리 사이에 거리가 생겨 버린 것이다. 자키는 고등사범학교의 그 어떤 학생과도 모노리와 같은 친근한 관계를 맺지 못했다. 그는 모노리에게 향수를 느끼며 다음과 같은 내용의 편지를 쓰고 있다.

---

13) Jacques Derrida, "La parole: Donner, nommer, appeler", éds. Myriam Revault d'Allonnes and François Azouvi, *Paul Ricœur*, *Cahiers de l'Herne*, l'Herne, 2004, pp. 19~25.
14) 데리다가 미셸 세르에게 보낸 1953년 9월 11일 편지.

우리는 왜 서로에게 편지를 쓰는 힘을 더 이상 갖지 못하는 걸까? 자네는 잘 알고 있네. 나에게 그것이 망각 때문이 아니라는 걸 말일세. 죽어 버렸거나 '맥'이 빠진 것은 우정이 아니네. 우정은 그보다는 내 마음 속에 있는 그 무엇일세. 그걸 설명하기 위해서 내가 나 자신에게 — 자네와 나 자신에게 — 이야기를 해야 하고, 또 2~3년 동안의 자세한 사건들을 나 자신에게 '읊조려야' 할 필요가 있을 걸세. 그런데 나는 더 이상 쓰고 싶지 않네. 그 이유를 모르겠어. 물론 여기서 내가 계속 편지를 쓰는 경우에만(적어도 나를 위해) 내가 일어설 수 있을 것이기 때문에, 지금의 이런 사태가 유감일 따름이네.[15]

1953년 신학기에 소르본에서 치렀던 학사 학위를 위한 시험 때문에 데리다는 불편한 상황이었다. 그 당시에 그가 마음고생을 했던 교실 중 하나에서 후일 레지옹도뇌르 훈장을 받으면서 이야기하고 있는 것처럼, "우리 중 어떤 이들은 카뉴와 고등사범학교에 다닌다는 이유로 우쭐하고 선택받았다는 유치한 감정을 가지고 있었습니다. 물론 그렇다고 해서 여러 종류의 시험 등록을 하기 위해 이곳 소르본으로 오는 문제에서 이 거만한 자들이 시험을 면제받는 것은 아니었고, 나 역시 시험을 보았고, 또 나쁜 결과를 얻기도 했습니다."[16] 10월 말에, 그는 "더 어려움을 겪지 않기 위해" 시험에 합격하긴 했지만 민족학 실습에서 스스로 과락을 해버렸다. 학사 학위를 위한 공부에 모든 노력을 집중하겠다고 하면서 그해를

---

15) 데리다가 미셸 모노리에게 보낸 1953년 9월 13일 편지.
16) Jacques Derrida, "Discours de la réception de la Légion d'honneur", 1992, unpublished text, archives IMEC.

시작했지만, 그는 아직도 그 스스로 "대수롭지 않은 짐"[17]으로 규정했던 일을 떨쳐 버리지 못하고 있었다. 다행스럽게 그는 심리학과에서 시험에 통과되었다.

또 다른 희소식은 당시 '코코'(Coco)라고 불리던 친구 뤼시앵 비앙코와 함께 고등사범학교의 새 건물에서 아늑한 방을 같이 쓰게 되었다는 점이다. 데리다는 그의 사촌 누이에게 이렇게 쓰고 있다. "이곳의 공부 여건은 이상적이고, 더 이상 좋을 수가 없어. 우리는 전혀 물질적 걱정을 안 해도 되고, 아주 이기적이고 아주 편안하게 고등사범학교라는 일종의 인공 낙원에서 쉽게 잠들 수 있지."[18] 자키와 비앙코는 함께 1930년형 시트로엥 C4 중고차를 구입해서 그것을 '치체'(T'chi t'cheu)라고 불렀다. 이 차는 겨우 굴러갈 정도의 상태였다. 계속되는 교통위반을 피하기 위해 종종 길에서 차를 밀어 이쪽에서 저쪽으로 이동시켜야 했다. 하지만 그들은 어쨌든 이 차로 편하게 외출할 수 있었다. 그리고 그들은 특히 고등사범학교 재학생들 중 첫 번째 차 소유자가 되었고, 다른 학생들의 부러움을 사기도 했다. 데리다는 '치체'를 몰면서 덜 과격하게 운전했고, 아직까지 처리하지 못하고 있던 민족학 강의를 듣기 위해 알랭 퐁스와 함께 인간박물관(musée de l'Homme)으로 매주 가곤 했다.[19] 그는 강의를 통해 인간의 뼈, 광대뼈와 유인원의 그것을 구별하는 것을 배우기도 했다.

"현명하고 부지런한" 동반자였던 비앙코는 현대 중국을 전공하기로 결정했고, 중국어를 배우기 시작했다. 옆 책상에서 공부를 했던 데리다는

---

17) 데리다가 미셸 모노리에게 보낸 1953년 11월 13일 편지.
18) 데리다가 미슐린 레비에게 보낸 1954년 1월 8일 편지.
19) 뤼시앵 비앙코와의 인터뷰 및 알랭 퐁스와의 인터뷰.

그의 중국어 실력이 나날이 느는 것을 경탄의 눈으로 바라보았다. 후일 그는 그의 친구가 리옹역 근처에 있는 한 중국식당에서 중국어를 유창하게 구사하는 것을 듣고 놀라기도 했다. 그리고 데리다가 『그라마톨로지에 관하여』에서 한자(漢字)의 표음표의문자 모델을 참고할 때 뤼시앵 비앙코와 그 당시에 했던 토론을 기억하게 된다.

데리다는 지금 당장으로서는 특히 현재의 마스터 학위에 해당하는 고등교육수료증(DES : diplôme d'études supérieures)[20]의 논문 주제를 생각하는 데 집중했다. 11월 말에 그는 모리스 드 강디약의 지도하에 '후설 철학에서의 발생의 문제'에 대한 연구를 하기로 결정했다. 모리스 드 강디약은 사르트르와 고등사범학교 동기생이었고, 1946년부터 소르본에서 철학 교수로 재직하고 있었다. 데리다는 이 주제에 대해 종종 이렇게 설명하곤 했다. 즉, 철학에서 첫사랑은 아니었지만 후설은 "비교할 수 없는 엄밀한 학문 분야"인 철학에서 자기에게 중요한 흔적을 남겨 주었다고 말이다. 1950년대 초엽에 후설 철학은 완전히 독립된 연구 대상은 못 되었지만, 그럼에도 불구하고 특히 그의 현상학은 많은 젊은 철학자들에게는 고려하지 않을 수 없는 것으로 여겨졌다. 사회학으로 방향을 바꾸기 전에 피에르 부르디외도 한때나마 자신의 논문을 후설에 할애할까를 생각하기도 했다.

데리다는 사르트르와 메를로퐁티에 의해 전개된 것과 같은 "프랑스식" 현상학을 "더 과학 쪽으로 경도된 현상학"으로 대체하고자 했다. 그의 눈에는 철학적 필요성과 거의 마찬가지로 정치적 기획 역시 중요했다.

---

20) 고등사범학교를 졸업하면서 받는 일종의 수료증이다. ─옮긴이

마르크스주의자였던 트란뒤타오가 얼마 전에 출간한 저서에서 강한 인상을 받은 데리다는 그 역시 현상학과 변증법적 유물론의 몇몇 측면을 연결시키고자 했다. 변증법이라는 용어는 그의 논문에서 지속적으로 등장한다. 물론 그는 얼마 지나지 않아 이 용어를 포기하게 된다.

다른 학생들과 마찬가지로 데리다 역시 후설의 미간 원고, 특히 시간성, '수동적 발생', '분신'(alter ego) 등과 관련이 있는 미간 원고처럼 루뱅에 있는 후설 아카이브에서만 볼 수 있는 텍스트들에 매료되었다. 1954년 1월, 모리스 드 강디약은 추천서를 써 주고 헤르만 판 브레다 신부에게 부탁해, 데리다가 귀중한 자료에 쉽게 접근할 수 있도록 해주었다.

데리다는 3월에 루뱅으로 떠났고, 그곳에서 몇 주를 머물게 된다. 후설이 남긴 4만 쪽에 달하는 미간 원고가 간직되어 있는 철학연구소의 창고에서 데리다는 열심히 연구했다. 평균 정도의 독일어 실력에도 불구하고 그는 정성을 다해 많은 구절들을 해독했고 복사도 했다. 비록 나중에 그의 논문에서 한정된 부분만을 이용하고 있지만 말이다. 그가 만난 벨기에인들은 그가 마음에 들지 않았던 것 같다. 하지만 다행히도 그는 후설의 미간 원고의 편집에 협력하고 있던 젊은 독일 철학자 루돌프 뵘과 친하게 되었다. 그들은 매일 도시의 길거리와 공원을 산책하면서 후설은 물론 사르트르와 메를로퐁티에 대해 철학적으로 긴 토론을 하곤 했다. 또 가능한 상황이 되자, 데리다는 대화의 방향을 자신에게 점점 더 중요한 의미를 갖게 된 하이데거의 저작으로 유도했고, 한스 게오르크 가다머의 제자였던 루돌프 뵘은 하이데거 철학을 잘 알고 있었다.[21]

---

21) 루돌프 뵘과의 인터뷰.

데리다는 루뱅에 체류하면서 후설이 만년에 썼던 텍스트인 『기하학의 기원』(*Der Ursprung der Geometrie*)을 접했다. 이 텍스트는 당시 독일어로 출간되었고, 이후 여러 해 동안 데리다에게 아주 커다란 중요성을 갖는 텍스트가 된다.[22] 하지만 그가 파리에 있는 기숙사 방으로 되돌아오고, 그의 친구들을 다시 만나게 된 것을 반기지 않은 것은 아니었다. 그 이후 여러 달 동안 그는 꾸준한 리듬으로 300여 쪽의 논문을 작성하게 된다. 아마도 아버지의 서류 더미에서 가져온 것이 틀림없는 '메르시에 에 멈'(Mercier et Mumm)이라는 상호가 찍힌 종이와 낡은 행정용 종이를 사용했다. 뤼시앵 비앙코의 회상에 의하면, 데리다는 종종 자기가 쓴 부분을 그에게 읽어 주었지만, 후설에 대해 들어본 적이 없는 그는 많은 것을 이해하지 못했다고 한다.

여기서 후설 철학에서 발생의 문제와 같은 전문적인 주제를 다루고자 하는 것은 아니다. 하지만 단순한 논문으로 제출된 이 텍스트에서 가장 인상적인 것 중 하나는, 데리다가 보여 주고 있는 대담함이다. 후설의 저작을 여기저기 탐사하면서 데리다는 문제를 제기하는 것을 두려워하지 않고 있다. 시간적인 착오를 차치한다면, 그는 후설의 저서를 '해체'하기 시작했다고 말할 수도 있을 것이다. 데리다는 서론의 마지막 부분에서 주저함이 없이 이렇게 쓰고 있다.

---

22) 데리다에 의해 번역되는 이 텍스트 전체가 처음으로 발터 바이멜에 의해 『후설리아나』(*Husserliana*) 6권에 실렸다. Edmund Husserl, *Die Krisis der europäischen Wissenschaften und die transzendentale Phänomenologie. Eine Einleitung in die phänomenologische Philosophie*, ed. Walter Biemel, La Haye: M. Nijhoff, 1954.

후설이 시도했던 거대한 철학 혁명에도 불구하고 그는 오랜 고전적 전통의 포로로 남아 있다. 인간의 유한성을 역사의 우연한 사건으로 환원시키는 전통, 참여할 수 있었거나 참여할 수도 있는 실질적인 영원성의 토대 위에서 시간성을 포함하고 있는 '인간의 본질'로 환원시키는 전통이 그것이다. 존재와 시간의 '선험적' 종합을 모든 발생과 의미작용의 토대로 발견하면서, 후설은 '현상학적 관념론'의 엄밀함과 순수성을 구하기 위해 초월적 환원을 포기하지 않았고, 그의 방법을 수정하지도 않았다. 이와 같은 면에서 그의 철학은 연장에 불과하게 될 초월, 또는 역으로 완벽한 개종이 될 급진적인 설명을 부르게 된다.[23]

"호의적이고 세심하다"고 알려진 지도에도 불구하고 데리다가 쓴 논문의 공식적으로 유일한 독자인 모리스 파트로니에 드 강디약―몇몇 학생들은 그를 '후원에 게으른 사람'(Glandouiller de Patronage)이라고 불렀다―은 이 논문을 일별하는 것으로 만족했다. 후일 그의 말에 따르면, 그렇게 한 것은 그가 이 논문의 수준을 곧장 알아보지 못했기 때문이었다. 그리고 특히 그가 후설 전문가가 아니었기 때문이기도 했다. 어쨌든 데리다는 자신의 첫 번째 역작에 대한 이와 같은 반응의 부재에 대해 크게 실망하게 된다. 그는 루돌프 뵘과 나눈 것과 같은 철학적 대화를 기대했다. 하지만 그의 주변에서는 그 누구와도 그런 대화를 나눌 수가 없었다. 데리다는 미셸 모노리에게 이렇게 속내를 털어놓고 있다. "내 논문은

---

23) Jacques Derrida, *Le problème de la genèse dans la philosophie de Husserl*, PUF, 1990, p. 41.

다른 상황에서라면, 그리고 다른 독자들에게라면 오히려 흥미로웠을 것이네." 알튀세르도 푸코도 이 논문을 읽겠다고 하지 않았던 것 같다. 다만 1년 후에 장 이폴리트만이 읽어 보게 되는데, 그는 데리다에게 이 논문의 출판을 권유했다. 하지만 데리다는 교수자격시험 준비에 한창이었기 때문에 이 권유를 실천에 옮길 여유가 없었다.

『후설 철학에서 발생의 문제』는 수료증을 받기 위한 단순한 연구와는 완전히 다르다. 이 텍스트에는 나중에 나타나게 될 데리다의 기본적 요소들이 많이 들어 있다. 이 텍스트가 37년 후에 마침내 출간되었을 때, 그는 이 텍스트에서 "약간 바뀐 말하는 방식, 거의 같거나 혹은 '결정적'으로 같은 목소리나 어조를 알아보지 못하면서도 그것들을 자기 것으로 인정해야" 하는 사실로 인해 혼란스러워하기도 했다. 그는 이 텍스트로 인해 자신의 저작을 관통하고 있는 일종의 법칙을 발견하면서 더욱더 혼란스러워했다. 그런데 이 법칙의 항상성은 놀라운 것이었는데, "그도 그럴 것이 '문학적 표현까지'를 포함해 이 법칙이" 후일 자신이 썼던 모든 것을 "꾸준히 지배하고 있었기" 때문이었다. 그때부터 그에게 중요했던 것은 "발생에 대한 원초적인 복잡화, 간단한 것의 입문적 감염"[24]이었던 것이다. 이 텍스트를 읽으면서 장뤽 낭시는 데리다에게 이렇게 쓰고 있다. "이 책에서 끔찍한 것은 젊은 시절 현행범으로 붙잡고 싶은 청년 데리다를 찾아볼 수 없다는 것입니다. 그렇습니다. 데리다의 기원은 발견할 수 있지만, 청년 데리다는 그렇지 못합니다. 데리다는 이미 거기에 있었

---

24) Derrida, "Avertissements", *Le problème de la genèse dans la philosophie de Husserl*, pp. V~VII.

습니다. 아테나처럼 전투모를 쓰고 완전무장을 하고서 말입니다. 하지만 빠져 있는 것이 보입니다. 그것은 정확히 젊음이며, 그것도 유희를 즐기는 젊음입니다."[25]

　뤼시앵 비앙코와의 좋은 관계에도 불구하고 데리다는 미셸 모노리와의 우정에 대해 향수를 느끼고 있었다. 고등사범학교의 "냉랭한 소란"으로 인해 어리둥절했지만, 그래도 데리다는 "라그랑주 가에서 지내는 동안 오랜 고독을 맛본 후에, 그리고 거기에서 벗어나면서 자기 자신이 된 후에"[26] 지쳐 있었다. 지난 여름에 CAPES[27] 필기시험에 합격했던 미셸은 낭시 소재 두 곳의 고등학교에서 연수를 받고 있었다. 그렇다고 해서 그들의 만남이 용이해진 것은 아니었다. 서로 실망시키지 않기 위해 만남 자체도 아주 짧았다. 자키는 자기가 폐쇄적이게 되고, 모질어지고, 이기주의자가 되는 느낌을 받았다. 1954년 4월, 다시 우울증에 빠진 그는 친구에게 파리에서 최소한 일주일 동안 머물러 줄 것을 애원하기도 했다.

　친구라고는 자네밖에 없는데, 방학 전에 노력해서 나를 보러 와 주길 바라네. 아무도, 아무것도, 아무도 없네. 여기서 사람들은 나에게 말을 할 때 유령에게 말을 걸고 있네. 그들이 나에게 우정의 징표를 보여 준다고 해도 그렇네. 사정이 이러니까 사람들은 그들 자신의 눈에 곧 그림자가 되고 마네. […] 나는 자넬 언제나처럼 기다리고 있네. […]

---

25) 장뤽 낭시가 데리다에게 보낸 1990년 10월 10일 편지.
26) 데리다가 미셸 모노리에게 보낸 날짜 미상 편지(1954년).
27) 프랑스 중등교원자격(certificat d'aptitude au professorat de l'enseignement du second degré)의 약자이다. ― 옮긴이

나는 지금 슬프고, 맥이 풀리고, 불안한 생활을 하고 있네. [⋯] 그 이유를 모르겠네. 하지만 슬픔이 저절로 모습을 바꾸네. 이것이 지속되고, 메마르고, 신랄해졌네. 옛날엔 이것이 '다른' 기쁨이나 다른 희망을 먹고 살고 있다고 생각했네. 하지만 지금은 이 슬픔이 더 사실적이네.[28]

그 역시 향수를 느꼈던 미셸도 자키와 함께 했던 파리 생활의 "풍요로웠던 시간"을 그리워했다. 게뤼삭 가의 구석에서 함께 했던 아침식사, "소(Sceaux)에서 했던 산책, 저녁마다 했던 센강 부두에서의 산책, 고물 자동차로 오를리에서 했던 드라이브, 고등사범학교 기숙사 방에서 자네가 어린애처럼 웃으면서 읽어 주던『돈키호테』의 한 쪽" 등등. 여러 통의 편지에서 미셸은 친하게 지냈던 자키에 대한 그의 "다정한 우정"을 보여 주는 수많은 징표를 전했다. 하지만 미셸은 종종 자키가 멀어지는 것을 우려했다. "자네에게 나는 친구라는 창백하고 볼품없는 안개 속에서 헤매고 있는 것이 아닐까? [⋯] 내가 자네의 우정을 받을 만한 자격이 있는지, 내가 자네에게 품고 있는 우정이 아름다운 것인지 모르겠네."[29]

그 무렵에 자키의 여자 관계는 꽤 비밀스러운 데가 있었다. 그는 소르본에서 주느비에브 볼렘을 만났다. 그녀는 플로베르에 빠진, 문학을 공부하는 여학생이었고, 벌써 문학계에 발을 들여놓은 상태였다. 분명 자키가 이 여학생에게 무관심했던 것은 아니지만, 그녀는 자신들의 모호한 관계를 불편해했던 것으로 보인다. 어느 날 그녀는 그에게 이런 내용의 편

---

28) 데리다가 미셸 모노리에게 보낸 날짜 미상 편지(1954년 4월).
29) 데리다가 미셸 모노리에게 보낸 날짜 미상 편지(1954년).

지를 썼다. "어쨌든 서로 마주보고 각자의 상황을 얘기할 필요가 있어요. 분명한 것은 우리의 관계가 계속되는 오해에 바탕을 두고 있다는 거예요."[30] 그럼에도 불구하고 그들은 오랜 동안 우정을 나누게 된다.

1954년 10월부터 교수자격시험을 준비하느라 '데어스'(Der's)와 '코코'는 개인 방을 쓸 수 있었다. 하지만 그들의 방은 이웃해 있었고, 계속 자동차를 공유했고, 『르 몽드』지도 같이 구독했다. 그리고 특히 그들은 정치적 토론을 계속했다. 여름 동안에 비앙코는 불중친선단체(이 단체에 펠릭스 과타리도 포함되어 있었다)의 일원으로 중국을 방문했다. 돌아오면서 훗날 『중국혁명의 기원』의 저자인 비앙코는 이 주제에 대한 생각이 무궁무진했다. 데리다는 후일 "현대 중국에 대해 우려하는 태도, 비판적 태도, 역동적인 방식으로 이해하고 설명하는 것을 배운 것은 모두 비앙코 덕택이었다"[31]라고 인정하고 있다.

전체적으로 비앙코는 자키보다 더 참여적이었고 더 급진적이었다. 자키는 언젠가 그에게 이렇게 선언한 적이 있다. "운명에 의해 내가 레닌의 역할을 할 수 있는 가능성이 있다고 해도 나는 그 운명을 포기할 것 같네."[32] 그해에 그들은 시사 문제에 무관심하지 않았다. 1954년 5월 7일, 디엔비엔푸(Diên Biên Phu)의 실각에 이어 프랑스 식민 제국의 붕괴가 시작되었다. 몇 주 후에 피에르 망데스 프랑스가 정권을 장악했을 때 사람들은 많은 희망을 품었다. 하지만 1954년 11월 1일 밤, 일련의 테러가

---

30) 주느비에브 볼렘이 데리다에게 보낸 1955년 10월 4일 편지.
31) Derrida, "L'ami d'un ami de la Chine", p. 11.
32) 뤼시앵 비앙코가 데리다에게 보낸 1957년 10월 1일 편지.

알제리를 뒤흔들었다. 그때까지 잘 알려지지 않았던 국민해방전선[33]이 "자유 쟁취"를 호소하고 나섰다. 1954년 11월 5일, 내부무장관 프랑수아 미테랑이 의회에서 "알제는 프랑스다", "알제리에서의 반란은 최종적인 형태, 곧 전쟁의 형태를 띠게 될 뿐이다"라고 선언했다. 이 전쟁은 8년 동안 지속되었고, 모든 세대에게 상흔을 남겼고, 데리다 역시 이 전쟁으로부터 강한 영향을 받게 된다.

알제리 전쟁보다는 훨씬 더 지엽적인 것이지만 고등사범학교에서 또 다른 사건이 있었다. 장 이폴리트가 이 학교의 총장으로 부임한 것이다. 그 무렵 프랑스 철학계의 거물이었던 그는 데리다에게 실질적으로 아주 중요한 인물 중 한 명이었고, 그의 철학적 역량을 알아봐 준 사람 중 한 명이었다. 장폴 사르트르, 레몽 아롱의 고등사범학교 동기였던 장 이폴리트는 프랑스에 헤겔을 소개한 사람 중 한 명이었다. 그는 헤겔의 『정신현상학』을 프랑스어로 번역하고 해설하기 전인 1930년에 알렉상드르 코제브의 이 저서에 대한 그 유명한 강의를 들었다. 오랜 동안 앙리4세고등학교 카뉴 과정을 담당했던 이폴리트의 제자 중에는 질 들뢰즈, 미셸 푸코 등이 있었다. 고등사범학교 총장직을 맡으면서 이폴리트는 인문학 분야에서 철학에 걸맞은 영예로운 자리를 되찾고자 하는 뜻을 품고 있었다. 하지만 그의 기질로 인해 원한 만큼 뜻을 이루지는 못하게 된다.

1954~55년에 데리다의 주요 대화 상대자는 분명 알튀세르였다. 고등사범학교 입학시험만큼 교수자격시험을 두려워했던 데리다는 열심

---

33) 국민해방전선(Front de libération nationale, FLN)은 1954년 11월에 알제리의 해방을 위해 조직되었다. ―옮긴이

히 공부하고, 다른 사람들이 주는 충고를 따르고 있었다. 그의 '카이만' (caïman)[34]이었던 알튀세르가 요구한 첫 번째 논술 과제로 그는 프로이트에 대해 체계적으로 연구를 했다. 그리고 아주 개인적인 스타일로 작성한 긴 글에서 그는 처음으로 정신분석과 마르크스주의를 연결시키려고 노력했다.

무의식이 회한이길 그칠 때 그것은 철학의 후회일 뿐이다. 그런 것으로서, 그리고 그 고유한 순간에 철학은 여러 종류의 투명성 사이에서 활동한다. 인지 가능한 관념들, '선험적' 개념들, 의식의 직접 소여들, 순수한 의미작용 등등. 그런데 무의식은 단지 혼동일 뿐이지 불투명함은 아니다. 그것은 특히 혼합물이다.[35]

제출한 과제의 첫 페이지에 알튀세르가 적어 놓은 점수는 20점 만점에 7점으로 참담했다. 물론 이 점수는 참고적이었다. 중요한 것은 편지 형식의 알튀세르의 따뜻한 어조로 된 4쪽짜리 촌평이었다.

데리다 군, 이 과제의 '세세한 부분'을 같이 한 번 검토해 보세. 이런 답안지로는 교수자격시험에서 '통과할' 수 있는 기회가 없네. 자네의 지식 수준이라든가, 개념에 대한 이해, 자네 생각의 철학적 가치를 의문에 부치는 것이 아니네. 하지만 시험에서는 이 모든 것을 자네가 '설명'과 '표현'

---

34) 중남미산 악어라는 의미도 있지만, 고등사범학교 학생들의 속어로 교수자격시험을 전적으로 지도하는 수험교수를 가리킨다. ― 옮긴이
35) 데리다의 학위논문과 알튀세르의 수정. 1954년 11월. 어바인 아카이브.

속에서 '완전히 주조'해 내는 경우에만 인정받게 되네. 자네가 현재 안고 있는 애로점은 후설에 대한 독서와 성찰에 할애된 1년이라는 시간에 대한 대가이네. 반복하건대 후설은 시험관들에게 그리 '친숙한 사상가'가 아니네.

알튀세르의 눈에는 근본적으로 데리다가 "논문의 모든 것을 결정하는 기술"을 받아들이는 것이 반드시 필요한 일이었다. "자네 과제에서 자네가 싫어하는 적들에게 이미 죄를 선고하고 있다는 사실이 잘 드러나 있네. 처음부터 게임이 불공정하네. 이 사실이 너무 환하게 보이네. 이와 같은 선고에다 이상적인 판결이라는 형식을 보태야 하네. 철학적 수사가 바로 그것이네." 그럼에도 불구하고 알튀세르는 데리다를 격려하는 태도로 이렇게 말하고 있다. "많은 비판을 했네. 자네 때문일세. 하지만 내 생각으로는 이런 비판은 오늘 듣는 것으로 충분하네. 내일은… 그렇지 않을 걸세."

그 다음 과제에서는 "단순한 것을 통한 설명"을 위시해 알튀세르의 촌평도 훨씬 더 긍정적이었다. 그는 다음과 같은 내용을 적어 넣었다. "데카르트-라이프니츠-칸트로 이어지는 설명은 '훌륭'하네. 게다가 논의가 전개됨에 따라 자네의 분석에서의 용이함과 단호함이 점차 커졌네." 하지만 알튀세르는 여전히 데리다에게 만연체를 피하라고 충고했다. "자네가 지고 있는 고전 철학에 대한 빚을 너무 과장하지 말게나."

그 시기에 데리다는 교수자격시험에 필요한 것들과 후설에 대한 논문에서 벌써 두드러지에 나타나고 있는 하이데거에 대한 커져 가는 매력 사이에서 고민하고 있었다. 비록 장 보프레가 강의를 위해 가끔 고등사범학교로 오긴 했지만, 그리고 그 자신이 하이데거의 프랑스 쪽 대화 상대자이긴 했지만, 그는 강의에서 하이데거를 전혀 언급하지 않았다. 따라서 데리다가 하이데거의 저작을 독일어 원서로 읽은 것은 주로 제라르 그라넬과 함께였다. 그라넬은 벌써 교수자격시험에 합격했고, 그 뒤에도 종종 윌름 가로 오곤 했다. 데리다를 "상당히 보호하는" 태도를 보여 주었던 그라넬은 그를 매혹시키기도 하고 또 짜증나게 하기도 했던 일군의 "소중하고 비의적인 하이데거주의자 엘리트들"의 일원이었다. 데리다는 그라넬이 죽었을 때 이렇게 회상한 바 있다. "그 누구에게도 쉽게 겁을 먹었던 저는 그에게 아주 특별히, 그것도 마비될 정도로까지 겁을 먹었습니다. 그의 앞에서 저는 항상 프랑스 문화와 철학 일반의 촌뜨기처럼 느껴졌습니다."[36]

1955년 봄, 교수자격시험의 필기시험 날짜가 다가오자 자키는 고등사범학교 입학시험 때와 비슷한 불안으로 고생했다. 그에게 시험은 그 결과를 결코 알 수 없기 때문에 항상 "끔찍한 시련, 불안과 피로의 순간"으로 남아 있었다. "기요틴의 위협 —어쨌든 그런 감정을 느꼈다— 으로 인해 그해가 나에게 있어서는 지옥 같은 해였다. 그런 과거가 몹시 힘들었고, 나는 결코 고등사범학교를 좋아하지 않았다. 조금 서둘러 말하자면 나는 항상 그곳에서 편하지 못했다."[37]

---

36) Jacques Derrida, "Gérard Granel", *Chaque fois unique, la fin du monde*, Galilée, 2003, pp. 296~297.
37) Jacques Derrida, *Sur parole, instantanés philosophiques*, Editions de l'Aube, 1999, p. 30.

5월 초, 퀴자 가에 있는 알지 못하는 의사에게 진료 약속을 정했을 때 데리다는 정신적으로, 신체적으로 아주 힘든 상태에 있었다. 그 의사는 그에게 각성제와 수면제를 섞은 처방을 해주었다. 하지만 그 결과는 참담했다. 경기를 일으킨 자키는 분명하지 않은 논문 개요만을 적은 답안지의 앞부분을 제출하고 세 번째 필기시험을 포기할 수밖에 없었다. 그럼에도 그는 필기시험을 통과했지만, 첫 번째 구두시험에서는 떨어지고 말았다. 그 다음 날 데리다에게 보낸 편지에서 모리스 드 강디약은 동료교수였던 앙리 비로와 마찬가지로 그의 실패를 몹시 안타까워했다. 앙리 비로는 데리다에게 "무한 신뢰"를 보여 주었다. 그는 "엄밀한 의미에서 형식이 갖춰지지 않은" 초벌 답안, 즉 데리다가 제출한 세 번째 필기시험에서 그가 구두시험을 칠 수 있게끔 충분히 높은 점수를 주었던 것이다. 하지만 불행하게도 데리다는 교수자격시험의 두 번째 부분인 구두시험을 첫 번째 시험보다 더 나은 상태에서 치르지 못했다.

동료교수들은 데카르트에 대해 완전히 역방향으로 나아간 자네의 설명에 대해, 그리고 정확히 죽음에 대해서는 일언반구가 없는 철학자에 중점을 두고 진행된 자네의 아주 기이했던 수업에 대해 그들이 엄격한 점수를 부여한 이유를 말해 줄 수 있을 것이네. 자네의 재주는 전혀 문제시되지 않았네. 그리고 매년 그러는 것처럼 — 이것은 교수자격시험의 법칙인데 — 필기나 구두시험에서 희생된 자들보다 지적 '자질'이 조금 떨어지기는 하지만, 그러나 쟁점을 더 잘 이해하고, 양심과 인내심으로 성공을 거머쥔 수험생들을 뽑을 수밖에 없네. 교수자격시험의 '수업'은 대가의 솜씨를 보여 주는 것이 아니라 학생들이 받아들일 수 있는 정도의 교육적인 훈련이라는 사실을 잊지 말게. 자네가 학교 수업에서 전달할 내용을 시험관들 앞에서도 전달할 수 있는 걸세.[38]

강디약은 동기였던 사르트르 역시 첫 번째 시도에서 낙방했던 사실을 상기시키면서 가능한 한 데리다를 격려하는 어조로 편지에 결론을 맺고 있다. 또 다른 시험관이었던 페르디낭 알키에는 데리다에게 훨씬 더 노골적인 태도를 보여 주었다. 그에게 "조금 더 학교 공부를 하라", 다시 말해 더 자주 소르본에 와서 강의를 듣고, 또 철학적인 면에서도 다양한 접근을 권고하면서 말이다. "자네가 쓴 세 편의 답은 오직 하나뿐일세. 자네는 '단일관념편집증'을 앓고 있네."[39] 알키에는 데리다에게 이렇게 말했을 수도 있다.

엘비아르에서 보냈던 여름방학은 데리다 자신의 시험 실패로 인해 어두웠지만 알제리 사태의 악화로 인해 더욱더 어두웠다. 1955년 1월, 피에르 망데스 프랑스 정부의 실각 바로 전에 자크 수스텔이 알제리 총독으로 임명되었다. 유명한 민족학자였던 수스텔은 개방적이고 비교적 자유주의적인 인물로 여겨졌다. 직책을 수행한 지 얼마 되지 않아 그는 무슬림들의 통합과 중요한 많은 개혁을 약속했다. 하지만 때가 이미 늦었는지도 모를 일이었다. 1955년 8월 2일, FLN이 콩스탕티누아에서 격렬한 시위를 주도했다. 도끼와 곤봉으로 무장한 시위대는 123명의 희생자를 냈

---

38) 모리스 드 강디약이 데리다에게 보낸 1955년 8월 9일 편지.
39) 마르그리트 데리다와의 인터뷰.

는데, 그들 가운데는 유럽인들과 온건파 알제리인들도 포함되어 있었다. 탄압은 끔찍했고, 그로 인해 1만 2천 명의 희생자가 발생했다. 그때부터 알제리 사태는 전쟁 규모로 확대되었다. 그때까지 독립 문제에 대해서는 둔감했던 수많은 무슬림들이 독립을 주장하는 쪽으로 기울었던 반면, 자크 수스텔은 "과격파"의 진영에 합류하게 되었다.

1955년 10월, 알베르 카뮈는 『렉스프레스』지에 "분열된 알제리"에 대한 일련의 글을 연재하기 시작했다. "모든 사람들에게 공정한 입장"을 규정하고자 노력하면서 말이다. 카뮈에 의하면 두 개의 홈이 깊게 패고 있었다. 하나는 알제리 영토 안에서 유럽인들과 무슬림들 사이에 난 홈이고, 다른 하나는 프랑스 본토와 알제리의 프랑스인들을 대립시키는 홈이었다. "모든 것은 마치 식민 정책에 대해 마침내 열리게 된 정당한 소송이 알제리에 살고 있는 모든 프랑스인들에게까지 확장되는 것처럼 진행되고 있다. 어떤 매체의 글을 읽으면 알제리는 캐딜락을 타고 승마 채찍을 들고 여송연을 입에 문 백만 명의 식민자들로 우글거리는 것처럼 보인다." 유대인들에 대해서 카뮈는 여러 해 전부터 어느 정도까지 그들이 "프랑스 반유대주의와 아랍인들의 불신"[40] 사이에 끼어 있는지를 강조했다. 1956년 1월 22일, 카뮈는 알제에서 "알제리에서의 시민 휴전을 위한 호소"를 했다. 그러자 그에 대한 살해 위협이 급증하기도 했다. 그의 태도는 잘못 이해되었다. "개인적으로 나는 지금, 여기에서 무용한 피를 아낄 수 있는 행동에만 관심을 가지고 있을 뿐이다. […] 오늘날 이런 입장은

40) Albert Camus, *Chroniques algériennes, 1939-1958*, Gallimard, Coll. 《Folio-Essais》 1958, pp. 139~142.

그 어느 쪽도 만족시킬 수 없으며, 나는 이것이 바로 양쪽 진영에서 올 수 있는 반응이라는 것을 잘 알고 있다."[41]

그때 데리다는 카뮈의 입장과 아주 가까운 노선 위에 서 있었다. 하지만 알제에서, 특히 그의 집에서 이 주제에 대해 논의하는 것은 어려운 일이었다. 그리고 파리에서 그는 반식민주의적 확신을 공유하고 있었고, 또 그와 마찬가지로 FLN의 테러 행위에 경악을 금치 못하고 있던 뤼시앵 비앙코를 제외하곤 그 누구와도 이야기를 나눌 수가 없었다.[42]

데리다가 고등사범학교에서 보내야 했던 마지막 해인 1955~1956년 동안, 모리스 드 강디약 부부는 일요일마다 열린 리셉션에 데리다를 여러 차례 초청했다. 이 리셉션에서 데리다는 장 발, 뤼시앵 골드만과 같은 지식인들과 철학계의 유력 인사들뿐만 아니라, 코스타스 악셀로스, 질 들뢰즈, 미셸 투르니에 등을 알게 되었다. 데리다는 그때까지 접근 불가능한 것으로 보였던 파리의 지식인 세계에 처음으로 발을 디뎠던 것이다. 지난 여름에는 스리지 라 살(Cerisy-la-Salle)에 있는 성(城)에서 하이데거가 참석한 가운데 그에게 할애된 10일 동안(décade)의 콜로키엄이 열렸다.[43] 이 인상적인 학술 모임에서 철학적 대화가 끊임없이 이어졌다. 스리지의 소유자였던 외르공 부인은 자기 집에서 개최된 리셉션에서 수없이 열린 콜로키엄의 주요 순간들을 담은 영화를 보여 주었다. 데리다는 하이데거를 만났던 또 다른 한 순간을 잊지 못하고 있다.

---

41) *Ibid.*, pp. 12~13.
42) 뤼시앵 비앙코와의 인터뷰.
43) 스리지 라 살은 옛 성의 모습을 그대로 간직하고 있으며, 여기서 열리는 콜로키엄은 전통적으로 10일 동안 진행되는데 이를 'décade'라고 한다. — 옮긴이

나는 고등사범학교 학생이었고, 파리 16구에 있는 한 살롱에서 하이데 거의 목소리를 처음으로 들었어요. 나는 특히 한 차례의 발표를 기억합 니다. 우리 모두는 살롱에 있었고, 모두 그의 발표를 경청했지요. […] 나 는 특히 이 발표에 이어진 순간을 기억합니다. [가브리엘] 마르셀, [뤼시 앵] 골드만의 질문이 이어졌어요. 그 중 한 명이 하이데거에게 대략 이런 내용의 반박을 했어요. "당신은 이와 같은 독서 방법, 이와 같은 책 읽는 방식이나 문제를 제기하는 방식을 위험하다고 생각하지 않는지요?" 방 법론, 인식론에 관련된 질문이었습니다. 한동안 침묵 끝에 그는 이렇게 대답했어요. "예, 그건 위험합니다."[44]

자키에게 이 해에 발생한 여러 큰 사건에도 불구하고 그의 고등사 범학교 동기생 미셸 오쿠튀리에의 누나였던 마르그리트와의 관계에 약 간의 진전이 있었다. 요양소에서 오랜 동안 머물고 난 뒤, 그녀는 마침내 1954년에 파리로 돌아왔다. 검사 결과가 상당히 나빴기 때문에 대수술이 예정되어 있었다. 하지만 그녀는 수술 받는 것을 거절했다. 그녀는 이렇 게 회상하고 있다. "내 생명이 정말로 위험하다고 느꼈을 때 나는 나아야 겠다고 결심했다." 파리로 돌아온 후에 그녀는 단백질이 풍부한 식단에 기초한 유사요법 치료를 받아야 했다. 그녀는 매일 카망베르 치즈 한 쪽, 고기 200그램, 달걀 4개를 먹어야 했고, 상당량의 적포도주를 마셔야 했 다. 이와 같은 치료를 통해 그녀의 상태는 눈에 띄게 호전되었고, 러시아

44) Dominique Janicaud, "Entretien avec Jacques Derrida", *Heidegger en France II*, Hachette-Littératures, 2005, pp. 94~95.

어를 다시 공부할 수 있게 되었다. 점심식사와 브리지 게임을 하기 위해 오쿠튀리에의 집에 자주 초대되었던 데리다는 점차 마르그리트와 가까워졌다. 만남 초기에 그는 카뮈의 『결혼』을 그녀에게 선물했다. 그는 젊은 시절 이래로 결혼을 예견하는 제목을 가진 이 작품을 무척 좋아했다. 하지만 이 작품은 마르그리트로 하여금 자기가 성장한 알제리라는 세계를 엿보게끔 해주었다.

마르그리트는 1932년에 자키와는 아주 다른 환경에서 태어났다. 그녀의 어린 시절은 특히 혼란스러웠다. 귀스타브 오쿠튀리에는 고등사범학교 졸업생이었다. 그는 역사 교수자격시험에 합격하기 전에 러시아어를 배웠다. 그는 하바스(Havas) 통신을 위해 일했던 프라하에서 부인을 만났고, 슬하에 마르그리트와 두 명의 남동생을 두었다. 그 뒤로 오쿠튀리에 집안은 1941년 독일군의 침공 때까지 벨그라드에서 살았다. 아버지의 소식을 모른 채 어머니와 세 아이는 카이로로 피신했고, 그곳에서 전쟁이 끝날 때까지 어렵게 살았다. 그러고 나서 전 가족이 모스크바에 정착했고, 그곳에서 귀스타브 오쿠튀리에는 AFP통신의 통신원으로 근무했다. 그곳에서 마르그리트와 미셸은 러시아를 배우기 시작했다. 1948년, 마침내 전 가족은 아이들에게 바칼로레아 시험을 치르게 하고 고등교육을 받게끔 하기 위래 파리로 돌아왔다. 이렇듯 쉽게 알 수 있는 일이지만, 교육 면에서만 보면 마르그리트는 자키보다 더 정통 프랑스식이었던 것은 아니었다. 그녀의 가족은 가톨릭교도였지만, 그녀는 가끔 이와 같은 디아스포라적 어린 시절을 보낸 후에, 그리고 체코 출신 어머니와 더불어 자기가 데리다보다 더 유대인에 가깝다고 느꼈다.

1956년에 미셸 모노리에게 보낸 편지에서 자키는 그 자신이 보냈던

"아주 끔찍한 시간"에 대해 살짝 귀띔을 하고 있다. 마르그리트가 또 다른 고등사범학교 학생이던 로랑 베르시니와 사귀고 있었던 것이다. 로랑 베르시니는 마르그리트의 부모의 마음에 들었고, 벌써 샤랑트에 있는 성에 초대를 받은 적도 있는 진지한 청년이었다. 자키가 초창기에 이와 같은 모호한 상황으로 인해 거북함을 느낀 것 같지는 않다. 그의 세대에 속한 많은 젊은이들과 마찬가지로 그 역시 결혼과 한 사람에 대한 변함없는 사랑에 반대하는 입장이었다. 최소한 질투에 사로잡혀 괴로워하면서 마르그리트에게 자키 자신과 베르시니 사이에서 선택을 하라고 요청할 때까지는 그랬다. 분명 결정을 내리기 위해 누구에게도 기대지 않았던 마르그리트는 약혼자의 어머니를 보러 갔다. 마르그리트가 상황을 설명하자 베르시니 부인은 그녀에게 자기 아들에게 교수자격시험이 끝날 때까지 그를 방해하지 않기 위해 아무 말도 하지 말아 달라고 부탁했다.[45]

데리다에게도 당장 중요한 일은 교수자격시험 준비에 집중하는 것이었다. 완전히 시험에서 해방되기를 바란다면 말이다. 필기시험에 앞선 몇 주 동안 수험생들에게는 "알튀세르 보기", 즉 그들의 '카이만'을 만나러 가는 것이 하나의 전통이 되어 있었다. 데리다에게는 안 된 일이지만 알튀세르는 이미 습관화된 우울증 발작 때문에 학교를 떠나 있어야 했다. 해서 데리다는 "알튀세르의 휴식"을 방해하지 않기를 바라면서 오히려 그를 안심시키려고 했다.

---

45) 마르그리트 데리다와의 인터뷰 및 미셸 오쿠튀리에와의 인터뷰.

확신컨대 몇 주 동안의 은거가 선생님께 도움이 되었을 것입니다. 선생님께서 교수자격시험 관련 행정 일에 휩쓸려 그처럼 피곤해하신 것을 보면서 저는 마음이 아팠습니다. 당연히 그렇겠지요. 몇 주가 지나면 기력을 회복할 것이고, 구두시험을 전후한 아주 힘든 순간에 건강한 모습으로 나타나서 여러 가지 충고로 직접 우리를 지지해 주시겠지요?

그리고 데리다는 자신의 상황을 떠올리면서 시험에 대해 어느 정도 거리를 두는 척했다.

교수자격시험 전날의 상황은 매해 비슷하지요. 저에 대해 말씀드리자면, 평가는 꽤 좋았습니다. 좋은 징조의 시험이었어요. 강디약 선생은 데카르트에 대한 논문을 잘 평가해 주었어요. (14.5점이에요. "오늘은 그다지 관대하지 않았어요." [원문 그대로]) 이폴리트 선생 앞에서 했던 칸트에 대한 설명("당당하고 훌륭했어요")은 '최소한 17점'([다시 한 번 원문 그대로])은 받았을 것 같네요. 제가 좋은 점수를 받아 자랑스러워하는 어린 학생처럼 선생님께 모든 것을 전하고 있는 것은 아니에요. 아시잖아요. 제 나이에… 잘못일 수도 있지만, 이렇게 생각하면 조금 안심이 되고, 또 시험 전에 심리적인 힘을 더 얻을 수 있어요.

하지만 데리다는 이 모든 과정이 얼마나 견디기 힘들었는지를 오랫동안 잊지 않게 된다.

애석하게도 저는 더 이상 강디약이나 이폴리트 선생님의 칭찬을 자랑스러워할 수 없습니다. 하지만 저는 제가 교수자격시험 병을 앓고 있어 환자용 물약처럼 그분들의 찬사를 마시고 있습니다. 도대체 저는 언제쯤에나 집단포로수용소에서 저질러지는 것 같은 이 멍청한 짓을 끝낼 수 있을까요? 철학—그리고 그 나머지 분야도 그렇습니다. 왜냐하면 다른 분야도 점차 중요하니까요—은 아마도 이와 같은 교수자격시험의 포로 상태에서 괴로워하고 또 괴로워하고 있습니다. 저는 그로 인해 선생님께서 앓고 계시는 병과 같은 일상적인 병을 이미 앓고 있습니다. 선생님께서는 언젠가 우리가 그 병에서 완전히 치유될 수 있을 것이라 생각하시는지요?[46]

이미 익숙해진 것처럼 데리다는 미셸 모노리에게는 자신의 고통을 더 직접적으로 보여 주고 있고, 그의 불편함을 감추려고 하지 않았다. 데리다는 시험 일주일 전부터 구협염(口峽炎)으로 괴로워하고, 특히 불안에 휩싸였다. 그는 병상에서 모노리에게 뭔가를 예고하는 다음과 같은 말을 쓰고 있다. "나는 이 세계를 부수고 다시 만드는 것에만 소질이 있네(하지만 이마저도 이제 점차 성공을 거두지 못하네)." 필기시험이 있기 얼마 전에 데리다는 로베르 아비라셰드와 함께 기력을 회복하기 위해 '비외 프레수아'(Vieux pressoir)로 갔다. 이곳은 "은밀한 독지가가 '피곤에 지친 지식인들'을 위해 만든 옹플뢰르 근처에 있는 조그마한 성"이었다. 데리다는 디낭에서 힘든 군복무를 시작한 미셸 모노리를 보러 갈 수 있기를 희망했다. 하지만 그는 그렇게 하는 것이 무분별한 일임을 알아차렸다.

---

46) 데리다가 알튀세르에게 보낸 1956년 4월 25일 편지.

"내가 지금 어떤 상황에 처해 있는지를 자네가 안다면, 자네는 나를 원망하지 않을 거라고 확신하네. 지금 노르망디 지역에서의 체류가 내게 조금 도움이 되긴 하지만, 나는 완전히 기진맥진한 상태에 있고, 그리고 시험을 견디기 힘들겠다는 생각이 드네."[47]

데리다는 교수자격시험으로 인한 스트레스를 정말로 힘들어 했다. 또 다시 정신적으로 무너지기 일보 직전이었다. 어쨌든 이번에는 필기와 구두시험을 대참사 없이 무난히 치렀다. 아주 형편없지는 않았지만, 시험 준비 과정에서 데리다가 희망했던 점수보다 훨씬 낮은 점수를 받았다. 그가 시험에 합격한 것을 축하하면서 뤼시앵 비앙쿠는 그에게 "우스꽝스러운 등수"에 큰 의미를 부여하지 말라고 독려했다. 그는 데리다가 2년 동안 시험 준비에 얼마나 많은 노력을 경주했는지를 잘 알고 있었으며, 해서 그는 데리다가 "마침내 살아갈 수 있는 권리"[48]를 획득한 것에 몹시 기뻐했다.

데리다는 알튀세르에게 편지를 쓰기 위해 8월 30일을 기다려야 했다. 계속 아팠던 알튀세르는 그가 애지중지하던 학생의 교수자격시험 '공개 수업'[49]에 참여하지도 못한 채 시험 진행 상황을 멀리서 지켜볼 뿐이

---

47) 데리다가 미셸 모노리에게 보낸 날짜 미상 편지(1956년 5월).
48) 뤼시앵 비앙코가 데리다에게 보낸 1956년 8월 11일 편지.
49) 이 '공개 수업'에 파리에 왔던 엘렌 식수가 참석했다. "나는 우연히 1956년 6월, 소르본의 리슐리외 계단식 강의실에 슬그머니 들어갔다. 나는 출입문 옆에, 그러니까 나가기 좋은 곳에 있는 오래된 나무의자에 앉았다. 앞에서 그의 등이 보였다. 그는 앉아서 한동안 말을 했다. 나는 그가 누구인지 알지 못했다. 나는 그의 등을 보았다. 교수자격시험을 주재하는 시험관 앞에서 그는 곧 평가를 받게 될 것이다. 그의 수업 주제는 '죽음에 대한 생각'이었다. 수업이 끝나자 나는 밖으로 나왔다. 하지만 그 장면은 아주 세세한 부분까지 영원히 남아 있다. 나는 그의 얼굴을 보지 못했다(Hélène Cixous, "Le bouc lié", *Rue Descartes*, no. 48, Salut à Jacques Derrida, PUF, 2005, p. 17).

었다.

이와 같은 어쩔 수 없는 불참에도 불구하고 데리다는 옛 '카이만'에게 특별히 애정 어린 편지를 쓰고 있다.

저는 금년이 이렇게 저무는 것을 슬픈 마음으로 보고 있습니다. […] 그도 그럴 것이 저는 가장 친했던 친구들과 헤어져야 하기 때문입니다. 그 가운데 저에게 그렇게 소중했던 사람의 모습, 그러니까 선생님이 계십니다. 잘 아실 겁니다. […] 저는 선생님께서 주셨던 충고와 가르침에 대해 감사를 표현하고 싶지 않습니다. 물론 당연히 그래야 되겠지요. 저는 이 모든 것을 선생님께 빚지고 있다는 사실을 잘 알고 있습니다. 하지만 선생님께 드리는 이 모든 존경 어린 거리감의 표현은 어쩌면 저에게 늘 보여 주셨던 다정한 우정에 누가 될 것이기 때문입니다. 선생님께서 이 우정을 저를 위해 간직해 주시길 바라는 한편, 저는 이 우정에 대해 마음 깊이 감사를 드리는 바입니다.[50]

알튀세르의 답장 역시 더없이 따뜻했다.

벌써 2주 전에 나는 아주 안도하면서 자네의 합격 소식을 접했네. 모든 것에도 불구하고, 또 내가 이곳으로 오기 전에 보았던 좋은 징후에도 불구하고, 나는 비밀리에 자네에게 드리워질지도 모를 그 부조리한 시험의 복병과 변덕, 그리고 시험관들의 원한을 우려하지 않을 수 없었다네.

---

50) 데리다가 알튀세르에게 보낸 1956년 8월 30일 편지.

그 누구도 자네 정도 되는 사람을 봐줄 리 만무하네. 이제 자네의 삶에서, 자네의 기억에서 그 나쁜 기억과 시험관들의 모습을 서둘러 쫓아 버리게나.

자네가 보여 준 우정이 고등사범학교에서 최근 2년 동안 내가 얻었던 가장 소중한 재산 중 하나라는 사실을 전하고 싶네.[51]

사문(死文)으로 남지는 않았지만, 이와 같은 격려에도 불구하고 데리다는 고등사범학교를 어느 정도 씁쓸한 점수로 떠나게 된다. 두 번째 시도에서 별 다른 영광도 없이 교수자격시험에 합격했다는 것, 이것은 그에게 그의 사유와 글쓰기를 왜곡시키고, 그가 결코 편안함을 느끼지 못했던 세계, 또 그에게 적합하지도 않았던 세계의 규범에 굴복하고 말았다는 것을 의미했다. 그가 미셸 모노리에게 쓰고 있는 바와 같이 이와 같은 평범한 합격은 "결코 화해를 닮은 것"은 아니었다. 그것은 마치 그 합격을 "약간은 강제로"[52] 얻어 낸 것과도 같은 것이었다. 데리다는 그 자신 평생 "사랑 받지 못한 자"로 받아졌다고 여기게 되는 프랑스 대학 체계에 진정 고통의 추억과 원한을 품게 된다.

교수자격시험으로 데리다가 받은 수많은 메시지 가운데 그는 사촌 동생 미슐린 레비의 편지에 특별한 의미를 부여했다. 친애하는 오빠의 합격을 축하한 후에 그녀는 그에게 약간 호기심 어린 순진함과 직관을 섞어 이렇게 쓰고 있다. "교수 대신 나는 오빠가 작가가 되었으면 해요. […] 오

---

51) 알튀세르가 데리다에게 보낸 1956년 9월 4일 편지.
52) 데리다가 미셸 모노리에게 보낸 1956년 8월 22일 편지.

빠가 쓴 책(물론 소설인데)을 읽고 또 그 행간의 의미를 알기 위해 노력한다면 정말로 기쁠 것 같아요."[53] 데리다가 사촌동생에게 만족을 주기 위해서는 몇 년을 더 기다려야 할 것이다.

---

53) 미슐린 레비가 데리다에게 보낸 날짜 미상 편지(1956년 8월).

5장_미국에서 보낸 한 해
1956~1957

미국의 하버드대학과 파리의 고등사범학교 사이에는 학술 교류가 추진되고 있었다. 고등사범학교 부총장이었던 장 프리장은 데리다에게 호감을 가지고 있었다. 데리다가 그에게 비앙코와 함께 구입한 중고차로 운전하는 법을 가르쳐 주었기 때문이다. 바로 프리장이 데리다를 하버드의 '특별 청강생'(special auditor)을 위한 장학생 후보로 천거했다. 후설의 미간 원고 마이크로필름을 연구한다는 구실로였다. 실제로 이 자료들은 그때까지 미국에 도착하지 않았었다.

사람들이 상상하는 것과는 달리 데리다는 우선 미국으로의 출발을 그다지 큰 열광 없이 받아들였다. 파리와 그의 친구들을 떠날 생각이 끔찍했다. 다른 한편, 미국으로 가는 것은 군입대 시기를 뒤로 미루고 또 그가 두려워하는 또 하나의 일인 중등교육기관에서 자리를 잡는 것을 피하는 가장 좋은 방법이었다. 데리다가 가장 우려한 것은 마르그리트의 상황이었다. 그녀가 그와 함께 미국으로 가기 위해서는 취업 비자를 받는 것이 반드시 필요했다. 어쨌든 데리다가 받게 된 "어거스터스 클리포드 타워 펠로십'(Augustus Clifford Tower Fellowship) 장학금은 연간 2200달러로 두 명이 지내기에는 턱없이 부족한 것이었다.

하지만 데리다는 즐길 수 있는 약간의 휴가 동안 마르그리트와 떨어져 있어야 하는 것을 당장 유감스럽게 생각했다. 그는 8월 중순에야 비로소 엘비아르에 도착했다. 뤼시앵 비앙코는 그곳에서 데리다가 뭘 할 수 있을까를 자문했고, 또한 두 명이 함께 "이 부조리한 전쟁을 종식시키기 위해 아무것도 할 수 없는 상태가 계속"[1]되는 것은 아닌가 하고 자문하기도 했다.

모든 면에서 데리다의 체류는 무난하게 흘러 가지 못했다. 정치 상황뿐만 아니라 곧 있을 그의 미국으로의 출발을 그의 부모가 불안해했기 때문이었다. 그가 미셸 모노리에게 쓴 편지에서 볼 수 있는 것처럼 말이다.

나는 이 여행을 준비하면서 나날을 보내고 있네. 필요한 절차를 밟고, 서류를 작성하는 등등… 그리고 나는 우울하네. 마르그리트가 […] 나와 함께, 나와 동시에 떠날 수 있을지 모르기 때문이네. 그녀와 내가 하나로 결합되었던 때부터 ─이것은 내 인생에서 커다란 사건이네─ 나는 이 세계에 포획되었다는 느낌을 가졌고, 전력을 다해 이 세계에 속하는 모든 것에 맞서 피를 흘릴 때까지 버둥거리고 있네. 이 세계의 모든 함정에 대해서 말일세. 그 원형은 바로 '가족'이네. 하지만 나는 지금 가장 큰 기쁨에 대해 슬프고 긴장된 어조로 말을 하고 있네. […]
자네는 여전히 디낭에 있다고 생각되네. 나는 자네가 알제에 오지 않았으면 했네. 알제에서 젊은 군인들을 보는 것은 유감일세. 짓눌리든가 아

---

1) 데리다가 뤼시앵 비앙코에게 보낸 1956년 8월 11일 편지.

니면 영웅적으로 길거리에게서 여자들에게 휘파람을 불어 대고, 아랍인들과 드잡이를 하면서 그들은 항상 무례하고도 이해할 수 없는 태도를 보이네. 가련한 미셸! 사람들이 자네에겐 무엇을 시키는가?[2]

루이 알튀세르에게 보낸 다른 편지에서 데리다는 알제리의 상황을 아주 세세하게 묘사하고 있다.

저는 아직도 이 끔찍한 부동성의 나라에서 열흘을 보내야 합니다. 정치적 움직임이나 상황의 변화를 생각하게끔 하는 어떤 일도 발생하지 않고 있습니다. 아무것도, 아무것도요. 단지 일상화된 테러, 게재 나쁘게 내리는 비에 대해 말하듯이 익숙해져 버린 죽음만이 있을 뿐입니다. 그러나 항상 같은 정치적 무관심, 정치적 망동입니다. 이번 알제에서의 체류는 저에게 아무것도 가르쳐 주지 않습니다. 제가 잘 알지 못하는 공기를 마시는 것을 제외하고는 말입니다. 마치 인도차이나에 있는 대도시에 와 있는 것과도 같습니다. 열광, 배가된 역동성, 활발했던 무역 거래, 그 누구도 알 수 없는 미래에 대한 생각, 가짜 유쾌함 등이 그것입니다. 해수욕장, 카페, 길거리는 사람들로 붐빕니다. 탱크와 자동소총 사이에서 미국 자동차들만 늘어 가고 있습니다. 도시 전체가 가장 평화롭고 가장 번창하는 미래를 예고하는 근사한 건축공사장을 닮았습니다.[3]

---

2) 데리다가 미셸 모노리에게 보낸 1956년 8월 22일 편지.
3) 데리다가 알튀세르에게 보낸 1956년 8월 30일 편지.

한 달 후인 1956년 9월 30일, 알제 시내 한복판, 미슐레 가에 있는 사람들이 많이 붐비는 밀크 바아, 이슬리 광장, 카페테리아에서 두 개의 시한폭탄이 터졌다. 수많은 희생자가 발생했다. 이 두 차례의 테러는 알제리 전쟁의 새로운 전환점이 되었다. 드자밀라 부히레드 사건의 단초가 된 것이다. 자크 베르제가 다소 공격적으로 옹호했던 젊은 여자가 사형선고를 받았다가 나중에 여론을 갈라놓는 재판 끝에 석방되었다.[4]

8월 말에, 하버드대학의 책임자 중 한 명으로부터 데리다에게 그의 약혼녀가 케임브리지에서 침식을 제공받는 일자리를 얻게 되었다는 연락이 왔다. 해서 마르그리트는 취업 비자를 받을 수 있었고, 그와 함께 미국으로 갈 수 있게 되었다. 하지만 여행 경비를 지불하기 위해 그녀는 친구에게서 돈을 빌려야만 했다. 데리다의 집안과 마찬가지로 오쿠튀리에 집안도 이들 두 명의 미국으로의 출발을 그다지 반기지 않았다.

마르그리트의 동생인 미셸 오쿠튀리에는 소련에서 1년 동안의 체류를 끝내고 막 프랑스로 돌아온 참이었다. 그는 그때서야 비로소 모든 상황을 알게 되었고, 불편한 심기를 감출 수 없었다. "누나와 로랑 베르시니 사이의 약혼이 파기되었다는 것을 알고 마음이 심란했어요. 게다가 자키는 우리 부모님을 실망시키는 장문의 편지를 보냈어요. 정통적인 방식으로 마르그리트와의 결혼 허락을 요청하는 대신, 그는 부부 사이의 자유로운 관계에 대한 자신의 생각에 대해 자세하게 써서 보냈던 겁니다. 고등사범학교를 졸업하긴 했지만 아버지는 꽤 전통을 중요시하는 편이었어요. 아버지는 딸이 이 젊은 청년을 따라 출발하는 것을 좋지 않은 눈으로

---

4) Jacques Vergès, *Pour Djamila Bouhired*, Editions de Minuit, 1958.

보았어요."[5]

엘비아르에 있는 데리다의 집에서는 상황이 더 미묘했다. 마르그리트의 계속되는 편지로 인해 그녀는 그의 부모님의 관심을 끌게 되었다. 하지만 데리다는 마지막 순간을 기다려 자신들의 관계가 진지하다는 것과 마르그리트는 자신과 함께 미국으로 갈 것이라는 사실을 설명했다. '이교도'(goy)[6]인 젊은 처녀, 자기들 세계와는 완전히 다른 세계에서 살았던 처녀와의 준(準)약혼 선언으로 인해 여러 주 동안 아주 심한 동요가 계속되었다. 점점 윤곽을 드러내고 있는 동생의 결혼에 대해 반감을 가진 것을 숨기려 하지 않았던 형 르네를 비롯해 모든 사람들이 이 문제에 관여했다.

외삼촌 조르주 사파는 데리다에게 가장 짜증이 나는 편지를 한 통 보냈다. 조카가 하는 일에 "동의도 반대도 하지 않는다"라는 점을 분명히 하고 있음에도 불구하고, 미국에서 돌아오면 데리다에게 "자신의 양심, 애정, 경험이 부과하는 바를 전달하기 위해"[7] 직접 대화를 갖기를 희망한다고 썼다. 의심의 여지 없이 이와 같은 제안의 핵심 쟁점은 종교 문제였다. 데리다의 집에서와 마찬가지로 사파의 집에서도 동족결혼이 규칙 이상으로 하나의 부동의 진리였다. 결혼은 같은 환경 출신과 하는 것이며, 심지어는 같은 구역 출신과 하는 것이었다. 르네와 자닌의 경우처럼 말이다. 하지만 청소년기부터 데리다는 유대 공동체와 어느 정도 거리를 두고 성장했고, 자신을 그 공동체에 가두려는 것을 견디지 못했다. 며칠 후

---

5) 미셸 오쿠튀리에와의 인터뷰.
6) 유대교의 입장에서 본 이교도를 가리킨다. ─ 옮긴이
7) 조르주 사파가 데리다에게 보낸 1956년 10월 30일 편지.

에 그는 외삼촌에게 편지를 보냈으나, 이 편지는 애석하게도 사라진 것 같다. 하지만 이 편지에서 데리다는 외삼촌의 편지 내용을 조목조목 따진 것으로 보인다. 철학 분야에서 이미 자기 것이 된 고유한 방식으로 하나도 그냥 흘려보내지 않고 꼼꼼하게 말이다. 조르주 사파는 아연실색했다.

> 나는 너에게 일상적인 친근한 말로 편지를 썼는데, 너는 그 편지를 낱낱이 해부하고 완전히 분석한 후에(분명 직업적 버릇일 터인데), 종종 적당하지 않은 '긴장된' 어투로 신랄하기 짝이 없는 답장을 보내왔구나. […] 내가 다만 후일로 미뤘던 것은 이것이다. 즉, 후일 아이들이 태어나면 그들을 어떻게 할 것이냐? 이점에 대해 너를 감시하려고 하는 것은 아니다. 네가 이 문제에 대해 이미 생각해 보았을 것이라는 사실을 아는 상태에서, 이 문제에 더 신경을 써 달라는 것을 바랄 뿐이다. 왜냐하면 […] 아이들의 교육으로 파생되는 문제는 해결 불가능하다는 생각이 들기 때문이다. 만일 네가 이 문제를 미리 생각해 두지 않는다면 말이다.
> 사랑하는 조카! 마지막으로 덧붙인다. 앞선 내 편지에 대해 네가 했던 것처럼 이 편지에 사용된 단어 하나하나를 해부하거나, 네 답장과 같은 정치한 분석이 담긴 그런 답장을 다시는 받고 싶지 않다. 설령 무례함이 배어 있지 않다고 해도 말이다.

하지만 외삼촌은 "다른 많은 편지 다음으로 도착한" 자신의 편지가 조카인 데리다를 "모든 방향에서 공격을 받는 검술사의 위치, 그리고 모든 공격을 방어하기 위해 이리저리 칼을 휘둘러야만 하는 상황에서, 자기 주위에 적이 있음에도 허공만 계속 가르는… 위치 속으로"[8] 밀어 넣는다고 생각했다.

다만 데리다의 사촌동생들만이 그의 약혼을 반기는 것 같았다. 조제트는 "여러 집단에서 약간의 알력이 있다고 해도 한 순간도 주저하지 말 것"을 데리다에게 충고했다. 미슐린은 "미래의 친척, 파란 눈에 금발을 가진 파리의 예쁜 마르그리트"를 알게 되어 아주 기쁘다고 생각했다. 그녀는 르네와의 불화가 계속되지 않기를 바랐다. 어쨌든 데리다는 그 자신이 원하는 대로 행동하게 된다.[9]

9월 15일, 데리다와 마르그리트는 마침내 르 아브르 항에서 '리베르테'(Liberté) 호에 올랐다. 멋진 대서양 횡단 여행 끝에 드디어 그들은 "뉴욕을 보면서 매료되어 감탄사를 연발했다". 두 사람은 "특별함도 없고, 역사도 없으며, 모든 것이 밖에 있는 이 신비하지 않은 도시의 신비함"[10]에 커다란 인상을 받았고 또 매료되었다. 하지만 불행하게도 그들은 관광을 즐기고 다른 도시들을 구경하기에는 돈이 부족했고, 그래서 그들은 보스턴 근교에 있는 케임브리지로 곧장 출발했다.

마르그리트는 이렇게 이야기하고 있다. "나는 침식만을 제공받는 조건으로 일을 했어요. 로드윈 씨는 MIT공대의 교수였고, 그의 부인은 프랑스인이었어요. 그들은 세 아이에게 프랑스어 교육을 시키길 원했고, 나는 그 집에서 방을 하나 가질 수 있었어요. 캠퍼스 타운에서 가까웠고, 애브뉴 매사추세츠 가까이에 있는 알링턴 가에 있는 그 구역은 아주 조용했

---

8) 조르주 사파가 데리다에게 보낸 1956년 11월 17일 편지.
9) 미슐린 레비가 데리다에게 보낸 1956년 10월 20일 편지.
10) 데리다가 알튀세르에게 보낸 1957년 2월 11일 편지.

고, 일은 힘들지 않은 편이었어요. 자키는 캠퍼스 안에 있는 현대식 건물인 '대학원 센터'(Graduate Center)에서 거주했지만, 그곳은 비쌌고, 여자들의 출입이 금지된 곳이었어요. 가끔 감시를 따돌리고 서로 보는 데 성공하긴 했지만, 이런 식의 생활이 쉬운 것은 아니었어요. 게다가 고등사범학교 시절에 비해 자키에게는 돈이 턱없이 부족했어요. 그의 장학금은 충분하지 않아서, 일주일에 3일 아침나절 동안 몇몇 교수들의 자녀들에게 프랑스어를 가르치기도 했어요. 그해 우리 두 사람은 마고라고 불리던 마거리트 디너를 제외하고는 그 누구도 만나지 않았어요. 그녀는 래드클리프의 학생이었는데, 이 학교는 그때까지 남자들만 입학했던 하버드의 여학교였어요."[11]

데리다와 마르그리트는 가능할 때마다 매번 하버드대학 캠퍼스 안에 있는 굉장한 와이드너 기념 도서관에서 만났다. 데리다에 의하면 이 도서관은 프랑스 국립도서관보다 "열 배는 더 큰", "세계의 책들의 거대한 공동묘지"였다. 게다가 그에게는 특별보존 서적을 뒤질 수 있는 특권이 부여되었기 때문에 더욱 기분 좋은 도서관이었다.[12] 그는 후설에 대한 연구를 계속 진행하면서, 조이스의 작품을 체계적으로 읽기 시작했다. 평생 그는 『율리시스』와 『피네간의 경야』를 "인류의 잠재적 기억"[13]을 한 작품 안에 모아 놓은 가장 거대한 시로 여겼다. 그 시기에 데리다의 영어로 글을 쓰는 능력은 상당한 수준이었다. 하지만 그는 마르그리트보다 말

---

11) 마르그리트 데리다와의 인터뷰.
12) 데리다가 알튀세르에게 보낸 1957년 2월 11일 편지.
13) Jacques Derrida, "The Villanova Roundtable", John D. Caputo, *Deconstruction in a Nutshell*, New York: Fordham University Press, 1997, p. 25.

로 표현하고, 특히 자발적으로 얘기하는 데 어려움을 겪었다. 실제로 마르그리트는 어린 시절부터 프랑스어가 아닌 다른 언어를 말하는 습관이 붙어 있었던 것이다.

데리다는 하버드에서의 체류 기간을 이용해 타자기 사용법을 익혔다. 도착해서 얼마 지나지 않아 그는 올리베트 32를 구입했다. "나는 빠르게 타이프를 쳤지만 서툴렀다. 오타가 많이 났다." 후일 그는 이렇게 털어놓고 있다. 국제 자판에 익숙해진 그는 여러 해 동안 미국에서 타자기를 계속 구입했다.

데리다는 뤼시앵 비앙코에게 이렇게 쓰고 있다. "우리는 산책도 하면서, 책도 읽으면서, 그리고 약간 연구도 하면서 시간을 보내고 있네."[14] 미셸 모노리에게 보낸 편지에서 그는 항상 그렇듯 더 정확하고 더 우울한 태도를 전하고 있다.

이곳 생활은 사건도, 날짜도, 진짜 인간적인 모임도 없는 생활, 거의 그런 생활이네. 우리는 외롭게 지내네. 바깥 생활의 리듬은 캠퍼스가 있는 지방 도시의 전형이네. 우리는 한 달에 한두 번 정도 '시내로' 가네. 그러니까 지하철로 10분 정도 걸리는 보스턴에 갈 뿐이네. 이것을 제외하면 우리는 공부를 하거나 그렇게 하려고 노력하고 있네. 마르그리트는 형편없는 러시아 소설을 번역하는 중이네. 나는 그 원고를 타이프 치고 있네. 나는 읽고, 공부하고, 뭔가에 집중하려고 하고 있네. 하지만 반대되는 것만 할 줄 아는 몸이네. 대체 어떻게 자유로운 연구가 가능한지 자문

---

14) 데리다가 뤼시앵 비앙코에게 보낸 1956년 11월 18일 편지.

하고 있네.[15]

크리스마스 때 마르그리트와 데리다는 뉴욕으로 갔다. 추위에도 불구하고 그들은 매료되어 여러 날을 시내에서 걸어 다녔다. 데리다는 "모든 것을 밖에 가지고 있는, 현기증이 날 정도로 '현대적'이고 굉장히 아름다운 '영혼'을 가지고 있고, 이 세계의 그 어느 곳에서도 느낄 수 없는 그런 고독감을 느끼게 해주는"[16] 이 도시를 벌써 좋아하고 있었다. 마르티니크 호텔 방에서 데리다는 몇 해 전부터 하지 않고 있었지만, "그 자신을 위해" 수첩에다 뭔가를 쓰려고 했다. 하지만 몇 해 후에 그 수첩을 분실한 것 같다.

마르그리트와 데리다는 마고 디너와 그녀의 친구인 독일 여학생 한 명과 함께 그 당시 잘 보존된 케이프 코드(Cape Code)를 방문했다. 다른 기회에 그들은 차를 빌려 북캐롤라이나 주에 있는 케이프 해터러스(Cape Hatteras)까지 가기도 했다. 이 여행을 하면서 그들은 미국에서 인종차별이라는 폭력과 대면하게 되었다. 1950년대 말에 미국에서 '백인 전용'이라는 팻말은 여전히 모든 곳에 널려 있었다. 훨씬 뒤에 데리다는 그의 친구였던 페기 카무프에게 끝이 좋지 않았을 수도 있는 모험 이야기를 들려주고 있다. 데리다와 마르그리트는 흑인 히치하이커를 태우기 위해 차를 세운 적이 있었다. 백인 부부가 자기를 태웠다는 사실에 깜짝 놀란 그 흑인은 그들이 어떻게 해석해야 할지 모를 정도의 신경증적 반응을 보였다.

---

15) 데리다가 미셸 모노리에게 보낸 1957년 2월 27일 편지.
16) 데리다가 미셸 모노리에게 보낸 1957년 2월 27일 편지.

그 흑인은 경찰의 단속이 있을 경우 발생할 수밖에 없는 소란을 상상했던 것이다. 그 당시 미국에서는 이런 종류의 인종간 접촉은 금지되어 있었다. 다행스럽게 별 문제 없이 여정은 끝났다.[17)]

데리다가 미국에 도착했을 때, 1956년 미국의 대통령 선거 운동은 이미 끝난 것처럼 보였다. 11월에 있었던 이 선거는 민주당 경쟁자에 대한 아이젠하우어의 일방적인 승리로 막을 내렸다. 그밖의 국제 뉴스는 그의 취향과는 아주 먼 것들이었고, 고등사범학교 시절에 가졌던 정치 토론이 벌써 그리웠다. 비앙코는 『르 몽드』지의 주간 선집을 구독하게 해주었으나, 미국에는 한참 날짜가 지난 다음에야 도착했다. 편지에서 데리다의 옛 기숙사 룸메이트는 당시의 혼란스러운 시사 문제에 대해 촌평을 해 보냈다. 부다페스트 사태, 후루시초프 연설과 그에 이어지는 반응, 나세르의 부상, 수에즈 운하의 국유화 등이 그것이다.

비앙코와 데리다를 더 걱정시킨 것은 알제리 상황의 악화였다. 기 몰레 정부하에서 군복무 기간이 24개월로 연장되었다. 2년이 채 안 되어 프랑스군의 병력이 5만 4천 명에서 35만 명으로 늘어났다. 반면, 1만여 명의 알제리 청년들만이 저항군에 가입했을 뿐이었다. 새로운 총독 로베르 라코스트는 자크 수스텔보다 더 강경한 노선을 채택했다. 1957년 1월 7일, 라코스트는 제10공수부대를 지휘하고 있던 마쉬 장군에게 알제의 "평화 회복" 작전을 일임했다. 카스바를 포함해 도심의 삼엄한 경비에도

---

17) Peggy Kamuf, "The Affect of America", eds. Simon Glendinning and Robert Eaglestone, *Derrida's Legacies: Literature and Philosophy*, New York: Routledge, 2008, p. 144.

불구하고 테러는 계속 자행되었고, 특히 시립운동장과 엘비아르 경기장의 계단에서 그랬다.

비앙코는 옛 동료였던 피에르 부르디외의 소식을 데리다에게 전해 주었다. 부르디외는 라코스트의 집무실이 있는 알제에서 복무하고 있었다. 그는 알제리에 대한 소책자를 발간했는데, 비앙코는 편지에서 이 책자가 "그 어조와 형식, 그리고 심지어는 그 내용 면에서 총독부의 다른 출판물들과는 다행히도 달랐네. 해서 나는 조금 안심이 되었네"라고 이야기하고 있다.

데리다와 비앙코는 자신들의 군복무에 대한 비슷한 전망을 가지고 있었다. 데리다는 그에게 2년 동안 덜 힘들게 같이 군복무를 하자고 제안했다. 하지만 이것이 실현된다는 보장은 없었다. 이와 동시에 데리다는 옛 동기생들에게 해군에 입대할 수 있는 가능성을 타진해 보았다. 많은 사람들의 의견에 따르면, 해군이 "가장 좋은 피난처"라는 것이었다. 시험이 있기는 하지만, 바다에 관련된 주제로 논술시험을 쳐야 하는데, 고등사범학교 출신에게는 그다지 어려운 일이 아니라는 것이었다. 하지만 영어를 아주 능숙하게 구사해야 했다. 데리다에게 있어서 이 조건은 조금 미묘한 문제였다.

2월에 데리다는 미셸 모노리부터 장문의 편지를 받았다. 이 편지를 통해 오랜 무소식에도 불구하고 모노리를 "완전히" 다시 찾을 수 있어서 기뻤다. 데리다는 거기에 대한 답장으로 친구에게 자신들이 아주 가까이 지냈던 시절에 대한 향수를 자아내는 장문의 편지를 보냈다. 모든 것을 섭렵하는 광폭의 분절법(分節法)으로 쓰인 이 편지에서 후일 『할례/고백』,『매번 유일한, 세계의 종말』등에서 볼 수 있는 그의 문체를 미리 엿볼 수 있다.

지금까지 겪어 보지 못한 열 때문에 그런 것처럼, '기억'을 떠올리게 되면 나는 종종 꼼짝달싹 못 하고 기진맥진하게 되는 경우가 있네. 과거에 우리의 보잘것없었던 생활과 섞이는 만큼 이건 끔찍한 일이네. 나는 과거를 회상할 때만 내가 실존한다고 느끼고, 또 같은 정도로 죽었다고 느끼네. 그리고 자네, 나는 자네를 같은 기억, 같은 죽음을 먹고 성장한 어느 정도는 모유 형제로 생각하네. 우리가 함께 좋아했던 것의 입장에서 보면, 우리는 함께 죽어갈 것이고, 또 지금 미래에 속하는 것에 대해서도 우리는 함께 죽게 될 것이 아닌가? 나는 과거를 회상하는 것으로부터 이야기를 시작하고 싶지 않네. 왜냐하면 그렇게 하면 내가 그 나머지 것들을 망각하고 있다는 것과 같은 태도일 테니까. 하지만 나는 그 어떤 것도 잊지 않고 있네. 어쨌든 다음 부분으로 이어지는 후렴구처럼 내 마음 속에서 떠오르는 이미지들이 있긴 하네. '리지마크'[그리스 식당]에서 했던 저녁식사, 조명, 의복, 음악실의 더러운 바닥, 아직 펴 보지도 않았던, 그리고 지금 지중해를 건너고 대서양을 건넌 『반 고흐』를 손에 들고 했던 생미셀 대로에서의 산책, 지하철 '유럽' 역, 샹탈고등학교 앞 어둠 속에서 『카르멜 수녀들의 대화』의 공연을 보기 전에 자네를 기다렸던 일, 고등학교의 어두운 계단, 라그랑주 가의 어두운 계단, 내 방의 문에 붙여 두었던 메모들, 모든 실망들, 콩코르드 광장 근처에 있는 리볼리 가의 아케이드 아래에서 했던 산책, 알제리에서 내가 귀국했던 날, 교차로에서의 서성임 '등등'… 그리고 영국 시인들… 그들의 삶을 억눌렀던 모든 징후들, 바다에 쳐 놓은 그물처럼 완벽하고 모든 것이 내다보였던 그들의 삶….

이 모든 것을 회상할 때, 나는 편치 않네. 그 까닭은 우선 그것을 내가 단순히 회상하는 데 그치기 때문이고, 그 다음으로는 우리가 얼마나 멀리 떨어져 있는가를 생각하고 또 우리가 그것들의 사라짐을 얼마나 두려워하는가를 생각하기 때문일세.[18]

군복무에서 완전히 해방되었을 때, 데리다는 미셸과 둘이서 같은 도시에서 가르칠 수 있길 희망했다. 스무 살 시절에 하나가 된 우정을 다시 맺을 수 있기를 학수고대하면서 말이다. 하지만 지금 당장은 데리다가 미셸의 불행을 헤아려야 했다.

자네가 알제리로 간단 말이지. 그러니까 옛날 우리의 공통 계획에—아 이러니하고도 비극적이게도—이런 식으로 답을 한단 말이지. 그리고 아주 불편했던 우리 집으로 자네를 오게 하는 것을 두려워했던 내가, 지금 자네에게 이런 제안을 하네. 만일 자네가 알제나 혹은 그 근교에 있거나 혹은 그곳을 지나게 되거든, 마치 자네 집에 가듯 우리 집에 들르게. 우리 집에서 내 방을 쓰고, 식사를 하고, 빨래를 맡기거나…. 주저하지 말게. 잘 알지 않는가? 내가 그곳에서 불편함을 느꼈다고 해도 우리 집 식구들은 아주 친절하네. […] 군인 신분으로 알제의 참모부에 파견돼 있는 부르디외에게 내가 연락을 하겠네. 그는 자기에게 힘이 있다고 했

---

18) 데리다가 미셸 모노리에게 보낸 1957년 2월 27일 편지.

네. 내가 그에게 자네 얘기를 하겠네.

같은 달, 데리다는 알튀세르에게 편지를 썼다. 우선 그는 그렇게 오랫동안 소식을 전하지 못한 것에 사과를 했다. 그는 알튀세르에게 이번 미국 여행에 대해 많은 인상을 전하는 것이 불가능하다고 생각했다. 그도 그럴 것이 그는 뉴잉글랜드 지역만을 돌아보았을 뿐이기 때문이었다. 그는 돈이 부족해 알튀세르가 가 보라고 권해 주었던 미국의 동쪽에서 서쪽까지 횡단할 수 있는 기회를 가질 수 없었다. 하지만 그는 옛 '카이만'에게 하버드의 철학 교육에 대해 아주 신랄하게 이야기하고 있다. "전체적으로 보아 빈곤하고 기초적입니다. 이 거대하고 화려한 겉모습에 비해—물론 그 이면에는 미숙함과 순진함과 마찬가지로 젊음과 열정이 빛나긴 합니다만—소르본은 지성이 폭풍처럼 몰아치는 케케묵은 집입니다." 데리다는 "프레게나 청년 후설에 대해 많은 것"을 배울 수 있었던 현대논리학 강의만은 예외로 쳤다. 하지만 근본적으로 데리다는 미국 체류 중인 그 자신에 대해 만족하지 못하고 있었다.

혼자서 연구를 하겠다고 마음먹었지만, 별로 대수로운 작업을 하지 못했습니다. 한참이 지나도 다시 오지 않을 완벽하게 자유로웠던 한 해가 막을 내리는 것을 보니 애석합니다. […] 제가 많은 것을 기대했던 한 해가요! 올 한 해는 저에게 아주 강한 무력감을 안겨 주었습니다. 지금까지 저는 외부의 [요인들의] 방해를 받고 있다고 생각하는 척했습니다. 그리고 일단 교수자격시험에 합격하면 폭포수처럼 뭔가를 해낼 것이라 확신했습니다. 그런데 그 이전보다 상황이 더 안 좋습니다. 물론 저는 항상 저 자신을 기초의 위기, 철학의 고뇌, 문화의 고갈 등으로 인해 희생당한 순교자처럼 여기기 위해 애써 왔습니다. 이 모든 죽음들 앞에서 그 '현 상'을 놓치지 않기 위해 최소한 침묵을 지키는 것밖에 다른 방도가 없었 습니다. 진지하게 말해, 그 어떤 것도 한 나라에서 다른 나라에로의 철학 분위기의 완전한 변화[만큼] […] 이와 같은 위기감을 줄 수는 없습니다. 한 권의 책이나 또는 미국 대학을 통해 철학이 어떤 모습을 하고 있는가 를 보게 되면, 번역의 불가능성, 상쾌에서 벗어난 주제, 관심 영역의 이 동, 교육과 지역적 가치의 중요성 등만이 눈에 띌 뿐입니다…[19]

데리다는 알튀세르를 고등사범학교에서 드디어 얻게 된 자신의 아 파트에서 다시 보고 싶은 마음에 초조했다. 데리다는 그와 함께 알제리에 서 발생한 사건들, 부다페스트 사태, 파리에서의 반응 등에 대해 이야기 를 나누고 싶었다. 또한 그는 "적당한 시기에" 집중해서 추진하고자 하는 "연구"의 계획에 대해서도 알튀세르의 의견을 듣고 싶었다. 가령, 『기하 학의 기원』 번역, 그러니까 고등사범학교 수료 논문의 결론 앞장에서 언 급했던 30여 쪽, 그러니까 데리다 자신이 후설의 텍스트 중 가장 멋지다 고 여긴 부분의 번역에 대해서 말이다. 하지만 데리다는 루뱅으로부터 답 이 없어서 자신의 번역물을 출판할 수 있는 권한이 있는지조차 알지 못하 고 있었다.

분명 이 계획은 데리다의 지적 여정의 다음 단계에 해당하는 학위논 문의 출발점이 되는 것이었다. 고등사범학교 학생에게 학위논문을 쓰는

---

19) 데리다가 루이 알튀세르에게 보낸 1957년 2월 11일 편지.

것은 "결정이라기보다는" 오히려 "당연하다고 생각되는 흐름"[20]을 따르는 한 방식이었다. 학위논문에서 데리다는 가장 관심 있는 문제들을 연결해 보고 싶었다. 과학, 현상학, 특히 글쓰기 문제가 그것이었다. 게다가 그는 하버드로 출발하기 전에 이 세 문제를 연결할 구상을 어느 정도 하고 있었다.

교수자격시험이 끝나자 곧바로 장 이폴리트를 찾아가서 이렇게 말했던 것이 떠오른다. "『기하학의 기원』을 번역하고, 이 텍스트에 대해 연구를 하고 싶습니다." 이 텍스트에는 글쓰기에 대한, 학자들의 공동체에 대한, 수학적 대상에 대한 직관을 기초로 소통 가능한 이상적 대상을 구성해야 할 필요성에 대한 간단하면서 축약적인 설명이 있기 때문이다. 후설은 단지 글쓰기만이 이와 같은 이상적 대상들에게 최종의 이상성을 부여할 수 있다고 주장했고, 또 글쓰기만이 유일하게 이 대상들이 어쨌든 역사 속으로 편입되게 해준다고 주장했다. 즉 그것들의 역사성은 그것들에 대한 글쓰기에서 유래한다는 것이었다. 하지만 이와 같은 주장에도 불구하고 후설의 지적은 모호하고 불분명했다. 따라서 나는 후설에게서 어떤 사태가 발생했는가를 밝혀냄과 동시에 현상학과 현상학적 직관에 대해 질문을 던지는 필요성에 상응하는 글쓰기 개념을 정립하고자 노력했다. 다른 한편, 나는 또한 이런 노력을 계속해서 내가 관심을 가지고 있는 다음과 같은 물음으로 이어질 수 있도록 했다. 문학적 기입

---

20) Jacques Derrida, "Ponctuations: le temps de la thèse", *Du Droit à la philosophie*, Galilée, 1990, p. 440.

(inscription)이란 무엇인가? 어느 순간부터, 어떤 조건하에서 기입은 문학적이게 되는가?[21]

학위논문 주제를 아직까지 공식적으로 제안하지는 않았지만, 데리다는 장 이폴리트에게 논문 지도를 부탁했고, 고등사범학교 총장이었던 그는 이를 수락했다. 이폴리트는 데리다에게 이렇게 쓰고 있다. "자네 체류 기간을 잘 이용하게. 철학 분야에서 나는 자네를 신뢰하고 있네. 자네도 그걸 잊지 않고 있으리라는 것을 잘 알고 있네. 자네의 『기하학의 기원』을 번역하려는 계획은 아주 좋네."[22]

모리스 드 강디약도 데리다를 잊지 않고 있었다. 강디약은 옛 제자에게 논문을 쓰는 데 필요한 확실한 방법상의 조언을 해주었다. 강디약은 그에게 논문의 내용은 점차 따라오기 마련이라고 했다. "논문의 실존이 본질에 선행하네. 미리 구상된 계획 없이 논문을 일단 쓰는 것부터 시작할 것을 권하네. 논문이 진행됨에 따라 자네는 자네의 논문이 지금 어디까지 진행되어 있고, 또 어디로 나아가야 하는지를 알게 될 걸세." 강디약은 데리다에게 "긴 군복무 기간 전에" 논문 쓰는 것을 시작하라고 강력하게 권했다. 다른 한편, 다음의 이어지는 편지의 고백에서 볼 수 있듯이 알제리 상황에 대한 데리다의 입장은 분명 좌파 쪽으로 기울고 있었다. 그는 알튀세르와 다른 사람들의 잇단 노력에도 불구하고 프랑스 공산당의 망설임을 개탄했다. "당이라는 기계는 사유를 마비시키고, 행동 통일의

---

21) Jacques Derrida, *Sur parole, instantanés philosophiques*, Editions de l'Aube, 1999, p. 21.
22) 장 이폴리트가 데리다에게 보낸 1956년 12월 4일 편지.

강령은 알제리에서 몰레의 정책에 대한 진정한 투쟁을 방해하고 있네."[23]

미셸 모노리가 1957년 4월 28일에 브라자 부대에서 보낸 한 통의 편지를 통해 데리다는 알제리 전쟁에 대한 아주 아픈 기억을 떠올린다. 실제로 데리다는 미셸이 최근에 겪었던 끔찍한 장면을 공유할 수 있는 유일한 친구였다.

우리는 어제 베루아기아 근처에서 매복에 걸려 네 명이 사망하고 열여덟 명이 심하게 부상을 당하는 장면을 목격했네. 비가 억세게 내리는 가운데 하룻밤을 보내고 나는 오늘 아침 새벽에 내 동료들의 뻣뻣하고 창백한 피투성이 시체들을 보았네. 내 기억 속에서 이와 같은 끔찍하고 고통스러운 이미지에 열일곱 살 아랍 소녀의 모습이 더해지네. 주먹을 쥐고 뒤로 묶여 발가벗겨진 채 문에 매달려서 몸 전체에 견딜 수 없는 채찍질을 당하고, 가장 극심한 고통을 겪고 있는 그 소녀의 모습이…[24]

이 편지로 인해 데리다는 충격에 사로잡혀 친구에게 어떻게 답을 해야 할지를 모른 채 하루 종일 말없이 보냈다.

나는 그 장면들을 상상해 보려 했네. 그러고는 공포에 사로잡혀 버렸네. 자네가 전해 준 아침의 광경에서 가장 분명한 것은, 서로가 서로를 정

---

23) 모리스 드 강디약이 데리다에게 보낸 1957년 1월 11일 편지.
24) 미셸 모노리가 데리다에게 보낸 1957년 4월 28일 편지.

당화하거나 단죄하는 것이 부당할 뿐만 아니라, 어느 정도 사태를 진정시키는 데에는 딱 좋네만, 모든 것이 추상적이고 '공중에 떠 있네'. 그리고 이해하는 것, 그것은 더 고립무원이 되는 것이네. 그 누구도 이 모든 것에 어떤 의미를 부여할 수는 없을 걸세, 그게 어떤 종류의 것이든 간에….

미셸, 나는 온 마음으로 자네와 함께 있네. 나는 자네와 함께 얘길 나누고 싶고, 나에게 아픔을 안겨 주고 있는 알제리 앞에서 지금 내가 생각하고 느끼는 모든 것을 자네에게 말하고 싶네. 하지만 이렇게 멀리서, 그리고 거기서 목격한 것을 나에게 전해 주는 자네 앞에서 이런 얘기를 하면서 나는 부끄러움을 느끼네. […]

친애하는 미셸, 나는 자네를 놓아주겠네. 나는 자네를 많이 생각하네. 이 세계에 나눠 가져야 할 절망밖에 없다면, 나는 그것을 자네와 항상 나눠 가질 준비가 되어 있네. 이것은 거짓도 맹목도 없이 지금 내가 간직하고 있는 유일한 확신이네.[25]

데리다는 하버드에서 프랑스로 돌아가자마자 군복무를 시작해야 한다는 사실과 마르그리트와 그가 통과하게 될 "2년 동안의 긴 공백"이 두렵다는 사실을 잘 알고 있었다. 군에 입대하게 되면 그가 전선에 배치될 수 있는 위험성이 작은 것은 아니었다. 하지만 에메 데리다는 몇 달 전부터 사전 작업을 하고 있었다. 가능할 때마다 그는 아들의 상황을 설명하면서 그에게 민간 근무가 가능한 자리를 찾아 주기 위해 노력했다. 그는

---

25) 데리다가 미셸 모노리에게 보낸 1957년 5월 17일 편지.

알제 가까이에 있는 콜레아 학교에서 정기적으로 포도주와 다른 술을 주문받고 있었으며, 따라서 이 학교의 책임자를 잘 알고 있었다. 이 학교 책임자가 군부대의 어린아이들을 교육시킬 선생을 구하고 있었고, 에메는 고등사범학교 졸업생인 아들 자랑을 했고, 그가 어떤 과목도 가르칠 수 있다고 너스레를 떨었다. 물론 그렇게 하면서 2년 동안 군복무를 하는 것은 그다지 즐거운 일은 아닐 수도 있었다. 하지만 정상적인 군복무와 비교해 보면 그것은 둘도 없이 편한 기회였다.

데리다와 마르그리트는 미국으로 떠나면서 결혼할 생각을 가졌던 것은 아니었다. 하지만 헤어지는 것을 피하기 위해서는 결혼 이외의 다른 해결책이 없었다. 하지만 그들이 출발할 당시에 벌어진 사태 이후, 가족과 함께 하는 전통 결혼식은 그들에게 견딜 수 없는 것처럼 보였다. 해서 1957년 6월 9일, 데리다와 마르그리트는 케임브리지에서 친구 마고를 유일한 증인으로 삼아 결혼식을 올렸다. 로드윈 씨의 집에서 마지막 저녁 식사를 한 후 신혼부부는 뉴욕으로 출발했고, 곧 '리베르테' 호에 올랐다. 6월 18일 그들은 파리로 돌아왔다.

6장_콜레아의 군인
1957~1959

데리다와 마르그리트는 파리에서 며칠을 보냈다. 데리다는 그곳에서 부재중에 고등사범학교에 있는 트렁크에 넣어 둔 젊은 시절의 모든 책들이 사라졌다는 것을 알고 놀라고 고통스러워했다. 모든 것을 간직하는 습관이 있던 터라, 이 절도 사건으로 인해 그는 오래 슬픔에 잠겨 있게 된다.

데리다가 군복무를 시작하기 전 두 달 동안, 그들은 두 가족을 연결시키는 일이 중요했다. 두 사람의 미국행으로 심기가 불편했던 마르그리트의 부모와 그보다 더 심기가 불편했던 데리다의 부모는 자신들이 배제된 채 먼 곳에서 치러진 결혼식에 상처를 받았다. 데리다는 엘비아르로 돌아오고 며칠 뒤에 미셸 모노리에게 이렇게 설명한다. "평소처럼, 어쩌면 더 심각하게, 나는 마르그리트와 함께 있기 때문에, 또 알제리가 지금의 상태에 처했기 때문에, 나는 아주 불편하네." 모든 사람들이 그들 주위를 맴돌았으며, 그들이 원하는 사생활을 앗아갔다. "내가 전혀 편안함을 느끼지 못하는 마르그리트의 가족은 어쨌든 더 신중하고 더 말이 없네."[1]

---

1) 데리다가 미셸 모노리에게 보낸 1957년 7월 15일 편지.

하지만 상황은 머지않아 안정되었다. 성대한 결혼식 파티를 하지 못했다는 데에 대한 실망감이 사라지자 데리다의 부모는 마르그리트를 받아들였고, 그녀는 아주 편안하게 그들의 세계에 통합되어 갔다. 에메 데리다는 특히 매료되었다. 그렇다고 해서 그가 자기 아들에게 불안한 마음으로 장차 태어날 아이들에게 종교 교육을 받게 할 것인지를 묻지 않은 것은 아니었다. 데리다는 "그들이 스스로 결정하게 될 거예요"라고 답했지만, 이런 답을 듣고 에메는 부분적으로만 만족했을 뿐이었다.[2]

엘비아르에서 잠깐 체류한 후, 데리다와 마르그리트 부부는 프랑스로 다시 출발했고, 앙굴렘 근처에 있는 오쿠튀리에 집안 소유인 라사에 있는 집에서 몇 주를 보냈다. 데리다는 마르그리트를 미셸 모노리에게 무척 소개하고 싶었지만, 그들은 또다시 만나지 못했다. 8월 24일에 알제리로 돌아온 데리다는 9월 초에 징집되었다. 한 달 동안 그는 알제 근교에 있는 포르드로에서 간단한 기초 군사교육을 받고, 차렷 자세와 무기를 다루는 법 등을 간단하게 배웠다. 그러고 나서 그는 그의 아버지의 헌신적인 노력 끝에 학교로 가서 교편을 잡게 되었다. "알겠는가. 나는 운이 좋은 편이네. 내가 직접 움직이지 않으면, 내가 다른 사람을 움직이게 하네. 그다지 좋은 일은 아니네만."[3] 데리다가, 특히 미셸에게, 불평을 늘어놓는다면 어불성설일 정도로 그 학교는 정말 "편한 곳"이었다.

10월 초, 데리다는 콜레아에서의 직책을 맡기 위해 마르그리트와 함께 출발했다. 콜레아는 알제에서 북서쪽으로 38킬로미터 떨어진 미티자

---

2) 자닌 메스켈 데리다와의 인터뷰 및 르네 데리다와의 인터뷰.
3) 데리다가 미셸 모노리에게 보낸 날짜 미상 편지(1957년 여름).

평야가 내려다보이는 언덕 위에 있는 작은 도시였다. 데리다는 이곳에서 민간인 차림의 2급 군인으로 2년 이상을 고아가 상당수를 차지하고 있는 옛 알제리 군인들의 자녀들을 가르쳤다. 많은 학생들이 중학교 4년을 졸업하고 곧장 레지스탕스에 참여했다. 데리다와 마르그리트는 군인양성 학교에서 다소 단조롭다고 할 수 있는 삶을 보냈다. 비록 그에게는 많은 일이 주어졌지만 말이다. 그는 중학교 2~3학년 과정에서 12시간을 가르쳤으며, 아주 빠르게 적응했다. 그는 중학교 4학년 과정에서 영어를 가르치기도 했다. 그는 목요일마다 알제에서 몇 명 안 되는 수습 비서들에게 두 시간씩 프랑스어를 가르치기도 했다. 그는 이 시간이 아주 지루했지만, 그와 마르그리트가 빌린 콜레아에 있는 빌라의 방값을 지불할 수 있을 정도로 보수가 괜찮았다. 거기에 답안지 채점, 행정 업무, 총독부를 위한 신문 기사 번역, 심지어 학교 축구부 지도까지 고려하면, 왜 그가 자신을 위한 시간을 가지지 못했다고 느꼈는지 쉽게 이해할 수 있을 것이다.

재정적인 면에서 학교는 아주 잘 돌아갔고, 데리다와 마르그리트는 학교 교사로서 소도시의 삶을 즐길 수 있었다. 데리다가 미셸 모노리에게 설명하고 있듯이 다른 점에서 그들의 생활은 그다지 즐겁지 못했다.

> 아이들은 호감이 가고, 친절하고, 생기가 있네. 난 수업에서 전혀 지루해지지 않고 언제나 좋은 기분으로 교실에 들어가네. 하지만 직원, 군인, 시민 들과의 접촉은 늘 힘들고, 때로는 견딜 수가 없네. 군대식당과 회식에서 보내는 두 시간 동안의 식사는 고문일세.[4]

---

4) 데리다가 미셸 모노리에게 보낸 날짜 미상 편지(1957년 11월).

데리다가 처한 상황은 분명 다른 많은 사람들보다, 특히 1957년 12월에야 힘든 복무를 끝낸 미셸에 비하면 훨씬 덜 힘든 것이었지만, 그럼에도 불구하고 콜레아에서의 삶은 결코 녹록지 않았다. 마르그리트는 가까운 곳에서 벌어졌던 전투를 아직도 기억하고 있다. "밤에는 진짜 전쟁이었어요. 규칙적으로 총성이 들렸어요. 끔찍한 일들이 발생하고 있었지요. 어느 날 저녁, FLN 지도자를 처형한 후에 그들은 지프차에 그의 목을 매어 달고 그를 민간인 거주 지역으로 끌고 다니다가 회교 사원 앞에다 그의 시체를 던져 놓기도 했어요. 아마 알제리 사람들을 위협하려고 했던 것 같아요. 하지만 이런 종류의 도발은 단지 그들의 증오를 부추길 뿐이었어요. 최악인 것은, 데리다가 지나갈 때마다 병영 안의 개들이 짖어대기 시작하는 것이었어요. '그 개들이 나를 아랍인으로 여긴 거야.' 그는 이렇게 말하곤 했어요. 어쩌면 그의 말이 맞았을 거예요. 매번 알제리로 돌아올 때 그랬던 것처럼 그의 얼굴빛은 늘 까무잡잡했으니까요."

몇 주가 지난 후, 데리다와 마르그리트는 시트로앵 2CV를 샀다. 그들은 이 차로 여차하면 언제든지 알제로 갈 수 있게 되었다. 금요일 저녁이면 그들은 거의 언제나 안식일 식사를 데리다의 부모와 함께 했다. 다른 날 저녁에 그들은 피에르 부르디외와 함께 식사를 했다. 그들은 이 시기 동안 그와 매우 가깝게 지냈다. 총독부의 비서실에 파견된 부르디외는 편집장으로 일했다. 1957년 말, 병역 의무로부터 자유로워지자 그는 알제 대학의 교육조교가 되었으며, 전국 각지를 돌며 현장 연구에 착수했다. 알제리에서의 이 시기는 부르디외의 지적 여정에서 중요한 전환점이었다. 그는 처음에는 철학자가 되고자 했으나 점차 사회학으로 선회하기 시작했다.[5]

데리다는 일주일에 한 번 총독부로 갔다. 그의 일은 북아프리카에 대해 영어로 작성된 주요 문서들을 번역하는 것이었다. 그로 인해 데리다는 프랑스에서는 검열을 받은 다량의 정보에 대해 놀랄 정도로 잘 알게 되었고 심지어 그런 정보를 이용할 수도 있었다. 이 기간 동안, 뤼시앵 비앙코는 '탁탁'(Taktak)이라는 별명이 있는 그의 부인과 어린 실비와 같이 스트라스부르에 있었다. '코코'는 불안하고 침울한 기질이었다. 그는 하급 장교학교에서 교사로 재직했는데, 그로 인해 그는 구식 병영의 군대생활에서 오는 자질구레한 구박을 받아야 했다. 여러 점에서 비앙코의 상황은 데리다 부부의 그것과 유사했다. 업무 이상으로 짜증나는 상황의 연속이었다. 만일 그들이 콜레아에서 함께 있을 수만 있었다면 "매번 동료들을 피하는 대신 […] 체험하는 것을 공유할" 수 있을 정도로 기쁘게 지냈을 것이다.

몇 달 전부터 알제리에서 행해진 고문에 대한 증언으로 인해 프랑스 본토에서는 큰 반향이 일어났다. 1957년 6월 11일, 스물다섯 살의 수학자이자 알제대학의 이과대학 교육조교이자 PCA(1955년에 해체된 알제리 공산당)의 일원이었던 모리스 오댕이 공수부대원들에게 체포되었다. 간수들에 따르면, 그는 6월 21일에 탈출했으나, 그 이후 아무도 그를 다시 보지 못했다. 그는 분명 엘비아르의 불길한 '빌라 데 로즈'에서 고문당했을 것이다. 그런데 이곳의 책임자들 중 한 명이 다름 아닌 젊은 장교 장

---

5) 이것이 그의 첫 저서의 시작점이다. Pierre Bourdieu, *Sociologie de l'Algérie*, PUF, 1958. 더 많은 정보를 위해서 우리는 Marie-Anne Lescouret, *Bourdieu*, Flammarion, 2008과 부르디외 사후 발표된 Pierre Bourdieu, *Esquisse pour une auto-analyse*, Raisons d'agir, 2004 를 참조할 수 있을 것이다.

마리 르펜이었다. 로랑 슈바르츠와 사학자 피에르 비달 나케는 곧장 오댕 조사위원회를 구성했으며, 그의 실종에 관련된 진상을 규명하고자 했다. 조사는 1961년까지 계속되었고, 위원회에서는 오댕이 살해당했다는 결론을 내렸다.

비앙코는 『질문』(La question)을 감동 깊게 읽었다. 최근 미뉘 출판사에서 출간되었고 곧장 검열을 받았던 이 책은 모리스 오댕의 친구 중 한 명인 앙리 알레그가 집필했다.[6] 위험했지만 뤼시앵은 이 책을 가능한 한 많이 유통시켰다. 비앙코는 고문에 대한 폭로를 계기로 전쟁에 대해 강경한 입장을 취하게 되었다. 몇 달 동안 떨어져 지냈지만 비앙코는 데리다가 자기와 같은 정치적 입장을 고수하고 있기를 희망했다.

> 이 전쟁과 이 모든 재앙 같은 부조리들이 지금 자네에게 어떤 모양으로 비치는지 난 모르네. 내가 보기에는 지금 발생한 모든 일들로 보면 오직 독립에 의해서만 종지부를 찍을 수 있을 것 같네. 그리고 이와 같은 독립이 (설사 아무것도 해결해 주지 못한다 해도) 가능한 한 빨리 공표되는 것, 대학살에 가능한 한 빨리 종지부를 찍는 것밖에 바랄 게 없어 보이네. 자네는 완전히 동의하지 않겠지? 이 주제에 대한 자네의 생각을 좀 알려주게. 자네를 불편하게 만들지 않는다면 말일세.[7]

데리다는 비앙코에게 그의 몇 가지 의견을 전했다. 그것도 조금이

---

6) Henri Alleg, *La question*, Editions de Minuit, 1958. 몇 주 후에 피에르 비달 나케의 『오댕 사건』(*L'Affaire Audin*)이 후일 데리다의 저작을 출간한 미뉘 출판사에서 출간되었다.
7) 뤼시앵 비앙코가 데리다에게 보낸 1958년 4월 27일 편지.

아니라 많다고 할 수 있는 의견이었다. 사태가 급진전되었기 때문이다. 1958년 5월 14일, 그는 16쪽 분량의 편지를 빽빽하게 쓰면서 콜레아에서 영위하고 있는 삶에 대해 비앙코에게 시시각각으로 상세하게 얘기했다. 데리다와 마르그리트는 막 끔찍한 날들을 경험한 참이었다. 그들은 "그 어느 때보다고 외롭게, 가슴속에 분노를 느끼며, 가장 비열하고 가장 비참한 주변의 바보 같은 짓에 의해 쫓겼다". "목표물을 놓치면 가련했지만", 그러나 그것이 효과를 내게 되면 무서워지는 그런 바보 같은 짓에 말이다. 그들은 신체적으로 정말 두려워했으며, 방 안에 몸을 숨기고 라디오에 귀 기울였다. 데리다는 뤼시앵과 그의 아내에게 비록 상황이 여전히 불안해 보여도 평화와 희망이 돌아왔다고 적었다. 데리다가 그들에게 이 모든 것을 상세하게 말하려 하는 것은, "의견을 교환하고 말을 해야 할 필요와 구토를 할 정도로 이 며칠간 매우 억눌려 있던 필요를 충족시키기 위함"이었다.

데리다와 마르그리트에게 모든 일은 5월 12일에 시작되었다. 그날은 펠라가들(fellaghas), 즉 알제리 독립투사들에게 포로가 되었다가 튀니지에서 총살당한 세 명의 프랑스 군인을 기리기 위해 알제에서 집단 시위 소식이 막 발표된 날이었다.

미사가 있는 날 저녁에 주위에서 벌어진 바보 같은 짓은 특히 공격적이었네. 물론, 보통은 우리의 반감을 소극적이고 조용한 방식으로만 표현했지만, 우리는 곧 발각되었고, 우리를 향한 적의는 은밀하고도 위선적으로 표현되었네. 비난, 익명의 편지들, 사상범 재판이 난무하는 분위기였네. 아침에 '과격' 단체들이 뿌린 다양한 팸플릿을 낙관주의와 흥분에 들떠서 읽고 있는 무리에서 내가 갑작스럽게 빠져나간 일과, 또 전날 저녁에 교사들의 공동 숙소에서 미셸[오쿠튀리에]이 마르그리트에게 보낸 러시아어 책을 내가 꺼낸 일을 그들은 용서하지 않더군. 자네는 이 교활하고 비열한 얼간이들의 만장일치가 얼마나 견딜 수 없는지 상상할 수 없을 걸세. 그들을 홀로 대면해야 할 때, 심지어는 내 생각이 옳다는 신념을 가진 경우에조차도 말일세.

그날 밤 사람들은 식탁에서 피에르 플리믈랭에 대해 얘기하고 있었다. 그는 내일 파리에서 정부의 수반으로 공식 취임할 예정이었다. 그는 군복무 기간을 27개월로 연장하려는 계획과 동시에 "그가 무슨 말을 하든" 알제리를 그냥 내팽개쳐 버리려고 한다는 계획 때문에 비난을 받았다. 그때까지 데리다가 상대적으로 열린 마음을 지니고 있다고 생각하던 대위가 "그의 담화는 너무 모호하다"라고 덧붙였다.

마르그리트는 의미심장한 몸짓을 했고, 몇몇 이웃 사람들로부터 조용하지만 격렬한 반응을 불러일으켰네. […] 나는 이미 신경 발작을 일으키기 직전이었네. 사람들이 알제에서 일어난 사건을 말하려고 하면, 나는 그 장소를 떠나곤 했네. 부분적으로는 더 이상 그런 숨 막히는 공기를 들이쉴 수 없었기 때문이고, 또 부분적으로는 내가 알제에서 일어나고 있는 일을 경멸한다는 것과, 또 나는 오직 파리에서 일어나는 사건들에만 관심이 있을 뿐이라는 것을 보여 주기 위함이었네. […] 바로 그때, 라디오에서 몇 단어들이 흘러나왔네. "비겁하게… 세 명의 영광스러운 프랑스 군인을 추모하는… 등등." […] 우리는 거기에 있던 모든 사람들의 분노 어린 시선을 받으며 […] 밖으로 나왔네.

일단 운동장에 있게 되자 데리다는 군인 집단이 그에 대해 뭐라고 지껄이는지에 대해 상상할 수밖에 없었다. "그 작자는 살해당한 프랑스 군인들을 신경도 안 써", "더군다나 그 작자는 공산주의자야", "그 작자의 아내는 프랑스 사람이 아니야", "그 작자는 유대인이야", "그 작자는 『르몽드』와 『렉스프레스』를 읽어", "그 작자의 아내는 러시아어로 된 책을 번역해"…. 그리고 느닷없이 기력이 다한 데리다는 오열을 터뜨렸다. "침범할 수 없고, 확고하고, 코끼리 피부처럼 두꺼운 의식 안에 정착한 이 머저리 같은 무리들이 나를 살인과 테러리즘을 옹호하는 '배신자'로 간주할지도 모른다는 생각이 들었네."

조금 더 많은 정보를 얻기 위해, 당시 데리다와 마르그리트는 평소 정직한 방송이라 여기고 있던 라디오 알제(Radio-Alger) 방송을 켜지만 쿠데타 선동자들이 방송을 이미 장악한 후였다. 라디오에서는 살랑 장군의 메시지가 흘러나오고 있었다. 하지만 "30분간의 대기 시간과 조용한 노래가 흘러나온 후, 새로운 목소리, 다급하고, 열광적이고, 터무니없는, 끔찍하게 터무니없는 목소리"가 마쉬가 이끄는 공안위원회(Comité de salut public)가 창설되었으며, 알제리의 운명을 손아귀에 넣었다고 선언했다.

모든 것이 혼란스러웠고, 공안위원회 구성원들의 이름도 불확실했네. 여러 사람들의 이름이 거론되었네. 살랑은 안중에도 없었네. 당연히 우리는 두려웠네. 들려오는 소식 또한 무서웠네. 그것은 최악의 사태들,

'폭력 행위', '패배주의자'들에 대한 추적, 튀니지 침공 등이었네. 우리는 걱정과 공포에 몸서리치며, 쿠데타의 승산을 점치면서, 모든 방향에서 최선과 최악의 결과들을 상상하면서 날밤을 지새웠네. 물론 우리는 우리 자신을 안심시키기 위해, 프랑스의 좌파 세력들이 재결합하는 것을 꿈꾸면서, 알제리에서의 숙청, 성급한 협상들, 저항 능력을 갖춘 정부와 맞섰을 때 유연해지는 FLN 등을 꿈꾸면서 추상적으로만 최선의 결과들을 생각했을 뿐이네.

폭도들에 의해 정권을 장악한 마쉬는 파리로 전보를 쳐서 "본국 프랑스의 일부로서 알제리를 보호할 수 있는 유일한 공안 정부"의 건립을 요구했다. 이와 같은 침범에 대해 좋지 않게 생각하던 국회의원들은 예정대로 피에르 플리믈렝을 추대했다. 이는 알제와 갈라선다는 것을 의미했다. 5월 14일 오전 5시, 마쉬는 새로운 호소문을 발표했다. "공안위원회는 드골 장군에게 버림받은 알제리를 유일하게 구원할 수 있는 공안 정부의 설립을 위해 침묵을 깰 것을 요청하는 바입니다."
데리다는 이 끔찍한 순간을 지켜보았지만, 다음날 학교에서 다시 가르치기 시작하면서 약간의 평온을 되찾았다. 그가 비앙코에게 보낸 편지가 이것을 잘 보여 준다.

날씨가 매우 좋네. 그리고 내 삶에서 모든 아침이 그랬던 것처럼, 나는 해가 떠오르면 밤 동안의 고통을 더 이상 생각지 않네. 사람들은 평온해졌고, 좌파는 재결합되었고, 알제리의 사회주의자들은 굳건하고, '과격파들'의 세력은 타격을 입을 것이며, 2월 6일 이후로 그랬던 것처럼 그들 세력은 더 이상 정부나 알제리의 장관들에게 테러를 가하지도 않을 것이네. 파시즘은 잘 통하지 않을 것이네. […]

오후에 나는 수업을 했네. 두 시간 동안, 거의 기절할 뻔했어. 하루 종일 나는 아무것도 먹지 못했네. 이렇게 기괴할 정도로 상세한 내용에 용서를 구하네. 하지만 한 명의 민주주의자로서 나의 신념과 공포는 너무 '비대한' 것처럼 보이네. 파시스트의 위험은 매우 가깝고, 매우 구체적이며, 또 몹시 급속히 퍼지고 있는 점을 고려하면 말일세. 그리고 이 모든 일이 내가 친구도 없이 혼자일 때, 빠져나갈 전망도 없이, 봉쇄된 땅에서 한 명의 군인 신분으로 있을 때 일어나고 있네. 이 땅은 민주주의를 한 번도 경험해 본 적도 없고, 민주주의 전통도 없고, 군대에 의해 지원받는 식민지 독재 정부에 저항할 중심도 없네.

나는 어찌할 바를 모르겠고, 어떤 것에도 집중할 수가 없네. 아주 악의적인 어리석음 안에서 길을 잃은 2급 군인일 뿐이네. 나는 파리에 있고 싶네. 파리가 파시스트들에 의해 점령당했다 하더라도 그렇네. 한 사람의 시민으로서, 적어도 소수의 친구들과 함께 저항 운동에 아주 하찮은 역할이라도 할 수 있길 바라네… 얼마나 불행한 운명인가![8]

그러는 동안에도 사태는 점점 더 긴박하게 돌아갔다. 5월 15일, 시민 사회와 군대의 지지를 얻은 살랑 장군은 알제 광장에 모인 군중들에게 그의 연설을 이렇게 마무리했다. "프랑스 만세! 프랑스령 알제리 만세!" 그리고 끝으로 "드골 만세!" 1947년 공직에서 축출되고, 여전히 프랑스에

---

8) 데리다가 뤼시앵 비앙코에게 보낸 1958년 5월 14~29일 편지.

보다 안정적인 제도들을 정착시키길 희망했던 드골 장군이 마침내 침묵을 깨고 "공화국에서 권력을 수임할 준비가 되었다"라고 선언한 것이다. 며칠 동안 알제는 "본국 프랑스에 프랑스인으로 남으려는 하나 된 욕망을 보이기 위해 프랑스 국기 아래 모인 다양한 혈통의 군중들이 모인"[9] 인상적인 시위의 현장이 되었다.

데리다는 뤼시앵 비앙코에게 쓴 편지를 보내는 것을 포기했다. 그 편지가 검열당할 때를 대비한 것이었다. 그가 소속된 것으로 짐작되는 집단에서 발송되는 모든 편지와 '서류'는 검열당할 위험이 있었던 것이다. 며칠 후, 그는 남동생에게 프랑스로 부치도록 주기 전 이 긴 편지에 '추신'을 덧붙였다. 사건의 비중 때문에 데리다의 어조는 그전보다도 더 호전적이었다. "우리는 여기 전(前)파시즘적인 세계에서 완전히 무기력하게 살아가고 있네. 우리는 이 부패를 일소시킬 인민전선 또는 드골의 좀 더 나은 정책에 유일하게 희망을 걸고 있네. 파시즘은 결코 허용되지 않을 것이네!" 5월 28일, 정확히 피에르 망데스가 이끄는 대규모 반파시스트 행진이 파리에서 있었다. 데리다는 이렇게 쓰고 있다. "어제 저녁 공화국의 광장에 있었더라면 좋았을 텐데."

같은 날에 프랑스 대통령인 르네 코티가 "가장 빛나는 프랑스인들"을 향해 침통하게 호소했다. 6월 1일, 드골 장군은 총 329표 중 224표를 획득하여 하원의 동의를 받았다. 그는 6개월 동안 전권을 이양받았으며,

---

9) Guy Pervillé, "Le temps des complots", éds. Jean-Jacques Jordi and Guy Perville, *Alger, 1940-1962*, Autrement, 1999, p. 158.

새로운 헌법을 마련해야 하는 임무를 부여받았다. 6월 4일, 알제에서 드골 장군은 그 유명하고 모호한 "나는 당신들을 이해했다"라는 문장으로 요약되지 않는—하지만 사람들은 이 문장으로 요약하곤 한다—연설을 했다.

저는 이곳에서 무슨 일이 일어났는지 알고 있습니다. 저는 여러분이 무엇을 하고자 했는지 알고 있습니다. 저는 여러분이 알제에서 열어젖힌 길이 혁신과 우애의 길이라는 것을 알고 있습니다. 저는 혁신이라는 말을 모든 면에서 사용합니다. 하지만 정확하게 여러분은 이 혁신이 처음부터 시작되기를 원했습니다. 그러니까 우리의 제도를 통해서 말입니다. 그것이 제가 여기에 있는 이유입니다. 저는 우애를 말했습니다. 왜냐하면 여러분이 인간에 대한 굉장한 통찰, 즉 전체적으로 어떤 공동체 출신이든 똑같은 열정으로 결합되어 있고, 서로가 서로의 손을 잡은 인간에 대한 통찰을 보여 주었기 때문입니다. 저는 프랑스의 이름으로 이 모든 것에 주목하며, 오늘부로 프랑스는 알제리 전역에 걸쳐 모든 거주자들에게 단 하나의 범주만이 존재한다는 것을 천명합니다. 완전한 프랑스인들만이, 즉 동등한 권리와 동등한 의무를 지닌 완전한 프랑스인들만이 있을 뿐입니다. 이는 우리가 이제까지 많은 사람들에게는 닫혀 있던 길을 열어젖혀야만 한다는 것을 의미합니다. 이는 삶의 수단을 가지지 못했던 사람들에게 그것을 주어야 할 필요가 있다는 것을 의미합니다. 이는 우리가 그 존엄성을 문제시해 왔던 사람들의 존엄성을 인정해야만 한다는 것을 의미합니다. 이는 자신에게 조국이란 것이 있는지 의심해 왔던 사람들에게 그렇다고 확신할 수 있도록 해야 한다는 것을 의

미합니다.[10]

데리다는 분명 드골에 대해 양가적인 입장이었다. 프랑스의 정치적 맥락에서 데리다는 좌파에 좀 더 공감하고 있었다. 그러나 알제리의 모든 유대인들과 마찬가지로 그에게도 드골 장군은 1943년에 반유대주의적 조치에 종지부를 찍은 사람이자 크레미외 법령을 부활시킨 사람이었다. 현재 상황에 대해서 말하자면, 데리다가 비앙코에게 보낸 편지의 끝에서 언급한 "최선의 드골"은 의심할 바 없이, 6월 4일에 이루어진 연설의 정신에 따라 알제리에 살고 있는 다양한 공동체들을 완전히 바꿘 국가에서 함께 살 수 있도록 해주는 드골이었다. 그리고 실제로, 이후 몇 달 동안 중요한 개혁들이 시행되었다. 가령, 프랑스 정부의 대표인 폴 들루브리에의 지휘 아래 선거 체제의 개혁이 시작되었다. 하지만 이와 동시에 살랑 장군이 이끄는 프랑스 군대는 "강압적인" 전략을 구사하여 FLN을 뭉개 버리려고 애썼다. FLN은 일시적으로 약화되었지만 곧 재결집되었다. 전쟁의 종결은 요원했다.

뤼시앵 비앙코와 그의 아내는 데리다의 긴 편지와 그의 군건한 확신에 큰 감동을 받았다. "자네를 알고 있는 모든 사람들에게, '파시즘은 허용되지 않을 것이다'라고 반복해서 말하는 자네의 말을 듣는 것은 매우 중요하고 여러 가지를 일깨워 주는 것이었네. (고등사범학교에서 몇몇 공산주의자들이 이 구호를 매번 외칠 때, 자네가 보여 주었던 정당하지만 가혹

---

10) 1958년 6월 4일, 알제에서의 포럼 중 샤를 드골의 발언.

했던 비꼼을 기억하네.)[11]" 비앙코 부부는 7월 10일부터 몇 주를 파리에서 보낼 예정이었다. 해서 마르그리트와 데리다에게 자신들의 아파트에 묵으라고 제안했다. 하지만 이번에는 뤼시앵이 불안해했다. 나쁜 소식에 이어, 그는 알제리의 작전부대"[12]로 갈 조짐이 있었던 것이다. 그렇게 되면 그는 젊은 부인과 아이와 함께 프랑스를 떠나야 할 것이다. 데리다는 비앙코의 가족을 콜레아로 데려오기 위해 모든 노력을 경주하게 된다.

뤼시앵 비앙코는 1958년 9월 1일에 알제리에 도착했으며, 콘스탄틴에서 멀리 떨어지지 않은 부대에 배속되었다. 두 주 동안 비앙코의 가족은 계속되는 테러의 위협 속에서 지냈다. '코코'는 감히 그런 일이 있으리라고는 생각하지 않았지만 그래도 콜레아로 임명되기를 희망했다. 그는 데리다에게 역사, 지리 과목의 자리가 없는 경우 프랑스어나 독일어조차도 가르칠 준비가 되어 있다고 말했다. 실제로 비앙코는 "콜레아에 있기 위해서라면 교실 청소 일"[13]까지도 받아들일 용의가 있었다. 9월 15일에 그의 임명이 공식적으로 발표되었다. 유니폼을 벗고 군생활의 통제에서 자유로워진 그는 옛 기숙사 방 친구인 데리다와 같은 학생들을 가르치게 되었다.

1년 후, 뤼시앵 비앙코와 그의 아내 '탁탁'과 딸 실비는 데리다 부부와 같은 집에 살았으며, 장교들로부터 멀리 떨어진 똑같은 식탁에서 식사를 했다. 그렇다고 해서 이 두 사람이 장교들과의 긴장 관계로부터 벗어나 있다는 것은 아니었다. '과격파들'의 대화를 더 이상 견딜 수 없고, 포

---

11) 뤼시앵 비앙코가 데리다에게 보낸 1958년 6월 21일 편지.
12) 뤼시앵 비앙코가 데리다에게 보낸 1958년 7월 1일 편지.
13) 뤼시앵 비앙코가 데리다에게 보낸 1958년 9월 10일 편지.

르들로에서 데리다와 같이 수업을 했던 또 한 명의 징집병이 어느 날 자신의 접시를 들고 데리다 부부와 비앙코 부부가 있는 테이블로 다가왔다. 그는 이렇게 소리쳤다. "적어도 모든 것이 이처럼 분명해야 해!"

파리의 상황은 급변했다. 프랑스 국민들은 9월 28일에 치러진 국민투표를 통해 제5공화국 헌법의 승인 여부를 결정하게 되었다. 거의 82퍼센트에 가까운 '찬성'으로 승인되었다. 몇 주가 지난 후 의회 선거가 치러졌다. 여전히 파리에 등록되어 있던 데리다는 비록 의견은 달랐지만 루이 알튀세르에게 자신의 대리인으로 투표를 해달라고 부탁했다. 두 사람은 검열에 걸리지 않을 정도로 암시적이고 은유적인 방식으로 서로 편지를 주고받고 있었다. 알튀세르는 "필요한 일"을 할 것이라고만 설명했다. "나는 1차 투표에서 자네가 내게 말한 사람에게 투표할 것이네. 만일 2차 투표에서 그가 포기한다면, 나는 그의 지시를 따르겠네. 자네가 여전히 교편을 잡고 있기를 바라며, 바야흐로 가을이고 대기의 공기는 덜 사납네. 일기 예보가 어떤지 내게 말해 주게."[14] 그리고 몇 주 뒤, 그는 데리다에게 이렇게 확언한다. "자네가 원한 사람에게 투표했네…. 자네 신분증 동봉하네." 하지만 편지의 말미에는 그들의 정치적 성향이 달랐다는 것을 보여 주는 대목이 있었다. "어쨌든 나는 자네에게 행복한 크리스마스를 기원하며, 자네에 대한 우정을 보내네."[15]

1958년 12월 21일, 드골 장군은 자신에게 안성맞춤이 된 제5공화국의 첫 번째 대통령이 되었다.

---

14) 루이 알튀세르가 데리다에게 보낸 1958년 11월 17일 편지.
15) 루이 알튀세르가 데리다에게 보낸 1958년 12월 13일 편지.

데리다와 비앙코 부부 사이의 친밀함 덕택으로 이어지는 몇 달이 훨씬 더 용이해졌다. 전쟁 걱정에 그들은 라디오를 듣고 신문을 읽으면서 시간을 보냈다. 매주, 데리다와 뤼시앵은 『프랑스 옵세르바퇴르』지를 함께 사러 갔다. 콜레아의 서점에서는 그들을 위해 이 잡지를 두 부만 주문했다. 많은 사람들이 이 주간지를 반프랑스적인 잡지로 여기고 있었고, 따라서 그들은 신중하게 처신해야 했다. 비앙코와 데리다 부부는 종종 같은 책을 읽었다. 미셸 오쿠튀리에가 막 번역한 파스테르나크의 『닥터 지바고』, 크노의 『지하철 안의 자지』, 미국에서 가져온 포크너와 헨리 밀러의 소설들이 그것이었다. 마르그리트는 고리키의 약간 지루한 소설 『클림 삼긴의 생애』를 번역하고 있었다. 데리다는 『기하학의 기원』 입문 작업을 종종 재개하려고 했지만, 콜레아에서의 주당 19시간의 수업, 경영 비서들을 위한 알제에서의 3시간의 수업, 몇몇 개인적인 레슨들, 총독 정부를 위해 영어 신문을 번역하는 일 등으로 인해 그는 혼자만의 시간을 갖지 못했다.[16] 데리다는 미셸 모노리에게 이렇게 설명하고 있다.

이 모든 것은, 자네도 상상할 수 있듯이, 내가 고독할 수 있는 일말의 기회, 다른 말로 하면 숨통이 트일 수 있는 일말의 기회도 주지 않는다네. 사악한 열망이 내 안에서 튀어나오는 어떤 '시기', 세상이 뒤집혀서 물구나무 선 듯이 보이는 '시기'를 제외하면, 나는 모든 것을 받아들이네. [⋯] 곧 잊힐 작은 한숨과 함께, 그리고 공기가 희박해져 간다는 것을 잊었기에 계속해서 살아가는 사람들이 얼마간 마비되고 바보스럽게 체념

---

16) 마르그리트 데리다와의 인터뷰 및 뤼시앵 비앙코와의 인터뷰.

해 버린 평온을 받아들인다네.[17]

멀리 떨어져 있음에도 불구하고 데리다가 학계를 완전히 잊을 수는
없었다. 1959년 2월, 모리스 드 강디약은 자신의 옛 제자에게 '기원과 구
조'라는 주제로 여름에 열릴 예정인 '스리지 콜로키엄'에 참가할 것을 제
안했다. 데리다는 자신의 학위논문을 기반으로 후설에 대해 발표하게 된
다. 하지만 강디약의 관점에서 중요한 것은 "수풀이 우거진 노르망디 전
원 지대에서" 열릴 콜로키엄에서 이루어지는 "자유롭고 편안한 토론"이
었다. 그 자리에는 "현상학자와 (관념주의적, 유물론적) 변증법주의자, 논
리학자와 인식론자, 경제사가, 예술사가, 언어사가, 민족학자, 생태학자
들이 참석하게 될 예정이었다."[18] 그리고 토론은 뤼시앵 골드만과 모리스
드 강디약 자신에 의해 "가능한 협조적인 방식으로" 진행될 예정이었다.
데리다는 자신의 첫 번째 공개 발표에 불안해했지만 이 그럴듯한 제안을
받아들일 수밖에 없었다.

데리다가 공식적으로 '문학적 대상의 이념성'(L'idéalité de l'objet
littéraire)이라는 제목의 학위논문 주제를 등록한 것은—후일 뒤늦은 논
문심사 때 말하고 있는 것처럼, 1957년이 아니라—1959년이었다. 비록
그의 연구가 후설과 관련된 것이기는 했지만, 데리다는 청소년기부터 그
에게 아주 중요했던 개인적인 문제 쪽으로 경도된다.

---

17) 데리다가 미셸 모노리에게 보낸 1958년 12월 15일 편지.
18) 모리스 드 강디약이 데리다에게 보낸 1959년 2월 9일 편지.

당시 나에게 중요한 문제는 초월론적 현상학의 기술을 새로운 문학이론에, 문학적 대상이라는 이 아주 독특한 유형의 관념적 대상에 관한 새로운 이론에 다소 폭력적으로 굴복시키는 것이었다. [···] 다소 직선적이고 단순하게 말하자면, 철학적 관심보다 더 먼저 찾아온 나의 최대의 관심사는, 이렇게 말할 수 있다면, 문학을 향해, 문학적이라고 불리는 글쓰기를 향해 있는 것이었다.

문학이란 무엇인가? 그리고 무엇보다도 쓴다는 것은 무엇인가? 어떻게 글쓰기가 '무엇인가'라는 물음, 심지어 '이것이 무슨 의미인가?'라는 물음을 건드릴 수 있는가? 다른 말로 하면—여기서 '다르게 말한다'는 것은 내게 중요한 의미를 지니는데—언제, 어떻게 기입된 글이 문학이 되며, 무엇이 발생하고, 언제 그렇게 되는가? 무엇 때문이고, 그리고 누구 때문인가? 철학과 문학 사이, 과학과 문학 사이, 정치학과 문학 사이, 신학과 문학, 정신분석학과 문학 사이에는 무슨 일이 일어나는가? 이 추상적인 제목 아래에 가장 긴급한 질문이 놓여 있다.[19]

장 이폴리트는 분명 여전히 모호한 윤곽을 지니고 있는 이 흔치 않은 주제에 당황했을 것이지만, 이 주제를 데리다의 학위논문 주제로 받아들였다. 이폴리트는 그에게 논문을 써 나가면서 논문 제목을 바꿀 수 있다는 말을 해주었다. 이폴리트는 『기하학의 기원』의 번역이 거의 끝났다는 것을 알고 기쁘다고 말했다. 이폴리트는 자신이 주관하고 있던 '에피메

---

19) Jacque Derrida, "Ponctuations: le temps de la thèse", *Du Droit à la philosophie*, Galilée, 1990, p. 443.

테'(Epiméthée) 총서 중 한 권으로 출판할 준비가 되어 있다고 말하면서, '후설리아나'를 출간하는 네덜란드 출판사 측에 필요한 과정을 밟을 수 있도록 데리다에게 프랑스대학출판사(PUF)에 편지를 쓸 것을 권유했다. 이폴리트는 방학 전에 데리다의 번역물을 읽을 수는 없을 것이지만, 첫 인상이 매우 좋다고 말했다. 그는 데리다에게 지체 없이 주석 작업에 착수하라고 조언했다. 군복무로 인해 데리다가 너무 많은 힘을 빼지 않기를 바라면서 말이다. 데리다는 곧 프랑스로 돌아오게 되고, 이제 본격적으로 경력을 시작하게 된다. "자네가 중등교육과 어떤 관계를 맺고 있는지를 계속 알려주게나" 고등사범학교 총장은 데리다에게 편지에서 이렇게 쓰고 있으며, 다음과 같은 결론을 짓고 있다. "내가 자네와 자네의 미래 계획을 생각하고 있다는 것을 확신해도 좋네."[20]

이후 콜레아에서 몇 달을 더 머물렀지만, 데리다는 긴 군복무 후에 그 자신이 어떻게 될지 정말 궁금했다. 사르트에 있는 약간 외진 도시인 라 플레시에 있는 고등학교 3학년 반들에 대한 얘기가 있었다. 하지만 곧 그의 동창이었던 제라르 주네트가 그에게 르 망에 있는 고등학교 3학년과 이포카뉴를 가르칠 수 있는 자리가 있고, 전망이 생각보다 좋을 것이라는 소식을 알려왔다. 르 망에 있는 고등학교 교장은 너무 별난 취향을 가졌던 철학 교사 피에시 씨를 쫓아내려고 했다. 주네트는 그에게 데리다에 대해 칭찬 일색의 말을 했다.[21] 이제 이 계획이 구체화될 수 있도록 부처에 연락해야 할 필요가 있었다. 일이 잘 풀린다고 해도 데리다는 파리

---

20) 장 이폴리트가 데리다에게 보낸 1959년 5월 13일 편지.
21) 제라르 주네트가 데리다에게 보낸 1959년 4월 12일, 16일 편지.

에서 사는 게 나을지 아니면 르 망에 정착해야 할지를 결정해야 했다. 이 문제는 이렇게 요약될 수 있었다. "(한 주에 두 차례 왕복하는) 여행은 신체적으로도 특히 정신적으로도 힘이 드는 일이지만, 르 망에서의 삶은 그렇게 즐겁지 않을 것이네."[22] 몇 달 후, 주네트는 파리에서 사는 것을 포기했다.

주고받는 편지는 친근한 어조였지만, 이 두 젊은 남자들은 서로에 대해 아직 잘 알지 못했다. 그들이 윌름 가에 함께 있을 때, 주네트는 공산당 투사이자 문학전공자였다. 이런 이유로 그는 데리다와 그렇게 가깝게 지내지 않았다. 1956년, 소련의 탱크가 부다페스트에 쳐들어갔을 때, 주네트는 당을 떠났다.[23] 그는 막 결혼했고, '바베트'라는 별명이 붙은 그의 아내 레몽드는 남편이 "부드럽고 복잡하다"고 묘사한 데리다를 초조하게 보고 싶어 했다. 하지만 데리다가 실제로 르 망에 자리를 잡기 위해서는 다소 전통적인 교장을 안심시켜야만 했다. 주네트는 약간 심술궂게 이렇게 설명하고 있다. "물론 철학자로서 자네는 정의상 모든 점에서 의심을

---

22) 제라르 주네트가 데리다에게 보낸 1959년 5월 11일 편지.
23) 데리다는 알튀세르에 대해 마이클 스프링커와 가진 한 대담에서 이 일화를 언급하고 있다. "1956년 헝가리에서의 진압이 있었을 때, 몇몇 공산주의자 지식인들이 당을 떠나기 시작했어요. 내 생각으로는 알튀세르는 전혀 그럴 생각이 없었어요. 1956년까지 당에 있었던 제라르 주네트는 알튀세르를 보러 가겠다고 나에게 말한 적이 있어요. 그에게 가서 헝가리 사태 이후 주네트 자신의 걱정, 불안, 탈당 이유를 털어놓고자 했고, 분명 그에게 충고의 말을 듣고자 했을 겁니다. 알튀세르는 그에게 이렇게 말했을 수도 있어요. '자네가 말한 것이 사실이라면, 그건 당의 잘못일세.' 하지만 이건 불가능하고, 따라서 주네트가 한 이야기가 수정되어야 한다는 것을 '귀류법'으로 보여 줍니다. 그런데 주네트는 웃으면서 나에게 이렇게 말했어요. '나는 이 굉장한 표현으로부터 결론을 내렸네. 나는 곧 당을 떠났네.'"(이 인터뷰의 영어 버전이 1989년에 『알튀세르의 유산』*The Althusserian Legacy*이라는 책에 실렸다. 이 텍스트는 IMEC에 보관된 데리다 고문서 자료의 녹취록에 의거해 프랑스어로 번역된 미간행 텍스트에서 필자가 인용한 것이다).

받을 것일세. 특히나 철학을 신뢰하는 것에 대해서 그렇네. 고약한 일이지. 기회가 주어지면 자네는 그저 결과만을, 즉 당연히 시험만을 신뢰할 뿐이라고 그에게 말하게나. […] 도덕적 분위기에 대해서라면, 지난 세기 동안 과학과 경찰에 의해 만들어진 진보를 생각하면서 신학대학에 들어간 쥘리앵 소렐을 생각하면서『적과 흑』을 다시 읽게."[24]

데리다와 마르그리트는 이번 임명을 매우 긍정적으로 바라보았다. 첫 시도에 이포카뉴 과정을 맡게 된 것은 매우 고무적인 일이었다. 주네트 부부는 즐거운 동료들처럼 보였으며, 그들은 이미 데리다 부부가 이사하는 것을 돕는 데 바빴다. 그리고 무엇보다 르 망은 파리에서 고작 200킬로미터 떨어져 있었다. 민족학 연구를 다시 하고 싶어 했던 마르그리트는 큰 어려움 없이 한 주에 한 번 내지 두 번 왕복 여행을 할 수 있을 것이었다.

그러나 보다 흥분되는 전망은 갑자기 열렸다. 1월 16일, 29번째 생일이 지난 후 데리다는 루이 알튀세르와 장 이폴리트로부터 편지를 받았다. 알튀세르는 까다로운 협상 이후 몇 달이 지나 "희망 가득한 징후가 담긴 하나의 소식"을 보내게 되어 매우 기뻐했다. 이폴리트는 소르본에서 개설된 철학 개론의 교육조교로 데리다의 이름을 올렸다. 교수단은 마침내 동의했다. 이제 모든 것은 철학과의 책임을 맡고 있는 에티엔 수리오와 교육부장관에게 달려 있었다. 낙관적이라고 주장하기는 했지만, 새로운 직장이 확정될 때까지 이폴리트는 만일의 사태를 대비해서 데리다에게

---

24) 제라르 주네트가 데리다에게 보낸 1959년 6월 25일 편지.

중등교육기관에서 일자리를 알아보기를 계속하라고 권유했다.[25] 하지만 상황은 좋게 흘러갔다. 일주일이 채 지나지 않아서, 수리오는 공식적으로 데리다에게 소르본의 '교수자격시험 과제 담당교수' 직을 맡아 달라는 제안을 했다. "이 일자리를 원하십니까? 그렇다면, 결정되었습니다."[26] 노르망디와 스리지 라 살의 성으로 출발하기 전에 데리다는 서둘러서 답을 했다. '기원과 구조'라는 주제로 10일 동안 열린 콜로키엄에의 참석은 타이밍이 아주 좋았다. 콜로키엄에의 참석은 그로 하여금 여러 상황으로 인해 지난 3년간 거의 완전히 시야를 잃었던 세계와의 관계를 재건할 수 있게 해주었다.

1959년 7월 25일부터 8월 3일까지 열린 이 '콜로키엄'은 결국 모리스 드 강디약, 뤼시앵 골드만, 장 피아제 세 명에 의해 주도되었다. 동시대의 지적 논쟁에서 활동하는 수많은 사람들이 참석했다. 에른스트 블로흐와 장 투생 드장티, 장 피에르 베르낭과 장폴 아롱 등과 같은 "젊은 연구자들"이 그들이었다. 데리다는 첫 번째로 경험한 이 10일 동안의 긴 콜로키엄에 대해 아주 생생한 기억을 가지게 된다.

나는 계속 작은 시트로앵 2CV를 몰았다. 나는 이 차로 몇몇 유명한 사람들을 백포도주를 곁들인 노르망디 식사를 하기 위해 산책에 데려갔다. 장 피아제, 드장티, 늙은 브르통(드장티와 브르통은 절친한 친구가 되었다), 헝가리 정신분석학자인 니콜라스 아브라함과 마리아 토록 등이

---

25) 알튀세르와 장 이폴리트가 데리다에게 보낸 1959년 7월 15일 편지.
26) 에티엔 수리오가 데리다에게 보낸 1959년 7월 21일 편지.

그들이었다. 여기에서 내가 처음으로 만나게 되었던 아브라함과 토록은 정신분석과 현상학 사이에서 그들 나름의 길을 개척하고 있었다. 그의 작업에 대해 내가 모르고 있던 에른스트 블로흐의 참석은 많은 점에서 '경계를 넘는 것'이었다. 그도 그럴 것이 골드만의 참석으로 마르크스에 대한 많은 참조를 통해 그 당시 유럽에서 활발하게 이루어졌던 토론을 전반적으로 검토할 수 있었기 때문이다.[27]

장 이폴리트의 책인 『헤겔 『정신 현상학』의 기원과 구조』를 상기시키는 '기원과 구조'라는 주제가 그 어떤 구체적인 대상 없이 그냥 있는 그대로 언급되었다. '상호학제적'이라는 단어가 널리 통용되기도 전에, 여러 발표와 토의를 통해 관료주의에 대한 분석에서부터 생물학 분석까지, 수학에서 헤시오도스의 인종 신화까지, 언어학에서 종교 이데올로기까지 수많은 분야가 다루어졌다. "이와 같은 전면적이고, 백과사전식 접근은 대학에서는 결코 할 수 없는 것이다."

데리다에게는 이 열흘 동안의 첫 경험이 매우 힘들었다. 가장 젊은 참가자들 중 한 명이었고, 아직까지 아무것도 출판하지는 않았으나, 그는 '콜로키엄' 내내 많은 토론에 개입했다. 장 피아제의 발표 다음에 데리다는 다소 날카로운 질문을 던지고 있다.

나는 발생적 현상학에 매혹된 한 마리의 젊은 개로서, 위대한 피아제의

---

27) Jacques Derrida, "Le modèle philosophique d'une contre-institution", éds. François Chaubet, Edith Heurgon and Claire Paulhan, *Un siècle de rencontres intellectuelles ; Pontigny, Cerisy,* IMEC, 2005, p. 257.

심리주의에 대항할 배짱을 지녔던 치기 어린 무례함을 기억한다. 피아제의 학문적 체계는 아동심리학 학사 이수증을 딸 때 몇 해 전에 배운 것이다. 피아제가 이 대담하고 순진하게 무례한 젊은이를 비꼬는 듯하면서 동시에 짜증나고 방어적인 존경심으로 상대한 것은 열흘 동안의 첫 번째 저녁이었다. 그는 나를 '그 현상학자'라고 불렀다.[28]

7월 31일 금요일 아침, 스리지 성의 도서관에서 데리다는 20쪽 내외의 흠잡을 데 없이 구성된 글을 읽어 나가는 자신의 첫 번째 발표를 했다. 비록 발표 주제가 그의 졸업 논문 주제와 겹쳤지만, 그는 최근 연구들을 고려하면서 새로운 글을 썼다. 그날, 그의 철학에서 기본적인 것이 될 개념들 중 하나, 즉 '차연'(différance)이 처음으로 모습을 드러냈다. 분명 그의 발표 거의 전반에 걸쳐 '차이'(différence)란 단어가 사용되었다. 하지만 데리다는 이 단어에 전혀 다른 의미를 부여했다. 그의 발표문의 중간 부분에서 분명 'a'가 더해진 '차연'(différance)이 은근 슬쩍이긴 하지만 분명히 적혀 있었다. 그는 이렇게 쓰고 있다. "이 환원할 수 없는 차이는 이론적 토대의 끊임없는 '차연'이다."[29]

이와 같은 첫 번째 발표와 마찬가지로 중요한 또 다른 첫 번째 일은, 데리다가 스리지 '콜로키엄'에 참여하고, 또 그 발표문을 출판할 때, '자키'(Jackie)라는 이름을 '자크'(Jacques)로 바꾼 것이다. 그는 모리스 드

---

28) *Ibid.*, p. 258.
29) Jacque Derrida, *L'écriture et la différence*, Seuil, 1967, p. 239. 데리다의 저서에 대한 용어 색인인 '데리덱스'(Derridex)에 대해서는 다음 인터넷 주소를 참고할 것. www.idixa. net/Pixa/pagixa-0506091008.html.

강디약이 공적인 자리에서 자기를 "자키"라고 부를 때 조금 짜증이 났다. 이때부터 그의 "진짜" 이름 '자키'는 그의 가족들과 몇몇 오랜 친구들 사이에서만 통용되었다.

라사에 이어 엘비아르에서 휴가를 보낸 후, 데리다와 마르그리트는 군복무가 끝나는 주인 9월 첫 주에 콜레아로 다시 돌아왔다. 시간은 느리게 갔고, 그들은 파리로 돌아가 새로운 삶을 살아가기를 학수고대하고 있었다. 데리다는 소르본에서 하는 강의 준비 때문에 아주 바쁘리라는 것을 알았고, 이에 대해 알튀세르와 의논하고 싶었다. "선생님이 괜찮으시다면, 제가 돌아갔을 때, 저의 계획, 글, 주제 등을 권위 있고 경험이 풍부하신 선생님께 말씀드리고 싶습니다. 선생님의 충고와 조언이 많이 필요할 것 같습니다."[30]

데리다는 미셸 모노리에게 다소 흐릿하고 미확정적이지만, 여전히 소르본에서 교육조교와 관련이 있을 수 있는 상황에 대해 묘사했다.

아직 공식적으로 발표된 것은 없지만 거의 확실하네. 중등교육 과정에서 내 이직을 방해하지 않으면 되네. 나는 여름 초에 […] 그 제안을 들었고 받아들였네. 기쁘기도 하지만 또 동시에 겁도 나는 마음으로 그랬네. 거의 패닉에 가까운 공포, 기쁨보다는 더 오래가고 현재에도 남아 있는 공포심을 가지고서 받아들였네. 자네는 내가 운이 좋다고 생각하겠지. 하지만 나는 이 행운을 즐기지 못하는 사람들 중 한 명이라네. 신이 나서

---

30) 데리다가 알튀세르에게 보낸 1959년 9월 4일 편지.

두 손을 비비는 대신, 나는 쫓기는 짐승처럼 이리저리 부산을 떨고 있고, 숨도 쉴 수 없는 혼란 속에서 열병에 걸린 것처럼 공부하고 있네…. 바보같이 말일세. 하지만 나는 괴물을 맞닥뜨렸을 때 정신을 똑바로 차릴 수 있기를 바라네. 나는 추상적으로 이 오래된 집에서 얼굴을 잔뜩 찌푸리고 난 뒤 내가 늙은 원숭이로 변해 있지만 않다면 놀라울 따름이라고 나 스스로에게 납득을 시키고 있네…. 소문에 따르면, 이폴리트가 도와주었고, 강디약도 조금 도와주었다고 하네.

데리다는 파리로 돌아오면 미셸을 자주 만날 수 있게 되기를 바랐다. 그렇게 되면 데리다는 다시 한 번 과거의 추억을 되살릴 수 있는 기회가 될 것이었다. 그것이 좋은 추억이든 나쁜 추억이든 간에 그는 미셸과의 추억을 소중히 여길 수밖에 없었다. 데리다는 이미 그의 과거, 그의 모든 과거를 사랑하고 있었다.

나는 생자크 가에서 우리가 함께 보낸 몇 번의 겨울의 소리가 바로 가까이에서 다시 들리는 듯한 느낌이네. 내게 있어 그 시간들은 점차 우리 전성시대의 소리, 궁금하고 어둡고, 힘겨운, 조용하지만 울려 퍼지는 장대함을 지닌 전성시대의 소리를 띠어 가고 있네. 파리로 돌아가 자네를 다시 볼 수 있다고 느끼면서 나는 비현실적인 시간의 원 사이를 달리고 있다는 느낌을 받네….
우리가 거주할 숙소를 구할 가능성이 있다면 좋겠네…. 나는 비가 추적추적 내리던 겨울, 고등사범학교에서 나왔을 때와 내 가족들에게 등을 돌렸던 때를 기억하네. 그리고 이 책상 위에서 나는 자네에게 숙소를 찾아 달라고 부탁하는 편지를 썼었네. 자네는 숙소를 구하지는 못했지만, 그래도 자네의 무용성에 몹시 유감스러워 했었네. 어쨌든, 우연이라면… 이것이 우리의 최근 문제이네.[31]

이어지는 여러 주는 매우 혼란스러웠다. 이를 깨닫지 못한 채, 데리다는 갑작스레 곤란한 상황에 빠지게 된다. 9월 30일, 그는 중등교육 책임자인 브뤼놀드 씨로부터 짧은 편지를 받았다. 데리다가 지원해서 임명된 이포카뉴 과정의 "중요성에 비춰볼 때", 그를 고등교육기관으로 전근시키는 일에 동의할 수 없다는 것이었다.[32] 군복무가 끝나자마자 데리다는 르 망의 고등학교에서 가르쳐야만 하는 상황이었다.

이 사실이 알려지자, 알튀세르와 이폴리트는 이 "어두운 사건"의 원인을 밝혀내려 했다. 고위직에 있는 사람들에게 부탁을 했음에도 불구하고 그들은 상황이 회복 불가능하다는 사실을 알게 되었다. 10월 6일, 알튀세르는 돌아가는 상황에 대해 "매우 유감"이라고 말했다. "특히 처음으로 대학에 있기를 바란 자네에게나, 자네가 고등사범학교 아주 가까이에 있기를 바랐던 나에게도"[33] 매우 애석한 일이라고 말이다. 몇 달간 교장을 설득했던 주네트는 상황이 긴급하다는 것을 알았다. "불확정적이거나 안 좋은 소식이라도 내게 알려주게나. 이 지속적인 불확실성으로 인해 내가

---

31) 데리다가 미셸 모노리에게 보낸 1959년 9월 12일 편지.
32) 프랑스에서는 교수자격시험에 합격한 경우, 중등교육 심급인 고등학교와 카뉴, 이포카뉴 과정 등에서 가르칠 수 있고 또 고등교육 심급인 대학에서도 가르칠 수 있다. 하지만 중등교육 심급에서 가르치다가 고등교육 심급으로 가려면 중등교육 관할 기관의 승인이 있어야 한다는 조항이 있었던 것으로 보인다. ─옮긴이
33) 알튀세르가 데리다에게 보낸 1959년 10월 6일 편지.

좌절하고 있기 때문이네." 하지만 실제로는 이미 결정이 난 상태였다. 씁쓸한 마음과 연루된 상황과 복잡한 관계에 풀이 죽은 데리다는 가능한 빨리 르 망으로 가고자 했다.

그러는 동안 알제리의 상황은 큰 전환점에 이르고 있었다. 1959년 9월 16일, 드골 장군은 라디오와 텔레비전 연설을 통해 처음으로 '민족자결'에 의한 해결책을 언급하면서 다음과 같은 세 가지 형태 중에서 하나를 선택할 것을 제안했다. '완전한 프랑스화', '연합', '분리 독립'이 그것이었다. 물론 "미래의 합의의 윤곽은 때가 무르익었을 때 착수되고 마련될 것입니다. 하지만 길은 펼쳐져 있습니다. 결정은 취해졌습니다."[34] 새 선거체제의 관점에서 보면, 이것은 이미 독립을 예고하는 것이었다. 프랑스령 알제리를 지지했던 사람들은 배신감을 느꼈다.

전쟁은 알제리에서 여전히 계속되었으며, 데리다는 마침내 군복무를 마쳤다는 것에 기뻐했다. 하지만 르 망에서의 삶이 자신의 일생에서 가장 힘든 시기 중 하나가 될 것이라는 생각을 단 한 순간도 하지 못했다.

---

34) 알제리의 민족자결에 대한 드골의 1959년 9월 16일 연설.

7장_르 망에서의 우울

1959~1960

봄부터 제라르 주네트는 학생들이 모든 시험 결과에 대해 인내심을 발휘했다. 하지만 철학 공부를 목표로 하고 있던 르 망 이포카뉴의 몇몇 학생들은 주네트보다 인내심이 부족했다. 그들은 벌써 다른 학교로 전학을 가버렸다. 주네트가 보기에 "교장 선생은 지금 가능하면 오래 붙잡아 두기 위해 자네를 설득시킬 필요가 있다고 생각하네. 그가 얼마나 영악한 동물인지, 자네는 잘 알게 될 걸세."[1]

마침내 군복무에서 해방된 데리다와 마르그리트는 11월 중순에 르 망에 도착했다. 그들은 우선 가구가 딸린 집에서 살았다. 하지만 그들은 곧 주네트의 집에서 수백 미터 정도 떨어진 레옹 볼레 가에 위치한 큰 현대식 건물로 이사를 했다. 주네트는 데리다 부부에게 가구점과 골동품 가게의 주소를 알려주는 등 최선을 다해 그들을 계속 도와주었다. 주네트는 『유언변경증서』(Codicille)에서 그 시기를 아주 재미있게 회상하고 있다. "데리다는 종종 고집을 피웠다. 너도밤나무로 된 책장에 아마유를 발

---

1) 제라르 주네트가 데리다에게 보낸 1959년 11월 12일 편지.

라야 한다는 것이었다. 하지만 나는 아마유에 건조재를 타야 한다고 말했다. 그는 섣부르게 이와 같은 세세한 것을 무시했다. 그 결과 몇 개월이 지나자 그의 책들이 설탕에 전 것처럼 기름에 젖어 버렸다."[2]

경제적인 면에서 보면 데리다 부부에게는 르 망에서의 생활이 파리에서의 그것보다 더 안락했다. 그 이외의 것에 대해서 주네트는 데리다에게 어쩌면 프랑스에서 가장 뒤진 도시를 발견하게 될 것이라는 점을 숨기지 않았다. "괜찮은 서점, 이 지역 출신 작가, 그럴 듯한 카페, 소모임, 학술대회 등, 이 모든 것들은 북극에서와 마찬가지로 이 도시에서도 쉽게 볼 수 없는 것들이라네."[3]

오늘날에는 깨끗하게 재정비되었지만 르 망이라는 이 오래된 도시는 1959년에는 "소홀하게 포장된 길에서 잡초가 자라나는 그런 투박하고도 활기가 없는 곳"[4]에 불과했다. 데리다가 부임한 이 도시의 유일한 남자고등학교는 성당 바로 곁에 위치해 있었다. 어떤 날은 학교에 가기 위해 가축시장을 가로질러 가야 하는 경우도 있었다.

초창기에 데리다는 르 망에서의 상황에 대해 오히려 만족했던 것 같다. 그가 사촌 여동생에게 보낸 편지를 보면 그것을 알 수 있다.

우리는 최소한 금년에는 꽤 크지만 평화스러운 지방 도시 르 망에서 살게 되었단다. 다행스럽게도 이 도시는 파리에서 가깝다는 장점을 가지고 있다(기차로 두 시간!). 이곳에서 나는 비교적 자유 시간을 많이 주는

---

2) Gérard Genette, *Codicille*, Seuil, Coll. 《Fiction & Cie》, 2009, p. 107.
3) 제라르 주네트가 데리다에게 보낸 1959년 9월 14일 편지.
4) Gérard Genette, *Bardadrac*, Seuil, 《Fiction & Cie》, 2006, p. 67.

아주 흥미로운 수업을 하고 있다. 이포카뉴의 철학 수업이지. 그리고 무엇보다 우리는 아주 편한 아파트를 빠르게 구했다.[5]

데리다는 학교에서 두 반을 담당했다. 이것은 일주일에 약 15시간 정도의 수업에 해당되었다. 문과 졸업반의 학생 수는 15명 정도였다. 이포카뉴 반은 특별 허락에 의해 남녀공학이었는데, 30여 명의 학생이 있었다. 그들 대부분은 그다지 뛰어난 학생들은 아니었다. 소르본에서 기대할 수 있는 것과는 달리 이 학생들은 약간은 "촌티가 나는" 학생들이었다. 하지만 데리다는 수업을 세세하게 준비했다. 비록 그가 나중에 그랬던 것처럼 완전한 강의안을 만들 수 있는 시간적 여유를 가지지는 못했지만 말이다. 정상적인 수업과는 거리가 멀게 그는 당시 가장 소중하게 생각했던 철학적 관심사를 전달하고자 했다. 하지만 그는 어쩌면 교장 선생의 요구를 너무 진지하게 받아들였을 수도 있다. 그는 학생들에게 너무 어려운 선생, 너무 많은 것을 요구하는 선생의 이미지를 남겨 주었던 것 같다. 내가 수집한 세 사람의 증언은 이 점에서 완전히 일치한다.

당시 이포카뉴 과정에 있었던 알베르 도생은 데리다에 대해 먼저 수업이 끝날 무렵 종종 향수 어린 태도로 북아프리카를 상기했던 "로마 메달 속의 잘생기고 젊은 갈색 피부의 남자"의 이미지를 간직하고 있었다. 그 밖에 데리다는 학생들과 그다지 가까이 지내지 않았고, 학생들이 결코 도달할 수 없는 관념과 사색의 세계에서 살고 있다는 인상을 주었다. 도생은 이렇게 말하고 있다. "그가 너무 복잡한 언어로 우리를 헤겔 철학에

---

5) 데리다가 미슐린 레비에게 보낸 1960년 1월 7일 편지.

입문시켰는데, 우리 중 그의 설명을 이해할 수 있는 사람은 많지 않았던 것으로 기억됩니다. 우리의 점수는 우리가 그의 설명을 이해할 능력이 부족했다는 것을 여실히 보여 주었죠. 그는 우리 능력에 비해 훨씬 고차원이었다는 것은 분명했습니다."

폴 코댕은 주네트의 볼테르적 아이러니와 지난 해까지 철학을 담당했던 파스칼 피에시의 보헤미안적 매력과는 거리가 멀었던 데리다의 진지함과 집중력에 놀랐다. "데리다는 자기 자신을 완전히 드러내 보이지 않았어요. 그는 흥미 있는 예들과 일화에 거부감을 가진 것 같았습니다. 그는 친근하고자 애쓰지도 않았지만, 우리에게 훌륭한 강의를 해주려고 노력했어요. 그의 강의는 많은 것을 요구했고, 우리에게는 개념적으로 너무 광범위하고 높은 수준이었어요. 그는 우리의 지적 능력에 대해 약간 지나친 신뢰를 하고 있었던 것이지요. 우리 수준은 루이르그랑이나 앙리 4세와는 상당히 동떨어져 있었지요. 나는 그가 칸트의 『순수이성비판』을 장시간 설명했던 것을 기억합니다. 게다가 그는 우리 모두를 칸트에게로 인도하는 경향이 있었어요. 그는 이렇게 말했어요. '위대한 철학자의 특징은 그를 모든 교차로에서 만난다.' 그는 아주 어려운 내용을 설명할 때 이맛살을 찌푸렸어요. 마치 우리를 자신의 설명 속으로 더 잘 파고들게 하려는 것처럼요."

카메룬에서 장관직을 수행하기 전에 철학을 공부했던 니조흐 무엘레의 추억은 훨씬 더 긍정적이었다. "자크 데리다는 상당히 신중했고, 많은 학생들과 잘 어울리지 않았어요. 하지만 그는 반 전체가 준비한 저녁식사에 참석하기도 했어요. 주네트와 그가 각자 부인과 함께 그 기회에 우리와 함께한 유일한 선생들이었어요. 데리다는 아주 말수가 적었고, 농담은 더 안했어요. 입술에 항상 미소를 머금고 있던 우리 친구 한 명에게 데리다는 어느날 이렇게 말했어요. '이보게, 펠루아, 자네의 계속되는 만족감은 나를 절망시키네…' 그의 강의는 진지하고도 탄탄했어요. 내가 고등학교 졸업반부터 철학에서 비교적 우수했기 때문에 개인적으로 나는 그의 강의를 아주 흥미롭게 들었어요. 나를 칸트주의로 이끈 사람도 바로 그였습니다. 나는 그에게서 규칙적으로 좋은 점수를 받았어요. 아마도 그때 벌써 내 안에서 철학에 대한 커다란 흥미가 나타나는 것을 느꼈기 때문일 겁니다."

시간이 지나면 지날수록 데리다는 실망감을 숨기려 들지 않았다. 일종의 '소그룹'을 형성한 것에 기뻐하고 있던 주네트는 자신의 옛 동창생이 지금의 선생 자리를 부득이한 선택으로 여기고 있다는 사실을 알아차렸다. 데리다는 소르본에서 자리를 맡지 못한 일을 박해를 받은 것처럼 곱씹었다. 이와 같은 불편함은 먼저 우울함으로 나타났다. 그는 매일 경종을 울리는 새로운 징후들을 발견했다. 그는 암이나 다른 치명적인 병을 의심했고, 그를 진찰한 많은 의사들은 그를 진정시키지 못했다. 세 번째 학기에는 신경쇠약이 두드러졌다. 후일 그는 이렇게 말하고 있다. "심한 신경쇠약"이었다. 그도 그럴 것이 그토록 심한 증세를 그도 겪어 보지 못했기 때문이다.

르 망에 도착하면서 데리다는 실망이 크다는 사실을 털어놓고 싶어 하지 않았다. 하지만 모든 것이 그의 얼굴에 갑작스럽게 나타났다. 사실상 그는 고등사범학교 입학시험과 교수자격시험에 합격하기 전에 여러 해 동안 고통스러워했다. 그리고 마침내 인생이 활짝 필 날을 기다리면서 27개월 동안 군복무를 견뎌 냈다. 그런데 이 모든 결과가 그의 말을 이해하지도 못하는 학생들 앞에, 방학과 스포츠만을 입에 올리는 동료 선생들 앞에 그를 세워놓은 것뿐이었다. 여러 달 전부터 그는 개인적인 연구는 그 어떤 것도 하지 못하는 상태에 있었다. 그의 가장 가까운 친구들과 편지 교환조차 할 용기도 더 이상 가지고 있지 않을 정도였다. 이런 상황에서 그가 어떻게 학위논문을 마칠 수 있겠는가? 분명, 장 이폴리트는 그를 안심시켰다. 신학기가 되면 데리다가 소르본에서 철학과의 교육조교로 임명될 것이라고 말이다. "자네가 임명될 것이라고 이미 자네에게 말한 바 있네. 내가 보기에 이번 기회는 자네에게 아주 유리하네."[6] 하지만 작년 가을에 실망을 크게 한 후, 데리다는 헛된 희망을 경계했고, 르 망과 같은 쓸쓸한 도시에서 몇 년을 더 보내야 할 것이라고 생각했다.

　　모든 것을 말해 주듯이 르 망고등학교 교장은 최근에 부임한 선생의 자격으로 데리다에게 수상식의 연설문을 작성하고 또 읽어줄 것을 요청했다.[7] 주네트는 이와 같은 요청이 야기시킨 데리다의 낙담을 잘 기억하고 있다. "침대에 누워 '우스꽝스러운 세속적 설교'를 할 수 없다는 것을 나에게 설명하고 있는 데리다의 모습이 아직도 눈에 선합니다. '안 돼, 그건 정말, 할 수 없어. 얼간이들에게 나는 아무런 할 말이 없네.' 하지만 교장 선생은 끈질기게 요구했어요. 나는 데리다에게 이 고등학교 건물이 옛날에 오라토리오 수도회 수도사들이 사용했던 건물이라는 사실, 그리고 데카르트의 친구로 철학자이자 현자였던 메르센 신부, 그리고 파스칼과 가상디가 이곳을 거쳐 갔다는 사실을 말해 주었지요. 그러면서 그의 임무

---

6) 장 이폴리트가 데리다에게 보낸 1960년 3월 11일 편지.
7) 이것은 프랑스 고등학교의 오래된 관례이다. ― 옮긴이

를 용이하게 만들기 위해 그에게 몇몇 자료까지 모아주기도 하면서 메르센 신부에 대한 예찬을 하는 것을 제안하기도 했어요."[8]

데리다는 또 다른 하나의 사건을 두려워했다. 르 망에서 열리는 그 유명한 '르 망 24시' 자동차 경주가 그것이었다.[9] 6월 15일과 16일에 열리는 이 대회로 인해 도시 전체가 극도로 시끄러웠다. 어쨌든 마지막 강의를 마친 후에 데리다는 마르그리트와 함께 시골로 갔고, 그 유명한 수상식 연설을 하기 위해 7월 14일 전에야 비로소 학교로 돌아왔다. 그 사이에 그가 소르본에서 교육조교로 임명되었다는 사실이 확인되었다. 마르그리트와 데리다는 많지 않은 가구들을 정리하고 파리 지역에서 집을 구하기 시작했다. 그리고 그들은 2CV 소형차를 타고 프라하에 있는 마르그리트의 식구들과 합류했다. "철의 장막" 너머에 있는 국가로의 이 첫 번째 여행은 데리다의 흥미를 끌기에 충분했다. 하지만 이 여행도 그를 곤경에서 구해 내지 못했다. 여행에서 돌아온 후에 그는 너무나 쇠약해져서 정신과 의사의 진료를 받기도 했다. 정신적 무기력을 치료하는 강장제가 막 개발되고, 1958년에 시장에 첫 선을 보였다. 의사는 그에게 아나프랄린을 처방해 주었고, 곧 긍정적인 효과가 나타났다. 하지만 이 약으로 인해 많은 부작용 역시 나타났다. 고열과 경기 등등….

여름이 끝나 갈 무렵, 모리스 드 강디약은 데리다에게 쓴 편지에서 그의 "심각한 건강 문제"에 대해 유감을 표시했다. 강디약은 소르본에서

---

8) 제라르 주네트와의 인터뷰. 이 일화는 또한 그의 저서인 『유언변경증서』에서도 이야기되고 있다. 나는 애석하게도 데리다가 썼던 연설문을 찾아내지 못했다.

9) 르 망에서 해마다 개최되는 자동차 내구 경주로, 24시간 쉬지 않고 자동차를 계속 운전해야 하는 경기이다. 1923년 5월 26~27일 제1회 대회가 개최된 후로 몇 회를 제외하고 매년 6월에 개최되고 있다. ― 옮긴이

얻은 새로운 자리로 빠른 시일 내에 그가 컨디션을 회복할 수 있기를 바랐다.

자네의 임명은 당연했네. 그도 그럴 것이 중등교육기관의 바람직하지 않은 의지가 작년 우리의 결정이 실효를 거두지 못하게 방해했을 따름이네. 이폴리트와 나는 자네의 권리가 회복되도록 했고, 그 어떤 후보자도 없었네. 하지만 이 자리로 자네가 얻게 될 여가에 대해 지나친 환상을 품지는 말게. 물론 자네가 맡게 될 수업은 자네의 연구에서 보면 분명 득이 될 걸세.[10]

---

10) 모리스 드 강디약이 데리다에게 보낸 1960년 8월 24일 편지.

8장_독립을 향하여
1960~1962

데리다 부부는 발드마른에 있는 오를리 공항에서 가까운 프렌에 아파트
를 빠르게 구했다. 베르사유로 가는 길을 따라 새로 지은 대단지에 있는
방 4개짜리 아파트였다. 민족학 공부를 다시 시작했던 마르그리트는 이
제 인간박물관 지하에서 1년 동안 연수를 받았고, 앙드레 르루아구랑의
지도로 학위논문을 쓰기 시작했다. 주제는 알제의 세파라드(sépharades)
들[1]의 제의에서 볼 수 있는 특징, 특히 콜레아에서 보낸 2년 동안 관찰할
기회를 가졌던 장례 풍습에 대한 것이었다.[2]

그 무렵 데리다의 상태는 그다지 좋지 않았고, 새로 맡은 자리에서
일하는 것을 두려워하고 있었다. 미셸 모노리는 그에게 보낸 편지에서 이
렇게 쓰고 있다. "자네에게 올 한 해가 파리 생활 초기 몇 년 동안의 음울

---

1) 'séfarades'로도 표기되며, 중세 때 스페인, 포르투갈 등지에서 살았던 유대인을 가리킨다.
　—옮긴이
2) 마르그리트 데리다와의 인터뷰. 이 공동체는 알제리의 독립 후에 완전히 사라지게 되고, 르루
아 구랑은 그의 지도를 받는 학생에게 이렇게 말했다. "이런 가련한 사람, 연구 지반이 당신
의 발밑에서 무너져 버렸군요."

했던 날들이 반복될 정도로 그렇게 힘들게 끝났는지 나는 몰랐네."[3] 다행스럽게도 대학 신학기는 10월 24일에 시작되었고, 데리다는 강의를 준비할 수 있는 약간의 시간적 여유를 가질 수 있었다. 철학과의 유일한 교육조교였던 데리다는 여러 교수들과 연결되어 있었다. 따라서 그가 맡은 일의 부담이 엄청났고, 그는 "얼마 되지 않아 곧 파리 생활과 강의의 소용돌이에 휩쓸리게 되었다. 10월부터는 상황에 대처하고 또 생활을 되돌아볼 수 있는 시간도 없이 숨 가쁜 시간의 연속이었다."[4] 이미 어쩔 수 없는 결과이기는 하지만 피할 수 없는 일만으로도 그는 벌써 힘에 부쳤다. 프렌과 파리 사이의 왕복도 예상했던 것만큼 용이한 일이 아니었다.

어쨌든 르 망에서의 1년보다는 긍정적인 변화였다. 신경쇠약의 징조들이 완화되기 시작했고, 데리다는 자신의 새로운 직책에 대해 정확한 평가를 내렸다. 1992년에 그는 그 시기에 대해 이렇게 말하고 있다. "그때 보낸 4년에 대해 나는 단지 이 사실만을 기억할 뿐입니다. 고등교육기관에서 강의를 못 해보았기 때문에 내가 그곳에서 가르칠 수 있어서 무척 행복했습니다."[5] 실제로 소르본에서의 교육조교 자리는 그가 프랑스에서 얻게 되는 이른바 대학에서의 유일한 자리가 된다. 그는 소르본에서 보냈던 그 시기에 대해 자신의 마지막 텍스트 중 하나인 『카이에 드 레른느』(*Cahier de l'Herne*)에 기고한, 리쾨르를 위한 헌정글에서 이렇게 회상하고 있다.

---

3) 미셸 모노리가 데리다에게 보낸 날짜 미상 편지(1960년 9월).
4) 데리다가 장 벨맹노엘에게 보낸 날짜 미상 편지(1960년 12월).
5) 1992년 7월 레지옹도뇌르 수상 연설, archives IMEC.

그때 조교들은 오늘날에는 상상할 수 없을 정도로 이상한 지위에 있었다. 나는 '철학개론과 논리학'에서 유일한 교육조교였다. 강의와 세미나를 내가 원하는 대로 편성하는 데 자유로웠던 나는 권리상으로 교육조교였지만, 모든 교수들에게 완전히 추상적으로만 복속되어 있을 뿐이었다. 쉬잔 바슐라르, 캉길렘, 프와리에, 폴랭, 리쾨르, 발 등이 그들이었다. 시험 때를 제외하면 나는 그들과 드물게 만났다. 마지막에 나를 보호해주고 또 내가 존경하는, 거의 친구가 되어 버린 쉬잔 바슐라르와 캉길렘을 제외하고 말이다.[6]

철학개론을 위한 구체적인 프로그램이 딱히 마련되어 있지 않았기 때문에 데리다는 임의로 강의 주제를 정할 수 있었다. 그는 『칸트와 형이상학의 문제』와 『형이상학이란 무엇인가』 등을 주해하면서 하이데거에 모든 강의를 할애했다. 하지만 그는 또한 "아이러니, 의심, 질문", "현재(하이데거, 아리스토텔레스, 칸트, 헤겔, 베르그송)" 등과 같은 주제도 다루었고, 또한 클로델의 "노예가 강물을 끌어올리는 것처럼 이 세계에는 악이 있다"라는 주장을 주해하기도 했다. 데리다의 명성은 빠르게 퍼져 나갔고, 그의 강의를 듣기 위해 강의실이 붐볐다. 카바이예스 강의실에 약 250명 이상의 학생들이 몰려들었고, 강의 시작 30여 분 전에 오지 않으면 서서 강의를 들어야 했을 정도였다. 몇 달 후에 데리다는 분반을 해야 했고, 또 과제물 지도 학습회를 두 번 반복해야만 했다.

---

6) Jacques Derrida, "La parole: Donner, nommer, appeler", éds. Myriam Revault d'Allonnes and François Azouvi, *Paul Ricœur, Cahiers de l'Herne*, L'Herne, 2004, p. 21.

그 당시 소르본에서 볼 수 있었던 직책 수행에서의 특징과 불편한 수업 여건에도 불구하고, 많은 학생들은 그 몇 해 동안 계속된 데리다의 강의에 대해 아주 뚜렷한 기억을 가지고 있었다. 프랑수아즈 다스튀르는 깊이가 있기는 하지만 태도 면에서 여전히 전통적이었던 교수로서의 데리다를 기억하고 있다. "그는 수줍고, 심지어는 약간 서툰 것 같아 보이기도 했습니다. 그는 아주 빽빽하게 준비한 강의안을 읽으면서 강의를 했는데, 그 중 몇몇 강의는 아주 훌륭했습니다. 나는 특히 '방법과 형이상학', '후설에게서의 신학과 목적론' 강의를 기억합니다. 데리다는 리쾨르와 함께 나를 후설의 현상학과 하이데거의 사유에 입문시켜 주었어요. 그는 사르트르를 가끔 참조한 반면, 메를로퐁티는 전혀 언급하지 않았습니다. 그는 학생들에게 많은 것을 요구했지만, 또한 그들에게 많은 것을 주었어요. 그는 강의가 끝나고 난 뒤 한동안 기꺼이 의견을 교환하기도 했습니다."[7]

데리다와 곧 우정을 맺게 된 장 리스타는 대부분의 경우 친절하고 매사에 주의 깊었던 교수, 그렇지만 어떤 때에는 단호한 태도를 보여 주었던 교수로서의 데리다를 기억한다. "나는 그가 구두시험을 주재하다가 크게 화를 냈던 것을 기억합니다. 많은 학생들이 질문을 받은 『순수이성비판』을 읽지 않았기 때문이었어요. 하지만 실제로 철학에 커다란 흥미를 가진 학생들에게 그는 항상 잘 대해 주었습니다. 가끔 그는 토론을 연장하기 위해 '발자르'로 가서 한 잔 하기도 했습니다. 그 당시에 이와 같은 친근함과 학생들의 말을 경청하려는 자세는 대학 사회에서 극히 예외적

<hr>

7) 프랑수아즈 다스튀르와의 인터뷰.

이었어요."[8]

　그 사이에 알제리의 상황은 아주 빠르게 변해 가고 있었다. 알제리의
상황은 점점 소르본과 다른 곳에서도 대화의 중심 주제가 되었다. 대부분
의 피에 누아르들(Pieds noirs)[9]의 집에서와 마찬가지로 데리다의 집에서
도 드골에 대한 불평이 계속 커져 갔다. 1961년 11월 8일에 있었던 민족
자결에 대한 국민투표에서 '찬성'이 본토에서는 75퍼센트, 알제리에서는
70퍼센트의 득표율을 기록했다. 무슬림들은 처음으로 투표를 할 수 있는
가능성을 갖게 되었다. 4월 7일, 에비앙협상이 시작되어 독립으로의 길이
열렸다. 하지만 독립을 받아들이지 않는 자들도 있었다. 4월 21일 밤부터
22일까지 네 명의 장군―샬, 주오, 젤레, 살랑―은 군대와 피에 누아르
들을 선동해 프랑스공화국 안에서의 알제리를 유지하고자 했다. 그들은
몇 시간 만에 알제리에 대한 통제권을 장악했다. 4월 23일 일요일, 후일
유명해진 텔레비전 연설을 통해 드골은 "은퇴한 소수의 장군들의 행동"
을 비난했고, 그들의 진격을 봉쇄하기 위한 모든 수단을 강구할 것을 명
령했다. 그들의 군사 행동은 실패로 막을 내렸으나, OAS는 더 많은 피를
흘리며 프랑스령 알제리를 위해 투쟁을 계속해 나갔다.
　바로 그 무렵에 데리다의 루이르그랑의 동창생이었던 피에르 노라
가 쥐야르 출판에서 『알제리의 프랑스인들』이라는 제목의 책을 출간했
다. 이 책을 받고 얼마 후에 데리다는 노라에게 한 줄 간격으로 타자를 친

---

8) 장 리스타와의 인터뷰.
9) 아프리카 대륙의 프랑스 식민지에서 태어난 프랑스인들을 가리킨다.―옮긴이

19쪽짜리 편지로 답을 했다. 데리다는 이 편지에서 알제리의 상황에 대해 아주 분명한 입장을 보여 주고 있는 것 같다. 그 이전에도 표명한 적이 없고, 또 그 이후로도 표명하지 않게 될 그런 확신을 말이다. 아주 자세하게 이루어진 분석에서 그는 또한 훨씬 뒤에 가서야 자신의 저작들을 통해 나타나는 윤리적이고 정치적인 관심사를 드러내 보이고 있기도 하다.

데리다는 우선 그의 눈에 절망적이고 비현실적으로 보이기까지 하는 최근 며칠 동안 노라의 책을 계속되는 열정적인 관심을 가지고 읽었다고 말했다. 그는 노라에게 "그 주제에 대해 […] 거의 계속해서 '옳고도 좁은'(juste) — 내용과 결론에서 이 단어의 이중의 의미에서[10] — , 드물고도 포착하기 힘든 장점"을 가진 책을 집필해 준 것에 대해 감사를 표하고 있다. 하지만 그는 "전체적으로 보아 주장 그 자체보다 글을 쓴 사람의 기본적인 태도를 드러내 주는" 어조를 개탄해 마지않았다. 데리다의 눈에 노라는 "어느 정도 신랄한 공격성"을 가진 것으로 보였고, 더군다나 "모욕을 주려는 의도"도 가진 것처럼 보였다. "자네가 '나는 결코 알제리의 프랑스인들이 논쟁적으로 대답하는 것을 들은 적이 없었다'고 말할 때, 나는 이런 결론을 내릴 수밖에 없었네. 그러니까 자네는 충분히 많은 알제리의 프랑스인들을 만나 보지 못했다고 말일세."

데리다는 오래 전부터 "그의 내부에서, 침묵 속에서 알제리의 프랑스에 대한 재판"을 계속해 왔다는 사실을 단언했다. 하지만 그는 정세가 바뀌고, 좌우파 진영에서 오는 비판이 커지는 순간에도 여전히 공정성을

---

10) 프랑스어 단어 'juste'는 '옳은', '정확한' 등의 의미와 '빠듯한', '꽉 끼는' 등의 의미를 가지고 있다. — 옮긴이

지키고 싶다고 말했다. 그리고 너무 오래 지키고 있던 침묵에 대해 스스로를 벌하고자 그는 노라에게 그의 옛 친구가 큰 관심을 표명했던 주제에 대해 시간이 지남에 따라 쌓였던 자신의 생각들을 펼쳐 보이고자 했다. 실제로 데리다의 눈에는 자신의 동창생이 그 책에서 이 복잡하고도 미묘한 상황의 여러 요소들을 은폐하고 있는 것으로 보였다.

130년 전부터 프랑스가 알제리에서 폈던 모든 정책을 알제리의 프랑스인들을 운운하면서(공유한다는 구실하에 인정하지도 희석시키지도 않는 그들의 계속되는 커다란 죄책감에도 불구하고) 책임을 전가하려는 것은 어렵지 않은가? 만일 자네가 말하고 있는 것처럼, 알제리의 프랑스인들이 그 자신들의 역사와 불행의 '장본인'이었다면, 이것은 같은 시기에 모든 정부들과 모든 군대들(다시 말해 이것들을 앞세워 행동했던 모든 프랑스 국민들)은 항상 '주인들'이었다는 사실을 정확히 지적할 경우에만 사실이네.

데리다는 "프랑스에서는 사회주의를, 다른 곳에서는 탈식민지화를 구현할 수 없었던" 좌파를 특히 원망하고 있다. 또 다른 점이 데리다의 비위를 상하게 했다. 프랑스에 있는 대부분의 프랑스인들과 마찬가지로 노라는 알제리의 프랑스인들을 하나의 균질적이고 항구적인 하나의 실체로 취급하면서 그들의 다양성, 변화할 수 있는 능력을 최소화시켜 버렸다. 노라는 또한 데리다 역시 그 사실을 분명하게 말하지 않으면서 그 자신을 동화시키고 있는 "자유주의파" 프랑스인들을 희화화시켜 버렸다. 하지만 데리다의 눈에 중요한 것은, 프랑스에의 소속과 탈식민이라는 원칙의 고수 사이에서 찢기어 있고, 노라가 한 것과 같은 신랄한 비판과는 다른 평가를 받을 자격이 있는 하나의 집단이 있었다는 점이었다. 분명, 이와 같은 입장으로 인해 "자유주의파"들은 모호함과 무력감을 보여 줄 뿐이라는 선고를 받은 것은 사실이었다.

공산주의자든 아니든, 전쟁 전에 정치적이고 조합적인 생활을 활성화시켰던 자들은 바로 [그들이었네]. 그들 중에는 깊이 생각하고 행동했던 알레그, 오댕, 카뮈 등과 같은 이들도 있네. '45년 이후, 알제에서 진보적-공산주의적(그렇네!…) 인사들의 선출을 가능케 한 이들도 그들이었고, 또 그 뒤로 민족주의적 투사들이라고 자처했던 알제리 당선인들과 협력해서 훌륭한 일들을 많이 한 자들도 바로 그들이었네.' 57년까지 전쟁, 탄압, 테러로 인해 많은 일들이 불가능해지기 시작했던 시기에도 민족주의자들과의 접촉을 유지했던 자들도 바로 그들이었네.

데리다는 또한 노라에게 알제리의 프랑스인들의 평균 수입이 프랑스의 프랑스인들의 그것보다 더 많다는 사실을 믿게끔 했다고 비난했다. 사실은 그 반대이며, 단지 소수의 본국인들만이 경제적 특권을 누릴 뿐이었다. 데리다는 마르크스주의에 대한 비판을 소묘하기 위해 긴 주(注)를 통해 이와 같은 사실을 이용하고 있기도 하다.

이와 같은 사실은 어쩌면 '식민지 체제'라는 개념이 장단기의 '이윤'이라는 '유일한' 개념을 바탕으로 '본질적으로' 그리고 '지속적으로' 이해될 수 없다는 것을 의미하네. 어쩌면 수정할 필요가 있는 것은, 식민지화와 경제적 제국주의(그리고 자본주의의 여러 단계)에 대한 교조주의와 마르크스주의네. 그도 그럴 것이 이와 같은 교조주의는—종종 드러내지 않고—식민 현상에 대한 가장 평범하고 가장 논의가 덜 된 정의를 내리고 말았기 때문이네.

자기의 친한 친구들에 대해 항상 그랬던 것처럼 데리다는 제르멘 틸리옹과 알베르 카뮈의 복잡하고도 미묘한 입장을 옹호했다. 비록 이와 같은 입장이 몇몇 사람들에 의해 "틸리옹도 카뮈도 옹호한 바가 없는 이익을 위해" 사용되고 있음에도 불구하고 말이다. 이와 같은 입장이 "과격파들"에 의해 이용되었다는 것을 구실로 논의를 피하면서 쉽게 "객관화된 복잡성"에 대해 말할 수는 없는 노릇이었다. 이런 것을 경계하지 않는다면, 다른 사람들과 마찬가지로 혁명주의자들도 똑같은 방식으로 교조주의와 분파주의에 빠지고 마는 것이었다. "노라, 자네는 이렇게 말했네. 제르멘 틸리옹과 마찬가지로 우리는 드골에 앞서 충분히 드골주의로 빠져들 만큼 성숙했다'고 말일세. 아마 그랬을 수도 있네. 나는 개인적으로 종종 이것이 알제리에서는 더 이상 진실이 아니었다는 점, 그리고 더 일찍 일어나지도 않았다는 점을 유감스럽게 생각하기 시작했네…."

지난 해에 세상을 떠난 카뮈에 대해서 데리다는 그 어느 곳에서보다 더 자세한 분석을 하고 있다.

먼저, 나는 자네가 『이방인』에 할애한 몇 쪽의 의도가 '훌륭하다'고 생각하네. 나는 이 작품을 항상 알제리적인 작품으로 읽었네. 그리고 사르트르가 이 작품에 덧붙여 버린 모든 철학적-비평적 모습은, 내가 보기엔,

실제로 그 의미와 '역사적' 독창성을 축소시켜 버린 것으로 보이네. 또 그것들을 감춰 버린 것으로 보이네. 해서 어쩌면 너무 빨리 […] 위대한 사상가의 한 명으로 간주되어 버린 카뮈 자신의 눈에도 그럴 걸세. […] 나도 얼마 전만 하더라도 카뮈를 종종, 자네도 알다시피, 같은 이유로, 그런 식으로 판단했었네. […] 나는 이것이 옳은 것인지, 그리고 그의 경고 중 어떤 것들이 내일 명석성과 도덕적인 요구의 징후로서 나타날지 모르네. '그의 모든 과거'를 필두로 많은 것들을 통해 카뮈의 순수하고 깨끗했던 '의도'를 믿고 있네.[11]

카뮈가 항상 쟁취하기 위해 투쟁했던 이와 같은 '프랑스-이슬람' 알제리를 데리다 역시 바랐다. 그리고 비록 이와 같은 꿈이 시대착오적인 것이 되었다고 해도, 데리다는 그것이 결코 '할아버지들이-원했던-알제리'의 면모는 아니었다고 계속 생각했다.[12]

몇 년 후에 피에르 노라는 데리다에게 답을 하기 위해서는 "두 번째 책이 필요할 정도로 확신에 가득 차고 깊이 있는 편지"에 감사를 표했다.

---

11) 데리다가 피에르 노라에게 보낸 1961년 4월 27일 편지.

12) 에드워드 베링은 「자유주의와 알제리 전쟁: 자크 데리다의 경우」라는 훌륭한 논문에서 알제리 전쟁에 대한 데리다의 입장을 자세히 분석하고 있다. 피에르 노라에게 보냈던 데리다의 편지를 1952년에 카뉴 과정에서 제출했던 역사 논술 과제, 즉 "1888년부터 1914년까지의 프랑스 식민지화의 이유, 특징과 그 초기 결과들"을 비교하면서 말이다. 베링의 주장을 따르면, 『타자의 단일어주의』의 미래 저자인 데리다의 태도와 생각들은 오랜 동안 식민자의 그것들로 남아 있게 된다. 베링은 그의 논문의 뒷부분에서 데리다를 비판하기 위해 그가 1960년에 작성된 '121인 선언'에 서명을 하지 않았다는 사실을 상기하고 있다. 하지만 이것은 다음과 같은 두 가지 사실을 망각한 결과로 보인다. 하나는 그 당시 데리다는 서명을 부탁받기에는 완벽한 무명 인사였다는 것이고, 다른 하나는 그가 서명을 했다면, 현지에 있던 그의 가족들을 커다란 위험에 빠뜨렸을 수도 있었을 것이라는 사실이다.

그는 데리다의 생각을 촉매작용으로 여겼고 그로부터 농익은 결과를 수확할 기회를 가졌다는 느낌을 받았다. 노라는 그들이 자유롭게 더 많은 것들을 토론하기 위해 서로 만날 수 있는 기회가 오기를 바랐다. 그는 문제의 책을 아주 거칠게 썼다는 사실을 인정했다. "나는 그곳에서의 체류, 그곳에서 목격했던 것을 생각하고 또 이야기한다고 생각했네. 하지만 내가 그렇게 광범위한 문제에 제대로 접근했다면, 본격적인 한 편의 학위논문을 썼을 것이고, 그로 인해 모든 일을 멈춰야 했을 것이네."[13]

6월 말에, 두 사람은 긴 저녁 시간을 함께 보내면서 신뢰를 바탕으로 토론을 했지만 결국 결론에 이르지는 못했다. 하지만 데리다는 이 의견 교환을 매우 흡족하게 생각했다. 비록 그들의 토론이 종종 제자리를 맴돌긴 했지만, 그의 눈에 그들의 의견 불일치는 "함께 동의하는 다른 방식이거나 혹은 자기 자신과 불화하는 또 다른 방식이었다. 그렇지 않고서야 어떻게 알제리 — 또는 다른 곳 — 에 대해 진지하게 생각해 볼 수 있겠는가?" 데리다는 곧 출간될 자신의 비평서에 응답하면서 노라가 몇몇 문제에 공개적으로 설명해 줄 것을 기대하기도 했다. 하지만 여러 이유로 한편의 논문을 쓰는 것이 중요한 것은 아니었다. 그와 가까운 사람들을 보호하려는 생각도 이유 중 하나였을 것이다. 이와는 반대로 데리다는 그의 긴 편지의 일부나 전체가 익명으로, 그러니까 "알제의 한 친구로부터"[14] 온 것처럼 출간되는 것에 반대하지는 않았다. 물론 이 계획은 실현되지 않았다.

---

13) 피에르 노라가 데리다에게 보낸 1961년 6월 22일 편지.
14) 데리다가 피에르 노라에게 보낸 1961년 6월 30일 편지.

몇 년 후에 데리다는 엘비아르에서 옛 친구인 피에르 노라에게 다시 편지를 썼다.

> 나는 이곳에서 기이한 휴가를 보내고 있네. 약간의 연구와 […] 바다의 행복 사이에서 나는 이 기이한 사회 속에서 긴 하루 동안 생각이 불가능한 문제들에 대해 성찰했네. 그리고 내가 이 나라를 더욱더 좋아하고 있다는 사실, 내가 자네에게 그렇게 장시간 퍼부었던 반감의 강도와 다르지 않은 그런 미칠 듯한 감정으로 말일세.[15)]

그때 보낸 여름이 데리다가 엘비아르에서 보낸 마지막 여름이 되었다. 그는 이 사실을 밝히고 있지는 않지만 어느 정도는 예상하고 있었다. 알제리의 프랑스인들에게 공포는 현저하게 커졌다. 한 노인이 데리다의 집 가까운 곳에서 목이 졸린 채 죽었다. 데리다의 사촌동생의 아들인 샤를리가 프렌에 있는 데리다와 마르그리트의 집에서 일 년을 보내기 위해 프랑스로 왔다. 그의 가족들은 그가 살해될까 봐 겁이 났던 것이다. 그는 그곳에서 공부에 대한 취미를 얻게 되지만, 후일 그곳에서의 체류 덕택으로 목숨을 부지했다고 말하기도 했다.

1961년 7월, 이와 같은 혼란스러운 상황에서 데리다는 마침내 『기하학의 기원』을 출간했다. 그는 이 책의 원고로 "인문대학. 식민지화의 역사"라는 글자가 새겨진 종이를 사용했다. 신학기가 시작되자 그는 타이프 친 이 텍스트를 장 이폴리트에게 가져갔고, 이폴리트는 이 텍스트

---

15) 데리다가 피에르 노라에게 보낸 1961년 8월 4일 편지.

가 인쇄되는 것을 서둘러 보고 싶어 했다. 10월 말, 아주 짧게 쓴 편지에서 이폴리트는 "후설 사상에서 분명하지 않은 많은 부분을 추적하고 있는" 아주 세세한 입문 부분을 "아주 흥미롭게(이것은 상투적인 표현이 아니네)"[16] 읽었다고 말했다. 하지만 이처럼 짧게 표명한 의견만으로는 이 첫 번째 텍스트를 출간하려는 순간에 데리다가 느끼고 있던 불안을 완전히 일소하는 데 충분하지 못했다.

11월 24일, 데리다는 아주 정중한 어조로 폴 리쾨르에게 장문의 편지를 보냈다. 그는 이 입문 부분을 PUF에서 출간하기 전에 그에게 보이고 싶었다. "저에게는 선생님의 판단이 다른 어떤 판단보다 중요합니다." 데리다는 특히 그 자신 리쾨르의 글을 암시하고 있는 부분들에 대해 인정을 받고자 했다. 데리다는 "정확한 평가를 내릴" 수 없음을 우려하면서 "살아 있는 철학자들을 참조하는 문제로 특히 고민이 많았다"고 말하고 있다. 데리다는 또한 그들의 첫 만남 때 리쾨르에게 그의 연구에 대해 "크고도 한결같은 존경심"을 가지고 있다는 사실을 말씀드리지 못한 것을 애석하게 생각한다는 점과 "여러 우연한 이유로"[17] 학위논문의 지도를 부탁드리지 못한 점을 설명하고자 했다. 몇 주 후에 리쾨르로부터 아무런 답이 없는 것에 놀란 데리다는 다시 두 번째 편지를 그에게 보냈다. 리쾨르는 그의 편지를 분실했던 것이다. 다행스럽게도 데리다는 초벌 편지를 가지고 있었다. 그 무렵 공식적인 모든 편지에 대해 그랬던 것처럼 말이다. 자신의 부주의에 당황한 리쾨르는 이번에는 자신의 옛 교육조교의 편

---

16) 장 이폴리트가 데리다에게 보낸 1961년 10월 23일 편지.
17) 데리다가 폴 리쾨르에게 보낸 1961년 11월 24일 편지.

지에 담긴 "고백과 조심성"에 완전히 감동을 받게 된다.

한 세대가 다른 세대에 보내는 정확한 어조를 찾아내는 것은 아주 어려운 일이라는 것을 나는 잘 알고 있네. 나는 이와 비슷한 상황에서 대학에 있는 사람들 사이의 관계를 더 용이하게 해주는 미국을 생각하네. 자네에게 이런 말을 하고 싶네. 그러니까 우리의 위치로 인해 어쩔 수 없이 나타나는 차이들이 우정과 교류 속에서 사라지길 바란다고 말일세. 과감한 표현과 시간을 신뢰하세나.[18]

그 뒤로 2년 동안 데리다와 리쾨르는 여러 차례 점심과 저녁식사를 부인들과 함께 또는 그들끼리만 하면서 아주 가까워졌다. 하지만 그 시기에 데리다는 소심했고 사회적으로도 여전히 미숙한 점이 많았다. 리쾨르로 말하자면, 그는 여러 가지 일로 너무 바빠 『기하학의 기원』의 입문 부분을 출간 전에 읽지 못했던 것으로 보인다. 자기가 쓴 원고에 대한 좀 더 솔직하고 직접적인 의견을 듣고 싶었던 데리다는 계속 반신반의하면서 결국 알튀세르에게로 향하게 된다.

아주 꼼꼼히 텍스트를 읽고 난 후에, 1962년 1월 19일에 그 옛 '카이만'은 데리다에게 "후설에 대해 그처럼 세세하고 또 그처럼 '깊이 있는' 지적인 텍스트를 읽은 적이 없네"라고 말했다. 그러니까 "모순에 대한 평범한 주장들을 넘어서고, 또 표현의 애매함으로 인해 가장 깊이 숨겨진 의도를 찾고자 했다는 면, 곧 '깊이에서' 지적인 텍스트"라고 말이다. 알

---

18) 리쾨르가 데리다에게 보낸 1961년 11월 27일 편지.

뤼세르는 "전투가 절망적인 상황에서 무기를 버리고 마는" 다른 주석자들보다 데리다가 훨씬 더 멀리 나아갔다고 확신했다. "자넨 끝까지 나아 갔네. 어쨌든 후설주의자가 되는 것을 선택할 수 없다고 해도(자네 글을 읽게 되면 그것이 너무 어려운 일이지만…), 그래도 우리가 후설주의자가 될 수 있고, 또 그렇게 되는 것의 의미를 알 수 있을 정도이네." 알튀세르 는 또한 이 입문에서 데리다의 현재 생각들의 출발점을 알아볼 수 있다는 점을 기뻐했다. 가령, 글쓰기, '초월적' 생리학, 언어 등이 그것이다. "계속 할 필요가 있네. 자네가 글쓰기에 대해 이미 쓴 부분은 여러 의미로 가득 하고, 창창한 미래를 약속하고 있네." 알튀세르에 의하면 데리다의 텍스 트 전체는 일급이었다. "나는 휴가에서 돌아오자마자(비, 눈, 안개) 자네 텍스트를 열어 보았네. 그것은 내게 빛이고 굉장한 기쁨이었네."[19] 이 기 회를 이용해 알튀세르는 데리다를 고등사범학교의 자기 소굴로 한 번 와 달라고 초청했다. 그는 데리다와 함께 후설과 헤겔, 후설과 하이데거의 관계에 대해 더 많은 대화를 나눌 수 있기를 희망했다.

이 초청은 의미 없는 말로만 끝나지 않았다. 단기적이나마 이 초청 을 계기로 데리다는 자신의 텍스트에 대한 어느 정도의 신뢰감을 회복하 게 되었다. 그는 "'강의'나 '출판'을 지향하는 이와 같은 인위적, 비인간적, 산업적 긴장을 생생하고, 자유로운 대화 속에서, 공동으로 이루어지는 작 업으로 대체할 수 있기를" 꿈꿨을 뿐이다. 그는 소르본에서의 일로 기진 맥진했다. 그곳에서 그의 강의는 좋은 평판을 얻는 것처럼 보였지만, 그 는 종종 아무런 도움도 되지 않는 답안지에 매달려 아까운 시간을 보내는

---

19) 알튀세르가 데리다에게 보낸 1962년 1월 9일 편지.

것을 불평하기도 했다. "피곤에 더해 저는 이 모든 것에서 매일 매일 숨 가쁨, 마모, 추상적 희생만을 보고 있을 뿐입니다."[20]

당시에 데리다의 눈에는 알제리 문제가 그 어느 때보다 더 폭력적으로 보였다. 1962년 초부터 OAS는 행동 반경을 프랑스 본토까지 확대했다. 사르트르가 살고 있는 아파트를 비롯해 파리에서 여러 차례에 걸쳐 폭탄 테러가 자행되었다. 말로를 겨냥한 또 다른 테러로 네 살짜리 소녀가 다치기도 했다. 마침내 힘을 한데 모았던 좌파 세력은 '대(對)OAS 및 평화협상을 위한 국민행동위원회'를 조직했다. 2월 8일, 경찰청장 모리스 파퐁이 시위를 금지시키고 또 잔인하게 탄압했다. 샤론 지하철 역의 철책에 부딪혀 9명이 죽었다. 그로부터 5일 후에 희생자들을 기리기 위해 많은 사람들이 모여들어 대규모 행렬을 이루었다.

에비앙협정이 1962년 3월 18일에 체결되었다. 그 다음날부터 휴전이 실시될 예정이었다. 이 전쟁으로 인해 모든 계층을 망라해 40만 명이 죽었고, 그 중 대부분이 알제리인들이었다. 4월부터 시작해서 유럽인들은 본토로 대거 귀환하기 시작했다. 하지만 공동체들 사이의 공존의 가능성을 항상 믿고자 했던 데리다는 그의 부모에게 엘비아르에 남아 있을 것을 권유했다. 몇 주 후에 무질서한 도주 행렬이 이어졌다. 대부분의 사람들이 기습적으로 떠났다. 그도 그럴 것이 데리다의 집안과 사파르 집안과 같은 유대인들은 알제리에 너무 오랫동안 정착해서 언젠가 자신들이 이 나라를 떠나야 한다는 것을 전혀 생각해 보지 못했기 때문이다. 본토로 가는 배에는 정원보다 훨씬 더 많은 인원이 탔지만, 길거리는 수많은

---

20) 데리다가 알튀세르에게 보낸 1962년 1월 15일 편지.

인파로 붐볐다. 알제에서 메종 블랑쉬 공항으로 가는 길에 수많은 자동차 행렬이 끊임없이 이어졌다. 수많은 사람들이 짐이나 차를 포기하는 대신 그것들을 파괴하거나 불을 지르는 것을 더 선호했다.[21]

프랑스에 제일 먼저 도착한 이들은 데리다의 누이동생과 그의 가족들이었다. 마르그리트는 이렇게 회상하고 있다. "5월 말경에 우리는 다른 정확한 설명이 없이 도착을 알리는 자닌과 그의 남편의 전보를 받았어요. 우리는 오를리 공항에서 꼬박 이틀을 보냈지요. 그들이 정확히 어느 비행기를 탔는지 몰랐기 때문이었지요. 전체적으로 혼란스러웠어요. 자닌은 마침내 혼자 세 아이들인 마르틴, 마르크, 미셸과 함께 도착했다. 모든 사람들이 프렌에 있는 우리집을 임시 거처로 삼았어요. 방 네 개짜리 아파트에서 17명이 거주했지요. 우리는 침대 몇 개를 더 구입했지만, 아이들은 맨바닥이나 쿠션 위에서 자기도 했어요."

당시 8세였던 마르틴은 그때의 체류에 대해 아주 뚜렷한 몇몇 기억을 간직하고 있다. "하루 일정은 꽤 복잡했어요. 데리다 아저씨는 형 마르크와 저를 종종 파리로 데려갔어요. 가끔 아저씨는 우리를 고등사범학교 뜰에 주차한―소르본의 뜰이었던가?―2CV 차 속에 남겨두었어요. 아저씨는 우리에게 정어리 통조림을 가지고 먹이를 주어야 하는 '고래 소피'에 대해 말하곤 했어요. 아저씨는 우리에게 잘 참고 있으라고 했어요. 왜냐하면 '소피'는 순하지 않고, 자기만 접근할 수 있어서라고 했어요. 소피가 철학을 의미한다는 것을 알기까지 여러 해가 필요했어요."[22]

---

21) Jean-Jacques Jordi and Guy Perville éds., *Alger, 1940-1962*, Autrement, 1999, pp. 250~257을 볼 것.
22) 마르틴 메스켈과의 인터뷰.

몇 주 후에 르네와 그의 가족이 알제리를 떠나야 할 차례였다. "우선 OAS가 우리가 떠나는 것을 방해했어요. 마지막에는 FLN이 그랬지요. 우리는 양쪽에서 위협을 받았어요. '미온파'로 분류된 자들은 특히 증오의 대상이 되었어요. 밥 엘루에드의 약국을 포기하고 우리는 6월 15일에 출발했어요. 휴가를 떠나듯 우리는 잡동사니만을 챙겼을 뿐이었지요. 하지만 떠나야 했어요. 출발하던 날에도 공항으로 가는 길에서 납치가 자행되었어요."[23]

7월 1일, 마침내 국민투표가 실시되었고, 압도적 다수가 독립에 찬성했다. 공식적인 투표 결과를 기다리지도 않고 기쁨에 들뜬 군중들이 알제의 길거리를 점령했고, 붉은 별과 초생달이 찍힌 녹색, 하얀색 알제리 국기를 흔들어 댔다. 프랑스로 돌아가지 못한 피에 누아들은 서둘렀다. 당장 "가방과 관" 사이에서 선택의 여지가 없었던 것이다. 2주 후, 소르본에서 시험을 치른 후에 데리다는 부모들이 물건을 챙기는 것을 도와주기 위해 엘비아르로 돌아왔다. 그는 그곳에서 보낸 마지막 몇 주 동안 너무도 많은 끔찍한 장면을 경험했다. 자닌의 남편인 피에로와 그의 동생 자키 메스켈 역시 더 많은 물건들을 건지기 위해 데리다와 그의 부모와 함께 출발했다. 하지만 그들은 곧 위협을 받았고, 프랑스로 서둘러 돌아와야 했다. 데리다는 상존하는 위협에도 불구하고 혼자 부모와 같이 남았다. 이어지는 여러 날 동안 그들은 결국 오렐르드팔라딘 가에 있는 빌라를 남겨 둔 채 떠나는 르네와 자신을 돕기 위해 최선을 다했다. 하지만 이미 가방은 가득 찼고, 해서 그들은 다른 물건들을 거의 챙길 수가 없었다. 그들

---

23) 르네 데리다와의 인터뷰 및 이블린 데리다와의 인터뷰.

은 상황이 안정되면 몇 달 후에 다시 그곳으로 돌아올 수 있을 것이라고 희망하면서 완전히 문을 닫아 버렸다. 그들이 점유했던 곳은 그들에게 첫 몇 달치의 방세를 낸 이웃사람들의 차지가 되었다. 그러고 나서 에메와 조르제트가 할부를 다 상환하고 소유주가 되었던 집은 알제리 국가의 소유가 되어 버렸다. 프랑스에서 르네와 피에로는 자신들의 권리를 인정받고, 그 집을 구입할 사람들을 찾기 전에 오랜 법적 절차를 밟아야만 했다. 다른 많은 "본국 송환자들"처럼 데리다의 모든 가족은 점차 니스에 정착하기 위해 집결하기 시작했다.[24]

비록 오래 전에 엘비아르를 떠났지만 그래도 데리다는 이와 같은 결별을 결코 잊지 못했다. 여러 해 동안 그는 종종 자신의 달랠 수 없는 "향수 어린 알제리"(nostalgérie)[25]를 상기하게 된다. 이 단어는 보통 사람들이 생각하는 것과 달리 데리다가 고안해 내지 않은 신조어이다. 이 단어는 처음에 1920년대에 쓰인 마르셀로 파브리가 쓴 시의 제목이었다.

알제, 나는 너를 사랑하는 여인처럼 꿈꿨다.

향기로운 너, 태양이 가득하고, 매운 맛이 나는 너.

너는, 멀리 떨어져 있어 더 예쁘구나. 비,

이곳에서는 비가 마술처럼,

회색빛 하늘을 가리는구나. 네 황금빛 태양으로.[26]

---

24) 자닌 메스켈-데리다와의 인터뷰, 피에르 메스켈과의 인터뷰, 르네 데리다와의 인터뷰 및 이블린 데리다와의 인터뷰.

25) 'nostalgie'와 'Algérie'의 합성어이다. ─ 옮긴이

26) Marcello-Fabri, "Nostalgérie", éds. Jean-Jacques Jordi and Jean-Louis Planche, *Alger 1860-1939*, Autrement, n°55, 2001, p. 94.

가족과 그 자신이 입은 상처를 넘어 알제리 전쟁은 또한 데리다의 모든 정치적 사상의 효소 가운데 하나가 되었다. 프랑스에서 여러 해 동안 그는 지나치게 논쟁적인 이 주제를 공개적으로 언급하는 것을 피했다. 하지만 1987년에 일본에서 가진 한 대담에서 그는 알제리인들이 독립을 위해 펼쳤던 투쟁에 전적으로 동의하면서 그 자신 오랜 동안 "알제리의 프랑스인들에게 그 나라에서 계속 살게 해줄 수 있는 해결책", "취해진 적이 없는 독창적인 해결책"[27]을 희망했었다는 사실을 인정하고 있다.

극소수의 사람들과만 공유했지만, 그러나 데리다는 이와 같은 근본적인 확신을 일관되게 지지하게 된다. 2004년 6월 22일, 그가 참가했던 마지막 텔레비전 프로에서 그는 이스라엘과 팔레스타인 문제에 대해 다음과 같이 덧붙이기 전에 이 두 주권 국가를 인정하는 문제의식과는 다른 형태의 문제의식에 우호적이라고 선언했다. "심지어 알제리와 프랑스 사이에서까지도, 내가 독립 운동을 찬성하긴 했지만, 알제리인들이 고통을 덜 받았을, 그리고 주권이라고 하는 엄격한 무조건성을 무시하는 것과 같은 그런 종류의 타협도 있습니다."[28]

용서와 화해, 불가능한 것과 환대에 대한 데리다의 미래 담론은 여러 점에서 이와 같은 알제리에서 겪은 상처의 반향처럼 보인다. 1990년대에 넬슨 만델라와 같은 존경할 만한 "인물" 덕택으로 도래한 남아프리카공화국의 상황은, 알제리를 위해 데리다가 줄곧 생각했던 화해의 모델이 환상이 아니었다는 점을 분명하게 보여 준다고 하겠다. 아파르트헤이트와

---

27) Jacques Derrida · 生方淳子 · 港道隆, 「自伝的な "言葉": pourquoi pas (why not) Sartre」, 『現代思想』, 15卷 8號, 1987年 7月, 1987년 3월 23일의 인터뷰.

28) "Culture et dépendances", Channel France 3, 22 June 2004.

그것의 장래, 또는 이스라엘-팔레스타인 분쟁에 개입하면서 데리다는 알제리, 그의 안에 자리 잡고 있는 알제리인으로서의 모습을 끊임없이 추억하게 된다. 만일 이런 요소들이 없었다면 그에게서 그 나머지 모든 것은 쉽사리 이해하지 못했을 것이다.

데리다는 그의 마지막 인터뷰 중 하나에서 이렇게 선언하고 있다. "나의 청소년기는 32세까지 지속되었습니다."[29] 그의 첫 번째 저서의 완성, 새로운 이름의 채택,[30] 알제리의 독립은 한 시대의 종말을 고하는 1962년에 발생했던 주요 사건들이다.[31] 이 시기의 결과는 그 다음 달부터 벌써 감지되기 시작한다.

---

29) "Les voix d'Artaud", interview with Evelyne Grossman, *Le Magazine littéraire*, no. 434, September 2004.

30) 데리다는 『기하학의 기원』을 출간하면서 '자키'(Jacquie)라는 이름 대신에 '자크'(Jacques)라는 이름을 사용하고 있다.—옮긴이

31) 장뤽 낭시 또한 1962년을 중요한 전환점으로 여기고 있다. 그는 「알제리의 독립, 데리다의 독립」이라는 제목의 글에서 '차연'이라는 개념의 등장과 알제리의 독립—이 전쟁의 쟁점은 "하나의 기원에서의 재용해라기보다는 아직도 다가올 하나의 '기원'의 발명이었다—을 병치시키고 있다(Jean-Luc Nancy, "L'indépendance de l'Algérie, l'indépendance de Derrida", éd. Mustapha Chérif, *Derrida à Alger, un regard sur le monde*, Actes Sud-Barzakh, 2008, pp. 19~25).

2부

데리다

1963~1983

1장_ 후설에서 아르토까지
1963~1964

『기하학의 기원』은 제목 바로 뒤에 있는 '자크 데리다의 번역과 서문'이 라는 문구와 함께 후설의 이름으로만 출간되었다. 이 첫 번째 출판물부터 데리다는 마침내 자신의 이름이었던 '자키'를 공식적으로 포기하게 된다. 이것은 서명에 대한 문제를 하나의 완전한 철학적 주제로 여기는 사람에 게는 보기보다 훨씬 더 중요한 결정이었다. 그는 이 문제에 대해 이렇게 설명하고 있다.

내가 출판물을 내기 시작했을 때, 즉 말하자면 내가 나름의 방식대로 '예 의'를 지킨 문학적 또는 철학적 합법성의 공간으로 진입하기 시작했을 때, 나는 내 이름을 바꾸었습니다. 저자의 이름으로 '자키'는 어울리지 않는다는 것을 알았을 때, 그리고 절반 정도는 가명에 가까운 내 진짜 이 름, 하지만 더 프랑스적이고 기독교적이며 간단한 이름을 선택하면서, 나는 몇 마디로 말할 수 있는 것보다도 더 많은 것을 지워야 했습니다.[1]

---

1) Jacques Derrida, *Points de suspension*, Galilée, 1992, p. 354.

여러 면에서 『기하학의 기원』은 흥미로운 책이었다. 우선, 양적인 면에서 그랬다. 후설의 글은 프랑스어 판본으로 겨우 43쪽인 데 반해, 서문 부분은 170쪽으로 이루어져 있다. 하지만 무엇보다도 이 저서의 근본적인 애매성 때문에 그랬다. 앞의 몇 쪽에서 데리다는 자신의 주장을 신중한 말로 제시한다. "우리의 유일한 열망은 이 텍스트에서 미완성 상태에 있는 후설의 사유의 한 단계를 그 구체적인 전제들과 더불어 알아보고 정위시키는 것이다."[2] 데리다의 말을 곧이곧대로 받아들인다면, 그가 단순히 후설의 의도에 가능한 한 가까이 다가가고자 시도하는 것이 문제라고 생각할 수 있다. 하지만 우리가 여기저기 산재해 있는 장황한 주석들로 이루어진 이 미로 같은 분석에 빠져들면 들수록, 데리다는 "우리를 후설 현상학의 전체적 면모로 인도하고자 하는 과도한 열망에 더욱더 추동되고"[3] 있는 듯이 보인다. 더군다나 그는 후설의 전체 기획에 대해 의문을 제기하고 있는 것으로 보인다. 그리고 이 책의 마지막 장에 가서야 비로소 아직까지는 암시적이지만, 미래의 데리다 자신의 작업으로 예정된 개념들, 가령 '근원적 지연'(retard originaire)과 '차연'(différance) 등과 같은 개념들이 등장하고 있다.

데리다는 이 책에서 폴 리쾨르와 트란뒥타오를 제외하고 동시대 철학자들을 전혀 참조하지 않았다. 독자들은 공식적인 주석자들을 모두 제

---

2) Jacques Derrida, "Introduction", Edmund Husserl, *L'origine de la géométrie*, PUF, 1964, p. 5.

3) Rudolf Bernet, "La voie et le phénomène", éds. Marc Crépon and Frédéric Worms, *Derrida, La tradition de la philosophie*, Galilée, 2008, p. 67. 독자들이 제목을 통해 짐작할 수 있기는 하지만, 이 글에는 『기하학의 기원』 입문에 대한 상세하고 탁월한 주해가 포함되어 있다.

치고 후설의 글로 곧장 달려가려는 의지 같은 것을 느낄 수 있다. 사르트르는 거의 인용되지 않으며, 데리다가 메를로퐁티를 언급할 때, 그가 "메를로퐁티의 해석에 정면으로 대항하려는 해석의 유혹"을 느꼈다는 사실을 전혀 숨기지 않았다.[4] 서문 부분의 핵심에서 데리다는 에드문트 후설의 주장과 제임스 조이스의 그것 사이의 예상치 못한 병치를 전개하고 있다. 몇 쪽에 걸쳐 그는 "후설에 의해 탐구된 일의성(一義性, univocité)과 조이스에 의해 일반화된 모호성(équivoque)"을 대립시키고 있다. 전자는 "경험적 언어를 철저하게 투명성으로까지 환원시키거나 빈곤하게 만드는 데" 주력하는 반면, 후자는 각각의 언어적 원자의 영혼 사이에 매장되어 있고, 축적되어 있으며, 교차된 의도들의 가장 강력한 힘"을 야기하는 글쓰기, "모든 언어들을 단번에 순환시키고, 그 언어들의 힘을 모으며, 그것들의 가장 비밀스러운 화음을 실현하는" 글쓰기를 작동시키는 데 주력한다.[5] 분명 데리다의 나머지 주석들의 내용과 어긋나는 이 기묘한 병

---

4) 데리다가 메를로퐁티와 사적인 접촉을 거의 하지 않았다는 점은 이상하게 보일 것이다. 메를로퐁티가 고등사범학교에서 철학 교수자격시험의 일환으로 구두시험을 치른 1950년 또는 1951년에 데리다는 그를 단 한 번 만났던 것 같다. 프랑수아즈 다스튀르에 따르면, 데리다는 『기하학의 기원』 번역에 착수했던 1956년 또는 1957년 무렵에 메를로퐁티와 통화를 한 적이 있었다. 윌름 가에서 보낸 4년 동안, 데리다는 가까이에 있는 콜레주 드 프랑스에서 있었던 메를로퐁티의 강의를 들으러 가지 않았다. 메를로퐁티는 1952년부터 1961년 5월 사망하기 전까지 그곳에서 강의를 했다. 1959년에서 1960년 사이 데리다가 르 망에 있을 때, 메를로퐁티는 『기하학의 기원』에 주로 초점을 두면서 후설에게서 "생각되지 않은 것"을 주제로 강의를 했다(후설의 『기하학의 기원』에 대한 강의 노트는 1998년에 PUF에서 출간되었다). 하지만 데리다와 메를로퐁티의 후설 해석은 완전히 독립적으로 전개되었다. 사르트르에 대한 강한 공격에도 불구하고, 데리다는 메를로퐁티보다 그에게 보다 더 친밀감을 느꼈으며, 그의 저서를 더 많이 읽었다. 데리다는 『눈먼 자들에 대한 기억들』(1990)과 무엇보다 『접촉에 대하여: 장 뤽 낭시』(2000)에서 메를로퐁티를 언급하지만, 언제나 아주 비판적인 어조를 유지하고 있다.
5) Derrida, "Introduction", Husserl, L'origine de la géométrie, pp. 104~107.

치는, 모든 의도[말하고자-함(vouloir-dire)]를 넘어 문학과 글쓰기에 의해 출몰하는 현상학자로서 그 자신의 분신과 마주하게 만드는 듯하다.

이 첫 번째 출간물의 기술적 성격에도 불구하고, 데리다는 문학적 기획을 전혀 포기하지 않았다. 여러 잡지에 몇 차례의 협력을 시도했던 그는 미셸 모노리와 함께 작은 책을 한 권 계획한다. 모노리는 군복무를 마친 뒤에 오를레앙에서 프랑스어를 가르치고 있었다. 모노리는 문학사 학위논문을 『밤의 가스파르』(Gaspard de la nuit)와 산문시의 탄생'을 주제로 썼다. 데리다는 세게르(Seghers) 출판사에서 기획한 '오늘날의 시인' 총서에 『밤의 가스파르』의 저자인 알루아쥐스 베르트랑에 대해 함께 책을 쓰자고 제안했다.[6] 만일 편집자가 다가올 몇 해 동안 출판해야 할 목록이 가득 차 있기 때문에 "알루아쥐스 베르트랑에 대한 책 출판을 기획하는 것"[7]이 불가능하다고 말하는 대신 일말의 뜨거운 반응을 보였더라면, 이 생각은 구체적인 결과물로 탄생했을 것이다. 이 다소 흔치 않은 기획은 사그라들기 시작한 그들의 위대한 우정에 다시 불을 지피려는 시도이지 않았을까?

비록 언론이나 대중의 눈에 띄지 않고 지나갔지만, 『기하학의 기원』의 출판은 철학계에서 주목을 받았으며 큰 환영을 받았다. 데리다가 진정으로 존경하고, 종종 자신의 "철학적 초자아"라고 규정했던 뛰어난 인식론자인 조르주 캉길렘이 그에게 축하 인사를 전한 첫 번째 사람이었다.

---

6) 데리다가 미셸 모노리와 피에르 세게르에게 보낸 1962년 11월 2일 편지.
7) 피에르 세게르가 데리다에게 보낸 1962년 11월 15일 편지.

만사를 제쳐 두고 책의 마지막 장까지 단숨에 읽은 지 오래—몇 달 정도—되었네. 이것은 내가 자네의 연구 수준을 높이 평가한다는 말일세. 그도 그럴 것이 『기하학의 기원』의 서문을 중단 없이 읽었고, 또 익숙지 않은 지적 만족감을 느꼈기 때문일세. [⋯] 가장 먼저 하고 싶은 말은, 자네의 '입문' 부분의 분량과 후설의 글 자체의 분량을 비교하면서 내가 미소를 지었다는 것일세. 하지만 지금은 더 이상 미소 짓지 않네. '입문' 부분이 그렇게 긴 것은 모든 것이 필요불가결하기 때문일세. 분량을 채우기 위해 하는 말이 하나도 없다는 말일세. [⋯] 자네를 신뢰하는 첫 번째 사람은 내가 아니네. 바로 장 이폴리트네. 자네에 대한 나의 신뢰는 그에게서 왔네. 하지만 이제 내 신뢰도 정당성을 얻었네.[8]

캉길렘은 찬사를 보내면서 데리다의 연구가 "약속된 성공처럼 결실을 맺기를" 바랐다. 이것은 단순한 입바른 칭찬이 아니었다. 캉길렘은 「『기하학의 기원』의 서문」이 명망 있는 장 카바이예스 상을 수상하도록 만든 장본인이었기 때문이다.

몇 주 후, 1961년에 『광기의 역사』를 출판하고 이미 큰 명성을 얻었던 미셸 푸코 또한 그의 "소중한 친구"에게 열광을 표현했다.

자네에게 『기하학의 기원』의 입문에 대한 감사의 말을 전하기 위해, 나는 내가 책을 다 읽고, 또 다시 한 번 읽을 때까지 기다렸네. 이제 나는 책을 다 읽었네. 내가 자네에게 전할 말은 바보 같게도 내가 감탄하고 있

---

8) 조르주 캉길렘이 데리다에게 보낸 1963년 1월 1일 편지.

다는 것뿐이네. 좀 더 보태겠네. 나는 자네가 이제 완벽한 후설 전문가라는 사실을 알게 되었네. 자네의 책을 읽으면서 현상학이 끊임없이 약속해 왔지만 아마도 불모화되어 버린 철학함의 다양한 가능성들을 자네가 끌어내고 있다는 인상 또한 받았네. 그리고 이 가능성은 자네의 손 안에 있으며, 자네의 손을 거쳐 가고 있네. 분명 우리에게 ─ 그리고 다가올 미래에 있어 ─ 철학의 첫 번째 행위는 '독서'네. 자네가 한 독서는 정확히 철학의 행위로 제시되고 있네. 이런 이유로 자네의 독서는 위엄 있는 정직성을 갖게 된 것이네.[9]

이 책의 첫 출간은 심지어 소르본에서도 큰 환영을 받았다. 폴 리쾨르는 완전히 후설 연구에 전념하고 있는 연구자들로 구성된 세미나를 시작했다. 리쾨르는 첫 번째 세미나에서 데리다가 『기하학의 기원』에 대한 그의 연구를 발표해 주기를 원했다. "자네를 이렇게 초대하는 것은, 내가 읽기 시작한 지 얼마 되지 않은 자네의 책에 대한 내 존경의 […] 표시이네."[10] 이어지는 몇 달 동안 데리다는 자주 이 친절하면서도 격렬한 분위기에서 이루어진 세미나의 토론에 참여했다. 루뱅 대학에서 제작한 마이크로필름들의 일부는 파리에 보관되어 있었다. 후일 데리다에게 보낸 편지에서 리쾨르는 그와 공유했던 후설의 원고에 대한 연구를 언급하고 있다. 실제로 이 원고는 두 사람에게서 "모범적인 지적 정직성에 의해 이루

---

9) 미셸 푸코가 데리다에게 보낸 1963년 1월 27일 편지. Marie-Louise Mallet and Ginette Michaud éds., *Derrida, Cahier de L'Herne*, L'Herne, 2004, pp. 109~110에서 재인용.
10) 폴 리쾨르가 데리다에게 보낸 1963년 3월 5일 편지.

어진 연구에 대한 존경심"[11]을 일으켰다.

『기하학의 기원』의 출간은 또한 소르본의 가장 우수한 학생들 사이에서 데리다의 위신을 강화시켜 주었다. 프랑수아즈 다스튀르는 이렇게 증언하고 있다. "1960년대 초 메를로퐁티의 갑작스러운 죽음 이후에도 현상학은 여전히 지배적인 철학의 위용을 자랑하고 있었어요. 지정 과제의 범주에서 데리다는 소모임을 형성하고자 했던 학생들에게 그들 각자가 후설 현상학에서 정확한 주제에 집중하라고 조언했어요. 이렇게 해서 나는 대학 밖에서 한 주에 한 번 만나는 두 연구 모임에 참여했습니다. 하나는 『논리 연구』에 관련된 모임이었고, 다른 하나는 나와 같은 게르만 학자들에 의해 조직된 『이념들 I』의 번역에 착수한 모임이었습니다. 데리다는 1학기에 한 번 정도 이 그룹들에 참석하곤 했습니다. 우리 대부분에게 그것은 후설의 사유에 빠져들고, 그것도 이 사유에 근본적인 물음을 던지는 데 가장 많은 기여를 한 사람들 중의 한 명의 안내로 그렇게 할 수 있는 소중한 기회였습니다."[12]

마치 잃어버린 시간을 보상받기라도 하듯, 데리다의 상황은 몇 개월 안에 극적으로 변화해 갔다. 중요한 만남들이 이루어졌고, 도처에서 논문과 학회 발표 요청이 그에게 쇄도했다. 『기하학의 기원』 입문을 끝내는 데 몇 년을 보냈던 그는 이제 다양한 주제들에 대한 몇몇 중요한 글들을 쓰게 된다. 마치 이러한 의뢰들을 통해 데리다는 새로이 드러난 자신을

---

11) 폴 리쾨르가 데리다에게 보낸 2000년 4월 7일 편지.
12) 프랑수아즈 다스튀르와의 인터뷰.

보는 듯했다. 푸코에게 보내는 편지에서 설명했듯이 데리다는 이제 그 자신의 고유한 글쓰기 스타일을 찾아 나서게 된다.

현재 우리 사회 — 특히 대학 사회 — 가 부과한 것과 같은 형태의 대학 연구는, 제게 본질적인 과제일 수 있는, 필수적인(치명적이기도 합니다. 이런 이유로 이와 같은 임무를 감추는 것은 저를 보호하고 또 동시에 안심시키기도 합니다) 것으로부터 제 집중력을 고통스럽게도 흩뜨려 놓습니다. 가령, 제가 '나'(Je)라고 말할 수 있고, 또 제가 『형이상학적 일기』(Journal métaphysique)가 가진 부끄러움이나 기쁨 없이 저 자신에게 '나'라고 말할 수 있는 '철학적' 글쓰기의 유형이 그것입니다.[13]

장 발은 권위 있는 철학학교(Collège philosophique)에서 자유 주제로 발표를 해달라고 데리다를 초청했다. 데리다는 자신에게 강력한 인상을 남긴 『광기의 역사』에 대해 발표하기로 결정했다. 이 책을 처음 읽었을 때 데리다는 푸코에게 "이 저서의 기저에 다소간 소리 없는 저항, 공식화될 수 없는 또는 아직 공식화되지 않은 저항"이 그 자신으로 하여금 "그의 책에 충실할 수도 있는 이성에 대한 찬가와 같은 어떤 것"[14]을 쓰고 싶은 욕구를 주었다는 사실을 숨기지 않았다. 한 해가 지난 후, 데리다는 매우 조심스럽게 나중에 유명해질, 즉 자신의 옛 스승과의 관계를 완전히 바꿔 놓는 글의 계획을 푸코에게 간단히 설명했다. 데리다는 푸코에

---

13) 데리다가 미셸 푸코에게 보낸 1963년 2월 3일 편지. 『형이상학적 일기』는 갈리마르 출판사에서 1927년에 처음 출간된 가브리엘 마르셀의 저서이다.
14) 데리다가 미셸 푸코에게 보낸 1962년 2월 2일 편지.

게 자신의 책을 "색다른 즐거움"과 함께 크리스마스 휴가 동안 다시 읽었고, 지금은 데카르트에게 할애된 부분에 집중하는 "발표문을 쓰는 데" 주력하고 있다고 말했다. "저는 선생님의 데카르트 독해가 합법적이며 탁월하다는 것을—개략적으로—보여 주려 할 것입니다. 하지만 깊은 차원에서 보면 그 텍스트는 선생님께서 이용하신 차원일 수는 없다고 생각하며, 또한 저는 그 텍스트를 선생님께서 읽은 방식과 완전히 똑같은 방식으로 읽지 않을 것입니다."[15]

이 편지의 '추신'에도 다소간 가시가 돋아 있었다. 데리다는 푸코에게 매주 월요일 방송되는 그의 라디오 프로그램에 대해 감사의 말을 전했다. 데리다는 특히 그 전 주의 방송, 즉 앙토냉 아르토에 할애된 방송에 각별한 인상을 받았다고 했다. "저는 오랫동안 아르토에 대해 선생님의 말씀과 생각을 공유해 왔습니다. 아르토는 제가 다시 읽어야 할 필요가 있는, 또는 좀 더 낫게, 좀 더 참을성 있게 읽어야 하는 또 한 사람입니다…"

1964년 3월 4일 월요일, 오후 6시 30분, 렌느 거리 44번지, 생제르맹데프레 교회의 맞은편에 있는 철학학교에서 데리다는 파리에서의 그의 첫 번째 발표를 하게 된다. 이 발표가 바로 '코기토와 광기의 역사'이다. 미셸 푸코는 청중으로 참석했다. 데리다는 『광기의 역사』에 찬사를 보내면서 발표를 시작했다. 푸코의 학생이었던 사람으로서 그는 "논박"은 아니더라도 적어도 "스승과 대화를 해야 하는" 지금 이 순간, 그 자신 "스승을 존경하며 감사하는 제자"라는 미묘한 위치에 있다고 말했다. 하지만

---

15) 데리다가 미셸 푸코에게 보낸 1963년 2월 3일 편지.

데리다는 곧 자신의 진짜 색깔을 드러냈다.

저의 출발점은 사소하고 인위적인 것으로 보일 수 있습니다. 673쪽 분량
의 이 책에서 미셸 푸코는 네 쪽을(54~57) — 또한 2장의 일종의 프롤로
그에서 — 데카르트의 『성찰』 첫 부분의 몇 구절에 할애하고 있습니다.
이 구절에서 광기, 착란, 정신분열, 비정상은 철학계의 위엄으로부터 배
제되고, 축출되고, 추방되고 있는 듯이 보이며(저는 '보인다'는 표현을 강
조하는 바입니다), 철학적으로 숙고해야 할 권리가 부인당하며, 데카르
트에 의해 소환되자마자 재판정으로부터, 본질적으로 광기'일' 수 없는
코기토 앞에서 철수당하는 것처럼 보입니다.[16]

부분적으로 보일지라도 이 구절에 대한 독해는 데리다의 눈으로 보
면 아주 중요한 쟁점이 결부되어 있었다. 만일 우리가 "푸코의 기획 전체
의 의미가 암시적이고 다소 불가사의한 이 몇 쪽에 정박되어 있다"라는
그의 주장을 신뢰한다면 말이다. 데카르트의 『형이상학적 성찰』의 첫 부
분을 단어 하나하나 읽으면서, 그리고 라틴어 기원을 추적하면서, 데리다
는 푸코에 의해 이루어진 독해를 참을성 있게 또 철저하게 문제 삼았다.
그리고 광기에 대한 정의까지를 포함해 푸코가 쓴 책의 여러 전제들이 점
차 데리다의 분석을 통해 의심 속에 던져지고 또 흔들리게 되었다.
　푸코의 첫 번째 반응은 다소 긍정적이었다. 그는 9년 후에 터질 격렬

---

16) Jacques Derrida, "Cogito et histoire de la folie", *L'écriture et la différence*, Seuil, 1967, p.
52.

한 논쟁에 대한 아무런 암시도 없이 데리다의 비판을 충분히 이해할 준비가 되어 있는 듯이 보였다.

> 자네도 그렇게 생각하겠지만, 일전에 나는 내가 원하던 방식대로 자네에게 감사의 말을 할 수 없었네. 나에 대한 자네의 너무 관대한 말 때문만이 아니라, 그것 때문만이 아니라, 자네가 나에게 기울여 준 어마어마하고 경탄할 만한 주의 때문이었네. 나는 내가 하길 바랐던 것의 핵심에 한 치의 오차도 없이 도달하고, 또 그것을 넘어서는 자네의 지적이 지닌 '강직함'에 깊은 인상을 받았네. 너무나도 인상적인 나머지, 사전 준비도 없던 나는 깜짝 놀랐으며, 내가 했어야 할 말을 서툴게 하기까지 했네. 나는 분명 내 논문에서 코기토와 광기 사이의 관계를 아주 오만하게 다루었네. 바타유와 니체를 경유해 나는 이 관계로 천천히, 그리고 많은 우회를 거쳐 돌아왔네. 자네는 위풍당당하게 지름길을 보여 주었네. 자네는 내가 왜 자네에게 이처럼 큰 빚을 지고 있는지를 이해할 걸세.
>
> 자네가 원한다면 […] 자넬 만나면 아주 기쁠 것 같네. 나의 깊고, 충실한 우정을 믿어 주게.[17]

몇 달 후, 데리다의 글이 『형이상학과 도덕 잡지』(*Revue de méta-physique et de morale*)에 실렸을 때, 약간 뉘앙스가 가미된 방식이었지만 푸코는 여전히 데리다를 안심시켰다. "자네의 글이 학술지에 실렸다

니, 나는 그것이 잘된 일이라고 생각하네(여기서 나는 자만심이 강한 사람으로서 이야기하고 있네). 눈이 먼 자들만이 자네의 비판이 가혹하다고 생각할 것이네."[18] 그리고 출판된 판본을 "열의를 갖고 다시 읽은 후에", 푸코는 자신이 다시 "이 글이 나에게 논리적 궁지를 남겨 둠과 동시에 또 내가 생각하지 못했던 사유의 길을 열어젖힐 정도로 급진적이고 포괄적인 방식으로 문제의 핵심에 도달하고 있다는 것을 납득하게" 되었다고 말했다.[19] 이러한 우정의 관계는 몇 년 동안 더 지속된다. 우리는 그들의 관계가 어떻게 그리고 왜 악화되었는지 나중에 살펴보게 될 것이다.

『기하학의 기원』의 출간을 통해 데리다는 루이르그랑과 고등사범학교 때 만났던 몇몇 동기들과 다시 만날 수 있는 기회를 갖기도 했다. 갈리마르에서 출간된 두 권의 시 모음집을 포함하여 이미 네 권을 저술한 미셸 드기는 데리다에게 권위 있는『크리티크』(Critique) 지에 글을 보내 보라고 권유했다. 1946년에 조르주 바타유가 창간한 이 잡지는 1962년 7월에 그가 사망한 후, 그의 처남인 장 피엘이 운영하고 있었다. 이 잡지의 편집위원회는 롤랑 바르트, 드기, 푸코 등으로 구성되어 있었다.

1960년대 초의 젊은 지성 잡지였던 『크리티크』는 출간을 위한 이상적인 잡지였다. 데리다의 동창생들, 가령 아비라세드, 그라넬, 주네트 등과 같은 사람들도 그 세대의 다른 중요한 작가들 대부분이 그랬던 것처럼 이미 『크리티크』지에 글을 실었다. 『레탕모데른』, 『에스프리』, 『텔켈』지

---

18) 미셸 푸코가 데리다에게 보낸 1963년 10월 25일 편지.
19) 미셸 푸코가 데리다에게 보낸 1964년 2월 11일 편지.

와는 달리『크리티크』지는 파벌이나 집단적 성향이 전혀 드러나지 않았다. 바타유가 원했듯 이 잡지는 일반화를 겨냥했다.『크리티크』는 매월 프랑스나 외국에서 출간된 책들에 대해 단순한 비평 이상이길 겨냥하는 글들을 실었다. "이 글들을 통해『크리티크』는 문학 창조 영역, 철학 연구, 역사, 과학, 정치학, 경제학의 연구 안에서 이루어지는 인간 정신의 다양한 활동에 대한 가능한 한 완전한 개요를 제공하려 하였다."[20]

미셸 드기 — 이 잡지에 데리다에 관한 첫 번째 논문인 「후설에 대한 재독(再讀)」[21]을 썼다 — 는 데리다에게『크리티크』지에 "거의 원하는 만큼의 텍스트"[22]를 제안할 수 있다고 말해 주었다. 드기는 이 '거의'라는 말이 데리다에게 그대로 적용될지 아직은 알지 못했다. 데리다는 처음에 에마뉘엘 레비나스의『전체성과 무한』에 대한 서평을 쓰려고 했다. 하지만 이 글을 쓰기 위해서는 평화롭고 조용한 여름이 필요하다는 것을 알고, 그는 조제 코르티(José Corti) 출판사에서 최근에 출간된 장 루세의『형식과 의미: 코르네유에서 클로델까지 문학적 구조에 관한 에세이』에 대한 글을 먼저 구상했다. 미셸 푸코 또한 데리다와『크리티크』지와의 첫 번째 공동 작업에 기뻐했다. 이제 데리다에게 글을 쓰는 일은 완전한 헌신을 요구하는 매우 진지한 행위가 되었다. 메모들을 모은 후에, 데리다는 일종의 장엄한 의식 속에서 글을 썼다.

---

20) 1946년 6월 창간호. 더 자세한 내용에 대해서는 Sylvie Patron, *Critique, 1946-1996, une encyclopédie de l'esprit moderne*, éditions de l'IMEC, 1999를 참조할 것.
21) *Critique*, no. 192, May 1963.
22) 미셸 드기가 데리다에게 보낸 1963년 1월 6일 편지.

내게 중요한 텍스트들, 얼마간 '글쓰기'라는 신성한 느낌을 갖는 텍스트들을 위해서라면, 나는 심지어 보통 펜들을 버리기까지 한다. 나는 긴 펜대를 잉크에 집어넣는다. 특별한 깃대가 달린 펜촉은 부드럽게 꺾이고, 국제용 자판이 있는, 내가 해외에서 구입한 첫 올리베티 타자기 아래 멈출 때까지 나는 끊임없이 원고와 예비적 판본들을 적어 내려 간다.[23]

데리다는 1963년 봄의 끝자락에 장 루세의 저서에 대한 글을 완성해 장 피엘에게 보냈다. 장 피엘은 열광과 당혹감을 동시에 느끼면서 즉각 반응했다. 데리다의 글은 수준이 높았으며, 그가 매우 중요한 동시대적 문제를 거론하고 있는 만큼 『크리티크』에 실린다는 것은 아주 고무적인 일이었다. 하지만 그는 이 글의 분량—40쪽 가량—에 경악했으며, 두 부분으로 나누어야 했다. 데리다는 이 생각을 그다지 반기지 않았고, 장 피엘은 결국 「힘과 의미」를 6월과 7월에 나누어 두 번에 걸쳐 실었다.

이 글을 여는 조건문은 탁월하며, 장엄한 동시에 우울하다. "구조주의가 그간 지배하며 이루었던 업적들과 기호들을 우리 문명의 해변에 방치하고 어느 날 물러가 버린다면, 그 지배상은 사상의 역사가에겐 하나의 문제점이 될 것이다."[24] 구조주의는 프랑스에서 3~4년 후에나 대중적인 정점에 달하게 되지만, 젊은 데리다에게 그것은 벌써 과거로부터 물려받은 유산, 유물에 지나지 않았다.

---

23) Jacques Derrida, *Papier Machine*, Galilée, 2001, pp. 152~153.
24) Jacques Derrida, "Force et signification", *Critique*, no. 193~194. 이 글은 Derrida, *L'écriture et la différence*에 재수록되었다. 이 책에서는 자크 데리다가 원했듯이, 그의 모든 저작의 제목에 소문자를 사용한다. 그는 글쓰기, 차이, 목소리 또는 현상처럼 단어들이 대문자에 의해 치켜세워지는 것을 피하려 했다.

「힘과 의미」의 어조는 어디에서 — 어쩌면 모리스 블랑쇼에게서? — 왔는지 모른다. 이 텍스트가 지닌 탁월함과 다양한 참고문헌들 — 라이프니츠와 아르토, 헤겔과 말라르메에 이르는 — 로 보면, 그것은 난데없이 나타난 것처럼 보인다. 하지만 이 텍스트는 데리다의 독자들이 진지하게 고려해야 할 필요가 있다고 느끼는 사유와 글쓰기 양식을 분명하게 보여 주고 있다. 이 글이 장 루세의 책에 대한 긍정적인 서평이라 하더라도, 데리다가 "최고의 미묘한 구조주의적 형식주의의 최악의 흥분"이라고 부른 것에 대한 일련의 치명적인 일격을 다루면서 장 루세 책의 기본적인 전제들을 훼손하고 있다. "루세가 초대한 이 글을 다시 읽을 때, 내부에서 빛을 위협하는 것, 그것은 모든 구조주의를 형이상학적으로도 위협하는 것인데, 그것은 바로 드러내는 행위 자체에 의해 감춰진 의미를 숨기는 것이다."[25] A. 말로의 그 유명한 말을 바꾸어 말하면, 여기에서 우리는 철학적 개념들이 문학적 비평으로 난폭하게 침입하는 것을 목격하게 된다. 4년 후 『글쓰기와 차이』의 첫 장이 될 이 긴 텍스트에는 곧 '문화연구'로 알려지는 한 연구 분야를 정초하는 행위가 포함되어 있다.

1963년에 데리다는 지칠 줄 모르고 글을 썼다. 탁월한 후설 전문가로서 이름을 알린 이후, 데리다는 파리의 지식인들 가운데 중요한 인물, 무시해서는 안 되는 인물들 중 한 명이 되었다. 첫 아들 피에르가 태어난 직후인 4월 10일, 그는 『크리티크』에 실을 새로운 글을 쓰는 데 몰두했다. 최근 갈리마르에서 출간된 에드몽 자베스의 『질문들에 관한 책』(*Le livre*

---

25) Derrida, *L'écriture et la différence*, p. 44.

des questions)에 대한 짧은 글이었다. 데리다가 그때까지 개인적으로 알지 못했던 이 책의 저자는 1912년 카이로에서 프랑스어를 사용하는 유대인 집안에서 태어났다. 유대인이었기 때문에 그는 1956년 수에즈운하 위기 때 이집트에서 강제 추방되어야 했다. 1959년에 출간된 『나는 내 거주지를 짓는다』(*Je bâtis ma demeure*)라는 첫 번째 시집은 즉각 쥘 쉬페르비엘, 바슐라르, 카뮈의 찬사를 받았다. 『질문들에 관한 책』은 총 7권이 될 시리즈의 첫 번째 책이었다.

'에드몽 자베스와 책의 문제'라는 제목의 텍스트는 전통적 비평과 조금도 닮은 점이 없었다. 자베스를 많이 인용하면서, 그것들을 그려 내도록 그의 문장들 사이로 들어가면서, 이 텍스트는 공감의 형태에 의지하고 있다. 데리다는 이 텍스트에서 유대주의에 대해 처음으로 말하고 있다. 자베스의 관심과 데리다 자신의 관심 사이의 가까움은 분명해 보인다.

어떤 점에서 자신이 유대교 소속이라는 것을 아주 늦게 발견했다고 인정하고 있는 자베스에게, 유대 민족은 고통스러운 알레고리에 불과하다. "당신들 모두는, 반유대주의자들까지도 유대인들이다. 당신들 모두 순교자로 지명되었기 때문이다." 자베스는 민족의 더 이상 상상 속 이들이 아닌 형제들, 그리고 랍비들과 더불어 자신을 설명해야 한다. 그들은 이러한 보편주의, 본질주의, 무미한 알고리즘과 상징적인 영역과 상상적인 영역에서의 사건에 대한 중성화를 이유로 그를 비난할 것이다. "나를 향해, 민족의 형제들이 말했다.

넌 유대인이 아니야. 유대교 회당에 오지 않으니…".[26]

하지만 적어도 데리다를 매혹시킨 것은, 자베스가 끊임없이 제시하는 글쓰기와 유대주의 사이의 연결 고리였다. "유대인이 된다는 것의 어려움은 글을 쓴다는 것의 어려움과 합치된다. 왜냐하면 유대주의와 글쓰기는 오직 똑같은 기다림, 똑같은 희망, 똑같은 고갈이기 때문이다."[27]

이 텍스트는 1964년 2월이 되어서야 출판되었다. 하지만 자베스는 친구들을 통해 이 텍스트에 대해 알게 되었고, 1963년 10월 4일에 처음으로 데리다에게 편지를 보냈다. 원고를 읽은 직후 그는 데리다에게 그의 열광을 전달했다. "매우 훌륭한 글입니다. 나는 즉각 당신에게 이 말을 전하고 싶습니다. […] 당신이 열어 놓은 길은 그 길이 어디로 나를 인도할지 사전에 알지 못한 채 내가 뛰어들었던 길입니다. 당신의 글을 읽고, 나는 내가 그 길을 언제나 알고 있었다는 느낌을 받을 정도로 매우 분명하게 그 윤곽을 그릴 수 있었습니다."[28] 몇 달이 지난 후, 그는 데리다에게 다시 한 번 그의 명료한 연구에 감사를 전했다. "나는 당신에게 큰 기쁨을 빚졌습니다. 지금부터 당신의 글을 읽은 사람들은 나의 글을 깊이 있게 읽을 수 있을 것입니다."[29] 이렇게 데리다와 에드몽 자베스와 그의 아내인 알레트와의 친밀한 우정이 시작되었다. 자베스 부부는 고등사범학교 근처에 있는 에페드부아 가에 살았고, 해서 그들은 자주 만나게 되었다.

---

26) *Ibid.*, p. 112.
27) *Ibid.*, p. 100.
28) 에드몽 자베스가 데리다에게 보낸 1963년 10월 10일 편지.
29) 에드몽 자베스가 데리다에게 보낸 1964년 2월 13일 편지.

자베스와의 가까운 관계에 더해 데리다는 가브리엘 부누르와의 더욱더 중요한 우정을 맺게 된다. 오늘날 부누르는 잊혔지만 당대에는 아주 중요한 인물이었다. 1886년에 태어났으므로 데리다가 그와 교류를 할 때 그는 이미 나이가 아주 많았다. 부누르는 시오랑에 의해 운영되는 '슈민느망'(Cheminement) 총서에서 '사방치기'(*Marelles sur le parvis*)라는 제목의 책 한 권만을 출판했다. 하지만 『신프랑스평론』과 다양한 종류의 잡지에 실리는 그의 정기 칼럼들은 그를 당대의 가장 영향력 있는 시사 비평가로 자리매김하게 했다. 그는 막스 자코브, 피에르 장 주브, 앙리 미쇼, 피에르 르베르디, 쥘 쉬페르비엘 등이 인지도를 얻는 데 도움을 주었으며, 조르주 셰아데를 발견했고, 자베스에 따르면 "그의 감독 아래"에서 쓰인 자베스의 첫 번째 작품에 대한 서문을 쓰기도 했다. 고등사범학교의 졸업생이었던 부누르는 처음부터 레지스탕스에 가입했고, 카이로 대학과 라바 대학에서 학생들을 가르쳤다. 그는 또한 아랍과 서구 문명 사이 대화에서 주된 인물들 중 한 명이 되었다. 데리다는 벌써 그 문제에 깊은 관심을 가지고 있었다.[30]

자베스의 충고에 따라 데리다는 부누르에게 자신의 긴 편지와 함께 그의 초기 논문들의 별쇄본을 보냈다. 부누르는 그때마다 매번 매우 신중하게 답했다. 첫 번째 서신 교환에서, 그들은 아직 만나지 않았지만, 데리다는 아주 친밀하고 신뢰가 섞인 어조로 편지를 썼다. 그는 그 자신의 불편한 상황과 취약함, 망설임을 그대로 드러냈다.

---

30) Danielle Baglione and Albert Dichy, *Georges Schehadé, poète des deux rives*, IMEC, 1999, p. 47.

선생님의 편지는 신중함이 저의 고백을 허용하는 것 이상으로 저를 감동시켰습니다. 선생님께서 저를 이해한다는 사실, 선생님께서 제게 그토록 친절하게 보여 주신 신뢰와 관대한 공감으로 저를 이해한다는 사실보다 더 저를 고무시키는 것은 없습니다. 제가 이 모든 것에 커다란 감사를 느끼고 있다는 점을 확신하셔도 좋습니다. 선생님에 대한 저의 경의는 오랫동안 준비된 것입니다. 저는 선생님의 이와 같은 격려, 이와 같은 권위를 몹시도 필요로 합니다. 수많은 이유로, 하지만 특별히 제가 철학자들의 세계와 또 다른 가장자리 ─ 파리의 문학계 ─ 에서 살아가고 있다는 이유로 그렇습니다. 이 세계에서 저는 매우 불편하고, 완전히 혼자이며, 악의와 오해로 위협받고, 정확히 '무엇'에 대한 것인지도 모른 채 도망치기만을 희구합니다. 저는 가르치는 것을 좋아하지만, 힘이 빠지는 일이고, 기본적으로 (그것이 저에게 매우 훌륭한 구실, '성공'이라고 알려진 기회를 제공하는 한에서) 제게 본질적인 것으로 느껴지는 것으로부터, 제가 쓰고 싶은 것 ─ 또 하나의 삶을 요구하는 어떤 것 ─ 으로부터 제 주의를 분산시킵니다.[31]

두 사람은 1964년 봄에 파리에서 만나게 된다. 그때부터 젊은 철학자와 그의 눈에 "이 기묘한 길에 빛을 비추기 위해" 있었던 한 남자와의 우정은 아주 열정적으로 변한다. 데리다는 그가 "오래 전부터" 희구했던 "자비롭고, 힘이 있고, 엄격한" 주의력이 그의 주변에 있는 것을 보고 감동 받았으며 또 겁을 먹기도 했다.

---

31) 데리다가 가브리엘 부누르에게 보낸 1964년 1월 25일 편지.

선생님과 가깝게 지내면서 저를 안심시켜 주고 또 저에게 확신을 주는 용기를 가지게 되었습니다. 하지만 그 이상으로 제가 선생님과 '함께' '같은' 바람, 같은 위협에 직면하고, 같은 질문을 나눠 갖고 있다는 '감정' 이 마음속에서 태어났다는 것을 알고 있습니다. 이것이 바로 선생님의 편지를 읽은 후, 선생님을 뵙고 함께 대화를 나눈 뒤에 제가 영위하는 삶 이 그토록 큰 중요성을 갖는 이유입니다.[32]

그 시기에 데리다가 작성한 가장 중요한 글은 에마뉘엘 레비나스에 관한 글이었다. 이 글은 1906년 리투아니아에서 태어난, 따라서 이 글이 발표됐을 때 58세에 이른 레비나스에 대한 데리다의 상당히 중요한 첫 번째 연구였다. 레비나스는 1920년대부터 블랑쇼와 친구였으며, 후설, 그 다음엔 하이데거의 제자였고, 제2차 세계대전 내내 독일의 포로수용소 에 수감되어 있었다. 그는 1947년에 그의 첫 번째 역작인 『존재에서 존재 자로』를 출간했다. 그 이후 레비나스는 세계이스라엘연합 부속 학교에서 교육을 담당하면서 철학학교에서 정기적으로 강의를 했다. 그의 국가박 사학위논문인 『전체성과 무한』은 헤이그의 마르티누스 니호프(Martinus Nijhoff) 출판사에서 1961년에 조용히 출간되었다. 나중의 편지에서 회고 하고 있듯이 데리다가 이 논문을 곧장 읽을 수 있었던 것은 폴 리쾨르 덕 분이었다.

제 짐작으로 선생님께서 잊었던 날을 저는 기억하고 있습니다. 그날, 우

32) 데리다가 가브리엘 부누르에게 보낸 1964년 4월 27일 편지.

리는 선생님 댁 정원을 거닐고 있었습니다(1961년인가 1962년이었습니다. 당시 저는 소르본 철학과에서 선생님의 교육조교로 있었습니다). 선생님께서는 논문 심사를 위해 『전체성과 무한』을 읽으신 직후였고, 제 생각엔 선생님께서 이 논문의 심사위원들 중 한 명이셨습니다. 그때 선생님께서는 이 '대단한 논문'에 대해 하나의 대단한 사건처럼 말씀하셨습니다. 하지만 저는 아직 이 논문을 읽지 않았고, 레비나스가 했던 후설, 하이데거 등에 대한 '고전적인' — 게다가 굉장한 — 연구들만을 알고 있었을 뿐입니다. 이듬해 여름, 저는 차례가 되어 『전체성과 무한』을 읽었고, 한 편의 긴 글과 다른 한 편의 글을 쓰기 시작했습니다. 그때 이후로 레비나스의 사유는 저를 떠나지 않았습니다.[33]

데리다는 1963년에 「폭력과 형이상학: 에마뉘엘 레비나스의 사유에 관한 시론」을 쓰기 위해 상대적으로 평온한 여름을 보냈다. 하지만 그것을 타이핑하면서 그는 곧 이 글이 '너무 길다'는[34] 것을 깨달았다. 미셸 드기는 이 글을 알게 되었을 때, "자네, 아예 책 한 권을 썼더군! 주석까지 하면 족히 100쪽은 될 걸세!"[35]라고 편지에 쓰고 있다. 데리다는 필요한 경우 드기의 도움을 받아 30쪽 정도로 줄이는 것을 받아들이거나, 아니면 단행본으로 출판하기 위해 따로 출판사를 찾아야만 했다. 하지만 당시 레비나스의 인지도가 낮았다는 사실을 고려한다면 두 번째 해결책은 실행하기 어려운 것이었다.

---

33) 데리다가 폴 리쾨르에게 보낸 1996년 1월 4일 편지.
34) 데리다가 미셸 드기에게 보낸 날짜 미상 편지(1963년 여름).
35) 미셸 드기가 데리다에게 보낸 날짜 미상 편지(1963년 9월).

12월 초, 미셸 드기는 다소 단호한 어조로 독촉을 다시 시작했다. "내가 자네의 글을 […] 편집하고 일부 잘라 내기를 제안한다면 어떻게 할 건가? 다른 사람의 주의 깊은 손길에 절단 당하고, 부시맨의 머리처럼 쪼그라든 글을 보면 자네가 몹시 고통스러워 할까?"[36] 그리고 나서 데리다에게 글을 수정하라고 요구한 것은 장 피엘이었다. 왜냐하면 그에게는 "너무 늦기 전에 레비나스에 대한 글을 『크리티크』지에 싣는 것이 중요했기"[37] 때문이다. 장 피엘은 그 기회를 이용해 그 자신 데리다의 연구를 매우 중요하게 평가하고 있으며, 그의 1964년의 모든 계획들을 기꺼이 환영한다는 말을 전하기도 했다.

데리다는 이 텍스트를 훼손하지 않으면서 분량을 줄일 가능성에 대해 숙고하면서 미셸 드기와 함께 이 '괴물 같은' 글에 대해 논의했다. 하지만 그가 치러야만 하는 희생은 큰 것이었다. 1월 30일, 그는 장 피엘이 짜증내지 않기를 바라면서 이 글을 『크리티크』지에 게재하는 것을 포기했다. "저는 이 기회를 이용해 『크리티크』지와 공동 작업을 할 수 있다는 것은 특권이며, 편집자가 반긴다는 것은 정말 큰 명예라고 느낀다는 사실을 말씀드리고자 합니다."[38] 결국 「폭력과 형이상학: 에마뉘엘 레비나스의 사유에 관한 시론」을 두 번에 걸쳐 『도덕과 형이상학 잡지』에 싣기로 결정한 사람은 장 발이었다.

이 글은 비판적인 서평과는 전혀 다르게 「힘과 의미」보다 더 거창하고 무게 있는 어조로 시작되고 있다. 첫 몇 쪽에서의 초점은 레비나스가

---

36) 미셸 드기가 데리다에게 보낸 1963년 12월 6일 편지.
37) 장 피엘이 데리다에게 보낸 1963년 12월 25일 편지.
38) 데리다가 장 피엘에게 보낸 1964년 1월 30일 편지.

아니라 철학 그 자체였다.

> 철학이 헤겔이나 마르크스, 니체나 하이데거 이후로 언제 죽었는
> 가—그리고 철학은 자기 죽음의 방향을 향해 항상 배회해야 할 것이
> 다—, 철학이 언제나 자신이 죽어 가고 있음을 아는 것을 체험했는가,
> 철학이 '어느 날', 역사 '속에서' 죽었는가, 아니면 언제나 철학은 비철학
> 에 맞서 역사를 격렬하게 열어젖히며 임종 상태로 살아왔는가, […] 철
> 학의 이러한 죽음 또는 이러한 죽은 상태를 넘어 어쩌면 그런 죽음이나
> 죽은 상태 덕분에 사유에는 미래가 있다거나, 혹은 오늘날 말해지듯이
> 아직 철학에 비축된 것이 있으므로 완전히 앞으로 도래해야 하는가, 오
> 히려 그보다 더욱 기이하게 미래 자체가 결국 미래를 가지고 있는가, 이
> 모든 것들은 답변할 수 없는 문제들이다.[39]

그 다음으로 데리다는 그가 에마뉘엘 레비나스의 글에 대한 "아주
부분적인" 독서라고 말하는 것, 특히 "헤브라이즘과 헬레니즘이라는 역
사적인 두 경향 사이에서" 레비나스의 글에서 이루어지고 있는 충돌에
대해 다루고 있다. 이와 같은 주장은 매우 온건한 듯이 보인다. "우리는
먼저 주해 형식을 빌려(그리고 우리의 당혹감이 담길 몇몇 괄호와 주석들
에도 불구하고) 한 사유의 주제들과 대담성을 충실히 기술하고자 할 것이
다." 그리고 데리다는 이러한 기획이 지니고 있는 어려움을 강조하고 있
다. "레비나스의 문체가 지닌 몸짓은, 특히 『전체성과 무한』에서는 다른

---

39) Jacques Derrida, "Violence et métaphysique", *L'écriture et la différence*, pp. 117~118.

어느 곳에서보다 더욱 지향과 밀접히 결부되어 있기 때문에" 그는 "모든 주해에 대한 최초의 폭력인 개념틀에서의 산문적 분리"를 우려한다.[40]

1964년의 첫 주부터 데리다는 매주 화요일마다 레비나스가 소르본에서 하는 저녁 수업에 참석했고, 수업이 끝나면 규칙적으로 그와 대화를 나누었다. 데리다는 『전체성과 무한』의 저자가 그 글의 출현에 대비할 수 있도록 자신의 엄청나게 긴 글이 출간되기 전에 남아 있는 몇 달을 이용할 수 있기를 바랐다. 왜냐하면 데리다의 글은 전체적으로 보아 레비나스를 극찬하고 있지만, 또한 몇몇 비판적인 점들을 지니고 있기 때문이었다. 레비나스는 데리다에게 새로운 책 『타자의 흔적』한 부를 보냈다. 데리다는 소심하고 조심스러운 말들과 함께 레비나스에게 그 자신의 이전 글들을 보내기 시작했다.

저는 이 '낙엽들'을 선생님께 보내드리는 것을—심지어 이 글들이 출간된 이후에도—오랫동안 망설였습니다…. 왜냐하면 먼저 이 글들이 그리 훌륭한 것이 아니기 때문이고, 그 다음으로 선생님께 경솔하게 그것들에 대해 말하거나 글을 써 달라는 부담을 드리고 싶지 않았기 때문입니다. 선생님께 별쇄본들을 보내 드려야 하는지, 또는 그러기를 삼가야 하는지를 결정하는 순간이 저를 항상 불행하게 만듭니다.

선생님과 함께 저는 자베스에 대해 대화를 나눴습니다. 그때 제가 종종 이 글에서 말하려고 했던 것이 다른 방식이긴 하지만, 선생님께서 『형이상학』지에서 곧 보시게 될 글 속에 담아 내려 시도했던 것과 연결되

---

40) Derrida, *L'écriture et la différence*, pp. 124~125.

어 있다고 생각했습니다…. 해서 감히 선생님께 이 세 편의 상황적인, 정말로 '상황에 따른' 글들을 보내기로 마음먹었습니다. 이 경우에 정말로 '상황'이 있다고 추정할 수 있다면요…. 어쨌든 이 글들에서 제가 말하거나 알리고 싶은 것을 통해 다음과 같은 사실을 느낍니다. 어느 날 저녁, 작별 인사를 하면서 헤겔과 E. 베일의 이름을 입에 올렸을 때처럼, 제가 선생님의 사유에 항상 가까이 있지만 또 멀리 있기도 하다는 느낌입니다. 그런데 이와 같은 느낌은 선생님께서 "형식 논리"라고 부르는 관점 안에서만 모순되는 것입니다.[41)42)]

1964년 10월, 데리다는 출간된 글의 첫 번째 부분을 즉각 레비나스에게 보냈다. 그는 나머지 부분의 글도 동봉했고, 레비나스에게 동봉된 글의 상태에 대해 용서를 구했다. "이 글을 읽으시게 되면 제가 종종 잡지사에서 일하는 비서, 인쇄업자 들에게 느끼는 증오심을 이해할 수 있으실 것입니다." 자신감과 걱정 속에서 데리다는 이 "부주의한 글"[43)]에 대한 레비나스의 응답을 기다렸다. 『전체성과 무한』의 저자는 솔직하게 답을 해주고 있다.

---

41) 데리다가 에마뉘엘 레비나스에게 보낸 1964년 6월 15일 편지.
42) 레비나스와 데리다가 1964년 1월 또는 2월에 소르본에서 서로를 알게 되었음에도 불구하고, 그들 사이의 접촉은 곧 완전히 다른 매개로 이루어졌다는 것은 아주 흥미롭다. 1964년 6월 19일, 세계유대인대회의 프랑스 섹션에서 자크 라자뤼스가 에메 데리다에게 "후설 철학의 전문가"인 레비나스 씨와 대화할 기회를 가졌다는 편지를 보냈다. "나는 그에게 당신의 아들인 데리다 교수가 후설에 대해 글을 썼다고 얘기했어요. 레비나스 씨는 데리다에게 연락하고 싶어 했어요. 그러니 괜찮다면 그의 연락처를 내게 알려주세요."
43) 데리다가 에마뉘엘 레비나스에게 보낸 날짜 미상 편지(1964년 10월).

일독을 한 후에, 나는 즉각 자네의 글을 보내 준 것에 대해, 이 글이 지닌 헌신에 대해, 자네가 내 글을 읽기 위해 기울인 노력에 대해, 내 글에 주석을 달고, 열심히 논박한 것에 대해 고맙다는 말을 전하네. […] 이 글의 여러 쪽에 배열된 심지어 냉소적이고 가혹한 부분들을 만날 때마저도 자네의 폭넓은 지적 능력에 대한 경외감을 전하고 싶네. 이 모든 것에 대해 진심으로 고마움을 전하네.[44]

「폭력과 형이상학」을 통해 데리다는 또한 1920년대 이후로 줄곧 레비나스의 친구였던 블랑쇼의 첫 번째 편지를 받을 수 있게 되었다. 블랑쇼는 이미 데리다의 이전 글들을 큰 관심을 가지고 읽은 상태였다. 하지만 이번에는 이 글이 그에게 "얼마나 도움이 되었는지", 그가 "그의 사유의 운동에 계속 참여할 수 있어서 얼마나 행복한지"를 확신하게 해준 계기가 되었다.[45] 이것이 거의 40년간 지속될 중요한 우정의 시작이었다.

자크 데리다와 필립 솔레르스가 서로 가까워진 것은 1964년의 일이었다. 비록 데리다보다 여섯 살 어렸지만, 솔레르스는 첫 번째 소설인 『기묘한 고독』(Une curieuse solitude)을 출간한 이후 큰 명성을 누리고 있었다. 그가 장 에데른 알리에르와 함께 『텔켈』지를 창간하기 직전인 1958년, 모리악과 아라공이 이 작품을 극찬했다. 1961년, 솔레르스는 두 번째 소설 『공원』(Le parc)으로 메디치 상을 받았고, 단호히 현대성의 실험에

---

44) 에마뉘엘 레비나스가 데리다에게 보낸 1964년 10월 22일 편지.
45) 모리스 블랑쇼가 데리다에게 보낸 날짜 미상 편지(1964년 10월 또는 11월).

착수했다. 그 무렵 그는 철학에 깊은 관심을 갖게 되었다. 『기하학의 기원』이 출간되었을 때, 그는 후설의 『논리 연구』에 빠져 있었다. 해서 데리다의 입문을 읽으면서 솔레르스는 후설과 조이스 사이의 유사점에 매우 큰 충격을 받았다. 솔레르스는 1963년 봄에 『텔켈』지 13호에 데리다의 책에 대한 짧은 글을 게재했다. 데리다는 이에 감동을 받았고, 그에게 「힘과 의미」, 「코기토와 광기의 역사」의 별쇄본을 보냈다.

솔레르스가 데리다에게 보낸 1964년 1월 10일자 첫 번째 편지의 어조는 아주 따뜻했다. 그는 데리다에게 자신의 "철학적 무능력"으로 인해 직관적으로 계속 푸코와의 논쟁 속으로 이끌려 들어갔지만, 두 편의 글이 자신의 아주 깊은 관심을 끌었다고 썼다. "어쨌든 다시 한 번—그리고 이것은 우연의 일치가 아닌데—사유와 '문학'이(둘 다 진정할 때) 급진적으로 서로 소통할 수 있음을 깨닫게 되는 것은 놀라운 일입니다. 이런 종류의 상호적 물음은 매우 계시적인 것입니다. 그렇지 않나요?"[46]

같은 시기에 소르본의 교육조교로 막 임명되었으며, 『텔켈』지에 이미 글을 게재한 제라르 주네트는 1964년 3월 2일, 데리다 부부를 세네우아즈의 사비니쉬르오르주에 있는 자신의 아파트에서 있게 될 "솔레르스와 바르트도 올지 모르는 지식인들의 저녁 식사"에 초대했다. 솔레르스와 데리다는 6월에 다시 한 번 만났는데, 이번엔 미셸 드기의 집에서였다. 두 사람은 곧 친해졌으며, 솔레르스는 곧장 데리다에게 자유 주제로 『텔켈』지에 글을 써 줄 것을 요청했다. 데리다는 바쁜 시험 기간으로부터 자유로워지면 바로 고민해 보겠다고 약속했다.

---

46) 데리다가 필립 솔레르스에게 보낸 1964년 2월 10일 편지. 필립 솔레르스와의 대화.

4월에서 7월까지 데리다의 대학에서의 업무는 정말 꽉 차 있었다. 그는 꼼짝없이 소르본의 몇 개 시험을 채점해야 했을 뿐만 아니라, 고등사범학교 학생들의 교수자격시험을 준비시켜야 했다(다음 장에서 이 문제를 다시 다루게 될 것이다). 또한 이 몇 해 동안 이루어져야 할 몇 가지 기본적인 일들이 있었다. 제라르 주네트는 이렇게 말하고 있다.

1963년과 그 뒤로 몇 년 동안, 자크와 나는 장 벨맹노엘과 엘리자베스 드 퐁트네와 같이 '문화개론'에 대한 시험지(논술과 '텍스트 요약')를 채점하면서, 고등상업학교 입학을 위한 같은 과목의 구두시험을 감독하면서 경제적으로 도움을 받았습니다. 캠퍼스 안에는 데리다가 기꺼이 '요구르트 단지'라는 주제를 구두시험 문제로 제시했다는 전설이 있었지요. 나로서는 이유를 모르겠지만, 그로 인해 데리다는 몹시 화를 내기도 했습니다.[47]

데리다가 엘렌 베르제라는 사람, 곧 엘렌 식수라는 이름으로 더 잘 알려지게 되는 사람을 만난 것도 역시 1964년 봄이었다. 그녀는 40여 년간 데리다의 가장 가까운 여자 친구들 중 한 명이 된다. 그녀는 보르도 대학의 영어과 교육조교였으며, 제임스 조이스에 대한 학위논문을 쓰고 있었다. 1964년 4월 11일, 그녀는 데리다에게 그의 글들과 더불어 『기하학의 기원』의 서문을 아주 즐겁고 흥미롭게 읽었다는 내용의 편지를 처음

---

47) 제라르 주네트와의 인터뷰. 이 일화는 또한 Gérard Genette, *Codicille*, Seuil, 2009, p. 57에도 언급되어 있다.

으로 썼다. 그녀는 조이스를 "후설주의적 관점에서" 읽으려는 유혹을 떨쳐 낼 수 없었다. 하지만 그녀가 "심정적으로는 철학자"였다고 해도 전문적인 철학자가 아니었으며, 따라서 그녀의 관심을 사로잡고 있는 여러 문제들에 대해 데리다와 상의하기를 원했다.[48]

첫 번째 "조이스적 약속"은 르 발자르 카페에서 5월 30일 토요일에 이루어졌다. 그 카페는 "아주 훌륭한 — 모든 매듭이 풀리고 모든 것이 해결되는 — 조이스적 장소가 된다."[49] 엘렌 식수는 그 기회에 데리다가 당시 출간했던 몇 줄보다 더 멀리 나아갈 수 있는 진짜 열정을 지니고 있다는 것을 깨달았다. 두 사람은 또한 자신들이 출신을 포함하여 다른 많은 공통점을 가지고 있다는 것을 알게 되었다. 식수는 알제리의 오랑에서 아슈케나지[50] 출신의 어머니와 세파라드 출신의 아버지에게서 태어났으며, 알제리에서 성장했다. 에세 공원, 뷔조고등학교를 포함한 많은 장소, 데리다가 유년기를 보냈던 그 장소들을 그녀 역시 자주 방문했었다. 그들은 프랑스 대학들에서 완고한 방식들을 경험한 이야기를 나누면서 서로를 가깝게 느꼈다. 식수는 이렇게 회상하고 있다. "데리다를 만날 때, 나는 제도들과의 전쟁 상태에 있었어요. 그와 대화를 나누면서 나는 프랑스 아카데미 체계에 상황을 뒤흔들 사람들, 데리다와 같은 자질을 지닌 사람들이 분명 있을 것이라고 생각했습니다. 하지만 곧 데리다만이 유일한 사람이라는 것을 알았어요. 우리 둘 사이에 깊은 공모의 감정이 자라나고 있었어요. 데리다 덕분에, 나는 단지 죽은 사람들, 내가 읽었던 위대한 텍

---

48) 엘렌 식수가 데리다에게 보낸 1964년 4월 11일 편지.
49) 엘렌 식수가 데리다에게 보낸 1964년 5월 19일 편지.
50) 동유럽 출신 유대인. — 옮긴이

스트를 쓴 저자들의 세계에서만 살아갈 필요가 없다는 느낌을 갖게 되었어요."[51]

    그해 1964년은 분명 새로운 우정이 맺어지고 깊어지기 시작한 해였다. 여름이 지난 직후, 이제 겨우 한 살이 된 아들 피에르와 함께 데리다는 가브리엘 부누르를 보러 브르타뉴 지방으로 갔다. 데리다는 돌아오자마자 그에게 편지를 쓰고 싶었지만, 그는 다시 "괴물 같은 대학이 부과하는 업무에 붙잡혀서, 7월의 끝에 센강 연안에 이르렀을 때 그는 고갈되고 지쳐 있었다". 그럼에도 불구하고 데리다는 부누르의 "깊이 있고, 빛나며, 자비로운" 모습과 체류 기간 내내 그가 보여 주었던 "관대하고 지금 순간에 완전히 헌신하는" 그의 관심에 완전히 매료되었다. 하지만 데리다 자신은 "가장 짧은 문장으로" 끊임없이 계속되는 구두시험으로 몇 달을 보낸 후, "그 어느 때보다 더 무기력하다"고 느낄 정도로 지쳐 버린 상황에 놓여 있었다. "아주 심했고, 약간의 직업상의 혐오감까지 동반된" 피곤함으로 인해 데리다는 종종 자신이 말할 능력을 잃어버렸다고 느낄 정도였다. 슬프게도 그는 이런 사실을 잘 알고 있었다. "저의 자연스럽게 말하는 방식이 점차 인위적인 방식으로 변해 가고 있습니다. 가르치는 방식, 글을 쓰는 방식으로 말입니다."[52] 데리다는 아주 불규칙하고 드물기는 하지만 부누르가 파리로 오게 되면 그를 가능한 한 자주 볼 수 있기를 바랐다.

    그때 자크와 그의 부인은 몇 차례의 예외를 제외하고 여름 휴가를 충

---

51) 엘렌 식수와의 인터뷰.
52) 데리다가 가브리엘 부누르에게 보낸 1964년 8월 3일 편지.

만하게 보내기 위해 일정을 조정했다.

데리다 부부는 8월을 라사에 있는 마르그리트의 가족과 보냈다. 그곳은 앙굴렘에서 몇 킬로미터 떨어진 큰 정원이 딸린 오래되고 다 허물어져 가는 농장이었다. 그들은 따로 분리된 건물을 사용하긴 했다. 하지만 데리다는 작업에 적절한 공간을 이용할 수 없었고, 해서 다소 불편한 상황에서 글을 써야 했다. 마르그리트의 부모 이외에도 그녀의 두 형제들과 그들의 가족이 그곳에 왔다. 데리다의 고등사범학교 동창생이었던 미셸 오쿠튀리에는 제네바에서 대학 교수직에 임명되었다. 그는 구소련의 마르크스주의 문학비평을 주제로 학위논문을 썼으며, 고골, 톨스토이, 그리고 무엇보다 그가 정통했던 파스테르나크의 작품을 번역하거나 해설을 썼다.

9월이 되자 데리다와 마르그리트는 니스나 주변 교외 지역에서 시간을 보냈다. 데리다의 부모와 그의 형제와 누이도 곧 그곳으로 왔다. 데리다는 항상 지중해의 해변으로 돌아가기를, 장시간 수영을 할 수 있기를 바랐다. 하지만 드릴 가에 있는 부모의 아파트가 비좁아 모든 일이 수월하지 않았다. 전체적으로 보면 데리다는 그다지 휴가를 즐기는 사람은 아니었다. 그에게 있어서 8월과 9월은 가장 생산적인 달이었다. 그는 강의 준비와 도처에서 요구하기 시작한 글을 써야 하는 때였다. 그래서 약간의 평화로움과 조용함을 즐기기 위해 그는 그해의 나머지 기간 동안 일찍 일어났다. 그는 커피를 한 잔 들이키고 오전 6시부터 글을 쓰기 시작했으며, 오전 9시쯤 아침 식사를 했다. 주변에는 소음과 소란이 있었지만 그는 그 다음에 적어도 점심식사 때까지 계속해서 작업을 하려고 했다.

1964년 8월 초, 데리다가 지난 달의 과도한 일로 여전히 지쳐 있을 때, 솔레르스는 『텔켈』지의 다음 호에 데리다의 글을 무척이나 싣고 싶다는 강한 의사를 다시 전했다. "『텔켈』지에 커다란 호감을 가지고 있던" 데리다는 몇 달 동안 '헤겔에서 포이어바흐까지 글쓰기(또는 문자)'라는 제목의 글에 대해 생각하고 있었다. 하지만 그는 이 글이 이 잡지에 싣기에는 너무 길지 않을지 우려했다.[53] 솔레르스는 이 주제를 반겼으며, 길이가 50쪽을 초과하지 않는다면, 두 편으로 나누어 싣고 싶어 했다. 하지만 솔레르스는 또한 그가 준비하고 있는 특별한 주제와 관련하여 "아르토에 대해 얘기할 것"이 없는지를 데리다에게 물었다.

9월 30일, 파리로 돌아온 데리다는 니스에 도착했을 때 벌써 문제의 텍스트가 애석하게도 교착 상태에 빠졌다는 것을 인정해야 했다. 그는 이 텍스트를 쓰려 했지만 오랫동안 생각을 정리할 수 없었다. 하지만 아르토에 관해 묻는 솔레르스의 편지를 보고 데리다는 아르토를 다시 읽고 싶다는 욕망에 사로잡혔다. 그것은 데리다가 청소년기부터 지녀 왔지만 실현하지 못했던, 아르토에 관해 뭔가를 쓰고 싶다는 욕망이었다. "하지만 여기서도 나는 시간이 필요합니다. 직업상의 일을 다시 시작해야 되겠지요."[54] 두 달 후, 많은 수업과 직업상의 의무에도 불구하고 아르토에 대한 텍스트는 비교적 수월하게 진행되었다. 이 텍스트의 제목은 「무대 뒤의 언어」였다. 데리다는 이 텍스트 집필을 겨울 휴가 동안 끝낼 수 있기를 희망했다.[55]

53) 데리다가 필립 솔레르스에게 보낸 1964년 8월 16일 편지.
54) 데리다가 필립 솔레르스에게 보낸 1964년 9월 30일 편지.
55) 데리다가 필립 솔레르스에게 보낸 1964년 12월 1일 편지.

2장_알튀세르의 그늘에서

1963~1966

1963년에 그야말로 활발하게 활동하던 데리다는 다시 한 번 윌름 가로 가는 길에 들어서게 된다. 데리다가 『기하학의 기원』을 출간하고 난 뒤, 알튀세르는 그에게 후설에 대한 "특강"을 해달라고 부탁했다. 물론 데리다만이 이런 종류의 특강을 한 것은 아니었다. 고등사범학교에서 실질적인 수업을 하지 않는 사람들도 수많은 강연과 세미나를 개최할 수 있었다. 이렇게 해서 장 보프레는 여러 해 동안 하이데거 스터디 그룹을 상당히 폐쇄적으로 이끌기도 했다. 또한 미셸 세르, 피에르 부르디외를 포함해 다른 사람들도 최근 몇 해 동안 고등사범학교로 특강을 하러 왔다.

하지만 데리다의 입장은 곧 다른 임시 강연자들과는 아주 다른 것으로 드러났다. 3월 20일부터 알튀세르는 그에게 최근 장 이폴리트와 가졌던 대화 내용을 들려주었다. 이폴리트는 그 당시 콜레주 드 프랑스로 가기 위해 고등사범학교 총장직을 사임하려는 참이었다. 『『정신현상학』의 기원과 구조』의 저자인 이폴리트는 언젠가 데리다를 고등사범학교의 "카이만", 그것도 "교수자격시험합격자-수험교수"의 자격으로 합류시키려는 계획을 흔쾌히 반겼다. 하지만 거기에는 약간의 위험이 있었다. 이폴리트는 당장 미묘한 문제들을 처리하면서 데리다를 소르본에서 고등사범학교로 이직시키는 문제를 캉길렘과 상의하고 싶어 했다.

1963년 9월 초, 알튀세르는 자신의 가장 가까운 친구였던 자크 마르탱의 자살 소식을 접하게 된다. 여러 달 동안 그를 더욱더 허약하게 만든 이 사건은 그와 데리다의 사이가 더 가까워진 것과 무관하지 않다. 어쩌면 고등사범학교의 새로운 총장이 된 그리스 문명 전문가 로베르 플라스리에르가 곧장 알튀세르에게 도움을 줄 사람이 필요하다는 것을 알았을 수도 있다. 어쨌든 1963~1964년 학사년도에 여전히 소르본에서 교육조교 자리에 있던 데리다는 1년에 48시간의 강의를 나눠서 할 수 있는 조건으로 고등사범학교 조교수로 임명되었다.

"누가 사회적, 전통적 형식주의에 빠지지 않은 상태에서 이 '전당'과 그 혈통에 대한 역사를 기술할 수 있을까요?[1] 이 작업은 금세기 프랑스 지식인들의 생리를 지배하는 '논리'를 잘 이해하기 위해서는 필수불가결한, 하지만 불가능한 일일 것입니다."[2] 사실, 알튀세르가 데리다를 고등사범학교로 불렀을 때, 그곳은 완전히 흥분 상태에 있었다. 1960년에 아주 뛰어난 젊은 철학도들이 그곳에 입학했다. 그들 중에는 레지스 드브레, 에티엔 발리바르, 자크 랑시에르, 피에르 마슈레 등이 포함되어 있었다. 대부분의 재학생들은 알제리 전쟁으로 인해 공산주의자가 되었고, 마르크스주의와 그 개선 가능성에 대해 열띤 토론을 하곤 했다. 그들은 그

---

1) 고등사범학교와 이 학교 출신들로 이루어진 일종의 마피아와도 같은 복잡한 조직에 대한 역사 기술을 의미한다.—옮긴이

2) Jacques Derrida and Elisabeth Roudinesco, *De quoi demain*..., Fayard-Galilée, 2001, p. 133.

때까지 몽테스키외에 대한 소책자와 몇 편의 논문을 쓴 것밖에 없는 알튀세르를 찾아갔고, 그에게 "카이만"의 역할 외에 자신들의 이론적 연구를 도와줄 것을 부탁했다.

1961~1962년에 알튀세르의 세미나는 청년 마르크스에 할애되었고, 그 다음해에는 '구조주의 사상의 기원'을 다루었다. 1963~1964년에 그는 프로이트와 라캉을 연구하기로 했다. 그가 라캉의 산재된 텍스트들에 관심을 가지고 그의 뛰어난 학생들에게 그것들을 읽으라고 권유한 것은 바로 라캉에 의해 주창된 '프로이트로의 회귀'와 마르크스의 텍스트에 대한 알튀세르 자신의 연구 사이의 유사성으로 인해 강한 충격을 받았기 때문이다.

알튀세르가 라캉에게 보였던 관심은 적어도 다음과 같은 두 가지 면에서 중요하다. 그 당시에 프랑스 공산당 내부에서는 정신분석을 여전히 "부르주아 학문"으로 여겼다. 이런 점에서 보면 당의 공식 잡지 중 하나인 『라 누벨 크리티크』(*La Nouvelle Critique*)의 다음해에 나올 호에 게재될 예정이던 '프로이트와 라캉'이라는 제목의 글은 아주 의미심장한 출발점이었던 셈이다. 또한 알튀세르의 강의는 정신분석이 경시되던 프랑스 대학 환경에서도 결정적이었다. 엘리자베스 루디네스코가 잘 지적하고 있는 것처럼, "라캉의 텍스트가 처음으로 병원 담을 넘어 철학적 관점에서 읽히기 시작한 것이다."[3]

게다가 플라슬리에르의 지지를 받아 라캉을 고등사범학교의 세미나

---

3) Elisabeth Roudinesco, *Histoire de la psychanalyse en France II*, Fayard, 1994, pp. 386~387; rééd. *Histoire de la psychanalyse en France-Jacques Lacan*, Le Livre de poche, 2009.

에 오게 한 장본인도 알튀세르였다. 당시에 라캉은 심각한 위기를 맞고 있었다. 프랑스정신분석학회와 가까웠던 사람들로부터 쫓겨난, 그러니까 그의 표현에 의하면 "파문당했던" 라캉은 자신의 강의를 일신하고자 했다. 지금까지 연구했던 제도와 체계로부터 멀어지면서 그는 덜 전문적인 많은 수강생들을 대상으로 '정신분석학의 네 가지 기본 개념'을 세미나 주제로 선택했다. 1964년 1월 15일, 뒤산 강의실에서 있었던 첫 번째 세미나에 거물들이 모습을 나타냈다. 클로드 레비스트로스를 위시해 정신과의사 앙리 에 역시 그 강의실에 있었다. 아마 데리다는 라캉의 첫 세미나에 참석하지 못했던 것 같다. 소르본에서의 강의 때문에 어쩔 수 없었던 것으로 보인다. 사실, 최근 몇 년 동안 데리다는 미셸 드기와 함께 생탄병원에서 라캉이 주재하는 세미나에 종종 참석하곤 했었다.

루디네스코는 이렇게 쓰고 있다. "그날부터 뒤산 강의실은 5년 동안 프랑스의 새로운 프로이트의 장소, 과거보다 더 문화적이고, 더 철학적이고, 더 빛나는 특권적인 장소가 되었다."[4] 고등사범학교 안에서도 파급 효과는 즉각적이었고 아주 컸다. 두 번째 세미나부터 그때 19세에 불과했던 자크 알랭 밀레가 참석했다. 라캉은 그를 지칭하면서 알튀세르에게 "당신의 어린 제자"[5]라는 표현을 사용하고 있다. 자신의 저작을 종합적인 시각으로 읽으려고 했던 그의 노력에 커다란 인상을 받았던 라캉은 1월 29일 세미나에서 밀레의 질문에 길게 답을 해주기도 했다. 나이 먹은 정신분석학자와 젊은 청년 사이의 대화는 그 뒤로도 계속되었고, 밀레의

---

4) *Ibid.*, p. 371.
5) 자크 라캉이 알튀세르에게 보낸 1964년 1월 22일 편지, Louis Althusser, *Ecrits sur la psychanalyse*, Stock-IMEC, 1993, p. 299.

출석은 라캉 세미나의 주요 전환점이 되었다.

알튀세르가 보여 준 과감성에 비하면, 데리다는 젊었음에도 불구하고 훨씬 더 전통적인 모습을 고수하는 교육자, 특히 레지스 드브레의 눈에는 '대리 카이만'으로 보였다. 하지만 『기하학의 기원』의 도입 부분은 에티엔 발리바르와 다른 몇몇 학생들에게 깊은 인상을 남겨 주었다. 그해에 데리다는 알튀세르가 전혀 다루지 않았던 철학자들을 다루면서 아주 밀도 있는 강의를 했다. 첫 번째 강의는 베르그송의 『사유와 운동』에 관한 것이었고, 두 번째 강의는 후설의 『데카르트적 성찰』이었다. 이 책은 아주 어려웠지만, 데리다는 기억에 남을 만한 강의를 했다. 세 번째 강의의 주제는 '현상학과 초월심리학'이었다.

그 시기 교수자격시험에 대해 데리다는 알튀세르와 거의 같은 생각을 가지고 있었다. 마르크스주의자이든, 라캉주의자이든, 구조주의자이든 간에, 모든 정치적, 철학적 문제를 넘어 논문이나 강의에 고유한 수사학을 완전히 습득하고 자유자재로 구사하는 것이 중요했다. 데리다는 그 자신이 시험에서 어려움을 충분히 겪었기 때문에 시험에 합격하기 위해 필요한 정확한 생각을 가지고 있었다. 하지만 이 부분에서도 상당히 많은 변화가 있었다. 1964년, 교수자격시험 시험관들에게 변화가 있었다. 에티엔 수리오는 이제 더 이상 위원장이 아니었다. 조르주 캉길렘이 위원장 자리를 맡았고, 장 이폴리트는 부위원장직을 맡았다. 새로운 시험관들은 현대철학의 여러 분야, 인식론, 현상학, 심지어는 정신분석학이나 마르크스주의에도 비교적 개방적인 태도를 보여 주었다. 이런 상황에서 알튀세르와 데리다의 도움을 받는 것은 교수자격시험 준비생들에게는 합격을

보장받는 최상의 방법이었다.[6]

필기시험을 앞두고 알튀세르가 다시 쇠약해진 만큼 데리다의 교육적 자질이 더욱더 높게 평가되었다. 1964년 4월, 알튀세르는 "아주 불쾌한 신경쇠약의 모든 징후를 보이면서" "일종의 지적 기능 장애 상태에 빠져" 기진맥진했다. 몇 주 동안 학교를 떠나면서 그는 데리다에게 "시험 준비에 한창인 학생들과 잡담을 하면서라도… 그들을 조금 돌봐 줄 수 있는지"[7]를 물었다. 알튀세르는 몇 개월 전부터 생활이 거의 불가능해지고 있다는 사실에도 불구하고, 데리다에게 이런 문제에 대해 길게 상의할 충분한 시간을 내지 못한 점에 대해 사과를 하기도 했다.

하지만 상황은 곧 악화되었다. 교수자격시험 준비생들이 알튀세르를 필요로 하는 순간, 그가 도움을 전혀 주지 못한다는 사실이 분명해졌다. 소르본에서의 막중한 임무와 준비 중에 있는 여러 텍스트들에도 불구하고, 데리다는 아무런 불평 없이 알튀세르의 임무를 계속 이어 가게 되었다. 교수자격시험의 필기시험이 끝난 지 얼마 되지 않아 알튀세르는 데리다에게 이렇게 쓰고 있다. "나는 지금 내가 어디에 있는지 알지 못하네…. 나는 수면치료에서 깨어났네." "학생들은 어떤가? 그리고 자네는 잘 지내는가? 애석하게도 내 마음과는 정반대로, 아무런 예고도 없이 그렇게 막중한 임무를 맡게 돼 버린 자네는?" 그때 알튀세르는 에피네 쉬르센에 있는 요양소에 머물고 있었다. 며칠 전부터 면회가 가능했다. "자네를 보게 되면 무척 기쁘겠다는 말을 감히 입 밖에 내지 못하겠네. 하지만

---

6) 레지스 드브레와의 인터뷰 및 에티엔 발리바르와의 인터뷰.
7) 알튀세르가 데리다에게 보낸 1964년 4월 3일 편지.

그게 지금 제일 어려운 일이겠지. […] 자네가 '해준' 모든 일에 대해 진심으로 고맙게 생각하네. 그리고 무엇보다도 현재의 자네, 지금 있는 그대로의 자네에게 고맙게 생각하네."[8] 데리다는 종종 그랬던 것처럼 알튀세르를 보러 가기 위해 에피네로 가는 길로 접어들곤 했다.

6월 10일, 알튀세르는 끔찍한 입원 기간을 더 연장해야 된다는 사실에 불평을 터뜨렸다. "심각한 징후로 현실로 돌아가는 길이 끊겨 버렸네." 이렇게 해서 그는 자신의 희망과는 달리 구두시험을 보는 학생들을 보지 못하게 되었다. 8월 3일, 조금 나아졌다고 느낀 알튀세르는 데리다에게 고맙다는 말을 전하고 싶어 했다. 고등사범학교 출신 철학도들의 교수자격시험 결과가 아주 좋았다. 알튀세르는 데리다의 도움이 이와 같은 좋은 결과에 얼마나 큰 힘이 되었는지를 잘 알고 있었다. "장광설은 늘어놓지 않겠네. 내가 말하는 것을 자네가 내버려두지 않을 것 같네. 하지만 이 모든 것은 사실이네."[9]

데리다가 알튀세르의 정신 상태의 심각성을 잘 알고 있었던 것이 사실이지만, 반면 알튀세르는 자신의 옛 제자의 취약성을 알지 못하고 있었으며, 또한 이 취약성이 가끔 그를 괴롭힌다는 사실 역시 모르고 있었다. 결국 이 두 사람 사이에는 기이한 관계가 정립되었다. 조금씩 고비를 넘긴 알튀세르는 이와 같은 관계에 대해 이렇게 쓰고 있다.

자네는 내가 겪은 이 모든 일의 증인 이상이라는 것을 나는 잘 알고 있

---

8) 알튀세르가 데리다에게 보낸 1964년 8월 14일 편지.
9) 알튀세르가 데리다에게 보낸 1964년 8월 3일 편지.

네. 이 일로 인해 자네가 어쩔 수 없이 막대한 임무를 떠안을 수밖에 없었고, 또한 이 일로 자네가 어려움을 겪었던 과거 시절에 대해 안 좋은 기억을 떠올렸을 수도 있네. 분명, 자네는 증인일세. 나에게 일어난 일들로 보면 그렇네. 또한 제3자의 입장에서 보아도 우리의 비슷한 과거에 대해서도 자네는 증인이네. 자네가 해준 것, 자네가 나에게 말해 준 것, 그리고 또한 자네가 나를 위해 간직하고 있는 모든 것에 대해, 자네에게 무한한 고마움을 느끼고 있네.[10]

알튀세르와 데리다 사이의 이와 같은 정신적인 면에서의 친근감은 해가 가도 부정되지 않았다. 어쨌든 거의 매년 알튀세르가 신경쇠약과 입원으로 괴로워하는 동안에도 그랬다. 그는 데리다에게 이렇게 쓰고 있다. "나는 자네가 살고 있다는 것, 그리고 내 친구라는 것이 기쁘네." "나를 위해 자네의 우정을 간직해 주게. (여러 번의 비극에도 불구하고) 아직도 내가 살 만하다고 느끼게 해주는 여러 이유 중의 하나가 바로 그것일세."[11]

하지만 알튀세르가 르네 디아트킨과 자신의 상태에 대해 새로운 분석을 시작했던 시기는 또한 그에게 대단한 명성을 안겨 주게 되는 텍스트들을 집필했던 시기이기도 했다. 데리다는 마이클 스프링커에게 이렇게 말하고 있다. "우리 사이에 철학적 의견 교환은 아예 없다고 할 수는 없지만 아주 드물었습니다."[12] 하지만 항상 그런 것은 아니었다. 1964년 9

---

10) 알튀세르가 데리다에게 보낸 1964년 8월 24일 편지.

11) 알튀세르가 데리다에게 보낸 날짜 미상 편지.

12) Jacques Derrida, "Politics and Freindship", interview with Michael Sprinker, eds. E. Ann Kaplan and Michael Sprinker, *The Althusserian Legacy*, Verso, 1992에 재수록. 인용은 IMEC에 보관된 프랑스어로 된 원본 원고에 따른 것이다.

월 1일, 데리다는 알튀세르에게서 받은 논문에 대해 심도 있는 분석을 한 적이 있었다. 그 논문은 그 다음해에 출간된 『마르크스를 위하여』(*Pour Marx*)의 마지막 장인 「마르크스주의와 휴머니즘」이었다. 데리다는 이 논문을 솔직하고도 동조하는 방식으로 주해하고 있다.

제 생각으로 선생님의 텍스트는 '훌륭합니다'. 저는 선생님이 전력투구 하여 엄밀하게 제시한 이와 같은 '이론적 반휴머니즘'에 대해 더없이 가깝다고 느낍니다. 그리고 이것이 선생님의 고유한 주장이라는 것을 잘 이해합니다. 또한 어떤 시기에 '이데올로기적' 휴머니즘 개념이 갖는 의미, 공산주의 사회에서조차 '일반적인' 이데올로기의 필요성 역시 저는 잘 이해합니다. 하지만 이 모든 주장을 칼 마르크스와 연결시키는 것에 대해서는 확신이 덜합니다. 다른 전제들—마르크스주의적이지 않은—이 이와 같은 반휴머니즘을 지배할 수도 있다는 저의 불신과 감정에는 분명 저의 상당한 무지가 자리하고 있습니다. 선생님이 116쪽부터 전개하고 있는 내용은 마르크스가 어떻게 '어떤' 휴머니즘과 결별했는지, 또 경험론과 관념론의 '어떤' 결합과 결별하고 있는지 등을 잘 보여 줍니다. 하지만 이와 같은 급진화는 가장 강력하고, 가장 매력적인 순간에도 전적으로 알튀세르적으로 보입니다. 선생님은 이렇게 말씀하시 겠지요. 마르크스를 '반복하는 것'은 '암송하는 것'이 되어서는 안 된다, 그리고 심화, 급진화는 그에 대한 일관된 태도라고 말입니다. 분명 그렇습니다. 하지만 헤겔이나 포이어바흐에서 출발해도 같은 결과에 이르지 않을까요? 그리고 선생님이 이데올로기의 중층결정과 그것의 '도구적' 개념화에 대해 지적하고 있는 것에 대해 제가 완전히 만족하는 것은 사실이지만—또한 의식-무의식에 대해서도, 어쨌든—, 그럼에도 불구하고 저는 이데올로기라는 개념을 거북하게 생각합니다. 선생님께서도 잘 아시다시피, '반동적'이지 않은 철학적 이유들로 그렇습니다. 그와는 정반대입니다. 이 개념은 형이상학과 이 세상의 누구보다도 선생님께서 정통한 일종의 '도치된 관념론'의 포로로 보입니다. 저는 가끔 이 개념이 선생님을 곤란하게 만든다는 느낌입니다…. 이 모든 것을 선생님께서 저에게 읽게 해주신 마르크스의 텍스트들을 손에 쥐고 다시 한 번 논의를 해야 할 필요가 있습니다….[13]

1960년대 초에 교육조교 자리는 4년으로 제한되어 있었다. 따라서 데리다는 어쨌든 1964년 가을에 소르본을 떠나야 했다. 몇 달 전에 모리스 드 강디약은 데리다에게 학위논문을 끝마치기 위해 조금 여유 있게 국립과학연구센터(CNRS; Centre National de la Recherche Scientifique)에서 2년 동안 연구원으로 있게 해달라는 부탁을 하라고 권유했다. 실제로 데리다는 그렇게 했다. 장 이폴리트에 의하면, 데리다는 적임자였고, 또한 그 자신이 선발위원회의 일원인 만큼 장애물이 없을 것이기 때문이었다.[14] 하지만 데리다는 2년 동안 순수하게 연구할 수 있는 시간을 확보하는 것에 매료되기보다는 오히려 불편함을 느꼈다. 비록 그가 고등사범학교에서 학생으로 보냈던 여러 해에 대해 상당히 아픈 기억을 가지고 있다 하더라도, 그는 이 학교의 철학 담당 '카이만'의 자리에 매력을 느꼈다.

---

13) 데리다가 알튀세르에게 보낸 1964년 9월 1일 편지.
14) 장 이폴리트가 데리다에게 보낸 1964년 3월 11일 편지.

고통을 통해, 고등사범학교는 나에게 매력적이고 유혹적인 모델로 주어졌습니다. 해서 이폴리트와 알튀세르가 그곳으로 오라는 제안을 했을 때, 나는 국립과학연구센터에서 그곳으로 옮겼지요. 그때 나는 다른 곳으로 갈 수도 있었어요. [⋯] 나는 이 학교에 비판을 할 수 있었지만, 그래도 이 학교는 모델이었습니다. 그곳에서 가르친다는 것은 나에게는 그것을 거절할 용기도, 그럴 생각도 갖지 못할 정도의 명예이자 보상이었습니다.15)

소르본을 떠날 때, 데리다는 폴 리쾨르에게 긴 편지를 썼다. 그에게 "벌써 생긴 그리움"과 "큰 감사"를 전하기 위함이었다. 데리다는 소르본에서 보낸 4년에 대한 아주 좋은 추억을 간직하게 된다. 그리고 그는 그곳에서 리쾨르의 호의가 "직업과 철학 양면에서", 그러니까 "그들에게 철학과 직업은 하나일 뿐이었다는 행운을 누릴 수 있었다"라는 면에서 결정적이었다고 말했다. 또한 데리다는 자신이 여전히 허약하다고 느끼고 있지만, 그래도 소르본에서 4년을 보내면서 가장 소중한 비상을 맛볼 수 있었다고 말했다.

이 모든 것이 가능했던 것은 오직 제가 선생님의 지도하에서, 그리고 선생님 곁에서 연구할 수 있었기 때문입니다. 선생님께서 저에게 베풀어주셨던 아주 너그럽고, 아주 우정 어린 신뢰는 지속적이기도 하고 또 강하기도 한 격려였습니다. [⋯] 앞으로 저를 선생님의 임시 교육조교가

---

15) Derrida, "Politics and Freindship", 인터뷰 인용.

아닌 영원한 교육조교로 여겨 주시기 바랍니다.[16)

모리스 드 강디약은 데리다의 고등사범학교에의 임명이 빠르게 확
정된 것을 기뻐해 마지않았다. 그렇게 해서 데리다는 국립과학연구센터
에서 사임하게 되었고, 이제 "이폴리트의 사임으로 더 필요해진 귀중한
도움"[17)을 알튀세르에게 해줄 수 있게 되었다. 하지만 강디약은 데리다에
게 학위논문 준비의 중요성을 잊지 않고 상기시켰다. 강디약은 새로운 자
리에서 데리다가 논문을 "가능하면 빨리" 끝마칠 수 있는 여유를 가질 수
있기를 바랐다. 그도 그럴 것이 '카이만들'은 여러 해를 그냥 보내는 경향
이 농후했기 때문이다.[18) 게다가 강디약의 이와 같은 직관은 머지않아 사
실로 확인되었다. 여러 편의 논문을 쓸 계획을 세우고 있던 데리다는 장
이폴리트에게 1964년 여름 동안에 학위논문을 거의 손대지 못했다고 말
했다. 하지만 데리다는 헤겔과 포이어바흐에게서, 혹은 "헤겔과 포이어
바흐 사이에서"의 글쓰기에 대한 "시론"을 시작했다. 이것은 데리다의 학
위논문에 필요한 개념들과 문제의식을 확정짓는 데 도움이 될 것이기 때
문이었다. 데리다는 이와 같은 연구 결과를 PUF의 '에피메테' 총서에서
소책자로 출판할 수 있기를 희망했다.[19)

데리다는 공식적으로 '카이만' 직책을 수행했던 첫 해인 1964~1965

---

16) 데리다가 폴 리쾨르에게 보낸 1964년 9월 28일 편지.
17) 모리스 드 강디약이 데리다에게 보낸 1964년 10월 6일 편지.
18) 모리스 드 강디약이 데리다에게 보낸 1964년 10월 23일 편지.
19) 데리다가 장 이폴리트에게 보낸 1964년 10월 24일 편지.

년에 '하이데거와 역사'에 한 강의를 할애했다. 데리다는 이 강의를 나중에 미뉘 출판사에서 출판할 수 있을 정도로 충분히 혁신적이라고 생각했다. 하지만 그에게는 불행하게도, 학생들의 관심을 끄는 것은 전혀 다른 문제였다. 그해에는 그 유명한 알튀세르의 『자본』을 읽자' 세미나가 있었다. 빠르게 한 권의 책으로 이어진 10여 차례의 세미나에서 알튀세르는 자신과 가까운 학생들—에티엔 발리바르, 피에르 마슈레, 자크 랑시에르, 로제 에스타블레—과 함께 '징후적 독서'라는 개념을 정립했고, 또한 아직도 헤겔의 영향하에 있던 청년 마르크스와 완전한 마르크스의 모습을 보여 주는 성인 마르크스를 구별해 주는 '인식론적 단절' 개념을 발전시켰다. 데리다도 이 세미나에 몇 차례 참석하였으나, 거기에서 고립된 느낌을 받았고 편하지 않았다. 훨씬 나중에 알튀세르와 마르크스주의를 주제로 마이클 스프링커와 가진 대담에서—이 대담 내용은 프랑스어로는 공개되지 않은 채 남아 있다—데리다는 이렇게 설명하고 있다.

내가 보기에 이와 같은 모든 문제의식은 분명 마르크스주의 진영에서는 필수적이었어요. 실제로 이 진영은 정치적 색채를 띠었고, 특히 당과의 관계에서 영향을 받고 있었습니다. 나는 이 당에 소속되지 않았고, 말하자면, 그 당은 당시 스탈린주의에서 서서히 탈피하고 있었습니다. […] 하지만 그와 동시에 이와 같은 문제의식은 당시에 필요한 것으로 보이던 비판적 문제들에는 민감한 것으로 생각되지 않았습니다—나는 거칠다거나 순진하다고 말하는 것은 아닙니다. 전혀 그렇지 않았습니다. 설사 그 문제의식이 후설과 하이데거와 반대되는 것이라고 해도, 어쨌든 그들을 '통한' 것이라 해도 말입니다. […] 나는 그들이 제시한 역사 개념이 그런 문제의식을 관통하고 있을 것이라는 인상을 받았습니다. […] 그들의 담론은 '새로운 방식'의 과학주의에 굴복하는 것처럼 보였어요. 나는 이런 담론에 문제제기를 할 수 있었습니다. 하지만 나는 마비되고 말았어요. 왜냐하면 내가 제시했던 비판이 좌우파로부터, 특히 공산당으로부터 나온 거칠고 타산적인 비판과 혼동되는 것을 바라지 않았기 때문입니다.[20]

알튀세르주의자들의 담론이 일종의 "지적 테러", 혹은 적어도 "이론적 위협"을 동반하고 있는 만큼, 데리다는 그들로부터 더 침묵을 지키고 있으라는 선고를 받은 것처럼 느꼈다. "그러니까 외관적으로 현상학적, 초월적, 존재론적인 […] 방식으로 질문을 던지는 것, 그것은 즉각적으로 의심분자, 시대에 뒤진 자, 관념론자, 게다가 반동분자로 여겨졌던 것입니다." 데리다의 눈에는 역사, 이데올로기, 생산, 계급투쟁, '마지막 심급'이라는 생각까지도 알튀세르와 그의 추종자들이 충분히 검토하지 않은 문제적 개념들로 보였다.

사유가 문제이든 정치가 문제이든 간에, 나는 그들의 도피에서 오류를 보았어요. […] '근본적인' 질문 금지, 또는 토대, 그들의 고유한 전제들, 그들의 공리 자체에 대한 질문 금지, […] 나는 당시 이와 같은 금지 속에서 급진성의 결여, 그들의 담론에 대한 지나치게 교조적인 지지를 보았던 겁니다. 그리고 이것은 장단기에 걸쳐 심각한 정치적 결과를 초래할

---

20) Derrida, "Politics and Freindship".

수밖에 없었어요. [⋯] 그들의 개념은 충분히 검토되지도, 차별화되지도 못했습니다. 그 대가를 반드시 치르게 될 겁니다.[21]

이와 같은 토론은 당시 "해석을 위한 과도한 훈련을 받은" 일군의 소규모 집단 내부에서 행해졌다. 가상의 체스 게임에서처럼 상대방의 수를 예상했던 것이다. "가장 사소한 징후에도 상대방의 전략을 예측하려고" 노력하면서 말이다.

여러 '진영들', 전략적 동맹들, 포섭과 배제를 위한 작전들이 있었어요. [⋯] 그 무렵에 외교란, 그런 것(다른 수단에 의한 전쟁)이 있다면, 그것은 피하기의 외교였지요. 침묵, 인용하지 않기 [⋯] 등이었습니다. 청년이었던 나는 개인적으로는 어떤 식으로든 현장에 있었어요. 하지만 그들은 나의 세대가 아니었습니다. 그런데 이와 동시에 거기에는 공식적으로 선언된 적대감은 없었어요. 차이와 분쟁에도 불구하고 나는 하나의 거대한 '진영'에 속했고, 우리는 많은 공동의 적을 가지고 있었던 겁니다.

마이클 스프링커와 가졌던 이 나중의 대담을 발견하고서야 에티엔 발리바르는 어느 정도까지 데리다가 배척당하고, 또 침묵을 지키라는 선고를 받은 것에 괴로워했었는지를 알게 되었다. 하지만 발리바르는 1960년대 중반에 알튀세르 주위에 분명 견디기 힘들었을 일종의 요새가 세워

---

21) *Ibid.*

졌다는 점을 인정했다. "사실, 데리다가 마르크스주의자가 아니라는 점이 우리를 불편하게 만든 것은 아닙니다. 우리는 그에게 철학자와 한 명의 인간으로서 실질적인 존경심을 가지고 있었습니다. 게다가 우리 중 몇명은 프렌에 있는 그의 집에서 저녁을 함께 보냈던 적도 있었어요. 우리는 그와 알튀세르가 공조하고 있다고 느꼈고, 그것도 그들 중 누구도 상대방을 굴복시키려 하지 않으면서 그랬다고 느끼고 있었던 겁니다. 그것은 교육적인 차원에서의 팀이지 이데올로기적인 차원에서의 팀은 아니었어요."[22]

교육적인 차원에서 데리다의 역할은 중요했다. 그도 그럴 것이 『자본』을 읽자' 세미나와 『마르크스를 위하여』의 완성으로 탈진 상태에 있었던 알튀세르는 1965년 봄이 끝나 갈 무렵에 또 다시 신경쇠약으로 무너졌기 때문이다. 알튀세르는 7월에야 비로소 교수자격시험 결과, 특히 레지스 드브레의 결과에 대해 걱정했다. 수석 입학을 했지만, 벌써 정치적으로 깊숙이 참여했던 이 우수한 학생의 공부는 들쑥날쑥이었다. 데리다는 서둘러서 알튀세르에게 결과를 알려주었다. 부브레스가 수석, 모스코니가 4등, 드브레가 5등이었다. "저는 이 소식에 안심이 되었습니다. 해서 격려하기 위해 드브레에게 전화를 했습니다. […] 라캉의 딸도 라방의 부인과 함께 '공동' 수석을 차지했습니다. 이게 전부입니다. 저는 이와 같은 교수자격시험의 분위기 속에서 숨도 제대로 쉬지 못했습니다. 마지막 결과라는 코미디를 보아야 합니다."[23]

---

22) 에티엔 발리바르와의 인터뷰.
23) 데리다가 알튀세르에게 보낸 1965년 8월 2일 편지.

데리다에게 중요했던 교수자격시험 수험생들 중 한 명은 가브리엘의 손자인 브리엑 부누르였다. 데리다는 고등사범학교 학생은 아니었지만 멀리서 1년 내내 시험 준비를 하는 그를 도와주었다. "시험 주제의 날카로운 특징을 놓치지 않기 위해, 알려지고 편안한 길로 조급하게 들어서지 않기 위해, 그리고 자기 '주장'을 잘 구성하기 위해 필요한 철학적 자유와 유연성을 가지고 시험에 임해야 되네."[24] 데리다는 그에게 이렇게 안심시켰다. 하지만 브리엑은 필기시험 다음날 절망해서 결과를 알아보지도 않은 채 브르타뉴 지방에서 사라져 버렸다. 어부의 삶을 살아야 하는 것이 아닐까, 하고 자문하면서 말이다. 데리다와 이 청년 사이의 관계를 알고 있었던 캉길렘은 그와 가장 빠르게 접촉할 것을 데리다에게 부탁했다. "그 학생에게 구두시험에서 대답하고 싶은 대로 대답하라고 말하게. 필기시험 점수를 고려하면 어쨌든 합격될 테니까." 몇 주 후에 데리다는 다행스럽게 가브리엘 부누르에게 그의 손자의 공개 수업이 "그때까지 수업 중 가장 철학적이었다"라는 평가를 받았다는 편지를 쓸 수 있었다. 그 학생의 합격은 데리다에게 중요한 문제였다. "만일 한 순간의 낙담으로 인해 합격을 하지 못했더라면 아주 애석한 일이었을 것입니다."[25]

1965년 10월, 알튀세르의 『마르크스를 위하여』와 공동 저작인 『자본을 읽자』(*Lire Le Capital*)가 마스페로 출판사의 '이론' 총서의 첫 두 권으로 출간되었다. 이 두 권의 책은 먼저 프랑스에서, 그리고 나서 다른 여러

---

24) 데리다가 브리엑 부누르에게 보낸 1964년 12월 26일 편지. 마르그리트 데리다와의 인터뷰.
25) 데리다가 가브리엘 부누르에게 보낸 1965년 8월 25일 편지.

나라들에서 아주 빠르게 굉장한 관심을 끌었다. 그 다음날부터 알튀세르는 "그 어떤 현대인도 야기시키지 못한 열정, 열광, 모방"[26]의 대상이 되었다. 그는 많은 사람들에게 "세계 혁명의 비밀스러운 교황"[27]처럼 보였다. 1966년 11월, 장 라크루아는 『르 몽드』지에 철학 교수자격시험 답안에서 가장 많이 언급되는 두 명의 이름은 알튀세르와 푸코라고 썼다. 또한 랑시에르, 발리바르, 마슈레 등과 같은 젊은 철학자들의 이름 역시 드물지 않게 발견되었다.[28]

고등사범학교에서 공산주의학생연합(UEC, Union des étudiants communistes)이 분열되고 있었다. 이 학교에서 이탈리아 공산당(PCI)을 따라 가장 개방적이었던 "이탈리아적" 성향을 대변하는 학생들은 더 이상 없었다. 갈등은 특히 당과 구소련에 우호적인 정통파들과 로베르 랭아르에 의해 훈련된 "마오주의자들" 사이에서 벌어졌다. 랭아르는 공산주의학생연합을 "수정주의적"이라고 비판하면서 곧 탈퇴했고, 곧바로 마르크스레닌주의 청년공산주의연합(UJCml, Union des jeunesses communistes marxistes-léninistes)을 창건하게 된다. 마오쩌둥의 이론적 서적에 대한 관심을 숨기지 않았던 알튀세르는 복잡한 전략을 구사하게 된다. 그는 학생들을 급진화 방향으로 이끌었지만, 그렇다고 해서 그 자신이 당을 떠나는 것은 한 순간도 고려하지 않았던 것이다.[29]

---

26) Didier Eribon, *Michel Foucault*, Champs-Flammarion, 1991, p. 194에 인용된 지닌 베르데-르루(Jeannine Verdès-Leroux)의 발언.

27) 도미니크 동브르와의 인터뷰.

28) Eribon, *Michel Foucault*, p. 183에 인용됨.

29) 1960년대 말의 마르크스주의자들의 그룹과 소그룹에 대한 이와 같은 회상은 Roudinesco, *Histoire de la psychanalyse en France II*, pp. 390~391에 잘 기술되고 있다.

몇 개월 사이에 여러 종류의 소규모 잡지들이 고등사범학교 안에서 창간되었다. 그중 첫 번째 잡지는 『마르크스레닌주의 노트』(*Cahiers marxistes-lénistes*)였다. 이 잡지는 데리다의 관심을 끌 수 없는 다음과 같은 레닌의 문장으로 시작되었다. "마르크스주의는, 그것이 진실되기 때문에, 강력하다." 랭아르의 취향에 따라 지나치게 문학에 많은 양을 할애한 창간호가 나온 후, 자크 알랭 밀레, 장 클로드 밀네, 프랑수아 레뇨가 분리되어 나와 『분석을 위한 노트』(*Cahiers pour l'analyse*)를 창간했다. '인식론' 그룹에 의해 활성화된 이 잡지는 "알튀세르-라캉적"[30]이라고 규정될 수 있는 노선을 견지했다. 데리다는 이 잡지에 레비스트로스에 대한 그의 첫 번째 글—이 글은 『그라마톨로지에 관하여』의 한 장이 된다—을 게재함과 동시에 그해의 세미나 주제였던 루소의 '언어 기원에 대한 시론'을 다시 편집해서 싣게 된다.

알튀세르의 명성보다는 훨씬 못했지만 그래도 데리다의 명성도 고등사범학교 안에서 퍼져 나가기 시작했고, 몇몇 학생들과 가까워지기도 했다. 베르나르 포트라는 이렇게 기억하고 있다. "데리다는 빠르게 양극을 형성했어요. 알튀세르는 교조적이고 종종 거만한 태도를 보였던 그룹을 장악하고 있었습니다. 데리다는 다른 극을 대표했지요. 좀 더 개방적이었던 그는 많은 학생들의 눈에 관념론으로 무장한 회색분자라는 의심을 받았습니다. 하지만 20여 명 이상의 학생들이 어쨌든 그의 강의를 들었습니다. 철학 텍스트를 읽는 그의 아주 새로운 방법에 나는 열광했어

---

30) François Dosse, *Histoire du structuralisme I*, Le Livre de poche, coll. 《Biblio》, 1995, p. 333.

요. 나는 빠르게 그와 가까워졌습니다. 1964년부터 리쾨르의 지도하에 니체에 관한 석사논문을 쓸 것을 나에게 권유한 것도 데리다였어요. 나도 모르는 사이에 나는 어쨌든 첫 번째 데리다주의자가 되었던 셈입니다."[31]

심지어 가장 정치화된 학생들 사이에서도―데리다가 앞으로 계속 만나게 되는 도미니크 르쿠르와 같은 학생들―몇몇은 아주 커다란 흥미를 가지고 그의 강의를 들었다. "처음에 나는 고고학을 공부할 예정이었어요. 데리다의 요청에 따라 첫 번째 논술 과제를 제출한 다음에, 그가 나의 방향을 결정해 주었습니다. 그는 과제 맨 위에 '자네는 철학자일세'라고 써주었어요. 그를 무용하고 모호한 형이상학자로 여긴, 『마르크스레닌주의 수첩』에 관여했던 동료들의 빈정거림에도 불구하고, 나는 5년 내내 그의 수강생이었고, 그의 세미나를 매번 경청했습니다. 개인적으로 나는 정치 문제로 인해 데리다와 소원해지는 것을 원치 않았고, 그 역시 정치 문제에 아주 민감하다고 생각했어요. 알튀세르와 캉길렘이 나의 주요 표점이긴 했지만, 데리다와의 관계에서 아주 중요한 무엇인가가 발생했다고 느꼈던 겁니다. 어떤 것이 분명하지 않을 때마다 나는 데리다를 보러 갔고, 그때마다 그는 친절한 태도를 보여 주었어요. 나는 철학자는 물론이거니와 한 인간으로서의 데리다와 밀접한 관계를 맺게 되었습니다. 데리다는 외면적인 소심함 밑에 내가 곁에서 늘 내 몸을 덥히고자 했던 그런 불을 마음속에 간직하고 있었어요."[32]

1966년 여름이 끝날 무렵, 철학교수자격시험에서 수석으로 합격하

---

31) 베르나르 포트라와의 인터뷰.
32) 도미니크 르쿠르와의 인터뷰.

고 몇 년이 지난 다음, 베르나르 포트라는 데리다에게 편지를 보낸 일을 기억하고 있다. 그는 이 편지에서 데리다에게 깊은 감사를 표명하고 있다. 그런데 이 감사는 단순한 감사를 넘어 특히 데리다의 존재감, 그의 "그토록 용기를 북돋아 주는 관심", 그리고 그토록 꾸준히 모델이 되었던 "감히 대체할 수 없는 깊이"를 보여 주는 것이었다.

제 생각으로, 선생님께서는 고등사범학교에서 보람도 없고 보상도 미미한 일을 수행하고 계십니다. 저희들은 너무 자주 화가 나는 '철학적 수동성'을 보여 주었습니다. 이런 이유로 저는 선생님의 연구는 헛수고가 아니었다고 감히 말씀드리고자 합니다. 선생님과 알튀세르와 같은 분들의 지도가 없었다면, 저는 철학에서 멀리 떨어져 오랜 동안 방황했을 것입니다. 잘 아시겠지만, 선생님께서 안 계셨더라면, 저희들은 철학에서 아주 초라하고 그다지 매력적인 생각을 가질 수 없었을 것입니다.[33]

---

33) 베르나르 포트라가 데리다에게 보낸 1966년 9월 5일 편지.

3장_글쓰기 그 자체

1965~1966

첫 번째 출간물의 질적 수준이 어느 정도였든지 간에 데리다는 아직 취약한 상태에 있었다. 가브리엘 부누르를 위시해 그와 가까운 사람들의 격려가 필수불가결했다. 1965년 초 며칠 동안 데리다가 부누르에게 썼던 내용과 같은 격려가 말이다. "레비나스에 대해 썼던 글에 선생님이 해주신 모든 말씀은 저를 격려해 주시는 것이고, 저에게 많은 힘을 '빌려주시는' 것입니다. 저는 그 모든 것을 필요로 합니다. 저는 그렇다고 확신합니다. 선생님께서 제가 알아차렸으면 좋겠다고 말씀하신 그 힘이 바로 제가 필요로 하는 이와 같은 힘이 아니겠습니까? 그러니까 어떤 식으로든 그것은 도움을 필요로 하는 저의 큰 결함을 의미하는 것입니다." 데리다는 지금 연구를 수행하고 있는 장소가 "일종의 어두운 밝음 속에서 모든 것을 뿌옇게 만들어 버리는 탈취와 위선"의 장소라고 느꼈다. 부누르로부터 데리다에게 오는 지지는, 부누르가 먼저 들어간 영역으로 그 자신이 들어갈 수 있게 해주는 것이었다.

선생님께서는 저보다 앞서, 저보다 훨씬 더 용이하게 이와 같은 경험의 영역의 한복판에 계시면서(이 영역에서 온전히 다루어진 자들의 이름을 불러 보겠습니다. 니체, 하이데거, 레비나스, 블랑쇼 등입니다), 제가 그곳으로 가는 것을 지켜보고 계셨습니다. 선생님께 이 글을 드리면서 저는 지금 언어에서의 암중모색을 더 잘 끝낼 수 있게 되었습니다. 보시는 바와 같이, 저는 아직도 평정을 찾고 있고, 이해되기를 원하고 있습니다. 다른 방도가 있겠습니까? 하지만 선생님께서 지금 저에게 주시는 평정은 결코 안락함이 아니고, 암중모색을 하는 가운데 이해된다는 확신 속에 안주하는 것도 아닙니다. 또 다른 평정, 분명 좋지 않은 평정은 바로 대학, 고등사범학교입니다. 그곳에서의 수업은 저를 견고하게 해주기는 합니다만, 더 보잘것없고, 효율성만을 더 추구하는 방식으로입니다. 하지만 이런 평정도 곧 첫 번째 평정과 합쳐지려고 합니다.[1]

데리다에게 그보다 훨씬 더 젊은 또 다른 대화 상대자, 친구로서 또 작가로서 큰 중요성을 가지게 되는 사람이 있었다. 필립 솔레르스가 그 장본인이었다. 데리다는 그의 첫 번째 책인 『비극』(Drame)을 읽고 큰 감동을 받았다. 그는 솔레르스에게 "미사여구를 사용하는 것"을 사과하면서 수줍고도 당황한 어조로 긴 편지를 썼다.

『비극』이 나의 내면의 모든 기대감을 충족시킨 것을 넘어, 내가 기억 저편에서 알아볼 수 있을 것 같았던 길 위에서 당신은 나를 능가했던 모든 것을 넘어, 이미 자전 해설을 하고 있는, 즉 쓰이면서 지워지고 [⋯] 물러

---

1) 데리다가 가브리엘 부누르에게 보낸 1965년 1월 11일 편지.

서면서 쓰이는 […] 당신의 책에 대해 내가 하고 있는 해설을 넘어, 내가 감히 하지 못하는, 또는 내 안에서 계속되고 있는 생동감에서 벗어나지 못하는 주해를 넘어, 나는 당신을—이건 허용이 되겠지요?—작가로서 찬양합니다. 그러니까 첫 줄에 들어서면서부터 간직되고 있는 놀랄 만한 안정감과 극단적으로 위험한 글쓰기를 […] 높이 평가합니다.[2]

솔레르스의 책이 데리다 <u>스스로</u>가 그 앞에서는 취약하고 위축된다고 느끼고 있던 문학에 대한 사랑을 어느 정도까지 그의 내부에서 일깨워 주고 있는가를 털어놓을 때, 그의 어조는 점점 더 개인적인 성향을 보였다. "당신이 또 한 번 아주 훌륭한 책을 썼다고 말한다면, 당신이 나를 원망할까요? 개인적으로 나는 이 책에 대해 아주 흡족하게 생각합니다. 그도 그럴 것이—공개적으로 말할 수는 없는 노릇이지만—나는 훌륭한 책을 여전히 좋아하고, 또 그렇다고 믿고 있기 때문입니다. 나는 젊은 시절에 품었던 문학에 대한 숭배를 여전히 품고 있습니다." 데리다는 '추신'에서 그가 솔레르스의 책을 어떤 높이에 위치시키고 있는가를 여실히 보여 주고 있다. "블랑쇼의 『기대와 망각』(L'attente et l'oubli)를 읽었는지요? 그는 나에게 이 책을 보내왔어요. 왜 그런지는 모르지만 출간된 지 2개월이 지난 다음에 보내왔어요. 나는 이 책을 『비극』을 읽기 전에 보았습니다. 두 권의 책 사이에는 엄청난 차이가 있었지만, 이 책에서 저 책으로 이어지는 뭔가 우정어린 것이 있었습니다."

충분히 생각할 수 있는 일이지만, 솔레르스 역시 이와 같은 데리다의

2) 데리다가 필립 솔레르스에게 보낸 1965년 2월 28일 편지.

너그러운 독서에 아주 감동했다. 이와 같은 "허심탄회한 소통"[3]과 거기에 동반되는 깊은 성찰에 기뻐하면서 솔레르스는 그 뒤 몇 개월 동안 데리다와 많이 가까워졌다. 그들의 서신 교환은 아주 풍부했고, 만남 또한 빈번했다. 데리다 편에서 보면, 그가 미셸 모노리와 맺었던 것과 같은 거의 하나가 되는 그런 우정에 대한 욕망을 기대했다고 할 수 있다.

1965년 3월, 아르토에 대한 데리다의 글이 『텔켈』지 제20호에 실렸다. 솔레르스의 텍스트, 폴 테브냉의 또 다른 텍스트, 그리고 아나이스 닌에게 보낸 아르토의 미간 편지 11통이 같은 호에 실렸다. 데리다가 아르토에게 할애한 첫 번째 글인 「무대 뒤의 말」에서는 그 당시 잘 알려지지 않았던 작가에 대한 혁신적인 독법이 제시되었다. 1965년에 아르토의 전집 첫 다섯 권만이 갈리마르 출판사에서 출간되었다.

데리다는 이 뛰어난 글을 아르토에 대한 기존의 주장을 따르는 데서 연유하는 난점에 대해 질문을 던지는 것으로 시작하고 있다. 다시 한 번 "고유하게 앙토냉 아르토라고 불리길 원했던 육체의 수수께끼"[4]를 부인하면서 너무도 많은 설명들은 그를 기존의 범주 속에 가두고 있었다. 아르토에게 할애된 블랑쇼의 훌륭한 글조차도 아르토를 한 명의 '괴짜'로 취급하는 경향이 있었다. 그의 경험의 "원시성"을 제대로 고려하지 못한 채로 말이다.

아르토가 임상의학적 또는 비평적 해석에 철저히 저항한다면 —— 우리의

---

3) 필립 솔레르스가 데리다에게 보낸 1965년 3월 3일 편지.
4) Jacques Derrida, "La parole soufflée", *L'écriture et la différence*, Seuil, 1967, p. 292.

생각으로 이전에는 그 누구도 그렇게 하지 못했다—, 그것은 그의 '모험' 속에서(우리는 이 단어로 그의 삶과 작품의 분리 이전의 총체성을 지칭한다) '범례화 그 자체'에 대한 저항 '그 자체'가 되는 것을 통해서였다. 여기에서 비평가와 의사는 의미하는 것을 거절하는 삶 앞에, 작품 없이 이루어지길 원하는 예술 앞에, 흔적이 남지 않기를 원했던 언어 앞에서 속수무책이다. […]

아르토는 하나의 역사를 파괴하고자 했다. 다소간 은밀히 위에서 상기된 에세이들에 영감을 주었던 이원적 형이상학의 역사를 말이다. 당연히 비밀리에 말과 실존, 텍스트와 신체의 이원성을 떠받치는 영혼과 신체의 이원성의 역사를 말이다. […] 아르토는 자신의 말이 자기 몸에서 멀리 날아가 버리는 것을 용납하지 않으려고 했다.[5]

『텔켈』지에 글이 실리고 난 뒤부터 데리다는 그때까지 한 번도 만난 적이 없었던 폴 테브냉으로부터 전화를 받았다. 그녀는 아르토『전집』의 책임 편집을 맡고 있었다. 그녀는 자신이 데리다의 글에 얼마나 열광했는지를 전하고 싶었다. 그녀는 데리다에게 쓴 긴 편지에서 그의 글이 가진 중요성을 다시 한 번 이야기하고 있다.

저는 거의 처음으로 그 무엇인가가 저에게 주어진 것처럼 보였다는 사실로 인하여 당신에게 감사를 드립니다. 블랑쇼의 글들과 푸코의『광기의 역사』의 한두 쪽을 제외하면, 저는 15년 전부터 허공에 대고 일을 하

---

5) Jacques Derrida, *L'écriture et la différence*, Seuil, 1967, p. 261.

는 것 같고, 전혀 반응이 없는 일을 하는 것 같다는 느낌을 줄곧 가졌었습니다. 물론 저는 저 자신을 앙토냉 아르토와 동일시하는 것은 아닙니다. 다만 저는 그의 작품이 우리 시대의 가장 중요한 작품들 중 하나이고, 내가 그에게 헌신했던 시간을 넘어서는 가치가 있으며, 지금까지 저의 판단이 틀리지 않았다는 것을 말해 주는 사람을 그 누구도 만나보지 못했습니다. 이런 의미에서 저는 필립 솔레르스에게 감사하는 것처럼, 당신에게도 감사를 드리고 싶습니다. 솔레르스에 대해서 말하자면, 그는 그 자신이 이 주제에 대해 생각하고 있는 바를 오래 전부터 잘 알고 있습니다.[6]

이렇게 해서 데리다와 폴 테브냉은 머지않아 만나 우정을 쌓아 가게 된다. 그때부터 폴 테브냉은 그에게 그의 연구의 진척 상황을 알려주길 바랐고, 또 그에게 아르토의 미간행 원고를 정기적으로 보내 주었다. 그녀는 아르토가 죽던 날 아주 혼란스러운 상황에서 그의 서류들을 챙겼고, 점점 권수가 늘어나고 있는 『전집』의 출간을 위해 열정과 인내를 가지고 그것들의 해독에 매달렸다.[7]

데리다와 마르그리트는 바스티유 대로에 있는 폴과 이브 테브냉의 집에서 정기적으로 개최되던 만찬에 참여하면서 그 당시 소모임을 형성

---

6) 폴 테브냉이 데리다에게 보낸 1965년 3월 19일 편지.
7) 폴 테브냉과 앙토냉 아르토의 유산, 그리고 그의 『전집』 편찬에 관련된 모든 것은 오늘날 여전히 논쟁의 대상으로 남아 있다. 나는 이 책에 이어서 이 문제를 다룰 기회를 갖게 될 것이다. 좀 더 많은 정보를 얻으려면 다음 책을 참고할 것. Paule Thénevin, *Antonin Artaud, ce désespéré qui vous parle*, Seuil, 1993. 또 다른 시각이 Florence de Mèredieu, *L'Affaire Antonin Artaud, journal ethnographique*, Fayard, 2009에서 제시되고 있다.

하고 있던 1급의 작가들과 예술가들을 알게 되었다. 그들 중에는 프랑시스 퐁주, 피에르 클로소프스키, 루이 르네 데 포레, 미셸 레리스, 피에르 불레즈, 로제 블랭 등이 있었다. 이 소모임에는 특히 장 주네가 있었다. 그는 데리다와 곧 친하게 지내게 된다.

주네는 폴 테브냉 곁에서 아주 특별한 지위를 누리고 있었다. 그녀는 그를 부양했고, 그의 텍스트들을 타이핑했고, 그의 빨래를 해주었으며, 그의 서류들을 챙겨 주기도 했다. 그녀에게 주네는 "제2의 아르토, 살아 있는 아르토"[8]와 같았다. 폴 테브냉은 또한 주네의 작품에 대한 관심을 고취시키기 위해 새로운 비평적 주장을 찾아 나서기도 했다. 실제로 주네의 작품은 그의 『전집』 제1권의 자리를 차지하고 있지만, 1952년에 사르트르에 의해 출간된 『성자 주네: 배우와 순교자』(*Saint Genet, comédien et martyr*)에 의해 어느 정도 짓눌린 감이 없지 않았다.

첫 만남부터 데리다와 주네 사이에는 뭔가 특별한 것이 있었다. 폴 테브냉은 요리를 하기 위해 부엌에 있다가 그들 둘만 함께 남겨두는 것을 두려워하기도 했다. 그도 그럴 것이 그들은 너무나도 대화에 몰두하고 있어 그녀 자신이 침입자가 된 것 같은 느낌이 들었기 때문이다. 주네는 평상시에 지식인들을 무척 싫어했다. 어쨌거나 그는 그들을 불신했다. 하지만 그는 데리다와는 곧장 우정을 맺었다. 그들이 서로 알게 되었을 때 주네는 힘든 시간을 보내고 있었다. 7년 동안 같이 지냈던 친구 압달라가 1964년에 자살을 했던 것이다. 글 쓰는 것을 포기하고, 많은 원고를 불살

---

8) 알베르 디시(Albert Dichy)와의 인터뷰. 장 주네와 폴 테브냉 사이의 관계에 대한 더 자세한 정보를 위해서는 Edmund White, *Jean Genet*, Gallimard, 1993을 참고할 것.

라 버렸던 주네는 그 무렵에 문학에 대해서, 어쨌든 자기 문학에 대해서 말하는 것을 꺼렸다. 하지만 그로 인해 데리다와 주네 사이의 관계가 방해를 받은 것은 아니었다. 데리다는 그들의 관계에 대해 폴 테브냉에게 이렇게 말하고 있다.

기회가 오면, 그리고 당신이 정당한 말을 찾게 되면, 장 주네에게 제가 감히 그에게 말하지 못하는 것, 결코 그에게 말할 수 없는 것을 전해 주시기 바랍니다. 즉 저에게는 그와 만나는 것, 그와 대화를 나누는 것, 그의 말을 듣는 것, 그의 존재방식에 관여하는 것이 진짜 '축제' ― 간소하고, 평화스럽고, 내면적이지만, 그러나 진실된 축제 ― 라고 말입니다. […] 당신 집에서 제가 만날 수 있는 행운을 가졌던 사람들 중에 저는 장 주네를 제일 좋아합니다.[9]

물론 주네가 데리다와의 만남에서 종종 겁을 먹은 것과 마찬가지로 데리다 역시 주네와의 만남에서 그럴 수 있었다. 다음과 같은 편지의 한 대목은 그것을 잘 보여 준다. 이때 주네는 가장 민감한 철학적 문제에 사로잡혀 있었다.

우리가 마지막으로 만났을 때, 당신이 폴의 아파트를 떠나던 순간, 나는 당신에게 여전히 많은 것을 얘기하고 싶었고, 또 물어보고 싶었습니다. […] 당신이 나에게 이 문제에 대해 당신의 견해를 말해 주었으면 했습

---

9) 데리다가 폴 테브냉에게 보낸 날짜 미상 편지.

니다. 사람이 결정론을 '선택'하게 되는 경우, 그것이 훌륭한 지적 사유를 통해서인지 아니면 그 반대인지를 말입니다. 사람은 대체 어떤 지적 작용을 통해 그런 선택을 하는 걸까요? 신앙 행위에 따라 그런 선택이 저절로 옵니까? 아니면 던지고 난 뒤에 정당화의 대상이 되는 주사위 놀이처럼 옵니까? 나는 왜 공산주의자일까요? 나중에 합리화되는 남을 배려하는 기질 때문일까요? 아니면 민족주의자적인 기질 때문입니까? 그렇다면 왜, 어떻게 그렇죠? 철학적 행위가 이루어질 때마다 초반에 그것은 비합리적인 것 ─ 우연적인 것 ─ 이 아닌지요? 나는 어떤 방식으로 하나의 선택이 정당화되는지를 잘 압니다. 아니 안다고 생각합니다. 하지만 나는 선택이 어떻게 이루어지는가에 대해서는 모릅니다. 내가 보기에 사람들은 우선 그런 선택으로 자연스럽게 기울고, 그 다음에 그 이유를 찾는 것 같습니다. […] 당신과 당신의 젊은 제자들은 이 사소한 문제에 대한 대답을 찾았겠죠. 하지만 내가 그렇지 못했다는 것은 확실합니다. 언젠가 당신이 나에게 그 답을 말해 주겠지요.[10)]

데리다에게 1965년 여름의 초반부는 종종 그랬던 것처럼 약간 우울했다. 마르그리트가 아들 피에르와 함께 샤랑트에 가 있는 동안 프렌에 있는 집에 혼자 남게 된 데리다는 연구에서 전혀 진척이 없다고 느꼈다. 그는 알튀세르에게 이렇게 쓰고 있다. "진주가 손이 미치는 범위 밖에 있는 것 같습니다. 마치 바닷속을 진주를 머금고 있는 조개 속같이 훤히 알

---

10) 데리다가 장 주네에게 보낸 날짜 미상 편지.

고 있는 어부가 물을 두려워하는 것과 같습니다."[11] 하지만 『크리티크』 지에 보내기 전에 8월 말쯤 힘겹게 완성시킨 '글쓰기'에 대한 짧은 텍스트는 머지않아 그의 주요 저작들 중 하나로 여겨지게 된다.

처음으로 방학다운 방학을 보내기 위해 데리다와 마르그리트는 9월 한 달을 베니스, 좀 더 정확하게 말하자면 리도에서 보내기 위해 출발했다. 그들은 두 살 난 아들 피에르와 알제리 국적을 가진 여학생 레일라 세바르와 함께 갔다. 피에르를 돌보기 위해 일종의 베이비시터로 그들과 같이 갔던 레일라 세바르는 후일 아주 유명한 작가가 된다. 데리다에게 이 여행은 그가 했던 첫 번째 이탈리아 여행이었다. 이 나라는 그가 가장 좋아하는 나라들 중 하나였으며, 가끔 모든 연구의 속박에서 벗어나기 위해 가끔 가곤 했던 나라들 중 하나였다.

이탈리아 여행에서 돌아와 데리다는 미셸 드기의 편지를 받았다. 드기는 이 편지에서 「문자 이전의 글쓰기」(L'écriture avant la lettre)가 자신을 얼마나 열광시켰는지를 전하고 있었다. 며칠 후에 장 피엘은 비록 너무 길어 1965년 12월호와 1966년 1월호에 두 차례에 걸쳐 게재될 필요가 있었지만, 어쨌든 "아주 정밀하고, 풍부하고, 새로운"[12] 이 글이 『크리티크』 지에 게재될 것이라는 사실을 확인해 주었다. 데리다는 여러 차례에 걸쳐서 이 글의 가치를 인정했다. 『그라마톨로지에 관하여』 제1부 앞부분에 해당하는 이 글은 그 이후 연구의 핵심을 결정하는 "원형"이었던 것이다.

---

11) 데리다가 알튀세르에게 보낸 1965년 8월 2일 편지.
12) 장 피엘이 데리다에게 보낸 1965년 10월 3일 편지.

『크리티크』지에 적용되는 규칙에 따라 이 텍스트는 다음과 같은 세 권의 저작에 대한 서평으로 제시되었다. M.-V. 다비드의 『17~18세기 글쓰기와 상형문자에 대한 토론』(*Le débat sur les écritures et l'hiéroglyphe au XVIIe et XVIIIe siècles*), 앙드레 르루아구랑의 『제스처와 언어』(*Le geste et la parole*), 그리고 콜로키엄 모음집인 『글쓰기와 민중심리학』(*L'écriture et la psychologie des peuples*)이 그것이다.

하지만 「문자 이전의 글쓰기」라는 글에서 다루어진 주제는 이와 같은 서평을 넘어섰다. 데리다는 '그라마톨로지' 또는 '글쓰기에 대한 학문'을 도입하기 위해 "책의 종말"을 미리 내다보는 방식으로 언급하고 있다.

데리다는 '문자 이전의 글쓰기'라는 제목의 글에서 모든 구조주의 사유의 주요 참고 자료인 소쉬르 언어학의 전제들에 대한 세세한 분석을 제시하고 있다. 소쉬르가 언어학적 가치의 원천으로서 '차이' 개념을 중심 주제로 삼고 있다면, 데리다는 소쉬르의 사유를 여전히 '로고스중심주의'(logocentrisme), 글쓰기를 너무 오랜 동안 깎아내린 "음성 중심의 형이상학"에 의해 지배되고 있다고 여긴다. 하지만 「문자 이전의 글쓰기」의 여러 쪽에서 예고되고 있는 데리다의 야심은 언어학이나 인류학의 문제에만 국한되지 않는다. 하이데거의 방법의 연장선상에 있는 데리다에게 중요한 것은, "가장 내적인 흐름에서 존재의 의미를 현전으로 결정짓고, 또 언어의 의미를 음성언어의 연속성으로 결정짓는 존재론을 흔드는 작업"이었고, 그리고 "인접성, 직접성, 현전 등과 같은 명칭으로 우리가 이해했다고 생각한 것을 이해 불가능한 것으로 만드는 작업"[13]이었다.

---

13) Jacques Derrida, *De la grammatologie*, Editions de Minuit, 1967, p. 103.

이제부터 데리다의 사유를 지칭하기 위해 종종 사유되는 주요 개념이 「문자 이전의 글쓰기」에 나타나고 있는데, 그것이 바로 '해체'(déconstruction) 개념이다. 데리다는 「한 일본인 친구에게 보내는 편지」에서 이 개념 — 이 일본인 친구는 일본어에서 이 개념에 상응하는 만족할 만한 단어를 찾아내지 못했다 — 의 선택에 대해 가장 분명하게 설명하고 있다.

내가 이 단어를 선택했을 때, 혹은 이 단어가 나에게 주어졌을 때, [···] 나는 그 당시에 내 관심을 끌고 있던 담론 속에서 이 단어에 그처럼 중요한 역할을 부여하게 될지 몰랐네. 여러 가지를 고민하던 중, 나는 하이데거가 사용했던 단어인 'Destruktion' 또는 'Abbau'[14]를 내 주장에 맞게 번역하고 채택하기를 바랐네. 모든 상황을 고려해 보면 이 두 단어는 형이상학의 토대가 되는 개념들의 전통적 '구조'(structure)나 '골조'(architecture)와 관련된 작용을 의미했네. 하지만 프랑스어로 '파괴'(destruction)는 너무 두드러지게 하이데거의 해석이나 내가 제시했던 독법보다는 어쩌면 니체적 '파괴'(démolition)에 더 가까운 몰락, 부정적 환원을 내포하고 있었네. 해서 나는 이 단어를 배제시켰네. 그리고 나는 'déconstruction'이라는 단어(이 단어는 분명 아주 즉흥적으로 떠올랐는데)가 프랑스어 단어인지를 찾아보려고 한 것을 기억하네. 나는 『리트레』(Littré) 사전에서 이 단어를 발견했네. 이 사전에서 이 단어의 문법

---

14) 독일어 단어로 각각 '파괴'와 '(건물, 시설물 따위) 철거, 제거, (일자리) 감축. (경제, 환경 상태) 쇠퇴' 등의 의미를 가지고 있다. ─옮긴이

적, 어학적, 수사학적 사용 범위가 '기계적' 사용 범위와 연결되어 있었네.[15] 이와 같은 연결이 나에게는 아주 다행스러웠네. [...][16]

'해체'라는 단어의 사용에는 하나의 일화가 있다. 데리다가 동사 'déconstruire'에 새로운 생명을 불어넣기 시작했을 때, 이 동사는 사람들의 뇌리에서 완전히 사라진 것이 아니었다. 1960년에 이 단어는 시인이자 고급관리였던 루이 아마드가 곡을 쓰고, 질베르 베코가 불렀던 '부재자'(L'Absent)라는 제목의 성공한 샹송에서 사용된 적이 있었다.

친구의 부재가 짊어지기에 아무리 무거워도,

저녁마다 이 책상에 왔던 친구,

이제 못 올 친구. 죽음이란 비참한 것.

마음을 아프게 하고, 너를 해체시킨 죽음이란.

『크리티크』지에 「문자 이전의 글쓰기」가 실린 직후, 이 글은 지식인들 사이에서 하나의 사건이 되었다. 미셸 푸코는 "그토록 해방적인 이 텍

---

15) 『리트레』 사전에는 'déconstruire'라는 단어가 이렇게 정의되어 있다. ① 전체의 부분들을 분해하다. 하나의 기계를 다른 곳으로 운반하기 위해 분해하다. ② 문법의 용어. 해체를 하다. 운(韻)을 파괴하다. 운에서 운율(韻律)을 제거함으로써 산문과 비슷하게 만든다. ③ 해체되다. 구조를 잃다. "현대적 지식을 통해 변화가 없는 동양의 한 지역에서 완벽에 도달한 한 언어는 인간 정신의 자연적 변화 법칙만으로 해체되고 스스로 변질된다"(Abel-François Villemain, Préface du Dictionnaire de l'Académie, Paris, 1835).

16) Jacques Derrida, "Lettre à un ami japonais", Psyché. Invention de l'autre, Galilée, 1987, p. 388. 독일어로 'Destruktion'은 일상생활에서는 사용되지 않는다는 점을 지적하는 것은 중요해 보인다. 철학에만 국한된 이 단어에는 프랑스어로 'destruction'이 어쩔 수 없이 갖는 니힐리즘적인 의미가 들어 있지 않다.

스트"에 대한 열광을 감추지 않았다. "현대적 사유라는 면에서 보면 이 텍스트는 내가 읽은 것 중에서 가장 급진적인 텍스트이네."[17] 에마뉘엘 레비나스 역시 "작열하는, 수많은 가지를 치는 몇 쪽의 텍스트에 완전히 매료되었네"라고 말하고 있다. "하이데거에 대한 일관성에도 불구하고 자네의 활력적인 출발은 그의 여러 저작 이후 첫 번째 새로운 책을 예고 하고 있네."[18]

가브리엘 부누르로 말할 것 같으면, 그는 다시 한 번 "중요한 텍스트" 에 대한 감탄을 강조했다. 이에 데리다는 아주 서정적인 어조로 감사를 표하고 있다. "벌써 2년 전부터 저를 계속해서 지켜봐 주신 선생님의 너 그럽고도 놀랄 만한 관심은 저에게 얼마나 큰 도움이 되는지 모릅니다. 저에겐 얼마나 큰 행운인지요! 아무리 말씀을 드려도 선생님께 저의 마 음을 충분히 전달하지 못할 것입니다." 다만 데리다는 한 가지 사실만을 애석하게 생각했다. 지리적 거리로 인해 좋아하는 만큼 서로를 자주 보지 못하는 것이었다.

> 저는 선생님의 많은 충고와 경험만큼 선생님의 교양의 빛을 필요로 합 니다. 저는 이 사실을 오래전부터 알고 있습니다만, 스스로 '늙은 아랍 인'이라 지칭하시는 선생님께서 보내주신 마지막 편지에서 이런 감정을 다시 확인합니다. 이분 마사라, 코르뱅, 마시뇽 등에 대해 좋은 말씀 들 려주실 것을 고대하고 있습니다.[19]

---

17) 미셸 푸코가 데리다에게 보낸 1965년 12월 21일 편지.
18) 에마뉘엘 레비나스가 데리다에게 보낸 1966년 1월 30일 편지.
19) 데리다가 가브리엘 부누르에게 보낸 1966년 1월 21일 편지.

기념비적인『구조주의의 역사』의 저자인 프랑수아 도스에 따르면, 1966년은 구조주의라는 새로운 패러다임이 정점에 도달한 해에 해당한다. 1966년은 서점에서 예상 밖의 성공을 거둔 미셸 푸코의『말과 사물』이 출간된 해였고, 롤랑 바르트와 레몽 피카르를 대립시켰던 신비평을 둘러싼 격렬한 논쟁이 벌어진 해였으며, 그때까지 여기저기 산재해 있던 텍스트들을 한데 모아 놓은 라캉의 대작『에크리』가 출간된 해이기도 했다. 비록 데리다가 그해에 아무런 저서도 출간하지 못하고, 많은 사람들에게 잘 알려지지 않은 상태였다고 해도, 그는 여러 편의 논문과 강연들을 통해 장차 주목해야 할 인물들 중의 한 명, 그리고 프랑수아 샤틀레가『르누벨 옵세르바퇴르』지에서 과감하게 표현하고 있는 것처럼, "금세기의 위대한 인물들" 중의 한 명으로 여겨지고 있었다.

이 시기는 또한 데리다가 점차 새로운 사람들과 어울리게 된 때이기도 했다. 그들 가운데는 철학자나 대학교수보다는 오히려 작가가 더 많았다. 자기에게 증정되는 책들을 주의 깊게 읽으면서 데리다는 에드몽 자베스, 미셸 드기 등과 같은 친구들뿐만 아니라,『텔켈』지에 관여하고 있는 작가들이나 이 잡지에 협력하는 사람들, 가령 장 피에르 파예, 마르슬랭 플레네, 장 리카르두, 클로드 올리에 등에게 따뜻하고도 내용이 풍부한 편지를 보내곤 했다.

데리다는 또한 블랑쇼, 레비나스와 가깝고 자신보다 5세 연상인 로제 라포르트와 우정을 맺게 된다. '평전'이라는 제목하에 라포르트가 조금씩 구축하고 있던 방대한 계획은 데리다를 매료시키기에 충분했다. 그도 그럴 것이 라포르트에게 중요한 것은 "산다는 것과 글을 쓰는 것 사이에 항상 정립되어 있는 관계를 전복시키는 것"이었기 때문이다. "일상의 삶이란 그것을 바탕으로 만들 수 있는 이야기보다 앞서기 때문에, 나는 어떤 삶은 글을 쓰는 것보다 앞서지도 외재적이지도 않다는 사실에 내기를 걸었습니다. […] 우리는 아직까지 발생하지 않은 역사를 가지고, 글쓰기만이 접근할 수 있는 독창적인 삶을 가지고 이야기를 만들 수는 없을 것입니다."[20]

이 계획의 첫 권인 『전날 밤』(*La veille*)이 1963년에 갈리마르 출판사에서 출간되었다. 하지만 데리다는 푸코의 권유에 따라 1965년에야 이 책을 보게 되었다. 데리다가 이 책에 열광했으므로 라포르트는 그에게 곧 자신의 둘째 권인 『섬세한 침묵의 목소리』(*Une Voix de fin silence*)의 원고를 보내주었다. 데리다는 또한 라포르트가 시도하고 있는 언어의 한계에 대한 탐사, 종종 신비적인 것과 부정 신학에 가까운 것에 대한 강조에 아주 민감한 반응을 보였다. 데리다는 이렇게 말하고 있다. "분명 당신도 알고 있는 비트겐슈타인의 '말할 수 없는 것에 대해서는 침묵을 지켜야 한다[지켜서는 안 된다]'라는 주장에 반대해 나는 당신의 책에 완전히 설득되었습니다."[21] 데리다에게 로제 라포르트의 작품은 매혹적이고도 동시에 겁이 나는 것이었다. 이 작품은 그 무렵에 철학에 의해 보호받고자 하는 필요성을 느끼면서 데리다가 나아가고자 꿈꿨던 여러 측면을 보여주고 있었다.

이런 점에서 내가 보기에 당신의 시도가 의미 있고, 또 당신의 글쓰기는

---

20) Thierry Guichard, "L'épreuve par neuf", *Le matricule des Anges*, no. 32, September-November 2000에 인용된 로제 라포르트(Roger Laporte)의 발언.
21) 데리다가 로제 라포르트에게 보낸 1965년 8월 10일 편지.

가장 급진적이라고 생각됩니다. 이런 이유로 그 글쓰기는 나를 매료시킵니다. 이런 이유로 나는 고통스럽고도 무기력하게 이와 같은 유형의 글쓰기를 포기할 따름입니다. [...] 적어도 두 가지 면에서 이와 같은 극단 곁에 있는 것은 '위협적'입니다. 이런 이유로 저는 위협적인 것(축제나 죽음)에 파괴되지 않기 위해 '가능하면' 그런 극단으로부터 멀리 떨어져 있고자 하고, 또 잠들지 않기 위해 그런 극단에 '가능하면' 가장 가까이에 있기를 원합니다. '삶'에 대해 ─ 자기 자신의 유지와 경계에 필요불가결한 최소한의 평정에 대해 ─ 위협적인, 그리고 다른 한편으로, '담론'(또는 글쓰기)에 대해 위협적입니다. [...] 저는 종종 언젠가는 극복하고야 말 나의 '공포'를 통해 나는 당신이 이미 성공적으로 따라갔던 '마음'의 여정을 따라가는 것을 피해 버렸다는 느낌을 가지고 있습니다. [...] 따라서 나는 마스크를 하나 더 쓰고 당신처럼 하고자 노력합니다. 다시 말해 나의 '삶'과 나의 '사유' 사이에서 한 번 더 우회를 해서 아주 보완적인 '다른' 길, 아주 고통스러운 ─ 나를 믿어 주세요 ─ 간접적인 담론을 시도하고자 합니다.[22]

솔레르스와 가까운 벨기에 출신 정신분석가였던 마리 클레르 분스의 덕택으로 데리다는 또한 앙리 보쇼를 만나게 되었다. 앙리 보쇼는 40세가 넘었지만 거의 신인 작가로 활동하고 있었다. 스위스 그슈타드에 살고 있던 보쇼는 부인과 함께 미국 여학생들을 위한 호화스러운 기숙사를 운영하고 있었다. 하지만 그는 가능하면 항상 라캉의 세미나에 참석하

---

22) 데리다가 로제 라포르트에게 보낸 1966년 2월 19일 편지.

면서 그의 학술적 분석을 위해 파리에 정기적으로 오곤 했다. 데리다는 1966년에 출간된 보쇼의 첫 소설 『찢김』(*La déchirure*)에 완전히 매료되었다.

아주 '놀랄 만한' 텍스트입니다. 아무런 감정의 토로나 상투적인 찬사 없이 단지 나는 당신에게 이 사실을 말하고 싶습니다. 심오함, 명쾌함, 힘, 신중함에서 놀랍습니다. 내가 알기로 이 텍스트는 완벽한 제어와 마찬가지로 정신분석학적 원천, 시적 행위가 한데 어울려 있고, 서로 얽혀 있고, 심지어 독창적이고도 진정성 있게 뒤섞여 있는 첫 번째 문학 '작품'입니다. […] 이 작품은 '분석'을 통과해야 하고, 또 물신(物神)을 가져오기 위해 더 많은 것을 해야 하는 문학의 입장에서 보면 모범적인 사례입니다.[23]

보쇼의 첫 번째 소설이 데리다에게 이처럼 큰 인상을 준 것은 또한 데리다가 그 무렵에 처음으로 프로이트의 저작에 방법상의 문제로 완전히 몰두해 있었기 때문이기도 했다. 사실 데리다는 과거에 프로이트의 저작을 "아주 파편적인, 불충분한, 상투적인"[24] 방식으로만 읽었을 뿐이었다. 데리다는 1960년대 중반까지 자신의 철학 연구에서 정신분석의 필요성을 알아차리지 못했다고 말하고 있다. 하지만 마르그리트와의 대화를 통해 그는 점차 정신분석에 가까워지게 되었을 것이다. 그녀는 멜라니 클

---

23) 데리다가 앙리 보쇼에게 보낸 1966년 7월 24일 편지.
24) Jacques Derrida and Elisabeth Roudinesco, *De quoi demain…*, Fayard-Galilée, 2001, p. 275.

라인의 저작들을 번역하면서 자금을 마련해 교육적 분석을 막 시작한 참이었다.[25]

1966년 3월, 데리다가 프로이트에 대해 처음으로 발표를 한 것은 앙드레 그린의 초청을 받은 자리에서였다. 파리정신분석협회를 구조주의와 현대성에 개방시키고자 노심초사했던 그린은 자신의 세미나에서 데리다의 최근 글들을 중심으로 토의하는 기회를 갖고자 했다. 하지만 데리다는 발표에서 이와 같은 목적을 훨씬 넘어서게 된다. '프로이트와 글쓰기의 장'이라는 제목의 발표를 통해 그는 그때까지 잘 알려지지 않았던 프로이트의 두 텍스트를 세세하게 분석했다. 1895년의 『과학적 심리학 소묘』와 1925년의 『매직 노트』가 그것이었다. 라캉과는 반대로 데리다는 무의식이 언어보다는 상형문자적 글쓰기에 속한다는 사실을 보여 주고자 했다. 로고스중심주의에 대한 해체라는 점에서 프로이트를 중요한 동맹자로 여기면서 데리다는 '사후성'(après-coup; Nachträglichkeit)과 '지연'(à retardement; Verspätung) 개념에 커다란 중요성을 부여했다.

> 현전 일반이 최초의 것이 아니고 재구성된 것이라는 점, 현전이 경험의 완전히 실체적이고 구성적이며 절대적인 형태가 아니라는 점, 생생한 현전의 순수성은 없다는 점, 바로 이런 점이 프로이트가 우리에게 바로 사물 자체와의 불평등한 개념을 통해 사유하도록 촉구하는 주제이

---

25) 마르그리트 데리다와의 인터뷰. 자크 데리다가 멜라니 클라인의 저작을 알게 된 것은 마르그리트를 통해서였지만, 또한 분명 1959년에 그가 스리지에서 만났던 그의 친구 니콜라스 아브라함을 통해서이기도 했다. 데리다는 『그라마톨로지에 관하여』에서 『정신분석학 개론』(*Essais de psychanalyse*) 중 한 부분을 길게 언급하고 있다(Derrida, *De la grammatologie*, pp. 132~134).

고, 형이상학의 역사상 획기적인 주제인 것이다. 이런 생각은 분명 형이상학 또는 과학 내에서도 남김없이 규명될 수 없는 유일한 것이 될 것이다.[26]

비록 데리다가 그날 저녁 생자크 가에 있는 정신분석연구소의 조그마한 강의실에서 20여 명을 두고 발표를 한 것에 불과하지만, 프로이트의 저작에 대한 이와 같은 혁신적인 다시 읽기는 참석자들에게 깊은 인상을 남겼다. 하지만 특히 『텔켈』지 제25호에 실린 양이 더 늘어난 글은 많은 사람들의 반응을 불러일으켰다. 롤랑 바르트는 이렇게 쓰고 있다. "만일 당신이 없다면, 우리가 점점 더 무엇을 할 수 있겠습니까?"[27]

데리다가 굉장한 연구 능력을 가지고 있었던 것은 사실이지만, 그는 종종 서신교환자들에게 자기 자신을 "수업, 가족에 쫓기는 한 마리 짐승, 강의, 채점, 용무, 모든 종류의 일들 사이에서 숨을 제대로 쉬지 못하는 한 마리 짐승"으로 묘사하곤 했다.[28] 얼마 전에 데리다는 심근경색증을 느꼈다고 생각했으며, 의사들은 그를 안심시키는 데 애를 먹었다. 소뮈르 근처의 귀노에 있는 자신의 멋진 저택에서 최근에 데리다를 다시 만났던 주느비에브 볼렘은 그에게 건강을 잘 챙기라는 말을 해주었다. "당신의 사회생활은 지금 태동 중인 당신의 영광의 대가로 보입니다. 이 둘은 서로 상승작용을 하게 될 것입니다. 하지만 하나를 위해 다른 하나를 희생시켜

---

26) Derrida, *L'écriture et la différence*, p. 314.
27) 롤랑 바르트가 데리다에게 보낸 1965년 8월 8일 편지.
28) 데리다가 로제 라포르트에게 보낸 1965년 12월 29일 편지.

야 할 필요가 있습니다."[29] 그럼에도 불구하고 이것은 데리다가 따르기 어려운 충고였다.

「문자 이전의 글쓰기」라는 글을 아주 높게 평가한 장 이폴리트는 이 글을 확장시켜 '에피메테' 총서에 포함시켰으면 하는 생각이었다. 하지만 장 피엘과 미뉘 출판사의 사장이었던 제롬 랭동은 『크리티크』지를 연장 시켜 새로운 총서를 시작하고자 했다. 그리고 그들은 데리다의 『그라마 톨로지에 관하여』로 그 총서의 첫 권을 장식하고자 했다. 이것은 데리다 를 위해 더없이 좋은 계획이었다. 『크리티크』지에 이미 게재된 여러 편 의 논문들과 그가 고등사범학교에서 주재했던 '자연, 문화, 글쓰기 또는 문자의 폭력. C. 레비스트로스에서 J.-J. 루소까지'라는 제목의 세미나에 이르기까지 그는 이미 모든 재료들을 가지고 있었다. 다만 문제는, 이 모 든 것이 메모의 형태, 즉 수많은 독서카드, '증기선'의 티켓에 이르기까지 거의 모든 재질로 된 작은 종잇조각에 써넣은 수많은 메모들의 형태로 존 재하고 있었던 것이다.

1966년 초여름부터, 데리다는 힘이 빠지고 제 정신이 아닌 것 같다 고 느꼈다. 그는 강의를 전혀 하지 않고 지금 작업 중인 글들을 쓰는 데 온 전히 할애할 몇 개월의 휴가와 휴식에 대한 커다란 필요성을 절감했다. 하지만 프렌에서 혼자 작업을 한 후에, 그리고 이탈리아의 아주 고도가 높은 돌로미티산맥에서 있었던 죽음과 비극에 관한 "숨 막히는" 콜로키 엄에 참가한 후, 데리다는 무너져내리고 있었다. "나는 '절망감'과 낯설지 않은 '신경' 쇠진의 시기를 통과해야 했네. 나는 내 의도와는 달리 이곳에

---

29) 주느비에브 볼렘이 데리다에게 보낸 1966년 6월 16일 편지.

서 마르그리트와 피에르, 그리고 사촌이 우리에게 맡긴 두 조카와 더불어 지내기 위해 파리를 떠나야만 했네."[30]

그 와중에서도 데리다에게 힘을 준 것은 필립 솔레르스와의 우정과 『텔켈』지와의 각별한 관계였다. 이 잡지는 아주 우호적인 공조의 분위기에서 데리다로 하여금 그에게 중요한 철학적, 인류학적, 문학적 문제들을 한꺼번에 끌고 갈 수 있도록 해주었다. 또한 솔레르스가 자신의 「텍스트 속에서의 사드」와 「문학과 총체성」이라는 두 글을 먼저 데리다에게 읽으라고 주는 것을 보면서, 데리다 스스로 솔레르스의 연구에 일조하고 있다는 사실에 기뻐하기도 했다. 데리다는 그 글들이 '훌륭하다'고 생각했고, 특히 말라르메 부분에 대해서는 "많은 것을 '배웠다'"고 말하기도 했다. 데리다는 또한 다음과 같은 점을 확신했다. 솔레르스의 두 편의 글과 로트레아몽에 대한 "아주 박력 있고 정확한" 플레네의 글이 게재될 예정인 "다음 『텔켈』 호는 커다란 반향을 일으킬 것입니다. 이 호는 가을에 보는 '해프닝'이 될 것입니다. 그도 그럴 것이 이 모든 것의 통일성은 분명하면서도 충격적일 것이기 때문입니다."[31]

솔레르스의 열광 역시 작지 않았다. 1966년에 데리다는 그에게 주요 사상가, 즉 '텍스트성'에 대한 문제에 철학적 틀을 부여하고 있는 사상가였다. 솔레르스가 보기에 자기에게 "끝없는 성찰"의 원천인 데리다의 여러 글들을 한데 모아 '텔켈' 총서[32]의 한 권으로 출간해 내는 것이 급한 일이었다. 솔레르스는 그 책이 그렇게 혁신적인 사유를 보여 줄 수 있

---

30) 데리다가 미셸 드기에게 보낸 1966년 8월 20일 편지.
31) 데리다가 필립 솔레르스에게 보낸 날짜 미상 편지(1966년 여름).
32) 프랑스 미뉘 출판사의 총서 중 하나이다. ─ 옮긴이

는 유일한 책이 될 것이라고 확신하고 있었다. 솔레르스의 느낌에 의하면, 데리다는 그 누구도 이해하지 못하고, "그 누구도 이해하는 것이 '불가능한'", 그 자신도 "다른 사람에게 분명하게 설명하는 데" 힘이 드는 무엇인가를 말하곤 했다. 이와 같은 솔레르스의 저항은 데리다에 대한 그의 찬탄과 거리가 먼 것이 아니었다. 하지만 솔레르스는 그 나름대로 '수'(Nombres)라는 제목이 붙은 새로운 소설을 쓰는 힘겨운 작업을 이미 시작한 참이었다. 솔레르스는 데리다에게 다음과 같은 하나의 텍스트, 즉 "우리가 신화의 수준에서 '사유하는 것', 그것의 기상천외한 흔적이 될…" 텍스트를 상상하게 했다고 말했다. 또한 그는 데리다에게 이렇게 말했다. "'당신에게' '이건 우스꽝스러운 폭탄입니다'라고 말하면서도(불평 없이), 나는 당신에게 아무것도 가르쳐 주지 않을 겁니다."[33]

여름이 끝나 갈 무렵, 데리다는 완전히 회복하지 못한 피로와 그의 우울증 증세를 도지게 하는 피로로 인해 여전히 "신경쇠약" 국면에 있었다. 별다른 성과 없이 연구를 진행하면서 그는 인내심을 가지고 회복을 기다렸다. 그리고 고등사범학교에서 강의를 다시 시작할 무렵, 그는 또한 "[그의] 에너지를 소모하게 하는 젊은 학생들과의 끝이 없으면서도 종종 긴장되는 '대화'"[34]에 대해 불평을 하기도 했다.

9월 16일, 데리다는 장 피엘에게 그가 그 자신의 힘을 과대평가했다고 말했다. 출판 계획의 규모가 커졌다. 하지만 편집은 기대했던 것보다

---

33) 필립 솔레르스가 데리다에게 보낸 1966년 8월 27일 편지.
34) 데리다가 로제 라포르트에게 보낸 1966년 9월 24일 편지.

더디게 진행되었다. 그것은 데리다가 후일 『목소리와 현상』으로 출간된 후설에 대한 하나의 텍스트에 여름 휴가의 일부를 할애해야 했기 때문이다. 해서 예정된 책은 최소한 두 달 이상 지연될 참이었다. 『크리티크』지 편집장은 데리다에게 사려 깊고 우정 어린 방식으로 이렇게 답했다. "특히 자신을 너무 괴롭히지 마십시오." "중요한 저작을 준비하는 것이 관건이기 때문에", 데리다의 계획이 무르익을 때까지 놔둘 필요가 있었다. 그렇다고 너무 늦어져도 안 되었다. 글의 첫 번째 부분이 환영을 받았던 예외적인 상황만으로도 데리다에게는 자신이 아주 큰 기대를 하고 있는 그 책을 마치기 위해 모든 노력을 집중해야 할 충분한 이유가 되었다.[35]

1966년 10월 30일, 데리다는 피엘에게 『그라마톨로지에 관하여』의 원고를 타이핑하기 시작했다고 알렸다. 미국 여행으로 인해 조금 피곤했고 또 조금 늦어지긴 했지만, 그래도 그는 11월 말경이면 이 책의 전체 원고를 넘길 수 있기를 희망한다고 말했다. "어쨌든 중요한 부분은 이미 완성되었습니다. 이제 좀 더 면밀하게 다듬기 위한 최종 단계에 들어섰습니다."[36] 하지만 며칠 후에 새로운 변수가 발생했다. 장 이폴리트와 모리스 드 강디약이 데리다에게 『그라마톨로지에 관하여』를 제3기 박사학위논문[37]—나중에 보조논문[38]으로 변화 가능한—으로 제출할 것을 제안했다. 물론 이 제안에는 유리한 점이 있었다. 그도 그럴 것이 데리다가 주는

---

35) 장 피엘이 데리다에게 보낸 1966년 9월 28일 편지.
36) 데리다가 장 피엘에게 보낸 1966년 10월 30일 편지.
37) 한때 프랑스에서는 세 종류의 박사가 있었다. 외국인을 위한 박사, 제3기 박사, 국가박사가 그것이다. 지금은 하나로 통일되어 있다. —옮긴이
38) 프랑스에서 국가박사 제도가 시행되었을 때 학위 취득을 위해 주논문과 보조논문을 제출해야 했다. —옮긴이

문에 대한 심사를 받을 때 수행해야 하는 하나의 임무에서 해방될 수 있었기 때문이다. 데리다는 이와 같은 사정에 대해 학교 측의 설명을 듣고자 했다. 사실 그는 "오래 전부터 이런 행정적인 면에서 대해서는 등한시했다."[39] 어쨌든 그렇게 양보하는 것이 더 나아 보였다. 물론 그렇게 양보를 하게 되면 그 책이 출간될 때 편집상 많은 손질을 당할 위험이 없진 않았다. 당시의 엄격한 규칙에 의하면 실제로 단행본은 논문 심사가 있기 몇 주 전에 인쇄되어야만 했다. 그리고 단행본은 논문심사가 끝난 다음에야 비로소 서점에 배포될 수 있었다. 여전히 사려 깊은 태도를 보였던 피엘은 이와 같은 새로운 여건과 또 그로 인해 발생하는 시간상의 지연 역시 받아들였다.

이미 힘든 시기에 또 하나의 힘든 일이었지만, 데리다에게 미국 여행은 그의 지적 여정에서 결정적인 역할을 하게 된다. 이 여행 중에 있었던 가장 중요한 일은 1966년 볼티모어에서 열린 그 유명한 콜로키엄이었다. 존스홉킨스대학의 저명한 리처드 맥세이 교수와 유제니오 도나토 교수가 프랑스 사유의 현재 동향을 알고자 개최했던 '비평의 언어들과 인간에 대한 학문들'이라는 제목의 콜로키엄이 그것이다. 그해에 파리에서는 구조주의가 대대적으로 유행했지만, 미국에서는 대학 캠퍼스와 마찬가지로 서점에도 구조주의가 전혀 알려지지 않은 상태였다. 르네 지라르의 도움을 받아 맥세이와 도나토는 명망 있는 프랑스 학자들의 리스트를 작성했다. 그들 가운데는 조르주 풀레, 뤼시앵 골드만, 장 이폴리트, 롤랑 바르

---

39) 데리다가 장 피엘에게 보낸 1966년 11월 12일 편지.

트, 장 피에르 베르낭, 자크 라캉 등이 포함되어 있었다.

1966년 10월 18일부터 21일까지 모든 참가자들은 벨베데르 호텔에 투숙했다. 바로 그곳에서 라캉과 데리다는 처음으로 인사를 했다. "우리가 만나기 위해 이곳, 외국 땅에 와야 하다니요!"[40] 라캉은 우정어린 탄식을 하면서 이렇게 말했다. 그 다음 이야기는 엘리자베스 루디네스코가 자세히 들려주고 있다.

다음날, 주최측이 개최한 만찬에서 데리다는 그에게 아주 중요한 문제들, 가령 데카르트의 주체, 실재, 시니피앙 등에 대해 질문을 던졌다. 설탕에 절인 배추 샐러드를 서서 맛보고 있던 라캉은 그의 주체는 지금 그의 대화상대자가 반대하고 있는 그런 주체와 같은 주체라고 응수했다. 하지만 라캉은 서둘러서 이렇게 덧붙였다. "당신은 당신이 말하고자 하는 바를 내가 이미 말해 버린 사실을 견디지 못하는군요." 다시 한 번 아이디어 절도라는 주제, 다시 한 번 개념의 소유권에 대한 환상, 다시 한 번 우월성에 대한 나르시시즘의 표현이었다. 하지만 너무 지나쳤다. 데리다는 그 자리에 서서 불쑥 이렇게 대답했다. "내 문제는 그게 아닙니다." 라캉은 헛다리를 짚은 것이었다. 다음날 저녁, 라캉은 데리다에게 다가와 어깨에 손을 얹고 친절하게 이렇게 말했다. "아! 데리다, 말을 해야 합니다. 말을 해야 해요!" 하지만 그들은 말을 하지 않았다…[41]

---

40) Jacques Derrida, "Pour l'amour de Lacan", *Résistances de la psychanalyse*, Galilée, 1996, p. 69.

41) Elisabeth Roudinesco, *Histoire de la psychanalyse en France II*, Fayard, 1994, p. 417. Fraçouis Cusset, *French Theory*, La Découverte/Poche, 2005, pp. 38~42에서도 볼티모어에서 열렸던 성과가 풍부했던 이 콜로키엄이 언급되고 있다.

프랑스에서 이른바 스타가 되어 있던 라캉은 볼티모어 콜로키엄에서도 스타처럼 보이고 싶었을 것이다. 분명 그는 자신의 첫 미국 여행이 1909년 프로이트의 그것과 마찬가지로 신화화되었으면 하고 바랐을 것이다. 콜로키엄 두 번째 날에 발표를 하면서 라캉은 우선 거기에 참석했던 다른 정신분석가인 기 로졸라토보다 자기가 먼저 발표를 해야 한다고 강변했다. 물론 로졸라토의 부인이 이와 같은 제안을 못마땅하게 생각한 것은 당연했다. 라캉은 잘 구사하지 못하는 영어로 발표를 시작했다. 곧 그는 영어와 프랑스어를 거의 이해할 수 없을 정도로 섞어 가며 발표를 했다. 발표 제목 자체가 이미 아연실색할 정도였다. '모든 가능한 주체에 선행하는 타자의 개입으로서의 구조에 관하여'(Of Structure as an Inmixing of an Otherness Prerequiste to any Subject Whatever)가 그것이다. 얼마 되지 않아 통역자가 통역 불가능을 선언해 버렸다. 청중들은 당황했고, 주최측도 "아주 우스꽝스러운 촌극"[42]으로 인한 당혹스러움을 숨길 수 없었다.

데리다는 콜로키엄 3일째 오후, 폐회 바로 직전에 발표를 했다. 그럼에도 불구하고 '인문과학 담론에서의 구조, 기호 및 유희'라는 제목의 그의 발표는 가장 중요한 발표로 받아들여졌다. 데리다와는 대척지점에서 연구를 수행하고 있던 조르주 풀레는 이 콜로키엄에 참석하지 못한 모든 사람들, 특히 후일 미국에서 데리다를 가장 적극적으로 지지한 사람들 중 한 명인 J. 힐리스 밀러에게 이 "훌륭한 발표"에 대해 찬사를 늘어놓았

---

42) 조르주 풀레가 사용한 이 말은 바베트 주네트(Babette Genette)가 마르그리트 데리다와 자크 데리다에게 보냈던 1966년 11월 4일자 편지에 인용되어 있다.

다.[43] 그 무렵 존스홉킨스대학에 온 지 얼마 되지 않았던 학생 신분의 데이비드 캐롤은 무명의 이 젊은 철학자의 발표에 완전히 매료되었다. "우리는 구조주의가 무엇인지를 발견하는 도중에 있었습니다. 그는 우리가 습득하기 시작했던 것에 문제를 제기했던 겁니다. 나는 그의 발표가 하나의 사건이라는 것을 직감했습니다."[44]

실제로 분석의 대상이 된 레비스트로스의 텍스트를 넘어 데리다의 발표는 구조주의의 꽤 많은 쟁점을 두려움 없이 부각시켰다. 이른바 '프랑스 이론'(french theory)이 미국에서 확고하게 자리 잡게 되었을 때 데리다가 그때 발표를 통해 했던 몇몇 표현은 이미 표준이 되어 있었다. "현전의 윤리"와 "기원에 대한 향수"와의 단절의 필요성을 다시 한 번 제시하면서 데리다는 모든 '중심'의 횡포에서 벗어난 기호의 대체에 가치를 부여해 주었다. "진리를 해독해 내는 것"을 꿈꾸는 낡은 해석학을 데리다는 "유희를 긍정하고, 인간과 휴머니즘 너머로 가려고 시도하는"[45] 해석 방식으로 대체하고자 했다. 물론 그렇다고 해서 철학의 한 페이지를 넘겼다는 것이 아니라, 그보다는 수많은 철학자들을 완전히 새로운 방식으로 읽어 냈다는 것이 중요하다. 아주 강력한 주장을 담고 있는 몇몇 문단 속에 이미 '해체'의 모든 프로그램이 예고되었던 것이다.

데리다의 발표에 이어진 토론에서 장 이폴리트는 그의 발표에 대해 아주 훌륭하지만 또한 곤혹스럽다는 반응을 보였다. 이폴리트는 이렇게 말했다. "나는 자네가 어디로 가는지를 정확하게 알 수가 없네." 데리다는

---

43) J. 힐리스 밀러와의 인터뷰.
44) 데이비드 캐롤과의 인터뷰.
45) Derrida, *L'écriture et la différence*, p. 428.

그에게 이렇게 대답했다. "저 자신도 제가 어디로 가는지 알고 있는가를 자문하고 있습니다. 따라서 저는 선생님께 제가 어디로 가고 있는지 저 자신도 알지 못하는 그런 지점에 정확히 도달하고자 노력하는 중이라고 말씀드리면서 대답을 하고자 합니다." 휴머니즘적 마르크스주의 성향을 가지고 있던 사회학자 뤼시앵 골드만으로 말하자면, 그는 데리다의 주장을 주체를 의문시하는 가장 급진적인 방식으로 파악하고 있다. 그렇게 하면서 골드만은 이상하고도 그다지 유쾌하지 못한 다음과 같은 비교를 하고 있다.

> 내가 결론을 공유하지 않는 데리다는 프랑스 문화 환경에서 촉매 역할을 하고 있다는 생각이 듭니다. 나는 이런 이유로 그에게 경의를 표합니다. 데리다는 1934년 내가 프랑스에 도착하던 시절을 떠올리게 합니다. 그 시기에 학생들 사이에서는 아주 강력한 왕당파 운동이 있었습니다. 그런데 갑작스럽게 왕정주의를 옹호하는 한 단체가 나타났습니다. 그런데 이 단체는 진짜 한 명의 메로빙거 왕조의 왕을 요구했습니다.[46]

하지만 데리다는 아직 라캉과 완전히 끝을 보지는 못한 상태였다. 볼티모어에서 돌아오고 몇 주 후에, 데리다는 라캉으로부터 다음과 같은 헌사가 적힌 아주 두꺼운 『에크리』를 한 권 받았다. "자크 데리다에게. 마음에 들기를 바라며." 평소 그렇게 달변이던 데리다는 몇 주 후에 라캉에게

---

46) Richard Macksey and Eugenio Donato eds., *The Languages of Criticism and the Sciences of Man*, actes du colloque de Baltimore, The Johns Hopkins Press, 1970, pp. 267~269(원래 프랑스어로 진행된 토론을 내가 영어로 다시 옮긴 것이다).

아주 짧은 편지를 보냈다. 이 편지는 데리다가 그에게 보낸 유일한 편지가 된다.

> 선생님의 『에크리』를 잘 받았습니다. 심심한 감사를 드립니다. 잘 아시겠지만, 이 책에 적혀 있는 헌사에 저는 놀라지 않을 수 없었습니다. 저는 처음에 이 책을 난공불락의 텍스트라고 생각했습니다. 하지만 생각 끝에, 일단 이 책을 열면서 제 생각을 거기에 넣으면서 생각을 달리했습니다. 이 헌사는 '진실'이다, 이 헌사를 있는 그대로 받아야 할 것이다, 라고요. '진실'이라는 단어는, 제가 알기로, 선생님이 선생님의 고유한 생각을 가지고 있다는 것을 보여 주는 그런 단어입니다.
> 책에 대해서 말하자면, 이 책을 읽을 시간이 저에게 주어지기를 학수고대하고 있다는 사실을 알아주시기 바랍니다. 가능한 한 모든 주의를 기울여 읽겠습니다.[47]

하지만 데리다가 이 약속을 이행하기 전에 하나의 사소한 사건이 이미 잘못 시작된 그들의 관계를 더욱 꼬이게 만들어 버렸다. 『프랑스에서의 정신분석의 역사』의 저자인 엘리자베스 루디네스코를 위해 데리다는 이 사건의 자초지종을 자세하게 이야기하고 있다. 여기에서 조금 길게 인용하는 것을 양해해 주길 바란다.

볼티모어 콜로키엄 이후 1년이 지난 뒤, 파리에서 또 다른 만찬이 있었

---

47) 데리다가 자크 라캉에게 보낸 1966년 12월2일 편지.

다. 장 피엘의 집에서였다. 라캉은 그의 부드러운 손으로 데리다의 손을 따뜻하게 잡았고, 그에게 무엇을 연구하고 있느냐고 물었다. 플라톤, 소크라테스, 파르마콘, 문자, 기원, 로고스, 뮈토스 등에 대해 데리다는 『텔켈』지에 싣기 위해 텍스트를 준비하고 있던 참이었다. [⋯] 이상하게도 다시 한 번 그[라캉]는 자신이 이미 같은 주제들에 대해 말했다고 했다. 자신의 제자들이 그것을 증명해 줄 수도 있다고도 했다. 논쟁을 피하기 위해 데리다는 라캉에게 말을 하면서 다음과 같은 일화를 들려주었다. 어느 날, 그의 아들 피에르가 마르그리트가 있는 데서 잠이 들려고 할 때, 아이는 아빠에게 왜 자신을 쳐다보느냐고 물었다.

"네가 잘생겼으니까."

어린애가 곧장 칭찬을 받아 죽고 싶은 마음이 들었다고 말하면서 응수했다. 조금 걱정이 된 데리다는 아이의 말이 무엇을 의미하는지를 알아보려고 노력했다. 아이는 이렇게 말했다.

"저는, 저를 좋아하지 않아요."

"언제부터?"

"제가 말을 했을 때부터예요."

마르그리트는 아이를 품에 안았다.

"걱정 마라. 우리는 너를 사랑한단다."

그러자 피에르가 웃음을 터뜨렸다.

"아니에요. 이 모든 것은 사실이 아니에요. 저는 타고난 사기꾼이에요."

라캉은 아무 말도 하지 않았다. 하지만 얼마 지나지 않아 데리다는 1967년 12월에 나폴리 프랑스연구소에서 했던 한 발표에서 그의 대화상대자이던 라캉의 펜 아래에서 이 일화가 그대로 쓰여진 것을 보고 대경실색했다. 라캉은 이 일화를 이렇게 이야기했다. "왜 너는 나를 그렇게 쳐다보니?"라는 질문에 "네가 잘생겼으니까"라고 대답하는 자기 아버지 앞에서, 그리고 자기 어머니의 품에 안겨 "저는 태어나면서부터 사기꾼이에요"라고 네 살 난 한 꼬마가 말했다. 아버지는 이 일화에서 죽음을 연기(演技)하면서 그 자신이 타인에게 전가하는 곤경을 인정하지 않고 있다(심지어는 그 사이에 어린아이가 말을 시작한 날부터 자기 자신에 대한 취미를 잃어버린 체하는 것에 대해서도 알아차리지 못하고 있다). 내 말을 듣건 그렇지 않건 간에 여기에서 내가 이 일화를 이야기하는 것은 그것을 내게 이야기해 준 아버지를 향해서이다.[48]

이처럼 사적인 대화를 거의 표절 수준으로 이용한 라캉의 태도에 심한 상처를 입은 데리다는 그와의 관계를 더 이상 지속시키지 않게 된다. 하지만 그는 라캉의 『에크리』를 면밀하게 읽었다.

---

48) Roudinesco, *Histoire de la psychanalyse en France II*, pp. 418~419. 라캉이 한 발표는 Jacques Lacan, *Autres Ecrits*, Seuil, 2001, p. 333에 재수록되었다. 데리다는 1992년에 쓴 Derrida, "Pour l'amour de Lacan", *Résistances de la psychanalyse*에서 이 부분을 주해하고 있고, 그 내용은 Derrida, *Résistances de la psychanalyse*, pp. 69~70에 재수록되어 있다.

4장_풍요로웠던 한 해
1967

1967년 1월 12일, 데리다가 가브리엘 부누르에게 보낸 편지는 최근의 성공에도 불구하고 이 노작가의 판단이 그에게 어느 정도 중요한 것인지를 여실히 보여 준다. 편지의 어조는 서정적이고 종종 불가사의했는데, 어쨌든 다른 사람들과 주고받았던 서신과 비교해 보면 상당히 다른 것이었다.

감사의 마음을 저는 결코 다 표현하지 못할 것입니다. [⋯] 커져 가는 고독 속에서 선생님의 동조보다 더 소중한 것은 없습니다. 그리고 저는 종종 거기에 미치지 못할까 봐 두렵습니다. 그래서 이런 두려움에서 벗어나기 위해, 저 스스로 자신감과 자존감을 가지려고 했습니다. 저는 제 글의 관심사가 오로지 선생님이 찾았다고 하신 관심사와 같을 것이라는 결론을 감히 내렸습니다. 저는 이렇게 생각할 필요가 있습니다. 제가 끊임없이 무너져 내리는 땅 위를 걷고 있는 만큼 더욱 그렇습니다. [⋯] 이곳에는 여전히 동요와 소란, 깊은 침묵이 동시에 존재합니다. 우리는 기묘한 시대, 크나큰 불안과 또 그만큼 불모의 시대를 살고 있습니다. 현재의 붕괴에 직면하여 사방에 함성, 미치광이 같은 괴성, 불협화음 들이 있지만, 또한 그것을 들을 줄 아는 사람들에게는 깊고 죽음과도 같은 침묵도 있습니다. 이 모든 것들 속에서, 저는 절망에도 불구하고 눈이 멀거나 귀가—지나치게—먹은 것이 아닌 일종의 평온을 유지하기 위해 애를 쓰고 있습니다. 정신을 완전히 놓지 않기 위해 저는 이 시대 자체에 대해 장인의 노동(교육, 짧은 글들의 집필)을 바치려고 노력하고 있습니다. 마르그리트와 피에르—모두 선생님의 다정함과 한결같음에 감동을 받았습니다—는 신뢰할 수 있고 문자 그대로 필요한 방식으로 저를 돕고 있습니다.[1]

미국에서 돌아온 이후 데리다는 부누르에게 연구에서 많은 진척이 있다는 사실을 알렸다. "주로 같은 지점으로 되돌아가서, 그것들을 잘 조정하는 것"에 불과했지만 말이다. 가브리엘 부누르는 피니스테르의 남부 지역에 있는 레코닐에 거주하고 있었다. 데리다는 자신들의 만남이 아주 드물게 이루어진 것을 애석하게 생각했으며, 부누르에게는 아주 친숙한 땅인 모로코로 함께 여행하는 공동 계획이 곧 실현될 수 있기를 희망했다. 데리다가 나중에 얘기하듯이, 부누르와의 관계를 통해 그는 지속적이고도 철저한 도움을 받았다. 그들을 맺어 준 이와 같은 "지독한 가까움"이 없었다면, 데리다에게는 그 어떤 것도 지속되지 못했을 것이다. "무와 난센스로 이루어진 유희마저도, 이 유희와 죽음과의 관계를 규제하는 데 여전히 필요한 필사적인 엄격함마저도" 말이다. 해서 데리다는 "공동의

---

1) 데리다가 가브리엘 부누르에게 보낸 1967년 1월 12일 편지. 당시 피에르의 나이가 네 살 반보다 조금 더 많았다는 사실을 기억해야 할 필요가 있다.

독서와 성찰들이 산재하기도 하고, 이 위대한 공모를 특징짓는 생략된 의견 교환들로 강조되기도 하는 매우 오래되고도 지속적이며 끊임없이 계속되는 만남"[2]을 꿈꾸었다.

1967년 초에 일어난 놀라운 일들 중의 하나는 제라르 그라넬과의 관계가 재개된 것이었다. 곧 그들 사이에서 일종의 힘의 관계의 역전 현상이 발생하게 되었다. 그라넬은 루이르그랑 시절에 데리다에게 강렬한 인상을 주었고, 그런 만큼 데리다는 그라넬 앞에서 존재감조차 느낄 수 없었다. 이처럼 그 당시 '철학의 왕자'로 군림했던 그라넬이 데리다의 최근 논문들에 대한 호평을 들었고, 해서 그의 논문들을 읽고 싶어 했다. 데리다는 「문자 이전의 글쓰기」—『크리티크』지에 두 번에 걸쳐 실린 논문—와 「프로이트와 글쓰기의 장」을 포함한 별쇄본을 곧장 그에게 보냈다. 그라넬은 그 자신의 열광을 매우 분명하게 표현하고 있다.

소포가 도착한 날 낮에(반은 밤에) 자네의 글 두 편을 읽었네. 그러면서 계속되는 계시와 '큰 기쁨'과 같은 것을 느꼈네. 사정이 이러한데, 단순하게 말하지 못할 이유가 어디에 있겠는가? […] 나는 아주 중요한 화언 행위—미안하네! 하나의 '글쓰기'(écriture)—가 자네를 통해 이루어졌다는 느낌을 받았네.[3]

---

2) 데리다가 가브리엘 부누르에게 보낸 1967년 7월 9일 편지.
3) 제라르 그라넬이 데리다에게 보낸 1967년 1월 6일 편지.

데리다가 다른 사람들에게 그의 글들을 곧 수정했다는 것을 알렸지만, 제라르 그라넬은 이 글들을 "하나의 사유가 태어나고 뚫고 나온 거친 상태 그대로"로 읽게 된 것을 정말로 기쁘게 생각했다. "이 글들에는 단절과 도약이 있네. 그리고 때때로 예언가적인 모호함도 있네. 하지만 그것은 여느 길들여진 글보다 더 많은 것을 알려주네." 두 사람은 서로 자주 편지를 쓰기 시작했다. 툴루즈대학에서 여러 해 전부터 강의를 하고 있던 그라넬은 후설에 대한 학위 논문을 완성한 참이었다. 그는 5월 초에 파리로 오기를 원했고, 그는 데리다와 긴 "대화"를 나눌 수 있기를 열렬히 바랐다. 그라넬 자신이 그들의 두 가지 사유 방식의 접합 가능성에 완전히 매혹되었기 때문이다.[4]

데리다를 점점 더 높이 평가하기 시작했던 장 피엘은 규칙적으로 『크리티크』지에 싣기 위해 자기 앞으로 온 논문들에 대해 데리다의 조언을 요청했다. 알랭 바디우의 초기 글들 가운데 하나인 알튀세르에 대한 논문을 읽어 달라는 요청이 들어왔을 때, 데리다는 솔직하고 열린 자세로 이렇게 답했다.

바디우의 글을 방금 읽었습니다. 당신과 바르트도 그랬겠지만, 나는 이 글을 읽으면서 조금 짜증이 났습니다. 글의 어조도 그렇고, 글쓴이의 거드름, 마치 장학사가 와서 하는 수업 참관이나 최후의 심판처럼 '점수'를 나눠주는 듯한 태도 때문입니다. 나는 이런 점을 지적하는 것이 중요하

4) 제라르 그라넬이 데리다에게 보낸 1967년 4월 11일 편지.

다고 생각합니다. [...] 이 글이 짜증이 난다는 사실에는 의문의 여지가 없으며, 오히려 나는 이 점에 기꺼이 중요성을 부여하고자 합니다. 그도 그럴 것이 나는 그의 논거나 결론을 '철학적으로' 따라갈 준비가 전혀 되어 있지 않기 때문입니다.[5]

피엘은 데리다에게 드기, 바르트, 푸코 등으로 구성된 『크리티크』지의 편집위원회로 들어오라고 매우 자연스럽게 제안했다. 편집위원회는 격식에 얽매이지 않은 방식으로 운영되었다. 회의는 종종 점심이나 저녁을 함께 먹으며 뇌이이에 있는 장 피엘의 집에서 열렸다. 『크리티크』지는 어떤 대중적 '노선'도 따르지 않았지만, 그 당시 이 잡지는 아주 활동적이었고 현안을 매우 잘 반영하고 있었다. 1967년 이 잡지와 같이 출간되기 시작한 책들의 시리즈 덕택으로 이 잡지는 점점 더 큰 영향력과 명성을 얻게 되었다.

원고를 타이핑하는 시간은 예상했던 것보다 더 길고 더 힘들었지만, 데리다와 피엘은 『글쓰기와 차이』와 동시에 『그라마톨로지에 관하여』가 여름이 오기 전에 출간되기를 바랐다. 『글쓰기와 차이』는 솔레르스가 쇠이유출판사를 통해 '텔켈' 총서의 일환으로 출간을 준비하고 있었다. 『그라마톨로지에 관하여』의 출간 일정이 복잡했다. 이 저작은 박사학위 심사위원 세 명에게 공식적으로 제출되기 위해 5월 초가 되기 전에 인쇄되어야 했지만, 6월로 예정된 논문심사 전에는 절대로 서점에 나와서는 안

---

5) 데리다가 장 피엘에게 보낸 1967년 2월 26일 편지. 바디우의 글의 제목은 「변증법적 유물론의 (재)시작」은 결국 1967년 5월 『크리티크』240호에 게재되었다.

되었다.

데리다는 곧장 솔레르스에게 『그라마톨로지에 관하여』가 9월에야 비로소 출간될 수 있을 뿐이라고 알려주었다. 그는 두 권의 책이 따로 분리되어서 출간되지 않도록 『글쓰기와 차이』의 출간 또한 늦출 필요가 없는지 물었다. 데리다는 이 두 권의 책이 따로 출간된다면 너무 파편적으로 보일까 봐 불안했다. 한 권의 책과 다른 한 권의 책에서 사용된 참고문헌들이 완전히 의미를 잃을 수도 있다는 사실이 두려웠던 것이다. 그에게 최선은 교정지를 기다리고 있는 "후설에 관한 소책자"와 이 두 권의 책이 같은 날짜에 출간되는 것이었다. "나는 모든 것이 9월에 출간된다면, 모든 사람이 더 큰 흥미를 가지게 될 것이라는 생각 쪽으로 점차 기울고 있습니다."[6] 하지만 솔레르스의 생각은 달랐다. 그는 이미 협의된 내용을 바꾸길 원하지 않았고, 『글쓰기와 차이』를 봄에 출간하고 싶어 했다.

데리다의 가장 유명한 책 중 하나인 이 책은 436쪽에 이르렀고, 1963년 이래로 그가 잡지로 출간했던 대부분의 글들에 약간 손을 보아 함께 모아놓은 책이었다. 이 책은 글들이 출간 연도의 순서를 지키고 있었고, 독자에게는 한 편의 글이 다른 글과 연결되는 것이 "불분명한" 책이었다. 이 책은 장 루세에 대한 글인 「힘과 의미」로 시작된다. 그 다음으로 「코기토와 광기」가 이어지고, 이어서 「에드몽 자베스와 책의 문제」, 「폭력과 형이상학, 에마뉘엘 레비나스의 사유에 관한 시론」, 「"발생과 구조"와 현상학」,[7] 「무대 뒤의 언어」, 「프로이트와 글쓰기의 장」, 「잔혹극과 극상연의

---

6) 데리다가 필립 솔레르스에게 보낸 1967년 1월 6일 편지.
7) 『글쓰기와 차이』에 실린 글 가운데 가장 오래된 글이다. 1959년 스리즈에서 발표된 글이기 때문이다. 그러나 학술지는 1965년이 되어서야 무통(Mouton) 출판사에서 출간됐다.

경계」(아르토에 대한 데리다의 두 번째 글), 「제한경제에서 일반경제로, 유보 없는 헤겔주의」(『라르크』지에 게재된 조르주 바타유에 대한 글), 「인문과학 담론에서의 구조, 기호, 게임」(볼티모어 콜로키엄에서 발표했던 글)으로 구성되어 있다. 이 책은 「생략」으로 끝나는데, 가브리엘 부누르에게 헌정된 자베스에 대한 미출간된 짧은 글이다.

데리다에게 『글쓰기와 차이』는 그의 이름이 저자의 이름으로 기입된 정말로 개인적인 첫 번째 책이다. 평생 그렇게 한 것처럼 데리다는 과거와 현재의 친구들에게 서명된 책을 보냈다. 루이르그랑이나 윌름 가의 옛 학교 친구들 사이의 의견은 분분했다. 장 클로드 파리앙트는 열렬히 환영했다. "나는 보다 더 성숙하고 승화된 형식을 갖춘 자네의 글, 내가 젊은 시절에 알았던 자키의 철학적 숨결과 사람들을 결코 무심하게 내버려두지 않는 자네의 글을 통해 볼 수 있는 개념적 활력을 다시 발견하게 되어 매우 기쁘네."[8] 장 벨맹노엘은 "우리 중 '위대한 인물들' 사이에서, 또 점차 그들 중 많은 사람들을 넘어서는" 데리다를 보게 되어 "마음 속 깊이 기쁘네"[9]라고 말했다. 하지만 그는 이 책의 대부분의 글들이 "자신의 한계를 넘어선다"는 것, 즉 이 책에 포함된 여러 글들에 대해 별다른 느낌이 없다는 것을 고백했다. "나는 생각했던 것보다 더 빨리 자네의 책에 빠져들었네. 아직 다 읽지 못했는데, 우정 때문이라고 해도, 앞으로도 다 읽지 못할 것 같네."[10] 미셸 모노리를 위시해 데리다가 한때 가깝게 지냈던 사람들 중 일부는 답을 주지 않았다.

---

8) 장 클로드 파리앙트가 데리다에게 보낸 1967년 5월 20일 편지.
9) 장 벨맹노엘이 데리다에게 보낸 1967년 5월 13일 편지.
10) 장 벨맹노엘이 데리다에게 보낸 1967년 6월 12일 편지.

다행스럽게도 중요한 몇몇 사람들은 이 책에 대해 커다란 열광을 표현했다. 『글쓰기와 차이』에 실린 대부분의 글을 이미 알고 있었던 미셸 푸코는 차례로 다시 읽은 직후, "이 글들이 이뤄 내는 훌륭한 불연속적인 작업"에 충격을 받았다.

글들의 병렬, 간극 속에서 놀라운 이 책이 시야에 들어오네. 처음부터 중단 없이 한 줄로 쓰인 이 책이 말이네. 독자들은 깨닫지도 못한 채 이 글들 자체뿐만 아니라 이 글들 사이에 놓여 있는 한 권의 책을 읽었다는 것을 알게 되었네. 내가 얼마나 초조하게 예고된 글들을 읽기를 열망하는가를 자네에게 말할 필요까진 없을 것 같네.[11]

몇 주 전에 에마뉘엘 레비나스는 약간의 의구심을 표명하긴 했지만 데리다에게 감사의 말을 전했다. 레비나스는 자신의 연구에 할애된 데리다의 글을 다시 읽을 기회를 얻었다. 레비나스는 이렇게 쓰고 있다. "이 글에는 여러 공감이 되는 지점이 여러 양립불가능한 지점과 결합되어 있네."[12] 데리다는 1967년 6월 6일, 즉 곧 6일전쟁이라고 불릴 전쟁이 발발한 직후에 레비나스에게 편지를 썼다. 전쟁 초기부터 "라디오에 귀를 기울인 채" 데리다는 "이스라엘 전역에서 발생한 사태에 사로잡혀" 있었다는 것을 인정했다. 이것이 분명 레비나스와의 사이를 가깝게 만드는 데 일조했을 것이다.

---

11) 미셸 푸코가 데리다에게 보낸 1967년 6월 12일 편지.
12) 에마뉘엘 레비나스가 데리다에게 보낸 1967년 5월 16일 편지.

레비나스가 보낸 — 분명 『후설과 하이데거와 함께 실존을 발견하며』(*En découvrant l'existence avec Husserl et Heidegger*)의 개정판 — 책에 대해 논평한 후, 데리다는 다른 때와 달리 긴 편지에서 '철학적 대화'에 대한 그 자신의 생각을 내보였다. 그러니까 매우 어렵고, 많은 것을 요구하는 대화, 오직 텍스트를 통해서만 이뤄질 수 있는 대화라는 생각을 말이다. 철학적 대화에서 핵심은 가까워질 수 없는 생각을 가깝게 하는 것이 아니다, 게다가 그런 생각을 '토론하는' 것은 더욱 아니다, 철학적 대화에서 중요한 것은 오히려 고집스러운 만큼 존중받아야 하는 대화를 위한 대면(對面) 조건을 마련하는 것이라고 말이다.

선생님의 글과 제가 쓴 글, 그리고 이 글들이 서로에게 기울이고 있는 관심을 통해, 말하자면 어떤 차이와 어떤 근접성이 이 '대화'를 구성하고 있는지 선생님은 아실 겁니다. 그리고 이 대화는 아주 '우애적'입니다. 편지를 통해 그러길 원했던 것보다 이 대화 속에 더 많은 것들이 있습니다. 이 편지 교환에서보다, 매일 매일의 연구 속에서보다 더 말입니다. 저로서는, 제가 한 모든 것들 속에 어떤 방식으로든 선생님의 사유가 존재합니다. 분명 간접적이지만 어떤 의미에서 필수적인 방식으로 그렇습니다. 아시다시피 종종 반대의 대상이 되긴 하지만, 사유가 솟아나는 바로 그 순간에 선생님의 사유는 필연적입니다. 여기에서 설명할 수는 없지만, 저는 2~3년 전부터 「폭력과 형이상학」에서 아직 드러내지 못한 어떤 움직임을 통해, 저는 선생님과 가까우면서도 멀다고 느낍니다.[13]

---

13) 에마뉘엘 레비나스가 데리다에게 보낸 1967년 6월 6일 편지.

하지만 데리다는 아카데믹한 관점들에 대해서는 덜 감동했다. 제3기 박사 학위 취득을 위한 논문심사를 주재하고 보고서를 작성해야 하는 사람은 골수 전통주의자인 앙리 구이에였다. 우리는 1951년에 구이에가 데리다에게 학사 과정의 한 시험에서 20점 만점에 5점을 주었던 것을 기억하고 있다. "규칙을 받아들이고 공부가 더 필요한 대목에 대해서는 '창안'하지 말 것"을 받아들일 날이 언젠가 다시 올 것을 강조하면서 말이다. 『그라마톨로지에 관하여』를 통해 구이에의 바람이 이루어졌다! 데리다는 두 번째 심사위원인 폴 리쾨르의 주목과 호감을 얻길 원했다. 하지만 리쾨르는 데리다의 논문을 빠르게 훑어볼 뿐이었다. 리쾨르는 33년 후에 이에 대해 데리다에게 사과를 하게 된다. "나중에 알았지만, 자네가 내게 제출한 논문에 대해 침묵으로 일관해 자네를 실망시킨 것에 대해 용서를 구하네."[14]

모리스 드 강디약에 대해 말하자면, 그는 심사가 있기 몇 주 전에 데리다의 논문을 "충실히 읽지" 못했다는 것을 인정했다. 하지만 강디약은 어떤 방식으로 심사가 이루어질지에 대해서는 감지를 하고 있었다고 말했다. 어쨌든 심사위원들은 데리다의 논문을 이해하기 위해 많은 시간을 들이지 않았다. 심사 시간이 고작해야 두 시간 남짓이었기 때문이다. 논문 전체를 진지하게 논의하기란 불가능했다.

중요한 것은 자네가 필요로 하는 자격을 얻는다는 것이네. 그렇지 않다면 자네의 명성은 높아지지 않을 걸세(『레탕모데른』에서 시행한 설문조

---

14) 폴 리쾨르가 데리다에게 보낸 2000년 4월 7일 편지.

사를 보면 자네가 테러리스트 그룹에 소속되어 있지 않은데도 이미 파리의 주요 인물 중 한 사람이라는 것을 알 수 있네). 하지만 우리는 오랫동안 자네에게 느껴 왔던 존경을 공식적으로 말할 수 있어 기쁘네.[15]

하지만 논문심사는 강디약이 내비쳤던 대로 차분하게 진행되지 않았다. 데리다가 미셸 드기에게 이야기하고 있는 것처럼, "아카데미의 월계관과 선망 받는 직업이란 미명하에", 앙리 구이에가 말했던 "'진심에서 우러난' 환영'의 미명하에" 진행된 논문심사는 "심사위원들 중 누구도 읽지 않은 나의 논문은 배제된 채 모든 긴장감이 흐르는 일종의—쓰라리고, 격렬한—전쟁"[16]이었다. 데리다는 가브리엘 부누르에게 보낸 편지에서 이렇게 주장하고 있다. 즉 "이해의 완전한 결여", 특히 폴 리쾨르로부터 온 "맹목적인 저항"으로 인해 그 자신 놀라고 상처를 입었다고 말이다. "서둘러 찬사를 보낸 사람들마저도 오해를 했습니다. 저는 대학 체제 안에서도 […] 밖에서도 편안함을 느끼지 못했습니다. 이것이 단지 편안함의 문제일까요?"[17]

하지만 이것이 단지 심사의 대상이 된 부논문이었던 만큼, 그리고 데리다가 아직까지 대학에서 요구되는 의무사항을 모두 이수하지 않은 만큼 사태는 더욱더 경악스러운 것이었다. 국가박사학위 논문의 주제를 발전시키면서 데리다는 장 이폴리트와 함께 헤겔의 기호—특히 '헤겔의 기호학에서 말과 글쓰기'—에 대한 새로운 해석을 다루기로 합의를 보

---

15) 모리스 드 강디약이 데리다에게 보낸 1967년 2월 14일 편지.
16) 데리다가 미셸 드기에게 보낸 1967년 7월 10일 편지.
17) 데리다가 가브리엘 부누르에게 보낸 1967년 7월 9일 편지.

아야 했다. 비록 데리다 자신이 국가박사학위 논문을 쓸 힘을 언제 회복할지 알지 못한 채로 말이다.[18]

지금 당장으로서는 연구가 중단된 몇 달 동안 데리다는 아무것도 하지 않는다고 말하면서 니스에 가 있었다. "나는 아침부터 저녁까지 바다 건너 저쪽에서 지내던 시절을 생각하면서 바다와 태양을 바라보며 지내고 있네. 그리고 모든 일이 흘러가도록 그냥 방치하고 있네." 데리다는 "완전히 달라지고 싶은 강렬한 욕구"를 가졌으며, 지금까지와는 완전히 다른 어떤 글을 쓰고 싶은 욕구에 사로잡히기도 했다. 또는 이와는 반대로 "파리와 대학에서의 삶이 주는 긴급한 과업 아래 파묻혀 아주 오래되고 낡은 계획에 착수하고"[19] 싶다는 욕구에 사로잡히기도 했다. 하지만 불행히도 데리다는 곧 헤겔과 포르 루아얄의 논리에 대한 그 다음해의 강의 내용을 생각해야만 했다. "최소 1년 동안을 완전한 평화와 고요 속에서 보내고 싶네…. 이런 얘기를 하면서도 나는 풀이 죽네."[20]

필립 솔레르스와의 편지 교환은 여전히 규칙적이었고 화기애애한 것이었다. 솔레르스는 데리다에게 이렇게 쓰고 있다. "자기 자신을 통해 무엇이 일어났는지 — 무엇이 쓰였는지 — 를 보여 주고자 하는 욕망을 느끼는 사람, 유일한 '권위자들' 중 한 사람으로 나는 항상 당신을 생각합니다."[21] 데리다는 곧장 솔레르스에게 답장을 쓰고 싶었다. 하지만 "전체

18) Jacques Derrida, "Ponctuations, le temps de la thèse", *Du Droit à la philosophie*, Galilée, 1990, pp. 450~451.
19) 데리다가 미셸 드기에게 보낸 1967년 7월 10일 편지.
20) 같은 편지.
21) 필립 솔레르스가 데리다에게 보낸 1967년 7월 20일 편지.

적으로 다소 마비되고 질식할 듯한 가족생활"과 "지중해와의 새로운 '결혼'(noces)"[22] 속에서 시간은 빠르게 흘러갔다. "지금 내가 영위하고 있고, 또 몇 달 동안 경험해 보지 못한 그런 게으른 생활 속에서 새로운 연구가 아마도 고요함 속에서 진행되고 있으며, 거기에 맞는 새로운 조치들 역시 취해지고 있습니다."[23]

그해 여름, 솔레르스와 데리다 사이의 우정은 새로운 인물의 등장과 더불어 첫 번째 난관에 부딪치게 된다. 새로운 인물은 바로 줄리아 크리스테바이다. 1965년 12월, 비교문학 분야에서 박사학위를 밟기 위해 불가리아에서 온 크리스테바는 골드만, 주네트, 바르트와 알게 되었으며, 곧바로 솔레르스를 알게 되었다. 이 젊은 여성은 미모와 지성, 카리스마와 '외국인 여성'[24]으로서의 지위를 통해 대단한 명성을 얻게 되었다. 크리스테바가 제시한 새로운 참고점들—미하일 바흐친, 러시아 형식주의—과 그녀가 빠르게 사용하게 된 상호텍스트성이나 파라그라마티즘(paragrammatisme)[25]과 같은 개념들로 인해 그녀는 몇 달 사이에 파리 지성계의 유명 인사가 되었다. 크리스테바는 우선 그것들을 마르크스주

---

22) 과거 알제에서처럼 지중해 연안에 있는 니스에서 다시 지중해에서 많은 시간을 보내고 있다는 의미이다. —옮긴이
23) 데리다가 필립 솔레르스에게 보낸 1967년 7월 25일 편지.
24) '외국인 여성'(L'étrangère)은 줄리아 크리스테바에 관한 바르트의 글의 제목이 된다. 이 글은 1970년 6월 『라 캥젠 리테레르』지에 실렸으며, 『언어의 속삭임』(Le bruissement de la langue, Seuil, 1984)에 재수록되었다.
25) 원래는 '철자오류'를 의미하는 'paragramme'에서 파생한 이 단어는 크리스테바가 시도한 이른바 '파라그람 기호론'(sémiologie des paragrammes)과 밀접하게 관련이 있다. 크리스테바는 일정한 법칙에 따라 구성되는 일상 언어에서 철자의 조합, 의미의 조합 등이 해체되면서 마치 오류가 발생한 것과 같은 현상을 동반하면서 그로부터 문학 언어 또는 시적 언어가 형성된다고 보고 있다. —옮긴이

의 성향의 잡지인 『라 팡세』(*La Pensée*)에 기고하였으며, 1967년 봄부터 는 『크리티크』지와 『텔켈』지에 싣게 되었다.

처음에 크리스테바와 데리다의 관계는 아주 좋았다. 그녀는 데리다 의 후설에 대한 매우 독창적인 독해 방식에 매료되었다. 특히 데리다에 대해 현상학을 이미 문학적 경험에 침윤된 정신분석학과 연결시킬 수 있 는 유일한 철학자라고 생각했다.[26] 하지만 첫 번째 사고가 곧 터지게 된 다. 솔레르스는 『크리티크』지에 실리기 전에 데리다가 크리스테바의 논 문 「의미와 유행」(바르트의 『유행의 체계』를 연구한 논문이다)을 프랑수아 발에게 보여 준 것에 대해 화를 냈다. 데리다가 이와 같은 힐책에 놀라고 상처를 받았다고 말했을 때, 솔레르스는 곧장 사과했다. 솔레르스는 자신 들 사이의 오해보다 더 참을 수 없는 것은 아무것도 없다고 말했다. 하지 만 솔레르스는 좀 더 자세한 이야기를 덧붙이고자 했다.

크리스테바에 대한 문제는 당신이 상상하는 것보다 더 심각합니다. 과 감한 만큼이나 갑작스러운 그녀의 새로운 생각들의 발현에 대해 많은 소란과 많은 논의, 많은 사소한 잡음 들이 있습니다. 나는 『크리티크』지 에 실린 그녀가 바흐친에 대해 쓴 글이 "좋지 않다"라고 평한 F. 발의 말 을 떠올려 봅니다. 또한 『텔켈』지에 실린 그녀의 또 다른 글에 대해 밀 러와 바디우가 가한 과격한 비난의 논리에 대해서도 생각해 봅니다. 그 리고 그녀의 이러런 글들에 대해 맹렬한 공격을 퍼부은 이런저런 정 신분석학자들을 생각해 봅니다. 또한 옛날에 파당이라고 불리던 것을

---

26) 줄리아 크리스테바와의 인터뷰.

보여 주는 모든 증상들이 그 모습을 마치 시험관 속에서처럼 드러내는 것도 생각해 봅니다.[27]

이 사건이 발생한 후 몇 달 동안 솔레르스와의 계속되는 만남에서와 마찬가지로 이 편지에서도 감추어진 하나의 진실은, 바로 데리다가 아주 중요한 사실 하나를 모르고 있었다는 것이다. 크리스테바와 솔레르스가 사랑에 빠졌으며, 1967년 8월 2일 비밀리에 결혼했다는 사실이 그것이다. 당시 이들 두 사람은 자신들의 결혼을 일부러 감춘 것은 아니지만 어쨌든 비밀을 유지하고 있었던 것이다.[28]

마르그리트와 데리다는 1967년 9월 4일, 두 번째 아이 장—루이 에마뉘엘—데리다의 출산을 위해 8월 초 프렌으로 돌아갔다. 예정일보다 빠른 출산이었지만, 그래도 아이는 건강했다. 두 번째 아이의 이름은 우연의 산물이 아니었다. 장은 주네에게서, 루이는 알튀세르에게서, 에마뉘엘은 레비나스에게서 가져온 것이었다. 둘째 아이의 출산 이후 며칠 동안 데리다는 익숙하지 않던 가정적인 책임을 다해야 했다. 두 아이와 함께 살기엔 프렌의 아파트가 비좁아지기 시작했다. 데리다와 마르그리트는 새로운 집을 살 생각을 하기 시작했다. 데리다가 소규모 미국 학생 그룹에게 해준 세미나 덕분에 재정 상태가 나아지긴 했지만, 그들은 곧 파리에서 조금 더 떨어진 곳으로 이사해야 할 필요가 있다는 것을 깨닫게 되었다.

---

27) 필립 솔레르스가 데리다에게 보낸 1967년 9월 28일 편지.

28) 프랑스에서 줄리아 크리스테바의 데뷔에 대한 보다 자세한 사항에 대해서는 Philippe Forest, *Histoire de* Tel Quel, Seuil, 1995, pp. 249~259 참조.

1967년은 분명 풍요로운 해였다. 가을에 데리다의 새로운 책 두 권이 출간되었기 때문이다.

『목소리와 현상』은 PUF에서 장 이폴리트가 주재하는 총서 중 한 권으로 출간되었다. 이 짧은 책은 단지 "후설 현상학에서 기호 문제에 대한 입문"으로 소개되고 있다. 하지만 사실상 이 책은 서구 역사를 통틀어 현전과 목소리에 부여된 특권을 다른 방식으로 문제 삼으면서 『글쓰기와 차이』와 『그라마톨로지에 관하여』에서 태동 중인 질문들을 발전시키고 있다.

이렇게 해서 우리 물음의 가장 일반적인 형식은 다음과 같이 정립된다. 현상학적 필연성, 후설의 분석이 보여 주는 엄밀함과 정치함, 그의 분석이 응답하고 있으며, 우리도 우선 응대해야 할 요구들, 이 모든 것들은 어쨌든 하나의 형이상학적 전제를 감추고 있는 것은 아닌가? […]
따라서 기호 개념을 특권적 사례로 삼아 형이상학에 대한 현상학적 비판이 형이상학적 보증의 내적 계기임이 드러나는 것을 목격하는 것이 문제의 핵심이 될 것이다. 나아가서 현상학적 비판의 원천은 형이상학적 기획이 역사적으로 완성된 것이자 그 근원이 순수하게 단지 복원된 것으로서 형이상학적 기획 그 자체임을 검증하는 데 착수하는 것이다.[29]

요컨대 데리다의 관점에서 보면 후설로 하여금 그의 탐구를 추동시

---

29) Jacques Derrida, *La voix et le phénomène*, PUF, 1967, pp. 2~3.

킨 깊은 열망이 문제였던 것이다. "근원적인" 체험을 해방시키고 "순수 현전"에서 "사물 그 자체"에 도달하려는 욕망이 그것이었다. 『목소리와 현상』에서 데리다는 "사유라고 불리는 것과 기호들, 표지들 또는 흔적들의 상호 작용 사이에 받아들여야만 하는 상호의존성에 대한"[30] 철학적 함축을 끌어내려고 시도했다.

많은 철학자들의 눈에는 『목소리와 현상』이 데리다의 주요 작품들 중 하나이다. 조르주 캉길렘과 엘리자베스 드 퐁트네는 이 책을 처음 읽고 난 후에 찬사를 표현했다. 벨기에의 위대한 현상학자인 자크 타미니오 역시 이 책을 레비나스의 『전체성과 무한』과 동급에 놓으면서 이 책에 대한 열광을 고백했다. 장뤽 낭시는 오늘날에도 여전히 이 책을 데리다의 가장 훌륭한 저작들 중 하나로 간주하고 있다. "나에게 『목소리와 현상』은 데리다의 저작들 중 최고로 위엄 있고 또 여러 관점에서 가장 흥미로운 저작으로 남아 있습니다. 왜냐하면 이 책에는 그의 전체 작업의 핵심적인 내용이 포함되어 있기 때문입니다. 자기에 대한 현전에서부터의 멀어짐과 유한과 무한 사이의 어려운 관계를 표현하는 'a'를 덧붙인 차연 (différance)이 그것입니다. 내가 보기에 이것이 그의 사유의 진짜 핵심, 추진력이자 힘입니다."[31]

하지만 1967년에 출간된 데리다의 세 권의 저서 중 『그라마톨로지에 관하여』가 가장 유명하다. 특히 미국에서 데리다의 이름이 널리 알려

---

30) Denis Kambouchner, "Derrida: déconstruction et raison", Lecture at Tongji University, Shanghai, 23 May 2007(나는 이 미간행본 글을 보내준 데 대해 드니 캉부슈네에게 감사를 표한다). 또 Daniel Giovannangeli, "La fidélité à la phénoménologie", *Le Magazine littéraire*, no. 430, April 2004, p. 40을 읽을 것.

31) 장뤽 낭시가 이 책의 저자에게 보낸 편지.

진 것은 바로 이 책을 통해서였다. 하지만 데리다의 말에 따르면, 이 책은 "두 개의 이질적인 부분이 다소 인위적으로 한데 모아져 있다".[32] 첫 번째 부분인 「문자 이전의 글쓰기」는 『크리티크』지에 실렸던 글을 확장시킨 것으로, 정확히 이 부분에서 그의 근본적인 개념들이 나타나고 있다. 두 번째 부분은 「자연, 문화, 글쓰기」인데, 이 부분은 레비스트로스의 『슬픈 열대』(Tristes tropiques)의 한 장(章)에 대한 완벽하면서도 끈기 있는 분석인 「글쓰기 수업」으로 시작된다. 이 글에서 데리다는 레비스트로스가 어떤 전략을 통해 남비콰라족 사이에서 폭력의 출현을 글쓰기의 출현과 연결시키고 있는가를 보여 주고 있다.

소쉬르의 언어학을 문제 삼은 직후 데리다가 레비스트로스의 인류학적 담론을 거론한 것은 결코 우연이 아니었다. 그들은 구조주의 담론의 두 기둥이었다. 데리다가 보기에 이 담론은 당대 서구 사유의 장에서 지배적인 담론이었다. 하지만 이 담론은 "아주 일찍부터 '극복되었다'고 여겨지는 형이상학―로고스중심주의―에서 종종 가장 풍요롭게 드러나는 여러 층위"[33]라는 덫에 걸린 상태에 있었다.

레비스트로스는 데리다의 분석에 대해 언짢음을 감추려고 하지 않았다. 『분석을 위한 노트』 제4호에서 「글쓰기 수업」이 처음으로 게재된 직후, 그는 이 잡지의 편집자에게 신랄한 내용이 담긴 편지를 보냈다.

당신의 최근 출판물에서 나에게 보여 준 관심에 내가 얼마나 고마워하

---

32) Jacques Derrida and Maurizio Ferraris, *Il Gusto del Segreto*, Laterza, 1997.
33) Jacques Derrida, *De la grammatologie*, Editions de Minuit, 1967, p. 148.

고 있는지 말할 필요가 있을까요? 하지만 나는 불편한 느낌을 떨쳐버릴 수가 없습니다. 스피노자나 데카르트 또는 칸트로부터 나왔더라면 더 정당화되었을 정성을 기울여 당신은 나의 글을 비판하는 철학적 익살 극을 부리지 않았습니까? 솔직하게 말하자면, 나는 내 글이 그토록 많은 소란을 일으킬 만하다고 생각하지 않습니다. 특히 『슬픈 열대』에서 나는 어떤 진리도 제시했다고 주장하지 않습니다. 거기에 담긴 내용은 단지 민족지학자가 현장에서 가졌던 몽상일 뿐입니다. 물론 나는 이 몽상에 일관성이 있다고 주장하는 마지막 사람이기는 합니다.

따라서 나는 데리다 씨가 이와 같은 분명치 않은 몽상들을 낱낱이 해부하면서 곰과 같이 우둔한 섬세함으로 배제된 제3자를 다루고 있다는 인상을 피할 수가 없습니다. [...] 요컨대 나는 당신처럼 민첩한 정신을 가진 사람들이 ─ 그들이 내 책을 읽고자 했다고 가정한다면 ─ 나를 비난하는 대신, 내가 왜 철학을 그처럼 안일하게 이용하고 있는지를 묻지 않은 것에 놀라움을 금할 길이 없습니다.[34]

하지만 『그라마톨로지에 관하여』에서 레비스트로스에게 할애된 것은 단지 한 장에 불과했다. 이 책의 두 번째 부분에서 핵심은 루소에 대한 부분이었다. 특히 데리다가 과감하게 『고백록』의 몇몇 문장과 연결시킨 짧은 저서이자 당대에는 거의 잊혀 있던 『언어의 기원에 관한 시론』에 대한 것이었다. 아주 다른 차원과 스타일을 지닌 연구들을 비교하고 그 최

---

34) Claude Lévi-Strauss, "A propos de 'Lévi-Strauss dans le XVIIIe Siècle'", *Les Cahiers pour l'analyse*, no. 8, 1967.

소한의 차이에 주의를 기울이면서 데리다는 어쩌면 정신분석학자의 자유로운 청취와 비교할 수도 있을 새로운 종류의 독해를 제안했다. 종종 '위험한'이라는 형용사와 결합되는 '보충'이라는 단어의 흔적을 뒤쫓으면서 데리다는 어떻게 루소가 그것을 때로는 글쓰기에, 때로는 자위에 연결시키는지를 보여 준다. 루소는 글쓰기와 자위에 매료되었음에도 불구하고 그것들을 불신했다.

데리다가 수행한 독서는 "작가가 사용하는 언어의 도식에서 그가 지시한 것과 지시하지 않은 것 사이에서 작가에 의해 지각되지 않은 채 남아 있는 모종의 관계를 겨냥하는 것"[35]이었다. 작품이 그 자체에 의해 전달되는 의미화된 내용 앞에서 스스로 사라진다고 여겨질 때마저도, "독서가 '생산'해 내야 하는 의미화된 구조"가 중요했던 것이다. 대학 전통의 반대 극점에서 철학이나 인간과학의 담론은 그것 자체로 하나의 텍스트로 여겨졌던 것이다.

『그라마톨로지에 관하여』의 출간은 『크리티크』지에 실렸던 2편의 글에 의해 야기된 관심을 확증하는 것 이상의 효과가 있었다. 10월 31일, 『라 켕젠 리테레르』에서 프랑수아 샤틀레는 이 책에 대해 '책의 죽음?'이라는 제목의 서평을 쓰면서 이 책에 대한 열광으로 내용을 메웠다. 11월 18일, 1944년 이후로 『르 몽드』지의 철학 보도를 맡고 있던 장 라크루아는 반 페이지 분량으로 데리다에 대한 글을 썼다. 이 글의 서두는 찬사로 시작한다.

---

35) Derrida, *De la grammatologie*, p. 227.

철학은 위기에 처해 있다. 이 위기는 또한 갱신이기도 하다. 푸코, 알튀세르, 들뢰즈 등과 같은 프랑스에서 (상대적으로) 젊은 일군의 학자들이 철학을 변화시키고 있다. 우리는 이제 여기에 자크 데리다의 이름을 추가할 필요가 있다. 고등사범학교 학생들로 이루어진 소규모 그룹에서 이미 잘 알려진 그는 『그라마톨로지에 관하여』를 포함한 세 권의 책을 6개월 전에 출간함으로써 보다 많은 독자들에게 모습을 드러냈다. 언어의 문제에 대해 그가 견지하고 있는 관심을 통해서 보면 그는 '구조주의자들'과 가까운 것으로 보인다. 그는 구조주의자들을 정당하게 대하며, 전 세계에서 사유는 언어에 대한 불안의 감각에 의해 놀라운 추동력을 부여받았다는 것을 인정한다. 그것은 오직 언어에 대한 불안, 언어의 내부에서의 불안일 수 있는 것이다. 하지만 데리다는 이런 경향과는 어느 정도 거리를 두고 있다. 성상파괴주의자와 같은 그는 과학적 모델로부터 영감을 이끌어 내기보다는 오히려 철학적 악마에 사로잡혀 있기 때문이다. [⋯] 데리다의 목적은 파괴가 아니라 형이상학의 '해체'이다. 로고스, 이성 등과 같은 철학의 근본적인 개념들이 일종의 '폐쇄' 속에 갇혀 있다. 이와 같은 '폐쇄'는 깨져야 하며, 우리는 탈주를 시도해야 할 필요가 있다.[36]

'문자'(gramme)와 '흔적' 등과 같은 개념들과 마찬가지로 '차연' 개념 역시 형이상학에 대한 이와 같은 견고하고도 환영받는 분석에 도입되고 있다. 장 라크루아는 나중에 드러나게 되는 몇몇 오해를 피하면서 데

---

36) *Le Monde*, 18 November 1967.

리다의 철학과 니체와 하이데거 철학의 특별한 연결고리를 강조했다. 라크루아는 이렇게 힘주어 말하고 있다. "데리다는 파롤(parole)을 희생시키면서 글쓰기에 특권을 부여하고자 하지 않는다."

3일 전, 『라 트리뷴 드 주네브』에서 알랭 프넬은 "서구 사유에 문제를 제기한" 저자에게 찬사를 보냈다. 이번에는 『글쓰기와 차이』가 강조되었다. 프넬의 찬사는 전폭적이었으며 때때로 무비판적이었다.

> 데리다 이후, 마르크스, 니체, 하이데거, 프로이트, 소쉬르, 야콥슨, 레비스트로스 등이 희미해진다. 왜냐하면 데리다의 사유는 이들 모두를 시험대에 올리고, 또 동시대의 반성에 대한 반성이고자 하며, 또 그런 반성으로 나타나고 있다는 점에서, 이들보다 훨씬 더 급진적이기 때문이다. 형이상학이 서구 사유를 계속 병들게 했다는 것을 증명함으로써 자크 데리다는 그 자신이 가장 과감한 현대 사상가라는 점을 보여 주었다. 그의 연구는 우리 문화의 발전에 흥미를 가진 모든 사람들 ─ 비평가, 철학자, 교사, 학생 ─ 을 위한 새롭고 우월한 성찰의 영역을 반드시 구출하게 될 것이다.[37]

초조하게 기다려졌던 『그라마톨로지에 관한여』의 출간을 계기로 데리다는 수많은 편지를 받게 된다. 이미 여름에 완성된 원고를 읽은 필립 솔레르스는 곧장 이 책을 "정말로 뛰어난 책"[38]으로 규정했다. 줄리아 크

---

37) *La Tribune de Genève*, 15 November 1967.
38) 필립 솔레르스가 데리다에게 보낸 1967년 7월 20일 편지.

리스테바는 일종의 '동조의 표시'로서 데리다의 서명이 들어간 책을 받고 몹시 감동했다. 그녀는 데리다의 연구에서 빚진 것과 앞으로 자신이 계속 이끌어 낼 모든 것에 대해 그에게 감사를 표했다.[39] 그녀는 곧장 데리다에게 일련의 질문을 적어 보냈다. 데리다는 이 질문에 대해 '기호학과 그라마톨로지'[40]라는 제목 아래 길고도 상세히 답을 해주었다. 롤랑 바르트로 말할 것 같으면, 그는 미국의 볼티모어에서 데리다에게 따뜻한 감사의 인사를 전했다. 그는 이렇게 쓰고 있다. 이곳에서 『그라마톨로지에 관하여』는 마치 "종교재판이 벌어지는 곳에 있는 갈릴레오의 책, 또는 더 단순하게 야만족의 땅에 있는 문명화된 책이네." 돌이켜보면 이와 같은 판단은 아주 흥미진진한 것이었다.

이와 마찬가지로 창창한 미래를 예고하는 또 한 통의 따뜻한 편지가 미국에서 왔다. 이 편지에서 폴 드 만은 데리다에게 자신이 얼마나 『그라마톨로지에 관하여』에 "전율했고 그 책에 얼마나 흥미를 느끼는지"에 대해 말했다. 그는 이 책이 "그 자신의 사유", 즉 데리다가 볼티모어에서 했던 발표와 그들의 첫 번째 대화에서 이미 이미 암시되었던[41] 사유에 "설명과 발전"을 가져다줄 수 있기를 기대했다. 지난해 콜로키엄에서 아침을 먹으며 대화를 나눌 때, 이들 두 사람은 『언어의 기원에 관한 시론』에 서로 다른 방식으로 관심을 가지고 있다는 것을 알게 되었다. 이것이 점차 깊어지고 오래 이어 가게 될 우정의 시작이었다. 첫 번째 만남 이후, 데

---

39) 줄리아 크리스테바가 데리다에게 보낸 1967년 10월 31일 편지.
40) 이 기록된 대담은 1972년 『입장들』에 재수록되기 전 1968년 6월 『사회과학 정보』(*Information sur les sciences sociales*, vol. VII)에서 출간되었다.
41) 폴 드 만이 데리다에게 보낸 1967년 10월 6일 편지.

리다는 그 어떤 것도, "불화의 조짐마저도"[42] 그들을 갈라놓을 수 없다고 말하곤 했다. 편지를 쓴 직후, 드 만은 『장자크 루소 연보』에 보다 비판적인 글들이 이어지게 될 이 책에 대한 훌륭한 서평[43]을 실었다. 하지만 드 만은 특히 코넬대학에서 자신의 학생들에게 이 새로운 사상가의 저작을 읽으라고 곧 독려하기 시작했다.

그 당시 드 만의 지도 아래 논문을 쓰고 있던 새뮤얼 베버는 1966년 초, 심지어 볼티모어에서 콜로키엄이 있기 이전에 벌써 데리다에 대해 말하는 것을 들었다고 기억하고 있다. "『크리티크』지에 실린 「문자 이전의 글쓰기」를 읽은 직후, 드 만은 이 글에 대해 일종의 열광을 갖고 말했어요. 나는 즉각 그 글을 읽었으며, 한 방 얻어맞은 듯했어요. 내가 보기에 데리다는 폴 드 만이 하고자 했던 것을 이미 한 것 같았어요. 해서 드 만은 적어도 데리다에 대해 양가적인 감정을 가질 수도 있었을 겁니다. 하지만 나는 그가 그렇다고 느낀 적이 한 번도 없었어요. 그는 데리다에게 질투도, 분노도 느끼지 않았고, 그저 솔직한 감사의 뜻을 가지고 있었을 뿐입니다."[44]

---

42) Jacques Derrida, *Mémoires pour Paul de Man*, Galilée, 1988, p. 16.

43) Paul de Man, "Rhétorique de la cécité: Derrida lecteur de Rousseau", *Poétique*, no. 4, 1970. 이 글은 『눈멂과 통찰: 현대 비평의 수사학 시론』(*Blindness and Insight. Essays in the Rhetoric of Contemporary Criticism*, London/Minneapolis: Methuen & Co./University of Minnesota, 1983)에 실린 주요 글 중 하나이다. 데리다는 폴 드 만 사후 이 글에 대해 이렇게 언급하고 있다. "유럽과 미국에서, 해체와 관계가 있든 없든, 나는 폴 드 만처럼 그리고 종종 그와 함께 소위 '비판'이라 불리는 격렬하고 잦은 반응을 불러일으키는 행운과 불행을 가졌다. 하지만 그 어떤 비판도 폴 드 만의 「눈멂의 수사학」에서 보여 준 비판보다 엄격하면서도 너그럽지 않았으며, 부딪치면서도 순수하지 못했으며, 아첨에 양보하지 않은 채 미래지향적이지도 못했다. 그 어떤 비판도 또한 그의 비판보다 용이하게 받아들일 수 있는 것으로 보이지도 않았다…." (Derrida, *Mémoires pour Paul de Man*, p. 124)

44) 새뮤얼 베버와의 인터뷰.

1967년 가을이 끝날 무렵, 폴 드 만의 요청에 따라 데리다는 코넬대학과 존스홉킨스대학의 열댓 명의 학생들을 위해 '문학비평의 철학적 근거'를 주제로 파리에서 세미나를 열었다. 데리다의 수업은 특히 그가 대화와 개인적 접촉에 개방적이었던 만큼 더욱 학생들을 매혹시켰다. 다른 학생들과 마찬가지로 데이비드 캐롤도 특별한 긴장감을 가지고 이 시기를 기억한다. 그도 그럴 것이 그는 또한 이 세미나를 통해 미래의 아내를 만났기 때문이다.

파리에서의 세미나는 문학에 대한 나의 생각—대부분의 경우 고정관념들에서 온 것이기는 하지만—을 완전히 전복시켰다. 거칠게 요약하자면, 데리다는 무언가 다른 것을 기대하면서 세미나에 참석했던 학생들, 또는 나처럼 그들이 무엇을 기대하고 있는지 모르는 사람들에게 완전히 새로운 어떤 것을 소개해 주었다. 질문하는 방식과 이중적인, 이중으로 비판적인 분석의 유형이 그것이다. 데리다는 매주 수업을 했으며, 수업은 문학과 철학 사이의 내적, 외적 관계, 이 두 영역의 복잡하고 모순적인 관계를 보여 주면서 철학적이면서 동시에 문학적이었다. 데리다의 스타일, 그의 읽기 방식, 질문하고, 글을 분석하는 방식에 나는 압도당했고, 우리 모두가 압도당했다. 모든 것을 문제 삼았고, 모든 것이 다른 방식으로 논의의 대상이 되었다. 이 수업을 위해서는 또 하나의 목소리, 또 하나의 스타일, 또 하나의 글쓰기가 필수적이었다. 그 어떤 것도 예전과 같지 않았다.[45]

---

45) David Carroll, "Jacques Derrida ou le don d'écriture: quand quelque chose se passe",

제라르 그라넬은 "이 모든 시작들, 책들, 어린애 같은 뒤죽박죽"[46]을 이유로 루이르그랑의 옛 기숙사생을 그저 축하해 주는 것으로 만족하지 않았다. 이제 그라넬의 눈에 유일하게 중요한 독자가 된 데리다가 미출간 상태로 있는 「E. 후설에게서 시간과 지각의 의미」에 대한 학위논문에 여전히 몰두하고 있을 때, 그라넬은 『크리티크』지에 데리다의 최근 세 권의 저서에 대한 서평인 「자크 데리다와 기원의 말소」를 썼다.

이 20쪽의 글에서 그라넬은 완전히 새로운 종류의 글쓰기의 도래에 찬사를 보냈다. 아마도 그라넬이 '데리다적'(derridien)이라는 형용사를 프랑스에서 사용한 첫 번째 사람일 것이다. 이 글의 첫 몇 문장은 그의 옛 친구를 감동시키기에 충분했다. "벌써 하나의 완전한 작품이다. 아니 결코 하나의 '작품'이 아니다. 벌써 하나의 완전한 글쓰기이다. 플래카드처럼 우리의 머리 위에 펼쳐진 완전한 글쓰기이다. 1년 동안 공중에서 펄럭이는 멋지고 색깔도 아주 새로운 플래카드처럼 말이다."[47] 하지만 데리다와 간신히 "존경스럽고 친절하게" 남아 있는 그의 "전략"에 대해 찬양하면서도, 그라넬은 레비나스—그라넬은 어떻게 레비나스가 "그를 향해 던진 데리다의 그물망을 빠져나갔는지"를 보지 않았다—와 특히 푸코를 향한 더 큰 적의를 감추지 않았다.

어떤 완고한 참을성, 가공할 만한 부드러움은 또한 『광기의 역사』에서

Rue Descartes, no. 48, Salut à Jacques Derrida, PUF, 2005, p. 100.
46) 제라르 그라넬이 데리다에게 보낸 1967년 9월 8일 편지.
47) Gérard Granel, "Jacques Derrida et la rature de l'origine", *Critique*, no. 246, November 1967.

푸코가 데카르트를 다룬 방식에 대해 푸코 스스로가 제공한 '몇몇 언급들'에서 분명하게 드러난다. 어쩌면 바로 거기에서 우리는 어떻게 이 저서의 앞부분에서 실종됐던 '특정한 지점'이 점차 연구 속으로 파고들고, 또 모든 것이 개방된 이 저서에 포함되었던 것이 갑자기, 그리고 완전히 발가벗겨지는지를 가장 잘 알 수 있다. 그리고 모든 기획을 지휘하고 있기는 하지만, 분명하게 정의되지 않은 고고학이라는 개념을 폭발시켜 버리기 위해, 『광기의 역사』에 나타난 것과 같은 명백한 불충분성을 『말과 사물』로 이동시켜 확대 적용하는 것(전위(轉位)하는 것은 아닐지라도)까지도 필요하다.[48]

그때까지 "따뜻한 우정으로" 데리다를 독려했던 푸코는 이 글 전체의 게재에 대해서는 아니라고 해도, 적어도 아주 잔인한 위의 문단에 대해서는 데리다가 반대해 줄 것을 바랐다. 하지만 이제 『크리티크』지의 편집위원 중 한 사람인 데리다는 푸코에게 자기가 스스로에게 부과한 다음과 같은 규칙을 상기시켰다. "자기가 관련된 그 어떤 논문에도 개입하지 않기, 찬성도 반대도 하지 않기.[49] 하지만 그 결과는 머지않아 나타나게 된다. 장 피엘의 요구로 수정되기는 했지만, 그라넬이 쓴 몇 줄의 글로

---

48) *Ibid.*
49) Jacques Derrida, "Gérard Granel", *Chaque fois unique, la fin du monde*, Galilée, 2003, p. 319. 데리다는 이 글에서 그라넬이 『크리티크』지의 자신의 글의 게재를 둘러싼 논쟁에 대해 결코 알지 못했다고 단언하고 있다. 하지만 편지 내용을 분석해 보면 그 반대 상황이 증명된다. 1967년 10월 20일, 몇몇 표현을 완화시킨 후에 그라넬은 데리다에게 이렇게 쓰고 있다. "자네는 정말로 '사람들'이 여기저기에서 울부짖을 것이라고 생각하는가? 어쨌든 보게 될걸세…"

인해 데리다와 푸코 사이의 관계는 심각하게 냉각되었다. 데리다가 볼 때 그라넬의 글은 1972년에 이루어질 푸코의 강력한 응수의 뇌관이었던 것이다.

그라넬은 이 반갑지 않은 논쟁에 대해 아무것도 알고 싶지 않았다. 자기가 쓴 글이 출간되고 몇 주가 지난 뒤 데리다에게 보낸 긴 편지에서 그라넬은 그들 연구의 "예상치 못한 유사성"에 놀랐다고 다시 한 번 말했다. 그러니까 "갑작스럽게 드러난 운명 공동체"에 놀랐다는 것이다. "마치 '완전한 독방'에 수감된 죄수로서 10여 년을 보낸 후, 갑자기 다른 죄수가 벽이나 파이프를 두드리는 소리를 들은 것처럼 말이다." 그라넬은 오직 그들 두 사람만이 철학의 진보를 가져올 수 있다고 느꼈다. 왜냐하면 "하이데거는 죽을 것이고, 어쨌든 (그들의) 글이 하이데거에게 근거하고 있긴 하지만, 하이데거 이후에 시작됐기" 때문이었다. 장 보프레는 기대했던 만큼의 연구를 수행하지 못했으며, 나머지 사람들은 익명의 제자로 남아 있었다. 데리다와 그라넬의 흥미를 유발했던 것들 옆에는 마르크스주의, 신마오쩌둥주의, 소르본, 간단히 말해 "치유제 없이 방황하는 다양한 형식들"[50]만이 있을 뿐이었다.

1967년 12월, 루이 아라공이 편집장으로 있는 문화주간지 『레 레트르 프랑세즈』지에 데리다의 첫 번째 인터뷰가 실렸다. 이 세밀하게 다시 작성된 글에서 데리다는 앙리 롱스에게 의도적으로 미로와 같은 방식으로 출간된 지 얼마 안 된 세 권의 책에 대해 설명하고 있다.

---

50) 제라르 그라넬이 데리다에게 보낸 1968년 2월 4일 편지.

데리다 『그라마톨로지에 관하여』는 (그 접합이 경험적이지 않고 이론적이고 체계적인) 두 부분으로 이루어진 긴 에세이로 여겨질 수 있습니다. 그 두 부분의 '중간에' 『글쓰기와 차이』를 끼워넣을 수 있을 겁니다. 『그라마톨로지에 관하여』는 종종 『글쓰기와 차이』에 호소합니다. 이렇게 된다면, 루소에 대한 해석은 또한 이 책의 12번째 목차일 수 있습니다. 거꾸로, 『그라마톨로지에 관하여』를 『글쓰기와 차이』의 중간에 삽입시킬 수도 있을 겁니다. 왜냐하면 이 책에 실린 6편의 글은—사실적으로도 권리상으로도—『그라마톨로지에 관하여』를 예고하면서 2년 전에 『크리티크』지에서 출간된 글 이전의 글이기 때문입니다. 「프로이드와 글쓰기의 장」에서 시작해서 나머지 5편의 글은 『그라마톨로지에 관하여』의 첫 부분과 연관됩니다. 하지만 당신도 상상할 수 있듯이, 모든 것이 그렇게 쉽게 설명되는 것은 아닙니다. 어떤 경우에라도, 이 두 권의 '책'들 중 한 권이 다른 한 권의 '중간에' 기입된다는 것, 당신도 동의할 테지만, 이것은 기묘한 기하학에서 기인하는 것입니다. 물론 거기에 실린 여러 글들이 의심할 바 없이 이 기하학의 현대적 모습이긴 합니다만….

롱스 『목소리와 현상』은요?

데리다 깜빡했군요. 제가 아마도 가장 애착을 갖는 에세이일 겁니다. 의심할 바 없이 나는 이 책을 다른 두 권의 책 중 어느 하나에 대한 긴 주석으로 포함시킬 수도 있을 것입니다. […] 하지만 고전적인 철학적 건축술에서 『목소리와 현상』은 앞자리를 차지하고 있습니다. […][51]

---

51) Jacques Derrida, "Implications: entretien avec Henri Ronse", *Positions*, Minuit, 1972, pp. 12~13.

데리다에게 후설보다는 하이데거가 앞으로 계속 논쟁해 나갈 가장 중요한 철학자가 되었다. 『레 레트르 프랑세즈』 지와 가진 인터뷰에서 데리다는 하이데거에게 "극단적으로 양가적인 감정", "곤혹스러운 경외감"[52]을 느낀다고 말하고 있다.

내가 시도하는 것은 하이데거의 물음의 시작이 없었더라면 불가능할 지도 모릅니다. [...] 하지만 하이데거 사유에 빚졌음에도 불구하고, 또는 차라리 그렇기 때문에, 나는—다른 어떤 텍스트보다도 비동질적이고, 비연속적인, 모든 점에서 위대한 힘과 그 질문의 모든 결과들이 동일한—하이데거의 텍스트 안에서 형이상학에 또는 그가 존재신학이라고 부르는 것에 속하는 여러 신호들을 발견하려고 하는 겁니다.[53]

구체적인 관점에서 보면, 바로 이 시기에 그 이후 몇 년 동안 지속될 하이데거와 데리다 사이의 추적 놀이가 시작되었다. 고등사범학교의 졸업생이자 저명한 아리스토텔레스 전공자—데리다가 『그라마톨로지에 관하여』에서 찬사를 보내고 있는—인 피에르 오방크는 당시 함부르크에서 가르치고 있었다. 그는 하이데거를 저녁 식사에 초대해야 할 일이 있었고, 하이데거는 그에게 최근의 프랑스 철학에 대해 좀 알아보고 싶다고 말했다. 하이데거는 특히 구조주의에 관심이 있는 것처럼 보였다. 피에르 오방크는 데리다에게 이렇게 썼다. "나는 찬사와 더불어 자네 이름

---

52) Dominique Janicaud, "Entretien avec Jacques Derrida", *Heidegger en France II*, Hachette-Littératures, 2005, p. 103.
53) Derrida, "Implications", pp. 18~19.

을 거론하지 않을 수 없었네…".[54]

피에르 오방크는 그의 최근 저서 『형이상학을 해체해야 하는가』의 한 주석에서 이 대화를 언급하고 있다. 1967년의 마지막 날, 오방크와 하이데거가 만났던 저녁에 하이데거는 데리다의 연구에 큰 관심을 보였다. 보통 독일어가 지닌 철학적 장점들을 치켜세우는 데 익숙했던 하이데거는 프랑스어에 깊숙이 박혀 있는 개념의 미묘함에 주의를 기울이는 데 동의했다.

그는 특히 '차연'이라는 주제에 관심이 있는 듯이 보였다. 우리는 이 용어를 독일어로 바꾸는 데 긴 시간을 보냈지만, 실패했다. 프랑스 단어 'différer'는 독일어로 두 단어로 표현되었다. 'verschieden sein'(다르다)과 'verschieben'(미루다, 연기하다)이었다. 모호한 동음에도 불구하고, 이 단어들은 다른 어원을 가졌다. 단어를 가지고 하는 데리다의 유희는 (동사 'differre'가 두 가지 의미를 지니는) 라틴어와 로맨스어에서만 가능할 뿐이다. 연결된 두 단어를 사용하는 영어는 ― 첫 번째 의미는 'to differ', 두 번째 의미는 'to defer' ― 중간적인 경우를 구성한다. 하이데거는 다음과 같은 사실을 인정해야 했다. "이 점에 있어서 프랑스어는 독일어보다 더 멀리 나아간다." 그리고 그는 데리다를 열렬히 만나고 싶다는 사실을 그에게 전달해 달라고 나에게 부탁했다. 애석하게도 이런 일은 일어나지 못했지만 말이다.[55]

---

54) 피에르 오방크가 데리다에게 보낸 1967년 12월 6일 편지.
55) Pierre Aubenque, *Faut-il déconstruire la métaphysique?*, PUF, 2009, p. 60.

데리다 또한 하이데거를 만나 보기를 바랐지만, 그가 아무런 상황에서나 그렇게 하기를 원하지 않았다는 사실을 지적하는 것은 중요하다. 그 다음해 여름에 프리부르크의 대가의 프랑스 쪽 제자들이 —릴 쉬르 라 소르그의 르네 샤르의 집과 가까이 있는— 토르 세미나에 데리다가 참석해 줄 것을 너무 종용한 나머지 그를 짜증나게 했다. 물론 그라넬과 드기도 이 세미나에 참석할 예정이었지만 말이다. 하이데거는 이 개인적인 세미나를 강의로 생각했고, 참여자들을 "유치원"의 학생들로 간주했다. 하이데거는 그들에게 갑작스럽게 질문을 던지기도 했다. 미셸 드기는 데리다가 번역에 있어서의 어려움, "페디에와의 미묘한 관계와 정말 우스꽝스러운 참석자들"을 잘 참아 내지 못할 것이라고 생각했다.[56]

---

56) 미셸 드기가 데리다에게 보낸 1968년 9월 10일 편지. 또한 Janicaud, *Heidegger en France II*, pp. 240~260 참조.

20세기 초의 알제 (데리다 개인 소장)

2세 때의 데리다 (데리다 개인 소장)

아빠, 엄마, 형 르네와
차 위에 앉아 있는 데리다
(데리다 개인 소장)

가족과 함께: 가운데 엄마
무릎 위에 앉아 있는 데리다
(데리다 개인 소장)

1939년 엘비아르 초등학교 시절 : 데리다는 둘째 줄 오른쪽에서 두 번째 (데리다 개인 소장)

1946년 벤 아크눈고등학교 시절 : 데리다는 셋째 줄 왼쪽에서 세 번째.
둘째 줄에서 희미한 얼굴이 친구 페르낭 아샤록 (데리다 개인 소장)

엘비아르의 축구클럽 친구들과 함께 : 둘째 줄에서 웃고 있는 데리다 (데리다 개인 소장)

1950년 여름, 어머니와 함께
(데리다 개인 소장)

파리로 출발하기 전
알제 거리에서
(데리다 개인 소장)

아버지 차의 운전석에서
(데리다 개인 소장)

15세의 데리다. 이 사진은 그의 여자 친구 중 한 명에게 주어졌다.
(데리다 개인 소장)

루이르그랑고등학교 카뉴의 첫 해
(1949~1950), 회색 기숙사복을
입고서 (데리다 개인 소장)

카뉴에 재학 중인 알제리
트리오 : 왼쪽에서부터 데리다,
파리앙트, 도메르크
(데리다 개인 소장)

두 번째 카뉴 시절(1950~1951). 데리다는 셋째 줄 오른쪽에서 세번째.
그의 오른쪽(메달 착용)이 친구 미셸 모노리, 교수는 로제 퐁스 (데리다 개인 소장)

세 번째 카뉴 시절(1951~1952). 데리다는 첫째 줄 왼쪽에서 네 번째
(데리다 개인 소장)

스승과 친구들

에드문트 후설(1920년 경)
(© La Collection/Imagno)

마르틴 하이데거(1960)
(©Ullstein Bild/
Roger-Viollet)

앙토냉 아르토(1947)
(©Ministère de la Culture/
Médiathèque de l'architecture et
du parimoine, Dist. RMN-Denise
Colomb)

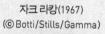

자크 라캉(1967)
(©Botti/Stills/Gamma)

장 주네(1956)
(© Edouard Boubat/Rapho)

파울 첼란
(ⓒPhoto Gisèle
Celan-Lestrange/
Fonds Paul Celan/
Archives IMEC)

미셸 푸코
(ⓒAFP)

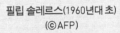

필립 솔레르스(1960년대 초)
(ⓒAFP)

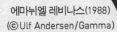

에마뉘엘 레비나스(1988)
(ⓒUlf Andersen/Gamma)

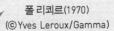

폴 리쾨르(1970)
(ⓒYves Leroux/Gamma)

데리다와 그의 친구들이 좋아한 카페들이 있던 1950년대 초 불미히와 수풀로 가 모퉁이
(개인 소장)

알튀세르 (ⓒFonds Louis Althusser/Archives
IMEC)가 가르치던 시기의 고등사범학교
(ⓒJean-Philippe Charbonnier/Rapho)

1960년 경, 프라하에 살던
마르그리트의 가족과 함께
(데리다 개인 소장)

1956년 마르그리트와 함께 미국 첫 방문 때 "자유호"의 갑판 위에서
(데리다 개인 소장)

1963년에 태어난 피에르와 함께
(데리다 개인 소장)

1967년에 태어난 장과 함께 (데리다 개인 소장)

1971년 9월,
"프랑스"호에서
조카 마르틴 메스켈과 함께
(데리다 개인 소장)

1975년경, 아로나 소재 아다미의 집에서 이루어진 그림 「순진한 자들의 학살」의 재구성.
전경에 장, 마르그리트와 데리다. 오른쪽에 카멜라 아다미. 후경에 발레리오 아다미
(데리다 개인 소장)

1972년 스리지 라 살에서 개최된 니체 콜로키엄. 왼쪽부터 들뢰즈, 리오타르, 강디약, 클로소프스키, 데리다, 포트라 (ⓒArchives de Pontigny-Cerisy)

1975년 스리지 라 살에서 퐁주와 함께
(ⓒArchives de Pontigny-Cerisy)

1966년 7월 파리에서의 실비안(왼쪽)과 언니 소피 아가생스키(오른쪽)
(ⓒRue des Archives/AGIP)

1970년대에 촬영된 데리다의 즉석사진
(데리다 개인 소장)

데리다가 니스에서 그라넬에게 보낸 1989년 12월 29일자 편지.
데리다가 쓴 대부분의 편지는 악필로 인해 해독이 매우 어렵다. (데리다 개인 소장)

5장_가벼운 후퇴

1968

앙리 보쇼와 그의 부인 로르는 그슈타드에서 7개의 별장으로 된 호화스러운 기숙사를 운영하고 있었다. 방학 중에는 대부분의 방이 비어 있었다. 데리다의 식구들은 보쇼 부부의 초대를 받아 2주일 동안 크리스마스 휴가를 온전히 그곳에서 보내게 되었다. 여러 날 긴 밤을 함께 보낸 끝에 보쇼와 데리다 사이에 지적인 동시에 인간적인 면에서 참다운 우정이 싹텄다. 앙리 보쇼는 몇 주 후에 자신들이 함께 보낸 순간들의 추억이 얼마나 생생하게 남아 있는지를 이렇게 쓰고 있다.

> 눈과 범상하지 않은 시간 속에서 이루어진 우리의 만남은 일종의 사건이었습니다. 분명, 새로운 생각들 간의 만남이었지만, 그보다는 인간적인 접촉과 개성들의 만남이었습니다. 나는 당신의 엄격함과 부드러움, 모든 것에 대한 당신의 개방적인 자세에 큰 감동을 받았습니다. […] 함께 했던 그 며칠 사이에 뭔가가 발생했습니다. 굳이 정의를 내리고자 하지는 않지만, 그러나 로르와 나에게는 아주 중요한 뭔가가 발생한 것입

니다.[1]

더 나중에 쓴 한 통의 편지에서 보쇼는 자신들의 만남이 어느 정도로 중요했는가를 다시 한 번 지적하고 있다.

당신의 사유보다는 오히려 당신이라는 인간과의 만남이었습니다. 부드러움과 단호함, 엄격함과 일상성, 그 무엇 하나 놓치지 않고 시대의 목소리에 귀를 기울이는 방식, 특히 부성애의 혼합이었습니다. 부성애를 부정하지 않으면서 아버지의 세계를 뛰어넘는 것, 그것이 바로 당신의 가족 네 명을 보면서 나로 하여금 많은 것을 생각하게끔 해준 것입니다.[2]

하지만 벌써 소설가로 자리를 잡은 보쇼는 데리다와의 대화에서 사유를 담지할 수 있는 "극히 한정되고 제한된" 대중을 겨냥한다는 사실에 대한 그의 설명에 아연실색했다. 『글쓰기와 차이』의 저자인 데리다는 그에게 답을 하면서 이와 같은 자신의 선택에 대해 다시 언급하고 있다. 자기의 것과 같은 작업에는 많은 노력이 필요하고, 또 그런 작업이 이해될 수 있는 기회를 갖기 위해서는 필수불가결한 성찰이 요구된다고 설명하면서 말이다. "직접 '길거리의 사람'에게 호소하는 것이 그에 의해 이해된다는 것, 심지어는 그 누구에 의해 이해된다는 것을 의미하지 않습니다. 혹은 어쨌든 아주 경미한 효과만을 낳을 뿐입니다."[3]

---

1) 앙리 보쇼가 데리다에게 보낸 1968년 1월 16일 편지.
2) 앙리 보쇼가 데리다에게 보낸 1968년 7월 11일 편지.
3) 데리다가 앙리 보쇼에게 보낸 1968년 1월 30일 편지.

아무튼 지금 데리다는 길거리의 사람들에게 호소하는 것과는 거리가 멀었다. 그가 1968년 초에 활발하게 활동을 했다 할지라도, 그는 매번 아주 적절한 기회를 골라 발표를 했다. 1월 16일, 그는 콜레주 드 프랑스 교수인 장 이폴리트의 세미나에서 '우물과 파리미드. 헤겔의 기호론 서설'이라는 제목으로 발표를 했다. 나중에 『여백』(Marges)에 재수록된 이 텍스트는 몇 달 전에 데리다가 등록했던 국가박사 학위논문을 위한 새로운 주제에 대한 유일한 흔적이기도 하다.

데리다의 입장에서 보면 장 이폴리트는 프랑스 대학 세계에서 확실한 그의 지원자였다. 데리다의 이름이 "고등교육 담당 적격자 리스트"에 오르는 것을 지지하는 다음과 같은 이폴리트의 멋진 편지가 이 사실을 여실히 증명해 주고 있다.

내 제자인 데리다 군을 고등사범학교에서 처음으로 보았을 때, 나는 한 명의 진정한 철학자를 발견했다는 흔치 않은 생각이 들었습니다. 그의 연구(후설에 대한 연구)에서 나타나는 난점들과 불분명한 점들에도 불구하고 나는 그를 신뢰할 수 있다고 생각했습니다. 그는 이와 같은 신뢰를 저버리지 않았습니다. 하지만 나는 그의 첫 저작들이 어떤 성공을 가져올지 예상하지 못했습니다. 어쨌든 그는 대중들에게 어떤 아첨도 하지 않았고, 어떤 양보도 하지 않았습니다. 나는 이런 점에 대해 그에게 박수를 보내는 바입니다. […] 내가 지도하고 있는 그의 박사학위논문은 후설에 대한 연구가 될 수도 있었습니다. 하지만 데리다 군은 나에게 헤겔을 연구하고 싶다고 말했습니다. 데리다 군과 같은 철학자를 지도함에 있어서, 내가 할 수 있는 일이란 그저 그의 의견을 따르는 것뿐입니다. […] 데리다 군의 저작은 이미 세상에 나와 있습니다. 고등교육 담당 적격자 리스트에 그의 이름이 등록됨으로써 이와 같은 저작의 존재와 그의 철학자, 교수로서의 자질이 충분히 드러날 것입니다. 내가 그의 등록에 아주 호의적이라는 사실을 말하는 것만으로는 충분하지 않습니다. 나는 아무런 유보조건 없이 그의 등록을 희망합니다.[4]

데리다에게 1968년은 벌써 한동안 계속된 리듬으로 여러 차례의 여행을 했던 해였다. 1월 25일, 그는 제라르 주네트, 장 피에르 베르낭 등과 함께 취히리로 가는 열차에 올랐다. 볼티모어에서 열렸던 콜로키엄의 연장선상에서 폴 드 만이 개최한 콜로키엄에 참석하기 위해서였다. 주네트는 스위스에서의 짧은 체류 기간 동안 데리다와 같이 보낸 하룻밤에 대해 생생한 기억을 간직하고 있다.

폴 드 만은 모든 참석자들을 오래된 도시의 한 멋진 호텔에 투숙시켰다. 하지만 장소가 협소해서 그는 자크와 나를 2인용 침대가 있는 같은 방에 밀어 넣었다. […] 불을 끄려는 순간, 하룻밤을 같은 방에서 보내게 된 동료가 잠옷을 가져오지 못했다고 말했다. 하지만 그는 타자기를 두고 오지는 않았다. 타자기로 잠옷을 보상이라도 하려는 듯이, 그는 나에게 타이프 치는 소리가 방해가 안 되겠느냐고 물었다. 나는 괜찮다고 대답했다. 그러자 그는 그의 밤 시간과 나의 밤 시간 대부분을 […] 타이핑을 하는 데 보냈다. 나는 또 다른 콜로키엄에게 보내기 위한 발표문일 것이라

---

4) 장 이폴리트가 데리다에게 보낸 1968년 2월 13일 편지.

고 생각했다. 하지만 내 귀가 좀 더 밝고, 좀 더 훈련된 귀였다면, 나는 그가 급하게 두들기는 청각적으로 다른 타자기 자판 소리로 미루어보아 그 발표문의 내용을 어렴풋이 추론할 수도 있었을 것이다.[5]

주네트가 이렇게 생각하는 것도 무리가 아니다. 왜냐하면 실제로 데리다가 그날 저녁 그렇게까지 서둘러서 타이핑을 한 발표문은 바로 그 다음날, 즉 1월 27일 토요일 오후 4시 30분에 소르본의 미슐레 계단식 강의실에서 있을 '차연'(La différance)이라는 제목의 발표문이었기 때문이다. 데리다는 처음으로 프랑스철학회에서 발표를 하게 되었다. 그때 이 학회의 분위기는 상당히 험악했는데, 그도 그럴 것이 데리다를 비호하는 두 명의 우호 세력이 애석하게도 학회에 참석하지 못했기 때문이다. 실제로 그날 에마뉘엘 레비나스와 모리스 드 강디약은 학위논문심사 일정이 잡혀 있었다.

이 텍스트의 공격적 성향은 유명하다.

따라서 저는 하나의 철자에 대해 말하고자 합니다.

분명 첫 번째 철자입니다. 알파벳 상으로도 그렇고, 또 이 알파벳에 대해 행해진 대부분의 검토로 보아도 그렇습니다.

그러니까 저는 철자 'a'에 대해서, '차이'(différence)라는 단어의 어느 자리에 들어가야 할 것으로 보이는 이 철자에 대해서 말하고자 합니다. 그리고 글쓰기에 대한 글쓰기를 하는 중에, 글쓰기 안에서 글쓰기를 하는

---

5) Gérard Genette, *Bardadrac*, Seuil, 2006, p. 78.

중에 그것에 대해 말하고자 합니다. 그런데 이 글쓰기의 여러 다른 노정은 일종의 철자법의 큰 실수와 연계되어 잘 정해진 지점들을 모두 통과하게 될 것입니다.

따라서 저는 예비적으로 다음과 같은 사실을 상기하고자 합니다. 즉 먼저 독자와 문법학자의 분노를 자아내기 위해 행해진 것이 아닌 이와 같은 신중한 철자의 삽입은 글쓰기 질문에 대한 글로 쓰인 소송 과정에서 이미 계산되었다는 사실이 그것입니다. 그런데 저는 사실에 입각해 이렇게 말할 것입니다. 그러니까 이와 같은 철자상의 차이('e' 대신에 'a'), 이와 같은 두 개의 음성적 표기 사이의 뚜렷한 차이, 두 개의 모음 사이의 두드러진 차이는 순수하게 철자와만 관련되어 있다는 것이 그것입니다. 이런 차이는 들리지는 않지만, 읽히고 또 쓰입니다.[6]

이와 같은 압축적이면서도 동시에 신기원을 여는 발표에 이어진 토론에서 첫 번째 반응 — 장 발의 반응이었다 — 은 오히려 호의적이었다. 하지만 장 발의 반응에 이어진 브리스 파랭의 발언은 짜증나는 것이었다. 파랭은 '차연'을 "모든 것의 원천"이고, 부정 신학의 담론에서 "포착될 수 없는" 것으로, 요컨대 데리다 자신이 절대적으로 반대하는 것에 비교했다. 그 다음으로 전통적 휴머니스트인 잔 허쉬는 "현대 철학의 스타일"을 문제 삼았다. 이와 같은 스타일이 "말해져야 할 것을 표현하지 못하는 방식에서의 굴욕감의 부족"을 증명해 주는 것은 아닌지를 자문하면서 말이다. 그녀는 데리다가 말하는 방식으로 인해 기분이 상했다. "말하는 방

---

6) Jacques Derrida, "La différance", *Marges*, Editions de Minuit, 1972, pp. 3~4.

식이 겉으로 드러나지 않았으면" 더 좋았을 것이다. 그녀의 말에 따르면, 그녀의 기분을 더욱 언짢게 만든 것은 '차연'과 같은 개념의 사용은 독일의 영향하에서 프랑스에 수용된 언어 사용의 한 전형적인 유형이라는 점이었다. 데리다는 그녀에게 다음과 같은 점을 상기시켰다. 반드시 겉으로 드러나게 마련인 이와 같은 말하는 방식은 정확하게 그의 관심을 끌고 있는 주제들 중 하나라고 말이다. 그리고 그는 비꼬는 듯이 이렇게 덧붙였다. "아마도 저는 당신이 암시한 독일 철학의 영향하에 있을 것입니다. [···] 하지만 철학 분야에서 독일의 영향은 해로운 것인지요?"[7]

조르주 캉길렘은 며칠 후에 데리다에게 이렇게 써 보냈다. 사실 그 자신의 관심사와는 상당히 동떨어진 발표였지만, 그래도 아주 기쁘고, 심지어는 흥분에 들떠서 집으로 돌아왔다고 말이다. 하지만 그는 동료교수들이 데리다의 발표를 높이 평가하지 않았다고 말했다. 어쩌면 프랑스 철학 단체들과 데리다 사이에 금이 간 시기를 어쩌면 이 발표가 이루어진 때로 여길 수도 있을 것이다. 그때까지 재주가 비상하고 전도가 양양한 철학자로 여겨졌던 데리다는 1년 사이에 출간된 세 권의 저서, 비전문 학술지에 실린 여러 편의 논문들, 그리고 프랑스와 외국에서 그의 이름 주위에 형성되기 시작한 아우라로 인해 오히려 거추장스러운 존재가 되어 버렸던 것이다.

1월 31일, 데리다는 그의 제자였던 장 마리 브누아의 주선으로 영국

---

7) *Bulletin de la société française de philosophie*, vol. LXIII, 1968, pp. 109~110. 외관적으로 드러나는 이와 같은 도전 속에서 이 텍스트는 1968년 가을에 아주 비판적이었던 이 '회보'(Bulletin)와 '텔켈' 그룹이 쇠이유 출판사에서 펴낸 『전체론』(*Théorie d'ensemble*)에 동시에 실렸다. 두 부류의 청중들일 뿐만 아니라 완전히 대립적인 두 지적 세계.

으로 향했다. 데리다는 2월 3일과 4일에 열린 루소 관련 콜로키엄에서 발표를 했고, 이 발표문은 후일 '제네바 언어학파'가 된다. 데리다는 그의 첫 번째 영국 여행 중 옥스퍼드에서 '차연'을 주제로 다시 발표를 했다. 하지만 영국 청중들은 프랑스 철학회 회원들보다 그의 발표를 더 안 좋게 평가했다. '해체'와 '차연'과 같은 단어는 추하다고 여겨졌고, 발표 전체도 "냉랭한 반응"을 불러일으켰다. 논리실증주의의 대가였던 알프레드 쥘 에이어는 냉정함을 잃어버리고 분노를 터뜨리기도 했다. 후일 옥스퍼드와 케임브리지에서 이와 유사한 일을 겪게 될 때도 데리다는 이 예기치 못한 첫 번째 사태를 항상 기억하게 된다.[8]

데리다가 이와 같은 잦은 이동과 빈번한 요청의 리듬을 "터무니없고", 또 "이제 그만할 필요"[9]가 있다고 생각하긴 했지만, 외국에서의 강의와 강연은 이제 막 시작되었을 뿐이었다. 그의 이름은 점점 더 퍼져 나갔고, 그의 저작에 할애된 수많은 논문들이 권위 있는 『타임스 문학 부록』(*Times Literary Supplement*)을 위시해 여러 나라에서 쏟아져 나오기 시작했다. 가장 구체적인 제안은 독일에서 왔다. 폴 드 만을 통해 2년 전에 데리다를 알게 된 새뮤얼 베버는 베를린자유대학에서 가르치고 있었다. 베버는 학과장이었던 페터 손디로부터 구조주의 문학비평에 대한 세미나를 맡아 달라는 부탁을 받게 되었고, 데리다에게 이 세미나에서 발표를 해줄 것을 강하게 희망했다. "당신의 저작들에 열광한 애독자로서 나는

---

8) Jacques Derrida, "Le ruban de machine à écrire", *Papier Machine*, Galilée, 2001, pp. 103~104.
9) 데리다가 앙리 보쇼에게 보낸 1968년 1월 30일 편지.

독일에서 당신이 상당수의 비중 있는 사람들을 만날 수 있을 것이라고 믿습니다." 베버는 이처럼 데리다의 사유가 "독일 인문학의 발전에 아주 긍정적인 영향"[10]을 미칠 것이라고 확신하고 있었다.

그로부터 얼마 후에 이루어진 데리다의 첫 베를린 방문은 심각한 오해를 낳게 되었다. 샘 베버는 도시 근교에 있는 베를린 테겔 공항에서 데리다를 맞았다. 데리다를 한 번 본 적이 있는 베버의 여자 친구는 데리다를 이렇게 묘사했다. "약간 검은색 잠바를 입은 어쭙잖은 불량배" 같다고 말이다. 하지만 샘 베버가 데리다의 첫 텍스트를 읽은 것이 적어도 그에 대한 환상에 영향을 미쳤음에 틀림없다. "나는 일종의 혁명가를 상상했다. 나는 공항 대합실에서 셔츠를 활짝 열어젖히고, 겨드랑이에 몇 권의 잡지를 끼고 있는, 약간 비토리오 가스만과 닮은 잘생긴 남자를 보았다. 나는 이렇게 생각했다. '그래, 저게 바로 미래 철학자의 이미지지.' 나는 그에게로 향했고, 그에게 인사를 했다. 그는 이렇게 마중을 나와 준 것에 대해 감사를 표했다. 그리고 우리는 콕시넬 오픈카[11]로 향했다. 그의 첫 질문에 나는 조금 놀랐다. '호텔에 수영장이 있나요?' 나는 충격을 받았고, 이렇게 생각했다. '정말로 포스트철학 시대로 접어들었군!' 하지만 나는 그에게 조금은 곤란한 표정으로 '발표 전에는 수영을 할 시간이 없을지도 모른다'고 대답했다. '무슨 발표인데요?' 상대방이 나에게 물었다. '나는 영화 일로 왔습니다. 나는 영화 제작자입니다.' 결국 뭔가 오해가 있음을 알아차리게 된 나는 뒤로 돌아서서 공항 앞에서 길을 잃고 당황해

---

10) 새뮤얼 베버가 데리다에게 보낸 1968년 2월 28일 편지.
11) 독일 폭스바겐사에서 제조된 풍뎅이(coccinelle) 모양의 차를 가리킨다. — 옮긴이

하며 택시를 찾고 있는 회색 옷을 입은 한 남자를 보았다. 데리다—진짜—가 눈을 들어 나를 보았고, 내 옆에 있는 사람을 보았고—그때 상황은 많은 웃음을 자아냈다—, 오해를 알아차렸다. 조금 후에 그는 나에게 이렇게 물었다. '어떻게 그 나그네와 나를 혼동할 수 있죠?' '저어… 아시다시피… 폭력의 형이상학 때문에!…' 나는 그에게 이렇게 말했다. 그러자 기분이 상한 그는 내 말을 받아 이렇게 말했다. '아마, 폭력 때문이라면… 하지만 난폭한 행위 때문이라면 안 됩니다!…' 사건은 거기에서 끝나지 않았다. 내가 데리다를 일요일에 다시 공항으로 데려왔을 때, 우리는 그 가짜 데리다를 바에서 다시 보았다. 그 나그네는 영화를 위해 스카웃한 멋진 여자들에게 에워싸여 있었다. 그는 우리를 눈으로 가리키며 웃으면서 그녀들에게 뭔가를 이야기하는 것이었다…. 사실을 말하자면, 당시 데리다는 그 자신에 대해 자신감을 가지고 있지 못했다. 그는 전형적인 교수처럼 어두운 옷을 즐겨 입었고, 사교성도 좋지 않았다. 그 자신의 공적 자아를 정립시켜 나가는 과정에서 자기만의 고유한 에로틱한 정체성을 정립시키게 되고, 그렇게 함으로써 그는 점차 그런 상태로부터 벗어나게 된다."[12]

이 일화는 데리다의 뇌리에 깊이 각인되었다. 그는 독일 여행을 하는 경우 종종 이 일화를 들려주곤 했다. 하지만 이미 상당히 떠들썩했던 베를린에서의 첫 여행은 문학이론 및 비교문학 연구소를 세운 페터 손디와의 관계의 시작에 불과했다. 그는 당시 가장 존경받는 교수들 중 한 명이

---

12) 새뮤얼 베버와의 인터뷰. 이 이야기에는 몇몇 다른 버전이 있는데, 특히 하인즈 위스만의 버전에 따르면 문제의 "가짜 데리다"는 포르노영화의 제작자였다.

었고, 심지어는 데모를 하는 학생들로부터도 존경을 받았다. 위대한 정신의학자 레오폴트 손디의 아들인 페터 손디는 1929년 부다페스트의 한 유대인 가정에서 태어났다. 1944년에 그의 모든 가족은 나치와의 협상의 득을 보기 전에, 그리고 그 유명한 '카스트너 열차'로 스위스로 이송되기 전에 베르겐 벨젠으로 강제 이송되었다.[13] 페터 손디는 평생 동안 살아남은 자의 죄책감에 사로잡히게 된다. 그의 친한 친구였던 시인 파울 첼란과 마찬가지로 말이다. 데리다는 페터 손디 덕택으로 이 대시인을 알게 되었다. 하지만 데리다는 첼란을 1964년 이래로 월름 가에서 스친 적이 있었다.

첼란은 오랜 동안 고등사범학교에서 나의 동료 교수였습니다. 나는 그를 알지 못한 채 지냈고, 따라서 우리는 서로 만남다운 만남을 가지지 못한 채로 지냈어요. 그는 독일어 강독 교수였습니다. 그는 아주 신중하고, 아주 소극적이고, 눈에 잘 띄지 않는 사람이었어요. 어느 정도였느냐 하면, 언젠가 행정적인 문제로 첼란이 총장실을 찾았을 때, 총장 스스로 그가 누구인지 모른다는 말을 내뱉을 정도였습니다. 그러자 내 동료였던 게르만학 전공 교수가 말을 이었습니다. '총장님, 우리는 지금 이곳에 현재 살아 있는 독일어권 시인 중 가장 위대한 시인을 강독 교수로 모시고 있다는 사실을 알고 계십니까?' 물론 이 일화는 총장의 무지를 말해 주고 있지만, 다른 한편으로 첼란 자신이 그의 존재는 물론이거니와 그의

---

13) 루돌프 카스트너라는 인물과 1684명의 유대인들로 하여금 헝가리를 떠나 스위스로 향하게 했던 협상은 격렬한 논쟁의 대상이 되었다. 좀 더 자세한 정보를 위해서는 위키피디아의 '루돌프 카스트너' 항목을 참고하기 바란다(http://fr.wikipedia.org/wiki/Rudolf_Kastner).

모든 제스처까지도 극도로 신중했고, 말이 없고, 소극적이었다는 것을 말해 주기도 합니다. 이렇게 내가 첼란의 동료 교수로 재직하고 있었지만, 몇 년 동안 우리 사이에 특별한 관계가 없었다는 점이 설명됩니다.[14]

손디가 파리에 왔을 때, 그는 마침내 첼란을 데리다에게 소개했고, 두 사람은 몇 마디 말을 교환했다. 그 이후로는 여전히 짧고 말이 없는 몇 차례의 만남이 있었을 뿐이었다. "침묵은 그의 것이기도 했고 또 나의 것이기도 했습니다. 우리는 서로 헌정한 책을 교환하고 몇 마디 말을 나눈 뒤 헤어졌습니다." 자베스 부부 집에서 데리다와 함께 식사를 할 때조차도 첼란은 과묵했다. "내 생각에 어쩌면 첼란은 프랑스인들과의 관계에서 절망적인 상황을 겪은 적이 있었던 것 같습니다." 그 당시에 첼란의 시가 프랑스어로 번역된 것이 없었다는 점을 기억할 필요가 있다. 데리다가 독일어로 된 철학 텍스트를 읽을 수 있는 충분한 실력을 갖추고 있었다고 해도, 그 당시 파울 첼란의 언어는 그에게 수수께끼 같았고 거의 접근 불가능했다. 데리다가 진짜로 그의 시를 읽기 위해서는 몇 년을 더 기다려야 했다.

데리다가 그의 청소년기부터 매료당했고, 1964년부터 몇몇 편지를 서로 교환했던 또 다른 작가 모리스 블랑쇼와 가까워진 것은 꽤 기이한 상황에서였다.

---

14) Jacques Derrida, "La langue n'appartient pas", interview with Evelyne Grossman, *Europe*, nos. 861~862, January~February 2001.

모든 것은 장 보프레에게 『사유의 참을성』(L'endurance de la pensée)이라는 책을 헌정하는 문제에서 시작되었다. 이 책은 보프레의 제자였던 프랑수아 페디에가 1967년에 앞장서서 코스타스 악셀로스, 미셸 드기, 르네 샤르, 모리스 블랑쇼, 로제 라포르트와 다른 사람들에게 부탁해서 집필되었다. 데리다는 이 제안을 즉각적으로 받아들이지 않았다. "나는 처음에 망설였습니다. 왜냐하면 나는 보프레와 특별히 가까운 사이가 아니었기 때문입니다. 물론 나는 개인적으로 그와 좋은 관계를 유지하긴 했어요. 하지만 나는 보프레주의자도, 보프레식 하이데거주의자도 아니라고 느꼈습니다."[15] 페디에는 아주 집요하게 부탁했고 또 친절하게 대했으므로 데리다는 이미 준비된 『존재와 시간』의 한 주에 대한 해석. 우시아와 그라메(Ousia et Grammè)'라는 글을 주기로 했다.

그런데 몇 주 후에 프렌에서 점심식사를 하던 중에 로제 라포르트가 보프레의 몇몇 반유대주의적 발언을 입에 올렸다. 그중 하나는 에마뉘엘 레비나스와 관련된 것이었다. 데리다는 라포르트가 생각했던 것보다 훨씬 더 강한 충격을 받았다. 그 다음날, 데리다는 페디에에게 편지를 써서 이 심각하고도 고통스러운 일을 알렸다.

이런 이야기를 들었습니다. 나에게 이 이야기는 '절대적인' 놀라움이자 충격입니다. 장 보프레가 여러 차례에 걸쳐 했던 발언, 한마디로, '전체적으로 분명하게, 야비하게도 반유대적인 발언'이었습니다. 내가 무척

---

15) Dominique Janicaud, "Entretien avec Jacques Derrida", *Heidegger en France II*, Hachette-Littératures, 2005, p. 97.

많이 놀랐음에도 불구하고, 이렇게 나에게 전해진 이야기의 자초지종의 진정성을 의심하는 것은 '내 입장에서는 절대적으로 불가능합니다!' […] 해서 나는 최소한 다음과 같은 결론을 내릴 수밖에 없었고, 당신은 당연히 이 결론을 통보받는 첫 번째 사람입니다. 그러니까 나는 헌정본에서 내 텍스트를 뺄 것입니다. 나의 결정은 번복 불가능합니다. 하지만 나는 이 결정을 비밀에 부칠 것입니다. 그리고 당신이 동의한다면, 나는 이 결정을 설명하는 구실을 다른 데서 찾을 수 있을 것입니다. […] 내가 당신에게 보낸 텍스트는, 내가 보프레에게 반대하는 그 어떤 '음모'에도 가담하지 않았다는 것을 보여 주는 징표일 뿐만 아니라, 보프레의 […] 문제와 […] 관련된 모든 것 속에서 […] 내가 참을 수 없다고 판단한 그 어떤 사람들의 모임이나 그들과의 단절에 내가 뭔가 기여하기를 바란다는 사실 또한 보여 주는 징표이기도 합니다.[16)]

데리다가 보여 준 조심성에도 불구하고 프랑수아 페디에는 곧 "정보 제공자"가 다름 아닌 로제 라포르트라는 사실을 알게 되었다. 페디에는 이 사실을 보프레에게 알렸다. 당연한 일이지만, 보프레는 곧장 "귀속말로 전해진 비방의 […] 회로"에 강력하게 항의했고, 생생한 육성으로 사과를 요구했다. 며칠 후에 데리다의 사무실에서 대면이 이루어졌다. 감정에 북받쳐 얼굴이 창백해진 보프레는 자기에게 가해진 비난을 강력하게 부인한 반면, 라포르트는 피고인이 된 듯한 인상을 받았다. 라포르트는 그런 상황에서 뛰쳐나와 버렸기 때문에 그의 부인 자클린이 앞장서서 이

---

16) 데리다가 프랑수아 페디에에게 보낸 1967년 11월 27일 편지.

사실을 블랑쇼에게 알렸다. 오래 전부터 은거하고 있던 블랑쇼는 이 일을 계기로 밖으로 나올 정도로 큰 "고통을 받았다". 이렇게 해서 1968년 2월 초에, 데리다와 블랑쇼는 함께 어떤 태도를 취해야 할지를 논의하기 위해 처음으로 만나게 되었다.[17]

블랑쇼는 보프레에게 비난 받은 장본인이 에마뉘엘 레비나스라는 사실을 즉각 알지 못했다. 3월 10일, 『장 보프레를 기념하며, 사유의 참을 성』이라는 헌정본에서 자신의 텍스트를 빼지 않은 채 블랑쇼는 페디에에게 이 책에 다음과 같은 헌사를 덧붙여 줄 것을 요구했다. "유대교와의 보이지 않는 관계 속에서 40년 전부터 나 자신보다 더 나와 가까웠던 우정으로 맺어진 에마뉘엘 레비나스를 위하여."

1968년 4월 2일, 블랑쇼와 데리다는 이 헌정본의 제작에 참여한 모든 사람들에게 송부될 편지에 공동으로 서명했다. 이들 두 사람은 이 편지에서 이렇게 설명했다. "그들 두 사람은 '힘든 토의' 끝에 자신들의 원고를 그냥 게재하기로 결정했다. 장 보프레가 문제가 된 가장 심각한 주장을 부인했고, 또 다른 사람들에게 주어진 해석을 반박했기 때문에, 그들 두 사람은 자신들의 원고 철회를 통해 '동시에 유죄선고일 수도 있을 고소'를 할 권리를 가졌다고 느끼지는 않았다."[18] 하지만 편집자에게 자신들의 의견을 따르도록 하기 위해 보냈던 이 편지는 수신자들에게 배달되지 않았다….

자신의 평소 취향과는 달리 다소 소란스러웠던 이 시기가 지난 후에,

---

17) '보프레 사건'은 Christophe Bident, *Maurice Blanchot, partenaire invisible*, Champ Vallon, 1998, pp. 463~464에 자세히 이야기되고 있다.
18) 모리스 블랑쇼와 데리다가 『사유의 참을성』 기여자들에게 보낸 1968년 4월 2일 편지.

데리다는 좀 더 차분하게 연구에 집중할 수 있기를 원했다. 그해에 교수 자격시험 프로그램 덕택으로 그는 플라톤과 헤겔과 같은 "고갈될 수 없는" 철학자들을 다시 접할 수 있는 기회를 갖게 되었다. 데리다는 가브리엘 부누르에게 이렇게 쓰고 있다. "플라톤과 헤겔에게 할애된 거대한 대학도서관에도 '불구하고', 그들의 저작들을 읽는 작업이 아직 '시작도' 되지 않은 느낌을 항상 갖게 됩니다."[19]

1968년에 두 번에 걸쳐 『텔켈』지에 실렸던 「플라톤의 약국」이라는 논문은 어떤 점에서 완전히 혁신적이고, 더 자유롭고, 더 뚜렷하게 문학적이었다. 이 논문의 첫 몇 구절은 이미 유명하다.

> 하나의 텍스트는, 그것이 첫눈에, 처음으로 오는 자에게 그 구성의 법칙, 그 유희의 규칙을 감출 때에만 비로소 하나의 텍스트일 뿐이다. 게다가 하나의 텍스트는 항상 지각 불능한 상태로 있다. 법칙과 규칙은 하나의 접근 불가능한 비밀 속에서 도피하는 것이 아니다. 그것들은 다만 '현재'에, 엄격히 지각이라고 명명할 수 있는 것에 아무것도 내어 주지 않는다. 그 대신 그것들은 항상, 그리고 본질상 결정적으로 스스로를 상실할 위험에 스스로를 내어 준다. 누가 그런 사실을 알겠는가?[20]

그 논문의 마지막 문단은 충격적이다.

---

19) 데리다가 가브리엘 부누르에게 보낸 1968년 2월 6일 편지.

20) Jacques Derrida, "La pharmacie de Platon", *La dissémination*, Seuil, 1972, p. 71. 데리다의 이 텍스트는 또한 가르니에 플라마리옹 출판사에서 출간된 플라톤의 『파이드로스』의 부록으로 재수록되었다.

밤이 지나간다. 아침에 문을 두드리는 소리를 듣는다. 이번에는 밖에서 오는 것 같다…

두 번 두드리는 소리… 네 번…

하지만 아마 그것은 흔적, 꿈, 꿈의 조각, 밤의 메아리일 것이다… 또 다른 연극, 밖에서 오는 문을 두드리는 소리…[21]

이와 같은 충격적인 외관에도 불구하고 이 긴 논문의 핵심이 — 고등사범학교에서 주재했던 세미나의 결과인데 — 『파이드로스』에 대한 자세하고도 거의 문헌학적인 독서를 하는 것이었다는 점은 사실이다. 그리스어를 늦게 배운 데리다는 그리스어 안에서 아주 쉽게 유영하는 것 같았다. 뷔데(Budé) 출판사에서 출간된 정평 있는 레옹 로뱅의 번역본을 이용하면서 그는 원전 텍스트를 계속해서 참고하고, 특히 매번 '파르마콘'(pharmakon)이 문제가 될 때마다 구절들을 새로이 번역하고 있다. 데리다가 플라톤의 저작을 읽으면서 추적하고 있는 이 용어는 실제로 때로는 '치료'를, 때로는 '독', '마약', '묘약' 등으로 번역되었다. 데리다는 이와 같은 변이체들이 독서에 유해하다고 판단하고, "이 개념이 갖는 탄력적인 통일성, 그 규칙, 그리고 이 개념을 그것의 시니피앙과 연결시켜 주는 기이한 논리가 번역자들의 부주의나 경험주의로 인한, 하지만 그것보다 앞서 번역의 두렵고도 환원 불가능한 어려움으로 인한 상대적 불가독성에 의해 얼마나 분산되고, 감춰지고, 잊혀졌는지"[22]를 보여 주기 위해 노력

---

21) Derrida, *La dissémination*, p. 197.

22) *Ibid.*, p. 80.

하고 있다.

이와 같은 문제는 결정적이다. 그도 그럴 것이 데리다가 보기에 '철학소'(philosophème)가 된 이 구체적인 용어는 루소에게서 '보충대리'와 마찬가지로 플라톤에게서 핵심적인 역할을 하는 것으로 생각되었기 때문이다. 소크라테스가 마셔야 했던 독당근, 즉 물약은 "『파이돈』에서 '파르마콘' 이외의 다른 이름을 가지고 있지 않았다".[23] 데리다의 언어에서 철학적 텍스트의 기입(inscription)의 문제, 따라서 번역의 문제는 그에게 꾸준한 관심사가 된다. 왜냐하면 그의 저작들이 외국어로 계속 번역될 때 이와 같은 문제에 항상 부딪치게 되었기 때문이다.

어느 날 저녁 무렵, 솔레르스가 데리다에게 그의 새로운 작품이 될 『논리』(Logiques)와 『수』의 원고를 건네주었다. 데리다는 『논리』에 포함된 에세이들의 내용은 이미 알고 있었다. 하지만 『수』는 그에게 아주 강한 인상을 주었다. 그는 곧바로 "이 산술적이고 연극적인 기계"에 빠져들었다. "이 확실한 계산, 셀 수 없는 숫자들의 씨뿌리기"[24] 속으로 완전히 빠져들었다. 그는 곧장 이 이상한 픽션이 갖는 특별한 저항, 반성성의 흔적을 내포하고 있는 이 특별한 저항을 가늠하면서 뭔가를 쓰고 싶은 강렬한 욕망을 드러냈다.

나는 천재의 생각을 꿈꿨습니다. 하지만 나는 천재가 아니에요. 혹은 나는 '진지하게 시작하기 위해' 글쓰기를 꿈꿨습니다. 한 편의 논문의 여러

---

23) *Ibid.*, pp. 144~145.
24) 데리다가 필립 솔레르스에게 보낸 날짜 미상 편지(1967년 12월 또는 1968년 1월).

차원에서 내가 하나의 텍스트를 쓸 수 있기 위해, 이와 동시에 당신의 기계가 제어할 수 있기 위해, 하지만 스스로 감기면서 소진되는 이 기계를 읽을 수 있기 위해 말입니다. 나는 이처럼 어렵고, 필요하고도 모험적인 일을 보지 못했어요. 내가 이 일을 끝낸다고 해도, 당신이 먼저 『수』에서, 그리고 모든 면에서 훌륭한 『라 캥젠』에 실린 인터뷰에서 이미 모든 것을 말해 버렸을 것입니다.[25]

데리다와 솔레르스 사이의 우정은 다시 별 문제가 없는 것으로 보였지만, 데리다와 장 피에르 파예 사이의 관계는 아주 어려워졌다. 데리다보다 다섯 살 연상인 파예는 작가였고 또 철학 교수 자격도 가지고 있었다. 『텔켈』지의 모든 편집진 가운데 파예만이 유일하게 독학자가 아니었다." 결코 가까워진 적이 없는 데리다와 파예는 오랜 동안 아주 정중한 관계를 유지했다. 1964년에 데리다는 그에게 그의 소설 『유사체들』(Analogues)에 대해 따뜻한 내용의 편지를 보내기도 했다. 그리고 파예는 데리다에게 그의 연구에 대해 여러 차례에 걸쳐 존경심을 표하기도 했다. 『글쓰기와 차이』를 읽은 후에 파예는 데리다에게 「프로이트와 글쓰기의 장」이 수년 동안 "가장 흥분되는"[26] 철학적 독서의 텍스트였다고 말했다. 그리고 『그라마톨로지에 관하여』를 읽고 난 후에 파예는 자신의 눈에는 데리다의 지적 여정이 "다른 누구보다 더 중요한 자"[27]의 것이라고 데리다에게 말하기도 했다.

---

25) 데리다가 필립 솔레르스에게 보낸 1968년 4월 24일 편지.
26) 장 피에르 파예가 데리다에게 보낸 날짜 미상 편지.
27) 장 피에르 파예가 데리다에게 보낸 1967년 11월 2일 편지.

하지만 1967년 가을, 자클린 리세와 피에르 로텐베르그의 『텔켈』지 편집진에의 합류 후에 필립 솔레르스와 장 피에르 파예 사이에 몇 달 전부터 잠복해 있던 위기가 수면 위로 부상했다. 이 잡지의 최근 흐름과 줄리아 크리스테바가 이 잡지에서 차지하게 된 비중에 불만이었던 파예는 1월 15일에 사임해 버렸다. 이어지는 몇 주 동안 그는 데리다를 자기 편으로 만들기 위해 노력했고, 또 『텔켈』지의 최근 행보, 특히 로텐베르그의 텍스트에서 볼 수 있는 것과 같은 "지나친" 행보를 조심하라고 데리다에게 말하기도 했다. 파예는 특히 "말/글쓰기의 대립과 부르주아지/프롤레타리아 계급투쟁 사이의 난데없는 '등치 관계'"[28]의 논리와 부딪쳤던 것으로 보인다.

장 피에르 파예는 곧 『상주』(Change)라는 잡지를 창간하게 되는데, 이 잡지 역시 쇠이유 출판사에서 발간되었다. 솔레르스는 이와 같은 행위를 등 뒤에서 칼을 꽂은 것으로 해석했다. 파예는 데리다에게 여러 차례 편지를 썼고, 그를 자기 우군으로 만들 목적으로 그를 식사에 초대하기도 했다. 하지만 데리다는 단호하고도 우정어린 방식으로 어느 정도 거리를 유지했다. 이때부터 두 사람 사이에는 불신이 예견되었다. 장 피에르 파예는 곧 『그라마톨로지에 관하여』를 읽으면서 "몇몇 문제점"을 제기하게 되었고, 언젠가 데리다와 거기에 대해 다시 얘기를 나누자고 편지로 요청했다.[29] 하지만 이 편지에 대한 답은 없었다.

---

28) 장 피에르 파예가 데리다에게 보낸 1967년 12월 8일 편지. 장 피에르 파예와 『텔켈』지의 결별과 『상주』지의 창간에 대한 좀 더 자세한 정보에 대해서는 Philippe Forest, *Histoire de Tel Quel*, Seuil, 1995, pp. 281~288, 342~346을 보기 바란다.
29) 장 피에르 파예가 데리다에게 보낸 1968년 4월 16일 편지.

당시의 이데올로기적 풍경은 유연한 만큼 복잡하기도 했다. 그런 만큼 『텔켈』지와 『샹주』지의 대립은 좀 더 넓은 지형도 안에서만 이해될 수 있다. 1966년에 아르장퇴유에서 개최된 전당대회에서 프랑스 공산당은 지식인들에 대해 새로운 방책을 세웠다. 당 내에서 상대적으로 자율권을 누리고 있던 『라 누벨 크리티크』지는 아방가르드와 특히 『텔켈』지 — 당 내에서 이 잡지의 작업은 갑자기 "문학과 학문에서 상당히 수준 높은 작업"으로 여겨졌다 — 에 개방적인 입장이었다. 세 명의 빛나는 여성들이 이 잡지의 현대성을 잘 구현하고 있었다. 카트린 클레망, 엘리자베스 루디네스코, 크리스틴 부치 글뤽스만이 그 주인공들이었다. 데리다는 자신의 여정에서 이 세 사람을 자주 만나게 된다.

1967년 말, 필립 솔레르스와 이 잡지의 다른 책임자들과의 인터뷰를 소개하면서 『라 누벨 크리티크』의 편집진은 "이 잡지의 성과가 얼마나 우리의 공감을 얻을 만하고 또 이 잡지의 성과를 통해 우리가 얼마나 많은 것을 배울 수 있었는가"를 언급했다.[30] 바로 이와 같은 정신 속에서 1968년 4월 16일과 17일에 '언어학과 문학'이라는 주제로 첫 번째 클뤼니 콜로키엄이 개최되었다. 데리다는 이 콜로키엄에 참석하지는 않았지만, 그의 저작들이 대거 인용되었다. 다루어진 주제들 말고도 이 콜로키엄의 뚜렷한 목적은 "풍부한 의견 교환의 여지를 발견하기 위해 연구의 지나친 세분화를 막는 것"[31]이었다. 한 참석자의 전언에 따르면, 양편 모두 만족해했다. 프랑스 공산당은 마침내 교조주의와 딱딱한 이미지에서 벗어날

---

30) *La Nouvelle Critique*, November-December 1967. François Dosse, *Histoire du structuralisme I*, Le Livre de poche, 1995, p. 330에서 인용.
31) Forest, *Histoire de* Tel Quel, p. 291.

수 있었던 반면, 아방가르드 진영은 책임감과 투쟁의 의미라는 무게를 확보할 수 있었다. 결국 이와 같은 이론적 접근의 구체적 결과는 곧 나타났다. 4월 24일, 『레 레트르 프랑세즈』지는 첫 페이지를 '글쓰기와 혁명'이라는 제목하에 필립 솔레르스와 자크 앙릭의 인터뷰를 실었다.

프랑스 공산당도 『텔켈』 지도 1968년 5월혁명을 감지하지 못했다. 알튀세르와 데리다도 마찬가지였다. 비록 그들이 일상적으로 가장 정치화된 학생들과 계속 접촉을 하고 있었지만 말이다. 뱅상 데콩브가 잘 설명하고 있는 것처럼, "1968년 5월에 프랑스의 지식인 계급은 그들의 삶에서 가장 큰 놀라움을 경험하게 되었다. 사람들의 입에 그렇게 오래 오르내리던 혁명이 그 누구도 예견하지 못한 채 갑작스럽게 발생했기 때문이다. 하지만 어쩌면 이 혁명은 딱히 혁명이 아니었을 수도 있다… […] 소요의 첫 번째 희생자는 지식을 전파하는 사람, 자기 자신의 능력을 믿었던 사람들, 곧 '교수들'이었다. […]"[32]

혁명이 점화된 것은 5월 3일, 소르본에서였다. 낭테르대학 폐쇄와 많은 학생들의 규율위원회에로의 소환에 반대하는 시위와 더불어서였다. 며칠 안에 라틴구 전체가 비등했다. 5월 9일부터 시위는 지방 학생들에게까지 아주 빠른 속도로 확산되었다. 이틀 후에, 거의 백만 명에 가까운 사람들이 파리의 거리에서 행진했다. 동역(Gare de l'Est)에서 당페르 로쉬로까지말이다. 해방(Libération) 이후 가장 규모가 큰 시위에 "10년, 이제

---

32) Vincent Descombes, *Le Même et l'autre. Quarante-cinq ans de philosophie française (1933-1978)*, Editions du Minuit, 1979, pp. 196~198.

지긋지긋하다!", "장군! 생일 축하합니다!" 등과 같은 구호에 따라 학생들과 노동자들이 일시적으로 모여들었다. 텔켈주의자들과 같이 행진을 하고 있던 데리다는 모리스 드 강디약을 만났는데, 그는 아연실색하게도 데리다의 학위논문 진행 상황을 묻는 것이었다.

소란스러운 여러 주 동안, 파리와 프렌 사이의 왕래가 힘들었다. 그 동안에 데리다는 주네와 더욱 가깝게 지내게 되었고, 둘이서만 몇 차례에 걸쳐 저녁식사를 같이 하기도 했다. 데리다는 그때 새벽까지 함께 걸었던 파리에서의 야간 산책을 아주 생생하게 기억하고 있다. "자동차들이 없는 길에서, 연료 부족 때문에 갑작스럽게 충격을 받고, 멈춰서고, 마비되어 버린 이 나라 앞에서, 그는 나에게 이렇게 말했습니다. '아! 참 아름답다! 아! 참, 아름답다! 아! 얼마나 아름다운가!'"[33]

데리다가 정기적으로 계속 만났던 모리스 블랑쇼 역시 아주 흥분 상태에 있었다. 『토마 알 수 없는 자』(Thomas l'obscur)와 『문학의 공간』(L'espace littéraire)의 저자인 블랑쇼는—몇 년 전부터 건강 상태가 아주 좋지 않았다—약간의 활력을 되찾았다. 그는 모든 시위에 가담하고, 모든 모임에 참석하고, 전단과 청원서 작성에도 관여했다. 그는 또한 1968년 5월혁명의 가장 멋있는 구호 중 하나였던 "현실주의자가 돼라. 하지만 불가능을 요구하라!"를 제안하기도 했다. 급진적이기는 했지만, 블랑쇼는 잃을 것도 얻을 것도 없었다. 해서 그는 순수한 혁명의 열기에 흥분했고, 이런 흥분은 익명의 글쓰기에 대한 매력과 "고립된 정신의 비참

---

33) Jacques Derrida, "Contresignature", communication au colloque de Cerisy, *Poétiques de Jean Genet, la traversée des genres*, August 2000, IMEC, fonds Jean Genet.

함"[34]에 대한 복수에 의해 배가되었다.

프랑수아 에발드와 가진 한 인터뷰에서 데리다는 그 자신이 "이른바 68세대"는 아니었다는 사실을 인정하고 있다.

그 시기에 나는 행진에 가담했고, 윌름 가에서 첫 모임을 조직하긴 했습니다. 하지만 나는 조심스러웠고, 심지어는 자발적이고, 융화적이고, 반조합적인 도취 앞에서, 마침내 '해방된' 언어에 대한 열광, 복원된 '투명성' 앞에서 불안해하기도 했어요. 사실, 나는 그런 것들을 믿지 않았지요. […] 내가 반대했던 것은 아닙니다. 하지만 나는 이와 같은 '일치'에 동조하기 힘들었어요. 내가 거대한 소요에 가담하고 있다는 느낌이 들지 않았어요. 돌이켜보면 내 취향은 아니었던 환희 속에서 뭔가가 발생했다는 생각이 들긴 했지요.[35]

자신이 어느 정도 거리를 둔 "일종의 잠재적-공조-공산주의의 유산" 속에 포함되어 있다고 인정하고 있는 데리다는 마우리치오 페라리스와 가진 한 인터뷰에서 학생 운동에 대한 그의 태도를 명확히 하고 있다.

나는 '68'에 대해 반대하지 않았습니다. 길에서 행진을 했고, 고등사범학교에서 첫 모임을 조직하기도 했어요. 하지만 내 마음은 옳건 그르건 간에 바리케이드 위에 가 있지 않았습니다. […] 나를 거북하게 했던 것은

---

34) Bident, *Maurice Blanchot, partenaire invisible*, p. 473.
35) Jacques Derrida, "Une 'folie' doit veiller sur la pensée", *Points de suspension*, Galilée, 1992, p. 358.

[…], 내가 믿지 않았던 외관적인 자발성은 아니었어요. 오히려 투명성에의 호소, 직접적이고 지연 없는 소통, 당과 조합 등과 같은 모든 집단과의 관계로부터의 해방 등이 오히려 거북했어요. […] 노동자주의, 극빈자주의와 마찬가지로 혁명자연발생주의도 내게는 경계해야 할 대상으로 보였습니다. 내가 이 문제에 대해 양심에 거리낌이 없다고 말하는 것은 아니에요. 또한 문제가 아주 간단했다고 말하는 것도 아닙니다. 오늘날 […] 나는 이와 같은 혁명자연발생주의를 비판하는 데 조금 더 신중해져야 할 필요가 있을 겁니다.[36]

데리다만이 5월 운동의 핵심을 완전히 파악하지 못한 것은 아니었다. 자기와 친했던 학생들을 급진적인 정치와 마오주의로 유도했던 알튀세르 역시 완전히 당황했다. 그는 봄과 여름의 일부를 요양소에서 보냈다. 마르크스레닌주의 청년공산주의연합(UJCml)을 조직했던 로베르 랭아르도 정신상의 문제로 인해 수면치료를 받고 있었다. 솔레르스로 말하자면, 1968년 5월은 전체적으로 보아 학생들에게 아주 적대적이었던 프랑스 공산당의 노선을 선택했던 시기였다. 『텔켈』지의 여름 호에 실린 여러 명이 쓴 한 텍스트에 의하면, 1968년 5월은 비마르크스주의, 더군다나 "반혁명주의"적 좌파주의의 내일이 없는 단순한 분출에 불과했다.

5월혁명의 여파가 대단히 컸지만, 5월 30일부터 역류가 시작되었다. 백만 명에 가까운 사람들이 드골 장군을 지지하기 위해 샹젤리제에서 행진했다. 몇 주 후에 실시된 국회의원 선거에서 드골은 압도적인 다수를

---

36) Jacques Derrida and Maurizio Ferraris, *Il Gusto del Segreto*, Laterza, 1997.

차지했다. 1968년 7월 10일, 조르주 퐁피두 총리가 사임하고, 모리스 쿠브 드 뮈르빌이 새로운 총리가 되었다.

그 사이에 데리다의 가족은 파리의 남동쪽 20여 킬로미터 떨어진 리조랑지에서 구입한 새로 지은 빌라로 마침내 이사를 했다. 그는 더 이상 이사를 하지 않게 된다. 그가 경제적 이점만으로 수도에서 멀어지는 것은 아니었다. 번잡함과 동의어인 파리의 아파트보다 그는 시골의 정원이 딸린 집을 원했던 것이다. 물론 그가 살게 된 곳이 진짜 시골인 것은 아니지만 말이다.

데리다는 마르그리트와 아이들 없이 니스에서 초여름을 보냈다. 데리다가 앙리 보쇼에게 쓴 편지에서 볼 수 있는 것처럼 지난 몇 달 동안 발생했던 소요 후에 니스에서 보낸 날들은 그에게 아주 좋았다.

침묵과 무위 속으로의 대귀환, 심지어는 과거로의 대회귀입니다. 내 몸을 다시 담근 지중해가 있었습니다. 그리고 어머니에게로의 귀환입니다. 나는 부모님과 함께 지냈습니다. 12년 만에 처음 있는 일입니다…. 당신도 이와 같은 기이한 경험을 잘 이해할 것입니다.[37]

데리다는 플라톤에 대한 온전한 한 권의 책을 집필하기로 생각했다. 하지만 당장 그의 관심을 끈 것은 특히 『수』였다. 솔레르스의 소설에 대한 그의 열광은 아직도 강렬했고, 몇 개월이 지난 후에 그는 이 소설에 대해 쓰고자 했던 글을 쓰지 못한 것을 아쉽게 생각했다.

---

37) 데리다가 앙리 보쇼에게 보낸 1968년 7월 27일 편지.

이 작품은 굉장해요. 그리고 나는 특히 한 편의 '논문'으로 이 작품에 버금가는 글을 쓸 수는 없다고 느낍니다. '산종'에 대한 글은 어쨌든 진척되고 있고, 벌써 너무 깁니다. 내 예상대로 『크리티크』지에 두 차례에 걸쳐 게재를 해야 할 것입니다.[38]

데리다에 영감을 주었던 소설 『수』와 거의 같은 길이의 글을 읽은 후에, 솔레르스는 그의 글에 비해 보잘 것 없는 것이라고 해도 그에게 다시한 번 감사를 표하게 된다. "나는 간단한 하나의 이유로 거듭 강조합니다. 내가 그럴 여력이 있다면, 당신은 나로 하여금 어둠 속에서 앞으로 나아갈 수 있게 해주었습니다. 당신이 나에게 준 것은 어마어마하고 기대하지 못한 도움이었습니다."[39] 하지만 상황은 약간 모호했다. 왜냐하면 이와 같이 극도로 가까운 관계는 또한 소설과 그것에 대한 해석 사이의 아주 미묘한 경쟁의 표시였기 때문이다. 자기의 글과 솔레르스의 소설을 분리 불가능한 방식으로 한데 섞으면서 데리다는 솔레르스에게 "일방적으로 먹히는 상호침투"[40]라는 느낌을 주었을 수도 있다. 방어전이 곧 펼쳐지게된다.

8월 초, 데리다는 라사에서 마르그리트와 아이들과 합류했다. 봄 이후로 "많은 오해와 침묵으로 인해" 소원하게 지냈던 솔레르스와 크리스테바를 조용히 보고 싶었던 데리다는, 샤랑트에서의 짧은 체류 일정 중 그들과 함께 레(Ré) 섬에서 하루를 보냈다. 하지만 이 만남이 있은 지 얼

---

38) 데리다가 필립 솔레르스에게 보낸 날짜 미상 편지(1968년 여름).
39) 필립 솔레르스가 데리다에게 보낸 1968년 9월 24일 편지.
40) 줄리아 크리스테바와의 인터뷰.

마 되지 않아 새로운 사건으로 그들의 관계가 다시 흔들리게 된다. 8월 20일에 바르샤바조약에 따라 소련의 군대가 '프라하의 봄'을 진압하기 위해 체코슬로바키아를 침입했다. 아라공과 『레 레트르 프랑세즈』는 분명하게 소련의 개입에 반대하는 입장을 표명했는데, 텔켈주의자들은 훨씬 더 강경하고, 오히려 그 개입에 우호적인 입장에 섰다. 솔레르스는 그의 친구 자크 앙릭에게 이렇게 쓰고 있다. "한순간이라도 해도, 붉은 군대를 무장 해제시키는 일에 나를 신뢰하지 말게(내가 심지어 강렬한 죄책감을 느끼고 있는 불가리아 탱크에 대해서도 말할 나위가 없네). 해당 국가들에서 비열하게 퍼져 가는 휴머니즘의 악취가 나를 절망시키네."[41] 어느 날 함께 저녁 식사를 하는 기회에 폴 테브냉은 "소련을 찬양하면서 체코의 반혁명주의자들을 비난하는 격렬한 말"을 했고, 그렇게 해서 분위기가 완전히 경색되어 버렸다.[42] 그 이유는 충분히 짐작할 수 있는 것이었다. 자기 가족이 프라하에 살고 있는 마르그리트 데리다는 프라하 사태에 대해 전혀 다른 시각을 가지고 있었기 때문이다.

1968년 여름에 데리다는 자신이 아주 중요하면서도 신중한 역할을 담당했던 하나의 모험에 관여하게 된다. 뱅센대학, 곧 파리8대학의 설립이 그것이다. 모리스 쿠브 드 뮈르빌이 주도하던 아주 보수적인 정부 내에서 새로운 교육부 장관으로 임명된 에드가 포르는 예외적인 인물이었다. 자유롭고 현대적이었던 그는 드골 장군의 두터운 신임을 받고 있었

---

41) 필립 솔레르스가 자크 앙릭에게 보낸 1968년 9월 9일 편지. Forest, *Histoire de* Tel Quel, p. 333에서 재인용.
42) *Ibid.*, p. 333.

다. 5월혁명에 큰 충격을 받은 드골은 프랑스 대학에 대대적인 변화가 필요하다는 인식을 하게 되었다.

1968년 8월 5일 월요일, 소르본의 총장직을 맡은 레몽 라스 베르냐스가 에드가 포르에게 그 당시 프랑스에 존재했던 기존의 대학과는 전혀 다른 대학에 대한 자신의 꿈을 설명했다. 노동자들, 특히 바칼로레아 비자격자들에게 개방된 대학이 그것이다. 이 대학에서는 더 유연하고, 상호학제적 교육을 위해 각 분야에서 전문적 능력을 가진 교수들을 선발하고, 심지어는 전통적으로 요구되는 학위가 없는 교수들을 선발할 수도 있을 것이다…. 물론 이런 계획이 불쑥 하늘에서 떨어진 것은 아니었다. 그것은 라스 베르냐스와 엘렌 식수 사이의 대화에서 나온 것이었다. 실제로 라스 베르냐스는 몇 달 전에 식수가 박사학위 논문 심사를 받기도 전에 그녀를 낭테르대학, 곧 파리10대학 교수로 임용하는 데 놀랄 만한 제도적 힘을 발휘하게 된다. 그녀는 그곳에 있는 건물 1층에서 5월 사태를 아주 주의 깊게 관찰했고, 그 과정에서 드러난 완전한 체제 전복의 욕망과 규모에 놀라게 된다.

정해진 약속이 끝난 후, 라스 베르냐스는 엘렌 식수에게 교육부장관 명의로 그녀에게 "뱅센 숲에 있는 소르본의 한 부분, 새로운 대학"[43] 창립 계획을 일임했다는 사실을 알려주었다. 그는 조이스 전문가인 그녀에게 —그녀의 수첩은 벌써 많은 사람들의 이름으로 가득했다— 하나의 실험대학의 창설을 도와줄 것을 부탁한 것이다. 식수가 첫 번째로 접촉한

---

43) Hélène Cixous, "Pré-histoire", *Vincennes, une aventure de la pensée critique*, sous la direction de Jean-Michel Djian, Flammarion, 2009, p. 22.

사람이 바로 데리다였다. 8월 7일부터 —리조랑지의 집에 아직 전화가 개설되지 않은 까닭에— 그녀는 데리다에게 전보를 보냈다. "선도적 대학 창립에 도움이 필요함."[44]

엘렌 식수는 이렇게 설명하고 있다.

나는 데리다에게 자문관이 되어 달라고 부탁했다. (물론 비밀이었다. 그가 공식적으로 임명된 것은 아니지만, 라스 베르냐스가 인정한 사안이었다.) 데리다를 통해 나는 전문가위원회 구성원들의 선발, 선발된 자들의 수준을 보장해 주는 지식인들의 모임을 확실히 보장받을 수 있었다. 그들 가운데는 조르주 캉길렘, 롤랑 바르트 등이 포함될 수 있을 것이다. 그도 그럴 것이 지적 정당성은 자연스럽게 모험이 성공하기 위한 '조건'이 되기 때문이다.[45]

데리다 자신은 뱅센으로 가르치러 가고픈 생각이 전혀 없었다. 그 시기에 그는 여전히 고등사범학교에서 비교적 편안함을 느끼고 있었다. 하지만 이 실험대학 계획은 그의 관심을 끌었고, 로몽 가에 있는 식수의 아파트에서 열렸던 예비 모임에 자주 참석했다. 거기에는 프랑수아 샤틀레, 장 클로드 파스롱, 장 피에르 리샤르, 뤼세트 피나, 제라르 주네트, 츠베탕 토도로프와 다른 사람들이 자리를 함께 했다. 물론 데리다의 역할은 철학과의 토대를 놓는 데 결정적이었다. 하지만 그는 적어도 그 당시 프랑스

---

44) 엘렌 식수가 데리다에게 보낸 1968년 8월 7일 전보.
45) Cixous, "Pré-histoire", p. 22.

의 어떤 대학에서도 교육되고 있지 않은 정신분석학의 도입에 열성을 보였다. 그 당시 라캉과 그와 가까운 사람들이 이 계획에 별 다른 관심을 갖지 않았기 때문에, 데리다는 의사이자 라캉 계열의 정신분석학자였던 세르주 르클레르에게 책임을 맡겼다. 그리고 데리다는 그의 선택을 조르주 캉길렘으로 하여금 승인하도록 했다.[46)

몇 개월 전부터 데리다는 또한 인맥을 동원해 베르나르 포트라를 그가 몸담고 있던 고등학교에서 나올 수 있도록 했다. 24세의 젊은 포트라는 이제 알튀세르와 데리다 곁에서 철학도들을 돕기 위해 윌름 가로 파견된다. 베르나르 포트라의 도착과 더불어 데리다는 한 명의 공모자이자 거의 제자라고 할 수 있는 사람을 가동할 수 있게 되었다. 고등사범학교에 마르크스주의의 제국이 이미 공고해진 상황에서 알튀세르는 분명 이 학교 내부에서 이념적인 세력 균형을 현재 상태로 유지하고 싶어 했다. 포트라는 당과 구조적인 조직보다는 대중의 혁명적 자발성에 우호적인 '자연발생적 마오주의자'(maospontex), 1968년 5월혁명 직후의 대표적 좌파주의자에 아주 가까웠다. 하지만 그는 교수자격시험에서 수석을 차지할 만큼 뛰어났고 탄탄한 실력을 갖춘 젊은 철학자였으며, 완전히 "데리다와-맞는" 자였다.[47)

베르나르 포트라는 이처럼 다가온 자신의 고등사범학교에의 입성을 기뻐했다. 하지만 그는 건강 상태의 호전이 아주 느렸던 알튀세르의 소식

---

46) 엘렌 식수와의 인터뷰 및 제라르 주네트와의 인터뷰. 뱅센대학의 창립에 대해 좀 더 자세한 정보에 대해서는 Gérard Genette, *Codicille*, Seuil, 2009, pp. 310~312; Hélène Cixous and Jacques Derrida, "Bâtons rompus", Thomas Dutoit and Philippe Romanski éds., *Derrida d'ici, Derrida là*, Galilée, 2009, p. 190을 참고하기 바란다.
47) 도미니크 동브르와의 인터뷰 및 베르나르 포트라와의 인터뷰.

을 들었다. 어쨌든 알튀세르는 10월 한 달 동안 자리를 비우게 되어 있었다. 이 소식은 데리다가 11월 말까지 파리를 떠나 있어야 했던 일만큼 좋지 않은 것이었다. 1966년의 아주 훌륭한 발표에 대해 좋은 기억을 가지고 있었던 미국인들이 데리다를 두 달 동안 존스홉킨스에서 가르치도록 초청한 것이다. 경제적인 측면 때문이라고 하더라도 그는 이 제안을 거절할 수 없었다. 따라서 베르나르 포트라는 고등사범학교 철학도들의 신학기를 혼자서 떠맡아야 하는 상황이었다. "저는 주어진 상황에서 최고에 도달하기 위하여 최선을 다할 것입니다. 하지만 걱정이 되는 것도 사실입니다."[48]

9월 말에, 데리다와 마르그리트는 두 아들과 함께 미국으로 날아갔다. 큰아들 피에르는 다섯 살이 조금 넘었고, 둘째 장은 갓 첫 돌을 기념했다. 볼티모어에 있는 클로버힐 로드에 있는 집에서 장은 걸음마를 배우게 된다.

미국에 도착한 즉시 불안한 마음을 가졌던 데리다는 이번 체류도 두려워했다. 하지만 실제로 모든 것이 잘 진행되었다. 그는 존스홉킨스대학의 '인문학연구소' 소장이자 1966년 콜로키엄의 공동 개최자였던 리처드 맥세이와 곧 우정을 맺게 되었다. 데리다는 맥세이의 "마법 같은 호의"와 그가 다른 곳에서는 다시 보지 못할 "가장 놀랍고, 가장 확실한"[49] 도서관을 높이 평가하고 있다. 볼티모어에서 일종의 제의적 행사가 된 방문의 일환으로 데리다는 에드거 앨런 포의 방과 무덤을 방문하게 된다.

---

48) 베르나르 포트라가 데리다에게 보낸 1968년 8월 29일 편지.
49) Catherine Malabou and Jacques Derrida, *La contre-allée. Voyager avec Jacques Derrida*, La Quinzine littéraire/Louis Vuitton, 1999, p. 269.

데리다가 볼티모어에서 주재했던 첫 번째 세미나는 고등사범학교에서 했던 「플라톤의 약국」을 조금 보완한 것이었다. 하지만 그는 보들레르, 아르토, 니체, 그리고 특히 말라르메에 대한 독해(나중에 「이중주」가 된다)도 병행했다. 데리다는 그때 프랑스어로 강의를 했기 때문에 세미나에는 20여 명의 청중만이 참석했다. 하지만 곧 많은 사람들이 그의 세미나에 참석하게 된다. 가령 J. 힐리스 밀러 같은 사람이 좋은 예였다. 조르주 풀레와 제네바학파에 아주 가까웠던 그는 후일 미국에서 유명한 해체주의자 중 한 명이 된다. 힐리스 밀러는 이렇게 기억하고 있다. "내가 데리다의 첫 세미나에 참석했을 때, 나는 나의 프랑스어 신력이 세미나를 따라가지 못할 정도로 부족하면 어떡하나 하고 겁을 먹었어요. 하지만 나는 곧 그의 강의에 매료되었습니다. 지금까지 들어본 적이 없는 굉장한 강의였지요. 우리는 곧바로 친구가 되었고, 일주일에 한 번은 함께 점심식사를 하게 되었습니다. 처음에는 각자 자기 언어로 얘기를 했으나, 점차 그가 영어로 의사표시를 하게 되었습니다."[50]

미국에서의 초기 체류가 아주 "조용하고, 느리고, 서둘지 않은 것"이라면, 본격적인 첫 번째 순회 강연 일정은 10월 중순부터 시작되었다. 그 뒤로 이어지는 몇 주 동안, 데리다는 뉴욕, 예일, 프로비던스, 워싱턴, 버팔로, 시카고 등지를 방문했다. 데리다는 솔레르스에게 다음과 같이 쓰고 있다.

고질적인 신경쇠약에 시달리면서도 나는 내가 어떻게 완전히 불가능할

---

[50] J. 힐리스 밀러와의 인터뷰.

것 같은 세일즈맨과 같은 일련의 강연을 견뎌 내고 있는지 ─ 전체적으로 보면 무난하게 진행되고 있는데 ─ 자문하고 있네요. 나는 별다른 사고 없이 일정을 잘 소화해 내고 있고, 또 감히 상품에 대해서도 그렇기를 바라고 있네요. (내가 '상품'이라는 단어를 쓴 것은, 당신도 곧 이런 상황을 겪게 될 것이기 때문입니다.)[51] [...] 나는 계속 『수』를 읽고 있고, 내가 여기서 하는 일, 특히 내 강의도 나를 이 작품으로 계속 이끌고 있고, 해서 이 작품은 나로 하여금 연구를 계속 하게끔 하네요. 출발하면서 미뤄 놓았던 '산종' 개념을 제외하고도 그러합니다.[52]

뉴욕에서 '철학과 인류학'이라는 주제에 할애된 콜로키엄에서 데리다는 역사적인 발표를 하게 된다. '인간의 종말'이 그것이다. 이미 익숙한 습관이 되었지만, 데리다는 단번에 자신이 발표를 하게 된 상황을 강조하고 있다. "모든 철학 콜로키엄은 필연적으로 정치적 의미를 갖습니다. 그것이 국제적인 콜로키엄인 경우에는 특히 그러합니다"라는 말로 그는 발표를 시작했다. 그리고 "그 가능성 자체는 '민주주의의 형태'와 떼 놓을 수 없습니다".

---

51) 데리다는 뉴욕에서 솔레르스에게 미국의 여러 대학에서의 순회 강연 제안을 전달했다. 데리다가 보기에 거기에는 두 가지 이점이 있었다. 하나는 『텔켈』지의 존재를 확인하고("오늘날 미국에서 『텔켈』지는 가장 독창적이고, 가장 확실한 프랑스 문화의 산물로 여겨지고 있습니다."), 미국에서 데리다 자신의 존재를 확인하는 것, 그리고 다른 하나는 1500~2000달러(오늘날의 5000~7000유로로 정도에 해당한다)의 수입을 보장받는 것이었다. 솔레르스는 이 제안에 즉각 답을 하지 않았다. 주로 정치적인 이유 때문이었다.
52) 데리다가 필립 솔레르스에게 보낸 날짜 미상 편지(1968년 10월).

가장 일반적이고, 가장 도식적인 원칙에서, 이번 만남을 준비하는 동안 나에게 주어진 문제가 바로 이것이었습니다. 초청과 그에 따르는 숙고에서 수락까지, 그리고 1968년 4월로 정확히 기억되는 날짜에 그 텍스트의 집필까지 말입니다. 사람들이 기억하고 있듯이, 이 몇 주는 또한 베트남에서의 평화를 위한 회담 개시와 마틴 루터 킹 목사의 암살이 있던 주였습니다. 시간이 조금 지난 후, 내가 이 텍스트를 타이핑하고 있을 때, 파리의 대학들은 한 명의 총장의 요청에 따라 처음으로 사회질서 유지를 위한 목적으로 군대에 의해 점령되었고,[53] 그러고 나서 대규모의 소란 속에서 학생들에 의해 다시 점거되었습니다. […] 이 발표문을 준비하고 있던 역사적 상황, 나는 이 상황을 설명하고, 날짜를 표시하고, 또 여러분께 알려야 할 의무가 있다고 생각했습니다. 내가 보기에 이와 같은 상황은 당연히 이번 콜로키엄의 범위와 문제의식에 포함된다고 생각됩니다.[54]

데리다는 위 발표의 후속 발표는—이 발표는 상징적으로 1968년 5월 12일에 있었다—"인간에 관한 한 지금 프랑스는 어디에 있는가?"라는 질문에 대한 노력의 일환이었다. 데리다는 이 발표에서 헤겔, 코제브, 사르트르, 니체를 언급했지만, 분석의 핵심 부분은 하이데거와 그의 유명한 『휴머니즘에 대한 편지』에 관한 것이었다.

이 발표와 다른 여러 차례의 강연에 대한 반응이 좋았다고 해도, 데

---

53) 그 당시 낭테르대학, 즉 파리10대학 총장이었던 폴 리쾨르를 가리킨다. 리쾨르는 자기 의도와는 달리 군대와 경찰의 캠퍼스 진입이 오해에 의한 것이라고 해명하고 있다.—옮긴이
54) Jacques Derrida, "Les fins de l'homme", *Marges*, Editions de Minuit, 1972, p. 135.

리다는 머지않아 진이 빠진 사람처럼 이렇게 계속되는 이동에 대해 불평을 하게 된다. 그는 볼티모어에서 일주일의 2~3일을 보냈고, 나머지 날들은 "장소, 강의실, 사람들, 자기 강의를 알아보지 못하거나 거의 알아보지 못하는 몽유병자처럼" 여행을 했다. 하지만 그는 곧 "이와 같은 정신없는 생활과 종종 빠질 수 있는 쾌락에 종지부를 찍게 될 것"[55]이라고 보쇼에게 전하고 있다. 하지만 이와 같은 광적인 리듬에도 불구하고 데리다는 고등사범학교를 지배하는 계속되는 긴장과는 대조적인 미국의 교육 방식과 편안하고도 평화스러운 특징을 눈여겨보게 된다. 존스홉킨스대학에서 데리다의 존재는 열렬한 반응을 일으켰다. 그의 독창적인 강의, 그가 고안해 낸 강력한 개념은 물론이거니와 그의 친근성 역시 그의 명성을 오랫동안 지켜 주었다. 그 다음 두 차례에 걸쳐 가을에 데리다와 같은 상황에 있게 된 제라르 주네트는 이렇게 강조하고 있다. 데리다가 "여러 가지 이유로" 얼마나 "멋진 추억을" 남겼는지 모른다. "자네가 라파예트 이후에 유일하게 친절한 사람이었다고들 말하네. '모든' 프랑스인들은 거만했다고 하네."[56]

그 사이에 파리에서는 뱅센대학을 둘러싼 추잡한 뒷거래가 지나칠 정도로 자행되고 있었고, 그 결과 종종 사람들 사이에 갈등이 발생하기도 했다. 멀리 떨어져 있었음에도 불구하고 데리다는 그와 가까웠던 사람들, 가령 뤼세트 피나, 미셸 드기 등의 앞날을 걱정했다. 주네트는 그에게 그

---

55) 데리다가 앙리 보쇼에게 보낸 1968년 11월 14일 편지.
56) 제라르 주네트가 데리다에게 보낸 1970년 10월 31일 편지.

때의 상황을 이렇게 설명하고 있다.

> 모든 사람들이 하루에도 세 번씩 멀어졌다 가까워지고, 또 뒷거래, 외부
> 의 압력, 지금 이 순간에 모든 것을 결정할 수 있는 유일한 사람인 라스
> 베르냐스의 교묘하고도 복잡한 움직임에 따라 다시 멀어지고 있네. […]
> 이 모든 것이 너무 힘드네. 초기의 유쾌했던 집단이 더 이상 아니네. 몇
> 몇 '현실원칙'이 강제로 적용되고 있는 상황이네.[57]

　이와 같은 대학 사회에서의 추잡한 뒷거래와는 아주 멀리 떨어져 있
을 것이라고 생각되었던 블랑쇼조차도 거기에 연루되어 있다는 느낌이
었다. 데리다가 멀리 떨어져 있어서 "이처럼 힘든 이전투구에서" 벗어나
있는 것을 블랑쇼는 다행스럽게 여겼다. 그 자신이 이런 일에 연루된 것
을 후회하긴 했으나, 블랑쇼는 어쨌든 지식인들의 모임이나 파벌상의 경
쟁으로 인해 "아무런 이해관계가 없는 학생들이 동원되지 않도록 하는
데"[58] 노력을 기울였다.

　베르나르 포트라는 그 나름대로 데리다에게 철학과를 둘러싼 뒷거
래에 대한 정보를 주었다. 그는 뱅센대학의 철학과 수업과 관련이 있는
고등사범학교 졸업생들과 정기적으로 접촉하고 있었다. 하지만 이쪽에
서도 상황이 간단한 것만은 아니었다.

---

57) 제라르 주네트가 데리다에게 보낸 1968년 9월 28일 편지.
58) 모리스 블랑쇼가 데리다에게 보낸 1968년 10월 25일 편지.

발리바르와 다른 사람들의 첫 반응은 아주 부정적이었습니다. 정치적이고 개인적인 이유입니다. 하지만 최근 소식에 의하면 대반전이 가능할 수도 있습니다. 바디우, 밀레, 발리바르, 마슈레와 다른 사람들이 지원을 했습니다. 아주 한정된 자리를 차지하기 위해서입니다. 세르는 다음을 준비하는 것 같습니다. 푸코는 아주 심한 결핵으로 응급실에 입원한 들뢰즈를 불러오지 못한 것을 애석하게 여기고 있습니다.[59]

데리다가 파리에 없는 동안 고등사범학교에서는 단 한 가지 주목할 만한 일이 있었을 뿐이었다. 이 학교의 새로운 입학생들 중 앙리4세고등학교의 카뉴 과정에서 직접 사사했던 다수 학생들이 장 보프레를 초청해서 처음으로 강연을 듣고자 했다. 데리다는 보프레에 대해 약간의 반감을 가지고 있기는 했으나 거기에 아무런 반대도 하지 않았다. 하지만 보프레의 강연이 예정된 날, 68학번 수석합격자였던 필립 카스텔랭을 포함해 일군의 좌파 학생들이 그의 강연을 방해했다. 이와 같은 사실을 알게 된 데리다는 포트라에게 부탁해서 보프레에게 전화를 걸어 이번 사태에 대해 미안한 마음을 전하고자 했다. 하지만 데리다 자신이 직접 보프레에게 전화를 하지는 못할 것이라고 생각했다. 어쨌든 그해 초에 이처럼 여러 사람들이 데리다의 삶에 강한 흔적을 남겼다.

11월 말경에, 5세가 조금 넘은 큰아들 피에르가 데리다와 마르그리트에게 이렇게 말을 했다. "이제 돌아가야 해요. 제가 프랑스어를 까먹고

---

59) 베르나르 포트라가 데리다에게 보낸 1970년 10월 15일 편지.

있어요."[60] 데리다 역시 지금이 파리로 돌아갈 적기라고 생각하고 있었다. 하지만 여행이 아주 힘든 상황에서 이루어졌다. 볼티모어에서 출발한 비행기가 난기류를 만났고, 그래서 보스턴에서 비행기를 갈아타지 못하게 되었다. 데리다는 이와 같은 불의의 사태와 난장판이 된 여정을 잘 견뎌내지 못했다. 그 다음날 비행기 안에서 그는 계속해서 주먹을 꼭 쥔 채 몹시 긴장해 있었다. 마르그리트가 그에게 조금 긴장을 풀라고 하자, 그는 화를 내면서 이렇게 말했다. "지금 내 의지만으로 비행기가 공중에 떠 있다는 걸 왜 모른단 말이오?" 이 충격에서 오랫동안 벗어나지 못했던 데리다는 그 이후 여러 해 동안 비행기 타는 것을 거부하게 된다.[61]

데리다에게 파리와의 관계를 재개하는 것은 미국 체류 중에 이미 여러 중요한 사건들이 발생했던 만큼 더 힘든 일이었다. 그의 논문 지도교수이자 오랜 동안 보호자 역할을 해주었던 장 이폴리트가 10월 27~28일 밤에 갑작스러운 심근경색으로 사망했다. 데리다가 12년 후 논문심사를 받는 기회에 술회하고 있는 것처럼, 이폴리트의 죽음은 그에게 그저 슬픈 한순간이 아니었다. 그것은 또한 데리다의 삶에서 한 페이지를 넘기는 일이었다. "우연한 일치로 그날은—1968년 가을, 그렇다, 가을이었다—내가 대학에 소속된 모종의 형태에 종지부를 찍는 날이었다."[62]

실제로 장 이폴리트의 죽음은 하나의 징후이자 상징으로 보였다. 뱅센대학이 힘을 모으고 있었던 반면, 소르본은 특히 철학에서 거의 파국

---

60) Malabou and Derrida, *La contre-allée. Voyager avec Jacques Derrida*, pp. 269~271.
61) 마르그리트 데리다와의 인터뷰.
62) Jacques Derrida, "Ponctuations. Le temps de la thèse", *Du Droit à la philosophie*, Galilée, 1990, p. 452.

상태에 있었다. 앙리 구이에, 장 기통, 장 그르니에 등이 퇴임한 후, 그 누구도 그들의 자리를 어떤 방식으로 메꿀 것인지, 강의를 어떻게 할 것인지, 교육 내용과 프로그램을 어떻게 할 것인지를 내다볼 수 없는 상황이었다. 모리스 드 강디약에 의하면, "나이 먹은 교수들이 여러 사건들에 아주 다른 방식으로 대응했기 때문에, 그들의 협력을 기대하기는 대단히 어려웠다. 그들 중 누구도 젊은층의 저항에서 벗어나지 못했다."[63)]

몇 주 후에 "일종의 안식년"을 얻기를 희망했던 모리스 드 강디약은 데리다에게 주변의 분위기에 대해 감동적이고도 의미 있는 편지를 썼다. 강디약은 데리다에게 작년에 있었던 논문심사에서 그 자신과 다른 심사위원들이 "서툴게" 표현했던 "우려"에 대해 용서를 구했다. 그도 그럴 것이 들뢰즈의 논문심사에서도 비슷한 일이 벌어졌기 때문이다. 강디약은 5월혁명으로 인해 "스승과 제자 사이의 형식적 관계에서도 일종의 조종이 울렸다"라는 것을 알게 되었다. "이제 자네가 스승이네. 그것도 까다로운 스승이네. 학계의 흐름을 따라가는 것도 힘들고, 계속해서 배우길 바라기는 하지만 적응하는 것은 더 힘드네. 늙은 우리의 의지를 보아 양해해 주길 바라네."[64)]

그의 옛 스승들도 이처럼 망연자실하긴 했지만, 데리다 자신과 그 시대의 많은 교수들은 완전히 방향을 잃고 있었다. 미국에서 — 미셸 푸코와 롤랑 바르트는 튀니지에서 — 가르치는 것, 그것은 유능한 젊은 학자들이 숨을 쉴 수 없는, 그리고 어쨌든 데리다가 염원하던 것과 같은 진지

---

63) 모리스 드 강디약이 데리다에게 보낸 1968년 10월 20일 편지.
64) 모리스 드 강디약이 데리다에게 보낸 1969년 1월 21일 편지.

한 연구와 어울리지 않는 프랑스대학의 상황에서 임시로 벗어나는 것을 가능케 해주었다. 클레르몽페랑에 자리를 잡고 있으면서 고등사범학교에서 루소에 대한 세미나를 주재하러 왔던 장 클로드 파리앙트는 "상당히 큰 문제가 있는 세계"에 다시 발을 들여놓는 순간, 자신의 옛 친구였던 데리다의 무기력을 금방 이해했다. "여기에서도 우리는 계속되는 위원회, 모임, 토의… 등으로 기진맥진하네. 11월 말에 시험을 치고 강의를 시작하는 것으로 되어 있네. 하지만 이것 역시 항상 긴장 상태로 계속 학교에 나와야 한다는 대가를 치러야 하네."[65]

지난해와 마찬가지로 데리다의 가족은 크리스마스 휴가를 보내기 위해 그슈타드에 있는 보쇼 부부의 집으로 갔다. 다시 한 번 긴 대화를 나눌 수 있는 기회였다. 아주 놀랄 만한 통찰력으로 보쇼는 「플라톤의 약국」의 저자인 데리다에게 조금 더 문학적인 글쓰기 방향으로 나아갈 것을 권유했다. 후일 데리다에게 보낸 편지에서 보쇼는 다시 한 번 이 이야기를 하고 있다.

나는 당신이 철학 이외의 다른 분야에서 글쓰기를 시작했는지를 자문해봅니다. 나에게 말해 주었듯이 당신 혼자서 '모든 것을' 짊어지고 말입니다. 어쨌든 당신이 그런 글쓰기를 할 것이라고 보고 있습니다. 당신에게는 시(詩)로만 표현될 수 있는 부분이 있습니다. […] 하지만 당신은 어쩌면 거기에서 너무 분명한 것만을 보려고 합니다. 그런데 시가 있는 곳

---

65) 장 클로드 파리앙트가 데리다에게 보낸 1968년 12월 30일 편지.

은 어두운 법이지요….[66]

데리다가 가브리엘 부누르에게 보낸 마지막 편지 중 한 통에서 말하고 있는 것은 정확히 시에 대해서였다. 말라르메의 시 한 구절 — "나는 파도에게 괴롭힘을 당한 해안의 웅성거림 속에 서 있다" — 로 시작해서, 데리다는 프랑스로 귀국한 후에 자신을 괴롭혔던 "파도"가 실제로 아주 높았다는 사실을 덧붙였다. 하지만 그는 부누르와 더불어 아들 피에르에 대한 재미있는 이야기를 공유하고자 했다. 5세 반 정도 된, 그리고 이제 막 글을 읽기 시작한 피에르가 말라르메에 매료되어, 「헤로디아드」의 첫 구절 — "부서진. 눈물 속의 공포의 날갯짓" — 을 암송하려고 한다는 것이었다. 미국에서 벌써 데리다의 학생들 앞에서(데리다가 저녁에 피에르를 돌보는 경우가 있었다) 말라르메의 시를 해석하는 일을 도왔다는 것이었다.

그런데 얼마 전부터, 노는 것을 그만두고 피에르는 조그마한 책상과 의자를 들고 저의 연구실로 와서는 "아빠의 말라르메를 좀 건네주세요"라고 말하고, 아주 심각한 표정으로 앉아서, 늘 같은 곳을 열고, 분명 짧은 문장 때문에 선택한 문장 앞에서 고민을 하는 것이었습니다. "꿈속의 꿈!"이라는 구절이었습니다. 그런데 이와 같은 사소한 말라르메에 관련된 흉내를 제외하면, 피에르에게서 계속되는 시적 분출, 종종 믿기 어려운 분출을 볼 수 있었습니다. 그것은 우리의 일상에서 볼 수 있는 기적이

---

66) 앙리 보쇼가 데리다에게 보낸 1969년 4월 23일 편지.

었습니다.[67]

    데리다로 말할 것 같으면, 그는 지나치게 많은 "일들과 걱정거리"로 인해 "거리, 은퇴, 오래 계속되는 한가한 시간"을 꿈꿨다. 그는 그 자신의 사회적, 직업적 생활이 자기의 힘을 쇠진시킨다고 생각했고, 그로부터 벗어날 수 있는 어떤 출구도 없는 만큼 더욱더 이 상황을 개탄스러워했다. 브리엑 부누르의 초청으로 데리다는 5월 23일에 브레스트에서 "불타는 도서관" 혹은 "유희하는 도서관"이라는 제목의 강연을 하기로 되어 있다. 데리다는 그 기회를 이용해 가브리엘 부누르를 만나 볼 것을 기대하며 기뻐했다. 하지만 사태가 기대와는 다르게 진행되었다. 이 노작가가 4월 23일에 세상을 떠난 것이었다. 브레스트 여행 한 달 전에 말이다. 그때부터 데리다는 자신의 삶의 이유를 잃게 된다. 그에게 부누르의 죽음은 자신의 가장 중요한 대화 상대자, 자신에게 완벽한 신뢰를 보여 준 아주 드문 사람들 중 한 명이 사라진 것을 의미했기 때문이다.

---

67) 데리다가 가브리엘 부누르에게 보낸 1969년 1월 14일 편지.

6장_불편한 자리
1969~1971

1968년 신학기에, 데리다가 볼티모어에 있는 동안『텔켈』지의 '이론연구 그룹'이 생제르맹데프레의 한복판에서 개최한 일련의 강연회가 열렸다. 1968년 5월혁명의 아직도 뜨거운 분위기에서 이루어진 여러 날 저녁의 강연회에는 많은 사람들이 등록했다. 10월 16일에 필립 솔레르스가 첫 강연을 했다. 그 다음으로 장 조제프 구가 두 차례에 걸쳐 강연을 했다. 그는『텔켈』지에 「마르크스와 노동의 기입」과 「화폐학」이라는 글을 게재한 후 데리다로부터 아주 좋은 평가를 받은 젊은 연구자였다.

『그라마톨로지에 관하여』에 매료된 구는 데리다의 사유를 과감하게 여러 분야로 확장시켰다. 데리다는 구의 첫 번째 글이 발표된 후에 그에게 이렇게 말했다. "이것은 내가 마르크스에 대해 읽었던 가장 흥미로운 글이다." 하지만 데리다는 구의 두 차례에 걸친 '금, 아버지, 팔루스, 언어'라는 제목의 강연에는 참석하지 못했다. 하지만 데리다는 이 글을 아주 흥미롭게 읽게 된다.[1] 구의 이 글은 그 시기에 '텔켈' 총서에서 간행된

---

1) 이 글들은 쇠이유 출판사에서 간행된 『경제와 상징적인 것』에 1973년에 재수록된다. Jean-

『전체론』이라는 제목의 공동 저서의 정신을 가장 잘 구현하고 있었다. 그의 글의 핵심은 가장 급진적인 마르크스주의, 라캉에 의해 재해석된 프로이트, 그리고 글쓰기 이론의 통일은 아니라고 해도 적어도 이 세 분야 사이에 진정한 가교를 놓기 위해 전통적으로 분리된 여러 학문 분과를 극복하는 것이었다.[2] 데리다가 1970년대 초기부터 점차 로고스중심주의라는 개념보다 선호하게 되는 '팔루스로고스중심주의'(phallogocentrisme)라는 개념 등에서 일종의 '구-데리다적'(gouxo-derridien)[3] 변화를 보는 것도 그다지 지나친 일은 아닐 것이다.

1969년 1월, 데리다가 프랑스로 돌아오고 몇 주 후, 이론연구 그룹이 개최한 강연회의 사흘 저녁이 줄리아 크리스테바의 '표현의 교육'에 할애되었다. 솔레르스의 『수』의 읽기가 주된 내용이었다. 이 글은 데리다가 『크리티크』지에 두 차례에 걸쳐 실었던 「산종」이라는 글과 거의 같은 분량의 글이었다. 하지만 '기호분석'(sémanalyse)의 정립을 위해 '제노텍스트'(génotexte)와 '페노텍스트'(phénotexte)를 구분하고 있는 크리스테바의 시각은 데리다의 그것과는 아주 달랐다. 솔레르스는 오늘날 다음과 같은 사실을 인정하고 있다. "『수』에 대해 데리다와 크리스테바 사이에 일종의 이론적 경쟁이 있었던 겁니다."[4] 이것은 또한 이 세 명의 주동자들과 가까이 지내고 있던 구의 생각이기도 했다. "분명 솔레르스에게는 『텔켈』지에 대한 데리다의 영향과 자기 작품에 대한 데리다의 영향이 너

Joseph Goux, *Economie et symbolique*, Seuil, 1973.
2) 장 조제프 구와의 인터뷰.
3) 데리다가 로고스중심주의에서 벗어나 팔루스로고스중심주의로 옮겨 간 데에는 구의 영향력이 컸다는 의미이다. — 옮긴이
4) 필립 솔레르스와의 인터뷰.

무 강하게 될까 봐 두려워하는 마음이 있었습니다. 솔레르스는 또한 그의
『수』에 대한 데리다의 대단히 풍요로운 글을 경의를 넘어선 일종의 탈취
의 시도로 여겼죠. 그러니까 솔레르스는 해설을 훨씬 능가하는 이 텍스트
로 인해 칭찬을 받음과 동시에 겁을 먹었던 겁니다. 그리고 줄리아 크리
스테바가 이 잡지의 주된 이론적 논객으로 부상되는 것을 도와주려는 순
간에, 데리다의 상승일로에 있는 명성이 솔레르스의 눈에는 위험한 것으
로 비쳤을 수도 있었던 거죠."[5]

하지만 당장 갈등은 눈에 띄지 않았고, 그저 잠재적으로 남아 있었
다. 요컨대 모든 것이 문제없이 잘 진행되고 있었다. 2월 26일과 3월 5일,
데리다는 강연실을 꽉 메운 청중들 앞에서 제목이 전혀 예고되지 않은,
하지만 『텔켈』지에 '이중주'라는 제목으로 게재될 강연을 하게 된다. 여
러 해가 가는 동안 데리다는 자신감을 얻었다. 이틀 저녁에 걸쳐 그가 한
것은 고전적인 강연보다는 오히려 일종의 '퍼포먼스'에 속하는 것이었다.
얼마 되지 않아 카트린 클레망은 그에게 이렇게 쓰고 있다.

당신이 한 것은 주술에 속합니다. 그리고 그것은 글쓰기에 대한 호소를
통해 주술과 다릅니다. 그것은 마임에 속합니다. 그리고 그것은 공연 불
가능성과는 다릅니다. 그것은 오페라에 속합니다. 목소리-제스처-육
체-무대장치의 어우러짐입니다. 하지만 그것은 거리의 부재에 의해 오
페라와 다릅니다. 그것은 익살극에 속합니다. 그리고 그것은 시니피앙

---

5) 장 조제프 구와의 인터뷰. 솔레르스, 크리스테바, 데리다 사이에 벌어진 이와 같은 게임의 일
   부에 대한 뛰어난 분석에 대해서는 Philippe Forest, *Histoire de* Tel Quel, Seuil, 1995, p.
   259를 또한 참고하길 바란다.

들의 무관심에 의해 익살극과 다릅니다. 그 어떤 시니피앙도 독서/비독서를 통해 다른 어떤 시니피앙보다 더 풍부하고 특권적이지 않습니다.[6]

오래 전부터 데리다가 숭배한 작가 중 한 명인 말라르메가 바로 「이중주」라는 글의 핵심 주제였다. 그리고 여기에서 데리다가 해체하고자 하는 것은 여러 가지 중에서도 장 피에르 리샤르의 『말라르메의 상상적 세계』에서 이루어진 주제비평의 이론적 토대였다.

만일 우리가 '공백'과 '주름'의 예들에 대해 연구를 해본다면, 그것들이 우연이 아니라는 것 ─ 이것은 저절로 확인될 것이다 ─ 은 분명하다. 그 이유는 말라르메의 텍스트에서 그것들이 발하는 특수한 효과이기도 하고, 또한 동시에 정확히 그것들이 현대 비평에 의해 '주제들'로 인정된다는 데 있다. 그런데 만일 우리가 '공백'과 '주름'이 주제들로 또는 의미들로 여겨지지 않을 수도 있다는 사실을 내다본다면, 만일 텍스트의 텍스트성이 어떤 노래의 공백과 주름에서 드러난다면, 우리는 주제비평의 한계 자체를 그려볼 수도 있을 것이다.[7]

데리다에 의하면, 텍스트에서 공백은 "그 총체성이 […] 발생하는 글쓰기의 장소 '이상'(plus)"으로 나타나는 다양한 공백들을 지칭한다. 그렇다고 해서 글쓰기의 페이지의 공백을 가지고 "계열체의 시니피에나 시

---

6) 카트린 클레망이 데리다에게 보낸 1970년 5월 4일 편지.
7) Jacques Derrida, *La dissémination*, Seuil, 1972, pp. 276~277.

니피앙"을 만드는 것이 문제가 아니다. "계열체에서 '마지막' 공백(또는 '첫 번째' 공백 역시)은 앞에도 뒤에도 있지 않다."[8] 그 어떤 것도 글쓰기의 한복판에서 발생하는 미끄러짐과 표류의 유희를 고정시킬 수도 없고 또 그렇게 되어서도 안 된다. 그러니까 데리다는 '다성성'(polysémie)이라는 해석학적 개념에 '산종'의 개념을 대치시키고자 했던 것이다. 여기에서 그가 시도하고 있는 이와 같은 새로운 책읽기 방법에 대해 5년 후에 『조종』에서 가장 급진적인 방식의 적용을 보여 주게 된다.

1969년 봄은 전혀 또 다른 차원에서 드골 장군의 사임으로 특징지어졌다. 지난해에 발생했던 위기 이후, 드골은 개인적인 정권 획득의 정당성을 다시 확보하길 원했다. 해서 지방선거가 국민투표를 실시하기 위한 좋은 구실이 되었다. 하지만 4월 27일, 국민투표에서 '반대'가 승리했다. 예고했던 것처럼 드골은 그 다음날 사임했다. 몇 주 후에 옛 총리였던 조르주 퐁피두가 프랑스 대통령으로 선출되었다.

데리다가 항상 좌파에 속해 있긴 했지만, 그렇다고 그가 많은 동시대인들이 가졌던 뿌리 깊은 반드골주의를 공유했던 것은 아니다. 프란츠 올리비에 지스베르와 뒤늦게 가진 한 인터뷰에서 데리다는 넬슨 만델라를 제외하고 드골을 자신이 진짜로 존경하는 유일한 정치인이라고까지 말했다. "60년대에 내가 반드골주의자이긴 했지만, 나는 비전과 계략, 관념과 경험을 모두 결합시킬 줄 알았던 이 인물에게 매료당했습니다. 능숙하고도 교활했던 그는 그의 대담한 생각, 연설 솜씨, 기자회견에서의 극적

---

8) *Ibid.*, pp. 284~285.

인 제스처 등으로 모든 훌륭한 정치가들 중에서도 독보적이었습니다."[9] 이 주제에 대해 데리다는 모리스 블랑쇼와 완전히 대척지점에 있었다. 블랑쇼는 드골을 계속 격렬하게 미워했다. 드골이 대통령직에서 사임한 며칠 뒤에 블랑쇼는 데리다에게 이렇게 쓰고 있다. "고백하건대, 한순간 나는 자유롭게 숨을 쉬게 되어 놀랐네. 그리고 밤에 일어나 이렇게 자문했네. '무슨 일이지? 이 덜 무거운 기분은?' 아, 그렇지, 드골이 떠났지!"[10]

월름 가에서는 드골의 사임보다도 더 사람들을 동요시킨 사건이 있었다. 라캉이 고등사범학교에서 쫓겨난 사건이 그것이다. 1964년부터 매주 수요일 12시 조금 전에 월름 가의 길거리는 아름다운 여성들이 타고 온 고급 승용차들에 의해 점령당했다. 라캉 자신은 세미나를 주재하기 위해 자신의 메르세데스 300SL을 타고 와서 청중들이 가득 찬 뒤산 강의실로 향했다. 라캉 자신이 담배를 피웠기 때문에 강의실에서 흡연이 허용되었다. 담배연기가 너무 자욱해 천장을 통해 위층으로까지 퍼지는 통에 항상 불평이 있었다. 고등사범학교 총장의 눈에 라캉은 그저 무질서를 조장하는 한 명의 강연자에 불과했다. 언젠가부터 총장은 라캉을 쫓아내기 위한 구실을 찾고 있었다. 도미니크 르쿠르는 이렇게 회상하고 있다. "1969년 어느 날 아침, 로베르 플라슬리에르가 나를 자기 사무실로 소환했어요. 불시의 일이었습니다. 그는 나에게 이렇게 말했습니다. '르쿠르 씨, 명색이 철학자라고 하는 당신도 라캉의 세미나에 간다면서요. 그가 무슨 생각을 가졌는지 알고 싶소…. 당신 생각에 그 작자가 진지한 거요? 내 개인

---

9) http://www.lepoint.fr/actualites-litterature/2007-01-17/philosophie-ce-que-disait-derrida/1038/0/31857.
10) 모리스 블랑쇼가 데리다에게 보낸 1969년 5월 13일 편지.

적으로는 팔루스 운운하는 그의 모든 이야기, 난 그 모든 것이 외설적이라고 생각됩니다만…. 데리다 씨와 알튀세르 씨는 그 작자가 진지하다고 하기에 당신에게 묻는 겁니다.' 묘한 상황이었어요. 총장이 라캉을 쫓아내기로 벌써 마음을 굳힌 것을 모른 채, 나는 이야기를 하려 했지요. 플라슬리에르는 이와 같은 도전과 세속성은 고등사범학교의 임무와 아무런 관련이 없다고 생각하고 있었어요. 하지만 그가 자기 생각을 행동으로 옮겨 라캉을 문밖으로 내치려고 할 때 커다란 소란이 일어났던 겁니다."[11]

　　1969년 6월 26일, 자크 라캉은 '플라튈랑시에르'(Flatulencière)[12]가 그에게 보낸 해임 통고를 공개했다. 다시 한 번 라캉은 스스로 '추방된 자'가 되었다고 느꼈다. 세미나가 끝나자마자 꾸준하게 참가했던 사람들 중 여러 명이 총장실을 기습적으로 점령했다. 그들 가운데는 예술가 장자크 르벨, 필립 솔레르스, 줄리아 크리스테바, 프랑스 페미니즘의 거물인 앙투아네트 푸크 등이 있었다. 상황이 급격히 악화되었다. 지난 가을에 벌써 장 보프레의 강연 거부에 앞장섰던 필립 카스틀랭은 플라슬리에르의 따귀를 때리기 전에 그의 여송연을 피우기도 했다.[13] 솔레르스는 고등사범학교 로고가 찍힌 종이 더미를 가져와 그 후 몇 달 동안 즐겁게 사용하는 것으로 만족했다. 하지만 이 모든 일이 일화적이기엔 너무 중차대했다. 솔레르스는 이렇게 말하고 있다. "라캉의 문제는 내가 데리다와 멀어지는 데 일조를 했어요. 데리다는 여러 면에서 제도권 사람이었지요. 두 사람 모두 라캉을 약하게 지지했을 뿐입니다. 반면, 그 당시 라캉은 완전

---

11) 도미니크 르쿠르와의 인터뷰.
12) 라캉이 '플라슬리에르'라는 총장의 이름을 가지고 유희를 한 것이다. ― 옮긴이
13) 도미니크 르쿠르와의 인터뷰.

한 고립 상태에 있었지요. 그의 사위뿐만 아니라 그의 딸 쥐디트에게서도 버림받은 그는…. 내가 라캉과 가까워지기 시작한 것이 바로 그 무렵이었 어요."[14]

윌름 가에서 '마오주의자들'은 오랫동안 다수 세력이었고, 어쨌든 철 학도들 사이에서는 그랬다. 1967년에 고등사범학교에 입학한 도미니크 동브르의 기억에 따르면, "내가 폴 리쾨르에게서 마오쩌둥에게로 옮겨 가고, 관례가 된 것처럼 공장에서 노동을 하게 되기까지 채 1년이 안 걸렸 다". 데리다에게는 다행스럽게도 1960년대 말에 훨씬 더 하이데거적 성 향을 가진 학생들이 입학했다. 가령, 에마뉘엘 마르티노, 장뤽 마리옹, 레 미 브라그, 알랭 르노, 장 프랑수아 쿠르틴 등이 그들이었다.

베르나르 앙리 레비는 1968년에 입학했다. 그는 『희극』(*Comédie*)이 라는 자신의 작품에서 데리다와의 첫 만남을 약간 각색해서 이렇게 들려 주고 있다.

개학이었다. 스승은 새로 입학한 고등사범학교 학생들을 한 명 한 명 맞 았다. 우리 모두가 꿈꿨던 윌름 가의 연구실에서 말이다. 그는 거기에 있 었다. 실제로 있었다. 뭐라고? 이 철학자, 이 거인, 이 가차 없는 해체이 론가, 이 신비로운 작자가, 내가 전혀 예상하지 못했던 '논문계획서', '논 문 주제', '학사 프로그램', '교수자격시험 프로그램' 등과 같은 하찮은

---

14) 필립 솔레르스와의 인터뷰. 이 사건에 대한 좀 더 자세한 정보에 대해서는 Forest, *Histoire de* Tel Quel, pp. 361~363; Elisabeth Roudinesco, *Histoire de la psychanalyse en France II*, Fayard, 1994, pp. 542~543을 참고하길 바란다.

문제를 얘기하고 있는 사람이라고? 이 육중한 사람, 이 『텔켈』지의 동반자, 이 예술가가 이렇게 단지 새로운 입학생들을 맞아주고, 그들과 함께 보통 교수들과 같은 언어로 이야기하고 있는 사람이라고? 그랬다. 바로 그였다. 나는 울고 싶었지만, 정말로 그였다. 나는 침묵을 지키고 있었다. 그처럼 감동했던 것이다. "당신은 도대체 어떤 사람입니까? 뭘 하십니까? 게르만학자입니까? 그리스 전문가입니까? 칸트주의자, 아니면 니체주의자입니까? 헤겔 성향의 변증법주의자, 아니면 플라톤 성향의 변증법주의자입니까? 요컨대 하나의 이념을 가지고 있습니까? 하나의 개념을 가지고 있습니까?"[15]

아주 겁을 먹은 베르나르 앙리 레비는 마침내 그가 모든 책을 읽었던 스승 앞에 있게 되었다. 그때 레비는 자기를 베네스티의 친구라고 소개하는 것보다 더 좋은 것을 찾아내지 못했다. 베네스티는 데리다의 사촌으로, 뇌이이에 살고 있는 아주 부유한 약사였다. 레비는 그의 약국에서 각성제를 구입하곤 했다. 이 사촌에 대한 암시—이 사촌은 '자키'를 집안의 낙오자로 여기고 있었다. 지금은 그가 철학 분야의 '거물'임에도 불구하고 말이다—로 인해 데리다는 얼굴이 굳어 버렸다. 어쨌든 데리다와 레비의 첫 만남은 이렇게 끝났다. "플라톤의 약국과 베네스티의 약국을 섞어 버린 것", 그것은 "용서할 수 없는 일", 그러니까 레비의 생각으로는 자신과 데리다의 관계를 꼬이게 한 실수였던 것이다.

하지만 두 사람의 관계는 몇 달이 지나면서 조금 나아졌다. 고등사

15) Bernard-Henri Lévy, *Comédie*, Le Livre de poche, 2000, pp. 13~14.

범학교의 많은 학생들처럼 미래의 "BHL"[16]은 '선험적으로' 알튀세르에게 더 끌린다고 느꼈다. 하지만 데리다가 학교에 더 자주 나왔고, 다가가기가 더 용이했다. 한 번은 대화 중에 데리다는 미래의 『인간의 얼굴을 한 야만』의 저자인 레비가 큰 실수를 하는 것을 피하게 해주었다. "데리다는 1970년에 나에게 정말 큰 도움을 주었습니다. 나는 그의 세미나에 제출한 아르토와 니체에 대한 발표에 손질을 다시 해서 책을 출간하고 싶었습니다. 나는 『르 몽드』지에서 원고를 찾는 한 출판인의 광고를 보았어요…. 보편적 사유! 나는 가슴을 조이면서 내 텍스트를 보냈고, 그 쪽에서는 내 텍스트가 흥미롭다고 답을 해주었습니다. 하지만 출판을 돕기 위해 1만 프랑이 필요하다는 것이었어요. 내가 이 이야기를 했을 때, 데리다는 웃음을 터뜨렸습니다. '자네 정신이 없는 게군. 그건 사기야!'"[17]

자신의 세미나가 점점 더 높이 평가되긴 했지만, 그래도 데리다는 "휘황찬란한 요새"인 고등사범학교를 떠나 일반대학으로 합류할까를 생각했다. 장 이폴리트가 죽은 이후 그가 고전적인 학위논문을 포기하긴 했지만, 1968년 5월혁명의 분위기 속에서 정립된 새로운 제도를 통해 조금 더 가볍게 논문 문제를 처리할 수 있는 가능성이 나타날 수도 있었다. 이제 소르본 교수가 된 피에르 오방크에게 의견을 타진했을 때, 그는 데리다에게 아주 격려하는 태도를 보여 주었다. 오방크는 최근 모리스 드 강디약과 더불어 지금까지 연구 결과로 논문심사를 할 수 있는 새로운 제도의 혜택을 볼 수 있는 철학자들 2~3명의 면면에 대해 긴 얘기를 나누었

---

16) 베르나르 앙리 레비(Bernard-Henri Lévy)의 약자이자 애칭이다. ― 옮긴이
17) 베르나르 앙리 레비와의 인터뷰.

다. "우리는 특히 자네와 알튀세르에 대해 이야기를 나누었네. 그리고 강디약은 특히 자네에게 큰 장애물이 없을 것이라고 예견했네."[18] 하지만 전례가 없었기 때문에 더 알아보아야 했다. 1969년 가을, 오방크와 데리다는 각자 캉길렘에게 이 문제에 대해 다시 이야기를 했다. 하지만 캉길렘은 데리다에게 전적으로 우호적이었지만, 몇몇 교수들의 망설임을 우려했다. 어쨌든 이 계획은 오랫동안 묻히게 된다.[19]

점점 더 커져 가는 열광과 더불어 환영받고 있던 외국 대학에서는 데리다의 운신이 훨씬 더 용이했다. 1969년 7월 초에 그는 베를린으로 다시 갔고, 그 다음해부터는 더 정기적으로 비교문학과에서 약 40여 명의 학생들 앞에서 세미나를 주재하게 되었다. 그는 그 기회에 룩셈부르크 출신의 젊은 로돌프 가셰를 알게 되었다. 가셰는 곧 독일의 대표출판사 주어캄프(Shurkamp)에서 『글쓰기와 차이』의 번역 작업을 시작하기 전에 한스 게오르크 가다머가 주도하던 잡지에 『그라마톨로지에 관하여』에 대한 서평을 쓰게 된다. 데리다는 또한 베르너 하마셔를 만나게 된다. 하마셔 역시 가셰와 마찬가지로 고등사범학교에서 한동안 체류하며 데리다의 세미나에 청강생의 자격으로 꾸준히 참석했고, 후일 독일과 미국에서 데리다의 가장 든든한 지지자들 중 한 명이 되었다.

마르크스주의의 압력이 파리에서만큼 강했던 베를린자유대학에서 데리다는 새뮤얼 베버와 함께 가장 가깝고도 우정 어린 관계를 맺었다. 데리다는 또한 페터 손디와도 개인적으로 좋은 관계를 유지하고 있었다.

---

18) 피에르 오방크가 데리다에게 보낸 1969년 7월 21일 편지.
19) 피에르 오방크가 데리다에게 보낸 1970년 1월 13일 편지.

하지만 손디는 점차 그의 과에서 고립되고 있었고,[20] 데리다의 세미나를 불신하는 눈으로 지켜보고 있었다. 손디는 한 친구에게 씁쓸하게 이렇게 쓰고 있다. "데리다는 점차 신비한 내용을 강의하고 있네(이 사실을 입에 올리면서 나는 가슴이 아프네. 그도 그럴 것이 내가 데리다를 많이 좋아하기 때문이네). 리스트가 바하의 주제에 대해서 그러는 것처럼 데리다는 텍스트에 대해 환상을 품고 있네."[21]

영국에서도 해체에 대한 관심이 일기 시작했다. 1969년 9월 25일, 『그라마톨로지에 관하여』에 대한 길고도 진지한 서평이 필립 솔레르스의 서명하에 『타임 문학 부록』에 실려 큰 호기심을 끌었다.[22] 1959년에 스리지에서 만나 서로 알고 지냈던 앨런 몽트피오르의 초청에 따라 데리다는 1970년 2월과 5월에 옥스퍼드 발리올 칼리지를 방문하게 된다. 몽트피오르는 이렇게 회상하고 있다. "내가 그를 오게 한 것은 부분적으로는 모순된 생각에서였어요. 영국에서는 그의 연구와 다른 프랑스 철학자들의 연구 역시 무시되고 있었지요. 나는 『철학』(Philosophy) 지에 프랑스에서 출간되는 저작들에 대해 정기적으로 서평을 실으면서 이런 경향과는 반대되는 방향으로 나아갔습니다. 내가 가르치고 있던 학생들에게, 심지어는 나 자신에게도 데리다의 저작들은 아주 어려웠어요. 해서 나는

---

20) 페터 손디는 1971년 10월 18일에 베를린에서 자살했다. 파울 첼란보다 1년 후의 일이다. 첼란과 마찬가지로 물에 빠져 죽었다.

21) 페터 손디가 허버트 디크만(Herbert Dieckmann)에게 보낸 1970년 11월 20일 편지, Peter Swondi, *Briefe*, Suhrkamp-Verlag, 1993에서 재인용. 번역은 필자의 것.

22) 이 텍스트는 아르헨티나에서 번역된 『그라마톨로지에 관하여』의 서문으로 실리기 전에 『텔켈』 39호(1969년 가을호)에 '달 위의 발자국'(Un pas sur la lune)이라는 제목으로 게재되기도 했다.

데리다와 합의해서 그의 강의에 앞서 학생들이 일단 먼저 발표를 하게 했어요. 그렇게 해서 그들이 이해하지 못한 것을 그에게 물어볼 수 있게 하기 위해서였지요. 이런 종류의 토론에서 데리다는 아주 분명하고도 탁월했습니다."[23]

그 시기에 프랑스에서는 뚜렷하지 않은 몇몇 논쟁이 발생했다. 프랑스 공산당이 평판과 권위를 상당 부분 상실한 지금, 68혁명 직후에 가진 무게감을 보여 주는 것은 아주 어려운 일이다. 많은 젊은 지식인들이 좌파의 압력에 맞서 프랑스 공산당에 합류하는 것을 선택하는 순간에도 이와 같은 사정은 크게 달라지지 않았다. 그 당시 『라 누벨 크리티크』 지의 편집장이자 당중앙위원회의 멤버였던 앙투안 카사노바는 이렇게 인정하고 있다. 오늘날에는 과거 공산주의자들을 지배하고 있던 "주장들, 한계들, 불투명함, 과거의 사유와 행동과 추론의 틀에서 기인하는 어려움들"[24]을 이해하는 것은 거의 불가능하다고 말이다. 일사불란하기는커녕 점차 낯선 쟁점들로 서로 부딪치는 지식인들의 여러 흐름이 당을 관통하고 있었다.

1969년 9월 12일, 『뤼마니테』 지는 '말라르메 동지'라는 제목의 장 피에르 파예의 장문의 기사를 실었다. 솔레르스와 『텔켈』 지가 그의 주요 타깃이었다. 그는 또한 암묵적으로 데리다를 공격했다. 그는 서양의 모든 역사가 "글쓰기의 '비하', 말에 의한 글쓰기의 억압" 위에서 이루어졌

---

23) 앨런 몽트피오르와의 인터뷰.
24) "Des contradictions douloureuses", Round table with Bernard Frederick, Antoine Casanova, Frédérci Mattoni, *Nouvelles Fondations*, nos. 3~4, 2006.

다는 생각을 강하게 비판했다. 그의 주장을 믿게 되면, 어떤 자들은 심지어 "말을 부르주아지와, 글쓰기를 프롤레타리아와 동일시"할 수도 있었다.[25] 또한 파예는 이와 같은 회화화로 만족하지 않았다. 하이데거와 '뮈토스' 개념을 암호화된 방식으로 참고하고, 데리다의 작업과 히틀러를 권좌에 올려놓았던 '역행하는 혁명' 사이의 관계에 대해 암시하면서, 파예는 데리다에 대한 정치적 의구심을 불러일으키려 애썼다.

데리다는 이와 같은 공격에 응수하는 것에 신중한 태도를 보였다. 하지만 그 다음주 『뤼마니테』지에 두 편의 글이 실렸다. 하나는 『라 누벨 크리티크』지 편집진의 일원이었던 클로드 프레보의 것이었고, 다른 하나는 필립 솔레르스의 것이었다.

자크 데리다의 기념비적인 책인 『그라마톨로지에 관하여』에서 학문적으로 그 토대가 정립된 것으로 여겨지는 글쓰기 이론에 대해 암시를 하면서, 그리고 일반적인 해석과는 반대로 해석된 아주 파편적인 부분만을 취하면서, 파예 씨는 거만하게도 거기에서 문제가 되고 있는 것이 나치 이데올로기의 연장이라고 단언하고 있다. 이와 같은 주장은 아주 심각한 문제를 야기한다. 데리다가 하이데거를 여러 곳에서 비판하고 있기 때문에, 그의 연구와 나치즘 사이에 아주 작은 유사점이 있다고 암시

---

25) 1967년부터 『레 레트르 프랑세즈』와의 인터뷰에서 데리다는 이와 같은 독법에 대해 강력히 반발했다. 그에 의하면, 말을 글쓰기와 결코 대립시키거나 혹은 목소리에 대한 저항의 기치를 높이는 것이 문제가 아니었다. 그의 관심사는 "하나의 위계질서의 역사"를 분석하는 것이지 "문자중심주의를 로고스중심주의와 대립시키는 것도, 일반적으로 어떤 중심을 다른 중심에 대립시키는 것"도 아니었다(Jacques Derrida, *Positions*, Minuit, 1972, pp. 21~22). 데리다에 열광하는 해설자들이 그의 이와 같은 신중함을 항상 공유하는지는 확실하지 않다.

하는 것은 '중상모략'이다. 『텔켈』지를 통해 데리다를, 데리다를 통해 『텔켈』지를 겨냥하면서 파예 씨는 (계속 암시만으로) "말을 부르주아지 와, 글쓰기를 프롤레타리아와 동일시할 수 있다"라고 주장한다. 그리고 우리의 "역사가 서구에서 계속 후퇴했다" 등등이 데리다의 주장이라고 말한다. 그런데 데리다에게서와 마찬가지로 『텔켈』지에서도 이와 같은 주장은 발견되지 않는다.[26]

아주 기이한 방법으로 장 피에르 파예는 데리다에게 따로 다음과 같 은 내용의 편지를 보냈다. 파예 자신이 데리다에 대해서 썼던 글의 내용 은 "터무니없는 거짓말"이라는 것이었다. "그런 주장을 한 자들은 책임을 져야 합니다. 나로 말할 것 같으면 나는 공개적으로, 그리고 분명하게 당 신의 이름은 이 모든 것과 상관없다는 것을 밝히고, 또 그런 어조로 말하 지 않았다는 점을 밝힙니다. 나는 또한 수년 전부터 당신의 연구에 대해 가지고 있는 존경과 찬탄을 말하고 싶습니다. 아마 당신도 이것을 모르고 있지 않을 것입니다." 게다가 파예는 몇 개월 전부터 데리다와 함께 "우 정 어린 대화"를 나누고자 희망했다. 그럼에도 불구하고 파예는 그에게 "일시적으로" "모든 새로운 모함을 피하기 위해" 자기 편지를 공개하지 말 것을 요청했다.[27] 10월 10일, 그는 『뤼마니테』지에 데리다와 그의 사 상에 대해 존경과 찬탄만을 가지고 있다는 것을 보여 주는 '수정된 기사' 를 실었다.

---

26) *L'Humanité*, 19 September 1969.
27) 장 피에르 파예가 데리다에게 보낸 1969년 9월 24일 편지.

하지만 『텔켈』 지와 『샹주』 지 사이의 점차 험악해지는 이전투구가 여전히 더 연장되고 있었다. 얼마 전부터 나치즘의 철학적 근원을 파헤치고 있었던 장 피에르 파예는 『라 가제트 드 로잔』(*La Gazette de Lausanne*) 지에서 다시 한 번 데리다를 분명하게 공격했다. 데리다의 여정에 "하이데거의 철학과 그 안에 담겨 있는 것의 영향을 받은 일종의 맹목적인 지점이 있다. 그리고 이 지점은 양차대전 사이의 독일 이데올로기에서 더 퇴행적인 것으로부터 유래하는 이데올로기적 '오점'이라는 사실"을 단언했다.[28] 이때부터 데리다와 파예 사이의 관계는 계속 갈등으로 치달았고, 그 결과는 약 12년 후에 무시할 수 없는 것으로 나타나게 된다.

이와 같은 좋지 않은 일들이 발생했을 때, 데리다는 장 루이 우드빈과 가까워졌다. 프랑스 공산당 당원이자, 잡지 『프로메스』(*Promesse*)의 창간인이자 솔레르스와 크리스테바의 친구였던 우드빈은 좀 더 현대성에 문호를 개방하려고 하면서 정기적으로 『라 누벨 크리티크』 지에 글을 싣고 있었다. 하지만 일은 생각보다 단순하지만은 않았다. 클뤼니의 콜로키엄이 준비되고 있는 동안 우드빈은 데리다에게 그의 주장의 "은폐, 억압"된 부분이 당 내에서 얼마나 중요한 사항인지를 알리고 있다. 솔레르스가 이미 말한 바와 같이, 이와 같은 반응은 "극복하기에는 너무 뿌리 깊고도, 너무 어려운 저항에서 연유하는 것이다".[29]

클뤼니의 두 번째 콜로키엄은 1970년 4월 2일부터 4일까지 '문학과 이데올로기'라는 주제로 열렸다. 데리다는 첫 날만 참석했다. 하지만 이

---

28) *La Gazette de Lausanne*, 10~11 October 1970.
29) 장 루이 우드빈이 데리다에게 보낸 1970년 3월 17일 편지.

모임에서도 그의 저작들이 종종 문제가 되었다.『텔켈』지, 프랑스 공산당과 밀접하게 연결되어 있었으나 훨씬 더 절충적인 노선을 지향했던 앙리 들뤼의 잡지『악시옹 포에티크』(Action poétique) 지 사이에 격렬한 대립이 있었다. 두 잡지 사이의 긴장이 얼마나 강했던지 참석자들 중 한 명이 기절하기도 했다. 장 피에르 파예의 여자 친구였던 젊은 언어학자 미추 로나가 줄리아 크리스테바를 공격하는 일을 맡아 그녀를 격렬하게 공격했다. 엘리자베스 루디네스코는 그녀대로 데리다를 공격했다. 데리다의 연구를 융의 그것과 비교하면서 그랬다. 이로 인해 데리다는 어안이 벙벙했다.

　루디네스코는 이 대립에 대해 아주 정확한 기억을 가지고 있다.

　저녁마다 텔켈주의자들은 콜로키엄 주최자들에게 너무 과격한 공격에 대해 불만을 터뜨렸어요. 미추 로나와 나는 비난을 받았고, 그런 비난을 공개하지 말자고 저녁 시간에 꽤 오래 협상해야 했지요. 크리스틴 부치 글룩스만과 카트린 클레망은 그 다음날 우리의 지정 토론자들로 지정되어 있었어요. 외관상 우리는 소수였지만, 실제로는『텔켈』지가 당의 지적이고 문학적인 통제로 인해 싸움에서 패배한 상태였습니다. 그들은 하나의 '노선', 유일하고도 엄격한 노선을 우리에게 강요하고자 했을 수도 있어요. 하지만 이것은 우리가 결코 원하지 않은 것이었지요. 그 다음 해에 솔레르스가 마오주의 쪽으로 더 급진화된 것은 상당 부분 이와 같은 실패 때문이었습니다.[30]

---

30) 엘리자베스 루디네스코와의 인터뷰. 또한 Roudinesco, *Histoire de la psychanalyse en*

데리다를 문제 삼고자 했다고 해도, 실제로 이와 같은 논쟁들은 그와 직접적으로 관련된 것들이 아니었다. 그리고 이 논쟁들은 그를 열광케 했던 문제들과 너무 동떨어져 있었다. 1969~1970년 사이에 데리다는 새로운 관계들을 맺기 시작했다.

1969년에 스트라스부르대학의 젊은 조교수이던 장뤽 낭시와의 교류가 시작되었다. 이 교류는 낭시에 의해 먼저 시작되었다. 그는 『스트라스부르 문과대학 공보』(Bulletin de la faculté des lettres de Strasbourg)에 싣기 전에, 데리다의 저작들을 인용하고 있는 자신의 논문 한 편을 데리다에게 보낸 적이 있었다. 데리다는 이 젊은 철학자의 연구를 아주 잘 이해하고 있다는 것을 보여 주는 장문의 편지로 답을 했다.

『에스프리』지에서 당신의 글을 여러 차례 읽었는데, 나는 벌써 우리가 필연적으로 만날 수밖에 없다는 것, 아니면 적어도 서로 스치게 될 것임을 알고 있었습니다. 당신의 편지와 글은 기대 이상이었어요. 심심한 감사를 전합니다. 내가 당신이 제기한 모든 문제들—결정적이든 아니면 날카롭든—에 답을 할 수는 없네요. 당신이 그처럼 조심스럽고 그처럼 힘 있게 제기한 그 문제들, 당신도 그렇게 생각하겠지만, 나 역시 그 문제들을 던지고 있어요. 편지에서 당신이 선언하고 있는 난처함을 […], 당신도 알겠지만, 나 역시 공유할 수밖에 없네요. […] '이데올로기', '과학' 등에 대해서도 마찬가지예요. 우리는 '현대 철학자들'을 유사한 방식으로 읽고 있어요. 연구를 더 해야만 하겠지요. 하지만 그 어느 때보다도

France II, pp. 544~545; Forest, *Histoire de* Tel Quel, pp. 350~354를 볼 것.

지뢰밭이네요.[31]

　　편지 끝에 데리다는 장뤽 낭시가 제기한 문제와 관련하여 "가장 멀리" 나아갔다고 생각하는 텍스트인 「인간의 종말」을 상기하고 있다. 이 텍스트는 데리다가 뉴욕에서 했던 강연이자 브뤼셀에서 다시 할 준비가 되어 있는 강연 텍스트였다. 그는 낭시에게 이 텍스트를 보내 주겠다고 제안했다. 그는 이 텍스트를 프랑스에서 출간할 생각이 없고, 적어도 당장은 할 생각이 없었다. "출판은 지금 내 관심사가 아니고, 나를 불안케 하네요. 그리고 앞으로도 계속될 것 같군요."

　　낭시는 이 편지에 큰 감동을 받았다. 그가 데리다와 가깝다는 기분이 그로 하여금 지방에서 고립되어 있다는 느낌을 덜 갖게 해주었다. 하지만 그는 감히 데리다를 만날 수 있을지 고민했다. 그의 앞에서 "충분히 정리된 직관을 정확하게 펼칠" 수 있을까를 두려워했던 것이다. 장뤽 낭시의 출생 환경은 데리다의 그것과 아주 달랐다. 1940년 보르도의 한 가톨릭 집안에서 태어난 낭시는 기독청년학생회(JEC)에서 교육을 받았다. 고등사범학교 입학시험에서 여러 차례 떨어진 그는 폴 리쾨르의 지도하에 석사논문을 썼다. 처음에 그는 신학을 공부하기 위해 스트라스부르로 왔지만, 이내 신학에서 멀어지게 되었다. 스트라스부르에서 그 당시 문학대학의 조교수로 있던 뤼시앵 브라운이 그에게 필립 라쿠라바르트를 소개해 주었다.

　　"우리 두 사람은 달랐지만, 우리의 만남은 즉각적이고 아주 강했어

---

31) 데리다가 장뤽 낭시에게 보낸 1969년 4월 22일 편지.

요. 필립은 무신론자였고, 나보다 더 정치적이고, 더 문학적이었지요. 그는 『르 누보 코메르스』(*Le Nouveau Commerce*)에 몇 편의 글을 발표했고, 보르도에서 제라르 그라넬의 제자가 되기 전에 르망고등학교의 이포카뉴 과정에서 제라르 주네트와 가깝게 지냈어요. 우리 두 사람은 다른 경로를 통해 『그라마톨로지에 관하여』에 열광하게 되었지요. 우리에게 데리다는 살아 있는 철학을 대표했습니다. 누군가가 우리의 눈 바로 아래에서 철학을 하고 있었습니다. 그것도 앞으로 우리가 연구해야 할 개념들을 생산해 내면서 말입니다. 데리다는 헤겔에서 하이데거로 이어지는 고리에서 빠진 부분을 보완해 주고 있었어요. 나는 그 덕택으로 후설을 읽었어요. 브라운은 내가 낭테르로 떠날까 봐 걱정했습니다. 폴 리쾨르가 나를 그곳에서 교육조교로 두고자 했던 겁니다. 리쾨르는 필립과 나를 한데 묶어 두면 두 명을 자기 휘하에 둘 수 있다고 생각했던 겁니다… 1968년 5월혁명은 스트라스부르에서도 격렬했지요. 많은 토론이 있었고, 많은 사람들이 더 급진화되고자 하는 큰 욕망을 품고 있었어요. 우리는 프랑스 공산당을 불신했고, 마오이즘에 대해서는 약하게나마 매료되었지만, 특히 필립은 상황주의에 크게 매료되었습니다."[32]

　　1970년대 초, 낭시와 라쿠라바르트는 직접 세웠던 '기호 및 텍스트 이론 연구 그룹'의 차원에서 수사학에 대한 세미나에 참석해 달라고 데리다를 초청했다. 이 세미나에는 주네트와 리오타르도 같이 참석하게 된다. 데리다가 '백색 신화학'이라는 제목으로 하게 된 발표는 고등사범학교에서 주재했던 세미나의 한 부분이었다.

---

32) 장뤽 낭시와의 인터뷰.

철학 텍스트에서 은유의 위상이 문제가 될 거예요. 이와 같은 문제의
식을 유도하고, 또 그것을 중립화시킬 수 있는 은유 개념의 '형이상학
적' 특징을 나타나게 하는 것이 관건이 될 겁니다. 이와 같은 분석의 발
판, 그것이 아니라면 도화선은 A. 프랑스(그렇죠!)의 『에피쿠로스의 정
원』이에요. 그러나 진짜 도화선은 니체와 하이데거 사이를 지나갈 거예
요.[33]

데리다는 1970년 5월 8~9일에 스트라스부르에 처음으로 왔다. 여러
면에서 건설적이었던 이 만남에 대해, 데리다가 죽은 지 얼마 안 된 시점
에 즉흥적으로 이루어진 아주 멋진 조사에서 필립 라쿠라바르트는 자세
하게 말하고 있다.

데리다는 68혁명 직후에 장뤽과 제가 세우는 데 성공한 소규모 '연구 그
룹'이 초청한 세 명 중 한 사람이었습니다. 그때 저는 지울 수 없는 세 가
지 사실로 인해 커다란 충격을 받았습니다. 우선, 그의 슬픈 시선이었습
니다. 그가 주네트와 함께 역을 빠져나왔고, 그들을 마중 나갔던 장뤽과
저에게 던진 그의 시선은 사진에서 본 카프카의 시선, 첼란의 시선이었
습니다. (게다가 데리다의 첫 일성도 그가 방금 알게 되었던 첼란의 죽음에
대한 것이었습니다.) 두 번째는 '백색 신화학'이라는 발표에서 보여 준 그
의 믿을 수 없는 권위였습니다. 그의 발표가 끝난 직후, 제가 발언을 해
야 할 차례가 되었을 때, 저는 얼이 빠지고, 주눅 들고, 말을 더듬고, 부끄

---

33) 데리다가 장뤽 낭시에게 보낸 1970년 4월 21일 편지.

러웠습니다. (그리고 발표가 끝난 후에 그가 보여 준 호의는 눈부셨습니다. 또한 그의 미소는 단순히 주의 깊은 이해 이상이었습니다.) […] 마지막으로, 저녁이 되자 그가 예상을 깨고 보여 주었던 유쾌함, 활발함과 기쁨이 었습니다.[34]

이와 같은 경의를 표하기 몇 달 전에 데리다가 스트라스부르에 마지막으로 왔을 때, 필립 라쿠라바르트와 장뤽 낭시는 그날의 또 다른 순간을 이렇게 들려주고 있다.

우리는 일(Ⅲ) 강을 따라 산책했던 일을 기억한다. 필립은 주네트와 앞에서 걸었고, 장뤽은 데리다와 뒤에서 따라왔다. (리오타르는 아직 도착하지 않았다.) 주네트와 필립은 서로 알고 있었고, 그런 만큼 담소를 나누었다. 반대로 장뤽은 데리다의 침묵 능력을 알게 된다. 그는 데리다에게 차례로 로앙 궁, 성당, 옛 세관 등을 가리키면서 약간 당황했다. 게다가 데리다는 아무런 반응도 하지 않았다…. 하지만 다른 한순간 데리다는 자신의 어린 아들 이야기를 하면서 말수가 많아졌다. 아들이 허락도 없이 자전거를 타고 국도로 나갔다는 것이었다. 그때 데리다가 지은 겁먹은 표정은 아직도 역력하다. 우리는 약간 놀랐다. 우리는 그때 철학자는 철학자와 철학에 대해 이야기를 안 한다는 것, 그리고 연구는 텍스트를 통해서만 이루어진다는 것을 알게 되었다.[35]

---

34) Philippe Lacoue-Labarthe, "Hommage", *Rue Descartes*, no. 48, Salut à Jacques Derrida, PUF, 2005, p. 75.
35) Jean-Luc Nancy and Philippe Lacoue-Labarthe, "Derrida à Strasbourg", Jacques

데리다와 낭시와 라쿠라바르트의 관계는 빠르게 돈독해졌고, 많은 공동 작업으로 이어지기도 했다.

거의 같은 시기에 데리다는 사라 코프만을 알게 된다. 그는 그녀를 스트라스부르에 있는 두 명의 친구들에게 곧 소개하게 된다. 1934년에 파리에서 태어난 그녀는 전쟁 말기를 숨어 지내는 어린애로 아주 비극적인 상황을 체험하게 된다. 그녀는 이 사실을 자신의 마지막 작품인 『오르드네 가, 라바 가』(*Rue Ordener, rue Labat*)에서야 비로소 밝히게 된다. 데리다와 그녀의 관계는 1968년에 시작되었다. 사라 코프만은 장 이폴리트의 지도하에 '니체와 은유'를 주제로 학위논문을 쓰고 있었다. 이폴리트가 세상을 떠나게 되자 그녀는 데리다에게 지도를 부탁했다. 하지만 데리다 자신이 논문을 지도할 수 없었기 때문에, 결국 질 들뢰즈가 지도를 맡게 된다. 그럼에도 불구하고 코프만은 윌름 가에서 데리다의 세미나를 가장 열심히 들은 여자들 중 한 명이 되었고, 그들의 관계는 더욱더 가까워지게 된다.

1970년 6월, 데리다는 점점 상태가 악화되는 아버지의 건강을 특히 걱정하게 된다. 언제부터인가 에메 데리다는 신장 주위에 고통을 느꼈으며, 아주 걱정스러울 정도로 야위었다. 의사들은 위궤양과 신경쇠약을 진단했다. 여름은 계속 악화되는 병 때문에 암울했고, 의사들은 정확한 진단을 내리지 못한 상태였다. 기진맥진한 데리다는 화가 났고, 니스로 가져온 콩디야크에 대한 텍스트를 쓰는 일을 할 수가 없었다. "아버지의 병

Derrida et al., *Penser à Strasbourg*, Galilée, 2004, pp. 14~15.

환은 나에게서 모든 힘과 용기를 앗아갔고 또 오늘도 앗아갈 정도로 아주 우려되네."[36] 데리다는 장뤽 낭시에게 이렇게 쓰고 있다.

늑막염으로 병원에 입원한 에메 데리다는 1970년 10월 18일에 "두 달 동안의 불안, 불확실함, 심지어는 수수께끼 속에서"[37] 세상을 떠났다. 실제로 그는 췌장암을 앓았을 것이다. 데리다도 후일 아버지와 같은 나이에 같은 병으로 죽게 된다.[38] 마지막 몇 주 동안 데리다는 니스를 여러 차례 드나들었다. 그는 어머니를 돌보기 위해 정기적으로 니스로 갔다. 이와 같은 여정은 데리다가 여전히 비행기 타는 것을 거부했던 만큼 더 힘들었다. 예상하지 못한 아버지의 죽음으로 많이 흔들린 데리다는 얼이 빠져 정신이 없는 상태에서 "직업적 체면을 겨우 살릴 정도로"[39] 강의를 할 수 있었다.

68혁명 직후 몇 년 동안 고등사범학교가 계속해서 소란스러웠지만, 1971년 초에 진짜 위기에 봉착했다. 2월에 파업이 몇 주 동안 계속되었다. 파업을 주도하던 '다모클레스' 행동위원회는 파리 코뮌 100주년을 기념하기 위해 대규모 축제를 열기로 결정했다. 1971년 3월 20일 저녁에 5천 명 이상의 사람들이 고등사범학교에 왔다. 하지만 그날 축제를 주최한 자들은 도를 지나쳤고, 그날 밤은 폭력 속에서 끝났다. 죽은 자들의 전당이 파괴되었고, 도서관을 위시해 많은 장소가 털렸으며, 심지어는 화재가 신고되기도 했다. 3월 21일 일요일 아침, 학교는 전투장을 방불케 했다.

---

36) 데리다가 장뤽 낭시에게 보낸 1970년 9월 13일 편지.
37) 데리다가 로제 라포르트에게 보낸 날짜 미상 편지(1970년 10월).
38) 마르그리트 데리다와의 인터뷰.
39) 데리다가 필립 라쿠라바르트에게 보낸 1970년 11월 5일 편지.

이 학교 졸업생인 조르주 퐁피두 대통령은 이 사건으로 인해 커다란 충격을 받았다. 전례가 없는 이 사태로 그는 교육부장관이던 올리비에 기샤르에게 학교를 2주 동안 폐쇄하라는 명령을 내렸다. 그날 저녁에 로베르 플라슬리에르 총장이 현장에 없었다는 것을 알고 진노한 대통령은 그의 사임을 요구했다. 데리다와 가까웠던 피에르 오방크가 학교의 지휘권을 잡을 사람들 중 1순위로 여겨졌다. 하지만 퐁피두는 자기 동기들 중 수석합격자이자 그리스 전문가였던 장 부스케에게 질서 유지를 위해 학교 행정을 맡을 것을 호소했다.[40]

이 사태가 있고 나서 몇 주 후에 데리다는 마르그리트, 피에르, 장과 함께 2주일 동안의 휴가를 보내기 위해 알제리로 떠났다. 그는 알제대학에서 일련의 강의를 했고, 특히 그의 젊은 시절을 보냈던 여러 장소들을 다시 찾아보고 기뻐했다. 하지만 애석하게도 이번 체류는 성공적이지 못했다. 그는 로제 라포르트에게 이렇게 쓰고 있다.

모든 면에서 이번 여행은 고통스럽습니다. 내 어린 시절의 '시원적'인 장소로의 맥이 빠진 귀환입니다. 독립을 즐거운 마음으로 지켜보았던 한 나라, 그리고 어쨌든 기능 면에서 첫 눈에도 뚜렷한 끔찍한 문제들(실업, 인구 과잉 등)에 빠져 있는 이 나라로의 맥이 빠진 귀환입니다. 건물이 무너질 정도로 정원이 많은 대학(1만 8천 명), 하지만 정치적 자유가

---

40) 이 시기에 벌어진 여러 사건들에 대해 좀 더 자세한 정보에 대해서는 Robert Flacelière, *Normale en péril*, PUF, 1971; Christian Hottin, "80 ans de la vie d'un monument aux morts, le monument aux morts de l'Ecole normale supérieure", http://labyrinthe. revues.org/index262. html35; Pierre Petitmengin, "Georges Pompidou vu de l'Ecole", http://www.georges-pompidou.org/prixgp/ens.htm)을 참고할 것.

없는 대학(해산된 학생 모임, 아주 엄격한 이데올로기 통제, 결사와 정치 포스터를 내거는 권리의 묵살 등), 그리고 아이들의 불편함, 늘 내리는 비…. 우리는 예상보다 빨리 돌아왔습니다.[41]

하지만 데리다는 이어지는 여러 해 동안 고향에 대한 격렬한 '향수'의 폭발을 경험하게 된다. 오랜 동안 알제리에서 가르쳤던 친구 피에르 푸셰에게 보낸 한 통의 편지에서 데리다는 얼마나 "파묻힌 모든 과거가 조용하고도 강력하게 [그]를 힘들게 하는지"[42]를 말하고 있다. "나는 가끔 뒤로 벌렁 넘어질 정도로, 정신을 잃을 정도로 과거에 대한 향수를 충동적으로 느끼고 있네. 기회가 닿으면(시간, 돈), 나는 그곳에서 며칠을 보낼 생각이네."[43]

많은 동시대인들과 마찬가지로 제라르 그라넬은 1968년 5월혁명 이후 커다란 지적 위기를 겪었다. 그때까지 정치에 별다른 의미를 부여하지 않았던 그에게 이제 정치가 가장 큰 관심사였다. 그는 데리다에게 자신이 최근에 발표한 글들을 보냈고, 또 그에게 "마르크스에 대한 그의 수수께끼 같은 침묵"[44]부터 시작해서 여러 가지 질문을 했다. 데리다가 그렇게 한 것이 처음은 아니지만, 그래도 그라넬에게 길고도 솔직한 자신의 의견을 피력하는 편지를 쓴 것은 꼭 한 번이었다. "만일 마르크스에게서, 그리

---

41) 데리다가 로제 라포르트에게 보낸 1971년 4월 21일 편지.
42) 데리다가 피에르 푸셰에게 보낸 1974년 6월 14일 편지.
43) 데리다가 피에르 푸셰에게 보낸 1975년 3월 2일 편지.
44) 제라르 그라넬이 데리다에게 보낸 1971년 1월 28일 편지.

고 그의 이름으로 문제가 되는 모든 것 안에서 '원칙'이 어디에 있는지를 내가 안다면, 만일 내가 다른 곳에서 '시도한' 것과 비교해서 모든 영역에서 '퇴행'이 아닌 독서를 할 수 있다면, […] 나는 마르크스에 대해 발언을 할 것입니다."[45] 데리다는 그라넬에게 이렇게 쓰고 있다.

데리다는 이렇게 설명하기도 했다. 어떤 사람들은 모든 것에 유효한 하나의 단어를 가질 필요가 있다고 생각한다고 말이다. 그 일환으로 무신론에 대해 데리다는 인터뷰를 제안받기도 했다. 장 로스탕, 클로드 레비스트로스, 에드가 모랭, 프랑수아 자콥 등이 이 주제에 대해 각자의 견해를 표명한 책을 한 권 만들기 위해서였다. 하지만 데리다는 "자연스럽게" 자신의 견해를 묻고자 했던 자에게 "침묵주의"로 일관할 것이라고 말했다. 이와 같은 방식으로 데리다는 그에게 가장 중요한 작가들 중 한 명인 모리스 블랑쇼를 다룬 한 라디오 프로그램에 출연하는 것을 거절하기도 했다.[46] 그러니까 데리다가 마르크스에 대해서만 침묵으로 일관한 것이 아니었다. 『자본』 저자의 여러 텍스트들은 "여러 겹으로 이루어져 있고, 다양하며, 하나의 '진리'만을 가지고 있지 않다". 하지만 지금 마르크스는 데리다의 직감으로 보면 "형이상학적, 퇴행적 원칙 속에서" 일종의

---

45) 데리다가 제라르 그라넬에게 보낸 1971년 2월 4일 편지.

46) 데리다 '벨기에 라디오텔레비전'(RTB) 방송국에 보낸 출연 거절의 편지는 그 당시 그의 미디어에 대한 독특한 태도를 보여 준다. 그는 자신의 연구에서 모든 것, 심지어는 가장 주의 깊게 다룬 부분과 가장 존경받을 수 있는 부분조차도 불신했다. "내가 얼마나 모리스 블랑쇼의 사유—아직도 그 참다운 폭을 파악하지 못했습니다—에 큰 중요성을 부여하고 있는지, 그리고 그의 사유가 나에게 얼마나 중요한지를 아마 당신은 알 것입니다. 바로 이런 이유로 나는 라디오 인터뷰 중에 그 사유에 대해 '말하는 것'이 어렵게 보이고, 또 몇몇 문제에 대해 짧은 시간에 답을 하고 또 '내 생각을 고정시키는 것'이 어려워 보입니다. 유감스럽습니다만, 나의 이런 조심성을 헤아려 주시기 바랍니다."(데리다가 RTB 담당자에게 보낸 1969년 12월 13일 편지)

해석학적 전략에 종속되어 있었다. 물론 그렇다고 해서 데리다가 이와 같은 전략을 정면으로 공격하고자 한 것은 아니었다. 그도 그럴 것이 현재의 국면에서 보면 그것은 반동적인 행동이었기 때문이다. "나는 결코 반공주의로 떨어지지는 않을 것입니다. 그럴 경우 나는 마르크스의 텍스트들을 덮어 버릴 것입니다. 그리고 이런 태도가 모든 사람들의 이맛살을 찌푸리게 한다는 것을 잘 압니다. 또한 당신과 같은 사람들이 나의 침묵을 '존중하는 데' 거의 신경을 쓰지 않는다는 것을 잘 알고 있습니다."

자기의 태도가 "자칫 비(非)정치주의나 혹은 '비실천'의 느낌을 줄 수 있다"라는 사실을 인정하면서도, 데리다는 이 긴 편지를 22년 후에 『마르크스의 유령들』을 예고하는 그런 내용으로 끝맺고 있다.

나는 집중적인 연구를 할 때에야 비로소 나의 침묵에서 빠져나올 것입니다. 그리고 내 느낌에 나의 연구 방식과 리듬을 고려하면 이 연구를 통해 '개종'에 이를 것 같지는 않습니다. 그보다는 오히려 우회적인 벗어남, 간접적인 자리 이동에 이를 것입니다. 마르크스의 텍스트에서 알아보지 못한 이런저런 길이나 혹은 이 텍스트에서 설파되고 있는 '혁명'을 따라서 말입니다. […] 그러는 동안 우리가 할 수 있는 엄격성의 한계 속에서 연구를 하는 것 말고는, 그리고 우리가 지각하고 지배하는 영역에서 가능할 때마다 '좌파에서' 행동하는 것 말고는 달리 할 일이 없습니다. 그것도 상황이 아주 분명할 이와 같은 '행동'의 미시적 영향에 대해 큰 환상을 품지 않은 채 말입니다.

"가능할 때마다 '좌파에서' 행동하는 것", 이것이 바로 그 시기에 볼 수 있었던 데리다의 행동 노선, 부당하게도 몇몇 사람들에게 항상 '늦게' 참여한다는 비난을 받았던 노선이었다. 하지만 데리다는 상황이 "아주 분명하게 보이면" 그에게 요청된 청원에 망설이지 않고 응했다. 1970년 11월 12일, 그는 피에르 기요타의 『에덴 에덴 에덴』(*Eden Eden Eden*)이 희생물이 된 검열에 반대하는 청원서에 서명했다. 거기에는 제롬 랭동, 장폴 사르트르, 시몬 드 보부아르, 피에르 불레즈, 미셸 푸코, 그리고 많은 작가들, 특히 누보로망과 『텔켈』 진영의 여러 작가들의 이름도 있었다. 2주 후에 데리다는 앤젤라 데이비스의 석방을 요구하는 『라 누벨 크리티크』지의 호소에 400명의 프랑스 지식인들과 마찬가지로 응했다. 요르단 군대의 살상 행위가 반복적으로 자행되자, 데리다는 "해당 민족들의 권리 안에서 고려되는 정치적 해결을 조장하는 여론과 민주 세력 전체"[47] 에 호소하면서 "팔레스타인의 저항을 분쇄하는 모든 시도"에 반대한다는 성명서에도 서명을 했다.

몇 달 후 데리다에게는 조지 잭슨 사태가 훨씬 더 개인적인 참여의 목표가 되었다. 잭슨은 캘리포니아에 있는 한 감옥에 투옥된 흑인 투사였다. 그는 소요 중에 백인 관리인을 죽였다는 혐의로 다른 두 명의 흑인들과 같이 기소되었다. 하지만 잭슨의 자전적 이야기인 『솔리대드의 형제들』(*Les frères de Soledad*)은 여론을 강타했고, 28세 된 이 미국 흑인 청년은 블랙 팬더스의 투쟁의 상징이 되었다. 이 작품은 갈리마르 출판사에서 프랑스어로 번역되어 장 주네의 서문과 함께 출간되었다. 주네는 3년 동안 흑인 혁명가들과 함께 생활하기도 하고, 미국 대학들에서 진짜 순회

---

47) 청원과 관련된 보도 기사 모음은 IMEC에 보관된 데리다 고문서에 포함되어 있다.

강연다운 강연을 하기도 했다. 1971년 7월, 잭슨의 재판이 열렸을 때, 주네는 "투옥된 흑인 정치 투사들을 위한 지원 위원회"를 도와줄 것을 호소했고,[48] 그런 다음에 서명자들에게 잭슨에 대한 책에 기고해 줄 것을 부탁하기도 했다.

데리다는 주네에게 보내는 편지의 형태로 미국으로 가는 배 위에서 기고문을 썼다. 하지만 1971년 8월 21일, 잭슨은 재판 이틀 전에 도주 혐의로 경찰관에게 살해당했다. 출간이 예정되어 있던 책은 그 존재 이유를 상실했고, 데리다가 아주 섬세하게 썼던 글은 출간되지 못했다. 비록 그가 자신의 글에서 흑인 죄수들에 대한 지지를 표명했지만, 그는 주네에게 그 자신이 선택한 방식으로 망설임을 전하고 있다. 데리다는 특히 그런 성격의 책이 "그처럼 비중이 큰 사건을 출판 문제를 포함한 이러저러한 문학적 사건, 서명 문제를 둘러싸고 긴박하게 돌아가는 '인텔리겐치아' 집단으로 그려지는 프랑스, 심지어 파리의 모습으로 환원시키는 것"을 우려했다.

---

48) 이 호소에는 '조지 잭슨을 위하여'라는 주네의 선언문이 뒤따랐다. 이 텍스트는 『공표된 적』에 재수록되어 있다(Jean Genet, *L'énnemi déclaré, textes et entretiens*, éd. Albert Dichy, Gallimard, 1991, p. 353). 이 선언문의 마지막 문단 바로 앞 문단에서 장 주네는 이렇게 쓰고 있다. "이 선언문의 이 부분에 와서 흑인들을 구하기 위해 나는 백인들에 대한 범죄와 살인을 호소한다." 과격한 폭력이라는 측면에서 이와 같은 문장은 데리다가 평생 동안 취했던 '모든' 정치적 입장과는 모순되는 것이다. 서명자들—그들 중에는 모리스 블랑쇼, 마르그리트 뒤라스, 피에르 기요타, 필립 솔레르스 등이 있었다—이 흑인 죄수들을 위한 호소문만을 읽고 동의했을 뿐이지, 거기에 이어지는 주네의 선언문의 내용은 읽지 못했다고 생각할 수 있다. 어쨌든 『마지막 주네』(*Le dernier Genet*, Seuil, 1997)의 저자인 아드리엥 라로슈(Hadrien Laroche)에게 이 문제에 관심을 갖게끔 해준 데 대해 감사를 드린다. 이 문제는 긴 분석이 필요할 것이나 여기서는 이렇게 간단하게 언급하는 것으로 그친다.

이런 이유로 나는 당신이 말한 집단 행동에 참가하는 것을 여전히 망설였습니다. 또한 이런 이유로 언젠가 '시인' 잭슨의 '문학적 재능'(인정할 필요가 있습니다. 물론 당신이 옳습니다. 내가 여기서 당신을 의심하는 것이 아닙니다. 이런 표현을 이용할 수 있습니다. 동의합니다)이라고 당신이 불렀던 것에 대해 행해질 수 있는 집중을 우려했습니다. 그리고 이와 비슷한 다른 함정들도 우려됩니다. 이와 같은 장면에서 누가 누구를 함정에 빠뜨릴 수 있겠습니까? […] 사람들이 가진 가장 선한 의지, 견딜 수 없고 용납할 수 없는 것에 대한 가장 성실한 도덕적 분노를 가지고서도 사람들은 말을 통해 해방시키고자 하는 것을 다시 가둘 수 있습니다. 범죄에 익숙해지는 것입니다.[49]

공개적이든 아니든 간에 이와 같은 데리다의 구체적 참여는 다른 사람들의 기대를 충족시키기에는 아직 먼 것이었다. 그와 아주 가까운 사람들 중에서 어떤 이들은 제라르 그라넬보다 더 초조했고, 그 결과 데리다로 하여금 마르크스-레닌주의부터 시작해서 가장 화급을 다투는 몇몇 이론적 문제들에 대해 답을 하도록 촉구하기도 했다. 『프로메스』지에서 주로 활동했던 장 루이 우드빈과 기 스카르페타의 경우가 좋은 예였다. 이 잡지는 처음에는 푸아티에의 시 동인지였으나, 그 두 사람이 이 잡지를 점차 『텔켈』지의 위성 잡지로 변화시켰다. 1971년 5월에 그들은 데리

---

49) 데리다가 장 주네에게 보낸 1971년 8월 20일 편지. 이 텍스트 전체는 먼저 Jacques Derrida, *Negotiations: Interventions and Interviews*, 1971-2001, ed. Elizabeth Rottenberg, Stanford University Press, 2002에 영어 번역으로 실렸고, 그다음에 데리다에게 할애된 Marie-Louise Mallet and Ginette Michaud éds., *Derrida, Cahier de L'Herne*, L'Herne, 2004, pp. 318~320에 재수록되었다.

다에게 인터뷰를 요청했고, 「이중주」라는 글을 썼던 데리다는 곧바로 쟁점이 무엇인지를 간파했다. 우드빈은 데리다에게 이렇게 쓴 적이 있었다. "몇 개월 전부터 이 무슨 이데올로기적 상황입니까! 이 무슨 격렬한 대립입니까!"[50] 이와 같은 도전에 대해 데리다는 정면으로 응수하기로 했던 것이다.

　　인터뷰는 1971년 6월 11일 오후, 고등사범학교에 있는 데리다의 연구실에서 이루어졌다.[51] 질의응답은 아주 긴박했으나, 어조는 아주 정중했다. 우드빈과 마찬가지로 스카르페타도 데리다에 대해 큰 존경심을 가지고 있었다. 그리고 "인터뷰의 법칙과 선언적 방식"을 처음으로 받아들인 데리다는 도망가려 하지 않았다. 장 피에르 파예와 엘리자베스 루디네스코의 공격 이후 공개적 반응은 아니었지만, 데리다는 이 기회에 분명하고, 생생하고, 종종 조롱하는 듯한 태도로 응수했다. 『텔켈』지와 필립 솔레르스에 대한 자신의 지지를 재차 확인하면서 데리다는 변증법적 유물론의 기치 아래 그 자신이 말려들어 가는 것을 거절했다. 그러면서 그는 "상황이 분명하게 밝혀지지 않는 한 이론적이든 정치적이든 간에 접촉이나 결합을 서둘러서 얻을 수 있는 그 어떤 이득"도 없다는 것을 분명히 했다. 데리다 자신의 해체 작업과 마르크스의 여러 개념 사이에 "결합은 '즉시 주어질 수'는 없다"라는 것이었다.[52]

　　데리다가 보기에 그 당시의 역사적 상황에서 "필요하고도 긴급한" 것은, "철학과 형이상학의 융기와 그 한계를 전체적으로 결정하는 것"이

---

50) 장 루이 우드빈이 데리다에게 보낸 1970년 12월 20일 편지.
51) 나중에 『입장들』에서 말하는 것처럼 6월 17일이 아니다.
52) Derrida, *Positions*, p. 85.

었다. 파예에게 암묵적으로 답을 하면서 데리다는 자기에게 하이데거의 텍스트들은 아주 중요하며, "이 텍스트들이 전례 없고, 되돌릴 수 없는 주장을 하고 있고, 이 텍스트들의 모든 비판적 원천을 탐사하는 작업은 아직도 요원하다"라는 입장을 견지했다. 그럼에도 불구하고 데리다는 출간된 자신의 모든 글에서 "하이데거의 문제의식과 '거리'를 보여 주고 있다는 것"은 부정할 수 없는 사실이었다.[53]

그 다음날, 우드빈은 데리다에게 그들의 질문에 참을성 있게 대답을 해준 점에 대해 심심한 감사를 표했다. 며칠 후에 우드빈은 필립 솔레르스에게 인터뷰 사실을 알리면서 데리다가 "공격적인 입장보다는 방어적인 입장"이었고, 많은 "신중함"과 "조심성"을 가지고 인터뷰에 임했다는 사실을 상기시켰다.[54] 7월 1일, 우드빈은 데리다에게 인터뷰의 녹취록을 보내면서 매우 레닌주의적인 내용의 편지를 동봉했다. 이 편지의 일부는 인터뷰의 속편에서 다시 거론된다. 데리다로 말할 것 같으면, 그는 그의 주장을 세세하게 다시 한 번 훑어보는 것으로 그치지 않았다. 그는 라캉에 대해 아주 긴 주를 덧붙였다. 그런데 라캉에 관련된 문제는 "그의 몇몇 친구들의 진술이 종종 서로 엇갈리는 바람에 그의 중립성을 유감스럽게 생각했던" 또 다른 주제였다.

내가 지금까지 펴냈던 텍스트들 전체에서 실제로 라캉에 대한 참조는 거의 없다. 이것은 단지 『크리티크』(1965) 지에(실제로는 이 해보다 더 빠

---

53) *Ibid.*, p. 73.
54) Forest, *Histoire de* Tel Quel, p. 368에 인용된 편지의 일부.

를 수도 있다고 한다)『그라마톨로지에 관하여』의 게재 이후 라캉이 말이나 탈취의 형태로, 직접적으로든 간접적으로든, 사적으로든 공개적으로든, 세미나에서든 무수하게 했던 공격만으로 설명되지 않는다. 이것은 또한 그 이후 내가 그의 글 '하나 하나'에서 확인했던 공격만으로는 설명되지 않는다. [...] 내 주장에서 볼 수 있는 짜증 ─ 나는 이것을 후회했다 ─ 은 무의미한 것이 아니었으며, 그것 역시 라캉이 침묵을 지키면서도 경청해 주길 바랐던 것이다.[55]

데리다의 설명에 따르면, 그가 초기의 글들을 썼을 때 그는 라캉의 두세 편의 텍스트만을 알고 있을 뿐이었다. 비록 그가 "정신분석 영역에서 라캉 식의 문제의식이 갖는 중요성"을 이미 확인하고 있었음에도 말이다. 그 이후『에크리』를 꼼꼼하게 읽으면서 데리다는 자신이 문제를 제기하고 싶어 했던 몇 개의 주요 관심사를 발견하게 되었다. 가령, "진리와의 [...] 본질적 관계 속에서의 충만한 말의 '목적인'(télos)", "음성학, 좀 더 정확하게는 소쉬르 언어학의 권위에 대한 참조", 하지만 "글쓰기 개념"에 대해서는 특별한 질문이 따르지 않은 참조 등이 그것이었다. 데리다는 「도둑맞은 편지」에 대한 세미나"에 아주 큰 관심을 가졌다고 말하고 있으며, 머지않아 그 자신도 이 문제를 다루게 된다.[56] 1971년 11월부터 데리다가 볼티모어의 존스홉킨스에서, 그리고 예일에서 다시 했던 강연의 내용이 바로 그것이었다.

---

55) Derrida, *Positions*, pp. 112~113.
56) *Ibid.*, pp. 115~118.

7월 30일, 우드빈은 데리다에 의해 수정되고 보완된 인터뷰를 비난했다. 그에 따르면 인터뷰 전체가 "아주 중요한 내용, 신학기에 제기될 이데올로기 부분에서 아주 생산적인 일련의 말들"을 포함하고 있었다. 그는 이 인터뷰가 "꽤 큰 반응을 일으킬 것"[57]을 의심하지 않았다. 데리다는 이 인터뷰가 11월로 예정된 호에 게재되기 전에 그 누구에게도 읽혀져서는 안 된다는 점을 강조했다. 하지만 우드빈은 레 섬에서 솔레르스와 줄리아 크리스테바를 만났을 때 라캉에 대한 주를 포함해 그 내용을 그들에게 상세하게 언급하게 된다.

실제로 "신학기"는 과격함을 예고하고 있었다. 『텔켈』지에서는 마오주의자들의 압력이 점점 더 집요해졌다. 1971년 6월에 솔레르스는 쇠이유 출판사에서 알튀세르의 여자 친구인 마리아 안토니에타 마치오치의 중국에 대한 열광적인 르포르타주인 『중국에 관하여』(*De la Chine*)의 출간에 관여했다. 이 책에 불편함을 느낀 데리다는 옛 친구이자 중국 전문가인 뤼시앵 비앙코에게 이 책에 대한 생각을 물었다. 『중국혁명의 기원』의 저자인 비앙코는 유럽인들이 유혈 폭력을 모른 체하고 넘어가고자 하는 중국의 문화혁명을 위한 이와 같은 무거운 선전용 책자 앞에서 분노를 숨기지 않았다. 후일 데리다가 다른 텍스트에서 말하고 있는 것처럼, 비앙코와 자주 만남으로써 그는 "가장 걱정스럽고, 가장 위협적이고, 종종 가장 희극적인 교조주의적 수면 상태가 파리의 '문화' 무대를 지배하

---

57) 장 루이 우드빈이 데리다에게 보낸 1971년 7월 30일 편지.

고 있는 순간에도", "몇몇 구역에서 속삭여지던 반계몽적 폭력"[58]에 대해 일찍부터 경계심을 품고 있었다. 하지만 그 당시 데리다는 최선을 다해 이 주제를 피했다. 정치적 경색에도 불구하고 솔레르스와의 대화는 화기 애애했고, 최근 『텔켈』지의 편집진에 공식적으로 합류한 줄리아 크리스테바와의 대화 역시 마찬가지였다. 『산종』의 출간이 준비되고 있었고, 데리다가 다음 여름에 『텔켈』이 스리지에서 주최하는 "아르토/바타유" 콜로키엄에 참석하는 것은 당연한 일로 보였다.

어쨌든 1968년과 마찬가지로 데리다에게 미국으로의 출발은 여러 면에서 위안이었다. 여행은 8월 중순부터 배로 이루어졌다. 데리다가 아직도 비행기에 대한 공포를 극복하지 못했기 때문이다. 데리다와 마르그리트는 두 아이들을 데려갔으며, 특히 이번에는 니스에서 바칼로레아 시험의 프랑스어 과목을 통과한 조카—자닌의 딸—마르틴 메스켈과 같이 갔다. 메스켈은 이렇게 기억하고 있다. "제가 어렸을 때 자키는 어느 정도 미국통 삼촌이었어요. 그가 먼 곳을 여행한 것을 보고 저는 꿈을 꾸게 되었죠. 1971년 7월, 제가 바칼로레아 프랑스어 과목 결과를 기다리고 있는데, 자키가 이렇게 말했어요. '너를 미국에 데려가고 싶은데. 한 가지 조건이 있어. 바칼로레아 점수에 달려 있어.' 사실 그때 저는 이미 성적표를 호주머니 속에 넣고 있었고, 점수도 좋았어요…. 몇 주 후에 우리는 '프랑스' 호에 올랐습니다. 자키는 '프랑스' 호의 화려함과 그 자신이 투쟁을 지지하고 있는 미국 흑인들의 가난 사이에 큰 거리가 있다는 사실을 강조

---

58) Jacques Derrida, "L'ami d'un ami de la Chine", éd. Marie-Claire Bergère, *Aux origines de la Chine contemporaine. En hommage à Lucien Bianco*, L'Harmattan, 2002, pp. II~III.

했던 것을 기억해요. 대서양을 건너는 동안 저는 아주 새로운 지적인 분위기 속에 젖어 들었던 것 같아요. 마르그리트는 프로이트의 저작들을 권해 주었고, 자크는 플라톤의 몇몇 대화편을 읽으라고 말했어요. 그 다음 해 저는 비칼로레아 철학 과목에서 좋은 점수를 받았고, 그렇게 해서 저의 진로가 정해졌어요."[59]

미국에 도착한 후에 처음 몇 주 동안은 관광을 했다. '프랑스' 호에 실어 왔던 하얀색 시트로앵 아미6를 타고 마르그리트와 데리다는 마르틴과 두 아이들에게 가능하면 많은 것을 보여 주고자 했다. 그때 피에르는 8세였고, 장은 체류 중에 4세를 맞게 된다. 마르틴 메스켈은 이렇게 말하고 있다. "우리는 며칠 동안 뉴욕에 머물렀어요. 자크는 벌써 잘 알고 있는 이 도시를 저에게 보여 주는 것을 자랑스럽고도 기쁘게 생각했어요. 그는 할렘 지역을 자동차를 몰고 지나갔어요. 가끔 그는 운전을 하면서 사진을 찍었어요. 그의 말에 의하면 멈추면 안 된다고 했어요. 위험하다는 것이었습니다. 하지만 어쨌든 그는 우리를 그곳으로 데려가는 것이 중요하다고 생각했던 것 같아요."

보스턴에서 비행기를 갈아타고 그들 모두는 몬트리올로 갔다. 그곳에서는 8월 29일부터 9월 2일까지 제15회 프랑스어권 철학자 대회가 열렸다. 폴 리쾨르가 기조강연을 맡았다. 데리다는 '서명, 사건, 문맥'이라는 제목의 강연을 리쾨르 다음으로 했다. 오스틴에 대한 한 독법을 소개한 이 강연으로 인해 데리다는 몇 년 후에 존 R. 설과 격렬한 논쟁을 하게 된다. 하지만 지금 당장 데리다는 리쾨르와 더불어 길고도 활기에 찬 대화

---

59) 마르틴 메스켈과의 인터뷰.

를 나눌 수 있었고, 이와 같은 대화는 후일 그들 각자의 텍스트로 이어지게 된다.[60]

　메스켈은 얼마 후에 고등학교 졸업반으로 올라가기 위해 파리로 출발했다. 이어지는 여러 달 동안, 따사로운 가을에 데리다와 마르그리트, 그리고 두 아들은 볼티모어의 존스홉킨스대학의 여러 친구들을 다시 만나게 되었다. 그들은 스콧 피츠제럴드가 살았던 큰 아파트에서 거주하게 되었다. 데리다의 어머니와 그의 외숙모 중 한 명이 몇 주 여정으로 그곳으로 오기도 했다. 데리다는 수업 부담이 크긴 했지만 첫 몇 주는 아주 즐겁게 보낼 수 있었다.

　　교수들과 학생들은 아주 반갑게 맞아 주었고, 대학 행정은 믿을 수 없을 정도로 '잘 돌아갔고' 또 용이하네. 모든 편의와 '간소함'은 ─ 예컨대 도서관에서 ─ 그대로 볼만한 오브제, 장면이네. 분명 이 모든 것이 가능한 것은 '돈' 덕택이네. 그리고 이곳 대학은 미국에서도 정치, 사회적으로 가장 조용한 대학들 중 하나이네. 물론 불평을 하는 학생들도 없지 않네.

---

60) 리쾨르와 데리다의 발표문과 그들의 토론은 *La communication. Actes du XVᵉ Congrès de l'Asscociation des sociétes de philosophie de langue française*, University of Montréal, éditions Montmorency, 1973에 게재되어 있다. 리쾨르의 텍스트는 Paul Ricœur, *La métaphore vive*, Seuil, 1975에 재수록되어 있다. 리쾨르는 이 책을 다음과 같은 헌사와 함께 데리다에게 보냈다. "자크 데리다를 위해. 설명의 시작, 새로운 '교차'를 위하여, 신뢰할 수 있는 사유에 경의를 표하며." 종종 '은유' 논쟁이라 불리는 이 논쟁은 데리다의 여러 텍스트들로 이어진다. 「백색 신화학」("La mythologie blanche", *Poétique*, no. 5, 1971에 실렸다가 Jacques Derrida, *Marges*, Editions de Minuit, 1972에 재수록), 더 직접적으로는 「은유의 후퇴」("Le retrait de la métaphore", *Psyché, Inventions de l'autre*, Galilée, 1987에 재수록되기 전에 *Poésie*, no. 7, 1978에 게재) 등이 그 예이다. 좀 더 자세한 정보에 대해서는 François Dosse, *Paul Ricœur*, La Découverte/Poche, 2008, pp. 359~363에 있는 참고문헌을 볼 것.

그들은 파리에 가 본 학생들, 그곳에서 1년을 보낸 학생들, 파리에서 벌어지는 정치, 문화적 사건들을 쫓아가는 학생들이네. 그들은 마치 갈리마르, 마스페로, 쇠이유 출판사 사이에서 있는 것처럼 살아가네.[61]

이 학생들 중 몇몇은 벌써 데리다의 사유를 잘 알고 있었다. 그들은 오데옹 광장에 있는 코넬대학과 존스홉킨스대학 부설 건물에서 데리다가 진행한 세미나에 참가했던 사람들이었다. 후일 데리다 저작의 가장 유명한 번역가 중 한 명이 되는 앨런 배스가 그들 중 한 명이었다. "1970년에 파리에서 데리다가 했던 강의는 로트레아몽에 대한 것이었어요. 나는 그의 접근 방법에 매료되었고, 로트레아몽을 체계적으로 읽기 시작했지요. 데리다가 인용하고 설명한 내용으로 내 책을 가득 메우면서 말입니다. 볼티모어에서의 세미나는 주로 라캉 읽기였고, 특히 「도둑맞은 편지」에 대한 세미나'를 다루었어요. 나는 라캉을 잘 이해하기 위해 프로이트를 가능하면 체계적으로 읽기로 마음먹었어요. 그것이 내가 정신분석에 입문하게 된 계기가 되었으며, 후일 정신분석은 내 직업이 되었지요. 데리다는 일련의 강의 끝에 내가 작성한 페이퍼를 흡족하게 생각했어요. 그는 마르그리트와 그의 두 아들과 함께 아파트에서 나를 초청해 주었고, 나와 함께 오랜 동안 이야기를 나누기도 했어요. 그때가 마치 어제인 것처럼 눈에 선합니다. 자크 데리다가 내 옆에 앉아서 직접 나의 프랑스어 문법 실수를 고쳐 주었어요! 며칠 후에 그 당시 홉킨스에서 가르치고 있었고, 데리다의 가장 열렬한 지지자들 중 한 명이었던 힐리스 밀러는 내

---

61) 데리다가 미셸 드기에게 보낸 날짜 미상 편지(1971년 9월 또는 10월).

학위논문으로 『글쓰기와 차이』의 해설 번역을 하면 어떻겠느냐는 제안을 했어요. 나는 그때 나에게 굉장한 기회가 주어졌다고 느꼈어요. 데리다와 힐리스는 나의 장래는 물론이고 그들의 계획 속에서 내가 할 수 있는 역할에 대해서도 이야기를 나누었지요. 그 다음해에 나는 수많은 참고문헌을 보면서 뉴욕공공도서관에서 『글쓰기와 차이』의 번역을 시작했어요. 가령, 라이프니츠의 『모나돌로지』의 인용문이 있으면 나는 그 책 전체를 읽었습니다."[62]

사실, 그 시기에 데리다가 미국 대학들에서 누린 명성은 아주 규모가 작은 집단에 한정되어 있었다. 우선 그가 프랑스어로 강의를 했고, 따라서 극소수의 학생들만을 가르쳤기 때문이다. 그 다음으로는 특히 그의 저작들 중 영어로 읽을 수 있는 것이 거의 없었기 때문이다. 앨런 배스가 『글쓰기와 차이』를 번역하고 있는 동안, 벵갈 출신의 젊은 여성이던 가야트리 스피박이 『그라마톨로지에 관하여』의 번역을 시작했다. 물론 이 두 권의 책이 출간되기까지는 몇 년이 걸리게 된다. 따라서 당시로서는 데리다의 강의와 개인적인 만남들을 통해서 해체에 관련된 이론이 미국 내에 점차 퍼져 가고 있었을 뿐이다. 10월 중순부터 존스홉킨스대학에서 강의를 계속하면서 데리다는 점차 주중에 다른 대학으로 가게 되었다. 폴 드 만이 볼티모어에서 예일로 가게 되었는데, 그로 인해 곧 중요한 결과가 발생하게 된다. 우선 그는 데리다에게 예일의 비교문학과에서 '문학과 정신분석'이라는 제목의 강연을 부탁했다. 드 만의 말에 따르면, 예일에서의 첫 번째 강연과는 반대로 데리다는 이제 "완전히 흥미를 가진 청중들"

---

62) 앨런 배스와의 인터뷰.

과 데리다의 저작을 섭렵한 청중들을 대상으로 강연을 하게 된다.[63] 실제로 '진리의 배달부'라는 강연은 청중을 깜짝 놀라게 했다. 11월 6일, 데리다는 발레리의 탄생 100주년을 기념하며 존스홉킨스에서 또 다른 중요한 내용을 가진 '칼 켈'(Qual Quelle)을 발표하게 된다. 데리다는 청소년기 이후 처음으로 발레리의 작품에 다시 몰두했으며, 그 뒤에 종종 그의 작품을 참고하게 된다.

미국에서 체류하는 동안 데리다는 알튀세르와 포트라로부터 윌름가의 소식을 계속 받았다. 새로운 총장으로 부임한 퐁피두의 동창이던 장 부스케는 "약간 선동가 기질이 있는 사람"으로 "전임자보다는 훨씬 더 노련하고 점잖았습니다".[64] 데리다는 고등사범학교와 그의 철학도들을 위해 "조금의 걱정"도 하지 않았다.[65] 모든 것이 잘 진행되고 있는 것 같았기 때문이었다.

하지만 데리다의 두 동료와 친구들은 특히 파리에서 벌어진 소란에 대한 정보를 계속 보내 주었다. 이 소란은 1968년 5월혁명보다 정도 면에서 오히려 더 요란했다. 솔레르스는 최근에 쇠이유 출판사에서 출간된 베르나르 포트라의 『태양의 변이. 니체의 문체와 체계』의 출간을 환영했다. 하지만 솔레르스는 그에게 그 당시에 『중국에 관하여』에 얽힌 사태를 자세하게 설명해 주었다. 1971년 9월, 『뤼마니테』지가 마치오치의 『중국에 관하여』 출간 기념회를 금지했고, 그로 인해 솔레르스와 프랑스 공산당 사이에 균열이 생기게 되었다. 그런 만큼 데리다는 파리로 돌아왔을 때

63) 폴 드 만이 데리다에게 보낸 1971년 10월 13일 편지.
64) 베르나르 포트라가 데리다에게 보낸 1971년 10월 16일 편지.
65) 알튀세르가 데리다에게 보낸 1971년 10월 29일 편지.

새로운 상황에 익숙해져야 했다. 그도 그럴 것이 "'수정주의자'라는 수식어가 자연스럽게, 쉽게, 아무렇지도 않은 듯이 사용되고 있었기 때문이었다".[66] 자콥 가에 위치한 쇠이유 출판사 건물에 들어 있는 『텔켈』지 사무실은 마르슬랭 플레네에게서 빌린 '대자보들'로 덮여 있었다. 그 가운데 가장 흥미 있는 것은 다음과 같은 것이었다. "세상에는 두 가지 생각, 두 가지 노선, 두 가지 길이 있다. 아라공이냐 마오쩌둥이냐? 동지들이여, 선택해야 한다!"[67]

알튀세르는 그 나름대로 복잡한 게임을 하고 있었다. 물론 그에게는 당을 떠나는 것이 문제가 아니었지만, 그는 『프로메스』지의 특집호를 위해 인터뷰를 제안한 우드빈을 최근에 만난 적이 있었다. 데리다와의 인터뷰가 이 잡지에 게재될 것이라는 사실이 알튀세르를 자극했다. "자네가 괜찮다고 하면, 자네 인터뷰가 출간되기 전에 우드빈이 그 원고를 나에게 보내줄 것이라고 생각하네. 자네도 알고 있겠지만, 나는 자네가 쓴 것을 '알고' 싶네. 몇몇 단편적인 생각만으로는 만족할 수가 없네." 알튀세르는 어쩌면 이 인터뷰가 자신의 옛 제자의 생각 속으로 들어가는 문이라고 생각했을 수도 있다. "놀라운 것은, 지금까지 자네가 거북하게 생각한 사람들 중 그 누구도 자네가 쓴 것의 '수준'에 걸맞은 비판을 쓸 수 없었다는 점일세."[68]

상당히 긴 데리다의 인터뷰가 실린 『프로메스』지가 11월 20일에 출

---

66) 베르나르 포트라가 데리다에게 보낸 1971년 10월 16일 편지.
67) 이와 같은 희비극적 우여곡절에 대한 자세한 정보에 대해서는 Forest, *Histoire de* Tel Quel, pp. 384~441을 참고할 것.
68) 알튀세르가 데리다에게 보낸 1971년 10월 29일 편지.

간되었다. "독점적 판매 시간을 확보하기 위해"⁶⁹⁾ 『텔켈』지보다 조금 앞서 출간된 것이었다. 우드빈이 생각했던 것처럼 이 잡지는 그냥 묻혀 버리지 않았고, 평소보다 훨씬 더 많이 판매되었다. 하지만 다시 사고가 발생했다. 데리다에게 사전에 알리지 않고 우드빈이 이 잡지를 라캉에게 곧장 보냈던 것이다. 특히 라캉에게 그에 관련된 주가 나중에 작성된 것이라는 점을 설명하면서 말이다. 데리다는 이 일로 격분하게 된다. "지금 보시는 대로의 인터뷰에서 데리다가 작성한 주에 대한 우리의 입장은 이렇게 설명됩니다. 그런데 그 주는 우리의 동의를 받은 것이 아닙니다. 하지만 우리는 데리다에게 동의하지 않는다는 점을 숨기지 않았습니다. [⋯] 그는 그것을 빼자고 하지 않았습니다." 우드빈은 편지에서 라캉의 답장 역시 자신의 잡지에 게재될 것이라고 말했다.⁷⁰⁾

데리다는 12월 7일에 미국에서 돌아왔다. 그 이후에 이어지는 2주 동안 그는 "특히 소규모 파리 집단의 혼란으로 인해"⁷¹⁾ 눈사태에 휩싸이게 된다. 그는 자신의 지적 명석함과 친한 친구들과 결별하지 않으려는 의지, 그리고 자신에게 계속적으로 중요했던 상황 사이에서 찢긴 듯한 인상을 받았다. '텔켈' 총서에서 『산종』이 곧 출간되려는 상황에서 솔레르스는 열광적인 소개글을 썼다. "『산종』은 유보 없는 기록의 결과로서 위험임과 동시에 분산이며, '그리고' 가장 엄격한 구속이기도 하다. 또한 그것

---

69) 장 루이 우드빈이 데리다에게 보낸 1971년 7월 30일 편지.
70) 이 부분은 두 사람 사이의 관계가 악화되었을 때 장 루이 우드빈이 데리다에게 보낸 편지 (1972년 3월 12일)에서 인용된 것이다.
71) 데리다가 로돌프 가셰(Rodolphe Gasché)에게 보낸 1971년 12월 21일 편지.

은 가장 어렵고, 가장 거칠며, '그리고' 가장 활발한 것이기도 하다." 데리다는 이 미래의 책에서 여러 사람들과의 공모를 드러내고 있다. 가령, 이 책의 1/4이 솔레르스의 『수』에 할애되었고, 줄리아 크리스테바, 마르슬랭 프레네, 장 조셉 구 등에게 찬사의 말을 암시하고 있으며, 마르크스, 레닌, 알튀세르, 심지어는 『에크리』, 마오쩌둥의 글도 인용하고 있다. 하지만 이 모든 것으로 충분하지 않았다.

7장_결별

1972~1973

1972년 새해가 밝았다. 이 시기에 사람들은 서로 행복을 비는 마음을 나누었다. 데리다도 이런 습관을 충실히 이행했다. 그는 오랫동안 보지 못했던 앙리 보쇼에게 길고 다소 우울한 편지를 보냈다.

> 내가 지금 영위하고 있는 삶, 그리고 우리 대부분이 영위하고 있는 삶은, 메마르고 부주의하고 추상적인 분주함 때문에, 불행히도 점점 더 우울하고 부조리한 것이 되어 가고 있습니다. 이것은 우리의 일상이, 최악의 날과 최고의 날까지도 사회적인 삶 속으로 휩쓸려 간다는 것을 의미합니다. 나는 친구들을 만나고, 이야기를 나누고, 그들과 함께 시간을 보내는 일을 방해하는 모든 것들로 인해 더욱더 좌절하고 있습니다. 그리고 점점 더 많은 것들이 나를 가로막고 있고, 계속해서 쌓여 가며, 나를 천천히 그리고 분명하게 견딜 수 없고 치명적인 질식 상태로 몰아 가고 있습니다. […] '파리의 활동무대'는 숨이 막히고, 텅 비어 있습니다.[1]

---

1) 데리다가 앙리 보쇼에게 보낸 1972년 1월 7일 편지.

며칠 후, 데리다는 솔레르스에게 화기애애한 내용의 편지를 보냈다. 하지만 이 편지에는 솔레르스의 소설 『법』(*Lois*)의 원고에 대한 약간의 당혹감이 섞여 있기는 했다. "편지가 늦어 미안합니다. 나는 이 소설을 한 번 더 읽어 보고 싶었어요. 물론 나는 이 소설을 한 번 이상 다시 읽어야 할 것 같습니다. […] 종국적으로 『법』에 대해 글을 쓰는 것은 어렵고 또 불가능합니다. 너무 함정이 많은 작품이네요. 독자는 매순간 놀이판의 불길한 칸(감옥, 구덩이, 미로 등)에 빠질 […] 위험이 있어요. 하지만 이 무슨 놀이입니까!"[2] 이것은 데리다가 『수』를 처음 읽고 즉각 표현했던 열광과 같은 것이 전혀 아니었다.

그 후 며칠 동안, 상황은 빠르게 변화했다. 1월 18일, 데리다는 『라 누벨 크리티크』지의 편집장 앙투안 카사노바의 인터뷰 요청에 응했다고 우드빈에게 알렸다. 『텔켈』지와 프랑스 공산당 사이의 관계가 완전히 결렬되었음에도 말이다. 하지만 데리다의 주장에 따르면 이번 만남은 결코 그들과의 연합을 의미하는 것은 아니었다. "내가 이 주제에 대해 예상되는 생각을 당신에게 말한 바 있으며, 그것을 다시 한번 강조합니다. 나는 잘 알려진 '입장들'을 상기시켰고, 『뤼마니테』지의 축제 때 『중국에 관하여』라는 책의 출간 금지에 대해 반대한다는 의견을 매우 확고하고 분명하게 표현했습니다. 이런 내용이 이번 인터뷰의 대부분을 차지합니다. 그것 이외에 중요한 것은 아무것도 없습니다."[3]

같은 날 저녁, 자크와 마르그리트는 솔레르스, 크리스테바, 플레네

---

2) 데리다가 필립 솔레르스에게 보낸 1972년 1월 14일 편지.
3) 데리다가 장 루이 우드빈에게 보낸 1972년 1월 18일 편지.

와 함께 폴과 이브 테브냉 부부의 집으로 저녁 식사 초대를 받았다. 시간이 흘렀지만, 세 명의 텔켈 인사들(telqueliens)은 나타나지 않았다. 데리다와 폴 테브냉은 곧 이것이 "힐책"—카사노바를 만난 것에 대한 복수—이라는 것을 알아차렸다.[4] 폴 테브냉과 데리다는 그들의 이런 태도에 경악했고, 그것은 즉각적인 결과로 이어졌다. 바로 그 다음날, 그들은 각각 스리지의 콜로키엄 주최자들에게 솔레르스와 『텔켈』그룹과의 관계가 "끝장났으며", 해서 그들은 아르토와 바타유에 대한 열흘 동안의 콜로키엄에 참석하지 않을 것이라고 알렸다. 데리다는 이렇게 쓰고 있다. "유감입니다만, 내 결정은 최후의 것입니다. 그리고 이 사실을 널리 알릴 수 있도록 당신에게 곧장 알리는 것이 최선이라고 생각했습니다."[5]

이 상황을 알았을 때, 솔레르스는 데리다의 태도와 폴 테브냉의 태도를 구분함으로써 상황을 만회할 수 있는 일을 하려고 노력했다.

자크,

나는 모든 일들이 '이토록' 소란을 일으킬 필요는 없다고 생각합니다. 그렇지 않은지요?

마치 오치 사건에 전적으로 관여해야 하는가의 문제에 대해 내가 숙고했고, 또 당연히 그래야 한다고 생각한다는 것을 당신은 잘 알 겁니다.

이렇게 말해 줄 수 있는지요?

(1) 폴에게. (그녀의 일을 이유로) 우리가 그녀를 공격하고자 한다는 것을

---

4) Philippe Forest, *Histoire de* Tel Quel, Seuil, 1995, p. 402.
5) 데리다가 에디트 외르공(Édith Heurgon)에게 보낸 1972년 1월 19일 편지.

내비치는 것은 쓸데없는 짓으로 보인다는 사실입니다. 물론 우리는 '절대' 그렇게 하지 않을 것입니다.

(2) 이브에게. 무슨 일이 발생하든, 줄리아와 나는 그의 좋은 친구로 계속 함께 할 것이라는 사실입니다.

읽어 주어 고맙습니다.

마르그리트에게 우정을.

당신에게는 '다른 곳'(글로 쓰였지요)에서 알게 된 모든 것을 보냅니다.

솔레르스는 '추신'을 덧붙였다. "폴이 그녀'와' 데리다가 『텔켈』지 외의 관계가 끝났다고 모두에게 말하고 다니는 일이 절대적으로 필요한 일인가요?"[6] 『산종』이 '텔켈' 총서로 몇 주 뒤 출간될 예정이었음에도 불구하고 회복을 위한 여지는 전혀 남아 있지 않았다. 데리다는 텔켈 그룹의 외부 인사들 중 몇 명, 특히 자클린 리세 —— 그녀는 이탈리아에 거주했으며, 이 모든 드라마틱한 우여곡절과는 거리가 멀었다 —— 와의 우정을 유지하기를 희망했다. 하지만 데리다는 그 자신에 대한 공격을 멈추지 않는 솔레르스, 크리스테바, 플레네에 대해 어떤 말을 듣는 것도 원치 않았다.

많은 사람들의 관계를 지배했던 이와 같은 잔인함은 개인적인 것만이 아니었다. 그것은 그 시대의 특징이기도 했다. 1972년 2월 25일, 위에서 살펴본 일들이 있고 나서 한 달 정도가 지난 후, 마오주의 투사인 피에르 오베르네가 10년 전 샤론 지하철역에서 발생했던 대학살 추모 행사를 요구하는 전단지를 나눠 줬다는 이유로 비앙쿠르에 있는 르노 자동차 공

---

6) 필립 솔레르스가 데리다에게 보낸 1972년 1월 23일 편지.

장 입구에서 한 경호원에게 살해되었다. 3월 4일 토요일, 그의 장례식에서 거의 20만 명에 가까운 사람들이 파리의 클리시에서 페르 라셰즈 국립묘지까지 행진을 했다. 장폴 사르트르는 관 가까이에 있었다. 미셸 푸코와 다른 많은 사람들이 군중들 틈에 있었다. 그리고 그날 알튀세르는 다음과 같이 말했다고 전해진다. "그들이 매장한 것은 좌파주의이다."[7] 돌이켜 보건대 피에르 오베르네의 죽음은 결정적인 순간, 즉 프랑스 극좌파가 더 이상 언어적이지만은 않은 폭력에 경도되지 않으려 했던 시기를 보여 준다.

1964년 이래로 가깝게 지냈던 필립 솔레르스와의 결별로 데리다는 마음에 상당한 타격을 받았다. 하지만 데리다는 항상 이 일에 대해 더 말하기를 거부했다. 데리다는 독자들에게 "'한편으로' 자신의 것과 특히 1965~1972년의 선집과 비평문을 포함하여 '텍스트를 읽으라고'" 권유하면서, […] '다른 한편으로' (지나치게 오류투성이인) 『텔켈』 그룹에 속하는 몇몇 구성원들에 의한 이 마지막 장면의 대중적 구성과 해석에서 '아무것도' 믿지 말라"[8]고 권유할 뿐이었다. 데리다 쪽에서의 이와 같은 긴 침묵으로 인해, 젊은 벨기에 출신의 철학자이자 구와 포트라와 가까웠고 『테엑스테』(TXT) 지의 편집위원이었던 에릭 클레망과의 서신 교환이 더욱더 흥미롭게 되었다.

1972년 3월 4일자 편지에서 클레망은 데리다에게 이렇게 쓰고 있

---

7) Morgan Sportes, *Ils ont tué Pierre Overney*, Grasset, 2008에서 재인용.
8) Jacques Derrida, "Curriculum vitae", Geoffrey Bennington and Jacques Derrida, *Jacques Derrida*, Seuil, 1991, p. 305.

다. 데리다가 "실질적으로 프랑스 공산당에 등록했다"는 소문이 돌고 있다고 말이다. 이와 같은 악의적인 소문에 맞서기 위해 클레망은 『테엑스트』지를 통해 데리다가 달라진 "입장들의 보충"에 관련된 글을 써 줄 것을 원했다. 그러니까 "『텔켈』지에" 답을 하는 것이 아니라, "중국과 문화혁명에 대한 (그의) 정치적 관계, 그리고/또는 (그의) 관심에 대한 물음"에 답하는, 그래서 마침내 그의 "애매한" 입장에서 벗어날 수 있는 그런 내용의 글을 말이다. 이 시기의 많은 젊은 지식인들처럼 클레망 역시 점차 더 급진적으로 되어 갔다. 하지만 클레망은 철학을, 최소한 데리다의 철학을 포기하려 하지 않았다. 클레망은 루뱅대학에서 몇 년 동안 데리다의 철학에 대한 세미나를 개최했다. 클레망은 오늘날 이렇게 회고하고 있다. "우리는 형이상학의 해체가 문화혁명의 출입구를 열어젖힐 것이라는 환상을 품고 있었습니다. 우리가 그랬던 것처럼 데리다가 결정적인 한 발을 내딛기를 바라고 있었던 거지요."[9]

이와 같은 일 처리에 매우 신경이 거슬렸지만, 데리다는 클레망에게 지난 몇 달 동안 발생했던 사건을 대하는 자신의 입장을 설명하는 답을 보내게 된다. 데리다는 그 후 이와 같은 방식을 결코 되풀이하지 않는다. 여하튼 데리다는 클레망의 편지를 별 다른 느낌 없이 읽었으며, 그의 편지를 "일종의 압력" 또는 여하튼 그가 조금도 번복할 의향이 없는 "설명과 보장에 대한 압박 요구"로 느꼈다고 쓰고 있다.

나는 결코 이론적 또는 정치적 논쟁에서 서둘거나 잠재적 또는 현실적

---

9) 에릭 클레망과의 인터뷰.

인 협박에 굴복하면서 내 입장을 결정하지 않습니다. 그렇게 하는 것은 어렵고, 또 무조건적으로 가능하지도 않습니다. 하지만 그렇게 하고자 노력하는 것, 그것이 바로 이제까지 내가 준수해 온 (이론적이고 정치적인) 규칙입니다. 『텔켈』지와의 결별은 또한—물론 이것만은 아니지만—이런 의미입니다.[10]

『테엑스테』지에 글을 싣고자 하는 생각 없이 데리다가 클레망에게 답을 하기로 한 것은 오로지 "우정의 이름으로"였다. 하지만 데리다는 하나하나씩 상세하게 자기 입장을 논증해 나갔다. 우선 프랑스 공산당과 관련해서 그는 이렇게 시작한다. "오늘날 내가 중국에 적대적인 (!!!) 프랑스 공산당의 협력자, 심지어 그 일원이라고 주장하는 사람들—대체 어떤 믿음을 가지고 그러는지 궁금하지 않을 수 없는—이 있다는 사실은 그저 우습기만 합니다." 중국에 관한 한, 데리다는 원칙적으로 반대하지 않는다고 말했다. 데리다는 심지어 그의 모든 공개적인 글에서 클레망에게 양보하기까지 했다.

역사적-이론적 차원에서, 그리고 우리가 공유하는 장(場) 내에서, 나는 내가 중국에 대해 언급하는 마지막[완서법(緩敍法)으로 말하더라도] 사람이라고 생각하지 않는다. [⋯] 가장 동시대적인 정치 차원에서, 중국에 반대하는 것 역시 아무것도 없다. 이 '분명한' 사실(문화혁명에 대한 긍정적인 언급에 대한 필요)과 그로부터 끌어낼 수 있는 모든 결과물들 사이

---

10) 데리다가 에릭 클레망에게 보낸 1972년 3월 18일 편지.

에, […] 철저하고, 힘겨운 분석이 자리할 공간이 있다는 것은 사실이다. 나는 이러한 분석을 수행하지 않았지만, 다른 곳에서 이러한 분석이 이루어졌다는 어떠한 단서도 볼 수가 없다. 이것은 아마도 분석 가능한 이유 때문일 것이다. 아무튼 나는 이 주제에 관해 사람들이 제안할 모든 것들에 가장 냉철한 주의력을 유지해야만 한다.

편지의 끝에서 클레망이 언급한 "어쩌면 이론적이지 않은 이유로 이루어진 모든 결별"에 대해 데리다는 그의 서신 교환자가 사태를 너무 단순화시키는 것을 우려했다. 분명, 최근의 사건은 우스꽝스러운 것이었다. 하지만 이 간단한 편지 안에서는 분석이 불가능한 "격렬하고 오래 지속되는 복잡한 배경"이 없었더라면 그런 사건은 발생하지 않았을 것이다. "내가 『라 누벨 크리티크』지의 카사노바를 만나는 일이 (나중에 덧붙여진 내용은 내가 『텔켈』지와의 협의 없이 그를 만나는 일이) 용인될 수 없다고 판단했던 것입니다." 하지만 데리다 편에서 보면 이 짧은 만남에서 그 어떤 실질적 결과도 없었다. "만일 나의 행위―『텔켈』지의 '허가'를 구하지 않고 만난 것 ― 가 정치적 의미를 가진다면, 그것은 완전히 내가 책임져야 할 그런 성질의 것입니다. 오늘날에는 프랑스 공산당의 당원이나 동조자와 만나는 것이 금지되어 있지 않으며, 상의하는 것은 더욱더 금지되어 있지 않습니다."[11]

데리다와 프랑스 공산당과의 관계는 숙고해 볼 만하다. 알튀세르를

---

11) 앞의 편지.

주제로 한 미셸 스프링커와의 인터뷰는 여기서 다시 한 번 소중한 이해의 실마리가 된다. 데리다가 결코 당의 일원도, 동조자도 아니었던 것은 정확히 1950년대 초 고등사범학교에서 스탈린주의가 유행했던 것을 목격한 이래로, 그가 이 주의, 심지어는 이 주의의 보다 가벼운 형식조차도 받아들일 수가 없었기 때문이다. 그리고 데리다 자신이 '카이만'의 자격으로 고등사범학교로 되돌아간 이래 존속했던 교조적 마르크스주의 역시 사태를 용이하게 만들어 주지 않았던 것이다.

나는 프랑스 공산당에 대한 하나의 이미지, 그리고 특히 내 자신이 항상 한결같은 지지를 보내고 싶었던 좌파 세력과 양립 불가능한 것으로 보였던 소비에트연합에 대한 하나의 이미지를 벌써 가지고 있었습니다. […] 개인적으로 나는 그때 이미 자멸적이던 정치 상황에서 프랑스 공산당이 폐쇄적이라고 보았던 것입니다. 이 당은 길을 잃고 있었어요. 두 가지 선택지가 있었습니다. 스탈린주의를 굳건히 만들면서 유권자들을 잃는 것(그리고 그렇게 함으로써 유럽에서 고립되는 것), 아니면 개혁주의, 사회민주주의 부류의 온건한 사회주의로 변형되어 가는 것이었지요. 하지만 이 후자의 노선에서도 프랑스 공산당은 패배의 길을 갈 수밖에 없었습니다. 왜냐하면 사회주의가 이미 그 공간을 차지하고 있었기 때문입니다. 바로 거기에 프랑스 공산당의 딜레마, 치명적인 아포리아가 있었던 것입니다. […] 어떤 의미에서, [알튀세르주의는] 프랑스 공산당에서 강경한 흐름을 대표했습니다. 그리고 정확히 이와 같은 시각에서 알튀세르주의는 프랑스 공산당보다 더 자멸적인 것이었습니다. 하지만 다른 시각에서 보면 알튀세르주의는 덜 자멸적인 면도 없지 않았습니다.

진정한 이론적 사유를 회생시키려고 노력했기 때문입니다. 물론 나는 이와 같은 이론적 사유에 대해 그 가치를 인정해 주는 것은 정당하다고 생각합니다.[12]

『텔켈』지와의 결별 직후, 이 모든 사태에도 불구하고 데리다는 장 리스타를 필두로 프랑스 공산당의 몇몇 인물들과 가까워지게 되었다. 데리다는 수년 전부터 장 리스타를 알고 있었고 또 그를 높이 평가하고 있었다. 소르본에서 데리다의 제자였던 리스타는 자신의 첫 번째 책인 『니콜라스 보일러와 쥘 베른의 침대』라는 책을 출간했으며, 데리다는 이 책을 "훌륭하다"고 생각했다. 그의 후속작 중 하나는 장시(長詩) 「잃어버린 실 (또는 아들)」이었는데, 이것은 「플라톤의 약국」의 일종의 시적 표현이었다.[13] 하지만 그 시기부터 리스타는 주로 아라공의 친구로 알려져 있었다. 리스타는 1960년대 중반에 『레 레트르 프랑세즈』지에 글을 쓰기 시작했고, 아방가르드의 옹호자였고, 특히 솔레르스와 그의 지인들이 갑자기 프랑스 공산당과의 관계를 끊을 때까지 『텔켈』을 지지했다.[14]

1972년 3월 29일 『레 레트르 프랑세즈』지에 데리다에게 할애된 특

---

12) Jacques Derrida, "Politics and Freindship", interview with Michael Sprinker, eds, E. Ann Kaplan and Michael Sprinker, *The Althusserian Legacy*, Verso, 1992. IMEC에 보관된 프랑스어 원고에서 인용했다.
13) 「잃어버린 실(또는 아들)」의 프랑스어 제목은 'Le Fil(s) perdu'인데, 이 제목에서 'Fil'은 '실'을, 'Fils'는 '아들'의 의미를 가지고 있다. ― 옮긴이
14) 장 리스타와의 인터뷰. 데리다는 아라공에게 다음날 『레 레트르 프랑세즈』에 그와 관련된 글이 출간된 것에 감사를 표하게 된다. 1972년 3월 30일, 그는 아라공에게 마티스가 살았던 시미데즈에서의 가까운 건물에서 자신의 책 『앙리 마티스, 로망』에 대한 '행복한' 독서가 끝났다고 썼다.

별호를 구상하고 기획한 사람이 바로 리스타였다. 12쪽의 대형판에 실릴 원고를 기고해 준 사람들의 목록은 화려했다. 겉표지를 장식한 앙드레 마송의 삽화와 롤랑 바르트, 카트린 바케스 클레망, 위베르 다미쉬, 장 조제프 구, 로제 라포르트, 클로드 올리에, 폴 테브냉과 장 주네 등의 이름을 볼 수 있었다. 몇 년 동안 아무것도 출판하지 않았던 장 주네는 파리에서 짧게 머무는 동안 경의를 표하는 짧은 글을 쓰는 수고를 마다하지 않았다. 데리다를 진정한 작가로 여기면서 주네는 다음과 같이 단언하기 전에 「플라톤의 약국」의 첫 문장들을 인용하고 있다.

우리에게 이 공격은 『꽃핀 소녀들의 그늘에서』의 첫 페이지처럼 기념할 만하다. 아주 신선하긴 하지만 데리다는 이 첫 페이지를 우리에게 앗아가 그 자신의 것으로 만들었고, 지금 다시 우리의 것으로 만들고 있다. 이 첫 페이지는 점점 더 우리 것이 되어 가며, 점점 덜 그의 것이 된다. […] 첫 문장은 단독적이다. 그것은 '완전히' 단독적이다. 하지만 가능하다면 데리다의 것과 같은 섬세한 민첩함을 가지고 가볍게, 그리고 단어 유희의 안내를 받아 단순하게 읽어 보자. 그러면 이 문장의 의미는 달콤하게 전율하고, 이 문장을 다음 문장으로 이끌게 된다. 한 문장을 다음 문장으로 이끌어 가는 익숙하고 거친 활력은 데리다에게서 단어들에서 찾아지는 것이 아니라, 단어들 아래에서, 거의 종이 아래에서 발견되는 듯한 매우 미묘한 매력에 의해 대체되는 것 같다.[15]

---

15) *Les Lettres Françaises*, no. 1429, 29 March 1972.

따라서 주네에게는 다음과 같은 것이 중요했다. "부드럽게 읽을 것, 단어들의 예상치 못한 출입구에서 부드럽게 웃을 것, 우리에게 기꺼이 주어진 것, 즉 시(詩)를 먼저 받아들일 것, 그러면 아주 단순하게 정원에서처럼 의미가 그 보상으로 우리에게 주어질 것이다." 데리다가 최고의 경외감을 가지고 있던 작가, 주네에게서 온 이와 같은 경외는 데리다 자신을 감동시킬 수밖에 없었다.

또한 『레 레트르 프랑세즈』지의 데리다 특집호에 "완전히 협조하지" 못한 것에 대해 롤랑 바르트는 장 리스타에게 짧은 편지를 써서 유감을 표명했다. 분명 시간 부족이 유일한 이유는 아니었다. 모든 사람이 입장을 표명해야 했던 그 당시에 솔레르스와 아주 가까웠던 바르트는 아주 미묘한 처지에 있었다. 그럼에도 불구하고 바르트가 쓴 몇 문장에서 데리다에 대한 경외와 감사가 분명하고 강하게 표현되고 있다.

나는 데리다와 아마 그의 독자들의 세대와는 다른 세대에 속해 있다. 따라서 데리다의 연구는 진행 중에 있는 내 삶과 내 연구에 영향을 미쳤다. 기호학적 기획은 이미 내 안에 자리 잡고 부분적으로 성취되었다. 하지만 이 기획은 과학성이라는 환상에 사로잡혀 거기에 갇혀 있었다. 데리다는 내 연구에서 무엇이 (철학적, 이데올로기적으로) 문제인지를 이해할 수 있게 도와준 사람들 중 한 명이었다. 데리다는 구조 개념을 흔들었고, 기호를 개방시켰다. 우리에게 있어서 데리다는 쇠사슬 끝을 끊어 버린 자였다. (아르토, 말라르메, 바타유에 대한) 데리다의 문학적 연구는 결정적이었다. 이것은 되돌릴 수 없다는 것을 의미한다. 우리는 데리다에게 새로운 단어들, 생생한 단어들(이런 면에서 그의 글쓰기는 격렬하고 시적이다)과 우리의 지적 안락함(우리가 사유하는 것에 대해 굉장히 편안한 상태)에 일종의 계속되는 탈영토화를 빚지고 있다. 마지막으로 데리다의 연구에는 매혹적인 '말이 없는' 무엇인가가 있다. 그것은 그가 말하고자 하는 것에서 기인하는 그의 고독이다.[16]

데리다는 이 글에 매우 감동했다. 며칠 후, 데리다는 그의 "친애하는 친구"에게 "그의 권위 있고 관용적인 개방적인 태도"에 감사하고 있다. 또한 데리다는 과거에 그렇게 한 적이 없었던 만큼 자신의 연구가 얼마나 바르트에게 의존하고 있는지를 그에게 전달했다.

제가 글을 쓰기 시작하기 이전에 (선생님의 저작은) 언제나 거기 있었으며, 대체할 수 없는 비판적 자원으로 저를 도왔습니다. 또한 공모의 눈길들 중의 하나로서 저를 돕기도 했습니다. 물론 이 눈길의 엄격함은 한계를 보여 주는 것과는 달리 누군가로 하여금 글을 쓰도록 만드는 것이었습니다. 그리고 선생님이 말한 고독에서 기인하는 이런 유대감은 제게 있어서, 그리고 제 연구에 있어서 너무 친숙하고 비밀스럽고 은밀해서 결코 담론의 대상이 되지 않습니다.[17]

데리다는 모리스 블랑쇼만이 "가깝고 감사하며 공조"의 관계를 맺을 수 있는, 또 "모든 것을 드러내 놓고 믿는 방식으로" 관계를 맺을 수 있는

---

16) *Ibid.*
17) 데리다가 롤랑 바르트에게 보낸 1972년 3월 30일 편지.

유일한 또 한 명이라고 덧붙이고 있다. 데리다에게서 나온 이와 같은 표현은 실제로 엄청난 찬사였다. 『텔켈』지와의 결별에도 불구하고, 바르트와 데리다의 존경과 우정은 두 사람이 거의 만나지 못했음에도 계속해서 커져 갔다. 『밝은 방』의 저자의 비극적인 죽음 직후,[18] 데리다는 「롤랑 바르트의 죽음들」이라는 뛰어난 글을 쓰게 된다.[19]

솔레르스와 『텔켈』지 인사들의 관점에서 데리다가 리스타와 가까워지는 것, 즉 아라공과 가까워지는 것은 싸움을 거는 행위로 비쳤다. 4월 30일, 마르슬랭 플레네에 의해 자가(自家) 편집 출판물인 『1971년 6월의 운동 동향』 제2호가 출간되었다. 마오쩌둥의 시로 시작해서 그의 시로 끝나고 있는 이 소책자에서 데리다는 두 차례에 걸쳐 공격을 받았다. 첫 번째 글의 제목 「오 데리다의 마법」(Ô mage à Derrida)[20]은 유명한 것으로 남게 된다. 얼토당토 않은 구절들이 포함된 이 글은 그 자체로 여러 글들에서 뽑은 것이다.

『레 레트르 프랑세즈』의 특별호는 좌파주의자들과 '불한당' 오베르네에 반하는 것인가? 그렇지 않다. 특별호는 철학자 자크 데리다를 위한 것이

---

18) 바르트는 1980년에 교통사고로 세상을 떠났다. ─ 옮긴이
19) *Poétique*, no. 47, Seuil, September 1981에 실린 「롤랑 바르트의 죽음들」(Les morts de Roland Barthes)은 Jacques Derrida, "Gérard Granel", *Chaque fois unique, la fin du monde*, Galilée, 2003에 실린 이후 Jacques Derrida, *Psyché, Inventions de l'autre*, Galilée, 1987에 재수록되었다.
20) 『레 레트르 프랑세즈』지가 추진한 데리다에 대한 '오마주'(Hommage)의 비꼼이다. '오 마법'(ô mage)과 '오마주'의 발음이 같은 것으로 유희를 한 것이다. ─ 옮긴이

다. 그러면 아라공의 잡지는 정치적 스펀지인가? 누구라도 알고 있듯이, 밀교가 pcfr[원문 그대로][21]의 이데올로기적 무기 창고의 일부가 아닌 한, 철학은 종교와 관계가 없다. 그런데도 어떻게 아라공-카르댕의 정신적 아들인(또는 그 노선을 따르는)[22] 장 리스타가 변화를 돕는 것을 보면서 의심을 품지 않을 수가 있겠는가? […] 이 특별호의 문제는 한두 개의 패러독스가 아니다[원문 그대로]. 여기서는 다음과 같은 패러독스를 음미해 보자. 데리다는 그의 저서 『산종』의 제목을 그 자신이 필립 솔레르스의 소설 『수』에 할애했던 1백여 쪽의 에세이(책 내용의 1/3)에서 따왔다. 그런데 『산종』은 투표로 pcfr의 정책을 결정한 지식인들의 단결에 구실로 소용되었다. 『레 레트르 프랑세즈』의 이번 특별호에서 우리가 실제로 솔레르스의 작품의 흔적을 찾았다고, 게다가 솔레르스에 대한 데리다의 연구의 흔적을 찾았다고 말할 필요가 있을까?[23]

'이데올로기적 투쟁 전선'이라는 이름으로 서명된 두 번째 글의 제목은 「데리다 또는 반황인종주의」이다. 데리다에 대한 이와 같은 공격은 폭력적이고 당혹스러운 것이었다. 어쨌든 『글쓰기와 차이』의 저자는 오랫

---

21) 소문자로 쓴 이 'pcfr'은 이 글의 저자가 프랑스 공산당(PCF)에 대해 가지고 있는 존경심을 보여 주는 것이다. 철자 'r'에 대해서 말하자면, 이 철자는 그 당시 가장 심한 욕설이었던 '수정주의자'(révisionniste)의 첫 글자이다. 물론 그다음 문장에서 볼 수 있는 '변화를 돕는 것'은 텔켈주의자들에게 추방당한 파예가 주도하는 잡지 『상주』를 암시한다. 운동을 지칭하기 위해 선택된 '1971년 6월'에 대해서 말하자면, 이것은 마치 오치의 『중국에 관하여』라는 책이 출간된 것을 지칭한다. 이 글에서 볼 수 있는 다른 여러 암시들도 이와 같은 면밀한 해독이 요구된다.

22) 여기서도 'fil'(노선)과 'fils'(아들)를 가지고 언어유희를 하고 있다. ─ 옮긴이

23) Tel Quel ─ mouvement de juin 71 ─ Informations n° 2-3. Archives IMEC.

동안 『텔켈』지를 떠받치고 있는 주요 인물들 중 한 명이 아니었던가!

> 3월 29일 —『레 레트르 프랑세즈』— 데리다에게 경의를 표하다.
> [···] 수정주의는 관념론적 철학자인 데리다가 2년 전 출간했던 글들에 환호했다. 절충주의적 광기. 잡동사니 같은 수정주의 지식인들(사회적 명사인 바케스-클레망과 마르크스주의자 장 주네). 분명 누구라도 혁명적 중국을 언급하는 즉시, 이 모든 것은 더욱더 명백해진다. 아방가르드 역사에서 구체적인 한 계기인 데리다, 그는 수정주의의 형태에서 모든 철학적 투쟁을 부끄럽게 포기하는 것 말고는 한 일이 아무것도 없는 철학자이다. 하지만 지적 관념주의는 멍청한 유물론보다 천 배는 더 낫다. 데리다는 이데올로기에 대한 과학적 이론에서 아방가르드에 사로잡혀 있고 또 그것에 '압도당했다'. 수정주의는 막다른 골목에 다다라 겨우 미미한 것에 찬사를 보내고 있다. 목적을 위해서는 수단을 가리지 않는 수정주의는 오직 그것을 포기한 똑같은 아방가르드의 과거 성과를 착취함으로써만 생존하고 있다.[24]

물론 이 글에는 바르트가 『레 레트르 프랑세즈』지 특별호에 참여한 것에 대한 언급은 없다.

피에르 오베르네의 장례식 때, 베르나르 포트라는 미셸 푸코와 마주쳤다. 푸코가 그에게 물었다. "어떻게 지내나? 여전히 철학적인 글을 휘

---

24) *Ibid.*

갈기나?"[25] 이와 같은 푸코의 공격은 단지 포트라에 국한되지 않았다. 벌써 두 번에 걸쳐 비판한 적이 있었던 데리다를 겨냥한 것이었다. 『텔켈』지와의 결별과 정확히 같은 시기였지만 완전히 다른 차원에 놓여 있었던 '푸코-데리다' 논쟁은 현대 철학에서 가장 널리 알려진 논쟁 중의 하나가 된다.

이 논쟁은 몇 달 전 일본에서 『파이데이아』지 편집장 미키타카 나카노가 푸코에게 그에게 할애된 특별호의 개요를 보내면서 시작되었다. 필자들 중 한 명은 「코기토와 광기의 역사」를 번역하는 한편, 「푸코의 담론과 데리다의 글쓰기」를 주제로 글을 쓸 계획을 가지고 있었다. 하지만 데리다의 글에 대한 푸코의 언짢음은 데리다의 명성과 비례해서 커져만 가고 있었다. 푸코는 일본 서신 수신자에게 자료에 미출간된 글인 「데리다에 대한 대답」을 덧붙일 것을 제안했다. 푸코는 얼마 전부터 이 글에 대해 숙고를 하고 있었던 것이다.

일종의 준비 운동이라고 할 수 있는 이 글에서 푸코는 데리다의 분석이 "의심할 바 없이 놀라운 철학적 깊이와 독서의 꼼꼼함"을 보여 준다는 점을 인정한다. 하나하나 답할 의도는 없고 다만 "몇 가지 지적들"을 덧붙이겠다고 주장하면서, 푸코는 논쟁을 원칙의 문제로 돌리고 있다. 이것은 고도의 전술이다. 푸코는 데리다의 '해체' 개념을 가장 전통적이고, 게다가 가장 규범적인 프랑스 철학 쪽으로 유도하고 있는 것이다. 푸코는 이렇게 주장한다. 데리다에 의하면 철학은 그 자체를 모든 담론의 "법칙"으로 내세운다고 말이다. 사람들은 이 법칙과의 관계에서 "기독교적

---

25) 베르나르 포트라와의 인터뷰.

죄와 프로이트적 실수의 혼합과 같은" 성질을 가진 오류를 범하게 된다. "모든 것이 발가벗겨지기 위해서는 극히 작은 잘못으로 충분하다." 푸코에 의하면 철학에 대한 이러한 개념은 철학 자체를 "모든 사건의 먼 곳과 가까운 곳"에 위치시키게 된다. "철학에 그 어떤 것도 일어날 수 없을 뿐만 아니라, 일어날 수 있는 모든 것은 철학에 의해 이미 예상되었거나 감싸여 있다."[26]

『광기의 역사』를 쓸 무렵, 푸코는 그 스스로 과거에 받았던 철학 교육의 전제들에서 충분히 해방되지 못했다고 생각했다. 왜냐하면 그는 "데카르트의 글에 대한 분석을 이 책의 한 장(章)의 서두에, 따라서 특권적인 위치에 배치할 용기를 가지지 못했기 때문이었다". "이것은 분명 내 책에서 가장 사소한 부분이었고, 철학에 대해 더 일관적인 태도를 보여 주길 원했더라면 나는 기꺼이 그 부분을 생략했어야 한다는 것을 인정한다." 하지만 푸코는 직접적인 대면을 거절하지 않았다. 이 예비적 문장들 다음에 푸코는 데카르트의 유명한 문장들로 되돌아가고, 데리다의 분석을 해체시키려고 노력했다.

사태는 그저 일본이라고 하는 멀리 떨어진 곳에서 발생한 하나의 은밀한 출판물과 관련된 것으로 그칠 수도 있었을 것이다. 일본 독자들이 데카르트의 『형이상학적 성찰』에서 따온 짧은 문단의 라틴어 판본과 프랑스어 판본에 대한 세심한 분석을 보고 당황했을 것이라고 상상해 볼 수 있다. 하지만 푸코는 좀 더 강한 반응을 보이고자 했다. 푸코는 갈리마르

---

26) Michel Foucault, "Réponse à Derrida", *Paideia*, no. 11, February 1972. Michel Foucault, *Dits et écrits I, 1954-1975*, Gallimard, 2001, pp. 1150~1151에 재수록.

출판사에서 『광기의 역사』 재판을 출간하면서 두 개의 부록을 추가하고 있다. '나의 신체, 이 글, 이 불꽃'이라는 멋진 제목이 붙은 두 번째 부록에서 푸코는 데리다에 맞서는 그의 주장을 재개하고 확장시키고 있다. 『파이데이아』지에 실린 글과 비교해 보면 푸코의 어조는 현저하게 날카로웠다. 푸코의 관심은 두 가지에 집중되었다. 데리다의 입장을 논박하는 것과 그 자신의 고유한 영역을 재차 확인시켜 주는 것이었다. 푸코는 데카르트의 글과 이에 대한 데리다의 주석을 방법론적으로 대조시키는 작업에 착수했다. 아이러니는 끝이 없으며, 데리다에게 상처를 입히려는 의도가 명백했다. 푸코는 베르나르 포트라에게 언급했던 "갈겨쓰기"를 피하지 않으면서 문헌학자와 라틴어학자를 흉내냈다. 푸코는 자신의 주된 목적이 아니라 할지라도, 데카르트의 글에 대한 자신의 해석이 데리다의 것보다 더 낫다는 것을 보여 주면서 단번에 모든 면에서 우위를 점하려고 했다. 요컨대 데리다에 대한 최초의 열광을 뒤로 한 채, 푸코는 1950년대 초 고등사범학교에서 그 자신이 했어야 했던 바, 즉 그가 부족하다고 판단한 데리다의 논문을 철저하게 검사하고자 했던 것이다.

「코기토와 광기의 역사」에 대한 공격을 통해 데리다의 글을 겨냥하고 있는 마지막 두 쪽은 매몰차다.

데리다처럼 꼼꼼하고, 텍스트에 주의를 기울이는 저자가 어떻게 그토록 많은 것을 빼먹었을 뿐만 아니라, 그토록 많은 수정, 개입, 대체 들을 했는지를 물어야 한다. 하지만 그의 독서에서 데리다가 오래된 전통을 소생시키고 있다는 것을 기억하면서 우리는 그렇게 해야 할 것이다. 게다가 그는 이를 잘 의식하고 있으며, 그는 아주 정당하게도 이런 충실성에서 편안함을 느끼는 듯하다. 어쨌든 그는 고전적 주석가들이 부주의로 인해 광기와 환상에 대한 부분의 중요성과 독특함을 놓쳤다고 생각하는 데 있어 망설인다.[27)]

적어도 한 가지 사실에 있어서는 푸코는 그 자신 뭉개 버리고자 하는 저자에게 동의한다고 주장한다. 고전적 해석가들이 『형이상학적 성찰』의 문장이 지닌 어려움을 얼버무린 것은 결코 부주의나 무관심에서가 아니었다. 그것은 "체계에 의해서"였던 것이다.

따라서 오늘날 쇠락해 가는 빛 안에서 데리다를 가장 결정적인 대표자로 삼고 있는 체계, 즉 담론적 실천을 텍스트의 흔적으로 환원시키기, 오직 독서를 위한 표지들만을 포착하기 위해 거기에서 발생하는 사건들을 말소시키기 등이 그것이다. [⋯]
나는 이것이 형이상학이라고 말하지 않을 것이다. 오히려 이것이 담론적 실천을 "텍스트화"하는 행위 뒤에 숨어 있는 형이상학 '그 자체' 또는 그 닫힘이라고 말하겠다. 더 멀리 나아갈 수도 있을 것이다. 아주 가시적인 방식으로 드러나는 것은 바로 역사적으로 잘 결정된 편협한 교육학이라고 말이다. 학생들에게 텍스트 바깥에는 아무것도 없다는 것을 가르치는 교육학, 하지만 그 안에는, 그 틈에는, 그 텅 빔과 침묵에는 기원에 대한 보류가 지배하고 있는 교육학이 그것이다. 텍스트가 아닌 다른 곳으로 갈 필요가 없는 교육학. 하지만 "존재의 의미"가 단어들 속에

---

27) Foucault, *Dits et écrits I, 1954-1975*, p. 1135.

서가 아니라 그것들의 삭제, '격자' 안에서 드러난다고 말하는 교육학이 그것이다. 하지만 역으로 선생의 목소리에 텍스트를 무한정으로 다시 해석하는 것을 허용하는 무제한적인 주권을 부여하는 교육학이 그것이다.[28]

"편협한 교육학", 이것은 악명 높은 표현이 된다. 데리다를 비방하는 사람들에게는, 그들이 어디에서 왔든 간에, 푸코의 공격은 더할 나위 없는 좋은 계기가 되었다. (존 R. 설 자신도 후일 있었던 데리다와의 논쟁에서 이 공격을 언급하고 있다. 비록 데카르트에 대한 이와 같은 고도의 기술적인 논의가 설 자신의 관심사와는 반대되는 것이었지만 말이다.) 해체는 공포를 불러왔고, 그로 인해 서구의 형이상학과 사유의 근간이 흔들리는 것처럼 보였다. 하지만 이처럼 푸코와의 논쟁에서는 마치 '산종'의 챔피언인 데리다가 경솔한 사람에 지나지 않는 것처럼, '해체' 개념은 가장 학교 교육에 가깝고, 가장 낡아빠진 전통들과 동일시되고 있다.

푸코는 『광기의 역사』의 새 판본을 그의 오랜 친구이자 제자였던 데리다에게 보냈다. 푸코는 이 책의 헌사에서 데리다에게 "너무 느리고 부분적인 답변에 용서"[29]를 구했다. 2년 후, 푸코는 이탈리아 인터뷰에서 데리다와 철학사의 관계를 "유감스러운"[30] 것으로 규정하면서 한 번 더 데리다에 대한 불만을 표시하고 있다. 이제 문제는 논쟁을 하는 것이 아니

---

28) *Ibid.*

29) Bibliothèque personnelle de Jacques Derrida.

30) Michel Foucault, "Prisons et asiles dans le mécanisme du pouvoir", *Dits et écrits I*, p. 1389.

었다. 푸코는 적을 뭉개 버리고자 했다. 비록 푸코가 그의 마지막 인터뷰 중의 하나에서[31] 이런 종류의 공격을 꺼린다고 말했지만 말이다. 두 사람은 오랫동안 대화를 하지 않았으며, 심지어는 스치는 것조차 피했다. 그리고 이 논쟁은 데리다로 하여금 『크리티크』지로부터 멀어지게 하는 사건들 중 하나가 됐다.

데리다와 장뤽 낭시, 필립 라쿠라바르트와의 가까운 관계는 이 두 번의 결별 이후 훨씬 더 큰 중요성을 갖게 된다. 그들은 리조랑지에서 함께 저녁 시간을 보내면서 이 두 번의 결별에 대해 많은 대화를 나누게 된다. 데리다는 자신이 점점 더 높게 평가하게 된 이 두 젊은 철학자에게 가능한 도움을 줄 수 있기를 원했다. 데리다는 대학 세계에서 큰 힘을 가지고 있지 못했지만, 그래도 그는 출판계, 특히 『크리티크』지와 미뉘 출판사와의 관계에서 그들을 도와주겠다고 약속했다.

데리다는 또한 그들이 자유롭게 선택한 주제로 함께 또는 따로 강연을 할 수 있도록 종종 고등사범학교에 그들을 초청하곤 했다. 낭시와 라

---

31) "나는 토론하는 것을 좋아합니다. 나에게 제기하는 질문에 대해 나는 답을 하고자 합니다. 물론 나는 논쟁에 연루되는 것을 좋아하지 않습니다. 만일 책을 펼쳤을 때 저자가 자신의 적을 '소아 좌파주의'라고 비난한다면, 나는 그 책을 바로 덮어 버립니다. 그런 방식은 나와는 거리가 먼 방식입니다. 나는 그런 방식을 취하는 사람들의 세계에 속해 있지 않습니다. 나는 본질적인 것으로서 이와 같은 차이를 중요하게 생각합니다. 거기에는 도덕에 관계된 모든 것, 진리 탐구와 타인과의 관계와 관련된 모든 도덕이 있습니다. […] 논쟁은 그 자신이 이미 소유하고 있고, 또 결코 질문하는 데 동의하지 않는 특권 안에 갇혀 있습니다. 원칙적으로 그는 전쟁을 일으키고, 또 이 전쟁을 정당한 것으로 만들 수 있는 권위를 가지고 있습니다. 그가 대적할 사람은 진리 추구 속에서의 파트너가 아니라 단지 옳지 못한 상대방, 해로운 사람, 그 사람의 존재 자체가 위험인 적일뿐입니다"(Michel Foucault, "Polémique, politique et problématisation", *Dits et écrits II*, Gallimard, 2001, p. 1410).

쿠라바르트는 라캉에 대한 세미나를 제안했으며, 데리다는 이를 환영했다. 낭시는 다음과 같은 사실을 인정하고 있다. "『프로메스』지와의 인터뷰 이후, 이것은 마치 전략처럼 보였습니다. 하지만 사실 우리는 라캉을 독파하고 싶었습니다. 먼저 우리 자신을 위해서였고, 그 다음으로는 스트라스부르대학 학생들을 위해서였습니다. 우리의 연구는 주로 『에크리』의 주된 텍스트들 중 하나인 「문자의 심급」의 문장 하나하나에 초점을 맞추는 것이었습니다. 처음에 우리는 이 글을 충분히 이해하지 못했습니다. 하지만 우리는 점차 헤겔, 바타유, 하이데거에게서 유래한 것들을 읽어 냈습니다."[32]

이 시기는 데리다가 고등사범학교의 발전을 꿈꾸던 시기였다. 예컨대 데리다는 입학시험이라는 제도 밖에서 진짜 능력에 기반하여 새로운 고등사범학교 학생들을 모집할 생각을 하고 있었다. 데리다는 또한 학제 간 연구를 육성하고 연구를 위한 진짜 포럼을 열기를 원했다. 하지만 매번 학교 당국의 보수주의의 반대와 맞닥뜨려야 했다. 총장 장 부스케는 데리다를 다소 악의적으로 대하면서 데카르트를 라틴어로 가르치라고 지시했다. 데리다는 상처받았고, 장 볼락과 하인츠 비스만에게 새로운 관점에서 그리스 철학 텍스트를 공부할 수 있는 세미나를 꾸려 달라고 부탁했다. 뒤늦게 고전 그리스어를 공부한 데리다는 그리스어와 그리스적 사유에 도달하려는 노력을 멈추지 않았으며, 텍스트를 인용하는 방식은 특히 신중했다.

---

32) 장뤽 낭시와의 인터뷰.

1972년 3월, 들뢰즈와 과타리는 미뉘 출판사 '크리티크' 총서의 일환으로 『안티오이디푸스』를 출간했으며, 이 책은 대단한 성공을 거두었다. 스타일의 측면에서 이 책과 데리다의 초기 저작들 간의 차이는 그 서문에서부터 명백하다. "그것이 도처에서 기능한다. 때로는 멈추지 않고, 또 때로는 불연속적으로. 그것이 숨쉬고, 가열하고, 먹는다." 뱅상 데콩브가 언급하고 있듯이, 이론적 견지에서 들뢰즈와 과타리가 "다른 사람들이 헛되게 시도했던 프로이트와 마르크스의 종합을 성공시킨 것처럼 보였다면, 그것은 그들이 궁극적으로 프로이트적이지도, 마르크스적이지도 않은 불손한 스타일을 취했기 때문이었다."[33]

데리다는 언짢음 이상의 태도로 반응했다. 제라르 그라넬과의 저녁 식사에서 데리다는 그라넬이 대화를 포기할 정도로[34] 맹렬하게 이 베스트셀러를 공격해 대기까지 했다. 데리다에 의하면, 『안티오이디푸스』는 "아주 안 좋은 책(혼란스럽고, 일그러진 채 책임을 부인하는)이지만, 이 책이 분명 응수해야 했던 요구와 매우 폭넓고 의심스러운 의견의 한 부분을 보고 판단할 때, 하나의 중요한 징후적 사건"[35]이었다. 분명 이와 같은 불만은 단지 이론적인 것만은 아니었다. 이와 같은 불만은 또한 들뢰즈의 오랜 친구이자 협조자였던 푸코를 겨냥한 것이기도 했다. 데리다는 "『샹주』—『텔켈』—들뢰즈—푸코"로 이어지는 일종의 동질적이고 지속적인 전선이 형성되었으며, 이 전선은 여러 면에서 그에게 걱정스러운

---

33) Vincent Descombes, *Le même et l'autre. Quarante-cinq ans de philosopie française (1933-1978)*, Editions du Minuit, 1979, p. 202.
34) 1975년 4월 8일 데리다에게 보낸 제라르 그라넬의 편지에서 이날 저녁 식사에 대한 회상은 이튿날 또 다른 논쟁에서 상기되고 있다.
35) 데리다가 로제 라포르트에게 보낸 1972년 6월 24일 편지.

것으로 보였다. "그들이 맞서야만 하는 전부가 (당신도 알고 있는 바와 같이, 내가 어떠한 관계도 맺지 않은, 그리고 결국 '우리'라는 단어를 불신하는) PCFR(수정주의 프랑스공산당)이라는 생각을 믿고 싶어 하기 때문에, 당신은 그들의 고립과 속임수'의 결과가 어떤 것인지를 상상할 수 있을 겁니다."[36]

또한 여기에 일정상의 아이러니가 겹쳤다. 1972년 7월 10일부터 20일까지 스리지에서 니체 콜로키엄이 또 다른 유명한 10일 동안의 콜로키엄 직후에 연이어 개최되었다. 데리다는 앞선 콜로키엄에 참가해서 발표를 하기로 예정되어 있었다. 『텔켈』이 개최한 이 콜로키엄은 문화혁명이라는 현수막 아래 '아르토/바타유'를 주제로 하는 콜로키엄이었다. 자칫 두 콜로키엄의 참석자들이 서로 만날 수도 있었다. 모리스 드 강디약과 베르나르 포트라라는 기묘한 한 쌍이 주도한 '오늘날의 니체?'라는 제목의 콜로키엄은 격렬한 장면을 연출했다. 다수의 그룹이 그 자리에 있었다. 나이 먹은 자들과 젊은 연구자들, 들뢰즈주의자들과 데리다주의자들도 있었다. 오프닝 세션에서 베르나르 포트라는 솔직하게 이 콜로키엄의 쟁점을 제시했다. "우리 모두는 '오늘날의 니체?'와 같은 콜로키엄에서 무엇을 기대하는지를 어느 정도 알고 있습니다. […] 각자는 이미 자기 자신이 니체에 대해 말하고 싶었던 것을 말했습니다. 해서 이 모든 욕망들 사이에 타협이 가능하지 않다는 것 역시 알고 있습니다."

전체적으로 보아 참석자들의 관계는 원만했다. 하지만 몇몇 이론적 논쟁이 없지는 않았다. 한 참석자가 들뢰즈에게 이렇게 물었다. "어떻게

---

36) 데리다가 로제 라포르트에게 보낸 1972년 6월 4일 편지.

당신은 '해체' 없이 문제를 풀어 나갈 수 있을 것이라고 생각하십니까?" 들뢰즈는 이 질문에 예의 바르지만 단호하게 이렇게 대답했다. 비록 들뢰즈 자신은 이 "개념"[37)]을 "높이 평가하고" 있지만, 그것이 자신의 방법과는 아무런 관계가 없다고 말이다.

> 나는 텍스트 주석가로 자처하지 않습니다. 나에게 텍스트는 단순히 텍스트 외적인 실천 안의 작은 톱니바퀴에 불과합니다. 문제가 되는 것은 해체라는 개념 또는 텍스트적 실천이라는 방법을 통해 특정 텍스트를 논평하는 것이 아닙니다. 문제가 되는 것은 오히려 텍스트를 연장시키는 텍스트 외적 실천 안에서 해체가 무엇에 소용되는지를 알아보는 것이라고 할 수 있습니다.[38)]

이와 같은 지적은 몇 달 전에 미셸 푸코가 보다 분명하게 과격한 용어로 표현했던 비판과 크게 다르지 않다. 데리다는 장 프랑수아 리오타르가 글을 쓰고 있는 모습을 보았던 것을 기억하고 있다. "'당신은 마지막 순간까지 노력하시는군요.' 내가 그에게 말했다. 그는 미소를 지으며 대답했다. '내 무기를 날카롭게 가는 중입니다.' 그리고 적군과 아군이 뚜렷이 드러났다."[39)] 1968년 혁명 직후의 시기는 더 이상 전통적 텍스트들에 대해 (새로운 방식으로일지라도) 논평하는 시기가 아니었다. 그 시기는 세

---

37) 데리다의 '해체' 개념을 가리킨다. ― 옮긴이
38) Colloque de Cerisy, *Nietzsche aujourd'hui? 1: Intensités*, 10/18, 1973, p. 186.
39) Jacques Derrida, "Le modèle philosophique d'une 'contre-institution'", *Un siècle de rencontres intellectuelles: Pontigny, Cerisy*, IMEC, 2005, pp. 258~259.

계를 변화시키는 시기였다.

초반부에[40] 발표한 사람들 중 한 명이었던 데리다는 곧 스리지의 전설이 될 장문의 발표를 했다. 데리다의 발표문은 그 다음해에 '10/18' 총서에서 출간된 콜로키엄 문집(文集)에서 50쪽 이상의 분량을 차지했다. 이 발표문은 후일 소책자 『에프롱』(Éperons)으로 출간된다. 발표된 글의 제목은 「스타일의 문제」였지만, 데리다는 곧장 "여성이 그의 주제가 될 것"이라고 밝혔다.

여성 자체에 대한 진리 자체가 없는 것처럼 여성은 없다, 적어도 이것이 니체가 말한 것입니다. 그에게서 여성의 유형학은 아주 다양하며, 따라서 거기에는 엄마, 딸, 여동생, 늙은 가정부, 아내, 정부, 창녀, 처녀, 할머니, 손녀, 크고 작은 소녀들의 무리들이 포함되어 있습니다. 이와 같은 이유로 니체의 진리 또는 니체의 글에서 진리는 없습니다.[41]

데리다는 자신의 발표에서 이와 같은 여성적 형상을 추적하면서 이렇게 단언하고 있다. "여성에 대한 물음은 진리와 비진리라는 결정할 수 있는 반대항들을 유예시킵니다." 그러면서 데리다는 "텍스트의 진정한 의미를 가정하는 해석학적 기획"을 좌절시키며, 또한 독서를 "존재의 의미 또는 존재의 진리의 지평으로부터" 해방시킨다.[42]

---

40) 스리지 라 살에서 개최되는 콜로키엄은 10일 동안 이어진다. 여기서 초반부라고 한 것은 열흘 중 앞의 닷새 동안에 발표가 이루어졌다는 것을 의미한다고 보았다. ─ 옮긴이
41) Jacques Derrida, *Éperons. Les styles de Nietzsche*, Champs-Flammarion, 1978, p. 82.
42) *Ibid.*, p. 86.

니체 전문가인 사라 코프만은 찬사 일색의 말로 토론을 시작했다. "나는 무엇보다 아주 훌륭한 발표를 해준 자크 데리다에게 감사를 표합니다. 그의 주장은 전적으로 타당하며, 그의 발표 이후에 우리는 더 이상 말할 것이 없어 보입니다…" 하지만 이 발표의 스타일이 분명 그 뒤에 이루어질 연구의 스타일에 영향을 줄 것이라는 사실을 인정하면서도 하인즈 비스만은 데리다에게 다음과 같은 중요한 문헌학적 질문을 던졌다. 니체의 관점에서, 진리는 '프라우'(Frau)입니까, '와이프'(Weib)입니까? 데리다는 '와이프'라고 즉각 답변했다. 하지만 비스만은 데리다가 그의 발표에서 이 두 개의 독일어 단어를 계속 혼합해서 사용하고 있다고 느꼈다. 이 두 단어가 모두 '여성'을 의미하지만, 그 의미는 거의 반대된다는 것이었다. '프라우'는 기품 있고 경의를 표하는 단어인 반면, "함축적으로 비하의 의미를 지니고 있는 '와이프'는 욕망을 일으키는 여성, 암컷, 심지어 극단적으로는 창녀를 가리킵니다. […] 따라서 만일 우리가 진리의 변신을 온전히 이해하고자 한다면 니체의 텍스트에서 '프라우'와 '와이프'의 유희를 따라가야 할 필요가 있습니다."[43]

아주 풍성한 토론을 낳은 질문은 파우지아 아사트가 제기한 것이었다. "당신의 발표로 미루어 보아 여성적인 방식으로 철학을 할 수 있는 가능성을 발견할 수 있지 않을까요?" 이 질문에 기분이 좋아진 데리다는 곧장 이렇게 응수했다. "당신은 나에게 사적인 질문을 한 것입니까? 나는 (한/어떤) 여성처럼 글을 쓰고 싶습니다. 나는 노력합니다…" 물론 이와 같은 대답이 주목을 받지 않을 수 없었다. 스리지에서 열린 콜로키엄, 그

---

43) Colloque de Cerisy, *Nietzsche aujourd'hui? 1: Intensités*, p. 117.

리고 이 콜로키엄의 발표문을 한데 모아 출간한 책은 특히 미국에서 페미니스트들에 의한 데리다 수용에 중요한 역할을 했다. 데리다와 (서구 철학 전통에서 너무 자주 무시되어 왔던) 여성 사이의 동맹이 얼마 지나지 않아 형성되었다. 아마도 개인적인 요소가 그 과정에서 중요한 역할을 담당했을 것이다.

공적 삶과 사적 삶 사이의 경계선을 긋는 문제는 전기 작가가 부딪치는 가장 미묘한 문제 중 하나이다. 1972년부터 실비안 아가생스키와 자크 데리다 사이의 애정 관계는 이 책의 필자에게 제기된 가장 어려운 문제 중 하나였다. 실비안 아가생스키는 이 관계에 대해 직접 증언하려 하지 않았고, 그녀가 데리다와 주고받았던 방대한 양의 편지는 오랫동안 접근 불가능한 것으로 보였다.[44] 따라서 나는 이들 두 사람의 이야기에 대

<hr />

44) 우리는 다음과 같은 사실을 기억하고 있다. 즉 아주 사소한 종잇조각까지도 보관했던 데리다가 장뤽 낭시와 필립 라쿠라바르트와 가진 공적인 대화에서 "끔찍한 열의를 가지고" 어느 날인가 편지 한 통을 파기했다는 사실을 이야기했다는 사실이 그것이다. "나는 결코 파기해서는 안 될 편지 한 통을 파기한 적이 있습니다. 평생 이 일을 후회했습니다."(*Rue Descartes*, no.52, PUF, 2006, p. 96) 분명 다른 사람들과 마찬가지로 나도 처음에는 파기된 편지가 실비안 아가생스키의 것이라고 생각했다. 하지만 이와 같은 파기가 『우편엽서』의 "송부"에서도 언급되고 있는데, 이 일이 실비안 아가생스키와 만나기 몇 년 전에 발생한 것으로 되어 있다. "이 세상에서 가장 멋진 편지들, 그 어떤 문학작품보다 더 멋진 편지들, 나는 이 편지들을 센 강가에서 찢어 버리기 시작했다. 하지만 하루가 꼬박 필요했다. […] 나는 모든 것을 자동차에 실었고, 알지 못하는 교외 지역에 도착해 한 길거리에서 천천히 모든 것을 태워 버렸다. 나는 속으로 다시는 결코 시작하지 않으리라 생각했다."(Jacques Derrida, *La carte postale*, Flammarion, 1980, p. 38) 나는 현재 실비안 아가생스키가 자크 데리다에게 보냈던 편지들이 어디에 있는지를 알지 못한다. 어쨌든 우리는 데리다가 이 편지들을 없애 버리지 않았다는 것은 알고 있다. 몇몇 친구들에 의하면, 실비안 아가생스키는 1천여 통에 달하는 편지들을 보관하고 있을 것이라고 한다. 이 책을 읽어 나가면서 우리는 데리다의 편지 쓰는 재주를 알게 될 것이다. 따라서 조금 늦어지더라도 데리다가 이 편지들이 언젠가 출판되기를 꿈꾸고 바랐던 것은 당연해 보인다.

해서는 그녀가 남긴 여러 흔적들부터 시작해서 아주 간접적인 방식으로 만 접근이 가능했을 뿐이다. 하지만 두 사람의 이야기가 이미 널리 알려 진 만큼—2002년 대통령 선거 이래로, 그리고 특히 위키페디아 사이트 에서 —, 또한 이 이야기가 데리다 자신의 저작과 투쟁, '철학교육연구단 체'(Greph)에서 『우편엽서』까지, 아니 그 이후까지의 투쟁과 아주 밀접 하게 연결이 된 만큼, 이 이야기를 침묵에 붙인다는 것은 도저히 상상할 수 없는 일이다.

이들 두 사람 각자의 사생활과 데리다에 의해 여러 차례 피력된 바 있는 비밀에 대한 그의 취향을 존중하는 것이 바람직하다고 해도, 데리 다 자신이 훨씬 더 유명한 사건, 즉 한나 아렌트와 마르틴 하이데거 사이 의 관계에 대해 자기 의견을 개진하고 있다는 사실 역시 중요하다. 실제 로 데리다는 1995년 한 세미나를 통해 그들의 관계에 대해 아주 정성 들 여 선택된 단어들을 써 가면서 이야기한 바 있다.

아렌트와 하이데거의 관계가 문제인 이상, 언젠가 적당한 수준에서, 적 합한 차원에서, 이른바 '평생'이라고 할 수 있는 기간 동안 이 두 사람을 묶어 두었던, 그들이 공유했던 위대한 사랑에 대해서 공개적으로, 품위 있게, 철학적으로, 말할 필요가 있다고 나는 생각합니다. 여러 대륙을 거 쳐, 여러 차례의 전쟁을 거쳐, 홀로코스트를 거치면서 또 이 모든 것을 넘어서서 이루어졌던 그들의 위대한 사랑을 말입니다. 그러니까 역사적 이든, 정치적이든, 철학적이든, 공적이든 사적이든, 드러난 것이든 비밀 에 붙여진 것이든, 가정적인 것이든 아카데믹한 것이든 간에, 수많은 은 밀한 흐름을 통해 점차 그 윤곽이 드러나고 있는 그 기이한 사랑, […] 그들의 '평생' 지속된 사랑은, 한편으로는 어색한 침묵이나 정숙에서 비롯된 침묵, 다른 한편으로는 떠도는 저속한 풍문이나 학교 복도에서 들을 수 있는 속삭임 등과 같은 이 사랑을 에워싸고 있는 것들보다 훨씬 더 가치가 있습니다.[45]

이와 같은 방식으로 데리다는 2001년에 파울 첼란과 그의 부인 지젤 첼란 레트랑주(Gisèle Celan-Lestrange) 사이의 서간문 출간을 못마땅하게 생각한다고 선언한 바 있다. 그것은 결코 적대감 때문이 아니었다. 그보다는 특히 파울 첼란과 잉에보르크 바흐만, 일라나 슈멜리와의 사랑을 담고 있는 서간문이 출간되지 않을 경우 지젤 첼란 레트랑주와 주고받았던 서간문의 출간으로 인하여 자칫 오해가 생길 수도 있을 것이었기 때문이다.[46]

1922년에 프랑스에 온 폴란드 출신 광부의 손녀인 실비안 아가생스키는 1945년 5월 4일, 알리에 지역의 나드에서 태어나 리옹에서 자랐다. 쥘리에트 레카미에고등학교를 다녔던 그녀는 언니인 소피와 마찬가지로 연극에 관심을 가졌다. 소피는 후일 연극 일에 종사하게 되고, 배우이자 유머작가인 장 마르크 티보와 결혼했다. 리옹대학 문과대학에 다녔던 실비안은 특히 질 들뢰즈의 수업을 듣기도 했다. 그녀는 1967년에 파

---

45) 데리다의 미간행된 세미나. Archives IMEC.
46) 모리스 올랑데르와의 인터뷰. 올랑데르가 개최한 콜로키엄에 참석하는 것을 취소하지는 않았지만 — 올랑데르는 이 책이 출간될 수도 있었을 '21세기 서점' 총서의 책임자였다 — 데리다는 결국 이 콜로키엄에 참석하지 않게 된다. 하지만 올랑데르는 그에게 첼란의 다른 편지들이 후일 출간될 것이라는 사실을 알려주었다.

리에 정착했고, 한 해 동안 『파리 마치』지에 글을 쓰기도 했으며, 1968년 5월혁명을 온몸으로 겪었다. 그 당시 그녀를 알았던 많은 사람들에 의하면, "숨을 멎게 할 정도로 미녀"였던 그녀는 배우가 되려고 했다고 한다. 하지만 그녀는 공부를 하기로 마음 먹었고, 하인즈 비스만 등에게서 배웠다. 철학 중등교사자격시험(CAPES)에 수석으로 합격한 그녀는 다시 철학교수자격시험에 합격했으며, 수아송에 있는 생토메르고등학교에서 가르치다가 파리에 있는 카르노고등학교, 고등상업학교 입학 준비반에서 가르치기도 했다.

실비안은 1970년부터 그 당시 그녀의 친구였던 장 노엘 뷔아르네와 함께 고등사범학교에서 자크 데리다의 세미나에 참석했다. 그러던 중 그녀는 1972년 3월부터 하인즈 비스만이 릴에서 개최했던 한 콜로키엄 참석을 계기로 데리다와 개인적인 관계를 맺기 시작했다. 그녀는 스리지 라살에서 있었던 열흘 동안의 콜로키엄이 열리기 전에 장 노엘 뷔아르네와의 관계를 끊어 버렸다. 분위기는 긴장의 기색이 역력했다. 데리다는 중의적인 의미로 가득한 몇몇 문장으로 그녀와의 서신 교환을 시작했다.

72년에(비극의 탄생) 니체는 바젤에서 말비다 폰 마이젠부르크에게 편지를 썼소. 나는 니체의 편지에서 애매한 제사를 발췌했소. "마침내 당신에게 전해질 조그마한 소포 하나[혹은 하나의 봉투가. mein Bündelchen für sie(당신을 위한 나의 조그마한 소포). 두 사람 사이에 뭐라고 불렸는지 누가 알겠소?]가 준비되었소. 내가 무덤의 침묵 속으로 잠겨 버린 것처럼 보인 후에 당신은 내 목소리를 다시 듣게 될 것이오 (Grabesschweigen)…. 우리는 내 마음속 깊이 추억이 간직된 바젤 공의

회(Balser Konzil)[47]와 같은 종류의 만남을 축복할 수 있을 것이오.[48]

이처럼 암호화된 첫 번째 메시지로부터 시작해서 자크와 실비안은 적어도 『우편엽서』까지 이런저런 책들을 서로 주고받게 된다.

어쨌든 그 당시에 스리지 라 살에서 개최된 많은 콜로키엄과 마찬가지로 데리다가 참석한 콜로키엄의 분위기 역시 단지 발표와 토론만 하는 분위기가 아니었다. 스리지라고 하는 기막히게 멋진 장소를 발견하게 된 장뤽 낭시는 이렇게 회상하고 있다. 그곳에서 열렸던 열흘 동안의 콜로키엄은 68혁명의 분위기를 따라 "디오니소스적"이었다고 말이다. "모든 장소에서 모든 방향으로 이야기와 토론이 진행되었다. 그곳은 소규모의 지성적인 축제의 장이자 관능적인 축제의 장이기도 했다." 꽤 많은 개인적이고 은밀한 관계들이 맺어졌다.[49] 자크 데리다는 벌써 유혹자의 명성을 가지고 있었다. 물론 그때가 그의 첫 번째 연애 모험은 아니었다. 하지만 어쩌면 첫 번째 사랑의 모험이었을 것이다. 약간은 답답한 스리지 성[50]의 분위기를 피하기 위해 데리다는 여러 날 저녁을 실비안과 함께 도빌이나 카부르로 갔다. 게다가 데리다는 스리지에서 오래 머물지 않았다. 그는 예고한 대로 콜로키엄이 한창 진행될 때 스리지를 떠났다.

이어지는 몇 주 동안 아주 큰 충격을 받았던 장 노엘 뷔아르네는 실비안에게 스리지를 소란스럽게 했던 지성적이고 애정적인 긴장에 대해

---

47) 둘이 같이 참석했던 릴에서 열렸던 콜로키엄을 가리키는 것으로 보인다. — 옮긴이
48) Derrida, *Éperons. Les styles de Nietzsche*, p. 25.
49) http://www.ccic-cerisy.asso.fr/temoignages.html1#JeanLuc_Nancy.
50) 열흘 동안 진행되는 콜로키엄이 열리는 스리지 라 살은 옛 성의 모습을 그대로 간직하고 있다. — 옮긴이

암시적으로만 언급했다. 하지만 그때부터 그들의 관계는 "돌이킬 수 없을 정도로 틀어져 버렸다".[51] 데리다는 그의 가장 친한 친구들에게 보내는 편지에서조차 이 젊은 여자와의 관계를 숨겼다. 하지만 마음의 동요는 감출 수가 없었다. 자기에게 스리지의 나머지 일정을 자세하게 전해 주고, 특히 장 프랑수아 리오타르의 반데리다적인 폭발을 전해 주었던 필립 라쿠라바르트에게 데리다는 다음과 같은 내용의 편지[52]를 쓰고 있다.

나에게 고통스러운, 아주 고통스러운 추억을 남겨 준 이 콜로키엄에서, 나 역시, 다행스럽게도, 그리고 드물게, 점차 더 드물게 신뢰간에 바탕을 둔, 자네를 위시해 다른 여러 친구들과의 우정만이 남아 있네. 현재 나를 지탱해 주고 있는 것이 바로 이걸세. 자네가 나에게 읽어 보라고 준 텍스트의 모든 것, 가령 엄격함, 간결함, 지나친 아첨의 부재, 지금 탐색 중인 문제에 대한 개방성 등도 역시 나를 지탱해 주고 있네. 이렇게 말한다면, 그다지 많이 방황하지 않았다고 할 수 있는 장소에서 자네가 내게 건네 준 그 텍스트 말일세. […] 자네도 짐작하겠지만, 내가 아주 불편함을 느끼고, 또 아주 고통스러워하는 현재 상황에서, 내가 방금 암시한 그 관계와 내가 아주 극소수의 사람들(자네, 낭시, 포트라를 제외하곤 거의 없었네)과 맺었던 관계만이 절대적으로 소중할 뿐이네.[53]

51) Sylviane Agacisnski, *Journal ininterrompu*, Seuil, 2002, p. 85.
52) 자크 데리다는 1972년 8월과 그 다음해 말까지 사이에 썼던 대부분의 편지들과 마찬가지로 이 편지도 빨간색 잉크로 썼다. 이와 같은 습관으로 인해 그의 편지를 받은 사람들 중 몇몇은 불평을 늘어놓기도 했다. 그 중 한 명이 바로 폴 테느뱅이며, 정확히 그 시기에 그녀와 데리다 사이의 관계가 악화되었다.
53) 데리다가 필립 라쿠라바르트에게 보낸 1972년 8월 4일 편지.

그 당시에 데리다와 라쿠라바르트, 낭시 사이에는 진정한 유대 관계가 맺어지고 있었다. 콜로키엄이 진행되는 동안 스리지 성의 공원을 산책하면서 데리다는 그들에게 미셸 들로름과 그가 막 시작한 갈릴레 출판사와의 협력 관계에 대해 말하기도 했다. 데리다는 또한 그들에게 라캉에 대해 긴 논문보다는 한 권의 짧은 책을 쓰기 위한 연구를 수행할 것을 권유하기도 했으며, 미셸 들로름에게 그들의 이런 계획의 결과물을 추천해서 출판할 수 있도록 하겠다고 약속을 하기도 했다. 데리다 자신은 콩디약에 대한 텍스트를 완성하는 중이었다. 문제의 텍스트는 『인간의 지식에 관한 시론』(*Essai sur les connaissaces humaines*)의 서문으로 사용되고, 후일 『사소한 것의 고고학』(*L'archéologie du frivole*)이 된다. 하지만 데리다는 이 텍스트를 마치는 일에 피곤함을 느꼈고, 해서 "천천히, 별다른 재미 없이" 일을 진행했다. 그는 로제 라포르트에게 이렇게 말하고 있다. "말하자면 콩디약의 저서는 판에 박힌 것이네."[54]

이 일은 가을 동안에 미뉘 출판사에서 출간될 두 권의 저서—『철학의 여백』과 『입장들』이다—의 교정지 작업 때문에 중간에 끊겼다. 그의 고백에 의하면 그는 교정을 능숙하게 보는 사람은 아니었다. 해서 교정을 보는 일로 니스의 파르망티에 가에 있는 작은 아파트에서 몇 주를 우울하게 보내게 되었다. 미셸 드기에게 보낸 편지에서 데리다는 자신의 언짢은 기분을 숨기려고 하지 않았다. 하지만 오랜 친구에게도 데리다는 언짢은 기분의 상당 부분을 차지하고 있던 실비안을 만날 수 없는 일에 대해서는 함구하고 있다.

---

54) 데리다가 로제 라포르트에게 보낸 1972년 9월 18일 편지.

이번 방학처럼 "가족들"로 인해 번잡하고, 효과를 내지 못하고, 지루했던 방학은 없었네. 불편함, 혼잡, 밀집 상태가 하도 심해서 엽서를 한 장 쓰는 것도 힘이 드네. 나머지는 자네 상상에 맡기네. 아직도 두 주를 짜증과 정신적으로 진력난 상태에서 보내야 하네. 끔찍한 시간 낭비네. 어쨌든 이 시간을 가지고 할 수 있는 일에 비춰 보면, 아이들은 우리에게 여전히 희망이네.[55]

1967년과 마찬가지로 1972년 역시 데리다에게는 세 권의 저서가 출간된 해이다. 『텔켈』지와의 불화로 인해 어려운 여건에서도 쇠이유 출판사에서 출간된 『산종』, 가을에 미뉘 출판사에서 출간된 『여백』과 『입장들』이 그것이다. 『라 캥젠 리테레르』지에서 데리다는 그와 그 당시 가까웠던 뤼세트 피나에게 두 권의 주요 저서 사이의 관계를 밝히려고 했다. 특히 이 두 권 사이에 아무런 단절이 없다는 것을 강조하면서 말이다.

물론 외관상으로 보면 『산종』은 특히 이른바 '문학적' 텍스트들과 관련이 있습니다. 이 책은 또한 문학적인 것 ─ 혹은 아닌 것 ─ 의 '발생'을 묻는 시도이기도 합니다. 외관적으로 보면 물론 『여백』은 철학을 다루고, 철학과 교차하고, 철학의 시각 속에 있습니다. 이 책들에는 종종 도발적인 담론이 들어 있고, 더군다나 권위 있는 대학 관계자들 앞에서 그런 성격을 가진 것으로 수용되었고, 종종 프랑스의 여러 기관(콜레주 드 프랑스, 프랑스철학회, 프랑스어철학회)으로부터 혹평을 받기도 했고 그

55) 데리다가 미셸 드기에게 보낸 1972년 8월 20일 편지.

러지 않기도 했습니다. […] 따라서 이 두 권의 책은 문학과 철학의 평화스럽고 아카데믹한 연결, 문학 전공자들과 다른 인문학 전공자들에 의해 재검토되고 수정된 문학과 철학의 연결로 공통으로 묶여지지 않습니다. 그보다는 오히려 이 두 권의 책은 우리 문화의 여러 영역들 사이에서 나타날 수 있는 경계, 이동, 대립적인 공모 등을 천착하고 있습니다.[56)]

원하든 그렇지 않든 간에 신문과 잡지에서 이 저서들에 대한 서평을 내는 일은 여간 어려운 게 아니었다. 가령 『르 몽드』지는 한여름에 아주 짧게 언급하고 있을 뿐이다. 이 신문에서 『산종』은 "데리다의 사유 변화를 알 수 있는 어렵고도 중요한 책이자 우리 시대의 가장 중요한 책 중 한 권"으로 소개되고 있다. 그리고 그 다음달에 다른 신문에서는 가을에 출간된 책 중에서 "이름 있는 이 철학자의 두 권의 저서의 출간을 알리고 있다. 이데올로기에 맞서 엄격하고도 생성적인 '해체'의 필요성을 강조하고 있는 10편의 미간행 글들을 모아 놓은 『철학의 여백』과 현재 진행 중에 있는 연구에 대한 세 차례의 대담을 모아 놓은 『입장들』"이 그것이다. 하지만 이와 같은 설명만으로는 잠재적 독자들에게 아무런 도움이 되지 못했다.

하지만 『엘』(Elle) 지에서도 데리다에 대해 말을 하고 있었다. 약간은 익살스러운 방식으로이긴 했지만 말이다. 몇 달 전에 자클린 드모르네는 "1972년을 장식하게 될 불문법(不文法)"을 상기시키기도 했다. 그녀는

---

56) Jacques Derrida, "Entretien avec Lucette Finas", *La Quinzaine littéraire*, 16~30 November 1972.

이렇게 말하고 있다. 『말과 사물』이 더 이상 유행을 타지 않는 지금, 여러 유행어 중 데리다의 이름을 들먹이고, 또 "그의 최근 저서인 『산종』은 마약에 대한 가장 훌륭한 책이다. 당신의 분석을 조금 더 멀리 밀고 나가라는 요청을 받게 되면, 이렇게 말하면서 방어하시오. '어쨌든 한 권의 책은 늘 지각 불가능하다.'"[57]

1972년 12월 3일, 『르 주르날 드 주네브』(*Le Journal de Genève*)에서 존 E. 잭슨은 자크 데리다를 "아주 어려운 저자, 하지만 하이데거가 찬사를 보낸 현대의 유일한 철학자", 소문에 의하면 "하이데거가 철학자의 이름에 걸맞은 현대의 유일한 철학자로 여기고 있는 철학자"로 묘사하고 있다.[58] 표현이 대담하긴 했지만, 『존재와 시간』의 저자가 『글쓰기와 차이』의 저자에 대해 가지고 있는 호기심은 여전히 강했던 것으로 보인다. 하이데거를 잘 알았던 뤼시앵 브라운은 스트라스부르에서 여러 차례에 걸쳐 이 두 사람의 만남을 주선하려고 노력했다. 비공식적인 만남이라는 것을 강조하면서 말이다. 1973년 5월 16일, 하이데거는 그에게 "자기에게 몇 편의 글을 보내 준 데리다 씨를 만나게 되면" 기쁠 것이라고 말했다. 하지만 데리다는 이미 몇 주에 걸쳐 약속이 잡혀 있었고, 해서 만남이 가을로 미루어졌으면 하고 바랐다.[59]

어쨌든 하이데거는 계속해서 정보를 모았다. 1973년 9월, 그는 자기

---

57) Jacqueline Demornez, "Le nouveau savoir-vivre snob", *Elle*, February 1972.

58) *Le Journal de Genève*, 2 December 1972.

59) Lucien Braun, "A mi-chemin entre Heidegger et Derrida", Jacques Derrida et al., *Penser à Strasbourg*, Galilée, 2004, pp. 24~25.

집에서 있었던 마지막 세미나에서 벨기에 현상학자 자크 타미니오를 만났다. 이런저런 일들에 대해 대화를 나누던 중 45분 정도가 지나자 하이데거가 갑자기 상대방에게 이렇게 말했다. "타미니오 씨, 자크 데리다의 저서들이 아주 중요하다고들 합니다. 당신은 그 저서들을 읽었나요? 어떤 점에서 그 저서들이 중요한지 나에게 설명을 해주면 고맙겠소." 이런 요청에 타미니오는 아주 곤란했다. 그도 그럴 것이 하이데거의 부인에게서 의례적으로 허락받은 시간이 10여 분밖에 남지 않았고, 또한 독일어로 설명을 해야 했기 때문이다.

나는 하이데거에게 '해체'에 대해 말을 하면서 함정에 빠지지 않을 수 없었다. 왜냐하면 그가 'Destruktion'(파괴)이라는 단어를 자신만의 고유한 의미로—과거에, 그리고 다르게—이미 사용하고 있었다는 점이 나를 가로막았기 때문이다. 'a'를 포함한 '차연'에 대해 설명을 한 번 해보시라. 특히 당신의 생각이 프랑스어로 이루어지는데, 이것을 독일어로 번역하고, 게다가 존재론적 차이를 강조하는 사상가 앞에서 말이다. 반드시 현학적으로 될 수밖에 없을 것이다. 그 전날 하이데거는 『논리 연구』를 '통해'(via) 그 자신과 후설의 관계를 다루었기 때문에, 나는 『목소리와 현상』을 요약한다는 불가능한 일에 무모하게 돌진했다. [⋯] 나는 표현과 지표에 대한 후설의 구분 안에서 포착되는 유희에 대한 극단적으로 도식화된 특징을 강조했던 것이다. 하지만 하이데거의 반응을 보고 나는 내 시도가 실패했다는 것을 곧바로 알아차렸다. "아, 그래요! 아주 흥미롭네요"(Ach so! Sehr interessant!)라고 그는 내게 말했다. 그리고 서둘러서 이렇게 덧붙였다. "하지만 내 글에도 당신이 방금 말한 것에 가까운 것들이 있는데요." 하이데거 부인이 대답을 끝내라고 하기에 나는 얼버무려야 했다. "예, 분명 그렇습니다. 데리다는 선생님에게 많은 빚을 지고 있습니다. 하지만 어쨌든 다르긴 합니다."[60]

1973년 10월, 필립 라쿠라바르트는 데리다에게 이렇게 알렸다. 너무 피곤한 하이데거가 고려중이던 약속을 다시 한 번 뒤로 미루기를 요청했다고 말이다. 하지만 하이데거는 어쨌든 믿음을 주고 싶어 했다. "하이데거가 집요하게 요구하는 것으로 보아 언젠가는 만남이 이루어질 겁니다."[61] 하지만 이들의 만남은 성사되지 않는다. 프라이부르크의 사상가가 건강이 악화되어 1976년 5월 26일에 세상을 떠났기 때문이다. 그와 데리다의 약속은 지켜지지 않은 채로 남았다. 데리다가 이런 사태를 정말로 유감스럽게 생각했는지는 확실하지 않다. 이름에 걸맞은 만남의 기회가 아주 드물었기 때문이다.

또 다른 한 명의 대가가 스트라스부르에서 가르치고 있는 두 명의 철학자와 데리다 사이의 중심에 서 있었다. 바로 자크 라캉이었다. 고등사범학교에서 했던 두 철학자의 발표를 발전시켜 집필한 『문자라는 증서』(*Le titre de la lettre*)의 원고를 읽으면서 데리다는 이 책이 가진 "아주 신중하고, 아주 능란하고, 난공불락의 아주 힘든 엄격성"에 대한 찬사를 잊지 않았다. "당신들의 잘못을 알아차릴 수 있는 사람은 아주 뛰어난 사람

---

60) 1998년 11월 7일 브뤼셀의 테아트르 포엠(Théâtre-Poème)에서 자크 타미니오가 데리다에게 바친 헌사. 이 미간행 텍스트를 나에게 보내준 자크 타미니오에게 감사를 드린다.
61) 필립 라쿠라바르트가 데리다에게 보낸 1973년 10월 7일 편지.

일 것이오!"[62] 그런데 기이하게도 데리다는 이 '난공불락'이라는 단어를 라캉과 연결시키고 있는 것처럼 보였다. 실제로 1966년에 『에크리』라는 두꺼운 책을 보내 준 것에 대해 라캉에게 감사의 말을 전하기 위해 데리다는 이 단어를 사용했던 적이 있다. 하지만 이 단어가 『에크리』라는 책에서 이 두 명의 철학자에 의해 이루어진 섬세하고 엄격한 연구로 옮겨 갔던 것이다.

오늘, 역설적으로 보이는 방식으로, 나는 여러분에게 한 권의 책을 읽어 볼 것을 권해 드리고 싶습니다. 이 책에 대해 최소한 말할 수 있는 것은, 이 책이 나와 관련이 있다는 사실입니다 이 책의 제목은 『문자라는 증서』이고, 갈릴레 출판사의 '문자 그대로'(À la lettre) 총서에서 출간되었습니다. 나는 이 책의 저자들에 대해서는 말하지 않으려 합니다. 내가 보기에 그들은 이 책을 출간하면서 하수인 역할을 하고 있습니다.
그렇다고 해서 그들의 연구의 가치가 줄어드는 것은 결코 아닙니다. 나로 말할 것 같으면, 나는 이 책을 여러분에게 시험 삼아 테스트를 해보고 싶을 정도입니다. 아주 좋지 않은 의도로 쓰인 이 책을 말입니다. 여러분께서 이 책의 30여 쪽을 읽게 되면 이 점을 확인할 수 있을 겁니다. 나는 이 책이 많이 보급되지 않기를 바랍니다. […] 하지만 이 책이 훌륭한 독서의 모델이라는 점을 저는 지적하고자 합니다. 어느 정도냐 하면, 나와 가까운 사람들은 이 책과 대등한 연구를 전혀 해내지 못했다는 점을 유

---

62) 데리다가 장뤽 낭시에게 보낸 1972년 10월 2일 편지.

감스럽게 만들 정도입니다.[63]

라캉의 세미나가 끝나자마자 많은 사람들이 이 책을 서둘러서 구입했다. 곧 소문이 자자하게 되었고, 갈릴레 출판사에서는 재판을 찍어야 했다. 장뤽 낭시는 이렇게 회상하고 있다. "우리 입장에서 보면 이 책의 성공은 조금 모호했습니다. 데리다의 하수인으로 취급당한 것은 우리 마음을 상하게 했고, 데리다 역시 짜증나게 했습니다. 우리가 이 책을 쓰면서 데리다의 직관에 약간의 빚을 진 것은 사실이라고 해도, 이 책에 대한 책임은 전적으로 우리 두 사람에게 있습니다. 하지만 아주 오랜 동안, 어쩌면 계속해서 이 책은 우리 두 사람의 이름을 데리다의 이름에 묶어 두게 될 것입니다."[64]

미셸 푸코와의 불화 이후, 데리다와 『크리티크』 지와의 관계는 단순하지 않았다. 데리다는 장 피엘이 그에게 넘겨 주는 글들에 대해 계속 의견을 개진하긴 했다. 데리다는 가끔 그 자신이 높이 평가하는 사람들, 가령 뤼스 이리가라이, 위세트 피나, 장 미셸 레이 등의 글을 피엘에게 전달하기도 했다. 하지만 장 피엘이 데리다의 열광에 동의하지 않는 경우도 종종 있었다. 사라 코프만의 『예술의 어린 시절』(*L'enfance de l'art*)이 그좋은 예이다. 피엘은 『크리티크』 지에 아주 엄격한 서평이 실리기 전에 이 책을 미뉘 출판사에서 출간하는 것을 거절하기도 했다.

---

63) Jacques Lacan, *Encore*, Seuil, 1975, p. 62.
64) 장뤽 낭시와의 인터뷰.

1973년 8월 4일, 데리다는 장 피엘에게 장문의 편지를 타이프로 쳐서 보냈다. "보통 말하는 것처럼 아주 심사숙고한 끝에" 데리다는 『크리티크』지 편집위원회에서 떠나기로 결심했다. 데리다는 10년 전부터 이 잡지와 같은 이름의 총서에 자신이 한 일을 상기하면서 사임에 대한 개인적인 이유를 적시했다. "협력은 아주 오래 된 것이고 또 화기애애한 것이었습니다. 특히 나의 사임에 배신의 의미를 부여하지 않기를 바랍니다." 비록 데리다가 과도한 연구와 누적된 피로를 강조하고 있기는 하지만, 이와 같은 불화에 다른 이유가 있었다는 것은 분명했다.

내 자신이 연구하고자 했던 것을 계속하거나 한데 모으기 위해 나는 특히 거리를 두고 자유 시간을 확보할 필요가 있습니다. 가능하다면 특히 그 어떤 때보다 이질감이 느껴지는 파리의 활동 무대에서 떨어져 있을 필요가 있습니다. [⋯] 환상이 될 수도 있겠지만, 분명 나는 적어도 겉으로는 뭔가 새로운 것에 대한 도전을 하고 싶습니다⋯.[65]

장 피엘의 요구에 따라 데리다는 『크리티크』지의 명예편집위원회의 일원으로 남는 것을 받아들였다. 명예편집위원회에 더 많은 사람들이 참여하고 있었고, 해서 외연이 훨씬 더 넓었다. "그때부터 나의 사임을 이 잡지와의 단절로 해석하는 것은 불가능하게 되었습니다. 이 일을 아주 깔끔하게 처리해 준 것에 대해 감사를 드립니다." 피엘은 데리다에게 "아주 솔직한 우정으로" 사퇴하게 된 구체적인 이유를 가르쳐 달라고 했다. 하

---

65) 데리다가 장 피엘에게 보낸 1973년 8월 4일 편지.

지만 데리다는 그런 것은 없다고 말했다. 데리다가 덧붙일 수 있는 것은 구체적이지 않았고, 어쩌면 "일화적"인 것일 수도 있었다. 하지만 데리다는 이와 같은 일화적인 이유로 파리의 활동 무대에서 더 밀리 떨어져 있고 싶어 했던 것이다.[66]

하지만 파리의 활동 무대에서 데리다는 눈에 띄지 않는 그런 인물이 아니었다. 1973년 여름 직전에 『르 몽드』지에서 '자크 데리다, 해체의 철학자'라는 제목으로 2면을 그에게 할애했다. 팀(Tim)이 그린 데리다의 캐리커처도 함께 실렸다. 팀은 그를 인상적인 머리카락을 가진 이집트의 율법학자의 모습으로 그렸다. 이 기사를 준비했던 뤼세트 피나는 "프랑스보다 외국에서 더 활발하게 이루어진 데리다의 수용"을 강조하고 있다. 그의 대부분의 저서들이 10여 개의 언어로 번역되었다는 점을 그녀는 약간 과장해서 강조했다. 흔적, 차연, 보충대리, 파르마콘, 이멘(hymen: 처녀막) 등과 같은 개념들을 가능한 한 간단하고 교육적인 방식으로 소개하기 전에 말이다.

『르 몽드』지의 정례 기고자가 된 옛 고등사범학교 학생이었던 크리스티앙 들라캉파뉴는 그 나름대로 '해체' 개념을 정의하려 시도했다. "형이상학 전체, 즉 우리 서구 문화 전체"가 하나의 '텍스트'로 여겨지는 이상, 무엇보다도 읽기 행위가 중요하다. 해체하기는 "무너뜨리는 것, 주먹으로 요새를 순진하게 공격하는 것이 아니다. 19세기 중반부터 철학의 죽음이 문제가 되었다. 하지만 이 죽음의 선고를 구체화시키는 일은 쉽지 않았다. 철학의 죽음은 철학적이어야만 한다".

---

66) 데리다가 장 피엘에게 보낸 1973년 8월 15일 편지.

기이하게도 필립 솔레르스 역시 데리다에게 경의를 표하는 이와 같은 작업에 참여했다. 『1971년 6월 동향 보고』에 실렸던 데리다에 대한 공격과는 아주 다른 방식으로였다. 필립 솔레르스가 보기에 데리다의 문학에 대한 기여는 "아주 결정적인 중요성"을 갖는 것이었다. "'그라마톨로지'와 더불어 문학적 행위와 철학 사이에 새로운 관계가 정립되었다." 데리다는 철학이 스스로 앞장서서 제기한 문제를 정식화시켰다. 솔레르스가 지난해에 있었던 불화에 대해 직접적으로 암시하는 것은 아니라고 해도, 그는 약간의 거리를 유지하면서 보호자적인 태도를 취하고 있다.

데리다가 중심이 된 위기, 과도한 행위는 생산적일 수도 있다. 다만 그가 대학에서 어떻게 이용되는가의 문제에 포위되지 않는 경우에만 그렇다. 그도 그럴 것이 데리다에 의해 이루어진 방대한 연구와 아주 빠른 속도로 퍼진 '데리다주의'를 구분해야 할 필요가 있기 때문이다. [⋯] 내 생각으로는 데리다 자신이 그 자신의 담론이 굳어지는 방식을 극복할 필요가 있다.[67]

『라르크』(*L'Arc*) 지에서도 데리다에게 한 호(號)를 완전히 할애하기로 했다. 카트린 클레망은 데리다에게 고전적 의미에서 철학자들보다는 작가들이 더 많은 필자 리스트를 건넸다. 엘렌 식수, 프랑수아 라뤼엘, 클로드 올리비에, 로제 라포르트, 에드몽 자베스 등이었다. 하지만 데리다는 카트린 클레망과 가졌던 인터뷰의 녹취를 갑작스럽게 거절했다. 60여

---

67) *Le Monde*, 14 June 1973.

쪽에 달하는 분량을 이 잡지에서 요구하는 형태와 분량에 맞추어 줄일 시간도 용기도 없다는 것이었다. 그도 그럴 것이 데리다는 이 인터뷰에서 즉흥적으로 말했던 것에 대해 만족하지 못하고 있었기 때문이다. "내가 했던 몇몇 인터뷰들은 어쨌든 경우에 따라 항상 (내가 보기에) 불만족스러운 상태였어요."[68]

잡지 출간 계획을 중단시킬 위험이 있음에도 불구하고 데리다는 아주 분명하게 이 잡지에 자기 사진을 게재하는 것을 거부했다. '하물며' 『라르크』지의 지난 호 전체에서 했던 것처럼 표지에도 마찬가지였다. 데리다는 마우리치오 페라리스와와의 대담을 통해 이와 같은 엄격한 태도에 대해 설명하고 있다.

> 내가 15~20여 년 동안 사진을 게재하는 것을 거절한 것 ─ 출판사, 신문사 들과 그렇게 하는 건 쉬운 일이 아니었지요 ─, 이것은 일종의 공백, 부재, 혹은 이미지의 사라짐 등을 보여 주기 위함은 결코 아니었습니다. 그것은 오히려 이와 같은 모든 이미지들의 생산을 지배하는 약호는 물론이거니와, 사람을 거기에 맞추어야 하는 프레임, 사회적 연관관계(저자의 얼굴을 보여 주기, 그가 쓴 저작들의 표지에서 그의 모습을 보여 주기, 모든 장식들) 등이 내게는 우선 아주 끔찍하게 지루한 일로 보였기 때문입니다…. 이 모든 것은 내가 책에서 쓰고자 했던 것들과는 완전히 반대되는 것들이기도 합니다. 따라서 아무런 방어 없이 내가 그런 일에 동의할 수는 없는 노릇입니다. 물론 모든 것이 이와 같은 이유에 국한되는 것

---

68) 데리다가 카트린 클레망에게 보낸 1973년 5월 17일 편지.

은 아닙니다. 내가 나 자신의 이미지와 아주 복잡한 관계를 가질 수도 있습니다. 내 욕망의 힘이 통제되고, 반박당하고, 또 거부당할 정도로 말입니다.[69]

어쨌든 『라르크』지는 표지에 에셔가 그린 데생과 더불어 출간되었다. 이 데생에는 종이의 한쪽 끝에서 나와 다시 그곳으로 돌아가는 새끼악어들의 행렬을 볼 수 있다. 서론 격인 「원시인」이라는 글에서 카트린 클레망은 자신의 눈에 "데리다가 시도한 일탈"로 보이는 것을 분석하고 있다.

여느 사람들과는 달리 그는 자기 자리에 있지 못한다. 그는 원시인이다. 철학자인가? 그렇다. 직업상으로 그렇다. 그가 철학을 가르치고 있기 때문이다. 어쩌면 작가이다. 대학교수인가? 분명 그렇다. 고등사범학교 조교수이기 때문이다. 하지만 그는 그 자신이 강하게 비판하는 행동의 영역으로 유배당했다. […] 그에게 철학이라는 분야는 그 어떤 특권도 가지고 있지 못한다. 게다가 '문학', '연극' 등의 분야도 마찬가지이다. 확정되지 않은 위상을 가진 불분명한 텍스트들의 영역(서사? 전기? 노래? 시?)은 단어에 대한 그의 흥미로운 연구 분야이기도 하다. 그런데 해체라는 방법은 모든 영역에서 '허구'(fiction)와 겹친다. […] 이상적인 관점에서 『라르크』지에서 이루어진 글모음은 전적으로 데리다가 그 제목이

---

69) Jacques Derrida, "'Il n'y pas *le* narcissisme' (autobiographies)", *Points de suspension*, Galilée, 1992, p. 210.

고 또 전(前) 텍스트가 되는 집단적 소설로 읽어 주길 요구하고 있다.[70]

이 잡지에 실린 전체 글에서 에마뉘엘 레비나스의 「전혀 다르게」라는 글이 유별나다. 『시간과 타자』의 저자인 레비나스는 데리다가 출간한 "아주 예외적으로 정확하지만, 그럼에도 아주 기이한 텍스트들"의 중요성을 반기는 것으로 글을 시작하고 있다. 데리다의 저작이 "서구 사유의 전개를 교조적 철학을 비판주의와 분리시키고 있는 칸트주의와 유사한 하나의 경계선에 의해" 구분할 수 있을지를 자문하면서 말이다. 데리다에 대한 더 이상의 찬사를 찾아볼 수 없을 정도이다. 하지만 이 점을 제외하고 레비나스는 해체 작업을 상기시키면서 아주 끔찍하고 모호한 하나의 이미지를 보여 주고 있다.

처음에는 모든 것이 제 자리에 있었다. 하지만 몇 줄이나 몇 쪽 뒤에 가면, 아주 끔찍한 문제제기의 효과로 그 어떤 것도 사유에 적합하지 않게 된다. 바로 거기, 여러 주장에 포함된 철학적 의미 외부에 순전히 문학적인 효과, 새로운 전율, 데리다의 시가 있다. 그의 저작을 읽으면서 나는 항상 1940년의 집단이주를 다시 본다.

그때까지 아무것도 모르고 있는 장소, 카페는 문을 열었고, 부인들은 '부인용 신상품' 가게에 있고, 미용사는 머리를 손질하고, 빵가게에서는 빵을 만들고 지방의 유지들이 다른 유지들을 만나서 이야기를 나누는 장소, 한 시간 후에 모든 것이 파괴되고 황량하게 될 장소, 문이 닫히거나

---

70) Catherine Clément, "Le Sauvage", *L'Arc*, no. 54, Jacques Derrida, 1973, p. 1.

문이 열린 채 방치된 집들에서 주민들이 빠져나가고 있는 장소, 바로 이 장소에 퇴각하는 군대가 도착한다. 이 주민들은 끊임없는 자동차 행렬, 좁은 길들을 가로지르는 행렬을 이루며 빠져나가고 있다. 이 길들에는 '과거의 아픔'이 간직되어 있는 큰길들, 제1차 세계대전 당시의 대규모 피난으로 잊지 못할 과거의 흔적이 간직되고 있는 큰길들을 정비한 것이었다.[71]

레비나스는 자신의 글을 조금 더 차분하게 끝마치고 있다. 레비나스는 "자신의 말을 산종시키는 자와 정반대 쪽에 자리 잡고 있는 하나의 사유를 연장"시킬 수도 없고 또 그러고 싶지도 않다는 것을 그 스스로 인정하고 있기 때문이었다. 그리고 "진정한 한 명의 철학자를 '개조시킨다'는 우스꽝스러운 야망"을 그 스스로 가지고 있지 않다는 점 또한 인정하고 있기 때문이었다. "데리다가 나아가는 여정에서 그와 접촉한 것은 벌써 아주 좋은 일이고, 또한 이 접촉은 철학적인 방식으로 이루어졌다. 데리다가 제기한 여러 문제들이 가진 중요성을 강조하면서 우리는 교착어법적 마음의 접촉[72]의 기쁨을 말하고자 했다."[73]

약 10여 년 전에 수행한 적이 있는 첫 번째 연구 이후, 레비나스에 대해 계속 커져 가는 흥미를 가지게 된 데리다는 「전혀 다르게」라는 제목의 글에서 그들 두 사람을 더 가깝게 해주는 요소만을 취하고자 했다. 그리

---

71) Emmanuel Levinas, "Tout autrement", *L'Arc*, no. 54, pp. 33~34.
72) 서로 경향이 조금 다른 사유를 가진 두 사람의 만남의 의미이다. ― 옮긴이
73) *L'Arc*, no. 54, p. 37.

고 그는 레비나스에게 감사의 마음을 전하는 편지를 쓰고 있다.[74]

> 선생님께,
>
> (교착어법의) 심장 깊은 곳에서 감사를 드립니다. 아주 단순하게 선생님의 너그러움에 감동을 받았다는 점을 말씀드릴 수 있도록 허락해 주시기 바랍니다. 또한 아시다시피 […] 저희 두 사람이 '함께' 기이하게도 유사한 X, 수수께끼적인 유사함—'같은 것'이라고는 말씀드리지 못하겠습니다만—을 가지고 있다는 점을 말씀드리는 것도 허락해 주시기 바랍니다. 모든 표점들(문화적, 역사적, 철학적, 제도저)이 사라질 때, 모든 것이 전쟁에 의해 "파괴되고 황량하게 될" 때, 이처럼 드러난 공조성은—저에게는—중요하고, 제가 살아 있다는 마지막 징후입니다.[75]

『라르크』지 특집호가 출간된 지 몇 주 만에 파야르(Fayard) 출판사에서 『그라마톨로지에 관하여』에 온전히 할애된 첫 번째 저서가 출간되었다. 장 리스타를 필두로 『간격』(*Écarts*)이라는 제목이 붙은 이 저서에

---

74) 데리다는 이 편지에 이어지는 다른 편지들에서 레비나스의 이 글에 대해 여러 차례 암시했다. 1976년 3월 6일, 그는 레비나스에게 이렇게 쓰고 있다. "선생님께서 보내주신 책들에 제가 얼마나 감동했는지, 그 책들이 저에게 얼마나 많은 읽을거리와 생각거리를 주었는지 말씀드리고 어렵고, 또 말씀드리지 못하겠습니다. 용서해 주십시오. 선생님께서 아주 명쾌하게, 아주 너그러운 마음으로 정의를 내려 주신 그 이상한 표현, 즉 '교착어법의 심장과의 접촉'은 저에게 늘 생생한 경험입니다. 제가 선생님 쪽으로 이동하기에는 너무 불안정한 상태에 있는 만큼 더욱 그렇습니다. 이것이 교착어법의 논리일 것입니다. 거리, 침묵, 분산, 만남을 아주 드물게 만드는 모든 어려움 너머에, 아주 주의 깊고, 우호적이고, 따뜻한 우정을 믿어 주시기 바랍니다. 왜냐하면 교착어법의 심장에서 항상 심장이 우선해야 한다고 확신하기 때문입니다."

75) 데리다가 에마뉘엘 레비나스에게 보낸 1973년 10월 9일 편지.

는 네 편의 에세이가 포함되어 있다. 뤼세트 피나의 「주사위 놀이와(는) 유다(이다)」, 사라 코프만의 「'음산한' 철학자」, 로제 라포르트의 「이중의 전략」, 장 미셸 레이의 「현재 진행 중인 한 텍스트의 여백에 쓴 주석」 등이 그것이다. 처음에 원고 요청을 받았던 장 노엘 뷔아르네는 이론적인 이유보다는 개인적인 이유로 이 저서의 집필에 참여하지 않았다.

종종 난해하고, 쓸데없이 모방적인 내용이 많은 이 저서는 어쨌든 데리다의 위상을 강화하는 데 도움을 주었다. 분명 이 저서의 필자들은 『여백』의 저자인 데리다에게 어느 정도 거리를 둘 수 있었다. 하지만 그는 이미 무시할 수 없는 인물이 되어 있었다. 그가 다룬 비평가들은 직접적인 영향을 입었다.

8장_『조종』
1973~1975

형태상으로 아주 복잡한 『조종』은 하늘에서 그냥 떨어진 것이 아니다. 렘 브란트에 대한 주네의 텍스트가 1967년에 『크리티크』지에 실렸다. 「작은 정사각형 속에서 찢겨지고 화장실에 빠져 버린 렘브란트에게서 남은 것」이라는 제목이 붙은 주네의 글은 벌써 불균등한 두 세로줄(colonnes)로 분할되어 있었다. 『여백』의 첫 번째 텍스트인 「고막」(Tympan)처럼 말이다. 데리다는 두 세로줄로 된 또 다른 책 한 권을 집필할 계획에 착수했다. 콩디약을 중심으로 한 『언어들의 계산』(*Le calcul des langues*)이 그 것이다. IMEC에 보관된 이 책의 미완성 원고는 타이핑된 70~100쪽 분량이다. 분명 데리다는 타자기에 종이를 두 번 끼웠고, 그것도 끼울 때마다 스페이스 조정을 했을 것이다. 종종 각각의 텍스트가 하얀 부분에 의해 단절되기도 했다. 이것은 데리다가 두 세로줄을 일치시키기 위해 노력했다는 것을 보여 준다. 그가 사용할 수 있었던 수단이 아주 수공예적이었음에도 불구하고 말이다. 시간이 어느 정도 지난 후에 데리다는 두 번째 세로줄에 써 나가던 콩디약을 따르는 글쓰기 기술 부분을 포기하고 거기에 프로이트의 「쾌락원칙을 넘어서」에 대한 해설을 써넣게 된다. 데리다는 후일 이 해설을 『우편엽서』에 재수록한다. 요컨대 『언어들의 계산』은 이런 점을 제외하면 아주 극단적이라고 할 수는 없다. 『조종』에서 볼 수 있는 활자, 문체상의 극단적인 시도와는 거리가 멀었다.

여러 면에서 극히 예외적인 『조종』의 원고는 애석하게도 찾아볼 수 없다. 어바인에도, IMEC에도, 갈릴레 출판사에도 그 흔적이 남아 있지 않다. 하지만 데리다는 여러 차례에 걸쳐 『조종』의 기원을 언급했다. 특히 그 당시 그의 주요 대화상대자들 중 한 명이었던 로제 라포르트에게 보낸 편지는 이 책에 대한 세세한 정보를 제공해 주고 있다. 1971년에 몽펠리에대학에 교수로 임용된 라포르트는 그곳에서 고립되어 있다는 느낌을 받았으나, 곧 파타 모르가나(Fata Morgana) 출판사의 책임자였던 브뤼노 루아와 친하게 지내게 된다. "아주 멋진 장정과 문학적 요구라는 교차점에서" 활동하고자 했던 이 규모가 작은 출판사에서 이미 푸코, 들뢰즈, 레비나스 등의 소책자와 블랑쇼의 『낮의 광기』(La folie du jour)가 출간되었다. 데리다는 그 자신이 구상했던 아주 특별한 책을 처음에는 이 출판인에게 맡기려고 생각했다. 1973년 4월, 로제 라포르트에게 보낸 편지에서 데리다는 처음으로 주네의 작품을 중심으로 두 개의 세로줄로 된 책을 쓸 계획을 언급하고 있다. 그의 머릿속에는 70~100여 쪽 정도 분량의 "약간 복잡한 활자 구성으로 이루어진" 책을 생각하고 있었던 것이다. 그러니까 파타 모르가나에 아주 잘 맞는 계획을 세웠던 셈이다. 교수자격시험 준비생들과 관련된 일로 아주 바빴음에도 불구하고 데리다는 6월 30일에 그가 이 텍스트를 규칙적으로 쓰고 있다는 사실과 콩디약에 대한 연구

---

1) 데리다가 로제 라포르트에게 보낸 1973년 6월 30일 편지.

는 "잠시 옆으로 제쳐 놓았다"[1]는 사실을 알렸다.

여름 동안, 처음에는 라사에서, 나중에는 니스에서 데리다는 이 책의 핵심 부분을 집필했다. 오직 그의 작은 타자기 하나에만 의존해서 열광적으로 작업을 해나갔다. 하지만 그는 아주 빠르게 『조종』이 제작과 편집 과정에서 적지 않은 문제를 야기시킬 정도의 형태와 분량의 책이 될 것이라는 사실을 알아차렸다. 하지만 계획을 실천해 나갈수록 그는 점점 더 "이 책이 (그런 식으로 계획되고 구성된) 첫 번째 책이자 그런 식으로 [그가] 쓰게 될 마지막 책이라는 느낌(미신적이고, 불안하고, 신경질적인 느낌이 이 책의 진짜 주제라도 되는 듯했다)"[2]을 받기도 했다.

데리다는 프랑스문화방송의 '즐거운 기쁨'(Le bon plaisir)이라는 프로그램에서 이렇게 말하고 있다. 그러니까 그는 주네에게 할애된 텍스트를 "기억 속에 담고 있으면서, 또는 이렇게 말한다면, 계획하고 있음"과 동시에 '헤겔의 가족'이라는 제목의 1971~72년 세미나의 결과인 헤겔에 대한 텍스트를 덧붙이고자 했다고 말이다.

그 당시 『조종』을 쓸 때, 내 기억 속에는 두 개의 커다란 지대가 공존했습니다. 그런 다음 나는 두 개의 세로줄 본체의 어디에다 여백을 둘 것인가를 계산했습니다. 하지만 일은 구체적으로 아주 수공예적인 방식으로 진행되었습니다. 이 작업은 수많은 다시쓰기, 점검, 붙이기, 원고지와 종이에 완전히 수공예적인 방식으로 이루어진 가위질을 가정하는 것이었

---

2) 데리다가 미셸 드기에게 보낸 1973년 8월 4일 편지.

습니다. 하지만 이런 방식은 이상적인 기계 작업을 모방하는 것이었고,[3] 해서 나는 이 책을 단번에 쓰기 위하여 결국 모든 것을 조정하려고 했습니다.[4]

여러 주가 지남에 따라 『조종』의 텍스트는 "약간은 괴물처럼 양이 늘어났고", 데리다는 이 텍스트의 완성과 출판에 많은 어려움이 수반될 것이라고 예상했다. 1973년 9월에 출간된 『라르크』지에 『조종』의 발췌본이 실렸다. 하지만 이 발췌본은 데리다의 마음에 들지 않았다. 그것은 "[그가] 바랐던 것과 완전히 달랐기" 때문이었다. 특히 전체적으로 어떤 모습이 될 것인지에 대해서는 생각하지 않으면서 주네에 대한 부분을 단편적으로만 실어 놓았기 때문이었다.[5]

대학의 신학기 시작과 데리다가 해주기로 한 수많은 약속이 겹쳐지면서 『조종』의 집필 속도가 느려졌다. 하지만 그는 어쨌든 크리스마스 휴가 동안 이 텍스트를 완성할 수 있기를 희망했다. 『조종』의 분량을 고려하면 이 책을 파타 모르가나에서 출간하는 것은 힘든 일이었다. 브뤼노

---

3) 후일 한 인터뷰를 통해 데리다는 이렇게 지적하고 있다. "선적인 글쓰기의 규칙에서 가장 많이 벗어나는 텍스트, 나는 이런 텍스트를 컴퓨터 사용 이전에 이미 시도해 보았습니다. 지금은 이와 같은 분리, 활자의 고안, 이식, 삽입, 단절, 붙이기 등의 작업이 훨씬 더 쉬울 것입니다. 하지만 지금의 나로서는 이런 형태의 작업에 그다지 흥미를 가지고 있지 않습니다. […] 그 기이한 쪽맞추기 작업이 오늘날까지의 악기학의 역사를 기술하고 있는 오르간 연주 소교본처럼 행해진 『조종』은 오직 내가 가지고 있던 소형 올리베티 타자기로 이루어진 것입니다" (Jacques Derrida, "La machine à traitement de texte", *Papier Machine*, Galilée, 2001, p. 378. pp. 158~159).

4) 1986년 3월 22일자 프랑스문화방송의 「자크 데리다의 '즐거운 기쁨' 인터뷰 방송」. 녹취록은 IMEC 데리다 문서보관소에 보관되어 있다. 데리다는 RTB에서 1977년 2월 21일에 가진 모리스 오랑데르와의 인터뷰에서 벌써 『조종』의 기원에 대해 회상한 바 있다.

5) 데리다가 로제 라포르트에게 보낸 1973년 9월 26일 편지.

루아의 출판사는 소책자 전문 출판사였고, 기술적으로 그렇게 복잡하고 재정적으로 그렇게 비용이 많이 드는 작업을 수행할 수 없었다. 해서 이 책은 점차 데리다의 마음에 들었던 갈릴레 출판사에서 출간되게 된다. 게다가 이 출판사의 이름은 『조종』과 관련된 언어적 고리 ― 글라디올러스(glaïeul)에서 쇠꼬챙이(glaviot)까지, 고역(galères)에서 영광(gloire)까지 ― 와도 잘 어울렸다.[6]

미셸 들로름과 도안 전문가 도미니크 드 플뢰리앙과 함께 『조종』의 출간 계획을 검토하면서 데리다는 이 책의 실현이 어느 정도로 힘들고 비용이 비싸게 먹히는지를 계산해 보았다. 편집 작업에 여러 달이 걸릴 것이고, 헤아릴 수 없을 정도로 잦은 모임과 계속되는 수정 작업이 필요할 것으로 예상했다. 워드 프로세서와 컴퓨터 편집의 도입 10여 년 전에 이루어진 『조종』은 출판인은 물론이거니와 저자에게도 굉장한 쾌거였다. 첫 번째 교정지는 종이 두루마리 형태였고, 그것을 자르고 붙이기 위해서는 거대한 탁자를 사용했다는 점을 기억할 필요가 있다. 그 과정에서 조그마한 변화가 발생해도 모든 것을 다시 시작해야 했다. 1974년 9월 27일, 인쇄가 끝난 이 책은 장 리스타가 맡고 있던 '디그라프'(Digraphe) 총서에서 출간되었다. 초판은 5,300부를 찍었는데, 모두 판매되기 위해서는 몇 년을 기다려야 했다.

이 책은 외관이 가장 인상적이었다. 『조종』은 가로, 세로 25cm × 25cm 크기의 책이었고, 이 크기는 에세이에서도 아주 특이한 판형이었

---

6) 이 단어들과 '갈릴레'(Galilée) 출판사 이름 사이에 철자와 발음상에서 유사점이 있다는 의미이다. ― 옮긴이

다. 책의 커버는 회색에다 아주 엄숙해 보였다. 책의 뒷날개에는 아무런 소개글도 붙어 있지 않았다. 이 책을 열게 되면 놀라움은 더 커졌다. 우선, 두 개의 세로줄이 있었다. 위, 아래 부분이 잘리고, 또한 옆에서도 잘린 형태였다. 절단, 타투, 상감 등의 형태로 되어 있었다. 이 책의 첫 독서는 서로 기대어 서 있거나 아니면 서로가 없는 듯이 놓여 있는 두 개의 텍스트 사이에 아무런 소통이 없는 것처럼 이루어졌다. 그리고 좀 더 생각해 보면, 이것은 소재, 대상, 언어, 문체, 리듬, 법칙 등의 면에서 사실이었다. 한편으로는 변증법적이고, 다른 한편으로는 '은하계적'이고 이질적인 모습이었다. 또한 그 효과 면에서는 구별이 잘 안 되는, 마치 최면에 걸린 듯한 인상을 주었다.[7]

『조종』은 『여백』과 『산종』에서 시작된 작업의 극단화임과 동시에 말라르메의 '책'에 대한 꿈[8]을 데리다 나름의 방식으로 연장시킨 것이었다. 전통적인 규범에 비춰 보면 이와 같은 도발은 『조종』에서 극에 달했다. 시작도 끝도 없고, 아주 다양한 방식으로 분할되고, 활자의 관례를 전복시키고 있는 이 책은 또한 책에 관련된 대학의 모든 관례조차도 지키지 않고 있다. 가령 이 책에는 각주도 없고, 최소한의 참고문헌도 없었다.

---

7) 책에 포함된 저자 서문.
8) 데리다가 1974년 초에 『프랑스문학 일람표』(*Tableau de la littérature française*)라는 제목의 공저에 실렸던 말라르메에 대한 이 거의 알려지지 않은 글은 여러 면에서 『조종』의 매뉴얼처럼 보였다. 시니피앙과 시니피에의 결합 너머로 이어지는 결정 불가능한 유희 속에서 'or' [프랑스어로 '금'이라는 의미도 가지고 있다 — 옮긴이]라는 음절을 추적하면서, 데리다는 "이와 같은 더 넓고, 더 강력하고, 더 얽혀 있는 […], 마치 지지대 없이 항상 공중에 떠 있는 무한한 연쇄"에 흥미를 가졌다. "따라서 '단어', '그것의 해체된 부분들', 혹은 그것의 재등록된 부분들은 — 그것들의 개별적인 현전에 결코 동화되지 않은 채 — 결국 그것들의 고유한 유희만을 가리킬 뿐이고, 그런 유희로부터 다른 것을 향해 결코 나아가지 못한다는 것은 사실이다." ("Mallarmé", *Tableau de la littérature française*, Gallimard, 1974, p. 375)

그리고 특히 『조종』은 "철학에서 위대한 자료체로 여겨지고 있는 헤겔의 저작에 대한 해석과 다소간 치외법권지대에 있는 주네라는 시인-작가의 작품에 대한 다시쓰기"를 결합시켜 놓고 있었다.

추잡하거나 외설스러운 것으로 여겨지는 문학적 텍스트, 수많은 규범이나 글쓰기 종류로 이루어진 위대한 철학적 담론의 오염은 '쪽맞추기'에서 벌써 격렬한 것으로 보입니다. 하지만 이와 같은 오염은 아주 오랜 전통과 합류하거나 혹은 그 전통을 일깨워 주기도 합니다. 즉 텍스트의 여러 블록, 해석, 내적 여백 등에서 페이지가 다른 방식으로 정리된 전통이 그것입니다. 그러니까 또 다른 공간, 또 다른 독서, 또 다른 글쓰기, 또 다른 주해의 전통이 그것입니다. 이것은 나에게 책과 글쓰기가 갖는 선조성에 대한 『그라마톨로지에 관하여』에서 했던 몇몇 주장의 결과를 실천적으로 시행해 보는 하나의 방식이었던 겁니다.[9]

『조종』은 또한 시대정신에 민감했던 데리다가 그를 짜증나게 했던 들뢰즈와 과타리의 『안티오이디푸스』에 대한 대답으로도 읽힐 수 있었다. 왜냐하면 도발이나 텍스트의 유희가 어떠했든 간에, 데리다는 자신의 책에서 논증의 엄격성을 포기하고 싶지는 않았기 때문이다. 지속성이 유지되고 있는 왼쪽 세로줄은 1971~1972년 세미나에서 유래한 것이었다. 데리다는 거기에서 '헤겔의 가족'이라는 끈, 그러니까 가장 전기적인 면

---

9) Jacques Derrida, "Une 'folie' doit veiller sur la pensée", interview with François Ewald, *Points de suspension*, Galilée, 1992, pp. 360~361.

에서나 가장 개념적인 면에서까지 강한 끈을 가지고 있었던 것이다. 왼쪽 세로줄에 있는 텍스트는 헤겔의 『법철학개요』의 몇몇 장들에 대한 철저한 분석을 바탕으로 한 것이었다. 좀 더 단절이 심한 오른쪽 세로줄은 주네의 모든 작품에서 파생된 것으로, 꽃들의 편재성을 보여 주고 있다. 그리고 그 꽃들을 통해 작가의 이름의 편재성 역시 드러내려고 했다. 하지만 그 과정은 개방적이고 자유로웠다. 사르트르가 『성자 주네: 배우와 순교자』에서 했던 것과는 반대로 — 데리다는 이 책을 여러 번에 걸쳐 공격했다 — "인간-저자의 '열쇠', 이 열쇠들의 '실존적 정신분석학적 최종 의미'[10]를 제공해 준다고 결코 주장하지 않았다.

『조종』은 실제로 이 책의 독서에 많은 어려움을 제기했다. 문자 그대로 어디에서부터 이 책을 시작해야 하는지가 분명치 않았다. 각 쪽마다 두세 줄을 평행으로 따라가면서 읽는 것은 불가능했다. 하지만 하나의 세로줄을 다 읽고 난 뒤에 다른 세로줄을 읽는 것은 더 터무니없는 일이었다. 이렇게 하는 것은 이 책이 갖는 전체의 심오한 통일성을 부정하는 것이고, 또 두 텍스트 사이의 끊임없는 반향을 인정하지 않는 것이었기 때문이다. 따라서 독자는 자기 자신의 고유한 리듬을 만들어 내고, 5, 10 또는 20쪽의 배열에 따라 조정해 가면서 읽고, 그 다음에 다른 세로줄에 계속해서 시선을 주면서 읽었던 페이지를 다시 거슬러 올라가야 하는 것이었다. 그러니까 헤겔의 가족에 대한 설명과 주네에게서의 가족의 부재 사이, 『법철학개요』에서의 섹슈얼리티의 이론적 재생산과 『도둑일기』나 『장미의 기적』에서와 같은 동성애적 낭비 사이의 관계, 그러니까 텍스트

---

10) Jacques Derrida, *Glas*, Galilée, 1974, p. 37.

내적인 암묵적 관계를 구성하는 것은 전적으로 독자의 몫인 셈이었다.

철학적이든 문학적이든 간에 전통적 독서에 대한 항구적인 도전인 『조종』을 통해 데리다는 주네의 텍스트에서뿐만 아니라 헤겔의 텍스트에서도 편안함을 느끼는, 현재로서는 도저히 '찾을 수 없는' 독자에게 호소를 했다고 할 수 있다. 우리는 이런 독자를 데리다적인 용어로 이렇게 말할 수 있을 것이다. 즉 책 자체에 의해 발명되는 '미래의'(à venir) 독자가 문제시된다고 말이다.

정상적인 형태와는 너무 다르고, 분류조차도 확실하지 않은 이 책을 가지고 뭘 어떻게 해야 하는지를 알지 못했던 대부분의 서점들은 혼란 상태에 빠져 있었던 반면, 이 책에 대한 수용은 긍정적이었다. 1974년 11월 16일, 『라 캥젠 리테레르』지에서 피에르 파셰는 이 "혼란스러운 시도"에 대해 2쪽을 할애했다. 몇 주 후에 『피가로 문학판』(Figaro littéraire)에서 클로드 장누는 환영하는 어투로 "데리다에 의한 복음"을 언급했다. 하지만 이 책에서 철학이 문제가 되고 있는지를 자문하고 있다. 이와는 달리 『라르 비방』(L'Art vivant)에서 장 마리 브누아는 데리다에게 그와 같은 극단적인 도전 속에 이 책의 힘이 있다고 주장했다. "철학적 글쓰기, 종교적 글쓰기, 시적 글쓰기, 신체, 섹스, 죽음, 이 모든 것이 조종의 타종 소리에 공중으로 파편화되어 분산된다. 이것은 오늘날 프랑스의 텍스트 생산에서 유일한 시도이다." 『르 몽드』지는 솔직하게 열광적인 태도를 보여주었다. 1975년 1월 3일, 크리스티앙 들라캉파뉴는 이 책에 의해 재현된 "질적 도약"을 높이 평가했다.

드디어 데리다가 그의 첫 번째 책을 우리에게 주었다. 그렇다. 여러분은 정확하게 읽었다. '첫 번째' 책이다. 그가 이전에 출간한 책들은—『목소리와 현상』에서 『그라마톨로지에 관하여』를 거쳐 『산종』에 이르기까지—모두 여러 논문들을 모아 놓은 것에 불과했다. 이와는 반대로 『조종』은 데리다에 의해 직접 '책'으로 구상되고 집필된 첫 번째 책이다. 물론 잔잔하고 통일되고 계속적이고 선조적인 텍스트는 아니다. 실상은 그와 전혀 다르다.[11]

하지만 데리다에게 이와 같이 모험을 감행한 책에 대한 그의 친구들과 동료들의 반응 역시 중요했다. 개인적 문체에서 데리다와 완전히 대척 지점에 있는 알튀세르는 그에게 서정 어린 편지를 보냈다. 그는 자기 집 응접실에 있는 티 테이블에 『조종』을 놓아 두고 자기 집을 찾아오는 모든 사람들에게 이 책에 대해 칭찬을 했다.

개인적으로 나는 자네의 책을 가능하면 자주 부분 부분, 또 때로는 긴 호흡으로, 하지만 저녁에 읽네. 느리게. 항상 이 티 테이블 위에서 읽네. 이 작은 탁자 위에서 연구를 할 수는 없네. 그저 면전에서 말하는 사람의 말을 듣는 용도일세. 내가 읽고 있는 것이 곧 자네가 하는 말을 듣는 것과 같네. […] 자네 정말 대단한 '뭔가'를 썼네. 자네 책을 읽고 있는 우리보다 자네가 그것을 더 잘 알걸세. 자넨 앞서갔네! '뭔가'를 만들어 낸 것일세. 하지만 사람들은 곧 자네를 따라잡을 것이네. 자네가 다른 곳에 있다는 것을 보여 주기 위해서…. 이런 이유로 나는 서둘러서 자네에게 나의

---

11) *Le Monde*, 3 January 1975.

낙오를 이야기하네. 자크, 나는 이 텍스트, 이 책, 이 책의 두 세로줄, 그것들의 이중의 독백, 그것의 공조, 노력과 찬란함, 중립과 부드러움, 무미건조함과 화려함에 완전히 넋이 나갔네. 그리고 이와 같은 대조되는 합창의 각 성부 '안에서' 반복되고 있는 말에도 역시 넋이 나갔네. 제발, 부탁건대 이와 같은 나의 어리석은 객설들을 용서하게. 하지만 자네 책은 헤겔과 주네를 아우르는 완전히 '새로운' 뭔가를 말해 주고 있네. 이것은 내가 알지 못하는 한 편의 시(詩)에 해당하는 전례 없는 철학이네. 나는 계속 읽고 있네.[12]

피에르 부르디외는 더 놀라운 방식으로 아주 열렬하게 반기는 태도를 보여 주었다.

친애하는 친구,

나는 내가 즐거운 마음으로 읽은 『조종』을 써 준 자네에게 진심으로 감사를 전하네. 여러 가지가 있지만, 그중에서도 자네의 문자에 대한 연구가 흥미롭네. 나 역시 다른 방식으로 모든 전통적 수사학을 깨부수고자 노력하고 있네. 이런 의미에서 자네의 시도는 나에게 큰 힘을 주네. 내용에 대해서는, 내가 그것을 모두 이해하는 것은 힘이 드네만, 그래도 내 생각으로는 우리 사이에 여러 면에서 공통점이 있다는 예감이 든다는 사실을 전하네. 내가 철학을 했더라면, 자네가 한 것을 내가 하고 싶었을

---

12) 알튀세르가 데리다에게 보낸 날짜 미상 편지.

것이라는 생각을 종종 하네.[13]

『조종』은 미국에서, 특히 예일대학에서 폴 드 만의 동료였던 제프리 하르트만의 열광적인 반응을 야기시켰다. 하르트만은 이 기이한 책에서 독일 낭만주의자들, 특히 프리드리히 슐레겔의 꿈 중 하나가 실제로 구현된 것을 본 것이다. '심필로소피'(Symphilosophy), 즉 예술과 철학이 하나로 결합되는 것이 그것이었다.[14]

하지만 폴 테브냉과의 관계는 원만치 않았다. 1974년 10월 20일, 데리다는 조심스럽고 곤란해하면서 그녀에게 『조종』을 보냈다. 몇 개월 전에 그는 그녀에게 주네에 관련된 부분을 읽어 달라고 부탁을 한 적이 있었다. 그녀는 그 텍스트에 대해 "완성되지 않았다", "너무 서둘러서 쓴 것 같다", 특히 "주네보다 더 능란하지 못하다"라고 혹평하면서 아주 비판적인 태도를 보여 주었다.[15] 『조종』이 출간되고 난 지 얼마 되지 않아 데리다는 여러 사람들로부터 폴 테브냉이 이 책에 대해 "중상모략 운동"을 벌이고 있다는 말을 듣게 된다. 그는 애석한 마음으로 그녀를 비판했다. 하지만 그녀는 아주 공격적인 어투로 그에게 답을 했다.

이렇게 해서 당신은 나와 척을 지는 것을 원하는군요. 상당히 오래 전부터 나는 그것을 알고 있었어요. 그리고 이건 믿어 줘요. 그것은 『조종』보다 훨씬 전부터의 일이라는 것을요. 혹은 그것 때문에 오히려 내가 이 책

---

13) 피에르 부르디외가 데리다에게 보낸 날짜 미상 편지.
14) Geoffrey Hartman, *A Scholoar's Tale*, New York: Fordham University Press, 2007.
15) 폴 테브냉이 데리다에게 보낸 1974년 10월 20일 편지.

에 응답을 하는 것일 수도 있습니다. 『조종』은 많은 결별을 낳는군요. 나는 벌써 이 책을 읽으면서 그것을 간파해 냈습니다. 그리고 당신이 이 책에서 구사하고 있는 전술은 잘 먹혀들지 않을 것입니다….

당신은 결국 필립 솔레르스와 잘못 결별한 것입니다. 이 문제를 해결하려 했다면, 당신은 그와 당신을 연결시켰던 좋았던 시기의 모든 특권적 관계를 백지화시켰어야 할 것입니다. 물론 단역들도 있습니다. 하지만 그들은 전혀 중요하지 않습니다. 그들이 문제가 아닙니다. 그 시기에 대한 추억까지 모두 떨쳐 버려야 했다면, 당신은 당신에게 조금이라도 중요했던 모든 것을 버려야 했을 것입니다. 가령, 앙토넹 아르토와 나를 말입니다. 『조종』에서 주네를 통해 그런 사실을 읽어 낸 것입니다. 글라디올러스(glaïeul)의 칼날(glaive)을 가지고 솔레르스의 성문(glotte)의 한 부분(gli)[16]을 잘라 내는 것을 당신이 원치는 않았다는 사실을 나로 하여금 믿게끔 하지 말기 바랍니다.[17]

폴 테브냉은 『조종』에 대하여, 그것이 아니라면 이 책의 외관에 대하여, 그것이 세련되지 못했다는 점을 지적하는 것은 삼가고 있다. 그럼에도 불구하고 그녀는 두 번에 걸쳐, 특히 "『디아그라프』지 사람들"과 저녁 식사를 할 때 신중함을 버리고 데리다를 맹렬하게 비판했다. 실제로 폴 테브냉이 『조종』을 읽고 참지 못한 것은 데리다가 주네를 그녀에게서 훔

---

16) 이 모든 단어들은 『조종』을 의미하는 'glas'의 첫 두 글자인 'gl'을 가지고 유희를 한 것이다. 그중에서 특히 'gli'라는 단어는 프랑스어에는 없다. 이 단어는 프랑스의 현대 시인 앙리 미쇼(Henri Michaux)에 의해 처음으로 사용되었는데, 그 의미는 '재즈에서 아주 유쾌한 한 부분'이다. ─옮긴이

17) 폴 테브냉이 데리다에게 보낸 1974년 12월 22일 편지.

처가려 했다고 생각했기 때문이다. 마치 다른 사람들이 과거에 아르토를 그녀에게서 빼앗으려고 했던 것처럼 말이다. 그런데 그녀는 이 두 명의 작가를 완전히 독점했다고 여겼던 것이다. 데리다와 테브냉 사이의 불편한 관계는 2년 이상 지속되었으며, 그동안 그들은 서로 만나는 것을 피하게 된다. 그들의 관계는 초창기의 돈독했던 우정을 다시 회복하지 못하고 만다.

데리다에게 『조종』에 대한 정말로 중요한 반응은 주네 자신의 것이었다. 데리다는 『성자 주네: 배우와 순교자』에서 사르트르가 했던 분석으로 인해 주네가 10년 이상 전혀 글을 쓰지 못하는 상태에 빠졌다는 사실을 그 누구보다도 잘 알고 있었다. 데리다는 후일 가진 한 인터뷰에서 이렇게 설명하고 있다. 사르트르에게 "주네를 어쩌면 그의 원초적 기도 속에 기억으로 남아 있을 수도 있는 진리 속에 다시 가둬 버릴 수도 있는 압도적인 기획"이 있었고, 또한 이로 인해 주네의 글쓰기를 있는 그대로 이해하지 못할 정도로 공격적인 면이 있었다고 말이다.[18] 『조종』에서 우회적인 방식으로 접근한 데리다는 주네의 글쓰기를 멈추게 하고 싶은 생각, "그를 뒤로 끌고 가고, 그에게 재갈을 물리고" 싶은 생각을 전혀 가지고 있지 않았다. 데리다는 그의 텍스트에서 이렇게 강조하고 있다. "나는 처음으로 이른바 누군가에 '대해' 쓰면서 그 누군가에게 읽히는 것을 두려워하고 있다. [...] 그는 지금 거의 쓰지 못하고 있다. 그는 문학을 아무것도 아닌 것으로 매장시켜 버렸다. [...] 그리고 그는 이와 같은 조종, 서명,

---

18) Albert Dichy and Michel Dumoulin, interview with Jacques Derrida pour le film *Jean Genet l'écrivain*, 1992, IMEC, fonds Jean Genet.

꽃, 말에 대한 이야기를 불쾌하게 생각한다."[19] 『조종』이 출간된 이후, 데리다는 살짝 지나가는 식으로였지만 주네가 그에게 우정 어린 몇 마디 말을 해준 것에 큰 감동을 받았다. 하지만 주네는 그에게 다시 그런 말을 하는 것을 조심스럽게 피했다.

『조종』의 독창적인 활자 사용 덕택으로 데리다에게 주어진 가장 멋진 놀라움은 기이하게도 '말'을 통해 주어졌다. 1975년 11월 3일, 장 리스타와 장 주네의 친구이자 연극 감독이었던 앙투안 부르세이예는 레카미에극장에서 『조종』을 공개로 낭독하는 시간을 마련했다. 이 책의 여러 '쪽'이 환등기를 통해 비춰졌고, 마리아 카사레스와 롤랑 베르탱이 그 발췌 부분을 읽어 나갔다. 데리다는 이런 경험으로 큰 감동을 받았다. 그는 부르세이예에게 이렇게 쓰고 있다.

당신은 내가 불가능하다고 생각하는 것을 성공적으로 해냈습니다. 우선 당신이 무릅쓴 위험에 대해 가장 큰 박수를 보냅니다. 낭독이 진행되는 동안, 당신은 나에게 화해(내가 거기에 썼던 것과의, 게다가 나에게 항상 되돌아오는 것과의 화해입니다. 완전히 받아들일 수 있는 것입니다)의 기쁨—이상한—을 주었습니다. 아주 좋았습니다. 이것은 나에게도 마찬가지였습니다. 나는 지금 다음과 같은 사실을 알고 있습니다. 모든 사람들이 하나하나의 장면을 연극적이고, 혁명적이고, 강하고, 담백하고, 타협이 없는 일종의 미사처럼 경험했다는 사실을 말입니다. 그들은 이 모

---

19) Derrida, *Glas*, p. 45.

든 것을 당신에게 빚졌고, 그들 모두는 이 사실을 알고 있습니다.[20]

같은 날, 앙투안 부르세이예는 데리다에게 그날 밤에 자신 역시 맛볼 수 있었던 모든 기쁨에 대해 말하면서 다음과 같은 제안을 하고 있다.

사실, 『조종』을 읽으면서 [⋯] 내가 충격을 받은 것은, 거기에서 기인하는 비극, 낭독이 있었던 월요일 저녁 내내 있었던, 따라서 감지할 수 있는 비극이 있었다는 점입니다. [⋯] 낭독을 하는 중에도, 그리고 관객들에게서도 마찬가지로 거기에는, 산업적인 용어를 빌리자면, '가공되지 않은'(brut) 연극의 여러 순간들이 있었습니다. [⋯] 한 명의 철학자가 쓴 텍스트, 현대성이 중요한 것이 아니었습니다. 중요한 것은 연극이었습니다. 객석의 침묵은 결코 거짓말을 하지 않습니다.
친애하는 자크 데리다 씨, 이제 나는 본론을 이야기하려 합니다. 당신은 빨리 대화를 써야 합니다. 그것이 연극용이라는 것을 전혀 고려하지 않은 채 말입니다. 두 개의 세로줄, 페이지 조정 대신에 플라톤적(!) 대화의 형태로 써야 합니다. 그것을 시간, 공간 속에 위치시키며, 하지만 특히, 반복하건대, 그 내용이 연극적이라는 것을 고려하지 않은 채 말입니다. 당신이 선택한 주제는 분명 불(火)일 것입니다. 우리는 이 불을 낭독 중에 바닥에 놓을 것입니다. 이번 낭독을 한 후에, 나는 당신이 여전히 정의 내릴 수 없는, 표현력을 가지고 있으면서도 감동을 주는 일종의 극작가라는 생각을 진지하게 하고 있습니다. [⋯] 시도해 보길 바랍니다. 잃

---

20) 데리다가 앙투안 부르세이예에게 보낸 1975년 11월 9일 편지.

을 것이 무엇이겠습니까? 당신의 연구에 비하면 형식상의 구속을 제외하고는 극작품을 쓰는 것은 아무것도 아닐 것입니다.[21]

부르세이예의 직관은 강하고도 옳았다. 데리다는 그때까지 시도를 전혀 해보지 않은, 그 다음달부터 직접적으로 연극을 위해 고안된 것은 아니지만, 대화 형태의 글쓰기를 하게 된다. 『주변』(Parages)이라는 제목의 책에 재수록되기 전에 1976년 『그라마』(Gramma) 지에 실렸던 「발자국」(Pas)이 그 좋은 예이다. 그리고 데리다는 아주 열광적으로 자신의 책 두 권의 내용을 녹음하게 된다. 카롤 부케와 함께 녹음한 『잿더미』(Feu la cendre)와 그가 혼자 멋있게 녹음한 『할례/고백』이 그것이다.[22]

『조종』을 통해 데리다는 화가 발레리오 아다미와 중요한 만남을 갖게 된다. 선, 그림, 글씨 등을 섞어 실크스크린을 제작하기 위해 데리다에게 화가의 협동 작업을 제안한 것은 매그(Maeght) 갤러리[23]의 출판책임자이자 시인이었던 자크 뒤팽이었다. 또한 아다미라는 화가의 이름을 제안하고, 그를 데리다에게 소개해 준 장본인도 뒤팽이었다. 1974년 10월, 데리다와 아다미와의 점심식사가 예정되었다. 하지만 약속이 잡힌 날 이전에 벌써 데리다와 마르그리트는 아다미와 그의 부인 카밀라를 알게 되었다.

---

21) 앙투안 부르세이예가 데리다에게 보낸 1975년 11월 9일 편지.
22) 『잿더미』와 『할례/고백』의 녹음 판본은 팜므 출판사(Editions des Femmes)에서 1987년과 1993년에 출간되었다.
23) 1945년부터 문을 연 파리에 있는 갤러리. ─ 옮긴이

기이한 우연으로 그의 카탈로그들을 뒤적이고 나서 몇 시간 후에 나는 드라공 가에 있는 친구의 집에서 그를 만나는 기회를 가졌다. 우리 두 사람이 모두 그 친구의 집으로 초대를 받았던 것이다. 그리고 나는 거기에서 처음으로 발레리오 아다미의 얼굴을 보았다. 그의 얼굴의 특징, 데생가로서의 그의 글자, 간단히 그의 글자—그가 글씨를 쓰는 방식, 그가 철자를 그리는 방식—, 이 모든 것은 나에게 즉각적으로 하나의 세계, 분해 불가능한 형상을 구성하는 것으로 보였다. 이 모든 것은 첫날 저녁부터, 조이스가 말한 것처럼, 24시간 동안에 일어난 행동의 통일 속에 한데 모아진 것처럼 보였다.[24]

데리다는 처음으로 그림책에 글을 쓰는 모험을 하게 된다. 하지만 그와 아다미의 만남은 단지 미학적 이끌림에만 기초한 것은 아니었다. 발레리오 아다미는 문학과 철학에 대단한 소양을 가진 사람이었고, 데리다 역시 열광했던 작품들과 작가들에 매료된 사람이었다.

아다미에게서 나를 단번에 사로잡고, 그의 그림에 접근하는 것, 말하자면 그의 회화의 세계에 들어가는 것을 허락해 준 것은, 분명 그가 데생작가, 화가라는 분명한 사실 말고도 어쨌든 그가 이용했던 많은 예술 장르들—특히 문학—을 그가 수용하고 있다는 사실이었다. 그의 작품에서 우리는 여러 문장, 텍스트, 문학인들, 작가들의 가족, 조이스나 벵자

---

24) 데리다와 발레리오 아다미의 인터뷰. Valério Adami, *Valério Adami, couleurs et mots*, Le Cherche Midi éditeur, 2001, p. 27.

맹 들을 볼 수 있었다.[25)]

공동으로 제작할 실크스크린을 위해 아다미는 출간된 지 얼마 안 되었고, 또 가히 충격적인 유연성을 가지고 있던 『조종』을 바탕으로 해서 주도권을 확보해 나갔다.

그는 한 문단을 선택했고, 한 문장을 떼어 냈고, 나에게 그것을 쓰고, 종이 위에 연필로 사인해 줄 것을 요청했다. 그러고 나서 그는 본격적으로 작업을 시작했다. 그는 머지않아 나에게 하나의 데생을 보여 주었는데, 그것은 방금 위에서 말한 문장을 쓴 거대한 그림, 낚시 끝에 있는 거대한 물고기가 통과하는 그런 그림이 되었다. 이렇게 말할 수 있다면, 그의 작품은 『조종』의 내용에 아주 잘 들어맞았다. 그는 문제의 문단에 서명을 했고, 내가 청소년기에 좋아했던 시의 한 구절을 취했다. 내가 책에서 길게 해석했던 '익사한 내 죽음이라는 우유 늪의 성가신 놈'이라는 구절을 말이다.[26)]

데리다와 아다미는 500장의 대형 실크스크린에 공동으로 서명했다. 그러고 나서 매그갤러리의 『거울 뒤에서』(*Derrière le miroir*)라는 제목의 잡지에 「+R」(게다가par dessus le marché)라는 제목의 텍스트를 집필하게 된다. 이 텍스트는 고유한 의미에서의 예술 비평은 아니었다. 데리

---

25) Adami, *Valério Adami, couleurs et mots*, p. 31.
26) *Ibid.*

다는 이 텍스트에서 발터 벤야민이 주창했던 예술작품의 기술복제 가능성으로 경도되기 전에, 예술작품의 시장의 문제로 경도되기 전에, 글자, 서명, 선, 액자 등에 대한 성찰을 연장시키고 있다. 상황에 늘 민감했던 것처럼, 데리다는 특히 그의 텍스트가 발생시킨 효과에 대해 질문하고 있다. "잉여가치가 고갈된 심연에서는 과연 무슨 일이 발생할까?"[27]

1975년부터 데리다의 가족은 아다미와 그의 부인 카밀라와 함께 마죄르 호숫가 근처 아로나에 있는 그들의 큰 저택에서 몇 년 동안 여름휴가를 연속으로 보냈다. 그들의 저택은 전쟁 중에 일부가 파괴된 거대한 궁(宮), 아이들이 무서워할 정도로 이야기와 전설이 많은 궁이었다. 이 저택의 2층과 3층에는 사람이 거주하지 않은 반면, 4층에는 시코, 베네수엘라, 인도, 이스라엘 등 도처에서 온 친구들을 위한 방이 마련되어 있었다. 아다미는 이렇게 이야기한다. "약간 황폐화되고, 데카당한 분위기였던 이 저택은 여름만 되면 활력을 되찾았고, 모든 사람을 위한 공간이 되었어요. 아주 멋진 나무들이 울창한 큰 공원에서 산책을 했지요. 주위의 마을에는 다섯 개의 영화관이 있었고, 저녁마다 우리는 다른 영화를 관람했어요. 내가 많은 사람들과 그렇게 오래 지속되고 그렇게 깊은 추억을 맺을 수 있었던 것은 이 저택 덕분이었습니다."[28]

데리다에게 아다미의 가족 곁에서 보낸 여름휴가는 다른 휴가에 비해 진짜 휴가 같았다. 물론 그는 아침에 일찍 일어나 오전 내내 연구에 몰

---

27) *Derrière le miroir*, no. 214, Editions Maeght, May 1975. 이 텍스트는 다른 세 개의 텍스트와 함께 Jacques Derrida, *La vérité en peinture*, Champs-Flammarion, 1978, p. 175에 재수록되었다.

28) Adami, *Valério Adami, couleurs et mots*, p. 24. 발레리오 아다미와의 인터뷰 및 카밀라 아다미와의 인터뷰.

두했다. 하지만 그 나머지 시간은 긴장을 풀고 지냈다. 그는 발레리오와의 대화만큼이나 그의 부인 카밀라의 짓궂은 농담도 좋아했다. 카밀라 아다미는 이렇게 회상하고 있다. "내가 종종 그를 도발했어요. 그는 약간 당황하기도 했어요. 그도 그럴 것이 남자들과 얘기하는 것에 더 익숙했기 때문이었지요. 여자들에 대한 사랑이나 페미니즘을 옹호했음에도 불구하고 그는 자기 세대에 속한 남자들과 마찬가지로 약간의 여성혐오증을 가지고 있었어요. 하지만 자신감에 찬 경우에 그는 위트가 넘쳤어요. 분명 그가 익숙한 상황에서 벗어나 있었기 때문일 겁니다. 그리고 그는 춤추는 것을 아주 좋아했어요…. 또한 아주 낯선 경험들을 받아들였어요. 발레리오는 매년 「기적의 낚시」, 「순진한 자들의 대학살」 등과 같은 고전 작품에서 영감을 받아 활인화(活人畵)를 연출하곤 했었죠. 데리다는 마르그리트와 두 아들과 함께 기꺼이 이런 놀이에 참가할 준비가 되어 있었어요."29)

---

29) 카밀라 아다미와의 인터뷰. 발레리오 아다미에 대해 글을 쓴 지 거의 30년 후에 데리다는 그의 마지막 텍스트들 중 하나를 카밀라 아다미의 그림에 할애하고 있다. Jacques Derrida, "Tête-à-tête", *Camilla Adami, Villa Tamaris centre d'art*, La Seyne-sur-Mer, 2004.

9장 _ 철학을 위하여
1973~1976

출판사들과 관련하여 데리다는 항상 자유를 강조했다. 첫 출판 계약부터 이후의 작품들도 같은 출판사에서 출간하도록 구속하는 '우선 조항'을 그는 뺐다. 그는 오랫동안 출판사보다는 잡지사와 주로 관련을 맺었다. 이를테면 그는 미뉘 출판사보다는 장 피엘과 『크리티크』지와, 쇠이유 출판사보다는 필립 솔레르스와 『텔켈』지와 가까웠다. 하지만 이 양쪽과는 관계가 힘들어지거나 아니면 몹시 어려워졌다. 또 PUF 출판사는 데리다의 후설 관련 초기 저서를 출간하지만, 그가 이후 세웠던 계획들에 대해서는 너무 보수적이었다. 갈리마르 출판사는 데리다가 미셸 푸코와 결별한 이후 그의 책을 출판해주지 않을 것임은 명백한 일이었다.

미셸 들로름과 갈릴레 출판사에 대해 데리다는 즉시 열의를 보이기 시작했다. 작은 규모의 출판사인 데다 협조적인 성격, 그리고 책의 장정에 들이는 정성 등 모든 것이 그의 마음을 사로잡았다. 『문자라는 증서』의 성공 이후, 데리다는 한걸음 더 나아가 진정한 하나의 총서를 만들고 싶었다. 1973년 여름이 끝날 무렵, 그는 들로름과 그 문제에 대해 긴 대화를 나누었다. 그가 필립 라쿠라바르트에게 썼듯이, 들로름은 "어떤 일이라도 각오가 되어 있는 것" 같았다. 데리다는 필립을 장뤽 낭시, 사라 코프만과 함께 그 총서의 출간에 참여시키고 싶었다. 데리다는 10월 말 아니면 11월 초에 파리에서 함께 만나 "관련 서류를 직접 보고 만일의 모든 사태에 대비해 철저하고 세세하게 검토해 보자"[1]고 그에게 제안했다.

데리다가 찬사를 보낸 장뤽 낭시의 『사변적 고찰』(*La remarque spéculative*)은 엘리자베스 드 퐁트네의 『마르크스의 유대적 모습들』(*Les figures juives de Marx*)과 사라 코프만의 『카메라 옵스큐라』(*Camara obscura*)와 더불어 그 총서에 실린 초창기 저서가 되었다. 데리다는 그들이 함께 계획하는 그 철학 총서가 진정한 필요에 부응하는 것이라고 확신했다. 그 총서는 빠르게 "아주 필요하고 아주 유효한 한 자리"[2]를 차지할 수 있으리라는 것이었다. 갈릴레 출판사의 성공 수단 중 하나는 신속한 반응이어서 계획은 아주 빠르게 실현되어 1973년 말부터 첫 저서들이 출간되었다. 그러나 그 '사실상의 철학'(La Philosophie en effet) 총서는 실제로는 이듬해 가을에나 가서야 시작된다.

데리다는, 자신이 그 제목을 제안한 새 잡지 『디아그라프』 역시 1974년 1월 바로 그 갈릴레에서 창간되는 만큼 더욱더 그 초창기의 진전에 만족해했다. 편집장은 장 리스타가 맡았고, 편집위원회는 처음에는 장 조제프 구와 뤼스 이리가레, 다니엘 살르나브로 구성되었다. 따라서 『디아그라프』는 그것이 또 다른 『텔켈』지가 되기를 바라 마지않는 『텔켈』지의 한 우호적인 잡지로 출간되었던 것이다. 데리다는 이 잡지에 여러 번 기

---

1) 데리다가 필립 라쿠라바르트에게 보낸 1973년 8월 22일 편지.
2) 데리다가 장뤽 낭시에게 보낸 날짜 미상 편지(1973년 여름).

고하는데, 그중 긴 텍스트 「파레르곤」은 제2호와 제3호에 게재되었다. 하지만 그는 이 잡지의 실제 운영에는 너무 깊이 관여하지 않도록 아주 조심을 했다.

1970년대 초, 공동의 아이디어는 장뤽 낭시와 필립 라쿠라바르트에게는 한 단어 또는 한 개념에 불과했다. 그들은 둘 다 독일 초기 낭만주의, 즉 시와 철학이 분리할 수 없게 결합된 예나 낭만파에 매료되어, 머지않아 자신들의 주요 저서 『문학적 절대』(*L'absolu littéraire*)[3]를 데리다에게 헌정했다. 비록 낭시와 라쿠라바르트는 기질은 서로 아주 달랐지만 그들은 함께 강의를 하고 자주 공동으로 집필을 했으며, 특히 스트라스부르 국립극장(TNS)에서 공동 기획을 늘려 나갔다. 그러나 무엇보다도 장뤽 낭시가 말했던 것처럼, "그들의 개인생활 및 가족생활은 전대미문의 공생관계"에 들어가 샤를그라 가에 있는 같은 집에서 함께 살게 된다. 유토피아 정신을 본받은 그 준(準) 푸리에식 공동생활체의 거주지는 많은 스트라스부르 주민들에게 아주 대담하고 전복적인 장소로 간주되었다. 68 정신이 10년 동안 계속해서 모든 것을, 이를테면 "정치적 사고와 구조 같은 생활방식과 사회적·성적, 혹은 문화적 표상들을 빚어내고 있었기 때문이다."[4]

이와 같은 이상과 생활양식이 데리다에게는 개인적으로 더없이 멀

3) Jean-Luc Nancy and Philippe Lacoue-Labarthe, *L'absolu littéraire. Théorie de la littérature du romantisme allemand*, Seuil, 1978.
4) Jean-Luc Nancy, "Philippe Lacoue-Labarthe à Strasbourg", *Europe*, no. 937, May 2010, pp. 12~14.

게 느껴졌는데, 그는 낭시와 라쿠라바르트를 스트라스부르에서 마지막으로 만났을 때 그 점에 대해 이렇게 말했다.

둘이나 셋, 또는 넷이서 그렇게 공동으로 사유하거나 글을 쓰는 일은 내게는 항상 매혹적이고 놀라운 불가사의였는데, 지금도 내게는 여전히 상상할 수도, 있을 수도 없는 것이네. 그 무엇도 내게는 그처럼 믿어지지 않는 일은 없다네. 해서 나는 마치 그것이 나 자신의 한계인 양 믿어지지가 않는데, 그 점은 내가 언급하는 그 공적 체험과 분리할 수 없는 사생활에서의 그들의 가족 공동체적 관계 역시 마찬가지이네.[5]

그럼에도 불구하고 데리다는 '사실상의 철학' 총서를 네 명이서 해나가자고 말하면서, 즉시 한 권의 저서를 공동으로 계획하자고 제안한다. 사라 코프만은 "이론적이며 실천적인 반복의 주제들, 생성과 재생, 비친상(reflet), 이미지, 우상, 관념, 성상, 시뮬라크르, 몸짓과 표정, 사본, 가면, 동일화 등"[6]을 연결하는, 그에게는 개방적이고 통합적인 개념처럼 보이는 '미메시스'라는 단어를 제안했다. 데리다는 총서의 네 책임자에 두 저자, 즉 베르나르 포트라와 실비안 아가생스키를 추가할 것을 넌지시 제안했다. 그들 여섯 사람은 책의 목차를 결정하기 위해 1974년 6월 말 파리에서 회합을 가졌다. 장뤽 낭시는 그 회합에 대해 이렇게 기억한다. "바로 그 회합 때 나와 필립은 자크와 실비안의 관계가 단지 철학과 관련된

---

5) Jacques Derrida, "Le lieu dit: Strasbourg", Jacques Derrida et al., *Penser à Strasbourg*, Galilée, 2004, p. 46.
6) Jacques Derrida et al., *Mimesis*, Aubier-Flammarion, 1975, back cover.

것만은 아니라는 것을 알게 되었다."[7] 데리다가 크게 믿고 있던 『미메시스』는 그 젊은 여인의 첫 출판이 될 것이기에 데리다는 분명히 그녀를 돋보이게 하고 싶어 했다. 그러나 그는 공동저자들에게 전혀 강요하지 않고 은근히 일을 처리했다.

책에 실린 텍스트들의 순서 문제 말인가? 나로서는 텍스트의 설명이나 어떤 전망을 전제로 순서를 정하는 것은 그것이 어떤 것이든 만족스럽지 못하기에 저자들 이름의 알파벳 순서로 그냥 정하고 싶네. 그 순서의 임의성은 의미론적이거나 체계적인 순서의 문제를 무력화시키니까. 게다가 그렇게 하면 가장 '덜 알려진' 성부터 시작하게 될 터인데, 장점이란 장점은 다 보는 것 같아. 어떻게 생각하는지 솔직히 말들 해주게.[8]

데리다는 이 책이 신속히 출판될 수 있기를 바랐기에 그해 여름 초반부를 자신의 원고 「이코노미메시스」의 작성에 바쳤다. 이 글은 칸트의 『판단력 비판』의 몇몇 구절들에 대한 도발적인 독서이다. 그는 그 점에 대해 필립 라쿠라바르트에게 이렇게 쓴다.

자네들의 텍스트를 속히 읽고 싶네. 그리고 ─ 우리가 함께 하고 있는 모든 것과 같이 ─ 이 공동출판도 내게는 큰 기쁨이네. […] 『미메시스』로

---

7) 장뤽 낭시와의 인터뷰.
8) 데리다가 장뤽 낭시에게 보낸 날짜 미상 편지(1974년 11월). 실비안 아가생스키의 첫 번째 책 *Aparté: Conception et morts de Sören Kierkegaard*는 1977년 3월 사실상의 철학 총서로 출판되었다.

동물 주위에 큰 소란을 촉발하여 이론가 집단이 수선거리게/몹시 불안하게 만들어, 그들이 가축의 뒤꽁무니를 열심히 쫓아다니게 할 필요가 있을 거네. 마치 가축 시장을 난장판으로 만들거나 농산물 전시장의 문들을— 분명히 말하는데, 출구 쪽으로 — 활짝 열어젖히는 것처럼 말일세. 나는 눈앞에 그런 광경이 일어나는 것을 상상해 보네.[9]

이런 '선전과 선동'의 어조와 저속한 은유는 데리다의 편지에는 몹시 드문 일이었다. 어쨌든 데리다는 『미메시스』가 진정한 전쟁기계(Machine de guerre)이자 일종의 『조종』의 연장이 될 것임을 마음속으로 확신했다. 그러나 이런저런 이유로 그 책의 진행은 지지부진해졌다.

데리다는 1974년 남은 여름을 낭시와 라쿠라바르트가 '혼합된 문학과 철학'이라는 제목으로 준비하고 있던 『포에티크』(Poétique) 지의 특집호를 위해 청탁받은 글을 집필하는 데 보냈다. 그는 라캉의 '「도둑맞은 편지」에 대한 세미나'에 대한 1971년의 그의 강연 내용을 수정해서 싣기로 마음을 정했다. 그러나 계획했던 것보다 논문이 훨씬 더 길어질 것 같아, 논문 내용 자체에 대한 걱정에 그 걱정이 더해졌다. 『문자라는 증서』의 두 저자에게 그 텍스트를 보내면서 데리다는 "이 독서에 어떤 오류가 보이는지, 터무니없이 오독하고 있거나 크게 부족한 부분은 안 보이는지, 아니면 논쟁에서 또 너무 불쾌감을 주는 것"이 보이지는 않는지 아주 솔직하고 매정하게 조언을 해줄 것을 부탁한다. 3년 전 『프로메스』 지의 인

---

9) 데리다가 필립 라쿠라바르트에게 보낸 1974년 9월 4일 편지.

터뷰로 야기된 사고의 명백한 대응으로 그는 그들과 주네트 외에는 원고를, 특히 쇠이유 출판사를 포함하여 아무에게도 보여 주지 말 것을 간청했다. "그 집단에 대해, 정말, 모든 것을 알고 있는 나이기에 이런 부탁을 하는 것은 충분히 옳은 일일세."[10]

라쿠라바르트는 즉시 데리다에게 그 모든 점에 대해 안심을 시켰다. 이를테면 그 특집호는 그의 텍스트를 중심으로 기획된 것이기에 길이는 문제가 되지 않는다는 것, 그리고 또 원고를, 특히 쇠이유 출판사에서 라캉을 상대하고 책임지는 프랑수아 발을 비롯하여 당연히 아무에게도 보여 주지 않겠다는 약속을 하면서 말이다. 내용에 대해 라쿠라바르트는 「진리의 배달부」는 한결같이 감동적이라 생각했다. "'정당하지 못한 수단'은 전혀 사용하지 않았기에 ─ 라캉의 글에 대해 보이는 호평과 호감에 이르기까지 ─ 논쟁에 불쾌감을 주는 성격의 것은 전혀 보이지 않습니다. 이 논쟁은 몇 년을 기다려 온 것이기 때문입니다."[11]

라쿠라바르트가 어떻게 말하든 그 논문은 데리다의 가장 유명한 논문들 중 한 편일 뿐만 아니라 가장 어려운 논문들 중 한 편이기도 하다. 우선, 그가 다루는 것은 『에크리』의 아무 글이 아니라 라캉이 책의 맨 앞에 실어 전략적 역할을 부여한 글이었다. 특히 데리다는 라캉의 입장은 사실 매우 전통적이라고 주장한다. 즉, 「도둑맞은 편지」에 대한 세미나'를 마리 보나파르트가 제시한 에드거 포의 분석과 비교하는 그는 라캉의 글에서 "응용 정신분석학의 고전적인 입장"을 인지한다. 포의 중편은 "단순한

---

10) 데리다가 필립 라쿠라바르트에게 보낸 1974년 8월 4일 편지.
11) 필립 라쿠라바르트가 데리다에게 보낸 1974년 8월 27일 편지.

한 예"로 소환되었기에 문학적 글쓰기는 엄밀한 의미의 그런 문학적 글쓰기로 분석되기는커녕 "실례로 인용된"[12] 것일 뿐이었다. 비록 라캉이 끊임없이 기표를 환기시킬지라도 텍스트의 형식적인 구조는 "텍스트의 '진실'을, 텍스트의 모범적인 '메시지'를 '해독하기'" 원할 때조차도, 아마 그렇게 하기를 원하는 한 드러나지 않을 것이다. 데리다는 그 점을 이렇게 주장한다. 에드거 포의 이야기는 그에게 바쳐진 해설보다 훨씬 더 교묘하다. 그러므로 주요 질문 중 하나는 이와 같은 것이 된다. 즉, "어떤 한 텍스트, 즉 해독된 텍스트(le déchiffré)가 이미 그 텍스트 자체를 설명할 때, 그 텍스트의 정신분석학적 해독은 어떻게 되는가? 해독된 텍스트가 해독자(le déchiffrant, 프로이트에 의해 여러 번 인정된 빚)보다 더 길게 그 텍스트에 대해 말할 때는 또 어떻게 되는가? 게다가 특히 해독된 텍스트가 그 텍스트 자체 속에 해독 장면을 새길 때는 또 어떻게 되는가?"[13]

라캉에 대한 그 정치한 독서에서 해체의 대상은 또한 라캉이 남근에 부여하는 남근중심주의이다. 데리다는 얼마 전부터 팔루스중심주의 개념을 가지고 로고스와 팔루스는 서양의 형이상학적 전통과 분리할 수 없는 "동일한 한 체계의"의 두 발현("담론, 왕조의 이름, 왕, 법, 목소리, 자아, voile du loi-la-vérité-je-parle[부알 뒤 루아-라-베리테-주-파를르[14]]와 같은 부성적 로고스와 '특권적 지위를 부여받은 기표'[라캉]로서의 팔루스"[15])임을 증명하기 위해 노력해 왔다. 페미니즘이 강력한 이론적 혁

---

12) Jacques Derrida, "Le facteur de vérité", *La carte postale. De Socrate à Freud et au-delà*, Aubier-Flammarion, 1980, p. 453.

13) Derrida, *La carte postale*, p. 442.

14) 내가 말하는 곳이 곧 진리라는 법칙의 베일. ─옮긴이

15) Jacques Derrida, "Entretien avec Lucette Finas", *La Quinzaine littéraire*, 16~30

신을 맞이하는 순간 아주 중대한 문제가 되었다. 뤼스 이리가레—그녀의 책『다른 여성의 검시경』(*Speculum de l'autre femme*)과『하나가 아닌 성』(*Ce sexe qui n'en est pas un*)은 1974년에 커다란 호응을 받았다—는 여성의 섹슈얼리티를 팔루스 권력의 경제학과 프로이트적 전통에 의해 규정된 것과는 다른 어휘들로 생각하는 자신의 시도에서 데리다의 작품에 빚진 바를 숨기지 않았다. 카트린 클레망과 엘렌 식수가 1975년에 출판한『새로 태어난 여성』(*La jeune née*)은 그와 유사한 주제들을 발전시켰다. 데리다와, 곧 '여성학'이라 불리게 될 것 사이에 진정한 동맹 관계가 확립되었다. 실비안 아가생스키와의 관계는 필경 그 여성학과 무관하지 않았다.

프랑스 무대에서 매우 바쁜 그 시기는 데리다의 미국 활동이 구체화되기 시작하는 시기이기도 했다. 그때까지 데리다는 1968년과 1971년에 두 번 볼티모어에서 오래 체류한 일밖에 없었다. 그 체류 이외에 그는 존 스홉킨스대학과 코넬대학 학생 한 그룹에게 파리에서 세미나 수업을 했다. 1974년 세 번째로 2개월이 넘게 볼티모어에서 체류하게 되지만 데리다는 넘을 수 없는 장애물들 때문에 갈 수가 없다고 해명하면서 그 앞 해에는 그곳에서의 체류를 사양했다.

그 어려움들은 요컨대 학교와 관련된 것들입니다. 먼저 아이들의 학교

November 1972. Lucette Finas et al., *Ecarts - Quatre essais à propos de Jacques Derrida*, Fayard, 1973, p. 311에 재수록.

문제입니다. 피에르는 막 고등학교에 입학했고, 장은 초등학교에 들어갑니다. 3개월 동안이나 두 애들 곁을 떠나 있는 것이 마음에 걸립니다. 그 애들과 그토록 오래 떨어져 있는 것은 저로서는 심리적으로 너무 고통스러울 것 같습니다. 다음으로, 저의 학교 문제입니다. 저의 여러 번의 부재(강연이나 교육을 위한 여행들, 특히 그 여행이 장기간일 때)에 대해 고등사범학교 측과 학생들은 불만을 숨기지 않았습니다. 자주 아픈 저의 동료 중 한 분인 알튀세르의 중병이 재발하여 병원에 입원한 만큼 더욱더 그렇습니다. 그분이 언제나 학교에 나올 수 있을지 아직 예측이 불가능합니다.[16]

데리다는 계속해서 그 결정이 자기에게는 아주 괴로운 일이라고 말한다. 왜냐하면 그는 존스홉킨스대학에서의 체류에 대해 아주 좋은 추억을 간직하고 있으며 또한 그곳에 친구들이 있었기 때문이다. 이후 몇 년 동안 존스홉킨스대학에 더 이상 가지 못할 것 같았기에 데리다는 뤼세트 피나를 초빙할 것을 제안하지만 존스홉킨스대학교의 그의 친구들은 그 제안을 별로 탐탁하지 않게 생각했다. 실제 상황은 그가 편지에서 전한 사실들보다 좀 더 복잡했다. 데리다는 폴 드 만에게 보낸 편지에서 그 문제에 대해 그와 면담을 갖고 싶다고 했다. 왜냐하면 자신과 존스홉킨스대학과의 관계가 틀어져서 "얼마 전부터 곤란한 처지에 빠지게 되었기"[17] 때문이다. 그에게는 아마 그 대학에 진정한 대화 상대가 없었던 것 같다.

16) 데리다가 엘리아스 L. 리버스(Elias L. Rivers)에게 보낸 1973년 11월 8일 편지.
17) 데리다가 폴 드 만에게 보낸 1974년 1월 22일 편지.

폴 드 만은 즉각 그 기회를 잡아, 매년 훨씬 더 짧은 기간 동안 예일에서 체류하면서 강의할 수 있도록 데리다를 '데려오기' 위해 힐리스 밀러와 열심히 협의했다. 1974년 4월 말, 마침내 그 협의는 결실을 맺었다. "간헐적일지라도 당신이 예일에 계셨으면 하는 우리의 열의는 행정 상 난관을 반드시 해결해 드릴 것입니다."[18]

이 계획이 고려될 수 있었던 것은, 무엇보다 데리다가 1968년 가을부터 겪기 시작한 극도의 공포증에서 벗어나 그 전해부터 비행기를 다시 탈 수 있었기 때문이다. 새뮤얼 베버가 격주로 그를 베를린에 초대했기 때문에 그곳에 가기 위해서는 어쩔 수 없이 비행기를 타는 수밖에 없었다. 처음에 그는 알약을 한 입 먹어야만 비행기에 오를 수 있었다. 하지만 조금씩 마음의 안정을 되찾았다. 그리하여 그는 상대적으로 짧은 미국의 체류를 계획할 수 있게 되었다. 그 과도기 해인 1974년 10월에 데리다는 2주 동안을 존스홉킨스대와 예일대에서 번갈아 보냈다.

1975년 1월, 폴 드 만은 데리다에게 3년 임기의 예일대학 객원교수에 임명되었음을 공식적으로 확인해 주었다. 최적의 조건이었다. 9월 고등사범학교의 개학 전 약 3주 동안 예일에 가서 대학원생들에게 세미나 수업 한 과목만 하면 되었다. 세미나 수업은 데리다 자신이 선택한 주제로 20회를 하는데, 그중 첫 6~7회는 예일에서 하고 나머지는 파리에서 보충 학습을 하는 미국 학생들에게 하면 되었다. 연보수는 1만 2천달러 (요즈음 가치로 약 3만 3천 유로)로, 비록 주거비와 여행경비는 데리다가

---

18) 폴 드 만이 데리다에게 보낸 1974년 4월 28일 편지.

부담해야 했지만 상당한 액수의 보수였다.[19] 이 계약으로 존스홉킨스대학과의 계약은 끝이 나는데, 이 대학 학생들은 코넬대학 학생들과 마찬가지로 그가 파리에서 하는 세미나 수업에 계속해서 참여할 수가 있었다.

　　뉴욕에서 북동쪽으로 약 120km 거리에 있는 코네티컷 주 뉴헤이븐에 위치한 예일대는 미국에서 가장 돈이 많은 명문 대학 중 하나였다. 문학연구 차원에서 예일대는 1920년대부터 1960년대 초까지 지배적인 경향이던 신비평의 요람이기도 했다. 그러나 데리다가 보기에 결정적인 요소는 폴 드 만이 그 대학에서 하는 역할이었다. 루소에 대한 공동 관심에서 1964년에 첫 만남을 가진 이후 그들은 연락을 멈추지 않았다. 문학학과의 학과장임에도 불구하고 폴 드 만은 철학을 중요하게 생각했다. 이를테면 헤겔과 후설, 하이데거는 그가 생각하기에 반드시 공부를 해야 할 철학자들이었다. 서로에 대한 대단한 존경은 이내 "보기 드문 우정의 경험"으로 변화했다. 첫 체류에서 돌아온 뒤 데리다는 이렇게 쓴다.

예일에서 당신 곁에 머문 3주는, 나를 괴롭히면서 내 마음을 어지럽히는 이곳의 모든 것에 의해 난폭하게 쫓겨난, 이미 조금은 비현실적으로 되어버린 실낙원처럼 느껴집니다. 충분히 말하지는 못했지만 당신에게 이미 말했듯이, 내게 가장 소중한 것은 당신이 가까이서 내게 보여 준 다정한 배려였습니다. 나를 위해 잡아 둔 시간과 노고 외에도 […] 내가 처한―그렇지만 그 속에서도 일을 하기 위해 애써야 했던―'어려움'에 대한 당신의 그 사려 깊은 배려에 큰 감동을 받았습니다. 나는 당신이,

---

19) 폴 드 만이 데리다에게 보낸 1975년 1월 7일 편지.

교육의 자신감이나 글쓰기의 유희에서 으스댈 수 있는 것 뒤에 도사리고 있는 그 '어려움'을 보고 있고 또 이해하고 있다고 생각했습니다. 그 '어려움'(다른 말을 사용하기에는 마음이 좀 내키지 않습니다)은 요즈음 그 어느 때보다도 더합니다.[20]

데리다는 다음 체류를 벌써 생각하고 있으며 "그 첫 경험에서 얻어야 할 교훈들"에 대해 생각하고 있다고 말한다. 폴 드 만도 열렬한 반응을 보였다. 그 또한 문학학과가 완전한 의미를 갖도록 하는 데 자신에게 필요한 동조자를 찾았다는 생각이 들었다.

당신의 체류가 우리 모두에게, 이곳의 당신 친구들과 당신의 말을 열렬히 경청했던 모든 사람들, 특히 나 자신에게 얼마나 큰 도움이 되었는지 이루 다 말씀을 드릴 수가 없습니다. 당신의 가르침의 결과들이 나타나기 시작하고 있습니다. 내가 본 여러 학생이 당신과 함께 공부를 계속하고 싶어 내년에 프랑스로 가겠다고 말했습니다. 젊은 교수들이 그룹을 지어 당신의 글을 읽고 토론하기 위해 주마다 모임을 갖고 있습니다. 다양한 나라의 일군의 젊은이들이 예일에서 하나의 지적인 주제를 중심으로 모이는 것은 실로 아주 오랜만에 있는 일입니다. 게다가 우리는 당신이 떠난 뒤로 지루해하고 있습니다. 당신이 없으니 일들이 아주 단조롭고 따분합니다.[21]

---

20) 데리다가 폴 드 만에게 보낸 1975년 10월 12일 편지.
21) 폴 드 만이 데리다에게 보낸 1975년 10월 17일 편지.

1974년에서 1976년에 걸친 큰 투쟁은 '철학교육연구단체'(Greph)의 투쟁이었다. 데리다에게는 그것이 자신의 개인적인 작업과 별개의 단순한 행동파적인 활동이 아니었다. 이후의 한 인터뷰에서 설명하듯이, 그 시기에 그는 내용과 개념들만을 대상으로 하는 철학적 해체작업은 크게 그 목적을 달성하지 못할 것 같다는 생각을 했다. "만일 철학 기관(機關; institution)에 대해 공격하지 않으면 일종의 이론적인 한 시도만이 남을 것이다." 철학 교재의 범위와 구성의 문제를 연구한 뒤 데리다는 교육의 실천과 스승과 제자의 관계, 철학자들 사이의 교류 형태, 그리고 정치무대에 철학을 접목시키는 일과 같은 그 "기관의 테두리들"에 관심을 가지는 일이 시급하다고 판단했다. 그리하여 그는 몇몇 가까운 사람들과 "기관의 해체 행동"에 뛰어들었다.[22]

그 단체에서의 활동은 헛되지 않았다. 1968년 5월혁명 이후 약 6년이 흘렀지만 대학기관을 보수 세력이 다시 장악하고 있다는 것이 지배적인 감정이었다. 향후 '철학교육연구단체'라 불리게 될 이 단체는 철학 중등교사자격시험 심사위원회가 1974년 3월에 발표하는 유달리 반동적인 보고서에 대한 항의로 행동을 개시했다. "교육적 요구를 핑계 삼아" 심사위원회는 그 보고서에서 지원자들의 답안에 보이는 새로운 철학 경향들의 여파를 비난하면서 가장 학리적인(académique) 규범으로 돌아갈 것을 권장했다. 몇 주 뒤, 약 30명의 교직자와 학생이 '철학교육연구단체의 결성을 위한 초안'을 채택했다. 제기된 문제 중 몇 가지는 역사적이거나

---

22) Jacques Derrida, "La langue de l'autre", interview with Tetsuya Takahashi, archives IMEC.

이론적인 차원의 것인 반면 나머지 것들은 평가시험과 선발시험의 시험 과목 범위, 시험의 형태, 심사위원들과 평가기준, 교직자의 채용과 직급, 연구실 등에 대한 구체적이고 때로는 예민한 문제들이었다.[23]

정치 상황은 촉진제 역할을 했다. 조르주 퐁피두가 대통령직을 수행하던 도중 1974년 4월 2일에 사망한다. 5월 19일, 발레리 지스카르 데스탱이 좌파연합 후보인 프랑수아 미테랑을 누르고 대통령에 당선된다. 새 교육부 장관 르네 아비는 1975년 3월 중고등학교 교육의 전면 개혁안을 제시한다. 그중 한 측면이 철학과 관련된 것이었다.

개혁의 세부적 내용이 알려지기도 전에 데리다는 '억눌린 철학'이라는 제목의 2쪽짜리 기사를 『르 몽드 드 레뒤카시옹』(Le Monde de l'éducation) 지에 게재함으로써 대응한다.

더없이 직접적인 어투로 그는 철학 교육은 예상되는 조치들에 의해 "다른 모든 과목보다 더 큰 해를 입을 것"이라고 주장한다.

새로운 '고3학년생들'의 수업이 완전히 '선택' 제도에 따라 이루어진다면 지금까지 단 한 학년에서 행해지던 필수 철학 교육은 이제 사라지고 말 것이다. '1학년'(고등학교 2학년) 때 철학 수업을 3시간은 해야 할 것이다. 평균적으로 보면 그 양은 현재 철학 수업을 가장 적게 받고 있는 '고3학년생들'과 대략 같은 시간이다. 그러한 실행의 이유나 목표를 살펴보기 전에 부인할 수 없는 사실을 보자. 즉 전체 학생들에 대한 철학

---

23) 이 자료는 Jacques Derrida et al., *Qui a peur de la philosophie?*, Champs-Flammarion, 1977, pp. 433~437에 게재되었다. 후에 Jacques Derrida, *Du Droit à la philosophie*, Galilée, 1990, pp. 146~152에 재수록.

수업 시간 수를 따져 보면 엄청나게 줄어든 상태이다. 철학은 이미 졸업할 무렵 단 한 학년에 가둬 두고 싶은 유일한 과목이 되었다. 철학은 여전히 단 한 학년에 그치고 있고, 시간까지 줄었다. 그렇기 때문에 최근 몇 년 동안 보다 더 용의주도하고 보다 더 은밀하게 행해진 다음과 같은 공격이 공공연하게 속도를 내고 있다. 즉, 과학적인 것과 철학적인 것의 뚜렷한 분리, 철학의 중요성을 덜 부여하는 계열 쪽으로 '우수한 학생들'을 적극적으로 선별하는 경향, 철학 수업 시간과 배점 계수의 축소, 그리고 교직원의 감소 등등으로 말이다. 이번에는 분명히 계획이 수용될 것 같다. 어떠한 체계적인 철학입문도 3시간으로 시도되지는 못할 것이다. 어떻게 그 점을 의심할 수 있는가? 학생들이 전체 재학기간 동안 다른 식의 철학을 전혀 접해 보지 못할 경우, '철학'을 선택 과목으로 택하는 지원자들은 갈수록 줄어들 것이다.[24]

데리다는 동업조합주의적인 형태의 단순한 옹호는 거절한다. 그가 하는 투쟁은 명백하게 정치적이었다. 그가 생각하기에 목전의 "철학 교실의 파괴"는 특히 "대다수의 고등학교 학생들에게 철학적·정치적 비판 훈련을 못하게 하는" 결과를 가져올 것이었다. "역사적 비판에 대해서도 마찬가지인데, 역사는 한 번 더 철학과 결합된 비판의 대상이 되기 때문이다."

---

24) Jacques Derrida, "La philosophie et ses classes", *Le Monde de l'éducation*, March 1975. 후에 Derrida, *Du Droit à la philosophie*, pp. 229~237에 재수록.

투표를 하기 시작하는 나이에 고등학교의 철학 교실이야말로 […], 예를 들면 근대 이론의 텍스트들, 특히 마르크스주의와 정신분석학 텍스트들에 대한 독서와 해석을 위한 어떤 기회를 제공하는 유일한 장소가 아닌가? 1968년 이후로 이 수업과 몇몇 철학 교사와 학생들, 그리고 고등학교 사이에서 확대된 '항의'에 대해 권력의 압박이 계속해서 심해져 온 것은 전혀 우연한 일이 아니었다.[25]

데리다에 따르면, 현재 상태 그대로의 고3의 철학 교육을 단순히 시험적으로 유지하는 데 그치는 것은 그 압박에 유리한 정황을 제공하는 일이었다. 아비 개혁에 맞서 싸우면서 데리다는 그에게 소중한 하나의 생각, 즉 다른 중등교육 학년으로, 따라서 더 어린 학생들로 철학 수업을 확대하자는 생각을 추진하고 싶었다.

어깨를 으쓱하고 싶어 하는 사람들의 타산적인 반대를 즉각 방어하자. '고3학년 학생들'에게서 이미 실행 불가능한 교육을 '중1학년 학생들'에게 도입하자는 것이 아니다. 하지만 우선 다른 모든 과목에서 그렇게 하는 것처럼 입문과 입문 수업, 지식의 획득에서 예상되는 점진성의 원리를 지금 받아들이자는 것이다. 몇몇 조건들, 정확히 말해서 자유롭게 해줄 필요가 있는 몇몇 조건들 속에서 '아이'의 '철학적 능력'은 아주 대단할 수 있다는 것을 우리는 알고 있다. 그 능력은 현대적 텍스트들을 대하든 전통적 텍스트들을 대하든 발전에 있어서 차이가 없을 것이다. […]

---

25) Derrida, *Du Droit à la philosophie*, pp. 232~233.

특히 이 철학 교육과, 다른 변형된 교육들 사이의 비판적이고 유기적인 결합을 조직화할 필요가 있다. 아니 오히려 그것들을 재조직할 필요가 있다. 아주 한정된 철학이 프랑스 문학과 언어, 역사, 나아가 과학에서까지 이미 교육되고 있는 것을 정말이지 누가 의심할 수가 있는가? 그리고 그 다른 교육들, 이를테면 종교 교육과 도덕 교육 들의 실제적인 어려움에 신경을 써 본 적이 있었던가?[26]

1975년 1월 15일, 정식으로 창립된 '철학교육연구단체'는 아비 개혁에 맞선 투쟁에서 중요한 역할을 하게 되는데, 그로 말미암아 이 단체는 그 존재감을 더욱 뚜렷하게 드러냈다. 실제로 볼테르고등학교 교사인 롤랑 브뤼네의 도움을 받아 데리다의 주위에는 20~30명으로 이루어진 한 작은 그룹이 형성되었다. 그중에는 엘리자베스 드 퐁트네와 사라 코프만, 마리루이즈 말레, 미셸 르 되프, 베르나르 포트라, 장자크 로자가 있었다. 당시 철학과를 다니던 데리다의 조카 마르틴 메켈도 참여했으며, 특히 실비안 아가생스키는 아주 열성적으로 활동했다. 실비안은 데리다가 오래되었지만 아주 불행한 기억만 가진 현실, 즉 고3의 철학 교육이 제기하는 문제들을 자크가 인식하게 만드는 데 기여했던 것 같다.

이 운동은 프랑스 전국으로 확대되었지만 '철학교육연구단체'의 임시 본부는 고등사범학교에 설치되었으며 대부분의 모임도 그곳에서 갖게 되었다. 업무를 도와줄 최소한의 비서도 없는 데리다에게 행정적이

---

26) Derrida, "La philosophie et ses classes". Derrida, *Du Droit à la philosophie*, pp. 235~236에 재수록.

고 실무적인 부담이 곧 크게 늘어났다. 마리루이즈 말레는 이렇게 기억한다. "그는 별 성과가 없는 일들 앞에서 절대 물러서지 않았으며 자기 몫이상의 일을 했습니다. 그 시기에 내게 가장 인상 깊었던 일 중 하나는 그가—그들의 지위와 직업, 사회적 신분이 무엇이든지 간에—모든 참여자들과 똑같이 행동했다는 것이에요. 우리의 회합은 아주 화기애애했는데, 그는 들끓는 생각과 혁신에 대한 욕망에 행복해했던 것 같습니다."[27]

'철학교육연구단체'의 투쟁은 알튀세르가 부딪친 기관의 문제들로 새로운 계기를 맞았다. 1975년 6월, 알튀세르는 아미엥대학에서 노동에 관한 주제로 박사학위 논문 심사를 받는다. 그런데 며칠 뒤 대학자문위원회는 『마르크스를 위하여』의 저자에게 교수직 부여를 거부한다. 알튀세르의 문제는 그의 명성에 힘입어 데리다에 의해 작성되고 '철학교육연구단체'에 의해 널리 배포된 호소문에 의해 큰 반응을 불러일으켰다.

철학 활동과 정치 이론, 정치적 투쟁 등에 관심이 있는 사람이면 누구나 알튀세르의 저작들을 우리에게 상기시키지 않아도 될 것이다. […] 우리는 그 저작들이 프랑스와 세계의 마르크스 사상 영역에 깊이 영향을 미쳤을 뿐만 아니라, 그 사상을 새롭게 하고 풍요롭게 해주었음을 잘 알고 있다. 그런데 마르크스의 사상에 대해서뿐만이 아니다. 그 저작들은 프랑스에서뿐만 아니라 세계에서 가장 강력하고 한창인 철학 조류 중 하

---

27) 마리루이즈 말레와의 인터뷰. 다음의 책에서도 참고할 수 있다. Marie-Louise Mallet and Jacques Derrida, "Du Greph aux états généraux de la philosophie et au-delà", éds. Marie-Louise Mallet and Ginette Michaud, *Derrida, Cahier de L'Herne*, L'Herne, 2004, pp. 221~223.

나를 대표한다. […]

그것들이 제기하는 문제들의 독창성에 의해, 대학에서 그것들이 창출하는 담론이나 설명 양식에 의해, 그것들이 갖는 정치적 적용과의 개방적 관계에 의해 그 저작들은 어떤 권력의 수호자들이나 철학 기관 속에 한정된 전통의 수호자들을 불안하게 했던 것이 사실이다. 얼마 전 그들은 겁에 질려 무례하게 바리케이드를 치고 그를 저지했지만, 그것이 정치적 성격의 행동임을 더 이상 감추지 못할 것이다.[28]

물론 그와 같은 차별적 조치는 알튀세르만으로 그치는 것이 아니었다. 그의 경우는 문제의 정치적 차원을 멋지게 보여 주는 장점을 가지고 있었다. 이를테면 정부의 정책은 "교육의 가장 반동적인 세력에 기대어 학교와 대학을 짐승처럼 순종케 하는 작업"을 실행하고 있었다. '철학교육연구단체'의 호소문에 대하여 일제히 반격이 가해졌다. 지스카르 정권과 대학자문위원회는 데리다와 그의 측근들에게 집요하게 앙심을 품게 된다.

강경해진 기관의 상황과는 달리 고등사범학교는 여러 면에서 여전히 독자적이고 자유로운 공간이었다. 고등사범학교를 개방하는 것에 항상 신경을 쓰던 데리다는 가능할 때마다 그에게 중요한 장뤽 낭시와 필립 라쿠라바르트, 하인즈 비스만, 장 볼락, 그리고 그 밖의 몇몇 다른 사상가들을 그곳으로 초대했다. 그의 세미나는 갈수록 인기가 높아졌다. 라캉의

---

28) Derrida et al., *Qui a peur de la philosophie?*, pp. 469~470.

세미나처럼, 데리다의 세미나에는 비록 선택한 주제가 항상 교수자격시험과 연결된 것들임에도 불구하고 특히 외부에서 온 청중이 많았다. 데리다의 측근이 되기 전 아직 루이르그랑의 고등사범학교 입시준비반 학생임에도 불구하고 그 세미나에 참석했던 드니 캉부슈네는, 2회 중 한 회는 데리다가 치밀하게 작성한 요약에 할애되고 그 다음 회는 보다 더 자유로운 토론에 할애되었던 그 세미나의 의식을 이렇게 훌륭하게 묘사한다.

요컨대 각 회(回)의 세미나들은 텍스트의 설명이나 이론적 분석이라는 고전적 방식이 아니라, 지식의 폭을 확대하는 최고도의 질문 방식에 기초한 독서수업이었다. 그 세미나들은 다루는 텍스트에 보이는 아주 작은 특징들에 이르기까지 놀라울 정도로 자세하게 다뤘으며, 가장 중심이 되는 요소들과 언뜻 보아 별로 중요하지 않는 요소들을 대담하게 비교했으며, 소홀히 한 대목들 속에서도 중요한 주제와 복잡한 구조들을 찾아냈으며, 철학사와 문화사를 가로지르면서 몇몇 모방(반복) 구조들을 의식하게 해주었는데, 요컨대 끊임없는 비교를 통해 한 저자에 대해 그때까지는 그 구조를 의심조차 하지 않았던 거대한 동시에 항상 내밀한 '무대' 위에 올려놓음으로써 그의 '행위들'을 재구성했다. 비록 데리다는 사실 그의 글과 가르침에서 항상 설득력 있는 아주 대단한 명증성을 추구했지만, 바로 그것이 가장 까다로운 가르침이었다. 물론 많은 이들은 그 가르침의 쟁점조차 이해하지 못했다. […] 아마도 철학하는 것은 몇몇 복잡한 문제들에 곧바로 흥미를 갖고 그것들을 맞아들이는 것을 의미한다는 생각에서, 어느 날 '주름을 지우지 말라'는 법칙을 말했던

데리다는 곧바로 그 주름들 속으로 우리를 데려다 놓았다.[29]

고등사범학교 학생들과의 공부는 매우 개별적이었다. 일정이 아주 빠듯함에도 불구하고 데리다는 2층에 있는 자기 사무실에서 장시간 학생들을 맞아 각 학생의 걱정거리들에 특별한 관심을 보여 주었다. "몸짓과 답변 등 그에게서 흘러나오는 것은 모두가 정력적인 동시에 매우 신중했다. 결코 어림잡아 말하는 법이나 느슨함이 없었지만 종종 잠시 멈추었다가 다시 말하고는 했다. 그는 그 시기에 이미 우리에게 강한 힘 덩어리, 기억 덩어리였다."[30]

저마다의 철학적 방향이 어떻든 간에 알튀세르와 포트라, 그리고 데리다는 대부분의 학생들로부터 변함없이 아주 높은 평가를 받는 교육의 트리오를 이루었다. 각 학생들의 시험 답안지는 채점이 두 번 행해졌으며, 철저한 분석을 바탕으로 학생들에게 피드백을 해주었다. 그리고 그 세 수험지도 교수들은 매주 화요일에 함께 만나 교수자격시험 지원자들의 '수업'을 경청했다. 1970년대 말 학생이었던 술레이만 바시르 디아뉴는 그 시간들에 대해 선명한 기억을 지니고 있다. "그 '수업' 연습은 중요한 순간이었습니다. 각자는 수험지도 교수들이 골라 준 주제로 강의를 해야 했어요. 그리고 나면 그들은 그 강의에 대해 확실한 피드백을 해주었습니다. 데리다는 그의 논평에서 학생의 의도가 무엇인지, 그의 수업에서 뭐가 문제인지, 왜 그런 문제가 발생했는지를 따져 보는 데 뛰어난 능력

---

29) 고등사범학교 '졸업생 연보'에 게재된 자크 데리다에 대한 소개문, 2005.
30) Denis Kambouchner, "Jupiter parmi nous", *Rue Descartes*, no.48, PUF, 2005, pp. 95~98.

이 있었어요. 그에게는 다른 사람들의 논거를 이해하는 놀라운 방법이 있었습니다. 교수자격시험을 넘어 그는 진정으로 나 자신의 사고방식에 발전을 가져다 주었어요. 고등사범학교 재학 시절 나는 그에게 두 개의 글을 제출했습니다. 하나는 논문으로 니체의 『도덕의 계보』에 대해 쓴 것이고, 다른 하나는 아프리카의 철학과 '아프리카 철학'이라는 개념 자체를 중심으로 한 논의들이었어요. 데리다는 그 작업에 대해 나와 이야기를 나누고는 마침내 '그것들을 따로따로가 아닌 함께 생각해 보라'는 조언을 해주었습니다. 그 조언은 내게 의아심을 품게 했어요. 내가 보기에 그 두 글은 서로 아무 관계가 없는 주제에 대한 서로 다른 연습이었어요. 그런데 정말 내가 자주 깊이 생각해 보곤 했던 그 조언과 더불어 데리다가 내게 가르쳐 준 것은, 이것에 관해 써 보고 저것에 대해 써 보는 그런 단순한 '연습'의 문제가 아니었다는 겁니다. 함께 생각해 보는 것, 바로 그것은 내가 하고자 하는 것을 명확하게 해주었습니다. 내가 하고자 하는 것은 니체를 거친 뒤 이어 아프리카 철학에 관한 논의를 거쳤기 때문입니다. 나는 계속해서 그 조언에 기초하여 나의 철학 방식을 실천하고 있습니다."[31]

『미메시스』의 편집과 관련해서 상황이 악화되는 데는 그리 오랜 시간이 걸리지 않았다. 갈릴레 출판사와는 약속이 전혀 지켜지지 않았다. 1975년 3월, 미셸 들로름은 특히 얼마 전 『조종』으로 인해 야기된 "출판

---

31) 술레이만 바시르 디아뉴와의 인터뷰.

사의 위기"를 내세우면서 『미메시스』의 출간을 거부했다.[32] 편집 관행에 대한 쇄신의 희망을 품었던 데리다는 크게 실망했다. 데리다의 제자로 플라마리옹 출판사에서 근무하고 있던 조스 졸리에가 몇 달 전부터 중재 역할을 했다. 4월, '사실상의 철학' 총서 팀과 『디아그라프』 잡지 팀은 라신가의 출판사에 합류했다. 총서의 지도부가 이미 여러 명인데도 앙리 플라마리옹은 데리다에게 '기술적인 파견단'을 확보해 줄 것을 요구했다. 이 '파견단'은 무거운 책무를 짊어져야 했는데, 출판사가 그 책무를 짊어질 만큼 실질적인 역량도 없을 뿐만 아니라 그 일에 대해 특별한 의욕도 가지고 있지 않았던 것이다.

우여곡절이 많았던 그 몇 달이 흐른 뒤, 데리다는 1975년 여름의 초반을 『시네퐁주』를 집필하는 데 보냈다. 그것은 8월 프랑시스 퐁주를 주제로 한 스리지 콜로키엄에서 하루의 시간을 온통 차지하게 될 강연이었다. 마치 퐁주의 모든 작품이 "그의 이름의 운(運)"에 기인한다고 주장하려는 것처럼 대부분 서명의 역할을 다루는 그 글은 자신이 청소년 때부터 좋아했던 한 시인에게 거의 의태(擬態)적인 경의를 표한다. 첫 몇 줄은 모두(冒頭)의 말이기보다는 하나의 연설이었다.

프랑시스 퐁주—지금부터 나는 그를 인사나 찬양을 위해 부르겠습니다. 아니 명성을 가리기 위해 부른다고 말해야겠군요.
그것은 많은 부분 내가 취하는 어조에 달려 있습니다. 어조가 결정합니다. 그런데 누가 그것이 담론의 일부인지 아닌지를 결정하겠습니까?

---

32) 데리다가 로제 라포르트에게 보낸 1975년 3월 2일 편지.

하지만 그는 이미 그렇게 불립니다, 프랑시스 퐁주라고. 그는 자신의 이름을 불러 달라고 나를 기다리지는 않았을 것입니다.

명성에 관해서라면, 그건 그의 문제입니다.[33]

자주 그렇듯이, 남은 여름도 기대했던 휴식을 데리다에게 허락하지 않았다. 여러 번 차가 고장이 나 짜증이 나고 수리하느라 돈도 많이 들었는데, 설상가상 가족이 함께 사는 망통의 주거지도 그렇게 만족스럽지가 못했다. 그의 어머니가 대신 찾아서 구한 그 아파트는 "견디기가 쉽지 않을 정도로 불편하고 시끄러웠다."[34] 그렇지만 그는 그곳에서 가을 학기 강의를 준비해야 했고, '분명한 남자'의 목소리와 '비교적 여성에 가까운' 다른 한 목소리가 서로 대면하는 블랑쇼에 대한 긴 대화체 작품인 「발자국」을 집필해야 했다.

데리다는 떠날 때보다 훨씬 더 피곤한 몸으로 '고요와 휴식, 그리고 산책에 대한 바람'을 품고 파리로 돌아왔다. 망통에서는 그런 것들이 매우 아쉬웠다. 10월 초 예일에서 돌아왔을 때 미결 상태의 서류들이 산더미처럼 쌓인 것을 보고 막중한 부담감을 숨길 수 없었다. "나는 지쳐 있네. 모든 것이 너무 힘들어. (특히 '철학교육연구단체', 고등사범학교, 플라마리옹 출판사, 졸리에와 사라의 일들이…)"라고 그는 『미메시스』를 매듭지으려 할 즈음 라쿠라바르트에게 썼다.[35]

---

33) Jacques Derrida, *Signéponge*, Seuil, 1988, p. 9. 이 텍스트의 여러 단편들은 *Diagraphe*, no. 8, 1976에 수록되었다. 이어 그 이듬해 '프랑시스 퐁주' 콜로키엄 논문집(10/18에서 발행)에도 실렸다.

34) 데리다가 로제 라포르트에게 보낸 1975년 9월 24일 편지.

35) 데리다가 필립 라쿠라바르트에게 보낸 날짜 미상 우편 엽서(1975년 가을).

1975년 11월 오비에 플라마리옹에서 출간된 그 책은 '철학교육연구단체'에서 한 작업의 이론적인 대응인 동시에 '사실상의 철학' 총서의 선언적 행동이었다. 『라 캥젠 리테레르』가 토론회를 위해 그 여섯 저자를 초청했을 때, 데리다는 대뜸 『미메시스』는 철학서가 아니라, 그 책의 글쓰기와 주제들에서 "철학적인 것의 관점을 바꾸어서 그 철학적인 것이 항상 지배적인 것처럼 보였던 영역 속에 포함시키려 노력한" 저서라고 말한다.

> 철학적 헤게모니에 대한 그 '믿음'에 반대하여 우리는 철학적 담론의 규칙과 규범들을, 예컨대 호프만이나 브레히트, 그리고 그 밖의 몇몇 다른 사람에게서처럼 철학적인 것으로 인정되지 않는 다른 것들(철학적 규칙과 규범들)로 연결합니다. 요컨대, 이 책은 오늘날 철학적 담론에서 기대하는 것, 반(反)철학적인 체하는 수많은 책들을 여전히 학자연하게 강력히 통제하는 그 규범들을 따르는 책이 아닙니다.[36]

　　더 급진적인 접근이 『르 몽드』 지에서 펼쳐진다. 크리스티앙 들라캉파뉴는 그 저자들이 자신들을 공동으로 표현하고 싶었다고 주장했다. "그 결과가 바로 이것이다. 인터뷰 말이다. 아마도 이 인터뷰는 '공동으로' 서명된 첫 인터뷰일 것이다." 참가자 중 한 명은 『미메시스』가 "하나의 '주제'를 중심으로 분담금을 '모으지' 않는다는 사실을 강조한다. 이 책은 반대로 여러 '장본인들'이 서명한 '분담금', '출자액' 같은 개념을 깨

---

36) *La Quinzaine littéraire*, no. 231, 16~30 Avril, 1976.

부수려" 애쓴다. 실제로 서문의 역할을 하는 아주 이상한 텍스트에서, "단수도 아니고 복수도 아니며 집단적이지도 않은 한 허구의 '나'는 소위 '자기 자신의' 여섯 이름을 가리킨다."[37] 교묘하게 기교를 부린 이런 태도는 승리의 순간이 다가오고 있는 '신철학'의 특징인, 주체와 타자적 자아의 집단적인 귀환과는 정반대였다.

다방면의 활동에서 아무리 적극적이고 유능할지라도 데리다는 여전히 자기 삶에 만족을 느끼지 못했다. 폴 드 만에게 보낸 편지에서 그는 자신이 느끼는 양가적인 감정을 완벽하게 묘사했다.

'파리의 무대'(상황을 단순화하기 위해 약(略)해서 그렇게 부릅니다)와 그곳에 나를 묶어 놓는 모든 일로 나는 피곤하며 절망에 이를 정도로 낙담한 상태입니다. 그로 인해 나는 일을 하지 못하여, 뭐라 말할 수 없는 어떤 단절, 전환, 은둔을 꿈꿉니다. 하지만 곧 불평을 하지 않게 될 것입니다. 실제로, 어느 정도는 내가 너무도 잘 알고 있는 이 무대에 보내는 절망적인 시선에도 불구하고 나는 그 무대 위에서 일을 하고 공연들(세미나, '철학교육연구단체', 출판사 등)을 할 힘(그 힘이 어디서 나오는지는 나도 알지 못합니다만)이 아직 남아 있습니다. 그러나 나는 매일 밤 이게 오래 갈 수 없을 것이라는 생각을 합니다.[38]

1976년, 이 해에 데리다는 미국에서 아주 빠르게 명성을 얻는다. 폴

---

37) "six auteurs, une voix anonyme", *Le Monde*, 30 April 1976.
38) 데리다가 폴 드 만에게 보낸 1976년 4월 8일 편지.

드 만의 제자이자 데리다 작품의 미국인 번역가 중 한 명인 리처드 랜드가 말하는 것처럼, "그렇게 부르는 것이 좀 지나치다 싶은 그 '예일학파'의 발전은 무엇보다 폴 드 만 덕분이었다. 그는 대학 간의 관계와 관련된 일에 대해 놀라운 정치적 감각과 더불어 자기 학생들에게 커다란 영향력을 행사하고 있었다. 그는 그 말의 가장 고귀한 의미에서 '야심에 차' 있었다. 그의 해박한 지식과 우수한 개인적인 저작에도 불구하고 그는 데리다의 위대함을 즉각 알아채고는 역선(力線)을 미국의 학계로 옮겨 놓을 수 있으리라 짐작하고, 말하자면 데리다 학파가 되었다. 미국에 데리다를 알리는 일에 결정적인 역할을 하는 사람이 바로 그였다. 데리다처럼, 폴 드 만에게는 호전적이지는 않지만 투쟁적인 기질이 있었다. 그는 『뉴욕 리뷰 오브 북스』(New York Review of Books) 지에 정기적으로 자주 신랄한 글을 기고해 왔다. "피를 볼 때까지 가야 한다"라고 그는 종종 말하곤 했다. 논쟁에 대한 그런 취미 역시 그를 데리다와 가까워지게 하는 데 일조했다.[39]

프랑스에서는 데리다의 저작 수용이 대학 교육의 변두리에서 행해졌다면, 미국에서는 으뜸가는 대학들에서 보다 더 전통적인 중재 장치에 의해 그 정당성을 획득하여 더 광범위하게 대중 속으로 전파되기 시작했다. 사회학자 미셸 라몽이 그의 유명한 논문에서 설명하듯이, 미국에서의 데리다의 성공은 당연한 것이 아니었다. 그것은 먼저 '재배치'를 거쳐야 했다. 이를테면 그 성공은 철학 영역에서 문학 연구의 영역으로, 이어 점

---

[39] 리처드 랜드와의 인터뷰. 폴 드 만에 대한 제프리 하트먼의 전기에도 그에 대해 훌륭하게 묘사되어 있다. Geoffrey Hartman, *A Scholar's Tale: Intellectual Journey of a Displaced Child of Europe*, New York: Fordham University Press, 2009.

점 더 넓은 대학 네트워크를 통해 전파되었던 것이다.[40] 그 상황은 데리다가 프랑스에서 거두게 된 성과와는 정말 완전히 다르다. 그의 초기 프랑스 독자들에 의해 아주 폭넓게 공유된 참고문헌들(소쉬르 언어학, 라캉 정신분석학, 알튀세르의 마르크시즘)은 그의 미국 청중들의 문화 지식에는 속하지 않았다. 특히 미국의 청중들은 대부분 철학에 대한 지식이 많지 않았다. 흔히 그들이 헤겔이나 니체, 후설, 하이데거를 발견하는 것은 바로 데리다를 통해서였다.

예일에서는 데리다가 프랑스어로 강의하고 프랑시스 퐁주와 모리스 블랑쇼처럼 거의 번역이 되어 있지 않은 작가들을 다루는데도 매년 더 많은 학생들이 그의 세미나 수업을 들으러 왔다. 요컨대 그가 점점 더 미국 교육 체계의 특성을 더 잘 숙지해 간다는 이야기였다. 오후 7시에 시작하여 꽤 늦게까지 이어지는 세미나가 종료된 뒤에도 다수의 청중은 '조지 앤드 해리스'나 '올드 하이델베르크' 같은 카페로 자리를 옮겨 맥주를 들이키면서 토론을 이어 갔다.[41] 데리다는 세미나가 없는 주중의 다른 날에도 남을 위해 많은 시간을 기꺼이 냈다. 예일의 한 교수는 데리다가 사망한 다음날 "그는 정녕 많은 학생들의 삶을 바꾸어놓았던 유달리 카리스마가 있는 교수였다"[42]고 강조했다. 그 시기에 데리다가 헌신적으로 함께 해주었던 많은 학생들은 자주 그의 도움으로 머지않아 미국 각처에 교수로 임명되었으며, 이후 수십 년 동안 그의 저작과 사상을 전파하는 데 크

---

40) Michèle Lamont, "How to Become a French Dominant Philosopher: The Case of Jacques Derrida", *The American Journal of Sociology*, vol. 93, no. 3, November 1987, pp. 584~622.

41) 엘런 버트(Ellen Burt)와의 인터뷰.

42) *Yale Daily News*, 11 October 2004.

게 기여했다.

가야트리 샤크라보르티 스피박이라는 인도 출신의 한 젊은 여성이 데라다의 미국 수용에 결정적인 역할을 했다. 1961년 캘커타에서 온 그녀는 폴 드 만의 지도로 박사학위를 준비하고 있었는데, 『그라마톨로지에 관하여』를 읽으면서 경이감을 맛보았다. 가야트리 스피박은 너무도 힘든 그 번역에 수년을 할애했다. 1973년 여름, 파리에 온 그녀는 데리다를 수차례 만나면서 자신이 부딪혔던 난제들에 대해 조언을 부탁했다. 1974~1975년, 그녀는 프로비던스의 브라운대학에서 데리다에 대해 세미나 수업을 했다. 그것은 그녀가 번역서에 덧붙인 데리다에 대한 긴 소개의 글의 기원이 되는데, 그 글은 1976년 존스홉킨스대학 출판사에서 단행본으로 출간되었다. 데리다의 그 작품보다 분명히 더 이해하기 쉬운 1백여 쪽의 그 입문서는 여러 세대를 거쳐 미국의 학생들에게 개론서 역할을 했다. 가야트리 스피박의 번역은 비록 많은 비판을 받아 여러 번 개정을 하게 되지만 『그라마톨로지에 관하여』는 약 1십만 부라는 엄청난 판매고를 이루었다.

홍미진진한 그 『프랑스 이론』(*French Theory*)이라는 책에서 프랑수아 퀴세는 가야트리 스피박이 헤겔과 니체, 프로이트, 후설, 그리고 하이데거를 모두 다 '프로토그라마톨로그'(proto-grammatologues)라 소개함으로써 실현한 '중대한 큰 변화'를 아주 잘 묘사했다.

미국인들은 그때부터 데리다에게서 철학적 전통의 이단적 계승자, 아니면 전통적 철학 텍스트를 해체시키는 이단적 계승자보다는, 그의 지고의 경지 즉 그의 독일 선구자들이 그저 준비만 했던 비판적 사고의 숭고

한 최고천(最高天)의 한 형태를 보게 될 것이다. […]

그해 1976년부터 아직 이론적인 프로그램에 불과한 것이 읽히게 되고 연구되다가, 머지않아 특히 예일과 코넬대에서 대학원생들을 위한 몇몇 문학 강의에서 실행이 되었다. 조금씩 해체를 적용하기 시작하여 그 해체로부터 문학 고전들의 '자세히 읽기'의 새로운 양식들을 이끌어 내기 시작하고, 지시대상을 소멸시킴으로써 글쓰기 자체에 의해 내용이 끊임없이 연기되는 메커니즘들을 자세히 관찰하기 시작한다.[43]

데리다에게 직업적인 모든 고려 외에 예일에 해마다 머무는 주요한 동기는 여전히 폴 드 만과의 사적이고 지적인 동조였다. 파리에 돌아오자마자 그는 대부분의 문제가 미결 상태인 것에 힘들어하며 향수에 사로잡혔다.

나는 뉴 헤이븐, 문 브리지, 베서니를 잇는 코스들, 붙잡을 수 없는 알 수 없는 신화적인 먼 옛날 같은 그 코스들이 있어 아름다웠던 그 모든 (그렇습니다. 행복한!) 날들에 대해 공상에 빠집니다. 그리고―해마다 점점 더―나는 예일의 그 순간들을 당신의 우정의, 정말 좀처럼 보기 드문 아주 소중한 우정의 증표로 받아들입니다. 당신의 우정은 신중함에도 불구하고 아니면 신중함을 통해 분명하고 깊게, 뭔가가 내 안에서 회박해지면서 타자(나는 그것을 어떻게 불러야 할지 모릅니다. 사교계의 어떤 사람이겠지요.)가 확장되어 그의 네트워크와 간계와 함정을 늘림에 따

43) François Cusset, *French Theory*, La Découverte/Poche, 2005, p. 122.

라 우정의 공간이 놀랍고 위험하게 줄어들수록 더욱더 똑똑히 내 안에서 울려 퍼집니다. […]

나의 활동과, 뭔가를 하고 싶고 쓰고 싶은 나의 열의에 놀라는(당신도 때때로 그렇게 놀라지요) 사람들은 어떤 환멸적이고 피곤한 무신앙(나는 감히 회의주의나 허무주의라는 말을 더 이상 사용조차 못합니다)의 밑바닥에서 그런 열의가 올라오는지를 항상 알지는 못합니다(물론 당신은 알고 있지요).[44]

편집과 관련된 걱정이 아마도 다른 것보다 더 그를 짓눌렀다. 처음으로 그는 친구들과 한 총서를 소유했다. 하지만 그들의 결정은 여전히 출판사의 진짜 주인에게 종속되어 있었다. 그 문제가 그에게는 자주 신경에 거슬렸다. 데리다는 자신에게 중요한 기획들을 오비에 플라마리옹 출판사가 수용하도록 때로 그 기획들에 긴 서문을 덧붙이지 않을 수 없었다. 워버튼의 『상형문자론』(*Essai sur les hiéroglyphes*)과 특히 마리아 토록과 니콜라스 아브라함의 『늑대 인간의 마법의 주문』(*Le Verbier de l'Homme aux loups*)이 그 경우였다. 1976년 여름 동안 데리다가 집필하는 '포르스'(Fors)는 여러 면에서 걱정스러웠다.

데리다가 「프로이트와 글쓰기의 장」에서 처음으로 논의에 뛰어든 이후 정신분석학에 끊임없이 다가간 것은, 대부분 니콜라스 아브라함과 마리아 토록과의 우정에 기인했다. 데리다는 1959년 '발생과 구조'를 주제로 한 스리지 라 살의 콜로키엄에서 니콜라스 아브라함을 처음으로 만났

---

44) 데리다가 폴 드 만에게 보낸 1976년 10월 10일 편지.

다. 1919년 헝가리에서 태어난 아브라함은 처음에는 철학자였다. 1958년, 정신분석학자가 된 그는 "현상학자들도 정신분석학자들도"[45] 모험을 행하지 않은 영역에서 후설의 현상학과 프로이트의 사상을 결합했다. 자신의 아내인 마리아 토록과 함께 그는 산도르 페렌치의 저작을 프랑스에 소개한 주요 인물이기도 했다.[46]

이 두 부부 간의 우정 관계는 단지 이론적이지만은 않은 결과를 가져왔다. 1960년대 말경 실제로 마르그리트 데리다에게 교육분석을 해보라고 설득한 것은 니콜라스 아브라함과 마리아 토록이었기 때문이다. 그녀에게 위니콧과 멜라니 클라인의 영향을 깊이 받은 분석가 조이스 맥두걸을 추천해 준 사람도 역시 그들이었다.[47] 파리 정신분석학회에서 마르그리트를 받아들이는 일은 간단치 않았다. 1974년, 그녀의 입회 문제를 주관했던 한 사람인 르네 디아트킨의 예상을 뒤엎고 처음에는 그녀의 가입 허가가 '연기되었다'. 한 회의 때 교육분석가 중 한 사람이 그에게 이렇게 분명하게 말했다. "당신이 데리다 부인을 가입시키는 것은 곧 자크 데리다에게 문을 열어 주는 일임을 말씀드리고 싶습니다." 이듬해에 받아들여진 마르그리트는 데 페이양틴 가에서 개업을 했다. 하지만 아동 정신분석학을 전공하는 그녀는 정신분석학계를 분열시키고 있는 기관들의 싸

---

45) Jacques Derrida, "Moi: la psychanalyse", *Psyché, Inventions de l'autre*, Galilée, 1987, p. 148.

46) 니콜라스 아브라함과 마리아 토록(Torok, 또는 Török)에 대해 더 자세한 정보는 다음을 참고할 것. http://www.abraham-torok.org/

47) 마르그리트 데리다는 멜라니 클라인의 다음 작품들을 번역했다. 『애도와 조울』(Deuil et dépression), 『아동정신분석』(Psycho-analysis of children), 그리고 『시기심과 감사 및 다른 작품들』(Envy and Gratitude and Other Works)의 일부. 그녀는 블라디미르 프로프(Vladimir Propp)의 『민담형태론』(Morfologiya skazki)도 번역했다.

움과는 가능한 한 거리를 두려고 애썼다.[48]

『늑대 인간의 마법의 주문』에 실은 긴 서문 '포르스'는 데리다에게는 "이런저런 이유로 위험한 수행"[49]이었으며, 설상가상으로 1년 전 니콜라스 아브라함의 사망으로 빛을 잃었다. 그러나 그 책에 매료된 그는 정신분석학의 그 두 주변인의 작품을 알리기 위해 노력했다. 가장 잘 알려진 프로이트의 환자 중 한 명인 그 늑대 인간의 기억에 의거하여 니콜라스 아브라함과 마리아 토록은 『늑대 인간의 마법의 주문』에서 특히 라캉과 들뢰즈, 과타리가 자주 언급한 그 경우의 새로운 독서를 제안했다. 실제로는 세르게이 판케예프라 불리는 그 늑대 인간이 꾼 꿈 이야기와 말을 새로운 눈으로 다시 읽는 그들은 그의 개인적인 이야기 속에서 중요한 네 언어(러시아어, 독일어, 영어, 프랑스어) 사이의 상호작용을 부각시켰다. 아브라함과 마리아 토록은 또한 "자아의 껍질"과, "유령들 즉 화석화된 말과 살아 있는 시체들과 낯선 몸체들로 가득 찬 의사 무의식"의 일종인 "의식의 심층부(crypte)" 같은 일련의 새로운 개념들을 도입했다.[50]

1976년 10월에 출판된 『늑대 인간의 마법의 주문』은 무엇보다 라캉주의자들 사이에서 큰 성공을 거두었는데, 라캉 자신은 되레 그 성공에 신경이 거슬렸다. 1977년 1월 11일, 라캉은 자신의 세미나에서 몇 가지에 대해 한꺼번에 앙갚음을 하면서 이 책을 장황하게 공격했다. 첫 번째 앙갚음은 일반적인, 그렇지만 무엇보다 특별히 철학에 관련된 것이었다.

---

48) 마르그리트 데리다와의 인터뷰.
49) 데리다가 사라 코프만에게 보낸 1976년 8월 6일 편지.
50) Elisabeth Roudinesco, *Histoire de la psychanalyse en France II*, Fayard, 1994, p. 602.

정말 나를 두렵게 한 것이 있습니다. 그것은 '사실상의 철학'이라는 제목으로 출판된 총서입니다. 기표 효과들로 된(en effets de signifiants) 사실상의 철학, 나는 바로 그것에서 빠져나오려고 노력하고 있습니다. 이를테면, 나는 철학을 한다고 생각하지 않습니다. 사람들은 항상 자신이 생각하는 것 이상으로 철학을 합니다. 이 분야보다 더 위험한 분야는 없습니다. 당신들도 역시 당신들이 좋을 때 철학을 합니다. 그런데 그것은 분명 당신들이 즐거워할 수 있는 일은 못 됩니다.[51]

조금 뒤에 라캉은 그를 "좀 두렵게 한" 것을 보다 더 자세히 다루면서 "니콜라스 아브라함이라는 이름과 마리아 토록이라는 이름의" 『늑대 인간의 마법의 주문』을 마치 늑대 인간에 대한 그 자신의 논문에 대한 매우 부적당한 반응인 것처럼 말한다. 그러나 그는 곧 자신이 보기에 핵심적인 것인 데리다의 서문으로 돌아온다. 라캉이 데리다에 대해 언급하는 것은 데리다가 『포에티크』지에 「진리의 배달부」를 게재한 이후 처음이었다. 그는 가차없이 이렇게 말한다.

이를테면 […] 나의 가르침, 나의 사상이라고 불리는 것의 전파보다도 훨씬 더 놀라게 하는 것이 하나 있습니다. […] 그런데 나를 훨씬 더 놀라게 하는 것은 『늑대 인간의 마법의 주문』이 단지 떠돌아다니면서 새

---

51) Jacques Lacan, *L'insu que sait de l'une-bévue s'aile a mourre*, Séminaire XXIV, 1976-1977, p. 48. 나의 인용은 인터넷(emc.psycho.free.frllacan)에서 이용 가능한 '국제프로이트학회'의 내부 자료에 의거한다. 『오르니카르』(*Ornicar*)지 제17~18호(Seuil, 1978)에 게재된 공식적인 판본은 과도하게 축소되었다. 데리다에 대한 암시들은 생략되었다.

끼를 치고 있는 것만이 아니라, 내가 알지 못했던—사실인즉, 나는 그가 정신분석학 분야의 사람이라 생각하지만 그것은 단순히 추측일 뿐입니다—그가 정신분석학 분야의 사람이라는 것을 알지 못했던 어떤 인물, 그 『늑대 인간의 마법의 주문』에 서문을 쓴 데리다라는 이름의 인물입니다. 그가 다루는 두 정신분석학자 중 어느 쪽에서 오는 것인지는 모르나 어떤 떨림이 느껴지게 하는 것 같은 아주 강렬하고 열렬한 서문을 쓰고 있습니다. 확실한 것은 그가 그것들을 서로 연결시키고 있다는 것입니다. 나는 […] 사실 이 책과 마찬가지로 이 서문도 그렇게 훌륭하다고는 생각하지 않습니다. 섬망증 항목에서 나는 그것에 대해 실제로 그렇게 말하고 있습니다. 하지만 나는 당신들이 기대를 가지고 그 항목을 찾아보라고 말하지는 못하겠습니다. 차라리 찾아보는 것을 포기하면 더 좋기까지 하겠습니다. 그러나 어쨌든 나는, 설령 그것이 극단적인 것을 보기 위한 것에 지나지 않을지라도 당신들이 오비에 플라마리옹 출판사로 달려갈 것이라는 점은 잘 알고 있습니다.[52]

그리고 라캉은 "이를테면 그가 닫을 수도 있었을 어떤 것의 수문을 열고는 닫지 않았던 것에 대해 책임감을 느끼기 때문에 두렵다"고 결론을 내린다. 데리다에 대한 그 지적은 청중들을 크게 웃겼다. 데리다는 곧 그 사실을 알게 되었고, 소문은 빠르게 확산되었다. 데리다는 그 사실을 『우편엽서』에서 언급한다.[53] 10년 뒤, 그는 '철학자들과 함께 하는 라캉'

52) Lacan, *L'insu que sait de l'une-bévue s'aile a mourre*, p. 52.
53) "몬트리올의 한 콜로키엄에서, 세르주 두브로브스키는 청중의 지식을 자극할 수 있다고 생각한 한 뉴스에서 어떤 효과를 얻고 싶었다. '나도 정신분석학자가 될 텐데! 이 오만한 녀석,

이라는 주제로 열린 콜로키엄 때 그 사건에 대해 다시 한번 자세히 언급한다.[54]

1월 11일의 인터뷰에서 라캉은 자크 데리다와 마르그리트 데리다의 또 다른 절친한 친구인 르네 마조르를 비판했다. 비록 그의 이름을 대지 않고 "'정신분석학연구소'라는 이름하에 행해지고 있는 또 다른 한 극단적인 정신분석학 그룹"[55]이라는 말만 언급하면서 말이다. 1974년, 르네 마조르는 그 연구소의 소장이 되었다.

1932년 몬트리올에서 태어나 1960년에 파리에 온 마조르는 니콜라스 아브라함 덕택에 자크 데리다와 마르그리트 데리다를 만났다. 1966년, 그는 '프로이트와 글쓰기의 장' 콜로키엄에 열성적으로 참여했으며, 데리다의 저작들을 차근차근 읽기 시작했다. 그 시기에 데리다는 그에게 이렇게 예고했다. "그들은 내 저작에 관심을 갖는 당신에게 아주 비싼 대가를 치르게 할 거요. 그 점 당신에게 확실히 말해 줄 수 있을 것 같소."[56] 프랑스 정신분석학 동향에서 마조르는 곧 독창적인 지위를 차지하게 된다. 1973년 그는 그의 친구 도미니크 자상과 함께 연구 그룹을 만들어 이듬

넌 그렇게 생각 안 해?' […] 이런 지적, 나는 그리 놀랍지 않다. 라캉은 『늑대 인간의 마법의 주문』과 '포르스'의 출판 때뿐 아니라 세미나에서까지 그 유혹을 뿌리치지 못했기에(나중에 『오르니카』지에서 말줄임표로 그 말실수를 취소하기는 했다 […]), 그 소문은 어느 의미로는 정당한 것이 되었다."(Derrida, *La Carte postale*, p. 218)

54) Jacques Derrida, "Lacan avec les philosophes"(1990), *Résistances de la psychanalyse*, Galilée, 1996, pp. 86~87.

55) Lacan, *L'insu que sait de l'une-bévue s'aile a mourre*, pp. 52~53.

56) 르네 마조르와의 인터뷰. 그의 저서 René Major, *Lacan avec Derrida*, Champs-Flammarion, 2001에서도 참조 가능.

해에 '대결'(Confrontations)이라는 이름을 붙이는데, 상당한 성공을 거두었다. 또한 마조르는 오비에 몽테뉴 출판사에서 한 총서의 책임자가 되는데, 그 총서의 제목인 '말의 신뢰를 받는 좋은 정신분석학'은 바로 데리다가 제안한 것이었다. [57)]

　　1970년대 말 '대결'은 프랑스 정신분석학계에서 서로 대립하는 그룹과 학회들 사이의 장벽을 없애려고 애썼다. 엘리자베스 루디네스코가 설명하듯이, 생자크 가에 있는 '정신분석학연구소'에서 르네 마조르가 이끄는 세미나는 "다양한 프로이트 학설의 대표자들이 모여 그들의 비극적 사건과 대립, 그리고 저작들에 대해 이야기를 나누는 열린 장소"[58)]였다. 그러나 토론은 정신분석학 주제에 한정되지만은 않았다. 마조르는 카트린 클레망이나 줄리아 크리스테바, 장 보드리야르, 장뤽 낭시, 필립 라쿠라바르트 같은 학계의 인물들 또한 초대했다.

　　1977년 11월 21일, '대결'이 『조종』과 '진리의 배달부'의 저자를 초대한 것도 그런 맥락에서였다. 데리다는 『우편엽서』의 마지막 부분을 차지하게 되는 기억할 만한 그 세미나를 거의 연극 대본처럼 정성들여서 준비했다. 청중은 르네 마조르의 토론을 포함하여 모든 것을 받아 적으면서 데리다의 즉흥적 능력에 기가 질렸다. 10여 년 이상의 원격 대화를 연장하면서 데리다는 뛰어난 말솜씨로 라캉과 직접 이야기하는 것 같았다. 정신분석학계뿐 아니라 그 학계의 싸움과 무관한 한 철학자의 위치에 그치기는커녕 그는 자신이 가공할 정도로 정신분석학에 정통하다는 것을 숨

---

57) 르네 마조르가 데리다에게 보낸 1976년 11월 26일 편지.
58) Roudinesco, *Histoire de la psychanalyse en France II*, p. 608.

기지 않았다. 후에 자신을 "정신분석학의 친구"로 규정하게 되는 그는 특히 "정신분석학의 조각"(tranche d'analyse)의 개념과 프랑스 정신분석학계의 "네 조각의"(en quatre tranches) 분할에 대해 조롱했다.

프랑스에는 전체를 완성하고 한 공동체의 조화로운 통일을 이루기 위해 맞추어져 있는 것만으로도 충분할 네 조각으로 갈라진 한 정신분석학 기관이 있습니다. 설령 그것이 케이크일지라도 카트르-카르 케이크(quatre-quarts)[59]는 아닐 것입니다.

각 그룹은 […] 진정한 하나의 정신분석학 기관을, 프로이트의 유산을 정통으로 계승하고, 실제 적용과 교육법, 그리고 교육 양식에서 그 유산을 진정하게 발전시킬 하나의 기관을 설립할 것을 주장합니다. […]

결과. (전체에 속하지 않는) 다른 한 그룹 속으로 (전체에 속하지 않는) 한 조각을 만들러 가는 것, 그것은 정신분석학자에게 조각을 넘겨주는 것을 막아 줄(contre-tranche-férer) 수 있는 비정신분석학자에게 조각을 넘겨주는 것(tranche-férer)입니다.[60]

---

59) 밀가루·버터·설탕·계란을 같은 분량으로 섞어 만든 것으로, 일반적으로 파운드케이크라고 부른다. — 옮긴이
60) Jacques Derrida, "Du tout", *La carte postale*, p. 538.

10장_또 다른 삶
1976~1977

1960년대 초부터 마르그리트는 일상생활 대부분의 속박으로부터 자크를 해방시켜 주었다. 그녀는 그가 최상의 조건 속에서 연구에 전념할 수 있도록 돈 문제와 자녀 교육을 포함하여 가정생활 전체를 도맡았다. 그렇지만 그것이 데리다로 하여금 다정하고 주의 깊은 아버지로 사는 것을 그만두게 하지는 못했다. 피에르는 이렇게 이야기한다. "나는 아버지가 우리에게 많은 이야기를 해준 것에 대해서도, 우리가 어렸을 때 정말 함께 놀아 주었던 것에 대해서도 기억이 나지 않습니다. 하지만 아버지는 다정하고 애정이 깊어서 우리에게 시간을 조금 내줄 수 있었어요. 둘째로, 아버지는 우리의 학업에는 개입하지 않았습니다. 장도 나처럼 항상 아주 우수한 학생이었던 것은 사실입니다. 아버지는 그 점에 대해 기회가 닿을 때마다 자랑스러워하는 모습을 보여 주었죠. 아버지처럼 어머니도 아주 관대하여 우리에게 '안 돼!'라는 말을 거의 하지 않았습니다. 초대 손님들이 있는 저녁이면 나는 가능한 한 오랫동안 곁에 들러붙어 있으려 애썼어요. 나는 폴 테브냉, 사라 코프만, 장 주네, 장 리스타, 카미야와 발레리오 아다미, 샹탈, 그리고 르네 마조르와 함께 보낸 저녁들을 아주 잘 기억합니다…"[1]

차남 장은 거의 늘 공부하고 있는 아버지를 기억한다. "아주 어린 나이부터 우리는 틀어박혀 있는 아버지를 보는 일에 익숙했으며, 쓸데없이 들어가 보고 싶은 마음도 들지 않았습니다. 아버지가 방해받고 싶지 않을 때는 아버지의 서재 문 손잡이가 수직으로 되어 있었어요. 그것은 형과 내가 잘 알고 지키는 규칙이었지요. 우리가 어렸을 때 아버지는 분명히 그 뒤보다 여행이 적었는데, 거의 매일 저녁 집에 있었습니다. 텔레비전 뉴스를 볼 때는 조용히 해줄 것을 부탁했고, 이어 보통 영화나 연속극을 보았어요. 텔레비전에서 방송되는 것이 별로 가치가 없는 것일지라도 아버지는 거기에서 뭔가 얻는 것이 있음이 분명했습니다. 아버지에게는 그것이 거의 어떤 치료법 같은 것이었다고 나는 생각합니다. 보통 우리에 대해 아버지는 아주 솔직했고, 거의 간섭하지 않았습니다. 예컨대 아버지는 우리에게 책을 읽으라며 직접적으로 압박을 가하지 않으려고 주의를 기울였어요. 힘들었던 점은 아버지의 끊임없는 걱정이었습니다. 우리가 어렸을 때 아버지는 우리가 밖으로 놀러 나가거나 좀 멀리 갈까 봐 걱정을 했어요. 그 후에는 오토바이와 마약이 실제로 우리에 대한 아버지의 강박관념이 되었습니다. 아버지가 화를 내는 것은 항상 불안과 관련되는 것이었는데, 특히 나갈 때 언제 돌아오겠다고 약속한 시간보다 늦게 돌아올 때에는 화를 냈습니다."[2]

데리다의 모든 친구들은 그가 얼마나 아들들을 자기 곁에 붙잡아두

---

1) 피에르 알페리와의 인터뷰.
2) 장 데리다와의 인터뷰.

고 싶어 했는지, 하찮은 일에 대해서까지도 금세 얼마나 불안해했는지를 잘 알고 있었다. 카미야 아다미는 이렇게 기억한다. "여러 면에서 그는 유대인 어머니처럼 행동했습니다. 그는 어떤 걱정거리가 있을 때면 식사 도중에도 두 번 세 번 전화를 했어요. 하지만 그의 걱정은 애정 차원의 것이기도 했지요. 저녁에 아이들이 잠을 잘 때 껴안아 주러 오지 않으면 그는 실제로 즉각 비탄에 잠겼습니다. 그를 쓰러뜨리려면 언짢은 인사 한 번만으로도 충분했어요."[3]

데리다가 그토록 애착을 가지는 그 가족생활은 1972년부터 실비안 아가생스키와의 관계로 흔들렸다.

비밀을 지켜야 한다는 마음에 사로잡힌 데리다는 가능한 한 최대한의 신중함을 보여, '철학교육연구단체'와 관련된 모임이나 출판 관련 일 말고는 그녀와 함께 있는 모습을 보이지 않았다. 뤼세트 피나와 같은 몇몇 친구들만이 종종 함께 그들과 만났다. 하지만 데리다의 친구들 중 많은 이들은 그의 삶의 또 다른 면을 눈치챘다.[4] 피에르도 열한두 살 때부터 아버지의 삶에 다른 여인이 있다는 사실을 알고 있었다. "집에서 한 전화선이 아버지 전용이었습니다. 어느 날 내가 전화 수화기를 들었는데 실비안이 아버지와 대화를 나누고 있었습니다. 당황한 그녀는 갑자기 대화를 끊었어요. 얼마 뒤에 거의 소설적인 장면이 발생했습니다. 어머니, 장, 그리고 나는 어떤 외출이었는지는 모르지만 파리에 갔습니다. 우리는 우연히 실비안과 함께 있는 자크와 마주쳤어요. 그 상황은 의심의 여지가 없

---

3) 카미야 아다미와의 인터뷰.
4) 마르틴 메스켈와의 인터뷰, 마리루이즈 말레와의 인터뷰, 미셸 드기와의 인터뷰.

었어요. 그러나 싸움은 없었습니다. 어머니는 마치 아무 일도 아닌 것처럼 대했고, 우리는 마치 아버지가 여성 동료와 만난 것처럼 실비안에게 인사를 했습니다…. 우리는 함께 카페에 가서 맥주를 마셨던 것 같기도 합니다."[5]

사적인 삶에서 그것이 마르그리트와이든 아니면 실비안과이든 상황은 단순하지 않아 위기의 순간을 낳으며 우울함을 고조시켰다. 자기 자신도 자주 쉽게 실의에 빠지곤 하는 로제 라포르트에게 보낸 몇몇 편지에서 데리다는 자신을 꼼짝 못하게 하고 허덕이게 하는 "그 모든 그물"을 암시만으로 언급한다. 그는 때로 "다른 새로운 길"[6]을 가고 싶은 욕망을 표출한다. 몇 달이 지난 뒤 그는 이렇게 역설한다. "사는 것이 갈수록 힘들고 벅차서, 견디기가 매우 힘이 듭니다. 그것에 대해 말할 용기조차 없습니다."[7] 그러나 자신이 말할 수 없는 것을 그는 써 보려고 시도했다. 1956년 뉴욕 체류 이후 처음으로 그는 자신에게 가장 중요한 양식 중의 하나인 일기를 쓰는 습관을 되찾았다.

내가 지금까지 무엇을 썼든 정말 내게서 떠나지 않은 꿈이 하나 있다면, 그것은 일기의 형태를 갖는 어떤 것을 쓰는 일이다. 사실 쓰고 싶은 나의 욕망은 완벽한 연대기에 대한 욕망이다. 내 머릿속을 스쳐 지나가는 것은 무엇인가? 어떻게 하면 내 머릿속을 스쳐 지나가는 모든 것을 보존할

---

5) 피에르 알페리와의 인터뷰.
6) 데리다가 로제 라포르트에게 보낸 1976년 3월 16일 편지.
7) 데리다가 로제 라포르트에게 보낸 1976년 12월 24일 편지.

만큼 충분히 빨리 쓸 것인가? 우연히 일지와 일기를 다시 시작하는 일이 있었다. 그러나 나는 그것들을 매번 포기했다. […] 그런데 그것은 내 삶의 아쉬움이다. 왜냐하면 내가 쓰고 싶어 한 것은 바로 그것, 즉 '완전한' 일기이기 때문이다.[8]

1976년 크리스마스 휴가가 시작될 무렵, 자크 데리다는 두 권의 노트(carnets)에 일지를 쓰기 시작했다. 하나는 작은 사이즈의 것으로 할례를 중심으로 한 간결한 메모들로, 1970년 말 그의 아버지가 사망하고 얼마 되지 않아 그가 생각하기 시작한 그 '엘리의 책'이었다. 다른 하나는 좀 더 큰 사이즈의 것으로 캉송 회사에서 만든 앨범인데, 그 표지는 1991년 제프리 베닝턴과 함께 집필한 저서에 수록되었다.[9] 모든 구체적인 계획 전에 먼저 펜의 즐거움을 위해, "타자기 대신 펜을 다시 잡기 위해 꺼칠꺼칠하고 두꺼운" 데생지 위에 쓸 필요가 있었다. 그러나 그 내적 위기의 순간 메모들은 곧바로 아주 사적인 국면이 전개되어 조금씩 매혹적인 자기 분석의 단편들을 묘사해 나갔다.

예컨대 데리다는 자신의 어린 시절에 받았던 모든 충격의 목록을 작성해 보려 노력하는데, 곧 그것들은 "무엇이 됐든 항상 인종차별과 관련되어 있다"는 것을 확인하게 되었다. "내게는 아마 어디엔가 인종차별 그리고/또는 반유대주의에 대한 경험과 연결되지 않는 정신적 외상은 없을 것이다." 많은 구절들이 그에게 결정적으로 "새로운 의미에서 자서전을

---

8) Jacques Derrida, *Sur parole, instantanés philosophiques*, Editions de l'Aube, 1999, pp. 18~19.
9) Geoffrey Bennington and Jacques Derrida, *Jacques Derrida*, Seuil, 1991, p. 87.

관통하는 데 한 좋은 실마리로" 보이는 할례의 주위를 떠나지 않았다.

12월 23일과 24일의 메모는 내용이 아주 풍요롭다. 상당한 쟁점들에 대한 실제적인 계획이 조금씩 묘사된다.

> 만일 새로운 언어, 새로운 '문체', 새로운 문장을 창조해 내지 못하면 이 책은 실패하게 될 것이다. 이것은 그 방법으로 시작해야 된다는 것을 뜻하지 않는다. 그 반대이다. 낡은 언어로 시작해서, 결국 시작의 언어로 번역이 불가능한 고유어로 자신을(그리고 독자를) 이끄는 것.[10]

그에게 제기되는 문제는 『조종』 이후'의, 『조종』을 넘어서는 것이었다. 그것은 아마도 그가 "오랫동안 […] 출판을 중단하고 고생함으로써 점진적으로만 이룰 수 있는 일일 것이다."[11] 요컨대 데리다가 원하는 것은 그때까지 사용했던 것과는 아주 다른 어조를 찾아내어 일종의 "기호 체계가 없는 언어"에 이르는 것이었다. 그것은 "그가 흥미를 가지는 유일한 꿈, 오랜 꿈"으로 가브리엘 부누르와 앙리 보쇼와 나눈 대화에서 이미 그가 언급한 꿈이었다.

> 비록 알아보기 어려운 것일지언정, 마침내 나를 다른 쪽으로부터 보이게 만드는 것을 그 어조로 이곳으로부터 쓰는 것. 실제로 나는 여전히

---

10) 데리다의 1976년 12월 24일 개인 노트. 어바인 아카이브. 이 구문은 좀 다르게 『할례/고백』에 재수록되었다(Bennington and Derrida *Jacques Derrida*, pp. 110~111). '할례/고백'에 인용된 일지의 단편들은 중요한 개작의 대상이 된다.
11) 데리다의 1976년 12월 28~29일 밤 개인 노트. 어바인 아카이브.

인정받지 못했다— 철저히. 그리고 정상적이지 않게. 사람들이 나에 대해 알고, 알았고, 읽었던 것 속에서 아무것도 예상하지 못하게 했을 글. 예상하지 못하는 것은 나도 마찬가지이다. 이 책으로부터— 오늘까지도— 알아보기 어렵고 예상할 수 없을 것만을 간직하는 것.

이제 데리다는 1970년 아버지의 사망 뒤 얼마 지나지 않아 계획되었지만, 그 이후 전혀 착수하지 못한 그 작품을 쓸 준비가 되어 있었으면 했다. 비록 거기에서 할례가 중요한 역할을 할 것이지만 그 책이 에세이로 변해서는 안 되었다. 데리다는 르망에서의 우울증을 포함하여 다른 많은 것을 거기에서 이야기하고 싶어 했다. 그 책에서 그는 죽은 형제들에 대해서, "가족의 모든 침묵"에 대해서 다시 언급하고 싶었다. 그가 가장 크게 변화시키고 싶은 것은 글쓰기에 대한 자신의 접근 방식이었다. 그 책이 정말 다른 것이 되기 위해서는 철학적 담론에서 벗어나 "많은 이야기들을 하면서 거침없이 일화들 속으로 돌진해야" 했다.

내용과 관계 없이, 더 재미가 있든 없든 이 일화는 그 자체로 변화될 필요가 있다. 그것은 내 안에서 질식되고 오그라들고 억압되어 있다. 이 억압의 '모든 타당한 이유'는 의심받아야 한다. 무엇을 숨기고 금지할 필요가 있는가? 의사에 대한 두려움. 의사는 무엇을 발견할 것인가? 그런데 나는 전통적인 의사를 말하는 것이지, 정신분석학자까지 말하는 것이 아니다.[12]

---

12) 데리다의 1976년 12월 날짜 미상 개인 노트. 어바인 아카이브.

또한 일지들은 몇몇 꿈 이야기를 초보적인 분석과 함께 적고 있다.

꿈. 전국적인 한 정치 집회에 참석. 나는 발언권을 얻는다. 모든 사람을
비판한다. (여느 때처럼, 나는 결코 동맹관계를 맺지 않고 사방으로 퍼붓는
다. 완전히 홀로. 두려움은 하나의 동맹이다. 그리고 동맹을 유지하는 그 안
전감. 나는 이것이 정말 두렵다. 두렵다는 것은 나의 고독에 영웅적인 것은
아무것도 주지 않으며, 대신 두려움에 사로잡힌 어떤 것, 매우 비겁한 어떤
것만을 준다는 것을 뜻한다. "그들은 나를 공격할 수 없을 것이다." 나는 '동
맹으로부터의 회피'와 '공동체'에 대한 혐오 쪽을 추구한다. 공동체라는 이
말 자체부터 나는 구역질 난다.)[13]

대부분 출판되지 않은 그 일지들은 좀 모호하다는 느낌 없이는 읽을
수가 없다. 왜냐하면 그것들은 가장 사적인 편지 이상으로 사적인 것과
공적인 것 사이에 위치해 있기 때문이다. 데리다는 이렇게 썼다. "나를 잘

---

13) 데리다의 1976년 12월 30일 개인 노트. 어바인 아카이브. 공동체의 문제에 적대적이다시피
한 이 이야기는 데리다의 생각과 장뤽 낭시의 생각을 크게 구별하는 것 중 하나이다. 1983
년, 장뤽 낭시는 『우연』(Aléa) 지에 나중에 책으로 출판되는 긴 글 '무위의 공동체'를 게재한
다. 모리스 블랑쇼는 1984년 미뉘 출판사에서 출판한 『밝힐 수 없는 공동체』에서 그 성찰을
이어 간다. 이 두 저서는 공산주의 유토피아가 붕괴되는 때에 공동체 개념의 재고를 시도한
다. 앞서 본 것처럼, 이 토론이 그의 친구들 사이에서 중요한 주제가 되기 몇 년 전 데리다는
공동체라는 개념과 '이 단어 자체'를 거부한다. 아마도 공동체는 그에게는 여전히 자기가 선
택하기보다는 오히려 감수해야 하는 소속들에 연관되어 있을 것이다. 그 소속이 민족적인
것이든 종교적인 것이든 말이다. 많은 유대인들이 '공동체'란 말을 보다 명확하지 않게 쓴다
는 것을 잊어서는 안 될 것이다. 그의 결혼 때뿐만 아니라, 1942년에 에밀 모파 가에 있던 소
위 '동맹'이라는 학교에서 도망치고 싶었던 현실. 그 현실을 그 책의 3부에서 보게 될 것이
다. 데리다의 후반 많은 저서는 모든 공동체 양식으로부터 자유로운 '신국제연맹'의 계획에
대해 다룬다.

알지 못하거나 내가 다른 곳에서 쓴 모든 것을 다 읽지 않거나 다 이해하지 못하고 이 일지들을 읽는 사람은 여전히 그것들이 보이지 않고 들리지 않을 테지만, 마침내는 쉽게 이해가 된다는 느낌을 갖게 될 것이다."[14] 내용이 흔히 아주 사적이지만 그럼에도 불구하고 이 일지들은 데리다가 어바인대학에 맡긴 기록의 일부를 이룬다. 그의 가장 훌륭한 텍스트 중의 하나인 『할례/고백』에서 그는 여러 번 그 일지들을 언급하면서 부분적으로 고친 형태로 길게 인용을 하기도 했다. 그가 그 일지들보다 몇 달 뒤에 시작하는 『우편엽서』의 '송부'에 대해 말하자면, 그것은 거의 그 일지들의 직접적인 연장이다. 그 일지들의 내용을 알게 된 이상 그것들을 고려하지 않을 수 없게 된다.

데리다가 그 당시 모든 문학적 혹은 철학적 문제 외에 아주 심각한 한 차례의 위기를 경험하고 있다는 것은 명백한 일이었다. 그가 자신이 처해 있다고 생각되는 "끔찍한 환경"은 며칠 동안 그에게 글을 쓸 수 없게 만들었다. 그가 느끼는 사랑의 괴로움, 양쪽으로부터 받아야 하는 비난들은 그의 우울한 성향을 자극하여 그 어느 때보다도 죽음에 대한 불안감을 더 크게 느끼게 했다. 12월 31일 그가 메모해 놓은 것처럼, "적어도 내 경우 자아의 분열은 어떤 막연한 허풍이 아니다".

나는 (지구, 세계, 인간들과 그들의 언어 등 모든 것을 떠난) 아주 긴 여행에서 돌아와 선사시대의 한 언어와 문자의 초보적이고 파편적인 망각된 수단으로 사후에 항해일지를 쓰려고 애쓰는 사람이다/(같다). 나는 무슨

---

14) 데리다의 1976년 12월 24일 개인 노트. 어바인 아카이브.

일이 일어났는지를 깨닫고, 조약돌과 나뭇조각들, 농아 교육을 받기 전의 그 농아들의 몸짓들, 점자(點字)가 있기 전의 시각장애인의 더듬기로 그것을 설명하려 애쓴다…. 그런데 그들은 그것으로 재현하게 될 것이다. 만일 그들이 안다면, 그들은 두려워서 시도조차 하지 못할 것이다.[15]

1977년 1월 3일, "그날은 그 자체로 하나의 세계 이상이라는 것" 말고는 그가 아무것도 말하고 싶지 않은 그 "지독한 날" 이후 메모들은 뜸해지기 시작했다. "비밀에 대해서는 어떤 말도 절대로 하지 않기" 때문에 여전히 말을 하지 않지만, 사랑과 관련된 것이라고 생각할 수 있는 한 비극적 사건이 일어난 2월 말 갑자기 메모들은 중단되었다.

1977년 상반기 5개월 동안에 대해 내가 찾아낼 수 있었던 편지들은 평소와는 다르게 아주 드물었다. 그런데 2월 21일 폴 드 만에게 쓴 편지에서, "그해 가을 예일에서 하기로 한 세미나 프로그램을 보내는 일이 지체되었던 것은, 평소보다는 좀 더 오랫동안 그 세미나를 그만둘까 생각했기"[16] 때문이라고 말한다. 데리다는 분명히 최소한의 업무만 행하고 글은 거의 쓰지 않으며 여행도 훨씬 덜 했다.[17]

6월 초, 그의 옥스퍼드 체류는 『우편엽서』의 절반을 차지하는 그 '송부'의 출발점이 되었다. 그 이상하고 멋진 서한은 출판이 되자 거의 확정 불가의 아주 복잡한 지위 — 그 문제에 대해서는 뒤에 가서 다시 언급하

---

15) 데리다의 1976년 12월 31일 개인 노트. 어바인 아카이브. 이 구문은 좀 변화시켜 『할례/고 백』에 재수록했다(Bennington and Derrida, *Jacques Derrida*, pp. 159~160).

16) 데리다가 폴 드 만에게 보낸 1977년 2월 21일 편지.

17) 물론 이 시기에 데리다는 『유한책임회사』(*Limited Inc abc...*)를 쓴다. 이는 이 책 2부 12장 「송부와 교정쇄들」에서 다루어질 것이다.

겠다—를 얻는다. 그러나 모든 정황으로 보아, 그 원본은 아직 어떠한 책의 집필 계획과도 관련이 없었기에 실비안 아가생스키에게 쓴 편지로 추측이 된다. 그 첫 부분은 1977년 6월 3일에 써졌다.

그래요, 당신이 옳았어요. 우리는 이후로, 오늘, 지금, 순간순간, 지도 위의 이 점에서 '무시된' 미세한 찌꺼기에 지나지 않아요. 잊지 말아요, 우리는 우리가 서로에게 했던 말과, 우리가 서로에게 준 변화와, 우리가 서로에게 쓴 것의 찌꺼기에 불과하다는 것을. 그래요, 이 '편지'는, 당신의 말이 옳아요, 이 편지는 곧 우리를 떠나 버렸어요. 그렇기에 모든 것을 태워 버릴 필요가 있었습니다. 모든 것을, 무의식의 재까지도 말이에요. — 그러면 '그들은' 그것에 대해 아무것도 알지 못할 것입니다.[18]

같은 날 쓴 두 번째 '송부'는 훨씬 더 서정적이다. 편지의 양식은 겉봉 주소의 형태와 일종의 내면 독백을 부여함으로써 개인일지를 대신한다.

내 사랑하는 사람이여, 내가 당신을 '내 사랑'이라 부를 때, 내가 부르는 것이 당신인가요, 아니면 '내 사랑'인가요? 당신, 내 사랑하는 사람이여, 내가 그렇게 부르는 이는 당신이지요? 내가 말하는 것은 다른 사람이 아닌 바로 당신에게이겠지요? 질문이 잘된 것인지 모르겠네요. 질문이 두렵군요. 하지만 나는 답장이, 어느 날 온다면, 당신으로부터 내게 올 것이라 확신합니다. 오직 당신만이, 내 사랑하는 사람이여, 오직 당신만이

---

18) Jacques Derrida, *La carte postale*, Flammarion, 1980, p. 11.

그것을 알고 있겠지요.[19]

데리다가 소크라테스와 플라톤의 모습이 있는—책 중심부에 삽입하게 될—화제의 그 우편엽서와 마주치는 것은 6월 2일이었다. 18세기의 한 점서(占書)에서 그 기이한 이미지는 그에게 직접 말을 거는 것 같았다. 마치 말과 문자의 관계에 대한 그의 변함없는 사색에 다시 활력을 불어넣어 주기 위한 것처럼 말이다.

당신도 보았지요? 그 엽서 뒷면의 이미지를 말이에요. 나는 어제 보들레이언(이것은 그 유명한 옥스퍼드 도서관입니다)에서 우연히 발견했습니다. 그것에 대해 당신에게 이야기해 주겠습니다. 나는 환각(그가 미친 것이 아니고 무엇이겠어요? 그는 이름들을 혼동했던 것입니다!)과 동시에 계시를, 묵시적인 계시를 느끼면서 그 자리에 멈춰 섰습니다. 글을 쓰고 있는, 플라톤 앞에서 글을 쓰고 있는 소크라테스, 나는 그것을 오래 전부터 알고 있었습니다. 그것은 마치 25세기 전부터 현상해야 할 사진의 음화처럼 남아 있었습니다.—물론 내 안에 말입니다. 그렇게 즐겁게 쓰는 것만으로 충분했습니다. 거기에 뜻밖의 사실은 있습니다. 내가 여전히 그 이미지로부터 아무것도 간파하지 못하더라도 말이에요. 그런데 사실 그럴 가능성이 매우 큽니다. 소크라테스, 필사생 아니면 온순한 필경사로 허리를 구부리고 앉아 쓰고 있는 사람, 플라톤의 비서라니까요. 그는 플라톤 앞에 있습니다, 아니에요, 플라톤이 그의 뒤에 있습니다. 그는 키

19) *Ibid.*, p. 18.

가 더 작지만(왜 더 작지요?) 서 있네요. 그는 손가락을 펴서 뭔가를 가리
키고 지시하고 길을 가리키거나, 아니면 어떤 명령을 하거나―아니면
권위적이고 위엄 있게 명령적으로 구술하고 있는 것 같은 모습입니다.
별로 보잘것없는 것인데. 그렇게 생각되지 않나요? 하지만 좋아서, 나는
그것의 재고품을 모두 사 버렸습니다.[20]

그 이미지에 대한 고찰은 여러 통의 편지에서 계속된다. 그리고 편지
는 6월 11일 영국에서 돌아올 때 일시적으로 중단된다.

데리다는 기분이 좀 나아졌지만, 아직 완전히 컨디션을 되찾은 것
은 아니었다. 윌름 가에서의 책임으로부터 일단 자유로워지자 그는 『마
쿨라』(*Macula*) 지에 게재하기 위해 반 고흐의 신발에 대한 긴 글을 썼다.
고흐의 신발에 대해서는 마르틴 하이데거와 메이예 샤피로도 언급한 바
있었다. 그 작업으로 그는 지친 상태가 되었다. 그는 사라 코프만에게 이
렇게 쓴다. "나는 아직 이 일을 끝내지 못했습니다. 그들이 어떻게 생각할
지 모르겠군요. 피곤해서, 이번 여름에 해야 할 일, 특히 예일의 수업 때문
에 좀 의기소침해 있습니다." 사라도 자주 그렇듯 의기소침한 상태였다.
데리다는 그녀에게 휴식을 취할 것을 조언한다. 자기 자신도 휴식이 필요
했지만 마음대로 되지가 않았다. "우리는 휴식과 느릿느릿한 숙고와 '수
리'시간이 필요합니다. […] 최선은 가르치는 일마저 좀 멈추는 일일 것입
니다만…." 그는 어쨌든 1년 동안 자신의 세미나를 쉴까를 망설였다. 그
는 즉각 가족과 함께 아말피 해안에 있는 콘카 데이 마리니로 떠났다. 그

---

20) *Ibid.*, pp. 13~14.

곳에는 아다미 부부가 집을 한 채 임대해 놓았다. "나는 가능한 한 수영을 좀 해볼 생각입니다. 신체적으로 체형이 좋지가 않아서. 몸이 불었어요 (피곤할 때면 항상 그러듯이 말이에요). 마치 납 부대처럼 무겁게 느껴지는군요.[21]

데리다는 그 지역에 감탄했다. 고대의 장소로 아직도 아주 잘 보존되어 있는 파에스툼은 그에게 매우 인상적이었다. 폼페이도 처음으로 가 보았으며, 다시 가고 싶은 곳이 될 것이었다. 그럼에도 불구하고 8월은 그의 모든 기대에 부응해 주지 않았다. 어쩌면 실비안과 함께 동경했던 "시칠리아로 달려가지" 못했기 때문일 것이다.[22] 또한 충분히 휴식을 취하지 못했기 때문이기도 했을 것이다. 그는 장뤽 낭시와 함께 읽어 줄 것을 바라며 필립 라쿠라바르트에게 보낸 편지에서 이렇게 설명하고 있다.

나는 좀 다른 방식으로 작업을 하면서 나를 '손질해' 보려고 했네. 하지만 지금 얼마나 좋은 결과를 얻었는지는 말하기 쉽지가 않아. 요컨대 나는 어제 […] 피곤한 채, 나를 기다리는 일에 압도되어 ─ 불안하고 ─ 의기소침한 상태로 돌아왔네. 나는 10일 예일로 떠난다네(그곳에서도 몹시 바쁜 일정이야). 아, 참. […] 졸리에가 샹 플라마리옹 출판사에서 출간할 원고를 부탁했는데, '진리의 배달부'를 손을 봐서 보낼 생각이네. 앞쪽에 『쾌락의 원리를 넘어서』에 대한 시론(試論)과 서문을 넣어서 말이야. 그것 전체에 '프로이트의 유산'이라는 제목을 붙일 것이네. 이번 여름에 그

---

21) 데리다가 사라 코프만에게 보낸 날짜 미상 편지(1977년 8월).
22) Derrida, *La carte postale*, p. 91.

것을 끝낼 생각을 했는데, 늦어지고 있네. 하지만 겨울이나 봄쯤 출판이

되도록 10월 말경까지는 원고를 넘길 생각이네.[23]

따라서 모든 면에서 볼 때, 『우편엽서』가 마침내 1980년에 가서야 갖

추게 될 윤곽과는 여전히 거리가 멀었다. 그 단계에서 '송부'는 그 계획과

는 전혀 관련이 없었다.

1977년 9월 10일, 데리다는 예일로 떠나지만 폴 드 만이 안식년 휴

가를 프랑스에서 보내고 있었기에 다른 해보다는 체류가 즐겁지 못했다.

"그 모든 일탈적 사유와 그로 인해 강화된 입장으로 당신의 영향력은 미

국에서 커 가고 있습니다"[24]라고 드 만은 데리다에게 썼다.

데리다는 여덟 달 동안 밀쳐놓았던 일지를 미국에서 돌아오기 직전

인 10월 12일에 다시 쓰기 시작했다. 이 사적인 메모들은, "오래 전부터

모색되어 온 중단 없는 새로운 글쓰기"의 표명인 '송부'(이 글에는 서정적

이며 자주 고통스러운 어조로 자서전이 가득 자리를 차지하고 있다)와 서로

엮인다.

나는 당신을 잃었습니다. 나는 더 이상 당신을 갖지 못합니다. 당신을 더

이상 갖지 못함으로써 당신의 상실을 초래했어요. 나는 당신을 강요하

여 당신 자신을 상실케 했습니다.

그리고 — 이건 사실인데 — 만일 내가 지금 목숨을 잃어 가고 있다고 말

---

23) 데리다가 필립 라쿠라바르트에게 보낸 1977년 9월 1일 편지.
24) 폴 드 만이 데리다에게 보낸 1977년 5월 14일 편지.

한다면, 그것은 마치 '나'의 목숨이 내가 상실을 강요하는 그 다른 목숨인 것처럼 야릇하게도 결국은 같은 말입니다.[25]

[…] 2월에 중단된 그 사건이 (다시) 일어나고, 그 뒤 그 사건이 마치 아직 일어나지는 않았지만 그 자체와 서로 일치하도록 시간을 요구하는 것처럼 확실해지는 오늘, 어떤 비밀에 기초하여 내가 글을 쓰고 있으며, 그 사실을 말하는 것이 글에 아무런 변화를 주지 않는다는 것을 누구도 전혀 알지 못할 것이다.[26]

데리다가 예일에 체류하는 동안 리조랑지의 집은 공사를 하여 다락방을 서재로 개조했다. 그 다락방은 사다리로 올라갈 수 있었으며 안은 서 있을 수도 없을 정도로 천장이 낮았다. 이제 자기만의 공간을 갖게 된 그에게는 그 이사가 일종의 유배나 가족과의 단절처럼 느껴졌다.

나는 이 다락방[과 이 다락방을 내게 준, 그리하여 나를 그곳으로 올려 보내 그곳에서 살면서 작업하게 하고, 떨어져 있게 하여 나 자신을 속이게 하고 나 자신을 속이며 결정(se circondécider)할 수 있게 해준 사람]을 나의 숭고체(體, SUBLIME)라 부를 것이다.
의식하의(subliminal), 하늘 아래, 작업실과 승화의 시작, (내가) 받아들

---

25) 데리다의 1977년 10월 12일 개인 노트. 어바인 아카이브. 이 구문은 좀 변화시켜 『할례/고백』에 재수록되었다. Bennington and Derrida, *Jacques Derrida*, pp. 188~189.
26) 데리다의 1977년 10월 12일 개인 노트. 어바인 아카이브. Bennington and Derrida, *Jacques Derrida*, p. 193.

인 별거, (내가) 좋아하는 금욕, 참담함으로부터 되찾은 평온. 이미 여기에서 죽고 싶은 마음. 아, 누가 마룻바닥의 뚜껑 문을 닫는다. 나는 나 자신을 감동시킬 줄 몰랐거나 아니면 감동시키지 못했다는 이유로, 나 자신의 과거의 모습과 현재의 모습 그대로를 사랑할 줄 몰랐거나 사랑하지 못했다는 이유로 나를 정중히 감금한다.[27]

데리다가 긴 세월 동안 작업을 하게 될 그 불편한 다락방은 리조랑지를 방문하는 그의 미국인 친구들을 어리둥절케 했다. 겨울에는 작은 전기 히터를 켰지만 차가운 방 공기는 그다지 따뜻해지지 않아 데리다는 스웨터나 때로 외투를 뒤집어쓰고 다시 목도리로 목을 휘감은 채 글을 써야 했다. 예일학파의 주요 인물 중 한 사람인 헤럴드 블룸은 "자크 데리다의 대작들이 바로 거기, 난방 설비도 되어 있지 않은 그 작은 다락방에서 집필되었다는 생각에 놀라움과 경악스러움"[28]을 금치 못했다.

하지만 지금으로서는 불편은 그에게 그리 중요한 문제가 아니었다. 여러 면에서 그의 새로운 상황은 새생명(Vita nova)의 약속과 같은 것이었다. 그가 모색하고 있는 것은 "그토록 오랜 세월을 헤맨(누구 때문인가) 그에게 정신을 차리게 해줄" 새로운 형태의 글쓰기였다. 그의 저작에 자서전은 이전보다 더 직접적으로 포함되었다. 1977년 가을, 자크 데리다는

---

27) 1977년 10월 14일 개인 노트, 어바인 아카이브. 데리다는 이 다락방과 그의 작업 방식에 대해 다음의 글에서 자세히 언급한다. 데리다, "나는 인공 빛이 없이 쓰지 않는다", 앙드레 롤링과의 인터뷰, *Le fou parle*, nos. 21~22, 1982.

28) Avital Ronnel, *American Philo: Entretiens avec Anne Dufourmantelle*, Stock, 2006, p. 250.

여러 텍스트를 쓰기 시작하는데, 그것들은 '항해일지'의 형태를 사용함으로써 당시 중단하고 있던 그 개인일지를 대신했다.

1977년 3월 '사실상의 철학' 총서의 한 권으로 출판된 실비안 아가생스키의 첫 작품 『독백. 쇠렌 키에르케고르의 개념들과 죽음들』(*Aparté. Conceptions et morts de Sören Kierkegaard*)의 가장 긴 부분이 — 저자가 그렇게 말하듯 — "시행착오, 종잡을 수 없음, 반복의 허용" 같은, "원칙적으로 어느 정도 일관성이 없는 것을 용인하는" 형태인 '독서일기'의 아주 자유로운 형식을 취한 것은 중요한 일이었다. "뿐만 아니라, 여기에서 작품의 길잡이나 주이념을 말해 보라면 처음부터 끝까지 사방에 단절들밖에 없다고 말할 것이다."29) 그것은 마치 실비안과 자크의 대화가 그들이 그 몇 해 동안 출판하는 책들을 통해 암호화된 방식으로 계속되고 있는 것 같았다.

공동 저작인 『해체와 비평』(*Deconstruction and Criticism*)을 위해 준비된 긴 시론인 '살아남기'(생존, Survivre)의 초반부의 표현들은 데리다가 막 지나온 시대('도대체 누가 사는 것에 대해 말하랴?')를 생각해 보면 그 울림이 특별히 크다. 주 텍스트의 페이지 맨 아랫부분에 이어지는 엄청나게 긴 주는 다음과 같은 짧은 메모로 시작된다. "1977년 11월 10일. 나의 친구 자크 에르만을 추모하며 '살아남기'를 헌정함."30) 에르만은 데

29) Sylviane Agacinski, *Aparté. Conceptions et morts de Sören Kierkegaard*, Aubier-Flammarion, 1977, pp. 112~114.

30) Jacques Derrida, "Survivre", *Parages*, Galilée, 1986, pp. 112~114. 이 글은 처음에 Harold Bloom, Paul de Man, Jacques Derrida, Geoffrey Hartman and J. Hillis Miller, *Deconstruction and Criticism*, New York: Continuum, 1979에 게재되었다. 데리다는 예일학파로 간주되었다.

리다를 예일에 처음으로 초대했던 당사자로, 특히 『문학의 죽음』(*La mort de la littérature*)이라는 책의 저자였다…. 소위 '예일학파'의 대표자 5인이 스스로에게 부과한 제약은 각자 자기 방식으로 셸리의 시 「속진(俗塵)의 승리」(The Triumph of Life)를 다루는 것이었다. 하지만 뭔가를 시사하려는 듯이 기대와는 반대로 데리다는 블랑쇼의 『죽음의 선고』(*L'arrêt de mort*)와 『낮의 광기』를 훨씬 더 많이 언급했다.

'카르투슈'(Cartouches)의 인상 또한 어두웠다. 처음에 '항해일지'로 제목을 붙이려 했던 이 글은 매우 작은 관들, 데리다에 의하면 '휴대용 관'을 환기시키는 작은 마호가니 상자인 '숫돌주머니'를 묘사한 제라르 티튀스카르멜의 그림 127점을 곁들인다. 일지의 첫 번째 내용은 1977년 11월 30일의 것이고, 마지막은 1978년 1월 11일과 1일의 것이다. 데리다가 몇 년 뒤 『쉬볼렛, 파울 첼란을 위하여』(*Schibboleth, Paul Celan*)에서 전개하는 날짜에 대한 성찰보다 훨씬 이전에 '단 한 번'과 '지하 무덤'의 주제가 여기에 뚜렷이 나타나 있다.

1978년 1월 7일

날짜 그 자체가 한 지하 무덤의 장소가 될 때, 날짜 그 자체가 지하 무덤의 장소를 대신할 때.

내가 왜 모일(某日)에 이것을 기입하는지 그들은 언젠가 알게 될까? 주사위 던지기.

사람들은 또한 날짜(주어진 것, 자료)를 말했다. 오늘의 날짜가 있다. 그렇지만 그들은 그 안(오늘의 날짜)에 살았던 것 — 그리고 사라진 것에 대해 아무것도 알지 못할 것이다.

날짜 그 자체는 가슴을 제외하고 남아 있는 유일한 것인 지하 무덤을 대
신할 것이다.[31]

---

31) Jacques Derrida, "Cartouches", *La vérité en peinture*, Champs-Flammarion, 1978, pp. 275~276.

11장_'신철학자들'부터 철학 삼부회까지
1977~1979

1975년 1월 10일, 텔레비전 프로그램 '아포스트로프'(Apostrophes)가 시작된 이후 프랑스의 미디어 상황은 큰 전환이 일어났다. 매주 금요일 9시 30분에 프랑스 제2방송에서 베르나르 피보가 진행하는 책에 대한 그 방송은 곧바로 문학과 학계에서 중요한 자리를 차지했다. 한 작가가 단 한 번만 출현해도 그의 책은 흔히 판매가 크게 늘었으며, 재치가 넘치는 대담은 어려운 작품을 베스트셀러로 변화시켜 놓았다.

그 방송은 곧 출판사의 편집 관례를 급격히 변화시켰으며, 텔레비전 세대로 어색함 없이 그것을 이용할 줄 아는 새로운 세대의 작가들을 대거 출현시켰다. 그들은 전통적인 공인(公認)의 길을 피해 직접 많은 대중에게 말을 하고 싶어 했다. 그들의 관심사와 '아포스트로프'의 관심사의 일치는 미디어의 결과일 뿐만 아니라 이데올로기적인 것이었다. 베르나르에게 중요한 것은 책보다는 책이 불러일으킬 수 있는 토론이었기 때문이다. 토론은 전체주의의 문제를 위시하여 당면한 주요 쟁점들을 선호했다. 1974년에 프랑스어로 번역이 되어 폭발적인 반응을 불러일으킨『수용소 군도』(*L'archipel du Goulag*)의 저자 솔제니친은 초창기의 출연자 중 한

명이었다. '신철학자들'에 대해 말하면, 지속적으로 그들은 '아포스트로 프'에서 특권을 누렸다.[1]

1977년 5월 27일, 피보는 '신철학자들은 좌파인가 우파인가?'라는 제목으로 특집 방송을 마련하여 그들에게 실질적인 출세의 발판을 제공하기까지 했다. 스튜디오의 플로어 한편에는 베르나르 앙리 레비와 앙드레 글뤽스만, 모리스 클라벨이 있고, 반대편에는 『신철학에 반대하여』 (*Contre la nouvelle philosophie*)의 저자들인 프랑수아 오브랄과 자비에 델쿠르가 자리했다. 신철학자들의 토론이 그들의 비판자들보다 훌륭했다는 평가를 받았다. 베르나르 앙리 레비의 첫 작품인 『인간의 얼굴을 한 야만』(*La barbare à visage humain*)은 그 다음날 날개 돋친 듯이 팔려나가기 시작하여 단시일 내에 8만 부의 판매고를 올렸다.

『르 몽드』지와 『르 누벨 옵세르바퇴르』지를 포함하여 주류 언론들로부터 폭넓게 지지를 받은 '신철학'은, 그 젊은 저자들 중 여러 명이 그들이 비난하는 사람들과 같이 고등사범학교 출신이었던 만큼 더욱더 신랄하게 학계를 공격했다. 미셸 푸코는, 앙드레 글뤽스만이 쇠이유 출판사에서 『요리사와 식인종』(*La cuisinière et le mangeur d'homme*, 1975)을 출판했을 때 자신의 친구 모리스 클라벨과 함께 그를 지지했다. 중국에서 돌아온 뒤 곧 마오주의와 결별한 필립 솔레르스는 베르나르 앙리 레비와 실질적인 동맹을 맺고 그의 책들을 조리있게 옹호했다. 롤랑 바르트는

---

1) 프랑스의 출판사와 미디어 세계의 변화사에 대해서는 Olivier Bessard-Banquy, *La vie du livre contemporain. Etude sur l'édition littéraire, 1975-2005*, Presses universitaires de Bordeaux & du Lérot éditeur, 2009. 또한 Hervé Hamon and Patrick Rotman, *Les Intellocrates*, Ramsay, 1981을 참조할 것.

『인간의 얼굴을 한 야만』을 지지하면서, 저자에게 보냈던 자신의 편지를 『레 레트르 누벨』(Les Lettres nouvelles) 지에 게재했다. 질 들뢰즈는 정반 대로 『신철학자들과 보다 더 보편적인 한 문제에 대하여』(A propos des nouvelles philosophes et d'un problème plus général)라는 작은 책에서 끓어오르는 화를 삭였다. 그는 거기에서 단도직입적으로 "그들의 사유는 형편없는 것"이라고 주장했다.

> 나는 그 형편없음에 대한 이유로 두 가지를 생각해 본다. 먼저 그들은 법, 권력, 지배자, 세계, 반란, 신념 등과 같은 충치만큼이나 조악한(gros) 거대(gros) 개념들을 끊임없이 다룬다. 이것은 그들이 그것들을 우스꽝 스럽게 혼합하여, 이를테면 법과 반역자나 권력과 천사 같은 간단한 이 원체계를 만들 수 있음을 의미한다. 이와 동시에 사유의 내용이 부실할 수록 사상가는 더 중요해지고, 서술의 주제는 무가치한 서술 내용에 비 해 중요성이 더 부여된다. [⋯] 그들은 이 두 가지 상투화된 방법으로 일 을 망친다. [⋯] 매우 거만하고 무가치한 한 저자나 주제, 또는 상투적인 간략한 개념들로의 그와 같은 집단적인 회귀는 유감스러운 반동의 전형 이다.[2]

들뢰즈는 자신의 글에서 계속해서 '신철학자들'의 방식과 아비 개혁 안이 제안하는 것을 비교한다. 이를테면 양측의 방식이 다 "철학 '교과 프

---

2) Gilles Deleuze, *A propos des nouvelles philosophes et d'un problème plus général*, Free supplement of *Minuit*, no. 24, May 1977.

로그램'의 막대한 축소"와 관계된다는 것이었다. 하지만 레비나 글뤽스 만보다 그에게 훨씬 더 중요한 것은 그 "마케팅적 기도"가 지적 생활에 가져다준 엄청난 변화였다. "실제로 이 변화는 모든 사유의 미디어에 대한 복종을 보여 준다. 동시에 이 변화는 미디어에 지적 보증과 자기만족을 제공하여 그것들 스스로 움직이게 하는 창조적 시도를 질식시킨다."

데리다는 그 논쟁에 의도적으로 거리를 두었다. 그러나 여름이 끝날 무렵 장 피엘은 데리다에게 자신이 '오늘날 철학이 무슨 소용이 있는가?' 라는 주제로 준비 중인 『크리티크』지 특집호에 참여해 줄 것을 부탁한다. 장 피엘은 "자신들을 소위 '신철학자'라고 부르는 사람들의 저작의 무례하고 구역질나는 가소로운 과시"에서 그 아이디어를 얻었다는 점을 숨기지 않았다. 피엘은 "아주 중립적인 모양새"의 질문지를 작성하여 자신이 높게 평가하는 많은 철학자들 및 "아주 젊은 많은 철학자들에게"[3] 보냈다. 부탁을 받은 장뤽 낭시와 필립 라쿠라바르트는 논고를 보내는 일에 주저했다. 데리다는 그들도 자기 자신도 그 특집호에 참여하지 않는 쪽을 바랐던 것 같다. 어떤 사람들이 그 특집호에 참여하는지, 어떤 구체적인 결과를 얻을 수 있을지를 가늠할 수 없었기 때문이다.

나는 피엘을 비판하고 싶지 않네(할 말은 너무도 많을 거야. 그리고 내가 『크리티크』지를 떠났던 것은 아주 오랫동안 그 잡지의 실천 효과를 헤아려 보지 않고 떠났던 게 아니네. 뭐, 다 끝난 일이네만). 확실한 것은 그가 오래 전부터 '우리의' 방향을 긍정하는 쪽으로는 아무 일도 하지 않았다는 것

---

3) 장 피엘이 데리다에게 보낸 1977년 8월 29일 편지.

과, 그의 주된 동기가 '신철학자들'에 반대한다는 것인데, 개인적인 생각이지만 그를 지지해야 하는 것인지 확신이 서지 않아. […]

커다란 신철학 거품을 야기한 상황에 대한 분석은 단시간에 행해질 수 있는 것이 아니네. 특히 편지 한 장으로는 말이야. […] 아주 명백하고 확실한 어떤 침묵들과 어떤 무관심한 인내들이 어떤 상황에서는 종종 더 효과적일 수 있고 더 두려움을 줄 수가 있네.[4]

며칠 뒤, 데리다는 그 문제에 대해 장 피엘에게 다시 이야기를 하는데, 아주 다른 어조였다. 물론, 그는 제기된 문제, 특히 '신철학자들'의 문제에 대해 아주 예민한 반응을 보였다. 이렇게 해서 그는 "그 불길한 현상"이 자신에게 불러일으키는 "불쾌감"을 넘어 "가장 효과적이고 가장 적절하며 가장 정치적인, 또한 가장 긍정적인 답변과 분석"이 어떤 것이 될 수 있을지를 생각해 보았다. 하지만 그는 5주 동안의 세미나를 위해 미국으로 떠나기 직전에 있었다. 게다가 그곳에서의 일정이 매우 바쁠 것이었다. 하지만 그가 뭔가를 쓴다면 그것이 엄정한 분석이 되어, "글과 그 글에서 자기를 과시하는 주체의 빈곤 증상에도 불구하고 또는 그 빈곤 증상 때문에" 뿌리 깊고 중대하다고 생각되는 한 현상과 진짜 씨름하고 싶었다.

당신이 알다시피, 신철학은 『마리클레르』 지에서 『르 누벨 옵세르바퇴르』 지까지, 『플레이보이』 지에서 『르 몽드』 지까지, 그리고 프랑스 문화

---

4) 데리다가 필립 라쿠라바르트에게 보낸 1977년 9월 1일 편지.

방송에서 TF1, 프랑스 제2방송, 프랑스 제3방송에 이르기까지 모든 언론 기관들의 강력한 스피커를—그게 우발적인 것은 아닙니다만—사용하고 있습니다. 더 놀랍고 더 가까운 논설 사례들을 언급하는 일은 차치하고라도 말입니다. […] 이 모든 현상들에 대해 나는 그것들이 어떠한 '철학적' 흥미도 끌지 못하는 것들임에도 불구하고 많은 흥미를 느낍니다. 아주 간접적으로 말입니다. 그런데 그것들은 적어도 거의 모든 것을 다루면서 아주 먼 과거로 거슬러 올라가는, 길고 복잡한 분석을 해볼 가치가 있습니다.[5]

그의 입장은 본질적으로는 들뢰즈의 입장과 별로 다르지 않지만, 데리다는 들뢰즈의 그 작은 책의 전략에는 동의하지 않았다. 그러나 그는 곧 다니엘 지오반난젤리—그는 리에주대학에서 데리다에 대해 박사학위 논문을 썼는데, 데리다에 대한 박사논문으로는 최초의 것이었다—에게 '신철학자들'의 담론은 자신에게 마르크스에 대해 뭔가를 쓰고 싶어지게 만들지만, 그렇게 하면 그들에게 괜히 이름값만 올려 줄 것 같아 쓰지 않겠다고 말했다.[6] 몇 달 전, 그는 『디아그라프』지와의 인터뷰에서 이렇게 말했다.

당신은 내가 이런저런 '마르크스' 독단론자나 사이비 마르크스 독단론자의 공격 앞에서, 심지어는 그 독단론자들이 종종 내가 지나가는 곳들

---

5) 데리다가 장 피엘에게 보낸 1977년 9월 9일 편지.
6) 다니엘 지오반난젤리와의 인터뷰. 그의 박사학위 논문은 손질하여 Daniel Giovannangeli, *Ecriture et répétition, approche de Derrida*, 10/18, 1979로 출판되었다.

과 아주 가까이에서 스스로 테러리스트가 되어 위협을 가하고 싶어 할 때조차도 얼마나 냉정하게 처신했는지를 알 것입니다. 글쎄요, 나는 훨씬 더 터무니없고 반동적이라고 생각합니다. 자신들이 오늘 마침내 포스트마르크스주의 대륙에 착륙했다고 생각하는 성급한 사람들을 말입니다. 그들은 바로 그런 사람들이지만, 누가 놀라겠습니까? 당신은 파리 사람들의 그 새로운 합의와 그 합의와 관련된 모든 흥밋거리를 알고 있습니다.[7]

---

7) Jacques Derrida, "Ja, ou le faux-bord", interview with D. Kambouchener, J. Ristat and D. Sallenave, *Diagraphe*, no.11, March 1997. Jacques Derrida, *Points de suspension*, Galilée, 1992, p. 76에 재수록. 베르나르 앙리 레비와 자크 데리다의 관계는 생각보다 훨씬 더 복잡하고 모호하다. 1974년 5월(그러니까 그가 『인간의 얼굴을 한 야만』으로 유명해지기 훨씬 전이다), 『르 마가진 리테레르』에 게재한 한 기사에서 레비는 데리다는 "정신적 지도자가 아니다"라고 주장하면서 지도자 자신보다는 지도자(데리다)의 제자들을 공격한다. "데리다주의자들은 있지만, 데리다주의는 없다. 자크 데리다에게는 제자들이 있다. 그런데 그는 사상적 지도자가 아니다. 그의 텍스트들의 중대한 모호함이 아마도 그 텍스트들의 난해함과 그 유명한 어려움의 문제일 것이다. 데리다주의자들이라고? 그들은 조금은 우리의 현학적인 여인들이다. 윌름 가와 전위적인 잡지들 주변을 맴도는 이상한 족속의 철학자들. 그들은 지도자의 언어로 이야기하면서 지도자의 가장 작은 제스처까지도 흉내 낸다. 그들은 'différence'를 a를 넣어 'différance'로 쓰고, 텍스트 속에서 이해할 수 없는 것을 읽어 낸다. 그들은 사람들이 미사를 보러 가거나 시장에 가는 것처럼 세미나에 간다. 그곳에서 마음의 지주를 찾거나 행상꾼이 최근에 소리친 개념을 구하기 위해서. 오늘은 'l'hymen', 어제는 'pharmakon', 그제는 'l'architrace'. 당신은 이것들이 뭔지 모르지요? 이해할 것이 아무것도 없다는 대답이 당신에게 돌아올 것이다. 왜냐하면 그것들은 '개념들'이 아니라 '텍스트 작업'이기 때문이다." 아직 사람들이 BHL이라는 별명으로 부르기 전의 이 사람에 따르면, 데리다의 해체의 진정한 쟁점은 정치적이다. "그들은 마르크스주의의 운명과 지위 같은 우리의 이론적인 상황의 가장 예민한 점을 다룬다. 마르크스주의를 넘어서이고 사람들이 그토록 이야기하는 때에 데리다는 마르크스주의를 한 술 더 뜬 최초의 사람이다." 『마르크스의 유령들』이 출간되기 약 20년 전, 이 지적은 매우 통찰력이 있다. 그러면서 베르나르 앙리 레비는 이렇게 결론짓는다. "확실히 그 부질없는 토론은 좋은 점도 있어서, 예상 밖의 결과도 초래했다. 데리다의 외롭고 고집스러운 작업은 지금부터 망치의 철학의 위대한 전통 속에 기록된다. 이 힘들고 고되고 까다로운 철학들은 먼저 거대한 탈신화화이다. 이 두렵고 냉정한 사상들은 그들이 어디에 있든 순응주의를 공격한다. 사상의 시장에서 데리다의 망치는 아마도 우리의 엄격한 기준 중 하나일 것이다."

그동안 데리다와 '사실상의 철학'의 공동 책임자 3인의 편집 작업은 오비에 플라마리옹 출판사에서 계속되지만, 자주 힘든 상황에 처했다. '철학교육연구단체'의 공동 저작으로 문고판으로 출간된 『누가 철학을 두려워하랴?』(Qui a peur de la philosophie?)의 판매가 단기간에 1만 부를 넘어섰지만 네 명의 총서 책임자는 자신들이 가장 애착을 가지는 저서 중 몇 권을 출판사가 출판하도록 하는 데 아주 큰 어려움을 겪었다. 1978년 4월 4일, 데리다는 '사실상의 철학' 총서의 책들이 출간되고 있는 콩티 골목길의 오비에 출판사 책임자인 오비에가바이 부인에게 쓴 편지에서 그 문제에 대해 신랄하게 불만을 쏟아 놓았다. 그는 그녀가 발터 벤야민의 주요 저작 중 하나인 『독일 바로크 비극의 기원』(L'origine du drame baroque allemand)의 출간뿐 아니라 다른 모든 번역 계획을 거절했다는 사실을 얼마 전에 들어 알게 된 것이다. 그렇지만 총서 책임자들의 생각에 자신들의 전략과 연구에 중요하고 유용한 몇몇 외국 저작이 그 총서에 포함되어야 하는 것은 변함없이 명백한 일이었다. "벤야민의 저작도 마찬가지 경우입니다. 정말이지 한없는 나의 놀라움은 이 경우를 보면서 더욱 커집니다. 즉 전세계에서 인용되고 모든 면에서 중요하지만 수치스럽게도 프랑스에서는 진가를 인정받지 못하는 한 '고전'의 경우를 보면서 말입니다."[8]

오비에가바이 부인은 답장을 통해 그 문제뿐 아니라 데리다가 제기한 또 다른 문제들에 대해 난처한 입장을 보였다. 한 달이 지난 뒤에도 대부분의 문제가 해결되지 않자 그는 오비에 출판사가 '사실상의 철학' 총

---

8) 데리다가 마들렌 오비에가바이에게 보낸 1978년 4월 4일 편지.

서를 지지부진하게 만들고 있다고 비난하면서, 실행 계획의 지원이 보다 더 용이하게 확보될 수 있는 모(母) 출판사로 총서를 다시 돌려보내 줄 것을 요구했다. 앙리 플라마리옹은 이미 원칙적인 동의를 표시했으며, 라 신 가로의 이전은 신속히 진행되었다. 그러나 주소의 변화가 모든 문제를 단번에 다 해결해 주는 것은 물론 아니었다. 항상 출판사와 관련된 문제를 책임지고 해결해야 했던 데리다로서는 협상이 순조롭게 이루어지지 않아 짜증이 났다. 1978년 8월 8일, 그 문제에 대해 데리다는 사라 코프만에게 불평을 털어놓는다. 코프만은 자신의 책 『일탈. 오귀스트 콩트의 여자 되기』(*Aberrations. Le devenir-femme d'Auguste Comte*)가 곧 나오게 되어 있었고, 데리다는 『회화의 진실』(*La vérité en peinture*)이 '샹' (Champs) 총서 문고판으로 출간될 예정이었다. 하지만 삽화가 많아 어려움을 겪고 있었다. "그곳에서 나왔을 때 아주 피곤했어요. 그러나 아주 안심이 됩니다. 또 다시 실망하지 않을 것이라는 희망을 우리 가집시다. 만일 우리가 또 다시 그렇게 되면 [⋯] 나는 내년에 협상 책임자 자리를 그만두겠습니다."[9]

그 후 몇 개월 동안 여전히 상황은 나아지지 않았다. 오히려 그 반대였다. 필립 라쿠라바르트의 『철학의 주체: 활자판 1』(*Le sujet de la philosophie : Typographies 1*)은 인쇄소에서 그리스어 인용들을 모두 엉망으로 만들어 놓아 출간을 연기해야만 했다. 어쩔 수 없는 상황으로 멀리서밖에 출판 문제에 대해 그를 도와줄 수 없는 낭시와 라쿠라바르트는 그와 같은 힘든 상황에서 총서에 신경을 쓸 가치가 있는지 의문이 들었

---

9) 데리다가 사라 코프만에게 보낸 1978년 8월 8일 편지.

다.[10] 자주 별 성과도 없는 일들에 짓눌린 데리다 또한 "피곤하고 실망스러워 맥이 빠져" 있었다. 하지만 불행하게도 완전히 속수무책이었다. 그는 플라마리옹 출판사에서 제기된 문제들을 쇠이유, 미뉘, PUF 출판사들에서도 똑같이 겪었다. 그 문제에 대해 그는 필립과 장뤽 낭시와 깊이 의견을 나눠보고자 했다. 불행히도 사라하고는 가능하지 않았다. "사라는 나 때문에 나와 그 어느 때보다도 '곤란한 처지'(어떻게 말하면 좋을지?)에 있네. 그래서 우리의 공동의 문제들도 당연히 해결을 하지 못하고 있어. [⋯] 별 효과도 없이 에너지를 이렇게 반복적으로 낭비만 하니 지쳤네."[11]

한 가지는 확실했다. 데리다가 총서를 다른 출판사로 옮길 생각은 하지 않고 있다는 것이 그것이다. "다른 곳이 있을 수 있겠지. 프랑수아 발이나 장 피엘의 출판사들 말이야. 하지만 잊지 마세, 그 두 곳은 훨씬 더 어렵다는 것을 말이네." 사실, 문제의 본질은 경제적인 차원에 있었다. '사실상의 철학' 총서는 대중들이 덥석 사 가는 책들과는 아주 거리가 먼, 어려워서 거의 팔리지 않는 책들을 내고 있었기 때문이다.

『신의 유언』(Le testament de Dieu)[베르나르 앙리 레비의 새 책] 때문에 우리가 늦어지지는 않았을 것이네. 그 책에는, 추측건대, 이해할 수 없는 것도 없을 뿐 아니라, 자네도 알다시피, 그 책의 집필과 '발간' 상의 모든 여건은 우리와 다르기 때문이야. 세상의 모든 푸아로델페쉬 같은 작가들이 묘사하는 것처럼 쓰지 않는 한, 우리는 어려운 상황에서, 거의 감당

---

10) 장뤽 낭시가 데리다에게 보낸 1979년 4월 22일 편지.
11) 데리다가 장뤽 낭시에게 보낸 날짜 미상 편지(1979년 4월).

할 수 없는 상황에서 싸우게 될 것이네. […]

그런데, 총서를 계속해야 하는가? 이 질문은 자네가 제기한 것이지만, 사실 나도 오래 전부터 자네처럼 생각하고 있었네. 지금 우리의 분석과 계획들은 완전히 일치하지는 않네. 어쨌든 각자가 결정을 하고 그에 대해 책임을 질 필요가 있을 것이네. 내 개인적으로는 총서의 추진(공동으로일지라도)에 대해 조금의 '동기'도 가져 본 적이 없네. 아주 늦게야 갖게 된 그 총서에 대한 관심은, 자네가 알다시피, 사적인 관심은 아니었네(내가 그 총서에 대해 노리는 것은 자네가 잘 알고 있네. 용이성, 편리, 영향력 같은 것 말이야 […]). 그러므로 내가 관심을 가졌던 것은 사적인 관심이 아니라 그 반대로—몇몇 사적인 관심의 대가를 치르고—소위 이론적이고 정치적인 목적들이었지. 물론 자네도 그런 차원에서 관심을 가졌다고 나는 생각하네. […] 포기할 충분한 이유가 되기 위해서는 자네가 더 이상 확신을 갖지 않는 것으로 충분할 것이네. 나 또한 내 취향과 내 삶의 리듬의 가장 '자연스러운' 경향을 따를 것이네.[12]

그 '자연스러운 경향'에도 불구하고 데리다는 다시 철학의 옹호를 위한 싸움에 뛰어들어야 할 의무감을 느꼈다. 아비 개혁안은 1975년 6월에 통과가 되었지만 실행이 미뤄지고 있었다. 그렇다고 폐기되지도 않았다. 그 법안은 1981년 신학년 때부터 적용하기로 되어 있었다. 따라서 바야흐로 대응할 때였던 것이다. 1979년 3월, 21명의 교직자(그중에는 프랑수아 샤틀레, 질 들뢰즈, 장투생 드장티, 엘리자베스 드 퐁트네, 블라디미르 잔

---

12) 앞의 편지.

켈레비치, 폴 리쾨르도 포함되어 있었다)는 철학 삼부회의 '소집'을 호소했다. 롤랑 브뤼네가 앞장섰지만 데리다의 지속적인 가담이 없었다면 그런 규모로 발전하지는 못했을 것이다. '소집'은 순식간에 2500명의 서명을 받았다.

삼부회는 6월 16일 소르본의 대강당에서 열렸다. 전국에서 온 1200 여 명이 회의에 참석했다. 유일하게 좀 긍정적이지 못한 면이 있다면, 학생들이 거의 오지 않았다는 것이다. 날짜 선택이 적절하지 못한 것도 사실이었다. 행사는 '철학교육연구단체'의 투쟁 때부터 연대하고 있던 블라디미르 잔켈레비치에 의해 개시되었다. "철학 교육은 그 존재조차 위협받고 있다"라고 주장하면서 그는 롤랑 브뤼네와 자크 데리다의 "선견지명과 용기"에 경의를 표했다. 물론 겉으로 위험은 드러나 보이지 않았다. "그들은 겉으로는 철학이 잘못되기를 조금도 바라지 않는다. 오로지 잘되기만을 바랄 뿐이다. 그들은 철학을 '현대화하고' 새롭게 해서, '현대세계'로 철학의 문을 열어젖히고자 한다." 그러나 "그 달콤한 약속" 뒤로는 철학의 자리를 점점 축소시켜 철학을 가르치는 사람들의 수를 줄이는 것이 목표였다.[13]

이어 데리다가 발언권을 얻어 "개인 자격으로" 삼부회의 철학은 어떤 것이 되어야 할 것인지에 대해 진술했다. 그는 물론 아비 개혁안에 반대하여 고3 전체 학생에게 철학 수업 시간을 최소 4시간은 유지해야 한다고 주장했다. 뿐만 아니라 그는 특히 자신에게 가장 중요한 생각, 즉 "적

---

13) Vladimir Jankélévitch, "Pour la philosophie", *Etats généraux de la philosophie*, Champs-Flammarion, 1979, pp. 23~26.

어도 고등학교 1학년까지 철학 교육의 연장"이라는 생각을 개진했다. 불행하게도 그는 또 다른 전쟁, 즉 2~3년 전부터 대학에 있는 철학자들과 인기 있는 젊은 사상가들이 서로 맞서는 전쟁을 재개하지 않을 수 없었다. 데리다는 자기 적들의 이름을 거명하지 않도록 매우 조심을 했다. 하지만 베르나르 앙리 레비가 삼부회가 열리기 2주 전에 다시 '아포스트로프'에 출연해 주목을 받았던 만큼 더 쉽게 그들이 누구인지를 모두가 알고 있었다.

> 요즈음 좀 깨어 있는 철학자들 사이에서도, 그 부문(출판, 언론, 텔레비전)에서 조금일지언정 순수성을 잃은 뒤 분별력을 기르는 연습을 한 사람들 사이에서도, 감히 철학적 활력이나 철학적 엄격성을 보여 주는 사람은 아무도 없을 것입니다. 이렇게 말해도 좋다면, 즉 가장 눈에 띄는 상품 진열대 위에 한동안 진열되어 있는 것의, 온갖 스튜디오에서 시끄럽게 철학을 표방하는 것의 상당한 부분을, 아니 대부분을 내세우면서 말입니다. 온갖 스튜디오에서는 비교적 최근의 아주 명확한 날짜 이후 가장 큰소리로 떠벌리는 사람들이 자신에게 가장 큰 소리가 나는 확성기들이 맡겨지는 것을 보는데도, 그들은 왜 사람들이 이렇게 이야기하고 저렇게 말할 수 있도록 갑자기 그들에게 칼럼 난(欄)과 방송 전파를 내맡기는지 (최상의 경우) 궁금해하지도 않습니다.[14]

---

14) Jacques Derrida, "Philosophie des états généraux", *Etats généraux de la philosophie*, Champs-Flammarion, 1979, p. 37.

곧 반격이 가해졌다. 토요일 오후와 일요일 오전에는 그룹 토론을 하고, 일요일 오후에 다시 총회를 열어 토론 내용을 종합하여 결론을 도출할 계획이었다. 장뤽 낭시가 총회를 주재하고 있었는데, 바로 그때 중대한 한 사건이 터졌다.

베르나르 앙리 레비가 몇몇 친구들과 무리지어 달려왔던 것이다. 그중에는 도미니크 그리조니도 있었는데, 그는 『철학 정책』(*Politique de la philosophie*)이라는 공동 저서의 책임자였으며, 데리다도 샤틀레와 푸코, 리오타르 그리고 세르(Serres)와 함께 이 저서에 참여했다. 레비의 고백에 의하면, 그와 함께 온 그의 친구들은 아비 개혁안에 관심이 없었다. 그들이 삼부회에 들이닥친 것은 싸우기 위해서였다. 레비는 이렇게 이야기했다. "그 사람들 대부분은 2년 전부터 끊임없이 나에게 반대해 왔습니다. 나는 그들을 적으로 간주했습니다. 나는 철학을 옹호하는 서로 다른 두 가지 방법이 있다고 생각했습니다. 그것은 당시 내가 참여한 많은 논쟁의 주제이기도 했습니다. 그리하여 나는 대학과 싸웠습니다. 그런데 대학도 나와 전면전을 펼치면서 그것에 대해 내게 되갚아 주었습니다."[15] 홀 뒤편에 있던 도미니크 그리조니가 맨 먼저 나서면서 데리다의 말을 가로막았다. 그러자 누가 그에게 마이크를 사용하여 발언하라고 주문했다. 하지만 참가자들 대다수는 이미 시작한 일을 계속하기를 바랐기에 즉각 그에게 큰 소리로 야유를 보냈다. 그리조니가 발언권을 얻는 데 실패하자 BHL(베르나르 앙리 레비의 약자)이 친구의 복수를 시도했다. "나는 걸어 내려가서 연단에 다가갔습니다. 사람들이 나를 막아섰습니다. 나는 마이

---

15) 베르나르 앙리 레비와의 인터뷰.

크를 빼앗으려 연단에 올라가려고 나를 막는 사람들을 헤치고 나아갔습니다. 데리다도 몸소 내려와 나를 막는 사람들에게 협력했습니다. 우리는 치고받았습니다. 마치 그와 내가 청소년기에 벌였던 주먹다짐처럼 말입니다."[16]

어수선한 순간이 지나가자 장뤽 낭시는 "참석자들이 원하면 바로 베르나르 앙리 레비에게 발언권을 주겠다"고 말했다. 그러나 그는 연단 위에 있는 사람들이 아래로 내려가 줄 것을 요구했다. 그 뒤에 벌어진 일들에 대해서는 얼마 안 지나 출판된 책에 실려 있는데, 인용할 만한 가치가 있을 것이다,

> **베르나르 앙리 레비** (발언권을 제게 주었으니 말을 하겠습니다) 저는 설명을 하기 위해, 철학 기관을 비판하기 위해, 몇 년 전부터 이 제도에 순응하면서 자신들에게 위협을 느낄 때에만 저항하는 그 사람들을 비판하기 위해 여기서 발언을 하는 누군가의 입을 다물게 하는 것을 보고 놀랐습니다. […] 저는 발언권을 얻었는데도 상당수의 사람들이 제게 다가와 마이크를 빼앗는 등 사건을 촉발시키는 것에 놀랐습니다. 제가 말하고자 하는 바는 다음과 같습니다. 즉, 어제부터 미디어를 비판하는 소리를 듣고 놀랐습니다. 여러분은 수용소를 가장 먼저 고발한 사람들이 철학 교수들이라고 생각하십니까? 그것은 텔레비전이고 미디어입니다. 1년 전 브레즈네프가 파리에 왔을 때, 글뤽스만이 동유럽의 세 반체제 인사에게 '자유 논단'을 제공하여 스캔들을 야기한 것이 교수 자격으로 그

---

16) 베르나르 앙리 레비와의 인터뷰.

렀다고 생각하십니까? 미디어였지 삼부회는 아니었습니다. 오늘, 저는 7만 6000명의 베트남인이 말레이시아 정부에 의해 바닷물 속으로 던져졌는데도 아무도 문제제기를 하지 않는다는 사실에 놀랐습니다. 저는 놀랐습니다, 철학 교수인 몬돌로니가 포함된 코르시카의 투사들이 국가 치안재판소에서 재판을 받기 전날….

데리다 우리는 그 교수에 대해 말을 했습니다. 아무 말이나 마구 하지 마세요.

베르나르 앙리 레비 좋습니다. 양해를. 그런데, 사람들이 반미디어적 경계를 말할 수 있다니 정말 놀랍습니다. 예전에는 사람들이 반 파시스트적 경계에 대해 말했는데 말입니다. 만일 그 때문에 철학 삼부회를 열고 있다면 저는 놀라는 것에 그치지 않습니다. 대단히 실망입니다.

실비안 아가생스키 베르나르 앙리 레비 씨에게 한 말씀만 드리고 싶어요. 레비 씨는 어제 여기 오셨습니다. 하지만 혼자 오셨기 때문에 발언하는 것이 적절치 않다고 생각하셨어요. 오늘은 친구들과 함께 오셔서 야유를 보내며 총회를 방해하고 이 계획을 가로채시는군요.[17]

이 뒤에 벌어진 일들에 대해서는 이야기들이 서로 엇갈렸다. 이틀 동안의 토론과 그 토론에서의 발언들을 기록해 놓은 책에 의하면 그 대결에 대해 부분적으로밖에 알 수 없다. 게다가 그 대결의 여러 대목은 "잘 안 들려서" 기록해 놓지 못했다. 베르나르 앙리 레비는 지금도 여전히 자신이 "홀에서 내쫓겨 소르본 길거리에 버려졌다"고 주장하고 있다. 이런 사

---

17) *Etats généraux de la philosophie*, pp. 205~206.

건들이 있고 난 뒤 몇 달이 지나 『에스프리』지가 마련한 토론회에서 데리다는 "잠깐의 가벼운 몸싸움"을 떠올리며 아주 다른 말을 했다. 그러면서 그는 이렇게 덧붙였다. "내가 필립 솔레르스와 베르나르 앙리 레비의 인터뷰를 믿고 삼부회에서 레비가 '마구 얻어맞았다'고 생각한다면 나는 그 사건에 대해 이렇게 오랫동안 이야기하고 있지는 않을 것입니다. '마구 얻어맞았다!' 그토록 언변이 좋은 인권 옹호자라면 그 표현의 의미와 무게를 잘 알고 있을 것입니다. [⋯]"[18]

대다수의 참가자들과, 미디어들이 삼부회에 보인 반응으로 미루어 데리다는 처음으로 사진 찍히는 것을 받아들이거나, 아니면 체념하지 않을 수 없었다. 그런 면에서 그 이틀은 전환점을 이룬다. 그러나 데리다와 언론과의 관계는 여전히 매끄럽지가 못했다. 예컨대 그 사건이 있기 얼마 전 그는 『르 마탱』(Le Matin) 지의 카트린 클레망과 나눴던 인터뷰의 게재를 거부했다. 글로 옮긴 것이 만족스럽지 못하다는 이유에서였다. 그녀는 데리다에게 실망을 감추지 않았다. 이 인터뷰는 분명 삼부회에 대한 핵심적인 자료였을 텐데, 데리다가 "별 의논도 없이 일방적으로 터무니없이 무례하게" 그 인터뷰의 게재를 거부한 것은 그녀에게는 모욕적으로 보였다.

분명 당신은 저널리스트라는 직업에 대해 아무것도 모르는 것 같습니다. [⋯] 대학교수들은 저널리스트들을 무시하고 때로는 증오합니다. 당

---

18) Jacques Derrida, "Qui a peur de la philosophie?", *Du Droit à la philosophie*, Galilée, 1990, pp. 548~549.

신도 그런 사람들과 다름이 없습니다. […] 당신은 아마도 훌륭한 철학자일 것입니다. 그렇다고 해서 역시 언어 속에서 일하는 사람들을 무시할 권한은 없습니다. […] 저는 또한 당신이 그 궁지에서 빠져나오지 않으리라는 것이 믿어지지 않습니다. 왜냐하면 당신의 언론과의 관계는 어디에서나 문제가 된다는 것이 분명하기 때문이며, 어디서나 당신이 그런 식으로 행동한다면 그 이유를 쉽게 짐작할 수 있기 때문입니다.[19]

카트린 클레망은 여러 면에서 핵심을 찔렀다. 부르디외처럼 언론과 미디어에 대한 데리다의 불신은 오래 지속되면서, 거리낌없이 그 영역을 차지하는 신철학자들에게 완전한 자유를 남겨 주었다.[20]

그러나 철학 삼부회의 소집 사건은 이와 같은 돌발적인 사건들로 끝나지 않았다. 설령 그 사건들이 눈길을 끌 수는 있을지언정 말이다. 기관의 차원에서 삼부회가 발표한 동원의 규모는 상당한 영향을 미쳤다. 6월 16일 저녁 교육부장관은 텔레비전에 출연해 — 아직 최종적으로 결정되지도 않은 그 시행령에서 — 무엇이 그토록 철학에 염려스러운 일인지를 이해하지 못하겠다고 주장했다. 틀림없이 정보 왜곡이나 오해가 있다는 것이었다.[21] 자크 데리다와 롤랑 브뤼네의 노력은 완전히 헛되지만은 않

19) 카트린 클레망이 데리다에게 보낸 1979년 6월 22일 편지. 많은 것을 시사해 주는 이 편지의 인용을 허락해 준 카트린 클레망에게 깊은 감사를 드린다.
20) 이 현상에 대한 보다 더 자세한 분석에 대해서는 Geoffroy de Lagasnerie, *L'empire de l'Université. Sur Bourdieu, les intellectuels et le journalisme*, Editions Amsterdam, 2007을 참고했다.
21) http:/www.mediapart.fr/club/edition/les-invites-de-mediapart/article/050210/defense-de-philosopher.

았다. '철학교육연구단체'의 가장 참신한 아이디어들은 사문화되었지만 아비 개혁안은 더 이상 문제가 되지 않았으며, 고3의 철학 교육은 오랫동안 지켜졌기 때문이다.

12장 _ '송부'와 교정쇄들
1979~1981

1979년 6월 23일, 파리에서 열린 페터 손디에 대한 심포지엄에서 데리다는 한 사람을 만나는데, 그 중요성은 머지않아 드러난다. 데리다는 『우편엽서』의 '송부'에서 그 만남에 대해 직접 이야기한다.

심포지엄이 파할 때 여러 사람의 소개가 있었다. "지금이 아니면 제 소개를 더 이상 못 드릴 것 같아서요" 하고 한 젊은 미국 여인(나는 그렇게 생각했다)이 내게 말했다. 그녀는, 내가 그토록 번역하기 어려워하는 어휘들인 présentation, des présentations, des 'introductions' 등등을 영어로 유회하던 「나, 정신분석학」(Moi, la psychanalyse)을 읽었다(나보다 먼저 읽었으니, 그녀는 미국에서 온 것이었다)고 내게 설명했다. 내가 그녀의 이름을 알고 싶다고 끈질기게(끈질기다는 말은 좀 너무 심한 것 같다) 요구하자 그녀는 '형이상학'(Métaphysique)이라는 말을 한마디 하고는 더 이상 덧붙이지 않았다. 나는 그 작은 유회가 아주 수준이 높다고 생각했으며, 그 하찮은 말의 교환을 통해 그녀가 상당한 수준이라고 느꼈다.

(그녀는 이어 자신이 '독일학 연구자'라고 말했다.)[1]

아비탈 로넬은 이 장면을 좀 다르게 이야기한다. "나는 그 콜로키엄에 첼란의 미망인이자 나의 친구인 지젤 첼란 레트랑주와 함께 갔습니다. 그 시기 나의 신분은 모호했어요. 나는 아직 반은 학생이었습니다. 가르치는 일을 시작했음에도 말입니다. 나는 그날 그 만남을 예상하지 못했어요. 나는 교실에 사람들이 그렇게 얼마 없으리라고는 전혀 생각을 못했습니다. 잠시 쉬는 시간에 데리다는 나 있는 쪽으로 와서 내가 누구인지를 물었어요. 나는 그에게 '아니… 저를 못 알아보시겠어요?'라고 대답했는데, 왜 그렇게 대답했는지를 모르겠습니다. 그는 당황하며 나를 바라보았습니다. '아… 미안합니다, 잘 모르겠군요.' 나는 우겼어요. '정말요? 기분 좋은 일은 아닌데요. 제가 바로 형이상학이에요.' 나는 그의 텍스트의 효과처럼 무대에 등장하고 있었습니다. 그는 조금은 어찌할 바를 모르고 어처구니없어했어요. '아니 그러면, 바로 당신이 형이상학이에요…?' 나는 나 자신의 유희에 사로잡혀 여세를 몰아 계속해야 할 것 같았습니다. 나는 다음과 같이 계속했습니다. '예, 저는 당신이 지금까지 저를 취급하는 방식을 그렇게 좋아하지 않았습니다….'"[2]

아비탈 로넬은 1952년 뉴욕에서 태어났다. 이스라엘 외교관이었던 그의 부모는 1956년부터 뉴욕에 살았다. 그녀는 그곳에서 공부를 시작하

---

1) Jacques Derrida, "Envois", *La carte postale*, Flammarion, 1980, pp. 211~212. 「나, 정신분석학」은 처음에 『다이어크리틱스』(*Diacritics*) 1977년 봄호에 영어로 게재되었다. 이어 Jacques Derrida, *Psyché, Inventions de l'autre*, Galilée, 1987에 재수록되었다.
2) 아비탈 로넬과의 인터뷰.

여 베를린자유대학에 진학했다. 그곳에서 그녀는 랍비이자 해석학 교수인 야콥 타우베스 밑에서 연구를 했다. 데리다와 만난 해인 1979년에 그녀는 프린스턴대학에서 박사학위를 취득했다. 아비탈 로넬은 순식간에 그의 가까운 친구가 되어, 데리다 세력권의 가장 독창적이고 가장 강력한 인물 중 한 사람이 되었다. 그녀는 이렇게 설명하고 있다. "그 시기에 나는 괴테와 에커만을 공부하고 있었습니다. 나는 스승의 발언을 기록하고 보강함으로써 그를 기쁘게 해줄 줄 알았던 에커만이라는 인물에 매료되었어요. 나는 에커만의 절대복종에 감탄했습니다. 얼마 전 가다머는 내게 스승 한 사람을 찾을 필요가 있으며, 참된 사상가는 한 명의 스승에 등을 기대는 것을 피할 수 없다고 말해 주었습니다. 해서 나는 데리다의 에커만이 되겠다는 환상을 품고 있었음에 틀림없었습니다. 곧바로 나는 그의 한없는 고독을 보는 것 같았고 또 이해하는 것 같았지요. 그리하여 나는 그에게 로프를 던지고 싶었습니다. 그 시기에 그의 명성은 빠르게 높아지고 있었어요. 데리다는 거의 의식적으로 세계 여기저기에 흩어져 있는 일종의 팀을 만들어 가고 있었지요. 그 팀에서 나는 '게르만어권 외무부 장관'의 역할을 할 수 있었습니다. 나는 그 직책을 지원했고 얻어 냈습니다. 몇 년 동안 우리는 괴테와 클라이스트, 횔덜린, 그리고 카프카에 대해 지속적으로 많은 대화를 나누게 되었지요."

『그라마톨로지에 관하여』는 1976년에 출간된 이래 지속적인 성공을 거두고 있었다. 2년 후, 『글쓰기와 차이』가 앨런 배스의 뛰어난 번역으로 시카고대학 출판부에서 출간되었다.[3] 그 후로 해체는 유행이 되고, 사방에서 데리다를 찾았다. 1979년 말, 그는 당시 16세인 그의 장남 피에르와 함께 북미 대순회 강연을 시도했다. 피에르는 이렇게 기억한다. "내게 가장 인상적이었던 것은 아버지가 발휘한 에너지였습니다. 우리는 거의 매일 다른 도시로 이동했어요. 매번 비행기 여정, 점심, 긴 강연, 그리고 보통 칵테일파티, 늦게까지 이어지는 저녁식사가 있었습니다. 진짜 록 스타의 순회공연 같았지요. 며칠 뒤 나는 몹시 지치고 말았는데, 아버지는 많이 놀랐습니다. 아버지는 어느 때보다도 건강이 좋았습니다. 나는 아버지가 그 여행에 열광하고 있다는 인상을 받았어요."[4]

그렇지만 피에르는 그 여행에 대해, 특히 시카고와 예일에서 이루어진 폴 드 만과의 만남에 대해 좋은 추억을 간직하고 있다. 데리다 또한 후에 그 경험을 즐겼다고 말했다. "그 여행은 아주 독특하고 풍요로웠는데, 요컨대 아주 신비로웠습니다."[5] 그러나 피에르는 그 체류 기간의 일부밖에 함께하지 못했는데, 고3이 시작되어 리조랑지로 돌아와야 했기 때문이다. 9월 24일부터 데리다는 '비교문학의 개념과 번역의 이론적인 문제들'에 대해 3주 동안 예일에서 세미나를 진행했다. 이후 그는 몬트리올로 가서 '니체의 오토비오그라피'(Otobiographie de Nietzsche)라는 제목으로 강연을 하고, 이틀 동안 클로드 레베크, 크리스티 V. 맥도널드, 유제니

---

3) 저서를 받고 난 뒤 바로 데리다는 앨런 배스에게 심심한 감사의 인사를 표한다(데리다가 앨런 배스에게 1978년 11월 23일 보낸 편지). 배스는 이후 데리다의 중요한 작품 『입장들』, 『여백』, 『우편엽서』를 번역했다.
4) 피에르 알페리와의 인터뷰.
5) 데리다가 폴 드 만에게 보낸 날짜 미상 편지(1979년 12월 말). 이 만남은 Jacques Derrida, *Mémoires pour Paul de Man*, Galilée, 1988, p. 18에서도 언급한다.

오 도나토, 로돌프 가셰와 같은 그의 저작에 가장 열정적인 사람들 중 몇 몇과 함께 자유롭게 토론을 벌였다.[6]

자크 데리다와 마르그리트 데리다는 손님들을 너그럽게 환대했다. 리조랑지의 집에는 그의 동료와 번역가, 그리고 학생들까지 꾸준히 많이 초대되었다. 1979년 크리스마스 바캉스 기간 동안, 아비탈 로넬은 여러 번 그곳을 찾았다. 아직 17세가 되지 않은 피에르는 음악과 문학을 아주 좋아하는 명석한 젊은이였다. 아비탈과 피에르 사이에 이내 러브스토리 가 시작되었다. 자크는 놀랐고 마음이 편치가 않았다. 아무리 이해를 해 보려 해도 나이 차가 걱정이 되었다. 아비탈이 피에르보다 열두 살이 더 많았던 것이다. 아마 데리다 역시 그녀가 자신의 사적인 영역에 지나치 게 연결되어 있다고 생각한 듯하다. 피에르는 이렇게 회상한다. "아버지 와 나는 결코 그리 가깝지는 못했어요. 커 가면서 나는 아버지와 참된 관 계를 확립하려 애썼지만, 우리는 언제나 심지어는 신체적으로까지 서로 어느 정도의 거리를 갖게 되었지요. 아주 일찍부터 나는 나를 보호할 필 요를 느껴, 내게 중요한 거의 모든 일에 대해 비밀을 지켰습니다. 나와 아 비탈과의 관계에 대한 이야기는 비밀 누설의 역할을 했습니다. 바칼로레 아가 끝난 뒤 바로 내가 집을 떠나려 했던 일을 아버지는 이해하지 못했 어요. 고등사범학교 수험준비반 1년차에 들어가기를 망설이며 1년간 쉬 려 하자 아버지는 더욱 걱정을 하셨습니다. 아버지는 나와 아버지의 몇몇 공동의 친구들 — 오래 전부터 특히 나보다 나이 많은 분들과 어울렸어

---

6) 이 강연과 토론은 『타인의 귀』라는 제목으로 출판되었다. Jacques Derrida, *L'oreille de l'autre*, Montréal, VLB éditeur, 1982.

요—을 통해 내 생각을 바꾸게 해보려고 애썼습니다. 나의 공부에 관해서는 하기야 그들이 성공을 거두었지요."[7]

아비탈 로넬은 어쨌든 초기에는 사정이 그리 간단치 않을 것이라는 점을 인정했다. "자크는 자기 아이들과 관련된 것이면 무엇이든 걱정하듯 나와 피에르의 관계를 걱정했습니다. 그의 걱정은 우리의 삶을 복잡하게 만들었던 게 틀림없어요. 동시에 나와 피에르의 관계는 내가 가족의 일원이 되어 가는 길이기도 했습니다. 해서 마르그리트는 항상 내게 더없이 관대함을 보여 주었어요." 1980년 6월, 아주 좋은 성적으로 바칼로레아를 통과한 바로 뒤에 피에르는 예전에 츠베탕 토도로프가 살았던 파리에 있는 아파트에서 아비탈과 함께 살기 시작했다. 데리다주의자들이 오랫동안 '형이상학'이라고 부르게 될 그녀는 이렇게 회상한다. "내가 그때 파리에서 살았던 기간은 아주 아름다운 꿈과 같았습니다. 다른 상황에서 다른 주인공들과 함께 했더라면 사정은 '연속극'(soap opera)이 되어 버릴 수도 있었을 겁니다. 나는 가족적인 친밀함과 지적 생활이라는 두 축 사이에서 데리다와 왔다 갔다 했어요. 우리의 관계는 아주 부담스러웠으며, 때로는 아주 복잡했습니다. 나는 자주 어릿광대처럼 그를 웃겼어요. 그렇기에 나는 왕에게 진실을 말할 권리가 있었습니다. 이상하게도 가족적인 친밀함에도 불구하고 우리는 말을 할 때 계속해서 높임말을 썼습니다. 내 마음에는 레비나스가 언급했던 그 높임, 즉 훨씬 더 진실한 친밀감을 표시하는 높임이었습니다."[8]

---

7) 피에르 알페리와의 인터뷰.
8) 아비탈 로넬과의 인터뷰.

데리다는 『우편엽서』를 1979년 초여름 미국으로 출발하기 전에 마쳤다. 그가 전동 타자기를 구입한 것은 바로 '송부'를 수정하기 위해서였다. 그 긴 연애편지에서 데리다는 "문학이 철학보다 더 잘 받아들이는 어떤 것", 즉 "그 순수성에의 접근이 불가능하다는 것을 알지만 그가 끊임없이 열망하는 어떤 관용어법의 글쓰기 쪽으로"[9] 자신을 끌어 가는 욕망, 자신의 최초의 욕망을 되찾았다. 『우편엽서』의 기반이 된 편지들은 사라져 버렸거나 행방을 알 수가 없기 때문에 온갖 추측이 가능한데, 심지어는 추측이 조장되기까지 했다. "괜찮다면, 당신들은 그 편지들을 최근에 파기해 버린 편지의 잔해라고 생각해도 좋을 것입니다"라고 데리다는 머리말에서 말한다.[10] 텍스트가 그 작업 과정을 정식으로 진술함에도 불구하고 그는 연구를 매우 어렵게 만든다. 편지들을 사전에 "소위 모든 발생론적인 비평의 중심에서 벗어나게 하는 것이 중요하다. 흔적을 발견하기 위한 어떤 초고도 남아 있지 않을 것이다."[11]

'송부'에는 모든 것이 말해지지만 교묘하게 계책을 부린 방식이어서 사적인 것과 공적인 것, 증언과 허구 사이의 경계를 끝내 확정할 수 없게 만든다. 그럼에도 불구하고 데리다는 텍스트 속에 여전히 "사람과 장소의 이름들, 실제 날짜들, 확인할 수 있는 사건들과 같은 온갖 지표를 남겨 놓아서, 내가 방향전환 장치를 사용하여 그것들을 다른 곳으로 보내면 그것들은 눈을 감고 달려가기에 우리는 마침내 그것들이 거기에 있다고 믿

9) Jacques Derrida, *Points de suspension*, Galilée, 1992, p. 127.
10) Derrida, *La carte postale*, p. 7.
11) *Ibid.*, p. 248.

고, 우리 역시 거기 있다고 믿게 된다".[12] 애초의 방대한 편지 중 단편들만이 남아 있는데, 그것은 그 책의 다른 세 텍스트('사색하기 — "프로이트"에 대하여', '진리의 배달부', '뒤 투'Du tout)에 "결합될"(se combiner) 수 있는 것만을 남겨 둔다는, 데리다가 정한 규칙 중 하나였다. 마치 '송부'가 지나치게 긴 하나의 서문에 불과한 것처럼 말이다. 물론 편지들 중 일부는 출판을 위해 사후에 쓴 것인지 도무지 확인할 길이 없다.

사라 코프만과 필립 라쿠라바르트, 그리고 장뤽 낭시는 거의 완성된 『우편엽서』의 원고를 동시에 받아 보았는데, 가장 먼저 답장을 보내온 사람은 장뤽 낭시였다. 그것은 당연한 일이었는데, 그 작품을 그들의 총서 속에 포함하기로 했었기 때문이다. 긴 원고임에도 불구하고 낭시는 그것을, 특히 '송부'를 아주 빨리 읽어 내려갔는데, 그만큼 그는 "책에서 눈을 뗄 수 없을 정도로 그 책에 매료되었고, 때로는 감동"했던 것이다. "출판 결정과는 관계없이 텍스트에 감동했습니다. 선생님의 말을 패러디하여 말하고 싶습니다. 이 텍스트는 감동입니다. 오직 감동이에요. 감동을 주는 것(toucher, 또한, 목적지에 닿는 것), 그것은 촉각적인 텍스트입니다." 낭시는 "'송부'가 별도로 한 권의 책으로 출판되지 않는 것을 유감스런 태도로" 고백한다. 그 자체로 그 텍스트가 철학의 자격을 버리고 문학이 될 것임을 그는 잘 알고 있었지만 말이다.[13] 그런 환상을 품은 이는 그 혼자만이 아니었다.

『우편엽서』는 사실 교묘하게 구성되어 있어서 시각적인 차원에서

---

12) *Ibid.*, p. 191.
13) 장뤽 낭시가 데리다에게 보낸 1979년 7월 22일 편지.

구분이 분명하지는 않지만『조종』처럼 두 부분으로 확실하게 나뉘어 있다. 동일한 하나의 문제 제기가 책 전체를 통해 "우편과 분석적 운동, 쾌락의 원리와 커뮤니케이션의 역사, 우편엽서와 도둑맞은 편지, 요컨대 소크라테스에서 프로이트까지와 그 너머 사이를"[14] 왕래한다. 그러나 책의 전반부 절반을 차지하고 있는 '송부'와, 이어지는 세 텍스트 사이에는 글쓰기 방식과 설명 양식이 거의 이율배반적이다. '사색하기 ― "프로이트"에 대하여'는 고등사범학교에서 '삶 죽음'(La vie la mort)이라는 제목으로 행해진 세미나의 소산이었다. 이 글은 프로이트의『쾌락의 원리를 넘어서』를 치밀하고 매혹적으로 분석하고 있지만, 글 속에서 소크라테스와 플라톤도 만날 수 있다. 라캉의「도둑맞은 편지」에 대한 세미나'의 체계적인 다시 읽기인 '진리의 배달부'에 대해서는 앞서 이미 언급했다. 그러나 이 중요한 텍스트 역시 이 작품의 나머지 부분과 공명하고 있다.『우편엽서』는 '뒤 투'(Du tout)로 마무리되는데, 그것은『콩프롱타시옹』(*Confrontation*) 지에 이미 게재되었던 것으로 르네 마조르와의 위장된 즉흥적 만남의 이야기이다. 이 네 텍스트를 실제로 읽고 그것들을 서로 연결 지을 수 있는 독자는, 그게 꼭 이상적이지는 않겠지만 좀처럼 보기 드물다.

'송부'의 번역은『조종』을 제외한 데리다의 그 밖의 텍스트들보다는 훨씬 더 가공할 만하게 어렵다. 이 텍스트를 처음으로 읽으면서 앨런 배스는 아직 그 번역을 시도하지는 않았지만 조이스의 작품을 프랑스어로 번역하는 것만큼이나 까다로울 것이라는 인상을 받았다. 데리다는 '송

---

14) Derrida, *La carte postale*, back cover.

부'가 매우 암호화되어 있다는 것을 인정하고, 그에게 필요할 때마다 설명과 주석과 의견을 제공해 줄 것을 승낙했다. 앨런 배스는 이렇게 기억한다. "그는 내가 번역 원고를 보낼 때마다 많은 주석을 붙여 보내 주고는 했습니다. 그러나 우리는 그가 기차를 갈아탈 때만은 적어도 역 카페에서 오랫동안 만났지요. 만일 그가 내게 주의를 기울이게 하지 않았더라면 나는 많은 세부적인 것들을 놓쳤을 거예요. 예를 들면, 'Est-ce taire un nom?'(이름에 대해 침묵하는 것인가?)에서 그의 어머니의 이름(Georgette Sultana Esther Safar)일 뿐만 아니라 그 책에서 아주 능동적인 역할을 하는 성경적인 이름이기도 한 'Esther'(에스테르) 역시 읽어야 한다는 것이었습니다. 나의 모든 노력에도 불구하고 많은 수의 그런 효과를 나는 번역에서 살려내지 못했습니다."15) 『우편엽서』의 독일어 번역자인 한스 요아힘 메츠거도 역시 강도 높은 작업을 했다. 데리다는 그에게 이렇게 썼다. "당신의 질문들을 읽어 보면 나는 당신이 나보다 그 텍스트를 더 잘 읽었다는 것을 다시 한 번 알게 됩니다. 그러기에 번역가는 정말 견디기 힘들 정도로 끔찍합니다. 그가 더 나은 번역가일수록 더욱더 두렵습니다. 자아 속의 초자아이기 때문입니다."16)

1980년 말 『우편엽서』를 친구들에게 보낼 때 데리다는 거의 계획적으로 '그대에게'(à toi) 라는 말을 사용했던 것 같다. 그것은 추가적인 몇몇 오해를 낳았다. 각 독자는—특히 여성일 경우에는—그 책이 개인적

---

15) 앨런 배스와의 인터뷰.
16) 데리다가 한스 요아힘 메츠거에게 보낸 1981년 9월 13일 편지.

으로 자기를 위해 쓴 것이라는 느낌을 가질 수 있었기 때문이다. 엘리자베스 드 퐁트네는 그 책이 불러일으킨 마음의 동요에 대해 이렇게 완벽하게 묘사한다.

『우편엽서』를 앞에 두고 나는—당신도 잘 아시겠지만—대리인을 내세워 사랑하는 것과는 전혀 관계가 없는 사랑을 하며 살아가는 한 영국인 노처녀, 일종의 브론테 자매 같은 느낌이 듭니다. 하지만 그것은 오히려 신의 성스러움을 닮았겠지요. 이 책에 대한 나의 그 첫인상은 나를 오랫동안 사로잡고 있습니다. 그러니 나는 내게 어떤 자리를 만들어 줄 만큼 짓궂은 한 권의 책을 문자 그대로 읽는 것으로 만족하겠습니다.[17]

그렇지만 특히 데리다의 친구 중 몇몇에게, '송부'의 중심에 있는 현실에 대한 암시는 용인하기 어려웠던 것 같다. 피에르는 곧바로 얼마나 그 작품에 움찔했는지 이렇게 회상하고 있다. "『우편엽서』가 출판되었을 때 나는 그 책 속에 얼마나 많은 사생활과 감춰진 속내 이야기, 심지어는 자기과시까지 들어 있는지를 알아차렸습니다. 나는 어쨌든 그런 형식의 그 책을 대하고 싶은 마음이 전혀 없었어요. 그런데 그것은 결국 내가 내 아버지의 책들을 정말 거의 읽지 않았다는 사실을 증명해 주는 것이었습니다."[18]

언론은 대부분 호의적인 평을 내보냈다. 모든 글이 조금은 환원적

---

17) 엘리자베스 드 퐁트네가 데리다에게 보낸 1980년 6월 10일 편지.
18) 피에르 알페리와의 인터뷰.

인 투로 책의 제1부에 역점을 두었다. 작가 막스 주네브는 자신의『주르날 드 렉튀르』(*Journal de lectures*) 지에서 "아들 크레비용 이후 가장 아름다운 서간체 소설"[19]이라 극찬하며 열광한다.『레 누벨 리테레르』(*Les Nouvelles litteraires*) 지에서 잔 에르브는 좀 신경에 거슬리는 빈정대는 어조이기는 하지만 역시 '우편배달부 데리다'를 높이 평가했다. 반면『샹주』지의 필립 부아예는『리베라시옹』지에 '한 철학자의 연애편지'라는 제목으로『우편엽서』에 열렬한 한 페이지를 할애한다.

> 농업에서처럼 문학에서 중요한 원칙은 각자 자기 집에 남아 소를 잘 보살펴야 한다는 것이다. 소설가에게는 소설이, 미식가에게는 요리책이, 그리고 철학자에게는 철학이 그렇다…. 그런데 우리가 이론서를 기대하고 있는 곳에서 느닷없이 데리다가 문학을 두 팔로 부둥켜안고 연애소설을 하나 분만했으니, 이 무슨 일인가?[20]

비록 긍정적인 입장이긴 했지만 데리다의 이전 저서들에 비해 언론의 서평은 훨씬 적었다. 1980년 초부터 프랑스에서는 변화의 징후들이 늘어 가고 있었다는 것을 말해 둘 필요가 있겠다. 1월 5일, 라캉은 파리 프로이트학파의 해체 문서에 서명을 한 뒤 침묵 속에 묻혀 살다가, 1981년 9월 9일에 사망했다. 사고를 당한 롤랑 바르트는 결국 1980년 3월 26일에 사망했다. 4월 15일, 이번에는 사르트르가 세상을 떠났다. 5만 명이 장례

---

19) Max Genève, *Qui a peur de Derrida?*, Anabet, 2008, p. 103.
20) *Libération*, 6 June 1980.

행렬을 따랐는데, 많은 것이 그와 함께 묻혀 버릴 것이라 아마도 예감했을 것이다. 실제로 이데올로기적인 분위기는 급속도로 변했다. 1970년대 중반 이미 약화된 마르크스주의 역시 아주 오만한 자유주의에 자리를 내주었다. 출판계의 상황도 마찬가지로 변했다. 어려운 책은 그 어느 때보다도 인기가 떨어졌다. 그리하여 여러 어려운 총서도 사라져 버렸다.

그러한 새로운 시대적 분위기 속에서 1980년 갈리마르 출판사의『르데바』(Le Débat) 지의 창간은 그 새로운 시대사조를 보여 주는 하나의 전조였다. 구조주의의 비약에 가장 중요한 역할을 한 피에르 노라는 분명 과거를 잊고자 했다. '지식인들은 무엇을 할 수 있는가?'라는 제목의 권두 선언에서 그는 미셸 푸코를 위시하여 자신의 총서들('인문과학 총서', '역사학 총서')의 저자들을 공격하는 인상을 내비쳤다. 이 잡지(『르 데바』)의 제3호에서 노라가 뽑은 편집장 마르셀 고셰는 라캉과 데리다를 맹렬히 비판했다. '신철학자들'의 가장 강한 면면들이 호적수를 만난 것 같았다. 이후로 '지도적 사상가들'을 비판하는 것을 더 이상 아무도 막지 못했다.

> 정치적 개념들의 장(場)을 넘어, 공들여 만든 반휴머니즘의 수많은 해석들이 얼마나 많이 전체주의 정신의 세계를 포함하고 있거나, 또는 그 세계와 공모하고 있는지를 명백히 보여 줄 필요가 있다. 예를 들어, 일련의 기의에 빼앗긴 주관적인 환상에 대한 라캉의 비판과, 고유성의 정체성이 해체되는 차이의 과정으로서의 데리다의 글쓰기에 대한 시각이 바로 그것이다.[21]

---

21) Marcel Gauchet, "Les droits de l'homme ne sont pas une politique", Le Débat, no.3,

대학에서는 하나의 흥미로운 가능성이 코앞에 다가와 있는 것 같았다. 낭테르대학에 있던 폴 리쾨르는 어느 날 자기 머리에 쓰레기통을 뒤집어쓸 정도로 68혁명의 후유증을 심하게 겪었다.[22] 1970년대 말, 그는 낭테르에서의 강의와, 파르망티에 가에서 해오던 현상학에 관한 세미나를 끝낼 결심을 했다. 비록 데리다와 몇 번의 불화가 있었고, 미국에서 확산되고 있는 '데리다 열광'으로 인해 종종 신경이 거슬렸지만 리쾨르는 자신의 후계자로 전에 소르본에서 자신의 교육조교였던 데리다만을 생각했다. 그의 생각으로는, 『목소리와 현상』의 저자만이, 비록 비판적일지라도, 후설에 대한 자신의 연구와 현상학을 이어나갈 수 있는 유일한 사람이었던 것이다.[23] 그리하여 공식적으로 사표를 내기 전 리쾨르는 자신의 그 마음을 아무도 모르게 데리다에게 전했다.

1979년 7월 1일 데리다는 긴 편지를 써서 그에게 답장을 보냈는데, 철학의 심부회가 소집된 지 며칠 지나지 않아서였다. "며칠 동안의 망설임과 숙고와 번민" 끝에 그는 리쾨르가 "그토록 관대하게 열어 준" 가능성을 포기하는 쪽을 택했다. 그것은 단지 준비 중인 박사학위 논문의 심사를 받기 위해 착수해야 할 과정의 불확실성과 어려움 때문도 "대학의 어떤 권위와의" 불화 때문도 아닌, 우선 그토록 무거운 책임을 감당할 마음이 자신에게 있는지 확신을 갖지 못했기 때문이다.

July-August 1980. Didier Eribon, *D'une révolution conservatrice et de ses effets sur la gauche française*, Léo Scheer, 2007, p. 102에서 재인용.

22) François Dosse, *Paul Ricoeur, les sens d'une vie (1913-2005)*, La Découverte, 2008에 자세한 이야기가 실려 있다.

23) 프랑수아즈 다스튀르와의 인터뷰.

저는 좀 두려움을, 예, 그 새로운 책무, 그 새로운 삶이 어떤 새로운 일을, 심지어는 계속해야 하겠다고 생각되는 활동이나 싸움을 훨씬 더 어렵게 할 것이라는 두려움을 갖습니다. 그것은 저의 능력을 넘어서는 작은 책임입니다. 그렇지만 어디까지나 책임은 책임입니다. 고등사범학교는 그 책임을 떠맡기에 이상적인 곳이 못 됩니다. 그렇지만 저의 연구의 자유가 한동안은 아직 제한을 덜 받으리라는 느낌은 있습니다. 어쩌면 제가 크게 착각하고 있는지도 모르겠습니다. 그러기에 저의 결정을 후회할 가능성이 큽니다. 하지만 저는 지금 이와 다른 결정을 할 만큼 체관(諦觀)하지를 못합니다. 저는 그럴만한 여력이 없습니다.[24]

데리다는 리쾨르가 보여 준 신뢰로 자신이 얼마나 "큰 감동과 격려를 받았으며", 예컨대 얼마나 "인정을 받고 있는지"를 재차 말하면서 그의 편지를 끝맺는다. 리쾨르도 데리다의 그 솔직한 설명에 매우 감동했다. "내가 자네의 여러 이유를 다 이해한다고 어찌 말할 수 있겠는가. 자네의 입장이 보여 주는 지식인의 미덕에 깊은 존경심을 갖네."[25] 그는 그 편지를 이용하여 어제의 적수에게 자신의 깊은 애정을 확신시켜 주었다.

11월, 낭테르의 문제는 보다 더 긴급해진 말투로 다시 제기되었다. 어느 토요일 오전, 세차게 내리는 빗속을 한 시간 동안 달려왔지만 리쾨르는 교수자격시험 수업을 하기로 되어 있는 교실에 단 한 명이 와 있는 상황을 접했다. 화가 난 그는 즉시 행정부서로 올라가서 정년 전 조기 퇴

---

24) 데리다가 폴 리쾨르에게 보낸 1979년 7월 1일 편지.
25) 폴 리쾨르가 데리다에게 보낸 1979년 7월 17일 편지.

직을 신청했다.[26] 그리하여 리쾨르의 여러 친구들이 다시 데리다에게 가서 선발 절차는 요식 행위에 불과할 뿐이라고 안심시키면서 그의 내키지 않는 마음을 돌리는 데 성공했다. 그런 기회는 오랫동안 다시 오지 않을 수 있었다.

그 자리를 희망하기 위한 첫 단계는 준비 중인 국가박사 학위의 논문 심사를 가능한 한 가장 빠른 시일 내에 받는 것이었다. 지도교수의 역할을 맡은 이는 자신이 준비 중인 논문과는 아주 거리가 멀기는 하지만 데리다가 존경하는 장투생 드장티였고, 모리스 드 강디약이 심사위원장이었다. 심사위원으로는 피에르 오방크, 앙리 졸리, 질베르 라스코, 에마뉘엘 레비나스가 참석했다. 이미 발표된 10편의 글을 묶어 완성한 논문의 제목은 「철학의 기입, 글쓰기의 해석에 관한 연구들」(L'inscription de la philosophie, recherches sur l'interprétation de l'écriture)이었다. 논문이 '통과될 수' 있도록 데리다는 그 자료체에서 자신의 가장 '위험한' 저작들인 『조종』과 『에프롱』, 『우편엽서』를 제외시켰다.

논문 심사는 1980년 6월 2일 월요일, 생자크 가 46번지에서 열렸다. 심사장은 사람들로 가득 찼고, 날씨는 몹시 더웠다. 하늘색 양복을 입고 있던 데리다는 발언을 하기 전에 상의를 벗었다.[27] 아주 아름다운 글인 '구두점들. 학위논문 발표의 시간'(Ponctuations. Le temps de la thèse) 속 자신의 지적 경력을 요약하면서 그는 대학과 몹시 애증이 엇갈리는 관계

---

26) François Dosse, *Paul Ricoeur, les sens d'une vie (1913-2005)*, 1st éd., La Découverte, 2001. 결정판에서 삭제된 이 장(章)은 인터넷(d05431_chapitres.pdf, p.99)에서 자유롭게 찾아 읽을 수 있다.
27) 프랑수아 앙즐리에(François Angelier)와의 인터뷰.

였음을 숨기지 않았다. 그러면서 그는 논문을 제출하기로 결심하기 전까지 오랫동안 자신의 학위 논문에 대해 게을리했다는 것을 인정했다. 자신의 바뀐 태도에 대해 그는 물론 암시로만 설명할 뿐이었다.

제가 여기 분석할 수 없는 다양한 성격의 아주 많은 개념들을 고려할 때 끝이 없을 것이라고 예상했던 숙고에 갑작스럽게 종지부를 찍고, 저의 이전의 결심(물론, 학위논문에 관한 결심입니다)의 정당함을 증명해 주었던 모든 것이 다가올 몇 년 동안 더 이상 유효하지 않을 것이라는 결론에 이른 지가 겨우 몇 달 전입니다. 특히 지금까지 저를 제지했던 바로 그 기관의 정책적 이유들 때문에 저는 어쩌면, '어쩌면'이라는 말을 강조하고자 합니다, 어떤 새로운 이동을 준비하는 것이 더 낫겠다는 결론을 내렸습니다. [...] 아마도 제가 어디로 가고 있는지, 어디에 있는지, 어디에 이르렀는지가 아니라 어디에 멈춰서 있는지를 너무 잘 알기 시작했기 때문일 것입니다.[28]

권두 발언에서 피에르 오방크는 학위 심사 논문 제출자의 명성과 심사장에 몰려든 인파에 신경이 거슬려 "자신은 대학의 모든 현행 기준에 따라 심사위원으로서 엄격하게"[29] 주어진 역할을 수행할 것이라고 말했다. 이와는 반대로 레비나스는 아주 관대하게 논문 심사 행사를 환영하면

---

28) Jacques Derrida, "Ponctuations. Le temps de la thèse", *Du droit à la philosophie*, Galilée, 1990, p. 458.
29) Alain David, "Fidélité (la voie de l'animal)", Marie-Louise Mallet and Ginette Michaud éds., *Derrida, Cahier de L'Herne*, L'Herne, 2004, p. 155.

서 "특별한 기념식"이기에 "제식에 따를 수" 없다며 안심시켰다.

> 당신 저작들의 중요성, 당신 영향력의 크기, 당신 측근인 파리의 많은 능
> 력 있는 학생과 제자들은 당신을 오래 전부터 우리 세대의 지도적 사상
> 가로 떠받들고 있습니다. 그렇지만 당신 같은 철학자가—비록 몇 시간
> 일지언정—지금 그 자리에 앉아서 질문들에 답변할 의무를 따르는 것
> 은 특별히 활용할 필요가 있는 상황일 것입니다. 어쨌든 나로서 할 일은
> 바로 그것입니다. […] 이 논문 심사는 조금은 심포지엄의 성격이기도
> 합니다. 그 기회를 놓치지 마세요.[30]

장투생 드장티의 다소 당황케 하는 발언에도 불구하고 심사는 순조
롭게 진행되었다. 그러니 리쾨르의 후임자가 되기 위한 첫 번째 단계는
통과된 셈이었다. 다음 단계를 기다려 볼 일이었다….

1980년 7월 23일, 데리다의 50번째 생일이 지나고 3주 뒤 보다 더 우
호적이고 보다 더 자유로운 성격의 심포지엄이 스리지 라 살에서 시작
되었다. 현지 책임자인 에디트 외르공과 기획 고문인 장 리카르두는 몇
년 전부터 『조종』의 저자에 대한 콜로키엄을 기획하고자 했지만, 정작 저
자 자신이 매우 주저했다. 1977년 말, 학회 논문집 『퐁주, 발명자와 고전』
(Ponge, inventeur et classique)이 발간되었을 때 에디트 외르공은 다시
데리다에게 제안을 했다. 이번에는 데리다도 그것이 자신의 이름과 저작

---

30) IMEC의 '데리다 기록물'에 보존된 레비나스의 메모에서 인용했다.

에 대한 축하가 아닌, 자신의 저작을 기반으로 한 대화여야 한다는 조건으로 기본 방침을 받아들였다. 프로그램에 대해서도 초청자의 선정에 개입하고 싶지 않아, 그는 『철학의 여백』에서 가장 영향력 있는 글 중 하나를 기념하여 '인간의 종말'(Les fins de l'homme)이라 이름을 붙인 그 '10일간의 행사'를 장뤽 낭시와 필립 라쿠라바르트가 공동으로 진행해 주었으면 좋겠다는 의견을 제시했다.

낭시와 라쿠라바르트에 의해 마련된 콘텐츠는 아주 빽빽했다. 발표자들 중에는 특히 사라 코프만과 실비안 아가생스키, 뤼스 이리가레, 바르바라 존슨, 루이 마랭, 로돌프 가셰, 베르너 하마셔 등이 보였다. 그러나 콜로키엄은 또한 정신분석학과 문학, 번역, 정치학, 예술, 철학 및 교육의 문제들에 대해 소그룹으로 행해지는 일련의 세미나도 포함하고 있었다. 스타의 지위를 피하려는 의지가 어떻든 간에, 사람들은 데리다를 자기 그룹의 세미나에 데리고 가려고 야단이 났다.

콜로키엄은 데리다와, 뤽 페리와 알랭 르노가 이루는 2인조 사이에 격렬한 논쟁으로 시작되었다. '하이데거 이후의 윤리 문제'에 대한 그들의 발표가 끝나자 데리다는 그들의 "이데올로기적인 혼돈"을 비판하면서, 처음부터 그들이 자기와 하이데거 사이에 "돌이킬 수 없는 거리"를 두었다고 비판했다. 비록 그가 하이데거에 대해 "독단적이거나 전적으로 동의하는 입장을" 가져 본 적은 없다고 주장했지만, 데리다는 그들이 『존재와 시간』의 저자를 묵사발을 만들기 위해 몰두하는 단순화를 받아들일 수가 없었다. 토론은 곧 험악해졌고, 결국 두 저자는 서둘러 스리지를 떠나 버렸다. 5년 뒤, 그들은 『68사상, 현대 반휴머니즘에 대한 시론』에서 데리다를 직접적으로 비난했다.

훨씬 더 차분하게 이루어진 장프랑수아 리오타르의 '토론, 또는 "아우슈비츠 이후" 표현하기'에 대한 토론은 또 다른 하나의 중요한 순간이었다. 8년 전 니체에 대한 콜로키엄 때의 갈등 이후, 데리다는 자신에 대한 콜로키엄에 리오타르가 참석함으로써 보여 준 "관대함"에 매우 감동했다. 그에 응답하여 데리다는 1982년 여름 리오타르에 대한 콜로키엄 '판단 능력'에 참여했다. 두 사람은 이후 더 가까워지며, 함께 대화를 나누는 사이가 되었다.

'인간의 종말'에 참여한 많은 참석자들은 국적과 지적 프로필에서 매우 다양했다. 이처럼 콜로키엄은 철저한 토론과 때로는 재검토를 마다하지 않는 진정한 교류의 무대였다. 필립 라쿠라바르트처럼 장뤽 낭시는 이 콜로키엄에 대해 아주 강렬한 추억을 간직한다. "10일간의 스리지 콜로키엄을 이끌었던 것은 우리에게는 열광적인 — 황홀한? — 책무였습니다. 하지만 이례적으로 풍성하고 열정적인 만남이기도 했습니다. 그것은 확실히, 정확히 그 시기에 한편으로는 데리다가 다른 한편으로는 주제가 모든 참석자들의 흥미와 기대와 질의들에 — 내 표현이지만 — '마지막 비책'이었기 때문일 것입니다. 68을 넘어, 강렬한 정치적 필요에 의해 재촉되어 이루어지고 있는 어떤 한 세계를 위한 가능한 사상 유형, 또는 유형들을 포착하는 것처럼 보였습니다."[31]

열렬한 분위기는 종료일인 8월 2일까지 계속되었다. 폐막식이 끝나고 작별의 순간이 되자 참석자 중 고바야시 야스오라는 한 일본인이 일어나서 이런 말을 남겼는데, 많은 사람들의 기억에 새겨져 있을 것이다.

---

31) 장뤽 낭시가 필자에게 2009년 1월 29일 보낸 이메일.

여러 참석자들이 소감을 한마디씩 했기에 저도 개인적인 소감을 한 말씀드리고 싶습니다. […] 제가 여기에 올 때엔 걱정과 두려움이 없지는 않았습니다. 그런데 […] 저는 당신들이 누구인지 모르고도 당신을 사랑합니다라고 말할 정도가 되었습니다. 제 생각에, 이런 감정은 블랑쇼가 말하는 그런 우정일 것입니다. 그 우정으로 저는 당신들께 감사드립니다. 그리고 다시 한 번 당신들께 말씀 드리고 싶습니다. '당신들을 사랑합니다'라고 말이에요.

이 콜로키엄에 의한 간접적인 효과 중 하나는 갈릴레 출판사와의 관계 복원이었다. 갈릴레 출판사와의 관계는 5년 전, 그러니까 『조종』의 출판 이후 얼마 지나지 않아 악화되었다. 『인간의 종말』의 출판은 처음에는 '샹' 총서에 포함시킬 계획이었는데, 플라마리옹 출판사 책임자들이 발표 논문들을 한 권을 초과해 엮는 것을 거절했다. 그렇게 되면 얼마 되지 않는 논문만 포함되고 토론은 하나도 싣지 못하게 될 것이었다. 8월, "뜻밖의 행운으로" 데리다는 생폴드방스에 있는 매그트 미술관(Fondation Maeght)에서 미셸 들로름을 만났는데, 그 자리에서 데리다는 그 어려움을 그에게 토로했다.

그는 즉각 열광적이고 감탄하는 모습을 보이면서(자네들도 잘 알 거야, 그 사람의 스타일이 본래 그렇지 ― 그런데 그는 콜로키엄에 대해 이미 들어 알고 있었네), 원고를 10월까지 넘겨주면 1월이나 2월에는 논문 전체를 두꺼운 책 한 권으로 내주겠다고 제안했네. 그는 그 일을 거창하게 하고 싶어하네. 표지도 멋지게 하고, 출판 부수도 대규모로 하고, 등등!!! 이 모든 것이 10분 만에 계단에 서서 다 이루어진 것이네. 나는 그에게 지체 없이 자네들에게 말하겠다고 말했네. 자네들이 결정해야 할 일이기 때문일세.

거기에 대해 어떻게 생각하는가? 나로서는 플라마리옹 문고판에 불만을 갖고 있기에 갈릴레가 더 나은 해결책일 것 같네. 빨리 출판해 주겠다는 것 때문에도 그렇고 들로름의 분명한 열의 때문에도 그렇네.[32]

물론 낭시와 라쿠라바르트는 데리다의 생각에 동의했으며, 발표들이 거의 망라된 출판(몇몇 토론은 녹음 상태가 불량했다)에 대해 기뻐했다. 그러나 원고의 전문적인 수정 작업은 아주 힘이 들어, 작업을 나눠서 하는 것이 불가피했다. "적어도 실비안과 내게는 기대할 수 있을 것이네."[33] 그 계획은 오비에 출판사나 플라마리옹 출판사에서처럼 지나친 부담 없이 놀랍도록 신속하게 구체화되었다. 1981년 봄, 빽빽한 글씨와 아다미의 독창적인 표지에 704쪽에 이르는 두꺼운 책이 갈릴레 출판사에서 출간되었다. 낭시와 라쿠라바르트가 쓴 서문에 의하면, 두꺼운 분량에도 불구하고 이 콜로키엄의 발표문들은 "스리지에서 10일 동안 실제로 있었던 (다툼에 이를 정도의) 대결, (심문에 이를 정도의) 질문, (축제에 이를 정도의) 협력과 우정"[34]에 의한 소산 중 아주 부분적인 것만을 담을 수 있을 뿐이었다.

---

32) 데리다가 필립 라쿠라바르트와 장뤽 낭시에게 보낸 1980년 8월 25일 편지.
33) 데리다가 필립 라쿠라바르트와 장뤽 낭시에게 보낸 날짜 미상 엽서(1980년 9월).
34) Philippe Lacoue-Labarthe and Jean-Luc Nancy éds., *Les fins de l'homme, à partir du travail de Jacques Derrida*, Galilée, 1981.

하지만 가을은 하나의 비극으로 얼룩졌다. 1980년 11월 16일, 며칠 동안의 허가를 얻어 병원에서 나온 알튀세르가 고등사범학교의 의사인 피에르 에티엔이 있는 방의 문을 주먹으로 치듯 두드렸다. "피에르, 어서 와 봐, 내가 엘렌을 죽인 것 같아." 그는 얼이 빠진 듯 소리를 내질렀다. 에티엔은 실내복 하나만을 걸치고 자신의 30년 지기를 따라갔다. 리트만 출신으로 레지스탕스 조직에서 레고티엥(Légotien)이라는 이름으로 잘 알려진 엘렌 알튀세르가 목이 졸려 침대 다리 밑에 쓰러져 있었다. 도미니크 동브르는 이렇게 이야기한다. "루이 알튀세르는 극도의 흥분 상태에 있었다. '어떻게 해봐, 안 그러면 집에 불을 질러 버리겠어.' 그가 의사에게 말했다. 그는 계속해서 똑같은 말만 되풀이했다. '내가 엘렌을 죽였어. 이젠 어떻게 되는 거지?' 에티엔은 생탄 병원에 전화를 걸어 알튀세르를 병원에 수용하게 했다. 앰뷸런스가 고등사범학교 교장인 장 부스케의 신고를 받은 경찰보다 10여 분 일찍 도착했다. 알튀세르는 너무도 탈진한 상태여서, 밤인데도 생탄까지 달려온 예심판사 기 졸리는 그에게 의도적 존속살해 혐의 부여를 포기했다."[35]

이 사건은 아무리 끔찍할지라도 알튀세르의 친구들에게는 전적으로 놀랄 일은 아니었다. 도미니크 르쿠르는 이렇게 회상한다. "그를 알고 난 뒤로 나는 그런 상태의 그를 본 적이 없었습니다. 그에게 다른 약을 투여해 보았지만 뚜렷하게 효력은 나타나지 않았어요. 종종 그를 방문조차 못할 정도로 그는 정신착란을 일으키고는 했습니다. 그런데도 디아트킨은

---

35) Dominique Dhombres, "Louis Althusser, le coup de folie du philosophe", *Le Monde*, 30 July 2006. 루이 알튀세르의 관점에서 본 엘렌 사건의 자세한 이야기는 그의 사후에 출판된 Louis Althusser, *L'avenir dure longtemps*, Stock-IMEC, 1992를 참조할 것.

그것이 '소염발작'이라고 말하면서 그가 외출하도록 내버려 두었지요. 디 아트킨은 여전히 자신이 돌보고 있는 엘렌과 루이의 매력에 사로잡혀 있었습니다. 그러나 알튀세르의 상태는 계속 악화되어 갔죠. 우리는 그가 자살하지 않을까 걱정하기도 했습니다. 엘렌은 자주 내게 전화를 해 그의 소식을 전했어요. 데리다와 나는 알튀세르의 상태에 관해 자주 이야기를 나누면서 불안과 슬픔을 감추지 못했습니다."[36]

세계에서 가장 유명한 마르크스 학자를 격리실에 데려다놓고 의사들은 곧바로 그의 가족을 찾으러 갔다. 에티엔 발리바르는 이렇게 설명한다. "사실상, 알튀세르는 가족이 없었어요. 그의 질녀는 그때 아주 어렸지요. 그러므로 그들은 오래 전부터 가족을 대신하는 것과 같았던 고등사범학교로 돌아갔습니다. 곧장 데리다에게 연락이 왔는데, 그 시기에 그의 행동(알튀세르를 돌보는 일)은 감탄할 만했습니다."[37] 그 음산한 일요일 아침, 그는 레지 드브레와 함께 가장 먼저 도착한 사람들 중 하나였는데, 드브레와는 지난해에 철학 삼부회를 준비하는 동안 다시 관계를 맺었다. 그들은 함께 생탄 병원으로 가 몇 시간 동안 기다렸지만 알튀세르와의 면회를 허락받지 못했다.[38]

그 다음날, 언론은 모든 면에서 이례적인 그 사건 기사에 1면을 할애했다. 『르 코티디엥 드 파리』(*Le Quotidien de Paris*) 지는 알튀세르와 윌름 가의 고등사범학교에 대해 실제로 반대운동을 벌였다. 첫날에는 그렇지만 뉴스들은 아주 불명확했다. 아직 '고등사범학교에서 발생한 하나의

---

36) 도미니크 르쿠르와의 인터뷰.
37) 에티엔 발리바르와의 인터뷰.
38) 레지 드브레와의 인터뷰.

미스터리'란 말밖에 쓰지 않았다.

알튀세르가 아내의 죽음에 직접 책임이 있는지 검토해 보아야 할 것이다. 그런데 어제, 그 밤의 사건 위로 베일이 조심스럽게 드리워졌다. 고등사범학교의 총장은 만날 수가 없다. 입을 열지 말라는 지시가 수위에게 내려졌다. 고등사범학교의 의사는 또 우리의 질문에 곧장 이렇게 대답했다. "사람들이 너무 심각하게 생각하고 있는 것 같습니다. 루이 알튀세르의 아내가 저녁에 사망했고, 그는 심한 우울증의 피해자였습니다." 그런데 의사는 시중에 떠도는 소문의 유령을 그 유명한 학교로부터 쫓아버리려고 애쓰는 것만 같았다.[39]

화요일 아침, 『프랑스수아르』(France-Soir) 지는 1면에 확실한 살인임을 간결한 어투로 보도했다. "정신과의사들이 알튀세르를 진찰 중이다. 판사는 그 철학자가 말을 알아들을 수 있는 상태가 아니어서 그의 혐의를 그에게 말해 줄 수 없었다." 『르 코티디엥 드 파리』 지의 어조는 훨씬 더 노골적이었는데, 그 사건에 대해 한 면 전체도 모자라 도미니크 자메의 가시 돋친 사설까지 덧붙여 실었다. "여러 나리님들, 얼마나 큰 신중함과, 얼마나 많은 주저와, 얼마나 많은 선의의 거짓말과, 끝내는 제 기능을 하지 못하는 얼마나 많은 펜과, 공모에 이를 정도의 우정과, 어떤 사람들은 자기검열에서 또 어떤 사람들은 온갖 정치적이거나 사회적인 검열의

---

39) *Le Quotidien de Paris*, 17 November 1980.

개연성에서 기인하는 얼마나 많은 침묵들입니까."[40]

　우익적인 증오심이 과도하게 폭발했다. 사설 집필자의 말을 믿는다면, 만일 살인자가 다른 누군가였다면 즉각 경찰을 불렀을 것이다. 그런데 알튀세르는 "공산당의 각별한 회원"인 동시에 "프랑스의 지식인 기득권층"에 속한다는 것이었다.

　비록 그가 가난한 사람들에 대하여 공감과 관심을 갖지만 그는 강자 쪽에 속한다. [⋯] 도대체 국가적인 특혜가 있는가? 철학자는 절대로 더러운 손을 가져서는 안 되는가? 보통법의 한계를 벗어난, 그와 같은 권리를 자신에게 허락하는 사람들은 도대체 어떤 사람들인가? [⋯] 불평등에 대항하고 계급 간 정의를 위해 싸우는 미덕의 귀감들이 자신들의 이익을 위해 감히 그런 불평등의 획책을 시도할 수 있는가?

　11월 19일 수요일, 도미니크 자메는 다시 비난의 글을 썼다. 『르 코티디엥 드 파리』지는 1면에 '알튀세르, 부정한 사건'이라는 제목의 기사를 게재했다. 그는 그 기사에서 "계급 타파를 주장하는 그토록 많은 사람들이 특권계급을 더 잘 보호하기 위해 서로 공모자가 되어 행하는 동업 조합원들의 놀라운 공모"를 언급한 뒤, 이렇게 질문을 던졌다. '철학을 두려워할 필요가 있는가?' 장 뒤투르 역시 『프랑스수아르』지에서 격분했다. 반면, 극우 주간지 『미뉘트』(*Minute*) 지는 그 철학자를 "anormal

---

40) *Le Quotidien de Paris*, 18 November 1980.

supérieur"(아노르말 쉬페리외르)[41]라고 규정짓고는 불길한 예측을 하면서 이렇게 비아냥거렸다. "철학의 안갯속에서 시작하여 그랑 기뇰 극장의 비열한 이야기로 끝나는 이 알튀세르 사건은 공산주의 전체에 대해 얼마나 인상적으로 응축된 표현인가." 고등사범학교 졸업생이기도 한 법무장관 알랭 페이레피트와 같이 그들은 이 사건이 중죄재판소에서 다루어지기를 원했다.

그 사건이 일어나고 초기 며칠 동안 "매우 상심하여 […] 측근 중의 측근인 데리다는 일체 언급을 하지 않았다". 그 어느 때보다 그는 언론을 불신했다. 그는 『르 몽드』지의 기자 앞에서 "너무 괴롭다"라는 한 마디 말만 무심코 내뱉을 뿐이었다.[42] 그럼에도 불구하고 그는 신속하고 유능하게 행동했다. 11월 18일, 그는 상단에 고등사범학교의 주소와 학교 이름이 찍힌 편지지에 여러 동료들의 사인을 받은 편지 한 통을 한 변호사에게 보냈다. 루이 알튀세르는 현재 변호사를 선임할 상태가 못 된다고 설명하면서 이렇게 썼다. "비록 임시적이지만 그의 변호가 잘 이루어지도록 하는 것이 우리의 의무로 여겨집니다. 따라서 그의 우정 어린 가족인 우리는 루이 알튀세르의 변호사가 되어 주실 것을 간곡하게 부탁드립니다."[43]

'우정 어린 가족'이라는 표현은 전적으로 진실에 부합한 것이었다. 그 비극이 발생한 후로 몇 주 동안 데리다와 드브레, 발리바르, 그리고 르

---

41) 'École normale supérieure'(에콜 노르말 쉬페리외르, 고등사범학교)를 패러디하여 비꼬고 있다.—옮긴이

42) *Le Monde*, 19 November 1980.

43) 신원 미상의 변호사에게 보낸 1980년 11월 18일 편지. 이 편지의 서명자는 다음과 같다. 다니엘 베네킨, 자크 데리다, 장피에르 르페브르, 베르나르 포트라.

쿠르는 그들의 수고를 아끼지 않았다. 면회가 허락되자 그들은 곧 생탄 병원의 폐쇄 병동으로 알튀세르를 방문하여 많은 문제들을 해결하는 일에 최선을 다했다. 데리다는 되도록 감정을 억눌렀지만 몹시 가슴이 아팠다. 조스 졸리에는 데리다가 "너무 마음의 상처를 입어 고통스러워하는" 모습을 보며 겁이 나서 자신이 할 수 있는 것은 무엇이든 친절히 돕겠다고 그에게 제안했다.[44]

법적으로 이 사건은 힘든 문제였다. 만일 사건 발생 당시 정신장애로 분별력이나 자신의 행위에 대한 제어능력이 상실됐다는 이유로 예심 판사가 공소기각 결정을 내린다면 알튀세르는 확정적으로 정신병동 수용 판결을 받게 된다. 하지만 심문과 재판은 면제된다.[45] 비록 그 사건이 그 상황에 완전히 부합되어 1981년 1월 23일 그 방향으로 판결이 났지만, 이는 이 철학자가 누리게 될 지원과 특혜에 대한 논쟁을 다시 불러일으켰다. 그 다음날, 대심재판 검사장은 그 소송에 전혀 예외적인 점이 없다는

---

44) 조스 졸리에가 데리다에게 보낸 1980년 11월 28일 편지. 데리다는 알튀세르의 사건이 일어나기 전에도 그의 아버지가 사망한 지 10년이 지났음에도 그와 무관하지만은 않은 불안증이 재발하여 시달리고 있었던 것 같다. 필립 라쿠라바르트에게 보낸 한 편지에서 그는, "마치 그가 곧 죽을 것처럼" 평상시와는 달리 몇 주 전부터 친절하게도 사람들과 함께 사진을 찍은 것에 대해 언급한다. 그의 첫 모로코 여행은 그가 받은 따뜻한 환대에도 불구하고 그렇게 즐겁지는 못했다. "나는 모로코에 도착하는 날 정말 죽는 줄 알았네. […] 그게 생명력인지, 아니면 뚜렷한 정상 상태인지는 모르겠지만 어쨌든 회복이 되어 4번의 강연도 마치고 또 대서양을 따라 걷기도 했네. 게다가 나를 즐겁게 해주기 위해 내 친구 카티비가 준비한 한 부족의 음악인들 앞에서 혼자 춤까지 췄네. 이제 다시 출발하려 하지만 피곤하네."(필립 라쿠라바르트에게 보낸 날짜 미상 편지. 1980년 10월) 마르그리트의 기억에 따르면, 데리다는 한밤중에 카티비에게 전화를 걸어 그의 집에서 머물기 위해 함께 호텔을 떠났던 것 같다.
45) 형사법 122-1항(구형사법 64조)이다. 알튀세르 사건에 대한 자세한 내용은 장 폴 두세(Jean-Paul Doucet)의 글을 참조할 것(http://ledroitcriminel.free.fr/dictionnaire/lettre_a/lettre_a_as.htm).

것을 상기시키면서 모든 의혹을 불식시키려 했다.[46)]

의학적으로, 사정은 더 간단하지가 않았다. 도미니크 르쿠르는 이렇게 말했다. "사건이 터진 뒤 곧 디아트킨 박사는 나를 비롯하여 데리다와 드브레, 그리고 발리바르를 자기 사무실로 불렀습니다. 자신의 책임감에서 누가 자기에게 해명을 요구할 것이라는 생각에 겁을 먹고 그는 우리에게 터무니없는 이야기를 늘어놓으면서 자신을 문제 삼지 않았으면 고맙겠다고 했습니다. 그는 계속해서 사실을 부인했어요. 그는 이렇게 말했습니다. '사람들이 알고 있는 것은 엘렌이 죽었다는 사실입니다. 하지만 나는 루이가 그녀를 죽일 수 없었다는 것 또한 확신합니다. 기술적으로 불가능하기 때문입니다.' 생탄에서 알튀세르는 한 젊은 정신과 의사의 치료를 받고 있었는데, 그와 이상한 관계가 진행되고 있어요. 디아트킨이 오랫동안 똑같이 그랬던 것처럼 그는 알튀세르의 말에 넘어가 의사인 자신보다 일튀세르가 그 자신의 상황에 대해 더 잘 알고 있다고 생각하기 시작했습니다."[47)]

정신병동 수용의 연장이 계속해서 요구되는 만큼 생탄에 수용하는 것은 최선의 해결책이 못 되었다. 알튀세르는 디아트킨에게 수아지쉬르센에 있는 로 비브(l'Eau vive) 병원으로 자신을 옮겨 줄 것을 부탁했다. 그는 그곳에서 이미 몇 번 치료를 받은 적이 있었다. 그러나 파리 경찰청장은 그 요구를 정식 설명도 없이 거절했다. 데리다와 발리바르, 그리고 르쿠르가 다시 한 번 중재에 나섰다.

---

46) *Le Monde*, 25~26 January 1981.
47) 도미니크 르쿠르와의 인터뷰.

우리는 환자에 대한 이 결정을 매우 유감스럽게 생각합니다. 현재 그를 치료하고 있는 의사들의 소견에 따르면, 그가 있는 응급실은 장기적인 치료에는 적절치 않다는 것이 분명합니다. […] 우리에게는 그와 같은 허락이 특혜가 아니라 합리적이고 인간적인 결정으로 보입니다.[48]

1981년 6월, 알튀세르는 수아지쉬르센으로 비밀리에 이송되었다. 그 후로 몇 년 동안 데리다는 정기적으로 그를 찾았다. 에티엔 발리바르는 이렇게 설명한다. "자크 데리다는 우리 중에서 가장 연장자였습니다. 그는 그 일들을 맡아서 현명하고 관대하게 처리했습니다. 그는 거의 매주 일요일에 루이를 보러 수아지에 갔어요. 그는 보호자처럼 행동했는데, 루이가 외출 허가를 얻을 때마다 리조랑지의 자신의 집으로 데리고 갔어요. 자크가 외국에 있을 때에는 마르그리트가 대신 맡아 했습니다…. 이와 같은 변함없는 우정은 데리다와 알튀세르 사이에 서로 반대되는 감정이 크게 양립했던 만큼 더욱더 놀라웠죠. 그들의 관계는 찬미와 애정과 질투가 한데 뒤섞인 것이었습니다. 루이는 조광(躁狂) 상태에 있을 때 아주 신랄하게 말하기도 했어요. 비꼬듯 자신의 공격을 이렇게 자주 말하곤 했지만 말입니다. '난 살아있는 가장 위대한 철학자를 봤거든.'"[49]

그 시기 데리다는 또 다른 걱정거리로 괴로웠다. 1980년 8월 8일, 스리지 콜로키엄이 끝나고 얼마 되지 않아 낭테르대학 교수이자 피에르 비

---

48) "Note relative à la situation de M. Louis Althusser", co-signed document by Jacques Derrida, Etienne Balibar and Dominique Lecourt.
49) 에티엔 발리바르와의 인터뷰.

달나케의 조카인 자크 브륀슈빅으로부터 난처한 편지를 한 통 받았다. 최근의 박사학위 논문 통과로 장애물 하나는 확실히 제거되었는데, 다른 장애물이 다시 돌출했다. 우선 폴 리쾨르의 자리가 없어져 버렸다. 새로 자리가 하나 만들어졌지만 그 자리가 데리다를 위해 만들어진 것 같아 신경질이 난 리쾨르의 동료 중 한 사람이 그 자리에 지원하려 했다. 브륀슈빅은, 최근 몇 달 동안 낭테르의 분위기가 안 좋아졌다고 설명을 하며 불편해했다. "불행하게도 저는 당신이 기대하고 있는 것처럼, 당신의 선정에 있어 만장일치의 가능성을 말씀드릴 수는 없을 것 같습니다." 그는 데리다에게 지원을 하기 전에 상황이 어떻게 돌아가고 있는지 자기에게 더 물어봐 줄 것을 넌지시 권했다.

그때부터 사정은 갈수록 악화되어 갔다. 데리다의 망설임은 그가 쉽게 지원하려 하지 않는 것 같다고 느끼는 낭테르의 여러 교수들을 짜증나게 했다. 당시 낭테르의 정치철학 교수였지만 리쾨르의 후임 임명에 관여하지 않았던 데리다의 동창생 알랭 퐁스에 따르면, 데리다의 실패는 무엇보다 치사함의 소산이었다. 그들은 데리다가 자기들에게 방해가 되지 않을까 두려워했고, 데리다의 명성을 질투했기 때문이다. 그런데 대학장관, 즉 그 반동적인 알리스 소니에세이테의 압력을 과소평가해서는 안 될 것이다. 뱅센대학 건물을 허문 뒤 그녀는 '철학교육연구단체'의 창립자이자 철학 삼부회 주모자의 길을 막고 싶어 했다.[50] 그런데 낭테르의 교수직

---

50) 뱅센대학을 허물고 생드니로 옮긴 뒤 이 장관은 이렇게 말했다. "그들은 뭣에 대해 불평을 하는 거지요? 그들의 새 건물은 자유 거리와 레닌 거리와 스탈린 거리 사이에 위치할 거예요. 그러니까 그들은 공산당들의 집에 있게 되는 거예요."(Claude-Marie Vadrot, "Quand Vincennes déménage à Saint-Denis", *Politis*, no. 30, April 2008, p.32)

을 얻기 위해 데리다는 아직 제도상의 한 단계, 즉 대학부(部)고등심의회 (CSCU)의 면접 단계를 통과해야 했다. 그것은 데리다의 최악의 기억 중 하나로 남을 것이었다.

데리다와 같은 날 대학부 고등심의회의 면접에서 거절을 당했던 도미니크 르쿠르는 당시 장면을 완벽하게 기억하고 있었다. "1981년 3월, 우리는 같은 날 면접을 봤습니다. 우연한 일이었지만 데리다 바로 다음이 내 차례였지요. 나는 그가 얼굴이 아주 창백한 모습으로 나오는 것을 보았습니다. '난 절대로 이 기관에 발을 디디지 않을 겁니다. 당신은 하고 싶으면 하겠지만, 나는 아니오. 이것으로 끝입니다.' 나중에 그는 내게 심사위원 중 몇몇이 그의 책들에서 발췌한 부분들을 최대한 빈정대며 아주 크게 읽으면서 놀려 댔다고 말해 주었습니다. 많은 동직자들이 그의 명석함과 이해하기 어려운 책 내용들, 그리고 양보와 타협 정신이 전혀 없는 그를 질투하고 미워했습니다. '철학교육연구단체'와 삼부회로 그는 교육부 감독국(局)의 미움을 받고 있었던 거죠. 이번 면접시험은 그들에게는 일종의 복수였던 겁니다."[51]

위원들 사이의 투표에서 데리다는 겨우 한 표를 얻는 데 그쳤다. 그리고 리쾨르의 자리와 함께 현상학연구소를 물려받은 사람은 헤겔과 마르크스의 전문가인 조르주 라비카였다.[52] "그런데 그는 파르망티에 가의 세미나에 단 한 번도 참석한 적이 없었다." 데리다에게는 실패이기도 했지만 모욕이었다. 그는 그 자리를 제안해 왔기에 많은 망설임 끝에 박사

---

51) 도미니크 르쿠르와의 인터뷰.
52) Dosse, *Paul Ricoeur, les sens d'une vie (1913-2005)*. (d05431_chapitres.pdf, p.99)

학위 논문 심사를 받았던 것이다.[53]

지스카르와 미테랑이 치열하게 다투던 대통령 선거 기간에 데리다가 연루된 이 사건은 언론뿐 아니라 심지어는 외국에서까지도 큰 반응을 보였다. 데리다는 "'살아 있는 사상'과 대학 사이의 반목"을 키울 뿐인 그 "어처구니없는 결정"[54]에 분노하는 친구와 동료들로부터 많은 위안의 편지를 받았다. 그러나 그의 마음을 달래기 위해서는 그보다 더 많은 것이 필요했다. 몇 주 전부터 건강에 대한 걱정 — 그는 심각하지 않기를 기대하지만 — 으로 그는 힘이 빠지고 활력을 잃었다. 특히 마르그리트와 그는 아들 장이 당뇨병에 걸렸다는 사실을 알게 되었는데, 그 소식에 그들은 상심하며 몹시 불안해했다.

1981년 5월 8일, 데리다는 얼마 전 겪은 모든 어려움을 이야기한다.

낭테르의 사건은 최악의 상태로 끝났습니다. 물론 충분히 예견할 수 있었던 일입니다. 이 나라의 대학에서 내 미래가 어떻게 될지 잘 모르겠습니다. 현재로서는 며칠 전부터 예고되는 정치적 변화가 적어도 내게 얼마간의 유예를 줄 거라 기대(기대는 하지만 지나치게 믿지는 않습니다)하면서 고등사범학교에 남아 있습니다.

겨울은, 2월부터 좋지가 않았습니다. 많은 일에 대한 '대가를 치렀기' 때

---

53) 제프리 베닝턴의 책의 '이력서'에서 이 에피소드는 이렇게 묘사되어 있다. "1980년 이후 폴 리쾨르의 후임으로 교수 자리에 지원하기 위해 박사학위 논문 심사를 받지 않을 수 없었지만, A. 알리스 소니에세이테가 그 자리를 즉각 없애 버린 뒤, 다른 자리로 대체되었다. 그 자리에 지원할 것을 '권유받았지만' 그 대학의 교수들과 당국자들은 J.D에게 반대표를 던졌다." 이 구문은 다른 많은 이력서와 마찬가지로 데리다가 직접 작성한 것이다.
54) 도미니크 자니코가 데리다에게 보낸 1981년 3월 20일 편지.

문입니다. [⋯] 피곤함(육체적, 신경성)의 대가 말입니다. 오래 전부터 그런 것은 모르고 지내 왔는데. [⋯] 가을의 '일들'(수업, 여러 논문, 강연, 2월까지의 여행) 이후, 나는 — '신장통'(겉으로 보기에는 신장결석은 없는데)이 촉발된 것인데 — 신체와 정신에 수난을 겪어야 했습니다. 이를테면 도를 넘어선 신경성 피로와 의기소침한 형태의 의식과 무의식의 수난을 말입니다.[55]

무엇보다 징후가 그의 아버지를 앗아갔던 병과 유사했기에 "가장 위험하게 보였던 것"에서 느끼는 그 불안과 공포는, 그럼에도 불구하고 데리다가 당면한 일들을 최선을 다해 신속하게 처리하는 것을 막지는 못했다. 하지만 그 불안은 분명 데리다가 한스 게오르크 가다머와 토론할 때 보여 주었던 공격성과 다르지 않았다. 20년이 지난 뒤 그는 독일의 그 위대한 해석학자에게 사후에 보내는 감사의 글에서 그것을 인정했다.

어떤 사람들은 가다머가 1981년 4월에 파리의 괴테연구소에서 시작했던 — 그런데 제가 마치 피한 것처럼 비치던 — 그 공개 대화에 내가 응하지 않았다고 비난했습니다. 저는 그들의 말이 틀리지 않았다고 믿고 싶습니다.
1981년 우리가 만났을 때, 저 자신의 답변에 그가 해준 답변은 그런 말들로 끝났습니다. 그의 호의와 미소 어린 관용, 그리고 그의 통찰력에 크게 감탄한 저는 전적으로 그의 말에 공감한다고 말씀드리고 싶습니다.

---

55) 데리다가 폴드 만에게 보낸 1981년 5월 8일 편지.

그는 이렇게 말했지요. "이해를 하려 노력하는 모든 독서는 결코 끝에 이르지 못하는 길에서 그저 한 발자국을 나아가는 일일 뿐입니다. 그 길에 진입하는 사람은 누구나 자신이 읽는 텍스트의 '끝'에 결코 이르지 못하리라는 것을 압니다. 그렇기에 그는 충격을 받습니다. 그가 마침내 한 편의 시(詩) 텍스트 안으로 '들어와' 자신이 그 안에 있다는 것을 알아볼 정도로 그 시 텍스트가 그를 감동시킬 때, 그것은 자아에 대한 동의나 확인을 전제로 하는 것이 아닙니다. 자신을 버릴 때 자신을 발견하게 되는 것입니다. 자신을 발견할 때 어떤 사람이 되어 있을지를 미리 아는 사람은 절대 없다고 나는 주장하기에, 데리다와 나는 그리 다르지 않다고 생각합니다."[56]

기대는 하지만 그리 크게 믿지는 않는다고 데리다가 말했던 정치적인 변화는 뜻밖이었지만 결국 일어났다. 1981년 5월 10일, 프랑수아 미테랑이 대통령에 당선되었던 것이다. 1981년 6월 14일, 국회의원 선거에서 '장밋빛 물결'[57]은 사회당과 그의 연합세력에 과반수를 훌쩍 넘는 의석수를 가져다주었다. 피에르 모루아가 수상으로, 자크 랑이 문화부장관으로, 그리고 알랭 사바리가 교육부장관으로 임명되었으며, 4명의 공산주의자가 각료에 임명되었다. 이와 같은 새로운 정세에 기뻐했지만, 데리다는 이 정세가 그에게 곧 가져다줄 중요성에 대해서는 전혀 예감하지 못했다.

---

56) Jacques Derrida, "Comme il avait raison! Mon Cicéron Hans Georg Gadamer", *Frankfurter Allgemeine Zeitung*, no. 151, 1984, pp. 333~347 참조.
57) 장미가 있는 프랑스 사회당 로고의 색깔을 가리킨다. —옮긴이

프랑스로부터, 특히 프랑스 대학으로부터 그는 더 이상 아무것도 기대하지 않았다. "이제 사정이 좀 변할까요? 나는 교육과 문화에 관해서는 아주 조심스럽습니다."[58]

미국에서, 폴 드 만은 여전히 데리다의 둘도 없는 동맹이었다. 갈수록 뚜렷해지는 반대에도 불구하고 그는 대학원 관련 모든 일의 책임자였던 힐리스 밀러의 지지를 얻어 마침내 데리다와의 객원교수직 재계약에 성공했다. 옥스포드와 케임브리지에서처럼 예일의 철학과는 데리다를 포함하여 모든 프랑스 이론에 대해 적대감을 숨기지 않았다. 그 교수들 중의 한 명으로 순수실증주의자이자 형식논리학 전문가였던 루스 마르쿠스는 자신이 사기꾼으로 생각하는 그 사람과의 그 계약을 막으려 시도했다. 『글리프』(Glyph, A journal of Textual Studies) 지의 여러 호에서 벌인 데리다와 존 R. 설의 격렬한 논쟁은 분석철학 지지자들과의 긴장을 초래하는 데 기여했다.[59] 그런데 그의 성공이 전통주의자들에게 위협

---

58) 데리다가 로제 라포르트에게 보낸 1981년 6월 28일 편지.
59) 그 영향이 오랫동안 지속되는 복잡한 그 논쟁에 대해서는 다른 장(章)에서 다시 다루겠다. 모든 것은 샘 베버가 1977년에 창간한 『글리프』 지 창간호에 게재한, 많은 부분 존 L. 오스틴에 할애한 강연 '서명 사건 상황'(Signature événement contexte)의 번역과 함께 시작되었다. 그 잡지는 2호에 존 R. 설의 반박의 글 「차이를 반복하는 것: 데리다에 대한 반박」을 게재하는데, 설은 데리다가 오스틴과 화행이론을 잘 이해하지 못했다며 꽤 거만한 태도로 비난했다. 데리다는 「유한책임회사」라는 제목의 긴 글에서 거칠면서도 비꼬는 태도로 대응했다. 설이 그의 여러 친구들에 대한 빚을 인정했기에, 데리다는 그의 글 전체에 걸쳐 설을 한 공동체로 다뤘다. "학문적 표현인 'trois + n auteurs'의 부담을 피하기 위해 나는 지금 이 순간부터 「차이를 반복하는 것: 데리다에 대한 반박」의 저자로 추정되는 공동 저자를 프랑스어로 보통 Sarl로 줄여 쓰는 '유한책임회사'(Société à responsabilité limitée)로 부르기로 한다." 이와 같은 논쟁 방식은 미국 대학들의 대립을 지배하는 규범에 적합하지 않았기에 두고두고 원한을 샀다. 예를 들어 설은 자신의 글이 『유한책임회사』(단행본으로 출판될 때) 속에 데

이 되고 있는 지금 해체론은 문학 분야에서도 많은 적을 가지게 되었다. 오직 비교문학 학과들만 그를 열렬히 환영할 뿐이었다.

미셸 모노리와 가브리엘 부누르, 그리고 필립 솔레르스와의 우정에 이어, 데리다에게 폴 드 만과의 관계는 무엇보다 개인적인 관점에서였다. 몇 해 전부터 폴 드 만이 데리다에게 보내는 신뢰는 데리다에게 극히 중요했다. 해서 그는 그 신뢰에서 "필요불가결한 힘"을 얻는다고 드 만에게 믿게 해주었다. "오래 전부터 그래왔지만 그 어느 때보다도 지금 더 그렇습니다."[60] 그 뒤 몇 달 동안 이어지는 몇몇 사건은 그 두 사람을 훨씬 더 가까워지게 만들었다. 특히 드 만은 자신이 미국에 오기 전 몇 년 동안에 대해 언급을 지극히 자제했는데, 어느 날 대화를 나누던 중 그는 앙리 토마의 소설을 거론하면서 그 소설의 주인공이 자신에게서 착상을 얻은 것이라고 말했다. 그 소설은 처음에 한 잡지에 게재될 때 『미국에 있는 휠덜린』이라는 제목이었는데, 이후 갈리마르 출판사에서 『배반자』(Le parjure)라는 제목으로 출판되었다는 것이다. "그 이야기는 썩 기분 좋은 것은 아니지만 사실 그대로입니다."[61] 1977년 한 편지에서 드 만은 그렇게 덧붙여 말했다. 그 이후로 데리다는 적극적이지는 않지만 여기저기에서 그 작품을 찾았다, 마침내 그가 니스의 한 헌책방에서 그 작품을 구입한 것은 1981년 부활절 바캉스 때였다. 작품을 읽자마자 그는 드 만에게 길게 편지를 썼다. "『배반자』에 대해 더 많은 말은 할 수 없지만 이 사

리다의 글 옆에 실리는 것을 거부했다. 이 책은 먼저 미국에서 출판되며(노스웨스턴대학교 출판부, 1988), 이어 프랑스에서 출판되는데(갈릴레, 1990), 당시 그 논쟁과 관련된 글을 모두 모은 것이다.

60) 데리다가 폴 드 만에게 보낸 1981년 5월 14일 편지.
61) 폴 드 만이 데리다에게 보낸 1977년 7월 8일 편지.

실은 말해 주지 않을 수가 없군요. 이 작품은 아주 […] 감동적이었습니다. 충격적이기까지 했어요. 어쨌든 내 마음에 큰 반향을 불러일으켰습니다. '대단히'(unheimlich) 말입니다, 이를테면 뜻하지 않게 여지없이 말입니다. 아, 내가 너무 많은 말을 한 것 같습니다."[62] 이 소설의 주제는 전혀 평범하지 않은 것이 사실이다. 주인공 샬리에는 중혼으로 고발당한다. 한 미국 처녀와 결혼하기 전 그는 결혼도 이혼도 하지 않았다고 맹세했다. 그러나 유럽에서 이미 결혼을 했으며, 두 아이가 있다는 것이 나중에 수사를 통해 밝혀진다. "그가 미국에 오기 전 그 몇 년의 삶에 대해 사람들은 무얼 알고 있었나?" 화자는 이렇게 묻는다. 이 질문은 비극적이게도 몇 년 뒤 폴 드 만에게로 되돌아왔다. 데리다는 앙리 토마의 소설을 다시 자세하게 읽으면서 드 만과 자신이 그 비밀에 대해 같은 생각을 갖지는 않았겠지만, 그 독서를 통해 드 만의 속내 이야기를 아마도 상상해 보았을 것이다.[63]

1981년 초의 그 고통스런 일들이 지나간 뒤 여름에 데리다는 비교적 "원기를 되찾았다". "나는 이를테면 일에서 손을 놓고 있네. […] 그 어느 때보다 내가 어디로 가고 있는지, 뭐가 어떻게 되어 가는지 알지 못하니 말이네. 그러나 다행히도 이번 겨울의 최악의 상태 때보다는 더 나아지고 있네."[64] 피에르는 뉴욕에서 아비탈의 가족과 함께 머물고 있었다. 장의

---

62) 데리다가 폴 드 만에게 보낸 1981년 5월 14일 편지.
63) 힐리스 밀러에게 헌정한 "Le parjure, peut-être ("brusques sautes de syntaxe")"는 먼저 Ginette Michaud and Georges Leroux, *Derrida lecteur, Etudes françaises*, Les Presses de l'université de Montréal, vol. 38, nos. 1~2, 2002에 실렸다. 이후 Mallet and Michaud éds., *Derrida, Cahier de L'Herne*에 재수록되었다.
64) 데리다가 장뤽 낭시에게 보낸 1981년 7월 23일 편지.

건강에 대한 소식으로 좀 더 마음이 놓였다. 그러나 데리다는 몇 년 만에 처음으로 가을의 초반을 예일에서 보낼 수 없는 만큼 더 개학이 염려가 되었다.

수학자 조르주 푸아투가 고등사범학교의 총장 자리를 이어받았다. 많은 교수들이 "새로운 방침에 대해, 아마도 있을 조직의 변화"에 대해 두려워했다. 알튀세르가 없기에 개학 초 데리다는 없어서는 안 될 사람이 되었다. 그러나 상황은 그를 슬프게 하고 짓눌렀다. 그는 드 만에게 이렇게 고백한다. "예일에서 보낸 가을들에 대해 엄청난(나는 내 말을 절제합니다) 노스탤지어를 이따금 느낍니다. 얼마나 멋진 일이었던지…."[65] 예일에서도 역시 오는 봄에 데리다가 올 것이라는 사실을 알면서도 그리워했다. "나는 우리 모두가 당신이라는 존재에 중독이 되어 버리지 않았는지 두렵습니다. 그러니 당신 없는 9월은 아주 공허한 것 같습니다."[66]

데리다는 이후 고등사범학교에서 불안해했다. 여전히 학생들에게 친절해서 그들의 개인적인 행동들에 신경을 쓰지만, 알튀세르가 떠난 뒤로 상황은 아주 어려워졌다. 긴요한 하나의 관계가 사라져 버렸으니, 그에게 학교는 그 비극과 분리해서 생각할 수 없었다. 동시에 베르나르 포트라와의 관계도 소원해졌다. 베르나르는 이렇게 이야기한다. "그가 뭐라고 말할지는 모르지만 데리다는 자기 친구들을 제자처럼 행동하게 만들어 모방을 조장했습니다. 그런데 나 자신도 몇 년 동안 그렇게 하면서 그것을 전혀 깨닫지 못했어요. 그만큼 내가 그에 대해 열렬히 감탄해 마

---

65) 데리다가 폴 드 만에게 보낸 1981년 10월 13일 편지.
66) 제프리 하르트만이 데리다에게 보낸 1981년 9월 1일 편지.

지않았던 겁니다. 그러나 한참이 지나면서 나는 그가 '내 편이 아닌 사람은 나의 적이다'라는 낡은 원칙에 얼마나 맹종하고 있는가를 확인할 수 있었어요. 견해의 차이가 있거나 그 견해를 의심하는 즉시 그는 그런 식으로 결론을 지어 버렸습니다. 그의 편이 되는 것은 전적인 지지를 의미했습니다. 그런데 내가 복종의 모범이 아니란 것 외에도 내 생각에 데리다 학파라는 것은 실제로 있을 수가 없었습니다. 왜냐하면 해체라는 것은 무엇보다 하나의 방식이기에, 그것은 그의 방식, 오로지 그의 방식일 뿐이었기 때문이죠. 그는 제자들에게 자신이 먹고 남긴 것만을 던져줄 뿐이었어요. 그 점에서 보면 그는 아마도 그의 머리에서 가장 떠나지 않는 철학자 하이데거를 닮았다고 할 수 있을 겁니다. 물론 낭시나 라쿠라바르트 같은 사람들은 그런 나쁜 버릇에 젖지 않기 위해 노력했는데, 그렇게 하지 않는 데 아마 성공했을 겁니다. 왜냐하면 그들은 데리다와 함께 일하기 전에 이미 직업적으로 도야가 되어 있었기 때문이죠. 그런데 내 경우는 그렇지 못했어요. 해서 나는 나 자신의 궤도를 발견하기 위해서는 그 인력(引力)에서 벗어나는 것밖에 다른 해결책이 없었던 거죠. 게다가 이 문제도 고백하지 않으면 안 되겠습니다. 즉, 내가 그토록 사랑하고 찬미했고, 또 내게 그렇게도 많은 것을 가르쳐 주었던 그 사람 데리다는 수첩과 손목시계에서 눈을 떼지 못하고 약속과 전화벨 속에서 끊임없이 바쁜 사람이 되어 버렸다는 사실을 말입니다. 그건 그냥 이해할 수 있고 받아들일 수 있다 쳐요. 비록 내게는 별로 '철학적'이지 않게 보일지라도 말입니다. 그런데 나는 그때, 고백하지만, 그의 이런 끝없는 불퉁거림을 참아내기가 좀 쉽지 않았습니다. '자네가 좀 알아주었으면 좋겠네만…. 내 시간은 단 1분도 없단 말일세. 이런 제기랄… 등등.' 그러면서 그는 물론 그

분주하고 명성 높은 인생을 일구어 내기 위해 온갖 일을 했던 거죠."[67]

그의 낙담이 어떻든 간에, 요컨대 데리다는 1981년의 그 마지막 몇 달 동안 고등사범학교를 떠나지 않았다. 새로운 총장의 부임과 최근의 정치적 급변을 이용하여 그는 마지막 시도로 윌름 가의 교육을 변화시키기 위한 꽤 급진적인 계획안을 작성했다. 그는 철학 외에도 모든 문학 교육의 미래에 대해 숙고하여, 13쪽짜리의 상세한 계획안을 타자기로 쳐서 완성했다. 먼저, 그가 내린 진단은 준엄했다. "아직 매우 풍요롭고 막대한 연구와 교육 기관의 잠재력이 […] 약화되거나 소멸되게 내버려두지 않는 것이야말로 국가와 국민에게 이익이 되는 길이다." 따라서 "문학 교육의 생존과 발전의 조건"을 규정할 필요가 있다. 데리다의 주장에 따르면, 지금까지 문학 교육은 공식적인 텍스트들이 예상하는 연구 목적에 전혀 부응하지 못했다. 시험을 통한 전통적인 선발제도와 고등사범학교 입시준비반 제도를 약화시키지 않고, 그에 따르면, 가능한 한 빨리 "다른 기준들에 따라 다른 수준의" 자유로운 연구자들의 선발에 의해 "또 다른 공간"을 열어 줄 필요가 있다. 또한 되도록 새로운 분야나 참신한 주제 쪽의 연구소들을 세워 특수학위를 취득할 수 있도록 해줄 필요가 있다. 그 연구소들의 기능에 대해 상세하게 먼저 설명한 뒤, 데리다는 그런 발전이야말로 자신의 견해로는 문학 교육의 유일한 미래라고 결론짓는다. "새로운 형태의 연구들, 새로운 학업 과정, 비정형적인 '학문의 길들', 대학 및 다른 교육 기관들, 나아가 프랑스 내의 어느 곳에서든 아주 색다른 주제들을 찾아낼 결심을 하지 않으면 이 야심찬 계획은 어떠한 행운도 얻지

---

67) 베르나르 포트라와의 인터뷰.

못할 것이다."[68]

이 계획안은— 적어도 기본 아이디어들에 대해서는 대부분 긍정적인— 반응을 야기하여, 여러 번의 모임을 갖는다. 그런데 그 동안 데리다에 대한 '반란'이 일어난다. 1981년 12월 초, 고등사범학교 졸업생이자 하이데거 전문가인 에마뉘엘 마르티노가 자신의 옛 스승에 등을 돌리고는 '동지들'에게 10가지 사항을 호소했다. 그의 주장에 따르면, 데리다가 교수자격시험 세미나라는 구실을 대고 "전혀 믿을 수 없고 전혀 철학적 내용도 없으며, 게다가 지원자에게는 너무도 어려운 교수자격시험 준비에는 전혀 도움이 되지 않는 '교묘한' 말재주"에 몰두하고 있다는 것이었다. 그는 또 "단순한 문학으로 일반 철학과도, 특히 철학사와 전혀 관계가 없는" 데리다의 저서들은 "우리의 학문적인 전통을 존중하는" 모든 사람들에게는 "힘들고 과다한 종잇조각"에 불과할 뿐이라고 주장했다. 그가 학생들에게 "저항"[69]을 호소한 결과는 무엇이었던가. 그 호소의 첫 번째 결과는 되레 데리다를 지지하는 청원서의 서명운동이었다.

아무리 우스꽝스러운 일이었다 할지라도, 그 논쟁은 데리다에게 상처를 주었다. 게다가 그가 제안했던 개혁안도 별 진전이 없자 데리다로서는 가능하면 빨리 고등사범학교를 떠나야겠다는 마음이 더욱 굳어졌다. 그가 생각하기에 학생들이 교수자격시험에 합격하고 싶다면 어떤 경우에도 그를 언급하거나 그의 방식으로 공부할 수가 없는 곳에서, 세미나 수업을 계속하는 것은 그로서는 고통스러운 일이 되어 버렸다. "그들에

68) Jacques Derrida, "L'avenir de l'école littéraire, quelques propositions pour un avant-projet", November 1981, archives IMEC.
69) 에마뉘엘 마르티노가 작성한 1981년 12월의 전단지. Archives IMEC.

게 경계하게 할 필요조차 없었다. 그들은 이미 잘 알고 있었다." 그리하여
그들은 자신들의 행동에서 온갖 종류의 전염으로부터 자신들을 보호하
고 있었다. "그리하여 나는 나 자신을 소외시켰고, 나 자신을 잊었다. 논
술을 교정해 줄 때에는 나 자신을 잊으려고 노력했다. 수업은 다른 문제
였다. 세미나는 여전히 내가 하고 싶은 것을 할 수 있었다. 그렇지만 교수
자격시험 준비를 위한 학생들의 논술과 수업을 교정해 줄 때에는 나 스스
로 전적인 몰개성화의 연습을 했다."[70]

그해가 끝나갈 무렵, 정말 끔찍한 '천둥'이 데리다의 상황을 크게 변
화시켜 놓았다.

---

70) "Bâtons rompus", Dialogue of Hélène Cixous and Jacques Derrida, Thomas Dutoit and
   Philippe Romanski, *Derrida d'ici, Derrida de là*, Galilée, 2009, p. 197.

13장_프라하의 밤

1981~1982

1968년 8월, 프라하의 봄 진압 이후 체코슬로바키아의 상황은 유달리 침울했다. 구스타프 후사크 대통령은 이 나라를 소련을 가장 추종하는 나라 중 하나로 만들기 위한 정상화 작업을 강요했다. 1976년 12월, 자유에 대해 정부 스스로 했던 약속을 지킬 것을 요구하는 '77헌장'이라 명명된 청원서가 돌기 시작했다. 77헌장의 주모자들과 최초의 서명자들 중에는 드라마 작가이자 후에 대통령이 된 바츨라프 하벨과 외교관 이르시 하예크, 작가 파벨 코호우트, 그리고 후설과 하이데거의 제자인 철학자 얀 파토츠카도 있었다. 헌장의 요구가 아무리 최소의 것일지라도 탄압이 곧 그 헌장의 주모자들에게 쏟아졌다. 장시간의 폭력적인 심문 뒤 파토치카는 입원을 하게 되었고, 1977년 3월 13일 뇌출혈로 사망했다.

　　1980년 옥스퍼드에서 일련의 교직자들이 '얀후스(Jan-Hus) 교육 재단'을 설립하는데, 1415년 콘스탄츠에서 이단자로 화형에 처해진 체코 출신의 종교개혁가를 기념하여 그렇게 이름 붙였다. 비밀 수업과 세미나를 기획하고, 현지에서 금지된 서적을 공급하거나 지하 출판의 자금을 지원함으로써 체코슬로바키아 대학들을 돕기 위한 목적이었다. 그리하여 재단 설립자 중 한 명인 앨런 몽트피오르는 영국과 프랑스를 오가며 살고 있었다. 그의 아내이자 역시 철학 교수인 카트린 오다르는 곧 그 재단의 프랑스 지부를 설립했다. 정관 규정은 1981년 8월 4일에 만들어졌다. 위대한 역사가이자 레지스탕스 운동가였던 장피에르 베르낭이 회장으로 선출되고, 자크 데리다가 부회장을 맡았다. 체코슬로바키아에 여러 번 갔고 마르그리트의 어머니 가족 쪽을 통해 정기적으로 그곳 상황에 대한 정보를 제공받고 있었던 만큼 데리다는 더욱 그곳의 문제에 민감했다.

'얀후스 재단'의 주도자들은 돈만 보내는 데 만족하지 않았다. 그들은 여행의 위험성이 적지 않아 큰 주의를 요한다는 것을 알고 있음에도 불구하고 차례로 현지를 방문했다. 초창기 임무를 수행하는 동안 여행 짐을 살살이 조사당하거나 서적의 압수, 한밤중에 국경으로 추방을 당하는 일 등 몇몇 사건[1]이 이미 발생했다. 1981년 12월 26일 토요일, 데리다가 프라하로 출발하기로 예정되어 있던 날 소비에트 진영의 정국은 전체적으로 매우 긴장되어 있었다. 약 2주 전, 야루젤스키 장군은 폴란드에 계엄령을 선포했다. 그 여행에 원칙적으로는 반대하지는 않았지만 마르그리트는 좀 더 나은 때로 연기하기를 바랐다. 그러나 데리다는 스케줄을 이미 조정하기가 쉽지가 않아, 날짜 변경의 요구를 들으려 하지 않았다.

마르그리트의 직감은 즉각 확인되었다. 오를리 공항에서 비행기에 탑승하기도 전에 데리다는 누군가가 따라붙는 느낌이 들었다. 프라하에 도착하자마자 의심할 여지가 없었다. 그는 계속되는 감시의 표적이 되었기 때문이다. 데리다는 후에 풀려나 프랑스로 돌아왔을 때 세미나의 청중

---

1) 카트린 오다르와의 인터뷰 및 앨런 몽트피오르와의 인터뷰.

들을 재미있게 하기 위해 그때를 기억하여 이렇게 이야기해 준다.

아침에, 호텔에서부터 이미 경찰들이 나를 감시하는 것 같은 느낌이 들었습니다. 나는 몸을 돌렸지요. 호텔 주인이 시계를 보면서, 내가 어디로 향하는지 알리기 위해 재빨리 전화기를 드는 것이 보였습니다. 나는 누군가가 나를 따라오는 것을 알아차리고는 이렇게 생각했습니다. '정말 미행인가?'라고 말입니다. 나로서는 그것이 미행이라는 경험의 시작이었기 때문입니다. 또 이렇게도 생각했지요. '내가 불안하기에 미행이라고 생각하는 것은 아닌가?'라고 말입니다. […]
나는 전철에 올랐습니다. 그도 따라 탄 뒤 계속 내 곁에 있었습니다. […] 그래서 나는 이렇게 생각했지요. '이 인간을 떨쳐버려야 한다.' 해서 나는 소설과 심리학에 대한 나의 지식을 총동원했습니다. 나는 그쪽의 기술들을 모두 기억해 내려 애썼습니다. 전철이 멈췄습니다. 몇 초 동안 문이 열려 있었습니다. 닫히는 순간 밖으로 뛰쳐나가야 했습니다…. 그러나 나는 전철 안에 꼼짝 못하고 있었습니다.[2]

약속 장소에 이르기 전에, 접촉할 익명의 사람들을 보호해야겠다는 생각에 데리다는 상점과 샛길들을 헤치고 지나면서 다시 그 추격자를 따돌리려 시도했다. 그러나 복잡한 길을 그렇게 헤치고 달아났건만 매번 그자는 태연히 그를 뒤쫓으며 자신의 책임을 다하고 있었다.
77헌장의 서명자인 라디슬라프 헤야네크 교수가 전에는 파토치카의

---

2) 1982년 1월 6일 수요일 세미나, archives IMEC.

집에서 했던 '방에서 하는' 세미나의 전통을 이어받았다. 데리다의 강연을 듣기 위해 몇몇 학생과 교직자들이 모여 있던 곳은 바로 그의 집이었다. 그가 다루는 주제는 정치와는 직접적으로 관련이 없는 것이었다. 그해 고등사범학교에서의 세미나처럼 데리다는 데카르트와 그의 언어와의 관계에 대해 강연을 했다. 상당히 전문적인 그의 발언은 일부 청중만이 흥미를 보였다. 학생 중 한 명이 그런 종류의 철학이 자신들이 처한 상황에 무슨 소용이 있는지를 질문하기조차 했다. 강연이 끝난 뒤, 대화는 격식에 얽매이지 않아 더 편안해졌다. 데리다는, 오면서 당한 미행에 대해 낮은 목소리로 말했다. 그런데 그의 말에 뒤이어 도청 마이크가 숨겨져 있을 개연성이 매우 큰데도 불구하고, 청중들이 그토록 직접적으로 말을 하는 것을 보고 그는 놀랐다.

데리다는 세미나가 끝난 직후 그 건물에서 나오면서 검문을 받았다. 그러나 대수롭지 않게 끝났다. "됐습니다!" 그러면서 경찰이 여권을 돌려주었기에 그는 안심했다. 점점 편치 못한 마음으로 그는 호텔에 들러 옷과 소지품 몇 가지를 챙긴 뒤, 마르그리트의 숙모 중 한 사람인 이리나 흘라바티의 집으로 찾아갔다. 그는 그 세미나에서 하기로 되어 있는 두 번째 강연은 그만두기로 마음먹었다. 12월 29일 화요일, 소식이 없어 걱정을 하던 헤야네크 교수가 그를 만나러 호텔로 찾아갔지만 만나지 못한다. 그러자 그는 프랑스 대사관에 연락을 취해 보았지만, 대사관에서는 특별히 어떤 일도 보고된 것이 없다고 답변했다. 그렇다면 데리다는 예정대로 다음날 정오가 좀 넘어 비행기를 타게 될 것이었다.[3]

---

3) 나는 부분적으로 Barbara Day, *The Velvet Philosophers*, London: Claridge Press, 1999를

올가미가 데리다를 붙잡아 가두게 되는 것은 바로 공항에서 수하물을 검사할 때였다. 그의 차례가 되자, 여자 세관원은 커튼 뒤에서 느닷없이 튀어나온 '거대한 체구를 가진 놈'에게 검사를 맡겼다. 그는 데리다를 한 작은 방으로 데리고 들어가더니 그의 가방을 샅샅이 뒤지면서 냄새 탐지견에게 냄새를 맡게 했다. 처음에 데리다는 왜 그러는지를 전혀 이해하지 못하고 그 세관원이 원고들을 찾고 있겠거니, 라고만 생각했다. 그 상황에 대해 그는 후에 프랑스 제2방송의 기자에게 이렇게 이야기한다. "나는 불심검문이나 국외 추방 등 모든 가능한 시나리오는 상상해 보았습니다. […] 그러나 이런 종류의, 마약에 관한 음모에 대해서는 전혀 생각해 보지 못했습니다. 하지만 문학이나 신문 잡지를 통해 그런 시나리오에 대해 알고는 있었습니다."[4] 그 세관원은 그에게 가방의 회색 천 안감을 찢어 안을 보여 달라고 요구했다. 데리다는 스스로 매우 의심스럽게 여겨지는 네 개의 작은 갈색 봉지를 어렵게 꺼냈다…. 다른 세관원들이 그 방으로 달려왔고, 이어 곧 경찰이 달려와 그에게 체포를 고지하고, 가장 가까운 경찰서로 그를 연행해 갔다.

"마약 생산과 밀매, 그리고 운송"으로 고발된 데리다는 강력하게 혐의를 부인했다. 어떻게 중년의 한 교수가 체코슬로바키아에 와서 갑자기 마약밀매자가 된단 말인가? "그들은 내게 이렇게 말했습니다. 먼저, 나의 공모가 없이는 마약이 그 가방 속에 들어 있을 수 없다는 것이었습니다. 다른 한편으로는, 마약이 자주 외교관들이나 지식인, 가수 등등에 의해

참조했다.
4) 프랑스 제2 텔레비전 방송 저녁 8시 뉴스에서 방영된 1982년 1월 2일 데리다와의 인터뷰.

운반된다는 것은 모든 경찰 부서에서 잘 알고 있는 사실이라는 것이었습니다."5) 폴 매카트니는 2년 전 일본에서 체포되지 않았던가?

비록 심문이 여러 면에서 형식적인 것에 불과했지만, 6~7시간 동안이나 계속되었다. 데리다가 여러 번 가족과 프랑스 대사관에 통보해 주기를 요구했지만 당국은 이를 번번이 거절했다.

검사, 경찰, 통역자, 국선 변호인은 이 일이 계략이라는 것을 알고 있었습니다. 그들은 다른 사람들이 알고 있고, 주시하고 있고, 또 그 코미디를 냉정하게 지휘하고 있다는 것도 알고 있었습니다. [⋯] 나는 그 시나리오를 [⋯] 알고는 해야 할 일을 다 했다고 생각합니다. 하지만 수면 아래에서 마구잡이로 행해지고 있는 케케묵은 모든 계략을 어떻게 묘사할 수 있겠습니까?6)

자정이 지나자 곧 데리다는 공항에서 아주 가까운 루지니에 형무소로 이송되었다. 추위, 눈, 음산한 거대한 건물 등, 그 모든 것이 모욕과 난폭함과 함께 그에게는 '이미 경험한 것 같은' 어떤 묘한 느낌을 주었다. 처음에 혼자 감방에 있게 된 그는 간수 중 한 명이 그를 때릴 기세로 다가올 때까지 주먹으로 문을 계속 내리치며 '대사관', '변호사'라는 단어를 반복해서 내질렀다. 새벽 5시경, 헝가리인 집시 한 명이 연행되어 왔다. 그러

---

5) 앞의 인터뷰.

6) Jacques Derrida, "Derrida l'insoumis", interview with Catherine David, *Le Nouvel Observateur*, 9~15 September 1983. Jacques Derrida, *Points de suspension*, Galilée, 1992, p. 137에 재수록.

나 그는 영어를 한 마디도 못했다. 철학자가 처해 있는 그 정신적 혼란에 가슴이 아팠던 그 감방 동료는 그를 도와 그럭저럭 감방을 청소했다. 그러고 나서 데리다는 시간을 죽이기 위해 종이 손수건에 OXO게임을 그려 그 동료와 함께했다.

12월 31일 아침, 후에 『법의 힘』(Force de loi)을 쓰게 될 저자는 힘든 투옥 수속을 거쳤다. 그는 이렇게 이야기한다. "공항에서부터 감옥에 들어가 죄수복을 입기 전까지 옷을 입은 채로든 벗은 채로든 나는 내 생애에 이렇게 사진을 많이 찍혀 본 적이 없었다."[7] 그는 다른 감방으로 옮겨졌는데, 그곳에는 다섯 명의 청년들(그는 후에 "어린애들"이라고 말한다)이 있었다. 그는 그들과 영어로 대화를 나눌 수 있었는데, 그들은 그에게 재판을 위해 대기하고 있다가 2년 징역형은 받겠다는 등, 아마 그 역시 자신들처럼 맞게 될 운명에 대해 말해 주었다. 데리다는 그 긴 기간을 격리되어 있으면서 책 한 권도 없이 어떻게 해야 할지를 생각해 보기 시작했다. 몇 시간 동안 "어떤 섬뜩한 환희 속에서" 그는 그 구금이 역설적으로 그에게 어떤 해방감을 주어, 아무 거리낌도 누구의 요구도 없는 글을 무한히 쓸 수 있을 것 같은 환상을 가져 보았다.

파리에는 데리다의 체포 소식이 뒤늦게 알려졌다. 12월 30일 오후가 다 갈 무렵, 마르그리트는 오를리 공항으로 마중을 나갔으나 헛일이었다. 그가 타고 올 비행기가 연착되었음을 알리더니 곧 이어 취소되었다는 안내 방송이 있었다. 하지만 그 한겨울에 그렇게 불안해할 필요는 없었다.

---

7) Derrida, *Points de suspension*, p. 137.

밤중이 되어 마르그리트는 숙모로부터 전화를 받았기 때문이다. 숙모는 한 변호사로부터 연락을 받았다고 말했다. "숙모는 몹시 흥분해 있었어요. '자크가 체포되었단다. 너도 알겠지만 우리는 이런 더러운 나라에 살고 있어! 수치스럽다, 정말 수치스러워…' 나는 숙모의 전화가 도청되고 있다고 추측했기에, 골치 아픈 일이 생길까 봐 두려워 진정시키려고 노력했지만 허사였습니다." 피에르는 아비탈 로넬과 함께 미국에 머물고 있었다. 마르그리트는 리조랑지에서 며칠간 보내러 온 그녀의 부모, 그리고 당시 14세인 장과 함께 지내고 있었다.

얼이 빠진 채 마르그리트는 먼저 카트린 오다르에게 전화를 했다. 오다르는 당시 클로드 셰송이 장관으로 있던 외무부에서 데리다의 옛 제자로 특히 동서 교류의 책임자였던 드니 델부르의 전화번호를 마르그리트에게 알려주었다. 마르그리트는 그때를 이렇게 기억하고 있다. "나는 즉시 드니 델부르에게 전화를 걸었지요. 그는 내게 다음날 아침 일찍 그 사건에 대해 신경을 쓰겠노라고 말했어요. 하지만 그것으로 안심이 될 수는 없었습니다. 나는 그가 곧바로 행동을 취해 주기를 원했고, 그는 마침내 그러겠노라고 약속을 했습니다. 다음날 아침 6시, 나는 당시 대통령과 가까운 자문위원이던 레지 드브레에게 전화를 걸기로 마음먹었어요. 몇 시간 뒤, 그는 내게 프랑수아 미테랑이 이 사건을 아주 심각하게 받아들여, 프랑스 주재 체코 대사를 소환하는가 하면 체코 정부에 경제 제재를 가할 준비까지 생각하고 있다며 나를 안심시켰습니다."

체포 소식이 빠르게 퍼져나갔다. 외무부 문화업무 총책임자인 자크 티보는 『르 마탱』지의 문화부장인 카트린 클레망에게 전화를 걸어 데리다의 체포에 대해 가능한 한 크게 보도해 줄 것을 요청했다. 클로드 페르

드리엘의 동의를 얻어, 그녀는 다음날 그 사건 기사를 1면에 싣기로 결정했다. 첫 긴급뉴스가 나가자 리조랑지의 집에는 전화 벨소리가 그치지 않았다. 마르그리트는 사방으로 분주히 움직였다. "나는 옷을 갈아입을 시간도 없이, 일어나고 있는 일을 완전히 이해할 시간조차 갖지 못하고 잠옷 차림으로 하루 종일 집 안에서 서성거렸습니다. 폴 테브냉의 집에서 여러 번 만난 적이 있는 롤랑 뒤마는 내게 전화를 걸어 돕겠다고 말했어요. 그는 나와 함께 즉각 프라하로 떠날 준비가 되어 있었습니다. 하지만 그는 자크가 정말 마약을 운반했을 가능성이 있는지를 내게 물어본 유일한 사람이었어요."[8]

그 사이, 파리 주재 체코슬로바키아 대사였던 얀 푸들라크가 프랑스 외무부에 소환되었다. 오후 4시에 그는 동유럽 국가들의 책임자이자 러시아 사람들에게 잘 알려진 중재자였던 해리스 퓌세와, 데리다를 비롯하여 지식인 사회와 가깝게 지낸다는 이유로 면담을 하러 온 드니 델부르의 방문을 받았다. 대사는 왜 이 일이 대통령에게까지 이르고 그토록 떠들썩한지를 이해하지 못했다. 당시 젊은 외교관이었던 드니 델부르는 그 대화를 정확히 기억하고 있었다. "마약을 소지했다고 거짓으로 꾸며서 체포한 사건에 대해 우리가 놀라움과 규탄을 표명하자, 대사는 교수들의 동조로 프랑스 대학들에 불법적인 물질들이 유포되고 있는 것은 두루 알려진 사실이라고 말하면서, 자기 나라는 그 밀매를 처벌할 충분한 근거가 있다고 태연하게 응수했습니다. 나는 그의 말을 끊었습니다. '당신은 데리다 교수가 누구인지 알고나 있습니까? 데리다 교수는 프랑스 학계는 물론

---

8) 마르그리트 데리다와의 인터뷰.

세계적으로 가장 큰 명성을 얻고 있는 엄격한 분입니다. 당신은 그와 같은 거짓 고발을 믿을 사람을 한 명도 찾지 못할 것입니다.' 나는 엄격함이라는 개념이 철학자 자신에 의해 인정될지 속으로 생각하면서 '엄격한'이라는 어휘를 사용했어요. 하지만 나는 공산주의 윤리 질서의 한 대표자앞에서 가장 적절하게 보이는 언어를 사용했던 겁니다…. 그런데 내가 말을 하는 동안 메모를 하고 있던 그 대사가 작은 수첩에 그 단어, '엄격한'이라는 바로 그 단어를 적는 것을 보았어요. 나는 계속했습니다. '저 자신도 데리다 교수의 제자입니다. 그리고 현재 대통령의 자문위원인 레지 드브레를 위시하여 고위직에 있는 수많은 고등사범학교 출신의 그의 제자와 동창생, 그리고 친구들의 이름을 당신께 말씀드릴 수 있습니다…' 면담이 끝났을 때 비록 대사의 말투는 변하지 않았지만 태도는 변해 있었어요. 해서 나는 그가 어떻게 해야 할지를 스스로 생각해 보기 시작했다고 판단했던 겁니다. 다른 한편 프라하의 당국자들은 자신들이 무슨 일을 저지르고 있는지를 알고 우리의 대응을 테스트하고 있다는 것은 의심의 여지가 없었어요."[9)]

실제로 체코 경찰 당국자들은 데리다의 명성을 알지 못했다. 미디어와 장관들, 그리고 엘리제궁에 이르기까지 몇 시간 만에 폭발적으로 빗발친 그 엄청난 항의는 그들에게 자신들의 큰 실수를 깨닫게 만들었다. 저녁에 구스타프 후사크는 프랑스가 그 철학자의 즉각적인 석방을 요구한다는 보고를 받았다. 프라하도 모스크바도 프랑스와의 노골적인 위기를 원치 않았다. 체코슬로바키아 대통령은 요구에 응하는 것 외에 달리 해결

---

9) 드니 델부르와의 인터뷰.

책이 없었다.

12월 31일 밤부터 1월 1일 저녁에 걸쳐 전날 데리다를 체포했던 경찰들이 이번에는 그를 정중하게 석방시키러 왔다. 전날 심문에서 여러 번 카프카가 언급되었는데, 리오타르에 대한 콜로키엄을 위해 '법 앞에서'라는 강연을 준비하고 있던 데리다는 프라하 체류 중에 카프카의 무덤을 방문했다. 변호사가 "나에게 나지막한 소리로 물었습니다. '카프카의 이야기를 체험하는 것 같으셨겠습니다. 비극적으로 받아들이지는 마십시오. 문학적 체험이라 생각하시지요.' 나는 그에게 이 일을 비극적으로 받아들인다고 대답했습니다. 정확히 기억나지는 않지만, 먼저 그를 위해서 또는 그들을 위해서 그렇게 받아들인다고 말입니다."[10]

데리다는 지친 모습으로 프랑스 대사관에 도착했는데, 마침 사람들이 신년 축하 리셉션을 마치고 먹다 남은 음식을 치우고 있었다. 대사관 직원은 그에게 방을 하나 내주었는데, 그곳에서 그럭저럭 휴식을 취하면서 그는 샤토브리앙의 『무덤 저편에서의 회상』의 프라하 관련 부분들을 다시 읽었다. 다음날 오후, 데리다는 대사관 직원 한 명과 파리행 열차를 타고 독일 국경선에 이르렀다. 프랑스 제2방송 팀이 슈투트가르트에서 그를 기다리고 있었다. 실비 마리옹 기자가 오랫동안 그를 카메라에 담으며 인터뷰했다.

1월 2일 아침 7시 30분, 파리 동역에 데리다가 도착하자 기자들과 사진기자들이 몰려들었다. 외교관들과 동료, 학생, 친구들 역시 그를 마중

---

10) Derrida, *Points de suspension*, p. 137.

나와 기다리고 있었다. 하지만 데리다는 겨우 그들에게 인사를 건넬 시간밖에 없었다. 그는 열차 안에서 여기자와 한 인터뷰 편집 영상을 보기 위해 마르그리트와 장과 함께 방송국으로 출발했다. 민감한 일이어서 혹시 어설픈 말로 누구도 위태롭게 하고 싶지 않았다.[11]

인터뷰는 12시 45분 뉴스에 방송되었는데, 데리다는 처음에는 카메라를 보지 않고 느릿느릿 이야기했다. 프라하 방문에 대한 전후 배경을 설명한 뒤, 그는 일어난 사실에 대해 이야기했다. 하지만 선정주의와 자아 연민을 피하려고 노력했다.

그렇게 해서 나는, 정확히 말하면, 감옥 속에 던져졌습니다. […] 한편으로는 함께 갇혀 있던 사람 모두에게, 다른 한편으로는, 내 생각에, 내게만 가해졌던 난폭함을 설명하는 것은 이 자리에서 마땅치가 않은 것 같습니다. 뒤이어, 나의 하루는 일반 사범의 그것과 같았습니다. 같은 이유에서 그것을 설명하지 않겠습니다. 하지만 이미지와 책을 통해서만 알았던 것(당신 뒤에서 닫히는 감옥 문과 죄수복 등)을 체험하는 일은 나로서는 인상적이었습니다. 그런데 다음날 저녁, 이번에는 아주 정중하게 '교수님'이라 부르며 틀에 박힌 태도로 나를 풀어 주었습니다. 그 사이, 나는 밖에서 일어난 일은 아무것도 알지 못했습니다. […]
나는 프랑스 당국과 나의 가족 등이 내 소식을 들었는지, 심지어는 내가 어디에 있는지 알고 있는지도 알 수가 없었습니다. 게다가 나는 대사가 이 일을 전해 듣고 나를 만나러 오려면 곳곳의 신년 파티가 끝날 때까지

---

11) 마르그리트 데리다와의 인터뷰.

적어도 며칠은 걸리리라는 것, 두 달에 걸친 조사 후에도 얼마나 오래 소송이 진행될지 가늠하기 어렵다는 것, 온갖 형태의 시나리오로 행해질 소송에서 나 자신과 체코의 다른 지식인들이 연루된 이런 형태의 고발로 2년 형은 선고받을 것이라는 얘기 등을 들었습니다.

개인적으로, 이 사건에 대해 내가 기억해 두고 싶은 것은, 사람들이 기억해 두기를 내가 원하는 것은, 특히 77헌장의 가담자이든 아니든 현지에서 인권을 위해 싸우는 사람들과 연대감을 표명하기 위해 체코슬로바키아에 가는—지식인이든 아니든—모든 사람들을 위협하고 저지하기 위한 술책의 일종이라는 것입니다. 그렇습니다. 제가 경의를 표하는 이들은 바로 그들입니다. 왜냐하면 그들이야말로 정말로 아주 어려운 조건, 즉 눈에 띄지 않는 곳에서 무명으로 투쟁하고 있기 때문입니다.[12]

이 인터뷰의 또 다른 한 부분이 20시 뉴스에 보도되었다. 비록 여전히 공식적으로는 용의자이지만, 조사가 종결되기를 바라면서 데리다는 체코의 반체제인사들과의 연대를 보여 주기 위해 얀 후스 재단의 활동은 계속되어야 한다는 의지를 단호하게 표명했다. 그 자신도 현지로 되돌아갈 준비가 되어 있다고 천명했다.

같은 날 저녁, 장 주네는 폴 테브냉과 함께 리조랑지로 와서 데리다와 함께 저녁을 보냈다. 장 주네는 마치 그 체포 사건이 그들의 친분을 더욱 두터워지게라도 한듯 데리다에게 질문을 퍼부으며 괴롭혔다. "감옥이라, 그 냄새를 맡아봤겠지?… 혹시 자네 친구들이 자네를 그런 상황에 처

---

12) 데리다의 이 인터뷰 전체는 인터넷 사이트 INA(http://www.ina.fr)에서 볼 수 있다.

넣지는 않았는지 의심은 안 되는가?" 질문의 마지막 사항에 대해서는 주네가 올바르게 판단했다. 짧은 기간이지만 감옥에 있는 동안 망상증에 가까운 감정들이 데리다를 괴롭혔기 때문이다. 비록 그가 돌아와서 예컨대 그의 세미나에 참석한 청중들에게 익살스러운 어조로 자신이 당한 일을 이야기할 때 좋은 낯을 보이려 노력했지만, 그 사건은 데리다 자신에게는 진정 충격적이었다. 그의 여러 친구들에 따르면 프라하의 이미지들은 몇 달 동안 그에게 되살아나곤 했다. 그럴 때마다 어김없이 그는 미행이나 도청을 당하고 있거나 쫓기고 있는 느낌을 받았다.[13]

1월 8일, 자크 데리다는 구스타프 후사크 대통령에게 편지를 써 공식적인 사과를 요구하고 모든 고발로부터 누명이 벗겨지기를 부탁했다. 외교 채널을 통해 전해진 그 편지는 18개월이 지나서야 겨우 체코 외교부 장관으로부터 모호한 표명을 듣게 되었는데, 그에 대해 "어떤 형사소송도 기소도 행해지지 않았다"라고 확인해 주었던 것이다. 데리다는 마침내 옷가지들을 돌려받았다. 하지만 그들이 조작질한 가방은 결코 돌려받지 못했다.[14]

데리다의 체포에 대한 많은 위로 중 특별한 중요성을 갖는 것이 하나 있었다. 관계가 끊어진 뒤 10년이 지나 거의 같은 날 보내온 필립 솔레르스의 편지가 그것이었다.

---

13) 장 데리다와의 인터뷰 및 아비탈 로넬과의 인터뷰.
14) 프랑스 외교부의 라쿠르뇌브 외교 아카이브, EU 관계 서류 1981~1985, TCH 13-2.

친애하는 자크,

휴우!

사랑하는 사람을 보는 때처럼 아주 열렬한 순간이었습니다. 라디오에서, 새벽에.

이상하게도 내 눈 앞에 보인 것은 당신의 필적이었어요, 즉각 말이에요.

어쨌든 우리는 교황, 마약, 경찰, 대사, 기타 등등이 있는 실제 소설 속에 있습니다.

잘 지내지요, 포(Poe)! 당연한 인사입니다만!

새해 복 많이 받으시지요. 당신과 마르그리트에게 포옹을 보냅니다(나는 당신과 마르그리트가 많이 생각났습니다).[15)]

프라하의 오래된 유대인 공동묘지 사진이 있는 우편엽서에 써서 보낸 데리다의 답장은 그 상처가 아직도 얼마나 생생하게 남아 있는지를 보여 준다.

고맙습니다. 고마워요, 당신의 편지. 내게 해준 당신의 말, 깊은 감동을 주었네요.

그러니 그런 것(감옥과 그 밖의 것)이 필요했던 것 같아요.

그건 그렇고, 당신의 행동은 우리의 우정에 관해 내가 사랑했던 것과 닮았네요. 거의 10년 동안 말입니다. 아니, 벌써 10년 전이군요….

당신은 분명 알고 있겠지만, 나는 말해야겠어요, 아니 말하는 게 더 낫겠

---

15) 필립 솔레르스가 데리다에게 보낸 1982년 1월 2일 편지.

네요. 그 최악의 상황(공격들, 모욕들, 품위를 떨어뜨리는 중상 등등) 앞에서 내가 침묵했던 것은, 물론 지금도 여전히 침묵하는 것은, 우리 사이의 그 지난날 조금도 변함없는 우정 때문이었습니다. 당신의 편지를 받고 난 뒤 그 침묵은 아마도 내게는 또 다른 맛으로 다가올 겁니다. 그러니 무엇보다 바로 그런 것에 나는 당신에게 감사하고 싶었어요. 그럼, 안녕히!16)

데리다는 더 이상 마음이 풀어지지 않았다. 솔레르스가 한두 번 칵테일을 마시면서 그에게 다가가지만 데리다는 공공연히 그에게 등을 돌렸다. 그에게 그 결별은 돌이킬 수 없는 것이었기 때문이다.

그러나 데리다의 체포 소식을 접하자 즉각 라디오에 출연해 강력히 석방을 요구한 미셸 푸코에 대해서는 그렇지 않았다. 둘은 처음에는 거리를 두고 다시 만났다. 그러나 얼마 후 콜레주 드 프랑스의 한 미국인 방문 교수의 부탁으로 푸코는 자신의 집에 자크 부부를 초대했는데, 데리다는 이 초대에서 보여 준 푸코의 따뜻한 환대에 깊은 감동을 받았다. 1984년 6월 25일, 푸코의 때 아닌 사망으로 그들은 진정한 관계를 다시 이어갈 시간을 갖지 못했다. 그러나 『광기의 역사』의 출간 30년을 기념하여 1991년 푸코의 이 저서에 대해 그는 진실하고 관대한 마음으로 다시 논했다. 그는 그 재론에서 그들의 과거의 우정을 언급하는 것으로 시작하여, "거의 10년 동안 서로를 보이지 않게 하고 서로에게 데면데면하게 대하게 했던 그 어두운 그림자"를 언급했다. 그런 뒤, 데리다는 이 "격렬한 토론"이 그

---

16) 데리다가 필립 솔레르스에게 보낸 날짜 미상 편지(1982년 1월).

자체로 "인생처럼", 그의 과거 전부처럼 그가 사랑하는 한 이야기의 일부를 이룰 것이라고 확신한다.[17]

체코슬로바키아에서의 데리다 사건은 프랑스의 이미지에 아주 긍정적이고 중요한 효과를 가져다주었다. 얀후스 재단의 활동은 곧바로 재개되었다. 활동에 매우 적극적이었던 에티엔 발리바르의 기억에 따르면, "우리는 괴롭힘을 당하고 수색을 당하고 심지어는 우리가 가지고 가는 책들을 빼앗길 위험이 있다는 것을 잘 알고 있었습니다. 하지만 이 조작 사건의 완전한 실패 이후 우리는 더 큰 위험들이 우리 뒤에 도사리고 있다는 것을 확신했습니다. 베를린 장벽의 붕괴 이후에도 체코인들과 슬로바키아인들은 얀후스 재단의 활동을 바라 마지않았습니다. 오늘날 우리는 박사학위 준비자들을 계속해서 돕고 있습니다."[18]

데리다와 마르그리트는 몇 년이 지난 뒤에야 겨우 비밀 세미나를 이끌었던 철학 교수 라디슬라프 헤야네크에게서 사건의 진상에 대해 들어 알게 되었다. 1981년, 한 지방 공무원이 그 경찰 부서의 우두머리로 임명되었다. 그는 자신의 업적을 보여 주고 싶어서 그 사건을 계획하고 주도했다. 그는 반체제인사들을 지원하는 그 성가신 얀후스 재단의 정회원이란 것 외에는 데리다가 누구인지에 대해서는 전혀 알지 못했다. 그 사건은 데리다를 타깃으로 한 것은 전혀 아니었다. 단체의 누구든 그 당시 체

---

17) Jacques Derrida, "Être juste avec Freud'. L'histoire de la folie à l'âge de la psychanalyse", *Penser la folie. Essais sur Michel Foucault*, Galilée, 1992. Jacques Derrida, *Résistances de la psychanalyse*, Galilée, 1996, p. 93에 재수록.
18) 에티엔 발리바르의 증언.

코를 방문했다면 바로 그가 일을 당했을 것이다. 데리다의 명성에 대해 전혀 알지 못한 그 공무원은 그의 체포가 그렇게 세계적인 파문을 일으킬지에 대해서는 꿈에도 생각해 보지 못했다. 그의 지나친 충성심은 오히려 그에게 불리한 방향으로 작용했다. 그는 좌천되어 다시 지방으로 쫓겨가 버렸던 것이다. 세월이 흘러 '벨벳 혁명'이 일어난 뒤, 그는 그 자신이 마약 밀매 혐의로 체포되었다.

데리다에게 프라하 사건은 여전히 벤 아크눈중고등학교에서 퇴학을 당했던 1942년 10월의 그 우울했던 날처럼, 아주 충격적인 한 기억으로 남아 있었다. 그것은 마치 그의 삶 전체가 "두 철책에 의해, 무거운 두 금속 차단기에 의해 에워싸인 것" 같았다. "사람들이 나를 학교에서 쫓아냈든, 아니면 감옥에 던져 넣었든 나는 항상 타인은 분명 나를 문죄(問罪)할 충분한 이유가 있다고 생각했다."[19] 그 체포 사건은 전혀 본의 아니게 그를 무대 전면에 서게 했다. 그런데 그 체포 사건은 분명 그 자신을 특히 정치 무대로 점점 더 향하게 만든 사건들 중 하나였다. 그는 어느 날 이렇게 썼다. "프라하의 체포는 사실 내 인생에서 여행이라는 단어에 가장 걸맞은 여행이었다."[20]

---

19) Jacques Derrida, "Circonfession", Geoffrey Bennington and Jacques Derrida, *Jacques Derrida*, Seuil, 1991, pp. 71, 277.

20) Catherine Malabou and Jacques Derrida, *La contre-allée. Voyager avec Jacques Derrida*, La Quinzaine littéraire/Louis Vuitton, 1999, p. 39.

14장_새로운 정세

1982~1983

1981년 봄, 자크 데리다는 프랑스 대부분의 지식인들보다 더 마음속으로 열광하며 좌파의 정권 장악을 환영했다. 그의 개인적인 기분은 그 당시 아주 어두웠던 것이 사실이다. 1981년 11월, '철학에 대한 찬양'이라는 제목으로 『리베라시옹』지와 한 인터뷰에서 그는 권력을 장악한 사회당 정권이 철학에 어떤 지위를 부여하려는지를 물었다. 아비 개혁안에 반대하는 '철학연구교육단체'와 철학 삼부회의 투쟁에 깊은 관심을 보이면서 미테랑은 자신이 당선되면 철학 교육이 "유지되고 확대될" 것이라고 약속했었다.[1]

프라하 사건과 데리다의 석방을 위한 엘리제궁의 개입 이후 상황은 매우 긍정적으로 바뀌었다. 여러 쪽에서, 철학이 경시되지 않을 것이라고 그에게 알려주었다. 그러나 데리다 혼자만 활발히 움직이는 것은 아니었다. 자크 랑이 기획한 콜로키엄 '창조와 연구'에 참가한 며칠 뒤인 1982년

---

1) *Libération*, 21~22 November 1981. 이 인터뷰는 Jacques Derrida, "Privilège", *Du Droit à la philosophie*, Galilée, 1990, pp. 499~510에 재수록되었다.

1월 19일, 장피에르 파예는 연구산업장관 장피에르 슈벤망과 접촉을 하는가 하면, 프랑수아 샤틀레는 뱅센대학이었던 파리8대학에 철학실험학과를 설치하려 시도했다. 이 모든 계획을 조율하려 슈벤망은 1982년 3월 13일 오찬회를 마련했다. 그 만남은 '국제철학학교'(Collège International de philosophie, CIPh)의 창립 행위로 간주될 수 있을 것이다.

도미니크 르쿠르의 말을 들어 보자. "고등사범학교 출신으로 장관의 기술자문위원이었던 필립 바레는 그 계획안에 큰 역할을 했습니다. 그가 중심인물이라고 말할 수 있을 정도입니다. 바레는 '철학교육연구단체'와 철학 삼부회에서의 데리다의 역할을 잘 알고 있었기에, 그가 없으면 아무 것도 할 수 없으리라는 것도 알고 있었죠. 바레는 파예와 샤틀레의 계획에 데리다를 참여시키고 싶었으며, 과학철학이 경시되지 않도록 나를 그 팀에 포함시키려 했습니다. 하지만 그는 데리다와 파예 사이의 오랜 적대감에 대해 모르고 있었어요. 파예는 그 계획의 조정 역할을 자신보다 데리다에게 맡기는 것을 받아들이기 힘들어했습니다. 파예의 그런 심정은 샤틀레와 나 자신에게는 당연하게 보였습니다."[2]

국제철학학교의 창립 여정은 1992년 5월 18일에 시작되었다. 장관이 결정한 바에 따라 이로써 계획안은 '철학교육연구단체'와 철학 삼부회의 연장선상에 있게 된다.

오늘날 프랑스에서의 철학 연구는 대학과 국립과학연구센터와 같은 기관의 흔히 분할된 몇몇 영역에 한정되어 여전히 보잘것없는 자리를 차

---

[2] 도미니크 르쿠르와의 인터뷰.

지하고 있다. […]

정부가 중고등교육에서 철학 공부를 확대할 준비가 되어 있는 만큼, 이 분야의 발흥에 가장 적합한 환경과 수단을 확보하는 일이 중요하다. […]

이러한 관점에서, 상호학제간 연구를 위한 연구 및 교육 센터인 국제철학학교의 창립 조건을 검토해 보는 일은 시의적절한 것으로 보인다. 왜냐하면 이 센터는 혁신적인 아이디어를 장려하고, 참신한 연구 및 교육적 경험의 수용에 개방적이며, 외국의 유사한 시도들과 유기적인 관계를 맺는 일에 적합할 것이기 때문이다. [3]

5월 25일, 하나의 우편물이 프랑스 전역과 많은 나라로 발송되었고, 언론은 그 계획에 대해 보도했다. 세계 곳곳으로부터 잡다한 형태의 도움 제의가 답지했다. 며칠 동안 수십 건의 제의가 들어왔는데, 그중 많은 것이 개인적으로 데리다에게 온 것이었다. 폴 드 만에게 데리다가 설명한 것처럼, 그는 국제철학학교에 관련된 모든 것에서 기인할 "자만심과 위험과 장애물들에 대한 불안 속에서, 자신의 흥미와 취향과는 거의 관련이 없는 광적일 만큼 과도한 활동"에 얽매여 살아가고 있었다. 드 만도 상상할 수 있었겠지만 그 계획은 "함정과 갈망, 증오와 싸움들 속에서" 전개되고 있었기 때문이다. 그의 개인적인 상황에 관해서라면, 데리다는 자주 그렇듯 그 모든 것을 상당히 어둡게 바라보고 있었다.

---

3) François Châtelet, Jacques Derrida, Jean-Pierre Faye and Dominique Lecourt, *Le Rapport bleu, les sources historiques et théoriques du Collège intertional de philosophie*, PUF, 1998, p. 2에 인용된 편지.

이상하게도, 그리고 실제로 아주 의심스럽게도 새 정부는 내게 매우 '형식적인' 정중함을 표하면서 많은 손짓을 하지만, 정작 아무런 약속(예컨대, 좀 더 적절한 직책 같은 것)을 해주지 않습니다. 그들은 내게 최선을 다하겠다는 의도를 분명히 하지만 말로만 그치고 있습니다. 그런 상황들에 대해 좀 알고 있기에 나는 이 모든 것이 아주 좋지 않게 끝나리라는 생각을 배제하지 않습니다.[4]

그럼에도 불구하고 데리다는 7월 말 멕시코에서 열린 세계 문화부장관 회의에 동행했다. 기억할 만한 연설에서, 랑은 미국의 문화제국주의를 비난했다. 며칠 뒤, 데리다는 자기에게는 "아주 값진 경험이자 기회이고 영광"이었다며 랑 장관에게 고마움을 전했다. 그는 국제철학학교가 자신의 조언과 지원을 받게 될 것이라 기대하면서 "그 며칠간의 우정 어린 환대"에 기뻐했다.[5]

정말 조숙한 피에르는 고등사범학교 시험을 단 번에 통과하여 19세에 입학했다. 데리다에게 그 일은 많은 추억을 떠올렸다. "지금으로부터 정확히 30년 전 같은 날, 나는 두 번의 실패 끝에 22세에 같은 학교에 들어갔습니다. 얼마나 고통스러웠던지…. 이상한 경험, 이상한 상황이 아닌가요?" 이렇게 그는 폴 드 만에게 썼다.[6] 피에르는 문학과 철학 사이에서 망설이다가 결국 철학을 택했다. 비록 그는 여전히 문학을 더 좋아했지만

---

4) 데리다가 폴 드 만에게 보낸 1982년 7월 15일 편지.
5) 데리다가 자크 랑에게 보낸 1982년 8월 5일 편지.
6) 데리다가 폴 드 만에게 보낸 1982년 7월 15일 편지.

670 2부_데리다 1963~1983

그에게는 철학 강의가 자유로운 동시에 더 재미있을 것 같았다. 하지만 데리다 같은 철학자가 되는 것과는 전혀 관계가 멀었다. 피에르는 이렇게 기억한다. "그 선택을 말했을 때 나의 선생님 중 한 분은 그건 자살행위라고 내게 말했습니다."[7]

　불행하게도 또 다른 소식이 끝나가는 여름을 우울하게 만들었다. 몇 달 전부터 몸이 좋지 않았지만 폴 드 만은 의사의 진찰을 받아보지 않았다. 1982년 7월, 그의 상태가 걱정이 되어 제프리 하르트만 부부는 한 의사에게 진료 예약을 해주었다. 진찰을 마친 뒤 의사는 즉시 그를 철저한 검사를 받도록 하기 위해 뉴 헤이븐으로 보냈다. 간 바로 옆에 종양이 있는데 수술이 불가능하다는 진단 결과였다. 데리다는 폴 드 만으로부터 그 소식을 가장 먼저 받은 사람 중 하나였는데, 처음에는 전화로, 이어 아주 차분한 어조의 편지를 통해서였다.

　　집으로 돌아온 뒤 나는 많이 나아지고 있습니다. 먹고 자는 것과 산책도 좀 하기 시작했으며, 소박한 회복의 즐거움도 맛보고 있습니다. 이 모든 것은, 당신에게 말했다시피, 내게는 매우 재미있어 많이 즐기고 있습니다. 나는 항상 알고 있었습니다만, 이제 확인하고 있습니다. 즉 사람들이 말하는 것처럼, 죽음이 더 가까이 있다는 것을 알게 될 때 많은 것을 얻는다는 것을 말입니다. 그 "죽음으로 참소(讒訴)된 얕은 시냇물." 어쨌든 '종양'이라는 적나라한 말보다는 이 표현이 더 좋습니다.[8]

---

7) 피에르 알페리와의 인터뷰.
8) 폴 드 만이 데리다에게 보낸 1982년 8월 24일 편지. 이 구문은 데리다가 Jacques Derrida, *Mémoires pour Paul de Man*, Galilée, 1988, p. 18에서 인용하고 있다.

그 뒤 몇 달 동안 데리다와 드 만은 아주 자주 편지를 쓰고 전화를 주고받았다. 병과 죽음의 임박은 그들의 관계를 어느 때보다도 더 열렬하게 만들었다.

1982년 — 수포로 돌아갔지만 마르그리트 뒤라스의 제안이 있고 난 뒤 얼마 안 되어 — 자크 데리다는 처음으로 영화 출연 제안을 수용했다. 영국인 감독 켄 맥뮬런의 장편 「유령의 춤」이었는데, 파스칼 오지에와 함께 이상하지만 기억할 만한 방식으로 출현했다. 아주 짧은 단역이었지만 피곤할 정도로 되풀이된 첫 장면의 촬영은 르 셀렉트 카페에 걸려 있는 화가 티투스카르멜의 포스터 앞에서 이루어졌다. 테이블들 사이에서 젊고 예쁜 여배우는 영화 용어로 아이라인(eye-line)이라는 것, 즉 서로의 눈을 똑바로 바라보는 것에 대해 철학자에게 설명해 주었는데, 그에게는 인상에 남는 경험이 되었다.

훨씬 더 긴 또 다른 시퀀스는 데리다의 사무실에서 촬영되었다. 파스칼 오지에가 그에게 유령을 믿느냐고 물었던 것처럼, 그는 자신의 저작에서 곧 중요해지게 되는 '유령'이라는 주제에 뛰어들었다.

당신은 유령에게 유령을 믿느냐고 묻는 겁니까? 여기에서 유령은 바로 나입니다…. 당신의 꽤 즉흥적인 영화에서 내 역할을 연기해 줄 것을 부탁받을 때, 나는 내 대신 유령이 말하는 것 같은 느낌을 받습니다. 역설적으로, 나는 나의 역할을 연기하는 대신 나도 모르게 한 유령이 내 대신 말하도록 내버려 둡니다. […] 영화는 유령의 싸움(fantomachie)의 예술입니다. […] 그것은 유령들이 돌아오도록 내버려 두는 예술입니다. […]

이 모든 것은 오늘날 매우 상상을 초월하는, 결국 아주 참신한 상태의 영화 예술과, 정신분석학적인 어떤 것 간의 교류 속에서 다루어져야 합니다. 나는 영화 + 정신분석학 = 유령학이라 생각합니다. 미래는 유령들의 것이며, 기술에 의해 유령들의 힘은 굉장히 커지게 될 것이라고 생각합니다.[9]

데리다는 마르크스의 유령과 프로이트의 유령, 카프카의 유령…, 그리고 그의 파트너 여배우의 유령을 언급했다. 1984년, 24세의 그 여배우가 죽을 것이라고 데리다가 어찌 상상이나 했겠는가? 그녀의 죽음은 그에게 매우 당혹스러운 일이어서, 그는 몇 번이나 그것에 대해 언급했다.

나의 즉흥적인 출현이 끝난 뒤, 나는 그녀에게 이렇게 물어보지 않을 수 없었다. "그런데 당신, 당신은 믿습니까, 유령을?" 적어도 서른 번은 물었을 거고, 감독의 요구에 그녀는 그제서야 이렇게 짧게 말했다. "예, 지금은요, 예." […] 2~3년 뒤, 그 사이 파스칼 오지에가 죽고 그 영화를 다시 보았을 때(학생들은 그 영화에 대해 나와 이야기를 나누고 싶어 관람을 요구했다) 내가 갖게 된 경험이 어떠했을지 상상을 해보라. 나는 파스칼의 얼굴이 스크린에 갑자기 나타나는 것을 보았는데, 그 얼굴은 내가 아는 죽은 한 여인의 얼굴이었다. 그녀는 "당신은 유령을 믿습니까?"라고 묻는 내 질문에 나를 거의 똑바로 바라보면서 — 커다란 스크린 속에서 — 다시 한 번 이렇게 대답했다. "예, 지금은요, 예." 어떤 지금인가?

---

9) 시퀀스는 인터넷에서 볼 수 있다(http://www.youtube.com/user/kenmcmullenweb).

몇 년 뒤, 텍사스에서 나는 그녀의 유령이 돌아온 것 같은 아주 놀라운 느낌을 가질 수 있었다. 그녀의 유령은 다시 돌아와서 지금 여기에서 내게 이렇게 말한다. "지금은요… 지금은요… 지금은요. 이를테면 다른 대륙의 이 어두운 영화관 안에서, 다른 세계에서, 지금 여기에서, 예, 정말나는 유령을 믿어요."[10]

훨씬 가까운 그의 친척의 죽음이 곧 데리다를 유령처럼 따라다녔다. 1983년 4월 3일, 데리다가 예일에 있을 때 자닌과 피에로 메스켈의 장남이자 마르틴의 오빠인 조카 마르가 자동차 사고로 사망했다. 그 갑작스런 죽음은 그와 그의 모든 가족에게 "굉장한 상처"[11]로 남았다. 데리다는 책상 위에 있는 아버지와 동생 노르베르의 사진 옆에 마르의 사진을 놓아두었다.

1982년 여름부터 국제철학학교 창립과 관련된 모임이 더 자주 있게된다. 장피에르 파예는 데리다에게 보낸 한 통의 편지에서 그들의 두 계획안이 서로 합쳐지면 좋겠다고 말한다. "그러므로 아마 곧 발표될 몇 년동안의 공동 작업은 우리의 협력적인 분위기에서 행해질 것입니다."[12] 그렇지만 현실은 매우 달라 불화가 끊이지 않았다.

도미니크 르쿠르는 이렇게 말한다. "우리는 데리다와 파예가 어느

---

10) Jacques Derrida and Bernard Stiegler, *Echographies de la télévision*, Galilée-INA, 1996, pp. 133~135.
11) 데리다가 피에르 푸셰에게 보낸 1984년 1월 25일 편지.
12) 장피에르 파예가 데리다에게 보낸 1982년 9월 6일 편지.

정도로 서로 미워하며 정신적으로 타격이 큰지 처음에는 알지 못했습니다. 처음에는 프랑수아 샤틀레가 중재를 해보려 했어요. 하지만 그는 곧 아프게 되었고, 철학학교의 명운을 자신의 손에 넣기를 원했던 그에게 자크 랑과 프랑수아 미테랑은 기대감을 주었습니다. 파예는 데리다가 자기 자리를 도둑질해 갔다고 확신하고 있었어요. 두 사람 사이의 갈등은 계속되었고, 여러 핑계 속에 마찰은 커져만 갔지요. 열쇠 사건, 어느 사무실을 누구에게 부여할지 등등의 문제들이 끊임없이 발생했어요."[13]

두 사람 사이의 불화는 기본적인 문제에 대해서조차 작지 않았다. 장 피에르 파예는 멋진 건물에 지식인과 예술가들을 모이게 하고 싶어 했다. 그는 르네 톰과 일리아 프리고진 및 '자기조직화' 같은 문제들에 매료되었다. 데리다에게 당면 과제는 새로운 주제들에 대한 다방면의 연구들을 받아들이는 것으로, 그것은 국제철학학교가 다른 기관들처럼 신속하게 한 기관이 되지 못하게 하는 요인이기도 했다. 그는 『리베라시옹』지에 이렇게 견해를 피력했다.

우리는 가능한 한 엄격한 본분을 지키도록 참신한 대책을 계획했다. 예컨대 어떠한 교수직이나 전임 직책도 없이, 상대적으로 짧은 계약직만 있을 것. 따라서 간결한 조직, 집단지도 체제, 유동성, 프랑스나 외국의 교육 연구 기관들에서 '적출자로 정당하게 인정받지 못했'거나 너무 진전을 보지 못한 연구들에 대한 우선권 부여 같은 대책들 말이다. [...][14]

---

13) 도미니크 르쿠르와의 인터뷰. 국제철학학교의 설립에 관한 모든 사항은 마리루이 말레와의 인터뷰 및 장피에르 파예와의 인터뷰를 또한 참조할 것.
14) Jacques Derrida, "D'un certain Collège international de philosophie encore à venir",

그렇지만 데리다에게 중요한 건, "귀족적이고 폐쇄적인 '이미 많은 진전을 본 연구들의 센터'가 되어서도 안 되고 심지어는 고등교육의 센터가 되어서도 안 되는 한 장소가 되어 연구 계획들을 엄격하게 선정하는 일"이었다. 그는 국제철학학교가 "'학문'과 '기술', '예술'의 가장 뜻하지 않은 도전들"에 노출되어 있기를 바랐다. 그러나 그는 또한─이 생각은 그에게 항상 소중한 것이었다─그 기관이 관례적으로 자리 같은 것을 남발하지 않고 발표자와 프로그램 책임자들을 모집할 수 있기를 바랐다.

1983년 10월 10일, 장피에르 슈벤망의 후임자인 로랑 파비우스와 자크 랑, 로제 제라르 슈바르첸베르그는 데카르트 가 1번지에 있는 옛 에콜 폴리테크니크 건물에 정식으로 국제철학학교를 설립했다. 조직은 이중적이었다. 즉 데리다가 만장일치로 선출된 교장 체제와, 장피에르 파예가 이끄는 '고등심의회'가 그것이었다. 그런데 이 이중 조직은 갈등을 완화하기는커녕 오히려 심화시킬 뿐이었다. 처음에는 모든 세미나의 프로그램을 포함하여 각 결정이 두 책임자에 의해 내려질 것으로 예상되었다. 그런데 혼선이 즉각 나타났다. 교장 체제의 집단적 사표 제출 위협이 있은 뒤, 보다 유연한 내부 규정이 채택되었다. 파예는 합의가 이루어졌다고 기뻐하며 두 결정 기관이 "서로 보완하여 기름지게 하는 것"[15]을 보고 싶은 희망을 다시 한 번 피력했다.

외부와의 사정도 그리 간단치만은 않았다. 문을 열기 전부터 국제철학학교는 많은 환상과 선망을 야기했기 때문이다. 많은 사람들이 그곳에

---

interview with Jean-Loup Thiébaut, *Libération*, 11 August 1983. Jacques Derrida, *Points de suspension*, Galilée, 1992, p. 119에 재수록되었다.

15) 장피에르 파예가 데리다에게 보낸 1983년 9월 28일 편지.

서 직책을 얻고 싶어 했던 것이다. 예컨대 사라 코프만은 데리다에게 그 두 '결정 기관'의 한 직책을 얻지 못한 것에 대해 불평했다. 그는 그녀에게 지방 소재의 학자들이 필요했기 때문이라며 필립이나 장뤽이나, 리옹의 마리루이즈 말레의 이름을 거론했다. 사정을 정확히 설명해 주는 이런 답변에도 불구하고 사라 코프만은 자신이 배제되었다는 느낌을 갖지 않을 수 없었다.[16]

또한 데리다는 아비탈 로넬에게도 책무를 맡기고 싶었다. 그녀는 프린스턴과 베를린에서 학위를 획득했지만 아직 대학에 취직을 하지 못하고 있었던 것이다. 그녀는 이렇게 말했다. "대학 책임자들이 제 이력서를 읽는 동안은 모든 것이 잘 되어 갔습니다. 그런데 그들이 나를 보고 나면 상황이 나빠졌어요. 저의 성격에 뭔가 문제가 있었던 것 같아요. 여자라는 사실도 물론 전혀 도움이 되지는 못했습니다. 국제철학학교가 세워졌을 때 데리다는 내게 중요한 역할을 주고 싶어 했어요. 내가 영어와 독일어, 프랑스어를 잘하고 또 그 세 세계를 잘 알고 있기에 그 기관에 중요한 한 임무인 국제 교류를 내가 잘 맡아 할 수 있으리라 생각했습니다. 하지만 결국 그것도 잘 되지 못했어요. 나는 결국 버클리에서 한 자리를 얻었습니다. 하지만 그에게는 그것이 별로 마음에 들지 않았습니다. 그의 생각에 그곳은 특히 설(Searle)이 있어서 '적의' 영지였기 때문이에요. 그런데 나 자신을 흔쾌히 '용맹한 해체의 전사'로 규정했던 나로서는 바로 그것이 그 대학으로 간 추가적인 이유이기도 했습니다. 당시 데리다가 별로

---

16) 데리다가 사라 코프만에게 보낸 1983년 9월 23일 편지. 사라의 남편 알렉상드르 키릿소스는 이 편지에 화가 나 데리다에게 아주 불쾌한 답장을 보냈으며, 데리다 또한 거칠게 답장을 보냈다.

영향력이 없었던 미국의 서부에서 해야 할 전투가 있었기 때문이에요. 하지만 그는 가끔 나를 믿지 않았습니다. 우리의 관계가 시작된 초기에 그는 내가 어느 날 자신을 위해 싸워줄 것이라고 말했지만, 나는 그런 일은 어쨌든 절대 없을 것이라고 말했었거든요."[17]

데리다는 국제철학학교의 창립으로 그 어느 때보다 미디어에 더 노출될 수밖에 없었다. 1983년 여름, 두 페이지에 걸친 인터뷰가 상당히 낭만적인 모습의 사진과 함께 『리베라시옹』지에 게재되었는데, 이 사진은 마치 '국제철학학교에는 교장이 없다'는 제목을 무색하게 보이게 하는 것 같았다. 9월 9일, 이번에 '반항자 데리다'에게 발언권을 준 곳은 『르 누벨 옵세르바퇴르』였다. 그에 대한 소개를 보면 당시 그가 어떻게 알려져 있는지를 잘 보여 준다.

지스카르의 7년 임기 동안 고등학교에서까지 위협을 받은 철학이 오늘 지성의 미래에 가장 호의적으로 받아들여지고 있다면, 그것은 정부의 세 부서의 후원으로 얼마 전 창립된 국제철학학교의 주요 주창자인 자크 데리다 덕택이다. 그렇지만 53세의 사상가이자 작가는 프랑스에서 유명하지만 잘 알아보지 못하며, 존경을 받지만 별로 알려지지 않았다. 지식의 수호자인 대학으로부터 사랑을 받지 못하는 그는 공공 무대에서 역시 이례적으로 눈에 띄지 않는다. 자크 데리다는 경기 규칙을 충실히 지키지 않는다. 여백의 탐험가인 그는 다양한 형태의 저서에서 철학과 정신분석학, 그리고 문학의 경계를 헛갈리게 한다…. 후설, 칸트, 프로이

---

17) 아비탈 로넬과의 인터뷰. 아비탈 로넬이 데리다에게 보낸 1983년 10월 8일 편지.

트, 니체, 주네, 자베스, 레비나스, 레이리스 등 타인들의 작품 여행을 기꺼이 하는 이 사상가에 대해 사람들은 자주 그의 문체의 난해성을 비난한다. 그는 오늘날 사상을 위협하는 오해와 함정이 얼마나 많은지를 카트린 다비드에게 쉽게 설명하려 노력했다.[18]

데리다는 바로 그 인터뷰에서 알제리와 반유대주의, 그의 학창시절, 그리고 프라하 사건 등 몇 가지 자전적 이야기를 처음으로 털어놓았다. 미디어에 대한 그의 태도는 바뀌기 시작했다. 거리낌이 어떠하든 이제 그는 미디어를 필요로 하지 않을 수 없다는 것을 알게 되었다. 1981년 4월 월간지 『리르』(Lire)는 가장 영향력 있는 지식인들이 누구인지를 알아보기 위해 광범위한 여론조사를 했다. 클로드 레비스트로스가 선두였고, 레몽 아롱, 미셸 푸코, 자크 라캉, 시몬 드 보부아르가 그 뒤를 이었다. 베르나르 앙리 레비는 아홉 번째였다. 데리다의 이름은 36명의 목록에서 보이지도 않았다. 비록 그 시기 그의 작품이 일반 대중들을 대상으로 하는 것은 아니었지만 자기 이름이 보이지 않은 것에 그는 상처를 입었음이 분명했다.

1981년 가을에 고등사범학교에서 있었던 그에 대한 '반란' 이후 상황은 호전되지 않았다. 학교는 그때까지 없던 행정적 제약을 강요하면서 수험지도교수에 대한 억압적 조치를 늘려 갔다. 데리다는 그 어느 때보다도 학교를 떠나고 싶어졌다. 그러기 위해서는 그는 다른 자리를 찾아야

---

18) *Le Nouvel Observateur*, 9~15 September 1983. Derrida, *Points de suspension*, p. 123에 재수록.

했지만, 국제철학학교는 그에게 아무것도 보장해 주지 않았다. 1983년 8월, 그는 로돌프 가셰에게 보내는 편지에서 사회과학고등연구원(École des hautes études en sciences sociales, EHESS)으로 옮길 가능성에 대해 언급한다. '철학 기관들'에 대한 연구를 하는 자리가 그를 위해 마련될 수 있을 것이라는 말이었다. 선발은 11월에 하기로 되어 있었다. "비록 내게 절호의 기회라고 사람들은 말을 하지만, 전적으로 그 학교와 나의 친애하는 동료들의 손에 달려 있는 일에 대해서는 경험상 아주 조심스러우며, 믿을 수가 없습니다. 나는 끝까지 그런 마음일 것입니다."[19]

비록 당시 사회과학고등연구원의 연구 부장을 맡고 있던 뤼시앵 비앙코가 "전혀 걱정할 것 없다"[20]고 그를 안심시켰지만 데리다는 여전히 마음이 놓이지 않았다. 11월, 선발 일정이 다가오자 그는 그의 오랜 친구인 '코코'에게 가능한 한 적극적으로 자기를 도와줄 것을 부탁했다.

이 문제로 다시 귀찮게 해서 미안하네. 이 망할 기관들에서 내 사정이 그리 심각하지 않다면 뻔뻔스레 이렇게 하지는 않을 것이네만. [역사학자인] 자크 레벨은, 얼마 전 그를 보았는데, (부풀려서 생각하고 싶지는 않지만) 12월 9일 자네가 거기 참석하도록 상당히 마음을 쓰고 있는 것 같았네. 그가 내게 그렇게 말했을 때, 몇 표 차이로 일을 그르칠 수도 있겠다는 것을 나는 알았네. 내가 폐를 끼치고 있는 것은 아닌지 아주 두렵고 죄의식도 크게 느껴져. 자네에게 부탁하는 것에 대해서 말일세. 하지만

---

19) 데리다가 로돌프 가셰에게 보낸 1983년 8월 22일 편지.
20) 뤼시앵 비앙코가 데리다에게 보낸 1983년 9월 20일 편지.

지금 내가 그 일에 대해 부탁할 수 있는 사람은 오직 자네밖에 없네(세상에 나, 원!). 만일 자네가 참석해서 자네 친구들을 설득시키는 일에 애써 준다면 내 마음이 좀 놓일 것 같네.[21]

투표가 있던 날 저녁, 데리다는 콜로키엄으로 베네치아에 있었다. 하지만 그는 투표 결과가 어떻게 나든 즉시 마르그리트에게 전화를 해달라고 부탁했다. "여러 이유에서 이 모든 일은 내 마음을 울적하게 만드네. 하지만 어떻게 하겠어?" 자신의 옛 룸메이트의 성격을 잘 알고 있는 『중국혁명의 기원』의 저자는 빈틈없는 연대를 보여 주었다.

참석하겠네. […] 마르그리트에게도 전화를 해주려고 이미 마음먹고 있었네. 난 다른 사람이 자네와 자네 아내에게 소식을 전해 주도록 내버려 두고 싶지 않았네. 희소식일 수밖에 없는 그 소식을 말일세. 걱정 말게. 그렇지만 자네가 걱정을 하고 있을 거라는 걸 알고 있네. 그러나 그럴 필요는 없네. 2주 후면 고등사범학교와는 이별일세! 이후에는 또 다른 '망할 기관'인 사회과학고등연구원을 저주할 충분한 여유가 있을 걸세. 하지만 적어도 이곳은 편한 직장이네.[22]

그렇지만 데리다는 전적으로 안심하고 있을 수만은 없었다. 며칠 뒤, 그는 몇 년 전부터 자주 만나지 못하고 지내 온 제라르 주네트에게 편지

---

21) 데리다가 뤼시앵 비앙코에게 보낸 날짜 미상 편지(1983년 11월).
22) 뤼시앵 비앙코가 데리다에게 보낸 1983년 11월 27일 편지.

를 써서 도움을 구했다. 낭테르의 실패 기억은 아직도 생생하여, 데리다
는 또 다른 실패를 어쨌든 피하고 싶었다.

> 자네는 아마도 내가 사회과학고등연구원에 지원했다는 것과 투표가 12
> 월 9일에 있다는 것을 알고 있겠지. 만일 자네가 나의 지원(이제는 내게
> '살기 힘든 곳'이 되어 버린 이 고등사범학교의 수험지도교수로 남은 직업
> 생활을 보내지 않을 수 있는 유일한 기회이네)에 반대하지 않는다면, 그
> 회의에 참석해 달라고 자네에게 부탁할 수 있겠지? 내 사정이 그리 심각
> 하지 않다면, 근원지나 그 심각성이 잘 가늠이 되지 않는 우려스러운 소
> 문들을 듣지 않았다면 나는 자네에게 결코 뻔뻔스럽게 이런 도움을 부
> 탁하지 않았을 걸세. 그런데 이 문제에 대해 적절히 이야기를 나눌 수 있
> 는 사람—이 말을 하고 있는 순간에도 여전히 망설여지지만—은 두세
> 친구밖에 없네…. 이런 행동을 용서해 주길. 삼가….[23]

투표는 다행히도 비앙코가 예상했던 대로 끝났다. 여러 면에서 사회
과학고등연구원의 이 자리는 데리다에게는 진정한 해방구가 되었다. 며
칠 뒤, 안타깝게도 이번에는 어두운 소식이 그에게 들려왔다. 폴 드 만의
병이 매우 악화되었던 것이다. 그 어느 때보다도 가까워진 그 두 사람은
거의 매일 장시간 전화로 대화를 나누었다. 데리다는 친구의 상태에 큰
충격에 빠졌다.

---

23) 데리다가 제라르 주네트에게 보낸 1983년 11월 29일 편지.

조금 전 전화 속 당신의 목소리에서 피곤함이 물씬 묻어났습니다. 회복이 더디다니 너무 안타깝습니다. 나는 너무 무력함을 느껴 할 말을 잃었습니다. 하지만 당신은 잘 알고 있겠지요. 내 마음은 당신 곁에 있다는 것을. 나의 생각은 줄곧 당신의 시련과 함께 하고 있습니다. 나는 회복을 기다리고 있고 또 기대하고 있습니다. 기력이 회복될 때까지 당신이 인내할 수 있도록 오로지 돕고 싶은 마음뿐입니다.[24]

1983년 12월 21일, 폴 드 만은 암으로 숨을 거뒀다. 데리다는 예정된 폴란드 여행을 취소하고 얼마 후에 미국으로 떠났다. 그 죽음이 곧 그와 해체에 가져올 여파를 그가 어떻게 상상할 수 있겠는가?

---

24) 데리다가 폴 드 만에게 보낸 1983년 12월 12일 편지.

3부

자크 데리다

1984~2004

1장_해체의 영토

1984~1986

2003년 3월, 엘렌 식수와 토론을 하면서 데리다는 1984년 여름에 한 콜로키엄에서 자기에게 이미 제기된 한 문제를 언급했다. "1984년이라고 말했는데, 왜지요?"라고 식수가 물었다. 아래의 짧은 대화는 생각보다 그렇게 사소하지는 않다.

> **데리다** 왜냐하면 1984년이었다고 확실히 기억이 되는데, 1984년은 내게 아주 특별한 한 시기, 한 해였기 때문입니다. 게다가 그해는 내가 조이스('율리시스 축음기')에 대해 짧은 글을 한 편 썼고, 또 몇 달 뒤 우르비노에서 그걸 다시 발표한 해였지요. 바로 그곳에서 일어났습니다, 그….
>
> **식수** 그런데 그해를 기억하세요? 놀라운 일이네요!
>
> **데리다** 아, 1984년. 당신을 지루하게 하고 싶지는 않지만, 내게는 그해를 기억할 만한 여러 이유가 있습니다. 그해는 저의 인생에서 가장 특별한 해 중 하나였으니까요…. 예, 정말이에요.
>
> **식수** 컴퓨터 메모리 용량을 갖고 계시는군요. 놀라워요.
>
> **데리다** 천만에요! 저는 지독한 건망증 환자인걸요. 그렇지만 기억하는

것도 몇 가지는 있답니다.[1]

1984년은 실제로 데리다가 일과 여행과 관련해서 아주 바쁘기도 했지만, 그는 무엇보다 공개적인 토론에서 차마 말할 수 없는 개인적인 이유로 그해를 기억하고 있었다. 연초, 그에게는 한 가지 충격적인 일이 발생했다. 실비안 아가생스키로부터 임신을 했다는 소식을 듣게 된 것이다. 이미 1972년부터 두 사람은 아이를 갖는 문제에 대해 이야기해 왔다. '완전한 행복'은 1978년부터 깨지기 시작했다. 실비안은 상호 동의하에서 임신중절의 방법을 썼지만 이들에게 괴로움이 없는 것은 아니었다. 하지만 이제 실비안은 38세였다. 자크는 탐나는 동시에 불가능한 사건처럼 꿈꾸어 왔던 한 아이였지만 책임질 수 없음에 무력감을 느꼈다.[2] 그의 생

---

1) Hélène Cixou and Jacques Derrida, "Bâtons rompus", Thomas Dutoit and Philippe Romanski, *Derrida d'ici, Derrida de là*, Galilée, 2009, p. 218. 전적으로 개인적인 것이지만, 이 해의 중요성에 대해 나는 또 다른 상황 증거를 하나 더 가지고 있다. 1984년 8월 21일, 마리 프랑수아 플리사르와 내게 사진 앨범 『시선의 권리』에 대해 쓴 글을 보내주면서 자크 데리다는 이렇게 썼다. "이렇게 늦은 것에 대해, 결코 나를 용서해 주지 않겠지요? 만일 내가 지난 여름부터의 내 '삶'을 묘사할 수 있다면, 아마도 당신은 정상을 참작케 하는 몇 가지 상황을 인정할 것입니다." 이 문장은 그 당시 내게는 항상 바쁘고 무엇보다 꼼꼼한 한 사람의 표현으로만 보였다. 내가 이 문장의 진정한 의미를 이해한 것은 이 책을 쓰면서였다.

2) 아이에 대한 주제는 1977년과 1979년 사이에 쓴 『우편엽서』의 '송부'에 집요하게 언급된다. 하지만 거기에서 아이는 불가능한 것으로 언급된다. "아이 같은 것은 집어치웁시다. 우리는 서로 이야기만 할 뿐입니다. 아이, 아이, 그 아이에 대해서 말이지요. 우리에게는 불가능한 일입니다. […] 당신이 어떻게 하든 나는 찬성할 것입니다. […]. 어떠한 아이에 대해서도 마찬가지요."(Jacques Derrida, *La carte postale*, Flammarion, 1980, pp. 29~30) "우리 사이에 혈통이 없는 것이 다행일 것(하지만 당신은 아니라는 것을 나는 압니다)이라고 나는 생각했습니다. 끝없는, 이를테면 아무 가치도 없는 가계(家系)에 대한 도박과 결국 서로를 사랑하기 위한 조건. 그것은 다른 문제입니다. 아이는 살아있든 죽었든 절대지(絶對知)처럼 돈으로 살 수 없는, 환상 중 가장 아름답고 가장 생기 있는 환상으로 남지요. 당신이 아이가 무엇인지 모르는 한, 당신은 환상이 무엇인지, 물론, 결과적으로 지식이 무엇인지 알지 못할 것입니다."(*Ibid.*, p. 45)

각에 마르그리트와의 관계는 깰 수가 없었으며, 아버지로서의 의무가 너무 중요하기에 그 의무를 적당히 이행하는 것은 용납할 수가 없었다. 그는 실비안이 혼자 결정하도록 내버려두었다. 하지만 그녀가 어떻게 결정하든 받아들이겠다고 약속했다. 그로서는 두 가정을 책임질 수가 없었다. 실비안으로서는 자신의 생애에서 가장 심각한 선택에 직면하게 되었다. 문제는 자크와의 극복할 수 없는 갈등이 아니라, 무엇보다 아이의 출생이었다. 대단히 중대한 결정이 아닐 수 없었다.[3]

실비안과 자크의 관계는 이미 여러 번 위기를 겪었지만 그때마다 사랑이 더 강했다. 이번에는 불화가 근본적인 것이어서 다시 회복되지 못했다. 그렇지만 관계가 단번에 끊어지는 것은 당치도 않은 소리였다. 자크 데리다와 실비안 아가생스키는 공동의 친구가 많았고, 여러 계획에 함께 참여했다. 1986년, 그녀는 프로그램 책임자이자 집행위원회 위원으로 국제철학학교에 발을 들여놓았다. 이어 1991년에는 사회과학고등연구원 교수가 되었다. 1996년까지 그녀는 '사실상의 철학' 총서에 저서를 계속 출간했다. 실비안과 자크는 같은 직업에서 서로 협력했기에, 그들의 관계는 어쨌든 초기 몇 년 동안은 비교적 잠잠해 보였다.[4]

다니엘 아가생스키는 1984년 6월 18일에 태어났다. 그의 이름을 지어준 사람은 데리다였다. 실비안이 혼자 아이를 키우다가 1990년부터는 리오넬 조스팽과 함께 키웠는데, 그와는 1994년에 결혼했다. 데리다는 다니엘이 태어난 직후 적어도 한 번은 아이를 보았던 것 같다. 하지만 그 셋

---

3) 아주 개인적인 이 상황에 대해 아가생스키는 내게 자세히 증언해 주었다. 깊이 감사드린다.
4) 엘리자베스 루디네스코와의 인터뷰, 르네 마조르와의 인터뷰 및 장뤽 낭시와의 인터뷰.

째 아들에 대해, 그는 특히 자기 어머니와 남동생 그리고 누이에게 들키지 않으려 신경을 썼다. 비록 그가 피에르와 장에게 아무 말도 하지 않았지만, 그들은 곧바로 그 사정을 알게 되었다. 피에르는 이렇게 기억한다. "나는 다니엘이 태어난 것을 아주 일찍 우회적으로 알았습니다. 나는 어린 시절부터 아버지의 많은 친구들과 어울렸는데, 그중 여럿은 내 친구가 되었죠. 아버지의 온갖 주의에도 불구하고 상당수의 사람들이 알고 있었습니다. 게다가 어쨌든 필립 라쿠라바르트와 장뤽 낭시, 르네 마조르, 그리고 그밖의 여러 사람은 아버지가 실비안과 결별한 후에도 계속해서 그녀와 가까이 지냈습니다. 반대로 집에서는 일절 그 문제에 대해 침묵을 지켰고, 지금도 그렇습니다. 그 문제는 언급이 금지되었죠."[5]

그렇지만 자크가 잘 알지 못하는 그 아이를 1986년 3월 6일 친자로 인정하기로 마음을 정하게 된 것은 마르그리트의 조언에 따라서였다. 그러나 혼란만 훨씬 더 가중될 뿐이었다. 데리다가 후에 엘리자베스 루디네스코와의 대화에서 아버지임을 결정하는 것은 유전학보다는 오히려 (친자) 인정이라고 말하기 때문이다.

낳아 준 남자(생부, géniteur)를 확인하는 것은 아버지를 지정하는 것과는 다른 일입니다. 낳아 준 남자는 아버지가 아닙니다! 아버지는 자기 아이를 친자로 인정하는 사람인 것입니다. 어머니는 자기 아이를 친자로 인정합니다. 하지만 단지 법적으로만이 아닙니다. 그 문제의 모든 난해성은 사람들이 아주 성급하게 '친자 인정'이라고 부르는 그 '경험'에

---

5) 피에르 알페리와의 인터뷰.

집중됩니다. 법을 넘어서든 아니면 법 안에서든 그 친자 인정의 양태는 다양하고 복잡하며 대단히 난해할 수 있습니다. 그 양태들은 결코 그 끝을 확인하게 되는 시간 동안 늘어날 수도 있고, 안정되거나 불안정하게 될 수도 있습니다. 매우 복잡한 일련의 상징적 가능성의 근거를 제공하게 되는 것은, 그리고 또 '낳아 준 계기'와 '상징적 계기' 사이의 (거의 항상 안정적이기도 하고 불안정하기도 하지만, 결코 확실하지는 않은) 관계의 근거를 제공하게 되는 것은 바로 그 '경험'입니다.[6]

실비안에게는 성(性)의 차이, 특히 모성(maternité)과 관련한 문제들이 그 결정적인 경험에 의해 중요한 성찰 주제가 되었다. 그녀는 남성/여성 관계의 문제, 친자 관계와 커플 간의 갈등 문제에 대해『성의 비극, 입센, 스트린드베리, 베르크만』(Drame des sexes, Ibsen, Strindberg, Bergman)[7]에서 설파하고 있으며, 생물학적인 것과 전기적인 것 사이의 관계의 문제에 대해서는『조각난 몸』(Corps en miettes)[8]에서 썼다.『성의 정치학』(Politique des sexes)의 한 장(章)에는 더없이 시사적으로 '자유와 생식력'이라는 제목을 붙였다. 거기에서 실비안 아가생스키는 시몬 드 보부아르의 페미니즘과는 거리를 두면서 "여자는 자신의 가장 아름답고 가장 욕구를 충족시켜 주는 가능성 중 하나를 거절함으로써만 자유로울 수 있다는 것을 아무것도 증명하지 못한다"라고 주장한다.

---

6) Jacques Derrida and Elisabeth Roudinesco, *De quoi demain...*, Fayard-Galilée, 2001, p. 78.
7) Sylviane Agacinski, *Drame des sexes, Ibsen, Strindberg, Bergman*, Seuil, 2008.
8) Sylviane Agacinski, *Corps en miettes*, Flammarion, 2009.

사람들은 흔히 어머니로서의 여자가 남자에게 이용되어 도구로 간주된다고 생각한다. 그런데 그런 사람들은 후손에 대한 관심은 남자들의 전유물이 아니라는 것을 잊고 있다. 그런 관점에서 보면, '도구성'은 필연적으로 상호적이다. 그렇기에 누가 다른 성(性, sexe)을 이용하고, 누가 다른 성을 수단으로 삼았는지를 아는 문제는 판단하기가 쉽지 않다. 그것은 피임과 생식의 기술로 여자들이 자신의 생식력을 억제할 수 있는 지금 확인되고 있다. 여전히 무례한 니체는 『즐거운 지식』에서, 여자에게 "남자는 한 수단에 불과하다. 목적은 항상 아이이기 때문이다"라고 쓰고 있다. 이러한 도발적인 주장은 사실이 되어 가고 있다. 여자들은 자신이 어떤 아버지의 아이를 어느 때 가질지를 최종적으로 선택하기 때문이다.[9]

1984년 초, 데리다에게는 또 다른 감정적인 일이 일어났다. 그는 폴 드 만의 장례식에는 참석할 수 없었지만, 1984년 1월 18일 예일대에서 기획한 드 만에 대한 추도식에 참석하기 위해 오래 전부터 예정되어 있던 폴란드 여행을 취소했다. 그렇지만 그는 그 추도식에서 "아주 간단한 몇 마디밖에 말할 힘이 없어서" 아주 짧게 발언을 했다. "폴 드 만과 저를 이어 준 우정(그것은 다시없는 것이었고, 지금도 그렇습니다)과, 다른 많은 사람들처럼 그의 관대함과 명철함과 그의 사상의 그토록 부드러운 힘에 대해 제가 빚진 바를 더 차분하게 더 잘 말해 보도록 하겠습니다."[10]

---

9) Sylviane Agacinski, *Politique des sexes*, Seuil, 2001, p. 83.
10) Jacques Derrida, "In memoriam: de l'âme", *Mémoires pour Paul de Man*, Galilée, 1988, pp. 15~16.

이후 몇 주 동안 데리다는 실제로 강연을 위한 3편의 긴 글('므네모시네'Mnémosyne, '회고록의 기술', '행위들: 주어진 말의 의미')을 썼다. 그는 그것들을 가지고 예일대에서 프랑스어로 강연을 하고, 이어서 아마 처음으로 가는 곳일 로스앤젤레스 근처 어바인대학에서 영어로 강연을 했다. 이 추도의 글들과 함께 어쩌면 그의 저작의 새로운 시대가 시작되었을 것이다. 우선 기억의 지배를 받는 글을 쓰기 시작했기 때문인데, 그에 따르면 바로 그 기억에 의해 정열적이기도 하고 고통스럽기도 한 관계는 유지된다.

나는 전혀 이야기할 줄을 몰랐습니다.

그런데 기억, 기억 그 자체, 므네모시네만큼 더 좋아한 것이 없기에, 그 무능을 마치 우울한 불구처럼 항상 느꼈습니다. 나는 왜 이야기를 잃었는지? 나는 왜 므네모시네로부터 그 선물을 받지 못했는지?[11]

다음으로, 애도의 지배를 받는 글을 쓰기 시작했기 때문인데, 그에게 기억은 그 애도와 불가분한 것이었다. 왜냐하면 '롤랑 바르트의 죽음들'에서 시작한 사색의 연장인 데리다의 이 세 글은 『매번 유일한, 세계의 종말』에 실릴 일련의 긴 애도 글들의 개시를 알리는 글이었기 때문이다. 이 글들은 단번에 어떤 불가능성에 사로잡힌다. 왜냐하면 그것들은 먼저 이제는 어떤 부름에도 대답할 수 없는 자에게 건네지는 것이었기 때문이다.

---

11) *Ibid.*, p. 27.

[…] 죽음은, 우리가 그 이름의 소지자라고 부르지만 그의 이름에 더 이상 대답하지 못하거나 그의 이름에 대해 책임을 지지 않는 사람의 이름을 계속해서 대거나 나아가 부름에 따라 이름의 힘을 드러냅니다. 그런데 죽음에 의해 이런 상황의 가능성이 드러날 때부터 우리는 그 상황이 죽음을 기다리지 않거나, 또는 그 상황에서 죽음은 죽음을 기다리지 않는다고 생각할 수 있습니다, 살아 있는 누군가를 부르거나 이름을 댐으로써 우리는 그의 이름이 그보다 더 오래 살아남을 수 있다는 것과, 이미 그보다 더 오래 살아남아 있다는 것을 압니다. 그리고 또 지명하거나 심문하면서 그의 이름을 부를 때마다, 어떤 명단이나 호적, 서명란에 그의 이름을 기재할 때마다 그의 죽음을 이야기하고 기록하면서 그의 이름은 그가 살아있을 때에는 그 없이도 살아간다는 것을 압니다.[12]

데리다가 미국에서 먼저 출간된 책 제목으로 택한 '회고록'(Mémoires)이라는 단어는 글자 그대로의 의미를 포함해서 모든 방향으로 이해되어야 한다. 왜냐하면 폴 드 만에 대한 그 추모는 또한 그에게는 그 자신의 길('이야기하기')로 되돌아갈 기회이자, 거의 첫 평가의 기회였기 때문이다. 20여 년 전부터, 그의 저서들은 주로 상황의 요구에 따라 쓴 논문과 강연 및 세미나의 글들로 이루어졌다. 그의 저서들은 『조종』을 제외하고는 전체적인 논거가 명확하지 않은 모음집들이었다. 그렇지만 이제는 그의 책이 갈수록 많이 번역되어 미국의 대학에서는 데리다를 가르치고, 그의 저작들에 대한 개요서가 출판되었다. 1983년에는 조너선 컬러

---

12) *Ibid.*, pp. 62~63.

의 『해체에 관하여』(*On Deconstruction*)가 출판되었는데, "문학 연구에서 해체의 적용을 기술하고 평가할 뿐 아니라 철학적 전략으로서"[13] 그 적용을 분석하는 것이 그 책의 분명한 목적이었다. 가야트리 스피박이 시도했던 것과 똑같이 컬러는 데리다의 사유를 종합하여 그것을 이용할 수 있도록 하고 싶었다. 뿔뿔이 흩어져 있지만 거의 분리될 수 없는 일련의 어려운 글들에 대한 입문서를 만들다 보니 많은 오해를 불러 일으킬 수밖에 없었는데, 데리다는 꾸준히 그 오해를 불식시키기 위해 노력했다.

폴 드 만에 대한 세 차례에 걸친 강연을 위한 글들은 단지 추도의 성격을 지닌 것만은 아니었다. 그것들은 논쟁적인 텍스트이기도 했다. 왜냐하면 2년 전부터 만과 데리다, 그리고 예일학파에 대한 기사들이 언론에서 증가하고 있었기 때문이다. 처음에는 대학 무대에 한정되었던 대립이 일반 언론으로까지 확대되었다. '영어학의 위기', '엎어진 세상', '문학 연구 파괴하기'처럼 기사들의 제목은 그것들 자체로 하나의 계획이었다. 데리다는 이렇게 쓰고 있다.

대단한 명성, 즉 대단한 학술 권력 역시 부여받은 교수들은 자신들에게 그 권력의 자리와 담론, 그 권력의 자명성, 그 권력의 수사적 방식, 그 권력의 이론적이며 영토적인 경계 등등을 위협한다고 보이는 것을 물리치러 출정합니다. 출정 도중 그들은 동원할 수 있는 수단을 모두 동원함으

---

13) Jonathan Culler, *On Deconstruction. Theory and Criticism after Structuralism*, Ithaca: Cornell University Press, 1982.

로써, 자신들이 그 싸움의 명분으로 내세우는 바로 그 독서의 기본 규칙들과 문헌학적 정직성을 망각합니다. 그들은 해체라는 공동 적의 정체를 알 수 있다고 생각합니다.[14]

싸움은 미국에만 한정되지 않았다. 예일학파의 공공연한 적인 루스 바르칸 마르쿠스는 산업연구장관 로랑 파비우스가 데리다를 국제철학학교장으로 임명했다고 생각하면서 그에게 편지를 보내 항의했다. 그녀는 이렇게 주장했다.

데리다를 학교장으로 하는 국제철학학교의 설립은 일종의 농담입니다. 아니면, 더 진지하게 말씀드리자면, 그런 설립은 국가의 장관이 지적 사기의 희생자인가 하는 문제를 제기합니다. 철학과 철학의 학제간 유대에 정통한 사람들 대부분은, 데리다를 '지적 불관용의 반계몽주의'를 실천하는 사람으로 묘사하는 푸코의 말에 동의할 것입니다.[15]

장관은 데리다에게 그녀의 편지를 복사해서 보내주면서 "이 부인 앞에서는 절대로 계단을 내려오지 말라"고 권하는 것으로 만족했다.

마르쿠스 여사 때문이든 아니든 국제철학학교의 창립은 까다로웠

---

14) Derrida, *Mémoires pour Paul de Man*, pp. 34~35.
15) 루스 바르칸 마르쿠스가 로랑 파비우스에게 보낸 1984년 3월 12일 편지. 데리다는 이 편지를 『유한책임회사』에 인용했다(Jacques Derrida, *Limited Inc*, Evanston, IL: Northwestern University Press, 1988, p. 258). '지적 불관용의 반계몽주의'라는 표현은 설이 데리다를 공격하면서 꾸준히 되풀이했다.

다. 1984년, 흔히 그렇게 불려온 대로 '국제철학학교'는 실제로 활동을 시작했다. 70개의 연구 또는 세미나 그룹이 꾸려졌다. 하지만 데리다가 모든 그룹의 책임자에게 아주 긴 편지를 보내 말하듯, "이 첫 성공은 오로지 우리 가운데 많은 분들의 매우 힘들고 과중한 작업 덕택에 가능했던 것"이다. 대립은 항상 있어 왔던 것이기에 낯선 것이 아니었다. 그것을 치유하고자 하는 바람에서 데리다는 내부 규정의 수정을 제안했다. 그가 생각하기에 소위 교장이 '고등심의회' 또한 이끌어야 했다. 그 제안은 장피에르 파예의 신랄한 반격을 야기했다. 그렇지만 데리다는 자신의 개인적인 권력의 증대를 옹호하지 않았다. 그는 편지 말미에서 이렇게 설명했다.

내가 선출된 지 1년이 되는 1984년 10월 10일 나는 교장직을 내놓겠습니다. 나는 지금부터 무슨 일이 있더라도 그렇게 하기로 결심했습니다. […] 이 결심은 직업 윤리적 이유에서 절대로 필요합니다. 그 이유 자체만으로도 충분합니다만 내 개인적인 이유도 물론 있습니다. 요컨대 국제철학학교에 3년을 바치는 격이 될 테니, 격무에다 지나친 에너지의 소모, 피로, 다른 일을 위해 힘을 좀 비축해 두고 싶은 욕망 등등이 그것입니다.[16]

그해에 거두었던 많은 성공에도 불구하고 국제철학학교는 데리다에게는 여전히 걱정거리였다. 장피에르 파예와 여러 번에 걸친 화해의 시도

---

16) 데리다가 이사회 임원들과 국제철학학교 고등심의회에 1984년 1월 12일 보낸 편지, archives IMEC.

에도 불구하고 해결을 보지 못한 만큼 행정 업무는 더 무겁게 느껴졌다. 그러나 그보다 더 무겁게 느껴진 것은, 그의 희망에 부합하지 않는 국제철학학교의 정신이었다. 르네 마조르는 이렇게 이야기한다. "처음에 데리다는 학교의 중심이자 영혼이었습니다. 그러나 그것이 오래 가지 않았어요. 그는 리오타르를 비롯하여 다른 명망 높은 책임자들과 함께 아주 많은 발표장에 참석하고는 했어요. 그러나 아주 빨리, 다른 기관들보다 훨씬 더 빨리 국제철학학교는 우리가 다른 상황들에서는 견딜 수 없는 결함들에 휩싸였습니다(아니면, 다시 휩싸이게 되었습니다). 우리는 더 자유롭고 더 개방적이며 더 국제적인 조직을 열망했었죠."[17]

국제철학학교 창립 20주년 기념식에서 데리다는 학교가 그저 '살아남는 것' 이상으로 노력을 했는지 노골적으로 질문을 던졌다. 지금까지 유지되고 발전되어 온 국제철학학교가 모두가 바랐던 모습인가? "학교를 지속시키기 위해 어떤 희생을 치러야 하는지, 받아들일 수 있는 양보나 타협, 또는 양심과의 타협의 한계는 어떤 것들인지 항상 알아 보려고 시도해야 합니다."[18] 이런 이론적인 추론들을 넘어, 데리다의 성격은 그처럼 빨리 거리를 두는 데 생소하지 않다는 것을 잊어서는 안 된다. 이후의 여러 다른 계획들에 대해서도 반복해서 그랬듯이.

나는 국제철학학교에 큰 애정을 가졌습니다. 이 학교의 창립을 바랐고 또 창립 멤버 중 한 사람이기도 했기 때문입니다. 하지만 곧 나는 더 이

---

17) 르네 마조르와의 인터뷰.
18) Jacques Derrida and Jean-Luc Nancy, "Ouverture", *Rue Descartes*, no. 45, Les 20 ans du Collège international de philosophie, PUF, 2004, p. 28.

상 그곳에 남아 있을 수가 없었습니다. 우선, 책임자로서의 임무가 너무 힘들었습니다. 게다가 보통 나는 별로 집단적이지 못해서 파벌을 견딜 수가 없었습니다. 그리하여 나는 학교에 대해서, 그리고 많은 구성원들에 대한 나의 공감과 연대감, 그리고 우정을 간직한 채 빨리 손을 뗐던 것입니다. 그런데 공간으로서도 그곳은 내게 전혀 맞지가 않았습니다.[19]

꺼리는 마음에도 불구하고 국제철학학교가 어려움에 처하거나 존폐의 위기에 놓일 때마다 데리다는 연대의식을 보이는 것을 멈추지 않았다.

다른 많은 경우처럼 데리다의 경우도 미국은 국제화의 거점으로 이용되었다. 처음에 유럽의 주요 언어에 한정되었던 그의 저서의 번역은 전세계로 확대되었다. 따라서 그 시기부터 여행은 갈수록 잦아졌다. 1984년만 해도 예일에 두 번이나 가는 것 외에 뉴욕, 버클리, 어바인, 코넬, 마이애미, 오하이오, 도쿄, 프랑크푸르트, 토론토, 볼로냐, 우르비노, 로마, 시애틀, 리스본 등지에서 강연을 하고, 세미나에서 발표를 하고, 콜로키엄에 참석했다.[20] 아주 다양한 주제 발표를 하면서, 그는 자신이 처한 상황을 담론의 출발점으로 변화시켰다. '지금 여기'는 그의 글의 원동력이 되었다. 코넬과 하버드에서 했던 그의 강연 글 '프시케, 타인의 발명'의 초반부는 이 점에 대해 매우 시사적이다.

---

19) *Ibid.*, p. 46.
20) 1980년대 초, 데리다의 여행은 너무도 많아 이 책에서 모두 언급할 수가 없다. 그 여행들에 대해서는 다음의 책들을 참고하기 바란다. Catherine Malabou and Jacques Derrida, *La contre-allée. Voyager avec Jacques Derrida*, La Quinzaine littéraire/Louis Vuitton, 1999.

나는 또 무엇을 발명해 낼 수 있을까?

이것이 바로 한 차례의 강연을 위한 창의적인 '첫 구절'일 것입니다.

상상해 보십시오. 한 명의 강연자가 청중 앞에서 감히 이렇게 말하는 모습을 말입니다. 그때 그는 아직 자기가 무슨 말을 하게 될지 알지 못하는 것 같습니다. 그는 즉흥적으로 강연을 할 준비가 되어 있다고 무례하게 말합니다. 그는 현장에서 발명을 해내야 합니다. 따라서 그는 다시 이렇게 스스로 묻습니다. 나는 정말 무엇을 발명해 내야 하는가? 그러나 동시에 불손함이 없지는 않지만 즉흥적인 담론은 여전히 예측 불능의 것이고, 다시 말해 평상시와 마찬가지로 '더욱 새롭고' 독창적이며 독특하며, 예컨대 창의적이라는 뜻을 함축하는 것 같습니다. 그래서 실제로 그런 강연자는 적어도 그의 서론의 첫 문장부터 뭔가를 발명해 냈기 때문에 규칙들, 합의, 예의, 겸손의 수사학을, 요컨대 사회성의 모든 규약을 많이 버릴 것입니다.[21]

데리다의 저작들이 아무리 많을지라도, 가는 곳마다 그에 대한 환대가 아무리 열렬할지라도 말의 "고상한 의미에서 볼 때" 그는 일을 하고 있지 않다는 느낌을 가졌다.[22] 무엇보다 그는 신체적으로 컨디션이 좋지 않았다. 1984년 9월, 사라 코프만에게 보낸 편지에서 그는 이렇게 쓰고

---

21) Jacques Derrida, "Psyché, invention de l'autre", *Psyché, Inventions de l'autre*, Galilée, 1987, p. 11. 1980년대의 많은 글이 650쪽의 이 빽빽한 책에 수록되어 있다. 페기 카무프는 Marie-Louise Mallet and Ginette Michaud éds., *Derrida, Cahier de L'Herne*, L'Herne, 2004, pp. 329~334에서 데리다 글의 첫 구절들을 분석했다.

22) Maurizio Ferraris, *Jackie Derrida. Rittrato a memoria*, Turin: Bollati Borighri, 2006, p. 36.

있다.

> 저에게는 (또 한 번!) 아주 힘든 여름이었습니다. 그래서 글로 인해 끙끙
> 대고 싶지 않았습니다(건강에 상당히 심각한 문제가 있습니다. 의사는 처
> 음에는 최악의 상태를 가정했습니다. 췌장과 간의 초음파 검진 덕분에 몇 가
> 지에서는 벗어났습니다. 위가 아직 남아 있어요. 파리에서 내시경 조직 검사
> 를 받기 위하여 식사를 하지 않았습니다. 몸무게는 6킬로가 빠졌습니다…).
> 조금씩 나아지고는 있어요. 다음 주에 다시 몇 가지 검사를 더 받아야 합
> 니다.[23]

아마도 폴 드 만의 사망과 실비안과의 불화는 몇 개월 동안 그를 괴
롭혔던 그 "불길한 예감들"과 무관하지 않았을 것이다. 결국 큰 담석 때
문에 담낭 절제가 필요하다는 진단이 내려져 12월 말에 수술을 받았다.
그것은 그의 첫 수술이자 첫 입원으로, "게다가 병원이 두려운 사람"[24]에
게는 견디기 힘든 일이었다. 의사들은 데리다에게 특히 여행과 관련된 활
동을 좀 자제할 것을 권했지만, 그 조언은 거의 효과가 없었다.

많은 문제들 중에서도 출판 문제가 그를 가장 괴롭혔다. 플라마리옹
출판사가 폴 드 만의 『독서의 알레고리』(*Allegories of Reading*)를 번역할
의향을 보이지 않았기 때문에, 데리다는 자기 친구에게 헌정한 책을 그들

---

23) 데리다가 사라 코프만에게 보낸 날짜 미상 엽서(1984년 여름).
24) 데리다가 데이비드 캐롤과 수잔 캐롤에게 보낸 1985년 1월 5일 편지.

에게 맡기고 싶지 않았다. 1985년 초, 더 이상 출판사를 찾지 못할 것 같아 그는 1962년부터 갈리마르 출판사의 심사위원으로 있던 미셸 드기와 그 훌륭한 출판사에 책 두 권의 출간을 추천해 줄 수 있는지를 논의했다.[25] 그렇지만 그는 특히 장 리스타를 통해 그곳에서는 자신의 책을 별로 좋아하지 않는다는 것을 알게 되었다.

드기는 훨씬 더 긍정적이었다. 하지만 그 계획이 받아들여지기 위해서는 지지자를 몇 사람 더 얻을 필요가 있었다. 그는 『폴 드 만을 위한 회상록』이 "특히 '역사학자'로 알려진 사람에게 흥미로울 것"이라 생각했다. 그 말은 그들의 옛 친구 피에르 노라를 암시하는 것이었다. 하지만 피에르 노라는 전혀 열의를 보이지 않았다. 드기로서는 비록 "상당히 고립되어 있다"고 느꼈지만 자신은 "끝까지 갈"[26] 준비가 되어 있다고 말했다. 그는 드 만의 책 외에도 데리다의 책을 갈리마르에서 출판하게 하고 싶었다. 하지만 데리다는 더 이상 환상을 갖지 않았다. 미셸 드기는 출판사의 부정적인 입장을 두 달 후 데리다에게 정식으로 전해 주었다. 1988년에 출판된 그의 『위원회』(*Le comité*)에서 미셸 드기는 그 우여곡절에 대해 통렬한 어조로 언급하고 있다.

나는 피에르 노라가 적절한 면담을 거절했기에 그에게 길게 전화를 했다. 나는 두 번째 (출판 심의를 위한) 독회에서 그의 지지가, 이를테면 그의 결심이 필요하다는 것을 알고 있었다. […] 대학과 지식인 사회, 특히

---

25) 데리다가 미셸 드기에게 보낸 날짜 미상의 편지(1985년 2월 또는 3월).
26) 미셸 드기가 데리다에게 보낸 1985년 3월 14일 편지.

엄격히 복종적인 하이데거주의자들 속 대부분의 그의 적들은 자크 데리다의 모든 사유가 마치 '우스꽝스러운 것'처럼 행동했다. 짧은 인용에도 웃음을 터뜨리는 것, 그것이 그 증거였다. 나는 물론 피에르 노라와 그의 조언자들이 '데리다주의'의 열렬한 지지자가 아니라는 것을 알고 있었다. 그렇기에 나는 그의 객관적인 지지를 확인하고 싶었다. […] 그것은 어쩌면 여러 방해물 중 특히 젊은 시절의 일부를 루이르그랑고등학교와 소르본에서 함께 보냈던 친구들 중 한 명의 가치를 인정하여 그의 역사적인 운명에 기여하는 것이 매우 어려운 일임을 너무도 빨리 망각하는 것이었다. 피에르 노라는 그 계획에 관심을 가지려 하지 않았다. 그는 내게 "나 혼자 어떻게 알아서 해보아야 할 것"이라고 말하고는 전화기를 내려놓았다.[27)]

이 사건은 몇 달 뒤 갈리마르의 '오늘의 세계' 총서에서 뤽 페리와 알랭 르노의 『68 사상, 현대 반휴머니즘에 대한 시론』이 출판되었을 때 그 완전한 의미가 드러났다. 츠베탕 토도로프에게 헌정한 이 작은 책은 곧 상당한 성공을 거두었는데, 『르 데바』지의 편집인인 마르셀 고셰와 프랑수아 퓌레가 배후에서 많은 도움을 주었다.[28)] 데리다에게 페리와 르노는 모르는 사람이 아니었다. 그들은 이미 '인간의 종말'이라는 제목으로 열린 스리지 콜로키엄에서 발표를 했으며, 발표 뒤 토론이 아주 험한 분위

---

27) Michel Deguy, *Le comité. Confessions d'un lecteur de grande maison*, Champ Vallon, 1988, pp. 75~77. 데리다는 『앙토냉 아르토의 데생과 초상화들』(*Dessins et portraits d'Antonin Artaud*)와 『넬슨 만델라를 위하여』(*Pour Nelson Mandela*)를 갈리마르에서 출판한다. 이 책들은 공저들로 개인 저서는 갈리마르에서 출판하지 않았다.
28) 뤽 페리도 그에 대한 『리베라시옹』(1997년 3월 3일) 기사에서 이를 인정했다.

기에서 진행된 적이 있었다.

페리와 르노의 이 책은 반휴머니즘적인 한 사상의 흐름에 대한 "논쟁과 대립을 넘어 통일된 영감"을 밝혀 보려 노력하면서 "프랑스의 마르크시즘과 프랑스의 하이데거주의, 그리고 프랑스식 프로이트주의를 냉철하게 분석한 후 비판철학의 참된 쇄신"[29]을 촉구하고자 했다. 푸코와 데리다, 리오타르, 부르디외, 알튀세르, 그리고 라캉이 그들이 시도한 청산의 주요 대상들이었으며, 그 시도의 이데올로기적인 전제는 매우 분명했다. 제4장은 전적으로 데리다와 관련된 내용이었는데, 그의 저작은 하이데거의 "과장된 반복"으로 묘사되었다. 페리와 르노에게는 모든 것이 다음과 같은 몇 개의 아주 간단한 공식으로 요약될 수 있었다. "만일 […] '푸코 = 하이데거 + 니체'이고, 또 […] '라캉 = 하이데거 + 프로이트'로 쓸 수 있다면, 프랑스의 하이데거주의는 '데리다 = 하이데거 + 데리다의 문체'라는 공식으로 명시될 수 있다."[30] 루소와 헤겔, 후설, 레비나스, 그리고 많은 다른 저자들에 대한 분석들이여 이제 그만 '안녕'이었다. 두 저자의 말을 믿으면, 데리다와 그의 모델 사이에는 "수사학 이외의 다른 차이"가 없었기 때문이다.

프랑스의 하이데거주의는 그처럼 오로지 존재론적 차이의 상징화 시도에만 바쳐졌다. 그것은 확실히 프랑스적이다. 매우 프랑스적이기까지 하다. 하지만 그것은 오직 간단하고 매우 빈약하기조차 한 어떤 하나의

---

29) Luc Ferry and Alain Renaud, *La pensée 68, essai sur l'anti-humanisme contemporain*, Gallimard, 1985, back cover.
30) *Ibid.*, p. 167.

철학적 주제에 대해 문학적 다양성을 낳기 위한 취향과 재능, 그리고 소질 덕분이다. 철학적 담론(논술, 고등사범학교 입시준비반, 교수자격시험)의 접근 방식에서 몇 가지 프랑스적인 특징과 아주 밀접하게 연관된 그 취향과 소질은 지성사가 체험했던 놀라운 반복적 시도 중 하나에 활용될 수 있었다.[31]

거칠고 조잡한 분석에도 불구하고 그 책은 출판된 지 25년이 지난 지금 데리다로 하여금 엘리자베스와의 대화를 묶은 『무엇을 위하여, 내일은…』(De quoi demain...)에서 그 문제를 재검토해 보도록 할 만큼 충분히 영향력이 있었다.[32] 엘리자베스와 데리다가 몇 년 동안의 불신 끝에 화해를 한 것은 『68 사상, 현대 반휴머니즘에 대한 시론』이 출간될 때였던 것은 사실이다. 그녀는 이렇게 이야기하고 있다. "클뤼니에서 열린 두 번째 콜로키엄에서 내가 칼 구스타프 융의 견해에 대한 그의 견해들을 공격한 이후, 데리다는 나를 냉정하게 대했어요. 정신분석학 연구 그룹인 '대결'에서 주최한 토론에서 내가 발언할 때마다 그는 역정을 숨기지 않았습니다. 그런데 1982년 『프랑스 정신분석학사』 제1권이 출판되었을 때 나는 이미 제2권을 쓰고 있었는데, 데리다가 중요한 한 자리를 차지하게 되리라는 것을 알았습니다. 그래서 우리는 그 오랜 갈등을 극복해야 했습니다. 1985년 3월, 우리가 리조랑지에서 처음 만났을 때, 그는 내가 내 책

---

31) *Ibid.*, p. 185.
32) 페리와 르노의 책은 Derrida and Roudinesco, *De quoi demain...*의 1장 「유산을 선택하기」(Choisir son héritage)에서 여러 번 언급되었다. 이 책은 2003년 샹플라마리옹(Champs-Flammarion) 총서에서 다시 출판되었다.

에서 자신을 어떤 식으로 다루려 하느냐고 물었어요. 나는 그가 위대한 프로이트 독자 중 한 사람이라고 말하면서 위대한 프로이트 독자들을 모두 열거했습니다. 그뿐만이 아니라 그와 라캉, 르클레르, 아브라함, 토록과의 관계도 있었어요. 물론 르네 마조르와의 관계도 빼놓지 말아야 했습니다…. 우리의 대화는 점점 더 자유로워졌지요. 그는 특히 자기 아들 피에르에게 라캉이 행한 경솔한 짓에 대해 내게 자세히 말해 주었어요."[33]

데리다는 자기와 관련된 모든 대목을 읽어 달라고 요구했지만, 그는 그 대목들에 미세한 수정만 가할 뿐이었다. 엘리자베스는 데리다의 아주 독특한 입장을 깨달았다.

> 연구가 진척될수록 저는 더욱더 20세기 후반의 프랑스 정신분석사에 당신이 갖는 중요성을 깨닫게 됩니다. 저는 '프로이트 문제'와 당신과의 관계에서 당신의 위치(당신의 이론이 아닙니다)는 전쟁 전의 브르통의 위치와 비교될 수 있다고 생각합니다. 끊임없이 계속되는 논쟁적인 질문이기 때문입니다. 그리고 마지막으로, 당신은 흉내와 되풀이(반복), 숭배나 단순한 거부가 아닌 다른 방법으로 라캉의 저작을 검토했던 유일한 사람입니다.[34]

『68 사상』의 또 다른 표적인 루이 알튀세르에 대한 데리다의 신의는 변하지 않았다. 1983년 7월, 알튀세르는 수아지 병원을 조용히 떠나 파

---

33) 엘리자베스 루디네스코와의 인터뷰.
34) 엘리자베스 루디네스코가 데리다에게 보낸 1985년 6월 6일 편지.

리 20구의 뤼시엥뢰벤 가에 있는 자신의 아파트로 돌아왔다. 그렇지만 여전히 병세는 아주 좋지 않았다. 에티엔 발리바르는 이렇게 설명한다. "정신병자 수용소 감금 조치가 해제되자 『르 피가로』지는 그 일을 다시 문제 삼았습니다. 그의 주소가 알려져서 매우 걱정이 되었어요. 건물 입구에 베르제라는 거짓 이름의 명패를 붙여 놓았습니다. 알튀세르는 정신적으로 여전히 허약해서 병원으로 자주 복귀하고는 했어요. 나는 데리다가 과단성 있게 중재에 나선 알튀세르의 조광증적 발작 상태를 기억합니다. 알튀세르는 뮈튀알리테 건물을 빌려 '오늘의 공산주의'라는 제목으로 회합을 기획하여 컴백을 하겠다고 우리에게 알려 왔어요. 우리는 그 생각에 두려웠습니다. 왜냐하면 그것은 온갖 증오를 일깨울 것이었기 때문이죠. 그러나 루이는 누구의 말도 듣지 않았습니다. 데리다와 나는 경험을 통해 우울증 양상이 시작되기 전 그를 병원에 입원시키는 것 외에는 다른 해결책이 없다는 것을 알고 있었습니다. 하지만 장기간의 정신병동 수용의 위험과 부담을 덜기 위해 알튀세르 자신이 입원을 요구하도록 설득할 필요가 있었죠. 나는 모든 노력에도 불구하고 그를 설득하지 못했습니다. 데리다는 그와 딱 한 번 만나 해결을 보았는데, 그것은 그들의 관계의 정도를 잘 말해 줍니다 솔직히 말해서, 나는 데리다가 아니고는 아무도 알튀세르를 설득하지 못했을 것이라고 생각합니다."[35]

점점 더 무거워지는 책무와 잦아지는 여행에도 불구하고, 데리다는 꾸준히 알튀세르를 보러 갔다. 때때로 그들은 그의 집에서 아주 가까운 페르라셰즈 공동묘지에서 함께 산책을 했다. 둘 사이의 사유의 교류는 전

---

35) 에티엔 발리바르와의 인터뷰.

보다 더 자유로웠고 더 깊었다. 알튀세르는 니체와 후설, 하이데거를 읽고 또 읽었다. 건강이 꽤 괜찮아지자 그는 그 사상가들에 대해 데리다와 흔쾌히 토론을 했는데, 데리다는 마이클 스프링커와의 인터뷰에서 이렇게 이야기하고 있다.

알튀세르는 집에서 늘 후설과 하이데거에게 빠져 있었습니다. 하지만 사람들에게는 그런 것에 대해 어떠한 내색도 하지 않았어요. […] 하이데거는 알튀세르에게, 좀 단도직입적인 이런 표현을 양해해 주세요, 이 세기의 불가피한 대사상가였습니다. […] 요 근래 몇 년 동안 병원에 있으면서 그는 내게 "이봐요. 당신은 내게 하이데거에 대해 이야기해 줘야 해요. 하이데거에 대해 내게 가르쳐 줘야 해요"라고 얼마나 여러 번 말했는지 모릅니다. […] 하이데거는 그에게는 (구두의) 참조 사항이었습니다. 그는 하이데거의 사상을 비방하거나 명예를 실추시키려 애쓰는 그런 사람이 아니었습니다. 당신도 아는 정치적인 이유에서조차도 말이에요. 당신도 잘 알고 있을 거예요. 마르크스주의와 하이데거주의 사이의 어떤 입장, 나아가 상호적인 매혹-혐오는 이 세기의 가장 명백한 현상 중 하나라는 것을 말입니다. 우리가 그 점을 진지하게 성찰하기 시작했다고 전제하면, 성찰은 당연히 아직 끝내지 않은 것이겠지요.[36]

1985년 3월, 미셸 드기가 데리다의 책을 갈리마르에서 출판하려 했

---

36) Jacques Derrida, "Politics and Freindship", interview with Michael Sprinker, eds. E. Ann Kaplan and Michael Sprinker, *The Althusserian Legacy*, Verso, 1992. 나는 IMEC에 보관되어 있는 프랑스어 원고에 기초하여 인용했다.

지만 허사로 돌아갔을 때, 데리다는 갈릴레 출판사의 사장인 미셸 들로름을 다시 만났다. 1981년 '인간의 종말'에 대한 콜로키엄의 논문집을 1981년에 출판한 사람은 바로 그였다. 데리다가 그 콜로키엄에서 발표했던 『최근 철학에서 취하는 묵시적 어조에 관하여』(D'un ton apocalyptique adapté naguère en philosophie)도 2년 뒤 아주 자연스럽게 그의 출판사에서 출판했다. 그러나 이번에는 전혀 다른 일에 관한 것이었다. 데리다가 장뤽 낭시에게 편지에서 썼듯이, 들로름은 '사실상의 철학' 총서 전체를 플라마리옹보다 더 나은 조건으로 재출판할 것을 제안했던 것이다. 그는 공동 저서나 분량이 아주 많은 저서들을 개별적으로 협상할 필요가 있기에 그 경우들은 제외하고 무조건 1년에 네 권을 출판할 준비가 되어 있다고 말했다. 데리다는 그 문제에 대해 될 수 있는 한 빨리 사라와 장뤽, 그리고 필립과 이야기를 나누고 싶었다. 개인적으로 그는 "출판사 변경은 아주 유리하며, 이전에 출판했던 출판사로 되돌아가는 일"[37]이라고 생각했다.

세 명의 공동 책임자는 데리다의 생각과 같았다. 그리하여 출판사 변경은 곧 구체화되었다. 1985년 7월 15일, 샤를 앙리 플라마리옹은 자신의 출판사에서 진행해 왔던 그 총서의 발간을 끝내고자 하는 그들의 바람을 이해하며 받아들였다.

나는 이 결정을 이해합니다. 그러니 결정에 동의합니다. 우리에게 맡겨주었지만 당신들이 이끈 연구와 편집 작업에 감사합니다. 이 총서는 몇

---

37) 데리다가 장뤽 낭시에게 보낸 1985년 3월 15일 편지.

가지 어려움에 봉착했는데, 그에 대한 해결이 잘 이루어지지만은 않았던 것이 사실입니다. […] 그렇지만 이 10년 동안 철학 영역에 깊은 영향을 미쳤고, 앞으로도 그러할 중요한 작품들이 출판될 수 있었습니다. 학계의 상황과 출판계의 상황이 변해서 어쩌면 새롭게 생각해 보아야 할 필요가 있는 것도 사실입니다.[38]

총서 외에도 갈릴레 출판사로의 변경은 데리다 자신에게도 중요했다. 진정한 신뢰와 서로 마음이 통하는 관계가 미셸 들로름과 곧 형성되었기 때문이다. 갈릴레 출판사는 대형 출판사들과는 달리 데리다가 좋아하는 '반(反)기관'(contre-institution)의 전형적 출판사로, 점점 더 그가 원하는 것을 원하는 대로 일관된 리듬으로 출판할 수 있는 자유로운 공간이 되었다. 물론, 들로름은 실제 독자는 아니었다. 철학에 대해 이야기를 나눌 수 있는 사람은 더더욱 아니었다. 아마 데리다도 그런 것까지는 바라지 않았을 것이다. 갈릴레 출판사의 주목할 만한 인문과학서 목록에는 그의 책이 명백히 중심이 되었다. 그의 40여 권의 책이 1986년에서 2004년 사이에 갈릴레에서 출판되었기 때문이다. 데리다는 변함없이 그 출판사와 좋은 관계를 유지했다. 이렇게 해서 갈릴레 출판사는 사라 코프만과 장뤽 낭시, 그리고 필립 라쿠라바르트를 비롯하여 총서를 출간한 그 밖의 여러 저자들 외에도 에티엔 발리바르, 장 보드리야르, 앙드레 고르, 장프랑수아 리오타르, 폴 비릴리오 등 아주 많은 재능 있는 저자들의 책을 출

---

38) 샤를 앙리 플라마리옹이 '사실상의 철학' 총서의 네 명의 공동책임자에게 보낸 1985년 7월 15일 편지.

간했다.

갈릴레에서 출판한 데리다의 초기 저서 중 하나는『주변』인데, 그 책은 1975년에서 1979년 사이에 쓴 네 편의 글「발자국」,「살아남기(생존)」,「명확히 해야 할 제목」,「장르의 법칙」을 한데 모은 것이다. 네 글은 모두 모리스 블랑쇼의 소설들, 특히『사형 판결』,『낮의 광기』에 대해 다뤘다. 데리다는 자신의 책 서문에서 이렇게 설명한다.

블랑쇼의 다른 작품들에 대해 나는 오래 전부터 관심을 가져 왔다. 그런데 사람들은 그 작품들을 문학 비평 영역이나 철학 영역에 위치시키지만, 역시 부적절한 일이다. […] 그런데 나는 그 소설들에 여전히 접근할 수 없었다. 마치 안갯속에 잠겨 불규칙으로 비쳐 오는 등대의 그 매혹적인 미광처럼 말이다. 마침내 그것들이 그 보호 지역에서 빠져나왔다고 나는 말하지 않을 것이다. 정반대이다. 그런데 바로 그 은폐의 상황에서, 그렇게 접근할 수 없는 먼 거리에서, 그 작품들은 그에게 이름을 부여함으로써 그에게로 통하기 때문에 그 작품들은 다시 내게 모습을 드러냈던 것이다.[39]

그 두 사람은 1968년 이후로 만난 적이 없고 편지 교류도 아주 뜸했지만, 여전히 서로에게 "인생의 축복"이자 "사유의 우정"[40]으로 결합되

---

39) Jacques Derrida, *Parages*, Galilée, 1986, p. 11. 이 책은『모리스 블랑쇼 죽다』(*Maurice Blanchot est mort*)를 덧붙여 2003년에 다시 출판되었다.
40)「자크 데리다에게 베풀어진 은총」(Grâce (soit) rendue à Jacques Derrida)는 모리스 블랑

어 있었다. 블랑쇼는 1985년 8월 전화 통화를 한 다음날에 이렇게 썼다. "자네의 목소리를 듣는 것, 자네의 목소리를 들었던 것은 너무도 감동적인 일이어서 나는 어떻게 해야 할지 몰랐네. 어쩌면 그것은 중요하지 않을 것이네. 오래 전부터 우리 사이는 모든 것이 암묵적이었네. 가장 깊은 곳까지도 그랬는데, 서로 말하지 않아도 서로에게 말해지네."[41] 그는 6개월 뒤 『주변』을 받고는 이렇게 썼다. "내게 준 이 선물—이 책과 자네의 다른 책들, 그리고 그 모든 책들 이외의 모든 것들로 인해 자네 자신에게 위험이 없지만은 않은—에 고마움을 이루 다 표현할 수가 없네. 요컨대 한동안 자네와 같은 시대에 살았다는 것에 대한 고마움을 말이네.[42]

같은 시기에, 1984년에 시애틀에서 했던 강연 텍스트인 조그만 책 『쉬볼렛, 파울 첼란을 위하여』가 출판되었다. 점점 더 데리다에게 중요해진 한 시인에 대한 아주 개인적인 이 독서는 그 책 제목이 되는 단어 '쉬볼렛'에 대부분 초점이 맞추어졌다. 이 말은 히브리어로, 그 여러 의미 외에도 암호, 즉 엄중히 감시하고 있는 국경을 넘을 때 대야 하는 암호로 사용되었다.

에브라임 사람들은 길르앗 사람들에게 정복을 당했었다. 그런데 군인들이 강을 지나 도망가는 것을 막기 위해 […] 사람마다 '쉬볼렛'(schibboleth)을 발음해 볼 것을 요구했다. 그런데 에브라임 사람들은

쇼가 *Revue philosophique de la France et de l'étranger*, no. 2, April–June 1990을 위해 썼던 글이다. Mallet and Michaud éds., *Derrida, Cahier de L'Herne*에 재수록되었다.
41) 모리스 블랑쇼가 데리다에게 보낸 1985년 8월 21일 편지.
42) 모리스 블랑쇼가 데리다에게 보낸 1986년 3월 10일 편지.

'쉬볼렛'의 '쉬'(schi)를 정확히 발음하지 못하는 것으로 알려져 있었다. 이렇게 해서 이 단어는 그때부터 그들에게는 발음할 수 없는 명사로 간주되었다. 그들은 '시볼렛'(sibboleth)으로 발음했다. 그래서 그들은 '쉬'(schi)와 '시'(si) 사이의 비가시적인 그 국경에서 보초병에게 죽음을 각오하고 스스로를 배신했다. 그들은 '쉬'(schi)와 '시'(si) 사이의 철자의 차이에 무관심하게 됨으로써 그들의 차이를 배신했다. 그들은 그렇게 약호화된 표시(une marque ainsi codée)를 알아보지(re-marquer) 못하는 사람들로 낙인이 찍혔다(se marquer).[43]

의미의 문제를 넘어 번역이 불가능한 이 단어는 데리다에게 시에 대한 완벽한 은유로 보였다. 그러나 그 단어에서 그는 자신에게 소중한 배제와 동맹, 비밀과 할례 같은 다른 많은 주제를 발견했다. 자주 그렇듯 그의 그런 접근은 그 작가(첼란)에 대한 전문가들, 그가 몇 달 전 조이스에 대해 언급하면서 비꼬았던 그 '전문가들'에게 전혀 즐거운 일이 못 되었다.[44] 1970년대에 데리다와 아주 가까웠던 훌륭한 문헌학자 장 볼락은 자신들의 관계가 『쉬볼렛』 시기에 나빠졌다는 것을 시인했다. "우리는 둘 다 시애틀의 콜로키엄에서 첼란에 대한 발표를 했습니다. 우리 사이에는 말투가 아주 따뜻했지만, 우리의 접근은 양립할 수가 없었습니다. 1959년부터, 나는 페터 존디와 친구였던 것처럼 파울 첼란과도 친구였습니다.

43) Jacques Derrida, *Schibboleth, pour Paul Celan*, Galilée, 1986, p. 45.
44) "이렇게 해서 나는 자격과 정당성과 조이스의 교육의 문제를 당신들에게 제기하려 결심했습니다. 누가 조이스에 대해 말하고 조이스에 대해 글을 쓸 권리를 인정받았습니까? 그리고 누가 그 일을 잘할 수 있습니까?"(Jacques Derrida, *Ulysse gramophone. Deux mots pour Joyce*, Galilée, 1987, p. 94)

파울 첼란이 죽고 난 뒤 나는 그에게 빚진 느낌을 받았습니다. 1980년경, 나는 최선을 다해 그의 텍스트를 연구하기 시작했습니다. 그렇게 나는 첼란의 연구에 몇 년을 바쳤지요. 그런데 데리다가 제안한 독서는 내게는 너무 위태로워 보였습니다. 나는 그에게 첼란의 텍스트로는 그런 식의 유희를 할 수 없으며, 시적 언어가 자기 존재를 인식시켜 왔던 구조들을 더 고려할 필요가 있다는 편지를 썼습니다. 그가 문맥 속에서의 이해를 시도하기 위해 인용한 구문들을 나는 그와 공동으로 연구해 보고 싶었습니다. 불행하게도 데리다는 그런 종류의 교류를 더 이상 허락하지 않는 삶을 살았던 것 같습니다."[45]

『주변』과 『쉬볼렛』은 몇 달 뒤에 출판된 『율리시스 축음기』와 똑같이 문학이나 철학과는 관계가 없는 아주 특별한 리듬의 까다로운 책이었다. 당황스러워 어찌할 바를 모르거나 아니면 무관심하여, 대부분의 기자들은 그 책들에 대해 침묵을 지켰으며, 독자들은 점점 더 멀어졌다. 『로트르 주르날』(L'Autre journal) 지에서 카트린 다비드는 당시의 지배적인 여론을 잘 요약해 주고 있다.

소문은 냉혹하다. 데리다는 한계를 넘어섰다는 것이다. 사람들은 더 이상 그의 책을 읽어 내지 못한다. 심지어는 철학자들조차 더 이상 그의 책을 이해하지 못한다. 어떤 사람들은 모호한 미소를 띠고 그렇게 고백한다. 또 어떤 사람들은, 언어학을 철학의 중심에 가져다 놓음으로써 한동안 프랑스의 지적 풍조를 만들었지만 어리둥절케 하는 난해함 속에서

---

45) 장 볼락과의 인터뷰.

끈질기게 길을 잃고 있는 이 사상가가 도대체 무엇을 추구하는지 궁금해 한다. [⋯] 그의 책들은 항상 어렵다. 전에는 적어도 그가 무엇에 대해 이야기하는지는 알았다. 철학에 대해서였다. 그런데, 예컨대 『우편엽서』 이후로는 더 이상 알지 못한다. 그는 철학 역시 연애편지, 우표, 전화박스를 거쳐 전달될 수 있다고 주장한다. 그는 모든 것을 뒤죽박죽으로 만든다! 더 이상 말을 말자⋯.[46)]

데리다를 논평하기는 어렵지만 그를 완벽하게 읽어 낼 수는 있다고 카트린은 확신한다.

그렇기에 사용설명서 없이 마음대로 뛰어넘기도 하고 빠트리기도 하고 빼먹기도 하고 아무 생각이나 하기도 하고 아무것이나 질문하면서 읽는 것에 동의할 필요가 있다. 인내를 가지고 [⋯] 일반적인 독서에서처럼 '이해하는 것'에 대한 문제가 아니다. [⋯] 다른 문제 즉, 사유의 면밀한 진전, 세세한 것과 글자와 침묵의 시간에 대한 성찰 같은 것에 대한 문제이다. [⋯] 직선과 지름길에 반한 이 시대에, 상식이 사유의 왕국을 지배하고 있는 데 비해 데리다가 칭송하는 느림과 곡선은 철학적 용기의 현대적 형태가 되어 버렸다.

프랑스에서는 데리다에 대해 그다지 관심을 갖지 않았지만 미국에서는 지속적으로 그의 명성이 높아 갔다. 프랑스학과에 이어 비교문학과

---

46) *L'Autre journal*, 22~27 May 1986.

에서, 이어 다시 영어학과에서 해체를 가르쳤다. 그로 인해 그의 영향력은 매우 커져 갔다. 하지만 같은 속도로 저항도 확산되었다. 1986년 2월 9일, 『뉴욕 타임스 매거진』은 예일학과와 "해체를 발명한 사람"인 데리다를 맹렬히 공격했다. 표지의 헤드라인은 "예일 비평가들의 폭정"이었다. 그 기사의 어조도 마찬가지였다. "1970년대 말부터 '해석 마피아'라고 별명이 붙은 한 그룹이 예일의 문학 연구에 더 한층 영향력을 확대하고 있다. [⋯] 그 대학교에서 가장 저명한 비평가 몇몇은 데리다의 사유 방식을 채택하고 그의 이름과 방식에 편승하여 자신들의 이름과 방식을 퍼뜨리려 노력했다."[47)]

하지만 그 시기에 예일 학파는 하나의 추억에 불과했다. 데리다에게 뉴 헤이븐에 있는 그 대학은 폴 드 만이 죽고 난 뒤로는 매력을 상실했다. 힐리스 밀러만이 유일하게 그곳으로 데리다의 마음을 끌고 있었다. 그러나 1985년 여름, 힐리스는 데리다에게 예일에 더 이상 머물러 있을 생각이 없다고 털어놓았다. 힐리스 밀러는 이렇게 말했다. "폴 드 만의 사망후 나는 한 시대가 마감되었다고 생각했습니다. 우리가 점해 왔던 영역에 대한 공격은 계속해서 확대되어 갔습니다. 우리는 우리 친구들 중 누구의 임용도 얻어 내지 못했습니다. 데리다를 초청하는 것에 대해서까지도 점점 더 문제를 제기했습니다. 나는 앞으로의 세월이 우리가 살아 왔던 세월보다 즐거움과 재미가 훨씬 덜할 것이라는 느낌이 들었습니다. 뛰어난 인물인 머레이 크리거가 로스엔젤레스 남쪽에 있는 신생 어바인대학으

---

47) Colin Campbell, "The Tiranny of the Yale Critics", *The New York Times Magazine*, 9 February 1986.

로 옮길 것을 제안했습니다. 그는 영어 및 비교문학 교수였는데 무엇보다 '비평이론'이라는 연구소의 소장을 맡고 있었습니다. 나는 그의 제안을 받아들이고 싶은 생각이 들었지만 결정은 하지 않았습니다. 1985년 8월, 나는 리조랑지의 공원에서 자크와 이야기를 나누었습니다. 아직도 그가 내게 이렇게 말하는 소리가 들립니다. '만일 당신이 그 대학으로 가면, 나도 가면 행복할 텐데. 청춘의 샘을 찾은 기분일 것입니다.' 그는 기관들을 떠나는 경향이 있었습니다. 지나치게 장기간 그곳들에 있다가는 포로가 되지 않을까 두려워서였습니다. 그러나 아마도 적지 않게 의식적으로 '서부의 정복'에 대한 욕망도 있었을 것입니다…. 데리다를 어바인에 초빙할 수 있는지 묻자, 머레이 크리거는 그가 오면 문과대 전체에 독특한 영향을 미칠 것이라 깨닫고는 열렬한 반응을 보였습니다. 그는 대학 사무부 총장인 윌리엄 릴리먼과 아주 친했기 때문에 행정적인 문제는 순식간에 해결될 수 있었습니다. 내가 데리다의 급료에 대해 질문하자 릴리먼은 즉각 예일에서는 어느 정도였는지 내게 물었습니다. 그러고는 이렇게 덧붙였습니다. '우리는 50퍼센트를 더 올려 드리겠습니다. 석좌교수로 비상근 재직권을 드리겠습니다.' 초빙은 1986년에 구체화되었지요."[48]

데리다가 영어로 강의를 하기로 결심한 것은 바로 어바인대학으로 옮겼을 때부터였다. 그 덕택으로 그는 훨씬 더 많은 청중에게 다가갈 수 있게 되었다. 예를 들면, 학술대회 같은 좀 엄숙한 강연일 경우 그는 미리 번역된 원고를 읽었다. 그러나 세미나일 경우에는 그런 방식은 너무 지루했다. 그리하여 데리다는 프랑스어 판에 주해를 다는 것에 만족하다가는,

---

48) 힐리스 밀러와의 인터뷰. 힐리스 밀러가 데리다에게 보낸 1985년 8월 26일 편지.

이어 처음에는 좀 느리게 하다가 곧 아주 유창하게 자기 자신이 직접 번역을 했다. 그럼에도 불구하고 언어를 바꿈으로 해서 그에게는 계속해서 실제보다는 훨씬 더 이론적으로 문제가 제기되었다. 새뮤얼 베버는 이렇게 기억한다. "어느 날 청중 가운데 한 사람이 그를 안심시키고 싶었던 것 같습니다. '당신의 영어는 훌륭합니다. 모든 말이 이해가 됩니다.' 그러자 데리다가 그에게 대답했다. '바로 그게 문제입니다. 저는 겨우 이해시킬 뿐입니다.' 프랑스어의 표현 능력을 명인처럼 연주했던 그는 영어로 자신의 생각을 표현하면서부터는 겨우 '전달'에 그칠 수밖에 없는 것에 대해 오랫동안 괴로워했어요. 하지만 그의 영어 구사력은 갈수록 세련되어 갔습니다. 말년에 그는 'maybe'와 'perhaps' 사이의 미묘한 차이에 대한 강연까지 할 수가 있었어요."[49]

비록 그들이 자기보다는 영어를 훨씬 못하지만 데리다는 사라 코프만과 장뤽 낭시, 필립 라쿠라바르트에게도 미국에 발을 내딛도록 용기를 주었다. 그에게는 미국의 상황이 '프랑스 이론'이 유행인 지금 프랑스보다 훨씬 더 개방적인 것처럼 보였다. 그는 그들이 그 혜택을 입기를 원했기에 효과적이면서도 진심어린 추천장을 쓰는 데 조금도 주저하지 않았다. 1985년에 장뤽 낭시는 샌디에이고대학에 와서 2년 동안 가르치게 되는데, 그곳은 어바인에서 멀지 않아 두 사람은 서로 자주 만날 수 있었다. 라쿠라바르트의 『활자판』(*Typography*)이 하버드대학 출판부에서 출간되도록 돕기 위해, 데리다는 40쪽이나 되는 서문을 써서 자기 친구의 사유의 "힘과 필요성"에 대해 찬미했다.

---

49) 새뮤얼 베버와의 인터뷰.

내가 라쿠라바르트와 공유하는 것을, 우리 두 사람은 비록 다른 방식을 통해서이지만 장뤽 낭시와도 또한 공유한다. 그러나 나는 그들 두 사람과 우리 세 사람의 수많은 계획과 공동 작업에도 불구하고, 각자의 경험은 독특한 유사점이 있지만 완전히 다르다는 것을 확실히 해두고자 한다. 그런데 이것은 그 불가피한 오염에도 불구하고 관용어의 비밀인 것이다. 비밀, 그것은 이를테면 무엇보다 먼저 분리, 연관 없음, 중단이다. 가장 긴급한 것은—나는 그 일을 위해 노력할 것이다—여기에서 닮음과 단절하는 것, 혈통적 시도나 투영, 동화 또는 동일화를 피하는 일일 것이다.[50]

이 멋진 글을 읽은 필립 라쿠라바르트는 감동하여 데리다에게 그 즉시 편지를 썼다. 자신을 위해 쓴 그 글에 강한 충격을 받은 그는 말문이 막혔다.

지금 제게 떠오르는 유일한 말은 강한 충격을 받았다는 겁니다. 부인하지는 않지만 '단순한' 자기도취를 넘어, 저는 처음으로 제 글을 읽어 주는 사람을 봅니다. 그 사람은 바로 당신입니다. 당신의 조언뿐 아니라 사유에 관한 문제에 있어서 당신에게 진 빚은 이루 말할 수가 없습니다. 아시다시피 저는 당신을 아직도 제가 배우는 학교의 선생님으로 생각하고 있습니다. 비록 제가 정말 당신의 학생은 아니겠지만 말입니다. […] 당

---

50) Jacques Derrida, "Désistance", *Psyché, Inventions de l'autre*, Galilée, 1987, pp. 602~603.

신은 이 글에 제가 상상도 못할 신뢰를 주고 있습니다. 해서 저는 이 글이 말하려고 하는 것이 무엇인지, 제가 말할 수 없었던 것이 무엇인지를 막 깨닫기 시작했습니다.[51]

그 시기에는 빛나는 미래가 약속된 여러 젊은 철학자들과의 만남도 눈에 띈다. 베르나르 스티글러는 아주 특이한 상황에서 데리다와 맺어졌다. 스티글러가 그의 작은 책 『행동으로 넘어가기』(*Passer à l'acte*)에서 말하듯, 그가 언어학 공부에 이어 제라르 그라넬의 도움을 받아 철학 공부를 시작하는 것은 툴루즈 근처 한 감옥에서의 오래 수감 생활 동안이었다. 그는 이렇게 설명한다. "그 5년간의 감옥 생활은 내 인생의 행운이었습니다. 시간만이 내가 사용할 수 있는 유일한 것이었기에 나는 플라톤과 아리스토텔레스, 하이데거, 그리고 데리다 등의 몇몇 위대한 철학서를 체계적으로 읽을 수 있었습니다. 『그라마톨로지에 관하여』는 내게 초인적인 글로 보였어요. 얼마 후, 나는 데리다에 너무도 매료되었는데 그라넬은 내게 그에게 편지를 써 볼 것을 권했습니다. 나는 한동안 미뤘어요. 왜냐하면 감옥에 들어온 뒤로 나는 내게 유익한 것처럼 보이는 한 가지 태도, 즉 어떤 것도 외부로부터 기대하지 않는다는 태도를 갖고 있었기 때문이었죠. 해서 그가 내게 답장을 해주지 않을 경우, 나는 마음에 상처를 받을 것 같아 아주 두려웠습니다. 그런데, 그는 당장, 그것도 아주 관대한 말투로 내게 답장을 보내 주었던 겁니다. 1982년 10월, 우리는 파리에서 처음 만났어요. 내 첫 외출 허가 기간 동안이었어요. 나를 편안하게 해주

---

51) 필립 라쿠라바르트가 데리다에게 보낸 1986년 11월 5일 편지.

려는 그의 온갖 배려에도 불구하고 나는 흥분하여 꼼짝도 하지 못했고, 내게 그토록 결정적인 저서의 저자 앞에 있다는 생각에 어찌할 바를 몰랐습니다."[52)]

마지막 몇 달의 구류 기간 동안 스티글러는 자신이 쓰고 있던 플라톤에 대한 글—후에 그의 석사학위 논문이 되었다—을 데리다에게 보냈다. 데리다는 뛰어난 이 연구에 깊은 인상을 받았다. 스티글러는 편지에서 자신의 속내 이야기를 덧붙였는데, 프라하에서 짧은 구치를 당하고 얼마 지나지 않았던 데리다에게 충분히 감동적일 수 있었다. 그는 데리다에게 무엇보다 출소를 바라기보다는 훨씬 더 그것이 두렵다고 고백했다. "저는 지금 한창 작업을 하는 중입니다. 저는 마음이 편안합니다. 그러기에 그 출소의 자유가 이 글에 들여야 하는 모든 노력을 중단시켜 버리지 않을까 두렵습니다. 이런 점에서 보면 감옥은 아주 고결한 장소이기도 합니다."[53)]

스티글러가 출소한 뒤에도 데리다는 계속해서 그의 철학 작업을 지켜보았다. 가까이 할 수 없는 스승으로 찬미하던 스티글러로서는 아주 놀랍게도, 『그라마톨로지에 관하여』의 저자는 그가 사회에 적응하도록 최선을 다해 도왔다. 1984년, 스티글러는 국제철학학교의 연구 프로그램 책임자로 선정되어 6년 동안 근무했다. 1986년에는, 퐁트네 생 클루 고등사범학교 출신이자 철학 교수 자격자로 당시 그의 아내가 되었던 카트린 말라부와 함께 그는 데리다를 지도교수로 하는 박사과정에 등록을 했다.

---

52) 베르나르 스티글러와의 인터뷰. 그의 『행동으로 넘어가기』는 2003년 갈릴레 출판사에서 출간되었다.
53) 베르나르 스티글러가 데리다에게 보낸 1982년 12월 16일 편지.

1979년 6월 소르본 대형계단 강의실에서 개최된 철학 삼부회 광경 (© Marc Fontanel/Gamma)

데리다와 레비의 언쟁 장면 (© Marc Fontanel/Gamma)

1970년대 말 경, 미국에서 폴 드 만과 함께
(데리다 개인 소장)

1982년 1월 2일자 『르 마탱』 지의
1면을 장식한 '프라하 사건'.
그 당시 어떤 매체도 데리다의
정확한 사진을 실을 수 없었다.
(데리다 개인 소장)

프라하에서 파리 동역에 도착하는
데리다. 옆에서 부인 마르그리트가
기자들의 질문에 대답하고 있다.
(ⓒ Joël Robine/AFP)

1970년대 말경,
코토누를 여행하면서
(데리다 개인 소장)

1980년, '인간의 종말'을 주제로
스리지 라 살에서 개최된
콜로키엄. 왼쪽부터 데리다를
에워싸고 있는 장 미셸 레이,
사라 코프만, 다니엘 리몽
(ⓒArchives de
Pontigny-Cerisy)

1985년 호르헤 루이스 보르헤스와
함께 (데리다 개인 소장)

더블린 소재 제임스 조이스의 동상 옆에서 (데리다 개인 소장)

1988년 하이델베르크에서
라쿠라바르트, 가다머와 함께
(데리다 개인 소장)

샤틀레, 부르디외와 함께
(데리다 개인 소장)

캘리포니아 라구나 해변에서 (데리다 개인 소장)

『할례/고백』을 집필하던
시기에 베닝턴과 함께
(데리다 개인 소장)

수아지쉬르센 소재 병원으로
알튀세르를 방문한 데리다
(ⓒFonds Jacques Derrida/IMEC)

1984년, 알제에서 차를 대접하는
데리다 (데리다 개인 소장)

2001년 9월 북경에서 (데리다 개인 소장)

1991년, 카를로스 프레이레가 데리다의 일상을 추적했다.
사회과학고등연구원에서 세미나를 주재하면서 (ⓒ Carlos Freire)

카페에서 (ⓒ Carlos Freire)

리조랑지 소재 연구실에서 (© Carlos Freire)

리조랑지 소재 개조된 '숭고체'라고 불렀던 다락방에서 (© Carlos Freire)

2003년, 엘렌 식수와 함께 (ⓒSophie Bassouls/Sygma/Corbis)

2001년, 엘리자베스 루디네스코와 함께 (ⓒJohn Foley-Opale)

스리지 라 살에서
마르그리트와 함께
(데리다 개인 소장)

빌프랑슈 쉬르 메르의 해변가에서 형 르네(왼쪽)와 누이 자닌과 함께 (데리다 개인 소장)

리조랑지에 있는 데리다의 서재 뒤쪽 부분
(©Andrew Bush)

1992년에 '경계 넘기'를 주제로 개최된 스리지 라 살 콜로키엄. 왼쪽부터 마리 루이즈 말레, 데리다, 미카엘 레비나스, 미카엘 고브랭(©Archives de Pontigny-Cerisy)

2003년 또는 2004년에 아비탈 로넬과 함께 (데리다 개인 소장)

2002년 여름, 스리지 라 살에서. 7월 15일은 다니엘 메기쉬(왼쪽 첫 번째)와 데리다의 생일이었다. 왼쪽부터 마조르, 외르공, 강디약 (ⓒArchives de Pontigny-Cerisy)

2002년, '다가올 민주주의'를 주제로 스리지 라 살 콜로키엄에서 낭시와 함께 있는 데리다 (데리다 개인 소장)

2002년 5월의 데리다(ⓒSerge Picard/Agence Vu)

데리다는 사회과학고등연구원으로 자리를 옮긴 이후 박사논문을 지도할 수가 있었는데, 그는 그 지도를 매우 신경을 써서 하고 있었다. 하지만 프랑스 대학의 상황에서 그의 학생들에게는 위험이 많이 따랐다. 카트린 말라부는 이렇게 설명했다. "데리다와 가까이 하는 것, 하물며 그의 지도로 박사학위 논문을 준비하는 것은 조금은 대학과 담을 쌓는 일이었습니다. 프랑스에서 그와 함께 작업을 한 사람은 모두 불이익을 당했죠. 요즈음도 여전히 데리다주의자라는 꼬리표가 내게 따라다닙니다. 내 연구가 그와 별로 관계가 없는 때조차도 말입니다. 심사위원회에서 심사를 받을 때마다 보통 나는 데리다에 대한 악의적인 몇몇 질문을 받아야 했습니다. 물론 데리다는 종종 교육부 감독국(局)이나 특히 대학교수자격시험 심사위원회에 대해 도발적인 모습을 보였죠. 하지만 무엇보다 사람들이 거북해했던 것은, 그가 구현한 기관들로부터의 독립이었다고 나는 생각합니다. 그런데 내가 그를 좋아했던 것은 바로 그 독립 때문이었어요. 나는 있을 수 있는 보복이나 사회적 체면에 대해 그만큼 두려워하지 않는 사람을 결코 본 적이 없습니다. 그는 기관에 대한 복종이 사유보다 우위에 서는 것이나 규범이 지적인 엄격성보다 우위에 서는 것을 참지 못했어요. 보다 더 깊은 차원에서 보면, 해체 그 자체에 적대감을 유발하는 경향이 있기도 합니다. 그것은 불안을 유발하는 접근 방식이기 때문이죠."[54]

자크 데리다에게 해체는 처음에는 철학을 사고하는 방식일 뿐이었다. 학설의 문제가 아니라 철학사의 계보, "철학적 개념과 철학적 전제들, 그리고 철학적 공리 체계를 분석하는 방식에 관한 문제로, 이론적으로뿐

---

54) 카트린 말라부와의 인터뷰.

만 아니라 철학 기관 및 철학의 정치·사회적인 실천들을, 요컨대 서양의 정치 문화를 검토하고 분석하는 문제였다."[55] 비교적 제한적인 이런 정의에도 불구하고 데리다는 새로운 분야들을 탐구하고 대단히 위험한 경험들에 과감하게 뛰어들었다.

많은 사람들이 정치 영역을 떠나 버린 이후로, 데리다는 줄곧 점점 더 직접적으로 그 영역에 대한 논의에 착수했다. 1984년 강연의 글 「세상의 종말, 지금은 아니다」는 핵전쟁의 위협을 다루면서 레이건 정부의 담론들에 대해 주의 깊게 연구했다. 남아프리카연방의 인종차별에 반대하는 이동 전시회에 참여하기 위해 쓴 '인종차별의 마지막 말'은 남아프리카공화국 체제의 특징들과, 그 체제가 이용하는 국제적인 공모에 대해 분석했다. 데리다는 그 전시회에서 특별한 감동을 받았다. 1986년, 그는 『넬슨 만델라를 위하여』라는 책 ― 이 책에는 15명의 글이 실렸는데, 그 저자 중에는 나딘 고머, 수전 손택, 엘렌 식수, 커테브 야신, 모리스 블랑쇼도 있었다 ― 에 길고 설득력 있는 글을 실어, 지구상에서 가장 오랫동안 구속되어 있는 정치범 중 한 사람에게 경의를 표했다.

'넬슨 만델라에 대한 찬미'라는 제목의 그 글에서 데리다는 단순히 경의를 표하는 데 머물지 않았다. 그는 ANC(아프리카민족회의)의 옛 리더의 인간적인 면모와 태도, 그리고 그가 쓴 글들에 보이는 아주 특징적인 것들에 대한 분석을 제시했다. 그는 '우리는 왜 그를 찬미하지 않을 수 없는가?'라고 스스로에게 묻는다. 그것은 무엇보다 "만델라의 정치적

---

55) Evando Nascimento, "Entretien avec Jacques Derrida", *Golha de São Paulo*, 15 August 2004.

경험이나 열정은 역사와 문화, 특히 법에 대한 성찰과 결코 분리되지 않기"[56] 때문이다. 데리다가 만델라에게서 발견하는 것은, 그가 알제리 전쟁 때부터 꿈꾸어 온 한 인물, 즉 인종차별의 지지자들로 하여금 영국의 민주주의에 등을 돌리게 할 수 있는 사람, 다시 말해 '현재 활동 중인' 일종의 해체자였기 때문이다. "따라서 그 말의 모든 의미에서 볼 때, 만델라는 여전히 사법관인 것이다. 그는 항상 정의에 호소했다. 비록 겉으로 보기에는 그가 이러저러한 정해진 법에 반항할 필요가 있었을지라도, 이렇게 해서 몇몇 판사들이 그를 어떤 순간에 무법자로 만들어 버렸을지라도 말이다."[57] 만델라가 법에의 복종과, 훨씬 더 절대적인 양심에의 복종 사이에 확립한 구별은 여러 면에서 법과 정의 사이의 대립과 유사하다. 데리다는 이 문제를 몇 년 뒤 『법의 힘』에서 전개시켰다.

이 시기에, 데리다는 그의 저작에서 점점 더 큰 자리를 차지하게 되는 신학적·종교적 문제에 대해서도 언급하기 시작했다. 1986년 6월, 그는 '어찌 말하지 않을 수 있는가'라는 제목으로 이스라엘대학교와 예루살렘 고등연구소에 의해 계획된 '부재와 부정'에 대한 콜로키엄의 개회 강연을 했다. 부정 신학과 (소위 가짜 디오니소스로 알려진) 아레오파고스 회의의 재판관인 디오니소스의 작품을 다루면서, 데리다는 그의 제자이자 『우상과 거리』(L'Idole et la distance)와 『존재가 없는 신에 대하여』(Dieu sans l'être)의 저자인 장뤽 마리옹과도 대화를 나누었다. 아주 일

---

56) Jacques Derrida, "Admiration de Nelson Mandela", Psyché, Inventions de l'autre, p. 454.
57) Ibid., p. 463.

찍부터 데리다의 저작과 부정 신학 사이의 비교는 비교적 비판적인 방식으로 행해졌는데, 그것은 자신도 인정하듯 그가 항상 매료되었던 연구 주제였다.

나는 흔적이나 차이의 사상과 어떤 부정 신학을 동일시하는 것을 인정하지 않았지만 소용이 없었다. 해서 마음속으로 이런 약속을 했던 것 같다. 즉, 언젠가 더 미루지 말아야 할 것이다. 언젠가는 이 주제에 대해 직접 내 생각을 말할 것이며, 부정 신학이 존재한다고 전제하고, '부정 신학' 자체에 대해 이야기할 것이다. [⋯]

이미 약속은 했지만, [⋯], 나는 그 약속을 어떻게 지킬 수 있을지는 알지 못했다. [⋯] 무엇보다 언제 어디서 그 약속을 지킬 수 있을지 알지 못했다. '다음해 예루살렘에서' 라고 아마도 그 약속을 무기한 연기하기 위해 그렇게 생각했던 것 같다. 뿐만 아니라, 내 자신이 그 사실—그런데 나는 정말 그 임무를 받아들였다—을 기억하기 위해서도 그렇게 생각했던 것 같다. 내가 실제로 예루살렘에 가는 날 약속을 연기하는 일은 더 이상 불가능할 것이기 때문이다. 그때는 약속을 지켜야 할 것이다.[58]

사유가 아주 풍성한 이 글은 여러 면에서 『할례/고백』을 예고한다. 한 주(註)에서, 데리다는 또한 그 책이 자신이 이제까지 감히 말한 것 중 가장 "자서전적인" 담론이 될 것임을 인정한다. "어느 날 내가 나에 대해 이야기해야 할 때 다음과 같은 사실에 봉착하지 않고는 이야기 속의 그

---

58) *Ibid.*, pp. 545~546.

무엇도 사실 자체를 말하지 못할 것이다. 즉 지금까지 — 능력과 자격이 없어서, 아니면 스스로 허락이 되지 않아서 — 나의 출생이 이른바 내게 가장 가까이 가져다준 것, 즉 유대인과 아랍인에 대해 아직까지 결코 말할 수 없었다는 사실을 말이다."[59]

1980년대 중반의 데리다의 텍스트들 중 몇 편은 미학 영역과 관련된 것들이었다. 그는 『시선의 권리』에 첨가하기 위해 대화 형식의 한 '독서'로, 즉 마리 프랑수아즈 플리사르의 에로틱하고 묵시적인 사진 이야기를 내보였다. 이 글은 후에 몇몇 연구자들에 의해 '퀴어 이론'(Queer Theory)의 관점에서 재발견된다.[60] 그는 또 폴 테브냉에 의해 수집되고 소개된 앙토냉 아르토의 데생과 초상화들을 연구하여 '화폭을 미치게 만들기'를 집필했다.[61] 그는 친구 다니엘 메기쉬가 1986년 생드니의 제라르 필립 극장에서 『로미오와 줄리엣』을 연출할 때, 위험을 무릅쓰고 셰익스피어 작품에 대해 처음으로 글을 썼다.[62] 셰익스피어의 작품 앞에서 "위축된" 존경심을 갖게 된다고 고백하지만, 그는 언젠가는 "셰익스피어 전

59) *Ibid.*, p. 562.
60) Marie-Françoise Plissart, *Droit de regards*, suivi d'une lecture de Jacques Derrida, Edition de Minuit, 1985. 힐리스 밀러는 이 작품에 『데리다와 퀴어 이론』(*Derrida and Queer Theory*, ed. Michael O'Rourke, Palgrave Macmillan, 2011)에 그가 쓴 서문의 주요 부분을 싣는다.
61) Paule Thévenin and Jacques Derrida, *Antonin Artaud, Dessins et portraits*, Gallimard, 1986. 이 작품으로 인해 공저자들은 아르토의 유산상속녀에게 고소를 당한다. 그 문제에 대해서는 다시 언급할 것이다.
62) Jacques Derrida, "L'aphorisme à contretemps", *Psyché, Inventions de l'autre*, pp. 519~533.

문가"[63]가 되고 싶다고 말하기도 했다. 그는 『마르크스의 유령들』로 부분적으로 그 꿈을 실현했다. 그 작품에서는, 『햄릿』에 관한 이야기가 마르크스에 관한 이야기 못지않게 중요한 자리를 차지하기 때문이다.

1984년 말, 데리다는 장프랑수아 리오타르와 티에리 샤퓌가 '비물질적인 것들'이라는 제목으로 퐁피두센터에서 기획한 아주 기발한 전시회에도 관여했다. 공간 중 하나는 다니엘 뷔랑과 미셸 비토르, 프랑수아 샤틀레, 모리스 로슈, 자크 루보 등 20명의 '글쓰기 시험'에 할애되었다. "'새로운 기계들'이 사고의 형성에 미치는 효과를 조사"하기 위해 리오타르는 그들에게 대화형(型)의 글쓰기 장치를 제공했다. 그들은 각자 한 목록 속에 있는 단어 여러 개를 택하여 짧은 글을 써서 다른 사람들의 글에 반응해야 했다. 그런데 콘셉트는 비록 자극적이었지만 기술은 아직 초보적인 단계였다. 어려움이 없지는 않았지만 간단한 컴퓨터 입문서와 함께 모뎀 장비를 갖춘 아주 큰 컴퓨터 한 대가 리조랑지에 설치되었다. 데리다는 이 기계가 자신의 집에 들어왔을 때 어떤 괴물이 들어온 것 같은 느낌을 받았다. 이것이 정보이론과 그의 첫 접촉이었는데, 데리다는 자신의 열의에도 불구하고 그것을 사용하는 데 아주 큰 어려움을 느꼈다.[64]

이 시기에 가장 색다른 계획은 그 시대에 가장 혁신적인 건축가 2인, 즉 프랑스 출신 스위스인 베르나르 추미와 미국인 피터 아이젠만을 그와

---

63) Jacques Derrida, "Cette étrange institution qu'on appelle la littérature", interview with Derek Attridge, Thomas Dutoit and Philippe Romanski, *Derrida d'ici, Derrida de là*, Galilée, 2009, p. 285.
64) Jacques Derrida, "Entre le corps écrivant et l'écriture", interview with Daniel Ferrer, *Genesis*, no. 17, 2001.

연결시키는 것이었다. 1970년대에 베르나르 추미는 다른 건축가들처럼 자기 학문 이외의 분야, 특히 예술과 과학, 철학에서 새로운 개념을 찾으려 노력했다. 10년 동안 그는 종이 건축을 중시하여, 짓는 것보다 더 많이 전시를 하고 출판을 했다. 전에 파리의 도살장이었던 55헥타르나 되는 엄청나게 넓은 구역을 공원(비예트 공원)으로 만들기 위해 1982년에 열린 국제적 설계 공모에서 우승을 차지한 추미는 강한 인상을 남기기로 마음먹었다. 그랑드 알(Grande Halle)에서 음악 시테, 과학 시테, 제오드, 제니 트로 이어지는 그 지역을, '광기'(Folies)라 부르는 그물 모양의 붉은색 미니 건물들을 사이사이에 점점이 지어 '최초의 21세기 공원'으로 만들고자 했다. 그 거대한 프로젝트의 책임 건축가인 추미는 그 일에 다른 분야의 예술가들이 참여하기를 원했다. 먼저 그는 장프랑수아 리오타르와 폴 슈메토프가 서로 협력하게 할 생각을 했다. 그렇지만『포스트모던 조건』(La Condition postmoderne)의 저자는 매우 조심스런 모습을 보였다. 베르나르 추미는 이렇게 회상하고 있다. "데리다는 정반대였습니다. 내가 전화를 하자 그는 즉각 관심을 보이며 당시 북역 근처에 있던 내 작은 사무실로 나를 찾아왔어요. 나는 그에게 주목할 만한 건축가였지만 아직 거의 알려지지 않은 1932년생 뉴욕 출신 건축가 피터 아이젠만에 대해 말했습니다. 몇 달 뒤 미국에서 나는 그들을 서로 소개시켜 주었어요. 나는 데리다가 보여 주었던 관대함에 여전히 고마움을 갖고 있습니다. 그는 아무리 바쁘더라도 언제나 필요한 시간을 내주었어요."[65]

---

65) 베르나르 추미와의 인터뷰. 라 빌레트 공원 계획과 관련하여 데리다는 두 편의 글을 남긴다. 「광기 수준: 이제는 건축」(Point de folie: maintenant l'architecture), 「왜 피터 아이젠만은 그렇게 훌륭한 책들을 쓰는가」(Pourquoi Peter Eisenman écrit de si bon livres). 이 글들은

비록 데리다는 건축과 해체 사이의 너무 쉬운 전환에 경계를 했지만, 그 모험적 시도에 매료되었다. 그는 추미의 아이디어에 대해 멋진 글을 쓴 데 이어 아이젠만과의 협력을 받아들였다. 추미는 그들에게 30제곱미터의 꽤 좁은 지면을 맡겼다. 그들은 그곳에 원하는 대로 자유롭게 '광기'를 건축해도 되었다. 데리다의 첫 번째 기여는 순전히 철학적인 차원이었다. 장소, 간격 또는 부지를 환기시키지만, 그가 생각하기에 번역이 불가능한 어휘인 플라톤의 『티마이오스』 속의 코라(Chora, 또는 Khôra)에 대한 글이 그것이었다.[66] 그러나 막상 논의가 구체화되자 신기하게도 역할이 뒤바뀌는 상황이 발생했다. 데리다는 매우 실제적인 문제들—그는 벤치, 식물, 비바람이 불 때 피신처의 부재를 걱정했다—을 재검토했다. 반면 파트너의 "건축학적 보수주의"에 짜증이 난 아이젠만은 그 개념적 관점에 한술 더 떠서 이야기했다. 데리다는 그 점을 인정하고는 다시 만날 때 마침내 그에게 이렇게 말했다. "피터, 한 가지 제안을 하고 싶어요. 이 공동 작업에서는 당신이 마치 몽상가처럼 행동하고 내가 건축가와 기술자인 것처럼 합시다. 그러니 당신이 이론가가 되고, 나는 실제 결과물에 신경을 쓰는 사람이 되는 거예요."[67]

때로는 어렵기도 했던 2년 동안의 토론 끝에 그 계획은 결국 포기했는데, 무엇보다 예산상의 이유 때문이었다. 하지만 마침내 그들의 공동

Jacques Derrida, *Psyché, Inventions de l'autre*, Galilée, 1987에 수록되어 있다.

66) 「코라」(Khôra)는 먼저 『포이킬리아. 장피에르 베르낭에게 제안된 연구들』(*Poikilia. Etudes offertes à Jean-Pierre Vernant*, 1987)에 실렸다. 이후 1993년 갈릴레 출판사에서 단행본으로 출판되었다.

67) Jacques Derrida and Peter Eisenman, *Chora L Works*, New York: Monacelli Press, 1997, p. 48.

작업의 흔적으로 한 권의 책『코라 L 작업』(*Chora L Works*)만 남게 되었다. 하지만 데리다는 건축학과의 관계를 끝낸 것이 아니었다. 비록 그의 개념을 좀 변형시키기는 하지만, 데리다의 해체와 러시아의 해체주의가 기묘하게 통합된 해체주의적 경향이 건축학에 곧 뚜렷이 드러났다. 1988년, 필립 존슨과 마크 위글리는 뉴욕의 현대미술관(MoMA)에 일련의 중요한 건축가들(자하 하이드, 프랭크 게리, 다니엘 리베스킨드, 렘 쿨하스, 피터 아이젠만, 베르나르 추미, 오스트리아 건축사무소 쿠프 히멜블라우)을 초대하는 전시회 '해체주의 건축'(Deconstructivist Architecture)을 기획했다. 데리다가 관여하지 않았음에도 불구하고 프랑스 언론은 부정적인 반응을 보였다. 장피에르 르 당텍은 "한 파벌이 데리다의 피를 빨아먹었다"라고 썼으며, 장루이 코엔은, "이 러시아의 아방가르드들과 프랑스 철학자의 결합은 기형학이나 괴물학의 영역에 속하는 것 같다"[68]고 평가했다.

---

68) François Chaslin, "Derrida: déconstruction et architectures", *L'Humanité*, 26 October 2004. 데리다와 해체주의 운동 사이의 관계에 대해서는 다음 책을 참고할 것. Mark Wigley, *The Architecture of Deconstruction, Derrida's Haunt*, MIT press, 1993.

2장_하이데거 사건에서부터 드 만 사건까지
1987~1988

데리다는 사화과학고등연구원으로 자리를 옮긴 뒤 대학교수자격시험 커리큘럼을 고려할 필요 없이 매년 자신이 택한 주제에 대한 연구를 발전시켜 나갔다. 1984년, 그의 관심을 끈 문제는 '국적과 철학의 민족주의'에 대한 것이었다. 1986년 가을부터, 그는 '칸트, 유대인, 독일'이라는 제목으로 그 주제를 구체적으로 발전시켜 나갔다. 쟁점들은 비록 철학적이지만 전혀 학술적인 것이 아니었다.

> 여러분은 이미 이 세미나에서 내가 관심을 갖는 것이 무엇인지를 이해했을 것입니다. 그것은 어떤 한 쌍, 이스라엘-독일이라는 한 쌍의 현재와 과거 그리고 미래입니다. 내가 생각하기에 이 쌍은 매우 독특한 종류입니다. 이 쌍이 없이는 독일의 역사에서, 나치즘의 역사에서, 시오니즘의 역사에서 뭔가를 이해하는 일이 불가능합니다. […] 결과적으로, 우리 시대의 역사에서 아주 많은 것을 이해하는 일이 불가능하지요.[1]

---

1) Jacques Derrida, "Kant, Juif, l'Allemand", unpublished seminar, archives Irvine.

이 세미나를 계속하면서 데리다는 피히테와 니체, 아도르노, 아렌트뿐 아니라 바그너, 미슐레, 토크빌의 저서들을 꾸준히 연구했다. 물론 그가 끈기 있게 열정적으로 거의 매년 계속해 온 철학자 하이데거 연구도 빼놓지 않았다. "사람들은 타인의 언어로만 사고한다"라고 주장함으로써 데리다는, 사후 『슈피겔』(Spiegel) 지에 실린 그 유명한 인터뷰에서 "사람들은 자기의 언어로만, 자기 자신의 언어로만 사고한다"라고 주장하면서 "사유의 언어로 그리스어와 독일어의 이점, 우수성, 대체불가능성을 증명하려" 했던 하이데거와 명백하게 논전을 벌였다.

1987년 3월, '하이데거, 공개 질문들'이라는 주제로 국제철학학교가 기획한 콜로키엄 말미를 장식한 그의 '정신에 대하여'도 그와 같은 성찰의 연장선이었다. 데리다는 그 발표문에서, 1933년에 했던 그 유명한 『총장의 연설』(Discours du rectorat)에서와 마찬가지로 하이데거의 가장 잘 알려진 철학 서적들 속의 '정신'(Geist)이란 단어의 궤적에 관심을 가졌다. 한 인터뷰에서 데리다가 설명하듯, "그의 연설이 나치즘 진영에 아주 강한 인상을 남기는 때 […] 하이데거는 자신이 사용하지 말 것을 지시했던 그 단어 '정신'을 다시 사용하는데, 자신이 붙였던 따옴표를 제거합니다. 그는 그가 이전에 시작했던 해체 운동을 제한합니다. 그는 후에 의심을 품는 의지주의적이고 형이상학적인 담론을 견지합니다."[2]

이 콜로키엄이 있은 지 몇 주 후, 떠들썩하게 미디어를 탄 클라우스 바르비의 재판으로 나치 문제가 시사 문제의 전면에 등장했다. 1987년 7

---

2) Jacques Derrida, "Heidegger: l'enfer des philosophes", interview with Didier Eribon, *Le Nouvel Observateur*, 6 November 1987. 이 인터뷰는 Jacques Derrida, *Points de suspension*, Galilée, 1992, p. 197에 재수록되었다.

월 4일, 두 달에 걸친 재판 끝에 바르비는 론 중죄재판소에서 반인류범죄로 무기징역에 처해졌다. 같은 해 10월, 빅토르 파리아스의 책 『하이데거와 나치즘』(Heidegger et le nazisme)이 출간되어 하나의 사건으로 기록되었다. 그 문제는 그렇지만 새로운 것이 아니었다. 프랑스에서는 한 사람만 예로 들더라도, 파예가 장기간 그 문제를 다루었고, 데리다는 1969년부터 그의 공격에 맞섰다.[3] 하지만 하이데거에 대한 논쟁은 셀린에 대한 논쟁처럼 15~20년 주기로 수면 위로 다시 떠오르는 바다뱀 같은 것이었다.

스페인어로 씌었지만 파리아스의 그 저서가 처음에 출판된 것은 프랑스에서였다. 단순한 출판 상의 우연이 아니었다. 이 책 서문의 저자 크리스티앙 장베에 따르면,

> 하이데거는 전후부터 프랑스의 철학자가 되었다. 그의 사상이 가장 큰 호응을 얻은 곳은 프랑스이다. 그의 사상이 현대의 사건들에 가장 적합한 철학으로 통하는 곳도 바로 이곳이다. […] 프랑스에서 그의 사상은 마르크스주의를 제외한 어떤 다른 철학도 획득하지 못한 명증된 효과를 많은 연구가들로부터 획득했다. 존재론은 그와 같은 형이상학의 체계적인 해체로 마감했다.[4]

---

3) 장피에르 파예의 『전체주의적 언어들』(Langages totalitaires)이 에르만(Hermann) 출판사에서 출판된 해는 1972년이다.
4) Christian Jambet, "Préface", Victor Farias, Heidegger et le nazisme, Verdier, 1987, pp. 13~14.

파리아스의 전기(傳記)적인 조사보다 더 주목을 받은 크리스티앙 장베의 이 발언은 즉각 많은 언론들의 기사를 통해 중계되어 확산되었다. 1987년 10월 15일자 『르 마탱』지에는 조르주 아르튀르 골드슈미트의 '하이데거, 나치 운동가와 사상가'라는 글이 게재되었다. "빅토르 파리아스의 책은 이후로 철학하는 일의 흥을 깨 버리고는 '파리의 하이데거주의자들'에게 그들이 오래 전부터 알고 있던 문제들에 직면하게 했다. 이 문제들은 그들이 자신들의 글에 채워 넣으려 했던 모든 내용을 단번에 비워 버렸다." 그 다음날, 『리베라시옹』지에는 '하이데거 만세!'라는 제목의 글이 게재되었다. 여기에서도 역시 프랑스 하이데거주의자들에게 타격을 주려고 애썼다. 로베르 마기오리는 그들이 "나치즘의 극악무도함에 대한 하이데거의 침묵"을 생각하려 하지 않았다고 비난했다.

　　데리다의 두 저서, 즉 『정신에 대하여, 하이데거와 문제』란 작은 책과 엄청난 분량의 모음집인 『프시케』가 갈릴레 출판사에서 간행된 것은 정확히 바로 그때였다. 아마도 불가피한 오해가 생길 수밖에 없었겠지만 『정신에 대하여』는 파리아스에 대한 답변으로 읽혀졌다. 그렇지만 그것은 그가 전혀 바라는 바가 아니었다. 그러나 데리다는 피하고 싶은 생각이 없었다. 디디에 에리봉과의 긴 인터뷰에서 그는 아주 논쟁적인 어조로 즉각 파리아스의 책에 대해 언급했다.

　　하이데거에게 진지하게 관심을 갖고 있는 사람들은 대부분의 그 '사실들'에 대해 오래 전부터 알고 있기에, 나는 그 조사에서 아무것도 발견한 것이 없습니다. 어떤 기록의 면밀한 검토에 대해서는, 그 결과들이 프랑스에서 사용될 수 있으니 잘한 일입니다. 그런데 그 결과들 중 아주 확실한 것들은 베른트 마르틴과 후고 오트의 작업 이후 이미 독일에서 사용될 수 있는 것들입니다. 실제로 그 저자는 그 결과들을 폭넓게 참고하고 있습니다. 신중을 요하는 몇몇 자료적인 측면과 사실에 관련된 문제 외에도 특히 그 '사실들'을 하이데거의 '텍스트'와 '사상'에 결부시키는, 이를테면 해석에 대한 논의가 이루어져야 할 것입니다. 물론 그 논의는 공개적일 필요가 있겠지요. 그가 제안한 독서는, 설령 그것이 있다손 치더라도, 여전히 불충분하거나 이론의 여지가 있습니다. 때로는 너무 조잡해서 조사자가 하이데거를 한 시간 전부터나 읽은 것이 아닌지 의문이 들기도 합니다. 그는 하이데거의 제자였던 것으로 알려져 있습니다. 그럴 수 있는 일이겠지요. 하이데거가 "소위 국가사회주의적인 어떤 유산을 물론 나 자신의 양식과 스타일로 해석하고 있다"라고 태연하게 말할 때, 그는 깊은 심연을, 여러 개의 심연을, 각 단어 밑의 깊은 심연을 가리키고 있는 것입니다. 하지만 그는 한순간도 그 심연들에 다가가지 않습니다. 심지어는 그것들이 있는지 의심조차 해보지 않는 것 같아요.[5]

데리다에 따르면, 파리아스의 책 속에는 특별한 것이 전혀 없었다. 이전 역사학자들의 보다 더 엄격한 저서들뿐 아니라 그 주제에 대한 모리스 블랑쇼나 에마뉘엘 레비나스, 필립 라쿠라바르트, 장뤽 낭시 같은 사상가들의 성찰들을 모르는 사람들을 제외하면 말이다. 데리다 자신도 그가 참조한 하이데거의 모든 것들 속에서 눈에 띄는 의문사항들을 자신의 초기 저작들에서부터 표시해 놓았다고 주장했다. 그는 그 어느 때보다도

---

5) Derrida, "Heidegger: l'enfer des philosophes", *Points de suspension*, p. 193.

확신했다. 즉, "하이데거의 나치즘과 전후의 그의 침묵"을 비난할지라도 "의례적이거나 편한 도식을 넘어" 그것들을 분석해야 할 필요가 있다는 것이었다.

그 망측한 기록이 그리도 끔찍한데 왜 그 기록이 매혹적으로 보이는 겁니까? 정확히 말하면, 그것은 그 누구도 하이데거의 모든 사상서를 어떤 나치 이데올로그의 저작으로 단순화시킬 수 없었기 때문입니다. 그 '자료'는 다른 상황에서는 별 관심을 끌지 못했을 것입니다. 반세기 이상 어떤 엄격한 철학자도 하이데거와의 '논쟁'을 피할 수 없었습니다. 어찌 그 사실을 부인할 수 있겠습니까? 철학과 문학에서 20세기의 '혁명적이고', 대담하고, 염려스러운 그토록 많은 저작들이 ─ 자유주의적이고 좌파 민주주의적인 휴머니즘을 확신하는 철학에 따르면 ─ 악마 같은 것에 홀린 지역들에서 자신을 위태롭게 하고, 심지어는 가담되어 있다는 것을 어찌 부인할 수 있겠습니까? 지우거나 잊으려 하는 대신, 예를 들면 우리 시대가 겪은 그 경험에 대해 해명을 시도할 필요는 없는 걸까요? 그 모든 것은 이미 다 알려진 것일 뿐이라고만 생각하지 말고 말입니다.[6]

데리다는 곧 논쟁의 중심에 서게 되어, 하이데거를 넘어 마치 그 자신이 타깃이 되어 버린 것 같았다. 데리다가 책을 출판한 지 벌써 20년이 되었고, 학계에서 유명해진 지도 20년이 되었다. 그렇지만 프랑스의 일반

---

6) *Ibid.*

대중들에게 그가 주목을 받게 된 것은 이번이 겨우 두 번째 — 첫 번째는 프라하 사건 때 — 였다.

빅토르 파리아스는 '자크 데리다를 위한 13가지 사실'이라는 제목의 글을 『엘 파이스』(El Pais) 지와 『르 누벨 옵세르바퇴르』 지, 그리고 유럽의 여러 다른 일간지에 연이어 게재하여 그 철학자에게 직접 질문을 던졌다. "자크 데리다는 무슨 말을 하고 있는가? 사실들은 엄연히 존재한다. 그런데도 그것들은 그에 상응하는 철학적 성찰이 없으며, 그 자체로 중요시되고 있지도 않다. 데리다는 '오래 전부터 알고 있기에, 그 조사에서 아무것도 발견한 것이 없'었다." 파리아스는 이처럼 그의 책 이전에는 "전혀 알려지지 않은 일련의 아주 중요한 자료들"을 개괄한 뒤, 다음과 같은 문장으로 자신의 글을 끝맺었다. "데리다가 이 모든 것을 다 알았다면 왜 그는 그에 대해 아무 말도 하지 않았는가? 그는 내가 12년의 작업을 하지 않아도 되게 해주었을 텐데."[7] 비록 하이데거에 대한 파리아스의 연구 중 몇몇 측면이 그 뒤 몇 년 동안 재검토되고 수정되지만, 그의 공격은 효력을 보았다.[8]

1987년 11월 27일에도 흥분은 여전히 가라앉지 않았다. 로베르 마

---

7) Victor Farias, "13 faits pour J. Derrida", El Pais, 17 December 1987. 자크 부브레스는 「하이데거, 정치와 프랑스 인텔리겐치아」(Heidegger, la politique et l'intelligentsia française)에서 하이데거보다 데리다를 더 언급하면서 그 문제들에 대해 논쟁을 계속한다(이 글은 Jacques Bouveresse, Essai IV, Pourquoi pas des philosophes?, Agone, 2004, pp. 129~161에 재수록되었다).

8) 몇 년 뒤, 파리아스는 살바도르 아옌데가 "실제로 '제2차 세계대전 시 나치에 의한 유대인 학살 계획'의 추종자이자 유대인 배척자, 동성애 혐오자, '열등한 인종들'에 대한 격렬한 비판자, 요컨대 사회주의자로 변장한 나치일 뿐"(Elisabeth Roudinesco, Retour sur la question juive, Albin Michel, 2009, p. 294)이라는 증명을 시도하면서 엉뚱한 방향으로 나아갔다. 2005년, 아옌데 대통령 재단은 사자의 명예훼손죄로 파리아스를 고소했다.

기오리는『리베라시옹』지에 두 쪽에 걸친 '데리다, 하이데거를 꼼짝 못하게 하다'를 게재했다. 기사 자체는 모호했다. 마기오리는『정신에 대하여』의 분석을 참을성 있게 따라갔다. 그는 이 책의 흥미로움과 중요성을 강조한 뒤, 데리다가 '개념적으로 확증된 사실'에서 '윤리적 반발'로 나아가지 않았음을 유감스럽게 생각했다. 결론은 급작스러운 만큼 더욱 냉혹했다.

> 사실을 저속하게 말하자. 데리다의 분석은 정말 통찰력과 날카로움으로 가득하다. […] 그러나 쟁점이 학설에 관한 문제를 해결하거나 개념을 명확히 하는 것도 아니고 그저 나치즘을 철학적으로 규정하는 하이데거의 '발언'에 대한 분석인데, 어찌 그리도 점잔을 빼는가? 윤리적, 혹은 정치적 입장이 어찌 그리도 불명확한가? 왜 하이데거의 저작은 그를 꼼짝 못하게 만드는가? 검객이 자신의 희생자를 꼼짝 못하게 만드는 것처럼 말이다.[9]

데리다는 깊이 마음의 상처를 받았다. 그 기사에 리듬을 붙이고 또 그 기사를 요약하는 것처럼 보이는, '아무것도 고발하지 않다', '윤리적인 저항이 거의 없다' 같은 중간 표제들에 의해, 특히 '점잔을 빼다'라는 말에 의해서 말이다. 로베르 마기오리는 최근 그 사실을 인정했다. "너무도 조심성 없는 그 어휘는 그의 감정을 거슬렀습니다. 만일 내가 '신중'이나 '부자연스럽게 꾸밈' 같은 말을 썼더라면 그는 아마 보다 더 용이하게

---

9) Robert Maggiori, "Derrida tient Heidegger en respect", *Libération*, 26 November 1987.

그 말을 받아들였을 것입니다. 그 기사가 나가고 난 뒤 바로 그는 내게 적나라한 편지를 보내왔으며, 4~5년 동안 내게 더 이상 말을 하지 않았습니다. 그의 예민한 자존심은 『리베라시옹』지가 그에게 중요한 데다 내가 철학서들에 대한 주요 기사를 썼던 만큼 더욱더 민감해졌을 것입니다. 그러나 언론은, 나 혼자 그 책임을 다 질 수 없는 그 제목과 중간 표제들의 경우만이 아닐지라도 항상 단순화하게 되어 있습니다. 하지만 그런 사실들을 그는 결코 받아들일 수가 없었던 것 같습니다."[10]

1주일 뒤, 이번에는 『르 몽드』지가 반응을 보였다. 로제폴 드루아가 데리다의 두 저서에 대해 두 쪽에 걸친 긴 기사를 게재했는데, 오랜만에 『리베라시옹』지의 기사보다는 더 관대했다. 그가 역점을 둔 것은 파리아스와 장베가 야기한 논쟁에 대해서보다는 책 자체에 대해서였다.

유명하면서도 잘 알려지지 않은 데리다는 철학과 문학 사이의 절벽을 따라가면서 고유명사, 명사, 단어를 분해함으로써 당황스럽게 한다. 책 또한 많은 사람들이 따라가지 못할 정도로 그렇다. 그렇지만 말이다! 『정신에 대하여』와 동시에 『프시케』에 보이는 문체에는 얼마나 분명하고 예리하고 유쾌하기까지 한 발명이 많은가! [···] 그렇기에 프랑스에서 자크 데리다를 발견할 필요가 있지 않은가?[11]

그러나 종기는 전혀 도려내지지 않았다. 『르 데바』지가 '하이데거,

---

10) 로베르 마기오리와의 인터뷰.
11) Roger-Pol Droit, "Jacques Derrida et les troubles du labyrinthe", *Le Monde*, 4 December 1987.

철학과 나치즘'이라는 제목의 두꺼운 호를 발행하는가 하면 하이델베르크에 있는 프랑스 연구소 내의 대학교류 책임자인 미레유 칼그루버는 그 주제에 대한 토론에 한스 게오르크 가다머와 함께 자크 데리다, 필립 라쿠라바르트를 초대했다.

1천여 명의 참석자들 앞에서 1988년 2월 5일 저녁에 행해진 그 토론은 여러 면에서 특별했다. 프랑스에서 일련의 대립이 있고 난 뒤, 하이데거의 문제는 마침내 독일로 다시 돌아왔던 것이다. 특별한 추억이 깃든 한 장소에서 말이다. 그곳은 1933년 6월 30일 하이데거가 '신제국(Nouveau Reich)의 대학'이라는 연설을 했던 바로 그 홀이었기 때문이다. 대중들은 데리다뿐 아니라 그 지방의 스타로 이미 아주 늙은 가다머를 보러 몰려들었다. 그것은 또한 데리다와 가다머가 1981년에 대화를 나눈 이후 처음으로 다시 대화를 나누는 기회였다. 토론자들이 홀에 들어오자 청중은 독일식으로 책상을 두드리면서 박수를 쳤다.[12]

이 토론은 프랑스어로 4시간 이상 진행되었는데, 주제가 주제이니만큼 차분하게 진행되었다. 가다머는 먼저 하이데거의 '일탈'에 대해 동시대인의 한 사람으로서 증언을 했다. 그러나 그날 저녁은 또한 그에게 그 시대에 대한 오랜 침묵에서 벗어나게 하는 특별한 기회였다. 데리다는 빅토르 파리아스의 저서의 중요성을 언급하는 것으로부터 시작했다. 비록 사람들이 어떤 의문들을 가질 수 있을지언정 "그 책은 직업적인 철학자들에게 자신의 생각을 보다 더 긴급하고 보다 더 즉각적으로 밝히도록 했다"라는 것이었다. 라쿠라바르트와 데리다는 곧 전후에 하이데거의 나치

---

12) 미레유 칼그루버와의 인터뷰 및 미셸 리세(Michel Lisse)와의 인터뷰.

참여와 아우슈비츠에 대한 침묵 문제에 집중했다. 모리스 블랑쇼 및 다른 많은 사람들에게 여전히 '사상의 상처'로 남아 있는 것은 바로 그 파울 첼란 앞에서까지 고집스레 지켰던 침묵이었다. 하지만 그가 다른 식으로 어떻게 행동할 수 있었을까? 몇 마디 의례적인 변명으로 용서를 빌려 했다면 너무 쉬운 일이 아니었을까? 데리다는 한 가지 추측을 했는데, 물론 그 자신도 그 추측의 위험성을 인정한다.

> 아마도 나는 하이데거가 이렇게 생각했을 것으로 짐작합니다. '나는 내가 이미 말했던 것에 상응할 뿐 아니라, 일어났던 것에 알맞은 언어로 나치즘을 비난할 수 있을 때에만 그렇게 할 수 있을 것입니다.' 그래서 그는 비난할 수가 없었던 것입니다. […] 그런데 아마 용서할 수 없는 하이데거의 그 끔찍한 침묵, 우리가 듣고 싶어 하는 그런 종류의 말의 부재, […] 바로 그 부재는 우리에게 한 유산을, 그가 생각하지 않은 것을 생각해 보라는 명령을 우리에게 남겨 놓았다고 생각합니다.[13]

홀에서 쏟아지는 질문들은 토론자들에게 자신의 생각을 더 밝히도록 유도했다. 데리다는 1968년 장 보프레를 통해 하이데거가 나치 당원증을 가지고 있었다는 사실을 알고 있었다고 강조했다. "뒤이어 후고 오트의 기사도 있었습니다. 우리는 우리가 했던 것과 다른 식으로 했어야

---

13) 1998년 2월 5일에 있었던 하이델베르크의 회합 때의 대화를 옮겨 적었다(Archives IMEC). 여기에서 데리다는 모리스 블랑쇼에게 암묵적으로 답하고 있다. 1988년 1월 22일자 『르 누벨 옵세르바퇴르』에서 블랑쇼는 다시 이렇게 말했다. "하이데거가 유대인 학살에 대해 침묵한 것은 그의 돌이킬 수 없는 과오다."(Christophe Bident, *Maurice Blanchot, partenaire invisible*, Champ Vallon, 1998, pp. 58~69)

합니까? 그럴지도 모르지요." 필립 라쿠라바르트는 그 질문들은 '인간의 종말'이라는 주제로 열린 스리지 콜로키엄에서 긴 토론의 대상이었다는 것을, 하지만 그 모든 것은 최근 논쟁의 장소가 미디어의 무대에 비하면 아무것도 아닌 것처럼 여기는 듯했다고 회상했다. 데리다는 평소 때보다 더 불안한 태도로 다시 이렇게 이야기했다.

> 내가 이해를 시도하는 하이데거의 텍스트 속에서 나치 참여 관련 사실과 텍스트 사이에 있을 수 있는 관계를 찾아보면서, 내 방식대로 그의 책을 읽고 가르치려 노력하는 것이 더 중요하고 […] 더 급한 것 같았습니다. 그리고 바로 그것이 내가 최선을 다할 수 있는 것으로, 그러기 위해서는 인내가, 많은 인내가 필요하다고 생각했습니다. […] 나는 당신들이 그 분야에서 윤리적, 혹은 정치적이라고 부르는 책임 의식을 잊지 않았다고 생각합니다.[14]

독일과 프랑스의 많은 기자들이 토론을 들으러 왔으며, 이튿날 솔레 도로(Sole d'Oro)라는, 벽이 온통 하이데거 사진으로 뒤덮인 한 유명한 식당에서 기자회견을 하기까지 했다. 그러고 나서 가다머와 데리다는 머리를 맞대고 대화를 나누면서 하이데거 너머로 진정한 대화의 공간을 열

---

14) 이 이례적인 토론을 다시 글로 옮긴 것은 처음에는 출판을 위해서였다. 그러나 읽고 난 뒤 데리다는 어쨌든 당장 출판하는 것은 시의적절치 않다고 생각했다. 라쿠라바르트도 같은 생각이었다. "설령 '뺄 것을 좀 빼더라도' 프랑스나 독일에서 출판하면 위험할 것 같습니다." (필립 라쿠라바르트가 데리다에게 보낸 1988년 9월 4일 편지) 하지만 그날 저녁 있었던 토론의 가치와 토론 참여자들의 명성으로 볼 때 재검토될 필요가 있다.

려고 노력했다.[15]

　기념할 만한 그 토론에서 필립 라쿠라바르트는 데리다의 입장과 거의 같은 듯했는데, 입장이 서로 멀어지기까지는 그리 오래가지 않았다. 실제로 얼마 되지 않아 라쿠라바르트는 크리스티앙 부르주아 출판사에서 『정치적인 것의 허구』(*La fiction du politique*)라는 책을 출판했다. 그 책은 '원파시즘'(archi-fascisme)과 '민족적 유미주의'(national-esthétisme)라는 어휘로 분석되는 하이데거 철학을 격렬하게 공격했다. 당시 데리다의 지도로 박사학위 논문을 준비하던 필립 벡에 따르면 점점 심해지는 필립 라쿠라바르트의 반하이데거주의는, 데리다가 장뤽 낭시에 가까워지는 동시에 필립과는 점점 더 멀어지게 된 한 요인이 되었다. "필립 라쿠라바르트는 스트라스부르에서 매우 활발했던 '상황주의 인터내셔널'의 일원이 되지 못한 것을 항상 아쉬워했던 것 같습니다. 낭시와 함께 보인 데리다에 대한 찬미 외에, 그의 데리다와의 결속은 전략적인 어떤 것을 가지고 있었죠. 물론 그것은 당연한 일이었습니다. 아마 그는 말의 정치적 의미에서 해체를 과격하게 기대했던 것 같습니다. 하지만 어떤 대가를 치르고라도 그렇게 하고 싶지는 않았기 때문에, 라쿠는 기 드 보르의 책들을 지극정성으로 참조하거나 언급하지는 않았죠. 그리고 데리다와 의견을 같이 하는 그의 벤야민에 대한 독서도 잊어서는 안 될 겁니다. 낭시에 관해 말하자면, 그는 '반대'보다는 '찬성' 쪽이라 생각하며,

---

15) 대화의 가능성 또는 불가능성의 문제는 가다머가 죽은 뒤 얼마 안 되어 열린 데리다와 하이데거의 대화(2003년 2월 5일)에서 새로운 국면을 맞이한다. 당시 데리다의 발표 글은 이듬해에 갈릴레 출판사에서 『숫양들. 무한한 것들 사이의 끊이지 않는 대화, 시』(*Béliers. Le dialogue ininterrompu: entre infinis, le poème*)으로 출간되었다.

내 생각이지만 비판적 이성보다는 이성의 비판을 선호했어요."[16]

　　하이데거 사건은 오래 전부터 부르디외와 데리다 사이에 잠복되어 있던 것뿐만 아니라 더 오래된 대립까지 되살렸다. 열렬한 편지로『조종』을 높이 평가했던 부르디외는 5년이 지나서는 그의 주요 저서 중 하나인『구별짓기』(*La distinction*)의 끝부분에서 데리다를 단호하게 비판했다. 물론 그 '추신' — '"순수" 비판들에 대한 "통속" 비판을 위한 요소들' — 은 공식적으로는 칸트의『판단력비판』과, 그 책 속에서 읽을 수 있는 '미학적 판단의 사회적 범주들의 부인'에 대한 것이었다.[17] 그러나 무엇보다 칸트 뒤에 있는 데리다와, 데리다가 '파레르곤'(1978년에『회화의 진실』에 수록됨)에서 제안하는 칸트에 대한 독서에 대해 부르디외가 공격을 하고 있다는 것은 부인할 수 없는 사실이었다. 그에 따르면, 비록 데리다의 독서가 취향의 판단에 대한 칸트 철학의 숨은 몇몇 전제들을 밝히고는 있지만 여전히 "순수 독서의 검열에 굴복하고 있다"는 것이었다. "전통적인 설명의 가장 명백한 규칙들의 위반"에도 불구하고 철학적 가설들의 재검토는 그의 생각에 현실보다도 더 명백하게 보였다. 데리다가 몰두하는 "대단히 능숙한 유희"는 명백한 위반일 뿐이다. 그는 사실은 "철학적 독서의 존재와 힘을 영속시키고 있다."[18]

　　모든 것을 검토해 본 결과, 부르디외의 공격은 7년 전 또 다른 '추신', 즉『광기의 역사』재판의 '추신' 끝부분에서 미셸 푸코가 했던 공격과 연

---

16) 필립 벡과의 인터뷰.

17) Pierre Bourdieu, *La distinction*, Editions de Minuit, 1979, p. 578.

18) *Ibid.*, p. 579.

관이 없지 않았다. 『구별짓기』의 저자에게는 또한 철학을 그것의 지배적인 입장에서 몰아내는 것과 관련되기도 했다. 부르디외의 말을 믿는다면, 해체는 고도의 한 속임수일 뿐이다. 그에 따르면, 실제로 "철학에 관해 말하는 철학적 방식은 철학에 대해 말해질 수 있는 모든 것의 현실성을 잃게 만든다." "순수 독서의 아주 대담한 지적 결별들"은, 그것들이 아무리 교묘할지라도, 아니면 아마도 교묘하기 때문에, 그에 따르면, 무조건적인 해체의 위협을 받는 한 학문 분야에 대한 "마지막 구원의 길"일 뿐이다.[19]

데리다는 그 비판에 즉각 반응하지 않았다. 그러나 『능력들의 갈등』(Conflit des facultés)에서 칸트가 제기한 문제를 연구하면서 그는 1983~1984년 사이 그의 세미나를 통해 『구별짓기』의 '추신'에 대해 상세하게 분석한 뒤 『철학의 권리』(Du Droit à la philosophie)라는 제목의 두꺼운 모음집의 첫 글이 된 「특권」에서 그 문제를 다시 다뤘다. 데리다는 부르디외 자신이 비판했던 바로 그것을 되풀이하고 있다는 점을 보여 주려 애썼다. 즉, 부르디외는 사회학에 "다수의 다른 지식 영역(사회학도 이일부에 지나지 않는다)에 대한 절대적인, 다시 말해 철학적인 패권"[20]을 부여하려 한다는 것을 보여 주려 애썼다. 그러므로 부르디외는 사회학을, 극적인 실력 행사를 통해, 다른 모든 학문 분야를 지배할 수 있고 그것들의 암묵적 내용들을 드러낼 수 있는 새로운 여왕 분야로 만들면서 이전의 학문적 위계를 전복시켰다는 것이다. 그것은 약속된 혁명이기는커녕 그저 쿠데타의 시도에 불과했다는 것이다.

---

19) *Ibid.*, p. 581.
20) Jacques Derrida, "Privilège", *Du Droit à la philosophie*, Galilée, 1990, p. 106.

두 분야 간의 이 갈등은 또한 동일한 교육기관에서 교육을 받은, 동일한 세대의 두 사람 간의 경쟁에 대한 은유이기도 했다. 처음에 부르디외는 데리다처럼 철학자가 되고 싶었다. 그러나 그는 후설에서 카빌로, 이어 사회학으로 일찌감치 옮겨갔으나, 철학을 완전히 단념하지는 않았다. 여기에 대해 그 두 사람과 가까이 지냈던 디디에 에리봉은 잘 설명하고 있다.

> 부르디외에게는 데리다라는 인물이 뇌리에서 떠나지 않았다. 철학에 대한 부르디외의 많은 발언은, 그가 진실을 감추기 위해 더 분명히 밝히려 했던 것들보다 더 은밀하고 중요한 그 관계에 의해서밖에 설명되지 않는다. 즉, 그가 아마도 마음속으로 자신과 겨룰 만한 사람, 자신의 유일한 경쟁자로 간주했던, 그렇기에 어쨌든 중시하면서 동시에 부정하는 상대였던 사람과의 관계 말이다(그는 어느 날 내게 이렇게 말했다. "저마다의 세대에는 처음부터 자기 자신의 경쟁자로 생각하는 누군가가 항상 있는 법이지요."… 자기 자신의 경쟁자—물론 데리다였다—의 이름을 말하기 전에 그는 이렇게 말했다…. "그 사람이 누구인지 알기 위해서는 『구별짓기』의 칸트의 미학에 대한 '추신'을 읽어 보는 것만으로 충분할 겁니다!").[21]

자주 그랬던 것처럼, 하이데거는 그와 아주 간접적으로밖에 관련되지 않은 해묵은 대립들을 되살리는 촉매 역할을 했다. 1988년 3월 10일, 『리베라시옹』지는 두 쪽에 걸쳐 '피에르 부르디외에 의한 하이데거: 철

---

21) http://didiereribon.blogspot.com/

학의 파산'이라는 벼락 같은 제목의 글을 게재했다. 이 글은 사실 1975년의 것을 약간 수정하여 다시 출판한 자신의 책『마르틴 하이데거의 정치적 존재론』(*L'ontologie politique de Martin Heidegger*)에 대한 부르디외의 인터뷰였다. 부르디외의 암시들은 바로 봐도 데리다를 겨냥하는 것 같았다. "파리아스의 책은 하이데거주의자들로 하여금 그들이 틀어박혀 있는 거만한 침묵에서 벗어나도록 한 공로가 있었습니다." "상징적 권력의 남용"과 역사와 인문과학에 대한 무관심에 낯익은 철학은 여기에서 실증적 지식에 맞서지 않을 수 없었다. 그런데 부르디외는 "그런 철학과 철학자들이 설령 하이데거 사상의 파산에 휩쓸릴지라도 그것이 그의 견해의 파멸은 아닐 겁니다"라고 두려움 없이 내질렀다.

몇 달 전, 부르디외는『르 누벨 옵세르바퇴르』에 게재된 데리다와의 인터뷰에 관해 더 정면으로 공격을 가했다.

나는 1975년의 내 책에 대해 아주 잘 알고 있는—그는 그 책을 읽었고, 그의 세미나에서 내가 그 책에 대해 이야기했을 때 아무런 반론도 제기하지 않았습니다—데리다가 그 사회학적인 분석을 인정하기 않기 위해, 내적인 이해와 외적인 설명 사이의 대립을 벗어날 수 있는 한 형태의 설명을 제안하는 것을 보고 아주 우습게 생각했습니다. 그 분석 형태는 내가 아주 오래 전부터 제안했던 계획으로, 나는 그 계획이 실현되었다고 생각합니다. 하이데거에 대한 토론은 그를 큰 곤경에 빠트렸다는 것을 말할 필요가 있겠습니다.[22]

---

22) Robert Maggiori, "Heidegger: le krach de la philosophie", interview with Pierre

반격은 매서웠다. 당시 데리다의 집에 체류하고 있던 영국의 젊은 철학자 제프리 베닝턴은 그날 아침 식사를 하러 내려왔을 때 몹시 흥분해 있던 그를 보았던 것을 기억한다. "몹시 화가 난 데리다는 『리베라시옹』지에 난 부르디외의 인터뷰를 내게 보여 주었습니다. 나는 그가 너무 충동적으로 대응할 것 같은 느낌이 들어서 좀 기다렸다가 반박의 글을 보내라고 그에게 제안했습니다. 그는 내게 이렇게 한마디를 날렸지요. '아무튼 너무 늦었네. 이미 팩스로 날려 보냈으니.'"[23]

데리다의 반박은 한 주 뒤에 게재되었다. 데리다로서는 그의 옛 동창과의 관계에 대해 마음을 정리할 기회였다. 분명히 그에게 그 사건은 전혀 '우습게' 보이는 문제가 아닌 것 같았기 때문이다. 좀 길지만 그 반박문을 인용하고자 한다. 이 글은 그동안 인용된 적이 없다.

부르디외가 한 따져 볼 만한 (신경질적인, 너무도 신경질적인!) 모든 발언 중 가장 명백히 허위인 것만 지적하겠다. 내가 허위라는 말을 사용하면, 부르디외는 아마 내가 완곡하게 말한다고 받아들일 것이다. 그렇다, 물론, 나는 부르디외의 책을 이해하고 있었다. 그렇다, 그는 실제로 나의 세미나에서 자기 책에 대해 소개를 했다(사실은, 그 당시 그가 큰 관심을 가지고 있던 철학교육연구단체에 대한 세미나였다 […]). 그런데 그가 "세미나에서 그 책에 대해 이야기했을 때 아무런 반론도 제기하지 않았다"고 가당찮게 말하고 있는데, 그것은 엄청난 거짓이다. 그 세미나에

Bourdieu, *Libération*, 10 March 1988.

23) 제프리 베닝턴과의 인터뷰.

있었던 서른 명 가량의 참석자가 그에 대해 증언할 수 있다. 나 혼자만 반론을 제기했던 것이 아니다. 반론을 제기한 사람은 많았다.[24]

데리다는 이 기회를 이용하여 논쟁을 펼치면서, 이제는 그 자신이 아주 '신경질적'으로 옛날의 상처들에 대해 다시 언급한다.

나는 늘 부르디외의 분석들(과 그가 불러일으키는 분석들)이 불만족스럽다고 생각했다. 그것들의 철학적인 공리 체계와 […] 실행에서, 무엇보다 그것들이 철학 텍스트, 특히 하이데거의 텍스트들과 관련될 때 말이다. 부르디외 저서의 기초가 되는 개념 체계가 전(前)하이데거적이라는 것을 깨닫기 위해서는 반드시 '하이데거주의자'(누가 하이데거주의자인가?)일 필요도 없고, '하이데거의 결론들'에만 만족할 필요도 없다. 그 개념 체계는 전혀 하이데거가 제기하는 '문제들'에 의해 시험을 받지 않았다. […] 나는 부르디외의 책을 너무도 잘 기억하고 있어서, 아니면 경시하지 않아서, (예를 들면) 바로 그를 생각하면서 내적 독서와 외적 독서 사이의 대립을 넘어설 필요가 있다고 말했던 것이다. 왜냐하면 나는 부르디외의 그 두 독서는 병렬적이고, 둘 다 거의 불만족스럽다고 생각하기 때문이다. 사실, 그의 '내적인' 독서는, 사람들이 그것을 여전히 구분할 수 있을지라도, 내게는 외적인 독서보다 근시안적으로 보인다. 그런데 그것은 하이데거의 경우에서뿐만이 아니다. 우리와 더 가까운 프랑스의 문제들에 대해서도 마찬가지이다.

---

24) "Derrida-Bourdieu, Débat", *Libération*, 19 March 1988.

충분히 언급할 가치가 있는 『구별짓기』의 그 많은 오해들에 대해 반박하지 않았던 것과 마찬가지로, 내가 지금까지 그 점에 대해 직접적으로 쓰지 않았던 것은, 그 거북한 텍스트들을 피하기 위해서가 아니라, 변함없는 신뢰의 아니면 상처 입은 우정의 상태에서의 반사적인 조심성에 의한 것이다. 내가 자주 침묵을 택하는 것은 사실이다. […] 나는 이제 이렇게 지난번의 그 공격 덕분에 나의 신중함에서 자유롭게 되었다.

이 반박문의 끝부분은 아주 분명히 부정의 경우이다.

한 마디 더. 부르디외가 마치 선거사회학적인 표현 방식으로 주장하는 것처럼, 하이데거에 대한 토론은 전혀 나를 '큰 곤경에' 빠트리지 않았다. 결국, 나는—나의 지난번 책에 의해서뿐 아니라—전술한 토론을 유발하고 복잡하게 만들었던 것에 전적으로 책임이 없는 것은 아니다. 아주 오래 전부터, 아니 최근까지도 말이다. 나의 책을 읽는 사람들은 그 사실을 조금은 잘 알고 있다

『리베라시옹』지의 이 사건은 부르디외의 짧고 절제된 해명으로 일단락되었다. 그 대립이 초래한 심각성에 당황한 그는 자신의 인터뷰에서의 "몇몇 실언"이 데리다의 마음에 상처를 준 것에 대해 후회한다고 말했다. 그리고 『정신에 대하여』의 저자가 얼마 전에 했던 "예언적인 맹렬한 비난"에 대해 매우 유감스럽게 생각하지만, 그는 "오랜 우정"을 생각하여 사태를 더 이상 악화시키지 않는 쪽을 택했다. 실제로, 그 두 사람은 곧 다시 만나게 되었으며, 1990년대 내내 여러 투쟁에서 서로 힘을 합쳤다.

그렇지만 근본적인 갈등은 데리다의 감정을 상하게 하는 것들이 많이 들어 있는 부르디외의 사후 출판 작품 『자기 분석을 위한 스케치』(*Esquisse pour une auto-analyse*)에서 다시 나타났다. 그 책의 초반부에서 부르디외는 고등사범학교 시절 자신은 "철학이 승자처럼 보일 수 있었던 시대에 학문적 위계의 정점에 있는" 철학을 전공하는 학생이었다고 회상한다. 그는 그때에는 철학이 "여왕 학문 분야"였다고 주장한 뒤 이러한 사실을 인정했다. "좀 농담이지만, 나는 나 자신을 철학의 제국주의로부터의 사회과학 해방 운동의 리더로 자주 규정했다."[25]

하이데거 사건과 정확히 같은 시기에 일어난 폴 드 만 사건은 그로 인해 쉽게 비교가 되었기 때문에 데리다에게 큰 타격이었다. 그러나 하이데거 논쟁이 주로 프랑스적이었다면 폴 드 만에 관한 논쟁은 미국과 관련된 것이었다.

그렇지만 모든 것은 플랑드르 출신의 젊은 연구가인 오르트윈 데 그라에프의 연구와 함께 벨기에에서 시작되었다. 이 연구자는 이렇게 말했다. "나는 1986년 루뱅대학에서 박사학위를 시작했습니다. 나의 계획은 폴 드 만의 비평서와 이론서에 대한 연구 논문을 쓰는 것이었습니다. 그런데 나는 그가 안트베르펜 출신이라는 사실을 알게 되었고, 누군가로부터 그의 숙부에 대한 이야기를 들었습니다. 그의 숙부는 그 유명한 앙리 드 만으로 양차 대전 사이 유력한 사회주의 정치인이었으며, 이어 2차 대전 때에는 부역자가 되었습니다. 비록 그 문제는 나의 주제에 비해 좀 부

---

25) Pierre Bourdieu, *Esquisse pour une auto-analyse*, Raison d'agir, 2004, p. 94.

차적인 것이었지만 폴 드 만이 미국으로 떠나기 전에 출간한 저작들을 읽어 보고 싶은 마음이 들었어요. '플랑드르 문화생활 기록 보관소'에 그에 대한 자료가 있었습니다. 처음에 나는 1942년 『헤트 블람세 란트』(*Het Vlaamsche Land*) 지에 게재한 몇몇 기사를 우연히 읽게 되었어요. 1986년 11월에는 『예일 프렌치 스터디스』(*Yale French Studies*) 지에 그 주제에 대한 글에 관심이 있는지 물어보기 위해 편지를 보냈습니다. 그러나 답장이 없었습니다. 1987년 봄에는 『수아르 볼레』(*Soir volé*) 지의 그 두꺼운 자료와 우연히 마주치게 되었어요. 그것은 당시 독일점령군에게 엄중한 감시를 받았던 프랑스어로 된 벨기에 최대 일간지에 1940년 12월 24일부터 1942년 11월 28일까지 게재된 170개의 기사였습니다. 나는 그 기사들을 검토했습니다. 그 중 많은 것이 대수롭지 않은 내용이었지만, 몇몇 기사는 훨씬 더 중요했습니다. 그렇지만 어떻게 하면 좋을지 나는 정확히 알지 못하고 있었어요. 7월, 루뱅에서 문학 관련 국제 콜로키엄이 열렸는데 나는 폴 드 만의 이론에 대해 발표를 했습니다. 발표자 중 샘 베버와 가야트리 스피박도 있었는데, 나는 그들에게 최근에 발견한 것들에 대해 말해 주었습니다. 샘 베버는 돌아가자마자 데리다에게 그 사실을 알렸어요. 그러자 데리다는 즉각 그 문제에 대해 아주 큰 관심을 보였어요. 나는 병역의무를 이행하기 위해 입대하기 바로 전, 서둘러 이데올로기적인 차원에서 가장 눈에 띄는 일련의 기사를 우선적으로 복사를 해서 그에게 보내 주었습니다."[26]

　1987년 8월 말, 데리다는 그 기사 전체를 가능한 한 빨리 그리고 널

---

26) 오르트윈 데 그라에프와의 인터뷰.

리 공개해야 할 필요가 있다고 확신했다.

모두가 아주 자유롭게 그것들을 읽고 해석할 수 있도록 필요한 환경을 조성할 필요가 있었다. 토론에 어떠한 제한도 있어서는 안 될 것이다. 모두가 각자의 책임을 질 수 있어야 할 것이다. 왜냐하면 적어도 미국의 대학에서 이 '폭로'가 야기하게 될 여파를 미리 상상할 수 있었기 때문이다. 나아가 다가올 엄청난 반향을 예견하기 위해서는 점쟁이일 필요까지도 없었다.[27]

데리다는 그 문제를 발표자들과 논의하기 위해, 몇 주 뒤 터스킬루사에 있는 앨라배마대학교에서 열리게 되어 있는 학술 기관들과 정치적인 것에 대한 콜로키엄('우리의 학술적 계약: 미국 대학들의 충돌')을 이용할 것을 제안했다. 이 콜로키엄의 발표자 중에는 폴 드 만의 제자와 동료들이 여럿 있었다. 데리다는 이 기사들의 발견에 크게 충격을 받은 상태였다. 그는 침울한 모습으로 『르 수아르』(Le Soir) 지의 몇몇 기사를 복사해 나누어 줬다. 그 복사물 중에는 '현대 문학 속의 유대인들'도 있었다. 10월 10일, 참석자들은 사태의 핵심과 동시에 행해야 할 결정들에 대해 "3시간이 넘게 토론"[28]을 했다. 많은 사람들이 충격을 받아 어떻게 해야 할지를 몰랐다. 하지만 데리다는 단호했다. 모든 자료는 공개되어야 하며, 이 일

---

27) Jacques Derrida, "Comme le bruit de la mer au fond d'un coquillage: la guerre de Paul de Man", *Mémoires pour Paul de Man*, Galilée, 1988, p. 201.

28) *Ibid.*, p. 202.

은 폴 드 만의 친구들이 맡아야 한다는 것이었다.[29] 콜로키엄의 기획자인 리처드 랭은 데리다의 견해에 공감을 하고, 가능한 한 빨리 행동을 취할 것을 주장했다. "기자 생활을 했던 사람으로서 나는 이 사건이 곧 터질 것 같다는 느낌이 들었습니다. 나는 우리의 선의의 증표로 『옥스퍼드 리터러리 리뷰』(Oxford Literary Review) 지에 주요 자료를 신속히 게재할 필요가 있다고 생각했습니다. 그러나 그 전략은 앨라배마 콜로키엄에 참석하지 않은 사람들에 의해 틀어졌습니다. 그들은 보다 더 신중하게 행동해야 하며, 서두르지 말아야 한다는 의견이었습니다. 데리다는 불행히도 그들의 말에 넘어갔어요. 여전히 내게는 그 일이 기회를 놓쳐 버린 것으로 생각되며, 그 실기(失機)는 아주 불리하게 작용했다고 생각합니다."[30]

소문은 곧 확산되어 '사건'은 가장 불리한 방식으로 터졌다. 1987년 12월, 『뉴욕 타임스』는 1면에 '나치 신문에서 발견된 예일 학자의 기사들'이라는 제목의 기사를 게재했다. 저자 미상의 그 기사는 폴 드 만과 나치 독일 점령기 벨기에의 정치 상황에 대한 오류와 반쪽 진실들로 가득 차 있었다. 사건은 미국 전역에 이어 그때까지만 해도 폴 드 만이 몇몇 비평 관련 전문가에게만 알려져 있던 나라들로 거침없이 확산되었다. 독일 언론은 특별히 악의에 찬 모습을 보였으며, 스웨덴에서는 "포스트모더니즘의 발트하임"[31]으로 지칭되었다. 하지만 논란이 많은 그 기사들은 아직

---

29) 앨런 배스와의 인터뷰.
30) 리처드 랜드와의 인터뷰.
31) 발트하임 사건은 1986년에 터졌다. 1972년에서 1981년까지 유엔 사무총장을 지낸 쿠르트 발트하임(1918~2007)은 당시 오스트리아 공화국 대통령 후보였다. 2차 세계대전 동안의 그의 독일 국방군 경력에 대한 폭로로 그는 1986년에서 1992년까지 임기 내내 많은 국가 원수들로부터 배척을 받아야 했다.

접근할 수 없는 상태였다. 그것들은 1988년 가을에야 출판이 되었다.[32]

드 만 사건과 그 사건이 갖는 터무니없는 차원의 열쇠 중 하나는 두 세계 사이의 완전한 분리에 기인한다. 그 한 세계는 벨기에로, 젊은 시절의 글들이 그곳 신문에 게재되었지만 훗날 예일학파의 우두머리로서 얻은 명성에 대해서는 거의 알지 못했다. 하물며 그의 저작들의 내용에 대해서는 더 말할 나위가 없다. 다른 한 세계는 미국으로, 폴 드 만은 그곳에서 활동했지만 독일 점령기 벨기에의 그 모든 복잡한 상황을 사람들은 알지 못했다.

가장 놀라운 사실은, 폴 드 만의 젊은 시절의 그 기사들이 그토록 오랫동안 알려지지 않고 있었다는 것이다. 그것들은 2년 동안 벨기에 최대 일간지에 그의 실명으로 게재되었으며, 따라서 쉽게 접근할 수 있었다. 스탠퍼드대학 교수인 장마리 아포스톨리데스에 따르면, 그 사건은 하기야 몇 년 전에도 터질 수 있었다. 그는 이렇게 이야기한다. "분명히 미국에서는 내가 그 기사들을 가장 먼저 알았을 것입니다. 그 당시 나는 나의 책 『땡땡의 변모들』(*Les métamorphoses de Tintin*)을 끝마친 상태였습니다. 에르제가 독일 점령기에 『르 수아르』지에 글을 게재했으므로, 나는 그 신문들을 하버드대학 와이드너 라이브러리에 보내오게 했습니다. 1982년 말 어느 오후, 도서열람실에서 전쟁 당시 『르 수아르』지의 철(綴) 중 하나를 읽고 있었는데, 제프리 멜만이 내게 다가왔습니다. 그는 오랫

32) 폴 드 만이 제2차 세계대전 당시에 쓴 기사 모음집은 Paul de Man, *Wartime Journalism, 1939-1943*, eds. Werner Hamacher, Nill Hertz and Tomas Keenam, Lincoln: University of Nebraska Press, 1988로 출간되었다.

동안 데리다와 가까운 사이였으며 모리스 블랑쇼의 젊은 시절 글들에 관심을 갖고 있었습니다. 나는 그에게 이렇게 말했습니다. '당신 지식인들의 수상쩍은 과거에 관심을 갖고 있으니 이것 한번 보세요. 폴 드 만의 것인데 얼마 전에 찾은 것입니다.' 그러면서 나는 이전 며칠 동안 읽었던 기사 중 중요한 몇 구절을 그에게 보여 주었습니다. 그러면서 특별히 중요하다는 말은 전혀 하지 않았습니다. 나와는 반대로 그는 즉각 그 글들이 폭탄과 같은 파괴력을 발휘할 것이라는 점을 감지했습니다. 그렇지만 그는 예일 출신으로 폴 드 만을 알고 있었고 그와 함께 작업을 했었습니다. 그리고 하버드로 오고 싶어 했었지요. 그는 나더러 그 사건을 폭로하도록 용기를 주었습니다. 내가 거절을 했던 것은, 그 기사들이 내게는 순응주의적으로 보인 데다 문학비평의 중요치 않은 인물인 폴 드 만이 그런 논쟁의 대상이 될 만한 가치가 없는 것 같았기 때문입니다. 하지만 나는 그에게 2주 동안 그 기사들을 더 보관하고 있다가 벨기에로 돌려보내겠다고 약속했습니다. 그가 그것들을 면밀히 검토하고 싶을 경우 참조하라고 말입니다. 다음에 라이브러리에 와서 그것들을 재신청하면 되었기 때문입니다. 내가 아는 한, 그는 내가 보여 준 것으로 사건의 의미와 파장을 즉각 깨달았을 텐데도 그렇게 하지 않았습니다. 나는 또 데리다와 가까운 바바라 존슨에게도 그 기사들에 대해 언급했지만 그녀 역시 거의 관심을 보이지 않았습니다. 역사에는 흥미가 없었던 것입니다."[33]

양차 세계대전과 독일 점령기의 벨기에 역사를 조금이라도 아는 사

---

33) 장마리 아포스톨리데스와의 인터뷰. 독일 점령기의 벨기에 상황과 『수아르 볼레』의 독일에 대한 협력에 대해서는 Jean-Marie Apostolidès, *Les Métamorphoses de Tintin*, Seghers, 1984; Benoît Peeters, *Hergé, fils de Tintin*, Flammarion, 2002를 참고할 것.

람이라면 누구에게든 폴 드 만의 자취를 따라가 보는 것은 아주 쉬운 일임을 인정할 수밖에 없을 것이다. 1938년부터 벨기에 노동당 당수였으며 독일 점령기에는 나치즘에 동조했던, 그 유명한 책 『마르크스주의를 넘어』(Au-delà du marxisme)의 저자인 숙부 앙리 드 만(1885~1953)과의 관계에 대해 그에게 물어보는 것만으로 충분했을 것이다. 앙리 드 만은 아주 중요한 인물로, 1930년대에 그의 영향력은 벨기에 국경을 훨씬 넘어 확대되었다. 그의 정치적 투쟁의 동지였던 폴앙리 스파크는 그에 대해 이렇게 말한 적이 있다. "그의 잘못은 컸고 그로 인해 세상에서 배척을 받고 추방을 당했지만, 그럼에도 불구하고 그가 20세기의 진정한 사상가였으며, 또한 몇몇 경우들에서는 그가 천재라는 느낌을 갖게 만든 드문 사람들 중 하나라는 말을 하지 않을 수 없을 것 같다."[34] 역사가 제프 슈테른헬은 그의 저서 『우파도 좌파도 아닌, 프랑스의 파시스트 이데올로기』(Ni droite ni gauche, l'idéologie fasciste en France)에서 그에게 중요한 위치를 부여하면서 이렇게 설명하고 있다. "앙리 드 만의 경제계획론은 그 시대의 사회주의 사상으로서는 양차 세계대전기에 가장 깊이 있게 시도된 연구였다. 정치이론 차원에서 가장 독창적인 실험이며 가장 중요한 것이었다."[35] 그러나 폴 드 만의 과거는 다른 각도에서 재론되었을지도 모른다. 왜냐하면 존스홉킨스대학과 취리히대학 교수이자 『인간의 시간에 관한 연구』(Etudes sur le temps humain)의 저자로 그 유명한 비평가

---

34) Académie royale des sciences, des lettres et des beaux-arts de Belgique, *Biographie nationale*, Book 38, Fascicle 2, Bruxelles: Editions Emile Bruylant, 1974, pp. 535~554 의 '앙리 드 만' 항목 참조.

35) Zeev Sternhell, *Ni droite ni gauche, l'idéologie fasciste en France*, Fayard, 2000, p. 274.

인 조르주 풀레(Georges Poulet)는 폴 드 만보다 훨씬 더 급진적인 부역자였던 로베르 풀레의 동생이었기 때문이다. 1945년에 체포되어 사형을 선고받은 로베르 풀레는 곧 감형이 되어 망명 생활을 했다. 그러므로 조르주 풀레가 적어도 개략적으로나마 '폴 드 만의 논쟁'에 대해 몰랐을 것이라고는 생각할 수 없을 것 같다. 폴 드 만 사건이 그가 살아 있을 때 터지지 않은 것은 그러므로 그가 미국에서 가장 유명한 비교문학과를 이끌고 있는 동안에는 아무도 그것을 원치 않았기 때문이기도 했다.

드 만을 알았던 모든 사람들은 미국에 오기 전 그의 삶에 관련해서는 그의 신중한 행보를 강조했다. 그는 미국에서 자신의 천직을 얻었고, 이전의 일은 중요하지 않다는 것이었다. 제프리 하르트만이 어느 날 그에게 1953년 이전의 그의 저작들을 목록에 넣지 않는 이유에 대해서 물으면서 그 시기 이전에도 뭔가를 분명히 출간했을 것 아니냐고 말하자 드 만은 이렇게 간략하게 대답했다. "신문에 쓴 것 말고는 아무것도 없어요."[36]

1987년 말,『뉴욕 타임스』에 의해 촉발된 스캔들은 상당히 심각해졌다. 그리하여 하이데거 사건에서처럼 논쟁은 곧 해체 전체로까지 확대되었다. 비록 드 만이 죽은 지 4년이 되었지만 데리다와 그의 친구들은 여전히 살아 있고 왕성하게 활동하고 있었다. 예일학파와 데리다의 저작에 대한 비방들에게는 이 기회가 아주 호기로 보였다. 보스턴대학 프랑스어과 교수인 제프리 멜만은 "해체 전체를 제2차 세계대전 동안의 대독협력

---

36) Geoffrey Hartman, *A Scholar's Tale: Intellectual Journey of a Displaced Child of Europe*, New York: Fordham University Press, 2009, p. 82.

정책에 대한 거대한 사면처럼 볼 만한 이유들"[37]이 있다고까지 말했다. 터무니없고 비열한 이러한 혼란스러운 관점은 이후 몇 주 동안 되풀이되었다. 『더 뉴 리퍼블릭』지는 「파시스트와 해체주의자들」이라는 기사를 게재한 반면, 『LA 타임스』지는 '해체에 사기를 치는 드 만'에 관해 언급했다.

데리다는 발끈하여 반발했지만, 신문을 통한 여론의 환기는 끝날 줄 몰랐다. 『뉴욕 타임스』의 기사 뒤 한 달도 채 되지 않은 1988년 1월, 그는 그 사건에 대한 상세한 분석을 시도했다. 제목(「조개껍질 속의 바다 소리처럼: 폴 드 만의 논쟁」)은 시적이었지만, 내용 자체는 데리다의 이전의 모든 저작들보다 훨씬 더 공격적이고 직접적이었다. 상황이 그런 만큼 이긴 기사는 그 시기에 이미 그의 훌륭한 번역자 중 한 명인 페기 카무프에 의해 번역되어 미국에서 먼저 게재되었다.[38]

「조개껍질 속의 바다 소리처럼: 폴 드 만의 논쟁」은 하나의 분석이기 이전에 하나의 이야기로 보인다. 폴 드 만이 사망했을 때 무슨 말을 해야 할지 도통 모르겠다고 말했던 데리다는 이번에는 말을 해야 할 처지에 놓였다. 『르 수아르』지에 게재되었던 그 자료들의 발견에 대해 언급하면서 그는 처음에 그가 느꼈던 혼란을 구태여 감추려 하지 않았다.

---

37) "Deconstructing de Man's Life", *Newsweek*, 15 February 1988, p. 63에서 데이비드 레만(David Lehman)의 말. 모리스 블랑쇼가 젊은 시절에 쓴 정치 관련 글들을 분석하면서 제프리 멜만은 그의 글 「쓰기와 방어: 문학적 찬사의 정치학」(Writing and Defence: The Politics of Literary Adulation)에서 데리다를 비판했다(이 글은 *Representations*, no. 15, Summer 1986에 재수록되었다. 프랑스어 번역본은 *L'Infini*, no. 22, 1988에 수록되었다). 제프리 멜만과 블랑쇼에 대한 공격에 대해서는 Roudinesco, *Retour sur la question juive*, pp. 296~303 참고.
38) "Like the Sound of the Sea Deep within a Shell: Paul de Man's War", *Critical Inquiry*, vol. 14, no. 3, Spring 1988.

처음 그것을 읽었을 때, 나는 내가 대략 이데올로기적인 입장, 논증적 도식들, 하나의 논리, 아주 명백한 많은 논거들이라 부르게 될 것을, 이런! 인정하는 것 같은 느낌이 들었다. 상황에 의해, 그리고 훈련에 의해 나는 어린 시절부터 쉽게 그것들을 발견하는 법을 배웠다. 기묘한 일치였지만 더구나 이 모든 주제들은 내가 4년 전부터 하고 있는 세미나와, 하이데거와 나치즘에 대한 내 최근의 책의 대상이었다. 내가 느낀 감정은 처음에는 상처, 아연실색, 슬픔 같은 것이었는데, 나는 그 감정들을 숨기고 싶지도 않으며, 그렇다고 보여 주고 싶지도 않다.[39]

데리다는 자세한 역사적 사항들을 기꺼이 검토하면서 전쟁 기간에 폴 드 만이 『르 수아르』지에 게재한 기사들을 바로 그 역사적인 맥락 속에 위치시켰다. 이렇게 보면 그것들은 대부분 대수롭지 않은 내용이었다. 그러다가 그는 그 일련의 기사 중 가장 문제가 될 만한 「현대 문학 속의 유대인들」이라는 가사에 주목했다.

그 기사를 최대한 면밀히 검토하면서, […] 그와 같은 상황에서 그 어느 것보다도 더 심각한 반유대인주의, 배척, 심지어는 가장 음산한 강제수용에까지 이르는 그 반유대인주의를 깨달았을 때 즉각 내가 느꼈던 그 상처를 아무것도 치유해 주지는 못할 것이다.[40]

---

39) Derrida, *Mémoires pour Paul de Man*, p. 161.
40) *Ibid.*, pp. 187~188.

그럼에도 불구하고 데리다는 다소 과도한 재간과 관대함을 보이면서 문제의 그 기사에 대해 '밀착 독서'를 시도한다. 젊은 드 만이 "저속한 반유대인주의가 전후(제1차 세계대전 후)의 문화 현상들을 퇴폐적인 것, 타락한 것으로 간주하는 것은 그것들이 유대화되었기 때문이다"라고 쓴 것에 대해『글쓰기와 차이』의 저자는 저의가 섞인 교묘한 유희가 그 문장으로부터 기인한다고 생각한다.

> 따라서 저속한 반유대인주의를 정말 단죄하는 문제이다. 그것은 공공연하게 주장된 근본적인 생각이다. 그런데 저속한 반유대인주의를 비웃는 것은 반유대인주의의 저속성을 비웃는 것인가? 앞의 이 통사론적 변조는 두 가지 해석의 여지를 남긴다. 저속한 반유대인주의를 단죄하는 것은 고상한 반유대인주의가 있다는 것을 수긍하게 내버려둘 수 있다. 바로 그 고상한 반유대인주의를 고려하여 사람들은 저속한 유대인주의를 판단할 수 있는 것이다. 그런데 이 문장은 또한 다른 의미를 가질 수 있다. 그런데 그렇게 읽는 것은 항상 다른 것을 은밀히 오염시킬 수 있다. 특히 다른 것에 대해 언급하지 않고 "저속한 반유대인주의"를 단죄하는 것은 그것이 저속한 이상, 변함없이 근본적으로 저속한 반유대인주의 그 자체를 단죄하는 것이다. 드 만도 그렇게 말하지는 않았다. 설령 그가 그렇게 생각했을지라도 — 나는 그 가능성을 결코 배제하지는 않는다 — 그는 그 상황에서 그렇게 분명히 말할 수는 없었던 것이다.[41]

---

41) *Ibid.*, pp. 191~192.

드 만을 위해 이 긴 옹호의 글을 쓰면서 데리다는 자신이 무릅쓸 위험을 예상했다. 그는 "타인의 사망 시에만 의미와 무게를 갖는" 약속에 대한 그의 1984년의 강연들에 중요성을 부여하면서 자신의 친구에 대한 우정과 정당성에 대한 배려 차원에서 그렇게 썼던 것이다. "나는 알 수가 없었다. 이런 상처의 경험 속에서 내가 어느 날 드 만에 대해 책임을 질 수 있을지, […] 그에 대한 추억과 그의 유산이 비난을 받을 위험이 있지만 그가 살아 있지 않아 자신의 이름으로 말하지 못할 때 내가 그에 대해 그리고 그를 위해 여전히 말할 수 있을지를."[42]

그러나 「조개껍질 속의 바다 소리처럼: 폴 드 만의 논쟁」도 정당방위 행위였다. 왜냐하면 젊은 시절 폴 드 만의 그 기사들은 데리다의 적들에게 그에 대해 전면적인 공격을 시도할 기회를 제공해 주었기 때문이다. 자신들에게 횡재로 보인 것을 거머쥐면서 오랜 적들—실증주의 철학자들, 보수적인 인문주의자들, 좌파에 동조하는 마르크스주의자들—은 오래 전부터 그들을 혼란시키고 있는 한 사람과 하나의 이론을 청산하기 위해 즉시 힘을 결집했다. 데리다는 조롱하는 것으로부터 시작하여, 반격을 가하는 쪽으로 나아갔다.

사람들은 관대하게 미소 지으며 이렇게 또 궁금해할 수 있다. 도대체 '그' 해체는 아주 젊은 한 사람이 1940~1942년에 벨기에 신문에 쓴 것과 무슨 관계가 있는가? 그 자체로 단순화되고 등질화된 하나의 '이론과 그 이론에 관심을 갖고 발전시킨 사람들에게로, 이를테면 한 번도 읽지

---

42) *Ibid.*, p. 156.

않은 40년 전 벨기에 신문에 게재된 글을 쓴 한 젊은이에게 보내고 싶은 비난을 확대하는 것은 어리석고 무례한 일이 아닌가? […]

왜 사람들은 해체가 허무주의나 회의주의가 결코 아니라는 점을 모른 체하는가? 왜 사람들은 그 반대라는 것을 20여 년 전부터 명확하게 주제 별로 보여 준 그토록 많은 글에도 불구하고 여전히 그런 주장을 자주 하는가? 왜 누군가가 이성과 이성의 형태와 역사 그리고 변화들에 대해 질문을 제기하자 곧 반이성주의라고 규탄하는가? 인간의 본질과 개념의 구축에 대해 질문을 던지자마자 반인문주의라고 규탄하는가? […]

요컨대 그들은 무엇이 두려운가? 누구에게 겁을 주고 싶은 것인가?[43]

흔히 그랬던 것처럼, 데리다가 가장 직접적이고 가장 공격적인 모습을 보인 것은 각주에서였다. 그는 특히 『더 네이션』(The Nation) 지에 게재된 '만 해체하기'라는 제목의 존 비너의 기사를 단호하게 공격한다.

증오심에 가득 찬 오류투성이의 그 기사에는 제목에서부터 마지막 문장까지, 내가 지금까지 언급했듯이, 독서상의 거의 모든 오류를 망라하고 있다. 그 기사의 저자가 대학에서 역사를 가르치고 있다고 생각하니, 두렵다. (자신이 상상하는 바 그대로) 해체와 해체의 '전략'에 비방과 험담을 쏟아 부으면서 그는 가당찮게도 드 만에 대해 마치 '학계의 발트하임'처럼 말한다. […] 따라서 존 비너의 기사가 모델로 사용된 것에 그 어떤 놀라움도 없다. 그렇지만 그 저자는 『더 네이션』 지에서 자신의 실수

---

43) *Ibid.*, p. 224.

들로 유명하다. 그러니 그 신문은 이 불쾌한 협력자의 글 뒤에 여러 번 엄격하고 가혹한 해명들을 상세히 게재해야 했다.[44]

드 만 사건은 미국의 대학 거의 모든 곳에서 큰 파장을 일으켜, 심지어는 데리다주의자들 내부에서조차 여러 번 내분을 불러일으켰다. 1988년 4월 26일, 초창기부터 데리다주의자 중 한 명이었던 데이비드 캐롤은 데리다에게 보내는 장문의 편지를 공개적으로 잡지에 게재했다. 그가 동의하지 않았던 것은 데리다의 말의 내용이 아니라 채택된 전략에 대한 것이었다. 그는 데리다가 왜 그렇게까지 폴 드 만을 방어하여 자신에 대한 공격을 초래하는지, 나아가 "자신의 글이 초래할 최악의 위험까지 떠맡아야 하는지, 어떤 의미에서 보면 그 사건에 대한 책임을 혼자 떠맡아야 하는지"를 이해할 수가 없었다. 그의 그 글들이 자신의 모든 정치적 신념과 선택과도 완전히 배치되는데도 말이다.[45] 데리다는 그 비판들이 아무리 절제 있는 것이었을지라도 받아들이기에는 너무도 속이 상했다. 데이비드 캐롤의 글에 분노하면서 그는 제자가 자신의 글을 읽을 능력이 없다는 느낌을 받았다. 그로 인해 그 둘의 관계는 몇 년 동안 크게 악화되었다.

아비탈 로넬과도 사정이 더 나아지지가 않았다. "우리는 드 만 사건 때 큰 불화를 겪었습니다. 그는 어떻든 간에 그의 친구들을 규합하여 합세하고자 했습니다. 내게는 그것이 좋은 전략으로는 보이지 않았습니다.

---

44) *Ibid.*, p. 220.
45) David Carroll, "The Sorrow and the Pity of Freindship and Politics: An Open Letter to Jacques Derrida", unpublished, archives Irvine. 이 글은 "The Temptation of Fascism and the Question of Literature: Justice, Sorrow, and Political Error (An Open Lettre to Jacques Derrida)", *Cultural Critique*, no. 15, Spring 1990에 다시 실렸다.

폴 드 만의 젊은 시절 글들을 거의 맹목적으로 단호하게 옹호하는 것은 데리다주의자들의 의무로 간주되어서는 안 되었습니다. 그런데 그 시기에 그는 여느 때보다 훨씬 더 내부의 미묘한 갈등을 견뎌 내지 못했습니다. 불행하게도 미국의 상황에 더 적합하고 덜 공격적인 다른 전략을 택하도록 설득할 정도의 힘을 가진 사람이 아무도 없었습니다. 「조개껍질 속의 바다 소리처럼: 폴 드 만의 논쟁」에서 그가 답변했던 방식은 상황을 훨씬 더 악화시켰습니다. 사람들은 그 글에서 텍스트의 조작을 보았습니다. 마치 해체적 독서의 고도화가 결국에는 이런 것, 즉 반유대인주의적 기사에 대한 변명을 찾는 것, 어떤 글이 무슨 말을 하더라도 그 글로부터 나치즘이라는 누명을 벗겨 주는 것 같은 행동을 말입니다! 그 모든 일은 완전한 실패였습니다."[46]

「조개껍질 속의 바다 소리처럼: 폴 드 만의 논쟁」을 게재한 뒤 몇 개월 동안 『크리티컬 인콰이어리』(Critical Inquiry) 지의 편집부는 여러 통의 편지를 받았는데, 대부분 아주 거친 어조로 쓴 것들이었다. 그 잡지의 편집자 중 한 사람은 데리다에게 이렇게 편지를 썼다. "제 기억에 당신의 글은 우리가 게재한 어떤 글보다도 더 많은 토론과 극단적인 반응을 야기했다고 말씀드려도 무리는 아닐 것입니다."[47] 그 편지들 중 6통을 선정하여 『크리티컬 인콰이어리』 지에 게재하려 했는데, 때로 데리다에 대한 공격이 너무 지나친 경우에는 그에게 그 글들을 보내 충분한 시간을 두고 반론을 준비할 수 있도록 배려해 주었다. 1988년 말경, 데리다는 공동

---

46) 아비탈 로넬과의 인터뷰.
47) 아놀드 I. 데이비슨이 데리다에게 보낸 1989년 1월 26일 편지.

의 긴 답장을 썼다. 페기 카무프에 의해 '자연분해성의 것들. 7개의 일기 단편들'이라는 제목으로 곧 번역이 된 60여 쪽의 그 기사는, 그것이 미국의 상황과 관련된 것이기에 프랑스어로는 게재가 되지 않았다. 폐부를 찔린 데리다는 그들이 어떤 유의 사람이든 자기에게 비판이나 의혹을 보낸 이들에게 가혹하게 대응했다. 폴 드 만이 『르 수아르』지에 그의 기사들을 게재했던 때인 1942년에 학교에서 퇴출되었던 데리다는, "그 주제에 대해 그에게 주고자 했던 모든 경계적 충고를 받아들이기가 너무 힘들었다"[48)]는 것을 인정했다.

1990년 3월 10일이 되어서야 국제철학학교 토요일 프로그램의 일환으로 파리에서 보다 더 차분하고 깊이 있는 토론이 행해질 수 있었다. 미셸 드기, 엘리자베스 드 퐁트네, 알렉산더 가르시아 뒤트만, 마리루이즈 말레가 『폴 드 만에 대한 회고록』에 대해 각자의 의견을 말하면 데리다는 그에 대해 주의 깊게 답변을 하는 식이었는데, 그들 중 몇 사람이 그에게 제기한 반론에 대해 그는 즉각 거절하지는 않았다. 그가 인정하듯이, 그 문제들은 그에게는 여전히 "어려운 시험"이었다. 엘리자베스 드 퐁트네와 대화를 나누면서 데리다는, 그 자신과의 침묵을 포함해서 폴 드 만이 지킨 침묵에 대해 이렇게 숙고한다.

나는 그가 왜 내게 아무 말도 하지 않았는지 모릅니다. 내게까지 말입니다. 왜 그가 사람들에게, 거의 아무에게도 말을 하지 않았는지 모르겠어

---

48) Jacques Derrida, "Biodegradables. Seven diary fragments", *Critical Inquiry*, vol. 15, no. 4, Summer 1989.

요. […] 나는 답변을 할 수 없습니다. 나 자신도 알지 못하니까요. 단지 몇 가지 추측만 할 뿐입니다. 나는 드 만을 1966년에 만났습니다. 우리는 1975년부터 아주 친하게 지냈어요. 그때부터 매년 3~4주 동안 예일에 갔기 때문이지요. 폴 드 만은 그래서 내게는 아주 소중한 친구가 되었으며, 지금도 변함이 없습니다. 하지만 우리는 서로를 거의 알지 못했던 것 같습니다. 우리는 서로의 '삶'을 거의 알지 못했습니다. 그렇게 된 겁니다!

이 대화는 데리다로서는 우정에 대한 견해를 명확히 하는 기회였으며, 그가 비밀을 털어놓기 위해 마련한 중요한 자리였다. 그는 우정의 조건이 친밀함이나 "태연스럽게 가까움 또는 타인을 아는 것이라고 말하는 것"이라고 생각하지 않았다.

우리의 '교류'는, 이 터무니없는 말을 사용하자면, 항상 매우 조심스러웠습니다. 확실히 우정의 표시는 오갔지만, 우리는 어떤 것들에 대해 거의 말을 하지 않았습니다. 서로가요. 내가 이렇게 말할 때, 즉 '그는 아마 내가 항상 알고 있었다고 생각한다'고 말할 때, 나는 그 자신이 요컨대 이렇게 생각했을 가능성을 배제할 수 없습니다. '그런 것들은 이미 잘 알려져 있는데(지금 우리가 아는 것처럼, 그가 그것들에 대해 다른 사람들에게 말을 했기 때문에 말입니다). 이미 소문으로 돌아다니고 있으니, 아마 자크 데리다도 알고 있을 거야.' 그렇다면 그는 그것들에 대해 언급하지 않겠지요. '그것들은 30년 전의 일이다. 그것들에 대해 말하지 말자.' 가능한 추측일 수 있지요. […]

왜 나는 전혀 질문을 하지 않았던가? 나는 폴 드 만이 복잡한 이야기를 갖고 있다는 것을 알고 있었습니다. 그는 전쟁 직후에 벨기에를 떠났고, 미국에서의 거주는 특히 학문적 차원에서 파란만장했기 때문입니다. 어느 날, 그는 내게 이렇게 말했습니다. "만일 당신이 내 삶에 대해 알고 싶으면 — 우리가 서로 이야기했던 것은 이런 식이었습니다 — 앙리 토마의 『배반자』를 읽어 봐요." 나는 그 책을 사서 읽었습니다. 충격을 받았어요. 그것은 벨기에에 관한 문제가 전혀 아니었습니다. 그것은 후에 미국에서 일어난 이야기였습니다. 나는 감동을 전하기 위해 드 만에게 편지를 썼습니다. 답장이 없었어요. 어느 날, 그는 『조종』과 『우편엽서』를 암시하면서 이렇게 내게 말합니다. "당신에게 언급하고 싶지 않은 그런 당신의 책들이 있습니다. 그 책들에 대해서는 당신에게 말하지 않을 겁니다." 우정은 어떤 침묵들, 암묵적인 것, 그 우정에 꼭 치명적이지만은 않은 비밀을 고려합니다.[49]

내가 알기로 데리다의 사유에서 아주 결정적인 자리를 차지하게 되는 그 '용서할 수 없는 것'의 주제가 처음으로 거론된 것은 바로 그 국제철학학교의 회합 때의 일이었다.

만일 자백이라는 것이 일찍이 있다면 누구에게 자백을 요구할 권리가 있는지, 무엇보다 용서할 권리, 즉 "나는 용서한다"라고 말할 권리가 누

---

49) "Autour de *Mémoires pour Paul de Man*", *Les PAPIERS du College International de Philosophie*, no. 11, 1990. https://www.ciph.org/IMG/pdf/papiers11.pdf.

구에게 있는지 나는 결코 알지 못합니다. "나는 용서한다"라는 문장은 내게는 (용서한다는) 고백의 요구만큼이나, 아니 어쩌면 고백 그 자체만큼이나 자신 — 그게 어떤 자신이든 — 있게 (그 용서하는 역할을) 떠맡는 것은 불가능해 보입니다. 그런데 나는 '용서할 수 없는 것'이라고 썼습니다. 나는 그렇게 쓴 것이 잘한 일인지 확신이 서지 않습니다. 어쨌든 그렇게 쓴 것에 대해 나는 만족스럽지가 못합니다.

확실히 어려운 그 시기에 또 다른 논쟁들이 눈에 띈다. 1985년 독일에서 출간된 위르겐 하버마스의 책 『현대성에 관한 철학적 담론』(Le discours philosophique de la modernité)이 1988년 4월 갈리마르 출판사에서 번역 출간되었다. 그 열두 편의 글 중 두 편이 『글쓰기와 차이』의 저자에 대한 것이었다. 그런데 하버마스에 따르면 "데리다는 논증을 하는 것을 좋아하지 않는 철학자에 속하기"에, 그는 자신의 분석을 "앵글로색슨의 논증 배격 속에서 작업한"[50] 데리다 제자들의 저작들에 기초하겠다고 대뜸 공표를 한다. 이렇게 해서 그가 참고하는 것은 무엇보다 조너선 컬러의 『해체에 관하여』였다.

오래 전부터 하버마스는 하이데거의 격렬한 비판자였기에, 데리다와 하이데거의 관계에 대한 칭찬이라고는 있을 수가 없었다. 그의 말을 믿는다면, 그 두 철학자의 철학적 방법은 거의 완벽하게 일치한다. "아주 잘 알려진 형이상학의 자기초월의 멜로디 역시 데리다의 시도를 리드한

---

50) Jürgen Habermas, *Le discours philosophique de la modernité*, Gallimard, 1988, p. 228.

다. 'Destruktion'은 'déconstruction'으로 명명된다."[51] 여기에서 페리와 르노의 『68 사상』에 훨씬 더 가까워 보이는 하버마스에 따르면, 따라서 데리다에게는 문체를 제외하면 새로운 것이 아무것도 없었다. 그런데 이 문체는 문학과 철학의 차이를 균등화하는 아주 해로운 영향을 미친다.

데리다가 권하는 것처럼, 만일 철학적 사유가 문제를 해결하는 의무에서 해방됨으로써 문학비평의 목표에서 멀어지면, 그것은 그 진지함뿐 아니라 생산성, 효과성을 잃게 된다. 그 반대로 문학비평의 판단 능력 역시 그 힘을 잃는다. 미국 대학의 문학 학과들에서 데리다 지지자들이 그렇게 생각하는 것처럼, 문학비평이 미학적 체험의 내용들을 소유하려는 시도 대신 형이상학이나 비판하는 일을 떠맡는 이상은 말이다. 이 두 시도를 잘못 동화시킬 경우 오히려 양쪽 모두가 본질을 놓칠 수 있다.[52]

드 만 사건을 계기로 그에 대한 아주 거친 기사들이 독일 언론에 게재되었으므로, 독일에서 하버마스의 명성과 대단한 영향력에 비추어 데리다로서는 그에 대해 답변을 하지 않을 수가 없었다. 튀빙겐대학의 만프레드 프랑크 교수는 『프랑크푸르터 룬차우』(*Frankfurter Rundschau*)에서 독일의 젊은이들이 파시즘이나 "신다원적인" 전(前) 파시즘의 의혹을 데리다, 들뢰즈, 리오타르의 전(全) "프랑스 인터내셔널"로 확대하면서 "프랑스인들의 지배하에" 들어갈 수 있다는 두려움을 드러냈다.[53] 데리

---

51) *Ibid.,* p. 192.
52) *Ibid.,* p. 247.
53) *Frankfurter Rundschau*, 5 March 1988. 이 글로 알렉산더 가르시아 뒤트만은 데리다의

다주의자가 되기 전 프랑크푸르트에서 공부했던 알렉산더 가르시아 뒤트만에 따르면, 하버마스는 그 시기에 자기 학생들에 대한 데리다의 영향을 명시적으로 경계하면서 그의 사상을 허무주의적이고 반계몽주의적이며 정치적으로 수상쩍은 것으로 묘사를 했다고 한다.

『폴 드 만 회고록』의 프랑스어판에 추가된 긴 각주에서 데리다는 하버마스의 방법에 분개하는 것에서부터 시작하여, 그에 대한 두 장(章) 중 하나에서 자신을 "특히 소위 의문스러운 주장들의 저자로 […] 지칭"하면서도 "자신(데리다)의 글을 단 하나도 참조하지 않고" 30쪽이나 비판을 하고 있다고 언급한다. 일련의 해석상의 오류를 역설한 뒤, 데리다는 하버마스의 철학의 원리 자체를 보다 더 정면으로 공격한다.

> 그것은 언제나 윤리학, 토론에 대한 이른바 민주적인 윤리학에 호소한다. 그것은 언제나 투명한 소통, 토론의 기본적인 규칙들(차별화된 독서나 타인에 대한 경청, 증거, 논증, 분석, 인용)의 위반이 적나라하게 일어나고 있다는 데 대한 '합의치'에 호소한다. 그것은 언제나 이성과 민주주의의 전통적인 규범들에 대한 속악한 위반을 사실상 유발하는 합의에 관한 윤리적인 담론—적어도 합의를 진심으로 호소하는 체하는 담론—이다.[54]

이 모든 주제는 1988년의 중요한 다른 글, 즉 '토론의 윤리학을 향하

주목을 받는다. 이로 인해 당시 만프레드 프랑크가 가르치고 있는 튀빙겐대학에서 예정되어 있던 발표를 취소하기에 이른다.

54) Derrida, *Mémoires pour Paul de Man*, p. 225.

여'로 귀결된다. 이 글은 10년 전 그와 존 R. 설 간의 유난히 노골적인 논쟁들을 모아 놓은 『유한책임회사』라는 책의 후기이기도 하다. 데리다는 설의 글 「차이의 반복: 데리다에 대한 반박」과, 그 글에 대한 데리다 자신의 신랄한 반박의 글 「유한책임회사」에 대해 재론하면서 "그 논쟁의 '무대'가 당시 쟁점이었던 정확한 이론적인 내용들 외에 다른 읽을거리를 제공할 수 있는 증상들"을 분석하려 애쓴다.[55]

데리다는 자기 자신을 포함하여 학술적이거나 지적인 토론들에서 점점 더해 가는 난폭성을 인정한다. 그는 훗날 에블린 그로스만과의 인터뷰에서 이 점에 대해 언급한다.

> 내가 생각하거나 연구하거나 쓰려고 할 때, 어떤 '진실'이 공공장소나 공적인 무대에서 주장되어야 한다고 생각할 때, 글쎄요, 세상의 어떤 힘도 나를 막지 못할 것입니다. 그것은 용기의 문제가 아닙니다. 그런데 어떤 것이 —비록 '진실'하지만 아직 용인할 수 없는 방식으로일지언정 —말해지거나 생각되어져야 한다고 생각할 때, 세상의 어떤 힘도 내게 그것을 말할 용기를 꺾지 못할 것입니다. […] 나는 타인에게 불쾌함을 유발하겠다 싶은 글을 쓰는 일도 때로 있습니다. 그것들은, 예를 들면 레비스트로스나 라캉에 대한 비판들이었습니다. 그렇지만 나는 그것이 불화의 씨를 뿌리게 되리라는 것을 알 만큼 그 분야를 잘 알고 있습니다. 그런데요, 나로서는 그것을 내 자신 속에 간직하고 있을 수 없었습니다. 그것은 명령입니다. 그것은 충동이나 명령 같은 것입니다. 즉 나는 그것을 말하

---

55) Jacques Derrida, *Limited Inc*, Evanston, IL: Northwestern University Press, 1988, p. 202.

지 않을 수 없었다는 말입니다. 역시 우리끼리만의 이야기이지만, 때로는 내가 그런 종류의 좀 도발적이며 논쟁적인 글들을 집필하고 있을 때에도 나는 어떤 것을 썼습니다. 그리고 또 내가 선잠 상태에서 좀 졸고 있을 때 내 안에는 타인보다 더 명석하거나 더 방심하지 않는 어떤 사람이 있었는데, 그는 이렇게 말하고는 했습니다. "아니, 자네 완전히 미쳤군. 자네 그렇게 하면 안 돼. 그렇게 쓰면 안 된다고. 그로 인해 무슨 일이 발생할 줄 잘 알면서…." 그러다가 눈을 뜨고 다시 작업에 들어가면, 나는 다시 그렇게 하고 있는 것입니다. 나는 신중하라는 그런 조언을 듣지 않습니다. 나는 그것을 진실의 충동이라 부릅니다. 진실은 말해져야 합니다.[56)]

하지만 데리다가 경험한 그 끊임없는 2년의 논쟁 기간은 그에게는 단절을 나타내는 기간이기도 했다. 이후의 시기는 새로운 협력들과 보다 더 온화한 '데리다'의 출현으로 특징지어지기 때문이다. 마치 그동안의 비난들에 화답하는 것처럼, 곧 윤리적이고 정치적인 문제들이 무대의 중심으로 옮겨 갈 것이다.

---

56) Jacques Derrida, "La vérité blessante ou le corps à corps des langues", interview with Évelyne Grossman, *Europe*, no. 901, Jacques Derrida, May 2004, p. 21.

3장_생생한 기억

1988~1990

온갖 책무와 여행과 쌓여 가는 우편물 사이에서 데리다는 점점 더 정신을 못 차릴 지경이 되었다. 아비탈 로넬이 들려주고 있는 것처럼, 그는 프랑스 대학에서 교수 자리를 얻지 못해 "모든 자료를 스스로 찾고 확인하고 복사를 해야 함에도 불구하고" 그 일을 도와줄 조교도, 비서도 없었다. "나는 그가 아직도 책이 가득 든 작은 가방을 안고 위원회에 심문을 받으러 가는 것을 보았습니다 [⋯] 어떤 날들은, 적어도 미국 대학의 기준에 따르면 그 스스로가 무산계급이었습니다."[1]

데리다는 그의 업무 역량에도 불구하고 때로 격무를 감당하지 못한다. 1987년 가을, 그는 엘리자베스 베버와 마음이 잘 통했다. 그녀는 『율리시스 축음기』의 독일어 번역을 준비하고 있던 젊은 여성으로, 그의 세미나가 끝나고 나면 번역에서 어려운 부분들에 대한 조언을 구하러 여러 번 그를 찾아왔다. "몇 달 뒤 내가 박사학위 논문을 끝냈을 때, 그는 괜찮

---

1) Avital Ronell, *American Philo: Entritien avec Anne Dufourmantelle*, Stock, 2006, pp. 249~250.

다면 특히 편지에 대해 좀 도와줄 수 있느냐고 내게 물었습니다. 1988년 초부터 나는 일요일마다 리조랑지에 가서 그를 도왔어요. 오전에 데리다는 한 주 동안 쌓인 편지들에 대한 답장을 구술해 주었습니다. 그리고 오후에는 늘 그가 받은 논문, 원고, 책 들과 함께 그의 서고를 정리했어요."[2]

　　그러나 엘리자베스의 역할은 곧 더 많아졌다. 그녀는 이렇게 설명한다. "그는 또한 내게 존 설과의 논쟁의 글을 묶은 『유한책임회사』와 두꺼운 인터뷰 모음집인 『말줄임표』(Points de suspension)의 마무리 작업과 교정을 맡겼어요. 내 기억이 틀리지 않다면, 이 계획은 내가 제안한 것이었지요. 내가 먼저 선별한 인터뷰들 중 어느 것을 실을 것인지 우리는 함께 논의를 했어요. 나는 또한 『후설 철학에서 발생의 문제』의 원고 준비도 맡아 했는데, 프랑수아즈 다스튀르와 장뤽 마리옹, 디디에 프랑크는 이 석사학위 논문에 열렬한 관심을 보였어요. 그 책은 1990년 PUF에서 출판되었지요. 나의 일은 특히 독일어 인용들을 확인하여 그것들을 후설의 전집―1950년대에는 아직 없었습니다―에서 다시 찾아 넣고, 필요할 경우 그 인용들의 번역을 교정하고, 최근 프랑스어로 출판된 번역서 참고 서적들을 추가하는 것이었어요. 나는 산타바바라에 있는 캘리포니아대학에 자리를 얻었던 1991년 9월까지 그를 도왔어요. 하지만 내가 프랑스에 체류할 때마다 우리는 우정 어린 만남을 계속 이어 갔습니다."

　　데리다의 또 다른 중요한 협력자는 브라이턴의 서식스대학의 젊은 교수 제프리 베닝턴이었다. 1970년대 말부터 데리다의 저작에 매료된 그

---

2) 엘리자베스 베버와의 인터뷰.

는 데리다가 옥스퍼드에 왔을 때 통역을 해주는 일로 처음 그를 도왔으며, 이어 영어 번역의 완성도를 높이기 위해 손을 보아 주었다. 그러나 데리다는 곧 더 중요한 계획에 대해 그에게 도움을 청한다. "1988년 1월, 나는 『옥스퍼드 리터러리 리뷰』지에 상당히 신랄한 긴 글을 한 편 게재했습니다. 이 글은 그에 대해 쓴 몇 권의 신간에 대한 서평이었지요. 그는 내게 그 글에 대해 고맙게 여겼다고 말했어요. 얼마 뒤, 그는 내게 쇠이유 출판사의 '현대인' 총서가 자신에 대한 책을 추진하고 싶어 하는데 그 책을 써 달라고 제안했어요. 나는 우쭐했지만 감히 내가 쓸 수 있으리라 확신하지는 못했습니다. 정치적인 이유에서 데리다는 그 책을 쓰는 사람은 프랑스인이 아니라 이미 확인된 데리다주의자여야 한다는 생각에 집착하고 있었어요. 그 총서의 책임자인 드니 로슈와 가진 점심식사에서, 나는 그 책은 데리다 자신이 썼으면 좋겠다고 말했어요. 아마 내가 그런 생각을 한 것은 『롤랑 바르트에 의한 롤랑 바르트』(*Roland Barthes par Roland Barthes*)에 대한 기억 때문이었던 것 같습니다. 그런데 곧 데리다의 저작을 전혀 인용하지 않으면서 그의 저작에 대한 분석을 써 봐야겠다는 생각이 떠올랐어요. 나는 1988년 안식년 휴가 동안 상당히 많은 시간을 투자하여 내 컴퓨터에서 일종의 '데리다 소프트웨어'를 만들었습니다. 나는 진정한 데이터베이스를 만들어 그것을 바탕으로 내 텍스트를 집필하고 싶었던 겁니다. 일이 진척될수록 나는 그의 저작의 일관성과 견고함에 더욱 놀랐어요. 그의 글쓰기 방식과, 철학에 대하여 자신을 위치시키는 방식이 평론가들을 매우 어려운 입장에 놓이게 만들었어요. 데리다는 철학사의 많은 주요 저작들을 먼저 읽은 뒤 자기 자신의 저작들을 읽을 것을 요구하고 있었던 겁니다. 여러 번, 나는 그의 책들 속에서 전적으로 나 스스로 발견했다고 생각하는, 암시적으로 진술된 사유들을 찾아냈지요. 1989년 초, 나는 그에게 '데리다 데이터베이스'를 건네주었습니다. 좀 길다 싶을 정도로 시간이 지난 뒤, 그는 내게 전화를 걸어와 그것을 보며 자신이 얼마나 즐거워했는지 모른다고 말했어요. 그러나 그는 자신이 쓰고 있는 것에 대해서는 여전히 아주 알쏭달쏭해했습니다. 나는 그가 자기 자신에 대한 자료를 충분히 주고 싶어 하지 않는다는 것 정도만 알았죠. 그는 자신이 사용하고 있는 컴퓨터 프로그램인 맥라이트로 작성 가능한 만큼의 길이인 59단락—그는 59세이기도 했어요—만 작성하여 보내왔던 겁니다. 나는 여전히 그가 자료 제시에 왜 그렇게 소극적인지에 대해 전혀 알지 못했어요."[3]

베닝턴과 데리다 사이에는 두 글쓰기 방식 사이의 일종의 겨룸 같은 것이 있었다. 『할례/고백』은 무엇보다 "아무 인용 없이 모든 독자가 […] 과도하게 형식화된 일종의 색인을 바탕으로 모든 주장, 모든 장소를 찾아볼 수 있는"[4] 데이터베이스를 구축하려는 제프리의 시도에 대한 한 답변이었던 것이다. 이렇게 자신이 가두어지는 것에 불안해진 데리다는 베닝턴의 틀에 박힌 '지도 제작'에서 벗어난 글을 쓰고 싶어 했다. 그 비평가가 "단 한 부분도 손을 대지 않은 것이 없는"[5] 자료체에 그는 자신의 페니스를 포함하여 신체를 다시 집어넣었다. 제프리 베닝턴의 체계적인 설명이 데리다를 거의 받아들일 만한 철학자로 만든 그때조차도 그는 자신에 대

---

3) 제프리 베닝턴과의 인터뷰.
4) Jacques Derrida, "La Machine à traitement de texte", *La Quinzaine littéraire*, August 1996. Jacques Derrida, *Papier Machine*, Galilée, 2001, p. 155에서 재인용.
5) Jacques Derrida, "Circonfession", Geoffrey Bennington and Jacques Derrida, *Jacques Derrida*, Seuil, 1991, p. 29.

한 저작을 내부로부터 해체하려고 애쓰고 있었던 것이다.

데리다는 그의 책을 위해 1976~1977년의 메모장(『조종』 출간 뒤 얼마 안 되어)과 1980~1981년의 메모장(『우편엽서』 출간 직후)에서 시작한 할례에 대한 메모들을 사용한다. 그는 그 당시 "4개의 세로단과 네 담화층으로 이루어진 소설"[6]인 『엘리의 책』(Le livre d'Elie)을 쓰고 싶어 했었다. 비록 그 책의 표면상의 모습이 꼭 『조종』에서만큼 직접적으로 그것을 반영하고 있는 것은 아닐지라도 말이다. 이 계획에 대한 무언가가 『할례/고백』에 남아 있는데, 그 책에는 죽어 가는 어머니 곁에서의 명상과 자서전적 병력, 할례에 대한 일지의 발췌, 성 아우구스티누스의 『참회록』의 인용 등 네 개의 주요 모티브가 엮여 있다. 집필은 1989년 한 해와 1990년 전반기 몇 달 동안 마치 노동처럼 행해졌다. 그것은 그의 어머니의 병에 대한 일종의 개인적인 반응일 뿐 아니라, 지나가 버린 2년 동안의 고통스러운 논쟁 후에 자신을 되찾는 방법이었다.

1901년에 태어나서 벌써 나이가 아주 많이 든 조르제트 사파르는 알츠하이머 병에 걸려 병석에 누워 있었다. 긴 임종의 기간 동안 자크는 가능한 한 자주 니스에 와서 때로는 어머니의 머리맡에서 그의 책의 교정쇄를 보기도 했다. 그 밖의 시간에는 거의 날마다 어머니에게 전화를 했다. 1988년 말, 거의 목숨을 앗아갈 뻔했던 발작 이후 그녀는 "혼수상태에 빠져 '집에서 간호를 받으며' 생사를 오갔으므로, 그를 더 이상 알아보지 못했으며, 거의 말을 하지도 보지도 듣지도 못했다."[7] 지나치게 침울한 상

---

6) Jacques Derrida, Note of 4 September 1981, Bennington and Derrida, *Jacques Derrida*, p. 254.
7) 데리다가 제라르 그라넬에게 보낸 1989년 11월 9일 편지.

태에서 밤샘을 해가며 완성된『할례/고백』은 자크 데리다의 가장 대담한, 그러기에 아마도 가장 감동적인 저서 중 하나이다. 중요한 부분을 삭제하지 않고 언급하기에는 불가능한 그 59개의 악절(périodes)을 쓰면서 그는 이렇게 말한다.

> [⋯] 내가 이것을 쓰고 있는 지금 아직 살아 있는 나의 어머니의 겨우 알아들을 수 있는 마지막 말들이 무엇이었는지 이 책의 아랫부분에 털어놓고자 한다. 하지만 어머니는 이미 기억을 하지 못한다. 어쨌든 나의 이름을, 그분에게는 최소한 발음조차도 할 수 없게 되어 버린 한 이름을 기억하지 못한다. 나의 어머니가 더 이상 나를 알아보지 못하는 이 순간, 조금은 말을 할 수는 있지만 더 이상 나를 부르지 않아, 따라서 그분에게는 그분이 살아 있는 동안 내 이름은 더 이상 없는 이 순간, 나는 쓰고 있는 것이다. [⋯]
> 요전의 어느 날, 1989년 2월 5일이었는데, 나는 어머니에게 아픈지("응"), 아프면 어디가 아픈지를 물었다. 어머니는 전에는 본 적이 없는 표현으로, 그분이 알지 못했고 알지도 못할 이런 표현을 대담하게 쓰면서 나의 질문에 대답했다. "내 어머니가 아파(J'ai mal à ma mère)." 어머니는 마치 나를 향해서인 동시에 나를 위해(pour moi) 말하고 있는 것 같았다 [⋯].[8]

조르제트 사파르는 1991년 12월 초에 사망했다. 이따금씩 만나고 있

---

8) Derrida, "Circonfession", pp. 23~24.

던 그의 오랜 친구 미셀 모노리에게 데리다는 이렇게 쓰고 있다. "3년 동안 지속된 길고 긴 죽음이어서 슬픔을 달래기가 쉽지 않네. 솔직히 슬픔을 달랠 마음의 준비도 되어 있지 못하네."[9]

『할례/고백』과 완전히 같은 시기의 저서로는 『눈먼 자들에 대한 기억들』이 있다. 이 저서 역시 자전적이며 고통스러운 분위기가 지배하고 있다. 처음에는 단지 루브르의 한 전시회를 구상해 주는 일에 불과했다. 일련의 그림을 선별하면서, 그는 그 그림들에 대해 논평까지 하게 되었다. 그 제안은 그에게는 흥미로운 동시에 걱정도 되었다. 그는 아직 전체적인 접근 방식에 대해 아무런 아이디어도 없었기 때문이다. 그런데 1989년 6월, 데리다는 우발적으로 안면마비 증상을 겪게 되어 특히 왼쪽 눈을 움직이지 못하는 일이 벌어진다. 그가 얼마나 공포에 사로잡혔을지 상상할 수 있을 것이다. 7월 초, 그는 어쩔 수 없이 관련 부서의 관리자 세 명과의 약속을 취소해야만 했다. 그들은 데리다가 그림을 선별하는 일을 도와주기로 되어 있었다.

> 13일 전부터, 나는 바이러스성 안면마비로 고통받고 있다. 소위 구안괘사라는 것이다(보기 흉하게 됨, 안면 신경에 염증이 있음, 얼굴 왼쪽 부위가 경직됨, 왼쪽 눈이 움직이지 않으며 거울을 보기가 끔찍스러움, 눈꺼풀이 정상적으로 닫히지 않음, 따라서 눈을 깜박거리지 못하며, 눈에 휴식을 주지 못함). 7월 5일, 이 흔한 질환은 낫기 시작했다. 2주 동안 두려움에 시달

---

9) 데리다가 미셀 모노리에게 보낸 1992년 1월 4일 편지.

렸는데, 점점 더 나아 가기 시작한다. […] 7월 11일, 따라서 나는 다 나았다(개심, 혹은 부활의 느낌, 눈꺼풀은 다시 깜박거리기 시작함, 얼굴은 여전히 볼꼴 사나운 유령 같다). 우리는 루브르에서 첫 회합을 가졌다. 자동차로 집에 돌아오는 저녁까지도 전시 문제가 뇌리에서 떠나지 않았다.[10]

7월 16일, 데리다는 자신을 공격하는 맹인들을 등장시키는 환상에 빠졌다. 그는 점점 더 확신이 들었다. 즉, "그림은 맹인이다. 그리는 남자나 여자는 맹인이 아닐지라도. 그 자체로, 그리고 그리는 그 순간 그리는 작업은 눈이 먼 것과 어떤 관련이 있다". 이 확신은 그 전시회와 전시회 목록의 주제가 되었다.

1989년은 보기보다 훨씬 더 충격적인 일이 데리다에게 발생했다. 그의 아들 피에르는 철학교수자격시험을 통과한 뒤, 루이 마랭의 지도로 박사논문도 아주 빨리 썼다. 미뉘 출판사에서 철학 총서의 출판을 막 시작한 디디에 프랑크 덕분에, 그 논문은 즉시 '기욤 도캄, 독특한 인물'이라는 제목으로 출판되었다. 그런데 그 책의 저자명은 피에르 알페리(Pierre Alféri)였는데, 이 청년이 택한 그 이름은 그의 외할머니의 것이었다. 데리다의 서고에 있는 그 책에는 이런 예쁜 헌정사가 적혀 있다. "하나의 성(姓) 이상의 빚을 지고 있는 당신, 아빠에게. 하나의 성 이상의 빚을 지고 있는 당신, 엄마에게."

---

10) Jacques Derrida, *L'autoportrait et autres ruines*, Réunion des musées nationaux, 1990, pp. 37~38. 전시회는 1990년 10월 26일부터 1991년 1월 21일까지 나폴레옹 관에서 열렸다.

피에르의 그 결정은 충동적인 것이 전혀 아니었다. 그는 이렇게 설명하고 있다. "청소년 시절부터 데리다라는 성은 내 것이 아니라는 느낌이 들었습니다. 이를테면 이미 다른 사람이 선취해 버린 것 같았어요. 아버지의 성과 같은 성으로 출판을 하면 애완용 소라게와 같은 느낌이 들었을 것입니다. 물론 나는 내가 누구인지 사람들이 모르게 하기 위해서는 피에르 알페리라는 이름을 쓰는 것만으로 충분하다고 믿을 만큼 순진하지는 않았습니다. 하지만 그것은 내게 작은 자유의 공간을 남겨 주었습니다. 나는 아버지와 상의하지 않았습니다. 처음에 아버지는 오히려 내 결정을 좋게 받아들이지 않았어요. 어쨌든 설령 그 결정이 적의를 품은 행위로 통할지라도 나는 감수할 준비가 되어 있었습니다. 왜냐하면 달리 어떻게 할 수 없다는 느낌이 들었기 때문입니다. 나는 나의 다른 모든 책들에 대해서도 그 이름을 사용했습니다. '피에르 알페리'는 단순한 가명이 아닙니다. 그것은 엄격한 방식에 따라 상용의 성이 되었습니다."[11]

자크 데리다에게 서명의 문제는 오래 전부터 중요한 한 주제였다. 그는 큰아들이 성을 바꾸고 싶었던 까닭을 이해할 수 없었다. 그의 생각에 그것은 거의 부인에 가까운 것이었다. 에마뉘엘 레비나스가 자기는 그 결정을 "매우 고상하게" 생각한다고 데리다에게 말하자, 그는 그 말에 어리둥절해했다.[12] 마우리치오 페라리스와의 인터뷰에서 데리다는 이렇게 고백한다. "부성(paternité)의 개념 자체에는 항상 부적절함이 있습니다. 우리는 아들에 대해서도 저서에 대해서도 서명을 할 수 없습니다. 아버

---

11) 피에르 알페리와의 인터뷰.
12) 마르그리트 데리다와의 인터뷰.

지인 것은 우리가 아버지가 아니라는 사실을 아주 기쁘고 고통스럽게 경험하는 것입니다. […] 아버지인 것은 신분도 아니고 소유도 아닙니다."[13] 그리하여 그는 『열정』(Passions)이라는 작은 책에서 "우리가 받는 성, 또는 우리가 우리 자신에게 부여하는 성"의 문제에 한층 더 역점을 두어, 그 문제를 대등한 한 철학 주제로 변화시켜 놓는다.

어떤 것 또는 누군가인 X(유적, 작품, 기관, 아이)가 당신의 성, 즉 당신의 칭호를 가진다고 가정해 보라. 순진한 번역이나 일상의 환상은 이럴 것이다. 즉, 당신은 X에게 당신의 성을 주었다. 따라서 X에게 주어지는 모든 것은 직선적이든 우회적이든, 직접적이든 간접적이든 당신의 자기중심주의에는 마치 어떤 수익처럼 당신의 것이다. […] 역으로 X가 당신의 성 또는 당신의 칭호를 갖고 싶어 하지 않는다고 가정해 보라. 이런저런 이유로 X가 그 성을 버리고 다른 성을 택하여 최초의 이유(離乳)를 되풀이한다고 가정해 보자. 그러면 당신의 자기중심주의는 이중으로 상처를 입지만, 바로 그 때문에 훨씬 더 부자가 된 자신을 발견하게 될 것이다. 왜냐하면 당신의 성을 쓰거나 썼거나 쓰게 될 것(어떤 것 또는 누군가)은 혼자 살거나 당신과 당신의 성 없이 아주 잘 살아갈 만큼 자유롭고 강하며 창조적이고 독립적이기 때문이다. 그것은 당신의 성 속으로 사라질 수 있도록, 당신의 성으로, 당신의 성의 비밀로 되돌아온다.[14]

---

13) Jacques Derrida and Maurizio Ferraris, *Il Gusto del Segreto*, Laterza, 1997.
14) Jacques Derrida, *Passions*, Galilée, 1993, pp. 31~32.

큰아들의 변화는 다른 이유로 데리다를 불안하게 했다. 그는 아들에 대해 항상 감탄했다. 그의 이른 성공들이 놀라웠고, 그가 철학으로 방향을 정하는 것을 보며 즐거웠다. 하지만 자크가 르망에서 그랬던 것과 조금은 유사하게 피에르는 실습 기간 동안 안절부절못하고 흔들렸다. 그러더니 곧 그는 철학에서 문학으로 방향을 틀어 버렸는데, 아버지로서는 다른 자식에게 보수적인 다른 많은 아버지들처럼 아들의 그런 심경의 변화에 안심이 되지 않았다. 데리다는 미셸 모노리에게 이렇게 설명한다. "피에르는 이제 가르치는 일을 싫어하네. 내가 잘못 보지 않았다면, 그는 그 일에서 탈출 계획을 세운 것 같네. 그애는 올해 국립책센터(CNL: Centre national du livre) 장학금을 받고 글을 쓰는 등 여러 일로 바빠서 직업에 대해서는 거의 관심을 갖고 있는 것 같지가 않네."[15]

피에르는 그 사실을 인정한다. "내가 철학을 그만두었을 때, 아버지는 내 미래의 직업에 대해 많이 걱정을 했습니다. 무엇보다 아버지는 대학교수가 좋은 직업이라고 생각하고 있었습니다. 아버지는 또한 내가 철학에서 멀어지면서 철학 관련 서적을 거의 읽지 않는 것을 매우 섭섭해했던 것 같습니다. 아버지의 책들조차 나는 아주 부분적으로만, 그것도 아주 뜸뜸이 읽었다는 것을 인정합니다. 나는 점점 더 빨라지는 아버지의 출판 리듬에 정신을 못 차렸습니다. 내가 겨우 한 권을 읽기 시작할 때 즈음이면 이미 또 다른 책 한 권 혹은 두 권을 아버지로부터 받았기 때문이지요. 나의 개인적인 철학 경력은 별로 데리다주의적이지 않았습니다. 내가 가장 흥미를 가진 철학서들은 전혀 아버지가 쓴 것들이 아니었습니다.

---

15) 데리다가 미셸 모노리에게 보낸 1992년 1월 4일 편지.

동생 장은 민족학을 공부한 뒤, 나보다는 더 철학을 연구했지만 역시 그의 분야도 데리다적인 해설과는 거의 거리가 멀었습니다. 그는 교수가 되지 않고 자기 자신의 연구 분야를 찾아 개인적인 연구, 특히 플로탱과 신플라톤주의를 계속해서 연구했습니다."[16]

이후 몇 년 동안, 피에르 알페리는 올리비에 카디오와 함께『르뷔 드 리테라튀르 제네랄』(Revue de littérature générale) 지를 창간했으며, P.O.L. 출판사에서 10여 권의 저서를 냈다. 그중에는『가족들의 영화』(Le cinéma des familles)도 있는데, 자전적인 내용을 많이 담은 소설로 데리다는 주변의 친지들에게 이 소설을 읽어 볼 것을 권하고는 했다. 하지만 데리다는 계속해서 큰아들의 직업이 걱정이 되었다. 피에르는 이렇게 이야기한다. "나는 온갖 종류의 자질구레한 일들을 했습니다. 서적상도 하고 출판사에서도 일했으며 샹송 가사를 쓰기도 했습니다. 바야르 출판사에서 출판한 성경을 여러 부분 번역할 때에는 단순히 쓰는 기쁨만이 아니었습니다. 내 주된 수입원이기도 했지요…. 아버지의 모델이 내 방향 설정에 역할을 했다면, 그것은 작가가 되고자 한 아버지의 욕망을 물려받았다는 점일 것입니다. 내 방식으로, 나는 아마도 아버지의 그 욕망을 이어 갔던 것 같습니다. 어느 날 저녁, 아버지는 내가 로돌프 뷔르제와 함께 이룬 성과였던 카르티에 재단에 왔습니다. 자막에 영상들이 비쳐지고 있었고 낭독과 음악이 흘러나오고 있었어요. 마침내 아버지는 내게로 다가와 축하를 해주면서 이렇게 말했습니다. '사실 우리는 어느 정도 같은 일을

---

16) 2010년, 장 데리다는 자신의 첫 작품『육체의 탄생: 플로티노스, 프로클로스, 다마수스』(La naissance du corps: Plotin, Proclus, Damascius)를 갈릴레 출판사에서 출간한다.

하고 있구나.' 아버지는 자신이 점점 더 예술가로서 철학을 하고 있다는 것을 알고 있었습니다. 아버지는 자주 학자보다는 작가, 화가, 또는 건축가에 더 가깝다고 느꼈습니다."[17]

그렇지만 데리다는 여전히 철학 교수들과 관계를 가져야 했다. 그러나 그것이 항상 즐거운 일만은 아니었다. 교육 내용의 고찰을 위한 위원회가 당시 교육부장관이던 리오넬 조스팽에 의해 1988년 말에 발족되었다. 피에르 부르디외와 프랑수아 그로가 위원장을 맡은 그 위원회의 주요 업무는 교육되는 지식들을 재검토하고 그 일관성을 강화하는 일이었다. 그 일환으로 철학과 인식론을 위한 위원회가 구성되었는데, 자크 부브레스와 자크 데리다가 공동 회장을 맡고, 위원들로는 자크 브륀슈빅, 장 동브르, 카트린 말라부, 장자크 로사가 위촉되었다. 데리다의 생각에, 그것은 1974년에 시작한 철학교육연구단체와 1980년대 초 국제철학학교의 연장 작업이었다. 하지만 그에게 아주 중요한 생각들을 실현시키기 위해서는 먼저 부브레스와 의견의 일치를 보아야 했다. 몇 년 전부터 부브레스는 기회 있을 때마다 데리다를 공격했기 때문이다. 국제철학학교에 대해서도 그는 모진 말을 했었다. 그럼에도 불구하고 두 사람은 개혁이 불가피하다는 점에 공감하여 함께 일하는 것을 수락했던 것이다. 날짜 미상의 한 메모에서 데리다는 그 위원회의 문제와 일에 대해 아주 직접적으로 언급한다.

---

17) 피에르 알페리와의 인터뷰.

문제와 일은 다음과 같다. 자크 부브레스와 나는 서로 모르는 것이 없다. 우리 두 사람과 위원회의 나머지 구성원들—동브르, 브륀슈빅, 말라부, 로사—사이에는 명백히 철학적 유사성이 없으며, 직업적 상황의 다양성은 고사하고라도 철학적 스타일과 실행과 방법과 주제에도 공통점이 없다. 이러한 다양성은 우리 집단을 지배하는 규범이기조차 했다. 우리 중 몇몇은 서로 웬만한 의견 대립에 대해서도 말할 수 있을 정도의 사이였다. 문제와 일은 따라서 이런 것이었다. 지금 우리는 공동으로 무엇을 원하는가? 논의의 지속과 지속적인 논의의 필요성을 제안하기 위해 우리는 무엇에 대해 의견 일치를 볼 수 있는가? 그렇다면 철학적인 작업은 무엇인가? 문제들을 확인하고 가설들을 세우고 논의를 시작하기 위해, 요컨대 논의의 원칙들에 동의하기 위해 이 나라의 가장 다양한 철학자와 시민들—우리는 최선을 다해 그들을 대표하기 위해 노력할 것이다—은 무엇에 합의할 수 있는가?[18]

카트린 말라부는 이렇게 확인해 주고 있다. "처음에 부브레스와 데리다는 서로 경계를 했습니다. 하지만 마침내 그들 사이에 일은 잘 되어 갔습니다. 그들은 문제에 대한 견해가 같아서 일련의 제안들에 대해 쉽게 의견의 일치를 보았어요. 어느 날 저녁, 그들은 자신들의 대립의 배경에 관해 이야기를 나눌 수 있는 정도까지 되었습니다. 비엔나학파와 비트겐슈타인의 저작은 몇몇 측면에서 해체와 유사한데, 왜 데리다는 전에 그에 대해 관심을 가지지 않았느냐는 것이었습니다. 그들은 이 어려운 프로젝

---

18) 데리다의 날짜 미상 노트, archives IMEC.

트가 끝날 때까지 좋은 관계를 유지했어요."[19]

　그들이 주재한 위원회의 제안들 중에는 철학 수업 커리큘럼에 명확히 규정된 일련의 문제들을 기재하자는 것도 있었다. 시험 문제의 예상 방향을 명확히 밝힌 이런 방법은 너무도 많은 대학입학자격시험 응시자들의 보잘것없는 성적과, 그 응시자들 중 많은 학생들에게 그 과목이 불러일으키는 두려움을 치유해 주었다. "오늘날 대다수의 '대입시험' 답안지가 최소한의 철학적 요구를 충족시키지 못하는 것은, 주로 학생들이 온갖 종류의 문제를 예상해야 해서 오히려 아무것도 준비할 수 없기 때문이며, 일반적으로 그들에게 주어진 문제들과 관련된 기초적인 지식과 그 문제들에 대한 가장 기초적인 숙지의 부족으로 무엇을 묻고 있는지를 알지 못하며, 요컨대 그에 답하기 위한 이론적인 도구를 가지고 있지 못하기 때문이다."[20]

　이 제안들은 아무리 온건할지라도 격렬한 논쟁을 불러일으켰다. 이 보고서에 반대하는 청원서에는 1,200명이 서명을 했다. 1990년 10월 18일, 유난히 시끌시끌한 토론회가 데카르트 가 포앵카레 강의실에서 열렸다. 참석한 교수들은 아주 위협적인 공격을 그 보고서에뿐만 아니라 데리다에게까지 가했다. 카트린 말라부는 그 힘들었던 순간을 이렇게 기억하고 있다. "프랑스철학회와 프랑스철학교수협회는 그 보고서에 대해 가장 심하게 비방했습니다. 그 결과 마침내 그 계획은 보류되었지요. 자크는 교육부 감독국에 자신의 적이 많다는 것을 알고 있었습니다. 하지만 그는

19) 카트린 말라부와의 인터뷰.
20) 철학교육 위원회의 보고에 대한 서평, 1990. http://www.acireph.org/cote_philo_1_chomienne_reforme_programmes_128.htm.

왜 철학교사들이 논술을 상대화는 것과 중학교 과정으로까지 철학 수업을 확대하는 것에 대한 검토를 거부하는지 이해할 수가 없었습니다. 일반 당원들로부터 버림받은 노동조합원으로, 그는 자신을 전혀 지지하지 않는 사람들과 싸웠던 거죠. 이 보고서 이후, 그는 역겨움을 느껴서 그런 일은 결코 맡지 않겠다고 결심했습니다."[21] 자크 부브레스 역시 완전히 실망하여 그 일에서 빠져나왔다. "내용적으로 볼 때, 나는 우리의 제안들이 전적으로 합리적이었다는 생각을 버릴 수 없어요. 데리다는 죽기 얼마 전한 텔레비전 방송에서 철학교사 동업조합이 사실은 매우 반동적이었다는 것을 체념하고 시인할 필요가 있다고 말했어요. 그 말로 그가 분명히 치러야 할 대가에 대해 쉽게 상상이 가지요."[22]

마찬가지로 또 다른 한 차례의 힘든 위기가 데리다에게 찾아왔다. 몇 개월 전, 국제철학학교의 제안으로 '철학자들과 함께하는 라캉'을 주제로 1990년 5월 유네스코에서 개최될 콜로키엄을 준비하고 있던 때였다. 논쟁은 알랭 바디우가 촉발했는데, 라캉 이후 데리다의 위치에 관한 것이었다. 1989년 12월 12일, 르네 마조르에게 보낸 편지에서 바디우는 그에게 자신의 발표 논문인 '라캉 이후. 데리다적인 정신분석이 있는가?'의 제목을 변경해 줄 것을 요구했다. "콜로키엄장 곳곳에서 언급되는 살아 있는 유일한 철학자"인 데리다의 이름이 제목 속에까지 들어 있는 것은 모든

---

21) 카트린 말라부와의 인터뷰.
22) Jacques Bouveresse, "Défendre la vérité désarmée", interview with Evelyne Rognon and Régine Tassi, *Nouveaux Regards, Revue de l'Institut de recherches de la FSU*, no. 34, July–September 2006, pp. 71~74.

발표의 "의미를 퇴색시킬 수" 있을 것 같다는 이유에서였다.[23] 마조르와 데리다는 검열에 속하는 것과 다름없는 그런 요구에 깊은 상처를 입었다.

사태는 곧 악화되었다. 여러 협력자들이 논란을 빚고 있는 그 제목을 바꾸지 않으면 조직위원회 자리를 그만두겠다고 위협했다. 그해에 국제 철학학교 교장이었던 필립 라쿠라바르트는 자신과 정치적으로 아주 가깝다고 느끼는 알랭 바디우가 함께 있어 주기를 바랐다. 마침내 타협점이 도출되었다. 마조르가 그의 제목 두 번째 부분인 '데리다적인 정신분석이 있는가?'를 간단한 대쉬로 바꾸는 제안을 수용했던 것이다. 그는 이 특이한 삭제를 언급하는 것으로부터 자신의 발표를 시작했다.

콜로키엄은 1990년 5월 24일에서 27일까지 유네스코 대강당에서 열렸는데, 굉장한 성공을 거두었다. 폐회 강연은 데리다에게 맡겨졌다. '라캉의 사랑을 위하여'라는 제목으로 그는 한편으로는 빈정거리는 태도로, 다른 한편으로는 감탄 어린 태도로, 그와 『에크리』의 저자와의 관계를 이야기했다. "그런데 만일 내가 지금 '보세요, 라캉과 나는 매우 사랑했던 것 같습니다…'라고 말한다면, 거의 확신컨대 여기 참석한 많은 분들이 이 말을 믿지 않을 것입니다. 그렇기에 나는 아직 내가 그렇게 말을 해야 할지 말아야 할지 확신이 서지 않습니다."[24] 라캉이 죽은 지 거의 10년이 흘렀는데도, 이후의 지배적인 이데올로기 상황은 데리다로 하여금 라캉과 더 가깝게 느껴지게 만들었다.

---

23) 이 편지는 콜로키엄 발표 논문집 『철학자들과 함께하는 라캉』(*Lacan avec les philosophes*, Albin Michel, 1992) p. 425에 수록되어 있다.

24) Jacques Derrida, *Résistances de la psychanalyse*, Galilée, 1996, p. 60.

철학에 관해서는 정신분석학에 관해서든, 아니면 일반적인 이론에 관해서든 현재 진행 중인 김 빠진 복원이 은폐하고 부인하고 검열하려고 하는 것은, 최근 수십 년 동안 사상의 공간을 변화시킬 수 있었던 것 중 그 어느 것도 라캉을 가지고 어떻게 설명하지 않고는, 라캉적 도발 없이는—그 도발을 받아들이든 아니면 그것에 대해 토론을 하든—가능하지 않았으리라는 사실입니다.[25]

발표에서 데리다는 이름을 거론하지 않고, 최근에 줄리아 크리스테바가 쓴 『사무라이들』(*Les samouraïs*)이라는 제목의 모델소설을 암시했다. 그 소설에서 라캉은 로죙(Lauzun)이 되고, 데리다는 사이다(Saïda)가 되었다. 두 사람 다 "수출하기에는 좋게 변조된 물건들"로 묘사되는데, 데리다는 보다 더 심한 빈정거림의 대상이 되었다. 정면으로 공격이 가해졌다. 그 모델소설의 기법이 그 공격을 훨씬 더 모욕적으로 만들었다.

사이다는 용기를 얻어 시간을 탈취하기 위해 메(Mai)를 이용했다. 조이스의 『피네간의 경야』와 하이데거에게서 영감을 얻은 그의 성찰은 철학자들의 신경을 자극하고 문과 교수들을 입 다물게 만들었다. 그렇다고 그 두 '동업조합'이 자신들의 초월적인 우둔함에 직면하지 않는 것은 아니었다. 모두가 입을 굳게 다물고 있었다. 아무도 매혹되지 않았다. 미사는 거의 세 시간이나 지속되었다. 때로는 2회에 걸쳐 세 시간의 두 배인 여섯 시간이나 지속되었다. 미사가 끝나고 출구에서 생존자를 세어 보

---

25) *Ibid.*, p. 64.

았다. 그 생존자들은 'condestruction'(건조/파괴) 이론의 팬이 되었다. 파괴 없이는 절대로 건조하지 말아야 한다는 것을 가르치기 위한 합성어인 것이다. 거의 다듬어지지 않은 그 개념은 프랑스어로 들리지 않았다. 그것은 솔직히 외국인이 말하는 프랑스어로 보이기까지 했다. […] 'condestruction'은 정확히 무엇을 뜻하는 것이었는가? 글쎄, 예전에 소심했던 사이다는 각 단어를 미세한 요소들로 분해시켜, 그 낱알들로 유연한 고무 줄기들을 키웠다. 바로 그 고무 줄기로 그는 자신의 꿈과, 좀 무거워 다루기 힘들지만 이해할 수 없는 만큼 더욱더 깊이 있는 자신만의 문학을 짰다. 이것이 바로 그가 영적 지도자로서의 평판을 얻은 방법이었다. 그 평판은 사이다에 대한 애정과 내인성(內因性) 불만에 의해 미국과 그곳의 페미니스트들 등 모든 'condestruction 주의자들'의 마음을 사로잡게 되었다.[26]

그 콜로키엄이 끝나고 몇 주가 지나 두 번째 위기가 닥쳤다. 바디우는 마조르와 데리다가 그들의 발표에서 바디우 자신이 야기했던 그 논란에 대해 여러 번 언급을 한 것을 두고 노발대발했다. 데리다에게 너무 많은 특전이 주어짐으로써 발표논문집의 평형이 깨질 것 같은 느낌이 들어 그는 자신의 글을 빼고 싶었다. 다시 필립 라쿠라바르트의 중재가 있은 뒤 1990년 8월 10일 당사자들이 모두 모였다. 다시 한 번 화해가 이루어

---

26) Julia Kristeva, *Les samouraïs*, Fayard, 1990. 나는 폴리오(Folio)판(p. 145)에서 인용했다. 데리다는 『정신분석의 저항들』에서 이 작품에 대해 언급하며(Derrida, *Résistances de la psychanalyse*, p. 68), 크리스테바의 공격을 결코 잊지 못했다. 해서 1997년 크리스테바의 화해 시도에 대해서도 일언지하에 거절했다.

졌다. 바디우는 논란과 관련된 편지와 자료 전체를 논문집의 부록으로 싣는다는 조건으로, 자신의 글을 그대로 싣는 것을 수용했던 것이다.

이 일은 라쿠라바르트와 데리다 사이에 일시적인 것 이상의 불화가 발생하지 않았다면 단순한 해프닝에 그쳤을 것이다. 논란의 주역들을 다 잘 알고 있었던 필립 벡에 따르면 상황은 다음과 같았다. "바디우는 당시 고립되어 있었어요. 그는 그때 동맹관계를 맺을 필요가 있어서 라쿠와 많이 가까워졌지요. 둘 다 하이데거에 대해 비판적이었기 때문입니다. 그렇지만 몇 가지 중요한 점에서 바디우를 비판하고 있었던 라쿠는 데리다의 끈기 있고 주의 깊은 해체와 바디우의 논쟁적이고 철학적인 행위 사이에서 몹시 마음 아파하고 있었어요. 해서 그는 르네 마조르보다는 바디우와 더 연대하는 쪽을 택했어요. 하지만 데리다는 그 결정을 용납하지 않았죠. 그러나 라쿠에게 적어도 그 시기에는 시학의 중심에 있는 정치적 비평의 탁월함이 있었습니다. 후에 바디우와 라쿠가 가까워진 사실은 분명 그 사건을 의혹의 눈초리로 바라볼 만도 했습니다."[27]

그러나 이 일은 물론 촉발제일 뿐이었다. 다른 많은 요인들이 20년 전부터 깊은 우정으로 맺어진 라쿠라바르트와 데리다 사이에 위기를 잉태시키고 있었다. 『정치적인 것의 허구』에서부터 필립은 하이데거에 대해 일종의 분노를 느꼈다. 그는 데리다에게 그 분노를 분명히 말하지는 않지만 하이데거를 충분히 비난하지 않았던 것을 불만스러워했다. 드 만 사건도 마찬가지로 그를 분노케 했던 것 같다. 유대성(judéité)의 문제는 실제로 사상가들 사이의 긴장의 인화점이었다. 필립 라쿠라바르트는 유

---

27) 필립 벡과의 인터뷰.

대인은 아니었지만 해가 갈수록 점점 더 친유대파가 되었다. 그는 거의 사라 코프만만큼이나 자신의 살 속에 홀로코스트의 트라우마를 겪는 것 같은 느낌이 들었다.[28] 데리다 쪽에서는 아우슈비츠를 맹목적으로 아주 기이한 것으로 만드는 데 반대했다. 1990년 3월 11일, 국제철학학교의 토론에서 그는 10년 전 스리지 콜로키움에서 장프랑수아 리오타르의 발표 뒤에 가진 토론을 다시 언급하며 자신의 입장을 환기시키고 명확히 했다.

내가 […] 아우슈비츠의 홀로코스트, 민족말살, 집단학살에만 집중하는 모든 사고방식에 대해 두려움을 말했을 때, 그것은 아우슈비츠를 상대화하기 위한 것이 아니었습니다. 이미 홀로코스트는 그저 아우슈비츠만이 아닙니다. 그것은 단지 아우슈비츠와 유럽의 집단학살을 상대화하기 위한 것이 아니었습니다. 그것은 무한한 존경과 기억, 그리고 그 집단학살이 우리에게 야기할 수 있는 끝없는 고통과 함께 적어도 그로부터 다른 집단학살들이 일어났고 일어나며 일어날 수 있다는 교훈을 얻기 위한 것이었습니다. 그런데 바로 거기에도 역시 '우리'의 문제가 열려 있습니다. 그런데 만일 그 문제를 닫아 버린다면, 만일 거기에서 그물코를 닫아 버린다면, 그것은 내가 그 이유를 자세히 말할 필요도 없이 아주 위험할 것입니다. 그뿐입니다. 그것은 전혀 아우슈비츠를 상대화하거나 부차적으로 만들기 위한 목적이 아니었습니다 […]. 전혀 그렇지 않습니다. 아니 그 반대입니다. 나는 나치하에서의 유대인들의 순교에 대한 경의가 당시 모든 가능한 순교에 관심을 집중시키지 못하게 만든다고 생

---

28) 아비탈 로넬, 장뤽 낭시와의 인터뷰.

각합니다.[29]

하지만 철학적인 또는 정치적인 모든 문제를 넘어 개인적인 요인들이 데리다와 라쿠라바르트의 불화에 결정적인 역할을 했다. 데리다는 라쿠라바르트의 자기 파괴적인 측면을 받아들이기가 어려웠다. 점점 더 호흡이 어려워짐에도 불구하고, 그는 아침부터 저녁까지 줄곧 담배를 피워 때로는 곧 죽어 가는 사람 같은 느낌을 주기도 했다. 알코올 문제가 훨씬 더 위급해졌다. 장뤽 낭시는 그 점에 대해 이렇게 우울하게 이야기한다. "필립은 술을 마시기 시작했는데 우리는 알지 못했습니다. 그는 우리 몰래 특히 백포도주와 위스키를 마셔 댔습니다. 그에게 알코올 중독은 점점 더 심해지고 분명해졌으며, 그의 기질에 큰 영향을 미쳤습니다. 그 어떤 것도 누구도 그를 도울 수 없었습니다."[30]

데리다와 라쿠라바르트가 멀어지는 것을 그들의 친구들은 속수무책으로 바라보고 있을 수밖에 없었다. 새뮤얼 베버는 이렇게 기억한다. "조금씩 그들의 관계가 멀어지더니 충돌이 더 자주 일어났습니다. 그렇지만 그들 사이에는 닮은 점이 많이 있었어요. 필립은 장뤽보다 더 시인이고 예술가였으며, 장뤽은 더 철학자이고 진지했습니다. 그러나 필립은 또 더 비극적이고 우울했습니다. 어쩌면 그는 데리다의 불안감을 너무 자극했던 것 같습니다."[31] 필립 벡은 이렇게 말하고 있다. "데리다는 학대 받

---

29) "Autour de *Mémoires pour Paul de Man*", *Les PAPIERS du Collège International de Philosophie*, no, 11, 1990. https://www.ciph.org/IMG/pdf/papiers11.pdf.
30) 장뤽 낭시와의 인터뷰.
31) 새뮤얼 베버와의 인터뷰.

은 지중해 사람이었습니다. 라쿠라바르트는 엄격함과 정치적 완고함, 시적인 점 등 데리다를 매료시킨 많은 장점이 있었죠. 라쿠의 실제 꿈은 아마 문학 영역이었던 것 같습니다. 바디우의 표현을 빌리면, 그는 데리다가 '산문을 발견했다'고 생각해서, 자신은 횔덜린과 첼란 식의 시를 발명하고 싶어 했어요. 물론 정치적인 의미를 가진 꿈이었습니다."[32]

필립 라쿠라바르트와의 사이가 멀어질 때 데리다는 장뤽 낭시와 가까워졌다. 낭시는 오래 전부터 심장병을 앓고 있었지만 그에 전혀 개의치 않고자 했다. 1989년 여름 큰 고비를 겪고 나서야 그는 마침내 자신의 상태의 심각성을 의식하게 되었다. 건강에 신경 쓰는 일이 익숙하지 않은 데리다는 자신의 친구에게는 건강에 신경을 써야 한다고 신신당부했다. "휴식을 취하게. 여행하면서 너무 일하지 말게. 나를 위해서라도. 샤를그라 가의 그 조용한 분위기 속에서 평화롭게 글을 쓰게, 우리에게는 그럴 필요가 있네…."[33] 자주 그는 낭시에게 그의 사유와 글과 우정이 자기에게 얼마나 중요한지 말하곤 했다. "나처럼 자네의 심장에 주의를 기울여야 하네. 걸어야 해. 담배도 끊고. 끊을 수 없으면 줄여야 하네. 여유를 가지게, 많은 시간을 자네 자신에게 할애하게, 많은 시간을…."[34]

1990년 7월 19일, 낭시는 데리다에게 곧 심장 수술을 받아야 할 거라고 말한다. 손을 쓰지 않으면 6~7개월밖에 살지 못할 거라고 덧붙였다. 장뤽 낭시는 이렇게 이야기한다. "건강에 신경을 쓰는 동시에 심장이 하

---

32) 필립 백과의 인터뷰.
33) 데리다가 장뤽 낭시에게 보낸 날짜 미상 엽서(1989년).
34) 데리다가 장뤽 낭시에게 보낸 1990년 7월 9일 편지.

나 준비되면 이식 수술을 받아야 해서 나는 스트라스부르를 떠나지 못했습니다. 자크는 특별히 여기까지 와서 나를 보고 갔는데, 아주 기뻤지만 상당히 두려웠습니다. 두말할 것도 없이 이식 수술을 위한 기다림은 우리를 더 가까워지게 했습니다. 그는 내게 줄곧 전화를 했어요. 정말 감동했으며, 나의 모든 친지들에게 깊은 인상을 남겼습니다. 나는 자크에게 이렇게 농담을 했습니다. '어쨌든 난 최고의 데리다주의자야. 자네의 이식의 개념을 나는 문자 그대로 받아들였으니까.'"[35] 알렉산더 뒤트만은 수술을 기다리는 그 고통스런 시기에 데리다가 그의 친구에 대해 얼마나 마음을 썼는지를 확인시켜 준다. "그가 심장 이식을 받기 얼마 전 데리다는 내게 이렇게 말했습니다. '장뤽 낭시에 대해 말해야 해요. 그 사람의 저작을 더 조명할 필요가 있어요.' 그는 페기 카무프에게 낭시를 위해 『패러그래프』(Paragraph) 지 특집호를 내 줄 것을 제안했습니다. 그러고는 「접촉」(Le toucher)이라는 긴 글을 썼습니다. 이 글은 나중에 다시 단행본으로 출판이 되었어요. 다른 누구보다도 그는 장뤽 낭시를 자신의 후계자로 택했던 것 같습니다. 왜냐하면 그는 모방적이지 않았으며, 그의 사상은 데리다에 근접한 동시에, 기독교적인 접근을 시도하여 독특한 점을 가지고 있었기 때문입니다."[36]

1991년 봄, 자크는 몇 주 동안 캘리포니아에 체류했는데, 장뤽 낭시로부터 이식 수술을 한다는 소식이 날아왔다. 자신의 가장 친한 친구가 된 사람과 그토록 멀리 있다는 데에 당황하여 데리다는 충동적으로 이렇

---

35) 장뤽 낭시와의 인터뷰. 그의 책 『불청객』(L'intrus, Galilée, 2000)도 참고할 수 있다. 심장 이식 수술에 대한 훌륭한 성찰을 볼 수 있다.
36) 알렉산더 가르시아 뒤트만과의 인터뷰.

게 그에게 답장을 보냈다. "걱정 말게. 자네와 함께 깨어나 있을 테니."[37] 수술은 성공적이었다. 그 뒤 몇 년 동안, 장뤽 낭시는 심장 이식을 받은 어떤 사람보다 더 활동적인 삶을 살았다.

1990년 가을, 데리다는 커다란 슬픔에 마주해야 했다. 1990년 10월 22일, 루이 알튀세르가 이블린의 라 베리에르 병원에서 숨을 거두었던 것이다. 두 사람은 다른 사람은 알지 못하는 복잡한 관계를 거의 40년 동안 이어 왔다. 작은 비로플레 공동묘지에 그를 안장할 때 마지막까지 곁을 지킨 그의 친구들 앞에서 발언을 해야 하는 것은 데리다의 의무였다. 그는 자신과 알튀세르를 서로 헤어지게 하고 때로는 대립시키기도 했던 것을 숨기려 하지 않으면서도, 그 관계가 자신에게는 얼마나 소중한 것이었는지에 대해 이렇게 말한다.

물론 지금도 내 눈에 가장 생생하게, 가장 가깝고 소중하게 남아 어른거리는 것은 훤칠한 이마를 가진 루이의 그 잘생긴 얼굴, 그의 미소, 평화로웠던 시절 — 그런 시절이 있었습니다. 있었어요, 여기 계시는 여러분 모두가 알고 있듯이 말입니다 — 그리고 그에게서 넘쳐 흐른 선량함과 사랑의 요구와 또 사랑을 주는 재능 등입니다.[38]

5년 전, 알튀세르는 클로드 사로트가 그를 이세이 사가와라는 식인

---

37) Jacques Derrida, *Le toucher, Jean-Luc Nancy*, Galilée, 2000, p. 135.
38) Jacques Derrida, "Louis Althusser", *Chaque fois unique, la fin du monde*, Galilée, 2003, pp. 148~149.

일본인에 비유하면서 『르 몽드』지에 게재한 짤막한 기사에 크게 상처를 받았다. 그 일본인은 젊은 네덜란드 여인을 죽인 뒤 인육을 먹었는데, 치매에 걸렸다는 이유로 불기소 처분을 받았었다. 알튀세르가 죽은 것은 자신의 전기 『미래는 오래 지속된다』(*L'avenir dure longtemps*)를 쓰기 시작한 지 얼마 안 되어서였다. 자서전 초반에서 그는 자신이 받은 "불기소 처분의 모호한 효과"에 대해 언급한다. "왜냐하면 나는 바로 그 불기소의 묘석, 침묵과 공공연한 죽음의 묘석 아래에서 생존하면서 살아가는 법을 배워야 했기 때문이다."[39] 그가 택한 자서전의 제목은 예언적인 모습을 드러냈다. 그가 사망한 뒤인 1992년에 출판된 그 자서전은 굉장한 호응을 받았기 때문이다. 그 후 몇 년 동안 이어진 알튀세르의 여러 미출간 저작들의 출판은 그의 저작들과 그의 생애에 대한 완전한 재평가를 야기했다. 거의 임상적인 동시에 자기 분석 실험 자료인 『미래는 오래 지속된다』는 여기저기 산발적으로 "데리다라는 거인", "최고의 급진주의자", "우리 시대의 유일한, 앞으로 오랫동안 나오지 않을 위인"에게 사후의 특별한 경의 또한 표했다.

---

39) Louis Althusser, *L'avenir dure longtemps*, Stock-IMEC, 1992. 나는 1994년 출간된 '르 리브르 드 포슈'(Le Livre de poche)판에서 인용했다(p.23).

4장_예순 살 철학자의 초상

1992년, 자크 데리다는 오스발도 무노즈와 인터뷰를 가졌는데, 전통적인 '프루스트의 질문서'에 답변하는 것으로 끝을 맺었다. 이 인터뷰는 『엘 파이스』지에 게재될 예정이었는데 결국 실리지 않았다. 아마도 데리다가 자기 자신을 좀 지나치게 드러냈다고 판단했던 것 같다.

당신에게 가장 비참한 것은 무엇인가? 기억을 잃는 것.

당신은 어디에서 살고 싶은가? 내가 늘 돌아올 수 있는 곳, 다시 말해 늘 떠날 수 있는 곳.

당신은 어떤 잘못에 가장 관대함을 보이는가? 지키지 않아도 되는 비밀을 지키는 것.

당신이 좋아하는 소설 인물은? 바틀비.

현실에서 당신이 좋아하는 여주인공은? 비밀로 하겠습니다.

당신은 남성의 어떤 장점을 좋아하는가? 두려움을 고백할 줄 아는 것.

당신은 여성의 어떤 장점을 좋아하는가? 사고(思考).

당신이 좋아하는 미덕은? 신의.

당신이 좋아하는 일은? 듣는 것.

당신이 되고 싶은 사람은? 나를 조금 기억해 줄 타인.

나의 성격의 중요한 특징은? 상당한 경솔함.

나의 행복에 대한 꿈은? 계속해서 꿈을 꾸는 것.

나의 가장 큰 불행은? 사랑하는 사람들을 먼저 보내는 것.

내가 되고 싶은 것은? 시인.

내가 가장 싫어하는 것은? 자기만족과 저속함.

내가 가장 찬미하는 개혁은? 성차별과 관련된 것.

내가 갖고 싶은 타고난 선물은? 음악적 재능.

나는 어떻게 죽고 싶은가? 아주 갑작스럽게.

나의 좌우명은? '좋아'라고 말하기를 더 좋아하기.[1]

신념, 아포리아, 불안, 소망, 흠, 모든 자리를 차지하려는 의지, 시, 기억, 비밀 등 어떤 의미에서는 모든 것이 거기에 있다.

데리다의 아들 피에르는 이렇게 설명한다. "아버지는 항상 과부하의 삶을 살았습니다. 너무도 많은 학회 참석과 여행, 너무도 많은 참여와 책무, 너무도 많은 글과 책의 집필. 그는 통주저음(通奏底音)처럼 자신의 과다한 활동에 대해 거의 매일 불평을 했습니다. 동시에 그는 왕성한 활동을 달게 받아들이면서 일에 적극적으로 나섰습니다. 그는 대처를 해야

---

1) 데리다의 미출간 인터뷰, archives IMEC.

했습니다. 그것도 대체로 긴급하게 말입니다."[2] 멜빌의 바틀비와 그의 유명한 '그렇게 안 하고 싶다'(I would prefer not to)와는 반대로, 데리다는 '좋아'라고 말하기를 더 좋아하는(préférer) 사람이었다. 그는 그것이 자신의 한 삶의 방식, 한 존재 양식이 되게 했다. 해가 거듭될수록 실천해야 할 계획들, 답장을 해야 할 편지들, 예정된 여행들이 더 많아졌다. 그의 활동을 처음부터 끝까지 지켜본 몇 안 되는 사람 중 한 명인 미셸 드기는 이렇게 쓰고 있다. "그는 '넘친다'. 남이 보기에는 '지나침'인데 그에게는 '적당함'이다. 그런데 무엇에 대한 지나침인가? 예를 들면 지나치게 오래하는 것이 그것이다. 자크 데리다가 '참가'했다는 사실이 알려지면 친구들은 서로를 바라보며 웃기 시작하는데, 그 웃음은 '이번에는 얼마나 오래 이야기할까?'라는 질문의 암시였던 것이다. 얼마나 오래 이야기를 할지는 아무도 알지 못했다. 그가 간단히 말할 거라고 말하면 아마 두세 시간은 걸리리라고 확신하는 게 더 나을 것이다…"[3]

데리다의 '극단적이고 비타협적인' 성격은 그의 인간관계에서도, 그의 분노나 열광에서도 마찬가지였다. 그의 친절, 그의 개방성, 그의 우호적인 경청은 종종 느닷없이 격한 노여움으로 돌아서 버리기도 했다. '총애'를 잃고 적이 되어 버리는 데는 단 한 번의 불화나 단 한 번의 무례함만으로 족했다. 그의 아들 장은 이렇게 말한다. "아버지는 아주 쉽게 마음에 상처를 느꼈습니다. 어떤 상처들은 아주 작은 일로도 충분했어요. 누군가가 글에서 언짢게 하거나 공격을 하면, 아버지는 항상 그것을 기억하

---

2) 피에르 알페리와의 인터뷰.
3) Michel deguy, "Pour Jacques Derrida", éds. Marie-Louise Mallet and Ginette Michaud, *Derrida, Cahier de L'Herne*, L'Herne, 2004, p. 78.

고 있었습니다."[4] 클레르 낭시는 이렇게 증언한다. "상처받기 쉬워 불안해하는 데리다는 때로 세상을 축구장처럼 보았습니다. 어느 날, 그는 내게 일종의 세계지도를 묘사하듯 말했어요. 사람들이 그를 알지 못하는 나라들, 그의 적들이 지배하는 나라들, 마지막으로 그를 아직 알지 못하는 나라들같이 말입니다."[5]

공격자인 동시에 방어자인 활동 영역에서의 데리다의 그런 군림은 그를 신중하고 경계하며, 심지어는 조금은 피해망상적으로 만들었다. 성공들이야 어떻든 간에 그가 느끼는 것은 위협뿐이었다. 게다가 그는 이미 대가가 되었을 때조차도 자신을 여러 번, 특히 기관들에 의해 피해를 본 사람으로 생각했다. 베르나르 스티글러는 "그의 태도에는 어린애 같은 면과 무한한 사랑을 요구하는 측면이 있었다"라고 인정한다. 그렇지만 자기가 사랑을 받고 있다는 것을 느끼고 싶은 그 변함없는 욕구는 전혀 일방적인 것이 아니었다. 데리다 역시 굉장히 다정다감했고 대단히 관대했다. 그는 자신이 친교하는 사람들과 그들의 삶, 그들의 친지들의 삶에 주의를 기울였다. 아무리 바빠도 그는 편지나 전화로 모두의 소식을 접하면서 진정한 공감을 보여 주었다. 그는 그들의 시련에는 진정으로 가슴 아파했으며, 그들의 즐거움에는 함께 즐거워할 줄 알았다. 앨런 배스가 몇 달 되지 않은 그녀의 어린 딸 사진을 보여 주자, 데리다는 감탄을 하면서 "즐기세요. 너무 빨리 지나가 버리니까요"라고 말했다. 그 자신도 자기가 보기에 아이들이 너무 빨리 집에서 멀어져 가는 것을 보고 고통스러

---

4) 장 데리다와의 인터뷰.
5) 클레르 낭시와의 인터뷰.

위했다.

　새뮤얼 베버나 데리다의 조카딸 마르틴 메켈 같은 많은 친지들은 데리다의 폭소 또한 기억한다. 몇몇 글에서 그가 말하는 것과는 반대로 데리다는 이야기하는 것을 매우 좋아했는데, 특히 유대인들의 농담 같은 말들은 너무도 웃겨서 자주 폭소를 멈출 수가 없을 정도였다. 새뮤얼 베버는 이렇게 말한다. "웃음은 그에게는 아포리아의 또 다른 버전 같았습니다. 웃음은 우울과 함께 그의 개성의 중요한 측면이었습니다. 나는 그가 좋아했던 것으로 내게는 그의 불안을 잘 드러내 보여 주는 것 같았던 이야기 하나를 기억합니다. 이런 이야기였어요. 한 남자가 의사를 찾아가 여러 검사를 받았어요. 며칠 뒤, 그가 다시 오자 의사는 그에게 이렇게 말했답니다. '안심하세요. 별일 없으니까요. 아주 건강합니다…. 몇 가지 자질구레한 테스트만 더 해보면 될 것 같습니다….' '아, 그래요' 하고 환자가 말했어요. '그러면 언제 오면 되죠?' '글쎄요, 내일 아침 정도, 새벽에 말입니다.' 그렇게 말해 놓고 데리다는 많이 웃었습니다. 그것은 그의 죽음에 대한 불안의 익살스러운 버전이었지요."[6]

　그러나 데리다의 명성과 권위가 커 감에 따라 그런 폭소의 취미도 함부로 즐기기가 쉽지 않게 되었다. 대중들 앞에서 데리다는 자신이 불러일으키는 기대에 부응하기 위해 더 진지함을 보였다. 사적인 공간에서 그의 성격은 침울했다. 엘리자베스 루디네스코는 마치 일어나는 모든 일에 대해 책임감을 느끼듯 죄의식을 느끼는 그의 믿을 수 없는 경향에 놀라워했다. "죽기 보름 전 어느 날, 베르나르 피보가 '아포스트로프' 방송에서 제

---

6) 새뮤얼 베버와의 인터뷰.

시한 질문서를 떠올리면서 그는 내게 이렇게 말했어요. '베드로 앞에 서면 나는 이런 말을 할 것입니다. 용서를 빕니다. 풍경이 아름답네요' 라고요. 기억해 주세요, 이 말을."[7] 데리다는 갈수록 흐르는 시간에 사로잡혔으며, 죽음에 대한 생각이 더욱 머리에서 떠나지 않았다. 그는 자신에게 너무도 잘 맞는 전미래를 사용하면서 "인생은 너무 짧을 것 같아요"라고 되풀이하여 말했다. 그는 뭔가를 끊임없이 화급하게 만들어 내야 하고 계획을 세워야 하고 흔적을 남겨야 했다. 때로 지나치게 많은 것을 출판한다며 나무라는 클레르 낭시 같은 사람들에게 그는 이렇게 답변했다. "안 그럴 수가 없는걸요. 죽음과 싸우는 내 나름의 방식이니까요."

죽음에 대한 생각이 그를 떠나지 않았지만 데리다는 여러 면에서 삶을 충실히 사는 사람이었다. 장뤽 낭시는 얼마나 "자크가 강한 의지와 매력을 가졌으며, 사람의 마음을 사로잡는 사람이었는지"에 대해 역설했다. "단지 위대한 입상 같은 존재로서가 아니라 온화하고 불안해하는 감수성으로, 깨어 있는 주의력으로, 남에 대한 배려와 조심성의 혼합으로 말입니다. '존재'를 그토록 해체한 그였지만 넘칠 듯이 존재했습니다."[8]

경의를 표하는 한 아름다운 글인 「우리 속의 주피터」에서 드니 캉부슈네 역시 책을 통해서만 데리다를 아는 사람들을 놀라게 하는 중요하고 분명한 그 신체적인 인상을 이렇게 묘사했다.

---

7) Elisabeth Roudinesco, "Jacques Derrida: l'exercice des médias lui a été profitable", *L'Humanité Dimanche*, 16 January 2005.
8) 장뤽 낭시와의 인터뷰.

데리다는 놀라운 몸이었다. 용모와 목소리, 피부, 눈빛, 머리카락, 어깨, 몸짓들. [⋯] 그 몸은 사람들에게 강렬하고 독특하게 작용했다. [⋯] 데리다의 말을 듣는 것, 그와 함께 이야기하는 것은 능변이나 그의 어떤 응답과 마주치는 것이 아니라, 해독과 지시와 같은 여러 완벽한 능력의 관점에서 주피터 같은 총명(그 의미를 가진 그리스 단어가 뭔지는 잘 모르겠다)과 마주치는 것이다. 천둥치는 듯한 위엄을 가진 과시적인 주피터가 아니라, 탁월한 학식과 자신의 의지에 대한 정확한 의식, 활기찬 욕망, 순박한 애정, 피로의 무시, 늘 깨어 있는 상상력, 결코 멀어지지 않는 고뇌, 그리고 주장에 대해서는 병이 날 정도로까지 행하는 성찰을 겸비한 내면적인 주피터인 것이다.[9]

학생이었을 때 데리다는 자기가 허약하다고 생각하여 '식이요법'을 했다. 이후로, 그의 건강은 아주 좋아졌지만, 건강염려증이나 아주 조그만 위험 징후에도 불안에 사로잡히는 증상은 여전했다. 그는 자전거 경주자나 마라톤 선수들처럼 분당 50 이하의 심장박동수를 가지고 있었는데, 이처럼 그의 육체적인 능력과 회복 능력은 아주 뛰어났다. 그는 음식에 주의했으며, 포도주도 별로 좋아하지 않았다. 그렇다고 그 분야에 대한 그의 친구 르네 마조르의 해박한 지식에 놀라지 않는 것은 아니었다. 콜레아 학교 시절부터 그는 담배를 포기하고 작은 여송연을 피웠다. 아들 장의 압력으로 마침내 그는 그것을 포기하고 파이프 담배를 피우기 시작

---

9) Denis Kambouchner, "Jupiter parmi nous", *Rue Desacartes*, no.48, PUF, 2005, pp. 95~98.

했다. 담배 피우는 것을 자주 잊었지만, 그는 파이프를 물고 있을 때 누가 사진을 찍으면 쾌히 응해 주었다. 사실 그는 술과 담배를 많이 절제했는데, 건강에 대한 끊임없는 염려가 그 원인이기도 했다. 그는 많은 계획과 써야 할 책이 있어서 아주 나이 들어서까지 살고 싶었다.

장뤽 낭시는 대서양 횡단 여행을 하는 동안 데리다의 정력에 항상 놀랐다. 시차도 잊고 간단한 휴식을 취한 뒤 그는 긴 강연을 하고 토론에 참여하고 인터뷰에 응하고, 거의 빠짐없이 이어지는 리셉션에서 잘해 나갔다. 국제철학학교의 일로 멕시코에 여행하는 동안 데리다는 낭시에게 이렇게 고백했다. "도착할 땐 정말 녹초가 되었네. 공항에 마중 나온 차 안에서 눈을 좀 붙이려고 했네. 그런데 내가 입을 열자마자 피곤함이 싹 사라져 버렸네." 그는 덧붙였다. "내가 미쳤네." 대중 앞에서 데리다는 청중들이 보이는 관심에 열광했다. 그의 육체적인 지구력은 젊은 시절보다 훨씬 더 강했다. 그는 그 점을 스스로 고백했다. "내가 스무 살에 지금 하는 일의 일부만 해야 했더라도 거꾸러졌을 것입니다. 나의 작품에 대한 환대가 내게 그 에너지를 줍니다."[10]

데리다의 후기 글과 세미나는 물론, 학회와 강연 발표문들에 드러나는 거의 연극적인 언어 수행 측면에 대해 과소평가해서는 안 된다. 미셸 리스가 주목하듯이 데리다의 많은 텍스트는 연극으로 공연되도록 써졌다. "때로는 리듬이 느려지고 때로는 빨라진다. 독일어 인용들은 프랑스어 분절법(分節法)을 중단시키며, 여러 언어가 뒤섞인다. 아주 진지한 어떤 구절들은 눈에 띄는 아포리아와 어휘들의 반복으로 웃음을 자아낸

10) Jacques Derrida, interview, *LA Weekly*, November 2002.

다."[11] 오랜 친구인 작가 막스 주네브는 데리다의 저서를 읽는 습관이 있었지만, 그가 대중들 앞에서 말하는 것은 듣지 못했다. 한 차례의 강연을 듣고 난 다음날, 그는 이렇게 쓰고 있다. "텍스트 자체에서의 가만히 있지 않는 대담한 시도뿐 아니라, 연출, 완벽한 발성, 활력이 넘치는 제스처, 특히 창을 꽂는 순간의 투우사, 매일 아침 권총을 교묘하게 쓰는 카우보이를 떠오르게 하는, 따옴표를 그리기 위해 하는 그 제스처에 매료되었네."[12] 몇 시간 동안을, 때로는 하루 내내 발언하는 것, 토론에 참여하거나 까다로운 인터뷰에 응하는 것은 대단한 육체적인 기량으로, 그것은 마치 훌륭한 운동선수들이 발산하는 양만큼의 엔돌핀을 발산하여 그를 행복감에 젖게 만들었다. 데리다는 쓰는 것 훨씬 이상으로 "철학에 대해 말하는 것을 좋아했다".[13] 그는 자기 자신의 말과, 그 말이 청중들에게 야기하는 효과들에서 양분을 흡수했다. 몇 시간 동안은 모든 불안을 잊을 수 있었다. 아마도 그는 결코 그때보다 더 충만하게 존재하는 것을 느끼지 못했을 것이다.

자크 데리다는 사람들 앞에서 무슨 일을 하건 이제 중심이 되어 사람들의 시선을 끌었다. 파리에 처음 도착했을 때 소심하여 거의 자신감이 없었던 그가, 제라르 그라넬 같은 사람의 자신감을 선망의 눈초리로 바라보았던 그가, 바로 그가 세월이 흐르면서 점점 더 태양처럼 되어 갔다. 그의 많은 친구들은 그의 자기도취증에 대해 언급했다. 몇몇은 그의 자기도

---

11) Michel Lisse, *Jacques Derrida*, ADPF/Ministère des Affaires étrangères, 2005, p. 32.
12) 막스 주네브가 데리다에게 보낸 편지.
13) Jacques Derrida, *Points de suspension*, Galilée, 1992, p. 211.

취증을 "끔찍한" 것으로 규정지었는데, 그것은 전통적인 자기도취증을 훨씬 넘어선 것이었기 때문이다. 데리다는 그 자기도취증을 과도하게 보여 문제가 되었지만, 그것을 철학적 제스처로 만들어 버렸다. 모리스 올랑데의 표현처럼, "놀라운 자기도취증"[14]이라는 말이 정확한 표현일 것이다.

유혹하는 것은 데리다에게는 어찌할 수 없는 욕망이었다. 그런데 그가 여자들과의 관계에 대해 좀처럼 언급하지 않았던 것은 그 비밀에 대한 강박감이 다른 어떤 영역에서보다 더 컸기 때문이다. 그러나 많은 사람들은 그에게 여성은 항상 복수로 변화한다(se conjuguer)는 것을 잘 알고 있었다. 데리다가 '프루스트의 질문서'에 답하면서 신뢰를 찬미한 것은, 그에게는 저마다의 관계가 유일하고 둘도 없이 소중한 것이었기 때문이다. 그래서 그는 여러 변함없는 사랑을 가질 수 있었다고 생각한다. 그가 알았던 모든 여자들 중 실비안 아가생스키는 특별한 자리를 차지했다. 그는 더 이상 절대로 그 정도로 빠지지는 않았다. 그는 더 이상 결코 고통스러워하지도 남에게 고통을 주고 싶지도 않았다. 그러나 그는 여전히 대단한 유혹자였다. 그가 성공과 명성을 애호했던 것은, 그것이 그 일을 더 쉽게 해주었기 때문이다. 그가 여자에 대해 갖는 엄청난 배려는, 특히 조금은 분석가의 방식으로 여자의 말에 귀 기울이는 그의 대단한 능력은 두려운 무기였다. 마르그리트 데리다는 이렇게 말했다. "나는 자크가 여자들의 마음을 사로잡는 것은 무엇보다 그의 들어 주는 능력에 있다고 항상 생각했습니다." 남자에게는 드문, 특히 그와 같은 강한 성격의 남자에게는 더

---

14) 모리스 올랑데와의 인터뷰.

욱더 드문 그러한 장점은 가까이 지내는 많은 여자들에게 감동을 주었다. 그의 여자 친구 마리클레르 분은 그 점에 대해 기꺼이 인정한다. "나는 그에게서 다른 어떤 사람에게서도 발견하지 못한 확실한 경청의 능력을 발견했어요. 모든 윤리적인 판단을 자제했지요. 그는 매 상황에서 삶이 있는 쪽을 택했습니다."[15]

엘렌 식수는 어느 날 이렇게 고백했다. "여자들의 사랑은 사춘기 이전에도 있었습니다. 그 정도로 그 사랑은 동일화와 연민의 혼합이었습니다. 나는 그들 편이라고 느꼈습니다."[16] 해가 갈수록 데리다는 점점 더 남자들과 함께 있는 것보다 여자와 같이 있는 것을 더 좋아했다. 게다가 그는 자기 저작들을 더 잘 읽는 이는 여자들이라 생각했다. 그럼에도 불구하고 페미니스트들과의 이론적인 결속이 어떠하건 데리다는 여성성을 분명하게 그러나 과잉되지 않게 드러내 보이는 여자를 좋아했다. 지적인 능력이 어떠하든 육체적으로 끌리지 않는 여자에게 관심을 갖는 일은 훨씬 더 쉽지 않은 일이었다. 앨런 배스는 또 이런 말을 했다. "우리가 서로 알았던 초기에, 데리다는 자주 자신을 '끔찍한 지중해의 마초'로 묘사하고는 했어요."

자크와 마르그리트의 결혼생활은 감정적 동요에도 불구하고 여전히 중요하여 파탄이라는 상황은 생각할 수 없었다. 그들이 함께 살았던 48년 동안, 그 어떤 것도 그 결합을 약화시키지 못했다. 아비탈 로넬에 의하면,

---

15) 마리클레르 분과의 인터뷰.
16) 엘렌 식수와의 인터뷰.

"마르그리트는 어떤 여자도 자신의 라이벌로 생각하지 않았어요. 그녀는 자크와 가까운 여자들, 아니 너무 가까운 여자들에 대해서까지 항상 칭찬을 했습니다. 하지만 그것이 그녀가 그 여자들 때문에 고통을 받지 않았다는 뜻은 아닙니다."[17]

마르그리트는 데리다를 만난 초창기부터 그가 그 세대의 최고의 철학자가 될 것이라고 확신했다. 그렇기에 그녀가 데리다에게 곧 품게 된 찬미는 끊임없이 말할 필요가 없었다. 그리고 데리다는 밖으로부터 받는 인정(認定)의 표시들에 대해 자기 아내가 경탄하지 않는 데 대해 놀랐는데, 그것은 성공이 그에 대한 믿음의 조건이 아니었기 때문이다. 데리다가 무관심하지만은 않았던 그 영광이 그녀에게는 난해함에 대한 보상으로 보였기에, 마찬가지로 그가 당하는 거절도 그녀에게는 별로 중요하지 않았다. 때로 그녀는 자기 남편을 "외계인"으로 묘사하기도 했는데, 그는 그 말을 싫어하지 않았다.

남편이 일을 마음껏 하도록 하기 위해 마르그리트는 1960년대 초부터 집, 서류들, 아이들의 학교 교육, 세금을 비롯하여 일상의 모든 자질구레한 일과 물질적인 측면을 도맡아 해결했다. 그녀는 이렇게 고백한다. "자크는 은행이 어디 있는지조차 알지 못했어요. 은행 지점 직원들은 그를 전혀 본 적이 없었습니다. 남편에게 서류에 사인을 받아서 가져가면 어떤 직원들은 웃으면서 내게 이렇게 물기도 했습니다. '데리다 씨는 정말 계시기나 한가요?'"[18]

---

17) 아비탈 로넬과의 인터뷰.
18) 마르그리트 데리다와의 인터뷰.

그들의 친구인 알렉산더 가르시아 뒤트만은 또 이렇게 이야기했다. "자크는 늘 마르그리트에게 절대적인 신뢰를 가지고 있었습니다. 그녀는 나무랄 데가 없었어요. 어떤 의미에서는, 그녀가 그에게는 과분하다고 말할 수도 있을 것입니다." 만일 데리다가 친구들이나 동료, 번역가, 학생들을 저녁에 집으로 초대하면 자기 일이 있음에도 불구하고 식사를 맛있게 준비하는 등, 그 밖의 모든 일은 마르그리트가 떠안았다. 그녀는 마치 당연한 것처럼 따뜻하고 소박하게 손님들을 맞이했다. 자기 남편에 대해 빈정거리는 모습을 보이는 때도 종종 있었지만, 조금의 악의도 없는 아주 너그러운 말투였다. 데리다는 마르그리트의 신중함과 놀랍도록 정확한 판단과 적절한 대처를 잘 알고 있었다. 그녀의 어떤 언행도 그의 마음을 상하게 하지 않았다.[19]

그런데도 때로 마르그리트를 짜증나게 하는 단 한 가지가 있었는데, 질투심이 강한 데리다의 성격이었다. "나와 연결이 바로 안 될 때면 그는 불만을 터뜨렸어요. 매순간 그는 내가 어디에 있는지, 무엇을 하고 있는지, 누구와 함께 있는지를 알고 싶어 했습니다. 그러면서도 내가 실수로 같은 질문들을 하면 그는 이렇게 말하고는 했어요. '아, 항상 그 호혜주의라니?'"[20]

각각의 골목길이 자기 뒤에도 존속하리라는 것을 알기에 숭배한다

---

19) 알렉산더 가르시아 뒤트만과의 인터뷰. 이 기억들에 대해서는 Alexander Garcia Düttmann, *Derrida und ich. Das Problem der Dekonstruktion*, Reihe Edition Moderne Postmoderne, 2008도 참고할 수 있다.
20) 마르그리트 데리다와의 인터뷰.

고 말했던 것처럼, 파리에 대한 "절대적인 숭배"[21])에도 불구하고 데리다는 전혀 그곳에서 살고 싶어 하지 않았다. 엘비아르 고원 지대에서 자랐던 그로서는 대도시는 턱턱 숨이 막히는 뭔가가 있었다. 데리다 부부는 1968년에 구입한 리조랑지의 집을 개수하기도 하고 늘리기도 하면서 그곳을 떠나지 않았다. 데리다가 여행을 마치고 즐겁게 돌아오는 그 집에는 곳곳에 서가와 서재가 있었다. 방마다 그는 흔적을 남겨 두었다. 한 방에는 그가 프랑스에 온 뒤로 받은 편지들, 언론 기사들, 아주 다양한 말로 번역된 그의 많은 책들이 쌓여 있었고, 다른 방에는 너무도 자주 읽고 주석을 써 넣다 보니 너덜너덜해진 철학서들이 있었다. 또 다른 방에는 받거나 헌정 받은 책들이 쌓여 있었다. 층계방에는 모아 둔 잡지들이 보였다. 그리고 또 외따로 떨어져 있는 "그가 아주 사랑하는 문학"의 방. 몇 년 동안 그가 '숭고체'라고 부르던 그만의 작은 다락방이 바로 그 공간으로서 있지도 못할 정도로 낮은 방이었다. 뒤에 가서 그는 베란다로 옮겼는데, 만년에 아주 큰 서가를 그곳에 들여놓았다. 데리다가 그렇게 많은 공간이 필요했던 것은 그가 쓰던 컴퓨터들, 40년 동안 모아 둔 학생들의 석박사 학위 논문 및 여러 다른 논문들, 그리고 쓸데없는 자료 등 모든 것을 보관하고 있었기 때문이다. 리조랑지 정원에는 또한 살면서 키웠던 모든 고양이의 무덤과 심어 놓은 크리스마스 트리들이 있었다. 그에게 흔적은 단지 철학적인 개념만이 아니라 매순간의 현실이었다. 모든 물건은 그것이 아무리 보잘것없는 것일지언정 그가 살았던 삶의 순간이 적재되어 있

---

21) Catherine Malabou and Jacques Derrida, *La contre-allée. Voyager avec Jacques Derrida*, La Quinzaine littéraire/Louis Vuitton, 1999, p. 104.

었다. 일상적이거나 평범한 어떤 행동일지라도 하나의 증거이자 미래에 대한 보증이었다. "집에 종잇조각 하나를 남겨 두거나 어떤 책의 여백에 뭔가—예컨대, 느낌표 같은 것조차—를 적어 놓을 때 나는 항상 이것을 누가 읽게 될 것인가, 혹시라도 내 아이들이 읽는다면 그것에서 무엇을 얻을까를 생각해 보고는 했다."[22)]

데리다는 자신의 욕심은 철학이나 예술 작업을 하기보다는 기억을 간직하는 것이라고 여러 번 말했다. 그가 자신의 과거에 던지는 시선은 그를 구원하는, 어떻게 보면 그에게 마법을 거는 효과가 있었다.

나는 내 삶의 어떤 순간에 대해서도—내가 경험한 최악의 것에 대해서 까지도—"그것을 경험하지 않았다면 더 좋았을 것을"이라는 말을 하고 싶지 않은 그런 낙천적인 성격을 가지고 있습니다. 그런 의미에서, 나는 늘 재확인하고, 늘 반복합니다. 내가 "나는 사랑했던 것을 사랑한다"고 말할 때, 그것은 단지 어떤 것, 혹은 어떤 사람이 아닙니다. 그것은 이런 말입니다. 즉, 나는 사랑을 사랑합니다. 예컨대, 나는 내가 모든 것에 대해 했던 경험을 사랑합니다. 그러니까 사실 나는 모든 것을 간직하고 싶습니다. 그것은 내게는 행운입니다. 그렇지만 현재에 행복한 느낌을 갖는다거나 내가 경험하는 것을 사랑하는 느낌을 갖는 것은 아주 드뭅니다. 그러나 과거의 모든 것은 내가 사랑했던 것 같아서, 재확인될 필요가 있는 것 같습니다.[23)]

---

22) "Dialogue avec Jacques Derrida, Jean-Luc Nancy et Philippe Lacoue-Labarthe, *Rue Desacartes*, no. 48.
23) Derrida, *Points de suspension*, p. 162.

데리다는 젊었을 때부터 아침 일찍 6시경에 일어나는 습관이 있었다. 커피를 한 잔 마신 뒤, 그는 공부를 시작했다. 3시간 뒤, 마르그리트와 아침을 먹을 때에 그는 때로 하루 일을 끝냈다고, 다시 말해 세미나 준비를 다 끝냈다고 말하고는 했다. 어느 나이 때부턴가 그는 점심을 먹은 뒤 낮잠을 잠시 잤다. 그러나 처음에 그는 그것을 스스럼없이 고백하지는 않았다. 혼자 있을 때면 그는 식사 시간도 잊고 끝없이 작업을 할 수 있었다. 다큐멘터리 영화 「데리다」에서 그는 이렇게 말했다. "낮에 집에 홀로 있을 때면, 나는 대충 파자마 바람이나 잠옷 바람으로 지냅니다."[24]

1986년부터 가장 유용한 도구는 어쩔 수 없이 엄청난 기억 용량과 저장 용량을 가진 컴퓨터였다. "나는 이제 이 작은 맥(Mac) 없이는 살아갈 수 없습니다. 예전에는 이것 없이 어떻게 할 수 있었는지 도저히 기억이 나지 않을뿐더러 이해도 되지 않습니다."[25] 그는 이 점에 대해서는 "마약 중독자의 의존증"을 인정한다. 그런데 그에게 컴퓨터가 즉각 필수불가결한 도구가 되었지만, 처음에는 그것이 또 다른 불안의 원인이라고 생각했다. 처음에 폭탄 모양의 경고 마크가 모니터에 나타나는 것을 보고는 그는 실제로 공포에 휩싸였다. 그가 조금씩 그 물건에 익숙해지도록 돕는 데는 피에르와 장의 지대한 인내가 필요했다. 왜냐하면 컴퓨터가 데리다에게는 엄청난 작업 수단이기는 했지만 또한 그것은 끔찍한 위험, 즉 쓴 글이 달아나 버리는 위험도 초래했기 때문이다. 초기에는 그런 일이 여러 번 그에게 일어났다.

---

24) 에이미 지에링 코프만과 딕 커비의 장편영화 「데리다」, 제인 도 프로덕션, 2002.
25) Jacques Derrida, *Papier Machine*, Galilée, 2001, pp. 152~153.

지금 내 집에는 세 대의 컴퓨터가 있는데, 그 중 두 대는 집 드라이브(zip drive), 즉 휴대용 데이터 저장장치를 추가로 가지고 있습니다. […] 인쇄를 바로 하지 않고 긴 글을 쓸 때, 나는 그 글을 복사해 놓지 않고는 절대 집을 나가지 않습니다 […]. 나는 여러 곳에 적어도 10번 정도는 복사를 해서 놓아 둡니다. 왜냐하면 화재나 강도의 위험이 있기 때문이지요. 또한 나는 지금 하고 있는 작업 중 가장 중요한 것은 내 서류 가방에 넣어 놓습니다. 이것은 기술의 발전과 함께 발전하는 신경증인 것이겠지요.[26]

그가 리조랑지에 있지 않을 때에는 불안이 훨씬 더 커졌다. 휴가나 여행을 떠날 때에는 전날 여러 장의 디스켓에 복사를 해놓았다. 하나는 호주머니에 넣어 가지고 가고, 다른 하나는 가방에, 그리고 또 다른 하나는 마르그리트나 그의 동생에게 맡겨 놓았다. 어바인에 오면 그는 디스크 하나와 그 디스크의 출력본 한 부를 힐리스 밀러에게 맡겨 놓았다. 마우리치오 페라리스가 그의 작은 책 『자키 데리다』(Jackie Derrida)에서 썼던 것처럼, 그가 그의 자료들을 어바인에 가지고 갈 때 그를 행복하게 해주었던 것 중 하나는 복사기를 비롯하여 복사 장비 세트를 그가 사용할 수 있도록 조처해 준 것이었다.

일상생활에서 데리다는 특히 열차나 비행기를 탈 때에는 거의 병적으로 시간을 엄수했다. 그를 지체시키는 사람에게 화가 있을진저! 그는

---

26) Jacques Derrida, "Entre le corps écrivant et l'écriture", interview with Daniel Ferrer, *Genesis*, no. 17, 2001.

늦게까지 이어지는 저녁식사는 좋아하지 않았다. 식당에서 요리가 조금 늦게 나오면 그는 초조해 했다. 그는 규모가 큰 공식적인 만찬 자리보다는 우호적인 작은 식사 자리를 더 좋아했다. 공식적인 대규모 만찬 자리에 대해 그는 알지 못하거나 지루한 사람들 사이에 꾸겨 앉아 있어야 한다는 강박관념을 갖고 있었기 때문이다. 알렉산더 가르시아 뒤트만은 이렇게 기억한다. "엄청난 지적인 복잡성에 비해 데리다에게는 놀랍도록 단순하고 느긋한 면들이 있었습니다. 몇 주 동안 리조랑지의 그의 집에서 보낸 일이 있었어요. 저녁에, 마르그리트가 없는 날에는 스파게티로 저녁을 때우고 텔레비전을 시청했습니다. 저녁을 먹고 난 뒤, 데리다는 자주 곧 잠이 들고는 했어요. 일반적으로 그에게는 조는 것을 감추는 전략이 있었습니다. 콜로키엄 때 그는 종종 마치 깊이 성찰에 잠긴 듯 두 손으로 머리를 감싸고 있곤 합니다. 그는 사실 잠시 졸았던 겁니다. 그럼에도 불구하고 그는 발표가 끝난 뒤 그 발표자에게 매우 적절한 언급을 해주곤 했습니다."[27]

텔레비전은 데리다의 생활에서, 특히 그의 여행 때에는 아주 중요했다. 그는 그 점을 쾌히 인정한다. "나는 수돗물이 없는 방보다 텔레비전이 없는 방이 더 두렵다."[28] 그러한 의존은 어떤 죄의식이 동반되었다.

나는 너무 많은 시간을 텔레비전을 보는 일에 쓰는 것 같다. 그러면서 동시에 당연히 충분히 책을 더 읽지 않는 것과 다른 일을 하지 않는 것에

---

27) 알렉산더 가르시아 뒤트만와의 인터뷰.
28) Malabou and Derrida, *La contre-allée. Voyager avec Jacques Derrida*, p. 29.

자책한다. […] 나는 종종 프랑스나 미국의 시시한 연속극을 보며, 아르테(Arte) 채널 등에서 보다 올바른 문화적 인식을 갖게 하는 방송들, 정치 토론들, 눈길을 끄는 정치 대담 프로그램인 「뢰르 드 베리테」(L'heure de verité)나 「7/7」이나 아니면 오래된 영화를 시청한다. 나는 24시간 내내 좋은 정치적인 기록물도 보라면 볼 수 있다…. 따라서 나는 모든 것을 조금씩 보는데, 시간에 많이 좌우된다.[29]

일요일 아침에, 데리다는 실내 운동용 자전거를 타면서 8시 45분에서 9시 50분까지 이어지는 이슬람교와 유대교 관련 종교방송을 아주 관심 있게 보았다.[30] 미국에서 그는 몇 시간 동안 일종의 마력 같은 것을 지닌 텔레비전 전도사들을 시청할 수 있었다. 그러나 그가 가장 열중했던 것은, 페기 카무프가 이야기하는 것처럼, 국회 청문회의 생중계 방송이었다. 1987년경, 로널드 레이건의 두 번째 임기가 끝나 갈 무렵 그는 니카라과에 보내진 '콘트라' 사건과, 이란에 있는 미국인 인질들에 관해서 증인들이 증언하는 것을 시청하는 데 많은 시간을 보냈다. 물론 이 모든 것은 그가 '증언'이나 '배반자'에 할애한 세미나들에 영향을 미치지 않은 것은 아니다.[31]

요리 차원에서 보면, 데리다는 가정의 전통으로부터 영향을 받았다.

---

29) Jacques Derrida and Benard Stiegler, *Echographies de la télévision*, Galilée, 1996, p. 153.
30) *Ibid.*, p. 155.
31) Peggy Kamuf, "Affect of America", *Derrida's Legacies: Literature and Philosophy*, New York : Routledge, 2008, p. 145. 페기 카무프와의 인터뷰.

그는 어린 시절 먹었던 음식을 좋아했다. 마르그리트는 고기를 넣지 않는 알제리 식 쿠스쿠스 만드는 법을 배웠다. 취향은 비교적 소박했지만 그는 좋은 음식을 즐겼다. 철저한 채식주의자인 아비탈 로넬은, 어느 날 르네 마조르와 샹탈 마조르 부부의 집에서 요리 한 가지를 자기 접시에 덜지 않고 옆 사람에게로 건넸다. 사람들이 당황스러워했다. 고기를 먹지 않는 데 대해 충분히 받아들일 만한 철학적인 이유가 있다고 그녀가 말하자, 데리다는 그녀 쪽을 바라보며 그 이유가 어떤 것인지 물었다. 아비탈은 자기 입장에서 '자신의 몸에 남의 몸을 받아들이는 행위'가 의미하는 바에 대해 말했다. 그러자 그런 것에 매우 예민한 데리다는 팔루스로고스중심주의(Phallogocentrisme)보다 카르노팔루스로고스중심주의(carnophallogocentrisme)에 대해 이야기하기 시작했다. "그 후에, 내 앞에서 데리다는 자기가 채식주의자라고 말했습니다. 그런데 어느 날, 그가 육식 음식의 극치인 타타르 스테이크를 먹었다고 누가 내게 말해 주었어요. 나는 마치 그가 나를 배신한 것 같은 느낌을 받았지요. 내가 그것에 대해 말하자 그는 처음에는 내가 경찰처럼 군다고 말하더군요. 그러고는 그는 내게 재치 있게 이렇게 말했어요. '나는 때로는 고기도 먹는 채식주의자요.'"[32]

리조랑지에서 저녁식사가 끝나면 데리다는 자동차를 타고 오지 않은 손님들을 차로 데려다 주겠다고 말하곤 했다. 그는 운전을 좋아했으며, 파리에 항상 자동차를 운전하고 갔다. 그는 젊었을 때 아버지가 몰던 자동차로 운전을 배웠다. 하지만 교통법규를 배우지 않았기에, 종종 법규

---

32) 아비탈 로넬과의 인터뷰.

를 자기 식으로 해석하여 놀라운 일이 벌어지고는 했다. 예를 들어, 그는 대부분의 차량 진입 금지가 자기와는 상관없는 규칙이라 생각하는가 하면, 큰길은 자동으로 작은 길에 대해 우선권을 가져야 하는 것으로 생각했다. 운전대를 잡으면 데리다는 쉽게 흥분했다. 교통이 혼잡할 때, 그는 신경이 지극히 예민해졌다. 게다가 최악인 것은 차를 멈춰야 할 때면 아주 짧은 시간일지라도 그는 메모를 하기 시작했다. 에릭 클레망에게 보낸 한 편지에서, 그는 '추신'에 이렇게 적었다. "필적 미안합니다. 차에서 쓰고 있어서요(이런 삶이랍니다!). 아니, 빨간 불도 아닌데 내 차만 섰군요. 갑자기 책의 제목이 하나 생각났습니다. 빨간 불일 때 쓴…."[33] 그러나 그는 ─ 운전석에 앉으면 동승한 사람들이 안심이 되지는 않았지만 ─ 절대로 사고는 내지 않았다.

마르그리트에 따르면, 그들은 항상 시트로앵을 탔는데 특별히 그 차를 좋아해서라기보다는 집에서 멀지 않은 곳에 자동차 정비소가 있었기 때문이다. "한때 그는 그의 아버지의 디젤 시트로앵(DS)을 넘겨받아 타고 다녔는데, 기름 넣는 것을 잊어버려 차가 망가져 버렸습니다. 어느 날은, 가득 주유를 했는데 휘발유 대신 디젤유를 채워 버렸습니다." 그 후로, 그는 비록 좋은 차를 안 좋아하는 것은 아니었지만 저렴한 차들을 샀다. 르네 마조르는 이렇게 기억한다. "나는 얼마 전 로투스(Lotus) 회사의 '에스프리'를 한 대 샀습니다. 데리다는 큰 관심을 가지고 그 차를 살피더니, 차 이름에 감탄했습니다. '멋진 이름이군. 나도 마침 『정신에 대하여』

---

33) 데리다가 에릭 클레망에게 보낸 1986년 8월 12일 편지.

를 쓰고 있는데…. 한번 타 봐도 되겠지요?'"[34]

일상생활의 대부분은 검소했지만 옷은 예외였다. 루이르그랑고등학교에 다닐 때, 자키는 우울한 회색 상의를 입어야 했다. 젊은 교수였을 때, 그는 좀 칙칙한 색상의 옷을 입었다. 그러나 첫 베를린 여행 후, 그 취향은 많이 바뀌었다. 그 때문에 샘 베버는 자신이 상상했던 대로의 이미지가 전혀 아니어서 데리다를 알아보지 못하기도 했다. 1970년대 초부터 데리다는 강렬한 색상에 아롱거리는 소재로 두드러진 대조를 이루는 옷을 주로 입었다. 그는 꽤 화려한 색상으로 멋을 부렸지만, 그의 취향을 모두가 좋아하지는 않았다. 르네 마조르는 이렇게 기억한다. "우리는 서로가 입은 옷에 대해 의견을 말해 주고는 했습니다. 샹탈과 나는 그가 옷에 멋을 부린다는 것을 알고 있었습니다. 우리는 그에게 자주 넥타이와 와이셔츠를 선물했었지요. 그는 브랜드들을, 특히 겐조를 좋아했습니다." 그리하여 엘리자베스 루디네스코는 이렇게 강조했다. "어쩌면 그가 논하지 않은 것으로 두 분야가 남아 있을 텐데, 의복과 여자들과의 관계가 그걸 거예요."[35]

오랫동안 데리다 부부는 돈이 거의 없었다. 마르그리트의 번역 일이든 고등상업학교에서 맡은 자크의 구술 시험관 일이든, 살림에 보탬이 되는 일이면 모든 것이 환영이었다. 그러나 1960년대 말부터 미국 대학에서의 초빙과 파리에서 미국 학생들을 대상으로 하는 강의로 형편이 점점

---

34) 르네 마조르와의 인터뷰.
35) 엘리자베스 루디네스코와의 인터뷰.

나아지기 시작했다. 데리다는 예일과 어바인, 그리고 뉴욕대에서 푼더분한 급료를 받았다. 그 외에도 프랑스에서 받는 급료와, 부산스럽게 요구하지는 않았지만, 그의 저작권료가 있었다. 물론 그의 강연료 수입도 갈수록 더 많아졌다. 그러나 데리다는 돈을 밝히는 사람이 아니었다. 돈은 전혀 그의 삶의 원동력이 아니었다. 그는 더 이상 돈 문제로 걱정하고 싶지 않았다. 버는 것으로 만족했다. 그는 자신의 강연료 등의 조건에 대해서는 자주 알지 못하기조차 했다. 그리하여 콜로키엄을 위해 몇 주 동안 긴 발표문을 준비하고는 했지만, 자주 무보수 발표를 하기도 했다. 미국에서, 그는 자기보다 덜 알려진 프랑스 이론의 다른 인물들이 높은 급료나 강연료를 요구하는 것을 보고 놀랐다고 토로한 적도 있었다. 그가 가르쳤던 대학들에서 그 자신이 급여의 인상을 요구한 적은 결코 없었다. 그것은 거만함도 아니고 순진함도 아니었다. 돈에 대해 말한다는 것, 하물며 흥정을 한다는 것은 그의 성격에 맞지 않았던 것이다.

페기 카무프는 이렇게 이야기한다. "그는 식당에서 더치페이를 하는 것을 끔찍이 싫어했다. 어떤 경우든 보통은 그가 다 지불했다." 그는 계산서가 나오기 전에 조용히 가서 자기가 계산하기를 좋아했다. 그러기에 그는 특히 자기보다 더 젊거나 넉넉하지 못한 사람일 경우 자기 대신 그 사람이 지불하는 것을 놓아 두지 않았다. 데이비드 캐롤은 이렇게 회상한다. "그는 내가 만난 사람 중 가장 관대한 사람이었다. 시간과 정력과 도움과 견해와 돈에 있어서까지 말이다."[36] 그리고 앨런 배스는 어느 날 저녁 데리다에게 이렇게 말했던 것을 기억한다. "아니, 자크, 매번 당신이

---

36) *Rue Desacartes*, no. 45, p. 109.

내서 되겠어요?"

아이들에 대해 그는 항상 아주 관대했다. 그러나 이런저런 때 아주 어려움에 처한 사람들에 대해서도 마찬가지로 관대할 줄 알았다. 그가 도움을 줄 때는 조심스럽고 신중했다. 몇 년 동안, 그는 자신이 소설 『앉아 있는 개를 가진 아이』(*L'enfant au chien assis*)의 서문을 써 주었고 플라마리옹 출판사의 사장이기도 했던 조스 졸리에를 최선을 다해 도왔다. 가장 고통스러웠던 시기들에도 데리다는 그를 돕는 것을 그만두지 않았다. 돈 문제에 있어서 그의 친절은 절대적인 힘의 한 형태였다.

좀 금욕주의적인 면을 제외하면, 그의 생활은 대개 규칙적이었다. 하지만 그에게는 보다 더 향락적이고 보다 더 지중해적인 성향이 있었는데, 일상에서 그 성향을 억제하려고 노력했다. 그 성향이 자유롭게 표출되는 때는 바로 여행을 하는 동안이었는데, 특히 젊은 여자들의 관심을 모으고 싶을 때 그랬다. 그런 경우에 그는 호화롭게 한 턱 내는 것과 고급 호텔, 덧없는 사치에 무관심하지 않았다. 그 취향은 아마 포커를 아주 좋아했던 그의 어머니로부터 물려받았던 것 같다. 그런데 데리다 자신이 도박을 좋아하지 않았던 것은, 카지노의 문턱을 넘었던 것과 캘리포니아에 체류할 때 한 번 라스베이거스에 갔던 것이 즐겁지 않아서가 아니었다. 『엘 파이스』지와의 인터뷰에서, 데리다는 아주 엉뚱하게도 '어떤 경솔함'을 자기 성격의 주요한 특징으로 소개하지 않았던가?

데리다는 독서에 대해 아주 특이한 생각을 가지고 있었다. 마르그리트에 의하면, 어느 날 라사에서 그녀가 발자크의 『창녀들의 흥망성쇠』 (*Splendeurs et misères des courtisanes*)를 정신없이 읽고 있었는데, 자크가 그 책 제목을 보고는 이렇게 소리를 질렀다. "아니, 당신 앞에 당신의 인생이 다 있네!" 데리다는 재미삼아 독서를 하는 일에 매우 어려움을 느꼈다.

아주 오래 전부터 나는 점점 더 집필 계획이 없는 독서, 즉 선별적이며 걸러진, 몰두하고 위급한 독서가 아닌 독서를 하지 못하는 것에 진짜 불행함을 느꼈습니다. 내가 책을 읽을 때 그것은 짧은 시간 분발하여 대체로 집필 도중이거나 내가 읽은 것에 그 글을 접목시키는 중입니다. 그런데 넉넉히 즐겁게 하는 독서, 나는 점점 더 그것을 박탈당했다는 느낌이 듭니다. 그것은 진정한 박탈입니다.[37]

데리다가 본격적으로 읽는 책들 속에서는 "감탄부호, 화살표, 밑줄 등 연필 자국이 심하게 표시되어 있는 것"[38]을 볼 수 있다. 읽는다는 것은 이미 작업인 것이다. 그것은 쓰기의 첫 단계이다.

나는 머릿속에 어떤 계획을 가지고 읽습니다. 내가 아무 계획 없이 책을 읽는 경우는 드뭅니다. […] 그러기에 나는 능동적이고 선별적인, 너무 선별적인, 꽤 수동적이지 않은 독서를 합니다. […]
나는 아주 성급한, 아주 빠른 독서를 합니다. 그런데 그 선별적 성급함 때문에 나는 비싼 대가를 치릅니다. 아마도 많은 오판과 많은 소홀함이

---

37) Derrida, *Points de suspension*, p. 151.
38) Derrida, "Entre le corps écrivant et l'écriture".

있을 것이기 때문입니다. 그러나 아주 자주, 책의 필요한 부분을 열게 되면 그 성급함이 내가 찾는 것을 향해, 아니면 내가 찾고 있는 것이 무엇인지도 모르면서 찾고 있는 그것을 향해 나를 내몰아 마침내 찾아내고는 했습니다. […]

내가 문학 텍스트를 읽기 시작하는 것은 그 텍스트 위에 써 가면서라는 것을, 그리고 있다 없다 하는 통찰력으로 행하는 나의 첫 독서는 매우 결함이 있다는 것을 나는 압니다. […] 사실상, 나는 가르치기 위해 독서를 합니다.[39]

데리다는 필기 기술들에 항상 관심을 가졌다. 하이데거는 손으로 쓰는 것만이 진정한 글쓰기라고 생각했던 반면, 니체는 서양의 사상가들 중 타자기를 가장 먼저 가졌다는 사실을 데리다는 즐겁게 상기시켰다.[40] 오랫동안 데리다는 그에게 중요한 모든 저서들을 펜으로 쓰기 시작했으며, 여러 번 다시 시작하기도 했다. 집필이 시작되어 전체적인 문체와 관점이 뚜렷하게 모습을 드러낼 때에야 그는 타자기로 쓰기 시작했다.

그가 국제식 자판을 가진 작은 올리베티 타자기와 그 후 전동 타자기를 치는 소리를 들은 사람들은 모두 타자 속도에 매우 놀랐다. 힐리스 밀러는 이렇게 기억한다. "어느 날, 예일에서 점심을 함께 먹으러 가기 위해 나는 해럴드 블룸과 함께 그의 방에 들렀습니다. 그런데 방 밖으로 들리는 그의 자판 두드리는 소리가 너무도 빨라서 우리는 감히 문을 노크

---

39) *Genesis*, no. 17, 2001.

40) Jacques Derrida, "La main de Heidegger", *Psyché, Inventions de l'autre*, Galilée, 1987, p. 435.

하지 못했어요. 그의 창조성은 미국의 많은 작가들처럼 자판을 두드릴 때의 리듬과 관련이 있는 것 같았습니다. 그는 글을 쓸 때조차도 그의 손가락으로 생각했던 겁니다."[41] 그러나 자판을 두드리는 속도가 아주 빠름에도 불구하고, 데리다는 오래 계속해서 작업하지는 않았다. 15~20분 작업한 뒤 그는 일어나서 걸었다. 아니면 다른 책에 다시 몰두했다. "뭔가가 내 관심을 끌어 주의를 더 요구할수록 나는 더 빨리 작업을 중단했습니다."[42] 몸에 대한 태도는 중요해서, 그의 생각에 연구하는 자세는 하찮은 문제가 아니었다.

> 나는 종종 엎드려서 글을 쓰거나, 꿈을 꾼 뒤 잠에서 깨어났을 때 메모를 하기도 합니다. […] 앉아서 글을 쓸 때면, 나는 항상 내가 서 있을 때나 걷거나 운전을 하거나 달리기를 하는 등 다른 일을 할 때 떠오른 생각과 아이디어, 생각의 변화들을 관리합니다. 가장 조직적인 것들, 아이디어들이 떠오르는 것은 바로 내가 달리고 있을 때입니다. 나는 종종 메모를 위해 호주머니에 종이 한 장을 넣고 뛰러 나갔습니다. 뒤이어 책상에 앉아 나는 […] 달릴 때 항상 떠오른 일시적이고 조잡하며 때로는 번득이는 것들을 관리하고 활용했습니다. 나는 그 사실, 즉 그 유익한 것들이 내게 떠오를 수 있는 것은 서 있을 때라는 사실을 아주 일찍부터 알았습니다.[43]

---

41) 힐리스 밀러와의 인터뷰.
42) Jacques Derrida, "Je n'écris pas sans lumière artificielle", interview with André Rollin, *Le fou parle*, nos. 21~22, 1982.
43) *Genesis*, no. 17, 2001.

데리다의 창조 과정에 대한 가장 멋진 언급은 아마 『리베라시옹』에 게재된 파트릭 모리에스와의 긴 인터뷰 기사에서 찾을 수 있을 것이다.

글을 쓰기 시작할 때 겪는 가장 큰 어려움은 늘 내가 어조(ton)라고 부르는 것입니다. 나는 보통 내게 떠오르는 어조들이 멋쩍다는 생각이 듭니다. 쓰기의 어려움은 항상 위치, 즉 '나는 나 자신을 어디에 위치시킬 것인가?'라는 질문과 관련됩니다. 그것은 혼자서 결정할 수 있는 것이 아닙니다. 어조가 설정되도록 청자가 나를 발견케 해야 합니다. 작업이 요구되는 사실 바로 그것입니다. 어떤 어조가 내게 요구되고, 또 그 요구에 응하기 위해 나는 어떤 청자를 상정하는가? 내게 요구되는 것은 무엇인가? 누가 내게 무엇을 요구하는가?[44]

항상 너무 길다는 느낌을 가지고 쓸 것을, 보통 "논문보다는 길고, 책보다는 짧은" 글을 쓸 것을 데리다는 주장했다. 그는 여러 가지 것에 대해 동시에 작업을 했다. "아니 더 정확히 말하면 나를 괴롭히는 여러 가지 머릿속 계획들을 가지고 한 가지 것에 대해 작업한다"라고 그는 말을 바로잡았다. 데리다는 주문에 의해 집필한다고 말하기보다는 기회가 닿아 집필한다고 말하는 편을 더 좋아했다. "실제로 나는 외부로부터 오는 기회가 없이 글을 써 본 적이 전혀 없습니다. 물론 나는 그 기회를 내 것으로 활용했습니다. 그러니 순전히 자발적으로 계획한 '그' 책은 무기한으로

---

44) Patrick Mauriès, "Jacques Derrida, la déconstruction du monde", *Libération*, 8 August 1985.

늦어지고 연기될 수밖에요….”

마우리치오 페라리스와의 인터뷰에서, 데리다는 자신이 활용하는 그 기회의 시학에 대해 주장했다. 말을 하거나 글을 써 주는 부탁을 수락하는 것은 “일종의 ‘수동적인 결정’”이다.

> 나는 어떤 글을 계획해서 써 본 적이 한 번도 없습니다. 아주 다양한 글들을 묶은 책들에 이르기까지 내가 쓴 모든 것은 어떤 요구가 계기가 되어 집필된 것입니다. […] 왜 쓰는가? 나는—아주 겸손한 동시에 너무 오만한 생각이기도 하겠지만—할 말이 아무것도 없다는 생각을 항상 했습니다. 나는 내가 다음과 같은 말을 감히 할 수 있을 정도로 어떤 재미있는 주제들을 갖고 있다고 생각하지는 않습니다. “이 책은 누구도 내게 요구하지 않고 내 자신이 계획한 책입니다.”[45]

따라서 주문—아니 더 정확히 말해서 요구—의 문제는 데리다의 연구 방식의 토대를 이룬다. 그가 자신에게 부여하는 책임은 개최될 콜로키엄의 제목과 개최되는 장소, 그를 초청하는 사람이나 그때의 상황 들에 끊임없이 응하는 것이었다. 그에 대한 사람들의 흔한 비판에도 불구하고 이것은 수사적 행위가 결코 아니었다. 그것은 철학을 본래의 환경에서 생각하고, 언급하는 각 시기를 특별한 한 상황, 즉 고심할 필요가 있는 ‘지금 여기’로 여기는 방식이었다. 데리다의 강연이나 회합에서의 발언은 우선 언어 행위, 오스틴의 의미에서 수행적 발화였다. 그것은 그가 논쟁을

---

45) Jacques Derrida and Maurizio Ferraris, *Il Gusto del Segreto*, Laterza, 1997.

벌였던 이론이지만, 그에게는 20세기의 "주요한 사변적 사건들 중 하나, 가장 결실 있는 사건들 중 하나"[46]였다. 그것은 비록 한 상황에 대해 오래 숙고하는 한이 있더라도 더 낫게 바꾸어 놓거나 해체하기 위해 그 상황을 묘사하는 문제이며, 결코 본론에 들어가지 못할 것 같은 위험을 무릅쓰고라도 무슨 권리로 사람들이 모였는지를 분석하는 문제인 것이다.

독서처럼 여행은 데리다에게는 노동의 개념, 수행해야 할 임무의 개념과 결합된다. 때로 그는 그의 아버지의 흔적을 따르는 느낌마저 든다. "내 일생 동안 그분의 노예와 같은 처지에 분개하며 살아왔는데, 혹시 내가 그분처럼 사는 것은 아닐까? 강연하러 돌아다니는 일은 굴욕을 당한 아버지의 고상하고 정화된 과장된 버전은 아닐까?"[47] 성 바울 같은 사람이기도 한 자크 데리다는 사상의 외판원이라는 이상한 직업을 수행했다. 어떤 철학자도 그만큼 여행하지는 않았을 것이다. 실제로는 '(제자리에서 쫓겨난) 이동'이라는 단어가 아마 더 알맞을 것이다. 왜냐하면 데리다 안에는, 그의 말에 따르면, "여행하는 것을 전혀 좋아하지 않았고, 여행을 하고 싶지도 심지어는 전혀 해보지도 않았다고 주장하는"[48] 누군가가 있었기 때문이다.

나 자신의 원(原)프랑스어로 여행은 일, 노예 상태, 거래와 같다. 심지어는 어떤 수치, 사회적 수치의 기원과도 같다. 결과와 규칙: 그 일(여행)을 여가, 한가, 능동적인 관광, 방문, 호기심과 결코 결합하지 않는 것. […].

---

46) Jacques Derrida, *Marx & Sons*, Galilée, 2002, p. 27.
47) Malabou and Derrida, *La contre-allée. Voyager avec Jacques Derrida*, p. 40.
48) *Ibid.*, pp. 283~284.

나는 여행을 할 때 거의 누구의 집을 '방문하지' 않는다. 관광도 없다. 관광을 하는 척하거나, 지겨워 미칠 것 같을지언정.[49]

자책감은 아마 데리다에게 상황을 좀 더 비관적으로 느끼게 만들었던 것 같다. 카트린 클레망은 일본에서 무척 빡빡한 일정에도 불구하고 그가 "마치 즐거운 아이처럼" 행복해하던 모습을 기억한다. 그는 사람들의 관심과 주의를 받는 것과 일상적 리듬의 파괴, 그리고 일시적인 독신 생활에서 오는 매력을 좋아했다. 온갖 불안을 되살리는 가족 바캉스와는 달리 데리다에게 여행은 우울증에 대한 최상의 치료제였다. 하지만 자주 그랬던 것처럼, 현실은 매우 양면성을 지닌다. 떠나는 것도 기뻤지만 적어도 집으로 돌아오는 순간 또한 기뻤다.

멀고 피곤한 여행을 해야 하는 이러저런 초청을 받아들이는 것에 대해 장뤽 낭시가 놀라워할 때, 데리다의 대답은 거의 항상 같았다. "친구들이네. 거절할 수가 없었네." 우정이 그의 수락의 첫 번째 기준이었다. 데리다는 친구들을 만나고, 자기가 아는 곳을 다시 가고, 다시 말해 하나의 익숙한 형태의 습관을 붙이는 것을 좋아했다. 어바인에 가면 그는 뉴욕에 갈 때처럼 몇 가지 습관적 행위가 있었다. 볼티모어에 갈 때, 그가 좋아했던 일은 포의 집과 무덤을 보러 가는 것이었다. 프라하에서는 카프카 탐방을 빼먹지 않았다. 다른 모든 것과 마찬가지로, 장소들은 그것들이 불러일으키는 기억들 때문에 귀중했다. 마음을 가장 사로잡은 것은 이미 기억으로 가득한 곳들이었다.

---

49) *Ibid.*, pp. 40, 42.

이탈리아 여행은 데리다에게 특별했다. 그곳은 그가 "언제나 다시 오고 싶은" 유일한 나라라고 『따라 걷기』에서, 그는 썼다. 이탈리아는 그가 "마음이 맞는 벗들이나 학문적 벗들과 '함께' 공적이거나 학술적인 '계기'가 아닌 만남 속에서 종종 체류하고"[50] 싶은 드문 나라들 중 하나였다. 프랑스 남부는 이제 가기가 쉽지만은 않은 알제리를 대신했다. 데리다는 나폴리, 폼페이, 카프리 섬, 파에스툼과 시칠리아를 좋아했다. 마우리치오 페라리스에 따르면, 렌데에서 언젠가 데리다는 알제리에서 칼라브리아 주의 산적들에 대한 이야기를 자주 들었다면서 칼라브리아 주에 다시 와 기쁘게 생각한다고 말했다. "저녁 식사를 마치고 우리는 산책을 나갔는데, 자크는 어렸을 때부터 마피아에 굉장히 열광했다고 말했다. 바로 그때 가까운 한 주택에서 「대부」의 영화 음악이 흘러나왔다…"[51] 이탈리아 북부는 그의 친구들 발레리오와 카밀라 아다미와 연관이 있었다. 마르그리트와 그는 처음 몇 년은 아로나에서, 그 다음에는 마기오레 호숫가 메이나에서 며칠씩 그들과 함께 바캉스를 보냈다. 그곳에서 그는 여름 세미나에 즐거운 마음으로 참여하곤 했다. 그것은 그에게 꿈같은 일로, 이상적인 행복이었다. 즉 "호수 위로는 태양이 내리쬐고, 이탈리아 학생들과 예술가들 앞에서 예술 작품의 기원 같은 것들을 말하면서 보내는 2~3일"[52]은.

여행하는 일은 항상 간단치만은 않았다. 5년 동안, 데리다는 공포증

---

50) *Ibid.*, p. 143, p. 145.

51) Maurizio Ferraris, *Jackie Derrida. Rittrato a memoria*, Turin: Bollati Borighri, 2006.

52) Malabou and Derrida, *La contre-allée. Voyager avec Jacques Derrida*, pp. 56~57.

으로 비행기를 타지 못했다. 다시 비행기로 여행을 하기 위해 그는 무리를 해야 했다. 하지만 조금씩 나아졌다. 특히 그에 대한 대우가 좀 더 나아지면서 초청 때에 비즈니스 클래스나 일등석 비행기 표를 제공받았기 때문이다. 그 긴 비행 시간은 그에게는 특별한 순간으로, 마치 시간을 초월하여 대기 속에 있는 것처럼 방해받지 않고 일을 집중적으로 할 수 있었다. 하지만 불안증은 사라지지 않았다. 더 악화되어만 갔다. "나는 전혀 여행을 떠나지 못한다. […] 이미지들과 영화, 드라마와 오케스트라가 연주한 사운드트랙이 아무리 미미할지라도 나는 그것들 때문에 '집'에서 멀리 가지를 못했다. 집으로 돌아오지 못하고 죽을 것이라는 생각이 떠나지 않기 때문이다."[53]

불안증은 그의 가족에 대해서도 나타났는데, 데리다 자신이 곁에 없으면 가족이 위험에 처할 것 같았기 때문이다. 어느 곳이든 도착하자마자 곧 그는 집으로 전화해 확인을 했다. "호텔 방에 들어오자마자 벽을 둘러보기도 전에(때로 나는 심지어 며칠 동안 벽을 보지 않았다) 전화와 MCI나 ATT의 지역 번호를 찾아 전화를 했다."[54] 그 행태는 예일 시대에 폴 드 만과 힐리스 밀러가 케네디 공항에 그를 마중 나온 때부터 이미 그랬다. 그는 짐을 찾은 뒤 곧바로 전화통으로 달려갔다. 그는 그 '사건', 그 '아리방스'(arrivance)로 자신에게 중요한 주제들 중 하나로 만들었지만, "일어나는 모든 일은 결국 불행을 가져오고야 마는 것처럼, 아무 일도 일어나지

---

53) *Ibid.*, p. 15.
54) Catherine Malabou, "Prières", éds. Mallet and Michaud, *Derrida, Cahier de L'Herne*, p. 105.

않도록"[55] 끊임없이 기도했다.

데리다는 여가 활동이 거의 없었다. 어릴 때 아주 좋아하는 운동 중 하나였던 축구는 알제리를 떠난 후 하지 못했다. 콜레아 학교 시절 이후 그는 축구를 거의 하지 못했으며, 아주 가끔 텔레비전으로 경기를 시청할 뿐이었다. 1960년대 초, 그는 테니스를 규칙적으로 쳤다. 솔레르스가 데리다에 대해 간직한 첫 이미지는 2CV 자동차 뒷좌석에 놓인 테니스 라켓이었다. 1980년대에는 조깅을 했는데, 캘리포니아에 체류할 때의 유산이었다. 그러나 시간이 지나도 별 즐거움을 느끼지 못하자 그는 조깅도 마침내 포기하고 말았다. 걷기는 점점 더 재미가 없어졌다. 수영하는 것만 아주 즐겼는데, 그것도 해변에서만 했다.

미셸 모노리가 데리다를 극장에 끌고 갔던 시절 이후로, 그는 셰익스피어를 제외하고는 연극을 지겨워하게 되었다. 물론 그는 엘렌 식수가 쓴 작품들, 다니엘 메기쉬가 무대에 올린 희곡들, 장뤽 낭시와 필립 라쿠라바르트가 참여한 연극 등, 그의 친구들과 관련된 연극들은 빠짐없이 관람하며 주의 깊게 지켜보았다. 그러나 그것은 진짜 재미있어서라기보다는 우정 때문이었다.

영화는 훨씬 더 중요했다. 알제에서의 어린 시절과 라틴구에서의 학생 시절, 그는 많은 영화를 보았다. 리조랑지에서는 관람하기가 더 어려웠다. 그래서 데리다는 특히 미국에 있는 동안 영화관을 자주 찾았다. 영화를 주제로 한 주요한 두 저서의 저자인 들뢰즈와는 반대로, 데리다에게

---

55) Malabou and Derrida, *La contre-allée. Voyager avec Jacques Derrida*, p. 23.

서는 '영화팬'의 흔적을 전혀 찾을 수 없다. 그가 영화관을 찾는 것은 우선 금기로부터 해방되고 일을 잊는 한 방법이었다. 『카이에 뒤 시네마』(*Cahier du cinéma*) 지와의 흥미로운 한 인터뷰에서, 그는 그런 "흔적을 남기지 않는 문화"의 차원을 격찬한다.

> 그것은 여전히 대중적인 예술입니다. [⋯] 그것은 유일하게 위대한 대중예술이기조차 합니다. [⋯] 실제로 그것이 그렇게 남아 있을 필요가 있습니다. [⋯] 나는 뉴욕이나 캘리포니아에 있을 때, 사람들이 말하는 것이 어떤 것이든 아주 많은 영화를 보았습니다. 왜냐하면 나는 아주 착한 관객이었기 때문입니다. 그건 내게 자유로운 순간이자, 내게 꼭 필요한 그 영화와 대중과의 관계를 목격할 수 있는 순간입니다. [⋯] 그건 내 어린 시절의 선물이었습니다. 나는 영화가 나를 내 교수 자리에서 꾸준히 끌어내 주는 그 기여에 무한한 감사의 마음을 갖습니다. 영화는 내게 여전히 숨겨진, 비밀의, 갈망하는, 탐욕스러운, 따라서 어린이의 커다란 기쁨 같은 것입니다.[56]

데리다는 자기 생각에 너무 유럽적인 우디 앨런은 보통으로 좋아할 뿐이었다. 그가 좋아하는 것은 무엇보다 — 그의 생각에 순수한 미국 영화인 — 마피아에 관한 영화들이었다. 그는 「대부」 3부작이나 세르지오 레오네의 「원스 어폰 어 타임 인 아메리카」, 치미노의 「천국의 문」 같은

---

56) Antoine de Baecque, *Feu sur le quartier général*, Petite bibliothèque des Cahiers du cinéma, 2008, p. 71. 저자는 『카이에 뒤 시네마』(*Cahiers du cinéma*, no. 534, April 1999)에 '영화와 그 유령들'(Le cinéma et ses fantômes)이라는 제목으로 실렸던 인터뷰를 게재했다.

영화들을 좋아했다. "나는 영화에서 지식이나 지식인의 재능이 아닌, 연출의 재능을 좋아합니다."[57] 알제리 출신의 프랑스 유대인 보스들 세계의 한 가족에 대한 이야기인 알렉상드르 아르카디의 「속죄의 날」 또한 데리다가 좋아한 영화였다. 그는 그런 취향에 대해 솔직하게 고백했다. 어느 날, 고다르의 영화들이 그의 작품과 상상력에 영향을 미칠 수 있었느냐는 질문에 데리다는 아주 솔직하게 "전혀 영향이 없었다"[58]고 대답했다. 그럼에도 불구하고 그는 비교적 전위적인 영화인 켄 맥뮬런의 「유령의 춤」 촬영에서 즐겁게 연기를 했다. 그가 파스칼 오지에와 함께 자기 자신의 역할을 연기했던 것은 사실이다.

비록 『엘 파이스』지와의 인터뷰에서 "음악 재능"을 타고 났으면 하는 바람을 말한 적이 있지만, 그는 어린 시절 안달루시아의 아랍계 음악을 제외하면 음악에 거의 흥미가 없었다. 그는 자기 세대의 많은 청년들처럼 재즈를 좋아하여, 뉴욕에 체류할 때면 종종 재즈 콘서트에 가고는 했다. 그는 때로 폴 테브냉의 집에서 피에르 불레즈를 만났지만 현대 음악은 전혀 마음에 들어하지 않았다. 철학자이자 음악가인 로돌프 뷔르제와, 특히 그의 아들 피에르를 통해 데리다는 스트라스부르 출신의 그룹 카트 오노마를 좋아하여 여러 번 그들의 음악을 들으러 갔다.

어렸을 때부터 즐겁게 미술관을 자주 갔지만, 데리다는 자신의 연구 영역을 제외하고는 자신의 미적 안목에 대해 자신이 없었다. 그는 솔직하게 자신의 능력 부족을 고백했다. 시각예술에 대해 언젠가 질문을 받자,

---

57) *Ibid.*, p. 72.
58) Carole Desbarats and Jean-Paul Gorce, *L'effet Godard*, Milan, 1989, p. 110.

그는 이렇게 대답했다. "나는 그 분야에 대해서는 그것이 어떤 것이 되었든 남보다 먼저 이야기를 꺼내 본 적이 없습니다."[59]

답장을 하는 것이야말로 데리다의 작업의 진수였다. 그에게 그것은 또한 친구들과의 관계의 동력이었다. 1980년대 초까지 데리다는 대단한 서신 교환자였으며, 그의 책과 세미나를 제외하고 말하자면 그의 작업의 세 번째 부분이라고 말할 수 있는, 길고 내용이 풍부한 편지들을 썼다.

문자 그대로, 데리다는 아주 관대하고 개별화된 형태로 최선을 다해 유지하려는 관계와 친구들로 넘쳐났다. 베르나르 스티글러는 이렇게 회상하고 있다. "데리다는 모든 것과 모두에게 유례 없는 주의력과 놀라운 배려의 마음을 가지고 있었습니다. 그것은 마치 자신의 사상을 완전히 실천하고자 하는 욕심 같았어요."[60] 하지만 세계 각처로의 여행과 강의와 강연을 해감에 따라, 데리다에게는 엄청난 사회 연결망이 만들어졌고 그에 대처하기가 점점 더 어려워졌다. 1980년대 중반부터 그는 사방에서 쇄도하는 요청에 응하지 못하게 되었다. 어제 오늘의 지인들과 동료, 학생, 출판사, 번역가, 기자 등 전 세계에서 그에게 우편물이 쇄도했다. 그들은 그에게 강연과 콜로키엄의 참여, 기사, 추천장, 청원서 들을 간곡히 부탁했다. 하지만 그에게는 조교도, 비서도 없어서 더 이상 버틸 수가 없었다. 편지는 더 기능적이게 되었다. 그리고 불만은 되풀이되는 레퍼토리가

---

59) Peter Brunette and David Wills, "The Spatial Arts: an Interview with Jacques Derrida", eds. Peter Brunette and David Wills, *Deconstruction and the Visual Arts*, New York: Cambridge University Press, 1994를 참고 바람.
60) 베르나르 스티글러와의 인터뷰.

되었다. 그와 가까운 몇몇 친구들은 짜증을 내기도 했다. 1960년대에 가까이 지냈던 마리클레르 분은 그에게 내밀한 내용의 긴 편지를 계속해서 보냈지만, 답장이 오지 않자 실망을 감추지 않았다. "당신 정말 내게는 무관심한 것 같아요. 내게 편지도 쓰지 않고, 답장도 없으니 말이에요. 나의 편지들에 대한 당신의 마음, 당신 자신의 어려움들, 당신의 작업, 당신의 바람들이 어떤 것인지 전혀 알지 못해 유감이에요."[61] 그러나 어쩔 수 없어 데리다가 답장을 할 때면, 그녀는 짧아서 기대에 미치지 못해 실망을 했다.

1988년, 옛 친구 피에르 푸셰에게 보낸 편지에서 데리다는 "육체와 영혼을 진정으로 병들게 하는 심각한 서신 공포증"을 고백하면서, 그 때문에 특히 여행 기간 동안 쌓이는 우편물들에 답장을 할 수 없음을 고백했다.[62] 친구들에 대해서는 이제 그는 전화를 선호한다. 보내오는 책들에 대해 그렇게도 기분 좋은 편지로 고마움을 표했던 그였는데, 이제 그럴 만한 용기가 나지 않았다. 그런 어려움에도 불구하고 그가 좋아하는 친구와 동료들이 부탁하는 추천서를 써 주는 일에는 결코 소홀하지 않았다. 그 추천서들 중에는 그 어떤 것들보다 더 완전하고 효과가 있었던 것이 10여 통이 있다. 그의 많은 친구들은 자신들의 자리를 구하는 데 그에게 큰 신세를 졌다.

데리다는 진심 어린 친구였다. 드 만이나 알튀세르, 낭시처럼 유명한 사람들이든 그보다 덜 알려진 사람들이든 데리다는 자기가 사랑하는 친

---

61) 마리클레르 분이 데리다에게 보낸 1982년 8월 30일 편지.
62) 데리다가 피에르 푸셰에게 보낸 1988년 2월 5일 편지.

구들에 대해 마음을 다했다. 하지만 그는 그 대가로 많은 것을, 때로는 너무도 많은 것을 요구했다. 스티글러가 말하는 것처럼, 그것은 "그의 우정 어린 관대함의 부정적인 이면"이었다. 그리하여 그는 일종의 망상증을 키워, 가장 가까운 친구들조차 느닷없이 신의를 저버렸다고 의심을 받았으며, 더한 경우 배신을 의심받기까지 했다. 미셸 드기에 의하면, "자크는 무척 자존심이 강해서, 자신의 재능을 주저 없이 받아들일 수 있었던 사람들만 용인했다." 공개적인 대립이 발생할 때는, 그는 빈틈없는 결속을 요구했다. 예컨대 드 만 사건이 터졌을 때 그는 가야트리 스피박과 멀어졌는데, 그의 생각에 그녀가 자신의 입장을 선명하게 취하지 않았기 때문이다. 또 다른 여러 이유들에서 그는 니콜라스 아브라함이 죽고 난 뒤 얼마 되지 않아 마리아 토록을 더 이상 만나지 않았다. 그의 여러 친구들은 심지어는 그 느닷없는 결별을 은근히 두려워하면서, 자기가 "적들"의 편이나 "그에게 반대하는" 사람으로 분류될까 걱정을 했다.

그 냉혹함의 이면은 호의의 성향이었다. 알렉산더 뒤트만은 여러 번 "당파" 효과에 짜증이 났던 것을 인정한다. "내세울 것으로는 충성심밖에 없는 몇몇 사람들을 그 정도로 데리다가 배려하는 것에 나는 화가 났습니다. 하지만 그는 사람들이 자신을 이해해 주는 것을 훨씬 넘어, 기어이 사랑해 주기를 원했습니다."[63] 데리다는 종종 자신이 불러일으킨 모방으로 고통스러워했지만, 여러 면에서 보면 그는 그 모방을 받아들이고 부추겼다. 아비탈 로넬은 이렇게 평가했다. "데리다는 자기에게 아첨하는 대부분의 사람들이 뛰어난 사람들이라는 것을 진심으로 확신했다고 나는 생

---

63) 알렉산더 가르시아 뒤트만과의 인터뷰.

각합니다. 그는 아마 자신을 안심시키는 일종의 거울을 자기 제자들에게서 발견했던 것 같습니다. 문제는, 그가 그들이 비범하다는 말을 계속해서 이야기하는 바람에 그들 중 많은 이들이 정말로 그렇게 믿기 시작하여 꼴불견의 인간들이 되어 버렸다는 겁니다."[64] 어쩌면 그는 그들의 범용을 보고 싶지 않았을 것이다. 아마도 그는 그들이 자신에게 줄 도움들에 대해 모르지 않았을 것이다.

오랫동안, 공개적인 데리다의 발언에서 알제리와 유대성에 대한 언급은 거의 없었다. 해가 갈수록 데리다는 자신의 출신을 받아들여, 자신의 글과 사유에서 그것에 한 자리를 부여했다. 그러나 많은 것들에 대해서처럼 양면성이 존재했다. 예컨대 그는 어린 시절과 청소년기에 가졌던 알제리 출신 프랑스인의 억양을 충분히 "지워 극복했다"라고 느꼈다. 그러나 녹음된 것들을 들을 때, 그는 자신의 발성법에 그 억양이 아직 좀 남아 있다는 것을 인정했다. "내가 생각하기에 그것이 심하지는 않은 것 같습니다. 그리 표시가 나는 것 같지는 않아요. 하지만 표시가 나기는 합니다. 'e'를 발음할 때 구강 폐쇄의 문제와 어떤 발성법 및 빠른 발성의 문제, 그리고 발음할 입이 조금 닫히는 문제 등에서… 나는 이 억양에 대해서는 그리 마음이 편치 않습니다."[65] 알제의 억양이 튀어나오는 것은 아주 흥분할 때나 분노할 때였는데, 억양이 그렇게 나오는 것을 그는 쉽게 용납하지 못했다. "한편으로는 권위적인 면이 있고 다른 한편으로는 출

---

64) 아비탈 로넬과의 인터뷰.
65) "Le bon plaisir de Jacques Derrida", produced by Didier Cahen, France Culture Radio Channel, March 1986. Derrida, *Points de suspension*에 재수록.

854   3부_자크 데리다 1984~2004

신지의 억양이 섞인 내 목소리가 참 싫다. 그것들을 극복하기 위한 노력이 어느 정도 실패한 만큼 더욱더 싫다."[66]

데리다와 그의 가족과의 관계는 양면성을 갖는다. 언젠가 다시 자키가 되었을 때, 그는 자신의 과거와 자기 자신의 저항에 대면했다. 때로 짜증이 나고 수치심을 느끼거나, 가족들이 그의 책을 읽어 보려 하지 않아 적절한 대화거리가 아주 드문 것에 실망하기도 했지만 그는 그들에게 놀라운 애착심을 갖고 있었다. 하지만 그는 자신의 어머니가 "거의 30년 동안 한 주에 두 번" 그가 써 보낸 카드와 편지를 "거의, 아니 고작 몇 장밖에 간직하고 있지 않은 것"[67]에 깊은 상처를 받았다. 그럼에도 불구하고 매년 돌아가신 아버지의 생일이 돌아오면 그는 마치 흩어진 문중(門衆)을 다시 모이게 하려는 것처럼 어머니를 찾았다. 그리하여 매년 여름, 그와 마르그리트는 니스와 거의 붙은 빌프랑슈 쉬르 메르에서 예전에 알제의 해변에서처럼 가족과 함께 몇 주를 보냈다. 그의 조카인 미슐린 레비의 기억에 의하면, 그는 가족과 함께 머물 때면 누군가가 자기에게서 잠시라도 떠나는 것을 매우 싫어했다고 한다. 그는 거의 대부분의 시간을 독서에 빠져 아무 말 없이 지낼지언정, 식구들을 곁에 붙잡아 두고 싶어 했다.[68]

라사에서든 코트 다쥐르의 해변에서든 바캉스는 매우 의식화되어

66) 데리다의 1976년 12월 30일 개인 노트, 어바인 아카이브.
67) Jacques Derrida, "Circonfession", Geoffrey Bennington and Jacques Derrida, *Jacques Derrida*, Seuil, 1991, p. 152.
68) 미슐린 레비와의 인터뷰.

버려서, 데리다에게 가장 중요한 요구 조건은 그가 집중적으로 일할 수 있는 환경인가 하는 것이었다. 빌프랑슈에서 처음에 그들은 베르사유 호텔에 머물렀다. 그러나 데리다는 그곳이 너무 시끄러워 곧 라 플로르 호텔을 더 좋아하게 되었다. 그 호텔 역시 그 마을의 언덕 위에 자리 잡고 있었다.[69] 그곳은 세상에서 가장 아름다운 관광지 중 하나라고 그는 자주 동생들에게 말하곤 했다. 습관대로 그는 아침 6시에 일어나 커피 한 잔을 마신 뒤 일을 시작했다. 오후에는 오랫동안 수영을 했다. "그는 항상 '다시 사는 느낌이야'라고 말했다"라고 그의 동생 르네는 회상한다. 멋을 부리는 데리다는 몸을 태울 수 있는 것과, 일상에서 너무 억눌려 있던 육체의 활기를 되찾는 것에 흐뭇해했다. 그는 파리에서는 누리지 못하는 두 가지, 캘리포니아에 대한 그의 사랑과도 무관하지 않은 두 가지, 즉 태양과 바다를 한껏 향유했다. 데리다는 또한 옛 친구들을 만나 마티스 미술관과 매그트 미술관 같은 자신이 좋아하는 곳을 즐겨 찾았다. 매년 그는 에즈를 찾아 그곳에 오래 살았던 블랑쇼에게 우편엽서를 보내는 상징적인 행위로 바캉스를 마무리하곤 했다.

데리다는 조금은 낡아빠진 몇 가지 가문의 유산을 결코 떨쳐 내지 못했다. 그의 어머니는 액운을 막기 위해 여러 가지 의식을 행했다. 페기 카무프에 따르면, 데리다는 자신을 조롱하면서도 유달리 미신을 믿었다. 예컨대 그의 어머니는 녹색을 싫어했는데, 데리다에게도 녹색은 항상 불행과 연관되었다. 그는 녹색 옷을 철저히 피했으며, 그 색깔의 옷을 마르그

---

69) 자닌 메스켈과 피에로 메스켈과의 인터뷰 및 르네 데리다와 에블린 데리다와의 인터뷰.

리트가 입는 것도 좋아하지 않았다. 그 미신은 강박관념이 되어 심각한 국면을 초래하기도 했다. 로버트 하비에 의하면, 어느 날 뉴욕에서 데리다는 녹색커버 의자에 앉고 싶지 않아 강연을 지연시키기까지 했다. 그 공포증은 한 가지만이 아니었다.

> 가족의 이 미신을 지금도 여전히 믿는다. 어딘가로 가기 위해 일단 문지방을 넘으면 결코 되돌아오지 않는다는 것. 코미디 같은 일이지만, 나는 그 이유를 설명하지 못한다. 특히 먼 여행을 떠나는 당신의 발에 어머니나 누이 또는 아내가 문지방에서 물을 뿌린 뒤에는 반드시 돌아서서 작별인사를 하고 떠나야 한다. 그래야만 당신은 살아 돌아올 수 있다.[70]

이는 단순한 전통의 문제가 아니다. 이런 믿음들은 데리다의 불안과 직접적으로 관련이 있다. 어느 날, 마르그리트가 집에 뭔가를 깜박 놓고 나간 뒤 그걸 가지러 다시 집으로 들어오자 데리다는 그녀에게 이렇게 물었다. "왜 그래요? 당신 내가 하루 종일 불안에 떨기를 바라는 거요?" 비록 그 유산에 대해 종종 막연한 죄의식을 느꼈지만, 그는 그것을 사유의 주제로 삼아 보려고 애썼다. 그리하여 유령성(spectralité)의 주제는 그의 작품에서 점점 더 큰 위치를 차지하게 되었다. 어쨌든 프로이트도 특히 페렌치와의 관계에서 그 문제들에 열중했다. 데리다는 그의 글 「텔레파시」에서 때로는 조롱을 받는 그 관심사에 대해 호기심과 호감을 갖고 연

---

70) Malabou and Derrida, *La contre-allée. Voyager avec Jacques Derrida*, p. 263.

구했다.[71]

데리다는 '과잉'의 인간인 만큼 어쨌든 결핍의 인간이기도 했다. 그의 고독은 아주 크고 깊었다. 아비탈 로넬은 데리다가 특히 어떤 식사 자리에서 아주 멍하게 보였던 것을 기억한다. "그의 둘레에는 무시무시한 울타리들이 있었습니다. 데리다는 다른 사람과 관계를 맺을 때 그와 대결하는 그런 관계는 맺고 싶어 하지 않았어요. 내가 어떤 '침입자'를 받아들이면, 그는 그를 받아들이기는 했지만 그 스스로 누군가를 그 영역에 끌어들이는 일은 절대 없었습니다."[72] 관대하고 감탄스러운 강연자요, 친구와 지인들에 대해서는 배려의 마음으로 가득 찬 그 사람은, 일생 동안 내내 자신의 사생활 보호에 대한 거의 절대적인 보증 체계를 구축하는 데 성공했다. 이미 오래 전부터, 심지어는 그가 우울증을 앓았던 시기조차도 그에게는 글쓰기를 통해서만 표현될 수 있는 불안정하고 비밀스러운 것이 있었다. 그가 가진 철학에 대한 생각과 따로 생각할 수 없는 중요하고 까다로운 어떤 것, 즉 편리한 대화 수단이기는커녕 까다롭고 위험한 길이라는 것을 그는 어느 날 인정했다.

철학자는 완전히 광적인 욕망과 야망을 가진 자입니다. 가장 위대한 정치인들의 권력욕조차 철학자의 욕망에 비하면 아주 하찮고 어린애 같은 욕망입니다. 철학자는 철학 작업에서, 규모와 크기로 볼 때 다른 누구에게서보다 무한히 더 강한 지배 계획과 동시에 지배의 포기를 보여 줍니

---

71) 처음에 1981년 『푸로』(Furor) 지에 게재된 「텔레파시」(Télépathie)는 이후 데리다의 『프시케』에 재수록되었다.
72) 아비탈 로넬과의 인터뷰.

다. […] 내가 철학을 좋아하는 것은 바로 그 정상을 벗어난 태도 때문입니다. 그것은 다른 형태의 담론들과, 때로는 모든 예술 법칙들과도 비교가 안 됩니다.[73]

5장_기관의 경계에서
1991~1992

1991년 초, 쇠이유 출판사 '현대인' 총서 시리즈로 제프리 베닝턴과의 공저 『자크 데리다』가 출간되었다. 이 책은 오랫동안 자크 데리다의 저작에 대한 가장 나은 입문서로 간주되었다. 작품에 대한 데리다의 기여는 『할례/고백』에만 한정되지 않았다. 그는 많은 개인 사진과 함께 오랫동안 가장 완전한 연보를 제공하는 '장르의 법칙' 부분의 주저자이기도 했다. 베닝턴은 이렇게 설명한다. "비록 전기 부분이 내가 쓴 걸로 되어 있지만 대부분은 데리다가 썼습니다. 드니 로슈는 사실에 근거한 요소들에 집착했지만, 데리다도 나도 전통적인 전기를 원치 않았습니다. 생략한 것들은 그가 한 것입니다. 나는 그가 내게 주고 싶은 자료만 바탕으로 작업했습니다."[1] 르 망에서의 "우울하고 심각한 우여곡절"에 대한 것을 포함하여 가족, 어린 시절, 청소년기에 대한 많은 속내 이야기가 있었지만, 그 전기는 그가 연구물을 출간하기 시작한 때부터는 전적으로 사실에 근거했다. "나는 공개된, 이를테면 과다하게 노출된 또는 소위 '객관적으로 확인

---

1) 제프리 베닝턴과의 인터뷰.

될 수 있는 사실들'과 '행위들'만을 골랐다. 그것들은 항상 가장 의미 있고 흥미롭거나, 또는 가장 결정적인 것들만은 아니다." 전기적인 그 지표들 대부분은 "변덕스러웠지만 기꺼이 […] 간헐적이거나, 또는 조금은 임의적으로 J. D.가" 자신에게 넘겨줬다고 제프리 베닝턴은 강조했다.[2]

이 책이 출간되자마자 데리다는 젊은 시절의 여러 친구들로부터 감동 어린 편지를 받았다. "장 벨맹노엘은 '자크'라는 이름 대신" 연신 '자키'라고 부르면서, "지적인 감동의 눈물"을 흘리면서 그 책을 읽었다고 그에게 말했다. 『할례/고백』은 그에게 자신의 삶 속에 "시간을 초월하여 보존된" 자키의 "어떤 존재 형태"를 기억하게 해주었다. "나는 정말 그 모든 것에 큰 감동을 받았네. 또한 위에서 뭔가가 공격을 하여 놀라기도 했는데, 그에 맞서기 위해 눈을 들어 멀리 바라보아야만 했네."[3] 로베르 아비라셰드, 피에르 푸셰 같은 젊은 시절의 다른 친구들도 같은 느낌을 받았다.

언론도 매우 긍정적이었으며, 그 책에 대한 데리다의 도움을 강조했다. 『르 누벨 옵세르바퇴르』지의 디디에 에리봉은 『할례/고백』을 호평했다. "비현실적인 전기가 교양소설과 겨루는 아주 눈부신 이야기로, 철학자(작가?)는 우리에게 그의 가장 멋진 성공작 중 하나를 선사했다."[4] 『리베라시옹』지의 마르크 라공과 『르 피가로』지의 클로드 장누 또한 아주 호의적인 기사를 내보냈다. 좀 늦게 『르 몽드』지에 글을 게재한 로제폴

---

2) "Actes (La loi du genre)", Geoffrey Bennington and Jacques Derrida, *Jacques Derrida*, Seuil, 1991, pp. 296~297.
3) 장 벨맹노엘이 데리다에게 보낸 1991년 3월 1일 편지.
4) *Le Nouvel Observateur*, 14 March 1991.

드루아는 아주 당혹스러워했다. 『할례/고백』은 그에게 "아주 이상한, 몰염치와 술수의 혼합물일 뿐만 아니라 엉성하고 위험한 보잘것없는 것이어서 봐주기 어려운" 텍스트였다. "모든 층의 독자에게 적절한 분량인 그 책은 아마 책략과 진실, 신경질과 감동 사이가 구분되지 않는 어떤 불편함을 또한 야기할 수 있다."[5]

데리다의 가장 독창적이고 가장 알기 쉬운 텍스트 중 하나인 『할례/고백』의 극적인 특징은 그것이 구상된 배경과 직접 연관되었다. 제프리 베닝턴의 엄격한 분석을 대화체로 만들어 더 잘 해체함으로써, 데리다의 텍스트는 그 분석과 거의 분리할 수 없게 되었다. 꽤 칙칙한 회색 바탕에 페이지 하단 1/3의 공간에 국한된 이 텍스트는, 하단에 양이 엄청나게 많은 각주처럼 보여서 별로 보기가 좋지는 않았다. 그러나 다른 텍스트들보다는 더 완전한 작품으로 평가받을 만했다. 그 책은 『조종』의 활판 인쇄상의 절묘한 솜씨나 데리다가 몇 년 동안 꿈꾸어 왔던 할례에 관한 훌륭한 책과는 거리가 멀었다. 물론 이 책은 그와 같은 모습으로 구상되었었다. 그럼에도 불구하고 실제 작업은 한계에 직면하여, 『할례/고백』에서 그의 잠재적인 많은 독자들을 멀어지게 만들었다. 이 텍스트에 아주 각별한 중요성을 부여한 엘렌 식수는 그녀의 학생들과 자주 이 책에 대해 수업하면서 바탕의 회색을 지우고 확대 복사를 하여 학생들에게 나누어 주었다. 『젊은 유대인 성인(聖人)으로서 데리다의 초상』(Portrait de Derrida en jeune saint juif)에서 그녀는 『할례/고백』의 몇 페이지를 천연색 문자와 단어들로 수놓아 일반 판형으로 재수록하여, 데리다의 텍스

---

5) *Le Monde*, 12 July 1991.

트의 아름다움을 정당하게 평가해 주었다. 이 아름다움은 1993년 에디시옹 데 팜므를 위해 데리다에 의해 녹음된 오디오 버전에도 잘 드러난다. [6]

쇠이유 출판사의 『자크 데리다』와 같은 시기에 전혀 다른 종류의 작은 책 『다른 곶』이 출판된다. 이 책은 전년도에 토리노에서 지아니 바티모의 주재로 열린 '유럽의 문화적 정체성'에 대한 콜로키엄 때 했던 발표문이다. 이 중요한 정치적 발표문에서 데리다는 특히 한 문화의 고유성은 문화 그 자체와 같지가 않다는 생각을 전개한다. "정체성을 갖지 않는 것이 아니라 동일시될 수 없다는 것, '나' 또는 '우리'라고 말할 수 없다는 것, 자기 자신과의 비동일성 속에서만, 이 말이 더 낫다면, 자기 자신과 다름 속에서만 주체의 존재 형태를 가질 수 있다는 것."[7] 옛 소비에트 사회주의 연방에서와 마찬가지로 옛 유고슬라비아에서 자주민족주의가 유혈사태를 빚으면서 되살아나는 때에, 데리다는 유럽의 국경에 대해 성찰한다. 예컨대 후설과 폴 발레리의 경우처럼, 끊임없이 내리고 싶어 하는 유럽에 대한 정의는 무엇보다 타자의 배제에 기초한 부정적인 형태가 아닌가? 데리다에게 그런 유럽과 일체가 되는 것은 당치도 않은 일이다.

나는 유럽인입니다. 나는 확실히 유럽 지식인입니다. 나는 그렇게 상기

---

6) 『할례/고백』은 거의 탈무드적으로 여러 권의 저서의 출판을 야기했다. Hélène Cixous, *Portrait de Derrida en jeune saint juif*, Galilée, 2001; Brunot Clément, *L'invention du commentaire, Augustin, Jacques Derrida*, PUF, 2000; *Des Confessions. Jacques Derrida, saint Augustin* (2001년 9월 빌라노바대학에서 열린 콜로키엄 발표논문집. 프랑스어로는 2017년 스톡 출판사에서 '다른 생각'(L'autre pensée) 총서로 출판되었다.

7) Jacques Derrida, *L'autre cap*, Editions de Minuit, 1991, p. 16.

시키기를 좋아합니다. 나는 내게 그렇게 상기시키기를 좋아합니다. 그런데 왜 나는 그런 유럽을 부인하지요? 무슨 목적으로? 그런데 나는 속속들이 유럽인도 아니고, 속속들이 유럽인이라고 느끼지도 않습니다. 이 말로 내가 말하고자 하는 것은, 꼭 말하고자 하는 것은, 아니 내가 말해야 하는 것은 이렇습니다. '나는 속속들이 유럽인이 되고 싶지도 않고, 속속들이 유럽인이 되어서도 안 된다.' '완전한 권리를 가진' 귀속과 '속속들이' 귀속되는 것은 양립불가능하게 될 것입니다. 나의 문화 정체성 […]은 오직 유럽적이지만은 않습니다. 문화 정체성은 문화 정체성 그 자체와 동일하지가 않습니다. 그러므로 나는 속속들이 '문화적'이지가 않습니다.[8]

1991년 초에는 어쨌든 데리다의 작품이 프랑스에 수용되는 차원에서 새로운 한 획이 그어졌다. 3월에 『르 마가진 리테레르』지는 상당한 분량을 데리다에게 할애하여 소개하면서도 좀 당혹스러워한다. "독특한 인물인 자크 데리다는 유명해졌다. 그의 이름은 5대륙에서 떠돈다. 그는 사람들을 매료시키는 동시에 불안하게 한다. 데리다는 수수께끼 같은 이름이다. 그 수수께끼의 열쇠를 내줄 때가 됐다."[9] 그 잡지는 프랑수아 에발드와의 긴 인터뷰를 비롯하여 여러 기사와 연구의 글을 함께 실었다. 하지만 가장 새로웠던 것은 아마 카를로스 프레이레의 사진 르포였을 것이다. 쇠이유에서 출판한 책에 개인 사진들을 삽입함으로써 데리다는 돌파

8) *Ibid.*, p. 80.
9) *Le Magazine littéraire*, no. 286, March 1991, p. 16.

구를 열었다. 브라질 출신의 그 사진작가는 데리다를 그의 집과 서재, 그리고 다락방에서 촬영했다. 그가 수집한 파이프와 귀여운 시트로엥 차 사진도 실었다. 사회과학고등연구원 바로 앞 라스파이 가의 한 카페에서 찍은 사진과 계단식 교실에서 학생들과 함께 찍은 사진, 그리고 뤼테티아 호텔의 로비에서 찍은 사진도 볼 수 있었다. 사진작가에게 십분 공감했음에도 불구하고, 데리다는 사진이 잘 나오기를 포기했지만, 그 이상으로 사진을 잘 받았다. "그는 마치 복싱 선수처럼 어깨를 슬며시 구부리면서 포즈를 취했다"고 카를로스 프레이레는 회상했다.[10]

1960년대와 1970년대 내내 데리다가 사진 찍기를 거부한 것을 보아온 베르나르 포트라 같은 사람들은 그런 태도 변화에 화가 났다. "나는 데리다의 '반미디어적인' 태도를 매우 좋아했습니다. 그는 인터뷰도 응하지 않았고, 누가 자기 사진을 찍는 것도 내버려 두지 않았습니다. 나는 베닝턴과의 그 공저와, 이후 그에게 첫 번째로 할애된 『르 마가진 리테레르』 지를 보고 충격을 받았습니다. 사적이거나 순전히 일화적인 이미지들을 포함하여 사방에서 그의 사진을 볼 수 있었습니다. 고백하지만, 나는 크게 실망을 했습니다."[11]

여러 면에서, 교육자로서 데리다의 여정은 그의 취향에 맞는 청중들을, 즉 커리큘럼이나 시험이 주는 구속에서 벗어나 그의 말을 들으러 오는—따라서 그들에게 그가 원하는 대로 말해도 되는—청중들을 창조

---

10) 카를로스 프레이레와의 인터뷰.
11) 베르나르 포트라와의 인터뷰.

해 내는 것이었다고 말할 수 있다. 소르본에서, 이미 그는 르 망고등학교에서보다 좀 더 자유로웠다. 사회과학고등연구원에서 그는 고등사범학교에서보다 훨씬 더 자유로웠다. 해가 가면서 그는 그 좋은 상황을 어떠한 변명도 필요 없이 최대한 향유했다.

데리다는 수요일 오후 5시에서 7시까지 세미나 수업을 했다. 그것은 이미 월름 가에서의 그의 시간표이기도 했다. 책과 서류가 넘치도록 가득든 낡은 가방을 들고 도착하여, 그는 참고할 논문과 책들을 자기 앞에 주의 깊게 배열해 놓았다. 그는 강의실에서 마치 즉석에서 하는 것처럼 '말하지만' 사실 처음부터 끝까지 이미 다 써 놓았다.

데리다는 때로는 라캉 같은 방식으로 청중의 주의를 즉각 사로잡는 재주를 갖고 있었다.

이것은 보통 때처럼, 나의 모든 세미나가 아마 그랬던 것처럼, 짧은 연애론일 것입니다. 부탁하지만, 내가 사랑에 대해 강의하겠다고 해놓고 어떤 선동이나 한다고는 생각하지 마세요. 나의 말이 세레나데를 들으러 온 사람들을 붙잡아 놓기보다 달아나게 하지 않을까 두렵습니다.[12]

데리다가 잘 알고 있는 곤란한 점 중 하나는 그의 단골들(단골이 대다수다)과 처음 오는 청중에게 동시에 세미나를 해야 하는 일이었다. 왜냐하면 모든 '프롤로그'는 역시 '에필로그'여서 새로 시작하는 모든 세미

---

12) Jacques Derrida, "Aimer-manger-l'autre", unpublished seminar, 7 November 1990, archives Irvine.

나는 이전 것의 연속이기 때문이다.

> 매년 그랬던 것처럼 나는 불가능한 일, 즉 다시-시작하는 일(re-commencer)을 해야 합니다. 계속해서 시작하는 것, 이미 말했던 것을 반복하는 것, 그리고 새로운 출발을 반복하는 것. 세미나를 하다가 중단된 곳에서 다시 이어 나가는 것. 그런데 항상 너무 앞부분에서 중단이 되어 나머지 부분을 이어 나가기가 쉽지가 않은 데다, 그 나머지 부분은 또 항상 너무 많이 남은 것 같기만 합니다. 그런데 나는 다시 시작하는 것과 동시에 작년에도 그 이전 몇 해 동안에도 참석하지 않았던 사람들을 위해 시작해야 합니다. 왜냐하면 실제로 같은 세미나를 적어도 6년 전부터 천천히 계속해서 제목만 바꾸어 가면서('국적과 철학의 민족주의', '칸트, 유대인, 독일', '정치와 우정', '에메-망제-로트르'(Aimer-manger-l'autre) 등등) 하기 때문입니다. 그런데 그것들은 같은 관심사, 즉 내용이 아직 완성되지 않은 문제들의 동일한 원인에 대한 환유들일 뿐입니다.[13]

갓 스무 살에 데리다의 강의를 처음 들으러 왔던 이브 샤르네는 강연의 경탄스러움에 대해 이렇게 완벽하게 묘사했다.

> 그 목소리는 열렬한 여성 청중들과 열중한 남성 청중들에게 천천히 마법을 걸기 시작했다…. 마법은 그 사유의 샤먼의 음성 서명으로 내게 남을 것이다. 기억에 남을 만한 각각의 강의가 두 시간 진행되는 동안, 자

---

13) *Ibid.*

크 데리다는 자신의 사유의 주위를 끊임없이 맴돈다. 그렇다, 사유를 맴돌게 하는 것. 미국 여인들, 미국 남자들, 일본 여인들, 일본 남자들, 독일 여인들, 독일 남자들, 세계화된 세계의 젊은이들이 열광하는 인상적인 청중들이었다. [⋯] 우리에게 스며드는 시적 에너지를 지닌 그 말의 쇼크에 큰 몫을 했던 개성미, 즉 개인적인 광채에 대해 나는 강조하고 싶다. [⋯] 한 몸 주위로 교육 공간을 집중시키는 그 방법. 학생들이 말의 열정을 육체적으로 경험한다고 느낄 정도로 가르치는 행위에 열중하는 한 몸.[14]

해가 가면서, 데리다의 강의는 대학의 모든 수사학으로부터 자유로워졌다. 자주, 그는 여러 여담을 곁들이면서 철학적 전통을 종횡무진 다루었다. 1991~1992년의 「비밀을 풀다」(Répondre du secret)에서 그는 허먼 멜빌의 『필경사 바틀비』를 중요하게 다룬다. 하지만 또한 그는 헨리 제임스의 『융단 속의 무늬』와 미셸 푸코의 『레이몽 루셀』, 아니 르클레르의 『열쇠』, 오비디우스의 『변신』, 욥기, 마태복음을 언급한다. 프로이트와 하이데거, 파토치카도 빼먹지 않는다. 「증언」에 할애된 2년 동안, 데리다는 키에르케고르와 프루스트, 첼란, 블랑쇼, 그리고 리오타르의 저서들을 종횡무진 가로지르는데, 사이사이 아주 뜻밖에도 위고와 헤밍웨이, 안토니오니의 영화 「욕망」, 클로드 란츠만의 영화 「홀로코스트」, 로스엔젤레스의 로드니 킹의 소송에 대해서도 언급한다.

---

14) Yves Charnet, "Un jour pour parler", hommage à Derrida, 2004. http://remue.net/cont/derrida_charnet.html.

세미나는 데리다의 실험실로, 그가 새로운 생각들을 구상해 내고 테스트하는 순간이었다. 그는 그곳에서 자신의 책이나 대강연들에서 발전시킬 연구의 실마리들을 실험했다. 하지만 그것은 또한 특혜를 누리는 순간, 최고의 권위를 가지고 자유롭고 만족스럽게 말을 할 수 있는 순간이었다. 프랑수아즈 다스튀르는 그 점에 대해 이렇게 아주 잘 말하고 있다. "1987년에서 1994년 사이 내가 그의 세미나에 참석한 몇 년 동안 나는 희귀한 것을 목격했습니다. 형성되어 가는, 말하자면 위험을 무릅쓰고 형성되어 가는 한 사상을 말이에요."[15] 아비탈 로넬은 데리다의 그 순간들의 중요성을 확인해 주었다. "세미나는 데리다에게, 비록 그가 전적으로 그것에 전념했지만, 어떤 평안을 주는 것이었습니다. 모든 책무가 유보되기 때문이에요. 두세 시간 동안, 그는 발언권을 쥐고 자기 마음대로 행사할 수 있었습니다. 그는 물을 마시기 위해 세미나를 중단하지 않는다는 것을 마치 어린애처럼 자랑을 했습니다. 그는, 어떤 식이든 중간에 잠시라도 쉬지 않았습니다. 나는 그것 때문에 좀 짜증이 났어요. 하지만 그는 사람들이 첫 시간만 듣고 가거나, 둘째 시간이 이미 시작된 뒤에 오는 것을 싫어했던 것 같아요."[16]

비록 데리다가 사회과학고등연구원에 만족스러움을 느꼈지만, 그럼에도 불구하고 그는 프랑스 대학 기관 중에서 가장 명문인 콜레주 드 프랑스를 동경했다. 베르그송, 발레리, 메를로퐁티, 레비스트로스, 푸코, 바

---

15) 프랑수아즈 다스튀르와의 인터뷰.
16) 아비탈 로넬과의 인터뷰.

르트를 비롯하여 그 밖의 많은 사람들이 그곳에서 가르쳤다. 1982년부터 그곳의 교수였던 부르디외가 말했던 것처럼 그곳은 "명성이 자자한 이단 자들"의 장소였다. 데리다와의 들쭉날쭉한 관계에도 불구하고, 『구분짓기』의 저자는 그를 콜레주 드 프랑스의 교수로 데려오고 싶었다. 그러나 1990년 봄, 비공식적인 회의에서 그가 처음으로 그 생각을 내비쳐 보았는데 강력한 반대에 부딪쳤다. 지지자를 찾기 위해 부르디외는 이브 본푸아에게 도움을 청했다. 그는 시학 정교수였다.

본푸아와 데리다는 적어도 1968년부터 서로 알고 지내 왔다. 그 두 사람은 미국에서 정기적으로 가르쳤으며, 역시 둘 다 프랑스에서 너무 진가를 인정받지 못하고 있다고 생각한 폴 드 만의 친구였다. 생각 끝에, 본푸아는 성공할 가능성이 높다고 판단했다.

이곳에는 당신에 대해 반대하는 사람이 몇 있습니다. 하지만 그렇게 많지는 않습니다. 모든 것은 우리 학자들 손에 달려 있습니다. 부르디외는 불신을 살 수 있었습니다. 그도 알고 있습니다. 하지만 생각보다는 덜합니다. 그러니 나는 큰 희망을 갖습니다. 나는 우리의 친구에게 말했습니다. 만일 그가 이 일이 바람직스럽다고 생각하면 나도 당신을 추천할 준비가 되어 있다고 말입니다. 그러면 아마 우리 동료 중 몇 명은 안심할 것입니다.[17]

데리다는 본푸아의 지지에 크게 감동했다. 그는 자신의 지원으로 본

---

17) 이브 본푸아가 데리다에게 보낸 1990년 7월 14일 편지.

푸아가 큰 어려움에 처하지 않을까 걱정을 했다. 하지만 그 계획이 가망이 없어 보이지는 않아 그는 기뻤다. 1990년 가을, 사전 이면공작이 조심스럽게 진행되었다. 본푸아는 앙드레 미켈에게 접근했다. 분명히 그는 데리다에 대한 찬성표와 반대표를 알아볼 수 있는 가장 좋은 위치에 있었기 때문이다. 만일 찬성표가 더 많으면 데리다는 공식적인 서류 준비를 시작할 수 있었다. 본푸아는 "철저히 (그리고 잘)" 데리다의 지원을 옹호하겠다고 말해 주었다. 그것은 상당히 교활한 전략을 상정하는 일이었다.

> 단순히 자질을 말하면서 당신을 추천하기보다는 내 동료 중 몇몇을 불안하게 하는 선택 사양을 단번에 내거는 게 내 생각에는 더 적절할 것 같습니다. 즉 콜레주는 내부 학자들 간의 대화 상황을 조성하는 일이 절실히 필요한 때에, 그들이 자신들의 사상을 더 발전시켜 나가기 위해 필요한 경쟁자가 바로 당신이라는 것을 보여 주는 것입니다.[18]

1991년 1월, 부르디외와 본푸아는 상황이 호의적으로 기울었다고 느꼈다. 데리다는 11월에 있을 지원에 필요한 서류를 준비할 필요가 있었다.[19] 그러나 유감스럽게도 그 "아름다운 계획"은 틀어지기 시작했다. 부르디외는 어렵겠다는 것을 감지하고 자신의 동료들에게 데리다와 부브레스를 동시에 받아들일 것을 제안했다. 콜레주에 현대철학의 매우 상반된 그 두 조류를 받아들이는 것은 좋은 생각이 아닌가? 최근에 미셸 푸코

---

18) 이브 본푸아가 데리다에게 보낸 1990년 12월 12일 편지.
19) 이브 본푸아가 데리다에게 보낸 1991년 1월 19일 편지.

와 쥘 뷔유맹의 경우도 그랬지 않은가? 노력은 보람이 없었다. 자크 부브레스의 지원은 아주 쉽게 결론이 났는데, 데리다의 문제는 너무 반대가 많아 그를 공식적으로 추천하는 일이 불가능해져 버렸다. 디디에 에리봉에 의하면, "부르디외는 그로 인해 쓰라린 감정을 맛보았다. 그는 그 실패에 대해 분통을 터뜨리기까지 했다('나는 정말 그들에게 머저리처럼 당했어요'라고 그는 그 시기에 끊임없이 말했다). 그는 데리다를 돕는 데 성공하지 못해 슬프고 침통한 감정을 느꼈다."[20]

말할 필요도 없겠지만 데리다는 훨씬 더 그랬다. 그는 부르디외가 자기를 그 곤경 속으로 끌어들였다고 원망했다. 낭테르의 그 곤경이 불쾌하게 떠오르기도 했기 때문이다. 이번에 그는 더욱 확신을 가졌다. 더 이상 프랑스의 대학 기관들로부터는 아무것도 기대해서는 안 된다는 것을.

그 실패가 이목을 끌지 못한 반면, 곧 이은 또 다른 한 사건이 좌중의 화젯거리가 되었다. 1992년 3월, 데리다가 케임브리지대학의 명예박사 학위를 수여받게 되었다는 발표에 항의가 쏟아졌다. 영국은, 1985년 마가레트 대처가 케임브리지의 라이벌인 옥스퍼드로부터 명예박사 학위 수여를 거부당한 이래 그만큼 눈길을 끄는 대학 간의 대결을 겪어 본 적이 없었다. 논쟁은 곧바로 언론으로까지 번졌다.

1992년 5월 9일, '명예의 문제'라는 제목의 공개서한이 『타임』에 게재되었다. 그 서한은 여러 나라의 철학자들이 서명을 했는데, 그 중에는 미국 분석철학의 주요 인물인 윌러드 콰인도 있었다. 데리다의 영원한 적

---

20) http://didiereribon.blogspot.com/.

루스 마르쿠스가 물론 그 싸움의 주역을 맡았는데, 서명자들 중에는 유명한 수학자인 르네 톰 또한 있었다. 데이비드 로지의 소설들을 불가피하게 언급한 그들의 서한에 따르면, 데리다의 "허무주의적인" 저작들은 가공할 위험을 야기한다는 것이었다. 그 저작들의 주된 효과는 "대학의 모든 학과가 기초하고 있는 근거와 논의의 층들을 와해시킨다는 것"이었다.

> 데리다 씨는 다다이즘과 구체시를 닮은 속임수와 계교를 학문 영역 속에 표출함으로써 일종의 성공을 거둔 것 같다. 그런 관점에서 보면, 그는 분명 대단한 독창성을 보였다. 그러나 그러한 신망이 그를 명예박사 수여의 믿을 만한 후보가 되게 할 수는 없다.[21]

이후 몇 주 동안 논쟁은 영국 밖으로까지 확산되었다. 데리다의 문체와 사상을 비난하기 위해, 사람들은 그가 완전히 상상적인 표현, 즉 "논리적 팔루스"라는 표현을 만들어 냈다고 주장했다. 영문학사 교수인 하워드 어스킨힐은 『조종』의 저자에 대해 가장 신랄하게 헐뜯었던 사람 중 한 명이었다. 그에 따르면 데리다의 방법들은 고등교육과 지식의 개념 그 자체와는 너무도 양립할 수 없어서 그에게 명예박사 학위를 수여하는 것은 "소방서장 자리에 방화광을 임명하는 것과 같은 일이었다."[22] 대학교수인 사라 리치몬트는 독일 주간지 『슈피겔』에 경솔하게 25세기 전 소크라테스에 대해 사용된 논증을 사용하면서 데리다의 사상이 "젊은이들에게

---

21) *The Times*, 9 May 1992.
22) *Le Point*, no. 1029, 6 June 1992에서 마르크 로슈(Marc Roche)의 말.

독약"이라고 주장했다. 반면 『옵서버』지는 데리다의 작품을 "컴퓨터 바이러스"라고 묘사했다. 모든 것이 그 철학자를 공격하기에 유용한 것 같았다. 몇몇 기사에서는, 데리다가 프라하에서 '마약 밀매'로 체포되었다고 보도하면서도, 음모였다는 사실에 대해서는 밝히지 않았다.

5월 16일, 케임브리지대학 교수들은 데리다의 명예박사 학위 수여에 대해 찬반투표를 벌였다. 그런 투표는 30년 만에 처음 있는 일이었다. 반대자들은 패배를 인정해야 했다. 찬성 336표에 반대 204표였기 때문이다. 1992년 6월 12일, 케임브리지대학의 칼리지 중 하나인 킹스 칼리지 내의 상원 의사당의 고딕 장식 아래에서 자크 데리다는 교수 정복 차림으로 대학교 사무총장인 필립 대공으로부터 명예박사 학위를 받았다. 영국의 왕가는 그해에 어려움에 처해 있었기에, 여왕의 부군은 그에게 나지막한 소리로 이렇게 속삭였다. "나도 가정에서 얼마 전부터 해체를 시도하고 있습니다."23)

10월, 『더 케임브리지 리뷰』(The Cambridge Review) 지는 데리다와의 긴 인터뷰와 함께 그 사건에 특별한 관심을 보였다. 데리다는 잠잠해질 때까지 자신은 모든 언론 인터뷰를 하지 않겠다고 말했다. 그러나 다른 대학들에서 명예박사 학위를 받게 될 때면 그는 케임브리지에서 일어났던 그 "심각한 동시에 희극적인 싸움"에 대한 회고를 잊지 않았다. "그와 같은 사건은 […] 명예박사 학위라는 것이 때로 순전히 관습적인 의례만은 아니라는 것을 보다 더 예리하게 인식하게 했습니다."24)

---

23) 카트린 오다르와의 인터뷰, 앨런 몽트피오르와의 인터뷰 및 제프리 베닝턴과의 인터뷰.
24) Jacques Derrida, "La chance et l'hospitalité", allocution at Queen's University, Ontario, 28 October 1995, archives IMEC.

이 말은 영국에서의 논쟁에 대한 반박이었는가, 아니면 그에 대한 프랑스 대학의 불인정을 잊게 하기 위한 시도였는가? 1992년 7월 14일, 데리다는 자크 랑의 추천으로 레지옹도뇌르 훈장을 받았다. 훈장은 가까운 친구이자 당시 소르본 총장이었던 미셸 장드로 마사루가 그에게 수여했다. 그날 데리다가 한 연설은 출판이 되지는 않았지만 단지 의례적인 것만은 전혀 아니었다.

> 이 훈장을 받을 자격이 있는지 아직도 설왕설래하고 있는 저 자신을 용서해 주십시오. […]
>
> 제가 종종 어떤 신뢰를 부여할 수 있었던 짓궂은 전통이, 레지옹도뇌르를 거부하는 것은 거만한 일이라고 끈질기게 제게 말합니다. 게다가 사람들은, 그 상은 받을 자격이 없었어야 하는 건데, 하고 말합니다. 그것은 […] 모든 기관에 내재된 반어법을 고려하지 않는 것입니다.
>
> 요컨대 저는 저의 인생을 특히 학술적인 측면에서 — 그러나 다행히도 그게 전부는 아니었습니다만 — 그 기관의 역설법 그리고 간계들과 싸우면서 살아 왔던 것 같습니다.[25)]

이 철학자는 국가와 명예, 그리고 무엇보다 그의 대학 기관과의 관계에 대한 성찰을 계속한다. 데리다는 상황이 주어지는 한 솔직하게 자신의 변함없는 양면성을 묘사한다.

---

25) 1992년 7월 레지옹도뇌르 수상 연설, archives IMEC.

글쓰기이든 사유든, 교육이든 연구든, 공적인 생활이든 사적인 생활이
든 비록 제가 기관에 반대한 것은 아무것도 없을지라도, 저는 항상 반
(反)기관을 좋아했습니다. 그것이 국가의 기관들이든, 아니면 국가에 속
하지 않은 기관들이든, 아니면 반국가적인 기관들이든 말입니다. 또한
저는 이렇게 생각합니다. 즉 사람들은 기관들과 전쟁을 벌이면서도 그
것들에 대해 품고 있는 사랑(그 말의 모든 의미에서)을 드러내는 일을 잊
지 않는다고 말입니다. […] 훌륭한 기관인 국가가 자신에게 이의를 제
기하거나 반대할 수 있는 절대적인 외재성이 없다는 것을 확신할 때, 마
침내 반기관들을 항상 인정한다는 것은 아이러니입니다. 그런데 그것은
인정된, 선택되거나 추인된 그 반기관들이 다시 명령과 군대가 되는 순
간입니다.[26]

스리지 콜로키엄은 데리다가 좋아하는 그런 기관들 중 하나였다. 그
의 저작에 대한 두 번째 콜로키엄이 '경계 넘기'라는 제목으로 1992년 7
월 11일에서 22일까지 열렸다. 2년 전, 그 콜로키엄의 기본 방향을 받아
들이면서 데리다는 그 학술대회가 참신한 아이디어로 진행되면 좋겠다
는 바람을 전했다.

물론 1992년의 스리지 콜로키엄은 1980년의 콜로키엄에 참석했던, 그
리하여 다시 토론에 참여하여 이전의 콜로키엄에 대한 기억을 더듬고
자 하는 모든 사람들에게 개방되어야 할 것입니다. 그것은 많은 면에서

26) 앞의 글.

기분 좋은 일일 것입니다. 하지만 '그 밖의 모든 것은 새롭다'는 것을 규칙으로 내세울 필요가 있지 않을까요? 나는 먼저 주요 기획자와 진행자들을 생각해 봅니다. 그 다음에, 일반적인 주제 또는 덜 일반적인 주제들, 대회에 처음으로 참가하는 발표자 등등에 대해 생각해 봅니다. 나는 다양한 분야나 여러 다른 주제들을 발표할 프랑스 및 외국의 새로운 참여자들(대개 젊은 사람들)을 초대할 수 있다고 확신합니다(그러니, 내 생각인데, 그들을 초대해야 합니다).[27]

처음에 그 계획은 르네 마조르와 샤를 알뤼니, 카트린 파올레티 등 몇몇 사람에게 맡겨졌다. 그러나 실제로 그 벅찬 준비는 마리루이즈 말레가 담당했는데, 그녀의 "미소가 퍼뜨리는 효력"은 아주 대단했다.[28] 프로그램은 정말 대단히 풍요로웠다. 오전에는 철학과 문학, 정치학 관련 세미나가 열려 자주 어느 쪽을 선택해야 할지 쉽지가 않았다. 오후에는 두 개의 강연이 있었다. 저녁은 대부분 각자의 시간이었다. 빽빽한 프로그램은 좀 과하게 보이기도 했지만 120명의 참가자들은 화기애애하고 즐거운 분위기에 대한 추억을 간직했다. 참가 허락은 특권이었다. 콜로키엄이 열린 성은 사람들로 넘쳐나서 사전에 등록을 하지 못한 사람이 많았기 때문이다. 세미나장 곳곳에서 끊임없이 불러 댔지만 데리다는 엄청난 활력과 적극성을 잃지 않았다. 제프리 베닝턴은 이렇게 기억한다. "데리다는 실제로 발표자 각자에게 주의를 기울였습니다. 그리 흥미롭지 못한 발표

---

27) 데리다가 에디트 외르공에게 보낸 1990년 8월 5일 편지.
28) 데리다가 에디트 외르공에게 보낸 1992년 3월 20일 편지.

주제들일지언정 그는 그것들을 재미있게 만드는 재주가 있었어요. 참석자들의 별 볼일 없는 질문이나 너무 단순한 반박들에 대해서도 그는 관대하고 창의적인 방식으로 답변하는 능력이 있었습니다."[29]

그의 62세 생일날인 7월 15일, 데리다는 '아포리아들'을 강연했다. 몇 년 전부터, 특히 "요 근래부터는 피곤이라는 단어"가 더욱 그에게 다가왔다.[30] 아포리아는 "불가능한 것의 가능성을 생각하는" 방식이다. 모든 이항 논리를 거부하면서 데리다는 그가 사고하고 싶은 주제의 중심에 점점 더 대립을 설정했다. 그것은 그가 용서와 환대 또는 자기면역(auto-immunité) 같은 주제들을 통해 거듭 되돌아오는 하나의 원리였다. 하지만 1992년의 강연은 무엇보다 최후의 경계이자 아포리아 중의 아포리아인 죽음을 대상으로 한다. 데리다는 "나의 죽음은 가능한 것인가?"라고 스스로에게 질문을 던지면서 디드로와 세네카, 그리고 특히 하이데거뿐 아니라 필립 아리에스와 루이뱅상 토마와 같은 역사가와 인류학자들의 저서를 검토한다.

데리다와 대부분의 스리지 콜로키엄 참석자들에게 그 10일은 "놀라운 축제 기분"과 함께 "굉장한 성공"이었다. 그가 카트린 말라부에게 썼던 것처럼, 그것은 그만큼 일상으로 돌아오는 것을 더 힘들게 만들었다. "내게는 이 콜로키엄보다 더 나은 일이 없었던 것 같습니다. 그렇기에 사랑과 죽음에 대한 어떤 애착과, 그 어느 때보다도 더 강렬하게 나의 모든

---

29) 제프리 베닝턴과의 인터뷰.
30) 이 글은 먼저 '경계 넘기'(Le Passage des frontières)을 주제로 한 콜로키엄의 발표논문집에 실렸다. Charles Alunni and Marie-Louise Mallet éds., *Le passage des frontières: autour du travail de Jacques Derrida*, Galilée, 1994. 후에 다음의 책으로 출간되었다. Jacques Derrida, *Apories*, Galilée, 1996, p. 32.

기쁨과 즐거움을 목격하는 유령으로 인해 말입니다."[31] 집에 돌아온 뒤,
그는 후유증을 겪었다. 그러나 그가 쉬지 않고 다시 일에 뛰어들 수 있었
던 것은 의욕에 의해서도 아니고 강박에 의해서도 아닌, 단지 약속을 지
키기 위해서였다….

31) 데리다가 카트린 말라부에게 보낸 1992년 7월 27일 편지.

6장_미국에서의 해체에 대하여

미국에서, 해체의 유행이 드 만 사건 바로 전인 1980년대 중반에 절정에 달했지만, 데리다의 저작과 인간적 면모가 불러일으킨 관심은 1990년대 초에도 여전히 대단했다. 서부 연안도 동부 연안 못지않게 그에게 열광했다. 그러나 스탠퍼드와, 특히 존 R. 설이 있는 버클리 같은 북부 캘리포니아의 큰 대학들은 대부분 여전히 그에게 적대적이었다.

1991년 7월, 미첼 스티븐스는 『로스엔젤레스 타임스』 지에 어바인 대학 교수를 하루 종일 밀착 취재하여 작성한 기사를 게재했다. '해체하는 자크 데리다'라는 평범한 제목의 그 기사는 그의 저작 속으로 들어가는 문을 찾아보려 애썼다. 기자는 어바인대학 캠퍼스 스낵바의 테라스에서 "세상에서 가장 큰 논란의 대상이 된 철학자"를 만나, 그가 "자신의 아주 어려운 이론"을 옹호하는 것을 보면서 감탄했다. 그에 따르면, 데리다의 사상은 아주 다양한 분야에 반향을 불러일으켰으며, 모두가 어떻든 간에 영향을 받았다. "예전에 실존주의에 대해서처럼 미 국무부의 한 책임자가 모스크바 주재 미국 대사관 일부의 필요한 '해체'를 언급할 수 있고, 믹 재거가 '해체주의자의 뜻이 무엇인지 정말 아는 사람이 있는가'라고 물을 수 있을 정도까지 이르렀다. 그럼에도 불구하고 데리다 이론의 영향이 가장 뚜렷한 곳은 대학 캠퍼스였다…."[1]

저녁에, 데리다는 뉴포트 비치의 헤밍웨이 식당에서 그 기자와 더 개인적인 이야기를 나눴다. 명료한 구분을 거절하는 그 복잡성의 선구자는 미첼 스티븐스에게 자기도 때로 소박하고 직선적인 책, "단순한" 책을 쓰고 싶기도 하다고 털어놓았다. 아마 소설, 더 확실하게는 자전적인 이야기였을 것이다. 후에 『타자의 단일어주의』가 될 기초적인 내용을 개괄적으로 말하면서 데리다는 그에게 자신의 이야기, 즉 자기 자신을 프랑스인으로도 유대인으로도 느끼지 못했던 알제의 어린 유대인의 이야기와 파리 학계의 심리적이고 사회적인 장벽을 넘으려 노력했던 무일푼의 한 학생의 이야기를 해주었다.[2] "나는 내가 쓰고 싶은 것, 내가 써야 할 것을 아직도 쓰지 못했다고 깊이 확신합니다"라고 그 철학자는 말했다. 어떤 의미에서, 이제까지 그가 쓴 모든 것은 그에게 유일하고 진정한 한 계획, 결코 실현하지 못할지도 몰라 걱정이 되는 한 계획을 위한 사전 연습처럼 보였다. "전적으로 천진난만하게 쓰는 일은 불가능하다는 것을 나는 압니다. 그렇지만 그것은 내 꿈입니다."[3]

몇 주가 지난 뒤, 데리다는 『런던 리뷰 오브 북스』지에 펜으로 그린 초상화와 함께 커버로 장식되는 영예를 누린다. 이번에 기자가 '위대한 자크'를 밀착 취재한 것은 시카고대학에서였다. 그 기자에게 강하게 남은

---

1) Mitchell Stephens, "Deconstructing Jacques Derrida", *Los Angeles Times*, 21 July 1991.
2) 이 아름다운 글은 처음에 1992년 4월 루이지애나의 바톤루즈대학에서 에두아르 글리상과 데이비드 윌스의 기획으로 '다른 곳에서 온 메아리'라는 주제로 열린 콜로키엄에서 발표되었다. 『타자의 단일어주의』는 1996년 갈릴레 출판사에서 출간되었다.
3) Stephens, "Deconstructing Jacques Derrida".

인상은 우선 데리다의 외모였다. "데리다는 비교적 키가 작지만 정력적인 외양을 가진 사람이다. [⋯] 눈은 연한 청색이며 머리카락은 순백색이다. 안경을 낄 때의 모습은 지도자가 아닌 오히려 식민지 관리 쪽의 고위 공직자 같은 느낌이었다 [⋯]. 안경을 끼지 않을 때는, 장 가뱅과 알랭 들롱을 섞어 놓은 것 같은 프랑스 스타 영화배우로도 통할 수 있을 만한 외모였다." 기자는 자신이 들었던 강의의 명증성과 정중한 매너, 『시간을 주기』(Donner le temps)의 한 인용⁴⁾에 감동을 받았으며, 그의 글과 연관시킬 때 떠오르는 냉정하고 난해한 성격을 발견할 수 없어서 놀라웠다고 고백했다. 그는 무엇보다 데리다의 다정함과 친절함에 놀랐으며, 그가 찬미하는 한 여성이 자기에게 훌륭한 무용가라고 말하는 것을 듣고 감명을 받았다.⁵⁾

'해체'라는 어휘를 사용하기 시작했을 때 데리다는, 프랑수아 퀴세의 말을 믿는다면, "지금까지 대학의 담론 시장에 출시되었던 것 중 가장 수익성이 좋은 상품"⁶⁾이 될 정도로 그가 그런 대단한 호평을 받으리라고는 전혀 상상을 하지 못했다. 그의 견해로는, 그 단어가 하나의 개념적인 도구일 뿐이지 전혀 "중요한 말"⁷⁾이 아니었다. 1984년부터 데리다는 이렇게 조금 소극적으로 인정한다. "만일 내가 그 해체의 모험에 덜 자주 연

---

4) 1976~77년 고등사범학교에서 한 세미나의 결과인 『시간을 주기』는 그 시기에 집필되었다. 이는 Jacques Derrida, *Donner le temps 1: la fausse monnaie*, Galilée, 1991로 출간되었다. 2권은 출판되지 않았다.

5) Richard Stern "Afternoons with the Grand Jacques", *London Review of Books*, 15 August 1991.

6) Fraçois Cusset, *French Theory*, La Découverte/Poche, 2005, p. 118.

7) Jacques Derrida, *Points de suspension*, Galilée, 1992, p. 225.

관된다면 나는 미소 지으면서 감히 이런 가설을 말할 것이다. '미국은 정말 해체이다'라는. 이 가설에서 미국은 진행 중인 해체의 고유명사, 해체의 성, 해체의 지명, 해체의 언어, 해체의 장소, 해체의 주 거주지이다."[8]
10년 뒤, 그 가설은 뉴욕대학에서 열리는 콜로키엄의 제목('해체는 미국이다/미국에서의 해체')[9]이 되면서 받아들여졌다. 프랑스에서는 잘 알고 지냈지만 미국에서 다시 만나기 전까지는 소식을 몰랐던 장 조셉 구(그는 휴스턴의 라이스대학 교수가 되었다)는 프랑스의 데리다와 미국의 데리다 사이의 대조에 크게 놀랐다. "신체적인 차원에서조차 변화는 아주 눈에 띄었습니다. 미국에서 데리다는 항상 더 환하게 빛나 보였고 더 위엄이 있어 보였어요. 그가 프랑스에서는 전혀 알지 못했던 일종의 스타가 된 상황이 그것과 전혀 무관하지는 않았습니다. 1980년대 초, 아주 많은 학과에 프랑스 이론과 데리다 사상이 확산되었죠. 모든 것은 프랑스학과들에서 시작하여 그 다음 비교문학과로 이어졌습니다. 하지만 건축, 미학, 인류학, 법학도 곧 수용하게 되었습니다. 학과들 사이에 가교를 놓아 준 해체라는 개념은 엄청난 열광을 불러일으켰어요. 문화연구가 실제로 중요하게 된 것은 바로 그 시기였습니다. 많은 교수들이 학생들에게 데리다에 대한 입장을 요구했지요. 그것은 주제가 무엇이 됐든 사전에 의무적인 것이 되어 버렸습니다. 이러한 열광은 매우 미국적인 현상이었지요…. 실제로 해체에 여전히 적대적인 유일한 분야는 철학으로, 그것은 처음에는

---

8) Jacques Derrida, *Mémoires pour Paul de Man*, Galilée, 1988, p. 41.
9) 이 콜로키엄은 앤절름 하버캄프(Anselm Haverkamp)의 지도로 1993년에 열렸다. 톰 비숍(Tom Bishop)과 하버캄프가 이 제목을 택했는데, 데리다는 그 제목에 대해 놀라워하며 그의 강연 「시간이 탈구되다」(The Time is Out of Joint)에서 길게 언급을 한다. 그 콜로키엄의 발표논문집은 뉴욕대학교 출판부에서 1995년에 출간되었다.

상당수의 오해와 일탈 때문이었습니다. 왜냐하면 데리다의 저작에 접근하려면 자주 직접적인 철학 지식이 필요한데, 그런 지식 없이 접근이 이루어졌기 때문입니다. 많은 교수들은 고사하고 하물며 학생들은 사전 지식도 없이, 데리다가 언급하는 것을 통해 플라톤과 칸트, 또는 헤겔에 접근했습니다."[10]

이것은 데리다의 첫 제자 중 한 사람이었던 로돌프 가셰가 자신의 저서『거울의 주석박』(The Tain of the Mirror)에서 표명한 견해이기도 하다.[11] 그에 따르면 데리다의 저작은 몹시 그리고 명백하게 철학적이다. 그러므로 문학적 관점을 우선하는 것은 그의 작품을 곡해하는 것이다. 하지만 다른 사람들에 의하면, 해체의 주요한 기여는 아주 다른 차원의 것이었다. 아비탈 로넬은 안느 뒤푸르망텔과의 인터뷰를 바탕으로 한 그녀의 책『미국의 철학』(American Philo)에서 그 점을 아주 격하게 이야기한다.

데리다가 미국 무대에 도착했을 때 대학 세계가 어느 정도로 폐쇄적이었는지는 도저히 상상할 수가 없습니다. 어떠한 일탈에 대한, 심지어는 정신분석이라 불리는 그 예스럽고 멋있는 탈선에 대한 여지도 정말 없었습니다. 데리다는 자신의 이름이 새겨진 훌륭한 책들을 우리에게 선물하는 것 외에도 [⋯] 여러 길을 열어 주었죠. 그는 의식적으로든 아니든 오염된 정치를 했습니다. 예리하고, 우리의 표준에 따르면, 좌파적인

---

10) 장 조셉 구와의 인터뷰.
11) Rodolphe Gasché, *The Tain of the Mirroir*, Lincoln: University of Nebraska Press, 1986. 이 책은 갈릴레 출판사에서 '거울의 주석박'이라는 제목으로 1995년에 출간되었다.

그의 정치적 견해들은 경계를 거의 알지 못했으며 전원적이고 거룩한 최고의 학식의 땅을 그것들의 수액으로 물들였어요. 색은 순식간에 대학에 물들여졌죠. 그 색과 무례한 몇몇 여자들. 그런데 바로 그것들(색, 몇몇 여자들)은 대학에서 쉽게 용서받지 못할 어떤 것이었습니다. [...] 데리다는 우리 도시들의 주민들과 정복을 입은 학생들에게 초기 페미니스트의 활력을 불어넣었으며, 철학적 근엄함의 관례를 희생시키면서 그 자신 자주 여자로 통하기도 했습니다.[12)]

"프랑스 이론의 파도 위에서 서핑을 하는 여자처럼 나타났던 아주 섹시하고 대담하며 별난" 신세대 여성들과 그 동맹은, 아비탈 로넬에 의하면, 그 운동의 성공의 열쇠 중 하나였다. "그녀들은 철학과—하지만 철학과만이 아니었다—가 여자와 소수자들에게 상대적으로 살 만한 곳이 못 된 반면 그 이론은 살 만하고 숨 쉴 수 있는 곳으로 생각했습니다."[13)] 그 최초의 여자들 중 한 명이 바로 가야트리 스피박이었다. 『그라마톨로지에 관하여』를 번역하고 서문을 쓴 뒤, 그녀는 탈식민주의 연구와 흑인, 멕시코인, 아시아인 또는 "하위계층"(서발턴) 소수집단에 대한 연구의 선구자가 되었다. 드루실라 코넬, 신시아 체이스, 쇼샤나 펠먼처럼 그녀의 사상은, "성적 정체성들 사이의 모든 중간 영역과 그 성적 정체성이 흐려지는 모든 영역을 탐구하고자"[14)] 했던 젠더 연구와 동성애 연

---

12) Avital Ronnell, *American Philo: Entretiens avec Anne Dufourmantelle*, Stock, 2006, pp. 260~261.
13) *Ibid.*, p. 186.
14) Cusset, *French Theory*, p. 165.

구의 창시자들인 이브 코소프스키 세즈윅과 주디스 버틀러와 같은 영향력 있는 주요한 여성 이론가들에게 아주 중요했다.

모든 학술적인 문제 외에 프랑스 이론은 무엇보다 그때까지는 알려져 있지 않은 이질성, 인종적·정치적 소수집단과 동성애의 이해 수단을 전형적인 미국적 적용 형태로 미국에 제시했다. 가장 주목할 만한 경우 중 하나는 이론의 여지없이 호미 바바가 데리다에게서 채용한 산종 (dissémination) 개념으로, 이 개념은 민족을 그 민족의 소수집단들에게 더 잘 돌려주기 위해 해체하는 한 방식인 민족의 산종(DissemiNation)이라는 어휘를 만들어 내기 위해 문학에 대한 성찰 과정에서 발전되었다. 변형을 넘어 진정한 재발견, 완전히 데리다적인 정신의 창조적인 해석인 것이다.[15]

그의 사상이 때로는 뜻밖의 방식으로 확산되는 동안 데리다는 미국 무대에서 그 존재감이 매우 커졌다. 11월에 시작하여 3월 말에 세미나 수업을 끝냈으므로, 사회과학고등연구원에서 가르친 뒤로 그의 여행은 일정을 정하기가 보다 더 용이했다. 1980년대 중반부터 그는 봄에는 서부 연안으로, 그리고 가을에는 동부 연안으로 1년에 적어도 두 번 미국에 갔다. 그가 가르치는 주요 대학들 외에 그는 그 체류 기간을 이용하여 여러 학술대회에 참가하거나 다른 많은 도시로 강연을 하러 갈 수 있었다. 비록 약간 억양이 있지만 그의 영어 구사력은 놀라울 정도가 되었다. 토론

---

15) Homi K. Bhabha, "DissemiNation (Time, Narrative and the Margins of the Modern Nation)」. 이 글은 Homi K. Bhabha, *The Location of Culture*, London: Routledge, 1994, p. 140에 재수록되었다.

도 이제 자유자재로 할 수가 있었다. 안드레이 바르민스키는 이렇게 말하고 있다. "데리다는 자신의 영어가 좀 못 미더웠지만 그럴 필요까지는 없었습니다. 그가 즉석에서 번역하는 실력은 놀라웠어요. 그의 영어는 점점 더 고유어적으로 되어 갔습니다. 그는 영어로 직접 글을 쓸 수도 있었을 겁니다. 하지만 그의 생각에 언어의 문제는 중요하기에 그것을 거절했습니다."[16)]

어바인대학에서는 한 자리가 세 교수에 의해 공유되었다. 가을에는 장프랑수아 리오타르가 오고, 겨울에는 볼프강 이저가 왔으며, 봄에는 데리다가 왔다. 그는 5주 동안 아주 빽빽하게 관례적으로 10주 동안 하는 수업을 강행했다. 1990년대에 그는 약 3만 달러의 연봉을 받았다. 머레이 크리거는 데리다를 초빙하기 위해 끈질기게 노력했는데, 보는 눈이 정확했다. 그가 그 학과에 있다는 사실 하나만으로도 어바인의 비평이론학과는 미국 전역에서 가장 유명하게 되어, 도처에서 뛰어난 학생들뿐 아니라 다수의 주요 인물들이 모여들었다. 예를 들어, 6년 동안 무용수이자 안무가로 활동하다 철학가가 된 스티븐 바커 같은 사람이 있는데, 그는 『조종』의 저자가 그곳 어바인대학에서 가르치고 있다는 사실을 알고 그곳의 한 자리를 부탁했다. "내 생애에 가장 중요한 인물이 니체와 데리다였습니다. 나는 운 좋게 처음부터 그의 모든 세미나에 참석했습니다. 게다가

---

16) 안드레이 바르민스키와의 인터뷰. 언어에 대한 데리다의 개념에 대해서는 『타자의 단일어 주의』 외에도 「'적절한' 번역이란 무엇인가」(Qu'est-ce qu'une traduction 'relevante')를 참고할 수 있다. 후자의 텍스트는 Marie-Louise Mallet and Ginette Michaud éds., *Derrida, Cahier de L'Herne*, L'Herne, 2004, pp. 561~576에 재수록되었다.

나만 그런 것이 전혀 아니었습니다. 많은 사람이 4월에 어바인에 머물기 위해 준비를 했습니다."[17]

　　이론의 여지가 없이 스타주의 효과가 있었지만, 데리다는 무엇보다 항상 그랬던 것처럼 진중한 교육자였다. 데이비드 캐롤은 이렇게 기억한다. "그는 사회과학대와 문과대 모든 학생에게 강의를 개방했습니다. 그의 세미나를 듣는 많은 학생들은 역사학과와 인류학과 학생들이었습니다. 철학과 책임자들만이 자기 학생들에게 그의 강의를 듣는 것을 만류하느라 애썼어요. 그렇지만 결국, 몇몇 학생들은 위험을 무릅쓰고 그의 강의를 들었지만, 그 학과의 성적이 좋은 학생들도 곧 과를 바꾸고는 했습니다. 어바인에서조차 철학과에서 데리다의 꼬리표를 달고는 박사학위를 할 수가 없었습니다…. 항상 청중은 넘쳐났지요. 소위 수강인원이 제한된 세미나조차 학생들로 넘쳐났습니다. 그럼에도 불구하고 데리다는 학생들을 맞아 그들의 논문과 개인적인 계획들에 대해 의견을 나누는 데도 많은 시간을 할애했습니다. 그는 매주 6시간을 자신의 사무실에 남아 있기로 되어 있었지만, 항상 그 시간을 넘겨 찾아온 학생 개개인에게 필요한 만큼 면담에 응했습니다."[18]

　　월요일부터 수요일까지 캠퍼스에 있는 날이면 데리다는 자신의 시간을 완전히 남을 위해 할애했다. 세미나가 끝나면, 그는 그 근처에서 가장 나은 일식당 '교토'에서 친구들과 저녁식사를 했다.[19] 화요일에는, 그

---

17) 스티븐 바커와의 인터뷰.
18) 데이비드 캐롤과의 인터뷰.
19) Peggy Kamuf, "The Affect of America", eds, Simon Glendinning and Robert Eaglestone, *Derrida's Legacies: Literature and Philosophy*, New York: Routledge, 2008, p. 145.

는 의례적으로 힐리스 밀러와 점심식사를 했다. 그 밖의 다른 날들에는, 그가 좋아하는 친구들 및 동료들과 점심식사를 했다. 엘렌 버트는 이렇게 기억하고 있다. "데리다는 자신의 습관을 되찾아 친구들을 만나는 것을 좋아했습니다. 공항으로 그를 마중 나오는 이는 앙지(안드레이 바르민스키)와 힐리스 밀러였습니다. 그곳에 머무는 내내 조교 역할을 한 이도 항상 같은 학생이었습니다. 다른 날들에 그는 자주 다른 대학들로 잠시잠시 이동하여 강연을 하거나 콜로키엄에 참석했어요. 하지만 마지막 몇 년은 여행을 줄이고 조용히 공부하는 데 더 시간을 보냈습니다."[20]

데이비드 캐롤과 그의 아내 수잔 게르하르트는 데리다에게 처음에는 라구나 비치에, 그 다음에는 그곳에서 좀 더 떨어진 빅토리아 비치에 작은 셋집을 구해 주었다. 태평양 연안은 봄에 바닷물이 상당이 차기 때문에 수영을 거의 하지 못함에도 불구하고 데리다는 특히 몇 주 동안 해변에서 지내는 것을 즐겼다. 엄청난 작업량이었지만 그의 생활 리듬은 한 해의 다른 시기보다는 덜 바빴다. 그는 해변을 걸으면서 그곳에 모여든 아주 많은 새들을 관찰하는 것을 즐겼으며, 그의 번역자이자 가까운 친구 페기 카무프와 저녁을 함께 하거나 영화 관람을 즐겼다.

힐리스 밀러와 데리다를 동시에 어바인으로 초빙한 머레이 크리거는 그 대학의 창립자 중 한 사람이었으며 진정한 혁신가였다. 1990년, 그는 데리다에게 학교 주(主) 도서관인 랭선 라이브러리에 그의 기록물들을 기탁할 것을 제안했다. 데리다는 그 제안에 크게 감동했다. 누군가가

---

20) 엘렌 버트와의 인터뷰.

자신의 개인 자료에 관심을 표시한 것은 그것이 처음이었기 때문이다. '비평이론 아카이브'(Critical Theory Archive)에 기부를 약속하는 첫 합의는 1990년 6월 23일에 이루어졌다. 페기 카무프는 이렇게 설명한다. "이 모든 것은 아주 관대하고 상당히 비공식적으로 행해졌습니다. 그러나 처음부터 대학 측은 데리다에게 변호사의 도움을 받아 법률적으로 더 엄격한 합의문서를 작성하도록 제안했어야 했을 겁니다. 그래야 혹시라도 일어날 수 있는 많은 문제들을 피할 수 있기 때문입니다. 어쨌든 명확한 것은 어바인에는 기탁된 자료에 대한 출판 권리가 없다는 것입니다. 연구자들은 자유롭게 그 자료를 조회할 수 있으나, 복사나 발췌 인용은 데리다의 허가를 받아야 했어요. 그가 어바인에 자신의 서한을 기탁하지 않은 것은 유럽과 미국의 법이 달랐기 때문입니다. 미국에서는 받은 편지의 유일한 소유자는 수취인이었기에, 그는 자신에게 편지를 쓴 모든 사람들에게 난처했습니다."[21]

데리다가 보관한 온갖 종류의 원고와 자료의 분량이 엄청나서 분류하고 복사하는 현실적인 작업이 만만치 않았다. 어바인에서 데리다의 최초 학생들 중 한 명이었던 토마 뒤투아는 프랑스 여자와 결혼하여 당시에 독일에서 살고 있었다. 어바인에서의 자료 기증 소식을 듣고, 그는 즉각 돕겠다고 데리다에게 제안했다. 1991년과 1998년 사이, 그는 긴 기간을 자료를 분류하고 복사를 하면서 리조랑지에서 보냈다. 대부분의 자료—수업 자료들은 분류되어 있었고, 원고와 교정쇄 뭉치들은 한 권 한 권 모아두었다—는 아주 정성을 들여 잘 정리가 되어 있었다. 하지만 서

---

21) 페기 카무프와의 인터뷰.

류를 보관해 놓은 박스와 파일들은 열어본 다음에 모두 목록을 작성해야 했다.

토마 뒤투아는 이렇게 회상한다. "데리다는 자기에게 필요할 수 있다고 생각한 모든 것의 복사본을 보관해 두었습니다. 그러므로 나는 엄청나게 많은 것을 다시 복사했어요. 그러나 전부 한 것은 아니었습니다. 예를 들어 교정쇄들은 하지 않았습니다. 내가 작업을 하는 동안 데리다는 자주 집에 있었지만 거리를 두고 지켜볼 뿐이었습니다. 그는 처음에는 내가 문의할 것이 있으면 언제든지 와서 자신의 일을 중단시켜도 좋다고 했습니다. '모든 중단은 새출발의 약속이니까'라고 말하면서 말이지요. 하지만 어떤 자료에 대해 물으러 그에게 가면 그는 곧 참지를 못했습니다. 때로 그는 내게 '끔찍한 일인데!'라고 말하고는 했습니다. 그에게 과거 속으로 다시 빠져들게 했기 때문이지요…. 나는 데리다의 집 열쇠를 가지고 있어서, 필요할 때면 언제라도 가서 모든 서랍을 열어 볼 수 있었습니다. 나는 그의 필적을 빨리 판독할 줄 알았어요. 나는 주요 사건의 연대에 대해서는 척척박사가 되었습니다. 몇 년 사이에 나는 그의 개인 자료에 대해 가장 많은 것을 알고 있는 사람이 되었습니다…. 1년에 한 번 9월경, 정리된 자료를 가지러 트럭이 한 대 올 때면 데리다는 항상 불안해했어요. '그래…. 어쨌든 내가 결정한 일이니. 내 말을 번복하지는 못하겠지.' 그 기증에 합의했을 때, 그는 실제로 자신이 무슨 일을 하고 있는지를 잘 몰랐던 것 같습니다. 그는 종종 분명히 후회를 하곤 했습니다. 어느 날 어바인과 라구나 비치를 잇는 새로 난 길을 달리던 차 안에서, 그는 내게 이렇게 말했다. '필경, 내 자료가 여기 있는 것이 그리 좋지 않은 생각은 아닐 거야.' 석양은 매우 아름다웠습니다."[22]

1992년부터, 뉴욕은 동부 연안에서 데리다의 교육의 주요 장소가 되었다. 뉴욕대학의 건물들은 그리니치빌리지의 한가운데 워싱턴스퀘어에 자리 잡고 있었다. 1956년, 그 마을을 처음 방문할 때 그 아름다움에 넋을 잃었던 데리다는 뉴욕에 대해 진정한 애착을 가지게 되어, 그가 매년 가을 그곳에 가는 것은 일련의 의식과 관련된 일이었다.

나는 이제 해마다 어느 토요일 오후 케네디 공항에 착륙한다. 첫 일요일 아침 센트럴파크, 나의 영원한 회귀의 감미로움은 축복받은 황홀함과 진정된 감정과 닮았다. 그리하여 나는 크다 싶을 정도의 목소리로 '시인의 오솔길'의 모든 시인들과, 내 친구들의 사촌인 라구나의 새들에게 이야기한다. 1년 내내 기다리지만 어김없이 찾아오는 이 순간은, 먼저 회귀의 흔적을 간직하게 된다, 이미. […]
흔히 돌아가기 전날, 또 다른 가을의 도취의 순간. 브루클린 하이츠의 산책. 도중에, 나는 배터리 파크에서 컬럼비아대학교까지 맨해튼 구석구석의 내 모든 이동의 흔적을 다시 밟아 본다. 내가 특히 다운타운(그레이머시 파크, 유니언 스퀘어, 워싱턴스퀘어, 소호, 사우스 스트리트 시포트)을—말이지만—숭배하고 더 잘 안다는 것은, 하지만 내가 무조건적으로 숭배하는 파리와는 아주 다르게 안다는 것을 뜻한다.[23]

---

22) 토마 뒤투아와의 인터뷰.
23) Catherine Malabou and Jacques Derrida, *La contre-allée. Voyager avec Jacques Derrida*, La Quinzaine littéraire/Louis Vuitton, 1999, pp. 103~104.

뉴욕에서 데리다는 3주 동안 아주 집중적으로 가르쳤다. 처음에 그를 초빙했던 사람은 '뉴욕의 프랑스 문화와 문명 센터'의 소장이자 프랑스와 미국의 교류의 주요 인물인 톰 비숍이었다. 그 다음에는, 그가 영어로 가르치기 시작하자 앤설름 하버캄프가 소장으로 있는 영문학과의 '시학연구소'에서 그를 초빙했다. 마지막 몇 년 동안은 아비탈 로넬이 그를 초빙했다. 그는 '글로벌 석좌교수'로 영어과, 프랑스어과, 독일어과에서 공동으로 초빙했다. 톰 비숍이 이야기하는 것처럼, "뉴욕에서의 데리다, 그것은 곧 회오리 같은 놀라운 활동이었습니다. 엄청난 명성에도 불구하고 그는 전혀 프리마돈나처럼 행동하지 않았지요. '프랑스회관'의 협소한 공간에서의 세미나 때는 큰 테이블에 30여 명이 둘러앉았습니다. 따라서 그가 아주 좋아하는 대화 형식의 세미나를 할 수 있었지요. 나는 특히 위고와 카뮈의 사형에 관한 텍스트를 강독했던 멋진 세미나들을 기억합니다. 하지만 뉴욕대학은 그가 체류하는 동안 그의 활동의 아주 작은 부분에 불과했습니다. 그는 남의 요구를 기꺼이 받아들여 피곤에 지쳐 빠져도 결코 거절을 하지 않았어요. 코넬이나 프린스턴으로 강연을 하러 가기 위해 밤 열차를 타는 일도 종종 있었습니다."[24]

　　아비탈 로넬은 또 이렇게 증언한다. "뉴욕에서 10월은 '데리다의 달'의 동의어였어요. 어느 해에 우리는 그를 위해 적어도 하루에 한 가지 활동을 계획했습니다. 우리는 그게 지나치지 않을까 걱정을 했지만 그는 매우 즐거워했습니다. 해서 우리는 이후 매년 계속해서 같은 식으로 되풀이했습니다. 상징적으로 10월은 속죄의 날, 니체의 생일, 그리고 또 그의 아

---

24) 톰 비숍과의 인터뷰.

버지의 기일과 일치하는 달이었어요. 자크는 일종의 기형적인 인물이었습니다. 그만큼 그는 에너지가 대단했어요. 뉴욕대학과 신사회연구학교 외에도 그는 시티 유니버시티와 카르도조 로스쿨에서도 강의를 했으니까요. 하루에 세 군데서 강의를 하는 일도 있었습니다. 그는 끊임없이 사람들을 만나고 세미나와 강연과 인터뷰를 했습니다. 그는 마치 열 명의 삶을 한꺼번에 사는 것 같았습니다. 정말 놀라운 것은, 그가 만나는 사람들 각각에 맞춰 그들이 조언을 부탁한 문제를 즉각 파고든다는 것이었습니다. 뉴욕대학에서 수업이 없을 때에도 그의 문은 모든 이에게 열려 있어, 학생들은 자신들의 생각을 그에게 말하러 왔습니다. 그는 독립 행동자들, 즉 모든 방면의 이단자들과 지식인 SDF(주거부정자)라고도 할 수 있는 사람들을 솔직하고 관대하게 맞아 주었습니다."[25]

장뤽 낭시는 어느 날 이렇게 내질렀다. "때로 선생님은 프러시아 장군 같은 느낌이 들기도 합니다."[26] 그런 측면이 커지기 시작한 것은 미국에서였으며, 그 다음에 전세계로 확산되었다. 오래 전부터 『유한책임회사』의 저자에게는 우호적인 대학들과 적대적인 대학들이 있었다. 예컨대 그는 스탠퍼드대학에 '고등교육에서의 인문과학과 예술의 미래'(『조건 없는 대학』(*L'Université sans condition*)으로 출판되었다)라는 제목으로 강연을 하러 오기 전 몇 년 동안 강연 요청을 쉽게 들어 주지 않았다.[27] 그

---

25) 아비탈 로넬과의 인터뷰.

26) "Dialogue entre Jacques Derrida et Jean-Luc Nancy", *Rue Descartes*, no. 45, Les 20 ans du Collège international de philosophie, PUF, 2004, p. 28.

27) 스탠퍼드대학 비교문학과 과장 한스 울리히 굼브레히트는 1990년 1월 23일에 첫 초대장을 보냈다. 데리다는 전에 독일 시에겐에서 교수로 있었던 굼브레히트를 알고 있었다. 그렇지만 자신의 저작에 더 이상 반감이 없다는 굼브레히트의 확답에도 불구하고 데리다는 스탠

는 반대로, 시카고에서는 존재감이 매우 컸다. 그 대학에는 그가 항상 만나서 반가운 『크리티컬 인콰이어리』지의 편집자들인 토머스 미첼, 아놀드 데이비슨 같은 가까운 사람들이 있었다. 바울 가톨릭대학에는 그의 좋은 번역가이자 친구인 마이클 나이스와 안파스칼 브로가 있었다. 또 다른 주요 대학들로는 존 살리스가 가르치고 있는 보스턴 칼리지와, 특히 필라델피아에 가까운 빌라노바대학이 있었다. 빌라노바대학에는 존 D. 카푸토가 1994년 특별히 데리다의 저작에 개방적인 '대륙철학과'를 신설했다. 데리다는 학과의 창설 행사 때 열린 대토론에 참석했는데, 그 토론의 내용들은 후에 '간단히 말한 해체'(*Deconstruction in a Nutshell*)[28]라는 제목으로 출판되었다.

물론 이 '대학 지도 작성'은 거기에서 끝나지 않았다. 낭시는 정확히 이렇게 말하고 있다. "데리다는 치러야 할 전투, 정복해야 할 요새, 맺거나 공고히 해야 할 동맹들을 마음에 그렸습니다. 그는 곧 우리, 즉 필립과 사라와 나를 미국에 보내고 싶어서 외무부 문화 사절국장 이브 마뱅에게 우리를 초대할 것을 제안했습니다. 그가 미국과 캐나다에 네트워크를 만

퍼드에서의 강연을 주저했다. 데리다가 더 긍정적인 태도를 보이며 스탠퍼드에 가기 위한 "방책을 찾아볼" 생각을 한 것은, 굼브레히트의 말에 따르면, "학문 회통"에 가까운 5년 동안의 관계 끝에 1995년에 이르러서였다. 그 사이, 데리다의 친구 알렉산더 가르시아 뒤트만이 그곳에서 그의 저작에 대해 세미나 수업을 했다. 뒤트만은 데리다에게 그가 그곳에 가는 일은 "모두에게 큰 선물일 것이며 놓치지 말아야 할 좋은 기회"(뒤트만이 데리다에게 보낸 1993년 4월 24일 편지)일 것이라고 여러 번 말했다. 1998년 1월 6일, 데리다는 강연을 허락하며, 마침내 1999년 4월 15~16일에 행해진 강연에는 약 1700명의 청중이 모였다. 강연이 시작되기 전 리처드 로티가 따뜻하게 그를 소개했다. 모든 것이 아주 빽빽한 상태로 강연회는 잘 마무리되었다. 스탠퍼드대학 출판부는 현재 미국에서 데리다의 작품을 가장 많이 출간한 출판사 중 하나이다.

28) John D. Caputo, "The Villanova Round Table: A Conversation with Jacques Derrida", *Deconstruction in a Nutshell*, New York: Fordham University Press, 1997.

들려고 노력한다는 것을 부인할 수 없었어요. 이런 맥락에서 그에게는 비록 지적인 차원에서 모두가 최고는 아닐지언정 몇몇 잠재적인 동맹자와 관계를 유지하는 것이 중요했습니다. 그는 해체가 널리 확산될 수 있도록 중계역을 하는 많은 사람들이 필요하다는 것을 알고 있었던 겁니다."[29]

드 만 사건이 터지기 바로 전 「유력한 프랑스의 철학자가 되는 법: 자크 데리다의 경우」라는 한 유명한 논문에서, 사회학자 미셸 라몽은 데리다의 미국에서의 활동을 문화 시장의 체계적인 정복과 관련하여 읽기를 시도했다.[30] 전쟁에 대한 것과 다름없는 그 시각은 세심하게 고려될 가치가 있다. 물론 데리다는 프랑스에서보다 미국에서 훨씬 더 능숙하게 행동했다. 그러나 무엇보다 마치 해체가 아주 제때에 당도한 것처럼 유리한 조건들의 결합에 의한 이득을 보았던 것 같다. 무엇보다, 그의 성공의 규모는 상대화되어야 한다. 해체 개념이 일상어가 될 만큼 데리다라는 이름이 미국에서 엄청나게 유명해진 반면, 그의 저작은 결코 학계의 문턱을 넘어서지 못했다. 그의 책 중 어떤 것도 베스트셀러가 된 것이 없다. 『그라마톨로지에 관하여』가 10만 부를 돌파한 것은 아주 오랜 세월이 지나고 난 뒤였다. 항상 대학출판사에서 출판한 그의 다른 영어판 저서들은 5000부와 3만 부 사이에서 오락가락했다. 하지만 이것은 아주 괜찮은 결과로 프랑스에서보다 훨씬 더 나은 것이었다. 그러나 여전히 대중을 대상으로 하는 시장과는 거리가 멀었다. 게다가 미국에서 데리다는 여러 대학 잡지(『글리프』(*Glyph*), 『선스탠스』(*SunStance*), 『바운더리 2』(*Boundary*

---

29) 장뤽 낭시와의 인터뷰.
30) *The American Journal of Sociology*, vol. 93, no. 3, November 1987, pp. 584~622.

2),『크리티컬 인콰이어리』)에서만 호의적이었을 뿐, 주요 문화지에서는 오히려 적대감이 팽배해 있었다.『타임 지 문학 증보판』은 여전히 데리다에게 적대적이었는데,『뉴욕 리뷰 오브 북스』는 그보다 훨씬 더 적대적이었다.[31]

그렇지만 데리다의 유행이 가져온 몇몇 민속적인 측면을 경시할 수 없다. 예를 들어 프랑수아 퀴세는『프랑스 이론』에서 몇몇 데코레이션 잡지가 독자들에게 "정원의 개념을 해체할 것"을 권장하는 반면, 한 만화 주인공 슈퍼히어로는 '해체 박사'와 과감하게 맞서 싸웠다.『크루』(*Crew*)지는 '데리다 상의'와 '해체 복장'을 광고했다. 모니카게이트로 한창 떠들썩할 때, 빌 클린턴은 자신을 방어하기 위해 해체를 이용했다. 젊은 연수생과 성관계를 맺지 않았다고 주장하여 거짓말을 한 것으로 비난을 받은 대통령은 "'is'란 단어가 무엇을 뜻하는지에 달려 있습니다"라고 답변했는데, 전형적으로 데리다적인 발언이었다.

『우편엽서』의 저자는 자신의 저작에서 파생된 피상적인 여파에 오히려 짜증이 났다. 데리다는 1997년 상연된 우디 앨런의 영화「해체하는 해리」도 별로 좋아하지 않았다. 그의 생각에, 프랑스어 버전(「몹시 당황한 해리」)에서 '해체'란 단어가 사라져 버린 것은 대학 사회에 대한 조금은 경박한 풍자의 계기였을 뿐이다. 스탠퍼드를 방문했을 때 했던 한 인터뷰에서 데리다는 그곳에서 해체를 그런 식으로 사용하는 것에 대해 매우 실망했다고 말한다. 그 단어를 마치 자기 아이인 것처럼 보호하기 위해 그는 목소리를 높였다. "나는 해체라는 어휘를 악용하고 있다고 느꼈습니

---

31) 마이클 나스(Michael Naas)와 안파스칼 브로(Anne-Pascale Brault)와의 인터뷰.

다. 영화의 마지막 장면에서, 그 여학생은 그 어휘를 상투적으로 사용하여 그 어휘를 파괴하고 해쳐서 저속하게 만들고 있습니다."[32] 이런 것이 소위 유명인의 몸값이 아니겠는가?

---

32) http://prelectur.stanford.edu/lecturers/derrida/nytderrida.html.

7장_『마르크스의 유령들』

1993~1995

1990년 2월, 데리다는 생전 처음으로 모스크바에 갔다. 몇 개월 전 베를린 장벽이 붕괴되어 소련은 무너져 내리고 있었다. 그곳에서 데리다는 자기만의 고유한 방식으로 특히 마르크스에 대해 도발적으로 언급하는데, 이 언급이 약간의 파문을 일으켰다. 몇 주 후, 어바인에서 그 여행을 상기하고 '소련 기행'이라는 아주 특이한 문학 장르를 분석하면서, 데리다는 자신의 입장이 늘 어떤 것이었는지를 명쾌하게 설명했다.

> 비록 내가 엄밀한 의미에서의 마르크스주의자도 공산주의자도 아니지만, 비록 내가 젊은 시절 지드를 찬미하며 15세(1945년) 때 러시아혁명의 비극적인 실패에 대해 어떠한 의혹도 남기지 않았으며 현재도 여전히 확실하고 통찰력이 있는 훌륭한 작품으로 생각되는 『소련 기행』을 읽었지만, 그 후 1950~60년대에 파리에서 — 쉬운 일은 아니었지만 — 곧 다가올 나의 개인적·지적 환경 속에서 비록 내가 스탈린적이거나 네오스탈린적인 유형의 정치·이론의 무시무시한 위협에 저항해야 했지만, 그럼에도 불구하고 나 또한 에티앙블처럼 러시아혁명에 대

한 속수무책의 정열과 어린애 같은 상상을 희망과 노스텔지어의 형태로 동시에 공유하고 있었다. 나는 '인터내셔널'(국제노동자연맹)이라는 말을 들을 때마다 마음이 동요했고, 흥분으로 몸이 떨려 반동파와 싸우기 위해 시위하러 '거리로 뛰쳐나가고' 싶었다. […] 나는 혁명에 대한 비애감과, 내가 완전히 단념할 수 없으며 실제로 단념하고 싶지도 않은 그 정서 또는 그 애착에 관한 이야기를 적어도 몇 마디 하지 않고는 '페레스트로이카'가 한창인 모스크바 여행이 어떠했는지를 묘사할 수 없을 것 같다.[1]

2년 뒤, 번드 마그누스와 스티븐 컬렌버그는 무엇보다 데리다의 친구인 마이클 스프링클러가 가르치고 있는 캘리포니아대학의 진보주의적인 리버사이드 캠퍼스에서 그들이 조직한 국제 콜로키엄의 개막 강연을 맡아 달라는 요청을 했다. 더 은밀하게는 '마르크스주의는 쇠퇴해 가고 있는가?'라고 이해될 수도 있는 '마르크스주의는 어디로 가는가?'라는 제목이었다. 늘 그러듯이 데리다는 이런 '유희적인 모호한'[2] 제목을 많이 붙였다.

특히 프랑스에서 몇몇 친구들이 데리다가 마르크스에 대해 쓴 것이 전혀 없다며 비난한 지가 벌써 30년이 되었다. 고등사범학교에는 알튀세르와 그의 여러 친구들이 있었고, 당시 『텔켈』지와 『프로메스』지에는 솔레르스와 우드빈과 스카르페타가 있었으며, 그 밖에도 제라르 그라넬과

---

1) Jacques Derrida, *Moscou aller-retour*, Editions de l'Aube, 1995. pp. 46~47.
2) Jacques Derrida, *Spectres de Marx*, Galilée, 1993, p. 10.

보다 더 최근에는 베르나르 스티글러와 카트린 말라부가 있었다. 그런데 데리다가 갑자기 그 주제에 대해 언급하기로 결심한 것은 미국 서부에서 그 누구도 기대하지 않았던 바로 그때였다. 그는 마우리치오 페라리스와의 인터뷰에서 이렇게 설명하고 있다. "마르크스에 대한 콜로키엄이 열리지 않았을 수도 있습니다. 그랬더라면 나는 마르크스에 대한 책을 쓰지 않았을 것입니다. 나는 망설였습니다. 그 기회에 응하는 것이 전략적으로 적절한지를 생각해 보려 애썼습니다. 오래도록 숙고해 보았습니다. 하지만 그 심사숙고가 어떤 것이든, 결국 이렇게 말하게 된 순간이 왔습니다. '받아들이자, 받아들여.'"[3]

데리다는 항상 빨리 작업하는 능력이 있었다. 하지만 그는 그런 엄청난 규모의 작업을 그렇게 단기간에 행한 적이 없었다. 그것은 마치 그 책을 아주 오래 전부터 구상하고 있다가 유리한 기회만을 기다리고 있었던 것 같았다. 힐리스 밀러는 이렇게 기억한다. "1993년 어느 날, 아마도 3월 초였을 것입니다. 자크는 걱정스럽게 내게 말했어요. '리버사이드에서 열리는 콜로키엄을 위해 마르크스에 대한 발표문을 써야 하는데, 아직 전혀 손도 못 댔습니다.' 그는 절대적으로 서둘러야 했습니다. 그가 쓰는 족족 페기 카무프는 번역을 했습니다. 4~5주 뒤, 『마르크스의 유령들』의 첫 버전이 마무리되었습니다. 세미나 수업도 해야 하고 학생들과 면담도 해야 하고 적어도 두세 번 외부에서 강연도 해야 했을 텐데, 그는 그 긴 텍스트를 완성했던 것입니다."

1993년 4월 22~23일, 데리다는 자신의 전문인 그 긴 강연으로 리버

---

3) Jacques Derrida and Maurizio Ferraris, *Il Gusto del Segreto*, Laterza, 1997.

사이드 콜로키엄의 막을 올렸다. 그 개막 강연은 기억할 만했고 그만큼 수수께끼 같기도 했다.

> 당신들이든 나이든 누군가가 일어나 이렇게 말합니다. "요컨대 나는 사는 법을 배우고 싶습니다."
> 요컨대, 그 이유가 뭔가?
> 사는 법을 배우기. 이상한 표어이다. 누가 배우는가? 누구에게서 배우는가? 사는 법을 가르치는 것, 그런데 누구에게 가르치는가? 우리는 언젠가는 알게 될까? 언젠가는 사는 법을 말이다. 그런데 그보다 먼저, 사는 법을 배우는 것이 무슨 뜻인지나 알까? 그런데 왜 '요컨대'인가?[4]

하지만 데리다는 곧 자신의 강연 의도를 밝힌다. 그것은 바로 마르크스의 문제, 마르크스의 집요함의 문제, 마르크스의 적절성의 문제에 대한 것이었다. 데리다의 생각에 그 어느 때보다도 오늘날 마르크스를 읽고 또 읽고 토론하지 않는 것은 "어쨌든 실수일 것이다".

> 도그마 기구(machine à dogmes)와 이데올로기의 도구들(국가, 정당, 노동조합, 그 밖의 여러 이론 생산지)이 사라지기 시작하는 때부터 우리는 그 책임에서 벗어나기 위해 해명이 아닌 변명만을 합니다. 해명이 없이는 미래가 없을 것입니다. 마르크스가 없지 않기에 마르크스 없는 미래는 없을 것입니다. 마르크스에 대한 기억과 유산 없는 미래, 어쨌든 마르

---

4) Derrida, *Spectres de Marx*, p. 13.

크스라는 사람, 그의 천재성, 적어도 그의 정신들 중 하나에 대한 기억과 유산 없는 미래는 말입니다. 실제로 이것이 우리의 추측, 아니 더 정확히 말하면 우리의 선입관일 것입니다. 즉 많이 있다. 틀림없이 많이 있을 것이다.[5]

데리다는 '적어도 마르크스 정신 중 하나'에 그 자리를 돌려주고 싶은 동시에, 『공산당 선언』의 첫 문장부터 그의 많은 텍스트에 스며들어 있는 유령적 측면을 알아냈다. "하나의 유령이 유럽을 떠나지 않고 있다. 공산주의의 유령이." 데리다는 철학자로서 그리고 작가로서 마르크스를 읽었다. 지금까지 누구도 그런 식으로 마르크스를 읽은 적이 없었으며, 그의 그런 독서는 마르크스의 가장 이론적인 저작들 속에까지 스며들어 있는 셰익스피어의, 특히 햄릿에 대한 많은 암시를 드러냈다. 유령성의 주제가 적어도 영화 「유령의 춤」 이후로 데리다의 관심사였지만, 그리고 또 유령론의 개념이 오랫동안 차연이라 지칭되었던 것에 대한 새로운 지칭 방법처럼 보일지 모르지만, 그는 그 주제들을 발명한 것과는 거리가 멀다. 그는 마르크스의 『독일 이데올로기』(*Die Deutsche Ideologie*)와 그밖의 다른 작품들 속에 있는 그 주제들을 드러내 보여 주었던 것이다. 데리다가 22년 전 제라르 그라넬에게 보낸 한 편지에서 예고하고 있는 것처럼, 그는 『자본』의 저자에 대한 침묵을 깨고 나오기 위해서는 "연구"를 기다려야 했다. "전향"이 아니라 "마르크스 텍스트의 눈에 안 띄는 이런

---

5) *Ibid.*, pp. 35~36.

저런 혈관을 따라 간접적인 절개와 관점의 전위"[6]로 이끌 것이라는 점을 그가 이미 느끼고 있었던 그 연구를 말이다.

『마르크스의 유령들』은 하나의 새로운 독서뿐만이 아니었다. 그것은 정치적 쟁점들에 대해 직접적으로 발언한 책이며, 무엇보다 그 전년에 출판되어 상당한 성공을 거둔 프랜시스 후쿠야마의 책 『역사의 종말』에 대한 반박이었다. 공산주의 체제들의 몰락을 추적하는 자신만만한 그 담론들을 반박하면서 데리다는 실업과 집 없는 사람들의 집단적 소외, 경제 전쟁, 외채의 악화, 무기 산업과 무기 무역, 핵무기의 확산, 이민족간의 전쟁과 민족주의적인 퇴행, 마피아와 밀매매 등등 "새로운 세계 질서"의 상처들을 나열한다…. 그렇다, 역사는 끝나지 않았다.

'뉴 인터내셔널'이 국제법의 이 위기들을 거치면서 모색되고 있다. 그것은 이미 인권 담론의 한계를 비난한다. 시장의 법칙, '외채', 과학기술·군사·경제적 발전의 불평등이 오늘날 인류 역사에서 그 어느 때보다도 큰 그 엄청난 실질적 불평등을 유지하는 한, 그 담론은 여전히 불충분하며 때로는 위선적이기도 한데, 어쨌든 형식적이고 자기모순에 빠져 있다. 실제로 그 자체로 인류 역사의 이상에 마침내 도달한 자유민주주의의 이상의 이름으로 어떤 사람들은 신복음주의 전파를 감히 주장하는 이때, 폭력과 불평등, 소외, 기아가, 따라서 경제적인 압제가 인류의 역사상 이렇게도 많은 인간들을 고통 속으로 몰아넣은 적이 없었다고 소리쳐야 한다. 역사의 종말의 도취 속에서 자유민주주의와 자본주의 시

---

6) 데리다가 제라르 그라넬에게 보낸 1971년 2월 4일 편지.

장의 이상의 도래를 노래하는 대신, "이데올로기의 종말"과 해방에 관한 위대한 연설들의 종말 대신 수많은 기이한 고통들로 이루어진 눈에 보이는 그 명백한 사실을 결코 간과하지 말자. 어떠한 발전도, 의심의 여지가 없는 수치로 보아 지구상에서 그 어느 때보다도 이토록 많은 남녀 그리고 아이들이 이토록 노예처럼 압제당하고 기아에 허덕이거나 말살당한 적이 없다는 것을 간과하도록 허락하지 않기 때문이다.[7]

『마르크스의 유령들』은 이후 몇 달 동안 증보되어 마치 급한 느낌을 받는 것처럼 곧 출판되었다. 데리다는 답장이 늦은 것에 대해 양해를 구하면서 프랑수아즈 다스튀르에게 보낸 한 통의 편지에서 그 상황에 대해 이렇게 설명한다. "항상 그렇듯이 격무와 피곤 속에서 나는 유령에 대한 작은 책을 쓰느라 힘들게 작업을 했습니다. […] 이 책에서 나는, 항상 그렇듯이 거칠고 서툴게 '우리는 살기 위해서 죽는다'(Wir sterben um zu leben)라는 말이 무슨 뜻인지를 상상해 보려고 노력하고 있습니다. 하지만 그 뜻에 대해 그렇게 확신이 가지는 않습니다. 아, 그것 또한 나의 약점입니다."[8]

많은 여담과 날카로운 분석들에도 불구하고 이 책은 전체적으로 진정한 서정적 영감과 위대한 이타성이 관통하고 있다. 마르그리트는『마르크스의 유령들』을 교정쇄 상태로 아이슬란드에서 읽었던 것을 기억한다. 그녀는 자크와 레이캬비크까지 함께 갔으며, 그날 저녁 그는 다시 미

---

7) Derrida, *Spectres de Marx*, p. 141.
8) 데리다가 프랑수아즈 다스튀르에게 보낸 1993년 8월 20일 편지. "우리는 살기 위해서 죽는다"라는 구절은 횔덜린의 시「히페리온」(Hyperion)에서 인용했다.

국으로 떠났다. 그녀는 저녁에 호텔 방에서 교정을 마치면서 눈물을 흘렸다. 그만큼 그 책에 감동을 받았던 것이다.

이 책에 대한 반응은 데리다의 이전 책들과는 완전히 달랐다. 『마르크스의 유령들』의 출판은 타이밍이 잘 맞아떨어졌다. 제목은 그것이 막연한 기대에 부응하는 만큼 더욱더 호기심을 자아내며 눈길을 끌었다. 『르 코티디엥 드 파리』지는 여지없이 '마르크스, 데리다의 유령'을 조롱하는 반면, 베르나르 앙리 레비는 『르 푸앵』지의 자신의 '메모지철'에서 "마르크스로의 회귀"에 대해 말하는 것을 듣고는 "꿈을 꾸는 것 같았다".

『르 누벨 옵세르바퇴르』지에서 디디에 에리봉은, 전체적인 편집 방향이 적대적일 것이라 예상한 대로 서평보다는 뉴욕에서 했던 긴 인터뷰를 실었다. 그는 미국에서 데리다의 성공에 대해 언급하는 것에서부터 시작하여 그것이 단순한 유행 현상이 아니라 "학계의 거대한 지적 거품 현상"이라고 주장했다. 『마르크스의 유령들』에 대하여, 에리봉은 "정치적 선언인 동시에 고도의 전문적인 철학서인 이상한 책"으로 실제로는 읽기가 매우 어려운 책이라고 악평했다. 하지만 그럼에도 불구하고 그는 이 책이 이목을 끌 것임을 감지했다. 데리다 자신에 따르면 『마르크스의 유령들』은 무엇보다 먼저 "정치적인 행위"였다.

마르크스의 텍스트들에 대한 독서 작업은 그리 중요한 것이 아닙니다. […] 가장 긴급한 것, 즉 나로 하여금 정치적 태도의 표명 형태로 목소리를 높이게 했던 것은, 내가 느끼는 고조되어 가는 초조함이었는데, 내 생각에 모든 담론에 끼어드는 행복감을 자아내는 동시에 얼굴을 찌푸리게 하는 일종의 그 합의 앞에서 그런 느낌을 갖는 것은 나뿐만이 아닐 것입니다. […] 마르크스에 관해 언급하는 것은, 무엇이 됐든 간에 비난받는 일이 되어 버렸습니다. 나는 그것이 분석될 만한 가치가 있고 반항을 야기할 만한 마귀 쫓기와 푸닥거리의 의도를 보여 주는 것이라 생각했습니다. 어떤 면에서는 내 책은 반항적인 책입니다. 그것은 부적절한 때에 나온, 분명히 때를 잘못 맞춘 행위입니다. 하지만 부적절한 때라는 생각이 바로 이 책의 중심에 자리 잡고 있습니다. […] 사람들이 부적절한 때에 어떤 행동을 하면서 항상 바라는 것은, 그것이 제때에, 사람들이 필요하다고 느끼는 바로 그때에 행하는 것입니다.[9]

『리베라시옹』지의 로베르 마기오리는 아주 긴 기사를 실어 『마르크스의 유령들』을 높이 평가했다. 그는 데리다를 "심지어는 모두가 마르크스주의자일 때조차도 결코 마르크스주의자가 아니었으며, […] 그럴 생각도 거의 없었다"라고 기억하면서, 그의 책은 "우연히 마르크스주의의 유령이 다시 우리나라에 불어오면 마치 개막식처럼 기억에 남을 만한 큰 성공을 거둘 것"[10]이라고 확신했다. 『르 몽드』지의 니콜라 베이 역시 비록 "현대의 자유주의 사상과의 토론이 단지 후쿠야마에 대한 반박에 한정될 수 없는 일"[11]이라고 생각하면서 베를린 장벽이 붕괴된 지 겨우 4년이 지난 당시 저자의 용기와 작품의 중요성을 인정한다. 『쉬드우에스트 디망쉬』(Sud-Ouest Dimanche)지의 제라르 계강처럼 많은 사람들은

---

9) *Le Nouvel Observateur*, 21 October 1993.
10) *Libération*, 4 November 1993.
11) *Le Monde*, 3 December 1993.

『마르크스의 유령들』이 마르크스에 대한 연구는커녕 감히 그 이름조차 입에서 꺼내지도 못하고 있는 사람들에게 확실히 다시 자신감을 주게 될 것이라고 생각했다. "이 책 주위로 계승자들이 모여들 것이다. [···] 세계의 운명은 철학사 이상으로 이 책을 요구한다."[12]

프랑스 공산주의자들은 그토록 명망이 높은 저자가 쓴 그와 같은 저서가 가져다준 기회를 그냥 흘려보내지 않았다. 9월 23일, 『마르크스의 유령들』의 가장 중요한 점들을 보도했던 『뤼마니테 디망쉬』지는 11월 13일 심층적인 서평을 게재했다. 데리다는 즉각 아르노 스피르와 편집진이 자기에게 보여 준 "관대한 관심"에 감사를 표한다. "나는 당신 덕분에 『뤼마니테』지에서 두 번이나 보여 준 도량이 넓은 환대 ─ 물론 나에게만 그러는 것은 아니겠지만, 선한 행동과 용기를 북돋우는 행동 ─ 에 감동을 받았다는 말씀을 꼭 전하고 싶었습니다. 미래는 아마 내가 지금 할 수 있는 것보다 훨씬 더 심심한 감사를 표할 것입니다…"[13] 몇 주 뒤, 이번에는 『뤼마니테』지가 그 책에 대해 호평의 기사를 게재했다.[14] 공산당 제1서기 로베르 위는 데리다의 행동에 감동했다고 말했다.

하지만 데리다는 어떤 하나의 당에 소속된 사람이 아니었다. 급진 좌파의 매우 다른 경향을 대표하는 『르 누보 폴리티스』(*Le Nouveau Politis*) 지와 『레볼뤼시옹』(*Révolution*) 지, 『크리티크 코뮈니스트』(*Critique Communiste*) 지 역시 혁명적 이상이 퇴조하고 있던 그 시기에 자크 데

---

12) *Sud-Ouest Dimanche*, 7 November 1993.
13) 데리다가 아르노 스피르에게 보낸 1993년 11월 14일 편지.
14) 『뤼마니테』와의 좋은 관계는 이후로도 지속된다. 이 일간지의 새 판형 인쇄에 즈음하여 「나의 "위마니테" 뒤 디망쉬」(Mes "humanités" du dimanche)를 그곳에 게재하기도 한다(1993년 3월 4일). 이 시기의 기사들은 대부분 『타이프 용지』에 재수록되었다.

리다라는 영향력을 행사할 수 있는 인물을 지지자로 얻게 된 것에 기뻐했다. 고등사범학교 출신이자 『자본을 읽자』의 공동 저자인 피에르 마슈레는 그 상황을 가장 잘 요약하고 있다.

상대적으로 늦은 1993년 데리다는 어떻게 보면 지체하여(en différé) 마르크스라는 말을 쓰고, 마르크스와 마르크스의 언어를 논하고, 마르크스를 논하게 하기 시작함으로써 모든 사람들의 배후를 기습적으로 공격했다. 그런 시간적인 편차에는 어떤 이유가 있었으며, 심지어는 어떤 필연성 같은 것도 있었다. 마침 죽은 마르크스가 구덩이 속에 묻혀 침묵에 함몰되어 있고, 죽은 개로 취급되거나 부인되고 파기되어 버린 때, […] 그에게 발언권은 아닐지라도—그의 생생한 존재의 정체성에 잘 통합된—사실상 그의 말이었거나 그 자신의 말을—적어도 『마르크스의 유령들』이 그를 대체한—한 '유령'의 유령의 말을 돌려줄 때가 되었던 것 같다.[15]

3백 쪽에 가까움에도 불구하고 데리다가 항상 '작은 책'이라고 불렀던 그 책은 그렇지만 마르크스의 신봉자를 자임하는 사람들 전원의 찬성을 받지는 못했다. 잡지 『리싱킹 마르크시즘』(Rethinking Marxism)의 편집장인 마이클 스프링커는 대부분 영어권인 마르크스주의자 10여 명의 반박을 야기하는 다채로운 토론을 이끌어내어, 데리다의 재반박과 함

---

15) Pierre Macherey, "Le Marx intempestif de Derrida", Marc Crépon and Frédéric Worms éds., *Derrida, La tradition de la philosophie*, Galilée, 2008, pp. 135~136.

께 『유령적 경계들』(Ghostly Demarcations)[16]이라는 책을 출판하기까지 했다. 그중 데리다의 텍스트만 프랑스어로 '마르크스와 아들들'(Marx & Sons)이라는 제목으로 출판되었다. 데리다는 단호하지만 꽤 침착하게 그의 비판자들과 대화를 나눴지만, 자신의 제자인 가야트리 스피박의 "처음부터 끝까지 터무니없는" 글에 가장 신랄한 공격을 가했다.[17]

『마르크스의 유령들』이 출간되기 몇 달 전『세계의 비참』(La misère du monde)이 출판되었는데, 피에르 부르디외가 주도한 엄청나게 두꺼운 그 공동 저작은 다시 미디어의 큰 관심을 받았다. 유력한 좌파적 가치들에 대한 거의 동시적인 재천명은 그 두 사상가가 서로 가까워지는 데 기여했다. 데리다가 사르트르에 대해 제기할 수 있었던 비판이 어떠하든, 그의 생각에 '참여'는 "여전히 신상품 같은 말"이었다. 그가『레탕모데른』 50주년을 맞이하여 주장하듯이, "'참여'라는 말의 의미와 전략들을 바꾸면서 그 형태들을 지키거나 다시 활성화하는 것"[18]이 중요했다.

1991년 가을, 스트라스부르의 '유럽 문학의 교차점'에서 부르디외는 '문화 의회'라는 아이디어를 내놓았다. 1993년 7월, 알제리 작가 타하르 자우트가 살해 당한 이후 데리다와 부르디외를 비롯한 60여 명의 지식인들이 세계 도처에서 일어나고 있는 박해의 희생자가 된 작가와 지식인들을 현실적으로 지원하기 위한 국제기구의 설립을 호소했다. '국제작가의

---

16) *Ghostly Demarcations. A Symposium on Jacques Derrida's "Spectres of Marx"*, London: Verso, 1999.

17) Jacques Derrida, *Marx & Sons*, Galilée, 2002.

18) Jacques Derrida, "'Il courait mort': salut, salut", *Papier Machine*, Galilée, 2001, p. 200.

회' 창립 모임이 1993년 11월 4일에서 8일까지 스트라스부르에서 열렸다. 장뤽 낭시와 필립 라쿠라바르트는 그 도시의 고위 공무원인 크리스티앙 살몽와 함께 그 준비에 몰두했다. 초대자들 중에는 수전 손택과 에두아르 글리상, 그리고 최근의 노벨문학 수상자인 토니 모리슨이 있었다. 그런데 11월 7일 저녁 극도의 보호를 받으면서 살만 루시디가 '예고 없이' 나타 났는데, 그로 인해 행사의 내용이 달라져 버렸다. 1989년 2월 그에 대한 파트와(fatwa)[19] 이후 프랑스 사람들 앞에 그가 나타난 것은 이번이 세 번째였다. 데리다와 부르디외는 그와 함께 아르테 방송이 생중계한 토론 에 참여했다. 그들은 끝날 때 아주 불안함을 느꼈는데, 그만큼 그들에게 주동자가 형편 없어 보였기 때문이다. 그럼에도 불구하고 몇 년 동안 '국 제작가의회'의 시도에 함께 협력했다. 그 뒤, 그들은 그 조직보다는 일련 의 '피난도시'의 창립에 더 힘을 기울이게 된다.

데리다가 모리스 올랑데의 제안으로 『르 몽드』지에 게재된 「주의를 호소함」을 지지하는 것도 역시 1993년 7월이었다. 서명자들의 생각에 너 무도 많은 작가와 지식인들이 최근『크리시스』(*Krisis*) 지 같은 극우를 정 당화하거나 보편화시키는 데 기여하는 출판에 협력했다.[20] 그들에게는 넘지 말아야 할 금지선을 재천명하는 것이 중요했다. 이 호소는 특히 모 리스 블랑쇼에게 브뤼노 루아와 출판사 파타 모르가나와의 관계를 끊도 록 만들었다. 이 출판사는 '국민전선'과 가까운 알랭 드 브누아의 작품을

---

19) 이슬람 법에 따른 결정이나 명령을 가리킨다. — 옮긴이
20) *Le Monde*, 13 July 1993. 이 호소문은 Maurice Olender, *Race sans histoire*, Seuil, 2009, pp. 244~248에 재수록되었다.

얼마 전에 출판했었다.[21)]

데리다는 특히 FIS(이슬람구국전선)의 테러와, 정권의 폭력적인 억압 사이에서 고통받고 있는 알제리 국민의 비극적인 상황에 충격을 받았다. 1994년 초 '알제리 시민 평화를 위한 호소'에 서명을 한 그는 1994년 2월 7일, 알제리 지식인들에 대한 대규모 지지 모임이 열린 소르본 계단강의 실에 토론자로 참석했다. 그는 "한 시민으로서의 사랑이 아닌, [⋯] 따라서 한 민족국가에 대한 애국적인 애착은 아니지만 그럼에도 불구하고 나의 마음과 생각과 정치적 입장과 따로 생각할 수 없게 만드는 어떤 것인 알제리에 대한 고뇌 어린 사랑"[22)]을 언급하면서 시작한다. 상황이 아무리 어렵게 얽혀 있을지언정, 데리다는 통상적인 엄격함 속에서 어느 것도 포기하고 싶지 않았다. 그는 알제리의 상황에서 '폭력'과 '시민 평화', '민주주의'라는 어휘들이 정확히 무엇을 의미하는지를 명확히 해보려는 시도에서, '알제리 시민 평화를 위한 호소'의 어휘들을 체계적으로 검토한다. 그는 특히 "투표가 물론 민주주의의 전부는 아니지만 그것 없이는, 그런 형태와 개표가 없이는 민주주의는 없다"[23)]는 것을 꼭 언급하고 싶었다.

프랑스에서 알제리인들에 대한 지지는 아주 구체적인 결과를 낳았

21) 이 논쟁은 모리스 블랑쇼가 『라 캥잰 리테레르』에 브뤼노 루아에게 보낸 공개 편지를 게재한 뒤 한 '사건'이 되었다(*La Quinzaine littéraire*, no. 703, 1~15 November 1996, p. 5). 더 자세한 사항은 Christophe Bident, *Maurice Blanchot, partenaire invisible*, Champ Vallon, 1998, p. 573 참고. 1995년 7월, 루뱅라뇌브(Louvain-la-Neuve) 콜로키엄에서 그의 발표문 「문학에 대한 열정들」(Passions de la littérature)에 블랑쇼의 『나의 죽음의 순간』(*L'instant de ma mort*)을 인용하면서 논평한다. 모리스 블랑쇼는 데리다가 『머묾』(*Demeure*)을 출판할 때 보낸 편지(1998년 1월 15일)에서 심심한 감사를 표한다.

22) Jacques Derrida, "Parti pris pour l'Algérie", *Les Temps modernes*, no. 580, January-February 1995에 게재되었으며, 이후 Derrida, *Papier Machine*, p. 222에 재수록되었다.

23) Derrida, *Papier Machine*, pp. 224~225.

다. 언제나 엄격한 법률존중주의자인 데리다는 피에르 부르디외, 사미 나이르와 함께 이민과 국적에 대한 법 및 최근에 공포된 알제리인들에 관련된 법령들의 대한 "시민적 저항"을 촉구하는 일을 두려워하지 않았다. 1995년 3월 25일, 낭트에서 비자권을 위한 데모가 열렸을 때 그는 처음으로 직접 행동에 나섰다. "나는 거기에 있었는데 — 통이 아닌 뭔가 세워져 있었는데 — 그 위로 떠밀려 올라가 그렇게 알제리 이민자들을 위해 군중들에게 연설을 했어요"라고 그는 이야기했다.[24] 그날, 데리다는 아주 직접적으로 1993년 프랑스는 29만 명의 알제리인들에게 비자를 발급해 주었는데, 이는 1994년에 비해 무려 세 배나 준 것이라고 환기시켰다. 그는 "1994년에만 적어도 3만 명이 살해된 그런 지옥에 살고 있는 알제리인들에게 가한 국경 폐쇄"를 비난했다.

> 세상에 살인이 많으면 많을수록 프랑스는, 정부가 좌파든 우파든, 점점 더 그 살육을 멀리서 거만하게 바라보고만 있습니다. 프랑스 정부는 그 상황의 용인할 수 없는 성격을 너무도 잘 알고 있어서 비자 발급자의 숫자, 혹은 거부자의 숫자의 공표를 금지했습니다. 프랑스 정부는 그 정책에 별로 수치심을 느끼지 않는 모양이지요?[25]

글씨와 기록의 소재에 대해 그토록 자주 성찰했던 데리다는 '불법체류자'라는 어휘가 최대한 울려 퍼지도록 내버려 두었다. 그것은 1990년

---

24) 에티엔 발리바르와 티에리 브리올과의 2001년 5월 16일 대담. 파리8대학 철학과 학생 잡지 『철학, 철학』(*Philosophie, Philosophie*), no. 9, 2007에 수록되었다.

25) Allocution at Nantes, 25 March 1995, archives IMEC.

대에 그가 지속적으로 관심을 가졌던 투쟁 중 하나였으며, 그가 생각하기에 그 점에 대해 너무 소심한 프랑스 사회당과 점점 멀어지게 된 이유 중 하나가 되었다.[26] 그런 문제들에 대해 그가 참여하는 것을 보고 놀라는 사람들에게, 비록 부르디외보다는 덜 우렁찬 목소리였지만 데리다는 자신은 자기 글과 참여 사이에 불일치를 느끼지 않으며, 단지 "리듬과 담론의 양식과 상황의 차이밖에"[27] 느끼지 못한다고 대답했다. 『문화기술노트』(*Cahiers de Médiologie*) 지와의 긴 인터뷰에서 그는 법과 체류증은 절대로 분리할 수 없다는 것을 이렇게 설득력 있게 설명한다. "소재지 정하기처럼, 이름처럼 '자기 집'은 '체류증'을 전제한다. '불법체류'(체류증이 없음)는 '법의 보호를 박탈당한 사람, 권리 비(非)소유자, 비(非)시민 또는 서류로 비자나 체류증, 인지나 스탬프를 통한 권리 부여를 거부당한 타국의 시민"[28]인 것이다.

데리다의 철학 저작과 정치 투쟁 사이의 가교는 점점 더 늘어났다. 1995~1997년 동안 그의 세미나의 주제인 '환대'는 반복되면서, 그의 이름이 가장 자주 결부된 주제 중 하나가 되었다. 그것은 환대의 원리가 그 안에 "철학에 윤리를 접합하는 데 가장 현실적이고 가장 알맞은 긴급성"

---

26) "Manquement - du droit à la justice (mais que manque-t-il donc aux sans-papiers?)", 1996년 12월 21일 아망디에 극장에서 한 즉흥적 발언, *Marx en jeu*, Descartes et Cie, 1997, pp. 73~91. 데리다는 언젠가 프란츠올리비에 지스베르와의 인터뷰에서 프랑수아 미테랑에 대해 이렇게 말한다. "나는 그를 여러 번 만났습니다. 그에게서 깊은 인상을 받았습니다. 문학과 철학에 대해 조금은 단견이었지만, 책을 좋아하는 사람이었습니다. 나는 그를 훌륭하다고 생각하고자 했던 것 같습니다." 그럼에도 불구하고 데리다는 오랫동안 사회당에 투표를 했고, 1995년 대통령 선거 때처럼 때로 사회당에 투표하라고 다른 사람들에게도 요구하기도 했다.

27) Derrida, *Papier Machine*, p. 386.

28) *Ibid.*, pp. 265~266.

을 농축하고 있었기 때문이다. 데리다는 한 강연에서 그 점을 주장하는데, 그 강연의 제목인 '세계인 되기, 꾸준한 노력을!'은 그 자체로 하나의 완전한 계획표였다.

> 환대, 그것은 문화 자체이지 타인들 사이에서의 윤리가 아닙니다. 환대가 에토스, 즉 주거, 자기 집, 가족의 체류 장소와 그곳에 존재하는 방식, 자기 자신과 — 자기 가족들이나 타인들에게처럼 — 타인들에게 관련되는 방식과 결부되는 한 윤리는 환대이며, 윤리는 너무도 완벽하게 환대의 경험과 동일한 외연을 갖습니다. 그 환대의 경험을 어떤 식으로 공개하거나 제한하든 말입니다.[29]

그 시기, 정치를 넘어 종교는 데리다가 마음을 쓰는 또 다른 중요한 영역이었다. 이탈리아 출판사 라테르자는 하나의 주제를 중심으로 한 해 동안 열심히 활동한 유럽의 철학자들을 모두 담는 『유럽의 철학 연보』를 출판할 계획을 세웠다. 준비 모임에서 데리다는 그가 생각하기에 "가장 명백하면서 가장 모호한 종교"[30]라는 단어로 시작할 것을 제안했다.

1994년 2월 말, 카프리 섬의 한 호텔에서 몇몇 철학자들이 다시 만나 아주 자유롭게 의견을 교환했다. 데리다 외에 가다머, 바티모, 페라리스 등이 있었다. 페라리스는 이렇게 기억한다. "우리는 마치 나이가 지긋한 학생들의 수학여행이나 된 듯 별 준비도 없이 왔습니다. 데리다만 예외였

---

29) Jacques Derrida, *Cosmopolites de tous les pays, encore un effort!*, Galilée, 1997, p. 42.
30) Jacques Derrida, "Foi et savoir", *La Religion, Séminaire de Capri*, Seuil, 1996. 이는 Jacques Derrida, *Foi et savoir*, Seuil, 2001, p. 11에 재수록되었다.

는데, 그는 링으로 엮은 노트에 가득 준비를 해왔어요. 그가 좋아하는 표현을 빌리자면, 그 혼자만이 '숙제'를 해왔던 겁니다. 그의 발언은 시사하는 바가 많았으며, 우리 모두의 토론의 출발점이 되어 주었습니다.[31]

책 제목——『신앙과 지식』(Foi et savoir)——은 관례적인 것으로 보일 수 있었다. 하지만 베르그송과 칸트의 흔적을 느끼게 하는 부제 '순수 이성의 한계점으로서의 종교의 두 기원'을 추가함으로써 그 정도로도 관례적인 느낌은 훨씬 덜했다. 그 책은 범위나 내용에 있어서 놀라웠다. 데리다는 습관대로, 자기 자신이 처한 상황의 가장 명백한 측면에 근거하면서, 국제적이게 되는 것을 좀 성급히 바라는 한 만남의 서양적인, 심지어는 유럽적이기조차 한 성격을 강조했다.

우리는 서로 다른 네 개의 언어로 표현하고 말한다. 그러나 우리의 공통의 '문화'는, 솔직하게 말하자면, 차라리 명백히 기독교적이지, 거의 유대기독교적이지는 않다. 우리가 어쩌면 이슬람 쪽으로 시선을 돌려야 할 이 시점에, 적어도 이 준비 논의를 하는 데 우리 중 이슬람교도가 한 명도 없으니 유감이다. 그 밖의 다른 종교를 대표하는 사람도 한 명이 없다. 여성도 한 명도 없다! 우리는 이 점도 고려해야 한다. 즉 자신들을 위해 말하지 않는 그 무언의 증인들을 대신하여 말하는 것, 그리하여 그로부터 온갖 종류의 결론을 얻는 것을 말이다.[32]

---

31) 마우리치오 페라리스와의 인터뷰.
32) Derrida, Foi et savoir, p. 13.

바로 그『신앙과 지식』에서 데리다는 자신의 후기 사유의 중심 개념 중의 하나인 자기 면역, 즉 "거의 자멸로 이끄는 방식으로 자기 자신의 보호를 '스스로' 파괴하여, 자기 '자신의' 면역에 대해 무감각해지려 애쓰는 그런 산 자의 이상 행동"[33]을 처음으로 전개한다. 또한 그는 근본주의들과—그가 점점 더 좋아하게 되는 그 혼성어들 중 하나인—글로벌라틴주의(mondialatinisation)—"신의 죽음에 대한 경험으로서의 기독교와 과학기술적 자본주의의 이상한 결합"[34]—로 지칭하기를 좋아했던 것 사이의 대립에 대해서도 사유한다.

몇 달 후, 데리다는 카프리 섬에서 멀지 않은 나폴리에서 다른 중요한 한 텍스트, 즉『아카이브 병』(Mal d'Archive)을 완성한다. 이것은 1994년 6월 5일 르네 마조르와 엘리자베스 루디네스코가 기획한 '기억: 기록 보관소의 문제'라는 주제로 런던의 프로이트 박물관에서 열린 콜로키엄의 폐회 강연의 글이었다. 데리다는 이 강연에서 요제프 하임 예루살미의 최근의 책『프로이트의 모세. 유한하면서도 무한한 유대교』와 정중하면서도 비판적인 대화를 시도한다. 예루살미가 제기한 문제들은 데리다에게 극히 중요한 것이었는데, 아마도 그것은 그 자신의 유대교와의 관계가 프로이트의 그것만큼이나 복잡했기 때문일 것이다. 그는 그 문제에 대해 엘리자베스 루디네스코와의 대화에서 이렇게 다시 언급한다.

---

33) Jacques Derrida and Jürgen Habermas, *Le "concept" du 11 septembre*, Galilée, 2004, p. 145.
34) Derrida, *Foi et savoir*, p. 23.

(기억, 미래, 정신분석학의 예견 등등과 관련하여) '유대인의 특성'에 대한 그 축하는 […] 내용에서 내게 이론의 여지가 있는 것 같았습니다. 나는 또한 예루살미가 신의 선택, 즉 더 정확히 말해 '선민'이라는 아주 중대한 (그리고 해석하기 아주 어려운) 주제의 정치적인 이용을 좋든 싫든 조장할 우려가 있지 않나 생각해 보았습니다.[35]

이 콜로키엄에 참여했으므로 예루살미는 데리다의 강연에 틀림없이 참석했어야 했지만, 결국 그러지 못했다. 그날 마침 아파서 그는 자신의 호텔 방을 떠나지 못했던 것이다. 나중에야 뉴욕에서 두 사람은 그 문제에 관한 토론을 시도했다.

1994년 그해, 데리다는 계획들 속에 파묻힌다. 그는 런던에서 돌아온 뒤 얼마 안 되어 페라리스에게 이렇게 편지를 쓴다. "나는 어느 때보다도 정신을 못 차릴 지경입니다. (특히 『우정의 정치』, 7월 말까지 약속한 이 망할 책 때문입니다) 나는 올 여름 그 밖의 일을, 특히 종교에 대한 그 텍스트를 어떻게 해내야 할지 모르겠습니다!!"[36]

언젠가 쓰고 싶은 책의 긴 서문으로 데리다가 제시한 그 '망할 책'은 "'우정의 정치'라는 제목으로 시작한 세미나의 첫 회의 내용을 엄청나게 늘린 것"[37]이었다. 그 세미나는 1988~1989년에 행해졌는데, 전혀 직접적

---

35) Jacques Derrida and Elisabeth Roudinesco, *De quoi demain*…, Fayard-Galilée, 2001, p. 305.

36) 데리다가 마우리치오 페라리스에게 보낸 1994년 6월 26일 편지.

37) Jacques Derrida, *Politique de l'amitié*, Galilée, 1994, p. 11.

으로는 암시하고 있지 않지만 드 만 사건이 터진 뒤 그가 그 연장선상에서 준비한 것이었다. 그리하여 각 회는 몽테뉴가 인용한 아리스토텔레스의 말 "오 나의 친구들이여, 친구가 하나도 없구나"를 재인용하면서 시작되었다. 그 책에서 각 장은 그의 해석을 더 잘 재개하기 위해 이 문장에 다시 기댄다. 데리다는 플라톤에서 몽테뉴로, 아리스토텔레스에서 칸트로, 키케로에서 헤겔로 우정에 대한 전통적인 담론들을 다시 읽어 그들의 암묵적 추정들을 끌어낸다.

주요한 문제는 당연히 이 영역에서 철학적 정전(canon)의 지배권에 대한 것이다. 철학적 정전은 어떻게 인정되었는가? 그것의 힘은 어디에서 오는가? 그것은 어떻게 여성성이나 이성애, 여자들 사이의 우정이나 남자와 여자 사이의 우정을 제외시켰는가? 에로스와 필리아 사이의 이성애는 그 이유가 무엇인가?[38]

데리다가 해체하기 위해 노력하는 것들 중 하나는 우정에 대한 전통적인 담론들로부터 거의 틀림없이 도출되는 "가정적이고 형제애적인, 따라서 남성 중심의" 그 정치적 입장이었다.

왜 친구는 형제 같아야 하는가? 같은 성인 두 사람의 그 가까움을 넘어 향해 가는 우정을 꿈꾸어 보자. 친족 관계를 넘어 […] 향해 가는 우정을. 그때 그런 "형제애의 원칙 너머"의 정치학은 무엇일지 스스로에게 물어

---

38) Derrida, *Politique de l'amitié*, pp. 308~309.

보자.[39]

세월이 흘렀지만 조르주 캉길렘과의 관계는 유지되었다. 오래 전에 모든 공식적인 책무에서 물러난 그는 종종 자신을 "퇴직 콘셉트 요리사"라 부르기도 했다. 데리다는 어제 오늘의 많은 친구들에게 하듯이, 캉길렘에게도 자신의 책을 꾸준히 보내주었다. 1994년, 캉길렘은 자신이 데리다의 인생 역정에 별로 의미가 있지는 않았다고 느끼지만, 그의 그 변함없는 마음에 감사를 표한다. "『우정의 정치』는 내게 자극제가 됩니다. 걸작이기 때문입니다. 당신이 칸트와 니체를 말하고 있는 것에 대해 나는 판단할 만한 입장에 있다고 생각합니다. […] 내가 놀랐던 것은, 칼 슈미트가 떠올랐다는 것입니다. […] 나는 당신이 아리스토텔레스와 몽테뉴와 블랑쇼를 노련한 솜씨로 공존케 한 것에 감탄합니다."[40]

1994년 12월 15일, 카트린 말라부는 데리다의 지도로 준비한 박사 논문(「헤겔의 미래: 시간성, 유연성, 변증법」) 심사를 받았다. 그것은 데리다의 헤겔 독서의 몇몇 사항을 문제 삼는 것에 주저하지 않은 우수하고 대담한 논문이었다. 심사가 진행될 때 흔히 그렇듯이 데리다는 이번에도 두 시간 동안을 아주 멋지게 발언했다. 이에 다른 심사위원들은 짜증스러움을 숨기지 않았으며, 몇몇은 심사장을 떠나 버릴 것 같은 태세였다. 카트린 말라부의 친구인 실비안 아가생스키도 심사장에 있었다. 실비안은 여전히 '사실상의 철학' 총서의 저자들 중 한 사람이었지만, 자크와 그녀

---

39) *Ibid.*, p. 12.
40) 조르주 캉길렘이 데리다에게 보낸 날짜 미상 편지(1994년 가을).

는 그 시기에 더 이상 서로 말을 하지 않았다. 카트린은 이렇게 기억한다. "그런데 심사가 끝난 뒤 그는 우리 곁으로 다가왔어요. 그는 실비안에게 짤막하게 말하면서 다니엘은 어떠냐고 물었어요. 그러고는 이렇게 덧붙였습니다. '그 아이에게 매일 난 십자가를 그어 축복하고 있어요.' 아가생스키와 나는 너무도 기가 막혀 서로를 바라보고만 있었어요."[41]

6개월 전, 실비안은 1990년부터 함께 살고 있던 리오넬 조스팽과 결혼을 했다. 그는 다니엘에게 큰 애정을 갖고 마치 자기 아들인 양 돌보았다. 반면 데리다는 아주 우연히 단 한 번 그 아이를 보았을 뿐이다. 어느 날 프랑스 남부의 한 공항에서 비행기에서 내리는데, 실비안의 동생 소피 아가생스키와 그녀의 남편 장마르크 티보가 보였다. 자크는 그들에게 인사를 해야겠다고 마음먹고 있었는데, 갑자기 한 사내아이가 그들 쪽으로 달려가더니 키스를 해주었다. 의심할 여지가 없었다. 다니엘이 아니라면 누구일 수 있겠는가. 그 아이는 숙모의 집에서 며칠 동안 바캉스를 보내기 위해 왔던 것이다. 그 순간, 세 어른은 물론 상황을 알았다. 다니엘과 자크는 같은 비행기를 타고 왔던 것이다. 정신 나간 인간처럼 데리다는 어찌할 바를 몰라 몸을 돌려 버렸다.

세월이 흘러도 그 일은 점점 더 데리다에게 고통스러운 가책으로 다가왔다. 그토록 자주 비밀을 찬미했지만 이 비밀은 지키기가 매우 힘들었다. 그것이 사라 코프만과의 관계가 식어 버린 이유 중 하나였다. 수다쟁이인 데다 건방을 떠는 그녀는 종종 사람들 앞에서 자크와 실비안과의 과거를 언급하는가 하면, 다니엘에 대해 암시를 하고는 했다. 데리다에게

---

41) 카트린 말라부와의 인터뷰.

는 참기 어려운 일이었다. 그는 특히 그 이야기가 니스에 있는 자기 가족의 귀에 들어갈까 두려웠을 것이다. 그의 두 아들은 오래 전부터 알고 있었지만 그에게 그 이야기를 하지 않도록 매우 조심했다. 그렇지만 어느 날 피에르는 그 상황을 타개하려 시도했다. "아버지가 동생과 나에게 죄의식을 느끼고 있음이 분명하다는 느낌을 받았기에, 나는 먼저 나서서 아버지와 단 둘만의 자리를 가졌습니다. 이런저런 이야기를 나눈 뒤, 나는 아버지에게 다니엘의 존재를 알고 있으니 나만큼은 신경 쓰지 않아도 된다고 말했어요. 아버지는 내가 알고 있는 것에 매우 놀란 것 같았지만 곧바로 마음을 닫고는 그 이야기는 하고 싶지 않다고 내게 말했습니다. 아버지는 다니엘에 대해 아무런 행동을 취하고 싶어 하지 않았지만, 아이가 아버지를 만나러 오면 만날 마음의 준비가 되어 있다는 사실을 나는 알고 있었습니다. 그러나 아버지는 그런 일은 일어나지 않을 것이라고 생각했습니다. 세월이 지나면서 실비안에 대한 생각이 점점 더 부정적으로 바뀌어 갔기 때문에, 그녀가 아버지에 대해 말했을 수도 있다고 걱정했습니다…. 나는 그 문제로 다시 돌아가는 것이 쓸데없는 일임을 알았습니다. 아버지의 성격은 대부분의 문제에 대해 아주 개방적이고 대담했지만, 이야기를 나눌 수 없는 아주 케케묵은 몇 가지 놀라운 구석이 있었습니다. 좁은 뜻에서든 넓은 뜻에서든, 가족과 관계되는 모든 것의 경우가 특히 그랬습니다."[42]

이 시기는 세 명의 죽음으로 얼룩지는데, 그 중 둘은 자살이었다.

---

42) 피에르 알페리와의 인터뷰.

사라 코프만은 1994년 10월 15일에 자살했는데, 그날은 니체의 생일로 그는 그녀에게 가장 영향을 많이 끼친 사상가 중 한 명이었다. 몇 달 전, 그녀는 짧은 자서전적인 이야기 『오르드네르 가, 라바 가』를 출판했는데, 이 책에서 그녀는 처음으로 나치독일 점령하에서의 자신의 어린 시절과 아버지의 강제수용, 어머니와 자신의 생명을 구해 준 여인과의 고통스러운 관계에 대해 언급한다. 여러 중요한 저서에도 불구하고 사라 코프만은 대학에서 자리를 잡지 못하고 있다가, 1991년에야 마침내 소르본의 교수로 임명되었다.

다른 많은 사람들에게뿐 아니라 데리다에게 사라는 항상 까다로운 친구였다. 그런데 1983년 국제철학학교에 대한 아주 활발한 편지 교환 후 그들의 서신 왕래는 끊겨 버렸다. 그 뒤로 긴 시간 전화 통화만 하곤 했는데, 시간이 없는 데다 인내심도 부족한 탓에 자크는 마르그리트나 장뤽 낭시에게 떠넘기면서 점점 그녀의 전화를 피하려 했다. 극도로 예민하여 상처받기 쉽고 어린애 같은 사라 코프만은 매 사건을 심각하게 받아들이는 경향이 있었다. 그녀는 훌륭한 저서 한 권을 헌정[43]한 데리다와 데리다의 저작에 지나치게 애착을 가졌지만, 그로부터의 지적인 독립 욕구를 강하게 표출하기도 했다. '사실상의 철학' 총서를 이끄는 4인조 중 유일하게 여성이었던 그녀는 다른 셋이 자신을 제대로 인정해 주지 않는다고 느끼고 있었다.

그녀의 장례식 때 읽은 애도사에서 데리다는 자기들의 복잡한 관계를 숨기지 않고 "20년 이상의 다정하고 긴장된 파란 많은 우정, 몹시 까다

---

43) Sarah Kofman, *Lectures de Derrida*, Galilée, 1984.

로운 우정"을 회상하며, 끝까지 자신들은 "서로를 많이 그리고 자주 탓했다"라는 것을 인정한다. "사라와 나는 서로에게 정말 대단히 힘들었습니다. 다른 사람들보다 훨씬 더 그리고 다른 식으로, 말하지 못할 수많은 방식으로. 우리가 함께 겪었던 그렇게도 많은 사건들을 통해서, 우리가 서로에게 낸 짜증들을 통해서."[44] 그럼에도 불구하고 그는 그녀에 대한 애정과 그녀의 저작에 대한 찬미는 변함이 없었다고 말하면서, 그녀의 책을 읽고 또 읽을 것을 권유했다.

그러나 그 애도는 서운함을 다독이는 데 충분하지 않았다. 자크는 그녀가 너무도 개인적이고 감정이 넘쳐나는 최근 저서 『오르드네르 가, 라바 가』를 보내왔을 때 답장을 하지 않았던 것 같다. 사라의 남편인 알렉상드르 키릿소스는 늦은 화해의 시도처럼 들리는 데리다의 그 조사가 아주 씁쓸했다.[45]

1995년 11월 4일, 몇 년 전부터 투병해 온 질 들뢰즈가 자살했다. 데리다는 1950년대 초 모리스 드 강디약의 집에서 처음 그를 만난 뒤, 그후로는 종종 마주치는 정도였다. 그러니 결국 데리다는 들뢰즈를 별로 잘 알지 못했다. 장뤽 낭시는 그 두 중요한 사상가의 대화를 성사시켜 보려했다. 그러나 지엽적이지만은 않은 이유들 때문에 대화는 결국 성사되지 못했다. 질 들뢰즈의 비극적인 죽음은 오래 전부터 데리다가 느껴 오던 고독을 가중시켰다. 매번 먼저 간 사람에 대한 애도사를 낭독하지 않을

---

44) Jacques Derrida, "Sarah Kofman", *Chaque fois unique, la fin du monde*, Galilée, 2003, p. 211.
45) 마르그리트 데리다와의 인터뷰, 아델라이드 루소와의 인터뷰, 프랑수아즈 다스튀르와의 인터뷰, 클레어 낭시와의 인터뷰 및 장뤽 낭시와의 인터뷰.

수 없음을 느끼는 만큼, 그는 점점 더 자신이 살아남은 자처럼 느껴졌다. 『리베라시옹』지에 게재된 감동적인 애도사에서 그는 이렇게 쓰고 있다. "저마다의 죽음은 물론 유일합니다. 따라서 색다릅니다. 하지만 그 색다름에 대해 무슨 말을 할 수 있을까요? 바르트에서부터 알튀세르, 푸코, 들뢰즈에 이르기까지 같은 '세대'에서 이처럼 마치 시리즈처럼 — 들뢰즈도 그 독특한 시리즈에 속하는 철학자였습니다 — 이 모든 유별난 죽음이 반복되는 것입니까?"[46]

『안티오이디푸스』와 스리지의 니체 콜로키엄 시기에 데리다와 들뢰즈의 관계는 들뢰즈의 푸코와의 우정이 사정을 더 꼬이게 만든 만큼 더욱 쉽지가 않았다. 그럼에도 불구하고 두 철학자는 서로에 대해 깊은 존경심을 가졌으며, 그들 사이에는 진정으로 철학적인 친근성이 있었다. 데리다는 그것을 인정한다.

> 처음부터 그의 모든 책(무엇보다 『니체』와 『차이와 반복』, 그리고 『의미의 논리』)은 나의 사유를 크게 부추겼습니다. 뿐만 아니라, 물론, 그의 모든 책은 매번 '명제들'에서, 이를테면 내가 쓰고 말하고 읽는 '행위'와 '전략'과 '방식'이라 부득이 부를 수밖에 없는 것에서 너무도 명백한 차이를 통해 거의 완전한 유사성 또는 친근성의 당혹스러운, 너무도 당혹스러운 경험이었습니다.[47]

---

46) Jacques Derrida, "Gilles Deleuze", *Chaque fois unique, la fin du monde*, p. 237.
47) *Ibid.*, p. 236.

들뢰즈는 그의 저작들에서 데리다를 드물게 언급했다. 하지만 때로 그에게 존경과 암묵적인 동조의 표시를 보냈다. 특히 『앙토냉 아르토의 데생과 초상』(Dessins et portraits d'Antonin)에 대한 데리다의 논평 '화폭을 미치게 하기'가 그 경우로, 들뢰즈는 데리다에게 편지를 써서 "아르토의 작품에 대해 누구보다도 훌륭한" 그 "뛰어난"[48] 글에 대한 찬미의 마음을 전했다. 만년의 세미나들에서 데리다 쪽에서도 여러 번 들뢰즈의 저작들, 그 중에서도 특히 과타리와의 공저인 『천 개의 고원』에 대해 언급한다. 그것은 마치 그들 사이의 대화가 사후에나 이루어질 수 있는 것처럼 보였다.

1995년 12월 25일, 고령으로 몇 년 전부터 노환에 시달리던 에마뉘엘 레비나스가 사망했다. 그의 죽음은 뜻밖의 일은 아니었다. 그렇지만 데리다는 큰 충격을 받았다. 12월 27일, 그는 다시 한 번 팡탱 공동묘지에서 이런 애도사를 읽었다.

오래 전부터, 아주 오래 전부터 저는 에마뉘엘 레비나스에게 작별을 고하는 일을 두려워했습니다.
그에게 작별을 고하는 순간, 특히 여기 그의 앞에서, 그의 곁에서 '아디외'(adieu)라는 이 말, 어떤 면에서는 그에게서 배운 '신-에게'(à-Dieu)라는 이 말, 그가 제게 사유하는 법을 가르쳐 준, 혹은 달리 발음하도록

---

48) 들뢰즈가 데리다에게 보낸 1987년 2월 3일 편지. 이 편지는 Marie-Louise Mallet and Ginette Michaud éds., *Derrida, Cahier de L'Herne*, L'Herne, 2004, p. 328에 재수록되었다.

가르쳐 준 이 말을 큰 소리로 발음하는 순간 저의 목소리가 떨리리라 알고 있었습니다. […]

이런 순간 사람들은 누구에게 말을 건네는 겁니까? 누구의 이름으로 그렇게 할 수 있는 겁니까? […] 그때 공동묘지에서 자주 애도사를 읽는 사람들은 더 이상 이 세상에 없는, 더 이상 살아 있지 않다고 말하는, 더 이상 존재하지 않아 더 이상 대답이 없는 사람에게 직접적으로, 곧바로 말을 건네는 것입니다.[49]

이 애도는 데리다로 하여금 그에게 처음으로 『전체성과 무한』을 읽어 보라고 권한 폴 리쾨르와 가까워지게 하는 데 기여했다. 추도식이 있은 뒤 며칠이 지나, 리쾨르는 자신의 옛 교육조교에게 그의 연설에 얼마나 감동을 받았는지 모른다고 편지를 쓴다. "나의 큰 슬픔을 자네와 함께 나눠도 좋겠지. 레비나스 앞에서 자네는 필요했던 말들, 내 생각 속에 있던 말들을 다 해주었네. […] 정의로운 그 대가가 우리에게 가르쳐 준 강직함이 우리를 계속해서 결합시켜 주었으면 하네."[50]

1년 뒤, 소르본 리슐리외 계단식 대강의실에서 열린 레비나스에 대한 콜로키엄에서 데리다는 '환대라는 말'로 개막 강연을 했다. 레비나스가 죽고 난 지금 훨씬 더 그에게 중요하게 느껴진 ─ 그에게서 떠나지 않았던 ─ 한 생각에 대한 깊고 세심한 경의였던 것이다. 어떻게 보면, 그것은 마치 데리다가 '레비나스를 넘어'를 시도하여 그를 이어 가려는 약속

---

49) Jacques Derrida, *Adieu*, Galilée, 1997, pp. 11~12.
50) 폴 리쾨르가 데리다에게 보낸 1995년 12월 31일 편지.

인 것처럼 보였다. 레비나스에 대한 그의 신뢰 어린 찬미와 존경이 어떠하든, 그는 레비나스의 죽음이 자신에게서 저작들과 대화하고 그 저작들을 음미할 권리를 빼앗아 가는 것을 원치 않았다.[51]

51) Derrida, *Adieu*, p. 203.

8장_데리다 국제기업

1996~1999

그의 정치적 참여가 그에게 더 개방적인 이미지를 부여한 만큼 프랑스의 미디어에서 데리다의 지위는 조금씩 변화해 갔다. 1996년 2월 1일, 『리베라시옹』지는 두 쪽에 걸쳐 그의 최근 출판물『정신분석학의 저항, 아포리아, 종교』와 세르주 마르젤의 첫 저서(『장인 신의 묘지』*Le tombeau du dieu artisan*)에 대한 긴 서문 '제안'을 호의적으로 소개했다. "정신분석, 종교, 죽음의 개념 등 필요할 경우 데미우르고스의 모습을 보일 줄 아는 자크 데리다의 사유를 피해가는 것은 아무것도 없다"라고 기사의 첫 문단은 시작한다. 몇 달 뒤, 『르 몽드』지에 게재된 훌륭한 기사에서 크리스티앙 들라캉파뉴는 『타자의 단일어주의』와 『에코그라피』의 출판과, 콜로키엄의 발표문 「문학에 대한 열정」을 언급한다. 그는 먼저 "한 해 평균 두 권씩 34년 동안 쓴 67권"의 저서를 열거하면서 엄청난 규모의 그의 작업을 강조한다. "데리다의 저작에는 기적적인 것, 즉 끊임없이 새로운 경지를 여는 능력과 시간에 의해 고갈되지 않는 용기가 있다." 들라캉파뉴는 "오늘날 데리다가 폴 리쾨르와 함께 세계에서 프랑스 사상을 대표하는 가장 유명한 사람임에도 불구하고 그 자신의 나라에서는 사랑받지 못하는" 부당함에 놀랐다. 그는 현재 데리다의 저작에 나타나는 두 가지 경향, 즉 "자전적인 경향과, 세월이 지나면서 점점 더 눈에 띄는 정치에 대한 관심"[1]을 강조한다.

"그렇습니다, 나의 책들은 정치적입니다"라고 데리다는 디디에 에리봉과의 인터뷰에서 인정한다.[2] 오랫동안 그는 미디어에 직접적으로 발언하는 것을 주저했다. 그만큼 그 장(場)은 그에게 싸구려 사상의 챔피언들에 의해 좀먹어 간 것처럼 보였다. 말년의 한 인터뷰에서 언급하고 있는 것처럼, 여전히 '신철학자들'의 트라우마는 생생하게 남아 있었다.

즉각 미디어에 인기 있는 인물이 되고자 했을 때에는, 흑백으로 단순화시켜 서로 맞서게 하여 개념들의 유산을 마구잡이로 갖다 버릴 필요가 있었습니다. [⋯] 분명치 않은 것 — 이것은 내가 고려하고자 하는 복잡함이기도 한데 — 은, 그 젊은 사람들이 대의를 위해, 정의를 위해, 특히 인권을 위해 흔히 결집했다는 것입니다. 그 세대는 흔히 원칙적으로는 지당한 대의를 위해 싸웠지만, 그 대의를 위해 봉사하기보다는 그 대의를 이용하는 것 같은 느낌을 주었습니다.[3]

실제로는 그의 입장이 그 '신철학자들'과 다르지 않았음에도 불구하고 데리다는 자신의 이름이 그 이름들에 섞이는 것을 아주 싫어했다. 그

1) *Le Monde*, 15 November 1996.
2) *Le Nouvel Observateur*, 21 February 1996.
3) "Si je peux faire plus d'une phrase...", interview with Jacques Derrida, *Les Inrockuptibles*, no. 435, 31 March 2004, pp. 27~28.

렇지만 그는 만년에 "지식인 영역과 미디어 영역 사이에 주고받기 쉬운 그 영향이 아주 프랑스적인 현상이라면", 그러한 발언들은 그것이 단순히 '제스처적인 것'이 되지 않으며, "지위 향상을 위한 못난 나르시시즘, 민중선동의 편리한 수단이나 출판사들의 저속한 취향으로 오염"[4]되지 않는다는 조건에서, 공익과 민주주의에 유익할 수 있다는 것을 인정한다.

언론에 대한 데리다의 태도에는 '자기 편'으로 간주하는 드문 신문들만을 제외하고는 여전히 불신이 차 있었다. 『리베라시옹』지, 특히 로베르 마기오리와는 여전히 아주 진심어린 관계를 유지했다. 『르 몽드』지에 대해서는, 데리다는 부분적으로는 로제폴 드루아와의 관계 때문에, 또 부분적으로는 필립 솔레르스와 북 섹션 책임자인 조지안 사비뇨와 아주 가깝다는 이유 때문에 방어적인 자세를 취했다. 그의 고등사범학교 제자인 도미니크 동브르가 신문사에 들어옴으로써 상황은 완화가 되었지만 그는 여전히 경계를 했다. 동브르는 이렇게 기억한다. "부르디외처럼 데리다는 '어려운 고객'이었습니다. 초기에 그는 즉석에서 행하는 인터뷰를 크게 즐기면서 그 방식에 협조했습니다. 그런데 곧 그는 인터뷰 기사가 실제 했던 인터뷰 내용과 같기를 바랐는데, 언론으로서는 어려운 일입니다. 조판 페이지에 맞게 분량을 조정하는 그런 제약은 그에게는 참을 수 없는 일이었습니다. 아주 조금만 빼도 그의 생각으로는 검열과 같은 일이었습니다."[5]

---

4) *Ibid.,* p. 27.
5) 도미니크 동브르와의 인터뷰. 조프루아 드 라가스네리는 다음 책에서 이런 현상에 대해 분석했다. Geoffroy de Lagasnerie, *L'empire de l'Université. Sur Bourdieu, les intellectuels et le journalisme,* Editions Amsterdam, 2007.

데리다는 마침내 사진 촬영을 달게 받아들였으며, 만년에 그의 거절의 이데올로기는 그 특징이 "얌전한 체하는 애교", 자기 자신의 이미지와의 "부자연스러운 관계"였다는 것 또한 인정한다.[6] 이후로는 문제의 방향이 바뀌었다. 문제는 '텔레비전에 나가느냐 나가지 않느냐?'가 되었다. 그는 '아포스트로프' 방송에 초대되지 않았다. 하지만 초대받았더라도 거절했을 것이라고 그는 단언한다. 1996년 2월, 파리8대학에서 학생들과의 대화 때 그는 초대받은 한 방송에서 파트릭 모디아노의 태도에 감탄한다고 말했다. "그는 할 말이 잘 떠오르지 않을 때 사람들이 인내하도록 하는 데 성공했습니다. […] 그는 공개적인 무대를 자기 자신의 리듬에 적응시키는 데 성공했던 것입니다."[7]

두 달이 지난 뒤, 로르 아들러가 진행하는 「세르클 드 미뉘」(Cercle du minuit)라는 방송이 하루치 방송 시간을 모두 데리다에게 할애했다. 아르테 방송에서 살만 루시디와 부르디외 곁에서 잠시 — 그것도 그다지 즐겁지 않게 — 출연한 것을 제외하면, 1982년 1월 2일 프라하에서 돌아왔을 때 이후로 프랑스 방송에 출연한 것은 그때가 처음이었다. 데리다가 로르 아들러에게 방송 출연을 허락한 것은, 그가 그녀를 알고 있었고 아주 좋아했기 때문이며, 가장 간소한 무대에서 그 대담이 어떻게 진행될 것인지에 대해 그녀와 의견을 나눌 수 있었기 때문이다. 프랑수아즈 지루는 방송 시간대를 아주 아쉽게 생각하면서, 『르 누벨 옵세르바퇴르』지의 자신의 시평 란에서 그 방송에 대해 호평했다.

---

6) *Les Inrockuptibles*, no. 435, 31 March 2004, p. 28.
7) "Portrait d'un philosophe, Jacques Derrida", *Philosophie, Philosophie*, 1997, p. 27.

새벽 1시에 자크 데리다라니, 얼마나 큰 낭비인가! 로르 아들러는 우리가 이렇게 말해도 이해해 줄 것이다. 그녀의 「세르클 드 미뉘」는 자주 재미있지만 시청자는 매우 제한되어 있다. 그런데 그 시청자들에게 데리다에 대한 방송이라니…. 우리가 전혀 보지 못하는 사람을, 결코 텔레비전에 나오지 않는 사람을…. 프랑스의 철학자 중 프랑스 밖에서 가장 유명한 사람이 특별히 출연을 허락했던 것이다. 그것은 순수한 환희였다. 놀라운 표현의 자유, 신선한 사유, 과감하게 닦아 놓은 새로운 길들…. 전대미문이다. 놀랍다.[8]

그렇지만 그 경험이 반복되려면 몇 년은 기다려야 했다. 3년 전에 베르나르 스티글러와의 녹화 인터뷰 글을 옮겨 적은 『에코그라피』에서 데리다는 텔레비전이 작가와 지식인들의 말에 구조적으로 가하는 변형을 강조했다.

"자! 시작합니다!(녹음·녹화 개시 신호)"라는 말이 들리자마자 경주가 시작됩니다. 더 이상 같은 방식으로 말하지 않고, 더 이상 같은 방식으로 생각하지 않기 시작합니다. 더 이상 거의 생각하지 않기 시작합니다…. 말과의 관계, 말이 생각나거나 생각나지 않는 방식은 서로 다른 문제라는 것을 당신들은 잘 압니다. […]

매일 텔레비전에 출현하는 지식인들은 아마도 그러한 인위성의 결과들을 더욱더 잊게 될 것입니다. 그런데 나는 그 인위성이 고통스럽습니다.

---

8) *Le Nouvel Observateur*, 23 April 1996.

진행과 정지, 멈춤, 중단의 요청에 따라 물론 그렇게 합니다. 녹음 진행
이 시작되면 나는 주눅이 들고 무력화되어 말이 막혀 버립니다. 나는 '더
이상 어찌하지도 못하고 그 자리에 서 있게 됩니다.' 나는 더 이상 생각
하지 않습니다. 나는 이런 상황이 아닐 때처럼 그렇게 더 이상 말을 하지
못합니다.[9]

흥미로운 우연의 일치였다. 1996년 말, 『에코그라피』와 동시에 부르
디외의 『텔레비전에 대하여』가 출판되었으니 말이다. 그 사회학자의 분
석은 데리다의 분석과 꽤 유사했지만 더 급진적이고 더 공격적이었다.[10]

데리다는 새로운 영역에 개방적이었지만 옛날에 그가 가졌던 영역
에 대한 열정도 대부분 변함이 없었다. 그리하여 그는 뉴욕 현대박물관
이 기획한 아르토의 그림과 데생에 대한 첫 대형 전시회 '앙토냉 아르토.
종이 위의 작품들'에 즈음하여 강연 요청을 기꺼이 받아들인다. 1996년
10월 16일, 그곳의 강연에서 그는 다시 한 번 '아르토 르 모모'(Artaud le
Mômo)라는 별명이 붙은 그 사람과 가까워지고 싶어 한다. 그러나 그는
"또한 1996년 뉴욕과 세계에서 가장 큰 박물관 중 한 곳에서 아르토 작품
의 전시라는 그 이상한 사건에 대해 숙고한다". 데리다가 택한 제목 '아르
토 르 모마'(Artaud le Moma)는 불행하게도 박물관 책임자들로부터 "내
보일 수 있거나 품위 있는" 제목으로 평가받지 못한다. 그리하여 그의 저

9) Jacques Derrida and Bernard Stiegler, *Echographies de la télévision*, Galilée-INA, 1996,
   pp. 81~82.
10) Pierre Bourdieu, *Sur la télévision*, Liber-Raison d'agir, 1996.

녁 강연은 정확한 제목이 없이 "자크 데리다, 아르토의 데생에 대해 강연하다"라는 문장으로 소개되었다.[11]

데리다가 앙토냉의 유산 상속자인 조카딸 세르주 말로세나를 알게 된 것은 바로 그 강연에서였다. 갈리마르와 시르메르모젤 출판사는 1986년에 앙토냉의 '데생과 초상화들'을 모아 출간한 책을 놓고 몇 년 전부터 심각한 법적 다툼을 벌이고 있었다. 1991년, 세르주 말로세나는 갈리마르에서 출판된 『아르토 총서』 제16권의 출판도 벌칙부 소환 영장으로 중단시켰다. 그로 인해 관계는 대립 관계 이상이었다. 그럼에도 불구하고 세르주 말로세나와의 그 첫 만남은 꽤 진정성 있는 만남이었다. 데리다는 아르토와 그의 조카딸이 놀랍도록 닮은 것과 숙부의 작품에 대한 그녀의 분명한 사랑에 큰 감명을 받았다. 말로세나 쪽에서도 강연을 크게 고맙게 생각했다.

그녀는 이렇게 기억한다. "자크 데리다는 명석한 만큼 역시 매력적인 사람으로 보였어요. 그러나 우리의 관계는 폴 테브냉 때문에 그르치게 되었습니다. 뉴욕에서의 만남에서, 특히 파리에서의 만남에서 그에게 그 사건에 대해 설명을 해주었습니다. 앙토냉이 죽은 날, 폴 테브냉이 그의 방을 치우면서 서류와 메모장과 데생 들을 낚아챈 방식과, 그녀가—사람들이 그것들에 대해 물으면 익명의 수집가들을 거론하면서—몇 년 동안 여러 사람의 집에 그것들을 숨겨 왔던 방식에 대해서 말이에요…. 데리다는 나의 설명을 듣고 당황했습니다. '일이 그런 식이었을 줄이야 꿈에도 생각해 보지 못했습니다'라고 그는 내게 말했습니다. 그렇지만 그는

---

11) Jacques Derrida, *Artaud le Moma*, Galilée, 2002, pp. 11~12.

폴 테브냉에게 진 빚에 대해 계속해서 강조했습니다. 그녀가 1993년에 죽었기에 그는 아마 배은망덕의 문제에 훨씬 더 신경을 쓰고 있는 것 같았습니다."[12]

그들의 두 번째 만남이 있고 몇 달이 지나, 데리다가 세르주 말로세나에게 편지를 보내 강연에서 발표한 '아르토 르 모마'를 "아르토의 작품들 대부분을 조그맣게 천연색으로 실어서"[13] 출판하고 싶다고 말했을 때, 그녀는 그것을 허락했다. 2002년, 책의 견본쇄를 받아 보았을 때 세르주 말로세나는 데리다가 붙여 놓은 한 주석에 큰 충격을 받았다. 데리다는 그 주석에서 폴 테브냉에게 큰 감사를 표하고 있었던 것이다. 말로세나는 그에게 편지를 써, 소문과 달리 자기는 아르토의 작품들의 출판을 전혀 반대하지 않았지만—아르토의 말에 의하면—폴 테브냉이 "망쳐 놓은" 메모장들의 "결함이 보이는 출판"에 대해서는 이의를 제기하고 싶었다고 말했다. "반세기 동안 원고들을 보유하면서, 그녀는 아르토가 맡긴 적이 전혀 없는 작품에 대한 절대적인 권한을 행사하면서 자기 멋대로 행동했던 것 같습니다." 새 세대의 연구자들이 "아르토의 작품들을 낚아채 간 사람들의 독단성이나 압력에서 벗어나" 침착하게 연구하는 것에 기뻐하면서, 세르주 말로세나는 데리다가 한 역할을 보다 더 직접적으로 이렇게 탓하며 편지를 마무리했다. "당돌하고 솔직하게 말씀드렸지만, 당신에게 갖는 저의 존경심은 조금도 변치 않았습니다. 저는 단지 당신이 스스로를 한 명의 기억의 사제로 자처하며, 평생을 전제군주로 행동했던 한 사람을

---

12) 세르주 말로세나와의 인터뷰. 이 사건의 전모에 관해서는 Florence de Mèredieu, *L'Affaire Artaud. Journal ethnographique*, Fayard, 2009를 참고할 수 있다.
13) 데리다가 세르주 말로세나에게 보낸 1998년 3월 14일 편지.

극단적으로 신성화하고 있는 것을 지적할 뿐입니다."[14]

불화는 깊어서 해결될 수 있는 성질의 것이 아니었다. 데리다가 할 수 있는 일은 단지 그것을 인정하는 것밖에 없었다. 자신이 붙인 그 주석이 앙토냉의 조카딸의 마음에 상처를 준 것에 대해 미안하게 생각하면서 그는 그 주석을 수정할 것에 동의한다.

폴 테브냉에 대해서는 깊은 논의를 바라지도 않고 또 할 수도 없습니다만(편지 한 장으로는 너무 어렵겠지요) 나로서는 다른 많은 사람들처럼 제가 그녀의 작업에 진 빚, 나의 아르토 독서가 그녀에게 진 빚, 25년 동안 무엇보다 아르토에 대한 나의 조그만 글들의 (긴) 역사에서 보여 준 세심한 우정에 대해 내가 그녀에게 진 빚을 부인할 수 없습니다. 당신도 그 점은 잘 알고 계시겠지요. 내 글의 마지막 수정 때, 폴 테브냉의 이름을 읽을 때마다 그 존경과 변함없는 감사의 마음이 되살아나곤 했습니다. 나는, 그 많았던 불화에도 불구하고 무엇이 내게 그런 행위를 하게 했는지를 당신이 이해해 주실 것을 기대합니다.[15]

그렇지만, 데리다 자신이 『조종』의 시기에 겪었던 폴 테브냉과의 갈등을 생각하면 그 정도로 무조건적으로 그녀를 방어하지 않을 수도 있었을 것이다. 그러나 폴 드 만처럼 폴 테브냉은 이미 세상에 없어 자신을 방어할 수 없게 된지라 건드릴 수 없는 상황이 되어 버렸다.[16]

---

14) 세르주 말로세나가 데리다에게 보낸 2002년 2월 8일 편지.
15) 데리다가 세르주 말로세나에게 보낸 2002년 2월 16일 편지.
16) 아르토 사건은, '콰트로' 총서에서 아르토의 작품에 대한 책이 두껍게 출판되면서 데리다 사

미디어와의 관계에서 그리 경계를 게을리하지 않았던 자크 데리다는 때로 이런 곤경에 처하기도 했다. 철학을 아주 좋아한 미국의 유명한 재즈가수 오넷 콜맨은 오래 전부터 해체의 창시자를 만나 보는 것이 꿈이었다. 1997년 6월 말 그가 파리에 왔을 때 만남이 성사되어 『레 쟁록큅티블』(Les Inrockuptibles) 지에서 녹음을 했다. 대화는 너무도 화기애애해서 오넷 콜맨은 그에게 빌레트 재즈 페스티벌에서 며칠 뒤 열리게 되어 있는 자신의 콘서트에 와서 한마디 해줄 것을 부탁했다. 부탁에 감동을

망 전 몇 주 동안 새로운 방향으로 접어들었다. 그 선집을 구상하고 소개하고 주석을 단 사람은 에블린 그로스만이었다. 그 이전 몇 년 동안 데리다와 아주 가까웠던 그녀는 그와 여러 번 인터뷰를 진행했고, 『유럽』지의 데리다에 관한 특집호를 편집했다. 그들은 '콰트로' 총서에 그의 작품을 한 권 출판하기 위해 어떤 작품들을 넣을지에 대해 함께 숙고하기까지 했다. 그러나 2004년 9월 14일, 이미 입원 중이던 데리다는 모리스 나도에게 팩스를 한 장 보내는데, 후에 『라 캥젠 리테레르』지에 게재되었다. 제3자가 타이핑한 것인데, 여러 부분을 그가 손으로 직접 고치기도 했다.

"친애하는 모리스 나도 씨 / 내가 『아르토 르 모마』를 내 친구 폴 테브냉을 추모하며 헌정한 것은 단지 개인적인 빚에 대한 고마움을 표현하기 위한 것만은 아니었습니다. 모두가 알고 있듯이, 나로서는 평생을 거의 아르토 연구와 해독과 출판에 바친 그녀에 대해 경의를 표하는 일이기도 했습니다. 갈리마르 씨는 그 사실을 누구보다도 먼저 알아야 합니다. / 그런데 나는 오늘 처음으로 읽고 몹시도 놀랐습니다. 아르토 작품에 대한 '콰트로' 총서 판은 폴 테브냉의 이름과 작업을, 심지어는 매우 아름다운 초상화 사진들까지 지우기 위하여 온갖 일(예를 제시하자면 수없이 많습니다)을 하고 있는 것을 발견했기 때문입니다. 내가 추정하기로는, 이 언어도단의 부당한 행위가 폴 테브냉을 증오하는, 이 사실은 잘 알려져 있습니다, 아르토의 조카딸의 강요에 의한 것이 아니었나 싶습니다. [...]. / 나는 나 혼자만 앙투안 갈리마르 씨에게 요구하는 것이 아니라라 확신합니다. 그토록 심각하고 명백하고 슬픈 부당한 행위에 대해 최선을 다해 해명하고, 무엇보다 바로잡을 것을 말입니다."

자신의 작업에 대한 공격으로 깊이 상처를 받은 에블린 그로스만은 『라 캥젠 리테레르』와의 인터뷰를 통해 대응하는데, 불행하게도 그 인터뷰는 데리다가 죽고 난 뒤 며칠이 지나 2004년 10월 16일자에 게재되었다. 그녀는 그 인터뷰에서 특히 이렇게 말한다. "논쟁을 하고 싶은 마음이 전혀 없는(무엇보다 자크 데리다와 말이에요. 나는 폴 테브냉에 대한 데리다의 우정과 감사하는 마음을 잘 알고 있기 때문입니다) 나는 아르토의 작품과 폴 테브냉의 관계에 대한 이 이야기에는 너무도 큰 수난(어휘의 그리스도적인 의미에서…), 그리고 너무도 많은 희생과 성스러움이 있다는 것을 생각하지 않을 수 없습니다. 내가 수난의 필연성을 부인하기 때문이 아닙니다."

받기도 하고 끌리기도 해서 데리다는 즉각 허락을 했다. 몇 년 동안 그는 사람들 앞에 서는 맛을 붙였던 것이다. 조심하라는 마르그리트의 조언에도 불구하고, 그는 콘서트의 상황이 그가 그동안 익숙한 모든 상황과 어느 정도로 다른지 전혀 알지 못했다.

7월 1일 밤, 데리다는 아무런 소개도 없이 청중들로 빼곡히 들어찬 홀의 무대 위로 불쑥 들어서더니 자신이 써 온 텍스트를 재즈 리듬에 맞춰 읽기 시작했다.

> What's happening? What's going to happen, Ornette, now, right now?
>
> 지금, 여기에서, 내가 무슨 일을 하는 거지요, 오넷 콜맨과 함께 말이에요? With you? 누구냐고요? 즉흥적일 필요가 있겠지요? 그래요, 즉흥적일 필요가 있습니다. 나는 오넷이 곧 나를 불러낼 것이라는 사실을 알고 있었습니다, 오늘 밤에 말입니다. 지난주에 만나 오후 내내 이야기를 나눴는데, 그가 그러겠다고 내게 말했으니까요. 나는 이 기회가 두려웠습니다. 어떻게 될지 전혀 몰라서요. 분명 즉석에서 뭔가를 할 필요가 있어요, 즉석에서 말입니다. 그래요 분명히요, 이것은, 이것은 이미 음악 레슨이에요, your lesson, Ornette, 당신의 즉흥성에 대한 우리의 오랜 생각을 거부하는 겁니다. 즉흥성에 대한 그 고지식한 오래된 생각을 당신은 '인종차별적'이라고 여겼을 것이라는 생각까지 나는 합니다.[17]

---

17) Jacques Derrida, "Joue-le prénom", *Les Inrockuptibles*, no. 115, 20 August 1997, p. 41.

『르 몽드』지의 기자는 매료되었다. "철학자의 억양은 천성적으로 음악적이다. 말 또한 그렇다. 색소폰 연주자가 그 말에 맞춰 재즈를 연주했다. 이름다웠다." 하지만 데리다의 말은 습관처럼 길었다. 소란이 일기 시작하는 데는 그리 오래 걸리지 않았다. 참지 못한 사람들은 1천여 명의 관중들 중 수십 명 정도에 불과했다. 그러나 분위기를 깨기에는 충분했다. "됐어!", "그만 입 닥쳐!", "꺼져!" 몇몇은 큰 소리로 야유했고, 어떤 이들은 박수를 쳤다. 모욕을 당한 데리다는 써 온 텍스트를 다 읽지 못하고 무대를 떠날 수밖에 없었다. 실비안 시클리에에 따르면, "아쉬운 점이 있었다면? 색소폰 연주자는 몇 마디만이라도 철학자를 소개할 필요가 있었다. […] 아마 오넷 콜맨의 사고가 자연스럽지 못하거나, […] 콘서트의 진행 방식과는 너무 어울리지 않았던 것 같다."[18]

10일 뒤, 데리다는 자신에게 아주 충실한 청중을 스리지 성에서 다시 만났다. 그의 저작을 중심으로 한 그 세 번째 콜로키엄은 1993년부터 에디트 외르공과 장 리카르두가 제안했던 것이다. 데리다는 곧 그 제안을 받아들이면서 단지 프로그램이 이전 두 번의 콜로키엄 때보다 좀 덜 빽빽하고 덜 "힘들게" 짜 줄 것만을 요구했다.[19] 마리루이즈 말레가 다시 전체적인 준비를 책임졌으며, 콜로키엄에는 '자전적 동물'이라는 개방적인 동시에 좀 수수께끼 같은 제목이 붙여졌다.

1997년 7월 15일, 자신의 생일날 시작한 데리다의 발표는 다음날까

---

18) *Le Monde*, 3 July 1997에 실린 실뱅 시클리에의 기사.
19) 데리다가 에디트 외르공에게 보낸 1993년 5월 9일 편지.

지 이어졌다. 데리다는 "나는 그들에게 12시간 강연의 고역을 치르게 했습니다"라고 친구 카트린 말라부에게 편지를 썼는데, 그 말에는 자부심이 없지만은 않았다.[20] 그러나 이번에는 싫어하는 사람이 전혀 없었다. 오히려 그 반대였다. 시간이 모자라 하이데거와 관련된 것을 마음껏 다루지 못하자, 참가자들은 콜로키엄 마지막 날 저녁에 그 주제에 대해 무엇이든 다시 강연해 줄 것을 제안하기까지 했다.[21]

동물이라는 주제는 데리다에게 항상 "가장 결정적이며 가장 중요한 문제"였다. 그 관점에서 자신의 저작들을 다시 읽으면서, 그는 이미 "모든 철학자들의 독서를 통해 그가 관심을 가졌던 그 문제에 대해 직접적으로든 간접적으로든 수없이 논의를 했다"라고 주장했다.[22] 그러나 그의 스리지의 발표문 「동물, 그러므로 나인 동물」(L'animal que donc je suis)에서 그는 개인적인 경험에 기초하여 아주 현실적인 시각으로 동물을 다루는 것에서 시작한다.

나는 자주 '나는 누구인가'를, 동물의 시선, 예를 들면 고양이의 시선에 의해 은밀하게 발가벗겨진 채로 발각되어 곤혹스러울 때, 그렇습니다, 어떤 곤혹스러움을 이겨내기가 어려울 때, 나는 누구인가를 알기 위해 스스로에게 묻습니다.

왜 이렇게 곤혹스러운가?

나는 수치스러운 감정을 억누르기가 어렵습니다. 내 안의 외설에 대한

---

20) 데리다가 카트린 말라부에게 보낸 1997년 8월 18일 편지.
21) 마리루이즈 말레와의 인터뷰.
22) Jacques Derrida, *L'animal que donc je suis*, Galilée, 2006, p. 57.

항의를 침묵케 하기가 어렵습니다. 그저 보이기에 움직이지 않고 당신을 바라보고 있는 고양이 앞에 나체로 털이 난 성기를 내보인 채 있는 그 부적절함에 대한 항의를 말입니다. 다른 동물 앞에 나체로 있는 어떤 동물의 부적절성. 그런 관점에서 일종의 동물부적절성이라 부를 수 있을 것 같습니다. 호의적이거나 아니면 무자비한, 놀라거나 아니면 감사하는 동물의 그 집요한 시선 앞에 나체를 보이는 것에서 오는 그 비할 바 없는 독창적인 경험을 말입니다. 견자적인 시선, 예언가적인 시선, 또는 매우 통찰력이 있는 맹인의 시선. 그것은 마치 고양이 앞에 나체로 있어 내가 수치스러움을 느끼는 것 같을 뿐 아니라, 수치심을 느꼈던 것을 수치스러워하는 것 같습니다. [⋯]

나는 이 점을 분명히 해야 할 것 같습니다. 내가 언급하는 고양이는 실제의 고양이라는 점을, 정말로, 조그만 고양이라는 점을 말입니다. 내가 언급하는 고양이는 고양이의 삽화가 아닙니다. 그것은 지구상의 모든 고양이들과, 신화와 종교와 문학과 우화에 등장하는 고양잇과의 동물들에 우의적 의미를 부여하기 위해 몰래 방 안으로 들어오는 고양이가 아닙니다.[23]

데리다에게 스리지의 콜로키엄은 단순히 강연과 토론의 문제만이 절대 아니었다. "비밀스러운 것도 아니지만 그렇다고 모아서 출판되는 것도 아닌 사적인 토론들이 오가는 인도에서 이루어지면서, 소위 '스리지의 분주함' 속에서 행해지는 밀담들"의 성격을 지닌 "보다 더 정답고, 보

---

23) *Ibid.*, pp. 18~20.

다 더 끈끈하며, 말로 다할 수도 없고 상상할 수도 없는 보다 더 내면적인 어떤 것"이 있었다. 그의 생각에 스리지의 콜로키움을 비할 바 없는 어떤 "사유의 경험"[24]으로 만드는 것은 무엇보다 바로 그것이었다.

데리다는 차분하고 따뜻하고 풍성한 그 10일에 다시 한 번 아주 행복했다. 그리하여 그는 그곳의 준비 책임자에게 감사의 마음을 전한다.

> 훌륭했습니다. 정말 '훌륭'했어요. 그 '열흘' 말이에요. 다시 한 번 당신 덕분입니다. 단지 나의 이름으로만 그렇게 말하는 것이 아닙니다. 눈물을 흘리며 떠나려 하지 않았던 모든 참가자들의 마음이었습니다…. 나 개인에 대해서는, 그토록 아름답고 또 그토록 당혹케 하는 놀라운 행운이었다고 당신은 생각할 것입니다. 수줍기도 하고 불안하기도 해서 적절히 그 말씀을 드리지 못했습니다. 당신은 그런 나를 이해하리라 믿습니다…. '돌아옴'은 물론 항상 힘이 듭니다.[25]

미셸 드기의 말처럼, 데리다 저작의 확산을 거의 기업의 확대, 즉 '데리다 국제기업'의 확대처럼 생각할 필요가 있다. "데리다의 마지막 15~20년 동안, 30여 명이 그를 축으로 연구를 하면서 세계 곳곳의 교수와 대학 학과장들, 잡지사와 출판사 사장들, 콜로키움과 헌정을 위한 책의 기획자들을 통해 해체를 전파하는 데 기여했습니다. 그들의 수는 시간

---

24) Jacques Derrida, "Le modèle philosophique d'une contre-institution", éds. François Chaubet, Edith Heurgon and Claire Paulhan, *SIÈCLE. 100 ans de rencontres intellectuelles de Pontigny à Cerisy*, IMEC, 2005, p. 251.
25) 데리다가 에디트 외르공에게 보낸 1997년 8월 1일 엽서.

이 흐르면서 다소 늘었지만 그중 많은 사람은 오래 전부터의 지지자들이 었습니다. 그것을 알기 위해서는 그에 대한 여러 스리지 콜로키엄의 참석자 목록을 훑어보는 것만으로 충분합니다. 번역자들은 가장 중요한 중계자였습니다. 데리다 저작의 번역은 그의 친구들, 즉 그의 저작에 열광하여 그와 대화를 나눌 수 있어서 하게 된 사람들에 의해 이루어졌기 때문입니다."[26]

1960년대 말부터 데리다에게 미국은 물론 중요한 지역이었다. 그가 항상 가장 많이 활동한 곳이었으며, 데리다의 세계적인 확산에 주요 기반이 되어 주었던 곳이었다. 1995년부터 아주 빨리 고전의 반열에 오른 세 저서, 즉 『마르크스의 유령들』과 『법의 힘』, 그리고 『아카이브 병』 덕분에 미국에서의 관심은 다시 회복되었다. 비록 자신의 저작 속의 '정치적 선회'나 '윤리적 선회'에 관해 언급될 때면 짜증스러운 모습을 좀 보였지만 정의와 증언, 환대, 용서, 배신 같은 새로운 주제들이 그의 저작의 중심 무대를 차지하고 있는 것을 부인할 수는 없었다. 비트겐슈타인이나 헤겔처럼 실제적인 단절은 없었다. 하지만 일련의 선회와 점진적인 변화를 인정하지 않기는 어려운 일이었다. 아마 드 만 사건이 그에게 자신의 보호구역에서 벗어나게 하는 데 기여했을 것이다.

나는 오래 전부터 동일한 아포리아들에 관련된 하나의 사유를 어떤 일관성을 갖고 추구하려 애쓰지 않는다. 윤리와 법, 정치의 문제는 커브 길을 벗어날 때처럼 갑자기 나타나지 않았다. 게다가 그 문제를 다루는 방

---

26) 미셸 드기와의 인터뷰.

법은 어떤 '윤리'의 관점에서는 항상 안심이 되는 것만은 아니다 — 그리고 아마도 그 문제는 윤리에 너무 많은 것을 요구하기 때문일 것이다.[27]

'프랑스 이론'과 해체의 성공은 때로 불리한 면도 있었다. 마치 자신의 사유의 결과의 희생자인 것처럼 데리다는 너무 보수적이며 충분히 참여적이지 않다고 비난받는 일이 있었다. 아비탈 로넬은 이렇게 강조한다. "데리다는 하나의 수컷, 백인, 유혹자, 철학자였다. 그것들은 모두 그를 전통 권력 쪽으로 분류케 할 수 있는 잠정적인 결점들이었다. 그는 자기 부류의 희생자, 팔루스로고스중심주의에 대한 자기 자신의 투쟁의 희생자가 되었다." 몇몇 급진적인 여성과의 결속은 그런 관점에서 보면 아주 유용한 으뜸 패로 보였다.[28]

뉴욕대학에서 마지막 몇 년 동안 데리다는 아비탈과 함께 세미나 수업을 했다. 그녀는 앞선 세미나에서의 중요한 개념들을 다시 언급하고 몇 가지 참고사항을 추가하면서 세미나를 시작했다. 자크의 발표가 있고 난 뒤, 그녀는 토론이 시작될 수 있도록 몇 가지 문제를 제기하면서 세미나를 이어 갔다. 그녀는 이렇게 이야기한다. "데리다는 다른 곳에서는 자기 세미나의 유일한 주인이었어요. 하지만 뉴욕대학에서는 그는 어떻게 보면 나의 초대 손님이었기에 나의 스타일을 따라 주었습니다. 그는 먼저 사회과학고등연구원에서 했던 세미나를 다시 한 어바인에서의 상황과는 아주 달랐습니다. 뉴욕대학에서 그는 새로운 주제로 했고, 그의 방식

---

27) Jacques Derrida, *Papier Machine*, Galilée, 2001, p. 306.
28) 그 예로 Nancy J, Holland, *Feminist Interpretations of Jacques Derrida*, Pennsylvania: Penn State University Press, 1997을 볼 것.

은 여전히 매우 개방적이었어요. 한 해에는, 그는 제목으로 단 한 마디 말 '용서'를 택했습니다. 그 제목은 별로 내 마음에 들지 않았어요. 그래서 나는 그것을 '폭력과 용서'로 바꾸었습니다. 세미나가 시작되기 얼마 전에 그를 만났는데, 나는 영어로는 'Forgiveness' 한 단어만으로는 가능하지 않다고 그에게 설명하면서 제목을 내가 바꿨다고 말했습니다. 그는 전혀 달가워하지 않았어요. '아니, 아비탈, 상의도 없이 어떻게 그런 결정을 했지요? 말도 안 돼요.' 그런데 세미나가 시작될 무렵, 그는 '폭력'이라는 단어가 없어서는 안 되겠다고 말하면서 상황을 완전히 뒤집었습니다. 그는 내게, '아비탈, 난 그 단어를 빼려 했었어요. 내가 얼마나 잘못 생각했었는지! 폭력이 없이는 용서라는 것을 생각할 수가 없었어요.' 그의 말에는 전혀 비꼬는 흔적이 없었어요. 나에게는 이제 왜 내가 그 단어를 빼려고 했었는지를 세미나 참석자들에게 설명해 주는 일만 남았습니다. 결국 우리는 서로 상대방에게 폭력 행위를 저질렀지만, 그로 인해 우리는 앞으로 나아가 사상을 만들어 낼 수 있었던 것입니다…. 마지막 몇 년 동안, 그는 내가 '좌파 문제에 대해' 자신을 압도한다고 느꼈어요. 그리하여 그는 종종 신경질적이었습니다. 어느 날, 그는 나의 급진주의가 해체에 위험해지기 시작했다고 내게 말했습니다. 그는 자신은 항상 '미리 계산된' 위험을 감행한다고 주장했습니다. 나는 그에게 그런 계산은 있을 수 없는 일이라고 대답했습니다. 하지만 그에게는 종종 사실 편집광적인 측면이 있었습니다. 어느 날, 그는 나에게 자기는 국경을 넘을 때 가방 속에 나의 책『중독』(Addict)을 넣어 가지고 가면 마음이 편치 않다고 말했어요. 그는 자기가 마약 밀매업자로 체포될 것이며 ─내가 프라하에서 태어난 것은 사실입니다!─ 그런 종류의 출판은 미국에서의 그의 활동을 산산조각 낼 수 있다고 말했습니다. 그는 때로 내게 이렇게 말하기도 했습니다. '어쨌든 그들은 이 모든 것이 내게서 비롯되었다고 생각하고는 이런 종류의 언어에 대해 책임을 내게로 떠넘길 거요.'"[29]

세계 곳곳에서 데리다의 저작이 번역 출간됨과 동시에 그가 여행하는 횟수도 늘어났다. 데리다는 프랑스 언론이 자신의 미국 활동만을 너무 강조할 때면 불쾌함을 감추지 않았다. 그는 크라쿠프에서 도미니크 동브르에게 쓴 편지에서 이렇게 쓰고 있다.

나는 여행을 많이 하네. 하지만 나는 (본래) 사람들이 자주 그렇게 말하는 것과는 달리 '미국적'이지도 않네. (그 어휘에는 두 가지 의미를 함축하고 있지. 하나는 시골뜨기 같다는 것이네. '보다시피, 우리나라의 저 어린 녀석은 외국에서나 아주 유명하지.' 또 하나는 거만한 의미를 함축하고 있어. 보다시피, '저 사람은 미국인들이나 관심을 가지지. 그에게서 뭘 찾을 수 있다는 건지 도무지 모르겠어.' 다른 한편으로는 이 두 가지 함축된 뜻이 완벽하게 잘 공존할 수도 있고.)[30]

1990년대에, 데리다는 자신의 사유에 대해 함께 토론할 사람이 없었거나 아니면—더 자주 있는 일이었지만—정치적인 이유에서 그때까지 가보지 못했던 많은 나라에서 강연과 세미나를 했다.

---

29) 아비탈 로넬과의 인터뷰.
30) 데리다가 도미니크 동브르에게 보낸 1997년 12월 10일 편지.

자주, 나는 '민주화'가 시작된 이후에야 어떤 한 나라에 갔다. 1990년 이후에야 내가 처음으로 갔던 동유럽의 모든 나라(1973년에 갔던 부다페스트—그런데 헝가리는 이미 간 적이 있었다—와 1981년에 갔던 프라하—그러나 그것은 숨어서 들어갔던 것이고 감옥에서 끝났다—를 제외하면)는 그런 경우였다. 그리스와 스페인, 포르투갈, 우루과이, 아르헨티나, 칠레, 브라질, 남아프리카공화국은 민주주의가 '성숙하지 못한' 때 '처음 갔던' 나라들이다.[31]

마찬가지로 그는 모스크바에도 1990년에 처음 갔는데, 당시 소련은 붕괴되고 있었다. 그는 1994년에 다시 그곳엘 가며, 이번에는 상트페테르부르크에도 들렀다. 소련이 붕괴된 뒤, 러시아에서는 데리다의 인간적 면모와 저작이 아주 열렬한 관심을 불러일으켰다. 그의 저작을 번역한 적이 있는 나탈리아 아프토노모바는 이렇게 이야기한다.

이곳에서 데리다는 '인간적 면모'뿐만 아니라 현대 프랑스 철학의—살아 있는 유일한—대표자로 등장했다. 그는 엄청난 관심을 불러일으키고 있다. 사람들은 그에 대해 접한 다양한 이미지들을 넘어, 그가 누구인지 궁금해하고 있다. 모든 가치를 뒤집어엎는 사람인가 아니면 새로운 가치를 주장하는 사람인가, 팝스타인가 아니면 근엄한 학자인가? 찬사로 가득 차거나 아니면 모욕적인 말로 가득 찬, 하지만 무관심하지는

---

31) Catherine Malabou and Jacques Derrida, *La contre-allée. Voyager avec Jacques Derrida*, La Quinzaine littéraire/Louis Vuitton, 1999, p. 233.

않은 기자들의 상상력은 그의 인기의 또 다른 측면이다. 예를 들어, 남성 잡지 『메드베드』(*Medved*)는 독자들에게 데리다의 넥타이와 식도락에 대한 취향을 이야기해 주기도 하고, 소련 붕괴 이후 러시아문학의 거두들은 그 '거장'과 말을 놓는 사이라고 자랑을 하기도 한다. 울림이 깊은 데리다라는 이름은 학생들이 부르는 노래 속에도 울려 퍼지며, 모든 사람이 '해체'를 입에 올린다. [⋯]
두 번에 걸친 데리다의 체류는 모스크바를 떠들썩하게 만들었다. 그러니 상상해 보라. 아무것이나가 아닌 살과 뼈가 있는 '권위 있는 철학자'를 볼 수 있다는 것을. 마치 다친 사자처럼 사방에서 발길질을 당하는 마르크스를 옹호하는 권위 있는 철학자를 볼 수 있다는 것을![32]

아름다운 책 『따라 걷기』는 카트린 말라부에게 보낸 데리다의 긴 편지들 덕분에 그 시대의 여러 여행을 자세히 알아볼 수 있게 해주었다.

1997년 2월, 데리다는 처음으로 인도에 가서 여러 번의 강연과 인터뷰를 했다. "해체의 지도자"는 캘커타에서 '책 전시회' 개막식을 했으며, 봄베이와 뉴델리에서는 대환영을 받았다. 그 뒤 몇 달간 그는 더블린과 볼티모어, 빌라노바, 몬트리올, 마드리드, 이스탄불, 틸부르크, 토리노, 피사, 런던, 브라이튼, 포르토를 여행했다. 물론 어바인과 뉴욕에서의 통상적인 세미나는 말할 것도 없다. 1997년 12월 14일, 그는 처음으로 폴란드에 가서 카토비체대학 명예박사학위를 받았으며, 크라쿠프와 바르샤바

---

32) Natalia Avtomova, "Paradoxes de la réception de Derrida en Russie", éds. Marie-Louise Mallet and Ginette Michaud, *Derrida, Cahier de L'Herne*, L'Herne, 2004, pp. 400~401.

에서 강연을 했다. "나는 아우슈비츠에 갔지만, 여기서는 이야기하지 않 겠다"라고 그는 쓰고 있다.[33] 그는 곧바로 아테네로 다시 출발하며, 그곳 에서 12월 18일부터 21일까지 머물렀다.

1998년 1월 5일, 데리다는 예루살렘의 이스라엘대학에 가게 되는데, 10년 만에 다시 이스라엘에 간 것이었다. 주로 정치적인 이유에서였다. 텔아비브에서의 강연과 "비교적 조용한" 토론을 마친 뒤 그는 시몬 페레 스와 긴 대화를 가졌다. 다음 날 아침, 팔레스타인 친구들에게 변함없는 우정을 가지고 있는 그는 라말라로 향해 비르자이트대학에서 연설을 했 다.[34] 그해의 남은 기간도 조용히 보내지 못했다. 그가 남아프리카공화국 에 오래 체류하면서 '용서하는 것. 용서할 수 없는 것과 시효의 대상이 되 지 않는 것'[35]이란 제목의 강연으로 많은 청중의 마음을 사로잡은 것도 특히 1998년 여름이었다. 데리다는 끊임없이 찬미했던 정치인 중 한 사 람인 만델라를 만났으며, 그의 판단으로 아주 민주주의적이며 현대적인 새로운 남아프리카공화국의 헌법에 매료되었다고 고백한다.

여행은 또한 그의 친구 사파아 파티가 1988년과 1999년에 데리다에 게 바친 영화「게다가 데리다」의 중심에 있다. 아르테방송에서 방영된 그 영화를 그녀는 프랑스와 미국, 스페인 남부에서 그의 어린 시절을 회상하

---

33) Malabou and Derrida, *La contre-allée. Voyager avec Jacques Derrida*, p. 233.
34) *Ibid.*, p. 259.
35) 이 텍스트는 Mallet and Michaud éds., *Derrida, Cahier de L'Herne*, pp. 400~401에 수록 되었다. 같은 주제에 대해 Jacques Derrida, "Versöhnung, ubuntu, pardon: quel genre?", éds. Barbara Cassin, Olivier Cayla and Philippe-Joseph Salazar, *Verité, réconciliation, réparation*, Seuil, 2004, pp. 111~159를 읽을 수 있다.

게 할 수 있는 풍경들 속에서 촬영했다. 그녀는 알제리도 갔지만, 데리다는 안전상의 이유로 촬영팀과 동행하지 않았다. 교육적인 것과는 거리가 먼 이 영화는 안달루시아의 아랍계 음악을 배경으로 그 장소들을 이름을 밝히지 않고 오버랩시킨다.

데리다는 자신이 제안받은 영화 촬영에 아주 기꺼이 참여했다. 그는 자주 거북스러워하는가 하면 좀 어색한 모습을 보이기도 했다. 그 기록영화와 동시에 집필된 책 『말을 촬영하기. 한 영화의 가장자리에서』(*Tourner les mots. Au bord d'un film*)에서, 그는 비록 자기 자신의 역을 연기했지만 자기 자신이 되어 본 그 '배우'에 대해 길게 숙고한다.

나는 그 정도로 동의해 본 적이 전혀 없다. 그렇지만 그 동의는 그 자체로 또 그만큼 불안한 적이 없었으며, 동의가 그만큼 잘 못 행해진 적도 없다. 고통스럽게도 전혀 만족감도 찾아볼 수 없는, 그저 '아니오'라고 말할 수 없어서, 내가 항상 잘 관리했던 '아니오'라는 재산을 잘 관리하지 못해서.

나는 실제로 그처럼 수동적인 적이 없었다. 나는 결코 그 정도로 남이 시키는 대로 해본 적도, 끌려다닌 적도 없다. 어떻게 그 정도로 그렇게 경솔하게 불시의 습격에 무방비일 수 있었을까? 어쨌든 나는 오래 전부터 매우 경계를 했다. 아니면 적어도 그렇게 했다고 생각한다. 나는 경계를 한다고 사람들에게 예고를 했다—그 경솔한, 아니면 신중치 못한 상황(사진, 즉흥적인 인터뷰, 즉흥적인 발언, 카메라, 마이크, 공공장소 자체 등

등)에 대하여 말이다.[36]

　　그 후 몇 년 동안, 사파아 파티는 콜로키엄이나 사람들 앞에서 발언할 때 등 기회가 있을 때마다 데리다를 촬영하여 '어바인대학의 자료'를 보충하기 위해 노력했다. 그 영화인은 데리다의 많은 친구들에게 불쾌감을 주는 것도 무릅쓰고, 그 철학자가 가는 곳이면 마치 그림자처럼 어디든 따라다녔다. 그것은 마치 데리다의 이미지와의 관계가 마침내 전도되어, 마치 사진에 대한 철저한 거부에서 아마도 또 다른 형태의 흔적 지우기인 흔적의 증대, 즉 거의 끊임없는 비디오 녹화로 전환된 것 같았다.

　　여행과 이미지들과 같이 출판도 끊임없이 이어졌다. 데리다가 갈릴레 출판사를 가장 좋아했던 이유 중 하나는 원하는 대로 신속히 출판을 할 수 있다는 것이었다. 때로는 두꺼운 책도 있었지만, 흔히 한두 차례의 강연 원고를 엮은 얇은 책들이었다. 그는 이런 형태의 분산 출판을 수용했다. 오래 전부터 그는 사람들이 더 이상 "위대한 철학 작품"을 쓰지 못한다는 것을 확신하고 있었기에, 일련의 "완곡한 작은 시론"으로 처리하는 것을 선호했다. 어느 날 그는 장뤽 낭시와의 토론에서, 자신은 전통적인 철학 개념들 앞에서 "위험을 느끼는 한 마리의 파리같이" 느껴진다고 말했다. "나는 항상 반사적으로 도망쳤습니다. 그 개념들을 접하여 그 이름들을 한 번만 입에 올려 보아도 마치 내가 끈끈이에 걸린 파리처럼 어

---

36) Jacques Derrida and Safaa Fathy, *Tourner les mots. Au bord d'un film*, Galilée/Arte éditions, 2000, p. 73.

떤 한 프로그램의 함정에 빠져 꼼짝 못한 채 포로나 인질이 되어 가는 것 같습니다."[37]

데리다는 점점 더 자신을 작가로 느꼈고 또 작가로 바라보았다. 해서 그의 사상은 점점 더 그의 발화행위와 떼어서 생각할 수 없게 되었다. 비록 세계에서 가장 번역이 많이 된 프랑스의 저자 중 한 사람일지언정, 그는 무엇보다 "충족되지 않는, 질투심이 강하여 괴로운 사랑"을 고백한 한 언어에 대한 재능을 가진 사람이었다. 자신의 태도를 레비스트로스와 푸코 또는 들뢰즈의 태도와 비교하면서, 그는 엘리자베스 루디네스코와의 대화에서 자신이 시도하는 모든 것은 "프랑스어와 백병전을, 난폭하지만 대단히 중요한 백병전을 치르는" 느낌을 갖는다고 설명했다. "나는 '프랑스'어와 나 사이에 […] 더 큰 사랑이, 괜찮다면 미친 듯한 더 큰 사랑이, 더 큰 질투가, 그렇게 비상식적으로 보이지 않는다면 더 큰 상호 질투가 있었다고 감히 말합니다."[38]

언어에 대한 사랑과 문자에 대한 열정은 데리다를 엘렌 식수와 많이 가까워지게 했다. 1998년, 그들은 『베일들』을 함께 출판했다. 데리다의 글 「누에」는 식수가 쓴 몇 쪽으로 된 「안다는 것」(Savoir)의 뒤에 붙여졌다. 그녀는 처음으로 갈릴레에서 출판을 하는데, 이후로 그 출판사는 그녀의 주요 출판사가 되었다.

---

37) "Responsabilité du sens à venir", debate between Jacques Derrida and Jean-Luc Nancy, éds. Francis Guibal and Jean-Clet Martin, *Sens en tous sens: autour des travaux de Jean-Luc Nancy*, Galilée, 2004.

38) Jacques Derrida and Elisabeth Roudinesco, *De quoi demain…*, Fayard-Galilée, 2001, pp. 30~31.

같은 해, 미레이 칼그루버의 초대로 데리다는 '영원한 H. C. 말하자면…'이라는 아름다운 제목으로 열린 스리지 콜로키엄에서 '엘렌 식수, 서로의 작품의 독서'라는 엄청나게 긴 개회 강연을 했다. 그는 가능한 한 모든 방식으로 자신의 35년 우정을 찬미하고, 서로의 저작에 대한 독서를 찬양했다.

나는 당신에게 꼭 헌정하고 싶었던 끝없는 강연과 끝없는 속내 이야기를 불분명하게 스케치하거나 기대하는 것 외에 할 수 있는 것이 그리 많이 없을 것 같습니다. 이 기회에 나는 엘렌를 위해, 그리고 엘렌에게 경의를 표하며 새로운 한 장르, 그 장르에 대한 새로운 이름을 창조해 내고 싶었습니다. 모든 차이를 넘어서, 더 정확히 말하면 종교적인 속내 이야기의 속삭임과, 철학적 또는 이론적 또는 비평적 또는 시적인 강연의 권위 사이의 모든 차이를 이용함으로써 말입니다. 그리고 또 스리지 콜로키엄을 위해 속내 이야기(confidence), 신뢰(confiance), 강연(conférence) 사이의 혼성어 또는 혼효어를 창조해 내고 싶었습니다.[39]

엘렌 식수도 신세만 지고 있지 않고 데리다에게 두 권의 책 『젊은 유대인 성인으로서 데리다의 초상』(2001)과 『자크 데리다에게 강요하기』(*Insister, à Jacques Derrida*, 2006)를 헌정했다.[40] 데리다의 말년 몇 년

---

39) Jacques Derrida, *H. C. pour la vie, c'est à dire…*, Galilée, 2002, p. 20.
40) 이 책들은 갈릴레 출판사에서 출간되었다. Marta Segarra éd., *L'événement comme écriture: Cixous et Derrida se lisant*, Actes d'un colloque de 2002, Editions Campagne-Première, 2001도 참조할 수 있다.

동안 그들은 더 많은 대화를 나눴고, 함께 더 많이 발표를 했다. "우리는 각자 활동하던 초기에 만났습니다. 자크는 때로 우리 두 사람 모두 작가이기에, 아니면 두 사람 모두 철학자이기에 같은 작업을 함께 할 수 있을지 의문스러워했습니다. 그는 '아니오'라고 생각하는 경향이 있었습니다. 나는 그 반대일 것이라고 확신했어요. 내 생각에, 그는 어쨌든 완전한 한 작가였습니다."[41]

"태초에 말이 있었다"라는 것을 데리다는 식수와의 말년의 한 대화에서 인성했다. "명명과 말은 동시에 이루어집니다. 마치 내가 쓰기 전에는 아무것도 생각하지 못하는 것처럼 말이에요. 내가 발명하지 않은 프랑스어의 그런 수단에 놀라 나는 그때 계획에 있지도 않은, 하지만 이미 어휘와 구문의 보고에 의해 가능해진 뭔가를 만듭니다."[42] 데리다는 청소년기부터 찬미한 프랑시스 퐁주와 함께 "비종교적이고 유희적인 한 종교인 리트레 사전의 종교를 공유한다."[43] 어원들을 조사하는 일은 그에게 이미 존재하던 진리의 탐구가 아니었다. "언어를 확장하는 것"이기에 그것은 무엇보다 발명이었다.

데리다는 'pas', 'demeure', 'voile' 같은 단어들을 온전한 한 텍스트의 출발점으로 삼아, 다양한 방식으로 유희를 하면서 그것들의 모든 가능성을 찬양할 수 있었다.

---

41) 엘렌 식수와의 인터뷰.
42) "Du mot à la vie : un dialogue entre Jacques Derrida et Hélène Cixous", *Le Magazine littéraire*, no. 430, April 2004, p. 26.
43) Jacques Derrida, *Déplier Ponge*, interview with Gérard Frasse, Presses Universitaires du Septentrion, 2005, p. 15.

나를 인도하는 것은 언제나 번역불가능성입니다. 문장은 언제까지나 관용어에 빚을 지고 있고, 번역은 그 관용어를 잃을 수 있을 뿐이기 때문입니다. 그런데, 명백한 역설이지만 번역가들은 나의 텍스트에 대해 프랑스 사람들보다 훨씬 더 흥미를 느꼈으며, 그들의 언어에 의해 내가 묘사한 경험에 새로운 의미를 부여하려 애썼습니다.[44]

데리다는 프랑스어를 너무도 사랑해서 그것을 풍요롭게 하는 데 노심초사했다. 1972년, "우리는 그에게 신조어들, 능동어들을 빚지고 있다(그런 면에서 그의 글쓰기는 힘이 많이 들고 시적이다)"라고 롤랑 바르트는 말한 바 있다.[45] 데리다도, 'différance'가 프티 로베르 사전에 실리고 얼마 안 되어 아비탈 로넬이 자크의 어머니가 있는 데서 축하를 받을 사건이라고 말했다고 즐거워했다. 조르제트 사파르는 동의하지 않는 표정을 지으며 자기 아들에게 이렇게 물었다. "그런데 자키, 너 정말로 différence를 'a'로 쓴 것이 맞니?"

세월이 흐르면서, 그의 어머니뿐 아니라 다른 많은 사람들을 놀라게 하면서 새로운 어휘들이 그의 글에서 늘어만 갔다. 샤를 라몽은 그의 작은 책 『자크 데리다의 어휘』(Le Vocabulaire de Jacques Derrida)에서 욕심 많게 만든 신조어와 혼성어 10여 개를 조사하여 분석했다.[46] 어떤 것들은 일시적이었지만, adestination, archi-écriture, arrivance,

---

44) *Le Magazine littéraire*, no. 430, April 2004, pp. 26~27.
45) *Les lettres françaises*, no. 1429, 29 March 1972.
46) Charles Ramond, *Le vocabulaire de Jacques Derrida*, Ellipses, 2001. 다음의 글도 참고할 수 있다. Jean-Pierre Moussaron, "L'esprit de la lettre", éds. Mallet and Michaud, *Derrida, Cahier de L'Herne*, pp. 363~371.

clandestination, destinerrance, exappropriation, hantologie, médiagogique, mondialatinisation, restance, stricture 등은 상표들이 되었다.

구문 구성도 그에 뒤지지 않았다. 전통적인 철학적 글쓰기의 규범을 버리는 것에 그치지 않았다. 그런 면에서 데리다의 변화는 『사물에 대한 고정관념』(*Le parti pris des choses*)의 간결함과 치밀함으로부터 『소나무 숲의 수첩』(*Le Carnet du bois de pin*)이나 『비누』(*Le Savon*)의 다양한 변이형으로 이동하는 프랑시스 퐁주의 그것과 비교된다. 점점 데리다의 텍스트들은 더 큰 소리로 읽도록 쓰였다. 그것은 그 텍스트들에 아주 개인적인 숨결을 불어넣는데, 그에 따르면 "글쓰기는 항상 목소리에 맞추어진다. 내면의 목소리이든 아니든, 이 목소리는 항상 무대에 올려지거나 무대에 있다."[47]

데리다의 후기 저작들을 읽어 보면 아주 특별한 호흡에 의해 이끌려 가는 것을 느끼게 될 것이다. 프루스트보다는 잠에 더 가까운 데리다의 문장은 몸을 끝없이 둥글게 웅크리고 있다가 휙 하고 앞으로 불쑥 튀어 나가는 것 같다.[48] 1996년의 텍스트 『아테네, 여전히 남아 있다』(*Demeure, Athènes*)는 그 점에 대해 아주 잘 보여 주고 있다. 책 전체는, 꾸준히 반복되는 "우리는 죽음에 헌신할 의무가 있다"라는 문장의 주위를 맴돈다. 그것은 마치 데리다가 장프랑수아 본옴의 사진들을 언급하는

---

47) *Le Magazine littéraire*, no. 430, April 2004, pp. 26~27.
48) 나의 분석은 몇몇 항목에서 다음 글들의 분석과 일치한다. Cornelius Crowley, "Un rapport sur le mode du non-rapport: James et Derrida", éds. Thomas Dutoit and Philippe Romanski, *Derrida d'ici, Derrida de là*, Galilée, 2009, pp. 87~108; J. Hillis Miller, "The Late Derrida", *For Derrida*, New York: Fordham University Press, 2009.

척하면서 바로 그 문장, 그 유일한 문장을 끊임없이 추적하는 것만 같다.

어디서 갑자기 나타났는지 알 수 없는 전술한 문장은 더 이상 나의 것이 아니었다. 그런데 그것은 이전에도 결코 나의 것이 아니었다. 여전히 나는 그 문장의 책임자임을 느끼지 못했다. 순식간에 공공 재산이 되어 떨어져, 그것은 나를 가로질러 갔다. 그것은 나를 거쳐 지나가면서 자신은 단지 내 안을 통과할 뿐이라고 말했다. 그것의 주인이기보다는 인질이 된 나는 그것을 환대해야 했다. 그렇다, 그것을 안전하게 돌봐야 했다. 나는 확실히 그런 보호를, 그 문장의 각 단어의 안녕을 책임져야 했다, 각 글자에 결합된 각 글자의 면역성을 책임져야 했다. 하지만 동일한 빛, 동일한 의무가 내게 그 문장을 전체로 받아들이지 말 것과, 어떤 경우에도 내가 만든 문장처럼 그 문장을 독점하지 말 것을 명령했다. 게다가 그것은 여전히 탈취 불가능한 것이었다.[49]

독자는 먼저 끝없이 연장될 수 있는 단 하나의 긴 악절 같은 느낌을 받는다. 실제로 연속되는 단문들의 문제이다. 이 단문들은 구두점이 대단히 많이 찍혀 있지만, 정지된 것같이 보일 것을 무릅쓰고 같은 음절(-sable/-table/-nable)을 반복하거나 같은 단어의 어미를 변화(otage/hôte/hospitalité, garder/sauve/sauvegarder)시키면서 반복과 미세한 이동에 의해 처리된다. 마치 그것을 눈에 띄지 않는 물결과 거의 감지되지

---

49) Jacques Derrida, *Demeure, Athènes, photographies de Jean-François Bonhomme*, Galilée, 2009, pp. 14~15.

않는 밀물과 썰물을 가진 지중해적인 구문처럼 읽을 수도 있을 것이다. 은밀하지만 보기보다는 덜 느린 일련의 변화와, 짜증나게 하지만 매력적인 차이와 반복의 상호교착을 통해 데리다는 독자를 조금씩 그의 명상의 오솔길로 데리고 간다. 바로 그 점에서 시는 철학과 아주 가까우며 철학과 불가분하다.

> 그 빛의 인정은 마치 세상에서 사라진 보잘것없는 것이지만 여전히 갚아야 할 어떤 것과 같았다. 나는 그것을 소유하는 것이 아니라 보관해야 했다. 그것을 위탁 보관하는 것, 사진판으로 된 수하물로 그것을 맡기는 것. 이 의무, 이 근본적인 채무, 이것들은 자기 것으로 소유할 수 없는 이 진술의 언어("우리는 죽음에 헌신할 의무가 있다")와 무슨 관계가 있었던가? 그것이 의미하는 것 같았던 것과 무슨 관계가 있었던가? "우리는 죽을 정도로 서로에게 빚을 지고 있다"(Nous nous devons à mort)도 아니고, "우리는 서로에게 죽음의 빚을 지고 있다"(Nous nous devons la mort)도 아닌, "우리는 죽음에 헌신할 의무가 있다"(Nous nous devons à la mort)이다.
>
> 죽음은 누구인가?(Qui est-ce la mort?) (죽음을 어디서 찾을 수 있는가? 프랑스어로는 이상하게도 죽음을 찾는다trouver la mort라고 말한다. 그런데 그것은 죽는다는 뜻이다.)[50]

---

50) *Ibid.*, p. 15.

9장_대화의 시간
2000~2002

2000년 1월, 중요한 새 책 한 권이 갈릴레 출판사에서 출간되었다. 데리다의 책 『접촉, 장뤽 낭시』(*Le toucher, Jean-Luc Nancy*)는 무엇보다 하나의 예술품으로 인정을 받았다. 철학서의 모든 전통적인 규범과는 거리가 먼 이 책은 정사각형 판으로 350쪽에 달했으며, 다양한 활자로 인쇄되었다. 게다가 '독서 작업'이라고 지칭된 일련의 시몽 앙타이의 사진들이 삽입되어 있었다. 어려운 책일 때 자주 그랬던 것처럼, 미셸 들로름은 이번에도 독자들의 진본 책 수집 취미를 겨냥했는데, 초판본 129부에는 판화 한 점이 들어 있었다.

훨씬 더 짧은 이 텍스트는 1992년 미국에서 페기 카무프의 제안으로 『패러그래프』(*Paragraph*) 지의 특집호에 처음 게재되었는데, 이 책의 주요 부분은 1998년 9월부터 1999년 9월 사이에 보충되었다. 데리다가 마지막 손질을 끝마친 것은 오세아니아 주를 여행할 때 머문 멜버른 호텔 방에서였다.

이 책의 이상한 제목은 낭시의 작품에 대한 많은 이해가 선결되어야 한다는 생각을 갖게 함으로써 상당수의 잠재적 독자들을 놓쳤다. 데리다는 먼저 장뤽 낭시라는 인간뿐 아니라 그의 작품을 지칭하는 그 "대사건"을 찬양하기 위한 "첫 활동을 개괄적으로 기술하고" 싶어 했다.[1] 하지만 『침입자』(L'intrus)의 저자를 넘어, 데리다는 하나의 단초와 하나의 제목을 중심으로 그가 오래 전부터 소홀히 한 현상학적인 접근을 되찾는다. 그에게는 그 단초와 제목이 불가피하게 보였지만, 『접촉』은 끊임없이 그를 불안하게 만들었다. 그러므로 실제로는 한 권의 책 속에 적어도 두 권의 책이 있는 것이다. 데리다가 서문에서 인정하고 있는 것처럼 어쩌면 더 많은 책이 있을 것이다.

> 무엇보다 이질적인 구성. 만일 어떤 사람들이 이런 카테고리들에 집착한다면, 그들은 이 구성을 바로크적이거나 낭만적이라 생각할 것이다 (어떠한 것도 포기하지 않는 철학 + 철학의 표준 역사 + 계획된 체계 + 부류의 목록 – 또한 허구 + 환상 + 서술 + 전기 + 삽화 + 여담 + 속내 이야기 + 사적인 서한 + 계획 + 지켜지지 않은 약속).[2]

데리다는 접촉이라는 주제를 중심으로 일련의 "접촉"들에 대해 상술하는데, 그는 아리스토텔레스와 칸트, 후설, 하이데거, 메를로퐁티, 레비나스를 비롯하여 그가 전혀 참고한 적이 없었던 멘 드 비랑, 라베송, 장루이 크레티엥 등을 언급한 뒤 다시 장뤽 낭시의 저작으로 되돌아온다. 철학적 전통에서 대부분 시선에 부여된 특권에 대해 항상 주의를 기울였던

---

1) Jacques Derrida, *Le toucher, Jean-Luc Nancy*, Galilée, 2000, prière d'insérer de l'ouvrage.
2) *Ibid.*

데리다는 자신의 입장을 어느 정도 수정한다.

직관은 시선을 뜻한다. 직관주의는 시선, 즉 직접적인 시각에 부여하는 사유로, 진리에 이르는 길이다. […] 접촉에 관한 이 책을 쓰면서, 그리고 그 모든 책들을 읽으면서 내가 깨달았던 것은 플라톤 이래 훨씬 더 뿌리 깊은 전통은 시선을 접촉에 예속시켰다는 것, 직관주의는 직접성, 직접적인 접촉, 지속, 충일, 현존의 경험이 되어 버렸다는 것, 존재의 특권이 시각 자체보다 촉각에 훨씬 더 부여되었다는 것이었다. 나는 그때 촉각 중심적(haptocentrique) 직관론에 관해 언급했는데, 그것은 나의 짧은 연구의 역사에 어떤 변화를 가져다주었다. 왜냐하면 직관론의 해체는 이미 처음부터 진행 중이었기 때문이다. 그러나 그 해체는 촉각에 직접적으로 초점을 맞추는 것이 아니라 오히려 시각에 초점을 맞추었다. 나는 문제를 다른 순서로 재정리했다.[3]

힐리스 밀러는 데리다 만년의 가장 중요한 책 중 하나라고 생각한 이 책의 독특함에 놀랐다. 그는 이렇게 설명한다. "일반적으로 데리다는 그의 친구들이 죽기 전에는 그들에 대한 평론이나 책을 쓰지 않았습니다. 그는 그들이 죽고 난 뒤 바로 아니면 시간이 좀 지나서 썼습니다. 거의 모든 헌정의 글에서, 특히 레비나스에 대한 헌정의 글에서 두 가지 운동이 확인됩니다. 즉, 그는 그들의 중요성을 강조합니다. 동시에 그들을 그들

---

3) "La décision, la fiction, la présence", Ah!, no. 2, Oui la philosophie, Editions de l'université de Bruxelles, 2005, p. 173.

의 자리에 위치시키거나, 되돌려놓습니다. 구조적으로 매번, 따라서 최종적인 말을 하는 사람은 바로 그였습니다. 책『접촉』은 완전히 특별합니다. 장뤽 낭시가 심장 이식 수술을 기다리며 죽을 위험에 처해 있을 때 데리다는 긴 기사를 쓰는 것으로 시작했습니다. 그런데 다행히도 낭시는 살아남았으니, 부활한 셈이라고 할 수 있겠지요. 몇 년 뒤, 데리다는 그 글을 다시 손을 보면서 상당한 분량을 증보했습니다. 그가 다루는 저자가 살아 있을 때였으니, 그 책은 그가 그런 식으로 출판한 유일한 형태였던 것입니다. 그리하여 낭시는 『나를 만지지 말라』(*Noli me tangere*)의 한 주석에서 기독교의 해체 문제에 대해 그에게 답할 기회가 있었습니다. 그러니 최종적인 말을 한 사람은 바로 그라고 말할 수도 있을 것입니다. 데리다는 그가 아직도 너무 기독교적이라고 비판합니다. 이에 낭시는 데리다에게 그가 너무 랍비적이라고 응수합니다."[4]

하지만 장뤽 낭시는 무엇보다 데리다의 그 책이 자신의 책에 보여 준 놀라운 관심과 우정의 표시에 감동했다. "충격이었습니다…. 나는 그 제목, 그리고 그 책 자체를 보고 어리둥절했어요. 나는 그때 자크에게 이렇게 말했던 것 같습니다. '놀라서 말문이 막혔습니다. 너무 과합니다'라고 말입니다. 우정의 관점으로 보면 '과하다'는 말은 있을 수 없습니다. 그렇지만 그 제목에 나는 크게 감동했습니다. 그러나 그의 분석에는 너무도 많은 지식과 제기할 문제가 있어서 나는 속으로 이렇게 생각했습니다. '나는 더 이상 촉각에 손을 대서는 안 되겠구나.' 왜냐하면 나는 그와 같이, 아니면 촉각을 주제로 삼아 본 적이 거의 없다는 것을 깨달았기 때문

---

4) J. 힐리스 밀러와의 인터뷰.

입니다. 놀랍게도, 데리다는 그 주제가 부수적으로 드러난 다수의 텍스트를 읽을 줄 알았던 것입니다. 그는 '접촉'이라는 단어의 은유적인 사용을 찾아내기까지 했습니다. 게다가 그는 자신이 읽은 엄청난 양의 책 전체를 아주 주의 깊게 다시 읽어—정말 모든 의미에서의—접촉에 대한 책을 만들어 냈던 것입니다. 다른 한편으로는, 나는 내가 거의 벗어나지 못했던 함정, 즉 그의 말처럼 '촉각중심주의'를 그가 어떻게 내게 보여 주었는지를 아주 잘 이해했습니다. 만일 내가 그 함정에서 벗어났다면 그것은 내가 그것을 주제로 삼은 적이 없었기 때문이지 이론적인 경계심에서가 아니었습니다. 그리고 그는 또한 그 책에서 내게 훈계를 하고 있습니다. 당신은 그 책 속에 'Je me dis, à part moi, Jean-Luc Nancy est le plus grand philosophe du toucher'라는 문장이 있다는 것을 분명히 알고 있을 것입니다. 자크는 뜻이 두 가지로 해석되는 그의 의외의 발견을 말하면서 분명 웃었을 것임에 틀림없습니다. '나는 마음속으로 (장뤽 낭시가 촉각에 대한 가장 훌륭한 철학자라고) 생각한다'(je me dis dans mon for intérieur)와 '나는—따라서 사실 가장 훌륭한 나를 제외하고 (장뤽 낭시가 촉각에 대해 가장 훌륭한 철학자라고) 생각한다'(je me dis que à part moi - qui suis donc en fait le plus grand). 마지막으로 나는 그 책의 결말을 잊지 않습니다. 'Un salut sans salvation, un salut juste à venir.'[5] salut라는 단어는 만나거나 작별 인사의 감탄사로서 의미 개념이 됩니다. 그러니 놀랍습니다. 나는 자주 이 말을 생각합니다."[6]

---

5) '구원 없는 안녕, 곧 다가오는 안녕.' —옮긴이
6) 장뤽 낭시와의 인터뷰.

봄에 엘리자베스와 자크 데리다는 '무엇을 위하여, 내일은…'으로 제목을 붙이게 된 대담집의 발간에 착수한다. 그 아이디어는 어느 날 저녁 식사 도중 엘리자베스 루디네스코의 남편이자 당시 파야르 출판사의 부사장이었던 올리비에 베투르네가 제안한 것이었다. 윤리와 정치 등 시사 문제들에 대한 그들의 지속적인 토론에 감명을 받은 그는 그와 같은 책은 아주 흥미가 있을 것이며, 새로운 독자들을 데리다의 책 속으로 끌어들일 수 있을 것이라 확신한다고 말했다.

인터뷰는 르노 카뮈(Renaud Camus) 사건[7]으로 한창 떠들썩했던 2000년 5월 20에서 23일 사이에 녹음을 했다. 루디네스코는 이렇게 기억한다. "어느 날 카뮈의 주장에 반대하는 격렬한 집단 항의문을 작성한 클로드 란츠만이 우리에게 전화를 걸어와, 데리다에게 그 항의문에 서명을 해줄 것을 부탁했습니다. 란츠만과 데리다는 솔직하게 그들의 생각을 주고받았습니다. 데리다는 사람들이 그런 의견을 '범죄적'이라고 말하는 것에 대해 불편해했습니다. 그러나 그는 마침내 서명을 수락했습니다. 우리에게 '다가올 반유대주의'라는 온전한 하나의 주제를 덧붙이게 한 것은

---

7) 2000년 봄 '프랑스 원정'(*La campagne de France*)이라는 제목으로 파야르 출판사에서 출판된 1984년의 그의 일기에서 르노 카뮈는 무엇보다 이렇게 썼다. "프랑스 문화방송의 프로그램 '파노라마'의 유대인 협력자들은 그렇지만 좀 지나치다. 한편으로 각 방송 때마다 5명 중에 4명, 또는 6명 중에 4명, 또는 7명 중에 5명이 그들이다. 이것은 국가의, 혹은 거의 공적인 한 자리에 어떤 한 민족 또는 종교 집단의 과도한 점유가 분명하다. 다른 한편, 그들은 적어도 일주일에 한 번은 그 방송이 유대인 문화, 유대교, 유대인 작가들, 이스라엘 국가, 이스라엘 국가의 정책, 고대부터 오늘날까지의 프랑스와 세계 각지에 살았던 유대인들의 생활에 할애하도록 하고 있다." 이 구문을 비롯해 몇몇 다른 구문들—때로는 삭제되기도 하고 때로는 변형되기도 했다—은 출판사들의 세력 다툼에 의해 악화되어 대규모의 논쟁을 촉발시켰다. 엘리자베스와, 정도는 약하지만 데리다는 여러 번 『무엇을 위하여, 내일은…』에서 그 사건을 논의한 중요한 당사자였다.

바로 그 당면한 토론이었습니다."8)

사형은 데리다가 오랫동안 골몰해 온 그에게서 떠나지 않은 또 다른 주제였다. 1999년 가을부터 그것은 그의 세미나 주제가 되었다. 그 주제에 대해 아주 많은 철학서를 읽은 뒤, 그는 자신의 놀라움을 표현하면서 세미나를 시작했다.

> 짧고 경제적으로 말하기 위해, 나는 오래 전부터 내게 서양철학사에서 가장 중요하고 가장 놀랍고 또한 가장 아연실색케 하는 사실로부터 시작하겠습니다. 결코, 내가 알기로는 어떠한 철학자도 철학자로서 그 자신의 엄밀하고 체계적인 철학적 담론에서, 그리고 또 어떠한 철학도 철학 그 자체로 사형의 정당성에 전혀 이의를 제기하지 않았다는 사실로부터 말입니다. 플라톤에서 헤겔, 루소에서 칸트(칸트는 아마 모든 사람들 중 가장 엄격했을 것입니다)에 이르기까지 그들은 각자 자기 방식으로 명백하게, 때로는 숨기지 않고 마음의 꺼림도 없이(루소), 사형에 찬성하는 입장을 택했습니다.9)

2000년 여름이 시작될 무렵, 르네 마조르가 지칠 줄 모르고 기획한 '정신분석학 삼부회'는 데리다에게 그 윤리-정치적인 주제에 대한 생각을 자세히 개진할 특별한 기회를 제공했다. 7월 10일, 소르본의 계단식 대형 강의실에서 세계 각처에서 온 천 명이 넘는 정신분석가들 앞에서 데

---

8) 엘리자베스 루디네스코와의 인터뷰.
9) Jacques Derrida and Elisabeth Roudinesco, *De quoi demain...*, Fayard-Galilée, 2001, pp. 235~236.

리다는 중요한 문제, 즉 '왜 인간은 악을 위한 악을 즐기는 유일한 생물인가?'를 다루었다. 프로이트의 죽음충동에 대해 성찰하면서 데리다는 정신분석학을 "오늘날 심리적 잔인성의 문제를 그것 고유의 문제라고 주장할 수 있는 유일한 담론"[10]으로 묘사한다.

> 정신분석학은 만일 이론적인 알리바이 같은 것이 없다면, 심리적 잔인성이 가지고 있을 가장 '고유한' 것을 목표로 하는 것의 이름이 될 것입니다. [⋯] 고통을 위한 고통을 겪는 것, 악을 위한 악을 저지르고 또 저지르도록 내버려 두는 것의 문제가, 요컨대 그 어디에서도 극단적인 악이나 극단적인 악보다 더 나쁜 어떤 악의 문제가 더 이상 종교나 형이상학에 맡겨지지 않을 것이며, 다른 어떤 학문도 잔인성 같은 것에 관심을 기울일 준비가 되어 있지 않을 것입니다. 정신분석학으로 지칭되는 것을 제외하면 말입니다⋯.[11]

데리다에 의하면, 정신분석학은 "윤리적인 것과 법률적인 것, 그리고 정치적인 것의 명제들을 사유하여 깊이 이해하고 바꾸는 일을 시도하지 않았다. 하물며 그 일에 성공한 것은 더더욱 아니었다."[12] 만일 정신분석학이 더 이상 프로이트의 세계가 아닌 어떤 세계에서 이론적인 타당성을 유지하고 싶다면, 이 학문은 개인적인 고통의 치료를 넘어 새로운 역할들을 더 맡아야 한다는 것이 데리다의 생각이었다. 그는 다음과 같은 사

---

10) Jacques Derrida, *Etats d'âme de la psychanalyse*, Galilée, 2000, p. 12.
11) *Ibid.*, p. 13.
12) *Ibid.*, p. 21.

실을, 즉 "다가올 계몽주의"는 무의식의 논리를 중시해야 할 것이라는 사실을 확신한다. 그것은, 그가 생각하기에 중요하지만 잘 제기되지는 않는 다음의 문제에 무엇보다 답해야 한다는 것을 전제로 한다. 즉, "왜 정신분석학은 아랍 이슬람 문화권의 그 넓은 지역에 확고한 기반을 전혀 갖지 못하는가?"[13] 이 모든 문제들은 다음해 9월 11일 이후 더욱 긴급한 문제가 된다.

지금 당장 데리다에게 신경 쓰이는 것은 더 개인적인 문제였다. 자크는 생일에 별로 관심이 없었다. 하지만 2000년 7월 15일, 그의 일흔 살 생일은 그를 훨씬 괴롭혔다. 그는 우울에 빠지는 일이 잦았다. 해서 그는 습관과는 달리 렉소밀 진정제를 자주 복용했다.[14] 9월 1일, 그는 막스 주네브에게 이렇게 고백한다. "나는 그 어느 때보다도 나이와 '천천히 늙고 싶은' 욕구에 사로잡혀 있습니다. […] 일흔 살이라, 당신도 알겠지만, 참 끔찍합니다."[15] 그럼에도 불구하고 그는 계속해서 몇 시간씩 지중해에서 수영을 했다.

70세 생일은 자크에게 자신의 기록물에 대한 걱정을 되살렸다. 기록의 많은 부분은 이미 어바인대학에 맡겨져 있지만, 정작 프랑스에는 아무 것도 남겨놓지 않은 것에 대한 후회가 종종 밀려왔다. 1988년, 기록물 유산을 수집하기 위한 현대출판기록물연구소(IMEC)가 연구자와 출판인들의 제안으로 설립되었다. 이미 수집한 여러 기록물 유산(셀린, 뒤라스, 바

---

13) *Ibid.*, pp. 41~42.
14) 마르그리트 데리다와의 인터뷰 및 아비탈 로넬과의 인터뷰.
15) 데리다가 막스 주네브에게 보낸 2000년 9월 1일 편지.

르트, 푸코…) 중 데리다가 특히 더 관심을 가진 것은 알튀세르와 주네의 것이었다. 저명한 주네 전문가이자 현대출판기록물연구소의 책임자 중 한 명인 알베르 디쉬가 이야기하는 것처럼, "1991년, 알튀세르의 지인들 사이에 『미래는 오래 지속된다』에 대해 격렬한 토론이 있었습니다. 에티엔 발리바르를 비롯한 여러 사람들은 그 책의 출판이 시의적절치 않다고 판단했습니다. 데리다는 그 책이 출판되어야 한다고 말한 드문 몇몇 중 한 명이었습니다. 그 민감한 상황에서 그는 은밀히 우리를 지지해 주었습니다."[16]

1997년 10월 말, 문인협회에서 콜로키엄이 열린 다음날 현대출판기록물연구소장이던 올리비에 코르페는 데리다에게 조르듯 협조의 가능성에 대해 타진했다. 물론 어바인대학의 랭슨 도서관에 이미 보관된 기록물을 되찾아 오는 것은 문제가 되지 않았다. 그러나 새 자료들은 IMEC에 맡길 수 있을 것이었다. 연구자들에게는 자신의 작업과 관련된 많은 자료의 보존은 중대한 성공 수단이었다. 데리다의 생각에 IMEC 역시 누구로부터도 간섭을 받지 않고 독자적으로 운영한다는 장점이 있었다. 그곳은 스리지와 꼭 같이 데리다가 특히 좋아하는 그 '반(反)기관' 중 하나였다.

1997년 말, 코르페와 데리다는 리조랑지에서 다시 만나 협력의 방식에 대해 구체적으로 검토하기 시작했다. 몇 달 뒤, 올리비에 코르페는 데리다에게 편지를 써 어바인대학 데리다 '특별 장서' 책임자를 만나러 갈 준비가 되어 있다고 말했다. "구두로도 많은 것에 대해 '합의가 이루어질 수' 있을 것입니다. 아시다시피 IMEC는 신뢰에 기초한 긴밀한 협력 관계

---

16) 알베르 디쉬와의 인터뷰.

구축에 크게 마음을 쓰고 있기에 이 일에 대해 대화할 준비가 되어 있습니다."[17] 이 여행은 이듬해 봄에 있게 되며, 협력은 1999년 6월에 실현되었다.

데리다는 프랑스와 관련하여 받은 서한들의 원본—훨씬 많다—은 IMEC에서 보관하는 한편, 미국 및 그의 저작의 국제적인 확산과 관련된 편지들은 이미 그의 많은 원고와 자료가 보관되어 있는 어바인으로 보낼 것을 원했다. 연구자들의 연구를 돕기 위해 두 기관 사이에 복사물 교환도 이루어질 수 있게 되었다. 그러므로 모든 것이 훌륭하게 타결되었다.

개인 기록물 보관 계약은 2002년 1월 15일 코르페와 데리다 사이에 맺어졌다. 그러나 서한들을 기록물보관소로 보내는 일은 쉽지만은 않았다. 알베르 디쉬는 이렇게 기억한다. "그는 홀더를 열고 편지 한 통을 꺼내면서 그 편지와 관련된 자초지종을 내게 말해 주었습니다. 오래 전부터, 그는 자신의 모든 편지를 다시 한 번 읽어 보고 싶어 했습니다. 그는 이제 그렇게 하지 못하리라는 것을 깨달았던 것입니다…. 가장 오래된 편지들이 들어 있는 상자들을 트럭에 싣자 그는 차를 한 바퀴 빙 둘러 보았습니다. 그는 내 팔을 잡았습니다. '아시겠지만, 당신이 가지고 가는 것은 곧 나의 인생입니다…. 만일 사고라도 난다면….' 나는 멀어져 가는 차를 불안하게 바라보고 있는 그를 백미러를 통해 바라보았습니다. 석양이 짙게 깔리고 있었습니다. 그의 일흔 살 생일은 그에게 아주 큰 정신적인 충격으로 다가왔습니다."[18]

---

17) 올리비에 코르페가 데리다에게 보낸 1998년 3월 20일 편지.
18) 알베르 디쉬와의 인터뷰.

노년이 찾아오고 죽음에 대한 생각이 점점 더 머리에서 떠나지 않자 데리다는 지난날 자신의 반대자들 중 몇몇과 화해를 하고 싶었던 것 같다. 1999년 10월, 그는 뉴욕의 지오바니 바라도리의 집에서 그들 공동의 친구이기도 한 위르겐 하버마스를 다시 만났다. 그 즉흥적인 만남에서 하버마스는 "미소를 지으며 친절하게" 언제 한 번 차분하게 대화를 나누자고 데리다에게 제안을 했고 그는 즉각 수락했다. 그러면서 그는 이렇게 덧붙였다. "지금이 아주 좋은 시점일 테니, 너무 미루지 맙시다." 만남은 얼마 뒤 파리에서 있었다. 화목한 점심식사 자리에서 하버마스는 "이전의 논쟁의 흔적들을 지워 버리기 위해" 최선을 다했다. 데리다는 그의 그 배려에 감사하는 마음을 잊지 않았다.[19]

두 사람은 하버마스가 『현대성의 철학적 담론』에서 데리다에 대해 쓴 두 장(章) '불공정한'과 '조급한' 때문에, 그리고 『폴 드 만을 추모하며』와 『유한책임회사』에서 데리다가 하버마스의 그 두 장에 대해 한 날선 반박 때문에 12년여 전부터 서로 유감스럽게 생각하고 있었다. 그 후에 비록 데리다와 하버마스는 침묵을 지켰지만 두 진영이 형성되어 서로 대립하고 있었다. 그것은 "물론 사색거리를 제공하기도 했지만 […] '진영'을 택할 것을 종용받기도 하고 때로는 연구 활동에서 이러지도 저러지도 못하는 학생들에게 많은 해를 끼친"[20] 사실상의 싸움으로 변해 버렸다. 하버마스와의 그 갈등은 데리다에게 영향이 없지만은 않았다. 독일의 유수 출판사들과의 접근이 차단되어 독일어권 지역에서 그의 책 출간이 큰 어

---

19) Jacques Derrida, "Unsere Redlichkeit", *Frankfurter Rundschau*, 18 June 2004.
20) *Ibid*.

려움을 겪었기 때문이다.

그들의 화해는 먼저 정치 분야에서 이루어졌다. 반목의 시기에조차도 그들은 여러 번 동일한 청원서와 선언문에 서명을 했다. 데리다는 지난날 자신의 적의 75세 생일을 위해 쓴 멋진 헌정사에서 그것을 환기한다. "오래 전부터 나는 많은 기회를 통해 하버마스가 독일의 역사적인 문제들에 대해 보인 논증된 입장들에 대해 공감 이상의 찬미가 깃든 찬성을 보내 왔습니다."[21]

2000년, 하버마스와 데리다는 법철학과 윤리, 그리고 정치 문제들에 대해 프랑크푸르트에서 공동 세미나를 갖는다. 알렉산더 가르시아 뒤트만은 그 '화해'가 두 철학자의 제자들에게 야기했던 혼란에 대해 이렇게 기억한다. "그 화해에 나는 신경이 거슬렸습니다. 철학적으로 그들은 서로에게 아무 할 이야기가 없었습니다. 하지만 정치적으로는 많은 점에서 실제로 의견이 같았습니다. 전략적인 고려도 과소평가해서는 안 됩니다. 데리다는 매우 단호한 측면이 있었지만 필요할 경우 아주 능숙한 협상자이기도 했습니다. 상황에 따라 그는 비타협적이거나 공감의 모습을, 담대하거나 계산적인 모습을 보일 줄 알았습니다."[22] 아비탈 로넬은 그 국면이 그들의 가까운 사람들에게 당혹스러운 일이었음을 확인해 준다. "그 두 위인과, 그들을 중심으로 결집하기도 하고 멀어지기도 했던 그들의 제자들에 대해 글을 쓰면 족히 아주 재미있는 한 권의 책이 될 것이다. 파벌들이 서로 싸우기에 그들의 리더는 조금은 마피아 같은 조직에서처럼 휴

---

21) *Ibid.*
22) 알렉산더 가르시아 뒤트만과의 인터뷰.

전을 제안했다."[23]

한 가지는 확실했다. 하버마스와의 관계 회복이 데리다에게 그가 독일에서 잃었던 위치를 빠르게 되찾게 해주었다는 것이 그것이다. 독일 언론들은 호의적인 기사를 내보냈다. 번역과 재출판 계획들이 많이 빛을 보았다. 그런데 또 다른 요인들도 상황을 타개하는 데 기여했다. 데리다의 추종자로 미국에서 오랫동안 지낸 베르너 하마셔가 1998년 다시 프랑크푸르트로 돌아와 학생들을 가르쳤다. 그는 곧 데리다에게 강연을 부탁하는데, 데리다는 '조건 없는 대학'이라는 제목으로 응했다. 그 강연을 계기로 데리다는 베른트 스티글러 — 베르나르 스티글러와 혼동하지 말 것 — 를 다시 만나는데, 그는 몇 년 전 파리에서 데리다의 세미나 수업을 받았으며 현재는 대형출판사 주어캄프에서 중요한 지위에 있었다. 아도르노상의 수상은 곧 독일과의 화해를 최종적으로 확인해 주었다.

2000년 12월 3일에서 5일까지, 조셉 코엔과 라파엘 자귀리 오를리의 기획으로 '파리 공동체센터'에서 '유대성. 자크 데리다에게서의 문제들'이라는 주제로 국제 콜로키움이 개최되었다. 하버마스도 엘렌 식수와 카트린 말라부, 장뤽 낭시, 질 아니자르, 그리고 지아니 바티모와 함께 발표에 참여했다.

데리다는 모든 공동체주의에 대해 여전히 모호했으며, 어느 정도 거리를 유지하는 입장을 고수했다. 그럼에도 불구하고 1991년의 『할례/고

23) Avital Ronnel, *American Philo: Entretiens avec Anne Dufourmantelle*, Stock, 2006, pp. 179~180.

백』과 1996년의 『타자의 단일어주의』 이후 유대성의 문제는 그의 저자의 전면에 등장했다. 하지만 그것은 그에게 여전히 매우 복잡한 문제였다. 그는 그 점을 자신의 강연의 첫 마디에서부터 인정한다.

일찍부터 그리고 오랫동안 나는 이 강연의 제목 앞에서 떨렸고 지금도 여전히 떨립니다. […] 지금까지 나를 대상으로 하는 콜로키엄 때문에 이렇게 겁을 먹고 불안해하고 당황스러웠던 적이 없습니다. 또한 어떤 심각한 오해 때문에 내가 이렇게까지 전술한 문제들에 대해 언급하기에 당치도 않고 걸맞지도 않다고 느끼는지 하는 생각에 빠져 본 적도 없습니다 […]. 꼭 이런 문제들이 교실 뒤편에 앉아 있는 내게로 던져지거나 향해져야 했습니까?[24]

지금까지 지켜 왔던 그와 같은 침묵, 또는 적어도 의구심에 대해 자기 생각을 밝히기 전에 그는 '어떻게 답해야 하나?' 스스로에게 질문을 했다. 그것은 "내가 계속해서 늘어놓게 될 역설이지만 내 인생의 전환점을 단적으로 나타내 주는 역설이기도 한 것으로, 마치 내가 일시적으로 '유대성'이라 부르는 어떤 것을 간직하기 위해 유대주의를 경계할 필요가 있는 것 같았다." 데리다는 "공동체적인, 아니 민족주의적인, 특히 국가민족주의적인 연대성을 주장하는 것"과 "유대인으로서의 입장을 취하는 것"[25]에 대한 그의 거부를 역설한다.

---

24) Jacques Derrida, "Abraham, l'autre", éds. Joseph Cohen and Raphael Zagury-Orly, *Judéités: Questions pour Jacques Derrida*, Galilée, 2003, p. 16.
25) *Ibid.*

나는 실제로 '우리'라는 말을 하기가 어렵지만 종종 그렇게 말하는 때가 있습니다. 이스라엘과 시온주의라는 대단히 좋지 않은, 자멸을 초래하는 정책을 필두로 하여 이 점에 관해 나를 괴롭히는 모든 문제에도 불구하고 […], 글쎄요, 그 모든 것을 비롯하여 나의 '유대성'으로 인해 내가 갖게 되는 또 다른 문제들에도 불구하고 나는 '유대성'을 절대로 부인하지 않을 것입니다. 나는 어떤 상황에서는 여전히 '우리 유대인들'이라고 말할 것입니다. 부르기에 그토록 우여곡절이 많은 '우리'는 나의 생각과, 내가 가까스로 미소를 지으면서 '마지막 유대인'이라 부르는 사람의 생각 속에 있는 가장 불안해하는 것의 중심에 있습니다.[26]

그는 『할례/고백』을 출판한 뒤 얼마 안 되어 엘리자베스 베버와의 인터뷰에서 이미 자신의 그 복잡한 입장을 보여 주었다. "충분히 유대인이 못 된다는 것"과 "지나치게 유대인이라는 것"을 동시에 느끼기에 그에게는 "그 역설적인 논리를 숙고하려 노력했지만 잘 파악할 수가 없었다."[27] 그에게서 미친 탈무드 연구자 같은 모습을 볼 정도로 많은 사람들이 그가 탈무드의 영향을 받았다고 생각하지만, 데리다는 끊임없이 자신의 유대적인 교양이 얼마나 빈약한지를 반복하여 말했다.

사람들은 어떤 사람이 자기가 모르는 것에 어떻게 영향을 받을 수 있는

---

26) Jacques Derrida, *Apprendre à vivre enfin: Entretien avec Jean Birnbaum*, Galilée, 2005, pp. 40~41.

27) "Un témoignage donné", *Questions au judaïsme, entretiens avec Elisabeth Weber*, Desclée de Brouwer, 1996, p. 77.

가를 즐겨 자문합니다. 나는 그 영향을 배제하지 않습니다. 내가 탈무드를 모르는 것을 매우 후회하더라도, 예컨대, 어쩌면 그것이 나를 인식하여 내 안에서 식별되기도 합니다. 당신들이 알다시피, 일종의 무의식인 것입니다. 그와 반대되는 궤적도 상상해 볼 수 있습니다. 나는 불행히도 히브리어를 모릅니다. 알제에서 내 어린 시절의 환경은 너무도 식민지화되어, 유대인의 생활양식은 너무도 절멸이 되어 버렸습니다. 물론 부분적으로는 나의 잘못도 있겠지만, 나는 진짜 유대인의 교육은 어떠한 것도 받지 못했습니다.[28]

이 모든 것은 점점 더 데리다에게 자기 자신을 마라노(Marrano)의 인물상과 동일시하도록 만들었다. 스페인어로 '돼지'의 동의어인 그 멸시적인 어휘는 스페인과 포르투갈에서 그리스도교로 개종한 유대인들과 그 후손들을 지칭하기 위해 사용되었다. 마라노들은 공식적으로는 그들의 종교를 버리지 않을 수 없었지만 계속해서 몰래 유대교 의식을 지켜 나갔다. 하지만 너무도 몰래 의식을 치러야 했던 나머지 종종 그들의 종교를 완전히 잊는 일이 생기기도 했다. 데리다가 자기 자신의 유대성을 이해하는 것은 조금은 바로 그런 식이었다. "내가 말하는 모든 것은 유대주의의 가장 훌륭한 전통에 속하는 것으로, 동시에 전적인 배반으로 해석될 수도 있습니다. 나는 고백하지 않을 수 없습니다. 이것이 정확히 내가 느끼는 바라는 것을 말입니다."[29]

---

28) Jacques Derrida, *Points de suspension*, Galilée, 1992, p. 85.
29) "Confession et Circonfession", roundtable with Richard Kearney, *Des Confessions*, Stock, 2007, p. 83.

2001년은 데리다에게 특별히 여행이 많았던 해였다. 그러한 과도한 활동은 그를 때로 우울하게 만들었다. 4월, 그는 플로리다에서 카트린 말라부에게 편지를 쓰는데, 다음날 그는 로스앤젤레스로 다시 떠나게 되어 있었다. 그는 곧 카스트리 성(城)에서 있을 콜로키엄에 참석해야 하며, 다시 베이징과 상하이, 홍콩, 프랑크푸르트로, 이어 다시 미국으로 가야 한다고 말한다. 그는 계속한다. "그 어느 때보다 나는 내가 어디에 있는지, 어디로 가는지, 내가 왜 이렇게 살아야 하는지 깊은 생각에 잠깁니다." 종종 그는 곳곳에서 절망에 사로잡혔다. 절망은 "독당근의 독처럼"[30] 그의 몸속을 타고 돌았다. 그럼에도 불구하고 그는 여름 내내 가을에 출판하기로 되어 있는 세 권의 책 — 『무엇을 위하여, 내일은…』, 『조건 없는 대학』, 두꺼운 글모음집 『타이프 용지』— 의 교정쇄를 교정하는 동시에 9월에 있을 아도르노상 수상 연설문과 중국에서의 강연문 작성 등 강도 높은 작업을 해야 했다.

이 여행은 1980년대 말에 계획되었지만 천안문 사건으로 연기되었었다. 그 사건 이후로 중국에서 데리다의 책 7권이 번역되었지만 대부분 영어판본을 기반으로 한 것이어서 일련의 오해가 발생했다. 데리다는 현지에서 유능한 대화 상대자를 찾아 그 문제들을 해결할 수 있기를 기대했다. 출발하기 전, 그의 오랜 친구 뤼시앵 비앙코는 그에게 유익한 몇 가지 조언을 건네면서 홍콩의 중국인 대학에서는 학생들이 그가 사형제도에 대해 언급해 주면 매우 환영할 것이라고 말해 주었다.[31] 데리다는 다른

---

30) 데리다가 카트린 말라부에게 보낸 2001년 4월 14일 편지.
31) 뤼시앵 비앙코가 데리다에게 보낸 날짜 미상 편지(2001년 여름).

도시들에서도 그 문제를 다루고 싶었던 것 같지만 주최측과의 불필요한 마찰을 피하기 위해 강연에서 그것을 직접 주제로 삼지 않겠다는 조건을 받아들였다. 그렇지만 가능할 때마다 그 주제에 대해 암시하는 것을 잊지 않았다.

9월 4일, '용서, 용서할 수 없는 것과 시효의 대상이 되지 않는 것'이라는 주제로 베이징대학에서 그의 첫 강연이 행해졌다. 베이징을 떠나 난징, 상하이, 홍콩으로 이어지는 여행은 다른 두 강연과 여러 번의 세미나와 인터뷰로 점철되었다. 데리다는 중국의 힘과 현대화, 엄청난 규모의 매머드 호텔들, 그리고 비약적인 발전 속의 거대한 건설 현장들에 매료되었다. 그의 여행 조건은 아주 좋았다. 그는 마치 거의 한 국가의 원수처럼 환대를 받았기에 가는 곳마다 카메라 세례를 받아야 했다. 그를 초대한 대가들은 "데리다의 모든 것"이 중국어로 번역될 것이라고 단언했다.

모든 것을 뒤죽박죽으로 만들었던 사건, 도무지 예측이 불가능한 사건이 돌연 발생했다. 데리다는 9.11테러가 "자기 개인에 대한 공격"처럼 느껴졌다. 상하이에서 그는 밤새도록 텔레비전에서 눈을 떼지 못했다.

저녁이었습니다. 몇몇 친구들과 함께 한 카페에 있었는데, 비행기 한 대가 쌍둥이 빌딩에 '추락을 했다'고 주인이 우리에게 알려주었어요. 나는 부랴부랴 호텔로 돌아와 텔레비전의 이미지들—정확히 말하면 CNN의 이미지들입니다—을 보면서 세계인들의 생각에 이것이 '중요한 사건'이 될 것임을 예상하기란 어려운 일이 아니었습니다. […] 내가 이해할 수 있었던 범위 내에서 말하자면, 중국은 처음 며칠 동안 마치 자기

나라의 사건처럼 그 사건의 중요성을 축소시키려 했습니다.[32)

    다음날, 데리다는 "우리 모두가 경험한 아주 중대한 순간", "어제 저녁에 우리를 잠들지 못하게 한 비극"을 언급하면서 복단대학에서 강연을 시작했다. "이 사건은 그 여파에 대해 아직 예상하기는 쉽지 않지만 세계사의 새로운 국면을 보여 주는 징후입니다."[33) 며칠 뒤 '세계화와 사형'이라는 주제로 홍콩에서 열린 그의 강연은 그 이전의 20년 동안에 한 강연들 중 가장 명쾌하고 가장 열정적인 것으로 간주된다. 그러나 데리다의 마음과 생각은 며칠 뒤면 자신을 기다리고 있는, 그토록 많은 친구들이 있는 뉴욕에 가 있었다. 세계를 강타한 대참사, 그에게 성찰의 주요 원천이 될 그 대재난은 그의 우울증을 단번에 날려 보냈다. 그는 홍콩에서 카트린 말라부에게 이렇게 편지를 쓴다.

    이 여행에서 발견한 것, 내가 끌고 다니면서 항상 조금은 그랬던 것처럼 나를 내가 있는 곳에 있지 못하게 하는 '병'(그 병은 나와 함께 '여행을 합니다'), 그리고 무엇보다 20년 전부터 많은 면에서 내게 소중했던 세계무역센터를 쓰러뜨린 사건으로 인해 이 여행은 내게 특별한 것이 될 것입니다. 나는 130층에서 뉴욕의 가장 아름다운 전망을 당신과 함께 바라보

---

32) Jacques Derrida and Jürgen Habermas, Le "concept" du 11 septembre, Galilée, 2004, pp. 164~165.

33) Ning Zhang, "Jacques Derrida's First Visit to China: A Summary of His Lectures and Seminars", Dao, A Journal of Comparative Philosophy, vol. 2, no. 1, December 2002, p. 145.

기 위해 당신을 데리고 가고 싶었습니다.[34]

하지만 미국으로 가기 전에 데리다는 프랑크푸르트에 들러야 했다. 9월 22일, 그곳에서 아도르노상을 받게 되어 있었기 때문인데, 이 상은 아마 그가 이제까지 받은 상 중 가장 중요한 영예였을 것이다. 1977년, 철학자이자 사회학자이며 음악가인 테오도르 W. 아도르노를 기리기 위해 프랑크푸르트 시가 제정한 그 상은 프랑크푸르트학파의 생각에 철학과 사회과학 및 예술 분야를 아우르는 한 저서에 대해 3년마다 수여되었다. 데리다 이전에 그 상을 수상한 사람은 하버마스와 피에르 불레즈, 그리고 장뤽 고다르가 있었다.

'피슈'(Fichus)라는 제목의 수상 강연에서 데리다는 첫 문장과 마지막 문장은 독일어로 말했다. 그가 훨씬 더 경의를 표한 대상은 아도르노보다는 발터 벤야민이었는데, 데리다는 도중에 벤야민의 운명 가운데 가장 비극적인 순간 하나를 떠올렸다.

이 조촐하고 간소한 감사의 증언의 제사(題詞)로, 어느 날 밤에 발터 벤야민이 프랑스어로 꿈꾸었던 한 문장을 먼저 읽겠습니다. 그는 그 문장을 자신이 수용되어 있던 니에브르에서 1939년 10월 12일 그레텔 아도르노에게 보낸 편지에서 프랑스어로 털어놓았습니다. 당시 프랑스에서는 그곳을 '제 발로 들어온 노동자 수용소'라고 불렀습니다. 그의 말을 믿는다면, 기분 좋은 그 꿈에서 벤야민은 이렇게 프랑스어로 말했습니

---

34) 데리다가 카트린 말라부에게 보낸 2001년 9월 17일 편지.

다. '시를 피슈로 바꾸는 문제였습니다.'[35]

번역 문제에 가장 마음을 썼던 한 사람인 벤야민이 즐겨 그랬던 것처럼, 데리다는 이 단어를 다양하게 번역하면서 그 단어의 표현 능력을 가지고 유희를 즐겼다.

나는 이 놀라운 단어인 '피슈'의 유래와 용법을 추적하지 않겠습니다. 그것이 명사로 사용되느냐 아니면 형용사로 사용되느냐에 따라 그 의미가 달라집니다. 'fichu.' 벤야민의 문장에서 이 단어는 가장 명확한 의미를 갖습니다. 그러므로 그것은 숄, 여자가 황급히 머리나 목 주위를 감쌀 수 있는 천을 가리킵니다. 그러나 형용사 'fichu'는 나쁜 면, 즉 나쁜, 끝장난, 포기된의 뜻을 갖습니다. 1970년 9월 어느 날, 나의 아버지는 자신의 죽음을 알아차리고는 내게 이렇게 토로했습니다. '이제 난 끝난 것 같구나.'(Je suis fichu.)[36]

그러나 모든 생각은 9·11 테러에 가 있었다. 그것은 데리다가 몇 주 전에 정성을 들여 작성한 연설문에 행한 가필의 이유를 설명해 준다. 조지 W. 부시의 정치적 초기 대응들로 역사가 들끓고 있었기 때문이다.

9·11 테러 희생자들에 대한 절대적인 동정에서 나는 이렇게 말하지 않

---

35) Jacques Derrida, *Fichus*, Galilée, 2002, p. 10.
36) *Ibid.*, p. 36.

을 수가 없습니다. 즉, 나는 이 범죄에서 누가 됐든 정치저 순수성을 믿지 않는다고 말입니다. 죄 없는 모든 희생자들에 대한 나의 동정이 끝이 없는 것은, 그것이 미국의 9·11 테러 때의 희생자들에게서만 끝나지 않기 때문입니다. 어제부터 백악관의 슬로건인 소위 '무한 정의'(infinite justice, grenzenlose Gerechtigkeit)라는 것에 대한 나의 해석은 바로 이런 것입니다. 즉, 자기 정책의 과오와 실수들로 지은 죄를 면죄 받지 않는 것입니다. 죄의 경중에 관계없이 가장 끔찍한 대가를 치를 때조차도 말입니다.[37]

자크 데리다는 꾸물대지 않고 다시 뉴욕으로 떠났다. 또다시 일어날지도 모를 대참사에 대한 불안과 두려움이 만연하고 있던 때에, 지난날 비행기에 대한 공포증도 있었지만 그는 약속을 취소할 생각을 단 한 순간도 하지 않았다. 그의 다른 많은 친구들처럼 아비탈 로넬은 그가 자기들 곁에 와 준 것에 크게 감동을 받았다. "내가 아는 미국인들은 자크에게 깊이 감사했어요. 대부분의 사람들은 예정된 여행을 취소했지만 그는 즉각 우리를 보러 왔어요. 사람들은, 이해는 하지만, 두려워했습니다. 또 다른 테러를 우려하고 있었고, 실제로 공기 속에는 독성이 퍼져 있어서 사람들은 건강 상태가 좋지 못했습니다. 그러나 그는 우리에게 와서 위로해 주고 함께 이야기를 나누면서, 이를테면 우리에게 정신분석치료를 해주었던 것입니다. 그는 '그라운드 제로'에 갔습니다. 자크는 비록 미국의 정책에 매우 엄격한 모습을 보였지만 미국인들, 특히 뉴욕 사람들에게는 변함

---

37) *Ibid.*, p. 52.

없는 사랑을 보여 주었습니다."[38]

9월 26일에 도착한 데리다는 그의 인생에서는 본 적이 없는 폭발적인 애국심에 충격을 받았다. 도처에 성조기가 꽂혀 있었으며, 곳곳에서 미국인이라는 자부심을 드러내 보였다. 그것은 마치 어느 정도는 미국이 제2의 건국을 맞이하는 것 같아 보였다. 예정되었던 빌라노바대학 콜로키엄은 성 아우구스티누스의 『고백록』과 『할례/고백』을 중심으로 2001년 9월 27일에서 29일까지 열렸지만, 그 주제에도 불구하고 데리다는 당면한 사건에 대한 언급을 피할 수가 없었다. 이어 그는 컬럼비아대학에서 강연을 했는데, 그곳에서는 말 한 마디 한 마디를 조심하고 싶었고 또 그래야 할 필요가 있었다.

데리다는 뉴욕의 친구 리처드 번스타인의 집에서 기쁘게 하버마스를 다시 만났다. 번스타인은 하버마스의 친구이기도 했다. 데리다와 하버마스는 자신들이 골수 유럽인이라는 느낌, 심지어는 미국 지식인들과의 대화에서조차도 아주 조심을 해야 한다는 느낌을 공유했는데, 그로 인해 그들은 훨씬 더 가까워지게 되었다.

표지가 줄 수 있는 선입견에도 불구하고, 『9·11의 '개념'』은 데리다와 하버마스가 구상한 것도 아니고 그 두 사람의 대화도 아니다. 두 사람의 친구인 지오바나 보라도리가 제작한 그 책은 그녀가 두 철학자와 따로따로 한 긴 인터뷰를 모아 논평을 곁들여 놓은 것이었다. 그 책은 먼저 시카고대학 출판사에서 '테러 시대의 철학'이라는 제목으로 출판되었다. 그

---

38) 아비탈 로넬과의 인터뷰.

러다가 프랑스에서 출판될 때 데리다가 "'9·11 테러'라는 명확히 한 날짜로 명명된 '한 문제'의 '개념'을 부여할 때 부딪치는 어려움에 대해, 따옴표를 붙여 경계심을 게을리하지 않음과 동시에 주의를 끌기를"[39] 원하면서 다른 제목을 제안했다.

데리다와의 인터뷰는 2001년 10월 22일 뉴욕에서 이루어졌다. 그가 도착한 지 3주 후의 일로, "이 (충성의) 의무를 따르지 않고는 무슨 말이 됐든 특히 공개적으로 할 수 없었을 뿐 아니라, 그 날짜에 대해 조금은 맹목적인 언급이 없이는 말을 할 수"[40] 없었고 또 거의 금지되어 있던 때였다. 사건의 여파로 인한 아주 큰 압력에도 불구하고 데리다는 미국 독자들을 자극할 위험을 무릅쓰고 단정적이지 않은 입장을 견지하고 싶었다. 복잡성을 포기하는 것은 그에게는 마치 사람들이 그에게 복종하고 굴복하기를 요구하는 것처럼 "받아들일 수 없는 혐오스런 행동"[41]이었다.

테러 행위들(그것들이 국가에 의한 것이든 아니든)을 그것들이 발생하거나 아니면 정당화될 수 있는 상황을 알면서도 무조건적으로 비난할 수 있다. [...]
내가 지금 그렇게 하고 있는 것처럼, 9·11 테러를 가능하게 한 실질적인 혹은 주장하는 조건들에 대한 고려를 피하지 않고 무조건적으로 9·11 테러를 논평할 수도 있다. 세계에서 이 테러를 기획했거나 정당화시키려 시도한 모든 사람은 이 테러에서 미국과 그 동맹국들의 국가적 테러

---

39) Derrida and Habermas, *Le "concept" du 11 septembre*, back cover.
40) *Ibid.*, p. 135.
41) Derrida, *Apprendre à vivre enfin*, pp. 30~31.

에 대한 반격을 보았던 것이다.[42]

그러나 모순과 역설들을 은폐하지 않으려는 의지는 데리다에게 분명하게 입장을 밝히는 것을 막지 못했다.

이 무기명 폭력이 분출하는 상황 속에서, 글쎄, 만일 내가 이항대립적 상황 속에서 꼭 택해야 한다면, 나는 택할 것이다. 미국, 나아가 유럽의 정치에 대한, 훨씬 더 폭을 넓혀 '국제적 반테러' 동맹에 대한 나의 전적인 의구심에도 불구하고, 어쨌든, 민주주의와 국제법과, 그 '동맹' 국가들이 얼마간 창설하고 지원한 국제기구들에 대한 사실상의 배신과 위반에도 불구하고, 나는 '정치'와 민주주의와 국제법과 국제기구들의 이름으로 원칙적으로, 법적으로 개선 가능성의 가망성을 남겨놓는 진영의 편이 될 것이다.[43]

9·11 사건은 몇 년 전부터 데리다의 머리에서 떠나지 않고 있던 한 개념, 즉 자기 면역의 개념에 특별히 비중을 부여했다. 그는 1994년 카프리에서 있었던 종교에 관한 콜로키움에서 그 개념에 대해 처음으로 말했다. "자기 면역의 과정, 그것은 [⋯] 거의 자멸로 이끄는 방식으로 자기 자신의 보호를 '스스로' 파괴하여, 자기 '자신의' 면역에 대해 무감각해지려 애쓰는 그런 산 자의 이상 행동이다."[44] 민주주의는 어떠한 경우에도 그

---

42) Derrida and Habermas, *Le "concept" du 11 septembre*, p. 161.
43) *Ibid.*, p. 169
44) *Ibid.*, p. 145.

자기 면역의 논리에 탐닉하는 것을 승낙해서는 안 된다. 비록 최악의 경우에 맞설 때조차도 민주주의는 그것의 토대가 되는 것을 포기해서는 안 된다.

　　루디네스코와의 대화집인 『무엇을 위하여, 내일은…』은 성실하게 손을 봐 2001년 9·11 테러 직후 프랑스에서 출간되었다. 파야르와 갈릴레 출판사에서 공동으로 출간된 이 책은 두 출판사 모두 기대가 컸기에 많은 부수를 찍었다. 그럼에도 불구하고 파야르 출판사의 사장인 클로드 뒤랑은 데리다와 루디네스코가 이 책으로 "파야르에 불안을 야기하고 있다"라고 비판했다. 18개월 전 카뮈 사건 때 격해졌던 파리 출판사들 간의 논쟁은 아직 종결되지 않았으며, 심지어 정치적인 사건들조차도 그들에게 그 논쟁을 그만 잊게 하지 못했다.[45]

　　언론은 이 책을 크게 환영했다. 『르 몽드』지의 크리스티앙 들라캉파뉴는 데리다의 사유에 대한 "가장 좋은 입문서"라고 높이 평가했다. 『마리안』(Marianne) 지의 필립 프티는 이렇게 논평했다. "마침내 나왔다. 어렵지 않은 데리다의 책이." "자기 혼자만의 대륙이자 새로운 시대의 양심이며 기억인 한 마라노"가 이번에는 "대다수의 사람들에게 말하는 것"을 승낙했다. 『렉스프레스』(L'Express)의 프랑수아 뷔넬만이 "어긋난 만남"이라 평가했다. "이 책은 그들의 독자들의 기대를 크게 조롱하는 두 늙은 공모자 간의 노변담이다." 가장 훌륭한 논평은 레지 드브레의 것으로, 그는 데리다에게 보낸 편지에서 이렇게 썼다. "『무엇을 위하여, 내일

---

45) 엘리자베스 루디네스코와의 인터뷰.

은…』은 저마다의 독자에게 스스로의 모순과 성벽, 혹은 반감에 대해 돌아보게 합니다."[46]

이 책이 비록 데리다의 다른 책들보다 훨씬 더 많이 팔렸지만―일반 판형으로 약 1만 8000부―프랑스에서는 예상과 달리 "성공적이지는" 못했다. 파야르 출판사는 더 큰 기대를 했지만, 9·11 테러와 함께 오랫동안 데리다가 부재하게 되면서 책의 선전이 늦어졌다. 11월에 가서야 데리다는 엘리자베스 루디네스코와 함께 몇몇 라디오와 텔레비전 방송에 출연했으며, 또 서점에서 독자와의 만남 행사를 가질 수 있었다. 그러나 데리다의 다른 책들에 대해서처럼 이 책의 성공 역시 세계적인 차원에서만 평가될 수 있다. 『무엇을 위하여, 내일은…』은 20여 개 언어로 번역이 되었다.

데리다가 9·11 테러의 상황과 정치적인 문제에 대해 폭넓게 자신의 생각을 표출한 그 저서의 출판은 또 다른 한 논쟁을 되살렸다. 데리다는 장 주네와 우정을 맺은 뒤로 오랫동안 팔레스타인 입장을 지지해 오면서 '나쁜 유대인'으로 간주되었다. 이스라엘과 팔레스타인 문제에 대한 그의 입장은 세월이 흘러도 거의 변화가 없었다. 그는 1988년 예루살렘에서 있었던 한 콜로키엄 때부터 그 입장을 말해 왔다. 그의 태도는 "정의에 대한 관심과, 팔레스타인 사람들과 이스라엘 사람들에 대한 우정에서 생겨났을 뿐만이 아니었다. 그 태도는 또한 이스라엘의 미래에 대한 희망과

---

46) 레지 드브레가 데리다에게 보낸 날짜 미상 편지(2001년 가을).

이스라엘의 어떤 이미지에 대한 존경을 의미하기도 했다."[47)

데리다가 그 문제에 대해 자신의 견해를 가장 잘 표현한 것은 아마 『쇼아』(Shoah)의 저자이자 『레탕모데른』 지의 편집장이기도 했던 클로드 란츠만에게 쓴 장문의 편지에서였을 것이다. 그는 2001년 가을호에 게재된 로베르 레데케의 기사에 깜짝 놀랐다. 그 저자는 특히 이렇게 주장하고 있었다. 9·11 테러 이후 "좌파의 유대인 혐오의 부활을 목격하는 기회가 늘고 있다. [⋯] 억제되었던 이스라엘인들에 대한 증오심의 부활은 희생자들—미국인들—을 죄인으로 둔갑시켜 버렸던 만큼, 실제 죄인들(몇몇 이슬람 국가에 의해 조장되거나 지원을 받는 이슬람의 테러)의 책임을 약화시켰다."[48)

데리다가 란츠만에게 보낸 편지는 몇몇 측면에서 그가 1961년에 피에르 노라에게 그의 책 『알제리의 프랑스인들』에 대해 보낸 편지를 생각하게 한다. 데리다는 란츠만에게 그에 대한 깊은 우정을 다시 환기시켜 주었다. 그 우정이 없었다면 그는 그에게 편지를 쓸 필요가 없었을 것이다. 왜냐하면 그는 자신을 분노케 하는 어떤 것들을 읽을 때마다 그에 대한 반박의 편지를 쓰는 습관을 가지고 있지 않았기 때문이다. 그러나 그 기사가 게재된 잡지도 잡지였지만, 그 글 속의 몇몇 비난의 심각성에 의해 그는 충격을 받았다. 데리다는 특히 레데케가 주장하는 것처럼 "결국

---

47) Jacques Derrida, "Interpretation at War", *Psyché, Inventions de l'autre*, vol. 2, enlarged edition, Galilée, 2003, p. 250.

48) Robert Redeker, "De New York à Gaillac: trajet d'une épidémie logotoxique", *Les temps modernes*, no. 615~616, September~October 2001. 철학교수인 로베르 레데케는 또 『르 피가로』 지에 「이슬람의 위협에 직면하여, 자유 진영은 무엇을 해야 하는가?」(Face aux intimidations islamistes, que doit faire le monde libre?)를 게재하여 논쟁을 불러일으켰다.

사브라와 샤틸라에서 아랍인들을 학살한 것은 바로 아랍인들 자신이다"라고 말해지는 것을 받아들일 수 없었다. 모든 불명료함을 피하고 싶은 그는 그 자신의 확신들을 명쾌히 표현하기 위해 이 기회를 이용했다.

> 나의 비판적 경계가 일방적이라고 생각하지 마십시오. 그 경계는 반유대인주의나 어떤 반이스라엘주의에 대해서도 주의를 소홀히 하지 않으며, 중동의 그런 나라들, [⋯] 심지어는 팔레스타인 정부의 어떤 정책에 대해서도 주의를 소홀히 하지 않습니다. 물론 '테러'에 대해서는 말할 것도 없습니다. 하지만 나는 '상황'에 의해 내가 속한다고 여겨지는 쪽에 더 많이 그 경계를 표하는 것이 나의 책임이라고 생각합니다. 나는 '프랑스 시민'이기에 이역만리 타국의 다른 정책보다 프랑스의 정책에 대해 더 큰 비판적 주의를 공개적으로 표현할 겁니다. '유대인들'은 그들 역시 이스라엘의 적들의 정책들에 대해 비판적일지라도 이스라엘의 한 정책이 유대인들 자신에게 불안을 줄 수 있다는 점을 알리는 데 보다 더 관심을 가져야 할 겁니다. 자신들을 대변한다고 생각하는 그 정책이 오히려 그들 자신의 안녕과 이미지를 해칠 경우에 말입니다.[49]

만일 많은 담론을 믿는다면, "사람들이 이스라엘의 정책에 대해서, [⋯] 나아가 미국의 어떤 정책과 이스라엘의 어떤 정책 사이의 동맹에 대해서 아주 작은 의구심이라도 드러내면 곧 죄의식이나 추정 죄의식을 느껴야만 할 겁니다"라고 데리다는 계속 말한다,

---

49) 데리다가 클로드 란츠만에게 보낸 2002년 1월 29일 편지.

적어도 다음 네 항목에 대에서는 죄의식을 느껴야 할 겁니다. 즉, 반이스라엘주의, 반시온주의, 반유대주의, 유대인 혐오(당신도 알다시피, 최근에 유행인 개념입니다. 그 개념에 대해서는 할 말이 많을 겁니다), 1차적이라고 말하는 반미주의는 말할 것도 없고요….

아, 아닙니다, 아니에요, 아니라구요, 아니라니까요! 정말 그게 아니에요. 내가 당신에게 말하고 싶었던 것은 바로 이것입니다. 내가 당신에게 편지를 쓴 것은 바로 이 때문입니다. 즉, 나의 걱정을 당신에게 말하고, 친구로서 그것이 『레탕모데른』 지의 '입장' 또는 '전략'인지 묻기 위해서 말입니다. [⋯] 만일 전체주의적인 위협의 행동들이 있다면, 그것들은 바로 거기, 즉 이스라엘과 미국의 정책에 대한 모든 비판적인 분석을 하지 못하게 하려는 그 시도에 있습니다. [⋯] 나는 그 비판적인 분석을 할 겁니다. 그 비판적인 분석을 여기에서는 더 복잡하게 하고 또 저기에서는 완곡하게 하고, 때로는 과격하게 할 겁니다. 조금의 유대인 혐오도, 조금의 반미주의도 없이 말입니다. 한 가지 더 덧붙여야겠군요. 조금의 반유대주의도 없이,라는 말을요.

클로드, 나는 내가 틀릴지도 모른다는 위험을 무릅쓰고, 비록 그렇게 생각하는 것이 나 혼자뿐일지라도 친구의 의무로서 양심적으로 당신에게 씁니다. 하지만 나는 당신이 알고 있으리라 믿습니다. 그러니 당신에게 그저 상기시킬 뿐입니다. 즉, 그렇게 생각하는 것은 나 혼자만이 아니라는 것을 말입니다. 아마 당신의 친구들과 당신이 찬미하는 사람들 사이에서조차 그렇게 생각하는 사람이 있을 것이기 때문입니다.[50]

---

50) 같은 편지.

데리다가 사망하고 1년이 지나 열린 한 콜로키엄에서 알랭 바디우는 그의 정치적 노선이 어떠했는지 완벽하게 개괄했다. 데리다의 철학적 행위를 항상 지지했던 그의 설명에 의하면, 그는 너무도 오래 전부터 형성된 대립들을 끊임없이 해체하려 했으며, "분류가 된 사건들을 흩트려 놓고" 싶었다. "유대인/아랍인의 대립에서, 팔레스타인의 갈등에서 데리다는 이원성을 해체하는 입장을 택했다." 바디우에 따르면 데리다는 근본적으로 이런 사람이었다.

데리다가 모든 문제에 대해 발언한 것을 보면, 내가 그렇게 부르는 것처럼, 그는 평화를 추구하는 용기 있는 사람이었다. 그는 이미 형성되어 있는 것과 같은 그런 분열에 빠지지 않기 위해서는 많은 용기가 필요하기 때문에 용기 있게 행동했다. 그리고 일반적으로 그 대립에서 벗어나는 것이 평화의 길이기 때문에, 그는 평화를 추구하는 사람이었다.[51]

2001년 가을, 다른 차원에서 정치가 데리다를 다시 붙잡았다. 비록 그가 공적인 무대에서 불리한 입장을 취하기를 주저하지 않았지만, 오래 전부터 『마르크스의 유령들』의 저자는 자신의 이미지에 매우 주의를 기울여서 그것을 해칠 수 있는 것이면 무엇이든 정성을 기울여 피했다. 데리다에게 '비밀'은 중요한 주제였다. 그는 '비밀'이 민주주의의 한 토대라고 생각했다. 그는 그것을 마우리치오 페라리스와의 인터뷰에서 설명한

---

51) Alain Badiou, "Derrida, ou l'inscription de l'inexistant", *Derrida, la tradition de la philosophie*, Galilée, 2008, p. 179.

적이 있다. 그는 프랑스어로 출판되지 않은 그의 작품의 제목으로 '비밀에 대한 취향'(*Il gusto del segreto*)을 사용하기까지 했다.

나는 비밀에 대한 취향을 가지고 있습니다. 그것은 분명 무소속과 관계가 있습니다. 나는 정치적 공간, 예컨대 비밀의 여지가 없는 공적 공간에 대한 두려움이나 공포가 있습니다. 내가 생각하기에, 모든 것을 광장에 비치하고 내면의 공간이 없도록 각 개인에게 요구하는 것은 이미 민주주의의 전체주의화입니다. [⋯] 만일 비밀에 대한 권리를 갖지 못한다면 전체주의의 공간에 있는 것입니다.[52]

2002년의 대통령 선거운동은 데리다에게는 공적 영역과 사적 영역을 완전히 통제 불능으로 뒤섞어놓음으로써 여러 가지를 엉망으로 만든 것이었다. 물론 1995년에도 리오넬 조스팽은 이미 좌파의 후보였다. 데리다는 그의 지지위원회의 일원이기까지 했다. 하지만 선거운동은 짧았고, 실비안 아가생스키는 전면에 나서지 않았다. 1997년에 리오넬 조스팽은 총리가 되었으며, 그에 따라 사람들은 당연히 그의 아내에 대해 관심을 가졌다. 2001년 가을, 데리다는 조스팽에 대한 두 전기(하나는 세르주 라피가 썼고, 나머지 하나는 클로드 아스콜로비치가 썼다)에서 특히 자신과 실비안, 그리고 다니엘과의 관계가 드러난 것이 고통스러웠다. 언론은 그 관계에 대해 많은 부분을 발췌해 보도했다.

데리다는 자신의 이미지가 아주 진부한 사진 소설과 닮아 가기 시작

---

52) Jacques Derrida and Maurizio Ferraris, *Il Gusto del Segreto*, Laterza, 1997.

하는 것을 견디지 못했다. 세르주 라피의 책에서는 그가 "1970년대 프랑스 대학의 스타", "자크 라캉의 최대 라이벌"로 소개되어 있었다.

그 시기 데리다는 학위의 갑옷을 입은 지중해의 리처드 기어 같은 사람이었다. 그는 미남이며 명석하다. 하지만 그는 유부남이다. 그렇지만 실비안은 스스로 막다른 사랑이라는 것을 알면서도 사랑에 빠져들었다. 그녀는 그것을 받아들였다. 그녀는 자유롭고 현대적인 여성이다. 1980년, 그녀는 그의 아들 다니엘을 낳는다. 장자크 골드만의 샹송에서처럼 "그녀는 혼자 아이를 가졌다". 이번에도 그녀는 그 상황을 받아들였다. 사랑은 공동의 법칙을 비웃는다.[53]

클로드 아스콜로비치의 이야기도 별로 조심스럽지 않았다. 실비안 아가생스키는 "삶과 책이 빚어 놓은 철학교수자격 소지 교수"로, 리오넬 조스팽은 "살면서 불행하게도 그녀가 당한 부당함을 보상해 주는 타잔"으로 묘사된다. 저자는 "필립 솔레르스가 창간하고 이끈 『텔켈』지 주변을 맴도는" 실비안의 젊은 시절을 이렇게 언급한다.

그녀는 마침내 자크 데리다와 사적인 관계를 발전시켜 나간다. 위대한 철학자. 위대한 사상가. 위대한 좌파. 그러나 위대한 사람들도 자신들의 이유들은 있는 법이다. 실비안은 임신을 한다. 데리다는 책임을 지지 않는다. 그는 비밀 가정을 받아들이지 않는다. 그것은 그의 자유다. 그녀는

---

53) Serge Raffy, *Jospin, secrets de famille*, Fayard, 2001, pp. 307~308.

아이를 갖고 싶어 한다. 그것은 그녀의 선택이다. 그 임신을 거부하는 것은 생명을 포기하는 것이고, 그녀는 타인의 선택에만 따르는 세계 속에 틀어박히는 것이다. 실비안은 혼자 아이를 가진다. 그녀는 그렇게 미혼모가 되었다. 엄마가 되어 아기 다니엘을 홀로 키웠다.[54]

데리다는 분노하기도 하고 쓰라린 감정을 느끼기도 했다. 그는 실비안이 왜 자신을 다니엘의 아버지라고 공개적으로 밝혔는지 이해하지 못했다. 사실, 그녀는 그렇게 밝혀야 할 필요조차 없었다. 리오넬 조스팽의 출마의 윤곽이 드러났을 때 실비안에게 묻지 않고도 『피가로』지에서 처음으로 그 문제에 대해 보도할 정도로 충분히 많은 사람들이 알고 있었다. 그녀는 부인하지도 않았고 이러쿵저러쿵 말하지도 않았다. 어쨌든 언론과 미디어를 여전히 불신했던 데리다는 총리의 아내와 공화국 대통령 출마자에게 부담을 주는 어떠한 구애도 용납하고 싶지 않았다.

2002년 2월 20일, 리오넬 조스팽의 출마를 알리는 팩스 한 장이 그의 집으로부터 언론사들로 보내져 왔다. 『르 몽드』지는 이렇게 강조한다. "팩스 버튼을 눌러 […] 조스팽의 출마를 AFP 통신사와 모든 프랑스인에게 알린 사람은 바로 실비안의 아들—파리 콩도르세고등학교 고등사범학교 수험 준비반 1년차 학생—다니엘이다. 이미지와 의미로 가득 찬 한 일화이다. 자크 시라크와는 달리 리오넬 조스팽은 하나의 자택, 하나의 부엌(『파리마치』지에 그곳에서 포즈를 취한 그의 사진을 실었다), 하나의

---

54) Claude Askolovitch, *Lionel*, Grasset, 2001, p. 307.

가정을 가지고 있다. 재구성된, 아름다운 현대적 가정이다."[55]

데리다는 두 주요 후보가 벌이는 이미지 싸움에서 쓰라린 마음으로 그저 무력하게 바라보고만 있을 뿐이었다. 대통령 선거운동이 공식적으로 시작되자, 실비안은 1995년보다는 훨씬 더 자주 미디어에 모습을 드러냈다(3월 20일 TF1 방송과의 인터뷰, 3월 29일 『파리지앵』지와의 대담, 4월 4일 『르 누벨 옵세르바뙤르』지와의 대담, 4월 8일 『엘』지와의 대담, 4월 11일 『갈라』(Gala) 지와의 대담, 4월 18일 『파리마치』지에 사진 르포 게재). 실비안은 남편의 전기 작가들보다는 훨씬 더 조심스러운 모습을 보이면서 데리다라는 이름을 전혀 입에 올리지 않았다. 그럼에도 불구하고 이런 기사를 읽고 데리다는 상처를 입었다. "다니엘은 1989년에 다섯 살이었습니다. 그 아이를 키운 사람은 리오넬입니다. […] 어린 사내아이와 저에게 그토록 다정하고 관대했던 한 남자, 그 아이를 자기 아이처럼 사랑해 주었던 남자—그 일은 생각만 해도 감동이에요—에 대해 저는 무한히 감사합니다."[56] "다니엘을 키운 사람은 리오넬이다"[57]는 두 쪽에 걸쳐 실린 젊은이와 실비안의 사진에 달린 설명문이었다.[58]

어떤 사람들은 자주 냉소를 보였지만 데리다의 가까운 친구들은 그의 고뇌를 알고 있었다. 아비탈 로넬은 이렇게 기억한다. "오랫동안 데리

---

55) Ariane Chemin, 「시라크 씨와 조스팽 씨는 어떻게 이미지 싸움을 주도하는가. 총리의 마르세유 미팅은 "가족적"인 것이다」, Le Monde, 22 March 2002.

56) Le Nouvel Observateur, 4 April 2002.

57) Gala, 11 April 2002.

58) 2004년 7월, 스무 살 다니엘 아가생스키는 윌름 가의 고등사범학교에 입학했다. 자크 데리다는 분명 그 사실을 알고 있었다. 3년 뒤, 그 청년은 철학교수자격시험에 1등으로 합격했다. 툴루즈 르미라이대학에서 그는 현재(2010년) 영웅적인 인물들의 탄생에서 사회·정치적인 조건들에 대한 연구로 박사학위를 준비 중이다.

다는 분수없이 아무도 알지 못한다고 생각했었음에 틀림없어요. 그것은 마치 반대로 된 망상증 같기도 해요. 그는 비밀이 지켜지기를 너무도 원해서 바로 그렇다고 확신하고 있었습니다. 따라서 어떤 사실들이 사람들에게 알려지면 충격을 받는 거지요. 2002년 대통령 선거운동 때 그는 실비안과의 이야기로 마치 벌을 받는 느낌이었습니다. 그가 루머에 아주 취약한 만큼, 그것은 그에게 더욱 비극적인 사건이었어요. 그는 자주 상부의 누군가가 자신에게 박해를 가한다고 느꼈습니다."[59]

1995년과는 달리 데리다는 리오넬 조스팽의 지지위원회에 들어가지 않았다. 그는 조스팽 정부가 펼친 여러 정책, 그중에서도 특히 불법 체류자 정책에 실망했다. 점점 더 급진주의적으로 되어 가고 있던 데리다에게 사회당의 행동은 너무 소극적으로 보였다. 그는 "이민에 대한 '파스쿠아 드브레 법'을 부분적으로 겨우 명맥만 유지하는 데"[60] 화가 났다. 데리다는 "조건 없는 환대"가 "그렇게는 실현 불가능하다"라는 것을 기꺼이 인정한다. "환대를 당장 하나의 정책으로 옮기고 싶겠지만, 언제나 역효과를 야기할 위험이 있다. 하지만 우리는 그 위험에 충분히 대비를 하면서 전적인 환대에 대한 언급을 포기할 수도 없고, 포기해서도 안 된다."[61] 마찬가지로 자크는 12년 동안 자신의 입장과 너무 가까웠던 실비안의 지적인 입장이 바뀐 것을 이해하기 어려웠다. 그의 생각에, 『성의 정치학』은 생물학과 보수주의 기색이 역력했다.

---

59) 아비탈 로넬과의 인터뷰.
60) Jacques Derrida, "Non pas l'utopie, l'im-possible", interview, *Die Zeit*, 5 March 1998. Jacques Derrida, *Papier Machine*, Galilée, 2001, p. 351에 재수록되었다.
61) *Ibid.*, p. 361.

그들 사이의 대립은 선거의 극적인 성격에 의해 심해져 곧 공개적으로 되었다. 2002년 4월 21일, 1차 투표의 결과는 충격적이었다. '청천벽력'이었다. 자크 시라크가 1위를 했으며, 국민전선의 장마리 르 펜이 2위를 차지했던 것이다. 그날 저녁, 리오넬 조스팽은 정치에서 물러나겠다고 발표했다. 5월 5일, 자크 시라크가 2차 투표에서 82.21%의 득표로 대통령에 당선되었다.

2주 뒤, 『리베라시옹』지 끝면에 실린 그에 대한 기사에서 데리다는 무엇보다 "모든 후보에 대해 기분이 좋지 않아서"[62] 평생 처음으로 대통령 선거 1차 투표에 기권을 했다고 고백한다. 다음날, 실비안 아카생스키는 자신의 일기에 그 고백에 대해 언급하는데, 그 일기는 몇 달 뒤 출간되었다.

나는 자크 데리다가 "모든 후보에 대해 기분이 좋지 않아서" 1차 투표에 기권을 했다는 내용의 기사를 『리베라시옹』지에서 읽었다. 그래, 기분, 언제나 똑같은 말이다! 이 일기에도 그 말은 끊임없이 나온다. 하지만 나는 선거 날 그 기분이 결정적일 수 있다고는 생각하지 않았다. 시라크와 르 펜이 맞붙는 2차 투표에서는 적어도 철학자가 기분이 풀어지기를 기대해 보자.[63]

이어서 그녀는 자신의 옛 남자에 대해, 그리고 자신이 얼마 전에 경

---

62) Luc le Vaillant, "Jacques Derrida, Le bel et différent", *Libération*, 22 May 2002.
63) Sylviane Agacinski, *Journal interrompu*, Seuil, 2002, p. 152.

험한 현실과는 괴리가 있다고 생각한 데리다의 사유에 대해 보다 더 철저하게 비판한다.

철학 또한 기분을 울적하게 할 수 있다. 예를 들면, 데리다의 '무조건적 환대' 같은 개념은 말이다. 그것은 단지 뚱딴지같은 것(아무튼 이렇게 말할 필요가 있겠다)일 뿐만 아니라, 선동적이다. 불법체류자들의 입장을 옹호하는 것이 설령 칭찬할 만한 것처럼 보일지라도 그것은 분명 무조건적 환대의 이름으로 행해질 수는 없다. 왜냐하면 어떤 것도 환대보다 더 조건이 없는 것은 없기 때문이다. 무조건적인 것은 일반적으로 절대와 순수에 대한 아름다운 영혼들의 취향에 어울리는 것이다. 그 사유는 칸트의 영향을 받았다. 다시 말해, 개념의 순수성을 위해 경험적 현실의 이해를 포기한 것이다. 정말, 그것은 실제 현실을 깊이 생각해 보는 것을 포기하는 것이다.[64]

2003년 1월, 『불량배들』(Voyous)의 긴 주석에서 데리다는 앙심을 품다시피 그녀에게 이렇게 응수한다.

무조건적 환대를, 그렇다, 나는 주장한다. 여러 친구들이 이 주제에 관해 최근에 쓴 어떤 글("『갈라』지 스타일의 슬픈 파리의 타블로이드판 신문"이라고 그들 중 한 친구가 말해 주었다)에 대해 내게 알려주었는데, 그 저자는 내가 몇 년 전부터 쓰거나 가르쳤던 무조건적 환대라는 말에 대해 검

---

64) *Ibid.*, p. 153.

증 가능한 준거도 제시하지 못하고 거드름만 피우며 이야기한다. 그 말에 대해 분명 이해를 하지 못한 그 저자는 옛날 고등학교에서처럼 내게 낮은 점수를 주면서, 나의 답안지 여백에 단호하게 "뚱딴지같다!"고 내지르고 있는 것이다. 그렇다, 지당한 저자의 말씀이다, 아무렴….

나는 무조건적인 환대는 불가능하며 여전히 정치와 법적인 것에서, 심지어는 윤리에서까지도 이질적이라고 끈질기게 반복해서 주장했다.[65]

매우 서글픈 일이지만, 자크 데리다와 실비안 아가생스키가 마지막으로 나눈 말이었던 것 같다.

2002년 7월, 데리다 저작들에 대해 네 번째 스리지 콜로키엄이 열렸다. 에디트 외르공은 『자전적인 동물』이 출판된 뒤 얼마 안 된 1999년 4월, 데리다에게 그 콜로키엄을 제안했다. 매우 감동한 데리다는 처음에는 생각해 보겠다고 답했다. "당신의 제안(2002년의 '데리다 4')에 당황스럽군요. 너무 과분한 일인 것도 같아서요. 안 그래요?… '아니오'라고는 말하지 않겠지만, 좀 더 생각해 봐야 할 것 같군요."[66] 8월에 그는 그 계획을 받아들인다.

생각을 해보면서 마음속에서 진심으로 우러나오는 온갖 반대 의사(과한 것은 아닌가? 내가 그럴 자격이 있는가? 내 저작이 또 한 번의 스리지 콜로

---

65) Jacques Derrida, *Voyous*, Galilée, 2003, p. 204.
66) 데리다가 에디트 외르공에게 보낸 1999년 6월 29일 편지.

키엄이라는 영예에 합당한가? 등등)에도 불구하고, 당신에게 넌지시 말씀 드렸던 대로 당신의 관대한 제안을 받아들여야 한다는 생각이 듭니다. 요컨대 '축하'가 아니라 공동 연구의 문제이기에, 과거의 경험들에 비추 어보아 10일 동안의 그토록 많은 언어 사용자들 간의 우정의 축제를 기 대할 수 있기에, 중요한 것은 우리가 우리의 손님들과 스리지의 전통에 걸맞은 모습을 보여 주는 일이기에 […] 겸손이라는 구실 아래 철회나 의문을 표시하는 일은 적절하지 않은 것 같습니다. 게다가 인생은 너무 짧습니다. 그러니 우리는 우리에게서, 그리고 또 우리의 가장 소중한 몇 몇 친구들에게서 그 만남의 기회를 빼앗을 권리가 더 이상 없습니다.[67]

데리다는 스리지 현장 책임자에게 세 가지를 주문했다. 두 가지는 통 상적인 것으로, 하나는 주제를 '우정의 정치'로 해줄 것 ─ 그에게는 이것 이 아주 정치적인 동시에 아주 개방적인 주제 같았다 ─, 다른 하나는 이 번에도 마리루이즈 말레에게 전체적인 운영의 책임을 맡겨 줄 것이었다. 세 번째 요구는 보다 더 특이한 것이었다.

마지막으로, 가능하다면, 미신적인 복고주의에서 하는 말인데, 다시 나 의 7월 15일 생일이 끼어 있는 콜로키엄이 된다면 많은 참가자들(특히 외국인들)에게 편리한 동시에 내 마음도 편할 것 같습니다. 하지만 이것 은 '변덕' 같은 것이니, 프로그램에 조금의 지장이라도 초래하지 않는 한 에서 고려를 부탁합니다.

---

67) 데리다가 에디트 외르공에게 보낸 1999년 8월 24일 편지.

나는 이 선물의 놀라운 특전을 잘 알고 있습니다. 그러한 특전으로 나는 내 인생에서 조금 우울한 이 시기에 큰 힘을 얻고 있습니다.[68]

이 소망은 물론 이루어졌다. 제목은 좀 바뀌어 '도래할 민주주의'가 되었는데, 그의 생각에 그것은 '미래의 민주주의'와는 전혀 다른 것이었다. 데리다의 생각에, 민주주의는 현재 존재하지 않는다. "그러나 불가능한 것이 있는데, 민주주의는 그 불가능한 것에 대한 약속을 명기한다."[69] 데리다는 그 중요성이 이전의 스리지 콜로키엄 때와 버금가는 개막 강연을 했는데, 그 강연의 글은 몇 달 뒤 갈릴레 출판사에서 '불량배들'이라는 제목으로 출판되었다. 1997년에 동물에 대해 그랬던 것처럼, 이번에 이것은 정치적인 그런 특별한 관점에서 그의 저작들을 다시 읽는 방식이었다. 얼마 전부터 데리다는 많이 급진적으로 바뀌었다. "불량국가들"[70]에 대한 노엄 촘스키의 "엄청난 비난"의 연속선상에서 그는 주저함이 없이 이렇게 주장한다.

가장 폭력적인 최고의 불량국가는 국제법을 위반한 것도 모르고 계속해서 위반하고 있는 국가들이다. 그 국가들은 스스로를 국제법의 옹호자라고 주장하면서 국제법의 이름으로 말하고 국제법의 이름으로 전술한 불량국가들에 대해 전쟁을 일으킨다. 그들의 이익이 전쟁을 요구할 때

---

68) 같은 편지.
69) Derrida and Habermas, *Le "concept" du 11 septembre*, pp. 177~178.
70) Noam Chomsky, *Rogue States. The Rule of Force in World Affairs*, New York: South End Press, 2000.

마다 말이다. 바로 미국이 그런 국가 중 하나이다. […]

국제법을 따르지 않는다고, 위반한다고, 타락하고 일탈한 행동을 일삼 는다고 그 불량국가들을 비난할 수 있는 미국, 국제법의 보증인이 되겠 다고 말하면서 힘으로 전쟁과 평화유지를 위한 군사행동의 주도권을 잡 는 그 미국, 바로 그 미국과 그 활동에서 미국의 동맹국들이 주권국가들 로서 최고의 불량국가들인 것이다.[71]

그런데 데리다에 따르면 훨씬 더 근본적으로 경계가 이루어져야 한 다. 왜냐하면 "모든 주권국가는 사실 선험적으로 권력을 남용하고 어떤 한 불량국가처럼 국제법을 위반할 수 있기 때문이다. 국가 권력의 행사는 본래 과도하며 남용된다."[72] 그럼에도 불구하고 모든 국가는 민주주의, 즉 "'원칙적으로는 그 이념을 포함하여 그 개념과 역사 그리고 이름들을 모두 공개적으로 비판할 권리가 있거나 비판할 권리를 얻는 유일한 제도, 유일한 제도적 패러다임'인 민주주의에 신뢰를 보내고 있다."[73]

2002년 가을, 데리다는 뉴욕을 다시 찾았다. 그곳에서 그는 특히 커 비 딕과 에이미 지어링 코프만의 장편영화 「데리다」의 개봉에 참석했 다. 촬영은 1997년부터 긴 세월 동안 행해졌다. 접근 방식은 사파아 파티 의 「게다가 데리다」보다 미국적이며 훨씬 더 대중적이었다. 보이스오버 (voix off)도 실제의 인터뷰도 없이 편집은 전기의 문제를 줄거리의 가닥

---

71) Derrida, *Voyous*, pp. 138, 145.
72) *Ibid.*, p. 215.
73) *Ibid.*, p. 127.

으로 삼았다. 공인으로서의 데리다의 삶과 사회과학고등연구원에서 뉴욕에 이르기까지의 삶을 순서대로 다뤘는데, 사이사이 캘리포니아와 남아프리카공화국, 그의 집과 부엌, 이발소에서의 그의 사적인 생활을 보여주었다. 그토록 오랫동안 이미지와 미디어를 불신했던 그는 모든 촬영에 아주 즐겁게 동참했다. 음악은 몇 년 전 한 오페라에서 데리다의 몇몇 문구를 이용했던 류이치 사카모토가 맡았다.

와이드 스크린용으로 구상되어서 「데리다」는 선댄스 영화제와 로카르노 영화제, 베네치아 영화제, 멜버른 영화제에서 공식 경쟁부문 작품으로 상영되었으며, 이런 분야의 작품치고는 꽤 보기 드문 성공을 거두었다. 표어가 아주 주효했다. "만약 누군가가 모든 것에 대한 당신의 사고방식이 아닌, 당신의 사고방식에 대한 모든 것을 변화시킨다면 어떻게 될까." 처음으로, 어쨌든 사람들은 뉴욕의 길거리에서 데리다를 자주 알아보았다.

10장_살아서나 죽어서나

2003년 2월 12일, '짐승과 주권'에 대한 세미나의 여섯 번째 수업에서 데리다는 마침내 몇 년 전부터 예고했던 주제 '매장과 화장 사이에서의 선택'을 다룬다. 죽음에 대한 철학적 담론들에서 이상하게도 거의 탐구되지 않은 주제였다.

> 매장과 화장의 차이 중 하나는, 전자가 시신의 존재와 지속됨과 영역의 권리를 인정하는 것인 반면, 후자는 슬쩍 채 가버리는 것입니다. [⋯] 죽은 자는 가버렸지만, 가버린 자의 시신은 사라지지 않습니다. 가버린 자는 시신과는 달리, 즉 시신이 화장에 의해 파괴되는 것과는 달리 사라지지 않습니다. 이 사라지지 않음(non-disparition)이 말하자면 유령에 대한 희망을 낳습니다. 땅에 묻히지만, 나는 사라지지 않습니다. 그리하여 나는 여전히 뭔가를 붙들고 있습니다. 나의 유령은 여전히 나의 시신에, 내 자신이 사라진 뒤의 내 시신의 사라지지 않음에 들러붙어 있습니다.[1]

---

1) Jacques Derrida, *Séminaire La bête et le souverain, vol. 2 (2002-2003)*, Galilée, 2010, p.

이어 데리다는 화장의 원리에 문제가 되는 것에 대해 길게 분석한다. 그는 화장을 만일 측근들이 결정하게 된다면 그것은 "일종의 돌이킬 수 없는 살인"으로, 만일 죽어가는 사람이 요청하면 그것은 "일종의 돌이킬 수 없는 자살"로 묘사한다.

현대화된 침울한 현장에서, 다시 말해 기술적으로 완벽하여 순식간에 아주 효과적인, 보이지도 거의 들리지도 않게 화장이 이루어질 때, 가버린 자의 시신은 어느 모로 보나 그의 가버림을 넘어 사라져 버리고 말 것입니다. […] 죽은 사는 사방에 있는 동시에 아무 데도 없습니다. 아무 데도 없는 것은 바로 세상 밖과 세상 도처에 그리고 우리 안에 있기 때문입니다. 죽은 자에 대한 순수한 내면화, 순수한 이상화, 영화(靈化), 절대적 이상화, 더 이상 밖에 자신의 공간을 갖지 못하는 죽은 자만이 들어올 수 있을 뿐인 슬픔에 잠긴 생존자 속에서의 (그 죽은 자에 대한) 비물질화. 이것은 최고의 신뢰인 동시에 최고의 배신이며, 타인에게서 벗어나면서 그 타인을 간직하는 최고의 방법인 것입니다.[2]

이러한 개인적인 성찰에도 불구하고 데리다는 그 어느 때보다도 당시의 정치적인 쟁점들에 관심을 쏟는다. 2003년 1월, 그는 실행할 공산이 큰 이라크에 대한 군사 개입에 반대하는 '우리의 이름으로는 안 된다'의 청원서에 가장 먼저 서명한 사람 중 한 명이었다. 전년 여름 스리지에서

233.
[2] *Ibid.*, p. 234.

행한 아주 긴 강연의 발표문을 '불량배들'이라는 제목으로 출판한 것도 바로 그런 맥락에서였다.

2월 19일, 르네 마조르의 제안에 의해 이루어진—1933년 아인슈타인과 프로이트의 그 유명한 대화에서 착상을 얻은—'왜 전쟁인가?'라는 주제의 토론에서 장 보드리야르와 데리다는 자신들의 견해를 개진했다. 이 토론은 전혀 학술적인 차원의 것이 아니었다. 5주 전 프랑스 외무부 장관인 도미니크 드 빌팽이 유엔에서 아주 유명한 연설을 했는데, 그는 군사 개입보다는 이라크의 군축 우선을 촉구했다. 데리다는 청중들이 빽빽이 들어찬 한 홀에서 겸허하게 이렇게 고백한다. "너무도 난해하고 위협적인 문제들에 직면하여, 제가 예민한 정치적인 문제에 대한 토론에 참여한 것은 이번이 처음인 것 같습니다." 2일 전부터 전세계에서 수백만 명이 그 전쟁을 반대하는 시위를 벌이고 있는 것에 고무되어, 그는 "비록 내가 사담 후세인처럼 느끼지 않으며 그렇다고 시라크처럼도" 느끼지 않지만 "미국의 폭주에 대한 독일과 프랑스의 반대"[3]에 대해 흡족해했다. 그 토론은 예리한 만큼 정중했다. 9·11 테러를 중요하게 바라보아야 한다는 논쟁도 있었다. 보드리야르에 따르면, 곧 행해지는 군사 개입은 그 테러의 직접적인 결과였다. 데리다는 이 사건에 대한 과소평가를 바라지 않았다. 그러면서 그는 "이라크에 관한 일련의 연속적인 사건들은 어느 정도 자율성을 갖고 있어서", 오래 전부터 조지 부시와 그의 측근들이 희망해 온 이라크 침공은 아마 어쨌든 행해질 것으로 생각했다. 결국, 그가 옳았음이 증명되었다.

---

3) 출판되지 않은 이 토론의 인용을 허락해 준 르네 마조르에게 감사를 드린다.

그 다음날인 2월 20일, 데리다는 모리스 블랑쇼의 사망 소식을 접한다. 충격이 아주 컸다. 24일에 너무도 가깝지만 너무도 멀리 떨어져 살았던 블랑쇼의 화장을 목격하면서, 며칠 전 세미나에서의 화장에 대한 그의 성찰이 생각나지 않을 수 없었다. 장뤽 낭시를 제외하면 주로 포르투갈 사람들이 있었는데, 그들은 블랑쇼의 양딸 시달리아 페르난데스의 친척들로 프랑스어를 거의 할 줄 몰랐다. 아주 음울한 그 화장터에서 그렇지만 데리다는 조사를 낭독했는데, 그것은 블랑쇼가 원했던 일이었다.

며칠 전부터 저는 지금 여기에서 목소리를 크게 낼 수 있는 힘을 어디에서 얻을 수 있을지 밤낮으로 생각해 보았지만 소용이 없었습니다. 저는 그렇게 믿고 싶고 또 그렇게 생각할 수 있기를 바랍니다. 즉, 저는 그 힘을 바로 모리스 블랑쇼에게서 얻고 있다는 것을 말입니다. […]
제가 성년이 되어서 그의 책을 읽은(50년 이상이 되었습니다) 뒤부터, 특히 1968년 5월 그를 만난 이후 영광스럽게도 저에 대해 신뢰와 우정을 멈추지 않았던 —기억 속의 너무도 아득한— 모리스 블랑쇼. 저는 그 이름을 제3자인 낯선 사람의 이름과는 달리, 사람들이 인용하고 사람들에게 영감을 준 탁월한 저자로 이해하는 데 익숙해졌습니다. 저는 그 이름을 사유와 삶에서 발휘한 역량뿐 아니라 은둔의 힘과 귀감이 되는 겸손을 찬미하는 그런 어떤 위인과는 달리 우리 시대의 한 독특한 검소함으로 이해합니다.[4]

---

4) Jacques Derrida, "A Maurice Blanchot", *Chaque fois unique, la fin du monde*, Galilée, 2003, p. 323. 2월 16일의 세미나에서 그는 블랑쇼의 장례식에 대해 언급한다. Derrida, *Séminaire La bête et le souverain, vol. 2 (2002-2003)*, pp. 250~251.

아비탈 로넬에 의하면, 데리다는 바로 그날이 그의 병의 상징적인 시원이 되었다. "마음속으로 데리다는 모든 것이 무너지는 느낌을 받았습니다. 일흔의 나이, 9·11 테러와 그 여파, 2002년의 대통령 선거운동, 허공에 대고 말하는 듯한 느낌 속에서의 너무도 우울했던 블랑쇼의 그 장례식. 너무도 다양한 차원의 그 모든 사건은 그가 쇠약해지고 아주 먼 데서 온 우울의 심연 속으로 다시 추락케 하는 데 기여했습니다."5)

몇 년 전, 블랑쇼는 데리다에게 자신의 유언 집행인이 되어 줄 것을 부탁했다. 블랑쇼가 세상을 떠난 지 얼마 안 되어, 데리다는 알 수 없는 어떤 "뒤틀리는 듯한 복통"으로 고통을 겪기 시작했다. 그럼에도 불구하고 그는 갈리마르 출판사로 달려가 친구의 작품들을 플레이아드 판으로 출판해 줄 것을 부탁했다. 하지만 앙투안은 별로 관심을 보이지 않았다. 블랑쇼라는 이름만 보면 출판하고 싶고도 남지만, 그의 소설은 판매가 여전히 아주 저조하다는 것이었다. 데리다는 그 일 외에는 자신의 책무를 이행할 시간을 갖지 못했다. 와서 여행용 트렁크 속에 가득 든 서류들을 검토해 달라는 시달리아 페르난데스의 부탁이 있었지만, 데리다는 더 이상 그렇게 할 수가 없었다.6)

4월 초, 데리다는 어바인으로 날아갔다. 그는 컨디션이 그렇게 좋지는 않았다. 마르그리트가 기억하는 것처럼, "그는 계속해서 복통으로 신음했다. 병원에서 검사를 받았지만 아무 문제가 없다는 것이었다. 나는

---

5) 아비탈 로넬과의 인터뷰.
6) 에릭 오프노와의 인터뷰.

느낌이 좋지 않았다. 하지만 쓸데없이 그에게 불안을 주지 않기 위해 아무 말도 하고 싶지 않았다."[7)]

그해 봄, 그에게 중요한 일 중에는 힐리스 밀러를 기념하기 위한 콜로키엄이 있었다. 그것은 바르바라 코헨과 그가 아주 좋아하는 젊은 교수 드라간 쿠준직이 기획했다. 2003년 4월 18일, 그가 가장 아끼는 미국 친구들 중 한 사람을 기념하기 위한 강연의 제목은 아주 간단하게 '정의'였다. 그는 체류 기간을 이용하여 랭슨 도서관의 '특별 장서' 책임자인 재키 둘리와 함께 자신의 기록물들에 대해 다시 이야기를 나눴다. 그의 최근 원고들을 IMEC에 맡기기로 결정을 한 뒤로 상황이 복잡해졌다. 그러나 그는 미국과 세계의 여러 다른 나라에서 받은 편지들의 원본은 어바인에 맡기고 다른 편지들의 복사본은 IMEC에 맡기는 문제를 다시 확인해 주었다. 재키 둘리는 대학측의 권리와 특히 장기적으로 그 기록물들에 관해 누구와 의논할 수 있는지에 대해 분명히 하고 싶었다. "당신이 더 이상 없을 때(after your lifetime)엔 어떻게 하지요?" 그녀가 그에게 물었다. 페기 카무프는 데리다가 'after your lifetime'의 표현에 큰 충격을 받았던 것을 기억한다. 그 정도로 데리다는 자신의 세미나 마지막 몇 회 동안 그 표현에 대해 길게 논했다.[8)]

프랑스에서 마르그리트의 건강 상태는 악화되어 갔다. 고열과 심한 기침에 시달렸지만 그녀는 데리다에게 알리지 말도록 했다. 젊었을 때 결핵 환자였던 그녀의 상황이 위급해지자 피에르와 장은 캘리포니아에 있

---

7) 마르그리트 데리다와의 인터뷰.
8) 페기 카무프와의 인터뷰.

는 아버지에게 최대한 빨리 돌아올 것을 부탁했다. 그가 프랑스에 돌아왔을 때 마르그리트는 좀 나아졌지만 여전히 아주 허약한 상태였다. 자크는 그녀를 자신들의 위장병 전문의인 아라고 박사에게 데리고 갔다. 마르그리트를 진찰한 뒤, 그 의사는 데리다를 바라보면서 물었다. "그런데 좀 어떠세요? 괜찮아지고 있습니까?" 데리다는 통증이 멈추지 않는다고 토로했다. 여전히 뒤틀리는 듯 아팠다. 며칠 뒤인 14일에 X레이 촬영과 단층 촬영 검사, 내시경 검사가 예정되어 있었다.

자크는 검사를 받게 되면 보통 마치자마자 마르그리트에게 전화를 걸어 그녀를 안심시켰다. 그러나 그날은 전화를 하지 않았다. 그녀는 이렇게 털어놓았다. "마침내 연락이 되었는데, 그가 뭔가를 숨기려 한다는 느낌을 받았어요. 내가 자꾸 묻자 그는 내게 말했습니다. '췌장에 종양이 하나 생겼다는데.' 저녁에 그는 암이라는 말을 내던졌습니다. 마치 집이 무너져 내리는 것 같았어요. 두 가지 느낌이 계속 교차했습니다. 암 중 사망률이 가장 높은 췌장암이라는 사실에 무엇보다 두려웠습니다. 그러나 동시에 나는 그가 죽지 않을 거라는 확신이 들었어요. 하지만 그는 회복될 가망이 없다고 곧 생각해 버렸습니다."[9]

아라고 박사는 그를 위해 퀴리연구소에 검사 날짜를 잡았다. 의사들은 화학요법을 곧바로 시도할 것을 권했다. 그러나 데리다는 머뭇거렸다. 10여 일 정도 입원을 미루고 싶었던 것이다. 이스라엘에서의 강연과 오래 전부터 예정되어 있던 다른 두 차례의 발표를 취소하고 싶지 않았기 때문이다. 그런 상태에서조차 그는 약속을 어기고 싶지 않았다. 어처구니

---

9) 마르그리트 데리다와의 인터뷰, 장 데리다와의 인터뷰 및 피에르 알페리와의 인터뷰.

가 없었지만 의사들은 연기를 받아들였다.

2003년 5월 22일, 프랑스 국립도서관(BNF)과 합의한 엘렌 식수의 기록물 증여를 계기로 기획된 그녀에 대한 콜로키엄이 열린 첫 날, 데리다는 가까운 사람들에게 자신의 병을 이야기했다. '엔진은 기름으로 작동한다고 말하는 것처럼' 자신은 죽음으로 작동한다고 그토록 자주 말했던 그는 자신도 모르게 그 말이 얼마나 진실인지를 증명할 수밖에 없었다. 그는 얼마 전 자신의 병에 대한 끔찍한 검사 결과를 통보받았지만, 힘든 마음을 가다듬고 의연하게 '발생, 계보, 종류, 천재성'에 대해 긴 시간 동안 강연했다.[10)]

그 다음날, 데리다는 명예박사학위를 받기로 되어 있는 예루살렘으로 날아갔다. 그는 그 짧은 여행의 피로를 줄이기 위해 도착할 때와 떠나올 때 공항까지 마중을 나오고 자신을 태워다 줄 것과, 이스라엘 공항의 까다로운 출국심사를 완화해 줄 것을 요청했다. 5월 25일, 파울 첼란에 대한—가다머에 대한 『숫양들』을 약간 다르게 변형시킨 내용이었다—강연을 시작하기 전, 몇 달 전에 유엔에서 행한 이라크에 대한 군사개입에 반대하여 연설했던 도미니크 드 빌팽이 예루살렘의 히브리대학에서 그에게 열렬한 경의를 표했다.

---

10) 미레유 칼그뤼베(Mireille Calle-Gruber)가 주재한 콜로키엄 「엘렌 식수: 발생, 계보, 종류」(Hélène Cixous: Genèses Généalogies Genres)는 2003년 5월 22~24일 프랑스국립도서관에서 열렸다. 데리다의 『발생, 계보, 종류, 천재성』(Genèses, généalogies, genres et le génie)은 2003년 갈릴레 출판사에서 출간되었다.

자크 데리다, 당신은 […] 인류의 가장 강렬하고 가장 단순한 단어들에 밀도를 다시 부여해 주었습니다. 당신은 새로운 사유의 길을 열어젖힌 사람들의 선두에 서 있습니다. […] '해체'는 그 목적을 시험하면서 형성되는 한 사유의 주의 깊고 양심적인 행동입니다. 매우 창조적이고 자유롭게 해주는 행동 말입니다. 결코 파괴하지 않고 더 멀리 나아가기 위해 해체하는 것. [11]

장관은 그 "방법에 대한 담론"과 "옛 체코슬로바키아의 반체제 인사들에 대한 탄압에 맞선, 남아프리카공화국의 인종차별주의나 미국의 감옥 제도에 맞선" 데리다의 많은 공개적인 참여 사이의 연속성에 대해서도 강조했다. 그는 불의와 유대인 배척주의에 대한 데리다의 "철통같은 경계"에 대해 언급했다. 그러면서 도미니크 빌팽은 이렇게 연설을 끝맺었다. "당신은 볼테르, 베르나노스, 졸라나 사르트르가 닦아 놓은 길에서, 보편성을 사랑하는 명예로운 지식인들의 계보에 당신을 위치시켰습니다."

프랑스로 돌아온 데리다는 또 하나의 약속을 꼭 지키고 싶었다. 5월 27일 밤, 그는 아랍권연구소에서 열린 콜로키엄 '알제리-프랑스, 문명들 간 대화의 위대한 인물들을 기념하여'의 폐회 강연을 무스타파 셰리프와 함께 맡았다. 대형 계단식 강의실은 청중들로 만원이었다. 앙드레 미켈, 앙드레 망두즈, 장피에르 슈벤망도 청중들 사이에 자리하고 있었다. 데리다는, 만일 다른 모임이었더라면 아마 참석을 포기했을 것이라고 무스타

---

11) 도미니크 드 빌팽이 예루살렘 히브리대학교에서 2003년 5월 25일에 한 연설.

파 셰리프에게 토로했다. 하지만 그는 그날 저녁에는 "알제리인으로서" 말하고 싶었다는 것이다. 그 어느 때보다 그는 자신의 생애를 이어준 모든 끈을 잇는 것이 중요했다. "내가 부여받은, 내가 물려받은 모든 풍요로운 문화적 자산 가운데 나의 알제리 문화는 나를 가장 견고하게 지탱해주었던 것들 중 하나입니다."[12]

데리다는 이 콜로키엄이 끝난 뒤 곧바로 치료를 시작했다. 그는 2003년 5월 31일 『리베라시옹』지와 유럽의 여러 신문에 게재된 유럽 '공동의 한 외교정책의 옹호' 속의 몇 줄이 보여 주는 것처럼, 몇 주 동안 글쓰기를 중단했다.

위르겐 하버마스와 나는 호소문이기도 한 이 분석에 함께 서명을 하고자 한다. 우리는 독일과 프랑스의 철학자들이 과거에 그들을 갈라놓았던 갈등들을 넘어 오늘 여기에 그들의 목소리를 보태는 것이 필요하고 긴급한 일이라고 판단한다. 쉽게 알아보겠지만, 이 글은 위르겐 하버마스가 집필했다. 쓰고 싶었지만 내 개인적인 사정이 이런 글을 쓰는 것을 허락지 않아, 나는 위르겐 하버마스에게 요컨대 그 전제와 관점들을 공유하는 이 호소문을 공동으로 쓰자고 제안했다.[13]

치료를 받고 있던 퀴리연구소의 병실 창문으로는 데리다가 자기 생

---

12) Mustapha Chérif, *L'Islam et l'Occident. Rencontre avec Jacques Derrida*, Odile Jacob, 2006, pp. 53~54.

13) Jacques Derrida, "Pourquoi je signe cet appel et Europe: plaidoyer pour une politique extérieure commune", *Libération*, 31 May 2003.

에서 그토록 많은 세월을 보낸 윌름 가와 고등사범학교의 정문이 보였다.

그는 시키는 대로 힘든 치료를 받으면서 희망을 완전히 버리지는 않았다. 병이 다 낫지는 않았지만 17년 동안 증상이 멈춘 한 환자의 이야기를 그는 듣지 않았던가? 장마르 엑스트라 박사는 췌장암에 대한 치료가 근래 들어 큰 진전을 보고 있다고 그에게 말해 주지 않았던가? 마르그리트에 의하면, 자크는 몸무게가 빠지지 않도록 억지로라도 먹어야겠다는 결심을 했다. "그는 머리카락이 조금 빠졌습니다. 하지만 그렇게 많이는 아니에요. 혈색은 아주 좋아서, 그런 상황치고는 건강이 최고의 상태인 것 같습니다. 우리 모두는 그가 더 악화되지 않을 수 있다는 생각을 갖게 되었습니다."

화학치료의 폐해는 무엇보다 정신적인 측면에서 드러났다. 힘이 빠지고 지독한 피로감을 느껴 데리다는 다시 우울증에 시달림으로써 그의 계획과 세상으로부터 점점 멀어지게 되었다. 알베르 디쉬는 이렇게 말했다. "10여 년 만에 처음으로 데리다는 그의 활동을 중단하지 않을 수 없었습니다. 작업 능력은 여전히 엄청났지만, 그는 일련의 모든 집필과 강연, 그리고 여행을 포기해야만 했습니다. 그는 그것을 매우 견디기 힘들어했어요."[14]

지식인 사회에 퍼진 그 사전(死前) 동정과, 어떤 사람들이 "그가 죽기 전에" 보여 주는 뜬금없는 배려에 데리다는 또한 짜증이 났다. 그는 자신의 입원 소식을 퍼뜨렸다며 장뤽 낭시에게까지도 화를 냈다. 하지만 낭시는 전혀 그런 것이 아니었다고 데리다에게 말했다. "그러나 물론 사람들

---

14) 알베르 디쉬와의 인터뷰.

이 그 소식을 들었다면서 그게 사실인지 내게 물어오기는 했습니다. 그런데 선생님이 '비밀일 것까지야 없지만 가능한 한 사람들에게 말하지 말아달라'(요약한 것임)고 말한 이후, 저는 이 규칙을 지켰습니다. 무엇보다 저는 선생님과 마찬가지로 저를 분노케 하는 제 귀에까지 들려오는 참담한 이야기들을 입 밖에 낸 적이 없습니다."[15]

2003년의 그 힘들었던 여름 동안 데리다는 거의 혼자 있지 않았다. 마르그리트가 없는 동안에는 월요일에는 엘렌 식수가, 화요일에는 마리 루이즈 말레가, 그리고 목요일에는 사파아 파티가 그의 곁을 지켰다. 그 어느 때보다 데리다는 문자언어보다는 전화를 더 좋아했다. 그는 친구들에게 자신의 심각한 상태를 숨기지 않았다. 힐리스 밀러는 이렇게 이야기한다. "우리는 꾸준히 대화를 가졌습니다. 그는 더 이상 글은 쓸 수 없으며 교정쇄의 교정 같은 단순한 일만 할 수 있다고 내게 말했습니다."[16]

그러나 데리다는 모든 일을 그만둔 것은 전혀 아니었다. 2003년 7월 5일 데이비드 윌스에게 보낸 편지에서 그는 치료 중에도 『따라 걷기』의 영어 번역에 대해 아주 자세한 지적을 그에게 해주기도 했다. 그는 "그 어느 때보다 알아보기 힘든 필체"에 대해 미안해했다. "내 손이 좀 떨려서 그런데, 화학요법의 부작용 중 하나입니다."[17] 7월 10일, 다시 성찰의 원천이 된 그 떨리는 손으로 그는 '철저하게 투우를 반대하는 위원회'의 책임자들에게 그들의 운동의 명예회장직을 수락하겠다고 편지를 썼다. 동물의 입장이 그에게는 점점 더 중요해졌다.

---

15) 장뤽 낭시가 데리다에게 보낸 날짜 미상 편지(2003년 여름).
16) J. 힐리스 밀러와의 인터뷰.
17) 데리다가 데이비드 윌스에게 보낸 2003년 7월 5일 편지.

여름 내내, 어떤 사람들은 이미 그가 죽어가고 있다고 생각했지만—그는 가을에 예정된 콜로키엄의 참석과 뉴욕의 체류 일정을 취소하지 않을 수 없었다—데리다는 암과의 투쟁을 계속하고 있었다. 일련의 화학요법과 단층 촬영 검사를 마친 뒤 의사는 종양의 크기가 줄어들고 있다고 그에게 말해 주었다. 데리다는 여전히 몸이 아주 약해진 상태였으나, 좀 나아지는 느낌이었다. 여름이 끝날 무렵, 그는 2003~2004년 세미나를 다시 할 수 있겠다는 생각도 해보지만 결국 포기할 수밖에 없었다.

그러나 마찬가지로 암에 걸린 엘리자베스 베버에 대한 우정에서 데리다는 10월 말에 열리기로 되어 있는 '양립할 수 없는 차이들? 자크 데리다와 종교 문제'의 콜로키엄에 참석하기 위해 산타바바라에 가는 것은 포기하지 않았다. 엘리자베스 베버는 이렇게 기억한다. "2003년 봄부터 여름까지 우리는 자주 전화로 그 강연뿐만 아니라 우리 둘이 받고 있는 화학치료에 관해 이야기를 나누었습니다."[18] 그 강연을 위해 그가 택한 제목('"함께" 산다는 것')은 그 대화의 메아리 같았다.

11월, 데리다는 아주 오래된 쿠임브라대학의 페르난다 베르나르도가 기획한 그의 저작을 중심으로 한 3일 동안의 행사에 참여하기 위해 포르투갈에 갔다. 명예박사 학위 수여식 때 입을 예복을 준비하는 일을 잊지 말아 달라는 주문을 받은 미셸 리스는 이렇게 이야기한다. "가까운 사람들은 그가 도착하는 것을 보면서 모두가 안도감 같은 것을 느꼈습니다. 엄숙하게 진행된 그 수여식을 그는 아주 마음에 들어 했습니다. 그는 그 수여식의 후원자가 당시 백 살이 다 된 영화감독 마노엘 데 올리베이라인

---

18) 엘리자베스 베버와의 인터뷰.

것에 대해서도 매우 행복해했습니다."[19] 하지만 검은색 멋진 예복 차림에 끝이 뾰족한 모자를 쓰고 오래된 도시를 걸으면서 데리다는 마르그리트에게 이렇게 털어놓았다. "꼭 내 장례식에 참석하러 가는 것 같구만." 그 말에 그녀는 이렇게 맞받았다. "당신 자신의 장례식에 참석하는 것은 아직 살아 있기 때문이겠지요." 사실 데리다는 매우 활발한 모습을 보였다. 그는 여느 때처럼 긴 시간을 강연했으며, 그 3일 동안 예정된 모든 활동에, 무엇보다 '쿠임브라, 은신의 도시'의 날에 참여했다. "우리는 모두 그가 다 나았다고 생각했다"라고 미셸 리스는 기억한다.

포르투갈에서 돌아온 뒤 얼마 안 되어 데리다는 미레유 칼그뤼베에게서 편지를 받았다. 그녀는 "아주 건강하고 눈이 반짝반짝 빛나며, 토론에서는 항상 더 많은 것을 생각하게 하는 질문들을" 던진 그의 모습을 보며 대단히 기뻤다고 말하면서 이렇게 계속한다. "우리는 당신과 함께 하면서, 그동안 당신이 우리에게 한없는 열정을 전해 주었듯 이번에는 우리가 당신에게 그 열정을 조금이나마 갚고 싶었습니다. 하지만 열정을 준 사람은 오히려 당신이었고 당신이 또 더 너그러웠습니다."[20]

그해 겨울 동안, 의사들조차 데리다의 많은 활동과 완전히 예외적인 에너지에 깜짝 놀랐다. 사실, 데리다는 저녁에만 통증을 느꼈는데 렉소밀이 어느 정도 통증을 완화시켜 주었다. 특히 그는 찾아온 사람이 있거나 새로운 계획들로 마음이 들뜰 때면 쾌활해졌다. 페기 카무프에 따르면 "자크는 그 기간 동안 자기 할 일을 다 했으며 필요한 여행도 다 다녔습니

---

19) 미셸 리스와의 인터뷰.
20) 미레유 칼그뤼베가 데리다에게 보낸 2003년 11월 26일 편지.

다. 그의 삶의 그 부분을 포기하는 것은 사는 것을 포기하는 일이었을 겁니다."[21]

데리다가 오래 전부터 그렇게 말해 왔던 것처럼 "죽음으로 작동했다면" 그는 또한 우정과 신의로 작동했다. 1992년 10월, 루이 마랭이 죽고 난 뒤 그는 이렇게 썼다.

사람들은 죽은 친구에게 왜 주며, 무엇을 줄 수 있습니까? […] 루이는 내가 자기에 대해 어떻게 생각하는지를 알고 있었습니다. 그는 내가 보내는 찬미, 내가 보내는 감사를 알고 있었습니다. 그는 우리의 제스처들, 우리의 이동들, 우리 각자의 작업들, 그리고 모든 암묵적인 텔레파시를 통해 나의 그런 마음을 충분히 느꼈을 것입니다. 그러나 물론 나는 그가 알고 있던 그런 찬미를 그에게 전혀 말하지 않았고, 오늘 저녁에야 이렇게 말하고 있습니다. 그렇지만 단지 그 말만을 하자는 것이 아닙니다. 단지 그 말만을. 나는 그것이 잘못되었다는 것을, 그것에 대한 후회나 달랠 길 없는 슬픔을 고백합니다. 사실, 그런 상황은 상당히 보편적입니다. 여러 친구들에게도, 사람들이 '절친한 친구들'이라고 말하는 그런 모든 친구들에게도 나는 그런 식입니다.

그런데 도대체 왜 그렇습니까? 왜 죽을 때까지 그래야 합니까? 왜 죽을 때까지 그래야 합니까? 누가 제게 대답 좀 해주시겠습니까?[22]

---

21) 페기 카무프와의 인터뷰.
22) Jacques Derrida, *Chaque fois unique, la fin du monde*, Galilée, 2003, pp. 146~147.

데리다는 이 문제를, 자신이 사랑하는 친구가 하나하나 죽어갈 때마다 생각했다. 이런 충격은 동생 노르베르의 죽음 이후로 변함이 없었다. 동생의 죽음은 "얼마나 끈질기게 나를 힘들게 했던가. 나는 절대로 이해할 수도, 받아들일 수도 없었다. [...] 가까운 사람이 죽고 난 뒤에도 살고 있다는 것을, 아니면 다시 살아간다는 것을."[23] 시카고에 있는 바울대학 교수이자 데리다의 책 여러 권을 번역한 마이클 나아스와 안파스칼 브로는 데리다가 그의 친구들(롤랑 바르트, 폴 드 만, 미셸 푸코, 루이 알튀세르, 에드몽 자베스, 루이 마랭, 사라 코프만, 질 들뢰즈, 에마뉘엘 레비나스, 장프랑수아 리오타르, 제라르 그라넬, 그리고 최근에 죽은 모리스 블랑쇼에 이르기까지...)이 죽었을 때 낭독한 조사(弔詞)들을 모아 책으로 출간했다. 데리다는 마이클 나아스와 안파스칼에게 감사의 편지를 보냈지만, 그들은 자신들의 일을 했을 뿐이라며 겸손해했다. 그 조사들 중 많은 것이 미국의 독자들에게는 알려지지 않았기에, 데리다는 그 출판에 기뻐했다. 그러나 프랑스에서 출판하는 것은 좀 두려웠다. 그가 자신의 조사들로 보쉬에나 말로인 척한다며 누가 자신을 비웃지나 않을까 두려웠기 때문이다. 그는 미국에서 출판된 제목 『애도의 작품』(The Work of Mourning)이 마음에 들었다. 그러나 — 작업(travail)과 작품(œuvre)을 동시에 뜻하는 — 'work'라는 단어의 양면성을 지닌 단어가 프랑스어에는 있지 않았다. '살아서나 죽어서나'를 제목으로 사용하려고 했다. 그러나 그 제목은 마침 조니 할리데이의 새 CD 재킷에 먼저 사용되었다.[24] 마침내 그 책은

---

23) Catherine Malabou and Jacques Derrida, *La contre-allée. Voyager avec Jacques Derrida*, La Quinzaine littéraire/Louis Vuitton, 1999, p. 29.
24) 마이클 나아스, 안파스칼 브로와의 인터뷰.

'매번 유일한, 세계의 종말'이라는 제목을 붙이게 되었는데, 그것은 중요한 표현을 단번에 보여 주는 한 방식으로 데리다는 알튀세르가 죽었을 때 이미 쓴 적이 있었다.

> 끝나는 것, 루이가 죽으면서 가져가는 것, 그것은 이런저런 때 여기저기서 우리가 함께 했던 이런저런 것만이 아닙니다. 그것은 세상 자체, 세상의 어떤 기원, 당연히 그의 기원일 뿐 아니라 내가 살았던 세상의 기원이기도 합니다. 우리는 어쨌든 대신할 수 없는, 우리들 각자에게 이런저런 의미를 가진 유일한 한 역사를 살았습니다. […] 그것은 우리에게 유일한 한 세상, 어떤 심연 속으로 침몰하는 한 세상으로, 어떤 기억도 — 설령 우리가 지금 기억력이 있고, 또 앞으로 기억력이 남아 있을 때조차도 — 그 심연으로부터 그 세상을 구해 내지는 못합니다.[25]

우울하면서도 통찰력이 있는 그 두꺼운 책은 언론의 호평을 받았다. 그들의 지난날의 대립에도 불구하고 베르나르앙리 레비는 『리베라시옹』지의 원고 청탁을 받아 '주르날 드 라 스맨' 란에 게재한 글에서 자크 데리다에게 갈채를 보냈다.

> 나의 옛 『신곡』의 대가와 나를 가까워지게 하는 것은 바로 어떤 매력적인 친근감이다. […] 책을 덮는다. 눈을 감는다. 들려오는 것은 바로 그들의 목소리이다. […] 모든 시대정신이 바로 거기에 있다. 한 세대의 애도.

---

25) Derrida, *Chaque fois unique, la fin du monde*, p. 204.

그것은 마치 그 단역들이 일련의 동심원적인 지역들 속에서 유령의 상태가 아니라 목소리의 상태로 변한—그 안에서 데리다가 베르길리우스의 역할을 하는—신곡과 같다.[26]

리쾨르는 데리다가 병에 걸렸다는 소식을 듣고는 눈물을 흘렸다. 둘의 관계는 레비나스의 죽음 이후로 매우 긴밀해졌다. 2002년 12월, 그들은 '라틴아메리카의 집'에서 '타인에 관해 어떻게 말할 수 있는가?'라는 주제로 함께 대화를 나누었다. 그 문제는 그들의 중요한 관심사 중 하나이자 그들의 관계의 중심에 있었다. 리쾨르는 자신과 가까운 사람들에게 "나도 재능이 좀 있다고 하지만, 데리다는 천재입니다"라고 종종 말하고는 했다. 자신의 옛 교육조교에게 훗날 보낸 한 통의 편지에서 그는 자신의 책 『살아 있는 은유』(*La métaphore vive*)에서 데리다에게 했던 "계제에 맞지 않는 비판을 항상 후회하고 있다"라고 토로한 뒤, 이렇게 덧붙였다. "자네는 곧바로 그 비판에 응수(relever)하여, 훌륭하게 걷어내 버렸네(re-lever)."[27] 그의 병세가 심각하다는 것을 알고 리쾨르는 데리다에게 그의 사유와 삶이 자기에게 얼마나 귀한지 모른다며 이렇게 회고했다. "나는 너무도 조용히 자네의 저작에 대한 찬미와, 그리고 자네가 허락한다면, 우정을 간직했네. 나는 그 우정이 자네 마음속에 메아리치고 있다고 항상 믿었네. 나의 포옹을 받아주게."[28]

2003년 12월, 데리다는 전과 마찬가지로 아주 관대하게 그의 마지막

---

26) Bernard Henri-Lévy, "Journal de la semaine", *Libération*, 20~21 December 2003.
27) 폴 리쾨르가 데리다에게 보낸 날짜 미상의 만년의 편지.
28) 폴 리쾨르가 데리다에게 보낸 2003년 11월 5일 편지.

글 중 하나를 리쾨르에게 바쳤다.

자격이 없음을 솔직하게 인정하지도 않고서, 나는 연구의 형태로든 아니면 철학적 토론의 형태로든 폴 리쾨르의 엄청난 저작을 다루는 데 결코 이 정도로 힘이 부치지는 않을 거라고 생각했다. [⋯] 내가 아주 자발적으로 얼마 전에 썼던 것('어려운, 불가능하기까지 한'difficile voire impossible)을 다시 읽어 보면서 나는 미소 짓는다. 나는 나중에야 이 두 단어가 최근 2년 동안 폴 리쾨르와 나 사이에서 악과 용서에 대한 토론의 중심이 되었다는 것을 알아차렸다.[29]

데리다는 어떤 만남이 "어렴풋이 나타날(s'esquisser) 뿐 아니라 사라지는(s'esquiver), 동의도 반대도 없는 그 교류의 이상한 논리"에 대해 생각해 보았다.

요 근래 어느 날, 평생 동안 우리 사이에 무슨 일들이 있었는지 우리가 다시 한 번 생각해 보았을 때, 그는 "우리는 서로 가깝게 지냈네"라고 내게 말했다. [⋯] 우리가 어떻게 부를지 모르는 어떤 뛰어넘을 수 없는 심연 속에서, 아니면 그 심연을 가운데 두고, 우리는 하지만 서로에게 말하고 서로의 말을 들었다.

---

29) Jacques Derrida, "La parole: Donner, nommer, appeler", éds. Myriam Revault d'Allonnes and François Azouvi, *Paul Ricœur, Cahiers de l'Herne*, l'Herne, 2004, p. 19.

"끊임없이 커 갔던 애정"을 환기시키기 위해 데리다는 자신들 관계의 몇몇 순간을 되돌아보았다. 은유에 대해 논쟁할 때 리쾨르는 이렇게 썼다. "여기에서, 명인의 솜씨는 출생의 문이 아니라 감히 말하자면 죽음의 문을 통해 형이상학으로 들어가는 것이다." 20년 뒤, 데리다는 이 표현을 다시 언급하며 그에게 솔직하게 이렇게 답했다.

비록 그것이 은유에 대한 나의 글에도 들어맞을지는 의심스럽지만, 오늘 여기에서는 그 점은 중요하지 않다. 나는 이 토론을 넘어 리쾨르가 정확하고 깊이 있게 보았다고 생각한다. 나와 나의 철학적 행위들을. 나는 줄곧 죽음에서 눈을 떼지 않고, 그렇다, "죽음의 문을 통해" 들어가면서도 생명의 욕구와, 거역할 수 없는 생명의 의지 표명에 굴복했던 것이다.[30]

2004년 초, 데리다는 다시 통증을 느끼기 시작했다. 미셸 리스는 이렇게 이야기한다. "먹는 약의 부작용으로 그는 손가락과 발가락의 감각을 잃었습니다. 그는 오랫동안 손과 발가락 마사지를 해야 했습니다. 새로운 글은 집필할 수가 없었습니다. 그는 여전히 아침에는 일찍 일어났으며, 오후에는 대부분 휴식을 취했습니다. 의사는 전화는 가능한 한 받지 말 것을 주문했습니다."[31]

그렇지만 데리다는 모든 활동을 중단하지는 않았다. 그에게 아주 중

---

30) *Ibid.*, p. 24.
31) 미셸 리스와의 인터뷰.

요한 계획 중 하나는 마리루이즈 말레와 지네트 미쇼가 부지런히 준비하고 있는 『카이에 드 레른』(Cahiers de L'Herne) 지의 그에 대한 특집호였다. 그는 그녀들과 그 특집호에 실을 글에 대해 의논하면서, 아무도 빠트리지 않도록 신경을 썼다. 그는 자료들과 풍요로운 이미지들—카밀라, 발레리오 아다미, 시몽 앙타이, 제라르 티투스카르멜의 데생과 그림들, 음악가 미카엘 레비나스의 악보—을 정성 들여 골랐다. 특히 데리다는 프랑스어로 출간되지 않은 글 아홉 편을 골랐는데, 그것은 마치 그 책 속에 또 한 권의 책과 같았다.[32]

봄에, 아비탈 로넬은 마르그리트가 파리에 있는 그녀의 정신과 병원에 일을 하러 가야 했으므로, 데리다가 혼자 있지 않도록 몇 주 동안 리조랑지에 머문 적이 있었다. 그녀는 『카이에 드 레른』지 특집호의 출간을 기념하여 10월에 뉴욕에서 콜로키엄을 열기로 계획하고 그와 함께 논의했다. "아주 색다른 중압감과 조금은 두려운 엄숙함이 있었습니다. 왜냐하면 우리는 둘 다 이것이 그의 마지막 미국 체류가 될 가능성이 있다고 느꼈기 때문입니다." 그러나 아비탈은 대부분의 시간을 무엇보다 자크를 즐겁게 해주어 웃음을 잃지 않게 하는 데 주의를 기울였다. 그 일에 그녀는 특별히 재능이 있었다. "자크는 보통 나를 '아비'(Avi)로 불렀는데, 그것은 무엇보다 'à vie'처럼 들렸어요. 우리는 요가도 조금씩 함께 했습니다. 때로 나는 그에게 마사지도 해주었습니다. 그러나 내가 그에게 명상에 대해 이야기하면, 그는 자기가 아는 유일한 명상은 데카르트와 후설의

---

32) 지네트 미쇼는 그녀의 책 『야등. 자크 데리다의 세 이미지를 중심으로』에서 그 준비 과정에 대해 언급했다. Ginette Michaud, *Veilleuses. Autour de trois images de Jacques Derrida*, Nota Bene, 2009.

명상이라고 말했습니다."[33]

　데리다는 더 이상 집필은 하지 못했지만 이미 너무도 영향력이 있는 그의 말은 그 무게가 커져만 갔다. 『르 몽드』 지에 입사하기 전에 프랑스 문화방송에서 여러 번 그와 인터뷰를 가졌던 장 비른바움이 그의 최근 저작들에 대한 토론을 제안하자, 데리다는 받아들이지 않을 수가 없었다. 하지만 2월 12일, '유대주의 예술과 역사박물관'의 홀에 빼곡히 들어찬 청중 앞에서 그의 피곤한 모습이 너무도 역력해서 그는 자신의 병에 대해 말을 하지 않을 수 없었다. 그는 몇 주 뒤 가진 『레 쟁록큅티블』 지와의 아주 정치적인 색채가 강한 인터뷰에서도 자신의 병에 대해 숨기지 않았다. 3월 31일, 그 주간지는 표지와 열두 쪽을 그에게 할애하여 "위대한 지식인의 참여"[34]에 대해 뜨겁게 환호했다. 몇 주 뒤, 당시 『르 몽드』 지의 편집장이었던 에드위 플레넬의 주문으로 장 비른바움은 리조랑지에서 긴 인터뷰를 진행했다. 그 인터뷰는 두 쪽에 걸쳐 게재되는데, 이례적인 일이었다. 쟁점이 중요한 것이기도 해서 데리다는 인터뷰 내용을 자세히 다시 읽어 보기 위해 시간을 좀 요구했다.

　그의 『르 몽드』 지와의 관계는 늘 애매모호했지만, 그 일간지의 자회사지이지만 편집 차원에서는 완전히 독립적인 『르 몽드 디플로마티크』 지는 매우 좋아했다. 2004년 5월 8일, 그 월간지의 50주년을 기념하여 데

---

33) 아비탈 로넬과의 인터뷰.
34) Jacques Derrida, "Si je peux faire plus qu'une phrase...", interview with Sylvain Bourmeau, Jean-Max Colard and Jade Lindgaard, *Les Inrockuptiles*, no. 435, 31 March 2004.

리다는 파리에 있는 팔레 데 스포르(Palais des Sports)에 마련된 무대에 출연하여, 자신이 생각하기에 "반세기 동안, 다시 말해 그의 성인으로서 그리고 시민으로서의 세월 동안 가장 놀라운 저널리스트적인 모험과 야망"을 구현한 것을 찬양했다. 그는 그 기회를 이용하여 9·11 테러와 이라크 전쟁 이후 자신의 정치적 신념들을 개괄했다.

나는 유럽 중심적인 철학자로 통하지 않습니다. 40년 전부터 사람들은 나를 오히려 그 반대의 철학자로 비난하는 것 같습니다. 그러나 나는, 유럽 중심적인 환상과 거만함 없이, 조금의 유럽적인 민족주의도 없이, 있는 그대로 만들어지고 있는 것 같은 유럽에 대한 과신 없이, 우리는 오늘날 계몽주의의 기억뿐 아니라 물론 과거의 전체주의와 집단학살과 식민주의적 범죄들에 대한 죄의식과 책임의식을 가지고 이 유럽이라는 이름이 대변하는 것을 위해 싸워야 한다고 생각합니다. 그러므로 우리는 유럽이 미래의 세계에서 간직하게 될 둘도 없이 소중한 것을 위해, 그리고 유럽이 단일 시장이나 단일 통화 이상으로, 신민족주의적인 집단 이상으로, 새로운 군사력 이상의 것이 되도록 싸워야 합니다. 비록 그 점에 대해서라면 나는 유럽에 본부를 두고 있는 변화된 유엔을 지원할 수 있는 군사력과 외교정책이 필요하다고 생각하지만 말입니다. 당연히 유엔은 유엔 자신의 결정들을 미국의 이익을 위해서나 미국의 기술-경제-군사력의 일방적이고 편의주의적인 행동에 의지하지 않고 실행할 수단을 가져야 할 것입니다.[35]

---

35) 『르 몽드 디플로마티크』 창간 50주년 기념 연설. 2004년 5월 8일.

데리다가 옹호하는 유럽은 어떠한 줄 세우기와도 무관하게, 국제 무대에서 자유로운 목소리를 내야 한다는 것이었다.

반유대인주의라느니 유대인혐오주의라느니 하는 비난을 받지 않고 이스라엘의 정책을, 특히 샤론과 부시의 정책을 비판할 수 있는 유럽.
자신의 권리와 자신의 땅과 국가를 되찾으려는 팔레스타인인들의 정당한 열망을 지지할 수 있는 유럽. 그렇다고 해서 자살 테러와, 아랍 세계에서 아주 자주—너무도 자주—그 끔찍한 시온장로의정서[36]에 재신임을 얻게 하는 데 오히려 기여하는 반유대인 선전에 찬성해서는 안 될 것입니다. […]
반미주의 없이, 반이스라엘주의 없이, 반팔레스타인의 반이슬람 혐오주의 없이 미국인이든 이스라엘인이든 팔레스타인인이든 우리보다도 더 경계심을 갖고 자기 나라의 정부나 지배권을 […] 용기 있게 비판하는 사람들과 동맹할 수 있는 유럽.

데리다가 그 어느 때보다도 희망을 갖는 것은 바로 그런 유럽, 즉 "탈세계화를 지지하는 새로운 정책의 씨를 뿌리게 될" 그런 유럽으로 그에게는 그 유럽만이 가능한 유일한 해결책이었다.
데리다는 그 메시지를 6월 초 자신을 위해 스트라스부르에서 열린 '철학자 의회'에서 다시 전했다. 그가 가장 자주 왔으며 또한 그를 가장 환

---

36) 반유대주의를 조장하기 위해 만들어진 위조문서. 전 세계를 정복하려는 유대인의 계획을 담고 있는 이 문서는 1903년 러시아에서 처음 출판된 뒤 20세기 초반 전 세계로 퍼졌다.—옮긴이

대해 주었던 도시 중 하나였던 그곳은 그에게 엄숙한 경의를 표해 주었다. 2004년 6월 7일 월요일, 자크 데리다는 그곳에서 퓌스텔드쿨랑주고등학교의 교사들을 만나 30년 전부터 그가 마음을 써온 문제였던 철학 교육에 대해 다시 한 번 의견을 나눴다. 그 다음날, 그는 '우정에 대하여'라는 제목으로 클레베르 출판사의 이자벨 발라딘오왈드와 인터뷰를 가진 뒤 "'최고선': 주권이 필요한 유럽'이라는 제목으로 프랑스에서는 마지막이 될 강연을 했다. 뼛속까지 교육자였던 그는 수요일 자신들의 논문을 발표하러 온 젊은 박사학위 준비자들과 대화를 나눴다. 그러고 나서 그는 다시 필립 라쿠라바르트와 장뤽 낭시와 함께 색다른 감동으로 넘쳐나는 토론회를 가졌다. 어조는 그 어느 때보다 자유로웠으며, 그들은 마치 청중이 없는 것처럼 생각하는 것 같았다. 비극적인 동시에 차분한 목소리의 데리다의 발언에는 곳곳에 죽음이 있었다.

죽음에 대한 나의 기대와, 나를 완전히 소멸시켜 무로 돌려 버릴 것임을 아는, 다가오는 그 죽음에 대한 나의 태도 속에는 은밀히 유언에 대한 욕망이, 다시 말해 어떤 것은 나보다 더 오래 살아 남겨지고 전해지기를 바라는 욕망이 —내가 바라지 않기에 다시 내 것이 되지는 못할 테지만 아마도 남아 있게 될 어떤 유산 또는 어떤 것에 대한 욕망이 — 있습니다…. 그런데 그것은 저작, 또는 책이라고 부르는 것에 대해 나를 사로잡고 있는 감정일 뿐 아니라, 내가 더 이상 이 세상에 없게 될 때 그 책들에 대한 증인으로 기억을 간직하고 있을 모든 일상적이거나 평범한 행위들에 대해 나를 사로잡고 있는 감정입니다. 그런데, 내가 말했듯이, 그것은 죽음과 죽음에 대한 견디기 어려운 경험의 일부가 아니라, 죽음에 대한 나의 기대의 일부입니다. 따라서 내게 그 죽음은 항상, 다시 한 번 말하지만, 단지 공적인 영역 즉 글쓰기뿐만 아니라 사적인 것과 관련된 강박적인 성격을 띠었습니다…. […] 내가 유언적인 생각이라고 말하며 흔적 — 모든 흔적은 본질적으로 유언적입니다 — 의 구조에 연관 지으려 했던 이런 종류의 생각들은 늘 나를 떠나지 않았습니다. 비록 그것이 일어나지 않을지라도, 비록 우리가 그것을 받아들이지 못하더라도 죽음의 경험의 일부인 유언의 욕망은 존재합니다.[37]

2004년 6월 22일 자정이 지나, 데리다는 온화하고 꽤 건강이 좋은 모습으로 레지 드브레와 함께 프란츠올리비에 지스베르가 진행하는 '문화와 종속'의 마지막 방송에 참여했다. "생존하는 위대한 철학자"로 소개를 받은 데리다는 드브레와 함께 정치적인 색채가 강한 대화를 시작했다. 그의 대화 상대자의 품성과 사회자의 호의에 마음이 놓인 데리다는 아주 솔직하게 명증하고 유려하게 자신의 생각을 개진했다. "나는 미디어를 전혀 거부하지 않습니다. 미디어 속에 투사된 내 이미지에 고민이 있었습니다." 또한 "정치에서도 항상 그랬듯이 나는 화해의 인간입니다".

그럼에도 불구하고 데리다는 많은 점에서 매우 급진적인 입장을 견지했다. 새로운 정치사상을 변호하면서 그는 다시 탈세계화의 첨단에 있는 탈영토화된 유럽을 옹호했다. 시평 담당자인 엘리자베스 레비가 공격

---

37) "Dialogue avec Jacques Derrida, Philippe Lacoue-Labarthe, Jean-Luc Nancy", *Rue Descartes*, no. 52, p. 93. 스트라스부르 시의 지원으로 갈릴레 출판사에서 공저 『스트라스부르를 생각하다』(*Penser à Strasbourg*)를 출간했는데(2004년), 그 안에 데리다의 중요한 글 「스트라스부르라고 불리는 곳」(Le lieu dit: Strasbourg)이 들어 있다.

적인 태도가 없지만은 않게 그가 바로 "『그라마톨로지에 관하여』의 저자이며 동성애 결혼청원서에 서명한 그 데리다"인지 묻자, 그는 전혀 당황하지 않고 자신은 노엘 마메르의 제안을 쌍수를 들고 지지했지만, 사실은 민법전에서 '결혼'이라는 단어가 사라지기를 바라는 사람이라고 설명했다. 왜냐하면 그의 생각에 그 개념은 종교적인 영역에 속하는 것이기 때문이다.[38]

늦은 시간의 방송에도 불구하고 아주 재미있는 그 방송은 처음으로 데리다의 책 판매에 뚜렷한 영향을 미쳤다.

7월 6일, 그는 명예박사 학위를 받기 위해 런던의 퀸메리대학을 찾았다. 1992년 케임브리지 명예박사 학위를 받기 위해 영국에 간 뒤로 처음이자 마지막 방문이기도 했다. 데리다가 그곳에 간 것은 명예박사 학위를 하나 더 추가하기 위해서가 아니라, 오랜 친구이자 그에 대해 책을 한 권 쓴 매리언 홉슨을 기쁘게 해주고 오랫동안 그 명예박사 학위를 준비해 온 대학의 총장과 부총장을 실망시키지 않기 위해서였다. 또한 페기 카무프와 니컬러스 로일, 제프리 베닝턴 같은 충실한 친구들을 만나보기 위해서

---

38) 장 비르바움과의 인터뷰에서 데리다는 이 문제에 대해 자신의 생각을 자세히 설명했다. "내가 만일 입법자라면 민법전의 '결혼'이라는 단어와 개념을 없애자는 제안을 할 것입니다. 출산과 영원한 사랑 등등에 대한 서약으로 종교적이자 신성하고 이성애적 가치인 '결혼'은 세속 국가의 기독교 교회에의 양보입니다. 특히 일부일처제에서 그러한데, 그것은 유대인이 지도(그것은 지난 세기에 유럽인들에 의해 유대인들에게 강요된 것일 뿐으로, 몇 세대 전에는 유대인계 마그레브들에게는 의무가 아니었습니다), 잘 알려져 있듯이, 이슬람적이지도 않습니다. 세속법에는 전혀 자리가 없는 '결혼'이라는 단어와 개념을, 종교적이며 신성한 그 애매한 말 또는 그 위선을 제거하게 되면 섹스 파트너들이나 강요되지 않은 수의 파트너들 사이에 일반화되고 개선되고 다듬어진, 융통성이 있게 조정된 시민연대조약(pacs) 같은 계약에 의한 '시민 결합'으로 대체할 수 있을 것입니다(Jacques Derrida, *Apprendre à vivre enfin: Entretien avec Jean Birnbaum*, Galilée, 2005, pp. 45~46).

이기도 했다. 그러나 그날은 매우 더웠다. 데리다는 몇 주 동안의 바쁜 활동으로 피곤하다고 고백했다. 알렉산더 가르시아 뒤트만은 이렇게 기억한다. "나는 처음에는 그가 아주 늙었다고 생각했습니다. 그러나 늘 그랬던 것처럼, 그는 세미나와 질문과 답변 시간 동안 컨디션이 아주 좋았습니다. 그는 아주 명랑해 보이기까지 했습니다. 그리고 저녁 식사 때 피곤이 다시 엄습해 왔습니다. 그는 자신이 좋아하던 러셀 호텔에 차로 데려다줄 것을 부탁했습니다."[39)]

그렇지만 데리다는 아비뇽 축제를 위해 곧 영국을 떠났다. 7월 9일, 지아니 바티모와 하인즈 비스만과 함께 그는 '"오래된 유럽"과 우리의 유럽'이라는 제목의 토론에 참여하여 서언으로 '두 기억'이라는 제목의 짧은 편지를 읽었다. 그 세 쪽의 편지 속에는 그에게 소중한 여러 주제가 집약되어 있었다.

> 늙은 유럽이여,
> 나는 결코 너에게 친숙하게 말한 적이 없다. 나는 어떤 사람들이 너에 대해 해석한 좋지 않은 점들을 이야기하면서 오랜 세월을 보냈다. [⋯] 오늘, 상황은 변했다. 나는 프라하의 오래된 유대교회당의 이름에서 착상을 얻어 '오래된 새 유럽', 좋은 것이든 나쁜 것이든, 밝은 것이든 어두운 것이든 자신의 기억을 간직하는 유럽이라 일컬어지는 것을 너에게서 본다. [⋯]
> 나의 희망은, 너의 두 기억 특히 내가 너의 '밤의 기억'이라 부르는 것에

---

39) 알렉산더 가르시아 뒤트만과의 인터뷰.

대한 자각과 뉘우침에 기초하여, 너, 나의 새로운 '오래된 유럽'이여, 네가 ─ 국제법을 옹호한다고 주장하면서 자신은 지키지도 않는 ─ 미국의 패권주의와 근본주의의 교권정치와, 석유 문제만을 고려하기에는 오늘의 지정학적 역선(力線)에서 이미 결정적 역할을 하게 된 중국 사이에서 너만의 길을 개척하여 따라가는 것이다.[40]

몇 주 뒤, 데리다와 마르그리트는 마지오레 호반(湖畔)의 마이나로 출발했다. 그곳에는 발레리오 아다미가 세운 '데생 아카데미'가 있었다. 그곳은 데리다가 항상 좋아한 곳으로, 그의 몇몇 소중한 친구 곁에서 휴식을 취하고 싶었던 것이다. 바로 그곳에서 그는 자신의 일흔네 번째 생일을 맞이했다. 하지만 그 해 여름 그곳에서는 에두아르 글리상이 택한 '어찌 떨지 않을 수 있는가'를 주제로 며칠 동안 콜로키엄이 열리기도 했다. 그 어느 때보다 더 알기 쉬운 말로 데리다는 1942년 겨울 어린 시절 알제의 폭격 때 공포에 떨었던 기억과, 얼마 전부터 글을 쓰는 것은 고사하고 서명조차도 어렵게 만든 손 떨림을 비교한다. 그것은 흠과 결함, 장애에 대한 명상의 출발점이었다.

떠는 것이 무엇을 의미하는지, 떠는 것이 진정 무엇인지 아는 체해서는 안 됩니다. 왜냐하면 떠는 것은 보통 지식과는 늘 사뭇 다른 것이기 때문입니다. [⋯] 떠는 것에 대한 생각은 비지(non-savoir)의 특이한 경험입

---

40) Jacques Derrida, "Double mémoire", *Le théâtre des idées, 50 penseurs pour comprendre le XXIe siècle*, Flammarion, 2008, pp. 15~16.

니다. […] 떠는 것의 경험은 늘 완전히 노출되고 취약한 완전한 무기력에 대한 경험으로, 물릴 수 없는 과거와 마찬가지로 예측 불능의 미래 앞에서 무기력한 경험입니다.

다가올 일에 대한 생각에 미리 떨 때, 그 떨림은 물론 공포와 불안, 죽음에 대한 두려움에 기인할 것입니다. 그러나 그 떨림이 즐거움이나 기쁨에서 올 때는 피부로 느낄 수 있을 정도로 경미합니다. […] 물은 끓기 전에 가볍게 떨린다고 하는데, 바로 그것이 유혹이라 지칭되는 것입니다.[41]

결론은 마치 데리다의 친구들인 카밀라와 발레리오 아다미에 대한 마지막 인사인 것 같기도 했다. "예술가는 손이 떨리는 때에만, 다시 말해 자기에게 무슨 일이 일어나게 될지를 모를 때, 일어나게 될 일이 타자에 의해 그에게 명령될 때에만 예술가가 되는 사람이다."[42] 그러나 데리다 자신은 철학자-예술가에 대한 니체의 꿈을 마침내 이루지 않았던가?

데리다와 마르그리트가 이탈리아에서 돌아온 지 얼마 되지 않아 그들의 오랜 친구들인 데이비드 캐롤과 그의 아내 수잔 게르하르트가 리조랑지에 저녁 식사를 함께 하러 왔다. 그들이 도착했을 때, 데리다는 여전히 서재에서 어바인 학생들의 글에 대한 세세한 평을 타이핑하고 있었다. 1년여 전에 마지막 세미나 수업을 한 뒤 더 이상 강의를 하고 있지 않았

---

41) Jacques Derrida, "Comment ne pas trembler", *Annali*, 2006/II, Bruno Mondadori, pp. 97~98.
42) *Ibid.*, p. 97.

지만 학생들로부터 피드백을 부탁하는 글이 계속 오고 있었던 것이다. 데이비드 캐롤은 이렇게 이야기하고 있다. "나는 그런 상황에서 학생들의 글을 교정해 주고 평해 주는 사람을 그 외에는 보지 못했습니다. 데리다는 그 일을 주저 없이 해주었어요. 왜냐하면 그것은 그의 의무였고, 그의 책임에 속하는 것이었기 때문입니다. 물론 그가 좀 투덜거렸던 것은 사실입니다."[43]

저녁을 먹을 때, 어려운 한 문제에 대한 논의를 빠트릴 수 없었다. 드라간 쿠준직 사건이 그것으로, 그 때문에 몇 달 전부터 데리다와 어바인 대학 사이의 관계가 심각하게 틀어져 버렸다. 모든 것은, 그가 그곳에 마지막으로 체류한 지 얼마 안 된 2003년 봄에 시작되었다. 그보다 조금 전, 어바인대학은 교수와 학생들 간뿐 아니라 심지어는 대학 직원들 간의 사적인 모든 관계까지도 공식적으로 금지하는 규칙을 마련했다. 한 여학생이 졸업논문 지도 교수와 애정관계를 맺고 있다가 성희롱으로 고소를 했던 것이다. 캘리포니아 주정부는 조사에 착수하여 소추의 정당함을 증명해 줄 어떠한 요인도 없다는 결론을 내렸지만, 그럼에도 불구하고 대학 측은 드라간과의 계약을 종결키로 결정해 버렸다. 힐리스 밀러는 이렇게 이야기한다. "나는 그 사건에 대해 자크와 여러 번 전화를 걸어 이야기를 나눴습니다. 그 일에 큰 관심을 보이고 있었기 때문입니다. 과거에 폴 드만을 비롯하여 많은 교수들이 자기 제자와 결혼을 했으며, 그들의 결혼은 행복했습니다. 우리가 보기에 바뀐 그 규칙은 좀 과했습니다. 드라간은

---

43) David Carroll, "Jacques Derrida ou le don d'écriture: quand quelque chose se passe", *Rue Descartes*, no. 48, Salut à Jacques Derrida, PUF, 2005, p. 106.

아마 그 여학생에게 좀 지나친 약속을 했던 것 같습니다. 그런데 미국인들은 도덕과 법을 너무 혼동하는 경향이 있습니다. 데리다는 이 사건에서 자기가 보기에 부당한 결정의 희생자인 한 친구뿐 아니라 사용자의 학대를 당한 노동자를 옹호했던 것입니다."[44]

2004년 7월 25일, 어쨌든 데리다가 당시 어바인대학 총장이던 랠프 J. 시세론에게 자신의 놀라움과 걱정과 분개를 담은 긴 편지를 써 보냈던 것은 사실이다.

나는 원칙적으로 미국에서 성희롱으로 규정한 행동들을 막고 또 처벌하기 위한 모든 규정에 전적으로 동의한다는 것을 오해의 여지가 없도록 명확하게 밝히는 것으로 시작하겠습니다. 원칙적으로 그 법은 당연하고 또 유용하다고 생각합니다. 그러나 누구나 알고 있듯이, 적용에서 남용되고 이현령비현령이 될 수 있을 뿐 아니라 사악하고 악의적인 도구화의 빌미를 제공할 수 있습니다.

나는 먼저 신뢰하는 여러 동료들(그중 물론 드라간도 있습니다)이 내게 말해 준 것에 기초하여 개연성에 관해 증언할 수 있습니다. 확실히 고소인의 주장들은 부당하며 기만적인 것 같습니다(악의라는 말까지는 쓰지 않겠습니다). 고소인에 대해 강압이나 폭력은 전혀 없었으며, 27~28세 여자의 소위 '순결'의 훼손(요컨대 그것은 너무도 있을 수 없는 일입니다!)도 없었는데 그녀는 어디에서 고소의 근거들을 찾으며, 어떻게 모두로부터 존경받는 훌륭한 한 교수에 대해 그와 같은 소송을 걸 권리를 주장

---

44) J. 힐리스 밀러와의 인터뷰.

할 수 있습니까? 나는 또한 조사 과정에서, 특히 행정부서가 우리의 동료들에게 바뀐 법 조항들을 알리는(사실 알리는 데 실패했습니다) 방식에서 법적인 절차를 충분히 지키지 않았다는 말을 들었습니다.[45]

데리다는 자신의 모든 기록물을 도서관 '특별 장서'에 기증했던 것은 바로 자신과 어바인대학 사이의 "신뢰 어린 우정" 때문이었음을 더욱 강한 어조로 상기시켰다.

내가 당신에게 하고자 하는 말은, 경건한 맹세로 단언하지만 누구에게도 압력을 가하려는 의도는 없습니다. 그러나 그 문제에 대해 당신께 말씀을 드리는 것은, 지체 없이 정확하게 진실을 말씀드리는 것은 나의 의무입니다. 그 진실, 그것은 이렇습니다. 만일 드라간에 대한 터무니없는 소송이 중단되거나 취소되지 않으면, 내가 바로 앞서 환기시켜 드린 그 모든 이유에서 만일 어떤 처벌이 — 그것이 어떤 것이 됐든 — 그와 대학의 명예를 더럽힌다면 나는 슬프게도 즉각 UCI과의 모든 관계를 끊게 될 것입니다. […]
또 다른 한 결과는 이렇습니다. 물론, 내가 맡긴 것을 결코 회수하지는 않을 것이기에 나의 기록물들은 UCI과 도서관 '특별 장서'의 소유로 남을 것입니다. 그러나 내가 (꾸준히 진행되면서 매년 늘어나고 있는) 그 기록물의 조성에 기여한 정신이 심각하게 훼손되는 것은 자명합니다. 나

---

45) 데리다가 랠프 J. 시세론에게 2004년 7월 25일에 보낸 편지. 편지 전문은 http://jacques-derrida.org/Cicerone%20French.html에서 확인할 수 있다.

는 약속을 저버리지는 않겠지만 그 약속을 후회하면서 그 이행을 최소한도로 한정시킬 것입니다.

그러나 어바인대학에 있는 데리다의 여러 친구와 동료들은 그가 너무 빨리 그의 가까운 사람들의 압력에 굴했다고 생각하면서 그의 입장을 유감으로 여겼다. 스티븐 바커는 이렇게 비판하고 있다. "그가 우리와 상의하지 않았던 것은 유감스러운 일입니다. 대학의 규칙은 명확합니다. 그런데 드라간은 그 규칙을 어겼던 것입니다. 데리다는 그의 '나는 고발한다'(J'accuse)를 극단적으로 그리고 또 조금은 고지식하게 썼습니다. 아무튼 공식적인 절차는 이미 진행되었고, 총장은 더 이상 선택의 여지가 없었습니다. 그는 자신이 한 결정을 되돌릴 수가 없었습니다."[46]

4월 이후로 데리다는 장 비른바움과의 인터뷰를 다시 읽어 볼 시간이 없었다. 갑자기, 에드위 플레넬이 여름이 끝날 때까지는 최대한 빨리

---

46) 스티븐 바커와의 인터뷰. 어바인대학 '특별 장서'의 책임자들과의 관계는 데리다가 사망한 뒤 얼마 안 되어 악화되었다. 자키 둘리는 곧바로 마치 총장에게 보낸 자크의 편지에 대해 알지 못하는 것처럼 언제 기록물을 보낼 것인지 마르그리트에게 물어 왔다. 하지만 그 편지는 전혀 개인적인 차원에 머무르지 않았다. 페기 카무프에 의해 번역된 그 편지는 관련 집단 속에서 널리 떠돌다가 인터넷에 게시되었다. 마르그리트는 자크의 기록물에 대해 그의 입장을 떠올렸다. 이미 맡겨진 것을 되찾아올 수야 없겠지만, 더 이상 기탁할 문제는 아니었다. 몇 달 뒤, 데리다 가족에 대한 어바인대학의 소송은 완전히 충격이었다. 어느 날 오전, 마르그리트에게 캘리포니아 법원에서 보낸 등기우편이 하나 배달되었는데, 증여의 '나머지 부분', 즉 최근 원고들의 기탁이 실행되지 않아 배상금 50만 달러를 지불하라고 명령하고 있었다. 물론 방어 작전이었다. 대학 측에서는 마르그리트와 피에르, 그리고 장이 어바인대학에 기탁한 기록물들을 프랑스로 다시 가져갈까 봐 걱정을 했던 것이다. 물론 그들은 전혀 그럴 생각이 없었다. 2007년 초, 여러 면에서 무례한 그 사건은 대학 측이 소송을 취하하고 '특별 장서'의 새 책임자들과 타협안이 마련되기까지 미국 및 프랑스 언론의 여러 기삿거리가 되었다. 데리다 기록물은 현재 IMEC과 어바인대학에 분산되어 있지만, 처음에 고려되었던 것과는 달리 두 기관 사이에 복사물 교환은 없었다.

그것을 출판하자고 끈질기게 요구했다. 데리다는 그 열의에 짜증이 났다. 그는 자기를 전혀 좋아하지 않는다고 느끼는 『르 몽드』지를 불신하고 있었기 때문이다. 자크가 그 텍스트를 수락하도록 하기 위해서는 마르그리트의 신뢰를 받고 있는 비른바움의 끈질김이 필요했다. 최종본이 수정되기까지는 다시 여러 번에 걸친 논의가 있었다. 장 비른바움은 이렇게 말한다. "그는 나의 발언을 포함하여 전체를 꼼꼼히 수정했습니다. 그는 자신의 병을 언급하면서 논의를 시작하고 싶어 했지만, 실제로는 내가 문제를 제기하기를 원했습니다. 그 인터뷰의 '황혼'의 성격은 그에게 기인합니다. 그는 이 유언적인 텍스트를 다듬질하기 원했지만, 아무에게도 '마지막 말'을 남기지 않았습니다."[47]

인터뷰를 시작할 때, 데리다는 전통적인 지혜와는 반대되는 이런 주장을 하는 것으로 시작했다.

그렇습니다. 나는 전혀 '사는 법을-배우지'(appris-à vivre) 못했습니다. 사실 전혀 배우지 못했어요. 사는 법을 배우는 것. 그것은 죽는 법을 배우는 것, 죽는 것을 받아들이기 위해 (자기 자신에 대해서건 타인에 대해서건 구원도, 부활도, 속죄도 없이) 죽을 수밖에 없는 절대적인 운명을 고려해야 하는 법을 배우는 것을 의미해야 할 것입니다. 플라톤 이후, 그것은 오래된 철학적 명령입니다. 철학한다는 것, 그것은 죽는 법을 배우는 것입니다. 나는 그 진리를 믿지만, 따르지는 못합니다. 점점 더 말입니다. 나는 그 진리를 받아들이는 법을 배우지 못했습니다. 우리는

---

47) 장 비른바움과의 인터뷰.

모두 집행유예로 살아남은 자들입니다…. 그러나 나는 죽는 법을 아는 것(savoir-mourir), 또는 이 말이 더 낫다면 사는 법을 아는 것(savoir-vivre)에 대한 지혜에 관해서라면 여전히 교육될 수 없는 사람입니다. 나는 그 문제에 대해서는 여전히 아무것도 배우지 못했거나 아니면 습득하지 못했습니다. […] 게다가 어떤 건강 문제들이 급박할 때처럼, 정말 내 인생에서 끊임없이 아주 끈질기게 나를 따라다녔던 생존(살아남기) 또는 집행유예의 문제는 지금은 다른 색조를 띱니다. 나는 항상 […] 생존(survie)의 주제에 관심을 가졌습니다. 그 주제는 근원적인 것입니다. 인생은 생존이기 때문입니다.[48]

이 긴 인터뷰의 완본판은 자크 데리다가 죽고 난 뒤 1년이 지나 작은 책으로 출판이 되었다. 『요컨대 사는 법을 배우기』(*Apprendre à vivre enfin*)는 아주 유익한 명쾌한 텍스트로, 아마도 그의 저작 안내서들 중 가장 훌륭한 안내서일 것이다. 마지막 문장들은 특히 감동적이며, 오랫동안 억눌렀던 서정성이 흘러넘친다.

나는 행복과 기쁨을 느낄 때만큼 죽음의 불가피성에 사로잡혀 본 적이 없습니다. 기쁨을 느끼는 것과 내 눈치를 살피며 기다리는 죽음을 슬퍼하는 것은 내게는 같은 것입니다. 나는 내 인생을 회상할 때면 다행히도 불행했던 순간들까지 사랑하고 또 감사했다고 생각하는 경향이 있습니다. 한 가지 예외도 없이 거의 모든 불행했던 순간들을 말입니다. 나는

---

48) Derrida, *Apprendre à vivre enfin*, pp. 26~27.

행복했던 순간들을 회상할 때도 물론 감사합니다. 동시에 그 순간들은 나를 죽음에 대한 생각과, 죽음으로 이끕니다. 왜냐하면 그 모든 것은 이미 지나간 일이며 끝난 일이기 때문입니다…[49]

2004년 8월 14일, 『르 몽드』가 출판하기로 되어 있던 그 인터뷰를 수정해 준 뒤 얼마 안 되어, 데리다는 자신의 저작에 대한 콜로키엄이 열리기로 되어 있던 리우데자네이루행 비행기에 올랐다. 프랑스와 브라질 정부가 공동 계획한 그 행사는 사회과학고등연구원의 브라질 출신 제자였던 에반도 나시멘토에 의해 1년 전부터 준비되어 온 것이었다. 행사가 열리기 한 달 전 데리다는 그에게 몸이 그리 좋지 않아 약속을 지킬 수 있을지 확신이 서지 않는다는 편지를 보냈다. 취소를 해도 아무렇지 않게 생각할 것이라면서 모두가 그를 안심시켰다. 하지만 그는 결국 그곳에, 그가 아주 좋아하는 그 도시와 나라에 가기로 결심했다. 에반도가 공항에 그를 마중 나왔을 때 데리다는 애정을 담아 그에게 이렇게 말했다. "자네도 알겠지만, 정말 못 올 상황이었네." 나시멘토는 후에 이렇게 기억한다. "그는 쿠임브라 방문 때부터 모습이 크게 변해 있었습니다. 그러나 그는 아직 건강해 보였습니다. 그는 자신의 병에 대해 조용히 말해 주었습니다. 여러 번 내가 그가 머물고 있던 코파카바나 호텔에서 휴식을 취하라고 말씀을 드렸지만 3일 내내 그는 모든 발표장에 참석했습니다. 그는 헤드폰을 끼고 동시통역을 들으면서 토론에 참여했습니다."[50]

---

49) *Ibid.*, p. 55.
50) 에반도 나시멘토와의 인터뷰.

콜로키엄은 '프랑스회관'의 강당에서 열렸다. 사람들은 브라질 전역과 여러 다른 나라, 특히 미국에서 많이 왔다. 강당은 참석자 모두를 수용할 수가 없었다. 데리다는 그 열렬한 청중 앞에서 2004년 8월 16일 월요일 개막 강연을 하게 되는데, 그것은 그의 마지막 콜로키엄이자 마지막 강연이 되었다. '용서, 화해, 진실: 어떤 태도인가?' 그는 세 시간 동안 아주 멋지게 강연을 했다. 에반도 나시멘토는 이렇게 말한다. "브라질에 온 것은 데리다에게는 생명의 의지 표명이었습니다. 그가 아픈 것을 모르는 사람들은 그 점을 이해하지 못했습니다. 그는 전혀 나약한 표시를 보이지 않았어요. 강연을 끝내면서 그는 미소 지으며 이렇게 말했습니다. '아직 할 말은 많지만 여러분을 피곤하게 하고 싶지 않군요.'"

폐회 강연은 베르나르 스티글러에게 맡겨졌다. 그가 일부러 그곳에 온 것은 무엇보다 그의 인생 행로에 너무도 중요했던 사람을 마지막으로 만나보기 위해서였다. 그는 이렇게 이야기한다. "강당에 들어섰을 때 나는 데리다를 바로 알아보지 못했습니다. 그는 늙고 야위었으며 말을 하기도 어려울 것 같았습니다. 그러나 강연이 시작되자 그는 본래의 그로 다시 돌아왔습니다. 그는 정치적으로 매우 급진화했는데, 그것은 내가 가장 놀란 일 중 하나였습니다." 스티글러는 프랑스 대사관에서 했던 점심 식사를 기억했는데, 부시에 대해 너무도 화가 난 데리다는 피델 카스트로를 옹호했다. 스티글러는 계속한다. "콜로키엄 마지막 날 나의 강연이 끝나고 우리는 인생에 대해 아주 보기 드문 값진 토론을 했는데, 그것은 나의 박사학위 논문 심사 후 처음 있는 일이었습니다. 그는 기탄없이 논쟁하면서 내 이야기도 열심히 들어 주었습니다. 아마 그는 토론은 사람들 앞에서 할 때 토론다운 토론이 될 수 있다고 생각했던 것 같았습니다."[51]

자크는 하루에 두 번 마르그리트에게 전화를 했다. 그는 그 여행이 아주 만족스러우며 좀 나아지는 것 같다고 말했다. 그렇지만 그의 일정표는 전과 다름없이 빽빽했다. 그는 기자회견을 하고, 텔레비전 방송「글로보」(Globo)와『폴라 상파울루』(Folha São Paulo) 지와 인터뷰를 하며, 사인회까지 열었다.

브라질에서 돌아와, 데리다는 '나는 나 자신과 전쟁을 한다'라는 제목의 비른바움과의 긴 인터뷰가 실린 8월 19일자『르 몽드』지를 건네받았다. 그는 기쁘기도 한 동시에 마음이 몹시 아프기도 했다. "사망 기사 같구만"이라고 말하면서 그는 한숨을 쉬었다. 그는 특히 자신의 힘든 모습이 두드러져 보이는 사진이 거슬렸다. 그는 엘리자베스 루디네스코에게 이렇게 토로했다. "그들은 내가 환자임을 아는 것으로 만족하지 않아요. 내가 그렇다고 말하는 것으로도 만족하지 않아요. […] 그들은 내 얼굴의 병색을 보고 싶은 거예요. 그들은 독자가 그것을 보기를 바라는 거예요."[52]

다른 한편, 데리다는 자신에 대한『카이에 드 레른』지 특집호를 받아 보고는 더할 나위 없이 기뻐했다. 지네트 미쇼는 이렇게 기억하고 있다. "마리루이즈 말레와 함께 우리는 조금은 날치기인 그 엄청나게 두꺼운 특집호를 준비했습니다. 우리는 데리다가 그것을 꼭 보았으면 했어요.

51) 베르나르 스티글러와의 인터뷰.
52) Elisabeth Roudinesco, "Jacques Derrida: l'exercice des médias lui a été profitable", *L'Humanité dimanche*, 16 January 2005.

페이지를 넘기면서 그는 감탄했습니다. 그는 일반판형으로 된 628쪽짜리 그 책을 손에 들고 무게를 가늠해 보았습니다. 그는 마치 어린아이처럼 행복해했습니다."[53]

하지만 데리다의 상태는 곧 악화되어 갔다. 그는 먹는 양이 갈수록 줄어들었다. 밤에는 통증으로 점점 더 고통스러워했다. 9월 초, 한창 주말을 보내고 있었는데 마르그리트는 앰뷸런스를 불러야 했다. 그녀는 데리다를 퀴리연구소에 긴급히 입원시켰다. 그녀는 이렇게 기억한다. "그 일요일, 앰뷸런스가 그를 싣고 떠날 때 그는 마치 마지막이라고 느끼는 듯 몸을 돌려 집을 바라다보았어요…. '갑자기 안 좋아졌습니다.' 다음날, 의사가 내게 말했습니다. 하지만 그의 최후가 그렇게 가까웠다는 생각은 아무도 하지 않았습니다."[54]

병원 직원은 사람들의 방문에 대해 아주 관대했다. 데리다는 많은 사람들을 맞이했다. 피에르는 함께 사는 잔 발리바르와 함께 왔으며, 장은 그의 아내 에마뉘엘과 같이 왔다. 장뤽 낭시, 마리루이즈 말레, 엘렌 식수, 르네 마조르도 아주 자주 찾았다.

10월 초, 자크 데리다에게 노벨문학상이 수여될 것이라는 소문이 돌았다. 그의 이름은 전년에도 거론되었지만, 이번에는 점점 더 소문이 커졌다. 프랑스의 여러 언론은 그 대사건을 환영하기 위해 벌써 큰 분량의 기사와 특집호를 준비하고 있었다. 사파아 파티의 전화를 받은 뒤 마르그리트는 자크에게 이렇게 말했다. "당신, 노벨상 받게 될 것 같아요." 그때,

---

53) 지네트 미쇼와의 인터뷰.
54) 마르그리트 데리다와의 인터뷰.

그녀는 그의 얼굴에 흐르는 눈물을 보았다. "아니, 왜 울어요?" 그녀가 물었다. "그들은 내가 죽어가니까 주려는 거예요."

10월 6일, 노벨상은 결국 엘프리네 엘리네크에게 돌아감으로써, 앙리 베르그송(1927), 버트런드 러셀(1950), 장폴 사르트르(1964) 이후 철학은 다시 수상 기회를 놓치고 말았다. 데리다 또한 마음 깊숙한 곳에 자리 잡고 있던 가장 오래된 꿈을 성취할 기회를 빼앗겨 버렸다.

프랑스어의 역사 속에 흔적들을 남기는 것, 바로 그것이 내가 관심을 갖는 일입니다. 나는 프랑스에 대해서는 아니지만 적어도 수세기 동안 프랑스어가 동화시킨 어떤 것에 대한 그 열정으로 삽니다. 나는 내 인생을 사랑하는 것처럼, 때로는 이런저런 토박이 프랑스인보다도 더 이 언어를 사랑하는 것은, 이 언어를 자신에게 가능한 유일한 언어로 삼은 한 외국인처럼 그 언어를 사랑하기 때문인 것 같습니다.[55]

통증을 완화시켜 주는 붙이는 흡수약이 더 이상 효과가 없어 데리다는 모르핀 주사를 맞아야 했다. 원할 때 원하는 만큼 투여량을 조절할 수 있었지만 그는 그 기구를 사용하는 것을 두려워했다. 어느 날 아침, 그는 마르그리트에게 물어보았다. "이 음악 소리가 뭐요? 인근에 카바레가 있소?" 그녀는 이렇게 회상한다. "그는 아랍 음악이 들리는 느낌이 들었던 것 같아요. 이상한 음식 냄새가 난다고 불평을 하기도 했습니다. 얼마 뒤에는, 검은 옷을 입은 남자 세 명이 자기 방에 들어와 곳곳을 샅샅이 뒤졌

---

55) Derrida, *Apprendre à vivre enfin*, pp. 38~39.

다고 내게 말했어요. 환각에 사로잡히지 않도록 알돌(Aldol)이 좀 필요했어요."

데리다는 이제 음식을 전혀 섭취하지 못했다. 그는 장 폐색으로 고통이 심해 6시간도 넘게 걸리는 수술을 해야 했다. 수술에서 깨어난 뒤 얼마 안 되어 찾아 온 장뤽 낭시에게 데리다는 그 친구의 심장 이식 수술을 암시하면서 자신은 지금 그 친구만큼 큰 상처가 있다고 이야기했다. "그는 농담을 하고는 했다. 그는 늘 웃기를 좋아했다. 하지만 그는 너무 피곤하고 너무 불안감이 커서 어조가 그리 명랑하지가 못했다."⁵⁶⁾ 의사들에 따르면, 수술은 성공적이었고 후속 치료가 행해질 것이라고 했다. 그러나 상황은 갑자기 악화되어, 그날 저녁 마르그리트는 다시 병원으로 달려가야 했다. 의사의 말이었다. "혼수상태에 빠졌습니다." 그녀가 퀴리병원에 도착했을 때는 이미 너무 늦었다. 병실의 모든 의료기구는 떼어져 있었다. 자크 데리다는 2004년 10월 9일 토요일에 사망했다. 일흔네 살이었다.

마르그리트는 리조랑지의 집에서 데리다가 입원하기 얼마 전 그녀와 자식들에게 써놓은 편지를 발견했다. 그는 특히 장례식을 검소하게 치러 달라고 적어 놓았다. 조문객이 오는 것도 원치 않았다. 그러나 유대인의 전통과는 달리 부활의 기회 ― 장뤽 낭시에 대한 마지막 눈짓인 것 같았다 ―를 주기 위해 너무 빨리 매장하지 말 것을 당부했다.

10월 12일, 발인은 가족 및 데리다와 아주 가까운 지인 몇몇만 참석

---

56) Jean-Luc Nancy, "Trois phrases de Jacques Derrida", *Rue Descartes*, no. 48, Salut à Jacques Derrida, p. 69.

한 가운데 행해졌다. 윌름 가 43번가에 있는 퀴리병원의 지척에는 고등사
범학교가 보였다.

상상할 수 있는 것처럼, 자크 데리다는 화장보다는 매장을 원했다.
리조랑지 공동묘지에서 행해진 그의 장례식은 슬픔과 낙담한 마음들로
가득했다. 몇몇은 아주 먼 곳에서 왔으며, 몇몇은 캘리포니아에서 왔다.
하지만 그들이 보기에는 모든 것이 너무 서둘러 행해지는 것 같았다. 데
리다가 그렇게 해주기를 바랐기에, 장례식은 공식적인 흔적은 전혀 찾아
볼 수 없었다. 자크 랑이 참석했지만 개인적인 자격으로 왔다. 피에르는
다니엘이 참석하지는 않을지라도 적어도 어떤 기별이라도 있기를 마음
속으로 기대했다. 그러나 아무런 기별도 없었고, 이쪽에서도 어떤 행동도
먼저 취하지 않았다.

참석자들 중에 야물커[57]를 쓴 사람이 몇몇 보였지만, 자키 엘리 데리
다는 언젠가 때가 되어 마르그리트가 묻힐 때 남편과 떨어져 있지 않도록
유대인 묘역 밖에 데리다를 묻기를 원했다. 데리다의 형 르네는 탈리스를
입고 있었다. 아무도 기도하기를 원하지 않았다, 자크가 원하지 않았기
때문이다. "그래서 나는 마음속으로 카디시[58]를 외웠다"라고 르네는 고
백했다.

무거운 침묵이 흘렀다. 무덤에서 가장 가까이 있던 사람들만이 데리
다가 준비한 몇 마디를 피에르의 낭독으로 들을 수 있었다. 데리다는 34
년 전 자신의 아버지가 했던 행동을 따라 스스로의 묘비명을 써 놓았던

---

57) 유대교 신자의 빵모자. — 옮긴이
58) 사망한 부모형제를 위해 근친자가 상중에 매일 교회 예배에서 외는 기도. — 옮긴이

것이다.

아버지는 의식도 기도도 원하지 않았습니다. 아버지는 당신의 경험을 통해 그것이 친구에게 얼마나 어려운 시험인지를 알고 계십니다. 아버지는 제게 여기 와 주신 여러분께 감사의 마음을 전할 것을 부탁하셨습니다. 아버지는 여러분이 슬퍼하지 말 것과, 여러분이 아버지에게 함께 나눌 기회를 준 많은 행복했던 순간들만을 생각해 주실 것을 부탁하셨습니다.

아버지는 이렇게 말씀하십니다.

"제게 미소를 보내주세요. 저도 끝까지 여러분께 미소를 보내겠습니다.

늘 삶을 사랑하세요. 그리고 끊임없이 생존을 표명하세요….

저는 제가 어디에 있든 여러분들을 사랑합니다. 그리고 여러분들께 미소를 보냅니다."[59]

---

59) Nancy, "Trois phrases de Jacques Derrida", p. 6.

누가 어떻게 계승할 것인가? 계승자가 있기나 할까? 이것은 요즈음 그 어느 때보다 당면한 질문으로, 나의 끊임없는 관심사이다. […]

사상에 대해 말하자면, 생존 문제는 전혀 예측이 불가능하다. 이 나이에, 나는 그 점에 관해 가장 모순되는 가정을 해본다. 내 말을 믿어 주기를 부탁하는데, 나는 동시에 두 가지 느낌을 갖는다. 하나는 이런 느낌이다. 즉 농담 반으로 좀 무례한 말이지만, 물론 아주 훌륭한 독자들(세계적으로 수십 명은 있을 것이다, 아마. 그들 역시 작가이자 사상가, 시인이다)이 있지만 그들은 아직 나를 읽기 시작하지 못했다. 사실, 세월이 더 지나야 가능할 것이다. 나머지 하나는 이런 느낌이다. 즉, 그러므로 동시에 내가 죽고 난 뒤 보름이나 한 달이 지나면 더 이상 아무것도 남아 있지 않을 것이다. 도서관 납본에 의해 보존되는 것을 제외하면 말이다. 단언컨대, 나는 이 두 가정을 솔직히 그리고 동시에 믿는다.

자크 데리다, 『요컨대 사는 법을 배우기』

감사의 말

마르그리트 데리다가 내게 보여 준 신뢰에 대해 뭐라 감사의 말씀을 드려야 할지 모르겠다. 그녀의 신뢰가 없었더라면 이 책의 집필을 상상할 수 없었을 것이다. 그녀는 내가 완전히 자유롭게 데리다의 모든 기록물을 열람할 수 있게 해주었고, 수많은 내 질문에 인내심을 가지고 정확하게 대답해 주었다. 나는 또한 데리다와 마르그리트의 두 아들 피에르와 장, 그리고 르네와 에블린 데리다, 자닌 메스켈, 피에로 메스켈, 마르틴 메스켈, 미술린 레비에게도 심심한 감사의 말씀들 전해드린다.

  데리다의 기록물들의 상당 부분은 아르덴 수도원(abbaye d'Ardenne) 내에 있는 IMEC에 보존되어 있다. 그곳에서의 작업은 큰 즐거움이었다. 나는 이 기관의 담당자들, 특히 IMEC소장 올리비에 코르페, 부소장 나탈리 레제, 문학담당관 알베르 디쉬, 데리다 장서와 서간문의 책임자인 호세 루이스 피네스, 멜리나 레노에게 감사를 드린다. 이들이 보여 준 우정 어린 도움과 뛰어난 업무 능력은 이 책의 집필에 아주 소중했다. 나에게 아주 풍요로운 길을 제안해 준 클레르 폴랑에게도 마찬가지로 감사를 드린다.

데리다의 또 다른 기록물들은 캘리포니아주 어바인대학에 있는 데리다 '특별 장서'(Special Collection)에 보존되어 있다. 나를 효율적으로 도와준 재키 둘리와 스티브 맥클라우드, 그들이 속해 있는 팀에게 감사를 드린다. 또한 다음 분들에게도 감사의 말씀을 드린다. 퍼트리샤 드 만, 자클린 라포르트, 도민과 엘렌 밀리에, 크리스토프 비당, 에릭 오프노, 미카엘 레비나스, 아비탈 로넬, 지네트 미쇼, 미셸 모노리, 장뤽 낭시, 장 필립, 마리안 카야트(루이르그랑고등학교 아카이브), 앙드레 비베(르 망Le Mans 몽테스키외고등학교 동창회), 프랑수아즈 푸르니에(제라르 그라넬 아카이브), 미리암 와테 델모트(루뱅라네브 소재 앙리 보쇼 아카이브), 카트린 골드슈타인(파리 소재 폴리 리쾨르 장서), 브뤼노 루아(로제 라포르트 아카이브), 클레르 낭시(필립 라쿠라바르트 아카이브). 그리고 나에게 아주 귀한 서간문들과 자료들을 열람할 수 있도록 해준 모든 분들에게 감사의 말씀들 드린다.

　　나는 또한 내 작업에 대해 충고와 지적을 해주고, 내 말을 경청해 주고 격려를 해준 모든 분들에게도 감사를 드린다. 먼저, 매일 내 말을 들어주고 지지를 해준 발레리 레비수상에게 감사를 드린다. 또한 마리 프랑수아즈 플리사르, 상드린 빌렘스, 마르크 아블로, 장 베탕, 장크리스토프 캉비에, 뤽 델리스, 아르쉬발드 페터스, 브라디미르 페터스, 아드리엥 펠리시에, 가브리엘 펠리시에에게도 감사를 드린다. 여기에 더해 세심한 주의와 열성을 다해 수많은 인용문을 필사해 준 소피 뒤푸르에게도 역시 감사를 드린다. 크리스티앙 륄리에에게도 인사를 드린다. 그는 내가 그에게 인사를 건네는 이유를 알 것이다.

　　플라마리옹 출판사의 인문과학 담당인 소피 베를랭에게 진 빚도 크다. 그녀의 도움이 없었더라면 이 책을 집필한다는 계획 속으로 뛰어들 생각도, 이 계획을 잘 실천해 나갈 에너지도 얻지 못했을 것이다.

자료 출처

1. 데리다 아카이브

데리다의 개인 기록물들은 상당 부분 다음 두 아카이브에 보존되어 있다. 나는 이 두 아카이브의 기록물들을 자세히 검토했다.

캘리포니아주 어바인대학 아카이브 '특별 장서'
이 아카이브에는 특히 다음과 같은 자료들이 있다.

> 학창시절의 자료들: 고등학교, 카뉴, 이포카뉴(1946~1952), 고등사범학교(1952~1956)
> 강의, 세미나 원고(1959~1995)
> 저작, 논문, 발표 원고(1959~1995)
> 개인 노트
> 폴 드만 사건에 관련된 자료
> 신문, 잡지 등에 발표된 글(1969~2002)

프랑스 캉 소재 현대출판기록물연구소(IMEC)의 데리다 장서
이 아카이브에는 특히 다음과 같은 자료들이 있다.

> 강의와 세미나 원고(1995~2004)
> 저작, 논문, 발표 원고(1995~2004)
> 신문, 잡지 등에 발표된 글(1963~2004)
> 데리다가 받은 서간문 전체(1949~2004)

데리다에 할애된 상당 분량의 저서, 잡지
비디오 및 음향 자료

IMEC에서 열람할 수 있는 주요 편지 교환자들의 명단은 아래와 같다.

Robert Abirached, Suzanne Allen, Louis Althusser, Pierre Aubenque, Madeleine Aubier-Gabail, Michel Aucouturier, Étienne Balibar, Roland Barthes, Henry Bauchau, Jean Bellemin-Noël, Jean-Marie Benoist, Lucien Bianco, Maurice Blanchot, Lisa Block de Behar, Jean Bollack, Geneviève Bollème, Claude Bonnefoy, Yves Bonnefoy, Marie-Claire Boons, Pierre Bourdieu, Antoine Bourseiller, Mireille Calle-Gruber, Georges Canguilhem, John D. Caputo, Hélène Cixous, Éric Clémens, Catherine Clément, Olivier Corpet, Catherine David, Régis Debray, Michel Deguy, Jean Domerc, Didier Eribon, Jean-Pierre Faye, Maurizio Femlris, Charles-Henri Flammarion, Élisabeth de Fontenay, Michel Foucault, Pierre Foucher, Maurice de Gandillac, Rodolphe Gasché, Jean Genet, Gérard Genette, Max Genève, Hans-Dieter Gondek, Jean-Joseph Goux, Gérard Granel, Hans Ulrich Gumbrecht, Karin Gundersen, Geoffrey Hartman, Édith Heurgon, Jean-Louis Houdebine, Jean Hyppolite, Edmond Jabès, Jos Joliet, Peggy Kamuf, Sarah Kofman, Julia Kristeva, Jack Lang, Philippe LacoueLabarthe, Claude Lanzmann, Roger Laporte, Emmanuel Levinas, Micheline Levy, Jérôme Lindon, Michel Lisse, Robert Maggiori, René Major, Catherine Malabou, Serge Malausséna, Paul de Man, J. Hillis Miller, Michel Monory, Alan Montefiore, Jean-Luc Nancy, Pierre Nora, Jean-Claude Pariente, Bernard Pautrat, Jean Piel, Jean Ricardou, Paul Ricoeur, Jean Ristat, Avital Ronell, Élisabeth Roudinesco, Michel Serres, Philippe Sollers, Bernard Stiegler, Paule Thévenin, Elisabeth Weber, Samuel Weber, David Wills, Heinz Wismann.

데리다와 관련이 있는 자료들이 IMEC에 있는 다른 장서들에도 보존되어 있다.

Louis Althusser, Roland Barthes, Centre culturel international de Cerisy-la-Salle, Collège international de philosophie, Michel Deguy, Jean Genet, Sarah Kofman, Emmanuel Levinas, Parlement international des écrivains, *Critique, Tel Quel.*

2. 조사한 또 다른 아카이브

Archives diplomatiques françaises, La Courneuve
Archives du lycée Louis-le-Grand
Archives de Gérard Granel
Archives de Roger Laporte
Bibliothèque de travail de Jacques Derrida, Ris-Orangis
Fonds Henry Bauchau, Louvain-la-Neuve
Fonds Paul Ricoeur, Paris

데리다가 우편엽서, 중요하지 않는 티켓 등을 포함해 받은 모든 편지를 보관했지만, 그 자신이 쓴 편지들을 복사해서 보관한 경우는 아주 드물었다. 따라서 아래 명단에서 볼 수 있는 사람들과 주고받은 가장 중요한 서간문을 되찾기 위해서는 많은 노력을 기울여야 했다.

Louis Althusser, Gabriel Bounoure, Paul Ricoeur, Maurice Blanchot, Paul de Man, Michel Foucault, Henry Bauchau, Sarah Kofman, Philippe Lacoue-Labarthe, Jean-Luc Nancy, Roger Laporte, Emmanuel Levinas, Catherine Malabou, Avital Ronell, Philippe Sollers.

데리다가 청소년기의 친구들이었던 미셸 모노리(Michel Monory), 뤼시앵 비앙코(Lucien Bianco) 등에게 보낸 편지는 더욱 소중했다.

3. 대담

대담을 통해 데리다에 대해 귀중한 증언을 해준 사람들의 명단은 아래와 같다.(알파벳 순서)

Robert Abirached, Fernand Acharrok, Camilla Adami, Valerio Adami, Pierre Alféri, François Angelier, Jean-Marie Apostolidès, Michel Aucouturier, Catherine Audard, Étienne Balibar, Denis Baril, Stephen Barker, Alan Bass, Philippe Beck, Jean Bellemin-Noël, Geoffrey Bennington, Lucien Bianco, Jean Birnbaum, Tom Bishop,

Rudolf Boehm, Jean Bollack, Marie-Claire Boons, Anne-Pascale Brault, Christine Buci-Glucksmann, Ellen Burt, Mireille Calle-Gruber, David Carroll, Hélène Cixous, Éric Clémens, Catherine Clément, Chantal Colliot, Olivier Corpet, Paul Cottin, Marc Crépon, Françoise Dastur, Albert Daussin, Régis Debray, Michel Deguy, Denis Delbourg, Évelyne Derrida, Janine Derrida Meskel, Jean Derrida, Marguerite Derrida, René Derrida, Dominique Dhombres, Souleymane Bachir Diagne, Albert Dichy, Thomas Dutoit, Alexander Garcia Düttmann, Didier Eribon, Jean-Pierre Faye, Maurizio Ferraris, JeanJacques Forté, Pierre Foucher, Carlos Freire, Gérard Genette, Max Genève, Daniel Giovannangeli, Jean-Joseph Goux, Ortwin de Graef, Évelyne Grossman, Karin Gundersen, Werner Harnacher, Geoffrey Hartman, Robert Harvey, Éric Hoppenot, Jean-Louis Houdebine, Denis Kambouchner, Peggy Kamuf, Julia Kristeva, Jack Lang, Hadrien Laroche, Dominique Lecourt, Bernard-Henry Lévy, Micheline Lévy, Michel Lisse, Robert Maggiori, René Major, Catherine Malabou, Serge Malausséna, Marie-Louise Mallet, Martine Meskel, Pierrot Meskel, Ginette Michaud, 1. Hillis Miller, Michel Monory, Alan Montefiore, Jean-Paul Morel, Njoh Mouellé, Michael Naas, Claire Nancy, Jean-Luc Nancy, Evando Nascimento, Monique Nemer, Maurice Olender, Jean-Claude Pariente, Bernard Pautrat, Alain Pons, Richard Rand, Jean Ristat, Élisabeth Roudinesco, Adelaïde Russo, Philippe Sollers, Bernard Stiegler, Bernard Tschumi, Andrzej Warminski, Elisabeth Weber, Samuel Weber, David Wills, Heinz Wismann.

데리다의 저작 목록

불어로 쓰인 데리다의 주요 저작의 목록이다.[1]

Edmund Husserl, *L'origine de la géométrie*, traduction et introduction par
Jacques Derrida, PUE, 1962

De la grammatologie, Minuit, 1967

L'écriture et la différence, Seuil, 1967

La voix et le phénomène. Introduction au problème du signe dans la phénoménologie de Husserl, PUE, 1967

La dissémination, Seuil, 1972

Marges - de la philosophie, Minuit, 1972

Positions, Minuit, 1972

"L'Archéologie du frivole" (introduction à *l'Essai sur l'origine des connaissances humaines de Condillac*), Galilée, 1973

Glas, Galilée, 1974

"Économimesis", in *Mimesis des articulations*, Aubier-Flammarion, 1975

---

1) 여기서 제시된 저작 목록에 포함된 데리다의 주요 저작들은 이 책의 주를 통해 이미 소개되
었다. 그와 관련된 저서, 대담, 논문을 위시해 완벽한 참고문헌은 *Derrida*(Cahier de L'Herne,
2004)와 쇠이유 출판사에서 2008년에 재간된 제프리 베닝턴의 *Jacques Derrida*를 참고하
기 바란다.

"Fors", préface à *Le Verbier de l'Homme aux loups* de Nicolas Abraham et
Maria Torok, Aubier Flammarion, 1976

Éperons. Les styles de Nietzsche, Flammarion, 1978

La vérité en peinture, Flammarion, 1978

"Scribble", préface à *l'Essai sur les hiéroglyphes* de Warburton, Aubier
Flammarion, 1978

La Carte postale. De Socrate à Freud et au-delà, Flammarion, 1980

L'oreille de l'autre, textes et débats, éd. C. Lévesque et C. McDonald,
Montréal, 1982

D'un ton apocalyptique adopté naguère en philosophie, Galilée, 1983

*Otobiographies. L'enseignement de Nietzsche et la politique du nom
propre*, Galilée, 1984

"Lecture" de *Droit de regards* de Marie-Françoise Plissart, Minuit, 1985

"Préjugés: devant la loi", in *La faculté de juger*, Minuit, 1985

"Forcener le subjectile" in *Dessins et Portraits d'Antonin Artaud*,
Gallimard.

Parages, Galilée, 1986

Schibboleth, pour Paul Celan, Galilée, 1986

De l'esprit. Heidegger et la question, Galilée, 1987

Feu la cendre, Des Femmes, 1987

Psyché. Inventions de l'autre, Galilée, 1987

Ulysse gramophone. Deux mots pour Joyce, Galilée, 1987

Mémoires pour Paul de Man, Galilée, 1988

Du droit à la philosophie, Galilée, 1990

Mémoires d'aveugle. L'autoportrait et autres ruines, Louvre, Réunion des
musées nationaux, 1990

Le Problème de la genèse dans la philosophie de Husserl, PUE, 1990

L'autre cap, Galilée, 1991

Circonfession, in Geoffrey Bennington et Jacques Derrida, *Jacques
Derrida*, Seuil, 1991

Donner le temps. 1. La fausse monnaie, Galilée, 1991

Points de suspension, Galilée, 1992

Khôra, Galilée, 1993

Passions, Galilée, 1993

Sauf le nom, Galilée, 1993

Spectres de Marx, Galilée, 1993

Force de loi. Le fondement mystique de l'autorité, Galilée, 1994

Politiques de l'amitié, Galilée, 1994

"Avances", préface au *Tombeau du dieu artisan* de Serge Margel, Minuit,
   1995

Mal d'archive, Galilée, 1995

Moscou aller-retour, Éditions de l'Aube, 1995

Apories, Galilée, 1996

"Foi et savoir", in Gianni Vattimo et Jacques Derrida, *La religion*, Seuil,
   1996

Le monolinguisme de l'autre, Galilée, 1996

Résistances de la psychanalyse, Galilée, 1996

Échographies de la télévision, entretiens filmés avec Bernard Stiegler,
   Galilée, 1996

Adieu - à Emmanuel Levinas, Galilée, 1997

Cosmopolites de tous les pays, encore un effort!, Galilée, 1997

Le droit à la philosophie du point du vue cosmopolitique, Verdier, 1997

De l'hospitalité, avec Anne Dufourmantelle, Calmann-Lévy, 1997

Demeure - Maurice Blanchot, Galilée, 1998

Voiles, avec Hélène Cixous, Galilée, 1998

Donner la mort, Galilée, 1999

Sur parole. Instantanés philosophiques, Éditions de l'AubelFrance-Culture,
   1999

La contre-allée. Voyager avec Jaques Derrida, La Quinzaine littéraire/
   Louis Vuitton, 1999

États d'âme de la psychanalyse, Galilée, 2000

Foi et savoir, Seuil, 2000

Le toucher, Jean-Luc Nancy, Galilée, 2000

Tourner les mots. Au bord d'un film, avec Safaa Fathy, Galilée/Arte éditions, 2000

"Une certaine possibilité impossible", in *Dire l'événement, est-ce possible?*, séminaire de Montréal, L'Harmattan, 2001

"De la couleur à la lettre", in *Atlan grand format*, Gallimard, 2001

"La forme et la façon", préface à *Racisme et antisémitisme* d'Alain David, Ellipses, 2001

Papier Machine, Galilée, 2001

L'Université sans condition, Galilée, 2001

"La veilleuse", préface à *James Joyce ou l'Écriture matricide* de Jacques Trilling, Circé, 2001

La connaissance des textes. Lecture d'un manuscrit illisible, avec Simon Hantaï et Jean-Luc Nancy, Galilée, 2001

De quoi demain... , dialogue, avec Élisabeth Roudinesco, Fayard/Galilée, 2001

"Tête-à-tête", in *Camilla Adami*, Edizioni Gabriele Mazzotta, 2001

Artaud le Moma, Galilée, 2002

Fichus, Galilée, 2002

H. C. pour la vie, c'est à dire, Galilée, 2002

Marx & Sons, PUF/Galilée, 2002

Au-delà des apparences, entretien avec Antoine Spire, Le Bord de l'eau, 2002

Béliers. Le dialogue ininterrompu: entre deux infinis, le poème, Galilée, 2003

Chaque fois unique, la fin du monde, Galilée, 2003

Genèses, généalogies, genres et le génie, Galilée, 2003

Voyous, Galilée, 2003

Le "concept" du 11 septembre, avec Jürgen Habermas, Galilée, 2004

"Le lieu-dit: Strasbourg", in *Penser à Strasbourg*, Galilée, 2004

Prégnances. Lavis de Colette Deblé. Peintures, L'Atelier des brisants, 2004

Apprendre à vivre enfin, avec Jean Birnbaum, Galilée, 2005

Déplier Ponge. Entretien avec Gérard Farasse, Presses universitaires du
Septentrion, 2005

L'animal que donc je suis, Galilée, 2006

"Le sacrifice", postface à *L'Éternel Éphémère* de Daniel Mesguich, Verdier,
2006

"En composant "Circonfession"", in *Des Confessions, Jacques Derrida et
saint Augustin*, Stock, 2006

Séminaire La bête et le souverain, volume 1, Galilée, 2008

Demeure, Athènes, avec des photographies de Jean-François Bonhomme,
Galilée, 2009

Séminaire La bête et le souverain, volume 2, Galilée, 2010

옮기고 나서

이 책은 프랑스의 플라마리옹(Flammarion) 출판사에서 '위대한 전기'
(Grandes Biographies) 총서 중 한 권으로 2010년에 출간된 브누아 페터
스의 책『데리다』(*Derrida*)를 우리말로 옮긴 것이다.

이 책의 저자인 브누아 페터스는 1956년에 파리에서 태어나 브뤼셀
에서 어린 시절을 보내고, 프랑스로 다시 건너와 루이르그랑(Louis-le-
Grand)고등학교에서 고등사범학교(Ecole normale supérieure) 입학시험
을 준비한 경력을 가지고 있으며, 후일 고등실천학교(Ecole pratique des
hautes études)에서 롤랑 바르트의 지도로 기호학 분야에서 박사학위를
취득했다.『옴니버스』(Omnibus)라는 제목의 클로드 시몽에 대한 상상적
전기(傳記) 소설을 위시해, 만화, 시나리오 등과 같은 창작 분야는 물론,
만화비평, 예술비평 등의 분야에서도 활발하게 활동하고 있다. 또한 데리
다에 대한 평전 외에도『발레리』(Valéry) 평전 등을 쓰기도 했다. 특히 만
화 창작과 관련해서는 2013년에 서양인으로는 처음으로 일본 미디어페
스티벌에서 만화 부문 대상을 수상하기도 했다.

이 책은 저자 스스로 밝히고 있는 것처럼 데리다(1930~2004)의 사유

를 주로 다루고 있는 이른바 '지적 전기(biographie intellectuelle)'가 아니다. 오히려 이 책은 데리다의 '삶' 그 자체에 초점이 맞춰져 있다. 사실, 이 것이 플라마리옹 출판사의 '위대한 전기' 총서에서 출간된 평전들의 특징이기도 하다. 이 같은 사실은 국내에 이미 번역 출판된 『프랑스 인류학의 아버지, 마르셀 모스』(변광배 옮김, 그린비출판사, 2016), 『레비나스 평전』(변광배, 김모세 옮김, 살림, 2006) 등에서도 확인된다.

두 명의 공역자는 이 책을 우리말로 옮기면서 비슷한 감정이입을 경험했다. 두 사람 모두 오랜 동안 대학에서 강의를 하면서 데리다와 유사한 쓰라린 경험을 했기 때문이다. 데리다는 알제리 유대인 출신으로, 이른바 프랑스 인텔리겐치아에서 결코 성골(聖骨)이 아니었다. 다시 말해 그는 프랑스 본토에서 태어난 백인, 파리의 일류 중고등학교를 다닌 사람이 아니었다. 알제리에서 태어나 중고등학교를 그곳에서 다닌 데리다는 풍운의 꿈을 안고 고등사범학교에 진학하기 위해 지중해를 건너온 인물이다.

프랑스의 교육제도를 잘 모르는 사람도 고등사범학교가 프랑스 교육의 성지(聖地)이며, 우리가 알고 있는 베르그송, 사르트르, 메를로퐁티, 아롱 등을 위시해 수많은 천재들이 졸업한 학교라는 사실 정도는 알고 있다. 고등사범학교의 입학시험은 어렵고도 까다롭기로 소문나 있으며, 날고 긴다는 엘리트들만이 그 시험의 벽을 뚫고 입학할 수 있다는 그런 학교이다.

데리다는 이 학교에 입학하기 위해 루이르그랑고등학교의 고등사범학교 입학시험 준비반에서 3년을 보낸다. 말하자면 삼수(三修)를 한 것이다. 하지만 그의 앞에 놓여 있는 시련은 이 학교에 입학하는 것으로 끝나지 않는다. 이 학교가 유명한 것은 프랑스에서 가장 어렵다는 시험인 교수자격시험(Agrégation)에서 합격자를 가장 많이 배출하기 때문이다. 몇개의 과목을 각각 6시간 이상 치러야 하는 필기시험과 각각 2~3시간 이상 치러야 하는 구두시험은 악명이 높다. 게다가 이 시험에서는 지식 이외의 다른 요소들, 가령 수험생들의 인성, 성향, 인종, 출신 지역 등도 고려의 대상이 되는 것으로 보인다.

그래서였을까? 친구들로부터 '걸어다니는 철학사전'으로 여겨졌던데리다도 악명 높은 이 시험에서 두 차례의 시도 끝에 합격한다. 실존주의 철학자 겸 작가로 우리에게 잘 알려진 사르트르도 첫 번째 시험에서떨어지고 두 번째 시험에서 수석으로 합격했다고 한다. 아무튼 데리다는이 시험에 어렵게 합격한다. 이 과정에서 그가 겪은 간난신고(艱難辛苦)는 가히 우리의 눈물샘을 자극하기에 부족함이 없다.

하지만 이 같은 데리다의 간난신고는 이 시험의 합격과 더불어 끝나지 않는다. 그의 앞을 가로막고 있는 프랑스 인텔리겐치아의 높은 성문은결코 쉽게 열리지 않았다. 사실, 공역자들이 데리다에게서 감정이입을 경험한 것은, 무엇보다도 그가 이 시험에 합격하고 난 뒤에 겪은 인고의 시간 때문이었을 것이다. 그가 활동하던 시기만 하더라도 프랑스의 최고 지식인이 갖춰야 할 몇 가지 조건이 있었다. 프랑스 본토 출신 백인에, 파리소재 일류중고등학교 출신에, 고등사범학교 출신에, 교수자격시험 합격자에, 국가박사(Doctorat d'Etat) 학위 소지자에, 대학교수라는 직함이 그것이다. 물론 파리4대학으로 불리는 소르본(Sorbonne)이나 시민대학이라고 할 수 있는 콜레주 드 프랑스(Collège de France) 교수가 된다면 금상첨화이다. 특히 콜레주 드 프랑스 교수가 되는 것은 그야말로 개인의 영광이자 가문의 영광이다. 프랑스 철학계를 수놓았던 수많은 학자들, 가령 베르그송, 메를로퐁티, 푸코, 바르트 등의 이름 뒤에는 항상 콜레주 드 프랑스 교수라는 직함이 따른다. 레비나스, 들뢰즈 등의 이름은 각각 소르본과 파리8대학 교수라는 직함과 연결되어 있다. 물론 고등사범학교 교수도 이런 직함에 버금간다.

하지만 20세기 후반 전 세계, 특히 미국에서 가장 큰 명성을 얻은 데리다는 프랑스에서 정식 대학교수 직함을 얻지 못한다. 알제리 출신으로 그와 거의 비슷한 길을 간 알튀세르와 비슷하게 데리다도 소르본의 교육 조교, 고등사범학교의 교수자격시험 지도교수 등의 역할을 맡았을 뿐이다. 후일 데리다는 사회과학고등연구원 교수로 임용되기는 한다. 하지만 이 학교의 비중이 소르본, 콜레주 드 프랑스, 고등사범학교 등의 그것보다 더 크다고는 할 수 없을 것이다.

어쩌면 데리다가 프랑스 대학교육의 제도권 내에 자리를 잡는 과정에서 겪은 간난신고, 이것이 두 명의 공역자가 공동으로 느낀 감정이입의 주요 원인이라고 할 수 있다. 우리나라 대학교육의 제도권 내에 자리를 잡기 위해 지금도 얼마나 많은 젊은 학자들이 간난신고의 과정을 겪고 있는가! 이 역자 후기를 쓰고 있는 지금도, 매스컴에서는 강사법 시행과 관련된 우울하고도 슬픈 뉴스가 젊은 학자들의 한숨과 눈물과 함께 전달되고 있다.

어쨌든 이 같은 불리한 여건에서도 데리다는 낭중지침(囊中指針)의 재주를 내보일 기회를 잡는다. 결정적 계기는 그의 미국 방문이었다. 1966년 미국 볼티모어에서 구조주의를 주제로 한 콜로키엄에서 그의 재주가 광채를 발휘한 것이다. 그 이후 데리다의 이름은 그의 전매특허가 되는 여러 개념들, 가령 '해체'(décosntruction) — '탈구축'(脫構築)이라고도 번역된다—, '차연'(différance), '산종'(dissémination), '보충대리'(supplément), '흔적'(trace) 등과 함께 전 세계 인텔리겐챠의 머리 위로 화려하게 비상한다.

포스트모더니즘의 유행에 힘입어 데리다의 사유는 철학은 물론 문학비평, 예술비평, 건축 등과 같은 여러 분야에서 확고한 지위를 누리게 된다. 우리나라에서도 데리다의 사유의 일단이 수용된 이후, 특히 그의 저작 중 상당수가 우리말로 번역되어 일반 독자들과 전문 철학자들의 지적 갈증을 달래주고 있다. 어쨌든 이 책의 저자인 브누아 페터스는 데리다의 사유 세계 전체를 그의 '삶'을 통해 조망하고 있다. 데리다의 가족관계, 친구 관계, 기숙사 생활, 학교 생활, 군대 생활, 미국에서의 생활, 교육자로서의 삶, 철학 저서 집필가로서의 삶, 스승들과의 교류, 동료 교수, 학자들, 예술가들과의 교류 등이 그것이다.

바로 거기에 이 책의 특징이자 매력이 자리한다. 그렇지만 이 같은 특징과 매력은 이 책의 한계이기도 하다. 데리다의 사유에 대한 조금 더 자세한 설명을 바라는 독자들은 이 두꺼운 책을 읽고 나서 실망할 수도 있다. 이와는 반대로 '데리다'라는 '인간' 그 자체, 그의 '인간성' 등을 알고 싶어 하고, 또 그가 난해한 그 많은 저작들을 어떻게, 어떤 생각을 가지고, 어떤 과정을 거쳐 집필했는가 등에 대해 궁금증을 가지고 있는 독자라면 이 책을 읽고 나서 결코 실망하지 않을 것이다. 두 명의 공역자는 데리다의 화려하고, 난해하고, 전복적이고, 해체적인 '글쓰기'가 그가 영위한 간난신고의 '삶'과 밀접하게 연결되어 있다고 확신한다. 요컨대 그가 평생 추구했던 '스타일'이 곧 그의 '삶'이었던 것이다.

흔히 한 인간의 죽음은 하나의 역사, 하나의 세계가 무너지는 것과 동의어라고들 한다. 하지만 데리다는 그 자신의 죽음 이후의 이런 무너짐에 대해 줄곧 준비를 해온 것처럼 보인다. 그것도 준비를 잘해온 것 같다. 그는 자신의 삶의 편린과 흔적을 담고 있는 자료들을 누구보다도 많이 남겼다. 그것도 의도적으로 남겼다. 그 스스로 친구가 방문해서 그의 집 문 앞에 붙여 놓은 메모까지도 버리지 않고 간직했다고 하지 않는가! 데리다는 그 자신의 죽음 이후, 브누아 페터스 같은 그 누군가가 자신의 삶에 현미경을 들이대고 자세히 들여다보고 또 그 결과를 낱낱이 기록할 것이라는 것을 예상하고 있었다. 왜냐하면 기록의 대상, 곧 한 권의 '평전'의 대상이 된다는 것은 곧 '유명해졌다'는 것의 반증이기 때문이다. 이런 의미에서 데리다는 자신의 소망을 제대로 이루었다고 할 수 있을 것 같다.

한 권의 '평전'으로 물질화되어 남으려는 데리다의 소망은 이 책의 저자 브누아 페터스의 기념비적인 노력에 의해 이루어졌지만, 그 뒤를 따라가면서 그 흔적들을 우리말로 옮기고자 하는 작업은 그만큼 더 힘든 것이었다. 국내에서 번역된 데리다의 저작들, 그에 대한 연구서들, 그에 대한 논문들, 그에 대한 평전 등을 모두 참고하면서 데리다의 간난신고의 삶의 여정을 따라가려 분투노력했지만 역부족을 많이 느꼈고, 지금도 느끼고 있다. 데리다의 사유가 많이 노출된 부분들을 번역하면서 데리다를 연구한 여러 선생님들께 귀한 조언을 구하기도 했다. 그분들의 존함을 하나하나 거명할 수 없을 정도이다. 그분들의 도움이 없었다면 이 책은 지금보다 훨씬 더 불완전한 상태로 출간되었을 것이다. 이 자리를 빌어 그분들께 심심한 감사의 말씀을 전해 드린다.

또한 공역자의 감사의 뜻은 당연히 이 책을 거두절미하고 출판하기로 결정해 주신 그린비출판사에게로 향한다. 저자의 독촉을 이겨 내며 공역자에게 충분한 시간을 마련해 주신 그린비출판사 유재건 사장님께 머리 숙여 감사한 마음을 전해 드린다. 그리고 이 책이 이처럼 반듯하게 나올 수 있도록 도와주신 박태하, 홍민기 편집부 선생님들께도 감사의 말씀을 전해 드린다.

끝으로, 늘 그렇듯 이 책의 번역 작업을 옆에서 때로는 걱정스러운 눈으로, 때로는 용기와 격려의 눈으로 지켜봐 준 가족들에게 고마움을 전한다. 김중현 선생님도 같은 심정일 것이다.

공역자 모두 프랑스 철학 전공자가 아니고, 또한 데리다에 대해서도 전문적인 지식을 가지고 있지 못해, 이 책의 번역 과정에서 의도하지 않은 실수라든가 오역이 있을 수 있다. 이 점에 대해서는 독자 여러분의 따끔하고도 우정 어린 지적을 바란다.

이 책의 앞부분(2부 9장까지)은 변광배가, 뒷부분은 김중현이 각각 번역했다. 데리다의 현란한 글쓰기, 무수히 많은 새로운 개념, 수많은 저서 제목, 끝도 없이 등장하는 수많은 인물들의 이름 표기 등을 통일하기 위해 두 사람은 상대방이 번역한 부분을 읽고 참고하고 상호 교차 검토했으며, 변광배가 이를 최종적으로 종합, 검토했다. 그런 만큼 이 책에서 발견되는 실수나 오역에 대해 변광배의 책임이 더 크다.

20세기 프랑스를 대표하는 철학자 중 한 명인 리쾨르는 그의 『번역론』에서 완벽한 번역을 포기할 때라야 비로소 번역이 가능하다고 했다.

번역이라는 고된 작업에 조금의 위안을 주는 이 말은 이 책에도 그대로 적용된다. 공역자들은 이 책의 재판이 간행될 때 보다 나은 책이 될 수 있도록 계속해서 노력할 것을 약속드린다.

2019년 5월
공역자를 대표해서 변광배

그린비 인물시리즈 he-story 06
데리다, 해체의 철학자

초판 1쇄 발행 2019년 8월 20일
초판 2쇄 발행 2024년 11월 1일

지은이 브누아 페터스 | **옮긴이** 변광배, 김중현
펴낸이 유재건 | **펴낸곳** (주)그린비출판사 | **주소** 서울 마포구 와우산로 180, 4층
전화 02-702-2717 | **팩스** 02-703-0272 | **이메일** editor@greenbee.co.kr | **신고번호** 제2017-000094호

ISBN 978-89-7682-550-6 03100
이 도서의 국립중앙도서관 출판시도서목록(CIP)은 서지정보유통지원시스템 홈페이지(http://seoji.nl.go.kr)와 국가자
료공동목록시스템(http://www.nl.go.kr/kolisnet)에서 이용하실 수 있습니다.(CIP제어번호: CIP2019019968)
잘못 만들어진 책은 구입처에서 바꿔 드립니다.

독자의 학문사변행學問思辨行을 돕는 든든한 가이드 _(주)그린비출판사